Handbook of Arts-Based Research

アートベース・リサーチ・ハンドブック

［編著］パトリシア・リーヴィー

［監訳］　岸 磨貴子　　川島裕子
　　　　　荒川 歩　　　三代純平

福村出版

HANDBOOK OF ARTS-BASED RESEARCH
by Patricia Leavy, PhD
Copyright © 2018 The Guilford Press
A Division of Guilford Publications, Inc.
Published by arrangement with The Guilford Press
through The English Agency (Japan) Ltd.

日本語版に寄せて

　多くの人がそうであるように，私は学問的な意味でアートについて学ぶずっと以前から，個人的な体験からアートの持つ力を直感的に理解していました。子どもの頃，私はお気に入りの本をページが褪せるまで何度も読み返し，映画では新しい世界に身を委ね，演劇では1幕と2幕の間で笑いを涙に変え，空間を動くダンサーの優雅さに感嘆していました。大人になってからも，アートへの思いは募るばかりでした。

　やがて，アートが教育や学習，研究においても非常に価値を持つことに気づきました。アートは独自の方法で，教育的な効果をもたらし，インスピレーションを与え，問題を浮き彫りにし，抵抗し，癒やし，そして説得することができます。このハンドブックで説明されている理由やそのほか多くの理由から，分野を超えて革新的な研究者たちが，社会調査にアートの力を活用してきたのはそのためです。その結果，ここ数十年の間に，新しいパラダイム，すなわちアートベース・リサーチ（arts-based research: ABR）が現れたのです。

　私の著書『Method Meets Art: Arts-Based Research Practice, Third Edition（研究方法がアートと出会う：アートベース・リサーチの実践　第3版)』で述べたように，「ABRの実践は，どちらも作品とみなすことができる研究実践とアート実践の自然な親和性から生まれました。ABRの実践は，さまざまな学問領域における社会調査のあらゆる段階──データの生成，分析，解釈，表現など──で使用できる方法論的手法です。アートの創造的な原則を取り入れることで，研究者は理論と実践を結びつけ，全体的かつ関与的な方法で社会調査の研究課題に取り組もうとします。アートに基づく実践では，文学，音楽，ダンス，パフォーマンス，ビジュアルアート，映画などのメディアが活用されます。表現形式としては，短編小説，小説，実験的な文章形式，グラフィックノベル，漫画，詩，たとえ話，コラージュ，絵画，ドローイング，彫刻，3Dアート，キルト，刺繍，台本，演劇，ダンス，映画，歌，楽譜などがありますが，それだけではありません」(Leavy, 2020, p. ix)。

　私はもともとABRに関する研究を整理し，ABRの展望を概観するために本書を編集しました。さまざまな分野の研究者がそれぞれの専門性を生かし，哲学，方法，評価などについて惜しみなく寄稿してくれました。近年では，ABRが世界中の研究者たちに取り上げられるようになったことを，私はうれしく思っています。特に日本の読者のために本書が翻訳されたことを光栄に思います。寄稿者の方々の知恵や事例が，日本中の研究者や学生たちを刺激し，研究にアートを取り入れるきっかけになることを願っています。

パトリシア・リーヴィー

監訳者まえがき

　研究とは何か。本書『アートベース・リサーチ・ハンドブック』は，私たちに，研究の本質について問いかけてくれるものである。アートベース・リサーチ（arts-based Research，以下 ABR）は，研究方法にアートを取り入れることで，従来の研究方法では十分に見ることができなかった側面に光を当てる。本書では，様々なジャンルのアートを取り入れた具体的な研究実践が紹介されており，ABR の可能性と課題について論じている。

　ABR は，本書の第 1 章でも紹介されているように，研究としてのアート実践，アートに基づく探究などさまざまな概念で広く実践されてきた。日本では，2015 年に慶應義塾大学の岡原正幸を中心とした ABR 研究会が設立され，それ以降，ABR の概念で論文も発表されるようになっていった。岡原らは，2020 年に，社会学におけるアートベース・リサーチの事例をまとめ，『アート・ライフ・社会学 —— エンパワーするアートベース・リサーチ』（晃洋書房，2020 年）を出版した。その中では，社会学的な問いを，写真，映画，パフォーマンス，ダンス，演劇，美術，サウンド，文学を取り入れて探究し，人々のライフをアートで表現することの事例や意義について示している。

　ABR は，その他にも教育学などの多様な場で実践されている。特に美術教育において取り組まれ，小松佳代子編著『美術教育の可能性 —— 作品制作と芸術的省察』（勁草書房，2018 年），それに続く『アートベース・リサーチの可能性 —— 制作・研究・教育をつなぐ』（同上，2023 年）で ABR が実践されている。これらの著書では，美術作品の制作過程に着目し，その過程における芸術的省察や探究的思考から美術教育を問い直している。同じく，美術教育を専門とする笠原広一／リタ・L・アーウィンは『アートグラフィー —— 芸術家／研究者／教育者として生きる探求の技法』（ブックウェイ，2019 年）を出版し，カナダの美術教育研究者，アーウィンが提唱するアートグラフィー（a/r/tography）を取り上げ，さまざまな事例を紹介している。このように日本では，社会学および教育学で展開されつつある ABR ではあるが，本書を通して，さらに多様な学問領域に広げることができる。また，本書は，研究のあらゆるプロセス（データの生成，分析，解釈，表現のあらゆる段階）における ABR の活用や，多様なジャンルでの理論と実践が紹介されており，多角的なアプローチでの ABR の展開が期待できる。実際に，本書の監訳者たちも，それぞれの研究領域において ABR に関心を持ち，本書の翻訳に着手することになった。

　岸は，教育工学を主な研究領域として，人の学習・発達のための方法や学習環境について研究をしている。シリアやパレスチナなどの教育開発に関わる中で，子どもや若者が自分の未来や可能性を自ら拓く教育を真剣に考えるようになった。そこで，伝統的な心理学の研究方法およびそれに基づいた教育方法に疑問を持ち，別のアプローチを模索していた。そんなときに出会ったのが，生成の心理学としてのパフォーマンス心理学と ABR であった。共に学習・発達し合えるパフォーマンス空間を作る上で，アートはその舞台装置となりうる。さまざまな ABR 実践を通して，人や社会の多様な強みや魅力

が見えてきて，ますます研究が面白くなってきている。

　川島は，知識習得中心の異文化理解教育は文化的な社会構造を温存しやすいと疑問を感じ，自己や関係性が変容する情動体験に着目し，多文化共生社会における多様性や相互理解の問題に取り組んでいる。演劇の「他者になる」という経験では，他者のことばや動き，心情を自分の身体でなぞるなかで，「自分」と「自分ではないもの」の境が曖昧になり，〈わたし〉が拡張し，別ものになっていくような感覚になることがある。このような変容体験に可能性を見出し，情動体験の深みやいまここで新しく生まれる複雑な現実の様相を摑み取る研究方法として，多様な現実が絡まり合う出会いの場をデザインするための教育実践として ABR に着目している。

　荒川は，美術大学でアート的基盤に基づいてさまざまな探究を行う学生を指導している。デザインを行う学生はリサーチ・スルー・デザインなどの理論を背景に探究を行うことが多い。アート系の学生の探究を支援する方法論を探しているなかで ABR に出会った。ABR を一つの考え方として取り入れることで，学生たちがアートを足掛かりに探究する方法を整理するのに役立っている。

　三代は，日本語教育を専門領域としている。コミュニケーションは，多層的かつ多様で多義的であり，コミュニケーションを学ぶという営みは，個人の中で完結するのではなく，社会に開かれている。そんなコミュニケーションの学びを，従来の研究の客観的アプローチのみで捉えることは難しくなっている。そこで，三代は，自己と他者，そして社会との関係性の中で交差し，蠢くコミュニケーションとその学びを捉え，他者と共有する方法として，映像等のマルチモーダルなメディアを取り入れることに取り組んでいる。ABR は，そのような新しい言語教育研究のあり方の一つの可能性を示唆している。

　これらの学術領域に限らず，ABR はさまざまな領域での可能性を秘めている。本書で紹介している理論や具体的な方法は，ABR のさらなる多様な実践や研究を生み出すことに役立つだろう。本書を通して，研究者や教育者に限らず，同じ興味関心や問題意識を持つ人たちがつながり，共に知を探求していくことを期待している。

日本語への翻訳にあたって

　本書ではできるだけ訳語の統一を図ったが，同じ単語でも分野や文脈によって別の訳を当てた方がわかりやすい場合には，別の単語を当てた。たとえば，inquiry を「探究」または「探求」，reflection を「省察」「内省」「振り返り」「リフレクション」などとした。

　また，本書ではさまざまな作品への言及があるが，原則として原語表記を主とし，作品名の日本語訳が定着した作品や日本語訳があった方がわかりやすい作品については，章の初出に日本語訳を併記した。また，図版の作品名や本文に掲載されている詩のタイトルは基本的に日本語訳で示し，章の初出に原語を併記している。アート作品の名称は《》で括り，書籍・雑誌名には『』を用いた。人名については，研究者・作家等の名前は基本的に原語表記とし，必要な場合に章の初出にカナ表記を付した。それ以外の人名または本書執筆者の名前はカナで表記している。

監訳者一同

私の尊敬する 2 人の先生へ
Barry Mark Shuman 先生（私の高校時代の英語教師）
Stephen Pfohl 博士（私の大学院時代の指導教員）

序文

　本書は，「アートに基づいた研究」のみに特化した初めてのハンドブックです。本書の前には，J. Gary Knowles と Ardra L. Cole が 2008 年に『Handbook of Arts in Qualitative Research（質的研究におけるアートのハンドブック）』という画期的な一冊を出版し，研究にアートを用いるためのさまざまなアプローチを紹介しました。これらの編集者とその著者らに拍手を送りたいと思います。しかし，その後 10 年間ほどでこの分野には大きな成長があり，新しいハンドブックが必要な時期に来ました。私は，この研究アプローチをさらに正当化するために，一般的に使われている「アートベース・リサーチ」という言葉を採用することにしました。量的研究，質的研究，混合研究などのハンドブックがあるように，創造的アートを用いたさまざまな研究アプローチを総称する「アートベース・リサーチ」のハンドブックを出版することにしたのです。

　私がこのハンドブックに着手したのはちょうど良いタイミングでした。この本の構成を構想する際，この分野の第一人者や新たに活躍にしてきた実践者に声をかけ，序章から最終章を通して，アートベース・リサーチを通してどのようなメッセージを伝えたいかを考えることができました。私が最初に出版した著書は，『Method Meets Art: Arts-Based Research Practice（研究方法がアートと出会う：アートベース・リサーチの実践）』です。2008 年にその初版が発売されて以来，世界中の学会や大学，オンラインフォーラムで，アートベースの研究者と出会い，共同研究をする機会に恵まれました。この経験を通して，私はその現場で実践されている素晴らしい研究と，私たちのコミュニティが直面しつづける課題について，幅広い見方を持つことができました。この経験から，私は本書に着手するための十分な環境があると考えたのです。

　本書は，研究者や学生が使いやすいように作られました。さまざまなジャンルの方法を扱っているのが特徴です。本書の大部分の章で，読者が最も必要としている方法論の解説と事例を含めた具体的な方法が取り上げられています。また，評価，書き方，倫理，出版を含む実践的な内容も十分に含めました。各章の著者は，読者が親しみやすいように，専門用語の使用を抑え，必要に応じて方法論を説明し，自分や他者の研究事例をしっかりと紹介しています。本書は，アートに基づいた，あるいは研究にアートの形式を使うような授業の主読本として，また，芸術教育，創作活動を交えたアートセラピー（創作アートセラピー），質的な探究，研究方法などのさまざまなコースや，論文執筆のためのコースで使用することができます。さらに，アートベース・リサーチに関心のある大学院生や研究者にとっても本書は役に立つでしょう。

謝辞

本というものは，一人の人間によって完成するのではなく，多くの人の努力と寛大さの結果です。ハンドブックの場合には特にそれが顕著です。まず，私はこのハンドブックの執筆者の皆さんに感謝を申し上げます。皆さんの専門知識，寛大さ，そして多大なる努力の結果，この本を世に出すことができました。皆さんは，まさに真のイノベーターです。私は一人ひとりに畏敬の念を抱いています。心より感謝申し上げます。そして，出版社の皆さんと，編集者の C. Deborah Laughton に心から感謝申し上げます。あなたは，アートベース・リサーチがトレンドになるずっと前からそれを推進していました。あなたの見通し，サポート，洞察がなければ，この分野は成り立たなかったかもしれません。アートベース・リサーチの研究コミュニティを代表して感謝を申し上げます。あなたは，出版編集者として素晴らしいだけでなく，私の知る限り最高の人で，大切な友人でもあります。

Guilford 社出版チームの皆さんにも感謝の意を表します。皆さんと一緒に仕事ができたことを本当に光栄に思います。特に，Seymour Weingarten，Bob Matloff，Katherine Sommer，Judith Grauman，Katherine Lieber，Marian Robinson，Paul Gordon，Carly DaSilva，Andrea Sargent，Oliver Sharpe，Laura Specht Patchkofsky に感謝いたします。

そして，長年の私のアシスタントであり，親愛なる友人である Shalen Lowell なしには，本書の出版を成し遂げることはできませんでした。執筆者へのメール送信から，参考文献の検索に至るまで，そして，他にも膨大な業務を同時並行でやってくれていましたね。あなたのおかげでこのハンドブックを出版することができました。ありがとう。

また，本書の出版までのプロセスをサポートしてくれた友人や同僚にも感謝しています。特に，Melissa Anyiwo，Celine Boyle，Pam DeSantis，Sandra Faulkner，Ally Field，Anne Harris，Jessica Smartt Gullion，Monique Robitaille，Adrienne Trier-Bieniek に感謝します。

いつも変わらず，家族にも感謝しています。私の小さな親友でもある Daisy Doodle，あなたは私の日々の生活に喜びを運んでくれましたね。Madeline，あなたは私の心の支えであり，私の大好きなアーティストです。Mark，あなたは最高の夫であり，友人です。ここに至るまでずっと，いつも支え，励ましてくれてありがとう。

最後に，私は本書を大好きな2人の先生に捧げたいと思います。先生方は知らず知らずのうちに私をアートベース・リサーチへの道に導いてくれました。Barry Mark Shuman 先生，若かった私に小説は社会学になりうることを教えてくれてありがとうございます。先生はそのつもりでなかったかもしれませんが，おかげで私はそれに注意を向けることができました。そして，Dr. Stephen Pfohl 先生，社会学的な研究においてさまざまなアート形式を用いることができると示していただきました。院生だった頃，研究にイメージや音楽，文学的な文章を織り交ぜることができる場を与えていただきありがとうございました。先生のおかげで，私は新しいことを試したり，遊んだりすることを学ぶことができました。

Contents

日本語版に寄せて　　3

監訳者まえがき　　4

序文　　7

謝辞　　8

第I部　アートベース・リサーチの分野

第 1 章　アートベース・リサーチへの招待　　14

第 2 章　芸術的探究の哲学的・実践的基礎　　37
　　　　アートに基づくパラダイム・方法・発表方法を創り出す

第 3 章　生きる探究としての a/r/tography　　53

第 4 章　社会科学におけるパフォーマティブな動き　　72

第 5 章　創作アートセラピーとアートベース・リサーチ　　88

第 6 章　創造性と想像力　　109
　　　　世界制作としての研究！

第 7 章　ヨーロッパにおけるアートベース・リサーチの伝統と方向性　　124
　　　　フィンランドとスペインのパースペクティブから

第II部　文学のジャンル

第 8 章　ナラティブによる探究　　148

第 9 章　オートエスノグラフィーのアート　　169

第 10 章　創造的ノンフィクション（CNF）との出会い　　198
　　　　方法論に挑む冒険物語のあらすじ

第 11 章　小説に基づく研究　　226

第 12 章　詩的探究　　246
　　　　社会研究としての／における／のための詩

第Ⅲ部　パフォーマンスのジャンル

第13章　新しい調性での a/r/tographic な探究　276
音楽と詩の関係性

第14章　生きること，動くこと，そして踊ること　292
身体化された探究の方法

第15章　エスノドラマとエスノシアター　314

第16章　演出家／俳優／研究者／教師によるプレイビルディングの技法と雰囲気　335

第Ⅳ部　ビジュアルアート

第17章　アートベース・ビジュアル・リサーチ　362

第18章　ドローイングと絵画リサーチ　388

第19章　アートベース・リサーチとしてのコラージュ　409

第20章　インスタレーション・アート　432
旅は終わらない

第21章　学術的なコミックの描き方　453
アカデミックな場で CBR（コミックベース・リサーチ）を創る

第Ⅴ部　映像アート

第22章　研究としての映画／映画としての研究　484

第23章　エスノシネマとビデオベースの研究　500

第Ⅵ部　ミックスメソッドとチームアプローチ

第24章　海のモンスターたちがビーチを征服する　520
教育資源としてのコミュニティアート：ある「海洋ゴミ」プロジェクト

第25章　混合型アートベース・リサーチ　543

第Ⅶ部　学問領域・分野別のアートベース・リサーチ

第26章　教育におけるアートベース・リサーチ　562

第27章　社会学，人類学，心理学におけるアートベース・リサーチの概観　579

第28章　健康科学でアートベース・リサーチの謎を深める　595

第29章　自然科学におけるアートベース・リサーチ　615

第30章　美から学ぶ　630
まだ利用されていないビジネスにおける利用可能性を解き放つ

第Ⅷ部　留意点

第31章　アートベース・リサーチを評価するための規準　　646

第32章　アートベース・リサーチにおける翻訳　　659

第33章　アートに基づくライティング　　680
私たちの生活の中でのパフォーマンス

第34章　アート，エージェンシー，そして研究倫理　　706
ニューマテリアリズムはいかにアートベース・リサーチを必要とし，変容させるか

第35章　教育方法としての美に基づく研究　　726
「知っていること」と「未知であること」の相互作用で「見ること」を拡張する

第36章　実験的なテクスト出版の際の語用論　　754

第37章　公共にひらく　　773
エスノグラフィック・リサーチとその影響力

まとめ

第38章　アートベース・リサーチの可能性を実現する　　792

索　引　　799

関連ウェブサイト www.guilford.com/leavy3-materials で，本書に掲載した図版を
フルカラーで見ることができます。また，オンラインのみで閲覧できる図版やパ
フォーマンス作品の動画もこのウェブサイトに掲載されています。

❖訳者による注記については，本文中の〔 〕内に，また説明の長いものについては該当
　箇所に「＊訳注」と付した上で章末に示した。

第 1 部

アートベース・リサーチの分野

第1章

アートベース・リサーチへの招待

● パトリシア・リーヴィー（Patricia Leavy）

訳：荒川 歩

> 宇宙は，元素ではなく，物語でできている。
>
> —— MURIEL RUKEYSER

　アートは，うまくすれば，直接的かつ長続きする効果を持つ。アートは，私たちの注意をじかにつかみ，私たちを刺激し，私たちが変容するのを手助けする。アートに対する私たちの反応は，知的である前に，直感的で，情動的で，心理的である。アートは，深い印象を長く刻む可能性を持っている。詳しくはこのすぐ後で紹介するが，神経科学における最近の研究によると，アートには，深い関与を引き起こす力が想像以上にあるようで，印象を長期に刻むという。それゆえに，人々の学びに関して無限の可能性を持っている。

　アートはそれ自身，純粋に芸術的表現や文化的豊かさを増大するものとして価値のあるものであるが，それにとどまらず学術コミュニティにも計り知れない価値をもたらす。研究者たちは研究対象をどのように決めているだろうか。その研究を実行に移す最善の方法をどのように決めているだろうか。研究から得たものをどのように他の人に伝えているだろうか。アート教育者の Elliot Eisner（1997, p. 8）は，私たちが表現ツールや表現形式になじむにつれ，私たちの「不思議に思う力が刺激される」と記している。彼によると，通常私たちは「見つける方法をすでに知っているもの」（p. 7）を探しがちである。Sharlene Hesse-Biberha と私（Hesse-Biber & Leavy, 2006, 2008）は，研究者が新しい問いを見つけ，新しいインサイトを生み出すためには「今までとは違うやり方でやってみる」必要があると提案している。新しい見方，考え方，伝え方をつくり出すために，一部の研究者はアートの力を使っている。そのような新しい研究者たちは，これを積み重ねて新しいフィールドであるアートベース・リサーチ（ABR）をつくり上げた。

　アートベース・リサーチ，すなわち ABR は，アートとサイエンスの交差するところに存在する。これまで，アートとサイエンスは，互いに対極にあるものと誤って考えられてきた。しかし，アートとサイエンスは，私たちがその一部をなしている社会や自然

界，そして人間の生活の諸側面を探究し，明らかにし，そして表現するという点で本質的に類似した試みである（Leavy, 2009, 2015）。ABR は，アート実践とサイエンス実践の間の創造的な衝動と意図とを結び，組み合わせるものである。

ABR とは何か

ABR は，創造的なアートの考え方を研究文脈に用いる，知識構築のための領域横断的アプローチである（Leavy, 2009, 2015; McNiff, 2013; 本書第 2 章）。私は，ABR の実践を，どの領域の研究者であっても，また研究のどの段階（研究プログラム生成段階，データおよび内容の生成段階，分析段階，解釈段階，発表段階）でも利用可能な方法論的ツールとして紹介してきた（Leavy, 2009, 2015）。全体として，これらのツールは，リサーチクエスチョンに答えるために，創造的なアートの考え方を応用するものである。そのため，この探究プロセスは，何かを知る方法としてアート制作を行う研究者に関わるものであると言える（McNiff, 2013; 本書第 2 章）。この探究実践は，アートと人文学が社会科学の目標の達成を促進するという信念に基づいている（Jones, 2010）。アートに基づく実践は，あらゆるアートの形式や表現形式を用いる。文学形式（エッセイ，短編小説，ノベラス，小説，実験文学，台本，映画脚本，詩，寓話）だけではなく，ビジュアルアート（写真，素描，絵画，コラージュ，インスタレーション，三次元アート，彫刻，漫画，キルト，刺繍），パフォーマンス形式のアート（音楽，歌，ダンス，クリエイティブ・ムーブメント，演劇），視聴覚的な形式のアート（映画やビデオ），マルチメディア形式のアート（グラフィックノベル），そしてマルチメソッド形式のアート（複数のアート形式を組み合わせたもの）を含む。

ここで重要なのは，ここまで紹介してきた研究活動を示す言葉として私は「アートベース・リサーチ」を用いるが，実践者がアート形式の方法で研究するために使う言葉には，同じくらい適切な言葉が多く存在するということである。**表1.1** は，文献に現れるそれら多くの用語を示している。

研究者の中には，これらの用語の間にはわずかな意味の違いがあると，ことあるごとに指摘する者もいるだろう（Chilton & Leavy, 2014; Leavy, 2015）。その主張は正当であるが，ABR のような研究にその時その時で名前を付けていく試みは，混乱を生じさせやすく，行われている研究を分断し，大学院生が自分の論文の正当性を担保しようとする際の障害となってきた（Chilton & Leavy, 2014; Finley, 2011; Leavy, 2015; Ledger & Edwards, 2011; McNiff, 2011; Sinner, Leggo, Irwin, Gouzouasis, & Grauer, 2006）。そのため私は，一般的な言葉である「アートベース・リサーチ」を用いた。私の意図は，この言葉をアンブレラターム〔傘のように全体を統合する言葉〕として，すなわち研究に対するすべてのアート的アプローチを含むものとして用いるということである。たとえば，他の言葉の中のいくつか，たとえば「a/r/tography」や「パフォーマティブ社会科学」は，より広い ABR コミュニティの中でも強い研究コミュニティを有しており，第 I 部のうちの一つの章として本書の中にも登場する。

研究者の中でも，ABR が単一の独立した研究パラダイムであるかどうかに関しては

第 1 章　アートベース・リサーチへの招待　|　15

表1.1 アートに基づく研究を説明する語彙の一部

a/r/tography	アート（arts）ベースの健康研究
表現形式のオルタナティブ	アート（arts）ベースの研究実践
美的感覚に基づく研究	アート（arts）を踏まえた探究
美的研究実践	アート（arts）を踏まえた研究
探究としてのアート	アート（arts）ベースの批判的探究
研究としてのアート実践	生きる探究
アートベースの探究（enquiry）	パフォーマティブな探究
アートベースの探究（inquiry）	パフォーマティブ社会科学（PSS）
アートベース・リサーチ	詩による科学
芸術的探究	実践ベースの研究
アート（arts）ベース・リサーチ（ABR）	研究ベースのアート（RBA）
アート（arts）ベースの社会研究（ABSR）	研究ベースの実践
アート（arts）ベースの質的探究	学術的アート性
質的研究におけるアート（arts）	アートを通した変容的探究
アート（arts）ベースの教育研究（ABER）	

出所：Chilton & Leavy（2014）．Copyright © 2014 Oxford University Press. 許諾を得て加筆修正

議論がある。ABRは，質的研究パラダイムの一つの方法論であるという者もいれば，独立した一つの研究パラダイムであるという者もいる。『Method Meets Art: Arts-Based research practice（研究方法がアートと出会う：アートベース・リサーチの実践）』の第2版（Leavy, 2015）で説明したように，私自身は，ABRを一つの独立した研究パラダイムと考えるようになった。この主張を裏付けるために，ジョイア・チルトン（Gioia Chilton）と私は，ABRには新しい世界観が必要であり，ABRは広い領域を含むと書いたことがある（Chilton & Leavy, 2014）。ジェームズ・ヘイウッド・ローリングJr.（James Haywood Rolling, 2013）とナンシー・ガーバーら（Nancy Gerber et al., 2012）もまたABRは，一つの独立した研究パラダイムであると主張している。Lorri Neilsen（2004）は，一部の質的研究が「グラウンデッドセオリー」（データに密着した理論）アプローチに依拠するのに対して，ABRは「グラウンドレスセオリー」（データに密着していない理論）アプローチをとるという点で，ABRと質的探究を暗黙的に区別している。

　ABRの哲学については次章で説明するが，このパラダイムをどう概念化できるかについて簡単に説明しておくことが必要だろう。認識論的に，ABRでは，アートは意味をつくり出し，伝えることができると想定されている（Barone & Eisner, 2012）。ABRは，*美によって知識を得る*ということ，あるいはNeilsen（2004）の言葉を借りれば「美的作業」に基づいている。研究成果自体の美，つまりその「美しさ」に関していえば，ABRによって引き出された美は，その美の消費者（そして研究者）のリフレクシビティ（再帰性）と共感の生起に明らかに影響する（Dunlop, 2001）。美は，ケアと思いやりの促進に結びついている（McIntyre, 2004）。ABRの基礎には，ガーバーら（Gerber et al., 2012, p. 41）が提案する以下のようなある種の哲学がある。

- アートが真実を伝え，（自己と他者の両方の知識に関して）気づきをもたらすと考えている。
- アートの使用は，自己－他者の知識を得る上で重要であると考えている。
- 言語化せずに知識を得ることを大切にしている。
- 感覚によって知る，運動によって知る，想像によって知るなど，知識を得る複数の方法を含んでいる。

　哲学的信念は，ある種の「美による間主観パラダイム」を形成する（Chilton, Gerber, & Scotti, 2015）。美には，感覚，情動，知覚，運動，身体性，および想像によって知識を得ることが含まれる（Chilton et al., 2015; Cooper, Lamarque, & Sartwell, 1997; Dewey, 1934; Harris-Williams, 2010; Langer, 1953; Whitfield, 2005）。ABR の哲学は，「身体」の哲学的理解，そして，特に身体性理論と現象学の発展に強く影響を受けている。

ABR の歴史的外観

　「アートベース・リサーチ」は，1990 年代初頭に Eisner が造った言葉であり，それ以来，主要な研究法のジャンルの一つに発展してきた。しかし，それ以前の数十年に起こった大きな変化が，ABR が発展する舞台を整えた。特に，創作アートセラピーの発展，アートと学習に関する（特に神経科学的）研究の進展，そして，質的研究の発展は，ABR が今この時期に誕生することに大きく貢献した。

創作アートセラピー

　アートを癒やし効果や治療的効果に結びつけるという考えは新しいものではないが，アートセラピーが研究領域として発展したことは重要である。創作アートセラピー[1] は，「心理学とアート」の領域に主に根ざした複合的な学問領域である（Vick, 2012）。この領域は，1940 年代から 70 年代に興り（Vick, 2012），主に 1960 年代から 70 年代に発展を遂げた（McNiff, 2005）。Margaret Naumburg（マーガレット・ナウムブルグ）は，北米における「アートセラピーの母」として知られており，1961 年に Elinor Ulman が，最初のアートセラピーに関する学術誌『Bulletin of Art Therapy』を発刊した。1970 年代から 90 年代にかけて，研究者たちが，アートに基づく実践へと向かい，この領域で学術的に大きな変化が起こった（Sinner et al., 2006）。本書の執筆者の一人であり，1998 年に ABR に初めて明確に言及した本を書いたショーン・マクニフ（Shaun McNiff）は，アートと科学が探究過程においてうまく接続できることを示すことで，創作アートセラピーの研究領域は ABR の道を切りひらいたと論じている。本書の執筆者の一人であり，創作アートセラピストであるキャシー・A・マルキオディ（Cathy A. Malchiodi）もまた，

1　創作アートセラピーは，広義には表現アートセラピーに含まれることがある（Leavy, 2015）。

ABR の指導的立場にあり，長年にわたり，さまざまな研究領域を接続しつづけている。

アートと学習

　アートがどのような影響を学習に与えるかや，どのような深い印象を与えるかに関する私たちの知識の蓄積もまた重要である。George Lakoff と Mark Johnson（1980）は，メタファーは，言語に固有のものではなく，人間の思考や行為に広範に存在すると指摘している。Mark Turner（1996）は，日常の心を文学とは関係のないものと考えて文学的な心を特別視する一般的な認識は正しくないと論じている。彼は，「文学的な心は，心の根本である」と論じ，「物語が心の基本原理である」（p. v）と述べている。このことを論じるのに哲学に頼る必要はない。私たちの脳にアートが独自の影響を与えることを示唆する「ハードサイエンス」の知見が増しているからである。

　神経科学と文学の関係に関して近年増加している研究は，「神経文学」と呼ばれ，なぜ小説が特に効果的な教育ツールになるのかについての示唆を与えてくれる。Natalie Phillips は，読書が脳にどのように影響するか，そして，なぜ人が読書体験を没入体験として捉えることが多いのかについて研究している（Thompson & Vedantam, 2012）。彼女を中心としたチームは，Jane Austen（ジェーン・オースティン）の小説を使い，Austen の小説を精読するときと気楽に読んでいるときの調査参加者の脳活動を測定し，その結果，人が小説を精読しているときには全脳の活動に大きな変化が見られることを発見した。さらに，運動や接触に関わる領域のような，ちょっと意外な領域も含めた脳のさまざまな領域で，広い領域と連動する活動が活発になっていた。この実験の中で，「読み手は，物語の中に身を置いて分析している」かのようであった（Thompson & Vedantam, 2012）。このことに関する研究は，始まったばかりである。別の研究として，Gregory Berns 率いる研究チームは，小説を読んだあと数日間にわたり，私たちの脳の結合性が高まることを『Brain Connectivity』誌に報告している（Berns, Blaine, Prietula, & Pye, 2013）。

　私は，2015 年 2 月に，世界中から招待された 50 人のうちの 1 人として，オーストリアで行われたザルツブルク・グローバルセミナーというものに参加した。この 5 日間のセミナーのタイトルは「アートの神経科学：創造性とイノベーションの源は何か」であった。このセミナーの参加者の大多数は，創造性を研究する世界的な神経科学者や一流のアーティストであった。それは，私にとって特別な体験であった。そのセミナーの間に，アートの制作のような創作実践に関わっているときに脳がどのように機能しているのか，素人の描いた絵と一流のアーティストの描いた絵を見比べているときに私たちの脳がどのように機能するのか，そして，私たちが絵を楽しむとき脳はどのような影響を受けるのかに関する多くの研究が存在し，それらに多くの予算がつぎ込まれていることを知った。(1) このことに関する研究は始まったばかりであり，(2) 私たちの脳は，アートを制作している際に，絵を鑑賞しているときと同様に大きく反応し，まるで創造性の「フロー」状態に入っているような状態になる[2]，ということが私には明確になった。

2　創造性の神経科学と，さまざまな形式のアート制作を行っているときに私たちの脳がどのように反

神経科学自体の歴史は，フィクションと深く関係している。アメリカにおける神経学の創始者（Todman, 2007）である Silas Weir Mitchell（1824-1914）は，19 冊の小説と 7 冊の詩集，そして多くの短編小説を出版した小説家であった。彼の小説の多くは，彼が臨床経験の中で観察した患者をもとにしており，その内容も，心理的な，もしくは神経学的な問題を中心にしていた。Charlotte Perkins Gilman（シャーロット・パーキンス・ギルマン）の有名な短編《The Yellow Wallpaper（黄色い壁紙）》（1892）は，今日でも一部の神経学や神経科学の授業で，精神疾患や医師と患者の関係についての概念を，ジェンダーの社会歴史的・文化的な理解と関連づけて説明するために用いられている（Todman, 2007）。

　また，アートセラピーと神経科学の間にも重要な関係があり（Franklin, 2010; Hass-Cohen, Kaplan, & Carr, 2008; Malchiodi, 2012），ABR の可能性と両者が関係を深めることができる可能性の大きさを示している。科学者は従来，脳の 2 つの半球は異なった機能を持つ，つまり右脳は創造性に関連し，左脳は論理的思考や言語に関係すると想定してきた（Malchiodi, 2012）。しかし，脳の左半球もアート制作に関係しており，実際，アートの表現には両脳が必要である（Gardner, 1984; Malchiodi, 2012; Ramachandran, 1999, 2005）。Rebecca Chamberlain, Ian Christopher McManus, Nicola Brunswick, Ryota Kanai ら（2014）が『NeuroImage』誌に発表した研究は，ビジュアルアートの才能のある人やビジュアルアーティストと呼ばれる人には両脳で灰白質や白質の量の増加がみられると論じ，右脳思考，左脳思考という考えの誤りを指摘した。*神経美学*と呼ばれる新興領域は，私たちの脳が，ビジュアルアートの意味をどのように理解しているかを検討している。ノーベル賞受賞者 Eric Kandel（2012）は，ビジュアルアートは多くの領域を活性化し，時に脳の中で相反する情動信号を発生させ，それが深い記憶を引き起こすと説明している。

　Daniel J. Levitin（2007, 2008）は，音楽認知科学の最前線で研究を行ってきた。彼の著名な研究では，音楽と人間の脳の進化を検討するために，（進化心理学を含む）心理学，音楽，神経科学を組み合わせている。彼は「音楽は，単なる気晴らしや暇つぶしではなく，種としての人類のアイデンティティの中心的要素の一つである」と書いている（2008, p. 3）。創作アートセラピーと神経科学の関係を探究している人たちと同じく，Levitin（2007, 2008）は，私たちの脳に音楽は本質的に，もともと備わっていると論じている。彼は，脳損傷を負って新聞を読むことができなくなった患者でも，楽譜を読むことができることを指摘している。

質的研究

　この数十年で，質的研究実践の発展は，多くの社会科学研究者を ABR へと導いた。

応しているかについてより学びたいと思っているのなら，医師 Charles Limb の作品を読むことをお勧めする。Limb は，fMRI を使って多くの研究を行い，多くの即興演奏，フリースタイルラップなど，さまざまな創造的活動を行っている際の脳活動の研究（創造における「フロー状態」に入っているときに，どの脳部位が活動しているかをマッピングする）を行っている。彼は，最近，「楽しい」曲を演奏しているときと「悲しい」曲を演奏しているときのミュージシャンの脳の違いを研究するチームに入っている（www.nature.com/articles/srep18460 参照）。

これは，ナラティブ論的転回，アカデミア内外における創造的ノンフィクションの発生と成長，そして，アートを背景に持つ研究者が，アート実践と質的研究実践のシナジーのありように変化をもたらしたことによるということができよう。

　Arthur Bochner と Nicholas Riggs（2014）は，1980 年代から 20 世紀の終わりにかけて，さまざまな学問領域において，ナラティブによる探究が急激に増加したと記している。21 世紀の始まりまでに，この「ナラティブ論的転回」は起こった（Bochner & Riggs, 2014; Denzin & Lincoln, 2000）。ナラティブ研究者は，研究参加者を対象化することを避け，人間の経験の複雑性を維持しようと志した（Josselson, 2006）。自伝的データの興隆（およびオートエスノグラフィーの出現）が，ナラティブや批判的ストーリーテリングへの転回に大きな影響を与えた。

　ニュース報道と，後の学術発表における創造的ノンフィクション・アプローチの出現と普及は，ナラティブ論的転回および，より広い範囲の ABR の出現の背景の一つである。創造的ノンフィクションは，研究発表を，真実性を損なわないままに人をより惹きつけるものにするために，1960 年代から 70 年代に興った（Caulley, 2008; Goodall, 2008）。ジャーナリストをはじめとした著述家は，その報道を強固にする道具として文学性を用いるという方法を発展させた。『Creative Nonfiction』誌の創設者である Lee Gutkind（2012）は，いま出版業界で最も急速に成長しているジャンルとして創造的ノンフィクションを挙げ，そして，根本的にこのジャンルが「真実の物語を巧みに語る」（p. 6）ことを促進するだろうと言葉を続けた。

　アーティストは質的研究者になり，アートを背景としてもつ研究者もまた，ABR を前進させた。たとえば，アート教育者の Elliot Eisner と Tom Barone はそれぞれ，自分たちの絵画の経験を探究活動に持ち込んでいる。ジョー・ノリス（Joe Norris）と Johnny Saldaña はそれぞれ，舞台芸術のバックグラウンドを質的研究コミュニティに持ち込んでいる。これらのアーティスト－学者（あるいは Valerie Janesick［2001］の言葉を借りれば「アーティスト－科学者」）をはじめとした多くの人が最終的に行うのは，質的研究実践とアート実践の間のシナジーを実現することである。彼らは，質的研究実践とアート実践が，一部の人が考えるほど乖離したものではないということ，そして，それぞれがお互いをどのように活用できるかを示してきた。質的研究実践もアート実践も，ある種の**手作業**であるとみなすことができる（Leavy, 2009, 2015）。アート実践においてアーティストがそうであるように，質的研究においても研究者はある種の道具である（Janesick, 2001）。さらに，これらの実践は共に，全体的であり，ダイナミックであり，内省，記述，問題構築，問題解決，研究過程において直感と創造性の役割を活用し，特定し，説明する能力に関わる（Leavy, 2009, 2015）。

ABR の利点は何か

　本書の他の章を読むことで，あなたは，実践者がどのように ABR を使っているのかや，このアプローチの強みは何かといった全体像をつかめるであろう。ABR には多く

の強みがあるため，この短いレビューでは十分に語りつくすことができない（これらの
アイデアは，もともと Leavy［2009］で検討されたものである）。

　・**新しいインサイトや学習**。他のアプローチを用いた研究と同様に，ABR によっ
て新しいインサイトや，さまざまな範囲の主題についての学びを得ることができる。
ABR は，他の方法では接近できないようなものを引き出す方法であり，他の方法では
到達できないような結びつきや相互の結びつきをつくり出す方法であり，新しい研究上
の問いを立て，それに答える方法であり，旧来の研究上の問いを新しい方法で探究する
方法であり，研究をこれまでとは違う方法で表現し，多くのオーディエンスに届ける方
法である。この研究は人々に，物事をこれまでと違うものとして見たり考えたり，より
深く感じたり，新しいものを学んだり，類似性や差異から理解を構築したりする可能性
を与えるものである。

　・**記述，探究，発見，問題解決**。アートに基づく実践は，記述，探究，発見といった
目的をもった研究プロジェクトや，プロセスに注意を向けることが必要な研究プロジェ
クトにとっては特に有用である。プロセスを捉えることができるアートは，刻々と変化
する社会生活を反映しうるので，結果的に，研究主題と方法の間に密接な関係をつくり
出すことができる。ABR は，問題焦点型プロジェクト，あるいはイシュー焦点型プロ
ジェクトにおいてもしばしば用いられる。研究の中心となっている問題がこの方法論の
利用を要請することがある。

　・**ミクロとマクロのつながりの形成**。ABR は，私たちの個人としての生活と，それ
と関わるより広い文脈とのつながりを探究し，記述し，説明する（理論化する）のに特
に有用な場合がある。ABR のこの利点は，コミュニケーションや社会福祉，社会学，
女性学やジェンダー研究といった学術領域に関係する社会科学の研究者に特に魅力的で
ある。

　・**全体性**。ABR は，複数の学問的方法論や理論の境界線上にあり，不明確に拡張さ
れた領域，つまり学問領域を超えた方法をもつ環境において発達した (Leavy, 2011)。さ
らに，これらの研究方略は，既存の学問領域を統合・拡張し，学問領域の内外でシナ
ジーを起こすことが期待される (Chilton & Leavy, 2014)。ABR の実践は，研究における包
括的・統合的アプローチの一端をなす (Knowles & Cole, 2008; Hunter, Lusardi, Zucker, Jacelon,
& Chandler, 2002; Leavy, 2009)。これは，研究のプロセスを重視したアプローチであり，研
究テーマは包括的に捉えられ，研究プロジェクトの各段階は密接に相互に関係づけられ，
理論と実践が結びついている (Chilton & Leavy, 2014; Hesse-Biber & Leavy, 2011; Leavy, 2009, 2011)。

　・**喚起的で誘発的**。アートは，うまくすれば情動的または政治的に，何かを喚起し，
人を魅了し，美的に強力で，人を感動させることが可能である。アートは，強力に人々
の注意を引く。「よい」アートがもつ人目を惹く力は，アートの*直接性*と密接に結びつ

いている。これらが研究者が自分の ABR プロジェクトにおいて利用する質であり，それがアートを他の表現形式とは違う特別なものにしている。一つの表現形式としてのアートは，社会生活の情動的側面を伝達するのにとても効果的でありうる。

• *批判的意識と気づきの向上，共感*。ABR は批判的な認識を生み出し，意識を高めるための手段として使用することができる。ABR は，新しい考えや物語，イメージを人々に提示し，社会的な意識の向上のために使うことができる。これは，権力関係（特権をもつ集団にとってはたいてい不可視である）を明らかにしたり，人種やジェンダーに対する批判的意識を高めたり，集団を超えた連帯を構築したり，支配的なイデオロギーに異を唱えたりすることを目指す社会正義志向の研究にとって重要なことである。ABR は，共感を促進する独自の可能性も有している。Elizabeth de Freitas（2003, 2004, 2008）は，フィクションに基づく研究によって「共感的関与」が促進する可能性を広範に描いているが，私は，それは ABR 一般にも当てはまるものだと思う。

• *ステレオタイプを揺さぶり，支配的なイデオロギーに異を唱え，周辺に追いやられた声や観点をインクルーシブにする*。ABR は，アイデンティティ・ワークに関する研究にも有用である。この領域の研究では，差異や多様性，偏見に関する経験についての情報を伝えることが頻繁にある。ある集団では人々のバイアスのかかった「常識」的考えによって自らに制約が課される一方，別の集団ではステレオタイプが人々のもつ本来の権利を奪い取ることがある。アイデンティティ研究はこれらの「常識」やステレオタイプと対決しようとする。ABR はインクルーシブな性質をもちうるため，社会的正義に関わる活動にもしばしば用いられ，（人々がもつステレオタイプやイデオロギーに異を唱える上で必要な）これまでとは異なる見方や考え方を人々に惹起させる可能性を持つ。

• *参加性*。第一に，調査の参加者や学者以外のステークホルダーが ABR に関わる場面において，その人たちは完全に，そして平等に共同研究者として扱われるだろう（Finley, 2008）。ABR は，上下関係をともなわない関係を重視している。第二に，ABR は他者をオーディエンスとしてそのプロセスに巻き込むことを必要とする。誰もが ABR を楽しみ，経験するのである。

• *意味の複数性*。アートに基づく実践は，権力的な主張を押し付けるのではなく，複数の意味づけを行ったり，意味に複数性を持たせたりすることを可能にする。ABR は意味形成を民主化し，「専門家」としての学術研究者を脱中心化する。さらに，作品はある意味を指し示すものではなく，複数の意味を喚起するものであるため，1 点のアート作品によって引き起こされたある種の対話は，その喚起された意味に基づいてなされる。この点は，参加者がアート制作のプロセスを経験する際やオーディエンスが ABR を楽しむ際だけではなく，研究者が自分の研究をデザインする際についても同様に関わることである。

• *公共にひらかれた研究と有用性*。ABR は，公共にひらかれた研究をつくり出し，結果的に有用な研究を実施するという点において独自の可能性を持っている。学術的業界用語にあふれ，学術関係者しか目にしない従来のピアレビューの学術論文とは異なり，ABR は，業界用語なしで，2つの意味で誰もが学ぶことのできる研究成果を生み出せる。第一に，ABR は理解可能であり（業界用語がない），第二に，それらは一般のオーディエンスがアクセスできる場所で流通する。従来，アカデミアの業界では，「*出版せよ，さもなくば去れ（publish or perish）*」といったことが義務づけられていた。しかし，近年，限られたアカデミアの外でその研究成果を実証するために，「*社会に出よ，さもなくば去れ（go public or perish）*」という言葉をよく耳にするようになっている。ABR は，インパクトのある研究を生み出しうる。この点については本書の最後に再び検討したい。

ABR の実践者にはどのようなスキルが必要か

ABR の研究者は，新しいツールをつくり上げ，知識への新しい道筋を開拓し，研究成果の新しい形を想像する。実践が進化し成長するにつれて，実践者が備えるべきスキルにこれといって決まったものは存在しなくなった。さらに，プロジェクトには，少なくとも一つのアート様式に関する経験を必要とする場合がある。これは，量的研究や質的研究，コミュニティベースの研究あるいはミックスメソッドなどの他の研究技法と同様である。それぞれのプロジェクトは，その目標に照らして，さまざまな方法で構造化されている。そのため，それぞれのプロジェクトに必要なスキルは，その研究者の研究領域における専門性と同様，大きく異なる。

必要なスキルはケースバイケースであり，さまざまな組み合わせがあるし程度もばらばらであるが，重要になることが多い（私が2009年に最初に発展させた）共通のスキルがある。ここではそれを一般的な言葉で論じようと思う。しかし，その前に，読者の皆さんにはこれらの規準が大まかなものであり，変わっていくものであることを理解してほしい。ABR は，創造性とイノベーションを必要とする。そのため，どんなスキルであれ固定されたものとして受け取ってはならない。ショーン・マクニフが（本書第2章で）書いているように，私たちが向かっている目標の一つは，「探究の自由を守ること」であるべきである。さらに，あるプロジェクトがある特定のスキル群を必要としたとしても，私たちは，現状の状態から始めて，プロジェクトを進めながら徐々に学び，時間をかけて改善していくことができる。これは，あらゆる研究様式に当てはまることである。質問紙調査の研究者やインタビュアーも，それぞれ時間とともにスキルが上がっていくだろう。私の3冊目の小説は，最初の小説よりもいろいろな面で良くなったと私は思っている。4冊目を書いたなら，それはこれまでよりも良くなってほしいと思うし，実際にそうなるだろう。私は自分のスキルを，時間をかけて向上させてきた。私がこのことをわざわざ書くのは，Eメールや会議で，学生や駆け出しの研究者から数えきれないほどこのことに関する質問を受けてきたからである。この種の活動に非常に多くの研究者が興味を持っていることを私は知っているが，多くの人は，自分にそんなことはできな

第1章　アートベース・リサーチへの招待　23

いと思って挑戦することを恐れている。それぞれ今の状態から始めてほしい。そして手を動かしながら学んでほしい。アートベースの多くの実践者に有用だと考えられる以下のスキルが，あなたが自身の実践を発展させる上での手がかりになればと願っている。

・*柔軟性，開放性，直感*。アートの実践には自発性と生成の余地がつきものだが，ABR もそれらを必要とする（Leavy, 2009, 2011, 2015）。発見のプロセスが進むにつれて，ABR は，そのプロセスの中で実践者に変容を引き起こす場合がある（Barone & Eisner, 2012）。創造場面では，たいてい試行錯誤が必要になり，新しいアイデアやインサイトをもとに進む道を変化させ，自分を内的に見つめること，すなわち「予感」を頼りにすることが多い。

・*概念的に考え，象徴的に考え，比喩的に考え（Saldaña, 2011），主題に合わせて考える*。ABR で私たちは，プロジェクトをつくり上げる際，学んだことの意味を理解する際，そして，学んだことの中心的な要素に明快な表現としての形を与える際に，このようにさまざまな方法で考えなければならない。

・*倫理的実践と価値システム*。すべての研究は，倫理的基盤と私たちが暮らす価値システムにしっかりと配慮することが必要である（Leavy, 2017）。特に ABR には，研究活動や研究の結果への民主的参加や先進的なケアという独自の可能性があるために，この点はより重要になる。中には，私たちは「美」に関われば関わるほど，「ケアの余地」を高めていくことができるという者もいる（McIntyre, 2004, p. 259）。ABR は，誰もが目にし，共創し，抵抗を感じ，感情的になりうるものであり，アイデンティティ・ポリティクスについての研究（Holman Jones, Adams, & Ellis, 2013）やポリティカル・ジャスティスに関する活動（Finley, 2008），そして思いやりを引き出すことを目的とした研究（Freeman, 2007）に寄与する大きな可能性を持つ。ABR には人々に変化を引き起こす可能性があるため，スーザン・フィンリー（Susan Finley）は，ABR を「人々の教育の一つ」であるとする（2008, p. 73）。さらに彼女は，実践者が ABR を「公的で道徳的な企て」として強調し，研究者も参加者もオーディエンスも等しく共創のメンバーであるとみなし，市井の批評家や市井のアーティストの見方を尊重し，多様性とインクルージョンの問題に焦点を当て，研究デザインの際にはオーディエンスの役割を慎重に検討し，あらゆるアート様式に門戸を開きつづけることを提案している（p. 75）。

・*アーティストのように考える*。最終的な成果の*芸術性*を心に留めておく必要がある。これには，技術や美に注意を向け，特に，あなたが対象にしたり利用したりしようとしているその作品の技巧に注意を払うことが求められる（Faulkner, 2009; Saldaña, 2005, 2011）。あなたがアートの正式な訓練や経験を経ずに ABR プロジェクトに参加しようとしているなら，あなたが使う作品の技巧について学ぶことは必須である。それは，文献を読むことかもしれないし，その分野の事例をたっぷり見ることかもしれないし（たとえば，演劇を見る，脚本を読む），授業を受けることかもしれないし，そのジャンルのアーティ

ストと共創することかもしれない（Leavy, 2015）。アーティストの作品は重要ではあるが，ABR は，アートのためのアートではない。「純粋」アートを作ることにとどまらず，より広い目標をもった内容を届けることになるだろう。作品に注意を払うことは重要ではあるが，ABR はその有用性に基づいて判断されるべきである（Leavy, 2009, 2011, 2015）。美は，有用性を高めることができる（演劇，映画，小説が良い作品であればあるほど，それがオーディエンスに与える影響は大きくなる）。マクニフが第 2 章で述べているとおり，「言語的なスキルがあらゆる学問分野の研究に影響する」のとまったく同じように，アートの力は研究プロジェクトに影響する。そのため，書くことが求められる研究に携われる研究者であれば，誰でも ABR アプローチの実践を学ぶことができるだろう。また，アーティストのように考える際には，全体像と主要要素を強調することも求められ，それらを一貫性をもって提示する必要がある。森と木，その両方に注意を向けなければならないのである。

• **一般の知識人のように考える。** 以前に別のところで書いたように（Leavy, 2015 参照），一般の知識人のように考えるということの意味は，一般の人にとってあなたの研究がどのような意味を持ち，どのように届くのかについて考えるということである。どうすればあなたの研究を重要なステークホルダーに届けられるだろうか。その活動を，どのように枠づけ，ラベル付けし，そして広めるのが良いだろうか。公共にひらかれた研究を生み出すには個人的なコストがかかる場合があることを指摘しておくべきであろう（Mitchell, 2008）。あなたが自分の活動やアイデアを他の人の目に見えるところに置いたそのときから，あなたは，あなたに同意しない人や，作品に対して辛口のレビューを書いたり公に批判したりする人のいる世界の住人になり，そういう人のいない以前の世界に戻ることはできない（Leavy, 2015）。このような問題が起こる可能性があったとしても，こうした研究を行う人々は，そこから得るものはコストを上回るといつだって主張する（Leavy, 2015; Mitchell, 2008; Zinn, 2008）。この点については，本書の最後にある結論で再び触れよう。

本書の内容

ABR は，まだ生まれたばかりのパラダイムであるが，さまざまな学問領域やアート様式で急速に発展してきている。そのため，本書の内容をどのようなものにするかを定め，本書を構成するのは，困難な課題であった。

まず本書の内容に関し，私は，哲学的観点や，ABR のコミュニティの観点，そして国際的な観点，さらに，さまざまな ABR のジャンルを超えて共通する実践，学術領域ごとの概観，評価から出版に至るまでの間で検討すべきことを含め，この分野の基本的な概観を提供しようと決めた。執筆は，新進気鋭のアーティスト−学者とともに，この分野での著名な人にお願いした。アーティストも学者も，自分たちが執筆する内容には裁量が与えられる必要があるため，私からのお願いは最小限にした。私は，読者が読みやすいように，学術業界の用語を避け，必要なときには方法論的説明を加え，また，確

固とした研究事例を挙げて章を構成するよう各執筆者にお願いした。その後，私は寛大にもこのプロジェクトに参加すると決めてくれた人の専門性を信頼して，邪魔にならないよう努めた。

　本書の構成に関しては，読者の読みやすさを優先した。8部から成っている（詳細は後述する）が，各部は適当に並べたわけではない。まずこの分野の概観を説明することから始めて，その後の5部は，それぞれのアートジャンルごとの実践に焦点を当てている。その際，私は，（文章を基にしているという意味で）多くの学術領域の人にとって最もなじみのある，文学ジャンルから始め，その後，他のアート様式に自然に話を進め，一つのアート技法に根ざしたものから「複合分野」（Rose, 2000）に関わるものや，それらを組み合わせたミックスメソッドといった領域へと話を進める。次に，各学術領域内でのABRを概観する。最後に，ABRによる研究の評価や出版といったその他の検討すべきことについて論じるセクションを配した。各テーマの配置は配慮されているため，前から順番に読み進めるとよいが，個々の部ごとに読むことも，読者自身が興味のある章から読むこともできるだろう。

　第Ⅰ部「アートベース・リサーチの分野」は，哲学的問題について，より広いABRの枠組みの中のさまざまなコミュニティについて，そして国際的な観点について検討した。まずショーン・マクニフによる第2章「芸術的探究の哲学的・実践的基礎 —— アートに基づくパラダイム・方法・発表方法を創り出す」から始まる。この章では，世界で初めてABRに関する本を出版したマクニフが，アートによって知識を得る方法に関する彼の個人的な経験をもとに私たちをこの分野へいざなってくれる，この分野への理想的な入り口である。マクニフは自らの専門家としての人生を，「研究」とは何か，研究はどのようなものでありうるのか，私たちは研究をどのように理解し表現することができるのかを論じるために用いている。第3章の「生きる探究としてのa/r/tography」で，リタ・L・アーウィン，ナタリー・ルブラン，ジヨン・リュ，ジョージ・ベリヴォー（Rita L. Irwin, Natalie LeBlanc, Jee Yeon Ryu, & George Belliveau）は，アーティスト－研究者－教師の交差点とは何かを明らかにしている。知識を得る方法としてのa/r/tographyの独自性を下支えしているものに焦点を当てた後，彼らは，さまざまなアート様式における事例を通して，探究するための方法としてのa/r/tographyアプローチを美しく描き出している。第4章の「社会科学におけるパフォーマティブな動き」では，ケニス・J・ガーゲンとメアリー・ガーゲン（Kenneth J. Gergen & Mary Gergen）が，パフォーマティブな社会科学への転換について詳述している。この研究アプローチはABRと類似しているが，彼らはABRというより「研究ベースのアート」と呼んだ方がよいのではないかと示唆している。彼らが言うには，パフォーマティブな社会科学は，社会科学研究を促進するためにパフォーマティブな研究を用いるものであり，彼らは，その出現と探究方法としてのこのアプローチの特徴について説明している。創作アートセラピーは，アート独自の可能性を取り入れ，芸術と科学的実践を統合した最前線の活動である。第5章の「創作アートセラピーとアートベース・リサーチ」において，この領域の第一人者であるキャシー・A・マルキオディは，創作アートセラピーを概説し，創作アートセラピーの中でABRが発生してきた過程，創作アートセラピーにおける独自の「ブレ

インワイズ」特性，創作アートセラピーと ABR の交差点についてより学ぶために，読者が自分で小規模の ABR を実施する機会について論じている。この章は，創作アートセラピーの枠組みで ABR の応用と調査をする際における「橋渡し（翻訳）研究」の重要性に関して結論を述べている。第 6 章の「創造性と想像力 —— 世界制作としての研究！」で，セリヤンヌ・カメルゴ＝ボルヘス（Celiane Camargo-Borges）は，若い頃から抱いてきた「どうやれば，研究について厳密さや質や妥当性を提示して学問的認証を得つつ，同時に，人々，コミュニティ，都市，社会的変容を含み込む有機的な研究を展開できるだろうか」という一つの問いに焦点を当て理由を説明している。この問いが，探究過程における創造性と想像の役割を探索するという道に彼女を導いたのである。この章は，「従来の」研究実践とは異なるムーブメントの概観を説明し，新しいアイデアを形成したり複数のアイデアが結びつく可能性を示したりする方法としての創造性と想像の概念を明らかにするとともに，創造性と想像の原理を用いて研究をデザインする方法を概観し，さらにウガンダにおけるあるプロジェクトの研究事例を紹介している。「ABR コミュニティ」のような名称が本書では頻繁に用いられるが，このコミュニティの中には多くのコミュニティが含まれており，その多くは，その実践が行われる場所で研究の重要性を提起できるかや，情報源，資金，学術ガイドラインを利用できるかという問題と地理的に絡み合っている。多くの現実的な理由で，本書で ABR の地理的な境界をマップで示すことは不可能であるが，第 I 部の最後の章では，（本書において支配的な発言力を持つ）北アメリカとオーストラリア以外の ABR コミュニティにおいて見られるいくつかの違いについてまとめようとしている。アンニイナ・スオミネン，ミラ・カリオ＝タヴィン，フェルナンド・エルナンデス＝エルナンデス（Anniina Suominen, Mira Kallio-Tavin, & Fernando Hernández-Hernández）による第 7 章「ヨーロッパにおけるアートベース・リサーチの伝統と方向性 —— フィンランドとスペインのパースペクティブから」では，フィンランドとスペインという 2 つのヨーロッパの国における ABR やアーティスティック・リサーチ（AR）が，その地理的文脈からどのように見えるかとそのアプローチ方法を提示している。

第 II 部から第 VI 部は，実践や方法に焦点を当てている。第 II 部「文学のジャンル」は，言葉を用いた ABR 実践をレビューしている。私はこの部を，テクスト形式の中でも他の研究アプローチと類似した部分があることから，多くの研究者になじみのあるナラティブによる探究から始め，リリカルな性質をもつためにその後のパフォーマティブな分野についての章へとつながる，詩による探究で終える。マーク・フリーマン（Mark Freeman）による第 8 章「ナラティブによる探究」は，まさに，ナラティブへと転回する著者自身の物語で始まっている。自分の物語を語る中で，フリーマンは，ナラティブによる探究という分野について記述し，「詩的科学」に対する関心も含め，彼自身が挑戦していることを描いている。この章では説明のために，美的であることも含めて多くの点において物語を正しく扱おうとする彼の試みを，彼の母親の物語を例に紹介している。第 9 章の「オートエスノグラフィーのアート」で，トニー・E・アダムズとステイシー・ホルマン・ジョーンズ（Tony E. Adams & Stacy Holman Jones）は，書くこととアートの関係を論じることから始めて，オートエスノグラフィーを実施し，書く上で

の，美的なプロセスと実践，技術と技，デザインと想像について詳述している。この著者は，オートエスノグラフィーを定義して記述し，フィールドワークを実施し，他者と関係をつくる上でのアートや，文章で表現する上でのアート，そして，理論と実践を統合する上でのアートを含め，芸術性の高い技術について論じている。そして，オートエスノグラフィーの2つの例を示し，それらを手作りする際に用いるアートの技術を論じている。アニタ・シナー，エリカ・ハセベ＝ルッツとカール・レゴ（Anita Sinner, Erika Hasebe-Ludt, & Carl Leggo）による第10章「創造的ノンフィクション（CNF）との出会い —— 方法論に挑む冒険物語のあらすじ」は，実施可能な探究方法として創造的ノンフィクション（CNF）を提示している。この CNF によって，アート研究者は，方法論の概念化（過程），技術と方法の応用（実践），そしてその結果としての研究成果（産物）を，物語を通して創造的に示し，研究を通して語ることができると考えられている。シナーらは，さまざまな執筆形式を用いた CNF の多様なアプローチを含めて，理論と実践，検討点，課題などこの実践の概観を提示する。彼女たち自身の手による美しい例も，わかりやすく添えられている。第11章の「小説に基づく研究」で，研究実践としての小説，すなわち小説に基づく研究（fiction-based research: FBR）を書いたのは私である。この章では，FBR の誕生につながる変化の背景，人々が小説を読み，処理する際の独自の方法についての神経科学における最近の研究動向を述べ，このアプローチの強みと，プロジェクトを形成するために全要素を含めた研究デザイン過程について論じている。この章は，私の教育者としての経験や個人的な経験および社会学的インタビュー研究をもとに私が書いた3つの小説の経験に関する堅固な議論と，すでに出版された事例のレビューで終えられる。第12章，サンドラ・L・フォークナー（Sandra L. Faulkner）の「詩的探究 —— 社会研究としての／における／のための詩」が本書第Ⅱ部の最後を飾る。広く知られた詩人でもあるフォークナーは，社会科学や人文学の研究者，実践者，学生によって使われる，研究の形式，表現そして方法としての詩を検討している。彼女は，詩が研究として／研究において／研究のために何を行い，何を批判しているのかについて，詩の力についての議論から語りはじめ，詩的な探究に最も適した目標やプロジェクトの種類に話を移し，そして，それを書く過程と作品の技巧を記述している。彼女はさらに，研究を表現する際や，研究過程の中で，どのように詩を使うことができるかに関する問いに答えている。

　第Ⅲ部「パフォーマンスのジャンル」は，パフォーマティブな ABR 実践をレビューしている。詩のリリカルな性質を引き継いで，この部は，ピーター・グズアシス（Peter Gouzouasis）による第13章「新しい調性での a/r/tographic な探究 —— 音楽と詩の関係性」から始まる。人生を音楽に捧げているグズアシスは，「作曲やミュージッキングにおいて私は何をするのか，そしてそれは私のミュージシャンシップ，哲学的立場，研究，教育とどう関係するのか」という問いからこの章を始める。この問いを探究することを通して，グズアシスは，音楽的に生きるということは何を意味するのか，音楽が人生や研究に寄与することは何か，音楽と詩を通しての探究，そして，どうすれば音楽の ABR を堅固な探究の形式としてみなすことができるか，それを実施することができるか，理解することができるかについて論じている。第14章の「生きること，動

くこと，そして踊ること —— 身体化された探究の方法」において，セレステ・スノーバー（Celeste Snowber）は，身体化した探究形式としてのダンスや身体動作を探究している。経験豊かなダンサーとして，彼女は，身体化が意味すること，自己の身体を道具として研究を理論化し実施する方法，そして，ABR 実践としてのダンスについて豊かな議論を提供している。彼女は，その分野における彼女自身の研究を含めて興味深い例を紹介している。第 15 章の「エスノドラマとエスノシアター」において，劇作家で監督であるジョー・サルヴァトレ（Joe Salvatore）は，研究実践としてのドラマや演劇の世界にいざなっている。この中で彼は，新しい演劇作品をつくるプロセスは，研究者が研究を実施するプロセスと同じであるということを実証している。サルヴァトレはこの章全体で，インタビュー調査からエスノドラマに進むプロセスの全体を通して，明快な方法論的説明と事例を読者に提供している。第 III 部は，ジョー・ノリスによる第 16 章「演出家／俳優／研究者／教師によるプレイビルディングの技法と雰囲気」で終わる。ここでは，調査方法としての集団による創作や演劇創造が論じられている。ノリスは，演劇創造のプロセスを詳述し，十分な方法論についての説明を提供するとともに，この分野での彼の長いキャリアからの多くの例を紹介している。

　第 IV 部「ビジュアルアート」は，ビジュアルアートの ABR 実践をレビューしている。この部は，グニラ・ホルム，フリッツヨフ・サールストロムとハリエット・ジリアカス（Gunilla Holm, Fritjof Sahlström, & Harriet Zilliacus）による第 17 章「アートベース・ビジュアル・リサーチ」から始まる。この章は，ビジュアルアート研究を実施する理由や，特に写真やビデオの社会科学における利用，そして分析や公表や倫理のような重要な問題を含めて，ビジュアルアート研究の包括的なレビューを提供している。著者は，ポップカルチャーやソーシャルメディアやスマートフォンの役割を含めた現代的な問題も考慮に入れている。第 18 章「ドローイングと絵画リサーチ」の著者であるバーバラ・J・フィッシュ（Barbara J. Fish）は，アーティスト，セラピスト，臨床的なスーパーバイザー，教育者，活動家としての自らの立ち位置を記述し，彼女の素描や絵画の研究が，彼女の活動を意図的に，どのように導き，また踏まえたものになっているかを論じている。彼女は，この章において，彼女のアーティストとしての探究アプローチが彼女の実践に何をもたらしているかを描き，また論じている。第 19 章「アートベース・リサーチとしてのコラージュ」において，ヴィクトリア・スコティとジョイア・チルトン（Victoria Scotti & Gioia Chilton）は，アーティスト，アートセラピスト，ABR の研究者としての自分たちの経験から，研究技法としてのコラージュをレビューしている。主要な用語を定義し，コラージュによる創作をポストモダンな哲学に位置づけて紹介し，そして，コラージュがどのように ABR の方法として実施されうるかについて記述している。彼女らはデザインと分析の両方の事例を提供している。またスコティとチルトンは，初心者がコラージュを研究として使う上での実際的なアドバイスも提供し，関連する倫理的問題にも触れている。第 20 章「インスタレーション・アート —— 旅は終わらない」で，ジェニファー・L・ラパム（Jennifer L. Lapum）は，インスタレーション・アートを通して探索し，創造し，さまよう旅へと読者を導いている。そうするために，彼女は，インスタレーション・アートの概念と特徴の概観について紹介し，その後，その健

康研究や社会科学研究の領域での利用について描き出し，続いて，堅固な事例を提供している。この章は，インスタレーション・アートと研究の分野におけるデザインや解釈，表現を取り囲む方法論的問題についても論じている。第Ⅳ部最後の章は，ビジュアルイメージにもテクストにも依拠しているため，第Ⅱ部の「文学のジャンル」や第Ⅵ部の「ミックスメソッドとチームアプローチ」にも置きうるものである。第21章の「学術的なコミックの描き方――アカデミックな場でCBR（コミックベース・リサーチ）を創る」で，ポール・J・カットナー，ニック・スーザニスとマーカス・B・ウィーヴァー＝ハイタワー（Paul J. Kuttner, Nick Sousanis, & Marcus B. Weaver-Hightower）は，研究実践としてのコミックの創作に関して概観する。彼らは，主要概念を定義し，コミックが研究者に与えるものについて議論し，事例を示して，共創やデータ収集，分析を含む主要なデザイン上の問題を論じている。彼らは，出版，評価倫理のような現実的な問題についてもレビューし，初心者が研究を始められる援助となるようなアクティビティを親切に提供している。

　ここまでの静止したイメージから，動くものへと話が移り，第Ⅴ部の「映像アート」では，視聴覚的なABR実践を2つの章でレビューする。第22章「研究としての映画／映画としての研究」は，パフォーマティブ研究実践および研究の公表手段としての映像に関するトレヴァー・ヒアリングとキップ・ジョーンズ（Trevor Hearing & Kip Jones）のらせん状の対話である。ジョーンズは，伝記的調査のデータを短編映画のための物語へと作り変え，後に賞を取った質的研究者であり，対話の相手であるヒアリングは，テレビのドキュメンタリー番組の制作者という経歴を持つ。この章の著者二人は，ジョーンズの映画の予告編を共創し，合わせてその制作過程を描いたドキュメンタリーもビデオで記録した。彼らは，さまざまなプロジェクトや発表で，10年以上協働して仕事をしており，それが，研究において映像がもつ力と可能性に関して彼らが会話するきっかけとなっている。第23章の「エスノシネマとビデオベースの研究」において，アン・ハリス（Anne Harris）は，研究方法としてのビデオや，彼女が第一人者であるエスノシネマを概観し，創作的研究活動を行う新しい方法や，創作的研究活動を理解するための新しい言語をビデオがどのように提供するのかについて詳述する。この分野を位置づけたのち，ハリスは，美的観点や政治的観点，エスノシネマ／エスノビデオの方法，研究デザインへのアプローチ，分析，解釈，彼女が「非表象」とみなすものなどの主要な問題を概説している。全体を通して事例が提供されている。

　第Ⅵ部「ミックスメソッドとチームアプローチ」は，ABRへのチームアプローチと，2つ以上のアート実践を1つのプロジェクト内で扱うことについてレビューしている。カリン・ストール，ウェンチェ・ソルモ，メッテ・ゴードヴィーク（Karin Stoll, Wenche Sørmo, & Mette Gårdvik）による第24章「海のモンスターたちがビーチを征服する――教育資源としてのコミュニティアート：ある『海洋ゴミ』プロジェクト」は，環境研究の分野でのコミュニティアート・プロジェクトを描いている。著者らは，コミュニティアートは，海洋汚染といった環境問題を社会や学校に知らせる効果的な方法だと提案している。第25章「混合型アートベース・リサーチ」で，スーザン・フィンリーは，1つあるいは複数のアート様式を1つの研究プロジェクトで扱うことについて論じている。

30　　第Ⅰ部　アートベース・リサーチの分野

フィンリーは，2015 年にヒットしたブロードウェイの劇《Hamilton（ハミルトン）》についての議論から話を始めて，この章の中で，さまざまなアートのジャンルをまたぐ堅固な事例を紹介している。

　第Ⅶ部「学問領域・分野別のアートベース・リサーチ」は，5 つの特徴的な学術領域における ABR の利用についてレビューすることで，幅広い学問領域や研究領域でその有用性を描き出す。まず第 26 章の「教育におけるアートベース・リサーチ」から始める。ここでは，ジェームズ・ヘイウッド・ローリング Jr. が，「現代の教育の実践は，基本的に学問領域横断的であり，より効果的な教育と学修を促進するために，領域を超えた無数の知識を使う」と述べている〔同章の原書本文にはこの引用は見当たらない〕。ローリングは，教育研究者を導く理論構築のために，社会研究実施におけるハイブリッドな方法とアートに基づくモデルの構成という柔軟な構造を提案している。第 27 章「社会学，人類学，心理学におけるアートベース・リサーチの概観」で，ジェシカ・スマート・ガリオンとリサ・シェーファー（Jessica Smartt Gullion & Lisa Schäfer）は，社会科学への ABR の導入はゆっくりであるが，これらの学問領域において特筆に値する事例が存在することを指摘している。この著者らは，映像社会学，ソーシャルフィクション，芸術社会学，アクションリサーチ，エスノドラマ，エスノグラフィック・フィクション，エスノグラフィック・ポエトリー，エスノミュージコロジー，アートセラピーと音楽療法，そして写真を含んだ，社会学，文化人類学，心理学のさまざまな領域における成果についてレビューしている。この章の著者らは，ABR は，社会科学者が「表象の危機」に対処する一つの方法であると論じている。第 28 章「健康科学でアートベース・リサーチの謎を深める」で，ジェニファー・L・ラパムは，健康関連領域における ABR を探究している。この章は，健康科学におけるアートの歴史や，研究者の立ち位置やデータ収集，公表，難題，倫理的問題を含む方法論的問題についてレビューしている。第 29 章の「自然科学におけるアートベース・リサーチ」で，レベッカ・ケイメン（Rebecca Kamen）は，読者を，アートと自然科学の交差する，彼女が個人的な関心を持つ領域へと招待する。この章では主に，ケイメンが特別な任を受け，化学，物理学，神経科学の領域でつくり出した作品群に焦点を当てる。最後の第 30 章「美から学ぶ —— まだ利用されていないビジネスにおける利用可能性を解き放つ」の著者であるケイコ・クラーンケとドナルド・グッドマンソン（Keiko Krahnke & Donald Gudmundson）は，従来の研究実践における議論の中に本章を位置づけ，その後，ビジネス業界で起こっている変化について記している。彼らはビジネス業界で，より全体的な世界観に価値が置かれるようになり，創造性，共感，そしてマインドフルネスといった言葉が，人々の重要な側面として組織においてより注意を引くようになっていると論じている。ビジネスリーダーには，新しい挑戦を探索するために，さまざまなスキル，深い気づき，高い意識が必要とされる。このように，本章は，組織における学びにおける美の役割を探究し，「美は私たちの心と精神をどのように拡張し，私たちが使っていない可能性を広げるのに役立つか」という問いを探究する。

　最後の第Ⅷ部「留意点」では，評価，ある媒体から他の媒体への橋渡し（翻訳），執筆，倫理，教育，出版，公共にひらくことといった，さまざまな追加的な問題について

レビューしている。この部は第31章「アートベース・リサーチを評価するための規準」から始まり，この中で私は，ケースバイケースでABRを評価する際に用いられる可能性のある幅広い規準を概観している。それぞれの規準の記述を提供するのに加えて，それぞれの規準を満たしているかどうかを判断する際に自問するための手がかりとなる問いも提示する。第32章「アートベース・リサーチにおける翻訳」において，ナンシー・ガーバーとキャサリン・マイヤーズ＝コフマン（Nancy Gerber & Katherine Myers-Coffman）は，（ある形式の知識を別の形式の知識へと翻訳するといった）この領域のさまざまな成果を，統合して構築するために利用し，ABRの研究者のために，翻訳の定義とそれによる橋渡しのメカニズムを提供している。著者らは，彼ら自身の学問領域に関する世界観の透明性について批判的に短く省察することから始めて，アートに基づく現象の存在論的起源や認識論的起源について歴史的・現代的観点から探究し，その後，ABRの翻訳の概念的中心を定義し，翻訳に多層的循環モデルを導入して，その層に関連した翻訳メカニズムを記述することで章を終える。第33章「アートに基づくライティング――私たちの生活の中でのパフォーマンス」において，キャンダス・ジェシー・スタウトとヴィットリア・A・ダイエロ（Candace Jesse Stout & Vittoria S. Daiello）は，ABRの執筆と発表に関して，生き生きとした議論を提供している。著者らは「開幕」から「終幕として」に至るあらゆるところで，（幅広い表現戦略を含む際に幅広く使われる用語としての）「アートベース・リサーチ」の（話し方ではなく）書き方を示している。この緻密な事例を使うことで，本章は読者を，執筆プロセスを通した旅へと連れ出してくれる。第34章の「アート，エージェンシー，そして研究倫理――ニューマテリアリズムはいかにアートベース・リサーチを必要とし，変容させるか」で，ジェリー・ロシェク（Jerry Rosiek）は，「倫理とABRはどのような関係にあるか」という問いに答えようとしている。そのために，彼は，古くからある大きな問い「倫理とアートの関係とは何か」をも探究している。ロシェクは，「ニューマテリアリズム」という名で呼ばれる理論群とともに，この関係に答える哲学的な理論をレビューしている。それに続く第35章「教育方法としての美に基づく研究――『知っていること』と『未知であること』の相互作用で『見ること』を拡張する」で，リオラ・ブレスラー（Liora Bresler）は，アートに基づく教育について探究している。学び直しや学びが起こる新しい余地をABRはどのようにつくり出しうるのか。どのような種類の余地がABRによってつくられるのか。どのようにして好奇心を高めることができるのか。共感を学びのツールとして利用することはできるのか。それらは，この章で探究される話題のごく一部である。ブレスラーは，彼女自身が教育に用いていた緻密な活動を含めて論じているので，読者は，その価値を理解し，自分が生み出すかもしれない活動を想像することができる。ノーマン・K・デンジン（Norman K. Denzin）による第36章「実験的なテクスト出版の際の語用論」は，実験的なテクストに関して書かれている。この章が答えようとしているまさにその形式，つまり出版への挑戦を考慮し，ABRの研究者を周辺に追いやる批評家や編集者，学問領域の構造とその周辺で活動するものすべてをデンジンは引き受けている。彼の全仕事と同じく，そこには希望がある。デンジンは，新しい流派や新しい構造をつくる作業をすれば，私たちは，将来もずっと周辺に追いやられているわけではないと主張する。第Ⅷ部を閉じる第

37章「公共にひらく──エスノグラフィック・リサーチとその影響力」で，フィリップ・ヴァニーニとサラ・アボット（Phillip Vannini & Sarah Abbott）は，ユーモアとウィットをもって，一部の学問組織を構成している「時代遅れ」のメンタリティを嘆きながら，より多くのステークホルダーに届けることを目指して，研究を一般の人にもわかるようにするための強力な事例を提供している。一般のエスノグラフィーや映像からの豊かな事例が，研究の成果について考えるための現代的な方法を描き出し，その結果，研究は，個人としての研究者の「キャリア」にとどまらなくなる。

　最後に，第38章「アートベース・リサーチの可能性を実現する」という短い章で，私は本書を締めくくる。この中で私は，本書最後の2つの章に基づき，学問領域融合的になり，公共にひらかれた研究へ向かうという変化を含め，研究のランドスケープを変化させることを提案する。私はこの分野が継続的に発展するための豊かな土壌を作ってきた。私たちのコミュニティがこの領域を推し進められるように，専門の教育や出版活動を行うことを多方面に請願して本書を終える。

文献

Bagley, C., & Cancienne, M. B. (2002). Educational research and intertextual forms of (re)presentation. In C. Bagley & M. B. Cancienne (Eds.), *Dancing the data* (pp. 3–32). New York: Peter Lang.

Barone, T., & Eisner, E. W. (2012). *Arts-based research*. Thousand Oaks, CA: SAGE.

Berns, G. S., Blaine, K., Prietula, M. J., & Pye, B. E. (2013). Short- and long-term effects of a novel on connectivity in the brain. *Brain Connectivity, 3*(6), 590–600.

Bochner, A. P., & Riggs, N. (2014) Practicing narrative inquiry. In P. Leavy (Ed.), *The Oxford handbook of qualitative research* (pp. 195–222). New York: Oxford University Press.

Caulley, D. N. (2008). Making qualitative research reports less boring: The techniques of writing creative nonfiction. *Qualitative Inquiry, 4*(3), 424–449.

Chamberlain, R., McManus, I. C., Brunswick, N., Rankin, O., Riley, H., & Kanai, R. (2014). Drawing on the right side of the brain: A voxel-based morphometry analysis of observational drawing. *NeuroImage, 96*, 167–173.

Chilton, G., Gerber, N., & Scotti, V. (2015). Towards an aesthetic intersubjective paradigm for arts based research: An art therapy perspective. *UNESCO Observatory Multidisciplinary Journal in the Arts, 5*(1). Retrieved from www.unescomelb.org/volume-5-issue-1–1/2015/9/14/06-chilton-towards-an-aesthetic-intersubjective-paradigm-for-arts-based-research-an-art-therapy-perspective.

Chilton, G., & Leavy, P. (2014). Arts-based research practice: Merging social research and the creative art. In P. Leavy (Ed.), *The Oxford handbook of qualitative research* (pp. 403–422). New York: Oxford University Press.

Conrad, D., & Beck, J. (2015). Toward articulating an arts-based research paradigm: Growing deeper. *UNESCO Observatory Multidisciplinary Journal in the Arts, 5*(1). Retrieved from www.unescomelb.org/volume-5-issue-1–1/2015/9/14/05-conrad-towards-articulating-an-arts-based-research-paradigm-growing-deeper.

Cooper, D., Lamarque, P., & Sartwell, C. (1997). *Aesthetics: The classic readings*. New York: Wiley-Blackwell.

de Freitas, E. (2003). Contested positions: How fiction informs empathetic research. *International Journal of Education and the Arts, 4*(7). Available at www.ijea.org/v4n7.

de Freitas, E. (2004). Reclaiming rigour as trust: The playful process of writing fiction. In A. L. Cole, L.Neilsen, J. G. Knowles, & T. C. Luciani (Eds.), *Provoked by art: Theorizing arts-informed research* (pp. 262–272). Halifax, NS, Canada: Backalong Books.

de Freitas, E. (2008). Bad intentions: Using fiction to interrogate research intentions. *Educational Insights, 12*(1). Available at www/ccfi.educ.ubc.ca/publication/insights/v12n01/articles/defreitas/index.html.

Denzin, N. K. & Lincoln, Y. (Eds.). (2000). *The SAGE handbook of qualitative research*. Thousand Oaks, CA: SAGE.［デンジン，N. K.／リンカン，Y. S.（編），平山満義（監訳）（2006）．質的研究ハンドブック　北大路書房］

Dewey, J. (1934). *Art as experience*. New York: Minton, Balch & Company.［デューイ，J.，栗田修（訳）（2010）．経験としての芸術　晃洋書房］

Dunlop, R. (2001). Excerpts from Boundary Bay: A novel as educational research. In L. Neilsen, A. L. Cole, & J. G. Knowles (Eds.), *The art of writing inquiry* (pp. 11–25). Halifax, NS, Canada: Backalong Books.

Eisner, E. W. (1997). The promise and perils of alternative forms of data representation. *Educational Researcher, 26*(6), 4–10.

Faulkner, S. (2009). *Poetry as method: Reporting research through verse*. Walnut Creek, CA: Left Coast Press.

Finley, S. (2008). Arts-based research. In J. G. Knowles & A. L. Cole (Eds.), *Handbook of the arts in qualitative research: Perspectives, methodologies, examples, and issues* (pp. 71–81). Thousand Oaks: SAGE.

Finley, S. (2011). Critical arts-based inquiry. In N. K. Denzin & Y. S. Lincoln (Eds.), *The SAGE handbook of qualitative research* (4th ed.). Thousand Oaks, CA: SAGE.

Franklin, M. (2010). Affect regulation, mirror neurons, and the third hand: Formulating mindful empathetic art interventions. *Art Therapy: Journal of the American Art Therapy Association, 27*(4), 160–167.

Freeman, M. (2007). Autobiographical understanding and narrative inquiry. In D. J. Clandinin (Ed.), *Handbook of narrative inquiry: Mapping a methodology* (pp. 120–145). Thousand Oaks, CA: SAGE.

Gardner, H. (1984). *Art, mind, and brain*. New York: Basic Books.［ガードナー，H.，仲瀬律久・森島慧（訳）（1991）．芸術，精神そして頭脳 ―― 創造性はどこから生まれるか　黎明書房］

Gerber, N., Templeton, E., Chilton, G., Liebman, M. C., Manders, E., & Shim, M. (2012). Art-based research as a pedagogical approach to studying intersubjectivity in the creative arts therapies. *Journal of Applied Arts and Health, 3*(1), 39–48.

Gilman, C. P. (1892). The yellow wallpaper. *New England Magazine, 11*(5), 647–657.

Goodall, H. L. (2008). *Writing qualitative inquiry: Self, stories, and academic life*. Walnut Creek, CA: Left Coast Press.

Gutkind, L. (2012). *You can't make this stuff up: The complete guide to writing creative nonfiction—from memoir to literary journalism and everything in between*. Boston: Da Capo/Lifelong Books.

Harris-Willliams, M. (2010). *The aesthetic development: The poetic spirit of psychoanalysis*. London: Karnac Books.

Hass-Cohen, N., Kaplan, F., & Carr, R. (2008). *Art therapy and clinical neuroscience*. London: Jessica Kingsley.

Hesse-Biber, S. N., & Leavy, P. (2006). *The practice of qualitative research*. Thousand Oaks, CA: SAGE.

Hesse-Biber, S. N., & Leavy, P. (2008). *Handbook of emergent methods*. New York: Guilford Press.

Hesse-Biber, S. N., & Leavy, P. (2011). *The practice of qualitative research* (2nd ed.). Thousand Oaks, CA: SAGE.

Holman Jones, S., Adams, T. E., & Ellis, C. (2013). Introduction: Coming to know autoethnography as more than a method. In S. Holman Jones, T. E. Adams, & C. Ellis (Eds.), *Handbook of autoethnography* (pp. 17–47). Walnut Creek, CA: Left Coast Press.

Hunter, H., Lusardi, P., Zucker, D., Jacelon, C., & Chandler, G. (2002). Making meaning: The creative component in qualitative research. *Qualitative Health Research Journal, 12*(3), 388–398.

Janesick, V. J. (2001). Intuition and creativity: A pas de deux for qualitative researchers. *Qualitative Inquiry, 7*(5), 531–540.

Jones, K. (2010, October). *Seminar: Performative social science: ~~What it is, what it isn't~~* [Script]. Retrieved from www.academia.edu/4769877/Performative_SocSci_What_it_is_What_it_isnt_Seminar_script.

Josselson, R. (2006). Narrative research and the challenge of accumulating knowledge. *Narrative Inquiry, 16*(1), 3–10.

Kandel, E. (2012). *The age of insight: The quest to understand the unconscious in art, mind, and brain, from Vienna 1900 to the present*. New York: Random House.［カンデル，E. R.，須田年生・須田ゆり（訳）（2017）．芸術・無意識・脳 ―― 精神の深淵へ：世紀末ウィーンから現代まで　九夏社］

Knowles, J. G., & Cole, A. L. (2008). *Handbook of the arts in qualitative research: Perspectives, methodologies, examples, and issues.* Los Angeles: SAGE.

Lakoff, G., & Johnson, M. (1980). *Metaphors we live by.* Chicago: University of Chicago Press.［レイコフ，G.／ジョンソン，M.，渡部昇一ほか（訳）(1986)．レトリックと人生　大修館書店］

Langer, S. (1953). *Feeling and form: A theory of art.* New York: Scribner.

Leavy, P. (2009). *Method meets art: Arts-based research practice.* New York: Guilford Press.

Leavy, P. (2011). *Essentials of transdisciplinary research: Using problem-centered methodologies.* Walnut Creek, CA: Left Coast Press.

Leavy, P. (2015). *Method meets art: Arts-based research practice* (2nd ed.). New York: Guilford Press.

Leavy, P. (2017). *Research design: Quantitative, qualitative, mixed methods, arts-based, and community-based participatory research approaches.* New York: Guilford Press.

Ledger, A., & Edwards, J. (2011). Arts-based research practices in music therapy research: Existing and potential developments. *The Arts in Psychotherapy, 38*(5), 312–317.

Levitin, D. J. (2007). *This is your brain on music: The science of a human obsession.* New York: Plume.［レヴィティン，D. J.，西田美緒子（訳）(2021)．音楽好きな脳──人はなぜ音楽に夢中になるのか（新版）ヤマハミュージックエンタテインメントホールディングス］

Levitin, D. J. (2008). *The world in six songs: How the musical brain created human nature.* New York: Dutton.［レヴィティン，D. J.，山形浩生（訳）(2010)．「歌」を語る ── 神経科学から見た音楽・脳・思考・文化　ブルース・インターアクションズ］

Malchiodi, C. A. (2012). Art therapy and the brain. In C. A. Malchiodi (Ed.), *Handbook of art therapy* (2nd ed., pp. 17–26). New York: Guilford Press.

McIntyre, M. (2004). Ethics and aesthetics: The goodness of arts-informed research. In A. L. Cole, J. G. Knowles, & T. C. Luciani (Eds.), *Provoked by art: Theorizing arts-informed research* (pp. 251–261). Halifax, NS, Canada: Backalong Books.

McNiff, S. (1998). *Art-based research.* London: Jessica Kingsley.

McNiff, S. (2005). Foreword. In C. A. Malchiodi (Ed.), *Expressive therapies* (pp. ix–xiii). New York: Guilford Press.

McNiff, S. (2011). Artistic expressions as primary modes of inquiry. *British Journal of Guidance and Counselling, 39*(5), 385–396.

Mitchell, K. (2008). Introduction. In K. Mitchell (Ed.), *Practising public scholarship: Experiences and perspectives beyond the academy* (pp. 1–5). West Sussex, UK: Wiley-Blackwell.

Neilsen, L. (2004). Aesthetics and knowing: Ephemeral principles for a groundless theory. In A. L. Cole, J. G. Knowles, & T. C. Luciani (Eds.), *Provoked by art: Theorizing arts-informed research* (pp. 44–49). Halifax, NS, Canada: Backalong Books.

Ramachandran, V. (1999). *Phantoms of the brain.* New York: Quill.［ラマチャンドラン，V. S.／ブレイクスリー，S.，山下篤子（訳）(1999)．脳のなかの幽霊　角川書店］

Ramachandran, V. (2005). *A brief tour of human consciousness: From imposter poodles to purple numbers.* London: PI Press.

Rolling, J. H., Jr. (2013). *Arts-based research primer.* New York: Peter Lang.

Rose, D. (2000). Analysis of moving images. In M. W. Bauer & G. Gaskell (Eds.), *Qualitative researching with text, image and sound* (pp. 246–262). London: SAGE.

Saldaña, J. (Ed.). (2005). *Ethnodrama: An anthology of reality theatre.* Walnut Creek, CA: AltaMira Press.

Saldaña, J. (2011). *Ethnotheatre: Research from page to stage.* Walnut Creek, CA: Left Coast Press.

Sinner, A., Leggo, C., Irwin, R., Gouzouasis, P., & Grauer, K. (2006). Arts-based education research dissertations: Reviewing the practices of new scholars. *Canadian Journal of Education, 29*(4), 1223–1270.

Thompson, H., & Vedantam, S. (2012). *A lively mind: Your brain on Jane Austen.* NPR Health Blog. Retrieved from www.npr.org/blogs/health/2012/10/09/162401053/a-lively-mind-your-brain-onjane-austen.html.

Todman, D. (2007). More on literature and the history of neuroscience: Using the writings of Silas

Wier Mitchell (1829–1914) in teaching the history of neuroscience [Letter to the Editor]. *Journal of Undergraduate Neuroscience Education, 6*(1), L1.

Turner, M. (1996). *The literary mind: The origins of thought and language.* New York: Oxford University Press.

Vick, R. M. (2012). A brief history of art therapy. In C. A. Malchiodi (Ed.), *Handbook of art therapy* (2nd ed., pp. 5–16). New York: Guilford Press.

Whitfield, T. W. A. (2005). Aesthetics as pre-linguistic knowledge: A psychological perspective. *Design Issues, 21*(1), 3–17.

Zinn, H. (2008). The making of a public intellectual. In K. Mitchell (Ed.), *Practising public scholarship: Experiences and perspectives beyond the academy* (pp. 138–141). West Sussex, UK: Wiley-Blackwell.

第2章

芸術的探究の哲学的・実践的基礎
アートに基づくパラダイム・方法・発表方法を創り出す

● ショーン・マクニフ（Shaun McNiff）

訳：小松佳代子

パラダイムの区分

　私が芸術的知の形成に専門的に携わるようになったのは1970年の初めで，当時私は，アートを用いてセラピーと教育を研究する機会を得ていた。その後すぐ，私はセラピーと教育にあらゆるアートを組み込んだ初めての大学院プログラムを構築するために招聘された。私たちのアカデミックなコミュニティには，常にパラダイムの対立があった。私と同僚たちは，「アートに固有の理論」と私たちが呼ぶものにこだわっていたが，その大部分は，私にとって1970年代から1980年代にかけて続いたPaolo Knillとの対話を通して醸成されたものである。

　アーティストが，月並みな世界の見方や実践方法とは異なる独自なものをいかに提示するかを考え実行することに注力して，さまざまな専門的な学問にアート表現を持ち込もうとするのは，自然で，また実用的なことであったと思う。当時私たちは，メンタルヘルスと教育の領域ではごく少数派であった。少数派であることは，パラダイムの整序を決定する上では重要な社会的特徴である。芸術的な知の方法にこだわりつづけることは，時に，広く行き渡っている制度的考え方や価値の流れに逆らうことである。おそらく私たちのような根っからのアーティストは，人間の経験において何かしら異なるものを生み出す際にアーティストが提示する，こうした挑戦や機会を糧にしている。私たちはそうした挑戦や機会を目指しているが，よくある傾向は，支配的なパラダイムに近づいて同一化し，アートをそれに合わせて補助的な関係に置くことである。

　パトリシア・リーヴィーが私に，研究の一様式としての芸術的探究に関する哲学的基盤とその課題を書くよう依頼してくれたことに感謝している。この章を書くことは，私にとって，現在私が経験しているパラダイム間の軋轢の原因，そして教育，専門職，生における研究としてのアートの将来的可能性を検証することに取りかかる機会となった。

　本章における言葉と用語法の影響については後に述べるとしても，まずは基本的な概念を明確にしておくことが重要である。常にあらゆるアートに携わりそれらを統合し

てきた者として，私は「アート」や「アーティスト」という語を，1998年の私の著書
『Art-Based Research』から一貫して，あらゆる可能な形の創造的表現と実践を含むもの
とみなしてきた。潜在的に広い範囲に及ぶ可能性のあるメディアを統合することで，実
践共同体全体の特徴を検討することができる。

　アート概念の統一は，芸術固有の学問がもつ非常に多様な特色を説明することに付
随してなされる。同じくあらゆるアートを含み持つ一領域である芸術哲学においては，
Susanne K. Langer（スザンヌ・K・ランガー）が肯定的先例を提示している。「さまざまな
アート（arts）すべてを体現する唯一の概念があり，それはアート（Art）という概念で
ある」（1957, p. 14）。この言葉は，本書がアートベース・リサーチ（ABR）について包括
的に捉える点とまさに一致している。アートという英単語は，アート表現のあらゆる形
式に言及するのに用いられてきたが，とりわけビジュアルアート，つまりもっと正確
には，絵画，描画，彫刻，メディア〔アート〕などと言った方がよい領域，さらにそれ
ぞれの中でもっと細かなジャンルに分かれている領域を指すのに用いられてきた。この
ようなアートという英単語の曖昧さゆえに，特にビジュアルアートの外側にいる多くの
人は，あらゆるアートを示すのに「〔複数形の〕アーツに基づく」という用語が必要だと
思うだろう。その略称のABRは，〔単数形の〕アートに基づくということと，〔複数形の〕
アーツに基づくということの両方を示す。それゆえ，ここでは本書の他の執筆者たちと
整合性をとるためにABRという表記を用いる。

　私は，自然なプロセスとしてアートを組み込んできた。ABRに関する私の個人的
な研究歴は，芸術表現のあらゆる形式を心理学と結合させるものでもあった。しかし，
アートに関わる学問として心理学に取り組む私のアプローチは，この広大で多面的な研
究領域においては規範にはならない。セラピーや教育にアートを統合して研究する際，
個人的な関心からだけではなく，心理学という学問領域全体に十分配慮して取り組んで
きた。心理学的な思考という基礎なしで，この領域で研究し影響力をもつことなど，ど
のように期待できるというのか。

　アートと心理学に橋を架けることに深く関わると，特にアーティストであることが
主たるアイデンティティの場合，必ず創造的な緊張を生む。Eugene O'Neill〔アメリカの
劇作家。1936年にノーベル文学賞を受賞〕がBarrett Clark〔アメリカの演劇評論家〕に宛てた
1931年の手紙を踏まえれば，アートの心理学的射程を評価した少なからぬ先人がいる
ことになる。その手紙は，いかに「作家は，心理学が発明される以前から，実は心理学
者であったし，それも深遠な心理学者であった」（Bogard & Bryer, 1994, p. 327）かについ
て述べている。

　O'Neillが示唆しているように，作家やアーティストは常に心理学的な課題を考察し
ている。しかし近年のアートと心理学の結びつきにおいては，心理学の方法と言語が支
配的である。ABRは，アートの研究に心理学を用いるだけでなく，心理学の研究にも
アートを用いて，より相互的な連携に貢献する。これら2つのダンスパートナーに関し
て私が好んで述べているように，時にアートがリードしてなぜいけないのか。ABRに
おいてはアートがリードするのである。これは，アートの素材やプロセスを考察する従
来の心理学的研究とは対照的である。私は両方をずっと行ってきた。そして，心理学的

に研究するときは，師である Rudolf Arnheim（ルドルフ・アルンハイム）の精神を保つよう努めている。彼は，「良い芸術理論はアトリエの香りがしなければならない」と言っていた（1974, p. 3）。

しかし，芸術心理学の優れた研究者である Arnheim の著作や，ここで名前を挙げきれない他の多くの心理学者が，アーティストに対して大きな関心を寄せてきたのに対して，近年の心理学研究はほとんどすべての場合，自然科学を模倣しようとしつつ社会科学の常套手段を採用し，さらに狭量になっている。アートと共鳴しないような型に探究を狭めるこのようなやり方が，ABR に対する関心を高めることにつながったのだと思う。それはまた，広範な聴衆に訴えかけるような，したがって研究者が示す必要があると感じているインパクトや結果を実現するような，アートと心理学に関わる発表方法の必要性を高めている。最後に，アートは歴史を通じて，伝統を超え問い直していくという信頼できるやり方を示してきた。それゆえ標準化された形式や手続きにアートをとどめておくことは，芸術的探究のプロセスとは対極的である。

ABR の明確な性質をはっきりと示すために，私はそれを，*研究者が一人でまたは他者とともに，探究の主たる方法としてアート制作に携わるような探究のプロセスである*と説明してきた（2014a, p. 259）。この運用上の定義は，芸術表現のさまざまな形式を通して研究がいかに生じるかを説明する際には効果的であった。この場合，学問分野として，あるいはアートの才能がある人や訓練を受けた人だけがアクセスできるものとしてではなく，他の学問分野における研究を遂行するときに用いられる言語や数学的プロセスと同じく，誰にでも使える知とコミュニケーションの学際的な方法としてアートに取り組むことができる。アートに関わる能力は，言語的なスキルが ABR も含めたあらゆる学問分野の研究に影響するのと同じように，研究の質に作用する。芸術的に知ることは，したがって，平等主義的で，万人がアクセスできるプロセスなのである。

ABR を実践するには，歴史，文学研究，哲学，社会科学，経営学，アートそれ自体から，おそらく自然科学にまで及ぶさまざまな学問分野に関わる特定の問いと課題に対応する一つの方法としてアートを用いる決断をすることに関わる（McNiff, 2013）。この点において，ABR は人為的な学問領域の境界を消滅させ，特定の問いや課題に対する最適な取り組み方をデザインすることで，知の方法や探究方法の創出に注力するよう促す。したがって，固定され是認された慣例によって強いられるような方法ではなく，独自の実践的なやり方で問題に対処するのである。将来の実践を考えれば，目標とすべきはこのような探究の自由を守ることである（McNiff, 1986）。

ここで取り組む哲学的・実践的問題は，画定された学問領域やパラダイムが思考やコミュニケーションを制限し混乱させるやり方にある。アートは知の一つの方法であり（Allen, 1995），コミュニケーションの一つの方法である。アートのプロセスや表現はしばしば ABR の焦点であるが，こうした*主題*が決定的要素というわけではない。むしろ，人間の経験の全体性と同じようにアートを考察するために用いられるのが，*芸術的な探究プロセス*である。人間の経験を扱う際の心理学的なプロセスにも同じことが当てはまる。アートが基礎的な人の理解様式とは異なるものであるという考えを強化しながら，アートの実践を教育のあらゆる面で周辺に追いやる学問区分を緩めることに，ABR は

何よりも貢献する。

　ABR の広い射程を認めつつ，私の個人的な背景に戻り，実践から生じる根源的な問いと課題をはっきりさせたいと思う。

　大学院プログラムを展開する際，私たちのようにアートを根拠にする者と，教員であれ学生であれ，心理学的な構成概念を通じてアートを説明するために，しばしば芸術表現を科学的分析に用いる生の素材だとみなす他の人たちとの間には，決定的な溝があった。私は，物事に区分を生み出す傾向は人間本性に根源的なもので，なくなることはないということに気づいた。それは実際，私たちが研究する方法に影響する最も根源的な哲学的原則である。私は今日では，おそらく自分の地位が前より少しは保障されているので，時にイライラさせられるような区別も笑顔で受け容れ，それらを創造性の糧となるものとして評価している。

　私がセラピーにアートを取り入れはじめたとき，あまりにも個人的な欲求を持っている人に出会ったため，アートに関わることが健康と個人的な尊厳をいかに高めるかを考察するのは当然のことであった。しかし私はすぐに，ある人が表現するほとんどすべてのことを何らかの病理学や子ども時代のトラウマといった形式へ還元する，精神医学的な理論と方法の形式をとるパラダイムに対する葛藤を初めて強烈に経験することになった。

　当初は，そうしたことが科学の名のもとになされていることに愕然としていたが，その問題は，「良い，創造的な緊張」と呼ばれるものを提示していることにすぐに気づいた。それは，目的と展望をもたらし，世界において何か別のことを目指す弁証法的過程の基盤となるもので，アートと生の関係の別様の見方を提示するものであった。同じ創造的な緊張が，ABR において私の研究に結実したものに影響を与えている。それゆえ私は，変容を促す源泉としてその葛藤に感謝している。それは，ABR も含む特定の概念枠組みや探究方法によって，現実の知覚がいかに形づくられているかを強調する。この動的なものを論理的に拡張すると，経験を知覚し検証するさまざまな方法を認め，そしてそれらのさまざまな方法が創造的に補い合うことを推奨することになるだろう。反対に，受け容れがたい見方を他者に強要することは，ヘゲモニー，つまり一方的な支配を生み出す。それは探究を共有するひらかれた道筋でさまざまな知の方法をとることを受け容れがたくする。

　1970 年代半ば，動機づけの心理学について考察していたとき，私は Jerome Kagan（ジェローム・ケイガン）にハーバードで出会った。私は彼に，アートとメンタルヘルスに関して当時有力であった精神力学の理論に一元的に動機を還元する傾向よりも，芸術表現の基盤にある多元的な動機の方に着目していると語った。彼は「心理学には絶対的なものはないよ」と答えた。私たちの関わりは短いものであったが，そんなにも影響を長く残しつづける意見はめったにない。「絶対的なものはない」という彼の言明を，私は，物事は相対的なものであるという意味ではなく，むしろ知りうることと知りえないことがあるという表明として受け止めた。またそれは先鋭的で，意識的な形式にせよ無意識的な形式にせよ，学問領域の内部であれそれを横断するものであれ，絶対的な思考へ向かう傾向は問い直されなければならないという点を含んでいた。

40　　第 I 部　アートベース・リサーチの分野

芸術的な知や研究の性質に関する原理をより詳しく議論する前に，ABR に関する対話や全体的な主題は，パラダイムとそれにともなう信念体系の決定的な影響をまず認めて受け容れることなしには，正確に考察できないということをできるだけ簡単に述べておこう。簡潔に言って，アートのプロセスや概念と科学的プロセスや概念は，時に補完的で創造的なパートナーとなるにせよ（Beveridge, 1950），異なっており区別される。一方は他方に還元できないし，そうすることで自らを正当化することはどちらにも期待できない。概念枠組みを区別して，理想的には，思考と探究の範囲を明らかにするものとみなさなければならない。それは，経験のより大きな複合体であり，相互依存することも矛盾することもある多声的な世界である。

　パラダイムと，もっと大きく見れば宇宙観は，現実，起源，価値，真理の性質に関して，またいかに物事が既存の概念枠組み内で生じるとされるかについての信念を含む。それらは，私たちのものの考え方を決定づけ，研究やコミュニケーションの基礎的なルールを打ち立てているので，軽く見るわけにはいかない。ABR の基本となる認識論的原則を検討することで，おそらく支配的な思考様式や研究方法が疑問も持たずに受け容れられている領域でも，同じような根源的議論ができるという利点が生まれる。

　科学的なパラダイムだけに依拠することは，逆説的ではあるが，人間の理解やウェルビーイングにアートを用いるすべての領域の特徴を明らかにする。そこでは，心理学を含む人文・社会科学を通して人間の理解やウェルビーイングの大部分が研究されているのである。ここでの私たちの目的のためにこの広い領域を「社会科学」と呼ぶ。繰り返すが，私は決して科学の価値に異論を唱えているのではなく，それは生や思考のすべてではないこと，その排他性は，科学，教育，専門的職業や生にとっても良いことではないと主張しているだけである。

　このパラダイムがもつ覇権が，いかに高等教育と専門的職業を通じて研究の自由に影響するか，例を示そう。他大学のある学生が，自分の研究課題を考察する方法を発展させるために，私に助力を求めて手紙を書いてきたことがある。その返答で私は，取り組んでいる問いと課題に関する探究方法をデザインすることを強調した。私の見るところ，研究方法は，アートと同じく無限に多様でありうる。しかし，能力も経験もあるアーティストであるその学生は，所属する優れた大学から，標準的な社会科学の研究方法，すなわち支配的なパラダイムが認めている，既存の比較的固定された手続きを特徴とする作業方法を用いるよう求められていた。私の経験では，このような方法でなされる研究は探究を制限しているだけでなく，そうした方法で得た研究成果は，重要で一貫したものであっても，是認された研究方法をなぞったものでしかない。

　いくつかの研究機関では，ABR は質的社会科学研究の一形式として受け容れられている。もちろん私もその認識を支持しているが，ここでは，芸術的探究は，社会科学コミュニティが定義する質的研究よりも広いものであることを示そうと思う。それは，質的タイプの長いリストに新しく付け加わるというだけではない。明らかに ABR は，社会科学研究と密接に連携していることが多いが，それが唯一というわけではない。というのも，それはアート内部で純粋になされることも，他の学問分野と関わることもあるからである。前述したように，私が行っている研究は常に，心理学と，それゆえ社会科

学と接続している。そうなると次のような疑問が生じてくる。芸術的探究は，どうすれば自らの根本的性質と必ずしも一致していない概念や方法に組み込まれることなく，この関係性の中でアイデンティティを保つことが可能なのか，という疑問である。

　私の研究歴を通して科学は支配的なパラダイムであり，そのパラダイムは帰結として「科学主義」と呼ばれるような異常さをもたらした。「科学主義」においては，教育的で専門的な人間活動のあらゆる領域は，いわゆる「客観的」で測定可能な結果によって自らの正当性を主張する。アートはこの型には当てはまらないし，妥協を強いることは混乱を引き起こす。そればかりか，創造的な表現や知覚が，現在の，未来の，そして歴史を通して人間の理解にもたらしてきたものを過小評価する。芸術的理解や探究を支持する者として，私は，科学がもたらす明らかな生の強化や必然的な利点に何としても挑戦するというより，軽視されている知性の受容を進めていこうとしている。アート，科学，その他の知の方法は，それらすべてを必要とする全体においてそれぞれの役割がある。しかしアートを実践しているとき，私たちはアートを作っているのであり，同じことが科学にも当てはまる。

　セラピーや教育において，芸術的な知やコミュニケーションは主たる実践方法になりうると，私はいつも思っている。その実践方法は，歴史の中で変動するアート理解の主流の一部をなしている。同じことが，研究におけるアートの位置づけにも言える。しかし，探究と理解の主たる方法として芸術表現を用いることを良いと考える多くの人においても，社会的に，また専門的に広く期待されているのは，アートは科学研究を通じて，その教育的価値や治療的価値を正当化しなければならないというものである。慣例的に承認されている基準だけを認める文脈でアートを促進しようとするとき，人が直面するジレンマに共感しないではいられない。そうした基準のすべては，包括的でしばしば無意識的なメタ理論を明示する。その理論においては，真理の定義が問われることも厳しく検証されることもなく，何が受け容れられ何が受け容れられないかについてのルールが設定され，明文化されている。

　こうした大きなメタ課題が最も実践的な形で明らかになるのは，支配的なパラダイムが，全体の枠組みに合わないものをいかに信用せず，容認せず，周辺に押しやるかという点においてである。芸術的探究を擁護するときに，この状況に対応する唯一の論理的な方法は，基盤にあるメタ理論の存在を認識し，特定の課題の妥当性について継続的な弁証法的検証を行えない場合，いかに発見が制限されるかをまず認めることである。アートに基づく合理的で説得力のあるオルタナティブなパラダイムを打ち出し，その上で，芸術的探究と実験が，ある領域の実践や問題に対して有用で効果的なアプローチをいかに生み出しうるかを示すことである。

　Hans-Georg Gadamer（ハンス＝ゲオルク・ガダマー）は『Truth and method（真理と方法）』(1994) の中で，科学的実験が人間の経験を理解する常に最良で唯一の方法であるという想定に反対する，説得力と影響力のある哲学的議論を行っている。科学を尊重しながらも，Gadamer はその包括的な傾向に対して批判的であった。合理的な人々があらゆる場で多くの課題を研究するのに科学が最良の方法であると考えているというのは，事実であっても，常に真実であるというわけではない。Gadamer は，一貫した科学的

方法は自然科学の特定の領域には適しているが，経験の全体性に適しているわけではないと考えた。そして，前述した表層的で型にはまった科学主義を生み出すような全体主義的傾向を感じとっていた。Gadamer にとって，Alfred North Whitehead（アルフレッド・ノース・ホワイトヘッド，1978）と同じく，真理とはある出来事であり，芸術表現や作品に示されるものである。私たちは，持続的でひらかれた対話を通じて真理を探り出し，そうする中で「説得力のあるもの」(p.21) に影響を受ける。そうして，レトリック，技巧性，議論構築能力によって魅力的な証拠を示し，結果に大きなインパクトを与える。そのプロセスは，証拠を特定の方向で見るように陪審員を説得する法的弁護の理論構築のようなものではない。複雑な生の経験に関する「挙証責任」は，単に情報を提供すればいいというわけではない。それ以上に，説得力のある方法で証拠を提示することが求められるのである。

　Alasdair MacIntyre（アラスデア・マッキンタイア，2007）は，人間の行動は予測不可能であるゆえに，社会科学によって法律のような一般化を生み出すことがいかにできないかを論じている。それゆえ，アートに基づく学問が科学的証拠によって自らを正当化する主張は，常に周辺化されることになる。MacIntyre は，社会科学がそうでない何かのように働くよりもむしろ，Aristotle（アリストテレス）のいう**フロネーシス**，つまり実践知を取り戻して，実践課題と現実の生の問題を探るよう促すのである。この枠組みにおいて，アートは，きわめて複雑な人間の葛藤に対して，独自の洞察を提示できることを明らかにするだけでなく，そうした葛藤をいかに歴史の事実と一致するものに変換できるかも示すだろう。

　パラダイムの違いや対立に関するこのレビューが，ABR の哲学と実践を議論する土台となるのに役立つものであってほしいと思う。私たちは今や，実践上のより特殊な問いや課題に取り組むことができる。私たちはいかに ABR を説明し語ることができるのか。それが独自に考察できる問題や課題はあるのか。それは他の探究方法といかに違い，どう区別されるのか。ABR はどのようなものか。それはいかに教えられるのか。それを実施するのに特別なアプローチはあるのか，それともそれはアート自体と同じくらい広範なものなのか。前述したような，探究の他の方法との関係においてだけでなく，それ自身のうちに，ABR が直面する独自の挑戦はあるのか。負の部分や，ありうる落とし穴は？　私が推奨できる，実践的運用における特徴はあるのか。ABR が時に社会科学研究と異なるのなら，ABR に社会科学と共通する性質や，社会科学が芸術的探究のあらゆる形式に対して建設的に貢献できることはあるのか。

会話の言葉と性質
―― 私たちは芸術的探究についてどのように語るのか

　ABR に関する私の日々の実践活動において，最も初歩的で常に言葉の上で不協和を感じるのは，「研究」という語に関わることである。ほとんど例外なく，研究の語り手は研究が科学的であることを前提にしており，探究の領域が人間の経験に関わる場合，

その研究は社会科学の内部で，量的研究と質的研究の方法論の区分をともなって生じる。研究という観念を特徴づけている科学的排他性は，客観性と現実性に関わる科学的な方法や，そのパラダイムが想定していることに研究は従うという，すでに定着した概念を強固にする。科学という領域内でさえも，自然科学における新しい考えは，客観的事実と主観的事実が相互依存的関係にあることを示唆し，おそらくはアートに近づいている。それゆえ超越的な客観性という概念は錯覚であり，個人的な経験や，他者，過去，現在との関係によって理解される人間的な領域においてはとりわけそうである。

　研究は，単なる科学よりも広く，より包括的なものである。私は率直に，あらゆる探究の形式はまぎれもなく「研究」であると言いたい。私が関心を持っている問題や課題は，学問領域を横断するもので，そこでは科学的な用語，概念，方法だけを用いることは妥当とは言えない。社会科学における質的研究領域が，ここで論じられた同じ課題や問題の多くに取り組むことで，研究の可能性をどれほど広げてきたかはわかっている。私は，また社会科学領域内のアートに基づくアプローチも重んじている。しかし，ABR は科学的な学問を超えるので，量的・質的研究に関わる言説に限定されることはない。おそらく社会科学自体も，より単純でわかりやすい研究用語によって恩恵を得る。

　『Art-Based Research』（McNiff, 1998）において，私は研究を実践的に「学問化された探究」と定義した（p. 21）。研究とは体系的で持続的な調査のプロセスであって，そこで私たちは調査，再調査をし，情報・事実・洞察・証拠を集め，選択肢を比較し，物事を遂行したり経験を理解したりする方法を改善するために実験を行い，問題や困難を含めて，考えうる行為の原因を考慮し，発見し，そして物の性質に関する観念を明確にする。私たちは日常生活のあらゆる側面で，またあらゆる学術的・専門的な領域で研究する。専門家また研究者として私が行うことはすべて，正式であろうとなかろうと*実践家による研究*という継続的なプロセスによって導かれている。ここでは，学術的・専門的な知を更新するための正式な研究の方に着目する。

　私が研究者・指導教員として経験してきた，探究が起こりうるあらゆる形式を，ABR も含めて*研究*と単純に呼ぶことに違和感はない。ABR という用語は，高等教育や専門機関で，芸術的探究を主張する必要から生じてきたものである。そうした機関では，前述したように，認証された研究方法だけが許されている。私たちは，学術的・専門的な分野を横断して芸術的探究を主張するため，現行の他の研究へのアプローチと区別するため，そして単に対話の必要性からその言葉を用いている。それゆえ，この場合に私が用いる言葉は逆説的である。もし芸術的探究をもっぱら質的研究のもう一つの形式だとみなすなら，創造的プロセスと矛盾するような，固定した方法をともなった社会科学の言葉や作業上の前提に組み込まれてしまうだろう。自然科学や人文科学と同じように，単純に*研究*するというのではなぜだめなのか。私は，指導している ABR の研究者に，社会科学のありふれた用語や専門用語の使用を避けるように言っている。私は彼らに，自分自身の自然な語り方で，自分が知覚し発見し伝えたいことの本質に迫るよう勧めている。自分を「研究者」として脱身体化した言い方で呼ぶことに抗して，一人称で率直に書くように励ましている。

　私は指導生に，特定の専門用語を教え込まれていない知的な人が理解できるようなや

り方で語ったり書いたりするよう言っている。考察対象に固有の質をできるかぎり描写し，表現し，明瞭な思考や表現の流れを断ち切るような「過度な引用」はしないようにと。必要なときだけ引用し，文献の概観に留めるように言っている。心理学が推奨しているように特に長い引用は避けるが，もちろん他者の先駆的な考えや独特の用語については，正確に特定できるように引用で示す。

「データ」という語は，ABR において私たちが生み出し考察するアートをいつも説明するわけではない。さまざまなメディアにおける芸術表現がなぜ「データ」といわれるかは理解しているし，自分もそう呼んだことがあるのは間違いない。しかし，芸術表現とそのプロセスは，データという概念よりも大きい。データに還元されると，芸術表現は縮小してしまう。データという用語は，「生きた」表現の複雑さに必ずしも当てはまるわけではない。芸術表現の魅力と妥当性は，一般に，それらが時を超えて新しい別の反応を持続的に引き起こす能力にある。芸術表現と私たちの相互作用は変化する。特定の文脈に紐付けられた数量的データのようには固定されない。芸術表現は，私たちとの関係において，私たちに継続的な解釈を促す生きた積極的参与者である。それは，省察する精神の 2, 3 歩前を行く傾向にある（McNiff, 2015）。Gadamer（2007, p. 160）は，芸術表現がいかに「歴史的データのように見える」かを説明しているが，個々の取り組みは何か新しいものを創り出すのである。

芸術表現やそのプロセスを考察する際に研究者たちが重要だとみなすことが，今日ではたいてい「創発的なテーマ」と称されるのはなぜかということについて，私は同様の受けとめをしている。もちろん，テーマは生やアートにあるものだが，他にも多くの事柄がある —— 特性，特色，様相，原理，概念，パターン，構造，デザイン，構成，類似性，差異。「テーマ」という語は，経験のすべてとはいわないが，ある部分に対応するナラティブの側面を持つ。また，テーマは，経験によって芸術的な質が決まるのとは対照的に，研究者によって構築される。テーマは芸術的探究にもある。問題は，すべての研究にはテーマの分析がともなうことが前提になっていることである。

問題の多い用語リストの一番上にくるのは，「介入」という用語の使い方である。この用語は，セラピスト，教育者，研究者が他の人々と共に行うあらゆることについて説明するのに用いられる。私は，学生や同僚に，これは軍隊のすること，そうでなければ，あなたや私が方針転換したり保護や安全を提供したりするために状況に立ち入るときに行うことであり，芸術表現を促すものではないと言っている。

したがって，ABR の実践と概念において，言葉は非常に重要である。アートは定義から言って，ありふれた用語や決まりきった形式を促すものではない。固定された学術用語で語ったり書いたりすると，私たちはアートから離れてしまう。私が言及した用語は，今日研究に浸透している言葉から選んだサンプルにすぎない。おそらく，言葉に対する定式的でないアプローチは社会科学にとっても良いものであって，それは社会科学が時にアートであり常に科学であるわけではないことを考えることにもなるだろう。

おそらく，フィクションというジャンルほど，芸術的探究の言葉，方法，概念的な前提を，これまでの科学的研究から分かつものはない。私はフィクション作品を，特別な表現と形式において現実を提示する実証的なものとみなしている。アーティストが行

第 2 章　芸術的探究の哲学的・実践的基礎　45

うあらゆることは，「創作」であり創造されたものであるという点だけでも科学と対立している。科学の歴史において，真理は文字通りの事実であるのに対して，想像力は現実ではないファンタジーだと見られる。フィクションは想像力を一つの知の方法として用いる。それは，共感を促し，事実そのままの提示では十分につかみきれない出来事や経験，複雑な人間の経験の深い領域を直感的に探るものである（Leavy, 2009; K. McNiff, 2013）。

　芸術的なフィクションは，この意味で事実と対極にあるわけではない。それはそもそも，事実を間違って再現したり，回避したり，問い直したりするものではない。それは事実と協働して創造される。Hayden White（ヘイドン・ホワイト，1978）が歴史叙述に関して示しているように，「真理のあらゆる適切な表象」は，理性と想像力を統合したものである（p. 123）。

　フィクションは，提示する人の視点が必然的に影響する，ありのままの描写に限定されず，むしろ想像力を発揮して生に呼応する（McNiff, 1998, pp. 73-74）。私は他者との経験を統合して彼らにできる限り近づくことで，より大きな自由を得てきた。私は現実の人々との間ではあえて冒そうとはしないリスクをとることができる。そしておそらく最も重要なことは，フィクションが人間に関わる主題を扱うオルタナティブになることである。フィクションの書き手や読み手ならわかっているように，それは，経験や現実について妥協するというよりもむしろ，それらを最適な形で高めるだろう。また，他者と関わる経験を説明する人がみな完全な客観的説明をしているという考えは疑わしい。Emmanuel Levinas（エマニュエル・レヴィナス，1969）は，「他者」についての哲学的研究において，私たちがいかに思いやりがあり，洞察的で共感的であるとしても，他者は決して私たちの思考に還元されえないことを強調している。Levinas が示しているように，私たちが知らないこと，知りえないことを受け入れることで，私たちは捉えがたい今の経験を通じて生き動いている力に対してより完全にひらかれ，意識の整理と提示の新しいやり方をおそらく本能的に探し出すことができるようになる。

　現実と真理に関する全く異なる芸術的なパラダイムを提示することに加えて，フィクションは，芸術的な言葉を用いてコミュニケーションしようとする。私は教育とセラピーにおけるアートに関わる学問に携わる読者として，この領域における近年の雑誌文献がますます科学化していることに気づく。シカゴ大学で心理療法研究に携わる著名人である David Orlinsky が，実はそうしたものを概して読まないと認めていることは興味深い——「なぜか。言葉はさえないし，話の筋は繰り返しが多く，登場人物は深みに欠け，著者は概してユーモアのセンスを全く持たないからである」（2006, p. 2）。対照的に，さまざまなジャンルのクリエイティブ・ライティングでは，うまくいけば魅力的な研究の叙述になることが期待できるような魅力的な言葉を使うことが求められる。

　フィクションはまた，ABR を「発見的な研究」と呼ばれるものの一部と捉えることができるかという課題を提起する。この属性は，質的研究という拡大しつつある研究領域へのアプローチを類型の中で分類する方法のもう一つの特徴である。その類型はゆるやかで，研究アプローチの幅を説明するのに用いられる言葉によって確立された方法であっても穴の多い領域とみなすことができる。「発見的」という言葉は，実験や経験を

通じて見出すことを意味しており，あらゆる研究形式に適用される。一方，質的研究領域では個人的な内省の一形式として，よく使われる言葉になっている。このアプローチは自己陶酔と見られる可能性があるため，いくつかの機関では，しばしば推奨されず認められないこともある。

　私は，個人の芸術表現の優位性に関して，ABRがどのように発見的な*側面*をもつかを述べているが，探究プロセスは全体としてきわめて実証的である（1998, pp. 52-55）。したがって，それは正確には発見的な研究に分類できるものではない。アーティストは，意識に加えて，物理的な素材やプロセスによって制作している。アート制作の間，過度に自己陶酔状態になる可能性があることは，ABRの潜在的な弱さであり影の部分である。それゆえ私は，必ずしも主たる目的ではないにせよ，探究の手段としての自己表現に集中するよう促す。

　フィクションを含む芸術的探究に関するあらゆることは，私の定義にあるように，一人であろうと他者とともにであろうと，物理的なものを作る実践的なプロセスを含んでいる。私たちの多くは，時に完全に一人で創造プロセスに取り組むが，私が『Depth Psychology of Art』（McNiff, 1989）や『Art as Medicine』（McNiff, 1992）で論じたように，また，Pat Allen（1995）が，『Art Is a Way of Knowing』で述べているように，私が指導している博士課程の研究者のほとんどは，他の参加者とも関わっている。しかし，たとえ一人きりで制作している場合でも，芸術的研究には，経験的なメディア，イメージ，運動，言葉，そして作者に還元してしまうことのできない，多様さに溢れる芸術的プロセスや表現といった他者性がしみ込んでいる。ABRの参加的側面は，*実践家研究*（Schon, 1983）や，今日，*参加型アクションリサーチ*と呼ばれるものに変容したKurt Lewin（クルト・レヴィン，1946）の*アクションリサーチ*の精神に近い。発見的研究と同様に，芸術的探究は，これらのアプローチと共有する質をもつが，それに限定されたものではない。繰り返しになるが，私の見方では，芸術的探究は，すべての*研究*実践の一部なのである。

　おそらく，研究発表のためのIMRaD（序論，方法，結果［発見］，そして議論）形式を求めることほど，人間の経験を扱う研究の科学主義を特徴づけるものはない。それは，アートや人間理解を扱うあらゆる主要な文献を事実上排除する，形式主義的な絶対原理である。IMRaDは近年，科学雑誌やアメリカ心理学会（American Psychological Association: APA）で採用されるようになった科学的ひな型である（Atkins, 2013）。

　その形式は，あらゆる研究は科学として提示されることを前提とする。前述したように，ABRは時に，質的社会科学と見られ定義されるが，その領域は全体としてもっと広い。研究プロセスと同じく，それはIMRaDに包摂されえない学際的なアプローチである。私の専門とする学問に携わっている博士課程の学生は，たいていIMRaD形式に従うことを求められる。多くの研究機関で私たちはそれに適応しなければならないし，一般的にいえばそれはアートをも考慮に入れられる論理的で柔軟なひな型である。もっとも，時に自然科学においてさえ，それは単純で型にはまったものだと見られているが。

　指導教員として私は，可能なときには常に，複雑にならないような，できるだけ簡潔な形式を推奨しており，この意味でIMRaDには擁護できる点もある。その簡潔さや，芸術的探究も含めて一連の研究方法を含むことができるという点は，研究を組織し

第2章　芸術的探究の哲学的・実践的基礎 ｜ 47

発表する方法を考える場合，社会科学が提示できることの一つだろう。しかし，単純に言って，アートが固定された形式におしなべて従うことを求められるのは受け容れがたい。IMRaD は，ある場合には限界があり偏っている。それを求めるのなら，そのプロセスをアートの方へ近づけるとよい。述べてきたように，アートや人間理解といった広い領域における専門的発表や学術誌の発行には，制作された作品と同様に，見たり，聞いたり，感じたりできるような発表が含まれるべきである（McNiff, 2014b）。形式の自由は，研究としてのアートの未来が目下直面している典型的な課題である。私の立場は，IMRaD への適応は選択肢としてあるべきだが，それは絶対的な指令ではないというものである。

ABR を実施すること，証拠の性質，発表の様式

　私の見方では，すでに確立され着実に組み上げられた構造はみな，述べてきたような研究のタイプや分類の過剰に至る。多くの指導教員や研究者がそれらを求めている時代において，形式や発表様式を問い直すことは，ABR の実施に関する議論の転換点となる。問いや課題，問題に対応して研究し，方法をデザインすることに関して述べてきたことに基づいて，私は全く異なる代替案を示す。

　ABR のやり方を論じる上で最初の本質的な段階は，前述したように，分類やありふれたアプローチといったものをすべて取り除くことである。それから，私は次のように問うことを勧める。あなたが考察したい問題や課題は何か。この実践をどのように進めるか（誰が，何を，どこで，いつ，どれくらいの頻度でなど）。なぜこの方法でやりたいのか。それは他者やあなた自身にとってどんな利点があるのか。

　私は，簡潔で無駄のない説明と，単純で直接的な言葉や方法をとるよう促す。それはIMRaD 形式が効果的に用いられる場合とそれほど変わらない。簡潔さと明瞭さは，その後の研究のあらゆる局面を支え導く計画や提案を生み出すことになるということを，私は繰り返し学んできた。

　芸術的探究の基本的な前提は，最初は目的がわからないということである。アートはまた無限に多様である。これら 2 つの原則はここでも，科学的方法と対極にある。科学的方法においては，既存の仮説が試され，実証的な結果は一般化できると考えられている。アートは一般的に適用できるインパクトや影響力について独自の指標をもつが，その効果は科学的規則や法則を確立する試みよりも，魅力的で永続的な力に基づいている。ほぼ間違いなく，*影響力*というアートの基準は，人間の経験や行動といった複雑で変わりつづける領域によく当てはまる。

　Henry Geldzahler は，メトロポリタン美術館で「ニューヨークの絵画と彫刻：1940年〜1970 年」という展示をキュレーションする際に，「曲折者（deflectors）」という言葉をつくり出した。その言葉をアーティストの選定基準に用いたことは，相当な論議を招きもした。彼は，「曲折者」を，アートが向かう方向に影響を与える者と定義した。Geldzahler の選定に賛成しようがしまいが，影響力という概念は，Arnheim が*有用性*の

48　第 I 部　アートベース・リサーチの分野

基準として私に示したことと同様に妥当であり，それは，私が自分の博士課程の学生に，研究が他者や自分自身に役立つようデザインする際のガイドとして勧めるものである。私は個人的には，前述した Gadamer の「説得力がある」という基準に影響を受けてきた。ここでも，質的社会科学研究の領域は，科学的な妥当性という指標よりも，むしろ「信頼するに足る」かどうかという概念で価値評価をする。信頼に値する研究は，有用で影響力をもち，説得力がある。また，Paolo Knill の助言のように，「美」という感性的基準（2016 年 3 月 8 日の個人的な対話）は，センス・オブ・ワンダー〔驚きの感覚〕とともにあると考えることもできる。構想や発表の問題は，標準的なひな型に従うようにするよりもむしろ，結局はこうした目的によって方向づけられるべきである。

　私は，ABR の一つの中心地であるオーストラリアで，博士論文の外部審査員を務めるという幸運に恵まれた。多くの魅力的な研究のうち，メルボルン実験的・創造的アートセラピー研究所（Melbourne Institute for Experiential and Creative Arts Therapy: MIECAT）の Raelean Hall によってなされたものがある。「Unfolding the Process of Portraiture: A Collaboration between Artist and Participant（肖像画の制作プロセスを開示する：アーティストと参加者の協働）」という彼女の論文は，その全体がアート作品として提示されている（Hall, 2013; McNiff, 2014a, p. 260）。視覚的イメージの美的で色彩豊かな提示は，その研究のインパクトにとって根本的なものである。全体として芸術的形式がコンセプトとその効果を形づくっている。アートは説得力のある証拠である。それは自ら語り，そして書かれたテクストは，その質と意義について省察している。

　論文の最初で Hall は，「創造的な宣言」をする。そこで彼女は，アメリカ心理学会（APA）のフォーマットから「離反すること」を示し，とりわけ「イメージとテクストを統合する」クリエイティブ・ライティングのスタイルをどうして選んだかを述べている (p. xi)。興味深いことに，Hall は，方法，発見，意義，限界といった APA の原理に適応するよう努力しており，また，こうした構造が役立つことを確認している。しかし，ここで私が強調しようとしているように，彼女はその作品を最も美的にインパクトのあるやり方で発表することを選んでいる。原稿は芸術的なイメージに貫かれており，作品全体は入念にデザインされている。形式は，創造的表現やコミュニケーションへの欲望をコントロールするのではなく，むしろそれに対応している。その作品は，最も自然で独創的な形をとることが許容されている。

　相互作用的な肖像画制作の方法を考察する Hall の研究と同様に，ABR において私が勧める研究は実践方法に注力するものである。教育，セラピー，健康におけるアートを人々とともに実践し，その実践を吟味し完成させることを強調すれば，その研究は間違いなく実践的で実証的なものになる。また，私が学生に言っているように，自分自身でやったことがないことを人にやってくれるように頼むことなどどうしてできるだろうか。そして，私たちは特定のプロセスを，体系的に実施・検証することなくどうして知りえようか。

　たとえば，『Art as Medicine』（McNiff, 1992）において，私は絵画やドローイングとの想像上の対話のプロセスを研究するために，自分自身が行った芸術的探究を用いた。私は，アート作品を示し，対話のプロセスを明らかにし，それについて省察する。その形

式は，最も効果的でアクセスしやすい方法で作品を提示する努力の中で生じたので，他者にとっても有用なものになるだろう。私は，他者のアート制作に立ち会うプロセス（McNiff, 2015），絵画制作の動作解釈，その他多くのことについて長年研究してきた。そのすべては，アートを用いて他者の助けとなる最も効果的な方法を見出すことを目指したものである。強調したいのは，*芸術的方法の範囲は，アート自体と同じように無限であり，既存の段階や手続きに包摂されることはないということである*。その可能性にどれほどの広がりがあるかの事例は，『Art as Research』（McNiff, 2013）の中で私の同僚が示している。また私は『Art-Based Research』（McNiff, 1998）にも，多くの事例を載せた。本書の以下の章や，芸術的探究という新しい学問を牽引する以下のような文献にも示されている。Hervey（2000），Knowles と Cole（2008），Liamputtong と Rumbold（2008），Leavy（2009），Barone と Eisner（2012），Lett（2016）などであるが，最終的に，ABR の研究者は，自らの方法と発表方法を新たに創るのである。

　研究デザインについて他者に助言する場合，前述した率直な問いが一貫して最もうまくいく。すなわち，何を考察したいのか，どう実施するのか，それはなぜか，それはどのように役立つのか。その方法は無限であり，あらゆるアートメディアのスペクトルにおいて芸術的探究の可能性も無限である。構造の単純さが非常に重要であることはわかっている――いわば，単純であればあるほど深まるということである。

　私は研究者たちに，研究はいかになされるべきか，その結果はどうすれば最もよく伝わるかという，核となる意義を十分に考えるよう促す。たとえば，生やさまざまな専門領域においてアートへの理解を深めようとしている研究者に出会ったら，最も説得力と影響力があって，芸術的エビデンスが最も完璧に提示されるのは何だと思うかを尋ねる。たとえば，ある映画，あるいはライブのアートイベントについて，魅力的なテクストや原稿によって洞察力溢れる省察を加えて示せば，図表を中心とした研究に匹敵するものになるだろうか。あなたの研究から人々が理解・経験する必要があるものは何だと思うか。芸術表現に関して重要だと思うこと，芸術表現が他者になしうることについて，あなたはどんなことから影響を受けただろうか。

　標準化を求めるのなら，アートはその手段にはならないだろう。他方で，研究者が，研究目的に適した何らかのメディアについて個人的な芸術的探究を用いたいと思い，課題に応じた体系的な方法を一からデザインする自由が必要なら，そしてその美的な性質に応じた方法で芸術的エビデンスを提示し省察する意欲があるなら，おそらく ABR は有望なアプローチとなるだろう。

社会科学や他の学問分野との連携

　要約すると，研究としてアートを用いることは，人間の経験や理解に関する課題を学際的に扱うプロセスである。私は，質的社会科学研究の領域における研究方法の多様性にアートを包摂することを歓迎し評価しているが，本章で述べてきたような理由から，この領域にアートが完全に包摂されるとは思っていない。パラダイムによる制限，固定

された方法や言葉に関して，ここで提示した省察が，学問領域の境界を緩め，問いや課題を考察するのに最も効果的な方法だと考えられる探究方法と研究発表を認める事例となることが私の望みである。芸術的探究とアーティスト－研究者のアイデンティティを特徴づけている，決まった答えのないこうした美的・実践的なプロセスは，おそらく社会科学研究の将来的な質に良い影響を与える。

　創造プロセスを考察するアーティストとして研究の自由を称揚する一方，私が行っている研究は，心理学という学問と，自らの経験や創造プロセスの質について心理学的に省察するアーティストとしての履歴に，深く決定的な影響を受けている。私や，私が研究指導している研究者は，質的な社会科学研究の領域からさまざまな形で影響を受けている。こうした質的社会科学研究の影響は，人間の主体性や参加者の尊厳に関わる倫理的な考慮を含むが，それに限られるわけではない。すなわちアクションリサーチや，実践者研究，共同研究者の関与（Reason, 2003）や「研究仲間」の関与（Lett, 2016）といった研究プロセスを認め明確にすること，幅広い方法を支持すること，主観的・客観的事実の相互依存的要素を認めること，問いや課題をはっきりさせる構造的な評価指標や，それらを研究する方法のデザイン，そしておそらく最も本質的なのは，実験を通して人間の生きた経験を検証し，他者の研究に与えた影響を注意深く語る，組織的で厳密な学問であることなどである。

　私たちが共有しているこうした本質を支持し，より広い領域の学際的な協力者のさまざまなアイデンティティ，および言葉や研究方法を大切にするための方法を見出したい。そこでは，私たちの人間的能力のあらゆる側面が促進され，尊重され，独自のやり方で自由に生を考察し，生に貢献することになるだろう。

文献

Allen, P. (1995). *Art is a way of knowing*. Boston: Shambhala.

Arnheim, R. (1974). *Art and visual perception: A psychology of the creative eye: The new version*. Berkeley/Los Angeles: University of California Press.［アルンハイム，波多野完治・関計夫（訳）（1963/1964）．美術と視覚 —— 美と創造の心理学（上）（下）　美術出版社］

Atkins, S. (2013). Where are the five chapters?: Challenges and opportunities in mentoring students with art-based dissertations. In S. McNiff (Ed.), *Art as research: Opportunities and challenges* (pp. 57–64). Bristol, UK: Intellect/Chicago: University of Chicago Press.

Barone, T., & Eisner, E. (2012). *Arts based research*. Thousand Oaks, CA: SAGE.

Beveridge, W. I. B. (1950). *The art of scientific investigation*. New York: Vintage Books.［ビバリッジ，栗秋要・吉原林（訳）（1961）．科学研究の態度 —— 成功への要点　医歯薬出版］

Bogard, T., & Bryer, J. R. (Eds.). (1994). *Selected letters of Eugene O'Neill*. New York: Proscenium.

Gadamer, H. G. (1994). *Truth and method* (2nd rev. ed.; J. Weinsheimer & D. G. Marshall, Revised Trans.). New York: Continuum.［ガダマー，H.-G.，轡田收ほか（訳）（2012/2015/2021）．真理と方法 —— 哲学的解釈学の要綱（1）〜（3）（新装版）　法政大学出版局］

Gadamer, H. G. (2007). *The Gadamer reader: A bouquet of the later writings* (R. E. Palmer, Ed.). Evanston, IL: Northwestern University Press.

Hall, R. (2013). Unfolding the process of portraiture: A collaboration between artist and participant. Doctoral thesis, Melbourne Institute for Experiential and Creative Arts Therapy, Melbourne, Australia.

Hervey, L. W. (2000). *Artistic inquiry in dance/movement therapy*. Springfield, IL: Charles C Thomas.

Knowles, J. G., & Cole, A. L. (Eds). (2008). *Handbook of the arts in qualitative research: Perspectives, methodologies, examples, and issues*. Thousand Oaks, CA: SAGE.

Langer, S. K. (1957). *Problems of art*. New York: Scribner's Sons.［ランガー，S. K., 池上保太・矢野萬里（訳）（1967）．芸術とは何か　岩波書店］

Leavy, P. (2009). *Method meets art: Arts-based research practice*. New York: Guilford Press.

Lett, W. (2016). *Creative arts companioning in coconstruction of meanings*. Melbourne: MIECAT Institute.

Levinas, E. (1969). *Totality and infinity* (A. Lingis, Trans.). Pittsburgh, PA: Duquesne University Press.［レヴィナス，E., 藤岡俊博（訳）（2020）．全体性と無限　講談社］

Lewin, K. (1946). Action research and minority problems. *Journal of Social Issues, 2*(4), 34–46.

Liamputtong, P., & Rumbold, J. (Eds.). (2008). *Knowing differently: Arts-based and collaborative research methods*. New York: Nova Science.

MacIntyre, A. (2007). *After virtue: A study in moral theory* (3rd ed.). Notre Dame, IN: University of Notre Dame Press.［マッキンタイア，A., 篠﨑榮（訳）（2021）．美徳なき時代（新装版）　みすず書房］

McNiff, K. (2013). On creative writing and historical understanding. In S. McNiff (Ed.), *Art as research: Opportunities and challenges* (pp. 133–139). Bristol, UK: Intellect/Chicago: University of Chicago Press.

McNiff, S. (1986). Freedom of research and artistic inquiry. *The Arts in Psychotherapy, 13*(4), 279–284.

McNiff, S. (1989). *Depth psychology of art*. Springfield, IL: Charles C Thomas.

McNiff, S. (1992). *Art as medicine*. Boston: Shambhala.

McNiff, S. (1998). *Art-based research*. London: Jessica Kingsley.

McNiff, S. (2013). *Art as research: Opportunities and challenges*. Bristol, UK: Intellect/Chicago: University of Chicago Press.

McNiff, S. (2014a). Art speaking for itself: Evidence that inspires and convinces. *Journal of Applied Arts and Health, 5*(2), 255–262.

McNiff, S. (2014b). Presentations that look and feel like the arts in therapy: Keeping creative tension with psychology. *Australian and New Zealand Journal of Arts Therapy, 9*(1), 89–94.

McNiff, S. (2015). *Imagination in action: Secrets for unleashing creative expression*. Boston: Shambhala.

Orlinsky, D. (2006, January). Comments on the state of psychotherapy research (As I see it). *Newsletter of the North American Society for Psychotherapy Research (NASPR)*, p. 3.

Reason, P. (2003). Doing co-operative inquiry. In J. Smith (Ed.), *Qualitative psychology: A practical guide to methods* (pp. 205–231). London: SAGE.

Schön, D. A. (1983). *The reflective practitioner: How professionals think in action*. London: Basic Books.［ショーン，D. A., 柳沢昌一・三輪建二（訳）（2007）．省察的実践とは何か——プロフェッショナルの行為と思考　鳳書房］

White, H. (1978). *Tropics of discourse: Essays in cultural criticism*. Baltimore: Johns Hopkins University Press.

Whitehead, A. N. (1978). *Process and reality: An essay in cosmology*. New York: Free Press.［ホワイトヘッド，A. N., 山本誠作（訳）（1984/1985）．過程と実在（上）（下）　松籟社］

第3章

生きる探究としての a/r/tography

●リタ・L・アーウィン／ナタリー・ルブラン／ジヨン・リュ／ジョージ・ベリヴォー

(Rita L. Irwin, Natalie LeBlanc, Jee Yeon Ryu, & George Belliveau)

訳：三代純平

アートを横断する生きる探究

　a/r/tography は，実践に基づく研究の一形態であり，つくること，学ぶこと，知ることを，アートと教育実践の活動の中で相互に関連するものとして認識するものである。a/r/tography は，すでに存在するものを発見するというよりもむしろ，それぞれの活動，それぞれの新しいアイデアを，新しい現実として受け入れる（Irwin, 2013）。それは，人間であれ非人間であれ，あらゆるものの物質性に永遠に絡みつきつづけるダイナミックな力である。そのため，a/r/tography は，この絡み合いの中に留まり，各々の生きる探究という実践を追求する方法として，アーティスト，研究者，教師／学習者の実践を受け入れている。実践に取り組むことによってこそ，私たちのアイデアをさらなる実践に変えていくことができる。この開放性によって，a/r/tography は多様な文脈で使用することが可能になる。さらに，a/r/tography は，実現可能性（possibilities）の研究から潜在的可能性（potential）の研究へと移行する過程で，芸術作品と出来事の両方をプロセスや成果物として受け入れる。「既知のものは何でも，それが何かになる（become）と感じられる潜在的可能性への反応段階にあると a/r/tography は主張する」（Triggs, Irwin, & O'Donoghue, 2014, p. 255）。アートの実践は，実践の外に立ってそれを用いることができるようなものではない。実際，それは新たに立ち上がってくる実践であり，生きる実践である。

　他の研究形態がもっともらしい理論や妥当性の高い理論によって導かれるのに対し，a/r/tography は理論の限界（O'Sullivan, 2001）を超えた先の潜在的な可能性を理論化することによって導かれる。生きる実践とは，知識を発見することではなく，「生きる力の新しい形を感じること」（Triggs et al., 2014, p. 256）である。アーティストは，実践を生き，潜在的可能性の中の可能性の一つとなることを受け入れる。「潜在的可能性は無尽蔵である。Massumi（2002）が表現したように，それはいったん提示されると，次々と展開する一連の出来事の始まりを触発する瞬間として，ある種のエネルギーのような衝撃と

53

感じられる」（Triggs et al., 2014, p. 256）。

　以下では，「生きる探究としての a/r/tography」というテーマで，3つのバリエーションを紹介する。そこでは，豊かな潜在的可能性が立ち現れる。3つのバリエーションは，演劇，ビジュアルアート，音楽をそれぞれ取り上げ，小学生くらいの子どもとその教師，大学生とその教師，大学院生と一緒に働く教員にそれぞれ焦点を当てている。その多様性は，アートや教育の枠を超えて関わることができる a/r/tography の可能性を示している。

バリエーションⅠ── 演劇の生きる可能性

リタ・L・アーウィン／ジョージ・ベリヴォー

　2014年の春，私たち（リタとジョージ）は，自分たちのアーティストとしてのアイデンティティに基づいた自伝的演劇作品を開発するために会った。考案中，自身の直感に細心の注意を払い，共鳴する瞬間に耳を傾けながら，4ヵ月後，私たちは《Precious Moments（貴重な瞬間）》（Belliveau & Irwin, 2016）を制作するに至った。探究したいことについての最初の考えは，私たちがアート教育者として自らの実践を生きることによって浮かび上がったものである。何年も一緒に仕事をしてきたが，私たちの重要なライフストーリーのいくつかと，それらがどのように互いに交差するのかについては，私たちのどちらも意識していなかった。以下で私たちが共有したいのは，a/r/tography によって，どのように未知のことを経験できるのかという理解である。芸術的なプロセスを信頼することで，あらかじめ決められた結論を知らぬままそのプロセスに入ることができ，私たちは「a/r/tography を生成する（becoming a/r/tography）」（Irwin, 2013）ことに関与できる。私たちは，探究の実践の中で生き，その潜在的可能性から学ぶのである。これは確かに，私たち2人，そして私たちをサポートしてくれる同僚のグラハム・リー（Graham Lea）とジャニス・ヴァルデス（Janice Valdez）（演劇人でありブリティッシュ・コロンビア大学［UBC］の大学院生）にとってそうであった。

　アカデミアの中でアート教育に携わる私たちの多くにとって，芸術活動を継続するための時間を見つけることは困難である。しかし，私たちはこの時間的な困難に取り組むことを決意し，学会での発表を目標に，4人で4ヵ月間，毎週あるいは隔週で集まり，アイデアを持ち寄って20分の二人芝居をつくり上げようとした。私たちは，幅広いオープンエンドの質問から始めた。そして，自分たちの自己形成期に芸術を発見した物語を共有することが，最初のアイデアを生み出すための豊かな場所になることに気づいた。物語は短いナラティブとして始まったが，それらはすぐにドラマティックな即興劇の基礎となった。小さな共用空間で，私たち4人は創造的な感性を高め，記憶の中で沈黙している細部に活力を与え，複数の物語を横断するつながりを見つけ創造するための演劇的手法を考案した。やがて私たちは，写真，アート作品，工芸品，手紙などを使って，私たちの物語の創造を促した。

　探求の過程で重要なのは，あらゆる可能性にひらかれていること，そして特定のス

トーリーに早急に落ち着こうとする傾向に抵抗することであった。ドラマに基づいた活動で，何かがうまくいき，そのことに共鳴するようであれば，それを認めつつも他の可能性を探りつづけた。私たちが気づいたのは，各セッションにおいて特定の「引きつけるもの」が再浮上し，私たちをそこに向かって呼び寄せているということだ。それは，リタがアート制作で経験した母娘の絆や，ジョージが幼少期に経験した兄のドンとの絆を表しており，最初は遊び心に満ちていた。これらの「引きつけるもの」に耳を傾け，注意を払うことで，私たちは家族の絆の探求を広げた。そして，物語を語り，身体化することで，別々の物語に見えたものが次第に一つに織り込まれはじめた。物語は，私たちが創造的にモノを使い，さまざまなものを表現することで具現化されていった。たとえば，リタは早い段階でスカーフを持参し，それがスカートやホッケーのスティック，あるいは陶器に変身した（図 3.1 参照）。

1ヵ月ほどの探求の後，草稿を私たち 4 人は常に共有しながら，ジョージとグラハム・リーは脚本を書きはじめた（Goldstein, 2011; Norris, 2010; Saldaña, 2011 も参照のこと）。私たちは共に，これらの脚本をさらに即興を繰り返すことによって探求した（図 3.2 参照）。3, 4ヵ月目には，《Precious Moments》と後に名付けられる二人芝居のリハーサルを行い，それはオーストラリアのメルボルン大学の劇場「オープン・ステージ」で開催された「芸術性，パフォーマンス，学術的探究会議」にて披露された（Belliveau & Irwin, 2016）。観客のために作品を上演することで新たな余地が生まれた。観客が《Precious Moments》を聴きながら，私たちの物語に自分の物語を挿入してくれたためである（www.metacdn.com/r/m/vfahnolm/130p6gnw 参照）。私たちの物語が観客たちの物語と交わることで，観客との共鳴が生まれ，作品の上演後に何人かが名乗り出て，私たちと彼らの物語を共有した。劇場というはかない空間と，観客との呼吸の共有が，物語が物語を

図 3.1 モノを通じて物語を探求する
写真：Graham W. Lea, 2014

図 3.2 脚本のリハーサル
写真：Graham W. Lea, 2014

生むように，作品が展開しつづけることを可能にしたのである。

このプロセスを始めたとき，私たちは研究に基づいた演劇（Belliveau, 2006, 2014, 2015a, 2015b; Belliveau & Lea, 2011; Beck, Belliveau, Lea, & Wager, 2011; Lea, 2012; Lea & Belliveau, 2015）と a/r/tography（Irwin & de Cosson, 2004; Springgay, Irwin, Leggo, & Gouzouasis, 2008）を統合しているということに気づいていた。演劇は，私たちが共に取り組んでいた自伝的研究から生まれてきたものであった。a/r/tography は，私たちが共同で芸術的・教育的追求を行う中で立ち現れた（LeBlanc, Davidson, Ryu, & Irwin, 2015 も参照）。どちらも，私たちの芸術的実践，生きる探究を通して展開してきたのである。私たちがこの作品で探求した母娘と兄弟の絆は，私たちの人生における重大な喪失感へと私たちを導いた。私たちはどちらも，相手の肉親に関する悲劇的な出来事を知らなかった。これらの悲劇を知ることは，私たち一人ひとりにとって，時間と空間を超えた喪失感や悲しみ，そして重要なことだが，強さへと即座につながるものであった。このような物語を共有することは，劇の焦点となるきわめて重要な空間となり，それは私たちが考えたこともないことだったのである。私たちは，芸術的な生きる探究を通して，絶えず新しく生まれ変わっていった。私たちの家族の物語が，直感やつながり，予期せぬ出来事や偶然を共有する物語になる可能性に目を向けるようになった。私たちは，自伝的な物語による演劇を用いて，現在，そして未来を生きていくための空間を創造した。そして，語り直すたびに，改めて生きることの意味を深く学んだ。生きる探究は，特定の思想を追求するものではない。むしろ，思想とその実践をその潜在的可能性へと拡大するものなのである。自伝的な探究に乗り出した私たちは，想像をはるかに超えるものを発見した。

以下に，この脚本の一部を紹介し，私たちが経験した喪失の間のつながり，そして，それらがどのようにお互いを補完し，いかに観客が自分の物語を挿入する余地のある空間をひらいているのかを明らかにする。

リタ：UBC に来てまだ 1 年半の時に，私にぴったりの学会のお知らせを見ました。授業が始まって最初の週に，出張などしてもいいものだろうか。行くべきか，留まるべきか。（シャツの袖を引っ張る）私は引きつけるものを感じました。私は行くことにしました。

　　　私は普段から時間やお金を倹約しています。学会に行っても，すぐに飛行機で帰ってきます。でも，今回は（間をおいて），半日余分に滞在することにしました。

　　　あらかじめ準備されたツアーに参加するつもりでした。でも，一人で探索する時間が必要だと感じました。私は，街を探索するためにこっそりと街へ出ました。その日は晴天で，明るく，暖かく，心地よい日でした。

　　　通りには木々が立ち並び，大通りは美しい。大通りは美しく手入れされています。（袖を引っ張られ，店を見る。音が鳴る）

声：店に入りなさい，リタ！

リタ：その店は色とデザインの饗宴でした。手塗りの磁器の花，牧歌的な情景，風景……そして手描きの陶磁器の皿。母は磁器の絵付けをしていました。彼女は人生の最後の 10 年間で，ようやく先生を見つけ，ずっとなりたかったアーティストになりました。でも，私が覚えている限り，母と私はずっと創作活動をしていたんです。（音が鳴る）

声：社交的になりなさい，リタ！

リタ：（呼びかける）こんにちは。すみません。

店員：（登場する）こんにちは。

リタ：この手描きの磁器は素晴らしいですね。

店員：ええ，そうでしょう。（音が鳴る）

声：もう一度，リタ。

リタ：私の母は磁器に絵付けするアーティストでした。母もこれらがとても気に入ったろうと思うわ。

店員：それは興味深いですね。（音が鳴る）ご出身はどちらですか？

リタ：カナダです。アルバータ州で育ちました。（音が鳴る）磁器に絵を描かれるのですか？

店員：ええ，磁器に絵付けをするのが好きなんです。この中のいくつかは私のものです。（二人は部屋を見回している。……沈黙）

声：話しつづけなさい，リタ！

リタ：お名前を伺ってもよろしいでしょうか？

店員：ケイ・ゴッドシャックです。

リタ：（喘ぐように）母の恩師です。（照明が落ちる）母の磁器の絵付けの先生で，母の友人です。（ケイに向かって）母は先生の講座を受けるために空港に向かう途中，交通事故で亡くなりました。

ドン（ジョージ役と同じ俳優が演じる）：何が起こったのか，正確に説明するのは難しいんです。私は世界の頂上からの景色を眺めながら登っていたのですが，4000 m ほ

第 3 章　生きる探究としての a/r/tography　　57

どの雲に触れるくらい高い所にいたのに，気づくと，突然 3000 m の場所にいたんです。（音が鳴る）滑って，バックパックをつかもうとしたのを覚えています。（上を見る）月がきれいだ。

ジョージ：私は Pirandello（ピランデルロ）の《Six Characters（作者を探す 6 人の登場人物）》で演出家の役をやっていました。とても大変な役でした。当時は同時に別の芝居もやっていて，教職課程を終えようとしているところでした。完全に寝不足でした。それは第 2 幕で起こりました。6 人の登場人物が，自分たちの物語は舞台にするのにふさわしいと私に信じ込ませようとしているところです。彼らはそこにいるようで，そこにはいない。私はそこにいるようで，そこにはいない。私は別の世界を漂っているのです。

ドン：どれくらい滑り落ちていたんだろう。30 秒か？　30 分？　この素晴らしい景色の中で，呼吸するんだ。渓谷，山頂。

ジョージ：自分のセリフがわからない。もうセリフはどこかへ行ってしまった。「マダム・パーチェの楽屋に移動してください。そして，君は泣くのをやめてくれ」（リタに指示を出そうとする）。自分がどこにいるのか，まったくわからない。どれくらいさまよっていたんだろう。5 秒？　5 分？

ドン：（ぎこちなく目を覚まし，畏敬の念を抱く）ただ，太陽が山を越え，谷を埋めていくのを見よ。こんな夜明けは見たことがない。私は目覚めているのか，夢を見ているのか。（頬を触り，たじろぎ，苦悩する）あああ，私の肩が。バックパックはどこだ？

俳優：（リタ役の俳優がこのセリフを言う）演出家さん，父と娘のシーンをお見せしましょうか？

ジョージ：（そっとリタに）ありがとう。（演出家として）「あなたと娘さんのこの告白の物語は感動的ですが，舞台では演じられません。この劇場でやっていることは見せかけなのです」。

ドン：（取り乱して）一生に一度は，ジョージ，この山の，この日の出を見なくちゃね。美しい。

リタ：ケイと私は何時間も思い出話に花を咲かせました。私は母の事故の詳細を話しました。彼女が聞いたことのない話です。彼女は母の芸術の話をしてくれました。母がいかに強い喜びと情熱をもって絵を描いていたかを。私が聞いたことのない話です。時間が止まった。考えてみれば，ケイはその店で働いてはいませんでした。彼女はその日，娘を訪ねてきていて，娘の代わりにその日，店番をしていたのです。学会に来ることを決め，もう一日滞在することを決め，一人で街を歩き回り，店に入り，無理に会話しようとした……。これらを引きつけたのは？（悟る）お母さんだ。

ジョージ：私の兄，ドン，お手本であり，友人。自分の限界を試そう，限界を超えよう，毎日を充実させようという彼の情熱と決意は，決して途切れることはなかった。カルペ・ディエム！〔ラテン語で，今日という日を大切にという意味の警句〕　2 回目に滑ったとき……

リタ：隙間。

ジョージ：……険しいカナディアン・ロッキーで，雪と岩と果てしない空の美しさの中で。

リタ：裂け目。

ジョージ：……彼はそれほど幸運ではなかった。

リタ：クレバス。

ジョージ：今，私が道に迷ったとき，滑りはじめたとき，彼は私の背中を押してくれる……

リタ：（ジョージの声に被せて）引きつける。

ジョージ：……あるいはお尻を蹴って，私が美しいものを見たり，自分の道を見つけたりするのを助けてくれる。

リタ／ジョージ：私たちはまだつながっているんだ。

リタ：アートは母と私を結びつけてくれました。それはアートであり，手放すことでした。手放すこと，そして……聴くこと。

ジョージ：……手放し……そして聴く。

《Precious Moments》は，自伝的な物語を交差させながら，アーティスト，探究者，教育者としての私たちのアイデンティティをたどることで，私たちの特別な人生に息を吹き込んでいる例である。この例では，演劇が私たちの物語に息を吹き込み，物語を通して息をする機会を与えてくれた。さらに，私たちは，ステージ上でもステージ外でも，観客がいてもいなくても，常に互いに関係し合いながら演じることで，自分たちの物語に立ち戻ることができた。a/r/tographic 研究に基づいた演劇を，相補的に即興で生み出し，練習し，そして上演することを通じて，私たちは自分たちの生きる実践を実践し，理論化していった。

バリエーションⅡ ── a/r/tographic な断片

ジヨン・リュ

Ⅰ（https://vimeo.com/140748544）

教育者は通常，他者へのケアを重視しますが，真に他者へのケアを望むのであれば，まず自分自身をケアすることがきわめて重要です。 —— RITA L. IRWIN (2006, p. 75)

ピアノ教師として，私は常に生徒の芸術的精神をケアし，育成することに重点を置いてきた。しかし，私は Rodgers と Raider-Roth（2006）の「教えるということは，生徒とつながりを持つこと，そして生徒の学びとつながりを持つことを必要とし，そのつながりの健全性は，その教師の自分自身との関係性によって育まれたり，損なわれたりする」(p. 271) という考えに同意する。つまり，私にとっては，自分の演者としてのアー

ティスト性を磨きつづける必要があるということである。私は自分の音楽的使命に注意深く耳を傾ける必要がある。私は自分自身の「自己のための教育学」（Irwin, 2006, p. 75）を開発する必要があるのである。ピアノ教師を演奏の実践に（再び）結びつけることの重要性について，Timmons（2008）は次のように書いている。

　　私たちは生徒を大切にし，彼らの成長と音楽の楽しみを育み，私たちの門をたたく人々に質の高い指導を提供するために最善を尽くしている。多くのピアノ教師の人生に欠けているのは，自分自身の芸術的精神をケアし，育むことであると私は思う（…）私たちは生徒を指導し，彼らの芸術的創造に関与しているが，私たち個人の音楽をつくることには関与していない（…）自分自身で音楽をつくることこそ，忘れられがちなことなのである。（pp. 22-23）

　そのような理由から，私は，音楽家，教師，研究者（Gouzouasis, 2006, 2008, 2013）というレンズを通して，a/r/tographic な生きる探究（Irwin & de Cosson, 2004; Springgay et al., 2008）を実践することを学んでいるところである。それは，自分自身の演者としてのアーティスト性をケアし，育て，（再）発見する芸術的方法なのである。私がピアノ演奏に専念していた頃からずいぶん長い年月が経った。定期的にリサイタルを開いていた頃から多くの年月が流れた。Timmons が言うように，私のピアノ教師としての人生に欠けていたのは，私自身のピアノ演奏だったのだ。

II（https://vimeo.com/140749133）

　Irwin と Springgay（2008）が説明するように，a/r/tography は，「経験を理解する3つの方法 —— 観想（テオーリア［theoria］），実践（プラクシス［praxis］），制作（ポイエーシス［poesis］）—— が折りたたまれた，世界を経験するリゾーム的方法を形成する」（p. xxix）実践に基づいた研究方法論である。「知ること（テオーリア），行うこと（プラクシス），つくること（ポイエーシス）」（p. xxiii）の*中間*に位置する空間に注意を向けることによって，a/r/tography の実践者は「アーティスト，研究者，教師としての彼らの実践を理解する新しい方法を探している」（Irwin, 2004, p. 34）のである。私にとって，生きる探究としての a/r/tography は，私がピアノを弾くことの何が好きなのか（音楽家としてのポイエーシス）を（再）発見することへと，そして私の演奏実践（研究者としてのテオーリア）が若いピアノ学習者の有意義な音楽づくりとピアノ学習体験をどのように刺激し，彼らに情報を与え，創造させるか（教師としての*プラクシス*）を（再）発見することへと導き，私に挑み，かつそうした（再）発見を可能にするものなのである。その意味で，a/r/tography は絶えず私にピアノに（再び）目を向けるよう促してくれる。それは，私がピアノを弾くことに立ち戻るのを助けてくれる。それは，私が忘れていた，音楽をつくる喜び，幸せ，そして驚きを思い出させてくれる。ピアノを弾くことで，何が私を奮い立たせてくれるのか。どんな音楽が私の魂に響くのだろうか。何が私をピアノに引きつけるのだろうか。a/r/tography はこのような問いに私を導いてくれる。

III （https://vimeo.com1140749238）

　私の最初の a/r/tography のプロジェクトでは，ピアニスト，教師，研究者である（になる）（be[come]ing）ことの意識，開放性，複雑さの概念（LeBlanc et al., 2015 参照）を探るために，私自身のピアノ即興演奏を記録した一連のビデオを作成した。ピアノで即興演奏している自分の姿を動く反射画像として意図的に映し出すことで，生徒たちとのつかの間の即興の瞬間を探求し，表現し，呼び起こそうとしたのだ。このプロジェクトを始めてから，私は，ピアニスト，教師，研究者としての私の役割が，幼児音楽教育研究に関する教育学についての私の理解にどのような影響を与えているかを探っている。私は自らに問いかけはじめた。生きる探究としての a/r/tography は，どのように私自身の教育，演奏，研究の実践を支え，影響し，発展させることができるのか。ピアノの演奏と教育学に対する a/r/tography のアプローチは，どのように生徒にとって教育学的に意味のあるピアノ学習経験を生み出すことができるのだろうかと。

　これらの問いを念頭に置きながら，私は自分のピアノ演奏を撮影した新しいビデオ・シリーズを制作し，「a/r/tography の実践者」である（になる）ための，生きた，そして生きている断片的な経験を探求している。私は，グズアシス（Gouzouasis, 2007）が Beethoven（ベートーベン）の《Piano Sonata in E Major, Op. 109（ピアノソナタ ホ長調　作品109）》を創作活動のメタファーやモデルとして用いたことに触発された。そこで，私は，テクスト，ビデオ，音楽のさまざまな層を「折り畳む／拡げる（un/folding）」（Springgay, 2008, p. 158）ための方法論，表現方法，メタファーの方法として，Robert Schumann（ロベルト・シューマン）の《Kinderszenen, Op. 15（子供の情景　作品15）》（The Poet Speaks［詩人のお話］, 1838）を 5 つの断片に分割した。ピアノの演奏，指導，研究の実践を，「互いに織り交ぜ，概念を織り込んでいく」（Irwin, 2004, p. 28）音楽的・学術的プロセスとして捉えることによって，ピアニスト，教師，研究者としての自分の役割が，生徒と自分にとってより有意義なピアノ演奏と学習経験をいかにして生み出し，支援し，可能にしていくかについて，理解を深めている。私は，「芸術，研究，教育の生きる実践すなわち，生きた混淆，人生を書くこと，人生を創造する経験」（p. 34）に取り組むことを学んでいるのである。

IV （https://vimeo.com/140749459）

　Greene（1977）が説明するように，「演じるということは，自分自身のための新しい始まりに乗り出すことであり，疑問，好奇心，そして，驚きによって生み出される始まりである」（p. 124）。私は，a/r/tography 的な生きる探究に対して，疑問，好奇心，驚きをいっぱい持つことで，ピアニスト，教師，研究者であることの意味を自問している。その意味で，生きる探究に対する a/r/tography 的なアプローチは，私に「自分自身のあり方，そして自分自身になるとは何かを問いつづけること」（Irwin, 2008, p. 28）を促してくれる。そして，私の好奇心，想像力，創造力を刺激するような，新しい形の芸術的・音楽的創作への探索を可能にする。それは，私自身の音楽的なニーズに合わせる

ための空間，時間，そして意識をつくり出すものである。a/r/tography（Springgay et al., 2008）とともにあることで，私はピアニスト，教師，研究者として断片化された私の役割を（再び）結びつける，音楽的インスピレーションを受けた新しい方法を（再び）創造することを学んでいるのである。

V（https://vimeo.com/140749641）

「生きる探究の創造的で教育的な形」（Irwin, 2008, p. 28）としての a/r/tography を実践することで，私は生徒たちのユニークで個性的なピアノ学習の方法を（再）発見することができる。時に，生徒と私は，お気に入りの物語を読むことでインスピレーションを得ることがある。私が物語を読むと，生徒たちは楽しそうにピアノの上で効果音を奏でる。私たちは，物語から新しい音楽のイメージを（再び）膨らませることができる。他にも生徒たちは，絵を描くことで音楽にインスピレーションを得る。音楽が彼らの絵にインスピレーションを与えることがある。音楽のアイデアを得るために，あるいはピアノの即興演奏を記譜するために絵を描くときもある。また，特定のアイデアや物語を参照することなく，ただ音楽を演奏し，創作することを好む場合もある。ピアノの鍵盤の上で自由に即興演奏をしながら，ただ演奏し，音楽のアイデアを膨らませるのだ。また，私の生徒の多くは質問するのが好きだ。彼らの質問は，私たちが楽譜を読んで演奏している音符を超えた旅に連れていってくれる（Gouzouasis & Ryu, 2015 を参照）。

　私は，ピアノ演奏とビデオグラフィーを統合する新しい創造的な方法を探求することからインスピレーションを得ている。テクスト，音楽，光（つまり，私のビデオの中で反射し，動くイメージ）を使って書くことで，私は，芸術の形式による関与（engagement）に真剣に向き合う生き方を信じることができる。芸術の形式による関与によって私たちは，知るということにおける芸術的で断片的な方法の不確かさ，複雑さ，美しさを称えることができる。その意味で，生徒たちと私は，互いに創造的で芸術的な自己を（再）発見することを学んでいるのである。私たちのユニークで個性的なピアノ演奏の中で，喜びや幸せ，インスピレーションをもたらすものを共有することで，生徒たちと私は，私たちの人生にさらなる可能性，笑顔，そして美を（再）創造することを学んでいる。

VI（https://vimeo.com/140749760）

　この最後のビデオでは，Schumann の《The Poet Speaks（詩人のお話）》を完全な作品として（再）演奏している。5つの音楽の断片をすべて元の形に（再）接続することで，私は，a/r/tography 実践者である（になる）私の一瞬の，断片的な瞬間の中やその間にある，根底に隠れた連続性を呼び起こそうと試みている。a/r/tography 的な生きる探究は，ピアニスト，教師，研究者としての私の役割を（再び）結びつけるよう私に要求するものである。それは，アーティスト，教師，研究者としての私の中にある，またそれぞれの私の間にあるつながりを（再）発見するよう，私を鼓舞し，可能にし，挑んでくるものである。それは，アーティスト，教師，研究者としての私自身について，これま

で知られていなかったことに気づかせてくれる。アーウィン（Irwin, 2004）が思い起こさせるように，「a/r/tography は，かつて隠されていたものを明らかにし，知られていなかったものを創造し，達成したいものを想像するという知覚の実践を通して，深い意味のある人生を送る私たち一人ひとりについてのものである」（p. 36）。a/r/tography 実践者を目指す私は，「まだ名付けられていないものを常に探求し，複雑にしていく」（Irwin & Springgay, 2008, p.xxxi）ことを実感している。

　伝統的・非伝統的な芸術形式や，学術的・実験的なテクストを探求することで，私は，a/r/tographic な生きる探究は，常にそこにありながら，「動き出そうとしている」（Irwin, 2013, p. 198）実践であるという概念を受け入れている。私は，この生きる探究によって鼓舞され，ピアニスト，教師，研究者としての役割を統合しつづけることに挑戦すること，そしてそれを実現することができる。a/r/tographic な生きる探究は，芸術的な「研究方法論，創造的実践，そして識閾にあるリゾーム的実践を生きるパフォーマティブ教育学」（p. 199）として，私の生徒と私に対して，私たちの音楽のあり方（成り立ち方）に関心を持ち，それを育み，耳を傾けるよう求めているのである。それは私たちにとって，音楽的に意味のある，教育的で楽しいピアノ学習経験をお互いに（再）発見しつづけるための，生きた現在進行形のプロセスなのである。

バリエーションⅢ
── 実践の中で，そして実践を通して「なる」ものとしての生きる探究

ナタリー・ルブラン

　私は実践する写真家として，放置や天候，その他の自然の力（浸食，腐食，崩壊など）により劣化していく廃墟を記録している。私は学習者として，アート実践の中で，またアート実践を通して（Irwin & Springgay, 2008）継続的に探究することに取り組んでいる。そして，アート実践が可能にする，「まだ知られていないもの」（Triggs et al., 2014, p. 253）の関係を感じるための潜在的可能性を生み出すという独創的な取り組みからインスピレーションを見出している。そのため，私は頻繁に心地よい考え方やあり方から離れたりそこに戻ったりしており，しばしば自分の理解が入れ替わり，動き，破裂するような脆弱な状況に身を置いている。

　最近の博士課程研究（LeBlanc, 2015 参照）において，私は実践主導型（Barrett & Bolt, 2007; Haseman & Mafe, 2009）の研究プロジェクトに取り組み，カナダの風景をさえぎるように光のあわいの中に佇む，廃校となったさまざまな学校を撮影した。この試みを通して，私は廃校を探し出すことで，ありふれたものを不気味なものに，退屈なものを不思議なものに，騒々しいものを静かなものに，期待されるものを予想外のものに，規制されるものを規制されないものに，「普通」や「不毛」を奇妙で豊かなもの（Edensor, 2005）に積極的に置き換えようとしていることに気づいた。廃校がもたらす細部，知覚，感情，経験の質に注意を払うことで，私は「（以前は）視界に入らなかったものを美的に視界に入れる可能性」（Irwin, 2003, p. 76）を生み出していたのである。

常に問いつづけるプロセスという形をとった私の生きる探究によって，私は，理論と実践，存在と不在，視覚と文字，見えるものと見えないもの，有限と無限，永久と無常，美とグロテスクの関係を探求することができ，究極的には私の芸術，理論，教育への関心に挑戦することができた。そして，不確実性と曖昧さの中で，実践者として取り組むだけでなく実践者として成長することができた。

　アーウィン（Irwin, 2003, 2006, 2008, 2013）は，アーティスト，研究者，教育者が生きる探究に取り組むとき，実践中はオープンでありつづけ，その過程で現れるアイデア，感情，意味に鋭敏になると述べる。アーウィン（Irwin, 2003）はさらに，そうすることで，「何が重要か」に鋭敏になることを促す「困難の場所」（p. 76）を発見することができると論じている。アートベース・リサーチ（ABR）の研究者である Sullivan（2010）にとって，探究とは，説明と対照的な形による理解を求めるものである。Sullivan の考えでは，探究にとって重要なことは，「統計的に有意である」ことよりも，「意味がある」ことである（p. 44）。これらの考え方は，「何が」私を廃校に誘うのかという疑問と相まって，Dewey（デューイ，1934/2005）がその代表的なテクスト『Art as Experience（経験としての芸術）』の中で「表現」と呼んでいるものが，生きる探究の本質であるとの可能性を私に見出させてくれるのである。

　Dewey（1934/2005）にとって，表現行為は，欲求，彼の言葉を借りれば「飢え」（p. 61）によって経験へと駆り立てる「衝動」（p. 61）である。対象への興奮が深まるとき，それは態度や意味を呼び起こし，「感情化されたイメージ」（p. 68）の*中*で，およびそれを*通*じて私たちの思考や感情がどのように機能するかを意識させる活動を生起する。生きる探究の一形態としての私の写真実践は，日常の習慣的な経験ではなく，芸術的で美的な経験であり，それは，知ること（テオーリア），行うこと（プラクシス），つくること（ポイエーシス）（Irwin & Springgay, 2008）を知覚（Greene, 1971; Merleau-Ponty, 1945/2010）と結びつける。これらのつながりは不可欠なものであり，相互に累積し合う蜜月の関係にある（Dewey, 1934/2005; Siegesmund, 2012）。これらは，直感，リズム，および活動と省察の多重的な組み合わせを利用した一連の事象を生み出す。

　教師養成の教育者として，私は，自分の学生たちを刺激する新しい方法を模索してきた。その刺激によって学生たちもまた，自分自身の表現方法が他人に影響を与えたり自分自身が影響を受けたりできるリミナル・スペース〔境界が曖昧で，2つの異なる場所を結びつけるような中間地帯〕をつくり出す可能性があることを発見できる。さらに私は，学生たちに自分のアイデアを視覚的に発展させるように求めている。そのことによって，彼らは対象の特質について新たな認識を得るだけでなく，自分の経験を強く認識する。そして，自分たちの経験を美的なものとするのである（Dewey, 1934/2005）。

　過去2年間，私は UBC の中等教育の美術教師志望者を対象とした探究コースを担当してきた。探究コースは，道徳的・知的活動としての教育について理解を深めるようにデザインされており，持続的な研究実践を通して探究と判断を必要とするものであった。探究とは，計画的かつ体系的なプロセス（Clarke & Erickson, 2003; Cochran-Smith & Lytle, 1993）として概念化されるものであり，それは，教育において必要とされる日常的な省察を超え，教育者となる教師志望者が実践の中で，もしくは実践を通して代替案を考え

たり（再考したり），新しいアプローチを試したりすることを奨励する。伝統的な教育や学習の形態とは対照的に，探究は「内容的な知識やスキルの習得を目的とするだけでなく，学生が深く理解するための学びのプロセスを重視する」（Stephenson, n.d.）ものである。

　私が受け持つ教師志望者の多くは美術の学位を取得しており，多くの場合，自分自身で芸術活動を続けている。しかし，常勤の中等教育の教師になると，芸術活動を続けるための時間やエネルギーがなくなってしまうのではないかという懸念が生じる。そこで，私は彼らに生きる探究の概念（Irwin & de Cosson, 2004; Springgay et al, 2008）を紹介し，芸術を教育者としての彼らの視野を広げる（Greene, 2013）のに役立つものとする方法を探るために，彼ら自身の活発な芸術のプロセスや実践に目を向けるように促している。私は，自分の芸術実践が自分の探究を導くという，私自身の研究で用いるアートに基づいたアプローチを共有する。その際，私たちが学習者として関わっているとき，「私たちが教えるトピックは，驚きと探求のための生き生きとした豊かな場所である」（Stephenson, n.d.）ことを強調する。

　アンドリュー[1]は教職課程を履修しはじめた頃，有意義な作品を制作できるようなアートプロジェクトをどのように生徒に課題として割り当てたらよいかと悩んでいた。彼はまず客観的なアプローチをとり，生徒の学びを促すために「正しい」質問をする方法を研究しはじめた。彼は教育者として，生徒が「エピファニー」（自分自身や世界についての考えや見方が大きく変わる転機）に到達できるようアートプロジェクトを発展させるのが自分の責任であると思い込んでいた。しかし，アンドリューは，自分自身で写真の探究プロジェクトを行うことで，学習者としての自分の責任は，課題から自分なりの意味を見出すことであると気がついた。アンドリューは教育者になるものとして，プロジェクトや課題の学習成果をコントロールしようとするのではなく，そのような機会を生み出す条件を整えることが自分の責任であることに気づいたのである。彼は，探究を生きる中で，自己の深い省察と分析に必要な場所と時間を与えられた。そこで彼は，自分自身の学びが，エピファニーとしてではなく「亀裂」（O'Sullivan, 2006），つまり，大きく重要なものではなく，視点のわずかな変化として起こったということを最終的に発見したのである。

　アンドリューの探究は，もし適切な調整がなされれば，実践*の中で*，時間*の中で*，そしてそれらを*通じて*アイデアが視覚的・物質的な形で出現するようにきちんと制御されるということを示している。Elliot Eisner（2002）の「教師はアーティストであり，教えることは芸術の実践である」という信念に基づき，アンドリューは，教えることは芸術と同様に実践であり，それゆえ継続的で創造的，そして生成的である（Britzman, 2003; Kind, 2006）と理解するようになった。多くの教師志望者と同様，アンドリューはアーティストであることと教育者であること，そして生徒であることと教育者であることの間のグレーゾーンに囚われていると感じながら，探究のプロセスを開始した。彼は，生

1　アンドリュー・スミスは，ブリティッシュ・コロンビア大学の 12 ヵ月の教員養成課程を修了したばかりで，中等教育における美術教育を専門としている。

図 3.3　Image 1. 航跡 XI.V2《廃校（The Abandoned School）》シリーズ，2010-2015 より。ナタリー・ルブラン。デジタルカラー写真
アーティスト提供（このシリーズの他の写真については，本書関連ウェブサイトを参照）

きる探究を通して自分自身の学びのプロセスを見つめることで，教えるということは彼自身の写真の実践と同様に，最終成果物，媒体，材料，準備段階，儀式化された動き，反復する身振りを超越したものであり，到達点というよりは，むしろ，なることを受け入れるということが明らかになっていくプロセスであることを理解するようになった（Deleuze & Guattari, 1987; Irwin, 2013）。

　私の研究を学生たちと共有することで，会話や対話の機会がいくつも生まれ，その結果，私自身にも新たな疑問やアイデアが生まれ，楽しみ，探求することができた。学生たちのビジュアルな探究に立ち会う中で，私は，「なる」ためには互いの存在が必要であり，互いの間にある空間もまた，生きる探究の潜在的可能性を提供しうることを学んだ。Sameshima（2008）が述べているように，生きる探究とは「関係的空間の中での動き」（p. 49）を美的に認識することである。私は生きる探究を，身を委ねる行為として理解している。それは，「感覚の弾力性」（Deleuze, 1993, Manning, 2009 による引用 p. 29）によって，最終成果物の硬直した事前決定を放棄する。そして，予期せぬこと，予想外のこと，さらには衝動や偶然が，驚きと発見のための空間——運動への潜在的可能性によって生き生きとする空間（Manning, 2009）をつくり出すのである。

　図 3.3 は，私の博士課程研究の一環として撮影された一連の写真のうちの一枚である。これらの写真は，廃墟や見捨てられた物，錆びたアルミ板や腐った木，朽ちた残滓など，時間や放置，天候，土地の動きによって倒れたり，壊れたり，生い茂ったりして見過ごされがちな鮮やかな色や豊かな質感，独特の構図を際立たせている。それらは，私たちがさまざまな形で世界を見つめ，生き生きとした世界への驚きと好奇心，そして興奮を持ちつづけるためのアプローチへの招待状なのである。

　廃校を撮影する際には，普段，建築の中で水平，垂直，直線的で固定された道を通るときとは，まったく異なる動作が必要となる。暗闇の中を登ったり，歩き回ったりし

なければならない。なじみのないものに適応するために複数の感覚を動員することが求められるのだ（Garrett, 2010）。この感覚の動員は単なる行為や動作にとどまらない。この感覚は、私が生きている世界について迷い、疑問を抱きつづけることができるように、物事をより詳しく、異なる視点から見るための時間をとることを教えてくれる一つの*あり方*なのである（Merriam, 1991, McNamara, 2003による引用）。生きる探究の姿勢をとることで、私は、ノスタルジアやメランコリーを超え、ロマンティックな（あるいは空虚な）美学を超える思考への刺激を生み出す廃校の時間的特徴に鋭敏でありつづけることができる。そして、変則的で、身体的、感覚的な経験を可能にすることで —— 同時に移行状態にある場所との関係において —— 自己に関わる新しい理解を生み出すことができる。

　生きる探究の一つの様式として、私の写真の実践は、感情を喚起する美学の中に自分の身を沈めることを可能にする。この実践の中で、崩壊していくものとそこに残されたものが過去を（再）解釈し、新しい出来事を生み出すための新しくユニークな機会を提供してくれるのだ。私は自分の作品を通して、アート制作が、知る方法としてどのようなものであり、学ぶこと、教えること、教えることを学ぶことについての私の理解を研究する方法としてどのようなものであるかを探求している。そのため、廃校は、私がアーティスト、研究者、かつ教育者であることや、教育者になることを示すメタファーとなっている。私は、常に、そして永久に流動的なプロセスに携わっている。私の作品は、固定的で静的なものではなくアッサンブラージュ（Deleuze & Guattari, 1987）のようなものだ。それは、適切な方法や様式が適用されたときに、アイデアがいかに十全にコントロールされて、時間の中で視覚的、物質的な形として現れるのかを示しながら、人間の経験の複雑さに敬意を表している。たとえば、ここで紹介する写真は、廃校を差異と多義性として表現している。その写真たちは、世界は主体／客体で構成されているのではなく、「関係のネットワークに絶えず関与している」（Bennett, 2004, p. 354）多様な物質性によって構成されていることを思い出させてくれるのである。この物質性は、廃校が単なる物体以上のものであることを私に教えてくれる。それは、独自の軌跡と性質を持つ力であり、生命の力である。

探究の新しい潜在的可能性

　a/r/tographyの実践に取り組むということは、学習、教育、研究、アート制作の継続的なプロセスを通じて世界を探究することを意味する（Leggo et al., 2011; Sinner, Leggo, Irwin, Gouzouasis, & Grauer, 2006）。それは、実践に基づく研究の方法論であり、創意に富む取り組みが世界に新しいリアリティを加えるという、積極的に変化を起こしていく研究アプローチ（Triggs et al., 2014）なのである。生きる探究は、物事がもつれたり、事態が紛糾することを歓迎するため、a/r/tographyにおいて不可欠な役割を果たす。関係的で省察的な性格を持つ生きる探究は、何かに到達しようとするのではなく、それが引き起こす創発的で予期せぬ、予想外の出来事に留まろうとする継続的で運動的な状態である。それは、時に、私たちが新しい知識や理解の方法を発見するかもしれない断裂に遭

遇する（Irwin, 2013）。またあるときは，ありのままに任せ，沈黙に耳を傾け，主観性や多様性の中にある差異に耳を傾けることが必要な場合もある。それでも，これらのリミナル・スペースは，世界の中で，世界と共に生きるための新たな可能性をひらく。だからこそ特別で生成的な学びの場となるのである。

　本章で紹介した3つの例は，研究，教育，学習が，視覚的，演劇的，音楽的な形態でどのように具体化できるのかという，異なるアプローチを示している。また，アート実践が，特定の状況において時間とともに，教育者になる者としての私たちの理解にいかに貢献するようになるかを示している。なぜなら，それらの例は，生きる探究を，未知なるものが生まれる条件をつくり出す（Irwin, 2013），自身についての研究の形として表現しているからである。リタとジョージは，演劇が生きる探究を実践し理論化する機会を与えてくれることを物語った。彼女らの物語は，個人的な喪失が，悲しみや嘆きを生成的な実現可能性の空間へと変える潜在的可能性を秘めた感情の強さを引き出しうることを示している（MacDougall et al., in press も参照）。ジヨンは，ピアノを教えるには，生徒の芸術的精神を育むことと，自分自身の精神を育むことの間に軸足を置くことが必要だと述べている。生きる探究に取り組むことで，彼女は，自分の実践の何が好きなのかを（再）発見した。そして自分の実践が自分と生徒の両方にインスピレーションを与え，情報を与え，意味のある学習経験を生み出す方法を（再）発見することができたのだ。ナタリーは，写真の実践が，彼女自身の芸術的探究に，またアート教育者を目指すバカロレア取得後の学生たちの探究に，どのように役立っているかを説明している。実際，彼らは，そのプロセスそのものが動くということを受け入れながら，アート教育者に「なる」という変わらないことに真摯に向き合うようになっている。このテーマにおける3つすべての事例において，a/r/tography は，アーティスト教育者が自らの生きる実践に完全に立ち会い，実際に彼らの芸術形態が彼らの教育に対する考え方を変化させる場面や，また，彼らの教育に対する考え方が彼らの芸術形態を変化させる場面に立ち会えるような方法を提供する。

　a/r/tography は，その潜在的可能性として，最終的に安定した固定的な一つの意味を求める欲求に挑戦し，その欲求を挑発し，挫折させるために，テクストや視覚的なもの，かつ／あるいは芸術の形式を合わせ組み込んだ，動的で進行中の経験なのだ。そのため，ここで紹介した各例は，「時間の経過を通じた解釈，構築，そしてさらなる発展へとひらかれている」（Leggo et al., 2011, p. 250）のである。各物語の「余波」は，「繰り返し訪れることで潜在的能力を解放しつづける」（Mafe, 2009, p. 5）ため，動きながらさらなる潜在的可能性を提供している。これは，a/r/tography が，成果を具体化する際に誘発する／呼び起こす，無限のつながりに関係している。期待することも測定することもできないものとして，その潜在的可能性は無尽蔵である。これはまさに，その作品が生きているということを示しているのである。

文献

Barrett, E., & Bolt, B. (2007). *Practice as research: Approaches to creative arts enquiry*. London: Tauris.

Beck, J. L., Belliveau, G., Lea, G. W., & Wager, A. (2011). Delineating a spectrum of research-based theatre. *Qualitative Inquiry, 17*(8), 687–700.

Belliveau, G. (2006). Engaging in drama: Using arts-based research to explore a social justice project in teacher education. *International Journal of Education and the Arts, 7*(5). Retrieved from http://ijea.asu.edu/v7n5.

Belliveau, G. (2014). Possibilities and perspectives in performed research. *Journal of Artistic Creative Education, 8*(1), 124–150. Retrieved January 26, 2016, from http://jaceonline.com.au/issues/volume-8-number-1.

Belliveau, G. (2015a). Performing identity through research-based theatre: Brothers. *Journal of Educational Enquiry, 14*(1), 5–16.

Belliveau, G. (2015b). Research-based theatre and a/r/tography: Exploring arts-based educational research methodologies. *p-e-r-f-o-r-m-a-n-c-e, 2*(1). Available at http://p-e-r-f-o-r-m-a-n-c-e.org/?p=1491.

Belliveau, G., & Irwin, R. L. (2016). Performing autobiography. In G. Belliveau & G. W. Lea (Eds.), *Research-based theatre: An artistic methodology* (pp. 175–188). London: Intellect.

Belliveau, G., & Lea, G. W. (2011). Research-based theatre in education. In S. Schonmann (Ed.), *Key concepts in theatre/drama education* (pp. 333–338). Rotterdam, The Netherlands: Sense.

Bennett, J. (2004). The force of things: Steps toward an ecology of matter. *Political Theory, 32*(3), 347–372.

Britzman, D. P. (2003). *Practice makes practice: A critical study of learning to teach*. Albany: State University of New York Press.

Clarke, A., & Erickson, G. (Eds.). (2003). *Teacher inquiry: Living the research in everyday practice* (pp. 28–36). New York: RoutledgeFalmer.

Cochran-Smith, M., & Lytle, S. (1993). *Inside outside: Teacher research and knowledge*. New York: Teachers College Press.

Deleuze, G. (1993). *Francis Bacon: The logic of sensation* (D. W. Smith, Trans.). Minneapolis: University of Minnesota Press.［ドゥルーズ，G.，宇野邦一（訳）(2016)．フランシス・ベーコン——感覚の倫理学　河出書房新社］

Deleuze, G., & Guattari, F. (1987). *A thousand plateaus: Capitalism and schizophrenia* (B. Massumi, Trans.). Minneapolis: University of Minnesota Press. (Original work published 1980)［ドゥルーズ，G.／ガタリ，F.，宇野邦一ほか（訳）(2010)．千のプラトー——資本主義と分裂症　河出書房新社］

Dewey, J. (2005). *Art as experience*. New York: Perigee Books. (Original work published 1934)［デューイ，J.，栗田修（訳）(2010)．経験としての芸術　晃洋書房］

Edensor, T. (2005). *Industrial ruins: Space, aesthetics and materiality*. Oxford, UK: Berg.

Eisner, E. W. (2002). *The arts and the creation of mind*. New Haven, CT: Yale University Press.

Garrett, B. L. (2010). Urban explorers: Quest for myth, mystery and meaning. *Geography Compass, 4*(10), 1448–1462.

Goldstein, T. (2011). *Staging Harriet's House: Writing and producing research-informed theatre*. New York: Peter Lang.

Gouzouasis, P. (2006). A reunification of musician, researcher, and teacher: A/r/tography in music research. *Arts and Learning Research Journal, 22*(1), 23–42.

Gouzouasis, P. (2007). Music in an a/r/tographic tonality. *Journal of the Canadian Association for Curriculum Studies, 5*(2), 33–59.

Gouzouasis, P. (2008). Music research in an a/r/tographic tonality. *Journal of the Canadian Association for Curriculum Studies, 5*(2), 33–58.

Gouzouasis, P. (2013). The metaphor of tonality in artography. *UNESCO Observatory Multi Disciplinary Journal in the Arts: E-Journal, 3*(1). Retrieved January 22, 2016, from http://education.unimelb.edu.au/__data/assets/pdf_file/0011/1107974/009_gouzouasis_paper.pdf.

Gouzouasis, P., & Ryu, J. (2015). A pedagogical tale from the piano studio: Autoethnography in early childhood music education research. *Music Education Research, 17*(4), 1–24.

Greene, M. (1971). Curriculum and consciousness. *Teachers College Record, 73*(2), 253–270.

Greene, M. (1977). Toward wide-awakeness: An argument for the arts and humanities in education. *The Humanities and the Curriculum, 79*(1), 119–125.

Greene, M. (2013). The turning leaves: Expanding our vision for the arts in education. *Harvard Educational Review, 83*(1), 251–252.

Haseman, B., & Mafe, D. (2009). Acquiring know-how: Research training for practice-led researchers. In H. Smith & R. T. Dean (Eds.), *Practice-led research, research-led practice in the creative arts* (pp. 211–28). Edinburgh, UK: Edinburgh University Press.

Irwin, R. L. (2003). Towards an aesthetic of unfolding in/sights through curriculum. *Journal of the Canadian Association for Curriculum Studies, 1*(2), 63–78.

Irwin, R. L. (2004). A/r/tography: A metonymic métissage. In R. L. Irwin & A. de Cosson (Eds.), *A/r/tography: Rendering self through arts-based living inquiry* (pp. 27–37). Vancouver, BC, Canada: Pacific Educational Press.

Irwin, R. L. (2006). Walking to create an aesthetic and spiritual currere. *Visual Arts Research, 32*(1), 75–82.

Irwin, R. L. (2008). A/r/tography. In L. M. Given (Ed.), *The SAGE encyclopedia of qualitative research methods* (pp. 26–29). Los Angeles: SAGE.

Irwin, R. L. (2013). Becoming a/r/tography. *Studies in Art Education, 54*(3), 198–215.

Irwin, R. L., & de Cosson, A. (Eds.). (2004). *A/r/tography: Rendering self through arts-based living inquiry*. Vancouver, BC, Canada: Pacific Educational Press.

Irwin, R. L., & Springgay, S. (2008). A/r/tography as practice-based research. In S. Springgay, R. L. Irwin, C. Leggo, & P. Gouzouasis (Eds.), *Being with a/r/tography* (pp. xix–xxxiii). Rotterdam, The Netherlands: Sense.

Kind, S. (2006). Of stones and silences: Storying the trace of the other in the autobiographical and textile text of art/teaching. Unpublished doctoral dissertation, University of British Columbia, Vancouver, BC, Canada.

Lea, G. W. (2012). Approaches to developing research-based theatre. *Youth Theatre Journal, 26*(1), 61–72.

Lea, G., & Belliveau, G. (2015). Assessing performance-based research. In S. Schonmann (Ed.), *Key issues in arts education: International yearbook for research in arts education* (pp. 406–412). Munster, Germany: Waxman.

LeBlanc, N. (2015). In/visibility of the abandoned school: Beyond representations of school closure. Unpublished doctoral dissertation, University of British Columbia, Vancouver, BC, Canada.

LeBlanc, N., Davidson, S. F., Ryu, J., & Irwin, R. L. (2015). Becoming through a/r/tography, autobiography and stories in motion. *International Journal of Education through Art, 11*(3), 355–374.

Leggo, C., Sinner, A., Irwin, R. L., Pantaleo, K., Gouzouasis, P., & Grauer, K. (2011). Lingering in liminal spaces: A/r/tography as living inquiry in a language arts class. *International Journal of Qualitative Studies in Education, 24*(2), 239–256.

MacDougall, D., Irwin, R. L., Boulton-Funke, A., LeBlanc, N., & May, H. (in press). Encountering research as creative practice: Participant's giving voice to the researcher. In L. Cutcher & L. Knight (Eds.), *Arts–research–education: Connections and directions*. London: Springer.

Mafe, D. (2009, September 30–October 2). Theoretical critique of the work of art: Co-producers in research. In Woodrow, Ross (Ed.), *ACUADS 2009 Conference Interventions in the Public Domain*. Queensland College of Art, Griffith University. Retrieved November 30, 2015, from http://eprints.qut.edu.au/31682.

Manning, E. (2009). *Relationscapes: Movement, art, philosophy*. Cambridge, MA: MIT Press.

Massumi, B. (2002). *Parables for the virtual: Movement, affect, sensation*. Durham, NC: Duke University Press.

McNamara, D. (2003). Learning through sketching. In A. Clarke & G. Erickson (Eds.), *Teacher inquiry: Living the research in everyday practice* (pp. 28–36). New York: RoutledgeFalmer.

Merleau-Ponty, M. (2010). *Phenomenology of perception* (C. Smith, Trans.). London: Routledge. (Original work published 1945).［メルロ＝ポンティ，M.，中島盛夫（訳）(2015)．知覚の現象学（改装版）法政大学出版局］

Merriam, E. (1991). *The wise woman and her secret.* New York: Simon & Schuster.

Norris, J. (2010). *Playbuilding as qualitative research: A participatory arts-based approach.* Walnut Creek, CA: Left Coast Press.

O'Sullivan, S. (2001). The aesthetics of affect: Thinking art beyond representation. *Angelak: Journal of the Theoretical Humanities, 6*(3), 25–35.

O'Sullivan, S. (2006). *Art encounters Deleuze and Guattari: Thought beyond representation.* New York: Palgrave Macmillan.

Rodgers, C. R., & Raider-Roth, M. B. (2006). Presence in teaching. *Teachers and Teaching: Theory and Practice, 12*(3), 265–287.

Saldaña, J. (2011). *Ethnotheatre: Research from page to stage.* Walnut Creek, CA: Left Coast Press.

Sameshima, P. (2008). AutoethnoGRAPHIC relationality through paradox, parallax, and metaphor. In S. Springgay, R. L. Irwin, C. Leggo, & P. Gouzouasis (Eds.), *Being with a/r/tography* (pp. 45–56). Rotterdam, The Netherlands: Sense.

Schumann, R. (1838). *Kinderszenen, Op. 15.* Wien, Austria: Universal Edition.

Siegesmund, R. (2012). Dewey through a/r/tography. *Visual Arts Research, 38*(2), 99–109.

Sinner, A., Leggo, C., Irwin, R. L., Gouzouasis, P., & Grauer, K. (2006). Arts-based educational research dissertations: Reviewing the practices of new scholars. *Canadian Journal of Education, 29*(4), 1223–1270.

Springgay, S. (2008). An ethics of embodiment. In S. Springgay, R. L. Irwin, C. Leggo, & P. Gouzouasis (Eds.), *Being with a/r/tography* (pp. 153–165). Rotterdam, The Netherlands: Sense.

Springgay, S., Irwin, R. L., Leggo, C., & Gouzouasis, P. (Eds.) (2008). *Being with a/r/tography.* Rotterdam, The Netherlands: Sense.

Stephenson, N. (n.d.). *Introduction to inquiry based learning.* Retrieved November 30, 2015, from www.teachinquiry.com/index/introduction.html.

Sullivan, G. (2010). *Art practice as research* (2nd ed.) Los Angeles: SAGE.

Timmons, J. (2008, August/September). The care and nurturing of piano teachers. *American Music Teacher*, pp. 22–23.

Triggs, V., Irwin, R. L. & O'Donoghue, D. (2014). Following a/r/tography in practice: From possibility to potential. In K. Miglan & C. Smilan (Eds.), *Inquiry in action: Paradigms, methodologies and perspectives in art education research* (pp. 253–264). Reston, VA: National Art Education Association.

第4章

社会科学におけるパフォーマティブな動き

●ケニス・J・ガーゲン／メアリー・ガーゲン
(Kenneth J. Gergen & Mary Gergen)

訳：岸磨貴子

　本章では，社会科学におけるパフォーマティブな研究の広がりについて説明していく。そのために，パフォーマティブな研究がどのように始まったのか，その具体的な事例，そしてそれが社会科学に何をもたらすのかを示す。社会科学におけるパフォーマティブな研究は，アートベース・リサーチ（ABR）と関係が強いと言えるが，私たちが見たところ，パフォーマティブな社会科学は，もともとはアートに基づく研究者によってというより，科学に基づく研究者によって行われていた（Gergen & Gergen, 2011; Kara, 2015; Roberts, 2008）。パフォーマティブな研究に魅力を感じる研究者は，社会科学的な研究を行うためにさまざまなアート様式を活用しているため，それは研究ベースのアートとも言える。Knowles と Cole（2008）が「広義でいうアートから，インスピレーション，概念，プロセス，表現を引き出す質的社会科学への展開や広がり」(p. xi) と ABR をつなげたことに私たちは賛同する。

　私たちが「パフォーマンス」という用語を使ってこの研究を特徴づけるのには，主に次の3つの理由がある（Haseman, 2006; Roberts, 2008 も参照のこと）。第一に，アートと同じように，研究の見せ方に関心を向けることができるからである。つまり，オーディエンスにどのように見せるかを考えるのである。そのため，研究者は「オーディエンスは誰なのか」「オーディエンスからどのような反応を得たいのか」「なぜ，その反応が重要なのか」「どのようなオーディエンスが排除されるのか」「パフォーマンスで適切なスキルは何か」といった問いを持つようになる。第二の理由は，パフォーマティブな研究では，私たちは表現を通してどのような世界をつくり出しているかについて敏感になれることである。J. L. Austin（1962）著『How to Do Things with Words（言語と行為：いかにして言葉でものごとを行うか）』が示すように，こうした研究は，単に世界をそのまま映し出すのではなく，その世界を変える可能性のある行為として機能する。私たちは，表現することを通してどのような世界をつくり出しているのかに意識を向けるようになるのである。どのような関係を創り，維持しているのか，どのような人生を送りたいのか，それはなぜ，誰にとって価値があることなのかと。

第三の理由は，「パフォーマティブ」に研究を描くことによって，私たちは調査を行う研究者としての自分の行動に，より意識を向けることができるようになる。科学における実証主義の伝統では，観察して報告することは，ニュートラルな行為であるとみなされてきた。科学者の本分は，偏見を捨て，ありのままに世界を見て，観察したことをそのまま報告することが理想であるといわれてきた。これに対して，パフォーマンス志向の研究者は，自身の価値観や嗜好を明らかにし，研究プロジェクトに関わる美学的な質を強調する。つまり，彼らは芸術的な技を駆使して，人々が興味を持ち，興奮し，変化する可能性を刺激する。まさに，これが芸術的なパフォーマーの技である。

　それではまず，パフォーマティブな動きについて探っていこう。社会科学の変化のきっかけとなったこの運動は，比較的最近生まれたものである。この運動はどのように開花したのか，その始まりはどのようなものだったのか，それは継続的に発展しうるのだろうか，それともこれは一過性の流行なのか，それともアートと科学との境界をなくすことで豊かさを探求する持続的な取り組みになるのだろうか，といった問いから見ていこう。

パフォーマティブな社会科学の出現

　パフォーマティブな社会科学の意義を理解するためには，20 世紀に科学がどのように発展していったのかについて見ていく必要がある。1930 年代には，化学，物理，医学の研究領域で，優れた研究のための科学的な技術が生み出された。当時の哲学者もまた，科学的知識を獲得するために，その基盤を構築しようと試みた。論理実証主義という科学の基盤は，簡単に言うと，正しい科学は理論的命題を実証的に検証することから成り立つものである。理論が洗練され一貫しているものは，正当な知識（「真理」）とされ，逆に実証的証拠によって論破されたものは捨て去られる。社会科学の研究者は，社会生活に関する研究においても，この「絶対的な規則」を持つことで適切な科学になると考え，自然科学と同じ地位になれると主張するようになった。社会科学に期待されたことは，経済を発展させ，教育，商業，ガバナンスに効率的な制度をつくり，貧困や精神疾患を根絶することであった（詳細は，Popper, 1972）。社会科学の研究は多様であるが，科学的知識に基づく実証主義が広がり，それは現在でも支配的である。ところが，20 世紀後半になると，科学的知識の基礎論的概念と社会生活の理解をひっくり返すような 3 つの運動が出現した。そのうちの 2 つが知的運動で，もう一つが文化的運動である。これらの運動が，パフォーマティブな社会科学を出現させるきっかけとなった。

特権的言語の喪失

　実証主義の研究では，客観的な観察を通して，理論的な命題（その典型は研究仮説の形態）が成立するかどうかを確認，修正，棄却することが前提となる。これは魅力的な推

論ではあるが，世界とその記述が実際にどのように対応しうるのかという問題に答えていない。たとえば，「現実世界」を構成するそれぞれの項目には，別の言葉を対応させることもできるのではないか。科学とアートを切り分けようとすると，この対応の概念が引っかかってくる。科学者は，科学の優位性を主張する際，科学的用語が世界と対応していることを理由とするが，それに対し，アートの言葉は想像的で主観的なものにすぎないと考えている。しかし，Quine（クワイン，1960）の『Word and Object（ことばと対象）』や Wittgenstein（ウィトゲンシュタイン，1953）の『Philosophical Investigations（哲学的探究）』など，その前提を覆すような著作が発表されると，世界と言葉の純粋な対応説は妄想であり，世界と言葉の関係は社会的に取り決められていくという結論を避けられなくなってきた。私たちが世界を正確に記述するには，それが正確であると社会的に合意されることによってのみ成り立つ。世界を描写するとき，ある出来事の状況を「爆撃」という言語で表現することが，Picasso（ピカソ）の《Guernica（ゲルニカ）》に描かれていることより正確であるとはとても言えない。

このことは，社会科学に大きな影響を与えた。それは，真実や正確さを主張するあらゆる知識創造に取り組む小さな集団の権威を奪うだけでなく，正統性のない，あるいは，周辺化された言説に耳を傾ける場をひらいたのである。このようにパフォーマティブな動きが生まれたことにより，世界を記述したり説明したりすることを目的とした文化的な言説が，あらゆる場で活発に見られるようになった。研究者は世界について説明する際に，もはや学術的伝統のしきたりに縛られることはない。むしろ，文化的伝統が発展させてきた（または，発展させる可能性のある）あらゆる芸術作品のジャンル，スタイル，方言，比喩，そして文章形式によって描いていくことも正統であるとされるようになった。また，音楽，ダンス，彫刻，絵画などの表現形式にはコミュニケーションを広げる可能性があり，それを妨げる理由はない。このような動きは，社会科学の研究者の文化的感性を豊かにし，生きる世界と関わる私たちの資質能力を劇的に拡大させた。

観察から社会構築へ

パフォーマティブな意識を持つための大きな一歩は，説明のための言葉とその対象との特権的なつながりを断ち切ることである。第二の知的運動では，社会科学において表現できる言葉を拡大していこうとする積極的な動きが見られた。この動きにまつわる出来事を理解するために，伝統的な科学の考え方に共通する前提の一つを見てみよう。知は主観を挟まない観察を通して得られるというものである。つまり，どんなバイアスにも邪魔されることなく，世界をありのままに正確に観察することが科学的知識とされる。しかし，すでに見てきたように，どんなものであれ，それをどのように表現するべきかは決まっていない。ここで問題となるのは，全くバイアスなしで知の主張ができるかどうか，である。

そこで役立つのが，論理実証主義に代わる社会構成主義（social constructionism）の動向である（Gergen, 1994）。この動きに関する最も傑出した著作は Thomas Kuhn（トーマ

ス・クーン，1962）の『The Structure of Scientific Revolutions（科学革命の構造）』である。Kuhn は，科学的な研究は必ず，社会的に共有された「パラダイム」に基づいて行われていると説得力を持って論じた。科学者は，主題，研究方法，測定の装置の特性などに関する一連の前提に合意したコミュニティの中で研究を行っている。これが意味することは，研究成果は常にその共同体の中で構築されるということである。この議論は，科学的調査が直線的に進歩することを前提としていることに対する批判でもある。たとえば，Aristotle（アリストテレス）の理論から Newton（ニュートン）の学説へ，そして物理の量子力学へと移行していくように，科学がある理論を捨てていくことは，物理学の真理へ着実に向かって進んでいるわけではない。むしろ，あるパラダイムから別のパラダイムに移動したにすぎない。それぞれのパラダイムにはそれぞれの前提があり，科学の成果はその中で裏付けられている。私たちは時代を超えて，より多くのことを学んできたかもしれないが，それによって真理に近づけたというよりも，行動を起こすための選択肢が増えたのである。つまり，進歩は，語用論的な事象なのである。

　科学的進歩が真理に近づくことではなく，行動の可能性を広げることであるならば，私たちの「見方」を広げていくことは必須である。社会科学における従来の表現パラダイムを超えるという意味で，芸術的な表現を加えていくことは大きな意味を持つ。幅広く表現することが，解釈と行動の可能性を高めてくれるからである。*人生は劇場である*という考えは，ドラマツルギー理論に基づくものである。今では，演劇のメタファーは，社会科学，人文科学，パフォーマンス研究にまたがる多くの文献で見られる（たとえば，Benford & Hunt, 1992; Goffman, 1959; Welsh, 1990 を参照のこと）。このメタファーによってたくさんの概念が生み出され，多くの場面で役立つ方向性が示された。さらに，この方向性は科学界に蔓延する機械論的な因果関係の理論に対する代替案となりうる。ドラマツルギーというレンズを通すことによって，時間を超えた関係性のパターン，これらのパターンに特有の場面，人の行動の様式化や柔軟性に目を向けることで，それらを慎重に検討し，対話することを通して，これらのパターンを変化させていけるようになる。これらの「現実」はどれも，現在普及している機械論的で神経学的なメタファーでは明らかにならなかったものである。ゆえに，社会科学者がダンスや絵画，音楽などのレンズを通して社会生活を探るとき，多くの豊かさを理解できるようになる。

文化の変容 —— 多元主義と反対運動

　パフォーマティブな考えがひらかれるようになったのは，社会について知ることの考え方がこのように展開されたからだけでなく，その周辺でも重要な動きがあったからである。かなり広範囲な文献で示されているように，20 世紀末にかけての数十年間，政治的状況に大きな変化があった。人々はそれまで既存の政治機関を信頼していたが，政治に対して抗議の声を上げるようになった。1950 年代の公民権運動，それに続く 1960年代の女性解放運動や反戦運動の高まりとともに，人々の生活の中に反体制的な抗議が広がっていった。ゲイやレズビアンの活動家，精神医学の反対派，環境活動家，人工妊

娠中絶の反対派，中絶権利擁護派，「ウォール街を占拠せよ」をスローガンとした若者らの運動などはその例である。政府だけでなく，科学や宗教などでも彼らの主要な権威を正当化できなくなったことは，これらの運動の重要な成果の一つである。あらゆる集団が，その大小にかかわらず，自分たちの意見を聞いてもらう権利を求め，誰もが平等であるという正当性を主張した。このような状況は「文化戦争（Culture War）」ともいわれた（Hunter, 1992）。より楽観的な見方でいうと，多元主義が現れたと認識され，包摂，融和，協調を重視する社会を目指そうする希望的な展望が現れたのである。

　社会科学では，リベラルな政治的傾向が広く認められており，多元主義に対してもそれを促進する先陣を切った。社会批判と反対運動と同じように，科学的知識と方法に関する伝統的な定義を攻撃の的にした。いったいどんな集団であれば，すべてを知り尽くしていると主張できるのか，という問題に直面したのである。最初にこの問いを投げかけたのはフェミニストの社会学者であった。その問いかけによって，フェミニスト研究者は新しい領域を創り出した。この新しい領域から，伝統的な実証主義と対立する研究実践が生まれてきた（Gergen & Davis, 1997; Reinharz, 1992）。ゲイやレズビアン，アフリカ系アメリカ人，メキシコ系アメリカ人などのグループは，彼ら特有の知識に対する見方や，その知識をどう活用するのかを反映した調査形態を開発しようとした。こうして，周辺的な集団にも扉が開かれることになった。挑戦的な学者たちは，ひらめきを得るためにアートに目を向けた。文化における多元主義への転換によって，社会科学は多様な調査形態を開発するためにアートの道をひらいていった。これらの新しい調査形態は，一般的に質的手法というカテゴリーとして出現した。Wertz（2011）は，心理学における質的研究の動きについて，「単一の理論やパラダイムは存在しない。構成主義，批判理論，フェミニズム理論，批判的人種理論，文化研究，記号論，現象学，解釈学，脱構築，ナラティブ理論，精神分析など社会理論の集まりである」（p. 84）と要約している。このようにして，パフォーマティブな調査への旅が始まったのである。

　このような政治情勢の変化は，社会科学の研究にさらなる影響を及ぼした。多元主義で育まれてきた学問的小集団の中で，個人と政治と専門性を結びつけようとする動きが広がった。その結果，政治に関心を持つ学者の多くは，政治的価値を表現することに対してよりオープンになり，他の調査方法に目を向けるようになった。質的研究の分野では，そのような新しい調査方法が提供されるようになった。Denzin と Lincoln（2004）は，これについて「私たちは，自身を人間社会と切り離して考えるのか，一体としてみるかの選択を迫られている（…）。私たちは，コミュニティの中でこそ知ることができ，有意義に存在することができる。私たちには，そのコミュニティに住む知識人として，また変革の担い手として，再びそのコミュニティに参加する機会がある」（p. 43）と指摘している。

　質的研究者がパフォーマティブな実践に特に魅了されたのは，このような背景があったからである。中でも特に重要な動きが2つ起こった。一つは，学術面でパフォーマンス研究が盛んに行われるようになったことである（Schechner, 1982）。この動きは社会科学とパフォーマンスの関係を正当化するだけでなく，パフォーマンスそのものを重要視した。Conquergood（1982, 2002）が言うように，もし研究者がもっと真剣に倫理的責

任と政治的責任を負うならば，彼らは，単にテクストで示すだけでなく，それを超えて表現しなければならない。このようなパフォーマンス研究の発展は，パフォーマンス・アートの出現と手を取り合って歩んできた。もう一つは，後述するように，多くのパフォーマンス・アーティストが，深い政治的な取り組みを行ってきたことである。活動，学問，アートの領域を横断して，事実上，政治的変化への強い投資を行ってきたのである。この合流がもたらした影響は，今日でもパフォーマティブな社会科学にしっかりと残っている（Keifer-Boyd, 2011）。

研究領域のスケッチ

パフォーマティブな科学の起源は，1632 年に出版された Galileo（ガリレオ）の『Dialogue Concerning the Two Chief World Systems（二大世界体系についての対話）』だと言ってもよいだろう。Galileo はこの本で，コペルニクス的な宇宙観を正当化するため，科学的表現，皮肉，ドラマ，喜劇，アイロニー，詩など，複数の修辞的技法を用いた。Galileo は，自分の主張をこのような喜劇や詩などで表現することで，教会の怒りから身を守りながら自分の宇宙観を言葉にした。また，社会心理学の古典的な研究にも，パフォーマティブな意識の表れとして捉えられるものがある。よく知られたものとして，たとえば，Milgram（ミルグラム，1974）の服従実験や，囚人と看守のスタンフォード監獄実験（Haney, Banks, & Zimbardo, 1973）がある。これらの研究は，その演劇性に大きく起因している。しかし，より直接的に，心理学でパフォーマティブな関心が最初に現れたのは，1995 年から 1999 年にかけてアメリカ心理学会で発表された 5 つのシンポジウムのシリーズである。それらは，演劇，詩，映画，絵画，ダンス，パントマイム，マルチメディアなどで発表され，従来の表現方法から大きく逸脱したものであった。Jones ら（2008）は，『Forum: Qualitative Social Research（質的社会研究）』誌において編集を担当した号で，それに関連する分野の初期の調査を行った。このパフォーマティブな社会科学に関する特集号では，13 ヵ国から 42 本の論文が投稿され，その中には 100 枚の写真，50 枚のイラスト，36 本のビデオ，2 本の音声記録が掲載された。この節だけでは，パフォーマティブな社会科学と呼ばれるものの全容をすべて紹介することはできないが，次節で，ここ数十年で起きている変化を見ていこう。本書の他の章では，ABR の観点から，これらのトピックについていくらか考察を試みている。

テクストの表現

パフォーマティブな可能性を探る上で魅力的なのは，おそらく，小説や詩をはじめとする文学の伝統であろう。つまるところ，社会科学者は，書き手としての訓練を受けているが，同時に，「研究領域」における適切な書き方をするという制約を受けている。こうした制約から解放されたことで，先述したように，科学者たちは，自分の文学

的可能性を自由に追求できるようになった。その初期の第一歩として代表的なものに，学者同士（あるいは学者とインタビュー協力者と）の対話的な執筆がある。このような対話の多くは，伝統的な学問的表現に比較的近いものではあるが，たまに，研究者らしい形式的な説明を超えたものもある（Hesse-Biber, 2016; Richardson, 1997）。ガーゲンとガーゲン（Gergen & Gergen, 1994）は，事実とファンタジーのジャンルを混ぜ合わせて，ナラティブ研究者として彼らの人生を説明する**デュオグラフィー（*duography*）**を開発した。また，架空の人物と対話形式で大胆に表現したものもある。たとえば Michael Mulkay（1985）は，Marks と Spencer という名の 2 人の生化学者がノーベル賞授賞式で気分が高揚した参加者と社会科学について議論するという画期的な作品を生み出した。

　研究者たちは，このような対話を多様にするための方法を模索しつづけてきた。たとえば，Karen Fox（1996）は，インタビューから抽出した 3 つの声を並列させ，擬似的な会話を描いた。1 人目は少女時代に継父から性的虐待を受けたクライエントの女性の声，2 人目は孫娘への性的虐待の罪で服役中の男の声，3 人目はその対話に対する感情と性的虐待の被害者としての Fox 自身の声である。また，Patti Lather と Chris Smithies（1997）は，HIV/AIDS と診断された女性のエスノグラフィー研究で，3 つの連続した「声」で構成される対話を作成した。それは，人生の困難な道に遭遇した女性たちの物語で，2 人の著者（セラピストの Smithies と訪問者の Lather）の反応とそこから見てきたこと，そして，ウイルスに関する科学的知見を詳述した新聞記事などを織り交ぜたものである。

　自叙伝は長い間，歴史家や社会学者にとって正当なデータとみなされてきた。一方で，自叙伝に固有の考え方は，パフォーマティブな探究における生き生きとした展開の一つであるオートエスノグラフィーを生み出した（Adams, Jones, Jones, & Ellis, 2014; Ellis, 2004）。学者たちは，特定の社会・文化的状況を描くために，自分自身を研究の道具として利用する（たとえば Barbour, 2012）。このように，現実を描くという外部の観察者の持つ権限を，その文脈に関わる人の声へと置き換えたという点において，エスノグラフィーからオートエスノグラフィーへ移行したことは重要である。オートエスノグラフィーの古典的な作品として，Carolyn Ellis（1995）による，死期が迫った男性の妻の複雑な経験をたどった著作がある。このような取り組みから，デュオエスノグラフィーという新しい研究手法も生まれた。2 人の研究者の声が混ざり合い，お互いの過去の物語を紡いでいく（Norris, Sawyer, & Lund, 2012）。オートエスノグラフィーが展開されるにつれ，文章の**文学的な長所**がますます強調されるようになったこと（Bochner & Ellis, 2016）は興味深い。こうして，パフォーマティブな特質が事実上，強調されるようになったのである。

　実証主義の伝統における真実の表現に対して挑戦したのが，小説や短編小説を研究手法として取り入れた研究者である。小説を用いて研究することを支持する人たちは，以前から存在していた。小説は，人間の状態についての「真実に光を当てる」とたびたび信じられてきた。小説は単なる娯楽ではなく，Dostoevsky（ドストエフスキー），Angelou（アンジェルー），Woolf（ウルフ），Fitzgerald（フィッツジェラルド）などの作家の手にかかると，人間についての深い洞察をもたらすことができる。

　そのため，社会科学者は，実証主義に基づいた研究よりも，小説の手法の方がテーマ

に効果的に光を当て深く洞察することができると考え，その手法を使うようになった。Pfohl（1992）の『Death at the Parasite Cafe（パラサイトカフェでの死）』は，シリアスでありながら遊び心もある，斬新な切り口のある専門書である。より大胆だとされたのが，架空の人物同士の対話であった。その後も，多くの作品が続いて発表されている。たとえば，Diversi（1998）は，短編小説を用いて，ブラジルのホームレスの若者の路上生活を描いた。また，Muñoz（2014）も，架空の物語を使って沈黙について考察した。

　詩は長い間，私たちの文化の中で，散文よりも高度なニュアンスで，知恵や洞察，あるいは情熱を力強く伝えることができる実利的な方法として捉えられてきた。その伝統に基づいて，社会科学者は，詩的な表現の可能性を追求するようになった。1996年に，Deborah Austin は，アフリカ出身の女性たちの前でアフリカ系アメリカ人女性としての自分のアイデンティティを説明するのに詩を用いた。この伝統を引き継いで，Michael Breheny（2012）は，歳をとることについて詩で表現し，Anne Görlich（2015）は社会から落ちこぼれた青年の生活を紹介した。また，メアリー・ガーゲン（Gergen & Gergen, 2012）は，50回目の同窓会での体験を俳句で表現した。自分で詩を作る代わりに，他者の言葉（特に声を上げたいと思う人の言葉）を引用して，詩的な表現をする社会科学者もいる。たとえば，Stephen Hartnett（2003）は，受刑者の詩を通して，刑務所生活について洞察した。社会調査における詩の使用について，Richardson と St. Pierre（2005）と Faulkner（2009）が詳しく説明しており，また，テクストのパフォーマティブな使用については，Pelias（2014）や ガーゲンとガーゲン（Gergen & Gergen, 2012）が詳しく述べているためこれらが参考になる。

身体化されたパフォーマンス

　書くことの冒険から，身体化されたパフォーマンスへの跳躍は一瞬であった。書かれたものはすべて，話されるか，あるいは演じられる。身体化されたパフォーマンスの場合，パフォーマンス・アートの動きが社会科学に大きな影響を与えた。たとえば，Laurie Anderson（ローリー・アンダーソン）や Marina Abromovitch（マリーナ・アブラモヴィッチ）といったパフォーマーの芸術的表現は，アートと社会科学の間に有用な橋渡しをした。また，社会学者にとって特に魅力的だったのは，彼らのパフォーマンスが社会正義についての明確なメッセージを含んでいることだった。Anna Deavere Smith は刑務所にいる女性について，Anita Woodley はヘルスケアについて，Mama Juggs は乳癌と身体的なイメージについて作品を発表している。特に Juggs は，ペーソス，コメディ，ゴスペル，そして観客参加を組み合わせたパフォーマンスで感動を与えてくれた。

　社会科学における初期のパフォーマンス研究は，Case と Brett, Foster（1995）や Carlson（1996）の著作に要約されている。より最近ではオートエスノグラフィーが執筆されるようになり，テクストによる表現は，新たな力強い次元を持つようになった。書かれたテクストでは表現できなかったような方法で，観客を熟達したパフォーマーの世界に引き込む。たとえば，Tami Spry（2001, 2011）のパフォーマンスは注目に値す

る。彼女のそれに続く著作は，その領域を探求しようとする人々に合理的な枠組み，知恵，指針を提供している。Saldaña (2011) は，エスノシアターを創って公演し，この展開をさらに拡大，充実させていった。ニューヨークのイーストサイド研究所でも，Fred Newman が社会正義をテーマにした演劇を数多く手がけている。しかし，社会調査としての演劇を展開するには，かなり大がかりな準備（複数の演者，衣装，セットなど）をともなうため，あまり進展していない。最も参考になる研究の一つが，Gray と Sinding (2002) による，転移性乳癌を患う女性たちに関するものである。彼女らは，自分たちを病人と単純化するのではなく，全人格的な存在として扱うように他者に呼びかける脚本を書き，演じた。また，Park (2009) は，研究データを舞台演劇に変換する方法を論じ，ノリス（Norris, 2010）は，演劇を創ることがアクションリサーチの一形態になることを実証した。

ビジュアル（視覚）からビジョナリー（洞察）へ

写真は長い間，ある主題についての真実を語ってくれると考えられてきた。にもかかわらず，ビジュアル社会学や映像人類学は別として，社会科学で，写真がこれほど活用されないとは驚くべきことである。パフォーマティブな動きは，これに新たな命を吹き込んだ。従来，写真を通して真実を捉えるという考えがあったが，パフォーマティブなアプローチでは写真を，解釈と価値の両方が反映されたものとして捉える。加えて，パフォーマティブな動きは，学術的な表現における写真の使用についての新たな考察をもたらした（Miller, 2015）。初期の研究で，ガーゲンとガーゲン（Gergen & Gergen, 1991）は，写真を用いて言葉のない物語の可能性を検討した。写真表現への関心は，現在ではかなり広がってきた（L. Allen, 2011; Q. Allen, 2012）。M. Brinton Lykes (2010) は，グアテマラの女性が内戦後，自分たちの権利意識を高めていくための一歩として，写真を使った物語の共同制作の過程を示した。そして，彼女はフォトボイスを，反人種主義的なアクションリサーチに用いる可能性を拓いた（Lykes & Scheib, 2015）。同じように，Janet Newbury と Marie Hoskins (2010) は，覚醒剤を使用する思春期の少女たちにカメラを渡して，彼女たちの経験を探求しようとした。そして，彼女たちの生活状況について洞察を得る上での写真活用の可能性を探った。これらの事例からも，写真は，物語性の表現の一つの形態となる。

デジタルビデオ機器が発達したことで，社会科学では映画的表現の探求にも注目が集まった。《In Jackson Heights（ニューヨーク，ジャクソンへようこそ）》(2015) を含め 42 本のドキュメンタリーを制作した Frederick Wiseman（フレデリック・ワイズマン）の画期的な作品（Cool World, 1963; Titticut Follies, 1967）や，Jennie Livingston（ジェニー・リビングストン）監督の受賞作《Paris Is Burning（パリは燃えているか）》(1991) は，その説得力のある事例である。

他にも《Rufus Stone》が受賞作として選ばれたことは，優れた映画的表現の作品が次々に生み出されていることを示している。この映画は，質的心理学者のキップ・

ジョーンズ（Jones, 2013）の発案で，ジョーンズが収集して組み合わせた物語資料に基づいて制作された〔第22章を参照〕。この研究は，参加型アクションリサーチの枠組みで行われ，農村部に住む同性愛の高齢者のエンパワメントを目的としたものだった。現在は，小規模な作品が多数制作されており，マルチメディア・ジャーナル『Liminalities: A Journal of Performance Studies』で見ることができる。たとえば，William Rawlins（2013）は，17分間のマルチジャンル，マルチフォーマットのパフォーマンス作品《Sample》を書き，作曲・演奏している。他にも，視聴者を獲得するためにYouTube に直接アクセスする研究者もいる。たとえば，Kitrina Douglas は，反精神医学とフェミニズムについて歌にしたパフォーマティブな動画を配信している。

　これらのテクストや身体を使ったり，視覚的に表現したりなどさまざまなパフォーマンスの試みは，今日存在している革新的な探求のほんの一部である。たとえば，Blumenfeld-Jones（2008）は，パフォーマティブな社会科学の試みとしてダンスの可能性を示唆し，Russell と Bohan（1999）は，合唱音楽の力で政治的な変化を起こしていけることを実証した。Bartlett（2013）は，研究結果を説明するために漫画を使い，Lydia Degarrod は，長期亡命に関する研究に視聴者を参加させるために，インスタレーション《Geographies of the Imagination》（2013）を制作した。研究目的を達成するために，さまざまな表現形式を組み合わせたものも数多くある。たとえば，Gergen と Walter（1998）は，関係的に構成された自己の概念をわかりやすく伝えるために，詩と芸術を組み合わせた。ノーマン・デンジン（Denzin, 2011）は，カスター将軍とネイティブアメリカンとの最後の戦いを分析するため，自伝的回想，歴史的記述，芸術的表現，演劇の台本，文献を集めて分析し，多層的なパフォーマンス・エスノグラフィーを作成した〔第25章を参照〕。Hermanns と Greer, Cooper（2015）は，パーキンソン病を患う人々の病気体験を探るためにフォトボイスを用いた。参加者に病気に関連する日常の課題を表す一連の写真を撮影してもらい，その写真を語りの出発点として対話を行った。Mannay（2010）は，公営団地に住む母親と娘の日常生活を探るために，写真，マッピング，コラージュなどの視覚的技法を用いた。他にも，『Qualitative Inquiry』『Text and Performance Quarterly』『Cultural Studies ↔ Critical Methodologies』『International Review of Qualitative Research』などの雑誌に数多くの事例が掲載されている。

パフォーマティブな取り組みとその実績

　このように社会科学全体でパフォーマティブな実践が豊富にあることを鑑みると，それらが何を達成したかを明らかにする必要が出てくる。基礎づけ主義派の科学哲学が終わり社会構成主義の知についての理解が出現するとともに，私たちは，「省察的プラグマティズム」（Gergen, 2015）の観点からその成果を確認することができるようになる。つまり，真実を生み出す試みを放棄し，人々の文化生活を探るのに貢献する探究を行うのである。こうした探究は，本質的には価値観の問題であり，誰のために，どのような形で「貢献」するのかが問いとなる。では，パフォーマティブな社会科学者は，いった

い誰のために，何を成し遂げたのだろうか。

　最初にパフォーマンスに転向した社会科学者の多くは，伝統的な実証主義の科学で認められている表現形式に失望し，芸術的表現のさまざまな形態の技を使うことで何が可能になるかを模索した。そのうち，伝えるための表現が充実するだけでなく，その美的表現が，ある現象の「より深い洞察」や「理解」をもたらすと指摘する者が出てきた。とはいうものの，個人的に芸術的表現を楽しむことができても，それが社会科学や文化にどれだけの影響をもたらすかには不確定な部分がある。また，パフォーマティブな表現によって，ある現象をよりわかりやすく表現すると主張してしまうことは，パフォーマティブな社会科学の原則である，特権的な表現からの解放という考えと矛盾することになる。

　私たちの見解では，パフォーマティブな動きによって達成したいことは，表現に対する願望から，ものの見方や考え方に対する願望まで幅広い。これまで見てきたように，パフォーマティブな研究は，知識および研究の定義を根本的に変え，拡大するものである。私たちはパフォーマティブな研究を少しずつ実践していくことで，その可能性に徐々に意識を向けていけるだろう。そして，この動きによって，社会科学の社会に対する潜在的な貢献の可能性は大きくなるだろう。

　これまで示してきたとおり，パフォーマティブな取り組みと社会変革との間には強い結びつきがある。仮説検証や社会を傍観することに終始する従来の実証主義的な研究者とは異なり，パフォーマティブな研究者は，よりよい社会の実現に積極的に貢献する方法をいつも模索している。そのための手段が表現方法であり，これは大きな意味を持つ。従来の学術的文章は社会的に密閉されたものであり，研究者仲間の輪の中でのコミュニケーションとして設計されたものであった。その囲いの中だけで適切とされるコミュニケーションをしてきたため，その囲いを越えた関係を築くことができていない。その結果，研究に費やされた膨大な時間は，その囲いの外にいる人にほとんど伝わっていない。「研究対象になった人たち」は，その研究結果を知ることはほとんどない。実際に，その不透明さゆえに，従来の社会科学の研究は，「エリート主義」と非難されてきた。貧困層の人々，マイノリティ，収監された人々，高齢者，逸脱者，移民，テロリストなどの声は，基本的に無視されてきた。

　これに対して，パフォーマティブな意識を持つことで，科学は文化との関係を劇的に拡大した。研究者は幅広い芸術の技を活用して文化と関わることができる。パフォーマティブなアプローチではどのような形式の「コミュニケーション」も，探究と共有のために活用できる。パフォーマティブな意識は，「これは誰のためのものか」「私は理解されているか」「これには意味があるのか」「これを使って何ができるのか」といった問いを投げかける。それは結局，多くの人に満遍なく伝えるということである。そうすることで，学問とそれを取り巻く社会との距離が縮まり，研究者は自分たちを取り巻く生活世界と深く関わっていくようになる。

　ここで重要なことは，パフォーマティブな研究はオーディエンスとよりよく共有できるだけではない。オーディエンスの方も学問に深く関わることができるのである。つまり「関与の次元」が大きく広がる。研究者はオーディエンスを現実に引き込むことがで

きるさまざまな表現方法を使う。たとえば，学会で発表された論文は，聴衆に知的な刺激を与えることができる。さらに，発表者が研究にまつわるエピソードを話せば，オーディエンスと情動的な関わりをつくり出せる。その上，それが劇場化されれば，観衆はその舞台上の世界に参加しているような経験ができる。つまり，追体験ができる。また，ドラマに音楽的な背景を加えることで，記憶を呼び起こし，ドラマを深化させ，それを生んだ時代的・社会的背景を自分のものとして関わりを実現することもできる。パフォーマンスのレパートリーを広げることで，他者との有意義な関わりを広げることができるのである。

　オーディエンスが学問に関与できるようになるということは，パフォーマティブな研究が社会との対話を拓くということである。従来の学術的文章は，上から目線で社会について語ってきた。それはオーディエンスの見解よりも優位に位置づけられ，自らを権威ある正統なものとして位置づけてきた。これに対して，学者が，演劇，詩，映画，写真など，社会で使われている形式でコミュニケーションをするときは，普段どおりのなじみのあるやり方でコミュニケーションをとることになる。そこでは，唯一の真理を主張することはない。パフォーマンスに対して，人は防御的ではなく，オープンな姿勢になる。「見せて」「楽しませて」「興味を持たせて」というように。対話的な交流のための条件が整うのである。

　もちろん，パフォーマンスには，ある特定の見解を情熱的に表現するものもある。しかし，その表現は演劇的な形をとっていることから，メッセージがどれほど力強いものだとしても，その作品のために人工的に創られたものであることをオーディエンスはわかっている。「真面目だが，絶対的ではない」。この考えを，実証主義的な研究と比較してみるといいだろう。実証主義的な研究では，主観性を出さないように全力を尽くしてきた。社会科学の文章は，神の目をもって「これが真実だ」と示してきた。ここまで見てきたように，パフォーマンス研究では，現実と善について主張はする一方，「唯一の真実である」という見せかけを取り除く。パフォーマンス的な探究は，すべてのことには常に疑問の余地があることを思い起こさせてくれる。

　パフォーマンスとその娯楽的な価値に寛容である文化的な姿勢は，私たちを現実の制約から一時的に解放する。日々同じことを繰り返しこなすだけだと窮屈に感じる。これが正しくてあれが間違っている，これは良くてあれが悪いということが，何も変化せずそのままの状態が続くと，私たちの選択肢は狭まっていく。言っていいこと，やっていいこと，変えていいこと，空想していいことが少なくなるからである。慣習に従ってただ日常を過ごすことは，小さな死である。写実主義と厳格さは手を取り合って歩いている。その一方で，パフォーマーは，慣習と遊びながらその欠点を指摘し，別の現実をつくり出そうとする。Nietzsche（ニーチェ）の言葉を借りれば，「真実を消え失せさせないために芸術が存在する」のである。小説家が想像の世界を創り，詩人が言葉で遊び，アーティストが色の実験をするとき，彼らの感覚は混乱する。当たり前のことをひっくり返すのである。社会科学におけるパフォーマティブな活動は，このような意味において，現実を解き放つ力がある。

　パフォーマティブな動きの潜在的可能性については，もっと多くを語ることができる

だろう。ここで議論してきたように，世界を理解するためのレンズとしてアートを使うことで，新しく，わくわくするような理論や研究を開拓していくことができる（Rolling, 2014）。パフォーマティブな探究では，固定化された対象（たとえば，心，社会，家族，コミュニティなど）の観点から学問を定義しないため，領域横断的である。そのため，相互に探究し合う学問文化をつくっていけるだろう（Borgdorff, 2012）。まとめに，私はRon Pelias（2010）のすばらしい定義を引用する。彼によると，社会科学におけるパフォーマンスとは，「ある種の場 – 舞台をひらくことである。カーテンが引かれ，照明に照らされた木製の床，覗き込みたくなる窓，広場にある円形の舞台，演壇，そして，遊び，感情を表現し，メッセージを伝える場なのである。その場では幽霊が形をつくり，そこにとどまり出没する。人は合意してもしなくても，それに目を向けはじめる。そして，私たちは自分自身をそこに見出しはじめるのである」。

文献

Adams, T. E., Jones, S. H., Jones, S. L. H., & Ellis, C. (2014). *Autoethnography.* New York: Oxford University Press.

Allen, L. (2011). "Picture this": Using photo-methods in research on sexualities and schooling. *Qualitative Research, 11*, 487–504.

Allen, Q. (2012). Photographs and stories: Ethics, benefits and dilemmas of using participant photography with Black middle-class male youth. *Qualitative Research, 12*, 443–458.

Austin, D. A. (1996). Kaleidoscope: The same and different. In C. Ellis & A. Bochner (Eds.), *Composing ethnography* (pp. 206–230). Walnut Creek, CA: AltaMira Press.

Austin, J. L. (1962). *How to do things with words* (J. O. Urmson & M. Sbisa, Eds.). Oxford, UK: Clarendon Press. ［オースティン，J. L.，飯野勝己（訳）（2019）．言語と行為――いかにして言葉でものごとを行うか　講談社］

Barbour, K. (2012). Standing center: Autoethnographic writing and solo dance performance. *Cultural Studies ↔ Critical Methodologies, 12*, 67–71.

Bartlett, R. (2013). Playing with meaning: Using cartoons to disseminate research findings. *Qualitative Research, 13*, 214–227.

Benford, S., & Hunt, S. (1992). Dramaturgy and social movements: The social construction and communication of power. *Sociological Inquiry, 2*, 36–55.

Blumenfeld-Jones, D. (2008). Dance, choreography, and social science research. In J. G. Knowles & A. L. Cole (Eds.), *Handbook of the arts in qualitative research: Perspectives, methodologies, examples, and issues* (pp. 175–184). Thousand Oaks, CA: SAGE.

Bochner, A., & Ellis, C. (2016). *Evocative autoethnography: Writing lives and telling stories.* New York: Routledge. (Originally published by Left Coast Press)

Borgdorff, H. A. H. (2012). *The conflict of the faculties: Perspectives on artistic research and academia.* Amsterdam: Leiden University Press.

Breheny, M. (2012). "We've had our lives, we've had our lives": A poetic representation of ageing. *Creative Approaches to Research, 5*, 156–170.

Carlson, M. (1996). *Performance: A critical introduction.* New York: Routledge.

Case, S., Brett, P., & Foster, S. L. (1995). *Cruising the performative.* Bloomington: Indiana University Press.

Conquergood, D. (1982). Performing as a moral act: Ethical dimensions of the ethnography performance. *Literature in Performance, 5*, 1–13.

Conquergood, D. (2002). Lethal theatre: Performance, punishment, and the death penalty. *Theatre Journal, 54*, 339–367.

Degarrod, L. (2013). Making the unfamiliar personal: Arts-based ethnographies as public-engaged ethnographies. *Qualitative Research, 13*, 402–413.

Denzin, N. (2011). *Custer on canvas: Representing Indians, memory, and violence in the New West*. Walnut Creek, CA: Left Coast Press.

Denzin, N., & Lincoln, Y. (2000). *The SAGE handbook of qualitative research* (2nd ed.). Thousand Oaks, CA: SAGE.［デンジン，N. K.／リンカン，Y. S.（編），平山満義（監訳）(2006). 質的研究ハンドブック（1〜3巻）北大路書房］

Denzin, N., & Lincoln, Y. (2004). Methodological issues in the study of social problems. In G. Ritzer (Ed.), *Handbook of social problems: A comparative international perspective* (pp. 30–46). Thousand Oaks, CA: SAGE.

Diversi, M. (1998). Glimpses of street life: Representing lived experience through short stories. *Qualitative Inquiry, 4*, 131–137.

Ellis, C. (1995). *Final negotiations: A story of love, loss, and chronic illness*. Philadelphia: Temple University Press.

Ellis, C. (2004). *The ethnographic I: A methodological novel about autoethnography*. Walnut Creek, CA: AltaMira Press.

Faulkner, S. L. (2009). *Poetry as method: Reporting research through verse*. New York: Routledge.

Fox, K. V. (1996). Silent voices: A subversive reading of child sexual abuse. In C. Ellis & A. P. Bochner (Eds.), *Composing ethnography* (pp. 330–356). Walnut Creek, CA: AltaMira Press.

Franzen, S. (2013). Engaging a specific, not general, public: The use of ethnographic film in public scholarship. *Qualitative Research, 13*, 414–427.

Gergen, K. J. (1994). *Realities and relationships: Soundings in social construction*. Cambridge, MA: Harvard University Press.

Gergen, K. J. (2015). From mirroring to world-making: Research as future forming. *Journal for the Theory of Social Behaviour, 45*, 287–310.

Gergen, K. J., & Gergen, M. (1991). From theory to reflexivity in research practice. In F. Steier (Ed.), *Method and reflexivity: Knowing as systemic social construction* (pp. 76–95). London: SAGE.

Gergen, K. J., & Gergen, M. (1994). Let's pretend: A duography. In D. J. Lee (Ed.), *Life and story: Auto-biographies for a narrative psychology* (pp. 61–86). New York: Praeger.

Gergen, K. J., & Walter, R. (1998). Real/izing the relational. *Journal of Social and Personal Relationships, 15*, 110–126.

Gergen, M., & Davis, S. (Eds.). (1997). *Toward a new psychology of gender: A reader*. New York: Routledge.

Gergen, M., & Gergen, K. J. (2011). Performative social science and psychology. *Forum: Qualitative Social Research, 12*, Article 11.

Gergen, M., & Gergen, K. J. (2012). *Playing with purpose: Adventures in performative social science*. New York: Routledge.

Goffman, E. (1959). *The presentation of self in everyday life*. New York: Doubleday.

Görlich, A. (2015). Poetic inquiry: Understanding youth on the margins of education. *International Journal of Qualitative Studies in Education, 29*, 520–535.

Gray, R., & Sinding, C. (2002). *Standing ovation: Performing social science research about cancer*. Walnut Creek, CA: AltaMira Press.

Haney, C., Banks, W. C., & Zimbardo, P. G. (1973). A study of prisons and guards in a simulated prison. *Naval Research Review, 30*, 4–17.

Hartnett, S. J. (2003). *Incarceration nation: Investigative prison poems of hope and terror*. Walnut Creek, CA: AltaMira Press.

Haseman, B. C. (2006). A manifesto for performative research. *Media International Australia Incorporating*

Culture and Policy: Quarterly Journal of Media Research and Resources, 118, 98–106.

Hermanns, M., Greer, D. B., & Cooper, C. (2015). Visions of living with Parkinson's disease: A photovoice study. *Qualitative Report, 20,* 336–355. Retrieved from www.nova.edu/ssss/qr/qr20/3/hermanns10.pdf.

Hesse-Biber, S. (2016). *The practice of qualitative research* (3rd ed.). Thousand Oaks, CA: SAGE.

Hunter, J. D. (1992). *Culture wars: The struggle to define America.* New York: Basic Books.

Jones, K. (2013). Infusing biography with the personal: Writing Rufus Stone. *Creative Approaches to Research, 6,* 6–23.

Jones, K., with Gergen, M., Guiney Yallop, J. J., Lopez de Vallejo, I., Roberts, B., & Wright, P. (Eds.). (2008). Special Issue on Performative Social Science. *Forum: Qualitative Social Research, 9.*

Kara, H. (2015). *Creative research methods in the social sciences: A practical guide.* Bristol, UK: Policy Press.

Keifer-Boyd, K. (2011). Art based research as social justice activism: Insight, inquiry, imagination, embodiment, relationality. *International Review of Qualitative Research, 4,* 3–19.

Knowles, J. G., & Cole, A. L. (2008). *Handbook of the arts in qualitative research: Perspectives, methodologies, examples, and issues.* Thousand Oaks, CA: SAGE.

Kuhn, T. (1962). *The structure of scientific revolutions.* Chicago: University of Chicago Press. ［クーン，T.，中山茂（訳）（1971）．科学革命の構造　みすず書房］

Lather, P., & Smithies, C. (1997). *Troubling the angels: Women living with HIV/AIDS.* Boulder, CO: Westview.

Livingston, J. (Director). (1991). *Paris is burning* [Film]. United States: Mirimax.

Lykes, M. B. (2010). Silence(ing), memory(ies) and voice(s): Feminist participatory action research and photo-narratives in the wake of gross violations of human rights. *Visual Studies, 25,* 238–254.

Lykes, M. B., & Scheib, H. (2015). The artistry of emancipatory practice: Photovoice, creative techniques, and feminist anti-racist participatory action research. In H. Bradbury-Huang (Ed.), *Handbook of action research III* (pp. 131–142). Thousand Oaks, CA: SAGE.

Mannay, D. (2010). Making the familiar strange: Can visual research methods render the familiar setting more perceptible? *Qualitative Research, 10,* 91–111.

Milgram, S. (1974). *Obedience to authority: An experimental view.* New York: Harper & Row.

Miller, K. E. (2015). Dear critics: Addressing concerns and justifying the benefits of photography as a research method. *Forum for Social Research, 10.* Available at http://nbn-resolving.de/urn:nbn:de:0114-fqs1503274.

Mulkay, M. (1985). *The word and the world: Explorations in the form of sociological analysis.* London: Allen & Unwin.

Muñoz, K. L. (2014). *Transcribing silence: Culture, relationships, and communication.* Thousand Oaks, CA: Left Coast Press.

Newbury, J., & Hoskins, M. (2010). Relational inquiry: Generating new knowledge with adolescent girls who use crystal meth. *Qualitative Inquiry, 16,* 642–650.

Norris, J. (2010). *Playbuilding as qualitative research: A participatory arts-based approach.* Walnut Creek, CA: Left Coast Press.

Norris, J., Sawyer, R., & Lund, D. E. (Eds.). (2012). *Duoethnography: Dialogic methods for social, health and education research* (Vol. 7). Walnut Creek, CA: Left Coast Press.

Park, H.-Y. (2009). Writing in Korean, Living in the U.S.: A screenplay about a bilingual boy and his mom. *Qualitative Inquiry, 15,* 1103–1124.

Pelias, R. (2010). Performance is an opening. *International Review of Qualitative Inquiry, 3,* 173–174.

Pelias, R. (2014). *Performance: An alphabet of performative writing.* New York: Routledge. (Originally published by Left Coast Press)

Pfohl, S. (1992). *Death at the Parasite Cafe.* London: Palgrave Macmillan.

Popper, K. (1972). *Objective knowledge.* London: Clarendon. ［ポパー，K. R.，森博（訳）（1974）．客観的知識 —— 進化論的アプローチ　木鐸社］

Quine, W. V. O. (1960). *Word and object.* Cambridge, MA: MIT Press. ［クワイン，W. V. O.，大出晃・宮館

恵（訳）（1984）．ことばと対象　勁草書房］

Rawlins, W. (2013). Sample. *Liminalities: A Journal of Performance Studies, 9*, 3. Retrieved from http://liminalities.net/9–3/sample.html.

Reinharz, S. (1992). *Feminist methods in social research.* New York: Oxford University Press.

Richardson, L. (1997). *Fields of play.* New Brunswick, NJ: Rutgers University Press.

Richardson, L., & St. Pierre, E. A. (2005). Writing: A method of inquiry. In N. Denzin & Y. Lincoln (Eds.), *The SAGE handbook of qualitative research* (pp. 959–978). Thousand Oaks, CA: SAGE.

Roberts, B. (2008), Performative social science: A consideration of skills, purpose and context. *Forum: Qualitative Social Research, 9*(2), Article 58.

Rolling, J. H. (2014). Artistic method in research as a flexible architecture for theory-building. *International Review of Qualitative Research, 7*, 161–168.

Russell, G., & Bohan, J. (1999). Hearing voices: The use of research and the politics of change. *Psychology of Women Quarterly, 23*, 403–418.

Saldaña, J. (2011). *Ethnotheatre: Research from page to stage.* Walnut Creek, CA: Left Coast Press.

Schechner, R. (1982). *The end of humanism.* New York: PAJ.

Spry, T. (2001). Performing autoethnography: An embodied methodological praxis. *Qualitative Inquiry, 7*, 706–732.

Spry, T. (2011). *Writing and performing autoethnography.* Thousand Oaks, CA: Left Coast Press.

Welsh, J. (1990). *Dramaturgical analysis and societal critique.* Piscataway, NJ: Transaction Press.

Wertz, F. J. (2011). The qualitative revolution in psychology. *The Humanistic Psychologist, 39*, 77–104.

Wiseman, F. (Director). (1963). *Cool World* [Film]. United States: Zipporah Films.

Wiseman, F. (Director). (1967). *Titticut Follies* [Film]. United States: Zipporah Films.

Wiseman, F. (Director). (2015). *In Jackson Heights* [Film]. United States: Zipporah Films.

Wittgenstein, L. (1953). *Philosophical investigations* (3rd ed.) (G. E. M. Anscombe, Trans.). New York Pearson.
　　［ウィトゲンシュタイン，L.，鬼界彰夫（訳）（2020）．哲学探究　講談社］

第5章

創作アートセラピーとアートベース・リサーチ

●キャシー・A・マルキオディ（Cathy A. Malchiodi）

訳：今尾真弓

　創作アートセラピーは，芸術（アート，音楽，ダンス／動作，ドラマや演技，物語，クリエイティブ・ライティング，詩）と科学（心理学，精神医学，医学）を統合し，個人，家族や集団，コミュニティを対象に用いられている。創作アートセラピーの治療者は，この2つの世界を渡り歩いているため，そのダイナミックな仕事の結果を，研究を通して定義し説明することが難題となるのは珍しくない。一方では，社会科学や行動科学において受け入れられている手段や測定方法によってその結果を説明しなければならないという圧力がある。その過程で，芸術に関連した知識が疎外されたり排除されたりすると，創造的な表現における人間らしくユニークなものの多くが認識されなくなったり，失われたりする可能性がある。リーヴィー（Leavy, 2015）が述べたように，主観的，間主観的，社会情緒的，スピリチュアル，対人的，芸術的な経験は，定量化することが困難あるいは不可能な場合，アートに基づく探究によって探索・記述・発見の道が拓かれる。これはアート以外の方法では実現できないことである。

　アートベース・リサーチ（ABR）には，音楽，パフォーマンス，ダンス，ビジュアルアート，映画，物語，詩，そのほか人間の経験の理解に資する創造的なメディアが含まれる（Ledger & Edwards, 2011）。これは，複雑さ，矛盾，そして交錯する結果が共存し，検証されるような調査を行う場をつくり出すのに役立つ。要するに，アートは非言語的であり，しばしば想像力に欠いた論理的な意味を超越する生成的なプロセスなのである。同様に，創作アートセラピーは，潜在的で身体化された，非言語的なコミュニケーション形態をサポートするアプローチであり，これが他のサイコセラピーや治療的介入の実践と区別される点である。究極的には，健康やウェルビーイングを媒介するものとしての創作アートセラピーの中核的価値は，言語の限界を拡張し，言語や論理によって伝達できないもの，あるいはそれらでは完全に知ることができないものに声を与える能力なのである。

　本章では，創作アートセラピーについて簡潔に概観する。具体的には，創作アートセラピーにおける ABR の出現について述べた後，アートに基づく探究と研究を取り入れることをサポートする，創作アートセラピー独自の「ブレインワイズ」〔意識されないが

脳が処理しているもの〕性にふれ，そして，読者が創作アートセラピーとABRの交差についてさらに学ぶために，自分自身で小規模なABRを実施する機会を提供する。最後に，創作アートセラピーの範囲内でのABRの適用と調査における「橋渡し研究」の重要性について述べ，本章を締めくくる。

研究データとしてのアート表現 ── 個人的な探究

多くの創作アートセラピストと同様に，私は自分の個人的な経験から，アートの表現は，意味を知り，つくり出す方法であるだけではなく，言葉で人の経験の全体性を伝えられないときのコミュニケーションの一形態でもある，ということを学んできた。さまざまな身体疾患をもつ人々との数十年にわたる仕事から学んだ教訓の一つは，言葉では表現できないときに，自分自身の経験を表現する上でアートがどれほど強力になるかということであった（Malchiodi, 2013）。私は非常に多くの病気や障害のサバイバーの人々から，創造的な表現にみられる，潜在的で身体化された非言語的な知識の価値について教えられてきたが，少し前に私個人が遭遇した医療上の問題は，アートがどのように情報を提供し，人を癒やすかについての私の信念を再確認させるものであった。

数年前，私は滑って転び，頭をコンクリート製の歩道に打ちつけて，軽度の外傷性脳損傷（TBI）を負った。この種の怪我にありがちだが，私は転倒したときについては曖昧な記憶しかなく，実際にどのように転んで頭を打ったかを正確に覚えていなかった。結局私は救急診療所にかかり，その後，緊急診療室で合併症がないかくまなく検査を行った。毎回の診療でコンピュータ断層撮影スキャン（CT）を行ったが，内出血や骨折はみられなかった。しかし怪我の数週間後に，軽度のTBIにみられる多くの症状を経験した。これらの症状については，私はただ読んだことしかなく，戦闘によりTBIを負った男女の軍人の表現アートセラピーのセッションを通して理解したと思っていた。私は彼らのように記憶や実行機能は失っていなかったが，突然に，感覚過敏や脳震盪によくみられる他の症状に直面した。私の場合，蛍光灯の点滅とファンの回る音が耐えがたいものであった。特に，市場や空港の混沌とした人混みでは，重度のパニックに陥った。私の脳は，デスクトップコンピュータの画面を1時間見るだけですぐに疲れた。これもまたTBIを負った人によくある経験であり，時間が経てば自然と消えていくものであった。回復の途上で最も狼狽したのは，頭を少しでもどこかにぶつけると，過剰活性化と安静時心拍数の高い状態に陥ったことだった。これは生命を脅かすものではなかったが，集中を妨げ，不快で，予測不可能であった。

私の表現アートセラピーのクライエントは，私の状況と抱えている問題をただちに理解した。彼らは，自分たちが戦闘で受けたような「独特の外傷」を，私が今負っていると宣言した。しかしすぐれた治療を施した私の主治医はそれを理解しなかったので，私は自分の症状の正確な性質を説明する方法を見つけようとした。最初の数週間，私の活動量は限られていたので，私はオルタード・ブックでちょっとした作品づくりを行うことにした（**図5.1**）。オルタード・ブックとは，既存の本を使って，それをコラージュ，

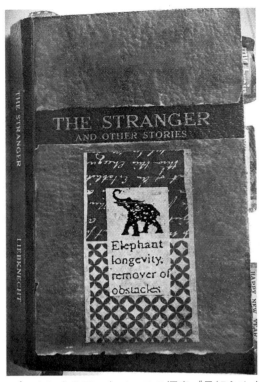

図 5.1 オルタード・ブックによるアートベースの探究《見知らぬ人　そしてその他の物語（The Stranger and Other Stories）》
Cathy A. Malchiodi 提供。Copyright © 2013

ドローイング（描画），その他のメディアを通じて作り変えるプロセスである。私が選んだ本は，数ヵ月前に近所のリサイクルボックスで見つけた，『見知らぬ人　そしてその他の物語』というタイトルの，詩と散文集だった。このタイトルはこのときにふさわしいと思われた。実際に，回復の過程において，私は自分自身にとってもある種の見知らぬ人であった。要するに，私はこの本の各ページを再利用して，数ヵ月間にわたり毎日作り変えながら，能動的なイメージとテキストを用いて怪我の印象と経験を視覚的に記録し（図5.2），より大きな物語を展開できるようにした。

　私はまた，アートの画像を用いて私自身の回復過程を周囲の人々に知らせる方法として，この物理的な修復過程を採用した。とりわけ私のオルタード・ブックは，さまざまな症状や難題を内科医や主治医に説明するための，すぐれた伝達手段となった。たとえば，主治医が私の神経系の過剰制御の訴えを最初に却下したとき，オルタード・ブックのいくつかのイメージ（図5.3）をシェアしたが，それによって会話が方向転換し，そのとき私が悩まされていた破壊的な過活性化や他の症状を軽減するための効果的な介入プランを見つけるのに，このアートが役立つということがわかった。今，その回復の期間を振り返ると，私が診察時に持って行ったアートは，医療の専門家が私の治療を調整するのを助けただけではなく，彼らが私を違った角度から見て，私の症状をそれまでと異なった方法で理解し，そしておそらく私の状態をより正確に捉えることさえできたことに気づく。それは間違いなく，定型的な疼痛評価スケールと質問票では捉えることの

図 5.2　オルタード・ブックより抜粋「運命を紡ぐ（Weaving of Fate）」
Cathy A. Malchiodi 提供。Copyright © 2013

図 5.3　オルタード・ブックより抜粋「心臓の鼓動（Heart-Beat）」
Cathy A. Malchiodi 提供。Copyright © 2013

できない医学的評価を確実に付け加え，怪我から回復する人々との共同作業がもつ，健康を高め促進する重要な実践であるという本来の価値を再確認させるものであった。

　私のアートに基づく探究は，怪我と癒やしの道のりについての私の個人的な経験を探索する絵日記をつけるという単純な意図に基づいていた。探究が展開するにつれ，創り出されたアートの形態が，異なる形式の知識や経験を診察室に持ち込む方法として，科学に基づく領域（医学的介入）に導入された。この例で ABR にとって明白で顕著なことは，全く単純なことである ── アートは，言語や「思考」脳の論理とは異なる反応を呼び起こすと同時に，思考脳の論理を，他の可能性や知覚にも拡張するということである。これはアートに基づく研究の中心的価値であり，創作アートセラピーがどのようにして健康とウェルビーイングを促進し支援するかを説明し，理解を深める上で重要な性質である（Malchiodi, 2007）。

創作アートセラピーとは何か

　創作アートセラピーは，多様な理論的・方法的枠組みを備えた独立したアプローチとして，正式には 20 世紀に登場した。特定のセラピーに固有の枠組みとしてつくられたものもあれば，精神医学とさまざまなアートの形態の混成によって成立したものもある（Malchiodi, 2006）。具体的には，創作アートセラピーは，精神療法の枠組みの中でアートセラピー，音楽療法，ダンス／動作療法，ドラマセラピー，作詩セラピーといった，目的にかなった個々の療法を応用したものとして定義されている（National Coalition of Creative Arts Therapies Associations, 2016）。定義では，これらのアプローチには，アートに基づく多様な方法（ビジュアルアート，音楽や音声，動作，クリエイティブ・ライティング，演劇，ロールプレイ）が含まれる。近年では，創作アート，演劇，そのほか実際に行為をともなう表現形態による介入は，アメリカを中心に，世界中の心身の健康のケアにおいて遍在するようになってきている（Malchiodi, 2007）。

　「表現アートセラピー」あるいは「表現セラピー」は，しばしば創作アートセラピーと互換的に用いられるが，より正確には，心理療法におけるアートの統合的使用と定義されている（Estrella, 2006; McNiff, 1981）。個人またはグループの目標によっては，一つのアートの形態がセッションを支配する場合があるが，一般的には複数のアートの形態を連続して，または組み合わせて導入することとして理解されている。加えて，一部の実践家は，個人あるいは集団を対象として行われる 2 種類以上の表現セラピーを，「統合的アートセラピー」（「マルチモーダルアートセラピー」ともいわれる）と呼んでいる（Malchiodi, 2006）。このアプローチは「統合的」と定義されているため，治療的介入は，セッション内におけるアートの相互関係に焦点を当てる。多様な創作アートセラピーと同様に，表現アートセラピーは，セラピーとしてのアート，アートサイコセラピー，そして伝統的な治療におけるアートの利用（Knill, Barba, & Fuchs, 2004），コミュニティにおけるアート（Atkins, 2002）を含む，多様な志向性に基づいている。

　創作アートセラピーは定式化された学問分野であり研究領域であるが，メンタルヘル

スカウンセラーやソーシャルワーカー，結婚・家族セラピスト，精神科看護師，心理士といった援助専門職の人々は，1つあるいはそれ以上のアートを，個人，集団，家族，コミュニティの支援に用いることがよくある。さらに，サイコセラピー，メンタルヘルス，ヘルスケアにおいては，大胆に応用された創作アートが多数みられる。たとえばカウンセリング（Gladding, 2014）やソーシャルワークにおける創作アートは，心理療法の枠組みに表現的アプローチを統合したものである。ヘルスケアにおいては，「音楽医学」（生理学的状態と健康全般のための音楽の使用；Dileo, 2013）や音楽と「神経音楽学」（音楽の反応についての研究；Wheeler, 2015）が，音楽を治療や介入全般の一部とする多くの分野のうちの2つである。現在，それ自体は正式なダンス／動作療法ではないが，ダンス，動作，身体に基づくアプローチが数多くあり，あらゆる年代の個人に同様に用いられている。たとえば，感覚運動心理療法（Ogden & Fisher, 2015）には，正式なダンス／動作療法の実践に類似した多くの要素が組み込まれている。さらに，日記や物語という形での創造的／表現的な執筆は，特にトラウマや病いを経験した多くの人々に関連するもう一つの重要なアプローチである（Pennebaker & Smyth, 2016）。最後に，多様な創造的な介入と方法を用いるアプローチである遊戯療法は，表現アートセラピーと密接に関連している。遊戯療法家も表現アートセラピストも，演劇やビジュアルアート，動作，想像を用いてアートの探究にいざなう（Homeyer & Sweeney, 2005）。これらの領域はすべて，癒やしのエージェントとしての創作アートを発展させるだけではなく，健康やウェルビーイングの評価におけるABRの理解を拡大させる可能性を含んでいるのである。

創作アートセラピーの略史

　21世紀には，ABRは1つ以上の形態のアート表現による知識の発見と識別であると定義できる。しかしながら，アートに基づく探究は，無意識や，想像力，創造的なプロセスを探求する作業にとっては新しいものではなく，実際にその起源は少なくとも19世紀半ばに遡る（Watkins, 2004）。20世紀前半には，Sigmund Freud（ジークムント・フロイト）とCarl Gustav Jung（カール・グスタフ・ユング）という，精神医学と心理学の分野における2人の独創的な人物が，特にイメージとビジュアルアートの分野において，ABRの最初期の基盤のいくつかを提供した。Freud（1913）は夢とイメージの価値を探求し，さまざまな表現アート（イメージ制作，執筆，動き）を適用して患者を治療した。Jungもまた，個人的なアートに基づく研究でアートを用いたことでよく知られている。たとえば近年出版された『The Red Book（赤の書）』（2009）には，Jungが作成したイメージが掲載されているが，これはアートに基づく探究の独創的な例である。

　Jungの貢献を振り返り，それを拡大することで，表現アートセラピー教育の主要な創設者の一人であるショーン・マクニフ（McNiff, 1989）は，彼自身のアート作品を使用して，イメージに反映する方法を示した。これはアート表現を介した創造的プロセスと深層心理学に固有の現象に関する，個人的なアート探究の一形態である。当時，特にアートセラピーと精神医学の分野には，視覚的な特徴と象徴的な内容を投影的に解釈

し分類する方法が普及していたが，創造性と想像力を理解するためのこのアプローチ
は，それらとはまったく対照的なものとして現れた（Malchiodi, 1998）。マクニフ（McNiff,
1998, 2013）と Knill ら（2004）が提案した，創作アートセラピーにおける分析の一つの
タイプは，事前に割り当てられた意味または投影理論に基づく解釈ではなく，創造され
たイメージとの対話を含む。この対話はさらに，動作，ジェスチャー，音楽，または音
といった表現力豊かな反応をいざなう。要するにそれは「イメージがそれ自身のために
話す」ことを可能にするのである（Knill et al., 2004, p. 162）。

　McNiff は，以上のような個人的な探究と調査を通じて，彼自身の個人的な探究方法
を拡大しただけでなく，創作アートセラピーの研究のための，アートに基づくアプロー
チによる現在の探求の多くに向けて扉を開いた。Hervey（2000），リーヴィー（Leavy,
2015），Ledger と McCaffrey（2015），Edwards（2015）といった ABR の他の研究者は，議
論を広げつづけて，創作アートセラピーとアートの傘下における，哲学，方法論，そし
て実用的応用について発表している。Hervey は小規模な，または個人のアートに基づ
いた研究を，芸術的調査の一形態，あるいは「データ収集，データ分析，および／また
は調査結果の提示のための芸術的方法」を利用する「有用な知識体系に貢献することを
目的とした，焦点を絞った体系的な調査」と定義している（p. 183）。Hervey らは，デー
タ収集と芸術的没入のプロセス，直感と想像力の役割，プロセスと製品のアートに基づ
く分析を明らかにするために，学問分野の内外を問わず主張を行いつづけている。単一
のアート媒体に焦点を当てる人もいるが，これらが学際的な相互作用を必要とすること
が多いため，各領域のアート形式や媒体を制限するのではなく，創作アートセラピーの
治療者がすべてのアートを調査のために利用できるようにすることを提案する人もいる
（McCaffery & Edwards, 2015）。特に学際的な調査は，統合されたアプローチとしての表現
アートセラピーの中核的価値と，癒やしの過程としてのすべてのアートの相互接続性と
に共鳴する部分が多い。

　創作アートセラピーは本質的に専門家を手助けするという特徴を備えているの
で，ABR 研究の究極の目標は，「美的にすばらしいアート作品」を生産することでは
なく，アートが健康をどのように下支えしうるかについての知識を深めることとなる
（Shannon-Baker, 2015, p. 37）。同時に，アートを含むあらゆる創造的な介入の目的次第では，
美は経験の重要な部分となり，それゆえアート表現がどのように理解されるかの一部分
にもなりうる。非常に単純化すれば，研究は一般的に「基礎研究」（プロセスまたは成果
に関する知識を拡張する ABR）か，または「応用研究」（患者，クライエント，または個人の
福祉といった特定の目的のための ABR）かの 2 つの分野に分かれる。蓄積された基礎研究
はまた，最終的に応用研究や橋渡し研究（この章の終わりを参照）へとつながるデータを
提供する可能性がある。全般的にみれば，創作アートセラピーにおける ABR の目的は，
創作アートセラピーのセラピストが，人々の生活を改善するアートに基づく経験を見つ
け，それらを開発することである。

　数名の創作アートセラピーの研究者は，ABR を促進するためのさまざまな枠組みに
ついて述べている。たとえば，音楽療法士の Ledger と McCaffrey（2015）は，創作アー
トセラピーにおける ABR を促進するガイドラインとして役立つ，非常に基本的な一連

94　　第Ⅰ部　アートベース・リサーチの分野

の質問を提案している。これらの質問によって，研究デザインの中核的な概念が強調されるのみならず，ウェルビーイングを高め，下支えするためにデザインされたアートに基づく実践を通して，創作アートセラピーのセラピストが相互作用し奉仕する相手である「対象としての人間」の中心的な役割が明らかになる。

1. アートはいつ導入されるべきか。
2. 適切な芸術的媒体は何か。
3. アートはどのように理解されるべきなのか。
4. オーディエンスの役割は何か。

これらの質問には，ABRの質問を構成する一つの方法を概説するだけでなく，個人やグループに対するアートに基づく介入の構成を考えるときに，創作アートセラピーのセラピストが自問する重要な質問が要約されている。たとえば前半2つの質問は，セラピストが参加者にとっての最良の実践と目標を踏まえて，参加者を創作に巻き込むタイミングや，1つまたは複数の媒体（アート，音楽，動き，演劇，物語）を導入するタイミングを決定するときの意思決定プロセスを強調する。後半2つの質問は，プロセスおよび／または作品の意味づけと，作品に対する反応というダイナミクスにおけるセラピストの役割に焦点を当てている。どちらの場合も，アートや，個人的なナラティブ，またはその両方の組み合わせによって，プロセスおよび／または作品に対する意味づけと反応が得られるだろう。

ダンス／動作療法の治療者であるHervey（2000）のような人々は，創作アートセラピーにおけるABRの方法論的枠組みとして，アートの創造プロセスを用いている。Herveyによれば，「もの（イメージ，動き，音，言葉，粘土の塊）がアートの作品となるためには，それを実行するために必要なスキルを持つ人によって，以下のステップが実行される」（p. 47）。

1. *最初の気づき*　アイデアやイメージが出現する。アートに基づく探究では，これが研究者／制作者によって認識されれば，さらなる問いかけを呼び起こす。
2. *脱文脈化と意図的な再現*　アイデアやイメージがアートの媒体で再現される。意図を持ってアイデアやイメージを再現することによって，もともと持っていた機能が取り除かれる。Herveyによると，この探求は文字通りではなく比喩的であり，アートやアートのプロセスのユニークな特徴の一つを反映している。
3. *評価と区別*　この時点で，再現は利点や，有用性，完成度，価値といった観点で評価される。アートに基づく探究においては，アート作品は研究目標や問いとの関係で（ここでも比喩的に）評価される。
4. *洗練と変容*　評価は継続され，完成し満足する結果が得られるまで，アート作品に手が加えられ，手直しされ，調整される。
5. *再文脈化*　この段階で，完成したアート作品は観客に共有または展示される。この再文脈化によって，研究者／制作者とそれ以外の人の双方がアート作品を認識し，

評価し，それと相互作用することができる場が提供される。

　Hervey（2000）は，この枠組みはアーティスト／制作者の内なる経験を検討することを意図したものではなく，アート表現に関わる諸段階を定義するために提示されているにすぎないと指摘している。しかしながら，提示された諸段階は，「データ収集，分析，または知見の提示」（p. 48）を含む，ABR の一部でもある。

　他の創作アートセラピストは，ABR パラダイムの統合に役立つ一部の質的方法と混合法を使用することに焦点を当てている。解釈学的方法，発見的方法，および現象学的方法は，創作アートセラピーの研究と互換性がある。たとえば，すべての創作アートは，実際に行動することを基本とする経験的な要素を含んでおり，現象学のレンズを通して容易に議論することができる。量的測定と質的測定を本質的に組み合わせた混合法も，アートのデータの蓄積および知見の提示に対応することができる。たとえば Warson（2013）は，乳癌を患うネイティブアメリカンの女性を対象とした研究で，混合法モデルを使用して，参加者の文化的特徴と好みを利用したアート表現と癒やしの儀式を構造化し評価している。ビジュアルアートがどのようにして，ネイティブアメリカンの人々の癒やしの要素になるのかについての彼女の研究は，この女性たちのウェルビーイングと回復を下支えするのに役立つと彼女たちが考えるアート作品と文化的伝統は何かを踏まえることから生まれたものである。Warson の研究は，言語主導の回復アプローチでは見ることのできなかった健康の多層的な経験を，創作アートセラピーがどのように提供しているか，そしてアートに基づく方法が多くの状況において，特に文化に敏感であるかさえも強調している。

創作アートセラピーにおける ABR の課題

　ABR におけるこうした進歩と新しい文献にもかかわらず，アートセラピー，音楽療法，ダンス／動作療法の主要な専門的創作アートの分野において，実際に出版された ABR の研究は相対的にまだ少ない。アメリカでは最近，『Art Therapy: Journal of the American Art Therapy Association』誌の特集号で，いくつかの ABR の概要が掲載された。具体的には，これらの記事のいくつかは，自己調査だけでなく，アートに基づく探究が当初の期待を超える多面的な効果をもたらすことも示した。たとえば Klorer（2014）は，廃墟となった建物で見つけた歴史的遺物の発見から研究を始めたが，これらの遺物は，コラージュやアッサンブラージュの形でアート作品を制作することにつながった。研究はそこでは終わらなかった。2 年間で，500 人近くの人々が Klorer のインスタレーションや展覧会を見たり，そこから影響を受けたりして，自身の個人的な記念品や家族の物語を使って独自の形のアートに基づく探究を行うようになった。また別の研究者（Mohr, 2014）による ABR プロジェクトでは，アート表現とトラウマ改善との間にある伝統的な「因果関係」を示すことは特に意図されていなかった。代わりに，アートは参加者のインタビューや実際の創作物の探求と回復のための主要な情報源として提供された。こ

96　　第 I 部　アートベース・リサーチの分野

の研究の参加者は，アート表現と回復のためのソーシャルサポートの一つの形態として，アートとコミュニティの両方を通じた創作プロセスに価値を見出したのである。

　さらに，『Journal of Music Therapy』誌の最近の号では，研究の基礎としてのアートの概念が詳述されている。ある研究では，個人を音楽療法に参加させる創造的な方法を調査し，参加者の創造的な表現や反応に対応する研究者のリフレクシビティ（再帰性）を拡張することを目指して，参加者の声に耳を傾けるのにABRが用いられ，「コミュニティのメンタルヘルスサービスの利用者の声を反映」（McCaffrey & Edwards, 2015, p. 515）させた。他の研究では，音楽療法という構成概念（Ledger & Edwards, 2011）におけるABRの方法の多様性と，6人の音楽療法士の身体的反応を振り返ることで実際の音楽療法（Gilbertson, 2015）を調査した。Edwards（2015）が指摘したように，「音楽療法の後に何か具体的なモノが残るわけではないが，知る，そして知覚するという営為において，人間が探求し，表現し，実行しうる複数の方法を統合し尊重することによって，このセッションに参加して大きな利益を得る可能性がある」（p. 440）。

　おそらく，ABRを支持する最も強力な，しかしまだ正式に認められていない声は，創作アートセラピーのセラピスト自身から上がっている。数多くの事例報告や非公式の声明の中で，創作アートセラピーのセラピストの多くは，アートを通しての個人的な癒やしの経験と，しばしばアートの媒体との啓示的な出会いゆえに，自身の専門を研究し実践することに惹かれたことに同意している。これら一人称視点の記述は，ABRの実践と方法論の理解を深めるための豊かな領域である。部分的には，研究パラダイムにおける支配的なナラティブを超えようとする闘いの中で，従来の調査技法で量的モデルに基づくデータを取るよう圧力を受けたり，そうした圧力を察したりしたために，一部の研究は遠回りを余儀なくされてきた。支援と資金を必要とする研究者は特に，この課題を認識している。さらに，社会科学雑誌および医学雑誌では，ピアレビューの基準を満たす標準的な尺度や方法を用いた研究によって知見を提供することが求められている。創作アート，そしてアート全般は，資金，資源，優先順位の面で社会的に疎外されていることが多いため，創作アートセラピーのコミュニティが，研究デザインと分析に関してより正当な権威があるように見えるものと歩調を合わせようとしていることは理解できる。しかし，変化をもたらし意味の生成をサポートするという，創作アートセラピーの力のもつ明らかに独自な性質は，他の分野とは一線を画する特徴であり，これらのアプローチが健康とウェルネスの実践において不可欠である理由を指し示している。ABRは，この理解を下支えする一つの方法である。マクニフ（McNiff, 2014, p. 89）が指摘しているように，「アートセラピーのアイデンティティと未来に関する，最も切実な問題の一つは，専門的および学術的なジャーナル，また会議や学術的な場で，我々が行っていることを公衆にどのように示すかである」。

ABRへの「ブレインワイズ」なアプローチ

　創作アートセラピーの中で，ABRをより完全に拡大し発展させるために，実践家や

研究者は，癒やしのエージェントとしてのアートの明確な特徴に注目し，利用するのが
よいだろう。それは新しいアプローチをより明確に定義するためでもある。現在，創作
アートセラピーの文献中には，神経心理学，神経科学，神経生物学の専門用語が遍在し
ている。特にこの「ブレインワイズ」に関する専門用語は，認知障害（認知症，パーキン
ソン病，アルツハイマー病）や情緒障害（心的外傷後ストレス障害，うつ病，および不安障害）
を含む，さまざまな症状の治療でのアートの具体的な活用法について説明する一般的な
方法である。しかしながら，すべての実践家がこのスタンスに同意するわけではない。
たとえば，ドラマセラピストの Johnson（2009）は，脳内プロセスは必ずしも創作アー
トセラピーに固有のプロセスと結びついているとは言えないと警告している。彼は，神
経科学は支配的なパラダイムとして定着しているものの，それは精神的健康とヘルスケ
アの「ブレインワイズ」な領域における創作アートセラピーの有効性を正当化するため
の方法として定着しているにすぎないと考えている。
　創作アートセラピーは昨今，アートの有効性を説明するにあたり，神経心理学とそ
の科学に基づく領域に大きく依存してきているが，ABR に関しては「ブレインワイズ」
の概念から学ぶべきことがたくさんあることも事実である。また，科学に縛られて身動
きできなくなって消え去ることを恐れることなく，ブレインワイズのパラダイムにアー
トに基づく視点を導入する可能性は数多くある。実際，創作アートセラピーが，アート
と科学の間の潜在的な架け橋となったのは初めてのことであり，その科学は，アートに
基づく探究と調査の性質，そして実行可能な情報源としてのアート表現のユニークな属
性と価値を実際に浮き彫りにしている。要するに，ここには(1)潜在的に知ること，(2)
身体化を通して知ること，(3)右脳から右脳を経て知ること，という知ることの 3 つの
基本的方法が含まれるのである。

潜在的に知ること

　数十年間にわたり，精神療法の理論と実践は，実行機能と高次脳機能（認知，論理，
言語）を重視することから，感情および感覚ベースのプロセスを含み込むように変化し，
場合によってはそれらを重視するパラダイムへとシフトしてきた。このパラダイムシフ
トは，神経生物学の飛躍的進歩によって促されたものである。神経生物学においては，
治療結果を高めるならば，「ボトムアップ」から働く「ブレインワイズ」なアプローチ
を適用することが重要であることが示されている。そしてこのアプローチには，潜在記
憶が保存されているといわれる，脳の右半球への介入が含まれる。このため，対人神
経生物学（Siegel, 2012），感覚に基づく理論，身体心理学の人気がますます高まっており，
潜在記憶と実際に行動した経験を，変化への足がかりとして活用するアプローチを生み
出している。
　創作アートセラピーのセラピストの間では，アートは潜在知識の一形態であるという
ことが幅広く合意されている（Malchiodi, 2003, 2012, 2015）。言い換えれば，アートは語り
を含む言語主導の（明示的な）記憶よりも，感覚的記憶を含むより右脳優位の経験であ
る傾向がある。アートが「脳全体」の経験であることも事実であるが，潜在記憶は，特

に心理トラウマの分野において，補償と回復を支援するための鍵となる（van der Kolk, 2014）。これは，アート表現が，感覚に基づく非言語的コミュニケーションをサポートするのに有効であるだけでなく，知ることの重要な形として，アート表現がどのようにアートに信憑性を与えるかを示す一つの例である。

　要するに，アート表現はしばしば，論理的で推論的な心の数歩先を進んでいるように見える。たとえば，トラウマについてのナラティブが，言葉で伝えるにはあまりにも圧倒的なものである場合，1つ以上のアートを通じた潜在的表現は，感情をナラティブの記憶に再接続するための第一歩となるかもしれない（Malchiodi, 2003, 2012, 2015）。潜在記憶はまた，怪我や認知症・アルツハイマー病などの神経変性状態によって実行機能を失った人々にとって強力な要因となる。人々がほとんど言葉を使わずに声を上げることを可能にするのは，創作アートのもつ潜在的であるという特徴なのである。さらに，アートに基づく探究の重要な要素となるのも，創作アートセラピーの潜在的であるという性質なのである。

身体化を通して知ること

　創作アートにおける神経生物学関連のあらゆる側面のうち，感覚と身体とのつながりは，補償と回復の支援に関して最も説得力のある要因の一つである。創作アートセラピーにはそれぞれ，感覚が関与している。というのも，創作アートセラピーには視覚，運動感覚，触覚，聴覚，固有受容感覚，平衡感覚，場合によっては嗅覚も含まれるからである。またアートの形態はそれぞれ多感覚的である。たとえば音楽療法には音だけでなく，振動，リズム，動作も含まれる。演劇には，発声，視覚的影響，およびその他の感覚的側面が含まれる場合がある。ダンス／動作療法には，身体に関するさまざまな感覚が含まれるし，アートセラピーにおいては，さまざまな触覚や運動感覚も経験できるので，イメージのみに限定されることはない。ビジュアルアートの経験には，体の細かい動きや大きな動き，アートの各媒体のさまざまな匂い，流動性，粘着性，湿り気，硬さ，柔らかさ，抵抗といった触覚が含まれるだろう。

　「身体性」は，アートの感覚的な経験を記述するための一つの用語である。それは潜在的な経験に似ているが，「身体性」は身体内部の経験の特定の感覚を指す。それは人間の状態の中心であり，近年心理療法の中で広く受け入れられているパラダイムとなっている。もともと Gendlin（1996）は，身体的な感覚を，「フェルトセンス」を通して自分の内面世界を知る方法であると認識していた。今日，ダンス／動作療法や表現アートセラピー（Rappaport, 2009）を含む創作アートセラピーでは，アートを通じたコミュニケーションの中核的な形態として，身体性が評価されている。この考えは，アート表現による身体化されたコミュニケーションが，感情，知覚，思考に密接に関連する主要な言語を構成するという原則に基づいている。それは「人間としての私たちのあり方を反映している」（Halprin, 2002, p. 17）のである。

　外受容と内受容というブレインワイズの概念は，創作アートセラピーの中で身体化を通して知ることにおいて特に重要である。「外受容感覚」には，従来の五感（視覚，聴覚，

触覚，嗅覚，味覚）と，痛みや温度差といった外部刺激などの経験についての一般的な知覚が含まれる。要するに，これらの感覚は環境の様相を特定するのに役立つものである。たとえば，危機に瀕している人にとって，「外受容感覚」は状況や環境が安全であると認識できるかどうかを決定するだろう。外受容の経験は，創作アートセラピーのすべての実践を通して見出される。というのも，いずれの媒体であっても多感覚的で外的な性質を有するからである。

　対照的に，「内受容感覚」は，「固有受容感覚」（位置，空間，および向きの感覚）とともに，内部の身体感覚（脈拍，呼吸，痛み）の知覚である。内受容性の感覚は，多迷走神経系内で経験される内的気分または「直感」，あるいは一般的な「フェルトセンス」（Gendlin, 1996; Rappaport, 2009）といった，あまり具体的ではないが識別可能な知覚に関連している（Gray & Porges, 2017; Porges, 2011）。アートには，それ自体に内受容的な瞬間が含まれている。たとえば，特にパワフルな音楽を聴いたり，ダンスパフォーマンスやアート作品を見たりしたときに，しばしば「感動している」と言うが，これは言葉では言い表せない内面的な感覚である。したがって，身体化は，特にそれぞれのアートに基づく探究に適した知覚，そして外受容感覚および内受容感覚を通して探索する際に，もう一つの論点となる。

右脳から右脳を経て知ること

　創作アートセラピーにおけるアートに基づく探究について話すとき，我々はアートに基づく方法について話しているだけでなく，アートセラピーの関連要素がアートの言語を通して人と実践者の間でどのように現れるかを定義しようとしている。私が「右脳から右脳へ」という言葉を使うとき，私は創作アートセラピーのセラピスト自身が変化の担い手として，アートを通して起こす独自のダイナミクスのことを指している。アートのプロセスは脳全体の経験であるが，右脳が優位である。同様に，信頼，つながり，安全を含む基本的な対人関係などの，特に人生の早い段階で形成されたものは，右脳を媒介した相互交流なのである（Schore, 2003）。

　心理的トラウマの経験は，右脳コミュニケーションの一例である。トラウマが脳と身体に与える影響は複雑だが，高度にみなぎった感情経験が，脳の大脳辺縁系と右半球において符号化されるという知見は広く受け入れられている（van der Kolk, 2014）。右脳は，音，匂い，触覚的および視覚的な経験の記憶を，これらの記憶を呼び起こす感情とともに保持する。したがって，この右脳の優位性に対処する介入方法を開発することは，トラウマ記憶の発現と処理の両方において重要な要素であり，これは成功した介入の一部であると考えられている（Steele & Malchiodi, 2011）。同様に，子ども時代のトラウマは，右脳と左脳の統合に影響を与えるため，アート表現や遊び，その他の身体に基づく治療法といった，感覚ベースの介入が効果的と考えられている。なぜならそれらの介入では，処理において左脳言語の使用に厳密に依存しないからである。

　トラウマでも，特に愛着の問題を扱う場合，セラピストは潜在記憶と経験に取り組むことが重要であると強調するために，しばしば「右脳から右脳へ」というフレーズを使

100　　第Ⅰ部　アートベース・リサーチの分野

用する（Badenoch, 2008; Siegel, 2012）。また Siegel は，脳の左半球が成長するためには言語への曝露が必要であるのと同様に，右半球の適切な発達のためには感情的な刺激が必要であるとも述べている。彼は，右脳のアウトプットは，感情や出来事を記述するために絵を描いたり視覚的なイメージを用いたりするなど，「非言語的な方法」で表現されると述べている。Perry（2014）は，動作，音楽，遊びに基づく介入などで反復的な対人関係を経験する際の「右脳から右脳へ」の重要性に共鳴して，特に安全な愛着の確立において生涯にわたる発達に肯定的な影響があると強調している。要するに，「右脳から右脳へ」は，補償の源となる援助関係における非常にすぐれた力なのである。創作アートセラピーのセラピストの，自身のアートに基づく問いとしてふさわしいのは，困っているクライエントがアートによる自己表現を通して道を探るのを援助するセラピストと，援助を求めるクライエントとの間の「創造的な関係」がもつ強力なダイナミクスに関するものなのだ。

ABR の連続体を利用する

　創作アートセラピーは歴史的に，精神分析的アプローチ，人間性アプローチ，認知的アプローチ，発達的アプローチを含む，さまざまな心理療法へのアプローチを融合してきた。しかしこの中で，特にアート自体の性質を中核的なアプローチとして重視した概念枠組みを提示する一つのモデルがある。それが表現セラピー連続体（ETC）である（Kagin & Lusebrink, 1978; Lusebrink, 2010）。Lusebrink（1990, 2010）は，情報処理と実行機能，感覚運動発達，心理社会的行動，自己心理学に関する彼女の初期概念を基礎として，ETC を発展させたキーパーソンの一人である。

　ETC は，主にアートセラピーの応用に焦点を当てて書かれているが，ETC は治療戦略を概念化するだけでなく，ABR の方法論のもう一つの理解枠組みとして役立つ可能性があるため，私はより広く ETC を定義する。この意味で，この枠組みはより正確には「表現アートセラピーの連続体」と呼ばれうるものであろう。なぜならそれは，すべてのアートが探索にどのように情報を与えうるかを最もよく表しているからである。連続体は，芸術的努力の経験について単純なものからより複雑なものまで 4 つのレベルを提案する。それは(1)運動的／感覚的（行動），(2)知覚的／感情的（形態），(3)認知的／象徴的（スキーマ），(4)創造的である。これらは ETC のどのレベルでも起こりうるし，すべてのレベルの機能が統合することもある（Hinz, 2009; Lusebrink, 1990）。以下の要約は，ETC レベルの非常に基本的な概要を示している（Malchiodi, 2012 からの要約）。

　*運動感覚／感覚レベル*は，探索的な方法でアートと相互作用することと定義される。運動感覚的な反応は，動きや運動によって特徴づけられる。たとえば，自発的な動き，ドラムをたたくこと，落書きなどは，運動学的な性質があると定義できる。このタイプの表現は，自由形式であったり，混沌として無秩序であったりする。感覚的な反応とは単に，アートの形式を体験する際に感覚を用いることを意味する。粘土を使った体験は感覚レベルの一例である。しかしながら，感覚的な体験には触覚だけでなく，視覚，聴

覚，嗅覚，味覚も含まれる。また，平衡感覚（バランス）や固有受容感覚（環境の中で自分の身体を認識すること）も感覚の側面であり，たとえばダンスや動作に含まれている。運動経験においても感覚経験においても，そこで生み出されたものの詳細情報よりも，表現アートやイメージを使った遊びといった実際の行動経験が重視される。

　知覚／感情レベルは，知覚したことを表現し，感情を伝えるために，1つ以上のアートの形式に関与することと定義される。知覚的側面は，絵の具や画材を使って線や色を描くなど，形やパターンを作ることに関係する。感情の反応には情緒的な性質が含まれる。感情レベルの表現の例としては，ドラムや動作，音などを用いて，怒りや喜び，幸せや心配といった感情状態を伝えることが含まれる。このレベルでは，個人は自己を観察し，自分自身の経験をアートの形式で振り返ることができる。

　認知／象徴レベルとは，問題解決，構造化，場合によっては意味探求のためにアートの形を使用することと定義される。たとえばある人は，潜在的・直感的な意思決定と組み合わせたアート制作の過程で，分析的・論理的・連続的なスキルを使用することができる。このような経験は，個人的な意味を探求するアートの反応につながるかもしれない。ETC の認知／象徴レベルにある人は，イメージやその他の創作活動の中に自然に意味を見出すことができる。

　創造的レベルは，それまでのどのレベルでも起こりうるし，ETC の他のすべてのレベルを統合して個人的な表現となりうる。この枠組みの創始者によれば，後者の場合，これ以前のすべてのレベル（運動感覚／感覚，知覚／感情，認知／象徴）がアートの形式において出現するとされている（Hinz, 2009; Lusebrink, 1990）。すべての個人やアートの形式が必ずしもこのレベルに達しているわけではないが，創造性の形態は ETC の他の3つのレベルで経験されているかもしれない。たとえば，自発的な運動を通じて創造性を体験することもできるが，その体験は連続体の中ではより運動的なものとして定義されることになるだろう。「創造的」という言葉は，個人の世界観や文化によってそれぞれ意味が異なるので，トラウマからの回復という観点からは，このレベルを統合の経験や意味づけを行う場として捉え直すことが可能である。

　あと2つ，ETC の重要な構成要素である用語があるが，それらは ABR に寄与する可能性がある。定義によれば，ETC の各構成要素には「癒やしの機能」が存在する（Kagin & Lusebrink, 1978）。Lusebrink（1990）は，この癒やしの機能は「そのレベルにおける個人内の機能の最適化を意味する」（p. 395）と述べている。これは基本的には，それぞれのレベルについて治療的であること，あるいは，治療的介入において，自己調整，行動変容，および／または洞察を促すのに役立つことでもある。「癒やし」という言葉は，実に曖昧で漠然としているため，私は「修復機能」という言葉を使いたいと思う。というのもこの言葉は，機能のさまざまな領域（たとえば，感情，社会，認知，身体，スピリチュアル）にポジティブな変化をもたらす可能性を示唆するからである。さらに，Kagin と Lusebrink（1978）によれば，治療者は各構成要素の創発的機能を活用して，ETC 内のあるレベルから別のレベルへと移行を促し，治療目標や目的に到達することが可能である。

　最後に，ETC の概念化の中で強調されているのが「媒体の諸特性」であるが，これ

はこの枠組みの提唱者らが述べた，ビジュアルアートの材料のさまざまな特性である。しかしながら，創作アートセラピーにおいてこの枠組みを使用する場合，これらの諸特性はビジュアルアートのみならず，音楽，音，動作，ダンス，劇的な演技，小道具，おもちゃ，物語，および執筆の特徴を説明するためにも広く用いられている。しかしほとんどの場合，表現アートは動き，感覚，感情，形，認知，そして／または象徴など，複数の側面を同時に利用する。

創作アートセラピーの探究における練習

　私は，子どもや大人にセラピーを行うとき，セラピーでの創作・表現アートは，「自分自身が探偵になって答えを探すような研究」のようなものだとよく説明する。言い換えると，単に言葉を交わしたり患者アンケートに答えたりして，理解を深めたり幸福を高めたりするのではなく，アートを用いて答えを見つけ，解決策を共に創造していくのである。その意味で，アートセラピーを治療や修復の形態として実用化することは，ABR の中核部分とさほど変わらないのである。

　創作アートセラピーにおけるアートの探究を理解するために，以下の手順で創作アート活動を体験してほしい。これは，セラピーへの導入の際に私が用いる手順で，ETC の 3 つのレベルをそれぞれ体験するための基本的な方法でもある。この 3 つの体験には，画材（色鉛筆，フェルトペン，オイルパステル），白い紙（コピー用紙が適当であるが，スケッチブックの白い紙でも可），体の輪郭を写したもの（**図 5.4** のようなもので，ウェブ検索で入手可能），ペンと短い話を書き込むためのメモ帳が必要である。これらの 3 つの活動は，必ず提示された順番で行い，すべてのアートの探究と同様に，正しい反応も間違った反応もないということを忘れないようにする。

1. 今あなたが抱えている「心配事」を思い浮かべる。大きな心配事ではなく，あなたの目標や心の平穏を妨げていると感じる何かでよい。色鉛筆，フェルトペン，オイルパステルなどを用いて，その心配事について感覚的（潜在的）な体験を表すように，紙に色や線，形などで「印をつける」だけで，その心配事のイメージを描く。

2. 次に，「あなたの体のどこでこの心配事を感じているか」を考える。目を閉じるのが心地よければ目を閉じながら，頭から足まであなたの体をスキャンする。この心配事を体のどこで感情的に，あるいは直感的に感じているかに注意を払う。あなたはそれを体の一部分で感じるかもしれないし，いくつかの部分で感じるかもしれない。あるいはあなたの体の境界を越えた外側にまで広がっていると感じるかもしれない。体の輪郭を使うか，あるいは単に自分の輪郭を描いて（「人の形の像」を思い浮かべてほしい），色，線，形，あるいは印をつけて，体のどこで心配事を感じ，それが「どんな感じ」なのかを表現してみる。

3. この体験の最後に，短い文章を書く練習に取り組む。次の質問について考えてみてほしい。「もしあなたの心配事がものを言えるとしたら，どんなことを言うだろ

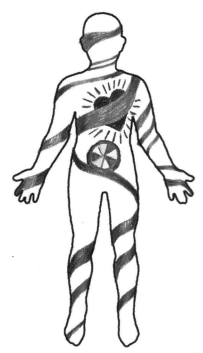

図 5.4 身体において感じられた（身体化された）感覚の例
Cathy A. Malchiodi 提供。Copyright © 2015

うか」。少なくとも 5 ～ 6 文の完全な文章を書いて，あなたの心配事が何と言うかを短い物語にする。もしそれが適切であれば，心配事に名前をつけてもよいだろう。この最後の文章化のパートは任意であり，潜在的な，あるいは身体的なアートの形式を通して探究することも可能である。たとえば，絵を描くときの動きやリズムの経験は，ダンスや音や音楽で表現することが可能である。子どもの場合，物語には人形やおもちゃを使って創造的に演じることも含まれ，表現や解釈の源となる想像力が引き出せるかもしれない。

　最初の指示は，主に感覚的・運動的に「心配事」を体験し，印をつけて描写することを求めるだけである。実際に形やイメージにすることによって，感情（情緒）の状態を描写したことがあるかもしれないが，これはほとんど感覚的・運動的な活動である。2つ目の指示は，心配事を身体のどこでどのように体験（身体化）しているかの知覚を求めるが，これはもう少し知覚と感情に焦点を絞った体験である。最後の指示は，心配事について考え（認知），それを言葉で表現するよう求めるものである。この時点で，象徴的な側面も経験しているかもしれない。それぞれの活動は ETC の複数の構成要素を含んでいるが，それぞれが概念的枠組みのレベルを強調している。

　この体験をアートに基づく探究に戻すために，3 つの体験から何を学んだかを考えてみる。そのための一つの方法は，さらに追加して「アートに基づく」反応を用いることである。たとえば，心配事を和らげるのに，心配事の絵に何か（印，線，形，色，記号）

を付け加えるとしたら，それはどのようなものだろうか。おそらく，音，音楽，動きなどのアートの形であり，いずれもがアートに基づく反応の候補となる。体の輪郭に対して，あなたはどのようなタイプの視覚的またはその他のアートに基づく反応をするだろうか。心配事について物語を書くとすれば，短いドラマティックなパフォーマンスを通して，心配事という観点からどのような物語が演じられるだろうか。これらは想定される質問のほんの一部であり，プロセスと成果を吟味し，意味の形成を議論するために探求しようとする，さまざまなアートに基づく探究の入り口にすぎない。

創作アートセラピーとアートに基づく橋渡し研究

　前節で紹介した短いアート体験のように，ABRと創作アートセラピーから得られたデータの多くは，個々の実践家が自分自身のプロセスと成果について探究することを通して生まれたものである。これらの報告は，個人のレベルにとどまらず，蓄積されていくことにも価値がある。医学的な状態を記録し理解するためにアートを使用した私の経験は，個人による，アートに基づいて知る多くの方法の中の一つの例であり，探求の方向性によっては，このときだけに限らず，さらなる応用へとつながる可能性がある。このさらなる応用は，個人，グループ，コミュニティの健康とウェルビーイングに恩恵をもたらし，人間中心のサービスとしての創作アートセラピーの基本的知識を深める可能性を秘めている。

　「橋渡し研究（translational research）」という言葉は比較的新しい概念であり，一般的には，研究成果が人間の健康やウェルビーイングを向上させる方法の定義として用いられている（Woolf, 2008）。たとえば医学の分野においては，基礎研究から蓄積されたデータが医療行為に「翻訳（translate）」され，最終的に有意義で明確な健康上の成果をもたらすことを目的としている。これは「研究室からベッドサイドへ」「ベッドサイドからコミュニティへ」という研究および応用から得られた，知識の移動プロセスである。アートの場合，研究室は工房であるが，創作アートセラピーのセラピストがアートに基づく介入や経験を提供するあらゆる空間がそれに該当する。創作アートセラピーの参加者から，アートに基づく研究（あるいはあらゆる種類の探究）の知識が得られるにつれて，その知識はそれを必要とする人々のコミュニティにより広く適用するためのより大きな基盤となり，それが癒やしのエージェントとしてのアートの現象を理解するための，最新で最善の実践・進歩へと翻訳される。

　創作アートセラピーにおけるABRでは，この「翻訳」には，アートに基づく探究を，その価値と意味が最もよく明らかになり理解される方法で文脈化することが含まれる。簡単な例を考えてみよう。乳癌サバイバーのための長期的なアートセラピー支援グループが参加者からアート作品を集める。それらのアート作品は，癌，医学治療，医師と患者のやりとり，入院生活など，参加者のさまざまな経験についての，潜在的に力強い声明となっている。これらの作品を集めて最終的にアート展示会が企画され，アートセラピスト，ソーシャルワーカー，医師，看護師，病院管理者が参加する。その目的はアー

トセラピーの与えた影響のみならず，医療従事者や病院サービスとの相互作用に対する患者の認識を調査・確認することでもある。患者の体験に関するデータはアンケートやインタビューから得ることができるが，この展示会では，一般的な順位づけやナラティブにはない，癌サバイバーの潜在的体験に関する情報を得ることができる。要約すると，作品（研究室）は，医療従事者や管理者が利用できる知識（ベッドサイド）を提示し，最終的には，患者集団に対するアートセラピーの大規模な応用（コミュニティ）のみならず，乳癌患者の心理社会的ケア全般の改善にもつなげることができるのである。

おわりに

創作アートセラピーにおける ABR の課題は，マクニフ（McNiff, 2014, p. 94）が次のように明確に述べている。「アートに基づく研究分野は，直接伝えられるアートの能力をどの程度許容し，それを支えるかを検討しなければならない」。本章に関する既存文献のレビューからは，この課題が克服されると期待できる。たとえば，専門家や学生の間で，創作アートセラピーにおける ABR への関心・利用は，共にめざましく増加している。この一部はマクニフやリーヴィー（Leavy, 2015）などの個人の著作によるものであり，その集合的なビジョンは，アートに基づく次世代の研究者が出現する基盤を提供している。また，「知ること」に関するアートのユニークな貢献は，工房，稽古場，ギャラリーの外でも十分に認識されていると思う。アートにおいて「知ること」は潜在的で身体的であり，これはアートの表現の根底をなしているが，創作アートセラピーのセラピストたちが検証を求めてきた，科学的志向をもつ同僚のコミュニティによって認められ，評価されているのである。

最後に，ABR の現状で新鮮なのは，学際的で混合的な方法によるデザインだけでなく，可能な研究に対して一見して広く制限のないフィールドがあることである。創作アートセラピーは，比較的新しいフロンティアの先端にあり，制約がなく，複数の視点を引き出す可能性に満ちている。標準化・制度化されていない多種多様な手法やアプローチには，ABR の研究者の間で，斬新な思考や想像力に富んだ解決策を生み出す可能性がある。この対話は始まったばかりであるが，創作アートや創作アートセラピーのセラピストがどのようにして，そしてなぜ癒やしの担い手となるのかについての，より深い理解につながると私は確信している。

＊訳注
1. E. T. Gendlin の「体験過程理論」における概念で，ある特定の問題や状況について，身体に感じられる漠然とした意味の感覚を指す。

文献

Atkins, S. (2002). *Expressive art therapy*. Boone, NC: Parkway.

Badenoch, B. (2008). *Becoming a brain-wise therapist: A practical guide to interpersonal neurobiology*. New York: Norton.

Dileo, C. M. (2013). A proposed model for identifying practices: A content analysis of the first 4 years of Music and Medicine. *Music and Medicine, 5*(2), 110–118.

Edwards, J. (2015). Getting messy: Playing, and engaging the creative, within research inquiry. *Journal of Music Therapy, 52*(4), 437–440.

Estrella, K. (2006). Expressive therapy: An integrated arts approach. In C. A. Malchiodi (Ed.), *Expressive therapies* (pp. 183–209). New York: Guilford Press.

Freud, S. (1913). *The interpretation of dreams*. New York: Macmillan.［フロイト，S., 高橋義孝（訳）(1969). 夢判断（上・下） 新潮社］

Gendlin, E. T. (1996). *Focusing-oriented psychotherapy*. New York: Guilford Press.［ジェンドリン，E. T., 村瀬孝雄・池見陽・日笠摩子（監訳）(1998/1999). フォーカシング指向心理療法（上・下） 金剛出版］

Gilbertson, S. (2015). In visible hands: The matter and making of music therapy. *Journal of Music Therapy, 52*(4), 487–514.

Gladding, S. (2014). *The creative arts in counseling* (4th ed.). Alexandria, VA: American Counseling Association.

Gray, A. E. L., & Porges, S. W. (2017). Polyvagal-informed dance/movement therapy with children who shut down. In C. A. Malchiodi & D. A. Crenshaw (Eds.), *What to do when children clam up in psychotherapy: Interventions to facilitate communication* (pp. 102–136). New York: Guilford Press.

Halprin, D. (2002). *Expressive body in life, art, and therapy: Working with movement*. London: Jessica Kingsley.

Hervey, L. W. (2000). *Artistic inquiry in dance/movement therapy*. Springfield, IL: Charles C Thomas.

Hinz, L. (2009). *Expressive therapies continuum: A framework for using art in therapy*. New York: Routledge.

Homeyer, L., & Sweeney, D. (2005). *The handbook of group play therapy*. Hoboken, NJ: Jossey-Bass.

Johnson, D. R. (2009). Commentary: Examining underlying paradigms in the creative arts therapies of trauma. *The Arts in Psychotherapy, 36*(2), 114–120.

Jung, C. G. (2009). *The red book* (S. Shamdasani, Ed.). New York: Norton.［ユング，C. G., シャムダサーニ，S.（編）, 河合俊雄（監訳）(2010). 赤の書――THE RED BOOK 創元社］

Kagin, S., & Lusebrink, V. (1978). The expressive therapies continuum. *The Arts in Psychotherapy, 5*, 171–180.

Klorer, P. G. (2014). My story, your story, our stories: A community art-based research project. *Art Therapy, 31*(4), 146–154.

Knill, P., Barba, H., & Fuchs, M. (2004). *Principles and practices of expressive arts therapy*. London: Jessica Kingsley.

Leavy, P. (2015). *Method meets art: Art-based research practice* (2nd ed.). New York: Guilford Press.

Ledger, A., & Edwards, J. (2011). Arts-based research practices in music therapy research: Existing and potential developments. *The Arts in Psychotherapy, 38*(4), 312–317.

Ledger, A., & McCaffrey, T. (2015). Performative, arts-based, or arts-informed?: Reflections on the development of arts-based research in music therapy. *Journal of Music Therapy, 52*(4), 441–456.

Lusebrink, V. (1990). *Imagery and visual expression in therapy*. New York: Plenum Press.

Lusebrink, V. (2010). Assessment and therapeutic application of the expressive therapies continuum: Implications for brain structures and functions. *Art Therapy, 27*(4), 168–177.

Malchiodi, C. A. (1998). *Understanding children's drawings*. New York: Guilford Press.［マルキオディ，C. A., 小林芳郎（訳）(2014). 子どもの描画からわかること 田研出版］

Malchiodi, C. A. (2003). Art therapy and the brain. In C. A. Malchiodi (Ed.), *Handbook of art therapy* (pp. 17–26). New York: Guilford Press.

Malchiodi, C. A. (2006). Expressive therapies: History, theory and practice. In C. A. Malchiodi (Ed.),

Expressive therapies (pp. 1–15). New York: Guilford Press.

Malchiodi, C. A. (2007). *The art therapy sourcebook*. New York: McGraw-Hill.

Malchiodi, C. A. (2012). Expressive arts therapy and multi-modal approaches. In C. A. Malchiodi (Ed.), *Handbook of art therapy* (2nd ed., pp. 17–26). New York: Guilford Press.

Malchiodi, C. A. (2013). Introduction to art therapy in health care settings. In C. A. Malchiodi (Ed.), *Art therapy and health care* (pp. 1–12). New York: Guilford Press.

Malchiodi, C. A. (2015). Neurobiology, creative interventions and childhood trauma. In C. A. Malchiodi (Ed.), *Creative interventions with traumatized children* (2nd ed., pp. 3–23). New York: Guilford Press.

McCaffrey, T., & Edwards, J. (2015). Meeting art with art: Arts-based methods enhance researcher reflexivity in research with mental health service users. *Journal of Music Therapy, 52*(4), 515–532.

McNiff, S. (1981). *The arts and psychotherapy*. Springfield, IL: Charles C Thomas.［マクニフ，S.，小野京子（訳）（2010）．芸術と心理療法 —— 創造と実演から表現アートセラピーへ　誠信書房］

McNiff, S. (1989). *Depth psychology of art*. Springfield, IL: Charles C Thomas.

McNiff, S. (1998). *Art-based research*. London: Jessica Kingsley.

McNiff, S. (2013). Opportunities and challenges in art-based research. In S. McNiff (Ed.), *Art as research* (pp. 3–10). Chicago: Intellect/University of Chicago Press.

McNiff, S. (2014). Presentations that look and feel like the arts in therapy: Keeping creative tension with psychology. *Australian and New Zealand Journal of Arts Therapy, 9*(1), 89–94.

Mohr, E. (2014). Posttraumatic growth in youth survivors of a disaster: An arts-based research project. *Art Therapy, 31*(4), 155–162.

National Coalition of Creative Arts Therapies Associations. (2016). *About NCCATA*. Retrieved March 25, 2016, from www.nccata.org/#!aboutnccata/czsv.

Ogden, P., & Fisher, J. (2015). *Sensorimotor psychotherapy: Interventions for trauma and attachment*. New York: Norton.

Pennebaker, J. W., & Smyth, J. M. (2016). *Opening up by writing it down: How expressive writing improves health and eases emotional pain*. New York: Guilford Press.

Perry, B. (2014). Foreword. In C. A. Malchiodi (Ed.), *Creative interventions with traumatized children* (pp. ix–xi). New York: Guilford Press.

Porges, S. (2011). *The polyvagal theory*. New York: Norton.

Rappaport, L. (2009). *Focusing-oriented art therapy*. London: Jessica Kingsley.［ラパポート，L.，池見陽・三宅麻希（監訳）（2009）．フォーカシング指向アートセラピー —— からだの知恵と創造性が出会うとき　誠信書房］

Schore, A. N. (2003). *Affect regulation and the repair of the self*. New York: Norton.

Shannon-Baker, P. (2015). "But I wanted to appear happy": How using arts-informed and mixed methods approaches complicate qualitatively driven research on culture shock. *International Journal of Qualitative Methods, 14*(2), 34–52.

Siegel, D. (2012). *The developing mind: How relationships and the brain interact to shape who we are* (2nd ed.). New York: Guilford Press.

Steele, W., & Malchiodi, C. (2011). *Trauma-informed practice with children and adolescents*. New York: Routledge.

van der Kolk, B. (2014). *The body keeps the score*. New York: Viking.［ヴァン・デア・コーク，B.　柴田裕之（訳）（2016）．身体はトラウマを記録する —— 脳・心・体のつながりと回復のための手法　紀伊國屋書店］

Warson, E. (2013). Healing across cultures: Art therapy with American Indian and Alaska Native cancer survivors. In C. A. Malchiodi (Ed.), *Art therapy and health care* (pp. 162–182). New York: Guilford Press.

Watkins, M. (2004). *Waking dreams*. Dallas, TX: Spring.

Wheeler, B. L. (Ed.). (2015). *Music therapy handbook*. New York: Guilford Press.

Woolf, S. H. (2008). The meaning of translational research and why it matters. *Journal of the American Medical Association, 299*(2), 211–213.

第6章

創造性と想像力
世界制作としての研究！

●セリヤンヌ・カメルゴ＝ボルヘス（Celiane Camargo-Borges）
訳：小松佳代子

　アートベース・リサーチ（ABR）についてのこの画期的な本に参加できて光栄である。本章では探究における創造性と想像力について私が経験してきたことを示し，私が研究をいかに創造的で想像力に富んだ営みであると見て取り組んできたかを伝えようと思う。

　研究を始めたときから，私は常に，コミュニティや組織の発展における相互作用や人間関係といった，複雑で動的で予測不可能な主題に取り組んできた。その際，特に成長や変容を重視した。この文脈において，研究に関する従来のアプローチ，あるいは Woolgar（1996）が「標準的科学観（RVS）」と呼ぶものと格闘してきた。RVS は，私たちが研究について伝統的に学ぶものであり，中立的で客観的で反復可能なものである。それは，世界が「客観的な」システムや実践を通して発見し，理解し，知ることができる独立した実体によってつくり上げられていると断定する。McNamee（2010）によれば，こうした前提は，翻って，研究における因果関係につながる。それは，「もし……なら，そうすると」といったかたちで，たいてい歴史，文化，文脈を考慮せず，現実の線状的な見方を受け容れるような研究である。

　特定の文脈において人々や人間関係について研究する際には，ローカルな知や，声の多様性，動的な変容といったものに焦点を当てる考察方法が取り入れられる。したがって，RVS という研究へのアプローチと，予測やコントロールに向かいがちなその特性は問い直される。私には次のような疑問が生じる。私の対象とするコミュニティが何を求め／必要としているかを知らずに，研究のプロポーザルをどうやって書けるというのか。私が自らの研究に関して何らかの考えや希望を持っているのなら，私はどうやって中立的でありうるというのか。私が研究のために定式化するあらゆる問いは，私の専門性や経験，私が受け容れている理論から生じる何かしらを前提とするならば，私はどうやって客観的でいられるというのか。個々の集団が固有の歴史や文化を持っているのなら，私が見出したことは反復可能だということがありうるのか，といった疑問である。

　研究を始めてかなり早い段階で，私は一つの疑問に焦点を当てるようになった。すなわち，どうやれば，研究について厳密さや質や妥当性を提示して学問的認証を得つつ，

同時に，人々，コミュニティ，都市，社会的変容を含み込む有機的な研究を展開できるだろうか，という疑問である。

　古典的な研究アプローチには2つの対極的な選択肢がある。質的に対して量的，あるいは学問的研究に対して応用的研究である。アプローチ間のこの二項対立的区別において，量的方法と質的方法を区分する相当数の文献がある。一般的に，量的アプローチは，ハードな科学〔自然科学〕と結びついている。そこでは測定，反復，予測，そして統制が価値づけられている。一方，質的な研究は，測定や数字よりむしろ主観的な側面，意味生成，言葉に焦点を当てるがゆえに，ソフトな科学と同一視される。しかし，このように誇張された区別は，科学の支配的な見方（RVS）を維持し，そこではハードな科学（普遍的な知）が，質的アプローチ（しばしば「ソフト」で「ふわふわしている」と思われている）と区別されるのである。

　もう一つのよくある二項対立は，学問的研究と応用的研究の区別である。ここでは，学問的研究に高い地位が与えられ，「科学とは実際に何であるか」という問いに接続している。それは，数字，無作為的研究，そしてエビデンスに基づくアプローチを含む。一方，応用的研究は実践に焦点を当てるためにそれほど厳密ではないと思われている。結局は真の科学者によってではなく実践家によってなされるために，異なる基準で研究が行われていると思われているのである。

　研究の世界はいまやそうした二項対立的な区分から変化しているので，これは時代遅れの批判だと思われるかもしれない。私は前述した研究の対立には与しないが，私の研究環境において，とりわけ教育の場で同僚や学生の間にそうした区分けがあることをいまだに経験している。研究者として私たちはしばしば，さまざまな立場から提供される研究基金を前にする。それらのすべてにおいて，RVS の用語が用いられ，仮説，方法，予測される結果をあらかじめ特定することが求められる。また，研究についての授業の場で，学生たちが，研究や科学を普遍化する議論から離れることに困難を感じているのを目の当たりにする。応用科学の大学（オランダには職業的な大学と学問的な大学の区分がある）で働く私と同僚は，私たちや学生たちが展開している研究は学問的なのか，応用的なのかという質問をしばしば受ける。

　この間，こうした区分をもって研究し，こうした区分化を超える言葉を見出そうと奮闘してきた。そして，科学や知の生産，研究に関する議論の方法といった私の全アプローチを変えるマジックワードを学んだ。それは認識論というワードである。

認識論 —— 私たちの知の理解を拡張する

　「認識論」は，知の研究と呼ばれるもので，「私たちが知っていることを私たちはどうやって知るか」という問いについて考える。とはいえ，その問いにはさまざまな答えがある。ある人にとっては，知は発見されるものであるが，他の人にとってそれは構築されるものである。Thomas Kuhn（トーマス・クーン，1970）は，科学におけるパラダイムについて語った最初の学者である。彼は真理に向かって進歩するという科学的概念を問

題視して，世界についての私たちのあらゆる主張は，何が存在し，存在するものがどう機能し評価されうるか，そして科学的な研究がどう進むべきかに関する一連の前提の中に埋め込まれていると述べている。したがって，最も客観的で中立的な問いであっても，あるパラダイム，すなわち世界に関する特定の枠組みの中で生じているのである。Kuhn によれば，科学的知は，世界の本質に関して人々の間で協議し合意に至ったことの副産物なのである。

しかし，科学における古典的なパラダイム，すなわち科学的知の合理的な基盤においては，事実や法則といった現実は，正しい方法論を用いれば実証できるとされている（Shawver, 2005）。このパラダイムの中心には，実証的な世界の記述は，イデオロギー的，社会的，政治的な基盤を持たないという見方がある。このアプローチにおける認識論は実証主義者によるものであり，知の生産とは，現実に対する仮説の検証であると説明される（Heron & Reason, 1997）。それは現実を*発見*することに関わる。

この古典的なパラダイムは，Kuhn（1970）が，知とは科学共同体において協議され合意に至ったことの副産物であるという考えを取り入れたことで問い直された。今では，実証主義者の認識論は，協議された*一つ*の知の理解の仕方であって，知の理解そのものとはみなされていない。相対主義的パラダイムは実証主義的認識論を問い直している。相対主義的パラダイムは，科学的知を，歴史的・社会的・文化的プロセスの副産物と見る（Shawver, 2005）。この考え方では，私たちは科学を社会実践だと考えるようになる。そうなると，知の生産という概念について，また何が真理で，客観性や妥当性があるものだと捉えられるのかについても変容が生じる。ここでの認識論的アプローチは，経験的，提案的，共創的なものである。研究について語るときに，こうした認識論的区別を用いれば，人が受け容れているアプローチを明確にでき，研究デザインを正当化できる。それぞれの認識論的な方向づけは，研究の質や妥当性を価値づけ評価する際のさまざまな規準となる。

相対的パラダイムに戻って，私たちは次のように問わなければならない。経験に基づき，提案的で，共創的なこの認識論的アプローチは，研究においてどのように生じ発展してきたのかと。

20 世紀を通じて，科学においては批判的な運動が展開されてきた。この運動は，科学の認識論的説明に光を当てるものである。この批判的運動は，歴史における非常に重要な契機であるカウンターカルチャーの運動において生じた。この運動は，私たちが当たり前だと思っている社会秩序のあらゆる形式をかなりの程度問い直すものであった。フェミニスト運動，ブラックパワー運動，ゲイの運動などがあった。そして，社会科学内部では，批判理論，フェミニスト理論，ポストコロニアル理論などが発展し，それらはすべて非常に革新的なアプローチをとっている（Gergen, 1994）。

この運動は，知の概念に（認識論という概念を前面に出して）大きな転換をもたらした。それ以前は，知の概念は（特に科学において）普遍的で所与のものだと見られていた。この転換によって，科学や社会に関する客観的で中立的だとされる言説には，イデオロギー的・社会的・政治的側面があることが明らかになった。知の生産について新たな観念や理論がこうした運動から生じ，知がどのように生み出され，現実がどのように考察

されるかについて批判的な見方をもたらした。

　知／科学の普遍性や中立性を問い直すのに役立ってきた3つの主要な批判は，述べておくに値する。すなわちイデオロギー的，文学修辞学的，そして社会的な批判である（Gergen, 1994）。

　イデオロギー的批判は，真理や理性に関する主張の背後にある評価上のバイアスを明らかにしようとする。それによって，科学がイデオロギー的に構築されているプロセスを示す。この批判に携わる研究者は，科学や社会を客観的で中立的なものとする従来の説明に内在する，イデオロギー的・道徳的・政治的目的を明らかにした。今日では，あらゆる科学的な主張にはイデオロギー的バイアスがかかっていることを私たちは認めることができる。中立的だと主張することの背後に，個人的／職業的／集団的利害，経済的目的，そして道徳的・イデオロギー的価値観があると，イデオロギー的批判は指摘している。

　文学修辞学的批判は，私たちが知を構造化する方法，ひいては世界を理解する方法は言語的プロセスの副産物であると主張する。ここでは，記述は出来事自体の性質によってではなく，言葉の上での慣習によって決められるということを示そうとした。理論家は，自分自身の理論から世界を見ているという点で，世界についていかに語り書くかについて制約されている。世界に関する観察と発言は，確立された知という背景があるから一貫性を持つにすぎない。したがって，書き言葉を超える知というものはない。あるいは別の言い方をすれば，世界についての説明は，使える言語に制限されているということである。この種の批判は，言語の重要性が現実を表象することにあるのではなく，現実を創造することにあることを強調する。言語の外側に知はないのである。

　ここまで述べてきた批判が強調しているのは，普遍的で一般的な法則，主題の正確な記述，そしてそうした主題についての正しい主張といった，科学者が求めるあらゆることは，すべて言語に埋め込まれており，言語は場所や文化と関わる集合的な創造物であるということである（Gergen & Gergen, 2000）。

　科学者たちは理論というレンズを通して世界を見ており，彼らの理論には，仮説，方法論，分析，結果など，適切に世界を記述する方法を示すルールがある。それゆえ，特定の理論に従って研究のプロセスに関わるときはいつでも，妥当性，つまりは真理に到達することになる。文学修辞的批判の核は，科学は修辞的なものであり，科学は一つの言説あるいは一つの語り方であるということにある。それは絶対的な真理ではない。個々の言説は，自らのルールをともなった特定のコミュニティに属している。

　3つめの批判は，科学的思考の社会的生成を示している。こうした批判を行う著者たちは，さまざまな考えがつくられる文化的背景や，そうした考えが逆に科学的・文化的実践を形づくる方法を指摘する。この批判は，私たちが知を構築する際の細かなプロセスを明らかにする。言い換えれば，科学者は「事実」を創造しているのである。これら3つの批判という文脈が与えられることで，研究者の新たな潮流や，知の構築を強調する新たな理論を生じさせる運動が出てきたのである。その運動はポストモダニズム，ポスト構造主義，リキッド・モダニティなどといった多くの名称を持つ。こうした研究者に共通するのは，理論を現実の表象と見るような高次のナラティブを簡単に信じないこ

とである。理論を高次のナラティブと見ると，理論は説明的地図と理解されてしまう。その地図は，世界とはどのようなものであるかを示す定型的手法の情報を与え，予想し提示する。ポストモダン・アプローチにおける理論は，世界地図としてではなく，世界を理解して構築する枠組みとして捉えられるのである。

　この運動は，知の社会的構築に光を当てる。それは，知を生み出す個々のアプローチには文脈があり，それぞれに固有のモデル，概念，問いがあることをはっきりさせる。これは，私たちが「認識論的課題」として述べていることである。理論は，私たちが知っていることをいかに私たちが知ることができるのか（それもまた，認識論に関することである）を考える際のパラメーターとなるのである。

　私たちが住む世界を構築する枠組みとして理論を見るような，斬新な態度をとるのであれば，私たちは1つの理論だけに忠実である必要はない。社会変化を生み出す枠組みや資源として理論を利用することによって，研究を豊かにすることができる。そうなれば私たちは，従来の研究と対立することなく，それとは異なる認識論の中心に位置を得て，創造的で想像力あふれる研究アプローチをとることができる。

　研究に対する創造的で想像力あふれるアプローチは，研究を社会実践，集合的行為，探究実践と考える認識論を基盤としている（McNamee & Hosking, 2012）。これは，絶対的な事実を得ようとして中立的で客観的で統制的なスタンスに立って，研究を事実の表象と見ることとはまったく異なる。研究における創造性と想像力は，意味を指し示すよりもむしろ，よりよき未来をつくるために意味を喚起することを重視する（Gergen, 2015b）。

研究の文脈における創造性

　「創造性」とは，通常は一緒にできず少なくとも一緒にすることが考えられない特徴をそのままに保つという意味で，逆説的に見える観念や視点を統合する行為と定義することができる（Montuori, 2006）。創造的探究において研究者は，あれかこれかの論理から遠ざかり，対立や対極について考えるのではなく，直感的で理性的な曖昧さを受け容れつつ，常に幅を持った可能性へと誘導する（Montuori, 2006）。

　伝統的に創造性という概念は，素晴らしいアイデアを持っている個人とその独自性を指すものであった。この理解は，生得的で天与の才能を持った孤高の天才がいるという理論に基づいている。近年の研究は創造性に対する集団的なアプローチを明らかにしている（Catmull, 2008; Montuori, 2011）。このアプローチによれば，人々は創造的思考を共に行い，革新的なアイデアに至るとされる。これはまた「集合的創造性」とも呼ばれて，一個人の精神からというよりも，むしろさまざまな人のアイデアの相互作用から生じてくる革新的な思考を示すものである（Marion, 2011）。研究という文脈における創造性は，想像もできない未来を生み出すことを目指して，所与のもの（データ）を超えて考察し探究するために，好奇心を持ち，ひらかれた心でいられる能力に関わる。それは，研究を創造的プロセスとみなし（Montuori, 2005），「何であるか」に固執するのではなく，何に「なりうるか」ということを生み出すよう自分自身を解放するものである。研究にお

第6章　創造性と想像力　113

ける創造性の中心となるのは，一見関連のないアイデアを解きほぐし，さらなる理解と，最終的には新たな行動を促す可能性のある結びつきへと変えていくことである。

　この創造的な研究アプローチは，普遍的な知や，予測し統制しようとする傾向を問い直し，その代わりに，ローカルな知，さまざまな声や見方，また不断に変容する世界や社会の力学をもっとよく見るよう促す。もし知が関係，文脈，歴史の中で共創されるのであれば，この研究アプローチは，こうした創造のあり方を理解するだけでなく，K・J・ガーゲン（Gergen, 2015b）が「未来形成的研究」と呼ぶものを中心とした，新たな知の形を再創造することにもなる。それは，現実を映すものだと理解されるような伝統的な研究とは異なる。未来形成的研究において目指されるのは，「そこにある」ものを見ることではなく，新たな行為を創造し，社会，組織，コミュニティにオルタナティブな可能性を創出することである。このためには創造性と想像力が鍵となる。

研究における想像力 ── 新たな未来を可能にすること

　想像するということは，既存の承認されている現実を超えて，意味の新たな組み合わせを試してみることである。想像力が解き放たれると，意味作用は自由を獲得し新たな知が立ち上がる。これは，想像力が独創性や自発性，新規性を促進しつつ，意味について流動的で，固定されない見方をするからである。想像力を通して私たちは，以前には考えもつかなかった新たなイメージやシナリオをつくることができ，こうしたイメージやシナリオを想像することで，それらを現実にする機会が生まれる。想像力はまた，アイデアの種となるプロセスを生成する場をつくる。そのアイデアの種は，組み合わせれば新たな可能性をもたらしうる。そうしたプロセスは，すでにあるものだけに焦点を当てるのではなく，新たな形式や形を生み出す。CooperriderとWhitney（2005）によれば，私たちの集合的想像力は，強力な資源を用いて，創造と変化の可能性を促すことができる。多くの参加者があるトピックについて自らの見方やアイデアを声にすると，意味のある経験を創造する可能性は高くなる。

　研究へのいくつかのアプローチは，すでに研究者や参加者の想像力を実現する方向へと向かっている。たとえば，ナラティブアプローチは，解釈，変化，集合的創造性，意味生成，想像力などを促す全体的で発見的な性質に依拠している（Gergen & Gergen, 2010）。Nijs（2015）は，ナラティブアプローチの一形式である「想像を生み出す（imagineering）」デザイン手法を説明する際，彼女が「ナラティブ様式」と呼ぶものと，研究における論理科学的な合理化とを明らかに区別している。著者によれば，科学的合理化は現象を理解するために「客観的な」アプローチを求めるのに対して，ナラティブ様式は，人間の経験や目的について理解しようとする。研究へのナラティブアプローチは，想像を生み出すアプローチと緊密に連携して，客観的真理を用いて説得することに注力するのではなく，想像力を用いて，新たな現実に力を与える魅力的なナラティブに注目し，それを創り出す。「ナラティブ様式で研究をデザインすることで，人々は主観的で未来志向の創造的な方法に携わるようになる」（Nijs, 2015, p. 17）。

114　　第Ⅰ部　アートベース・リサーチの分野

研究における想像力は，新たな知性を提示し，創造的に新たな現実を構築するものである。研究に想像力が含まれるとき，私たちは新たな未来を形成することに向かう。それゆえ私たちは，人々が自分の必要性や要望を想像するよう促したい。この方向でそうした想像力を探究するためには，別の言語表現が必要である（Watkins, Mohr, & Kelly, 2011）。ナラティブ，社会詩学，イメージ，ビデオが新たな知と表現を生み出すのに用いられる。

創造性と想像力を含む研究に向けた認識論的方向性

研究に創造性と想像力を組み込んだ認識論の一つは社会構成主義（social constructionism）である（Camargo-Borges & Rasera, 2013）。この方向性は，知の発達を関係的・構築的に理解する（Anderson, 2014; Gergen, 2015a; McNamee & Hosking, 2012）。それには4つの主たる前提がある。

第一の中心的な前提は，世界の構成主義的性格である。この前提は，注意深い観察と実証主義的方法によって把握できるとされる，世界の「本質」という考えを問い直す。構成主義的見方に従えば，私たちがプロセスを名付ける際に用いるカテゴリーは，文化や歴史，社会的文脈によって制約されている。世界についての私たちの説明が理解できるのは，世界それ自体がそうであるからではなく，文化的実践という伝統に私たちが没入しているからである。

世界は構築されていると言うことによって，第二の前提はこの構築の特徴を示す。現実は，人々が関係するプロセスにおいて相互交流することによって生み出されるというものである。私たちが世界や自分自身についてどのように説明しようとも，その源泉は関係の中にあるということを意味している。それゆえここに依拠して，知の生成は位置づけられる。

これら前半2つの前提 —— 世界は構築されており，その構築は社会的な相互行為によってなされるということ —— を受け容れることは，第三の前提につながる。すなわち，知の妥当性や持続性は，実証主義的真理によってではなく，社会的プロセスによって常に維持されているというものである。私たちが真理だと思っていることは，社会的な相互実践の副産物であるということをこれは意味している。

第四の前提は，行為としての言語に関わる。このアプローチにおいて，言語は世界を説明し表象するものではなく，それを構築する一方法と考えられる。したがって，言語と知は分けることができない。知の生産は社会的行為の一形式である。このアプローチに依拠している著者たちによれば，言語は文脈において使用されることで意味をなす（Burr, 2003; Gergen, 1994; McNamee, 2004）。構成主義的アプローチは言語の現実創出能力を強調する。

そうした仮説を考慮すれば，研究や科学もまた，構築あるいは再構築の行為となる。研究は，認識することによってなされるパフォーマンスあるいは活動なのである。McNamee（2010）は，社会構成主義アプローチにおいては「個々の理論，モデル，方法は，共同的に構築された言説である」と述べている（p. 10）。

この認識論的アプローチを受け容れて科学を社会的実践と見るなら，私たちは，特定のコミュニティの共同的構築について語っていることになる。K・J・ガーゲン（Gergen, 2014）によれば，科学の伝統的な見方においては，知は世界の累積的理解であって，世界と社会についての現実的な仮説を生み出し，それが翻って「真実」として受け容れられる。もし私たちが，研究を構築とみなす認識論的アプローチをとるならば，私たちは，研究している現象がどういうものであるかを発見するために，客観性や中立性といった位置に縛られる必要はない。むしろ私たちは，それが何になりうるかに着目して想像力や創造性を開花させることができる。ガーゲンは科学的な探究を，何であるかを受動的に投影する鏡から，（未来は）何になりうるかを形づくる，能動的で関係的なプロセスへと定義し直すよう私たちに促す。ガーゲンは次のように問う。

　　　ますます予測できない変動が人生のあらゆる面 —— 自己概念，家族生活，コミュニティから，権力，経済，病気などのグローバルな配置に至るまで —— を特徴づけるような世界に自分たちがいるなら，安定した状況を映し出そうとするような研究の伝統の意義とは何か。どのような意味で知における進歩という前提を維持することができるのか。私が提起しているように，変化の方向を形づくることにこだわる科学にこそ期待が持てる。(p. 11)

　未来形成としての研究概念（Gergen, 2015b）は，反映することから創り出すことへ，すなわち，「そこに」あることよりも，むしろ創造されうることに光を当てることへと変化している。これは，研究に携わる人（研究者と参加者）の間で調和のとれた活動が行われることを通して展開される，研究への先見的アプローチである。また，想像力にあふれた創造的なプロセスを通して，参加者は，特定の文脈に即した，携わる人にとって有益な，新たな知を構築する。そうすることでオルタナティブな世界が生まれる。

研究をデザインする —— 未来形成

　構成主義者の研究アプローチは，共に生きることを可能にする形式をつくり上げ，理解する上で重要である。それは単なる発見から徹底的に離れることである。急速な社会的・組織的変化が生じている21世紀に生きるには，新たな研究形式を必要とする。しかしながら，関係的な方向を持った研究 —— つまり構成主義者の考えや，創造性や想像力という概念を受け容れた研究 —— をデザインするためには，新たな革新的な実践が必要である。

　伝統的にデータというものは，研究者が物事の性質，つまり行動の性質，知の性質などに関して適切な質問をすることで参加者から集めるものと理解されている。これは固定された世界を想定していて，参加者は「振り返って」それに言及することが求められる。この種の問いでは，すでに存在している何かが発見されるのを待っていると想定されている。Paré と Larner（2004）によれば，「研究は単に見出す行為ではなく，常に

共に創り出すプロセスでもある」(p. 213)。創造的で想像力あふれる研究アプローチは，実践的な問いを求める。その問いとはすなわち，ここで私たちは何を達成したいと思っているのか，誰が含まれるのか，誰が排除されるのか，他に何が可能なのか，といったものである。こうした類いの問いは，革新的なものを創造しつつ，想像力によってそこにまだないものを思い描くよう私たちを刺激するのである。

　ここで提示した考えをもとに，研究をデザインする一つの方法を示したい。創造性と想像力を研究に持ち込むために，私と同僚は「研究をデザインする」と呼ぶアプローチを展開した（Bodiford & Camargo-Borges, 2014）。それとともに，現場の需要に沿ってデザインできるような研究アプローチの実践的な展開方法を探ってきた。**デザインする**という言葉はデザイン領域からきており，それは本質的に，実践可能な知であると同時に，人間中心のアプローチを採用する（Romme, 2003; van Aken, 2004）。デザインするとは，研究を実践に，実践を研究に関わらせ引き込むような運動も含意しているのである（Mohrman, Gibson, & Mohrman, 2001; Rynes, Bartunek, & Daft, 2001）。

　私たちは，構成主義者が基盤にしている，研究をデザインする4つの中心的原理を明確にする（Bodiford & Camargo-Borges, 2014）。これらの原理によって，私たちが当たり前だと思っている世界の側面を社会的に構築されたものとして見るよう読者を促し，それによって，人々が研究に携わる新たな方法とともに，オルタナティブな構築が可能になる場がひらかれる。第一の原理は，研究を*関係的で協働的*なものとして受け容れることに関わる。研究をデザインすることは，協働的な行程において関係を重視する。それは，他者のためにではなく，他者とともに研究を行うことを促すものである。参加者は，研究プロセスを共創するために，自らのスキル，知，関心，経験，そして物語を持ち寄るよう促される。私たちが関係的で協働的な活動に携わるとき，専門家としての研究者から，専門的知見を示す研究者へと変容する。これは，研究者と研究主題から，研究の共同デザイナーと共同参加者への移行である。

　第二の原理は，研究の効用や実践性を中心に，研究を*有用で創発的*なものと位置づける。研究者がいかに研究に携わるのかに焦点が当てられ，創発的な可能性を生み出すことを目指す。研究のトピックや目的が何であるか，何であるべきかを研究者があらかじめ知っていると想定しない。参加者がそのプロセスを通じて協力することで，新たな理解，新たな意味，新たな機会が共創されるのである。研究をデザインする創造的なプロセスは，最終的には私たちが個々のシステムを独自のものと認めて，過去の経験を受けとめ，未来の可能性を考慮し受け容れることで，意味のある解決策を生み出す（Brown, 2008; Kimbell, 2011）。

　研究をデザインする第三の原理は，*有機的で動的な*（あるいは生成的な）探究の側面についてである。この原理は，研究するという行為が流動的で動的で連続的な実践であることを強調し，参加者がこれらの展開に関わることを認める。この研究に関する思考方法には生成的で有機的な性質があるからといって，探究を支え導く枠組みが何もないということを言っているのではない。目的，原理，方向づけを明確にすることは，人々が協働的な探究をする上での支えとして重要である。研究をデザインすることは，研究者，参加者，理論，方法を含めた全プロセスを通じて，参加的実践が動的に共創される方法

第6章　創造性と想像力　117

である。

　研究をデザインする第四の原理は，*複雑性と多様性と関わる*ことに焦点を当てる。研究をデザインすることは，因果論的あるいは二元論的な立場を避け，行為のための豊かで新しい土壌である複雑性と多様性に関わる。関係論的な感性について複雑性と多様性を受け容れることで，私たちの視野はシステム全体を含むほどに拡張する。研究における新たな選択肢を増やし複数性を高めることは，関係する多くのさまざまな声を考慮し理解して，他者の意見や視点を積極的に受け容れようとすることに関わる。私たちは次のように問うことができる。「どんな新たなアイデア，知，理解が生まれつつあるか。私たちは何を共に創り出すのか」と。そうした問いによって，私たちは関連性を見出し，可能性を豊かにする相互連関を受け容れるようになる。

　研究をデザインすることは，知や実践を構築し再構築する人々のコミュニティに関わる，創造的で想像力にあふれた生成プロセスを通して研究を展開する方向へ向かう。このアプローチは研究に携わる新たな方法をつくり出し，ローカル性や，知や実践の創発性に着目したオルタナティブなデザインの可能性をひらく。研究へのこの態度には，開放的で柔軟で共感的な解釈のダイナミックなプロセスが必要である。そのプロセスで研究者は「『研究の方法』から『探究の実践』へ」(Gergen, 2014, p. 51) と移行する。私たちは今や，この研究形式において生み出される可能性や機会について問うところまで来た。加えて，私たちの関心は，この研究アプローチを受け容れることの意味に向けられている。以下に示す，研究をデザインすることの実例は，ここで議論したアイデアを実践に移し変えるために有用なものになるだろう。

ウガンダにおいて研究をデザインする ―― 一つの実例

　私のパートナー Kristin Bodiford と私は，以前の学生である Shirley Jane Timotheus とともに，ウガンダの 2 つの非政府組織（NGO，ウガンダの若者のための希望［Hope for Youth Uganda］およびウガンダの健康のための巣［Health Nest Uganda］）と組んで，協働的な探究を行った。これらの NGO はウガンダのコミュニティとともに活動しており，その地域のヘルスケアと教育分野の発展に焦点を当てている。探究の目的は，パートナーシップを確立する可能性を考察し，ローカルなコミュニティについてよりよく知ることにあった。私たちは，お互いのことや，私たちの関心や興味を知るために Skype による会議を何回か開き，その後研究テーマを立てた。

　私たちは，文化や組織，コミュニティについて何かを発見したり測定したりするためにではなく，彼らと何かを共創するためにそこにいた。私たちはフィールドに共同研究者として入る。それは，私たちが専門家としてではなく，*何らかの専門性を持った参加者*としてそこにいたということであり，その専門性をウガンダにおける私たちのパートナーの専門性と結びつけたいと思った。デザインのこの最初の局面は第一の原理を中心とし，チームや背景を知ることによって，またローカルな文脈に事実や人物を位置づけることによって，（研究者としての）自分自身を関係的で協働的な者として位置づけるも

118　　第 I 部　アートベース・リサーチの分野

のであった。チームとして私たちは，フィールドに入る何ヵ月も前に研究のデザインを始める。とはいえ，埋める必要のある「ギャップ」を明確にするために，文献やその他の学問的な資料に依拠するだけではなく，（複雑さや多様性を大切にしながら）創造性や想像力を用いて，可能なことは何かを共に心に描いた。この位置づけは，ローカルな環境にとって*有用で創発的である*という第二の原理を満たす助けにもなった。この最初の局面は，「ウガンダの美しさの発見」と題された研究課題へと帰着した。ウガンダの若者にとっての肯定的な経験や印象の意味するところを検証することで，コミュニティを考察するという目的があった。

　私たちがとった研究アプローチは，アートに基づく方法という，より創造的で想像力あふれる方法であった。私たちは参加者の要求や関心を，研究や介入の文脈で具体的に描くために，フォトボイス（Griebling, Vaughn, Howell, Ramstetter, & Dole, 2013）という方法を紹介した。この方法は，参加者が創造的で省察的になることを可能にし，そう仕向けるような写真の力と潜在的可能性に依拠している。それは参加者に，特定のトピックに関してオルタナティブな未来を想像することを促す。フォトボイスの方法について私たちは参加者に次のように伝えた。すなわち，彼らにとって意味のある何か，あるいは意味のある物語や重要な経験を表象している何かを撮影してほしいということである。それから私たちは，参加者に相互依存的に作業するよう促した。そして，創造性や想像力を用いて，視覚的な方法で自分自身や自分たちの環境について共有したいと思うことを自由に選ぶよう伝えた。カメラを用いることで，参加者は自分たちがウガンダについて評価していることや共有したいと思っていることを，記録し明示することができる。写真や視覚的なものは，合理的な言語表象を超えることで物語を増幅させ，あるトピックについてより複雑な見方をもたらすため，オートエスノグラフィー的な出会いと相まって強力なナラティブとなる（Leavy, 2015）。

　フィールドに入る局面では，研究をデザインする第三の原理に焦点が当てられる。つまり，*有機的で動的である*ことである。データについての伝統的な見方では，研究とは正しい方法によって物事が「本当にそうであるか」を「発見する」ことだろうという想定があるが，研究をデザインする方向性から見れば，データを集めるというよりもむしろデータを生み出している（創り出している）と言うことができる。データを生み出すとは，新たな考えや，研究に用いる素材の生成を促進するような，参加者－方法－チーム間における相互作用を意味している。ここで用いられるアートに基づく方法は，相互作用を促し，参加者が自らの創造性を用いることができるようにする。

　データ収集は，参加者がそのトピックや方法に関わり，訪問チームとともに意味を共創するのに従って展開していく。私たちは8歳から26歳の20人の子ども・若者にデジタルカメラを渡した。彼らは町中を動き回って，彼らがウガンダの美とみなすものの写真を撮った。

　次の局面は，撮影されたすべての写真を集めることであった。参加者は小さなグループになって一緒に座り，彼らの写真が描き出す物語を話しはじめた。彼らの物語は互いに共有されるに従って豊かになっていった。いくつかの写真を選んで印刷した後，彼らは共有された意味と彼ら自身の経験や物語について何が特別であるかを見出そうとした。

研究プロジェクトは，地域の公園で最終展示を行い終了した。そこでは，地域の人たちやリーダーと写真や物語を共有することで，さらなる意味形成がなされた。

ストーリーテリングが研究方法として用いられ（Bochner & Riggs, 2014），見出したこと（選ばれた写真）を枠づけ，一緒に新しい物語を展開することによって集合的な意味が創り出された。この研究方法は，物語とナラティブの組み合わせである。「ナラティブ」は，個々人の物語に共通することを組み合わせることで構築され，それによって集合的で文化的な物語が生まれる。これはそれほど合理的ではなく，象徴的で主観的なものである。ある物語は，多様な声，多様な構成を引き出し，その人とそのトピックの間に関係を打ち立てる。「この種の作業は，新しい関係の仕方と，新しい可能性の世界をひらくことができる」（McNamee & Hosking, 2012, p. 63）。

研究をデザインするには，関係的に携わり応答する実践として，研究に取り組む必要があることを心に留めておくことが重要である。これは，研究がそれに携わるすべての人にとって確かに意義のあるものになるためには，創造性と想像力にあふれたプロセスが必須であるということを意味する。

ウガンダでの研究は「さまざまな見方が互いに対話する探究の空間」（Alvesson & Deetz, 2000, McNamee, 2010, pp. 16-17 による引用）を生み出すことになった。研究を対話的にコミュニティで実施するとき，研究をデザインするという概念は，パートナーシップへの新しい可能性と，コミュニティ内の新しいストーリーをひらく。それは新たな会話と現実を共創し，「感覚的であろうとなかろうと他の身体とともに，人工物を構築し利用すること」（McNamee & Hosking, 2012, p. 67）を通して，参加者が自分たちの対話を身体化するよう促す強力な方法であった。物語を共有し，アートを共に創り出し，最終発表を準備することで，非言語的な活動が参加者の理解の感覚や可能性を高める方法が実現した。

おわりに

私たちはそれでもなお科学について語っているのかという問いはまだ残っている。社会構成主義の研究認識論に基礎づけられた私の理解では，研究とは実践共同体に属し，常に文脈次第のものであるというものである。この理解に基づいて，私たちは，好奇心，創造性，想像力に関わっているゆえにみな研究者であると言いたい。私たちの職業や生活において意味や理解を常に求め，新たな道や実践を創り出しているという意味においてそうなのである。特定の学問の文脈においては，この種のプロセスを研究として，しかも良い研究と考えるには，共通の言葉を見出すさらなる努力が必要である。本書はその方向への重要な一歩である。それは，科学や研究のためのオルタナティブな言葉を発展させる上で助けとなる。そしてその言葉は，さまざまな実践形式を提示しつつ強力なナラティブを生み出しうる。私の希望は，こうした実践形式が学術的に研究として受け容れられ，許容されることである。

この創造的で想像力あふれる研究アプローチを受け容れることの意義は何か。第一の

意義は研究者側からのものである。その研究は，以下のような問いに焦点を当てながら，研究についての理解を発見から創発へと移行させる。「誰にとってこの情報や知は有用なのか」「この情報や知はこのコミュニティが『共に進む』にあたってどのような助けとなるのか」（McNamee, 2010, p. 17）。これらの問いを考えることは，研究自体にとって意義のあるもので，仮説検証や知の妥当性から離れて，ローカルな叡智やローカルな知識，すなわち共に創り出すために必要なことや求められること，また可能なことに焦点を当てる。

　上記で示した研究方法論は，「一般的に是認されている一揃いの方法，規則，手続き」（McNamee, 2010, p. 10）というパラメーターを採用しその内側で研究するというよりも，文脈との関係で選ばれたものである。また研究課題は，「何が実践的で，何が研究参加者に応答するもので，どのような探究形式が最も参加者と一致するかなどを含む広い範囲の関心に基づいた」（McNamee, 2010, p. 14）ものであった。研究者の役割は，「知識を持った人（研究者）が合理的で，彼らの主題（研究される人）よりも力がある」（McNamee, 2010, p. 11）場合には暗黙のものとなっている「上から圧倒する力」という位置から，「誰の声が聴かれ，包摂され，排除されるかといったことなどを考慮する，ひらかれた姿勢で『共にある力』」という位置へと変容するのである（McNamee, 2010, p. 15）。

文献

Anderson, H. (2014). Collaborative dialogue based research as everyday practice: Questioning our myths.In G. Simon & A. Chard (Eds.), *Systemic inquiry: Innovation in reflexive practice research* (pp. 6073). Farnhill, UK: Everything Is Connected Press.

Bochner, A., & Riggs, N. (2014). Practicing narrative inquiry. In P. Leavy (Ed.), *Handbook of qualitative methods* (pp. 195–222). New York: Oxford University Press.

Bodiford, K., & Camargo-Borges, C. (2014). Bridging research and practice: Designing research in daily practice. *AI Practitioner, 16*(3), 4–8.

Brown, T. (2008). Design thinking. *Harvard Business Review, 86*(6), 84–92.

Burr, V. (2003). *Social constructionism*. London: Routledge. ［バー，V.，田中一彦・大橋靖史（訳）（2018）．ソーシャル・コンストラクショニズム —— ディスコース 主体性 身体性　川島書店］

Camargo-Borges, C., & Rasera, E. F. (2013). *Social constructionism in the context of organization development: Dialogue, imagination, and co-creation as resources of change*. Thousand Oaks, CA: SAGE.

Catmull, E. (2008). *How Pixar fosters collective creativity*. Cambridge, MA: Harvard Business School. ［キャットマル，E.，小西未来（訳）（2009）．ピクサー流マネジメント術 —— 天才集団はいかにしてヒットを生み出してきたか　ランダムハウス講談社］

Cooperrider, D., & Whitney, D. (2005). *Appreciative inquiry: A positive revolution in change*. San Francisco: Berrett-Koehler. ［クーパーライダー，D. L.／ウィットニー，D.，市瀬博基（訳）（2006）．AI「最高の瞬間」を引きだす組織開発 —— 未来志向の"問いかけ"が会社を救う　PHP研究所］

Gergen, K. J. (1994) *Realities and relationships*. Cambridge, MA: Harvard University Press. ［ガーゲン，K. J.，永田素彦・深尾誠（訳）（2004）．社会構成主義の理論と実践 —— 関係性が現実をつくる　ナカニシヤ出版］

Gergen, K. J. (2014). Pursuing excellence in qualitative inquiry. *Qualitative Psychology, 1*(1), 49–60.

Gergen, K. J. (2015a). *An invitation to social construction* (3rd ed.). Thousand Oaks, CA: SAGE. ［ガーゲン，K. J.，東村知子（訳）（2004）．あなたへの社会構成主義　ナカニシヤ出版］

Gergen, K. J. (2015b). From mirroring to world-making: Research as future forming. *Journal for the Theory of Social Behaviour, 45*(3), 287–310.

Gergen, K. J., & Gergen, M. (2010). Scanning the landscape of narrative inquiry. *Social and Personality Psychology Compass, 4*(9), 728–735.

Gergen, M., & Gergen, K. (2000). Qualitative inquiry: Tensions and transformations. In N. Denzin & Y. Lincoln (Eds.), *Handbook of qualitative research* (2nd ed., pp. 1025–1046). Thousand Oaks, CA: SAGE.［デンジン，N. K.／リンカン，Y. S.（編），平山満義（監訳）(2006)．質的研究ハンドブック（1巻）　北大路書房］

Griebling, S., Vaughn, L., Howell, B., Ramstetter, C., & Dole, D. (2013). From passive to active voice: Using photography as a catalyst for social action [Special issue]. *International Journal of Humanities and Social Science, 3*(2). 16–28.

Heron, J., & Reason, P. (1997). A participatory inquiry paradigm. *Qualitative Inquiry, 3*(3), 274–294.

Kimbell, L. (2011). Rethinking design thinking: Part I. *Design and Culture, 3*(3), 285–306.

Kuhn, T. S. (1970). *The structure of scientific revolutions* (2nd ed., rev.). Chicago: University of Chicago Press.［クーン，T., 中山茂（訳）(1971)．科学革命の構造（新版）　みすず書房］

Leavy, P. (2015). *Method meets art: Arts-based research practice* (2nd ed.). New York: Guilford Press.

Marion, R. (2011). Leadership of creativity: Entity-based, relational, and complexity perspectives. In M. Mumford (Ed.), *Handbook of organizational creativity* (pp. 457–482). New York: Academic Press.

McNamee, S. (2004). Social construction as practical theory: Lessons for practice and reflection in psychotherapy. In D. A. Paré & G. Larner (Eds.), *Collaborative practice in psychology and therapy* (pp. 9–39). Binghamton, NY: Haworth Press.

McNamee, S. (2010). Research as social construction: Transformative inquiry. *Health and Social Change, 1*(1), 9–19.

McNamee, S., & Hosking, D. M. (2012). Inquiry as engaged unfolding. In *Research and social change: A relational constructionist approach* (pp. 63–86). New York: Routledge.

Mohrman, S. A., Gibson, C. B., & Mohrman, A. M. (2001). Doing research that is useful to practice a model and empirical exploration. *Academy of Management Journal, 44*(2), 357–375.

Montuori, A. (2005). Literature review as creative inquiry: Reframing scholarship as a creative process. *Journal of Transformative Education, 3*(4), 374–393.

Montuori, A. (2006). The quest for a new education. From oppositional identities to creative inquiry. *ReVision, 28*(3), 4–20.

Montuori, A. (2011). Beyond postmodern times: The future of creativity and the creativity of the future. *Futures, 43*, 221–227.

Nijs, D. E. (2015). The complexity-inspired design approach of Imagineering. *World Futures, 71*(1–2), 8–25.

Paré, D., & Larner, G. (Eds.). (2004). *Collaborative practices in psychology and therapy*. Binghamton, NY: Haworth Press.

Romme, A. G. L. (2003). Making a difference: Organization as design. *Organization Science, 14*, 558–573.

Rynes, S. L., Bartunek, J. M., & Daft, R. L. (2001). Across the great divide: Knowledge creation and transfer between practitioners and academics. *Academy of Management Journal, 44*(2), 340–355.

Shawver, L. (2005). How the West became postmodern: A three part story. In *Nostalgic postmodernism: Postmodern therapy* (pp. 34–67). Oakland, CA: Paralogic Press.

Van Aken, J. E. (2004). Management research based on the paradigm of the design sciences: The quest for field-tested and grounded technological rules. *Journal of Management Studies, 41*, 219–246.

Watkins, J. M., Mohr, B. J., & Kelly, R. (2011). *Appreciative inquiry: Change at the speed of imagination* (Vol. 35). Hoboken, NJ: Wiley.

Whitney, D., Cooperrider, D., Garrison, M., Moore, J., & Dinga, L. (1996). Appreciative inquiry and culture change at GTE/Verizon. *Appreciative Inquiry Commons*. Retrieved from https://appreciativeinquiry.case.

edu/intro/bestcasesDetail.cfm?coid=2880.

Whitney, D., & Trosten-Bloom, A. (2010). *The power of appreciative inquiry: A practical guide to positive change* (2nd ed.). Brunswick, OH: Berrett-Koehler.［ホイットニー，D.／トロステンブルーム，A.，ヒューマンバリュー（訳）（2006）．ポジティブ・チェンジ――主体性と組織力を高める AI　ヒューマンバリュー（初版の邦訳）］

Woolgar S. (1996). Psychology, qualitative methods and the ideas of science. In J. T. E. Richardson (Ed.), *Handbook of qualitative research methods for psychology and the social sciences* (pp. 11–25). Leicester, UK: BPS Books.

第7章

ヨーロッパにおけるアートベース・リサーチの伝統と方向性
フィンランドとスペインのパースペクティブから

●アンニイナ・スオミネン／ミラ・カリオ＝タヴィン／

フェルナンド・エルナンデス＝エルナンデス

（Anniina Suominen, Mira Kallio-Tavin, & Fernando Hernández-Hernández）

訳：龍花慶子・岡原正幸

　本章では，フィンランドとスペインというヨーロッパにおける 2 つの文脈に着目し，アートベース・リサーチ（ABR）とアーティスティック・リサーチ（AR）という観点とそのアプローチを紹介する。2 つの主要な節はそれぞれの国にちなんで名付けられているが，私たちが所属する学術機関による特定の文脈であり，個人研究者としてのバイアスや嗜好を率直に表明している。したがって，これはスペインとフィンランドで行われた ABR と AR のすべてを総合的に理解するものではなく，個別で特有な ABR の観点と方向性を示している。これらの地理的な文脈で各節を記述し，ABR と AR の現在の観点と実践をもたらすようになった伝統やアカデミックな言説を取り上げる。各節ではそれぞれ ABR と AR の違いを探り，これらの定義に至った伝統や学術研究の特定の分野の要請について議論する。

　ここで紹介する研究は，国際的な研究者たちとの会話や，ABR と AR が議論され，競われ，改善される場であるさまざまな国際的な学会などに積極的に参加することを通して自然と発展してきた。2013 年，非公式な会議が設立されて，ヨーロッパの学生や研究者たちが ABR や AR への関心を共有し議論するプラットフォームがつくられた。バルセロナ大学がこの第 1 回会議を主催し，2014 年グラナダ大学が第 2 回会議を主催した。2015 年ポルトガルのポルトで第 3 回会議が，そして 2016 年にはフィンランドのヘルシンキで第 4 回会議が開催された。この年次大会は，ひらかれた議論と対話を重視し，階層的な思考を避け，多様な思考と多様な方向性を包括することを意図しており，ABR や AR という文化や，ヨーロッパにおける学術的交流の状況をおそらく最もよく表しているだろう。

フィンランドにおける ABR の伝統と方向性のマッピング

　フィンランドの学術的文脈においては，アートやビジュアル実践を活用した研究は，比較的新しいアプローチである。アートの特徴である限定されない知は，21 世紀初頭からアートとアート教育の分野で注目されてきた。方法としての AR は，まずフィンランド美術アカデミー（the Academy of Fine Arts）で公式に展開されてきた（Hannula, Suoranta, & Vadén, 2003; Kiljunen & Hannula, 2002）。ヘルシンキ・アートデザイン大学（the University of Art and Design Helsinki, 2010 年以降はアールト大学アートデザイン建築学部［Aalto University School of Art, Design and Architecture]）では当初，ガラスや陶芸のアーティスト（たとえば Mäkelä, 2003）や，自身もアーティストである，あるいは主にアーティストであると考えるアート教育者によって AR に類する営みが展開されてきた（Nelimarkka-Seeck, 2000; Pullinen, 2003）。

　私たち（スオミネンとカリオ゠タヴィン）は ABR と AR の発展について，アールト大学アートデザイン建築学部の観点から，特にアート学科でのアート教育の研究に焦点を当てつつ，この章を書いた。しかしながら，ここで紹介する省察や分析の多くは，ヘルシンキ芸術大学（University of the Arts in Helsinki）や，ロヴァニエミのラップランド大学（University of Lapland）の教員たちや博士課程の学生との対話の中で形成されていったものである。両大学とそれぞれの学部は，AR と／あるいは ABR に対してそれぞれ特有の方向性を持ち，それぞれの主要な学術領域と文脈に固有の伝統がある。

　フィンランドの ABR や AR をめぐる見解と実践がどのように形成され，発展してきたかについては，米国やカナダにおける同様の研究との比較において多くの類似点があるが，フィンランドにおける AR と ABR の実践のルーツは，その地域の文脈内で確立されており，他国における発展の結果ではないことに留意したい。時間軸はある程度似ており，規準や要件もほぼ同じであるが，これらの発展は別々に起こったのである。ファインアートの文脈では，フィンランドの AR は，ヨーロッパの他の地域，特にイングランドとスコットランドから影響を受けているが（Hannula, Suoranta, & Vadén, 2005），アート教育の文脈における ABR は，北米で並行して行われた議論の一端をも担ってきた（Räsänen, 2007）。フィンランドにおける初期の ABR や AR の研究と，Eisner（2008）が提唱する ABR の間には，方法論的多元主義や，研究の必須要素として批判性の強調など，多くの点で方法論的な類似性が見出される。これらのどちらにおいても，批判性の議論は，芸術的解釈，開放性，内省性を問題にする同様の必要性から生じている（Hannula et al., 2003）。類似点と相違点については，本章の後半で詳しく論じたい。

　私たちがヘルシンキ・アートデザイン大学の学生だった 1990 年代，アートとアート教育の研究は，芸術的な探求の広がりと幅に重点を置いていた。アーティストとしてのアイデンティティを学生に体系的に学習し発展させることが重要であり，ほとんどの学生にとって，教育者としてのアイデンティティの発展や成長よりも，それは重要であると考えられていた。アート教育のカリキュラムは，プロフェッショナルとしてのアイデンティティと知識基盤の 2 つの側面が同時に，しかも教育機関に所属する期間を通じ

第 7 章　ヨーロッパにおけるアートベース・リサーチの伝統と方向性　　125

て発展するように組み立てられていた。ほとんどの学生は，何らかの形で教育者としての仕事を続けるつもりではあるものの，実際に自分がいわゆる教師になりたいかどうか，確信を持っていなかった。このような探索的，むしろ受容的でオープンな雰囲気は，さまざまな知のあり方，実践との関わり方，調査方法を融合させ，探究することを促し，私たちのプロフェッショナルな思考の土台をつくったのである。1990年代前半から後半にかけては，アーティストとしてのアイデンティティと教師や研究者としてのアイデンティティをどのように組み合わせ，融合させるかについて，経験も好例も多くはなかった。芸術的な知を包含し，同時に社会文化理論や教育理論をも含み，それに基づいた方法と研究実践を発展させる方法を見つけることは，私たちの認識や観点を広げるためには非常に重要であり，私たちのプロフェッショナルとしてのキャリアに直接影響を及ぼした。

　1997年，ヘルシンキ・アートデザイン大学（現アールト大学）において Marjo Räsänen が，アート教育における最初の博士号を取得した。当時，芸術教育における芸術的な知，知識，AR について考察するような実質的な研究組織や制度はなかった。1990年代後半から2000年初頭にかけて米国の教育機関で行われた授業と同じく，私たちの研究コースでは，人類学や民族学における映像のやや保守的な使用に由来するもの以外，芸術的な，あるいはアートベースの，視覚的でマルチモーダルな実践方法を利用した研究手法や方法論などにはほとんど触れていなかった。現在では，フィンランド，特にアールト大学のアートデザイン建築学部では，芸術的で実践ベースの博士課程研究プロジェクトはかなり一般的である。

芸術的な知またはアートベースの知
── 方法，基礎となる考え方，課題，その初期の特徴

　芸術的で視覚的・多感覚的な，実践に基づく知は，特にどのような種類の知を形成し，研究に取り込むのかという点で，明確にすることが難しい。伝統的に，この種の知は，あまりにも曖昧で特定できないもの，あるいは十分な明確化，測定，検証を行うことができないものとして，科学的な研究の定義から除外されてきた。芸術実践を通じて，研究や知に対する芸術的な方向性を取り入れることで，ABR や AR の研究者は，アートとは無関係の研究を行いそれについて書き綴るのとは異なるレベルで，自分のテーマに触れアクセスすることができると考えている。また同様に，芸術的な知は数値や認知的な言語には翻訳しきれない，あるいは満足に説明されないという課題に彼らは直面するのだが，一方で，その中に，ABR や AR の潜在的な可能性がある。なぜなら，そのプロセスは豊かで複雑な，しばしば予測不可能でほとんど言葉にできないものだからである。そのことが，言葉や論理によってまだ分類されず制限もされていない知の領域へと研究者を導くのである。

　21世紀の最初の10年間，フィンランドで推進された AR の「方法」を定義する主な議論の一つは，実験的な研究のデータ／資料に基づく知は，アートや芸術体験と同様に，*個別的で特有である*というものであった。それゆえ，AR（および ABR）の性質は個別的であるとみなされた（Hannula et al., 2005）。しかし，ABR と AR の個別的な性質は，他の

126　第Ⅰ部　アートベース・リサーチの分野

人々の手の届かないところにあるわけではなく，むしろその逆であった。アクセスできないどころか，非常に個別的なものは通常，他の人々にとって最も意味をなすものだと考えられたのである。芸術的な知あるいは研究による知は，しばしば個別の出来事や経験の文脈において議論され，個人の語りを通して記述された。個人的な語りや内省を概念的・理論的な分析と組み合わせることで，他者がその個別的で特有な知にアクセスできるようになると考えていた。

　アート教育の文脈において，AR というよりもむしろ ABR として特徴づけられる初期研究の発展は，これらの個別性，批判的考察，そして語りという概念に基づいていた（Kallio, 2008, 2010）。アイデアは，スタジオで作品をつくるスタジオアートにおけるアーティスティック・リサーチや，国際的な ABR についての議論から導き出され，フィンランドのアート教育の伝統と研究実践と組み合わされた。経験の個別性という概念から導き出された ABR プロジェクトは，他の研究文脈や他者によって繰り返されることを意図していないとみなされたが，集められた情報や知は意味を持ち，他者に価値や理解をもたらし，新しい知の形成において類似または関連するプロジェクトをサポートすると考えられた。ABR とそれにともなう批判的分析，考察，語りによって，個人的・主観的な経験が（少なくとも部分的には）共通の体験となり，他者を理解するためのツールとなるのである。特にフィンランドの ABR と AR の初期および発展段階において，個人的・芸術的な経験を通じて構築された主観的知が，批判的で内省的な分析を通じて，研究としての知に変化することが明確にされている。研究者は，研究過程やプロジェクトの道具として自分自身を変化させるのである。ナラティブ・ライティングと組み合わせた批判的分析の形式は，特有で個別な知を伝達するための方法として，確固たる地位を維持しており，アーティスティック・リサーチにおいて他の人が利用できるようになっている。

　AR と ABR には，その初期段階から明らかな観点の違いがあった。この両者が進化していく中で，いくつかの特徴が両者を分けるようになった。まず，*自己についての研究*と，*自己を道具つまり研究プロセスやプロジェクトの道具として使う研究*を区別することは，ABR の本質を理解する上で重要である。私たちは，多くの学生がこの 2 つの考え方を難しいと感じていることに気づいた。第二に，もう一つの違いは，ABR とAR のトピックや関心領域からくるものである。AR は，ヘルシンキ・アートデザイン大学の文脈で特徴づけられ，より広くフィンランドの多くのアーティスト研究者によって行われているように，主に*アートのプロセスや芸術的な現象を研究することに関心*があり，1 人（多くは自分自身）または数人のアーティストの作品や実践に焦点を当てている。アートベース・リサーチ（あるいはアートベース研究者）の焦点は，このタイプの芸術研究とは異なり，特定の芸術的認識，意識，方向性，または実践の探求に集中することはほとんどなく，むしろ研究者は，*その社会文化的文脈における現象に広く関心を持*つ。しかし，この 2 つの研究アプローチは重なり合うこともあり，両者を単純に分けることはできない。とはいえ，*ABR は必ずしも芸術的な事柄にのみ関心があるわけではなく，それが一般的でもないと言えるだろう*。現代アートのアプローチやプロセスと同様に，*社会，文化，政治，哲学，心理，環境，教育などの事象を，アートを通して，あ*

るいは*アートを用いて研究している*のである。

　ABR における知の存在論は，一般的には他の多くの質的研究アプローチに似ている。
したがって，第三の特徴は，*ABR の方法論はしばしば，エスノグラフィー，オートエ
スノグラフィー，ナラティブメソッド，ケーススタディ，参加型アクションリサーチ，
言説分析，あるいはインタビュー法など，他の多くの方法論と組み合わされること*であ
る。実際，ABR の実践で重要なのは，研究プロジェクトの中で一つだけの方法になら
ないようにすることである。研究の学際性と方法論の多元性は，より複雑で興味深い研
究設定，方法，分析，そして知を生み出す。

　学生との共同作業を開始するときには，テーマに対する学生の興味と情熱に基づい
て進める。各ステップや段階は，学生研究者，指導教員，研究テーマ間のコミュニ
ケーションに支えられる。リタ・アーウィンら（Irwin & de Cosson, 2004; Springgay, Irwin, &
Kind, 2008; Springgay, Irwin, Leggo, & Gouzouasis, 2007）は，生きる探究について書くことで，
研究者と研究プロセスの間にある有機的で根源的な性質や流動的な関係性について明確
にしている。多くの場合，物事を試し，方向性や可能性を探る必要があるが，その結果，
役に立たなかったり，意味がなかったり，参考にならなかったりすることがある。これ
らの課題を比較すると，アートベースの方法論や方法がもたらすこの流動性と創造的な
柔軟性は，ABR の優れた点であり魅力でもある。このように，ABR によって大きな自
由を享受し創造性を発揮することを学べる。私たち 2 人は今でも，多少なりともクリエ
イティブな作品制作に取り組んでいるが，ABR は芸術的な知の形式に基づいているた
め，ある意味，ABR は私たちの「アート」になっている。さらに，このプロセスは私
たちに総合的な課題を与え，私たちの職業のあらゆる「要素」を組み合わせながら，存
在論的，認識論的，教育的な探究，加えて理論と実践の間で思索に取り組む機会を与え
てくれる。

　アートベースの研究者が採用し応用している研究戦略は，再概念化，並置，投影と
いった現代アートの戦略に似ているかもしれない。直感的であるように見える選択は説
明が難しいが，この側面はそれほど神秘的なものではない。ABR においては，言語で
到達しにくい知のある側面が使われている。神秘的で超越的と思われるものは，直感的
で感覚的な知である可能性があり，研究情報をひもとく際に私たちが慣れ親しんでいる
話し言葉には翻訳されない。象徴的な言語は，感覚的，感触的，美的，身体化された知
とは異なる働きをする。多くの場合，この種の知は身体化され，経験に基づき，研究プ
ロセスを通じてさまざまな形で具現化される。ABR の，あるいは AR の研究者が，内
省と継続的な分析に取り組み，研究経験とそのプロセスを方向づけるあらゆる倫理的・
存在論的な選択に，利用可能な形を与える方法を見つけるよう公約するとき，これは研
究となる。自己批判的で非セレブリティ（特定のアーティストとしての地位にある）とし
ての研究者の方向性は，知や理解を他の人が利用できる形で明確にし，また得られた知が
どのような意味や意義を伝えうるのかを熟考する指針にもなる。

　Eisner（2008）は，アートベースの方法に内在する緊張について述べている。これら
の緊張の一つは，研究資料の多様な解釈から生じるものであり，それらはしばしば明
確な参照性を持たず，意図的にわかりやすい関連性を示すこともない。Eisner はこう問

いかける。「アートベース・リサーチを通してつくられるイメージは，対象となる状況に対する共通の理解を生み出すのに十分な，明確な参照性を持っているだろうか。あるいはアートベース・リサーチによる状況の共通理解は，誤った期待なのだろうか」(pp. 19-20)。ABR のこの側面は，アート実践に基づくあらゆる研究方法に緊張をもたらすようにみえる。私たちはこれを，質の問題や学術的な判断で簡単に解決できるようなことではなく，アートとアートの解釈，そして一つのアート作品や作品群がいかにうまく大きな現象を表現できるのかという，より永遠の問題として捉えている。フィンランドにおけるアーティスティック・リサーチの初期段階において，この方法論の支持者は，研究プロセスの透明性と研究者の意図を明らかにすることの重要性について説いたが，一方で，私たちは*誠実さ*と*倫理的責任*を重要視している。私たちにとってこれは，研究対象や現象に対する明確な献身と深い尊敬，そして研究のあらゆる段階での選択に関する，絶え間ない批判的で倫理的な対話を意味する。この「対話」は必ずしも詳細に言語化されるとは限らないが，そのプロセスや関連する選択，その背後にある理由を具体化し，可視化することは研究者の責任であると私たちは考えている。

フィンランドにおける ABR と AR の理論的伝統

フィンランドにおける初期 AR の理論的観点は，現象学と解釈学に依拠しており (Hannula, Suoranta, & Vadén, 2005, 2014)，研究方法論の姿勢や目的は自然科学のそれと対峙するものであった。アートと科学の分断は，*経験の民主化と方法論の多元性*という 2 つの概念によって問い直された。この 2 つの概念は，AR の方法論的な基礎としても提案された。経験の民主化によって，Hannula ら（2005, 2014）は，他人が評価・批評することのできない経験領域はないと主張している。しばしば，経験の民主化と透明性は，他者が評価できるような特別な経験をもたらすとして批判的に受け入れられてきた。すでに述べたことだが，この経験の民主化という考え方は，たとえ他の研究者が芸術的な，あるいは個別的な研究経験を繰り返すことができなくても，そのプロジェクトを理解し，評価・批評できることを示している。*批判性，開放性，内省*も AR の基本的な要素と考えられてきた（常に実を結ぶとは限らないとしても）。これは，個人的で芸術的な経験を通じて構築された主観的な知が，批判的で透明性のある内省的な分析を通して研究の知に変換され，他の人が利用できるようになるという考え方である。現象学と解釈学の強力な哲学的基盤と，解釈学的循環を構造的指針として用いて，発表される研究のプロセスを整理し，分析することがしばしば行われる。哲学に組み込まれた議論，語られる芸術実践，絶えず進化する知と批判的内省は，循環的な研究サイクル（経験が経験を検証し，新たな経験を生み出す）として示される解釈学的な研究知を（再）整理し，変化させるツールとみなされている。

フィンランドの ABR と AR は，前述のトピックと合わせて，身体化された現象学と感覚的な知に理論的な重点を置いている。研究プロセスのほとんどは，現象学に基づき，身体化に関連した問いを通して経験を見つめている。たとえば，Leena Valkeapää（2011）の博士論文は，アート志向の経験と自然によって文脈づけられる生き方として，サーミ

人のトナカイ放牧文化に焦点を当てている。Taneli Tuominen（2013）の博士論文は，儀式行為としてのアートを探求した。ミラ・カリオ＝タヴィン（Kallio-Tavin, 2013）の共同ABR プロセスは，自閉症者との教育的対話を研究した。Jan van Boeckel（2013）の博士論文は，アートベースの環境教育に焦点を当てている。Jaana Erkkilä（2012）は，アーティストでもある教師と生徒とのアート作品を通じた芸術的な出会いについて探究している。

　学生が芸術的な知やプロセス，アイデンティティに焦点を当てた芸術的な主題や，学位論文に取り組む傾向は，芸術的な探求を重視する研究の結果だけではない。フィンランドのアート教育における博士課程研究は，プロのアーティストの実践における芸術的な思考と知を強調してきた。多くの修士論文，より詳細にはいくつかの博士論文（Erkkilä, 2012; Houessou, 2010; Nelimarkka-Seeck, 2000; Pullinen, 2003; Tuominen, 2013）は，研究者のアート制作を活用し，芸術的または視覚的プロセスや介入がいかに起こるかを理解するための答えを見出している。AR の研究者は，教育分野に直接は結びついていなくても，芸術的な知，プロセス，方向性に焦点を当てることで，それ自体がアート教育の知に貢献している。この核心がアート教育分野の基礎となる本質だとされ，だからこそ，この研究の知は非常に価値があるとみなされている。このような学生や研究者たちは，自分たちをアート教育者ではなくアーティストであると認識しているため，教育的な焦点がこれらの芸術実践に含まれたり，その中心となることはめったにない。修士論文を書いている学生たちの中には，自分のアイデンティティをどのように認識するのか，あるいは身体性は何をともなうのか，また学生研究者のアート制作を通してどのような社会的プロセスやその他の現象が現れるのか，あるいは研究プロセスに組み込まれた芸術実践を通して，世界を見たり解釈したりする異なる観点をいかに見出せるのかに焦点を当てた人もいる。

　私たちがアート教育学部の学生だった 1990 年代から，考え方や制度的な重点は大きく変わってきたが，ABR や AR の実践を通して／あるいは ABR や AR の方法で修士論文に取り組むアート教育学部の学生の多くは，修士論文作成のプロセスをスタジオアート実践に集中する機会と捉え，主に芸術的な課題を探求することを望む傾向が残っている。一方で，アーティスティック・リサーチの実践により批判的・理論的な観点を加えることに関心を持ち，自分たちの方向性を新米 ABR 研究者と考える学生も徐々に増えている。

　アート教育における ABR と AR の修士論文も，アイデンティティ，対話，場所や空間，身体化に焦点を当ててきた。研究に取り組むための最も典型的なメディアは，絵画，写真，彫刻，またはインスタレーション・アートといったきわめて伝統的なものであった。パフォーマンスやビデオを使って，あるいはそれらを通して研究を行った学生は稀であった（Koivisto, 2016）。Elina Mäntylä（2012）は，ニコシア旧市街の荒廃した家々の中にある場所の感覚を研究した。日記の文章，記憶，内省，光景，物語，荒れ果てた家屋で撮影した写真やビデオを研究材料として使用した。また，その家屋を長期的にギャラリースペースとして使用し，研究用の写真を展示した。サイトスペシフィック理論を用いることで，荒れ果てた家々は内的かつ隠喩的な風景となり，家々の中にある物や訪

れる人々が意味を形成し，その助けを借りて，Mäntylä はこれらの家々を「個人的な空間と共有の空間が融合した第三の空間」とする概念を探求した。

　とはいえ，私たちの母校（アールト大学）では，アートと教育の両方に明確な焦点を当てた ABR や AR の博士論文や修士論文は多くない。これまでのところ，アート教育の博士論文で，ABR と教育研究を組み合わせた焦点と方法論を明確にしたものは3つのみである（Erkkilä, 2012; Kallio-Tavin, 2013; van Boeckel, 2013）。

現在の新たな観点と原理原則

　• *ABR は，その方法論上の方向性において，基本的かつ本質的に学際的である。*私たちの認識では，ABR は，芸術的な知，実践を掘り下げ，探求する一方で，その潜在的な可能性と文化的・教育的な意義を最大限に引き出すためには，文化的，社会的，人文的，哲学的，教育的，そして／あるいは批判的な理論や，他の研究学派からの改変や，部分的に取り入れられた伝統と対比され，組み合わされる必要がある。つまり，ABR は常に，アートに由来し，アートに関連する存在論，認識論，方法論の観点に基づきつつ，文化的，政治的，教育的なインパクトを目指すが，その目的を達成するためには，ABR のプロジェクトは，思想と実践において学際的な基盤が必要なのである。

　• *固定された定義の開放と意図的な拒否。*フィンランドの ABR を定義するパラダイムは，そのほとんどがアート教育の分野内で，ヨーロッパ，アメリカ，カナダなどの国々で行われた同様の研究と密接に関連しながら発展してきた。ABR と AR の研究には多くの類似点と重複点があり，この2つを明確に区別することにはあまり意味がないように思われる。むしろ，まだ知られていないこと，含まれていないこと，定義されていないことに向かって，ABR を後押しする雰囲気と好奇心を育むことが重要だと考えている。方法論，方法，受け入れ可能な焦点や関心，解釈，分析，そして理解や学習のための方法は，それぞれのプロジェクトにおいて個別に定義される必要がある。

　フィンランドの学者である Jaana Erkkilä（2012）は，自身の学位論文の中で，フィンランドの ABR や AR 研究において非常に影響力のある解釈学的循環のようなモデルを反復して使うという考え方に異議を唱えている。Erkkilä は，「すでに存在するモデルに研究者の関心を無理に押し込めても，新しく価値のあるものは何もできない」(p. 13) と主張している。私たちは，現象学や解釈学の理論的で手続き的な強い影響から離れているが，明らかに，これらは私たちフィンランドの多くの ABR や AR 研究にいまだに影響を及ぼしている。私たちは，研究プロセスはとりわけ循環的であるというよりは，多様な形で進化していくものであると認識している。各研究者が理解する研究の構造と「進化」を記述するとき，それは非常に幅広い成り立ちと形態をとり，しばしば，探究と知にどのように関わるかについての研究者自身の全般的な好みと関連している。しかし注目すべきは，アート教育やアートを学ぶ学生が研究のさまざまな段階を処理し，研究を明確にしていく中で，空間的，三次元的，多層的な思考や構成が，むしろ自然になっていくことだ。多くの場合，学生はそのことに気づかないが，それにもかかわらず，

まるでインスタレーションを上演しているかのように，あるいはグラフィックのレイアウトとその想像上の派生物の間で作業しているかのように，研究について議論することがある。表やテーマの「フラット」なコード化に縛られない方法で，知ることやデータを取り扱う傾向に，彼らのアートや芸術的な思考の訓練がよく表れている。

・*芸術性と芸術的な知 —— 理解，プロセス，コミュニケーション —— は，研究プロセスのすべての側面と段階において本質的かつ有意義なものである。*私たちにとってABR は何を意味するのかを理解したい人への説明は，通常ここから始める。私たちが方法論を定義するように，ABR であるためには，研究プロセスのすべての段階と要素において，芸術性やアートが必然的に強力な存在感を示す必要があると説明する。これは必ずしも芸術性が他の要素を支配することや，各段階や方法がアートである，あるいは芸術的に見えることを意味するわけではないが，研究者はアートを通して，あるいはアートとして，知や経験を扱う可能性や傾向を意識し，またアートが研究の新しい知を生み出す可能性に対して意図的にひらかれた姿勢を保つ。したがって，アートと芸術的な知や知識は，無関係な研究手法でも，非芸術的な研究をサポートする補助的な仕掛けでもなく，アートを通して考え，アートと「共にある」ための深い志向であり，ゆえに芸術的な方法が全体を通して考慮され，可能になるのである。

・*洞察／近接と距離をとることの相互作用。*研究者と研究プロジェクトとの関係や，ABR が目指す知や理解の種類は，同時に存在する，洞察，近接，または意図的に距離をとることと外部視点の適応とが組み合わされたプロセス内によって最も適切に定義される。これらの観点は二元論や両極論ではなく，近接（少なくとも部分的な洞察）と距離をとること（部分的に外在化された観点）の同時かつ生きた意図的なバランスである。

・*即時性と回顧。*先に述べたバランスと同様に，ABR が目指すプロセスと知の形成は，研究者が終始採用し適応する観点の巧みなバランスによって成り立つ。研究者は，マルチモーダルな存在でありつづけ，プロセスに応じて適切に，または必要とされるときに対応する能力と内省力を持つことが不可欠である（アーティストが作品のプロセスとともに現れるのと同様である）。しかしまた，研究者が即時性と回顧の間を行き来し，プロセスとその目的（もしわかっていれば）を振り返ることも同じく重要である。

・*研究のプロセス，方法，知の表現がどのように見え，どのように感じ，どう伝えるのかを決める上で，研究者の専門的かつ個人的な傾向，好み，志向性，実践が強く影響する。*学生を指導する，あるいは自分自身のプロジェクトを計画し進めるとき，私たちは常に，自分にとって，プロセスにとって，また関係者や関与者にとって，自然に感じられることから始める。研究プロセスの発展においては，創造性と徹底的な内省に価値が置かれ，重視される。この理由により，私たちは，研究はこれらの要素（個人，テーマ，「参加者」）の自然なぶつかり合いから始まり，それによって定義され，立ち現れるべきだと考える。このプロセスは本質的に全体的なものであり，多くの点で a/r/tography

を行う研究者（Irwin & de Cosson, 2004; Springgay et al, 2007, 2008）が創造・実施する仕事と似ていると考えている。その一方で，私たちはこれらのカテゴリー（あるいはその他の分類）を推奨したり強調したりするのではなく，各研究者がプロジェクトの目的のために自分の存在，立場，志向性を定めるよう促している。たとえば，神学者であり，青少年の更生を支援するカウンセラーであり，神学的・文化的研究を行うアート教育者であるという人なら，アートのプロセスを用いて，あるいはそのプロセスを通して人々や知について考え，それらを関係づけようとする傾向を活かすことができるだろう。あるいはアート教育者として，レポーター，ドキュメンタリー作家，文化人類学者の役割を果たすことで，研究を方向づけるトピックと自分の家族が世代を超えたつながりを持つことを知る人もいる。

・*アート作品を制度的に制作・発表することは，ABR のゴールではない。*ABR は意図的にアートであることが可能であり，研究としての，または参加型アートは，劇場上映やギャラリーでの作品発表など，プロのアートの場の文脈で発表することができるが，アート作品（文化的・制度的に定義されたカテゴリー）の制作は ABR の目標でもなければ，主な目的でもない。これは多くの人が複雑だと感じる問題設定である。というのも，ABR のために，あるいはこのような研究プロジェクトを目的として制作された作品を評価し，判断することが難しいためである。私たちの共通のコンセンサスは，ABR の一部としてのアートや芸術表現は，研究の文脈の中で，特定のプロジェクトが持つ目標に基づいて評価される必要があるというものだ。

・*ABR は，問いに答えたり，問題に取り組むための探究というよりも，出会い，関係性，感覚，現象，または問題に対する深い興味と情熱から「生まれる」。*研究セミナーや方法論の授業では，各自が深く興味を抱いたり，情熱を掻き立てられたりするような個人的（専門的）な関心事をマッピングすることから始めることがよくある。研究，特に ABR は要求が高く，やり遂げるためには犠牲さえともなうコミットメントを必要とする。したがって，ABR は個人的なものであり，そのことを認めて受け入れるべきであるという私たちの主張と明らかに連動して，私たちは，研究者がそのテーマに対して深く情熱的で，思いやりを持ったつながりを形成しているプロジェクトのみが，成功し充実した完成に至ると理解するようになった。

・*ABR は終始，分析的であり，批判的／全体的な内省をともなう。*ABR は多くの質的研究やミックスメソッドとは異なり，研究や芸術性の流れから切り離され孤立した分析は意味をなさない。むしろ，分析は研究プロセス全体を通して行われる。明らかに分析重視の，あるいは体系的な分析に焦点を当てる研究段階がしばしばあるが，分析方法やプロセスは，別個の，あるいは停滞した休止状態ではなく，他の研究活動との間にある有機的で絶え間ない流れや相互作用とみなすべきであると提案する。

・*ABR は多くの「言語」とコミュニケーションの方法を活用する。*ABR はさまざ

な記述的・視覚的な表現形式を利用することができ，これらの組み合わせの可能性はいまだ定まっていない。理論（哲学），実践，内省における語りや対話は，もはや知への取り組みの指針になる要素ではない。それぞれのABRプロジェクトが独自の構造，枠組み，方向性，焦点を構築していく中で，得られた知や伝えるメッセージに観客や読者がアクセスできるようにするため，私たちは，ある種の「コード」を含めることを推奨している。ABRプロジェクトに取り組むには，読者や観客の参加が必要なため，プロジェクトに時間と労力を投資する気にさせるような，魅力的で興味をそそる「フック」を盛り込むことも推奨している。

スペインにおける ABR のカルトグラフィー

スペインにおけるABRの現状は，非常に活発で活気がある。バルセロナ，グラナダ，ジローナ，ラ・コンプルテンセ・マドリッドの各大学の協力により，アートと教育に関する大学間博士課程が設立されており，そこではABRが重要な役割を担っている。視覚芸術と教育，アートセラピー，社会包摂のためのアート教育に関する大学院レベルのプログラムでも，ABRが同じく強調されている。過去10年間で，いくつかの博士論文（Calderón García, 2015; Caminha, 2016; Fendler, 2015; Genaro García, 2013; Mena de Torres, 2014; Ucker Perotto, 2015）が，教育研究におけるABRおよびARとしての基礎や方法論，イメージを提示してきた。アートにおける研究を推進する「ボローニャ宣言」を受け，バルセロナ大学では美術学部のカリキュラムが変更された。さらに，2011年にはABRの選択コースが設けられた。

ヨーロッパの学生や研究者たちがABRとARについて共通の関心を議論するプラットフォームとして，非公式の会議が2013年に設立された。バルセロナ大学が第1回会議を主催し，2014年にはグラナダ大学が第2回会議を主催した。この会議の目的は，アートと研究の接点から生じる可能性と貢献に関する批判的な議論を生み出し，可視化／具体化することである。これらの会議の議事録（Hernández-Hernández & Fendler, 2013; Marín Viadel, Roldán, & Mena de Torres, 2014）を概観すると，スペインの教授や大学院生のABRやARに対する理解，そしてこれらの観点に基づいた研究プロジェクトを展開するためにとられたさまざまな理論的・方法論的アプローチの概要を，より包括的に確認することができる。私（エルナンデス＝エルナンデス）はこの章を私自身の個人的かつ専門的な観点から執筆しているが，私の仲間の研究者の多くが，出版物や学会への参加を通じて，研究におけるアートの役割に関する立場を積極的に発信していることに言及することは不可欠である（Agra Pardiñas, 2005; Fendler & Hernández-Hernández, 2013; Fendler, Onses, & Hernández-Hernández, 2013; Hernández-Hernández, 2006, 2008, 2013a, 2013b; Hernández-Hernández & Fendler, 2012, 2013, 2014; Madrid-Manrique, 2014; Marín Viadel, 2005, 2008, 2009; Marín Viadel & Roldán Ramírez, 2008, 2010, 2012a, 2012b, 2014; Moreno Montoro, Callejón Chinchilla, Tirado de la Chica, & Aznárez López, 2014; Roldán & Marín Viadel, 2012）。

このような活発な状況を踏まえ，本節では，スペインにおけるABRの根底にある主

要な方向性のいくつかを探り，次のような問いに答える。スペインの学術界では，どのような ABR の概念が流通しているのか。それらはアート教育の内外で，研究におけるアートの役割の価値を高めることにどの程度貢献しているのか。どのような理論的・方法論的な議論が，現在これらの制作や行動を推進し促進しているのか。以下で論じる問題の多くは，私の所属機関や私個人の実践を超えて，（ヨーロッパにおける）大学や学術分野に影響を及ぼしている一方で，これらの問題はすべて私の特定の観点から考察したものであり，ここで提示した考え方は必ずしも私の同僚の見解を代表するものではないことに留意が必要である。

テリトリーのマッピング —— プロの芸術実践から学術研究へ

以前の論考（Hernández-Hernández, 2013b）で，私は，芸術的な手法を用いるセラピストが学会に参入し，方法論の議論に貢献しはじめた 1970 年代末を，英語圏のいくつかの大学で ABR が出現した時期としてたどった。一般に芸術実践と心理学を統合する傾向があり，それまで機関や民間企業で働いていたこれらの専門家は，アートを基礎とした臨床的・実証的研究の学術的な認定を確立する必要性に気づいたのである。その結果，彼らは研究者やこれらの研究の読者に対して，古典的な臨床例の提示にとどまらないような研究形態やナラティブの実践を導入していった。人文・社会科学の研究と連携したナラティブな手法で，この種の研究を体系化し，共有する方法を示した新たな出版物（Hervey, 2000; Kapitan, 2003; McNiff, 1998）が登場したが，それまでは一部の専門家に限定されたものであった（Huss & Cwikel, 2005）。このような，研究においてアートを幅広く活用する動きの出現はまた，学術的プロセスにおける重要な活動である査読を可能にする作品発表の形式に関する議論も生んだのである。

AR と呼ばれるものについても，同じような経過をたどることができる。この場合も，アートスクールが大学に組み込まれたり，独立した大学としての地位を与えられたり，大学に準じたランク付けがされるようになったりした 1970 年代末から，この呼称が生まれはじめた。この変化により，アーティスト，音楽家，ダンサー，振付師，劇作家，俳優，映画制作者，そして美術の教授は，修士論文や博士論文を作成し，研究助成金を授与され，アーティストではない他の研究者の批判を受けるよう作品を公開することを義務づけられるようになった。このような観点から，「アーティスティック・リサーチ」とは，ヨーロッパでは，ボローニャ宣言（1999 年）の過程で注目されるようになった，アートにおける具体的な実践を指す言葉であり，これ以降，アーティストたちが研究者の役割を担い，研究成果を芸術として発表するようになっただけでなく，芸術知が研究とみなされる可能性を探るようになった。具体的な問いから出発し，それぞれの専門分野に固有の認識論的・方法論的アプローチに従って，彼らは自分たちの研究を科学的研究と区別し，方向性や意図において研究ではないアートとも区別するようになったのである（Caduff & Walchli, 2010）。

このような状況によって，すべての芸術実践はそれ自体が研究であるという信念から出発し，AR が学術の中で研究としてみなされるためには，一定の基準に従わなければ

ならないという理解へと移行していった。これらの要件は，展示やパフォーマンス，音楽作品やダンス作品の解釈といった個々の芸術活動を通じて満たされるとは限らず，また，これらを満たすことが目的でもない。その代わりに，芸術実践が副次的現象だから（すべての芸術実践は研究とみなされる）ではなく，創造的なプロセスや芸術的解釈に関する展開や行動を明らかにし，プロセスをいかに説明するのかを検討することによって，研究の必要性と方向性が芸術実践に意味を与えるのだ。この変化は，芸術実践がARやABRの実践やプロジェクトと同じではない，ということを意味している（Calderón García, 2015）。

　アートに対する2つの異なる方向性，欲望，目標を区別する必要性から，Graeme Sullivan（2004）のような著者は，（視覚的な）芸術実践を研究として理論化するモデルを提案し，解釈的，経験的，批判的という3つの研究観点との関連でそれを位置づけてきた。Sullivanは，説明的で変容的な学習理論は，アートスタジオで起こる経験の中に位置づけられると論じている。この文脈では，「スタジオ」は，音楽，ダンス，演劇のリハーサルを指すと理解することもできる。Sullivanの正当化の核心には，知は経験からも生まれると提唱するBaroneとEisner（2006）から影響を受けた研究の理解の仕方が見出せる。この文脈では，アートを創造する行為は真の経験の一形態であり，実践が探究として明確化されるとき，それは研究になる（Eisner, 1991）。さらに，芸術実践として行われる，あるいは芸術的な目的を持って行われるすべてがARやABRと名付けられる，という考えを避けるには，以下のようなRosengren（2010）の思索を振り返ることが適切だろう。いわく，ARやABRは，

　　認識論的な問題において，自由放任の相対主義を支持しない。学術の中で自らの立場を守るために，事実と幻想，知ることと信じることを区別する必要がある。しかし，こうした区別は，それが構築物であり，その正当性は自らが主張できる認識論的空間に限られることを十分に認識した上で行わなければならない。また，各学術分野は周囲の分野と協調しながら，常に自らの認識論を構築しているという事実を念頭に置くことが不可欠である。私はこの研究を，おそらくアーティスティック・リサーチにとって最も緊急かつ繊細な課題だと考えている。（p. 115）

アートにおけるリサーチがABRになるとき

　私が今明らかにした立場は，多かれ少なかれ他の人々にも共有されているかもしれないが，ARがより広い言説と接触し，他者による評価の対象となったとき，それは複雑なものになる。ここで私が述べているのは，専門的なアート批評の通常の情報源であるギャラリー，美術館，舞台，その他のアートレビューについてではなく，芸術的なプロセスによって生み出された知が明示され，他の学術的枠組みの中で，あるいは他の学術的枠組みから，異なる理論的根拠に基づいて創造プロセスが評価されなければならない，その文脈やその機会についてである。論争になりがちなのは，従来は他のアーティストや評論家，目利きによる間主観的な評価・査定を受けてきた作品を，当該作品に関連す

るテーマや問題には精通しているが，これらのプロジェクトを方向づけ形づくる内在的な認識論的要求になじみのない学術コミュニティの審査にかけるという研究者の決断である（Elkins, 2009）。したがって（形容詞なしの）研究とは何かについて，暫定的な共通の定義を確立する必要があるだろう。

　この課題に対応するための指針案が，芸術・人文研究評議会より発表された（www.ahrc.ac.uk/documents/projects-programmes-and-initiatives/ahrc-research-training-framework-for-doctoral-students/）。これらの指針，あるいはこれと類似したものは，さまざまな学術的文脈に採用され，一部の学術機関や出版物によって，作品の評価や査定に用いられている。アート，デザイン，音楽，ダンス，演劇の研究にも適用できる，*規律ある探究*という考え方に焦点を当てたこの研究へのアプローチは，以下のような特質によって定義・識別されている。

アクセス性：研究が公的行為であり，査読にひらかれていること。
透明性：研究の構造，プロセス，結果が明確であること。
移転性：研究が特定のプロジェクトの枠を超えて貢献するものであること。取り上げた問題とテーマの両面で，およびその主目的や方法論の決定の両面においてそうであること。それゆえに，他の研究文脈にある他の研究者にとっても有用となる。

　これらの 3 つの条件は，コンセンサスを確立するための出発点となり，さらに重要なこととして，さまざまなアートの様式や専門性を活用した研究に対して，広く発表された作品の査読規準を策定するのに役立つ。このアプローチは，「研究とは公になされた体系的な探求である」（Skilbeck, 1983, p. 11）という Stenhouse（ステンハウス）による研究の定義に近いだろう。

ABR の発展と論争をスペインの文脈に位置づける

　スペインでは，研究者たちは，ABR の研究枠組みを定義すること（Hernández-Hernández, 2006, 2008, 2013a, 2013b; Marín Viadel, 2005, 2008, 2009, 2011）と，芸術的な研究の形態を実験し拡張すること（Abakerli Baptista, 2014; Agra Pardiñas, 2005; de Miguel Alvarez, 2010），この 2 つのバランスをとることに関心を持ってきた。また，スペインの研究者たちは，さまざまな芸術的な手法（写真，コラージュ，物語の記述，パフォーマンスなど）を探求し，芸術実践と教育実践を結びつける方法を概説し，研究における視覚とアートに関する方法論的問題の探求に積極的に取り組んできた。研究においてイメージをどのように「引用」するか，研究における知の源泉としてのイメージの役割，教育研究および AR におけるイメージの役割と可能性などがテーマとして挙げられている。

　このような活発な環境とアイデアの交換の中で，私たちは ABR の経験や各プロジェクトの特質について話しつつも，研究の立場を議論することは避けてきた。しかし，出版物を通じて，*2 つの傾向*，あるいは*識別可能な特徴的な方向性*を見つけ，特定するこ

とができる。この2つは，対立するものではなく，互いに補完し合うものであると私個人は考えている。

グラナダ大学の研究者たちの中には，**研究におけるイメージの役割**を強調し，より大きな学術コミュニティ内での視覚的方法をめぐる議論と呼応させるとともに，アーティスティック・リサーチや教師教育の戦略として写真の利用法を探求している者もいる（Pinola-Gaudiello & Roldán, 2014; Roldán & Marín Viadel, 2012; Roldán Ramírez & Hernández González, 2010）。これらの探求に基づき，彼らはABRの方法論的な焦点を，量的研究と質的研究の境界に連続したつながりとして位置づけたが，研究におけるアートは現在，異なる独特の傾向として加えられている（Gutiérrez Pérez, 2014; Marín Viadel, 2005, 2008, 2009, 2011）。

グラナダ大学の同僚たちの中には，教育的・芸術的な方法として**フォトダイアログ**に基づく革新的な教育戦略を開発している者もいる。この方法やアプローチは，a/r/tography（www.dialogodeimagenes.org）と似た特徴を持っていると言えるだろう。この教育戦略では授業としてソーシャルネットワーク上でフォトダイアログを使用する。この方法を利用する学生や他の参加者は，写真や他のアートの形式（絵画，彫刻，イラスト，ビデオ，文学，音楽）を使って芸術的な問いを議論する。これまでの研究成果によると，この方法は，アートの概念を教えるための有意義な教育ツールであるだけでなく，異文化コミュニケーション，対話，参加者の自己認識，情報交換を構築する実践的で有意義な方法であり，個人的な成長とクラス内外での社会的関係の醸成に直接役立つと考えられている（Marín Viadel & Roldán Ramírez, 2008, 2010）。この戦略の派生形である**フォトエッセイ**は，教育体験としてのアート教育と，経験が発展していくプロセスに関するビジュアルナラティブから得られる知を結びつける探究の様式であると考えられている。これは，小学校教員を目指す学生たちと協働する際に，特に表現力豊かで有意義なツールであり，方法であることがわかっている（Marín Viadel & Roldán Ramírez, 2008, 2010, 2012b; Peña Sánchez, 2014）。

一方，バルセロナ大学（私の職場の文脈）の研究者や学生によって発展・創造された作品の特徴となっている方向性は，主に研究のプロセスに関連する存在論，認識論，方法論の意味に関するものである。そのため，バルセロナで活動するグループは，**クリエイティブ・リサーチ**（あらゆる芸術的実践に暗黙的に含まれる研究），**アーティスティック・リサーチ**（研究のプロセスが，文章や視覚的な語りの形式によって明示される），そして**イメージベース・リサーチ**を区別している。イメージベース・リサーチは，分野と範囲においてアートの枠を超え，主に社会科学に由来する豊かな議論を提示するもので，「異なる分野の実践，理論，アイデアを組み合わせて，知，理論，応用的介入への新しい成果や貢献を生み出す」（Pink, 2012, p. 8）。私たちが区別してきた最後のカテゴリーであるABRにおいて，私たちが提示する観点は，イメージを使用したり芸術実践を展開したりするだけでは，教育活動や芸術実践を研究として位置づけるには不十分であるという事実である。ABRの焦点は，社会調査，教育，ARにおける芸術的なメディアの使用，つまり，「新しい世界をつくること，および他者が世界を追体験できるようにすること」（Barone & Eisner, 2012, p. 20）だと提案する。

バルセロナ大学の文脈では，研究実践と結びついた長期的な存在論，認識論，方法論の議論（Hernández-Hernández, 2013b）を経て，ABRへのアプローチの指針となる以下の特徴を明示するに至った。

1. 芸術的なプロセスは，必ずしも研究ではない。研究は，特定のパラダイムやアプローチに組み込まれ，そこから定式化される。これは副次的な現象ではなく，存在論的，認識論的，方法論的な枠組みなのである。
2. ABRには，他の研究分野とは異なる特有の文脈がある。教育的ABRや若い人々との共同研究におけるアートの利用は，アートセラピーあるいはARの研究と同じ目的ではない。
3. イメージを用いた探究プロセスそのものがABRとなるわけではない。イメージの使用（証拠または創造的な対象として），それらが研究において果たす役割，および私たちがイメージに与える意味によって，研究なのか，あるいは芸術的なプロセスを展開しているのかが決まる。イメージは研究プロセスにおいて説明，記録，仲介するものであり，ABRプロセスの一部とみなされることも（あるいはみなされないことも）ある。
4. 人工物やアートの装置は，イメージに限らない。身振り，動作，言葉，文章，音楽は，研究対象についての知を拡張するのに役立つ表現である。
5. アートの概念（およびアーティストの責任）は，今の時代を反映し拡張されている。ABRのいくつかの例が示す芸術への言及は，現代アートがとっくに越えてしまった領域や視覚的表現と結びついているように見える。これらの言及と結びつくアーティストの概念は単独の作家性という概念を曖昧にし，有意義なABR戦略を提供する協働的なコミュニティによる芸術実践がその答えを出している。

この文脈で特に関心の高い問題の一つは，ABRのプロジェクト，実践，理解の発展に学部生と大学院生の両方が寄与していることである。彼らの研究を通して，ABRに関連する一般的な問題やトピックにみられるのは，研究とは何かをめぐる美大生たちの概念への最初の意味づけとその拡張であり，ABRの共同研究で生まれる知の発展であり，研究の過程でABRについて何を学び，何が未知のままかについての熟考であり，方法だけでなく研究プロセスの基礎にもなる学習の成果であり，そして，ABRの発展への関与と共有と，生きる探究と学習の過程としてのABRの考察である。

これらのトピックと手続き上の焦点から生まれた，*生きる探究*という概念（Meyer, 2010）は，アクションリサーチに結びついており，研究プロセスを完全にコントロールしたり，抑制したりすることはできないこと，またそのことがABRの目的でもないことを認識する有効な枠組みであることを明らかにしている。むしろ，この方向性は，研究プロセスの道のりや，探究者（および探究そのもの）が最初から最後までの道のりにおいて経験する変遷に価値を置くものである。学生の学びを導くこのプロセスの中で，教授や指導者としての私たちの目標は，これから行う行動を指示することではなく，「探究の姿勢」（Marshall & Reason, 2007）を身につけるようグループを導くことである。その

探究の姿勢は，私たち自身の実践にいぶかしげで批判的な視線を投げかけるものであり，またその可能性を持っている（Fendler & Hernández-Hernández, 2014, 2015）。このような文脈において私たちが関心を持つのは，*探究心を持つようになることとABRのスキルを身につけること*の関係を探ることである。

　このような関係を最初から育むために，私たちは授業の構成にドキュメンテーションのプロセスを組み込むことを試みている。学習プロセスを通してイメージとナラティブを使用し，これらの旅の意味を理解しようと努めている。これは，美大生や教授にとっては簡単で単純なことに聞こえるかもしれないが，自らのプロセスを伝えるのに活用できる自己内省的な記録文書を作成することは，私たちが培わなければならないスキルである（Fendler & Hernández-Hernández, 2014）。生きる探究のコンセプトは，誰もが自身の生きられた経験において専門家であるということを認め，それによって研究を切りひらく有効な枠組みである（Irwin & Springgay, 2008）。誰が研究を実行できるのかという概念を民主化することに加え，研究プロセスを完全に管理・制御することは不可能であり，そうするべきでもないが，生きる探究の目的は，個人的な，あるいは共有された生きられた経験を排除するのではなく，それらを貴重な知や洞察として受け入れることである。

議論と位置づけの理解から生まれる暫定的なバランス

　この章で書いてきたように，私の目的は，スペインの2つの大学のプログラムにおいて，ARとABRに起因する異なる意味を位置づけるのに役立つ考察を提示することだった。この2つの大学では，アートとアート教育の教員と学生が，教育における現代の文化的・政治的な文脈においてアートと研究の関係の意味，目的，形態，可能性を探究することに力を注いでいる。この研究の焦点は，研究とアートの存在論，認識論，方法論の有意義な探究を生み出すことへの貢献である一方で，それはまた，学術的評価や審査の文脈においてアートの中で発展した研究の可視性と信頼性を高めることにもなる。さらに，この研究は，アート，アート関連分野や学術領域を超えて，人文・社会科学における研究の概念を拡張する一助となるだろう。

　このような目標を掲げているにもかかわらず，パラメーターの共有，判断規準の特定や議論なしでは，アートの学術分野，実践，認識論に関わる研究を行う異なる重要な方法を主張する私たちの包括的な提案の価値を下げ，意味を伝えることができず，それゆえ，認識には齟齬が起こり，プロジェクト全体が台無しになる可能性がある。以下は，ABRをめぐる現在の議論にみられるいくつかの主要な論点の要約であり，それらはさらなる議論の場をひらき，自由な空間をつくる。

　・研究プロセスにおいてイメージを使用することは，その研究プロジェクトがARやABRであることを意味するものではない。現在，社会科学や実験科学において，視覚的方法の使用に対する評価が高まっている。したがって，これらの特徴的な伝統の違いと交差について，問い，議論し，探求し，討論することが重要である。

140　第Ⅰ部　アートベース・リサーチの分野

・介入や成果を記録したイメージを用いて芸術的なプロジェクトを展開することが，必ずしも AR や ABR であるとは限らない（Tarr, 2015）。プロジェクトは創造的な探求とみなされるかもしれないが，研究は，成果やプロセスを展示したり公開したりする行為にとどまらない。それは，探求のプロセスとともに，下された決断や，プロジェクトを導く基盤を捉えるべきであり，アーティストやアート教育者による観察以上のものとなる。

・アート作品のようなイメージやオブジェクトが，「それ自身で雄弁に物語る」かどうかについて，繰り返し議論する必要がある。この問題に対する立場が，AR や ABR に対する理解を左右することを考えると，この点に関して今後も継続的に検討していくことが必要である。

・最後に，AR または ABR とみなされるものの可能性と，何が AR または ABR とみなされるのかの内容について，今後も引き続き議論を継続する必要が大いにある。

文献

Abakerli Baptista, M. B. (2014, January). *Taking pictures to tell another story: One experience of being formed through processes of inquiry*. Presented at the 2nd Conference on Arts-Based and Artistic Research: Critical Reflections on the Intersection of Art and Research, Granada, Spain. Available at http://art2investigacion-en.weebly.com/full-papers.html.

Agra Pardiñas, M. J. (2005). El vuelo de la mariposa: La investigación artístico-narrativa como herramienta de formación. In R. Marín Viadel (Ed.), *Investigación en educación artística* (pp. 127–150). Granada, Spain: Universidad de Granada/Universidad de Sevilla.

Barone, T., & Eisner, E. W. (2006). Arts-based education research. In J. Green, C. Grego, & P. Belmore (Eds.), *Handbook of complementary methods in educational research* (pp. 95–109). Mahwah, NJ: Erlbaum.

Barone, T., & Eisner, E. W. (2012). *Arts-based research*. Thousand Oaks, CA: SAGE.

Caduff, C., & Walchli, T. (2010). Introduction. In C. Caduff, F. Siegenthaler, & T. Wälchli (Eds.), *Art and artistic research* (pp. 12–17). Zurich: Zurich University of the Arts/Scheidegger & Spiess.

Calderón García, N. (2015). Irrumpir lo artístico, perturbar lo pedagógico: La Investigación Artística como espacio social de producción de conocimiento. Unpublished doctoral dissertation, University of Barcelona, Barcelona, Spain. Available at http://diposit.ub.edu/dspace/handle/2445/66290.

Caminha, M. L. (2016). Payasas. Historias, Cuerpos y Formas de Representar la Comicidad desde una Perspectiva de Género. Unpublished doctoral dissertation, University of Barcelona, Barcelona, Spain.

de Miguel Alvarez, L. (2010). La huella, la tela, el blanco y el negro en la manifestación de ser: Modelo de confección autoidentitaria del artista-investigador-educador. Unpublished doctoral dissertation, Universidad Complutense de Madrid, Madrid, Spain. Available at http://eprints.ucm.es/12332.

Eisner, E. (1991). *The enlightened eye: Qualitative inquiry and the enhancement of educational practice*. New York: Macmillan.

Eisner, E. (2008). Persistent tensions in arts-based research. In M. Cahnmann-Taylor & R. Siegesmund (Eds.), *Arts-based research in education: Foundations for practice* (pp. 16–27). New York: Routledge.

Elkins, J. (Ed.). (2009). *Artists with PhDs: On the new doctoral degree in studio art*. Washington, DC: New Academia.

Erkkilä, J. (2012). Tekijä on toinen: Kuinka kuvallinen dialogi syntyy. Unpublished doctoral dissertation, Aalto University, Helsinki, Finland.

Fendler, R. (2015). Navigating the eventful space of learning: Mobilities, nomadism and other tactical maneuvers. Unpublished doctoral dissertation, University of Barcelona, Barcelona, Spain.

Fendler, R., & Hernández-Hernández, F. (2013). What does research mean for fine arts students? In F. Hernández-Hernández & R. Fendler (Eds.), *1st Conference on Arts-Based and Artistic Research: Critical reflections on the intersection between art and research* (pp. 227–232). Barcelona, Spain: University of Barcelona. Available at http://hdl.handle.net/2445/45264.

Fendler, R., & Hernández-Hernández, F. (2014). Using arts-based research strategies to document learning in a course on arts-based research. In R. Marin Viadel, J. Roldán, & X. Molinet Medina (Eds.), *Foundations, criteria, contexts in arts-based research and artistic research* (pp. 157–168). Granada, Spain: University of Granada.

Fendler, R., & Hernández-Hernández, F. (2015). Visual culture as living inquiry: Looking at how young people reflect on, share and narrate their learning practices in and outside school. In I. Aguirre (Ed.), *More than image consumers: Mapping and evaluating research on young people as visual culture producers* (pp. 281–297). Pamplona, Spain: Public University of Navarra.

Fendler, R., Onses, J., & Hernández-Hernández, F. (2013). Becoming arts-based researchers: A journey throught the experiencie of silence in the university classroom. *International Journal of Education through Art, 9*(2), 257–263.

Genaro García, N. (2013). El Autorretrato Fotográfico como Herramienta Educativa para la Construcción de la Mirada en la Adolescencia [The photographic self-portrait as an educational strategy for the construction of the gaze in adolescence]. Unpublished PhD dissertation, University of Granada, Granada, Spain.

Gutiérrez Pérez, J. (2014, January). *An interpretation of methodologies arts-based research in the light of qualitative and quantitative methods in educational research.* Presented at the 2nd Conference on Arts-Based and Artistic Research: Critical Reflections on the Intersection of Art and Research, Granada, Spain. Available at http://art2investigacion-en.weebly.com/full-papers.html.

Hannula, M., Suoranta, J., & Vadén, T. (2003). *Otsikko uusiksi: Taiteellisen tutkimuksen suuntaviivat.* Tampere, Finland: Niin & Näin.

Hannula, M., Suoranta, J., & Vadén, T. (2005). *Artistic research: Theories, methods and practices.* Helsinki, Finland: Academy of Fine Arts.

Hannula, M., Suoranta, J., & Vadén, T. (2014). *Artistic research methodology: Narrative, power and the public.* New York: Peter Lang.

Hernández-Hernández, F. (2006). Campos, temas y metodologías para la investigación relacionada con las artes. In M. Gómez-Muntané, F. Hernández-Hernández, & H. Pérez-López (Eds.), *Bases para un debate sobre investigación artística* (pp. 9–49). Madrid, Spain: Ministerio de Educación y Ciencia.

Hernández-Hernández, F. (2008). La investigación basada en las artes: Propuestas para repensar la investigación en educación. *Educatio Siglo XXI, 26*, 85–118.

Hernández-Hernández, F. (2013a). Artistic research and arts-based research can be many things, but not everything. In F. Hernández-Hernández & R. Fendler (Eds.), *First Conference on Arts-Based and Artistic Research: Critical reflections on the intersection of art and research* (pp. viii–xi). Barcelona, Spain: University of Barcelona. Available at http://hdl.handle.net/2445/45264.

Hernández-Hernández, F. (2013b). Investigar con imágenes, investigar sobre imágenes: Desvelar aquello que permanece invisible en la relación pedagógica. In R. Martins & I. Tourinho (Eds.), *Processos e Práticas de Pesquisa na Educação da Cultura Visual* (pp. 77–95). Santa María, Brazil: Universidade de Santa Maria.

Hernández-Hernández, F., & Fendler, R. (2012, June). *An ethnographic approach to researching students' experiences of silence in university classes.* Paper presented at the Conference on Rethinking Educational

Ethnography: Researching Online Communities and Interactions, Centre for the Study of Change in Culture and Education (CECACE) in collaboration with ECER Network 19, University of Barcelona, Barcelona, Spain.

Hernández-Hernández, F., & Fendler, R. (Eds.). (2013, January 31–February 1). *First Conference on Arts-Based and Artistic Research: Critical Reflections on the Intersection of Art and Research*. Barcelona, Spain: University of Barcelona. Available at http://hdl.handle.net/2445/45264.

Hernández-Hernández, F., & Fendler, R. (2014, January). *Working around the limits: ABR can be many things, but not everything*. Presented at the 2nd Conference on Arts-Based and Artistic Research: Critical Reflections on the Intersection of Art and Research, Granada, Spain. Available at http://art2investigacion-en.weebly. com/full-papers.html.

Hervey, L. W. (2000). *Artistic inquiry in dance/movement therapy*. Springfield, IL: Charles C Thomas.

Housesou, J. (2010). *Teoksen synty: Kuvataiteellista prosessia sanallistamassa*. Helsinki, Finland: Aalto Arts Books.

Huss, E., & Cwikel, J. (2005). Researching creations: Applying arts-based research to Bedouin women's drawings. *International Journal of Qualitative Methods, 4*(4), 1–16. Retrieved from www.ualberta.ca/~iiqm/ backissues/4_4/pdf/huss.pdf.

Irwin, R., & de Cosson, A. (2004). *A/r/tography: Rendering self through arts-based living inquiry*. Vancouver, BC, Canada: Pacific University Press.

Irwin, R. L., & Springgay, S. (2008). A/r/tography as practice based research. In S. Springgay, R. Irwin, C. Leggo, & P. Gouzouasis (Eds.), *Being with a/r/tography* (pp. xix–xxxiii). Rotterdam, The Netherlands: Sense.

Kallio, M. (2008). Taideperustaisen tutkimusparadigman muodostuminen. *Synnyt/Origins: Taiteen Tiedonala, 2*, 106–115.

Kallio, M. (2010). Taideperustainen tutkimusparadigma taidekasvatuksen sosiokulttuurisia ulottuvuuksia rakentamassa. *Synnyt/Origins: Taiteen Tiedonala, 4*, 15–25.

Kallio-Tavin, M. (2013). Encountering self, other and the third: Researching the crossroads of art pedagogy, Levinasian ethics and disability studies. Doctoral dissertation, Aalto University, Helsinki, Finland.

Kapitan, L. (2003). *Re-enacting art therapy: Transformational practices for restoring creative vitality*. Springfield, IL: Charles C Thomas.

Kiljunen, S., & Hannula, M. (2002). *Artistic research*. Helsinki, Finland: Finnish Academy of Fine Arts.

Koivisto, O. (2016). Unpublished master's thesis.

Madrid-Manrique, M. (2014, January). *A/r/tographic comic-based research*. Presented at the 2nd Conference on Arts-Based and Artistic Research: Critical Reflections on the Intersection of Art and Research, Granada, Spain. Available at http://art2investigacion-en.weebly.com/full-papers.html.

Mäkelä, M. (2003). *Saveen piirtyviä muistoja: Subjektiivisen luomisprosessin ja sukupuolen representaatioita*. Helsinki, Finland: Aalto University.

Mäntylä, E. (2012). Autiotalossa: Taideperustainen tutkimus paikkakokemuksesta [In the deserted house: Arts-based research about the sense of place]. Unpublished master's thesis, Aalto University, Department of Art, Helsinki, Finland.

Marín Viadel, R. (2005). La investigación educativa basada en las artes visuales o Arteinvestigación educativa. In R. Marín Viadel (Ed.), *Investigación en educación artística* (pp. 223–274). Granada, Spain: Universidad de Granada y Universidad de Sevilla.

Marín Viadel, R. (2008). *Modelos artísticos de investigación en educación artística*. In Proceedings of the Second International Congress of Artistic and Visual Education, Social challenges and cultural diversity. Seville, Spain: Illustrious Official Association of Doctors and Graduates in Fine Arts of Andalusia.

Marín Viadel, R. (2009). Visual arts-based educational research. In K. Buschküle (Ed.), *Horitzonte. Internationale Kunspädagogik* (pp. 67–78). Oberhausen, Germany: Athena Verlag.

Marín Viadel, R. (2011). La investigación en educación artística. *Educatio Siglo XXI, 29*(1), 211–230.

Marin Viadel, R., & Roldán, J. (2012a). Quality criteria in visual a/r/tography photo essays: European perspectives after Daumier's graphic ideas. *Visual Arts Research, 38*(2), 13–25.

Marin Viadel, R., & Roldán, J. (2012b). Territorios de las metodologias artisticas de investigacion con un fotoensayo a partir de Bunuel [Territories of the artistic research methodologies, with a photoessay after Bunuel]. *Invisibilidades, 3*, 120–137.

Marin Viadel, R.,.& Roldán, J. (2014, January). *Four quantitative tools and three qualitative tools in visual arts based educational research*. Presented at the 2nd Conference on Arts-Based and Artistic Research: Critical Reflections on the Intersection of Art and Research. Granada, Spain. Available at http://art2investigacion-en.weebly.com/full-papers.html.

Marín Viadel, R., Roldán, J., & Mena de Torres, J. (Eds.). (2014). *(Re)Presentations, glances and reflections in arts based research and artistic research*. Paper presented at the 2nd Conference on Arts-Based and Artistic Research: Critical Reflections on the Intersection of Art and Research. Granada, Spain. Available at http://art2investigacion-en.weebly.com/full-papers.html.

Marín Viadel, R., & Roldán Ramírez, J. (2008). Imágenes de las miradas en el museo: Un fotoensayodescriptivo-interpretativo a partir de H. Daumier. In R. De Lacalle & R. Huerta (Eds.), *Mentes Sensibles: Investigar en Educación y Museos* (pp. 97–108). Valencia, Spain: Servicio de Publicaciones de la Universitat de Valencia.

Marín Viadel, R., & Roldán Ramírez, J. (2010). Photo essays and photographs in visual arts based educational research. *International Journal of Education through Art, 6*(1), 7–23.

Marshall, J., & Reason, P. (2007). Quality in research as "taking an attitude of inquiry." *Management Research News, 30*(5), 368–380.

McNiff, S. (1998). *Art-based research*. London: Jessica Kingsley.

Mena de Torres, J. (2014). Construcción del concepto visual de la educación visiones de la educación a través de la fotografía artística, la fotografía de prensa y los estudiantes. Unpublished doctoral dissertation, University of Granada, Granada, Spain.

Meyer, K. (2010). Living inquiry: Me, my self, other. *Journal of Curriculum Theorizing, 26*(1), 85–96.

Moreno Montoro, M. I., Callejón Chinchilla, M. D., Tirado de la Chica, A., & Aznárez López, J. P. (2014, January). *Survival strategies for artistic research in uncomfortable contexts*. Presented at the 2nd Conference on Arts-Based and Artistic Research: Critical Reflections on the Intersection of Art and Research. Granada, Spain. Available at http://art2investigacion-en.weebly.com/full-papers.html.

Nelimarkka-Seeck, R. (2000). Self portrait: Elisen väitöskirja: Variaation variaatio. [Doctoral dissertation]. Helsinki, Finland: University of Arts and Design Helsinki Publications.

Peña Sánchez, N. (2014, January). *From sketches to a visual essay: Photography from other visualities: Survival strategies for artistic research in uncomfortable contexts*. Presented at the 2nd Conference on Arts-Based and Artistic Research: Critical Reflections on the Intersection of Art and Research. Granada, Spain. Available at http://art2investigacion-en.weebly.com/full-papers.html.

Pink, S. (Ed.). (2012). *Advances in visual methodology*. Thousand Oaks, CA: SAGE.

Pinola-Gaudiello, S., & Roldán, J. (2014, January). *Visual comparison as a methodological strategy in educational research reports*. Presented at the 2nd Conference on Arts-Based and Artistic Research: Critical Reflections on the Intersection of Art and Research, Granada, Spain. Available at http://art2investigacion-en.weebly.com/full-papers.html.

Pullinen, J. (2003). Mestarin käden jäljillä: Kuvallinen dialogi filosofisen hermeneutiikan näkökulmasta [Doctoral dissertation]. Helsinki, Finland: University of Arts and Design Helsinki Publications.

Räsänen, M. (1997). Building bridges: Experimental art understanding: A work of art as a means of understanding and constructing self [Doctoral dissertation]. Helsinki, Finland: University of Art and Design Publications.

Räsänen, M. (2007). Multiculturalism and arts-based research Themes in Finnish studies 1995–2006. *Synnyt/*

Origins: Taiteen Tiedonala, 3, 9–28.

Roldán, J., & Marín Viadel, R. (2012). *Metodologías artísticas en educación [Artistic methodologies in education].* Málaga, Spain: Aljibe.

Roldán Ramírez, J., & Hernández González, M. (2010). *El otro lado: Fotografía y pensamiento visual en las culturas universitarias.* Granada, Spain: Universidad de Granada.

Rosengren, M. (2010). Arts + research does not equal artistic research. In C. Caduff, F. Siegenthaler, & T. Wälchli (Eds.), *Art and artistic research* (pp. 106–115). Zurich: Scheidegger & Spiess.

Skilbeck, M. (1983). Lawrence Stenhouse research methodology. *British Education Research Journal, 9*(1), 11–28.

Springgay, S., Irwin, R., & Kind, S. (2008). A/r/tographers and living inquiry. In J. G. Knowles & A. L. Cole (Eds.), *Handbook of the arts in qualitative research: Perspectives, methodologies, examples, and issues* (pp. 83–91). Thousand Oaks, CA: SAGE.

Springgay, S., Irwin, R., Leggo, C., & Gouzouasis, P. (Eds.). (2007). *Being with a/r/tography.* Rotterdam, The Netherlands: Sense.

Sullivan, G. (2004). *Art practice as research inquiry in the visual arts.* New York: Teachers College, Columbia University.

Tarr, J. (2015, July). *Arts based methods in social research.* Presentation at the International Summer Workshop on Alternative Methods in Social Research, Barcelona, Spain.

Tuominen, T. (2013). Maaginen kuva: Rituaalinen käyttäytyminen kuvataiteessa [Doctoral dissertation]. Helsinki, Finland: Aalto University Publication.

Ucker Perotto, L. (2015). De ida y vuelta: Una investigación biográfico-narrativa en torno a las experiencias de ser estudiante internacional en la universidad. Unpublished doctoral dissertation, University of Barcelona, Barcelona, Spain.

Valkeapää, L. (2011). *Luonnossa: Vuoropuhelua Nils-Aaslak Valkeapään tuotannon kanssa.* Helsinki, Finland: Maahenki.

van Boeckel, J. (2013). At the heart of art and earth: An exploration of practices in arts-based environmental education. Unpublished doctoral dissertation, Aalto University, Helsinki, Finland.

第 II 部

文学のジャンル

第8章

ナラティブによる探究

●マーク・フリーマン（Mark Freeman）

訳：岩田祐子

人間を求めて

　この章を物語で始めるのが一番合っていると思われる。これは，私自身が「ナラティブに出会った」ことについての物語である（Arthur Bochner の 2015 年の本のタイトルがまさに「ナラティブに出会った」である）。またこれは，私のものの考え方が少しずつ変化したことを表す物語でもある。1960 年代後半から 1970 年代初期に，カオスと混乱の中で自分自身を探していた多くの若者たちと同じように，私もいわゆる大きな問い，すなわち正解はないのだが追究する必要のある問いに向き合っていた。たとえば，自分はいったい何者なのか。現実とは何か。精神に作用する薬物のもとで得た洞察や啓示は本物だったのか，それとも大きな幻だったのか。また，より大きな社会に対する私の責任とは何なのか。ベトナム戦争，政界の腐敗，理想と現実の間にある大きな溝に対して，どうすれば私の声を届けることができるのか。このような疑問は，十分に悩ましいものだった。それに加えて，17 歳の時の死にかけたひどい交通事故，その年の後半の親友の死，その数年後の父の死——これ以外にも恋や失恋，ロックンロール・バンドの歌手としての数年，そしてそれらすべての本質についての深い不確かさが重なり——私は心理学を専攻することになった。他の可能性もあった。その中でも最も可能性があったのが，哲学や文学である。しかし，哲学は，当時も今もその魅力は変わらないが，魂を探しているこの私には抽象的すぎた。文学に関しても，そのすべての分析手段やトリック，退屈な調査や解析にとても手が出せなかった。私は生身の人間，生きて，愛して，苦しんで，死んでいく，そんな人間を求めていた。この情熱をぶつけるのに心理学ほど適した場所はないだろう。そこで私は，この一見魅惑的な研究分野を探究するために，ビンガムトン大学へと向かったのである。

　心理学入門はとんでもなく退屈な授業だった。その理由の一つは，教授が驚くほどつまらなかったからである（これをあの教授が読まないことを願っている！　かなり確率は低いと思うが）。しかし理由はそれだけではない。その授業は，スープ（実験方法，脳など）から

お菓子（グループ・ダイナミクス，社会生活の性質）まで，すべてをカバーしようとしていたことにもある。驚くほど表面的に物事を扱っていたためそれが可能だったのだろう。総括的に*見せかけている*にもかかわらず，何かが欠けているように私には思えた。つまり人がいないのである。なぜそこに人がいなかったのか。この高貴な探求は，人間の深さを探求しようとするものだが，それはどこに着地するのだろうか。この状況は謎めいていた。私は，行われていることがかなり疎外されたものであると感じ，何か異なるもの，何かもっと包括的で，もっと人間的で，もっとリアルなもの —— すなわち，人間の人生の複雑さや，猥雑さ，かつ美しさの可能性に適したものを求めた。振り返って見ると，私はナラティブを求めていたのだとわかる。しかし，方向性を見出すまで少し時間がかかった。

　この物語を続ける前に，次のことを問うことが有益かもしれない。それは，この疎外感と渇きはなぜ生まれたのかという問いである。他の多くの学生たちは，実践されている心理学に大変満足しているように見えた。なぜ私は満足できなかったのか。私が発展させようとしていたような感受性はどのように形成されたのか。知ることや存在することについて問うために，他の方法ではなくこの特殊な方法を，私はどのようにして採用することになったのか。私たちは今の自分にどのようにしてなったのか。私たちは，ナラティブによる探究の領域にやっと入ったばかりである。そして，この領域は，確かに悩ましく謎が多い。それは，私の高校時代に起こった前述の出来事の一つなのか，もしくはそれらの結合なのか。それ以前にも顕著な出来事があり，混乱と不安の時期があった。特に3年生の時は難しかった。その年，私は26日間も学校を欠席した。そのほとんどが「お腹が痛い」からだった。そのとき，母が電話で父と話しながら，泣き，いらいらし，恐怖におびえていたのを盗み聞きしたことが，私が元気を取り戻す助けとなった。どのように*そのこと*が関わったのか。確かにそうなのか。たぶんその前の出来事がある種の「素因」をつくり，のちの経験によって活性化されることになったのだろうか。これらの問いすべてに対する私の答えは，はっきりしている。わからないということだ。どのようにしたら私がわかるというのか。

　私がなぜそのようになったのか，全く見当がつかないと言っているのではない。少しは見当がついている。しかし，最終的に私ができるのは，*解釈*すること —— つまり，長年にわたって続いてきたことを見て，それが少なくともわずかでも意味をなすように，ある種の文脈をつくり上げることだけである。あとで詳しく説明するが，私が気づくべきことは，「今起こっていること」という個別のデータが入ったアーカイブも，向き合って探求することのできる出来事が入った外から見える透明な箱も全く持っていないということである。私が持っているのは，記憶だけなのである。そしてこの記憶は，ご存じのとおり，しばしばかなりぼやけており，はっきりとしないものである。しかも，その記憶は，私の人生を構成するさまざまな経験や出来事の中から私が選んだものであり，それは，私が何らかの「説明」を念頭に置いていることを示唆している。その説明は，*あちらではなくこちら*だという方向性を私に指し示すのである。そして，これらの経験や出来事を互いに関連づけながら，それらがどのようなパターンを形成しているかを確認するという難題がある。しかし，私はこのパターンづくりを，自分自身の興味，

第8章　ナラティブによる探究 | 149

必要性や希望からひどくかけ離れているものとはしたくなかった。というのは，あるレベルにおいては，自分の興味や必要性や希望も，重要な要素となるからである。私はどのような説明をしたいのだろうか。どのような物語を語りたかったのだろうか。人間の生の動きを扱うとき，私たちは解釈だけでなく*物語*の真っただ中にいるのである。

　しかし，ここで最初に語りはじめた私の物語に戻ろう。やがて，私は想像していたような心理学に近いと思われる講座に出会うことになった。それらのうちの１科目は，特に自分の研究者としての成長にとって重要だった。それは，心理学科で教えられていた「現象学的心理学」で，この分野で著名な教授によるものだった。この科目の主な焦点は，生きられた経験のすべての文脈の中での認知と意識に関する事柄であり，私がずっと探求し理解したいと願っていた，生身の人間の実際の経験に関するものだった。その科目は，まさに救いだった。私はまるでこの仕事をするために*生まれてきた*かのように，読み，議論する内容に没頭していった。そして，私が受けた試験の最後に，教授が「よくやった」と書いてくれたとき，私は心理学に夢中になったのである。現象学的心理学を気に入っただけでなく，どのように現象学的心理学を学べばよいのかがわかった気がした。なぜそうだったかについての答えはふたたび明白である。そんなことはわからないということである。しかし，いずれにせよ重要なことは，これだと思えるものを見つけたということなのである。私は現象学的心理学者か，もしくはそのようなもの，それに近いものになるのだろうか。あるいはたぶん，実存心理学者，もしくは人間性心理学者だろうか。実際は，そこに何があるのかはあまりよくわかっていなかった。問題は見つけることだった。

　私がすぐに現象学的心理学者になるのは無理だった。交通事故の後の裁判で手に入れたお金を持って，当時の学生なら誰でもやっていた大学卒業後の放浪冒険旅行に出発した。実際には二度の旅であり，長年の友人たちとの９ヵ月のクロスカントリーの旅は，ニューイングランドを秋に出発し，キーウェストが終着点だった。次に，発達障害のある子どもたちのためのキャンプのスポーツ・ゲーム部門のディレクターとして夏の一時的な仕事をした。その後，バックパックとギターを担ぎ，数ヵ月間ヨーロッパで過ごした。最後に，サマーキャンプで働いた人たちと一緒に，リクリエーション担当のセラピストとして１年を過ごした。私はある種の臨床医になるのだろうか。それも可能だった。しかし大学を出て３年経っても，現象学／実存／人間性心理学と関係する何かをやりたいという気持ちをずっと持ちつづけていた。問題はどこでやるのかだった。

　私の選択肢は限られていた。アメリカの心理学は，そのときも今もかなり厳格な科学の形態にこだわっている。何が正当な研究であり，何がそうでないかを明確に区別する。当時も現在と同様，実験が採用されるべき主要な調査方法であることは自明である。さらに，実験の「対象」は，求められる知識，つまり再現可能な「結果」にまとめられるような客観的なものでなければならないとされた。これは確かに価値のある目的である。学生たちによく言うのだが，私はこの基本的なやり方を台無しにするようなことには関心はない。問題は，何ができたかではなく，何ができていないかにあるのだと，私はいつも言っている。したがって私の課題は，今よりたぶんもっと深刻だったのだが，私がやりたいと思っているアプローチを歓迎してくれる場所を探すことだった。念のために

言っておくが，私はこのアプローチが何であるかを実際にわかっていなかった。私は感触を持っていたにすぎない。それは正当な心理学「プロパー」でさえなかった。私が探しているものは存在していたのだろうか。この今までのものと代わるような心理学（それが何であれ）に対する私の新鮮な関心に加え，私が文学——（主に，いくぶん雑に紡いだ詩の形で）読んだり書いたりすること——に情熱を持ちつづけ，人間の条件について文学が何を明らかにできるのかという問いに魅かれつづけていたことは注目すべきである。私が学んでいた大半の心理学より，この新しい心理学は，もっと人間の生に関連していた。またこの新しい心理学は，生きた世界に対してより忠実で，**より真実**だった。この状態は結局パラドックス（逆説）の形をとることになる。逆説こそが，ナラティブ研究の最中に私の好奇心をそそることになるのだが。探究に対してもっと芸術的なアプローチをとることによって，心理学は実際的には，科学から遠ざかるのではなく，より科学的になるのかもしれない。というのは，曖昧さ，猥雑さ，美しさのすべてを備えた生きた世界の中で，そこに正確さを追求しようとすれば，それは人間社会により適切な，理解や知識の形をつくることになるからである。

ナラティブに向き合う

　ナラティブに関しては，当時はこの考え方の萌芽を見ていただけかもしれない。現象学的心理学があり，文学があり，その間に何らかの橋渡しができるのかどうかは，時間が経たなければわからないだろう。数年にわたり，私は適切な大学院のプログラムを探し，幸運にもシカゴ大学にたどり着いた。そこで，人間発達学科という分野融合的なプログラムに参加した。このプログラムは，生物学的なことから社会文化的なことまで，すべての複雑さの中での人間の生を探求することに専念していた。シカゴ大学で学べば，社会科学の研究を，哲学などの隣接する分野の研究でも補うことができる。それは最初から急ぎすぎだったことが，後に明らかになった。人間発達学科で，「精神分析学における発達的視点」などを受講し，Freud（フロイト）らの研究に，ナラティブによる探究が時間の経過とともに展開する人間の現実の深層を探る強力な手段であるということの一端を垣間見ることができた。また，Paul Ricoeur（ポール・リクール）という哲学者のもとで勉強できないかとも考えていた。当時はまだ彼のことをよく知らなかったが，現象学の著名な研究者であることだけは知っており，その重厚な本はお気に入りの書店でよく目にしていた。当然ながら，彼の講義は非常に人気があった。事実，受講するためには申し込みをしなければならなかった。最初に開講されたのは，「時間の意識の現象学」という2学期にわたるセミナーだった。どのような内容の嘆願書を送ったかは覚えていないが，とにかく，なんとかこのコースに入れてもらえた。あとで，15人くらいの学生の中で，私が唯一の社会科学を学んだ学生（少なくとも社会科学科のどこかから来た唯一の学生）だということがわかった。残りの学生たちは，主に神学部か哲学科出身だった。Plato（プラトン），Plotinus（プロティノス），St. Augustine（聖アウグスティヌス）のような人物のテクストを読むことになっていた。それなりに緊張した。発表もしなければ

ならなかった。私は，St. Augustine の『Confessions（告白）』（397/1980）の第10巻，つまり記憶に関する素晴らしい章について発表した。

　この体験は大変なものだったが，同時に大きな変化をもたらした。私は，自分がずっと夢見てきた種類の心理学をやりながら，真剣にその中にいた。特に『Confessions』では，心理学的な深さや詳細へのこだわりだけではなく，人生の物語を語るという本当に目を見張るようなプロセスを目の当たりにすることができ，*生*についての深みのある説明を見ることができた。St. Augustine は，自分の進むべき道を探し求めた末にカトリックに改宗し，自らの人生を振り返りながら，その成り立ちを語っている。このテクストの中に，30年もの間，自分をずっと捉えることになること――すなわち現在という視点から過去を振り返ることで，*生きた人生*と*語られる人生*を区別するということに出会ったのである。これは，経験した時点では得られないような意味や意義の次元が，あとから現れる可能性があるからというだけでなく，そのとき明らかになったであろうどんなものも，生じている全体の中にある一つの部分――それは創発する物語の中のある*エピソード*なのだが――であったからである。ここで別の逆説が表面化してきた，もしくは少なくとも表面化したように見えた。ある角度から見ると，過去を振り返るこのプロセスは，「ありのままの」過去を歪め，改竄せずにはいられないように思われた。認知心理学者などは「後知恵のバイアス」といったような用語を使ってこのような話をする傾向にあった。しかし，別の角度から見ると，振り返るというプロセスによって，過去のそのときには持ちえなかった真実にたどり着けることもあるかもしれない。私は特に，Georges Gusdorf（1956/1980）の古典とも言える論文「Conditions and Limits of Autobiography（自伝の条件と限界）」の中で書かれたこの件に関する彼の解釈に興味をそそられ，そして悩まされた。

　　　現在の瞬間に限定して意識の検証をすることは，個人的な自分自身から切り取られた破片しか与えられないようなものである。（…）まさにその瞬間，物事に対する興奮が自分をあまりにも普通に囲んでいて，そのことを全体の中で見ることができない。記憶がある種の消去を私に与えることで，私は物事（出来事）のすべて，時間と空間における出来事の文脈を考慮することができるようになる。飛行機からの眺めが，時に考古学者に，地上にいる人たちには見えない道の方向，要塞や町の地図を教えるように，自分の運命を組み立て直すことは，自分が気づいていなかった主要な線をむき出しにする。その線が明らかにしたことは，自分にとっての決定的な選択が，自分でははっきりとは気づいていなかったのだが，一番深いところで自分が持っている価値観に要請されたものだったということである。(p. 38)

この観点から，「自叙伝を綴ることは，経験を二度目に読むことであり，これは一度目の読みに比べ，より真実に近い。なぜなら，二度目の読みは，経験自身にそれへの意識を加えるからである」(p. 38)。この考え方の基本は，私には大変魅力的であった。それは，特にこの考え方を持つことで，じかの経験に結びついた真実の秩序とは異なる，真実の秩序があるという可能性に気づいたからである（たとえば，Freeman, 1984; Freeman,

Csikszentmihalyi, & Larson, 1986 を参照）。

　しかし，そのとき課題があった。Gusdorf（1956/1980）が続けて述べているように，「ある人生の物語は，単にその人生のイメージの二重コピーにはなりえないことは明らかである。生きられた経験は，その瞬間の要求に従って日々展開される」。しかし，「出来事が起こったときの自分が先の展開を理解していなかったという事実は，それ自身は生きた時間の矢印に呼応している。しかし，この事実は，出来事が終わった後にその結末を知っている誰かによって編まれた記憶の物語の中には決して存在することはできない」（p. 41）のである。この第二の視点から見ると，

　　　この困難は乗り越えられないものである。語り手は，たとえ天才的な才能があったとしても，自分が語る物語の結末を常に知っていることから逃れることはできない —— 語り手は，いわば問題を解決した状態で物語を始めるのである。さらに，錯覚は，語り手がその出来事に*意味を与えた*瞬間から始まる。その出来事が実際に起こったときには，いくつかの意味があったに違いない。もしくは意味を持っていなかったかもしれない。このような意味づけをすることで，事実の保持や詳細な描写の選択が可能になる。それによって保持すべき事実と，引き出すべき細部とが決定される。ここで，記憶の失敗，ギャップ，記憶の変形が生じるのである。記憶というものは，純粋に物理的な原因によるものでも，偶然によるものでもない。それは逆に，記憶している作家が選択した結果である。記憶している書き手が，自分の個人的な現実を受け入れようと自分の過去を修正したり選択したりした結果である。

（p. 42, 強調は原文まま）

ちょっと待ってほしい。経験を二度目に読むことは最初の読み方よりもより真実に近いという考え方のほうはどうなったのか。突然「錯覚」というような用語や，「体験前に予想された理解」や「記憶の失敗，ギャップ，変形」といったものに出くわしてしまった。どちらなのだろうか。

　Gusdorf はこの件に関して苦闘していた。私たちがどこに着地するにせよ，彼はこう書いている。「人は（…）客観性という建前を捨て，細部の正確さで研究を判断するような，ある種の誤った科学的態度を捨てなければならない」（p. 42）。なるほど。これは十分合理的に聞こえる。確かに，世界と正面から向き合うときのような細部の正確さを物語に求めることはできない。これが意味するところは何だろうか。客観性という建前を放棄したら，主観性しか残らないのか。すべての真実の主張は完全に捨てなければならないというような主観性が，私たちには残されるのだろうか。そうだと答える人たちもいる。Donald Spence（1982）は，精神分析の真実の主張を見直す試みの中で，「歴史的真実」がない場合，「物語的真実」（Schafer, 1983 も参照），つまり，その人が最初に分析に持ち込んだ機能不全の物語よりも，その人のために理想的に機能する人生の説明の方が残ると主張した。この視点は私には全く納得できなかった。特に Spence にとっては，ナラティブに頼ることは失敗から生まれたのである。すなわち，過去は決してありのままによみがえらせることはできないために，結果として生ずる説明はフィクション

としてしかみなされないだろう —— 語られた側面が，古典的な精神分析で概念化された自己理解や自己認識のプロジェクトを凌駕するという意味で，フィクションとは*単なる物語*だと言う人もいるかもしれない。

　そうしている間，前に述べた2学期にわたる Ricoeur のセミナーに続いて，もう一つ2学期にわたる授業を受講した。それは，Ricoeur が他の何人かの教員と一緒に教えた「歴史性，歴史，ナラティブ」という授業だった。このコースの後にもう一つ「神話における時間（Mythical Time）」という授業も受講した。これらの授業と，人間発達学科でやっていた研究とが合わさり，私は物語の世界にどっぷりとはまり込んだ。Spence, Schafer, そして他の研究者たちの問題点 —— この中には，Ricoeur（1981）が書いているいくつかの考えも含まれていたことを認めなければならない —— を解決しようとしたのは，これらのうち前者の授業においてだった。結果として，私は69ページの論文を書き，Ricoeur にコメントが欲しいと厚かましくも送りつけた。まるでこの口数の多い，まだまだ知識不足の大学院生の論文を読む以外に，Ricoeur が何もすることがないかのように，この指導教官に対して「親殺し」よろしく私は論文を送りつけたのである。余談だが，私たち〔Ricoeur と筆者〕は，この機会に，後に私の考えの中で重要な位置を占めることになるもう一つのテーマについて考えはじめることができた。そのテーマとは，過去に対する洞察はしばしば遅れて，遅れすぎてやってくるという事実である（特に Freeman, 2003b, 2010 を参照）。この事実は特に道徳的な領域で強く，先に行動して後で考えるという傾向が見られるようである。さあ，ポール！　読み進めてくれ！　そして，彼はそうした。Ricoeur は，精神分析に関する彼の考え方に対する私のちっぽけな批判さえも受け入れてくれ，その結果，私は「Psychoanalytic Narration and the Problem of Historical Knowledge（精神分析的ナレーションと歴史的知識の問題）」（Freeman, 1985）という重厚な論文を書き上げたのである。この論文の中で，私は，「物語的真実」という考え方を分解し，それらを主観性と耽美主義によって露わにしようと全力を傾けた。また，こうしたより主観的な物事の描写が，いかにして彼らが置き換えようとする実証主義に依拠しているかを示そうとした。それは，とても楽しいことだった。私は，批判という筋肉を伸ばし，重要な研究者たちと一緒に走れることを示した（Freeman, 1989, 2002 も参照）。しかし，私は何か*肯定的*なことを言っていただろうか。

挑戦の中で研究する

　批判の瞬間が重要であったのと同じように，ナラティブによる探究についての自分自身の視点を形成しはじめる時期に来ていた。ある意味で，私は暗黙のうちに，すでにそうしはじめていた。実際，私が最終的に，発達という概念を物語的に捉え直す作業（Freeman, 1991; Freeman & Robinson, 1990）で示唆したように，発達のプロセスは，あるものとあるべきものの間に，ある種の不一致が存在することを*認識*することから始まる。先ほど述べたように，私が出会った研究の中に，自分にとってしっくりこないものがあったことが，プロセスを経ながら研究することの始まりだった。この発達の最初の瞬

間に続いて，*距離を置く*ことが始まる。すなわち手中の問題の本質をより明確に認識しはじめると，その問題から自身を遠ざけようとするのである。これは，本質的には批判の瞬間であり，この場合は，ナラティブによる探究を概念化する方法に対して，適切ではないと考え批判を始めた。そこから，より肯定的なビジョンを形成するために，距離を置くという否定的な態度を捨てて，*明確に述べる*ことへと移行することが可能になると期待される。最終的には，*専有*（appropriation）がある。より良い方法についての明確なビジョンを手に入れた人は，そのビジョンを実践することができる。この基本的な発達の図式を念頭に置くと，距離を置くことと明確に述べることの中間に自分がいることがわかった。何が「間違って」いるかははっきりと感じていたが，何が「正しい」のか，少なくともこれまであったものより正しいかもしれないことに関しては，まだはっきりとはわかっていなかった。

　目の前の課題に本格的に取り組みはじめるには，1 冊の本が必要だろう。実際，2 冊必要だった。そのうちの 1 冊は，シカゴ大学在学中に，Mihaly Csikszentmihalyi（ミハイ・チクセントミハイ）と Jacob Getzels の指導の下に私が行っていた，画家や彫刻家を目指す野心的な学生たちについての研究に基づいたもので，タイトルは『Finding the Muse: A Sociopsychological Inquiry into the Conditions of Artistic Creativity（ミューズを見つける：芸術的創造力の条件についての社会心理学的探求)』（Freeman, 1993a）である。この本の中で，私は 20 年ほど前にシカゴ美術館付属美術学校で学んでいた約 54 人のアーティストたちのライフヒストリーを調査した。主な目的は，この 20 年間に彼らが成し遂げたことと成し遂げなかったことを見ることである。この研究は，私が初めてナラティブ調査を行ったもので，芸術と創造性に関連する問題に主眼を置いたものだったが，経験的なナラティブ調査を行う上での課題について多くを学ぶことができた。『On Interpretation（解釈について)』という書名の本の最初の部分で書いたように，私は手元にある膨大なインタビューデータを扱うのに，個別に分析する方法を採用しなかった。一時期，内容分析をしようかと考えたこともあった。この種のアプローチは，定量化できるという理由で，私より年長の研究仲間の間で好まれていた。しかし，このような分析方法は私には合わなかった。「客観的」のように一見思えるかもしれないが，私には明確にそうは思えなかった。というのも，ある単語や文言の出現頻度が，その意味や意義と関係があると考えるのは，どう考えても無理があるからだ。そこで，私は妥協の産物として，テーマや意味の大きなパターンに注目した定性的なコード化の枠組みを開発した。しかし，このアプローチもなかなかうまくいかず，「本格的な解釈研究」へと向かった。これは事実上，私が探求すべきさまざまなトピック領域を設定し，手元にある豊富なインタビュー資料をできるだけ「厚い記述」（Geertz, 1973 を参照）とすることを方法として使って，読者に彼らが生きられた経験を具体的に感じてもらうことを第一の目的とした。

　それは簡単なことではなかった。先の解釈の項で指摘したように，「データはそれを語った人たちによって**すでに**解釈されている」（Freeman, 1993a, p. 29）のである。この一節に沿って，私は以下のようにも書いてもいる。「ライフヒストリーの語りは，すでにずっと前に過ぎ去ってしまった経験そのものから成るのではなく，またドキュメントや

人工物から成るのでもない。（…）その代わりに，過去の経験についての現在の意味を選択的に創造的に解釈したものから成るのである」(p. 30)。まさにこの事実こそが，一部の読者の目には，まやかしの試みのように映ったに違いない。というのは，経験そのものからこれほど離れているということや，記憶のゆがみの問題などを考慮すると，すでに起こってしまったことについて，どれくらい学ぶことができるのかということである。私の弁明は最初，古典的なナラティブの手法をとった。

　　起こった出来事の歴史的な意味を理解するためには，これらの経験がその後のどの出来事に関連があるかを知っていなければならないし，これらは当事者たちがその経験の瞬間には，決して知ることができない描写である。だから，たとえそのときはそう思えなかったのに，ある経験や人生の一つのステージが重要だったと言えるのは，このためである。また，状況を明白に理解していると思ったことが，結局は全く明白でなく，むしろ混乱し，無知で錯覚だったりするのも，このためである。これらの出来事そのものは，過ぎ去った瞬間に死んでなくなってしまうかもしれないが，特に新しい経験がやってきて解釈に新しい文脈を与え，遡及的に意味を変貌させるので，それらの意味は十分生きたままでいられると言って全く矛盾はないのも，このためである。(pp. 31-32)

これらの言葉とともに，問題に対しての部分的な「解決方法」を提供した。しかしそれにもかかわらず，まだ次のことを問わねばならなかった，

　　人生史的な語りは，過去の再提示を装うことはできないし，語り手は自分が持っている情報の形成に関わっていると想定すると，そして，その具体的な方法は，心理学的な必要性や願望などを変化させる文化特有の策略の機能だと想定すると，彼らが私たちに語ることができるのは，正確にはいったい何なのだろうか。それが描写されようとしている過去の事実ではないとしたら，ではそれはいったい何なのだろうか。(p. 32, 強調は原文まま)

私はこの自分の回答に驚いた。この回答は後に私がとることになる考え方の前触れであり，以前の研究を再調査するまでほとんど忘れていたものだった。そして，私は「In the processes of recollection, as it is frequently embodied in life-historical narratives（人生史的な物語の中でしばしば具現化される回想のプロセス）」で以下のように書いた。

　　私たちがしばしば見ているのは，解釈的動きであり，その中で意味は過去から一度離れて新しい意味をつくり出している。その新しい意味は，厳密にいえば，「発見された」ものではなく，「つくられた」ものでもない。それらはしばしば，以前から何らかの形で存在していたものの，現在のように完全に実現された形ではなかったという確信をもたらす。（…）回想のプロセスは，（このように）*新しい意味を見出す*ものなのである。そして，新しいパターンやメタファーを見つけ，自分の人

生の形を明確にするものなのである。(Freeman, 1993a, p. 32, 強調は原文まま。Lakoff & Johnson, 1980; Olney, 1972; Ricoeur, 1983 も参照のこと)

　この論文のプロジェクトについてこれ以上詳しく説明する必要はない。この論文を書くにあたって，私が直面した主な課題は，ずっと行ってきた膨大なインタビューから収集したナラティブデータをどのように使うかということと，その正当性をどのように擁護するかであった。私がそのとき直面した多くの問題や出来事は，ナラティブによる探究だけではなく，より一般的に言うと質的探究にも適用されるものだった（Freeman, 2014c; Gergen, Josselson, & Freeman, 2015 を参照）。このプロジェクトでは，私のやっていることが「科学」とみなされるかどうかという問題にこだわる必要はなかった。妥当で実現可能な知識を生み出すことのできるこのようなデータを使って研究する方法があるのだと提案するだけで十分だった。しかし，どのような種類の研究なのだろうか。

　同じ頃書いていたもう一つの本で，私はこの質問とナラティブによる探究にもっと直接に関連する他の多くの問いに，向こう見ずに直面したのである。『Rewriting the Self: History, Memory, Narrative』(1993b) と題されたこの本は，私にナラティブ研究を行う際の課題に取り組む機会を与えてくれた。ここでは，「データ」はあるがままの状態の*テクスト*——ノンフィクション 5 つとフィクション 1 つ——から成り，すべてのテクストは何らかの方法で，可能性の条件を確立するために探求された。いわばナラティブによる探究のためにも，それらは探求された。この本の第 1 章で，私が物語を学ぶきっかけとなったテクストである St. Auguine の『Confessions』(397/1980) に立ち返った。自叙伝の最初の作品とされることもあるこの本は，ナラティブによる探究の基本的な考え方を構築する素晴らしい機会を与えてくれた。すなわち，生きたままの人生と語られた人生の乖離，過去を語ることに対する現在の影響，そしてより一般的には語る時間の本質などである（特に Ricoeur, 1980, 1984, 1985, 1988 を参照のこと）。他の章では，Helen Keller（ヘレン・ケラー）の自叙伝『The Story of My Life』(1902/1988) などのテクストを分析し，その中で，私たちの言葉——と私たちの物語——は，どの程度本当に「自分たち自身のもの」なのかを検証した。Philip Roth の『The Facts: A Novelist's Autobiography』(1988) では，事実のテクストとフィクションのテクストに共通するものと相違するものを検証した。Sylvia Fraser の『My Father's House: A Memoir of Incest and of Healing』(1987) では，過去の構築や再構築における無意識の場所について考察した。Jill Ker Conway（ジル・カー・コンウェイ）の『The Road From Coorain（はるかなる大地クーレイン）』(1989) では，私たちの人生やライフストーリーが社会的に構築される際の多くの，そして多様な方法に対して，どの程度私たちが意識することができるかを，他の多くのことがらに加えて考察した。その頃，私には考えることがたくさんあった。

　この本のエピローグ「ライフヒストリーの詩学を目指して」こそ，私が今一番取り上げたい内容である。その主な理由は，私はこのエピローグを，ナラティブ探究に関するそれ以降の私の考え方の大半へと方向転換させた，ある種の分岐点だとみなしているからである。「詩人たちは」と，私は提案する。「世界の模倣の再提示を求めて習慣的に

苦闘しているのではない（…）しかし，フィクションを書いているのでもない（…）代わりに彼らがしているのは，（…）世界をもう一度*書き直す*ことである。私たち読者が普通ならば気がつかず，詳しく説明もされないままになってしまうようなことについて，何かを学び，見て，感じることができるような方法で，もう一度書き直しているのである」。簡単に言うと，詩人は，「他の方法では明らかにされなかったかもしれないことを，最適な形で私たちに伝え，明確にし，明らかにする言葉を使うのである」（Freeman, 1993b, p. 222）。同様に私は次のようにも書いている。

　　　自分自身を書き直すというプロジェクトに従事しているとき，ナラティブの想像力は，文字通り，書くという行為がなかったら*存在しなかったであろう*あらゆる世界を開示し，明確にし，明らかにしようとする。この意味において，ライフヒストリーは，書くこと（ライティング）でできた人工物そのものである。それは，ナラティブの想像力の高まりである。しかし，だからといってライフヒストリーを非難し，単なるフィクションの地位に追いやる理由にはならない。私たちも*自分自身*としてナラティブの想像力の産物である。*私たちも自分が誰で，何者であったのか*，また何者であるのかを想像することなしに，文字通りの意味で存在したり身体を守ったりはできない。想像力を殺したら，自分自身を殺すことになる。これらのことがすべて語られ，行われた後で，誰がそのような死を望んでいるだろうか。

（Freeman, 1993b, p. 223, 強調は原文まま）

そう，だから私たちはライフヒストリーのこの詩的な様相を認識できるし，認識すべきなのである。しかし，学術界の中でこのような「研究」の占める場所はどこなのだろうか。特に心理学の歴史から判断すると，答えはこうなる。大した場所はない，ということである。「これには多くの理由があるが」，私が気づいたのは，「明らかに明白な理由が一つある。それはこの種の探究は，伝統的な実証主義の基準からは，注目に値するほど十分重要なものだとは，また信頼に足るものだとはみなされてこなかったということである」（Freeman, 1993b, p. 227）。さらなる問題もある。この種の探究は，「心理学的」とみなされることが難しいのである。この本の裏表紙に，扱われている専門分野のリストがあるが，そこには心理学だけでなく，哲学や文学も含まれている。このような研究は，どのように位置づけられるべきだったのか。（私の同僚の幾人かは，この問題について同様の懸念を持っていた。）これに関連して「ある人々にとっては（…）この本は，研究の密閉された自律性への信念を擁護する者たちが，引き裂きたいと熱望している，リベラルな多元主義的・折衷学的なものを醸し出しているかもしれない」と私は述べた（pp. 227-228）。このような批判に対してどのように答えられるだろうか。

　第一に私が言ったことは，伝統的な実証主義の基準は，すなわち「それらは偏狭で限定的で全くばかげたことなのだが，（…）挑戦される必要があり，それも徹底的に挑戦される必要があるということである。有効で重要な知識を成しているもの，成していないものを買いあさることは誰にもできないのである」（Freeman, 1993b, p. 228）。（直近30年間私が教えているホーリー・クロス大学心理学部の同僚たちは，実際にこの言葉を読んでいるのだ

ろうかと思わざるをえない！）この研究や同様の他の研究は厳密には心理学ではないという事実に関して，私の返答は同様に大胆不敵なものだった。つまり「『権威ある者たち』が維持しているかもしれないものにもかかわらず，権威ある者たちがそう言っているからという理由だけで，心理学とはこれである，いや，あれであると決めつける理由はない」（p. 228, 強調は原文まま）ということである。この種の研究が，より一般的には，専門分野に基づいた考え方の終焉を告げるかもしれないという考え方に関しては，「一つの方法論的なアプローチ，分析のモード，書くことのジャンルの境界を越えて前に進むことには，しばしばちゃんとした理由がある」としか言いようがない。なぜなら，この種類の研究は，「この方法をとらなければ可能だったかもしれないことよりも，『物事そのもの』に対してより忠実にたどり着けるかもしれないのである」（p. 228）。そういうことなのだ！

「書くことのジャンル」について少し補足する。ライフヒストリーについて出会い，それについて書くとき，

> それは単なる一つの詩的行為 —— 自分自身の人生の動きを振り返るために立ち止まっている人物の詩的行為 —— ではなく，2つの詩的行為なのだという現実に私たちはすぐに直面する。2つの行為とは，すなわち私たち自身が，研究しているテクストを単に文字起こしする以上のことを求める限りにおいて，言われていることについて意味を理解し，かつ目の前に置かれている情報に解釈の文脈を創造するという課題に取り組むことである。したがって，手元にあるプロセスの詩的な様相を消去することは決してできない。歴史的解釈は，自分についてであっても他の人についてであっても，データに内在する，すでにそこにあるものを単に発見するというのではなく，解釈を行う人の想像的な能力に依拠しているのである。（Freeman, 1993b, pp. 229-230）

この点において，ナラティブの研究者は，自叙伝作家について述べた文脈で私が扱ったのと同じような課題を扱っている。すなわち「望みは，存在するものをつかみ，言語によって想像力豊かに変容させ，読者である私たち自身がそれを新しい光の中に見ることができるようにすることである」。また，これらのことを念頭に置いて私が提案したことは，「少なくとも私たちの注意の一部が（…）文字通りに情報を与えられた心理学的批判と名付けられるようなプロジェクトに専念している」ということである（Freeman, 1993b, p. 231; Freeman, 2003a も参照）。これは，心理学的情報リテラシー批判と同じものではない。しかし近い親戚であり，芸術や人文学により近い，ある種の一連の心理学的探求をもたらすことができることに私は気づいたのである。

　私が，このプロジェクトにとても関係のある Freud の文章に初めて出会ったのはこの時期だった。『Studies on Hysteria（ヒステリー研究）』（1893-1895/1955）の中で，Freud はエリザベス・フォン・R という女性のケースについての議論の最初に，次のように書いている。

私は常に精神療法家だったわけではなく，他の神経病学者と同様に局所診断や電気予後診断学の教育を受けてきた。したがって，私の記述したこの病歴が短篇小説のように読まれ得ること，そしてこの病歴にはいわゆる科学性の厳粛な刻印が欠けていることに，私自身も奇異な印象を抱いている。こうした結果は，私の好みというよりむしろ明らかに事柄の性格に起因するものだ，と自分を慰めるしかない。局所診断や電気反応は，ヒステリーの研究において全く有効ではない。他方，心的過程の詳細な記述 ── 人はこうしたものを詩人の手から受け取ることに慣れている ── によって私は，数少ない心理的公式を用いるにせよ，ヒステリーの経過に関してある種の洞察を得ることが可能となる。(pp. 160-161; 邦訳書 pp. 205-206 より引用)

Freud にとって，自分がしていることを基準に達していない，「欠落」だとみなすことはできなかった。これは，彼が教えられてきたような，科学の価値を安定させる種類の科学ではなかった。しかし，普通のアプローチに固執していたのでは何もできないことが問題なのではなく，「患者の本質」に対して，普通のアプローチの結果では，彼自身の文学的アプローチよりも忠実性が欠けることが問題だった。「簡単に述べると，Freud が認識していたのは，表面的ではなく真の意味で科学的でありたいのなら，現象そのものを甘受したいのなら，彼の研究の中に詩的な方法を入れる必要があるだろうということである」。そこで彼は，「科学を超えるのではなく，何よりもまず目の前の現象の呼びかけに刺激されて，科学を変容させるという目的に向かって」歩みを進めることにしたのである。理由は明らかである。「詩的なものを排除した科学は不完全なもので，おそらく厳密ではあるが，究極的には空虚で偽りのものであろう」(p. 223) からである。したがって，別の形の科学，すなわち詩的なものを受け入れ，詩を有効で重要な心理学的知識を生み出すことに欠かせないものだとみる科学が創発するのは必然であった。Freud に倣って，私はこの別の形の科学を*詩的科学*と呼ぶようになった（Freeman, 2007a, 2007b, 2011）。この科学は，心理学の専門分野に，本当に居場所を見つけることができるだろうか。そして，私が最後に問うのは，この種類の研究は，本当に「科学」とみなされるだろうかということである。

サイエンスとアート

　詩的科学という考えに今でも引き寄せられている。詩的科学の膠着的な性質のせいではなく，より重要なことだが，詩的科学は，*科学的探究*という傘のもと，ナラティブによる探究に場所を提供しつづけているからである。このことは政治的理由としても重要かもしれない。私か，もしくは他の誰かが，「私たちは科学を行っているのではない，それとは何か異なるものをまとめて行っているのだ」と単純に宣言すれば，それぞれの専門分野 ── この場合は心理学であるが ── から自分を切り離す危険を冒すことになる。この理由により，私は『Rewriting the Self』(1993b) 以来ずっと行ってきた研究の多くで，広く考えられるところの科学的プロジェクトにずっと関わってきた。私は以下

のことを認めなくてはいけない。どんなに自分の研究をこのように位置づけなければならないとしても，他の人たちから，疑う余地もなく多くの人たちから，これは科学とはみなされないだろうということを。仮説もなければ，実験もなく，統制群もいない。*何もない*。これらは，多くの人たちが科学的と認めるには必要だとされているものである。この基本的な考え方への私の答えは，第一に，科学とはどうある「べき」かに対して誰も確実な答えを持っていない，第二に，ナラティブによる探究は，まさにその芸術性ゆえに，主に現象に対して最も適切な言語を見つけることによって，科学であれという目的に本当に沿っているのだ，というものである。これ以外にも付け加える説明がある。ここで検討しているナラティブの形は，一般化という点において疑問視されるかもしれないが，それにもかかわらず，ナラティブがナラティブ自身を超えて，語られている一つの物語以上のものに言及するという場合があるのである。もちろん，一般化は，注意深く行わなければならない。一般化の目的は，確かなものを提示するというよりも，*説得*ではなく*提案*するという目的のためであり，私が真実の「領域」と呼んでいるもの（Freeman, 2002）をひらくためである。加えて，このような研究は，*議論*よりも*アピール*に，より依存することになるだろう。しかし，第一の目的がそこで分析されている人生に忠実であることである限り，科学性の基準について議論ができるかもしれない。さらに，初期に出会っていたことなのだが，逆説の，もしくは見せかけの逆説のうちの一つに戻ることにより，このようなライティングが*芸術的*に作られれば作られるほど，それは究極には，より科学的になるのかもしれないのである。Freud もこの考えにうろたえていたかもしれないが，同様のことを思っていた。物語が短くなればなるほど，そして彼の研究はそうなのだが，真実をより語っている可能性が増すのであった。

　今のところ順調である。少なくとも一部の人々にとっては。私たちは，今でも科学の言葉を話している。これは，とにかく私がしばらくの間，語ろうとした物語である。しかし，私自身が科学の考え方を今まで以上に広げたことに気づいた。たとえば，ある時点で（Freeman, 2003a），ナラティブによる探究は*考える*ことだけでなく，*感じる*ことにも向いているかもしれないと，また，人間世界についての知識や理解を増やすという慣習的で*認識論的*な目的に寄与するだけでなく，ナラティブによる探究は，同情と思いやりを増すという*倫理的*な目的に寄与することができると述べた。そうすることで，ナラティブによる探究は，人々の人生の現実をより深く知りたいと求める読み手に，文学研究が提供する没頭する感じと同じような感覚を持つ機会を与えることができる。

　「ナラティブは積み重なるのか」[＊訳注1]という問いの解決を求めたシンポジウムを開催するとともに，この方向で私は研究を続けた。この問いに答える確かな方法はないと言いながら，自分自身の返答を展開しはじめた。この問いに答える確かな方法がない主な理由は，研究しているナラティブの種類や研究時に持っている目的の種類に依拠するからである。前に描写したような大規模のプロジェクト，すなわち高い目標を掲げている芸術家についての研究においては，創造力の条件に関する研究に貢献するような自分自身の「発見」に確かに関心を持っていた。私の問いの中のデータは，ある特定の歴史的期間や特定の文化につながっているので，創造力の条件に関する研究に貢献するには必然的に限界があるかもしれない。したがって，これらの発見を普遍化する方向に早く動きす

第 8 章　ナラティブによる探究 ｜ 161

ぎることには慎重になる必要がある。しかし，この研究は，質的な社会科学の研究であり，だからこそ，総和（研究の積み重ね）という目的に向かったのである。シンポジウムで述べたように，この種類の研究はナラティブを，何か別のこと —— この場合は，芸術的創造力の条件 —— について語る方法として「使う」。この点において，主な焦点は，*情報的*^{*訳注2}ということであり，得られた知識は，その知識が生まれたある特定のナラティブから「切り離され」^{*訳注3}て，より普遍的な知識へと向かっている。

　ナラティブによる探究から延びる連続線上のもう一方の端には，ナラティブや，問題になっているナラティブに「自分で語らせる」ことを求めるオートエスノグラフィーや，もっと完全な物語を使ったアプローチがある（たとえば Bochner & Ellis, 2016）。この文脈において，他の病気とともに認知症を患った女性である私の母について私が行ったある研究について言及できるかもしれない（Freeman, 2008a, 2008b, 2009）。このナラティブ探究のモードにおいて，その提示の形と情報内容を切り離すことはできない。使われている言語は，これやあれやのメッセージを伝達する単なる手段ではなく，言語それ自身が重要であり，語られた物語の不可欠な一面である。したがって，この後者の種類のナラティブ研究においては，言語が*重要なのである*。Jay Parini（2008）が述べているように，「言葉はシンボルであり，そして —— だからこそ —— 文字通りの意味を超えた共鳴をともなう。言葉は，はっきりとわからない方向にジェスチャーで指し示し，無意識の状態で音を奏で情感を呼び起こす」のである（p. 179）。Parini に従えば，そのプロセスには*霊的*な様相さえもあるかもしれない。これが示唆することは，より音が鳴り響く方向に向かうナラティブによる探究は，読み手にとって一つの*出来事*であり，情報的な内容に矮小化されたり，別の用語に翻訳されたりは決してできないものだということである。

　このことは，真実の探求は不要だとか，不適切だという意味では決してない。しかし，そのような経験の中で，どのような種類の真実に出会うのだろうか。Hans-Georg Gadamer（1986）が「The Relevance of the Beautiful」という論文の中で問うているのは，「それ自身で真実だと主張し，それゆえ自然法の数学的形成により表現されている普遍性が唯一の真実であることを否定する，経験の重要性とは何なのか」（pp. 16-17）である。それは，純粋に私的な経験でもなく，主観的な経験でもない。なぜなら，私たちは他の人とこのことについて話すことができるからである。「美の中で出会い，共有することができるこの真実とは何だろうか。確かに，我々が理解という概念的普遍性を適用するような真実や普遍性ではない。それにもかかわらず」と Gadamer は述べ，また次のように主張する。「美の経験の中で我々が出会うこの種の真実は，主観的有効性以上のものに対して明白に主張している」（p. 18）。この状況は確かに興味深い。「我々が何かの中に美的満足を得るとき」と彼は続け，「我々はこの真実を，概念的用語を使って究極的にコミュニケーションできるような意味に関連づけない」（p. 20）と述べている。同時に「何らかの内省的かつ知的な成果がいつも含まれている」（p. 28）とも述べている。これはどうすれば可能なのだろうか。もっと詳しくいえば，このコンテクストにおいて「意味」をどのように考えればよいのだろうか。Gadamer が考えている美的満足の中では，「象徴的なものは，意味を指すわけではない。しかし，意味が自分自身を提示するのを許す」（p. 34）。この理由ゆえに，「芸術とは純粋な概念化を拒否する形でのみ，出

会うことができるのである」(p. 37)。

　私が母について書いた「From Absence to Presence: Finding Mother, Ever Again（不在
から存在まで：もう一度母を発見する）」という名の章 (Freeman, 2014a) を引用することで，
これらの考え方をより確かなものにしよう。私は本質的にこの章の中で，病気と診断され
た時期（医者は「アルツハイマー病」と呼んでいるが，私は単なる「認知症」と呼んでいる）
から約 10 年後に母について書くようになるまでの間の母の人生の軌跡を描こうとした。
この章は以下のように始まる。

　　　記憶とアイデンティティについて長年研究してきた者として，同時に認知症を患
　　う 90 歳の女性の息子として，彼女の経験の軌道を理解し，語るという貴重な機会
　　を持つことができた。このプロセスは難しかった。彼女が私の母であり，ずっと苦
　　しんできたという事実が一つの理由である。もう一つの理由は，母の経験の大半は
　　ぼんやりしたものであり，母の内面の現実を推測するしかできないからである。加
　　えて，物語ることそのものにも課題がある。すなわち，母の人生にとって真の意味
　　で公正であるような母の物語 —— 母の物語は部分的には自分の物語でもある ——
　　の語り方を見つけるという課題がある。母の物語の多くは悲劇であるということは，
　　十分明白だった。これらの期間を避けることはしない。これらの期間は母にとっ
　　て，信頼され母の世話を任されてきた私たちにとって，痛みをともなうものであっ
　　た。あまりに痛みをともなうために，時には母の「顔」，すなわち Levinas（たとえ
　　ば，1985, 1996）が言及するところの，一人の価値のある，助けを必要としている人
　　としての母の存在を見失うほどであった。しかし，これらのことだけに焦点を当て
　　ることはしない。というのは，そうではない期間もあったし，とても美しい関係性
　　の様相もある。それらは，母の苦悩なしには生まれなかったのである。これも物語
　　の一部である。だから，母の物語をある種の「悲喜劇」として，まさに人生そのも
　　のを象徴するものとして，捉えるようになったのである。(p. 49)

他の研究ではなくこの研究が，私に今進んでいる方向性を示したのである。この方向性
の中で，広く考えられている科学的関心事と接する重要なポイントがまだある。私は伝
記を書いているのではない。また書くつもりもない。むしろ，この研究においても，こ
れからの長編の研究においても [1]，私の目的は，心理学者やその他の人々の関心事，たと
えば，記憶の本質，記憶と個人のアイデンティティとの関係，世話をする過程での課題
と機会などを探求する道具として，母の人生の物語を使うことである。このように描か
れたものを読んで，これらのことや他の事柄に関心のある人々が，この本の一部は価値
があり啓蒙的だと思ってくれ，深いナラティブをもたらす豊かで経験に基づいた知識を
与えてくれる本だと思ってくれることを願っている。この一つの事例から私が描こうと

1　私は母が認知症になった期間を中心に，母の生涯に焦点を当てて本を書こうとずっと思ってきた。
　すでに，母についてかなり広範囲にわたって書いているのだが，母が生きている間は，本として出版
　しないと決めていた。母は，2016 年 2 月に亡くなった。まだ本の出版準備を始めていない。まだ早
　いのである。しかし，計画はそのまま残っている。

した結論に至るまでには，注意深く進む必要があるだろう。私の母の一つの人生が，これこそが認知症の物語だと語ることを目指している大規模な研究から得られるかもしれない知識を，与えることができるという前提を，私は持とうと思わないし，持つべきでもない。私が持っているのは一つの物語なのである。素晴らしいことに，母の物語の中には多くのことが含まれている。前述したような，科学的コミュニティにとって価値があると後にわかるかもしれない事柄について，何かを語ることができるという自信が私にはある。

　しかし，何よりも私は，母の物語を「彼女の人生にとって真の意味で公正であるような」形で，語りたいのである。文学研究がしばしば持っている臨場性，繊細さ，美しさを持つ形で，と私は述べている。先に触れた章では（Freeman, 2014a），私が語りたいと思った物語の4つの基本的側面——現象学的・人類学的・倫理的側面，そして最後になるがきわめて強調したいほど重要なのが，美的側面——を明らかにすることで結論を終えている。

　これらの側面の最初である現象学的側面は，「悲劇的で恐怖に満ちたものから，喜劇的で贖罪のようなものまでのすべての様相において」（Freeman, 2014a, p. 54），母の物語を語るという目的を主に指している。私は読み手に，彼女の世界，生きた世界，そして可能であれば，語られた世界を知ってほしかったのである。私が「すべての様相」と言うとき，もちろん，目標をかなり高く——厳密にいえば，高すぎるくらいに設定している。物語が，すべての様相において語られることは不可能である。ナラティブは，前述したように，選択的なのである。頭の中に物語のラフなスケッチを持ちつつ，人を説得できるほどに語れるエピソードを見つけるために，数えきれないほど多くの他のエピソードを捨てながら進む。すべての物語は，それゆえ変更不可で，部分的であり，不完全である。さらに，私が語るであろう物語は，多くのありうる物語の一つにすぎず，その人生にあったただ一つの侵入や一つの道について語るだけである。他の人は，物語を違う形で語るだろう。私も異なる場所，時間や目的のもとでは，異なるやり方で物語を語るだろう。可能性は，文字どおり無数にある。これらの重要な特徴にもかかわらず，私ができる精一杯のやり方で——人生にある山も谷も，その途中にあったこともすべて——語ることのできる物語を語っていく。私はこれを主要な課題としてだけでなく，主要な責任だとみなしている。

　これに関連して，私はこの物語を「主に母についての，母の世界についての」（Freeman, 2014a, p. 54）ものにしたかったのである。これは人類学的側面であり，ここでの目的は「現地の人々の視点」（Geertz, 1985）を尊敬し，高く評価することである。このことは，全く触れない，手つかずの状態で「母を，母の世界を」見るためのプロセスから，自分自身をなんとか解放できるという意味ではない。これをすることはできないだけでなく，したくなかったのである。というのも，世界における私の位置，私自身の事前の理解や「偏見」は，母の状況をなんとか理解できるようになる可能性にとっての必須条件だからである（特に Gadamer, 1960/1975 を参照）。同時に，ナラティブの主体，すなわち母の世界が私の世界とは全く異なるという文脈においては，母が経験した世界をできるだけ描写しようとすることは必然である。一つの例を挙げれば，母は，人生の最後の年には

事実上，目が見えなかった。しかし，奇妙なことに，母はそれを知らなかった。このことは，測定することも難しいし，母の物語の中で描くことも難しい。しかし，もし読者に母の世界を知りはじめてほしいと思うのなら，これこそ私がしなくてはいけないことなのである。「母の目がもっと見えていればよいのにと私は願っているのかもしれない」と私は書いた。「それとも，もっと母が活動的であってほしいと私は願っているのかもしれない。それとも，私がそこにいないときに，母に心配してほしいと願っているのかもしれない。言い換えれば，母が私と同じような様子で存在していてほしいと願っているのかもしれない。しかし，母はそうではないのである。母が持つ違いの中に，母の異質性の中に，母の唯一といってよいほどの高潔さの中に，母を閉じ込めておくことは重要であると思う。(…) 私はこの自然な世界に，できる限りを尽くして入りたいのである」(Freeman, 2014a, p. 54)。

　私はまた，母の物語を「本質的な人間味という点で」語りたいと思っている。母の他の人との違いや，異質であるという点を脇に置いて，「彼女は異邦人ではなく，無数の病気，病弱さ，時々の奇妙さの中にあってさえも，素晴らしい人間らしさ，すなわちユーモア，深い思いやり，気遣い，愛情を示す*人間*なのである。これらの性質を私は可視化したいのだ」(Freeman, 2014a, pp. 54-55)。これは，母の物語を語るときの倫理的側面である。母は，これやあれやの診断の，これやあれやのカテゴリーの，これやあれやの客観的な箱の中の一事例ではないのである。そして，私は母とその世界を描いたが，読者に母の尊厳を見てもらい，母が衰えや喪失の中にいても，人間のコミュニティの一員であることを見てもらいたいのである。また母が*重きを置いていること*，私が世話をしているときに私の後方を見ながら私のことを呼んでいる，そのやり方を知ってもらいたいのである（Freeman, 2014b を参照）。母は，存在するとはどういうことなのか，世界の中での母なりのあり方に倫理的に私が慣れるとはどういうことなのかについて，多くのことを私に教えてくれた。私と妻と子どもたちが母と一緒に，母のためにやっていることは負担だと考える人も時にはいるだろう。しかし，決してそうではない。これは素晴らしい機会であり，贈り物なのである。このことを読者にもわかってほしいのだ。その後，読者たちは，認知症を患っている他の人のために進んで何かをしようと思うだろうか。おそらく思うだろう。だから，その種の実践的な価値もあるのである。しかし，気遣い，共感，思いやりといった，母や同じような状態の他の人々への感情の高まりは，それ自身で価値がある。この種のナラティブ研究の重要な一つの指標は，それが誰であろうと，他人と自分との違いや，他人が異質なものであることに出会い，感謝するところまで，そして同時に，彼らの人間味や近接性，共に旅する人・兄弟姉妹・父親や母親として彼らが存在することを理解するところまで，どの程度読者を連れていけるのかということと，関係があるのである。

　最後に ── これは私が書いてきたすべてのものに対する一種の脚注のようなものなのだが ── 私は母に「ページの中で生きて」いてほしいのである。この最後の様相，すなわち私が「美的側面」と言及しているものについては，明快である必要がある。その目標は，飾り立てたり，劇的にしたりすることではない。このような物語の中でそれらは必要ない。そうではなく，私はここで「母の存在の現実や真実の扉を開けるような

言語を見つけること，言葉を見つけることという大きな課題」(Freeman, 2014b, p. 55) に言及しているのである。一つのレベルでは，この目的は，Freud が語ったような意味において科学的なものである。目の前にある現実に対して忠実であるように実践したいのである。しかし，別のレベルでは，目的は，「母の世界を生き，母の世界を呼吸し，何らかの形で母の世界を明らかにするような絵や肖像画を創造すること」(p. 55) である。ここで，アートが重要になってくるのである (Freeman, 2015 も参照)。

　今学期，私は「人生の物語の心理学」という講座で教えている。この講座の一部では，学生にナラティブによる探究の先行研究，特にナラティブ心理学の先行研究に触れさせることを目指している。この講座では，物語を読むことがある。私が前に考察した St. Augstine の『Confessions』，Hellen Keller の『The Story of My Life』，Philip Roth の『The Facts』，Jill Ker Conway の『The Road from Coorain』を学生たちに読ませていると知っても，皆さんは驚かないだろう。しかし，この時点になると，この講座の焦点は**書く**ことになる。すなわち目標は，学生たちが自分自身の「短い自叙伝」を紡ぐことなのである。このプロセスを爽快に思う学生もいる。ついに，ずっと夢見てきた心理学をやっているのである。一方，このプロセスをわずらわしく，いらいらすると思う学生もいる。なぜそう思うのだろうか。なぜなら，そこにはメソッドも技術もないからである。この章で扱った原則のいくつかに基づいて，学生たちを導くことはできる。しかし，彼らが受け取ることに慣れている明白な方法論的方向性を与えることはできない。向こう数週間，学生たちを自叙伝を書くことに向かわせるために，できることは何でもするつもりである。自分の人生であれ，他人の人生であれ，その人生の物語を見極め，つくり上げ，公開されるのを辛抱強く待つことほど，困難かつ素晴らしい挑戦はない。

＊訳注
1.　フリーマン (Freeman, 2015) は，このシンポジウムとそのテーマである「Do Narratives Sum?（ナラティブは積み重なるのか）」について詳しく述べている。「ナラティブは積み重なるのか」とは，個々の多様な物語から得られた「情報」を蓄え，知識の体系を構築することができるのかという問いである。これが可能かは簡単には答えられないとフリーマンは言う。なぜなら，どのような種類のナラティブの研究がなされているかにかかっているからである。また「科学」とは何かをどう考えるかにもよるからである。

　　またナラティブ探究の主要な焦点は，本質的には「情報化（informational）」にあるとも述べている。この場合の情報化とは，特定の情報の集積に向かっていることを意味する。たとえば「青少年のアイデンティティ」に関する個々のナラティブ研究から得られた知識が，「現代の青少年」についての知識に集約されていくことである。
2.　個々のナラティブから得られた情報 —— この場合はシカゴの野心的な芸術家についてのナラティブから得られた情報 —— が，「芸術的創造力の条件」という，より大きなテーマに関する情報の集積に向かっているという意味で情報的だと述べている (Freeman, 2015)。
3.　この場合は，著者が行ったシカゴの野心的な芸術家たちについてのナラティブのこと。

文献

St. Augustine. (1980). *Confessions.* New York: Penguin Books. (Original work written 397). ［アウグスティヌス，山田晶（訳）（2014）．告白　中央公論新社］

Bochner, A. (2015). *Coming to narrative: A personal history of paradigm change in the human sciences.* New York: Routledge.

Bochner, A., & Ellis, C. (2016). *Evocative autoethnography: Writing lives and telling stories.* New York: Routledge.

Conway, J. K. (1989). *The road from Coorain.* New York: Knopf. ［コンウェイ，J. K.，宮木陽子（訳）（1993）．はるかなる大地クーレイン──オーストラリア・ブッシュからの旅立ち　新宿書房］

Fraser, S. (1987). *My father's house: A memoir of incest and of healing.* New York: Perennial Library.

Freeman, M. (1984). History, narrative, and life-span developmental knowledge. *Human Development, 27,* 1–19.

Freeman, M. (1985). Psychoanalytic narration and the problem of historical knowledge. *Psychoanalysis and Contemporary Thought, 8,* 133–182.

Freeman, M. (1989). Between the "science" and the "art" of interpretation: Freud's method of interpreting dreams. *Psychoanalytic Psychology, 6,* 293–308.

Freeman, M. (1991). Rewriting the self: Development as moral practice. *New Directions for Child and Adolescent Development, 54,* 83–101.

Freeman, M. (1993a). *Finding the muse: A sociopsychological inquiry into the conditions of artistic creativity.* New York: Cambridge University Press.

Freeman, M. (1993b). *Rewriting the self: History, memory, narrative.* London: Routledge.

Freeman, M. (2002). The burden of truth: Psychoanalytic poiesis and narrative understanding. In W. Patterson (Ed.), *Strategic narrative: New perspectives on the power of personal and cultural stories* (pp. 9–27). Lanham, MD: Lexington Books.

Freeman, M. (2003a). Data are everywhere: Narrative criticism in the literature of experience. In C. Daiute & C. Lightfoot (Eds.), *Narrative analysis: Studying the development of individuals in society* (pp. 63–81). Beverly Hills, CA: SAGE.

Freeman, M. (2003b). Too late: The temporality of memory and the challenge of moral life. *Journal für Psychologie, 11,* 54–74.

Freeman, M. (2007a). Psychoanalysis, narrative psychology, and the meaning of "science." *Psychoanalytic Inquiry, 27,* 583–601.

Freeman, M. (2007b). Wissenschaft und narration [Science and story]. *Journal für Psychologie, 15*(2). Retrieved October 25, 2007, from www.journal-fuer-psychologie.de/jfp-2–2007–5.html.

Freeman, M. (2008a). Beyond narrative: Dementia's tragic promise. In L.-C. Hyden & J. Brockmeier (Eds.), *Health, illness, and culture: Broken narratives* (pp. 169–184). London: Routledge.

Freeman, M. (2008b). Life without narrative?: Autobiography, dementia, and the nature of the real. In G. O. Mazur (Ed.), *Thirty year commemoration to the life of A. R. Luria* (pp. 129–144). New York: Semenko Foundation.

Freeman, M. (2009). The stubborn myth of identity: Dementia, memory, and the narrative unconscious. *Journal of Family Life, 1.* Retrieved March 19, 2009, from www.journaloffamilylife.org/mythofidentity.

Freeman, M. (2010). *Hindsight: The promise and peril of looking backward.* New York: Oxford University Press. ［フリーマン，M.，鈴木聡志（訳）（2014）．後知恵── 過去を振り返ることの希望と危うさ　新曜社］

Freeman, M. (2011). Toward poetic science. *Integrative Psychological and Behavioral Science, 45,* 389–396.

Freeman, M. (2014a). From absence to presence: Finding mother, ever again. In J. Wyatt & T. Adams (Eds.), *On (writing) families: Autoethnographies of presence and absence, love and loss* (pp. 49–56). Rotterdam, The Netherlands: Sense.

Freeman, M. (2014b). *The priority of the other: Thinking and living beyond the self.* New York: Oxford University Press.

Freeman, M. (2014c). Qualitative inquiry and the self-realization of psychological science. *Qualitative Inquiry,*

20, 119–126.

Freeman, M. (2015). Narrative psychology as science and as art. In J. Valsiner, G. Marsico, N. Chaudhary, T. Sato, & V. Dazzani (Eds.), *Psychology as the science of human being: The Yokohama Manifesto* (pp. 349–364). Cham, Switzerland: Springer International.

Freeman, M., Csikszentmihalyi, M., & Larson, R. (1986). Adolescence and its recollection: Toward an interpretive model of development. *Merrill–Palmer Quarterly, 32*, 167–185.

Freeman, M., & Robinson, R. (1990). The development within: An alternative approach to the study of lives. *New Ideas in Psychology, 8*, 53–72.

Freud, S. (1955). *Studies on hysteria (Standard Edition*, Vol. II). London: Hogarth Press. (Original work published 1893–1895). ［フロイト，S.，芝伸太郎（訳）（2008）．フロイト全集2──1895年 ヒステリー研究 岩波書店］

Gadamer, H.-G. (1975). *Truth and method.* New York: Crossroad. (Original work published 1960). ［ガダマー，H.-G.，轡田收ほか（訳）（1986）．真理と方法 I 哲学的解釈学の要綱 法政大学出版局］

Gadamer, H.-G. (1986). *"The Relevance of the Beautiful" and other essays.* Cambridge, UK: Cambridge University Press.

Geertz, C. (1973). *The interpretation of cultures.* New York: Basic Books. ［ギアーツ，C.，吉田禎吾ほか（訳）（1987）．文化の解釈学（1・2） 岩波書店］

Geertz, C. (1985). *Local knowledge.* New York: Basic Books. ［ギアーツ，C.，梶原景昭ほか（訳）（1991）．ローカル・ノレッジ──解釈人類学論集 岩波書店］

Gergen, K. J., Josselson, R., & Freeman, M. (2015). The promises of qualitative inquiry. *American Psychologist, 70*, 1–9.

Gusdorf, G. (1980). Conditions and limits of autobiography. In J. Olney (Ed.), *Autobiography: Essays theoretical and critical* (pp. 28–48). Princeton, NJ: Princeton University Press. (Original work published 1956)

Keller, H. (1988). *The story of my life.* New York: New American Library. (Original work published 1902) ［ケラー，H.，小倉慶郎（訳）（2004）．奇跡の人 ヘレン・ケラー自伝 新潮社］

Lakoff, G., & Johnson, M. (1980). *Metaphors we live by.* Chicago: University of Chicago Press. ［レイコフ，G.／ジョンソン，M.，渡部昇一ほか（訳）（1986）．レトリックと人生 大修館書店］

Levinas, E. (1985). *Ethics and infinity.* Pittsburgh, PA: Duquesne University Press. ［レヴィナス，E.，西山雄二（訳）（2010）．倫理と無限──フィリップ・ネモとの対話 筑摩書房］

Levinas, E. (1996). Substitution. In T. Adriaan, S. Peperzak, Critchley, & R. Bernasconi (Eds.), *Emmanuel Levinas: Basic philosophical writings* (pp. 80–95). Bloomington: Indiana University Press. (Original work published 1968)

Olney, J. (1972). *Metaphors of self: The meaning of autobiography.* Princeton, NJ: Princeton University Press.

Parini, J. (2008). *Why poetry matters.* New Haven, CT: Yale University Press.

Ricoeur, P. (1980). Narrative time. In W. J. T. Mitchell (Ed.), *On narrative* (pp. 165–186). Chicago: University of Chicago Press.

Ricoeur, P. (1981). *Hermeneutics and the human sciences.* Cambridge, UK: Cambridge University Press.

Ricoeur, P. (1983). *The rule of metaphor: Multi-disciplinary studies of the creation of meaning in language.* Toronto: University of Toronto Press. ［リクール，P.，久米博（訳）（2006）．生きた隠喩 岩波書店］

Ricoeur, P. (1984). *Time and narrative* (Vol. 1). Chicago: University of Chicago Press. ［リクール，P.，久米博（訳）（2004）．物語と時間性の循環 歴史と物語（時間と物語1）（新装版） 新曜社］

Ricoeur, P. (1985). *Time and narrative* (Vol. 2). Chicago: University of Chicago Press. ［同上（2004）．フィクション物語における時間の統合形象化（時間と物語2）（新装版） 新曜社］

Ricoeur, P. (1988). *Time and narrative* (Vol. 3). Chicago: University of Chicago Press. ［同上（2004）．物語られる時間（時間と物語3）（新装版） 新曜社］

Roth, P. (1988). *The facts: A novelist's autobiography.* New York: Farrar, Straus & Giroux.

Schafer, R. (1983). *The analytic attitude.* New York: Basic Books.

Spence, D. P. (1982). *Narrative truth and historical truth.* New York: Norton.

第9章

オートエスノグラフィーのアート

●トニー・E・アダムズ／ステイシー・ホルマン・ジョーンズ
〈Tony E. Adams & Stacy Holman Jones〉
訳：町 惠理子

　書くことは労力をともなう作業である。書くことはアートである。この2つの文は，その簡潔性と必然性にもかかわらず，また，だからこそほとんど自明に思える。人を知ること，人の経験を深く理解することも労力をともなう作業であるとか，人もまたアート作品であると言明することも，同様に自明に思える。『39 Microlectures: In Proximity of Performance（39の小講義：パフォーマンスに近接して）』という本には，書くこと，アート，パフォーマンスの本質についての短いエッセイが収められており，その中で Matthew Goulish（2000）はアート作品について考察している。彼によれば，

　　作品とはそれ自身の枠からあふれ出るものである。作業は人間が関与する出来事であり，人間は作業する生き物である。作品は作業という出来事となったときに，人の手に成るものとして表れる。作品は人間的感情を持ったとき，成果として表れる。このモノから作品への変容は，我々がそれを悟ったときに起こる。すなわち，変容が起こるその場において我々が実感したときに起こるのである。それは内側で起こる。作品はすでに内側にあるので，作品の内側へと入り込む道を探す必要はない。そうせずとも，我々は作品と自分たちの視点との調和を実現する。そして，作品と我々は作用しはじめ，作品が躍動しはじめる。(p. 102)

　この冒頭の段落ではさまざまなことが示されているが，何を意味しているかは，あまり自明ではないだろう。しかし，それが示唆するのは，書くこととアートについて，そして書くという作業が社会研究といかに重なり合うかについての重要なことである。ここで Goulish（2000）が言わんとしていることについて考えてみよう。第一に，作品はモノ――物体――ではなく，「アート」という固定化された概念を超える出来事である。作品が出来事であるというのは，人間の行為と経験により作られるものだからである。私たちは自分自身――自分の過去，現在，意見や考え――を作品に持ち込み，そのような歴史や視点によって私たちは認識し反応する (p. 99)。このように，私たちは作品

169

の内側にいる。だからといって，作品が私たちであるとか，私たち固有の視点の外には何もないというわけではなく，むしろ，自分自身が経験し創造するすべてのものの内側に私たちがいるということである。アート作品に「入り込む方法」を見つける必要がないのは，私たちはすでに内側にいて，調和して活動しており，書くことや他者と関わることと一体化されているからである。Goulish が研究のアートについて私たちに教えてくれるのは，研究の「作業」とは人生の作業であること，すなわち，人間の経験という出来事が内側から外へ枠を超えてあふれ出てくるさまを書く作業である，ということである。

　パトリシア・リーヴィー（Leavy, 2015）は，アートベース・リサーチ（ABR）の仕事とは「社会的研究の問いに対して全体的で真剣に取り組むために創造的なアートの考え方」（p. ix）を取り入れることだと書いている。社会研究を行う方法と形式の両方として，オートエスノグラフィーは，人生の理をより知らしめるために，創造的なアート —— 特筆すべき最たるものとして文学的・実験的執筆技法 —— と社会的で文化的なものとの橋渡しをする。あるいは，リーヴィーが言うように，「私たちを似ている人や似ていない人と結びつけ，新しいものの見方と経験の仕方へと広げ，さもなければ闇の中にありつづけるものに光を当てる」のである（p. ix）。

　この章では，オートエスノグラフィーを行い，書くという行為とアート —— 美的なプロセスと実践，技術と技巧，デザインと想像 —— について説明する。まず，オートエスノグラフィーを定義し，この方法がエスノグラフィーとライフライティング〔個人の記憶や経験，意見，感情を意図的に記録することを扱う執筆のジャンル〕の実践と原則にいかに基づいているかについて述べる。その後，オートエスノグラフィーの芸術的技法について考察し，特にフィールドワーク実施の技法，他者との関係のつくり方，テクストの表現技法，そして，理論と実践を統合する技法について述べる。最後に，オートエスノグラフィーの例を 2 つ提供し，私たちが駆使した芸術的技法について考察してこの章を締めくくる。

オートエスノグラフィーのアート

　「オートエスノグラフィー」は個人的な（「auto（オート）」）体験を用いて，文化（「ethno（エスノ）」）的な経験や，社会的期待，共有された信念，価値観，実践などを創造的に表現（「graphy（描写）」）する社会調査の手法である。研究方法としてのオートエスノグラフィーは，エスノグラフィーとライフライティングの両方の目的と実践を組み合わせたものである。したがって，オートエスノグラフィーの「アート」の考察は，まず，エスノグラフィーを実施し表現する芸術的技巧の面と，個人的な物語を書き，人生のテクストを作成するための芸術的技巧の面から始める。

　エスノグラファーは，文化的経験，共同体の期待，社会的信条，価値観，実践を記述することを目的とする。研究者，つまりエスノグラファーはこの目的を果たすために「フィールドに入り込み」「フィールドワーク」を行う。すなわち，文化的経験に関連す

170　第Ⅱ部　文学のジャンル

る産物（たとえば，本，映画，YouTube 動画，ブログ，写真）に積極的かつ注意深く参加し，それらを観察し，こうしたことに時間を費やし，それについて他者と話し，吟味する。エスノグラファーは自身のフィールドワークを使ってこれらの経験の想起的で具体的な表現，つまり「厚い記述」（Geerz, 1973）を創り出す。この表現の目的は，文化的経験の理解を促進することであり，あるいは害を及ぼす期待，信条，価値観，実践を明確にすることである。

　エスノグラフィーを実施し表現するための技巧的な実践はたくさんあり，また，エスノグラフィーのアプローチを作品制作に用いるアーティストの作品からも，洞察を得ることができる（Hjorth & Sharp, 2014）。たとえば，エスノグラファーは書くことと物語ることの重要性を強調することによって，研究，つまり表現や描写の質と技巧に注意を払う。Carolyn Ellis（2004）は『The Ethnographic I: A Methodological Novel about Autoethnography』の中に「Thinking Like an Ethnographer, Writing Like a Novelist」という章を設け，文化的生活実態の厚い記述を創り出すために，文学的なテクニックを使うことをオート／エスノグラファーに勧めている。『Writing the New Ethnography』の中で Bud Goodall（2000）は，想起的でドラマティックなエスノグラフィー的描写，会話の書き方，登場人物と場面の創出の重要性について助言している。『Tales of the Field: On Writing Ethnography（フィールドワークの物語——エスノグラフィーの文章作法）』で，John Van Maanen（ジョン・ヴァン＝マーネン，2011）は，エスノグラフィー的「文学的物語」の構成要素を以下のように述べている。

　　　　ドラマチックな出来事や日常のありふれた出来事をシーンごとに再構築し直すこと，人物の性格描写を確立するために対話や独白を広く利用すること，人物の感情的・主観的視点を直接表現すること，一般の社会的興味をテーマにしてその周囲に強力なストーリーラインを組織すること，書かれたものの透明性と直接性に対して書き手がはっきりとした主張を持っていることなどがある。（p. 132; 邦訳書 p. 225 より引用）

　リーヴィー（Leavy, 2013）は，「エスノグラフィーの著述，特に優れたものには，ストーリーテリングが不可欠である」（p. 31）と指摘している。オートエスノグラフィーの「auto（自らの意）」，すなわち個人的な側面がオートエスノグラファーに要求するのは，ライフライティングのジャンル（たとえば，自伝，個人的ナラティブ，回想録，創造的ノンフィクション）の目的を理解し，それに関連する芸術的技巧を使うことである。たとえば，ライフライティングの著者は回想を使い，写真や，日記，手紙といった個人の手に成るものを参考にし，ある特定の体験を「生き抜く」とはどのように感じられるものなのかについての具体的な記述を巧みに作り上げる（Bochner & Ellis, 2016, p. 91）。また，人生の教訓を確認し，タブーや，混乱，痛み，不確実なことに対して傷つきそうな瞬間を共有し，将来の目的や希望だけでなく，過去の害や間違いも明確に説明する。ライフライティングの著者は，他者を奮い立たせ，彼らとつながり，彼らを支え，彼らのために記録を取る目的で自分たちの体験を共有する。Lee Gutkind（2008）が述べるよ

第 9 章　オートエスノグラフィーのアート　　171

うに，「優れた回想録はあらゆる優れた芸術が目指していることを行うべきである」(p. 115)。すなわち，「人間であることの意味」を私たちに示す (p. 116)。多くのライフライティングの著者，たとえば Anne Lamott（アン・ラモット，1994），Patricia Hampl（1999），Mary Karr（2015），はエスノグラファーと同様にストーリーテリングの芸術的技巧の面に注意を注いでおり，そのために，回想，プロット，対話，人物の書き方のテクニックを説明し，真実，想像，虚構についての懸念を明確にし，個人的なテクストで他者を描写することの倫理的問題に思いを巡らしている。

フィールドワークを行うことと他者と関わることのアート

　エスノグラファーは，人間であることの意味を記述しようとするために，まずは経験のフィールドに入る。たとえば，習慣やアイデンティティや経験が共有されている文化を特定し，そこにアクセスし，コミュニティの成員と信頼関係を築き，社会生活に参加し，観察する。エスノグラファーはフィールドワークを行う際，他者，特に「重要なインフォーマント」（集団内で特権的な役割を担う人や重要な経験をしてきた人）と会い，話をし，フィールドノートを取り，重要な作成品や産物を見極め，彼らの経験や観察についての厚い記述を念入りに作成する。このような行為の中で，エスノグラファーは，思考や関係性の「枠からあふれ出す」研究を行う（Goulish, 2000, p. 100）。

フィールドワーク

　エスノグラファーはたいてい，数ヵ月から数年にわたる長い時間を特定の「フィールド」で過ごし，「自然な」日常という場面，つまり，エスノグラファーの存在とは関係なく起こるであろう文化の実生活の状況でフィールドワークを行う。仮に，エスノグラファーが，パブや食料品店，オンラインコミュニティでどのようなやりとりが行われているかを観察したいと思っても，偽のパブや食料品店，オンラインコミュニティを自分で作ってそこに参加するよう人々を招待し，どのようなやりとりをするかを観察するようなことはしないだろう。むしろ，定評のあるパブや，食料品店，オンラインコミュニティを特定し，一日中さまざまな時間に，少なくとも数ヵ月はその特定のコンテクストに身を置き，公式にあるいは非公式に人々と会話し，その経験や観察したことについて書くだろう。

　自然な状況でフィールドワークを長く行えば行うほど，文化の「インサイダー」になる可能性が高くなり，文化の実生活の「舞台裏」の情報や行動 —— すなわち，文化の「アウトサイダー」には往々にしてわからない，あるいは隠されている文化的前提，話，行為についての見識を与えてくれる情報や行動 —— にアクセスできるようになる，というのはエスノグラフィーの重要な前提である。言い換えれば，エスノグラファーは，文化の実態を理解するためにはそのコミュニティの「一員」になることが必要で，そうしてはじめて，成員の経験，期待，信条，価値観，実践の直接的で体現的な理解を得る

172　第Ⅱ部　文学のジャンル

ことができると信じている。もし，そのようなアクセスができなければ，覆面観察者とならざるを得ないかもしれない。その場合には，そのコミュニティ参加者のプライバシーとアイデンティティを慎重に保護するという特有の倫理的責任がともなう。

　オートエスノグラフィーの場合，フィールドワークは曖昧な概念である。なぜなら，オートエスノグラファーの個人的な体験の多くが，「インサイダー」データとして妥当でふさわしい情報源となるからである。たとえば，私（トニー）は個人的体験を使って，異性愛に関する思い込みや，性的欲求の開示，親密な関係についてどう話すかなどを含むセクシュアリティに関連した文化的経験，期待，信条，価値観，実践を研究している（Adams, 2011 参照）。私のフィールドワークは，これらの題材についての YouTube 動画や興味深い新聞記事や雑誌記事，歌詞，テレビ番組，ポッドキャスト，映画を記録保管したり，これらに関する学術雑誌や書籍を検討したりすることで成り立っている。また，人々がこれらのトピックについて話す（たとえば，Facebook のニュースフィード，食料品店，私が教えているクラスなどの），人々が自発的で目立つことなく参加している日常のありふれた状況に注意を払っている。Facebook では，友人や家族が異性愛の必要性や重要性，異性関係についてのメッセージを投稿するのを頻繁に観察している。そこでは，たとえば，いとこが「なぜ結婚は男女間でなければならないのか」を語ったり，友人が特に離婚後に，「なぜ子どもには母親と父親が必要なのか（母親 2 人，父親 2 人，あるいはひとり親ではなく）」を述べたりしている。また，食料品店で，従業員が客のことを「おかま」と呼ぶのを耳にしたことや，レジ係の店員に「その花は女性のために買っているのか」と尋ねられた体験を考える――その言葉は，私には，花束はガールフレンドか妻への愛あるいは感謝の印だとレジ係が考えているように聞こえた。また，学生が語るセクシュアリティにまつわる話について考えることもある。たとえば，ゲイと表明して両親に勘当された者，父親の秘密の浮気相手が男性だったことにどのように反応すればよいか助言を求めてきた者，他にも，自分の欲求を開示することに対して悩み，私の研究室で，あるいは電子メールで内密に語ってくれた者もいる。これらのやりとりを後で思い出せるように手帳やナプキンにメモを取ったり，電子メールやチャットでの会話を印刷したりすることもある。今回のようにこれらの体験を書く際には，許可をとらずに情報を使っているため，慎重に彼らの素性を隠しているし，もし彼らがこの章を読んだとしても自分のことだと特定できないだろうと思っている。

　同様に，私（ステイシー）は，国際養子縁組について広く執筆してきたが，それは，養子縁組のプロセスについてのテクスト，養子本人や実親，養父母が書いた個人的な話，映画，インタビュー，ラジオ番組や，養子縁組がすべての当事者に与える感情的，社会的，心理的，さらには身体的な影響に関する学術的考察といった，「外」の世界における養子縁組の知識から，養母となった私の内なる体験へと変わった（Holman Jones, 2005, 2011, 2014 を参照）。養子縁組に関する私の研究には，私がメンバーとなっている国際的養子縁組のコミュニティにおけるフィールドワークと，私の人生で知り合い親しくなった他の養父母や養子たちが含まれ，その中には同じく養子である私のパートナーもいる。これらの関係の中で私が注意を払うのは，こういった他者について何をどのように書くのかである。たとえば，私は養女が幼かった頃から 10 代になった現在に至るまで，養

女と私の関係について書いてきた。娘は，子どもの頃は自分が母親の著作の一部であり，自分の名前が活字になるという考えを楽しんでいたが，最近では，自分の名前を出したり，恥ずかしいと思うような生活上の事細かなことは書いたりしないようにと頼んでくるようになった。私たちの関係や，私の著作における彼女の位置づけに対する彼女自身の認識と感情は，フィールドワークと生活，内と外，過去と現在の境界がオートエスノグラフィーにおいては曖昧であるために生じる複雑さを示している。それは，フィールドワークでの関係性の倫理と美学に注意を払うことの重要性を強調している。

関係性の倫理 ── 人と関わること，ケアと尊敬

　現代の多くのエスノグラファー，特にフェミニスト的，批判的，クィア的，先住民的な感性を持つ研究者は，敬意を払い誠実なやり方で人々と関係性を築いてきた。とりわけ，これらのエスノグラファーは，研究を関係的，協働的で，間主観的な試みとして考えており（Ellis, 2007; Ellis & Patti, 2014; Tillmann, 2015），参加者を研究データを採掘するためだけの「被験者」として扱うことを拒み，研究対象であるコミュニティに還元する必要性を認識している（Tomaselli, Dy Myklebust, & van Grootheest, 2013）。また，研究のプロセスを理解するために，Christine Ross（2006）が共に寄り添うこと（l'être-ensemble）だと説明する，関係性の美学という概念を使う。そのため，このようなエスノグラファー（特に文化的参加者にインタビューを行い，それを描き出そうとする者たち）は，慎重に，戦略的に，そしてラポール（面接者と被面接者との信頼関係）を築きながら参加者を集めることや，適切な方法で質問をする能力（Feldstein, 2004），ある記述が研究者自身や参加者，さらには友人，家族，同僚や共同研究者をも巻き込むことになるかもしれないことへの理解といった，数々の芸術的技巧を考慮しなければならない（Ellis, 2007）。

　エスノグラファーはまた，特定のコミュニティで研究者としての自身の立場をどのように明かすのか，コミュニティの人々と研究結果を共有し，フィードバックを求めるのかどうか，また，どのようにそれを行うのかについて熟考し，何を含んでどの情報を省くべきかも決断せねばならない。Ellis（1995, 2007）が賢明にも示したように，ただエスノグラファーがコミュニティに対して自分の研究者としての立場を明かしたとしても，文化的成員は，特に時間が経てば，エスノグラファーが居ることを忘れるばかりか，一緒に居て気楽な間柄になってくると，描写してほしくない情報も打ち明けることもある。

　このような実践と懸念を考えると，オートエスノグラフィーでの関係性の倫理は，エスノグラフィーとライフライティングの連続体において理解されなければならない。実際には，研究審査委員会がエスノグラファーにインタビュー相手から許可を得るよう要請することもあるが，同じ委員会がライフライティングの著者 ── 特にフィクション作家 ── に対して，執筆の対象である人々から許可を得るようにいつも要請するわけではない。すべてのオートエスノグラファーに，プロジェクトでひょっとしたら関与が知れるかもしれない人々から許可を得ることを期待するのは，不適切で不見識な要請である。次節で述べるように，他者を尊重したいという欲求と自分たちの経験を共有したいという欲求のバランスをうまくとるための方法として，登場人物や状況を合成するこ

とと，フィクションでよく使われるテクニックを使うことがある。

テクスト描写・表現のアート

フィールドワークを行う際の関係性の美学と倫理は，その作業を言葉——あるいは音，動き，イメージ——で表現することと不可欠な関係である（Leavy, 2015）。ABR の方法として，オートエスノグラフィーが精力を注いでいるのは，知的で知識ベースの自己↔文化のダンスという側面だけでなく，それと同じくらい重要な，感情的，感覚的で体現化された社会生活の体験として，研究者や参加者，読者／聴衆とつながることである。『The Practice of Everyday Life（日常的実践のポイエティーク）』は，フィールドに従事することと書くことの密接な関連に留意しているので，エスノグラファーにとってもオートエスノグラファーにとっても重要なテクストであるが，その中で Michel de Certeau（ミシェル・ド・セルトー，1984）は「文の『ひねり』かたは，ちょうど道筋のそらしかたにあたっている」（p. 100; 邦訳書 p. 250 より引用）と書いている。この節は書くことの技について書かれた多くの素晴らしい本[1]に取って代わろうとするものではないが，ここでは，オートエスノグラファーがフィールドでの体験を巧みに表現するために使っている執筆上の配慮やテクニックを探ってみる。特に，人物の合成とフィクションについての関係性の倫理，時間と人物／時間の中の人物，ナラティブボイス（物語を語る声），対話の書き方，そしてプロットと物語の工夫について考察する。

関係性の倫理 —— 人物合成とフィクション

個人的体験を書くことは，ほぼ必ず他者について書くことをともなう。特に他者が話の中で言及されていれば，この関わりは直接的に起こるかもしれないし，また間接的なこともあり，たとえば，書き手が家族の秘密を明かすような場合にはそうである（Boylorn, 2013）。Nguyen（2013）は，「回想録作家は他者を描かなければならないことから逃れられない。つまり個人史にはいつも関係がともなうのだ」（p. 198）と書いている。Barrington（2002）は以下のように記している。

私の理解では，家族やコミュニティについて正直に話すことは社会通念から相当に外れており，裏切りと非難される危険を冒すことであり，家族やコミュニティが痛みをともなう真実から自らを守ろうとして作った神話を暴露する重荷を背負うこ

---

1 たとえば，Stephen King（スティーヴン・キング）『On Writing（スティーヴン・キング　小説作法）』（2000），Anne Lamott（アン・ラモット）『Bird by Bird: Some Instructions on Writing and Life（ひとつずつ，ひとつずつ——「書く」ことで人は癒される）』（1994），Annie Dillard（アン・ディラード）『The Writing Life（本を書く）』（1990），Steven Pressfield（スティーヴン・プレスフィールド）『The War of Art（やりとげる力）』（2002），Rebecca Solnit（レベッカ・ソルニット）『The Faraway Nearby』（2013）を参照。

とになる。(p. 12)

　たとえば，私（トニー）は自著（Adams, 2011）で，テレビで男性の裸を映す番組を見ていたのを父に見つかり，尻を叩かれた話を書いた。私は6歳か7歳くらいだった。母はその話を読んだとき，誰であろうとあなたを叩くなんて許さなかったのにと語った。この話は父と私にしか言及していなかったが，母は自分の関わりをほのめかされていると感じ，親としてそれを知らなかったことに落胆し，自分の子育ての能力を疑われるのではと心配したようだった。

　私たちは自分の物語に他者を巻き込むこともあり，そのことを当事者に伝えたり，あるいは伝えるべきときもあるだろうが，私たちの個人的体験の解釈を左右したり黙らせたりする力を他者に委ねるべきではない。関係性の倫理の必要性と自分の物語を共有したいという欲求を両立させる方法として，人物や状況設定を合成すること（たとえば，Ellis, 2004）と，フィクションでよく使われるテクニックを使うこと（たとえば，Wyatt, 2007）がある。Gutkind（2008）によれば，人物合成は，

　　　倫理的にも実践的にも理にかなっている。特に友人や家族のように有名でもない人たちを無断で物語の中に入れる場合，彼らは自分たちの秘密をそのままにしてほしいと期待するだろう。彼らの信頼を裏切ることは彼らとの関係を壊すことになるかもしれない。しかし，書きたい物語はある。世界の中で自分が見聞きし奮闘したことについて，自分と一緒に苦闘している実際の人々について，書きたいのである[2]。(p. 39)

　しかしながら，個人的な経験を描写するために人物合成やフィクションを選択すれば，必ずしも確実に問題が解決するというわけではない —— 質の良い物語を語れるかどうかも重要である。Suzan Ito（2013）は，回想録の中でフィクションを使う自身の試みについて気づいたこととして「その文体は単調で声を押し殺したようだった。人物すべてをあまりにも包み隠してしまったため，動くことも話すこともほとんどできないように思われた」(p. 118) と述べている。

時間と人物／時間の中の人物

　Bochner と Ellis（2016）によれば，オートエスノグラフィーの一つの課題は「実生活を巧みに配置して，読者が私たちの実生活との対話に加わるのと同様に，彼ら自身の実生活への理解との対話を始める」(p. 79) ことを可能にすることである。実生活を巧みに配置するとは，物語を語る際に過去の出来事を反映した話や，困難な経験や矛盾する

2　Gutkind（2008）はまた，人物合成とフィクションのテクニックを使う場合は，何を行ったかとその理由を読者に伝えるのが重要である，と特記している。書き手と読み手との取り決めを維持するには，「友人や家族のプライバシーを守るために名前やアイデンティティを変えたが，他はすべて私の真実の体験である」といった脚注一つで，時には十分である (p. 40)。

自己を取り入れた話，読者に動きと変容の感覚を与えるような物語を語ることである。Bochner（2000）はオートエスノグラフィーを評価する規準の論考の際に「私が好きなのは，2つの自己の物語を表現するナラティブ，過去の私から今の私への信じるに足る旅，危機によって再び思い描かれ変容するライフコース」（pp. 270-271）だと書いている。Mary Karr（2015）は回想録作家であるが，「読者の注意を保つためには，両方のあなたが必要だ――美しいあなたと野獣のようなあなたが」（p. 38）と似たような助言をしており，書き手の「苦闘する魂が話を燃え立たせる」（p. 97）とも述べている。

　オートエスノグラファーは生きられた経験を時系列に沿って書き表すかもしれないし（たとえば，直線的な時間軸に沿って出来事が展開していくように），より断片的で重層的なストーリーテリングのテクニックに頼り，現在の感情，思い出，今だからわかること，将来の夢や望みをコラージュのように組み合わせたりするかもしれない（たとえば，Rambo, 2016; Ronai, 1995; Stewart, 2007）。オートエスノグラファーはまた，特に「これ以上人生が良くなりそうもないと想像する」場合は，「混沌のナラティブ」を提供するかもしれない（Frank, 1995, p. 97）。

　さらに，優れた個人的ナラティブはたいてい確定的で単純な始まり方はしないし，きれいなハッピーエンドで終わることもない。それどころか，始まりと結末は陰鬱で，混乱に満ち，断片的であり，体験の持つ意味も，時間や関係性，状況とともに変化を遂げる（Ellis, 2009）。Barrington（2002）は「最適な結末を探そうとして，『勝利主義的義務』と呼ばれる，複雑性よりまとまりの良さを優先するような考えにとらわれないようにしなければならない」と述べている（p. 58）。Purnell と Bowman（2014）は似たような議論を展開している。

　　　たぶん，ページが進むにつれ解決に到達するかもしれないが，ナラティブは完成した原稿ではない。ナラティブは時間の中の一瞬を表現する。その一瞬の間，その時間の中で，最善で健全な解決はハッピーエンドではないかもしれない。最善な解決はただの終わり，何もしないことかもしれない。（p. 176）

　Purnell と Bowman は，批判を受けやすい，不確実で雑然とした結末に賛同している。むしろ，過去と現在の人物は「無限の特異性と差異」の中で展開し，変化し，進行している「変容しつつある出来事」としてみなされるべきである（Goulish, 2000, p. 100; Clough, 2000 参照）。

　オートエスノグラファーが創り出す過去と現在の人物には，多くの場合，主要人物や語り手としての自分自身と，フィールドで出会った親しい他者が含まれる。これらの登場人物は，私たちが知っている人々であるが，確実でも確固たるものでもない。むしろ登場人物とは，人間であることの意味や世界がどのように作用しているのかを問うための方法としてある。作家である Andrew Miller（2011）が述べているが，「人物像を創作する中で，私たちの本質と私たちの周りの人たちの本質について，私たちは，自身に大きな，率直な問いを投げかけているのである。私たちの答えはその人物そのものである」。

　オートエスノグラファーはまた，特定のアイデンティティや主題となる立場を表すた

めに人物を創り上げる。たとえば，Sophie Tamas（2009）はジェンダーをめぐる暴力の問題に対処するために活動する女性たちのグループについての劇を執筆する際に，研究に参加していた人々——あるいは協力者——を表す3つの立場や視点に基づいた人物を作り上げた。彼女はこう記している。

> 3人の役者に（…）それぞれの主観的な立場——声あるいはペルソナ——を演じてもらった。時には彼女たちは互いに慰め合ったり，言い争ったりした。彼女たちは互いに頻繁に口を挟み，今の私なら「支配的なナラティブ」と呼ぶものを得ようと競い合った。それぞれに特徴があり，優先事項を持っていた。（…）単純な仕掛けだったが，うまくいった。

　過去や現在を欠く人物，あるいは脆弱性も不確実性もない人物を書くことがないのと同じように，人物を他者から孤立させて書くことはない。むしろ私たちは，物語を語る声（以下，ナラティブボイス）や，会話や対話が展開していくありようについて，また，プロットと物語の創作の中で私たちが行う選択を通して人物を描き探究する。

ナラティブボイス

　人物は一人称，二人称，三人称のナラティブボイスを通して確立され，明らかにされる。「私」や「私の」という語によって示される一人称の自己言及的な声によって，著者は自分の経験にはっきりと責任を持ち，直接的で臨場感のある感覚をつくり出し，回復力があり，複雑で無防備な自己を明確に表現することができる（Berry, 2016; Boylorn, 2013）。一人称の声がよく使われるのは「自信に満ちた『私』を自ら宣言でき，ページの上の物語の所有権をとれる」（Faulkner & Squillante, 2016, p. 47）ときである。その声は「私が世界をのぞき込んで知らせるに値すると思えることを見つけ，それについて読者に語るときに，私が何者なのか，どのような立場に立っているのかを言わざるを得なくさせる」（Link, 2013, p. 157）。
　オートエスノグラファーは，Gingrich-Philbrook（2005）が「可能な自己」と呼ぶものを目指して書くために一人称を使うことがあるが，それは「演者（あるいは著者）が閉じ込められている支配的な宇宙論においては前もって予測できず，予見できなかった」見方を提供する。たとえば，「Always Strange」（Holman Jones, 2014）で私（ステイシー）は，父の脳卒中とクィア女性であるという私のカミングアウトの後，お互いにとってだけでなく私たち自身にとっての自分とは何者なのかについて，新しい意味を模索するために，一人称の声を使った。私たちは，自分たちの物語を語る「語り手」としては頼りなく，臆病で，恐れを抱いているが，それでもなお挑戦しつづける。
　「あなた」の使用によって示される二人称の声は，体験についての書き手の視点を共有するように読者を誘い，書き手と同じように行動したり感じたりするかもしれないことを示し，総称的な「私たち全員である『あなた』」を指し示す（Gutkind, 2008, p. 124; Faulkner & Squillante, 2016 も参照）。二人称の声はまた，「読者に語りかけることで，自分

自身について自分に語りかけ」（Gutkind, 2008, p. 123），「自己省察的な好奇心の場としての語りに語り手を投影する意図的な試み」（Crawford, 1996, p. 168）でもある。

　一人称の声ほど一般的ではないが，オートエスノグラファーの中には二人称の声を使って読者を体験に没入させ，自分について読者自身に語りかけるようにし，読者をその場に立ち会わせようとしてきた者もいる。たとえば，Hodges（2015）は二人称を使い，私たちの体がさまざまな薬物と入り混じり，それらに依存し，またそれらによって構成されているという，ありふれた日常の実態を精査した。Mykhalovsky（1996）は二人称を使うことによって，不毛な学問的慣習を明確にし，自伝的著作が抑制に欠け自己陶酔的であるという非難に対して論評し，自己について書けば必ず他者について書かざるを得なくなることを示した。Boylorn（2006）は二人称の声を使って，白人ばかりの大学という状況で黒人女性であることがどのように見え，感じられるのかについて示した。また，Pelias（2000, 2003）は二人称の声を使って，学者の日常生活のありふれた単調な時間を記述した。

　私たちも多くの研究で二人称の声を使ってきた。たとえば，私（トニー）は二人称の声を使って，《Here Comes Honey Boo Boo》というリアリティー番組を見た自分の経験を述べた（Adams, 2016）。テレビで放送された家族を自分と同一視するさまを記述し，テレビ放送された経験についての現存する研究，番組への批判と，テレビ放送された個人的経験を編み込んだ。二人称の声を使うことによって私たちみんなの中にある「あなた」を暗示することができ，テレビ番組との同一視がいかにして起こりうるかという感覚を提示できた。私たちの共著の一つであるエッセイ（Holman Jones & Adams, 2014）でも二人称を使用したが，それは私たちが過去にクィアな関係にありその後亡くなった2人の人との悲痛な体験を記述するためだった。このエッセイでは「あなた」は亡くなった人のそれぞれを指したが，「あなた」はまた読者にも向けられている。私たちは，長く続いた悲痛な体験を整然と語り，「舞台裏」での愛と喪失の受容について洞察し，私たちが何年も経っていかにして死を受け入れたかを示し，すでに存在しなくなった（生の）関係についての恐れ，失敗，望みを表現した。

　三人称の声は「読者を行為の外側に立つ傍観者として位置づけ」，書き手が「客観的で全知の観察者という立場」につくことを可能にする（Bochner & Ellis, 2016, p. 106）。三人称の声は「観察的で，冷静で，ほとんどエスノグラフィー的」（Faulkner & Squillante, 2016, p. 50）であり，「よそよそしく実体がない」（Wyatt, 2006, p. 815），そのため，書き手が見えなくなるような覆いをかぶせ，まるでその表現の一部ではないかのように見せることができる。これらの特徴から，三人称の声には賛否両論がある。なぜなら，それは侵略的で植民地主義的な過去のエスノグラフィーの実践を呼び起こすからである。当時のエスノグラファーは，辺鄙で未知な土地のたいていは貧しい集団の中に入っていき，フィールドワークを行い，このような（異質な他者である）集団がいかに生活していたと考えられるかについて，よそよそしく他人事のように実体のない描写を行った。

　オートエスノグラファーは自分自身が直接感じた，あるいは目の当たりにした体験について書くため，三人称の声に付随するよそよそしく他人事のようで実体のない語りの危険性はあまり高くない。そのため，オートエスノグラファーは三人称の声を使ってき

た（たとえば，Ellis, 2012; Pelias, 2014）が，たとえば，Wyatt（2005）は，父の死について書くために三人称の声を使ったことについて具体的に述べている。一人称は「読者を緊密な立場にしすぎてしまう。私は読者に父が死にゆくという私的な体験を共有してもらいたかったが，そこでは，関わりのある人たちの尊厳を保ちつつ，かつ読者が侵害することとなしに立ち会うにはどうすればいいのかの両方に配慮することが重要だった」（p. 813-814）と Wyatt は特筆している。また，三人称の声を使うことで「最適な心的距離を創った」（p. 814）とも述べている。

対話

対話はオートエスノグラフィーのもう一つの技巧的な構成要素である。Lamott（1994）は「何ページ分もの説明なんかじゃなく，いかにも言いたそうなたった一行のせりふが，そのキャラクターの人物像を浮き彫りにする」（p. 47; 邦訳書 p. 97 より引用）と述べている。King（2000）は，対話は人とのやりとりの中で人物の特徴や性格を見せるのに重要であると主張する。King はまた，特定のコンテクストで使われるアクセント，リズム，方言，スラングに注意するよう書き手に助言している（pp. 181-182）。話がどのように生じるかを学ぶには，文化の実生活において能動的で注意深い参加者兼観察者であること——エスノグラフィーをうまく行う重要なテクニックの一つ——が必要である。Bochner と Ellis（2016）によれば，「真に迫った対話を書く人は，慎重に，絶えず聞き耳を立ててノートをとる。彼らは会話によく耳を傾け，他の人なら聴き逃したり，見過ごしてしまうような話のニュアンスや話し方に気づくのである」（pp. 114-115）。

オートエスノグラファーが身分を隠していなければ日常の体験を継続的に録音したりもできるが，他者に録音していることを伝えたり，時間を見つけて録音を聴いたりするのは，どの研究者にとっても疲弊することで，非現実的である。録音しないのであれば，ライフライティングの作家のアドバイスに従って，対話を再構成する。「対話は回想録の中で再現しなければならないものの一つである」と Gore（2013）は言う。「『対話を再現していい』と私は学生たちに言っている。『テープレコーダーを持ち歩いてなんかいないのは了解済みだ』と」（p. 65）。Karr（2015）は「回想録は，そのとき録音し損なった対話をはぎ合わせるのに小説のような工夫をする」（p. xvii）と書いている。「私は言葉通りに思い出せない対話はおおよそ似せて書く」と Barrington（2002）は言う。「知らない人にとって話が複雑すぎて把握できなくなるようなものは，たいてい省く」（p. 65）と Barrington は述べるが，「自分勝手にやっているが」彼女自身は「人々の相互作用の本質を記録する義務がある」（p. 65）とも感じている。

オートエスノグラファーは内なる対話を使うが，それは，「何が起こったのかを推察し自分自身に話しかけたり，自分の頭の中でこうなればよかったのにと思うことを思い描いてみる」会話である（Barrington, 2002, p. 143）。読者は内なる対話によって，著者がいかに体験を理解し，あるいはそのことに奮闘しているのかを目の当たりにすることができる。Karr（2015）は「カメラが決して捉えることのない領域である本心は本を面白くする」（p. 91）と書いている。また，リーヴィー（Leavy, 2012）は「『人物』の心の中，

すなわち感情，動機，信条に入り込む」ことで，読者は「迫ることの難しい社会の実生活の次元」にアクセスできるようになる（p. 517）と論じている。

　Robin Boylorn（2011）は，オートエスノグラファーの対話と内なる対話の両方の使い方の例を提供している。Robin は黒人女性で，アラバマの食料品店で見ず知らずの白人女性が話しかけてきたときのことを描写している。Boylorn は思いがけず丁寧なやりとりに驚いたことを最初に読者に語っている。というのは，アラバマ州で生まれ育った白人は見るからに人種差別主義者で人種隔離的であり，親切でも丁重でもないという懸念があったからである。Boylorn はその女性に自分がアラバマに最近引っ越してきたことを話したところ，女性が「じゃあ，ここでは何をするの？　教えるの？」と聞いてきたことを記述している。内なる対話を使いながら，Boylorn は女性の質問を思い返す。

　　　私の職業を一瞬にして正確に言い当てたことに不意をつかれてしまった。特に，私はタンクトップとトレーニングパンツで，ドライバー用の帽子とスカーフで髪を隠し，21 歳そこそこの出で立ちで彼女の前に立っており，教師には見えなかったからだ。
　　　「ええ，実は」と，彼女の推測にまだ驚きながら私は言った。「なんでそれがわかったんですか？」
　　　「とてもきれいな話し方だから」と彼女は微笑みながら言った。彼女がそれを褒め言葉だと思っていると知っていながら，私は，彼女の黒人女性に対する思い込みを考えざるを得なかった。たぶん，「きれいに話す」とは，私の家族がよく言っていた「白人のように適切に話すこと」で，それが，彼女が日常的に会うが言葉を交わすのを控える他の黒人女性たちや，デリのカウンターの向こう側にいる黒人女性たちと，私との区別となったのだろう。
　　　「母がいつも私の英語を直していたの」と女性は説明したが，たぶん，私の顔に出た戸惑いを読み取ったのだろう。その最後の言葉は彼女の発言をいくらか和らげたが，その言葉に埋め込まれた皮肉を拭い去ることは私にはできなかった。彼女は教育を受けた黒人に単に会ったことがないだけなのだろうか。私は彼女が聞いたことのある，いわゆる教育を受けたニグロなのだろうか。
　　　「ありがとう」と言うのが私には精一杯だった。（p. 182）

　この例で，Boylorn は巧みに対話を駆使している。単純明快で実生活でいかにもありそうな日常での人々の会話のように[3]。彼女はまた，簡潔で説得力のある内なる対話を提供し，この短いやりとりを彼女がどのように理解しているかを示している。その中で，カメラやレコーダーでは捉えることのできない私的な反応を読者に提供し（Karr, 2015），「迫ることの難しい社会の実生活の次元」（Leavy, 2012, p. 517）へのアクセスを提

3　Bochner と Ellis（2016）は対話を書く際の鋭いアドバイスを提供している。「映画での対話を考えてみよう。それは動きを前に進める。シャープで現実的に聞こえる。人々の実際の会話を正確に再現すると冗長で単調になりがちなことを，うまい脚本家はよく理解している。そのため，彼らは実際の発話での（「うーん」とか「あー」という）つなぎ表現や繰り返し，不完全な表現を取り除く」（p. 115）。

供している —— すなわち，（自然な状況の）食料品店での見知らぬ者同士の，異人種に対する（おそらく人種差別的な）決めつけに満ちた一瞬にして消え去るやりとりへの。さらに，Boylorn はこの体験をデータとして取り扱い，うまく女性の素性を隠し，ある特定の時間と場所で人種がどのように生きられたのかについて当事者だからわかるインサイダーの話を提供している。

プロットと物語

Boylorn の巧みな対話の使い方はエスノグラフィーの二重の物語 —— 文化の物語と著者／研究者の物語 —— を例示している。私たちはプロットの創作を通して，この両方の物語を語る。Lamott（1994）は人物描写を膨らませることによって自然とプロットが生まれるようにするよう書き手に助言している。

> プロットのことは忘れて，まずはキャラクターを大事にしなさいということ。キャラクターが口にする言葉や行動にキャラクターの人間像を語らせてやる。そこにキャラクターの人生をにじませる。そして，次は何が起こるだろうといつも自問することを忘れないで。人間関係が発展するところからプロットは生まれる（…）キャラクターが何を世界でいちばん大事だと思っているのか，それを見つけ出すことね（…）物語の中で何が危険にさらされているのかがわかるから。そして，発見したことを物語の中のアクションとして表現することにつとめて。(pp. 54-55; 邦訳書 pp. 110-111 より引用)

登場人物や語り手，何がそこで問題となっているのか，そして私たちは何を大切に思っているのかを明らかにする，対話に満ちたプロットや物語を創るのは，私たちの自己，経験，文化が，*どのようであり*，*何であり*，*なぜそうなのか*を探求することである。たとえば，Ellis は，『The Ethnographic I』(2004) というオートエスノグラフィーの1学期分の授業についての物語の本で，プロットを膨らませることについて書いている。

> オートエスノグラフィーを行う際の学術的で実践的な情報を伝えながら，教室で起こりうることをプロットにする必要があった。（…）書くにつれて，プロットの展開が自然になるように自分に制限を課さず，前もってアウトラインを書いたり，物語上の展開をよりドラマティックにするための事前の下調べをしたりせず，また急ぎすぎたり語りすぎたりしないようにした。そして，一貫性と継続性を求めるために，テーマに沿ってアウトラインを書き，各章を再構成した（…）解決よりむしろ展開の継続性と連続性の感覚を創出するために書いた。一貫性を増すために人物一人ひとりを膨らませることに集中した（…）このように，*ナラティブ*なプロットでは主に人物優先であるのに対し，*学術的*なプロットでは方法論的テーマと各登場人物が行ったプロジェクトの考察に従った。(Adams et al., 2015, pp. 82-83, 強調は原文まま)

Ellis が目指した内的整合性があるプロットと物語は，表現に対して全体的で統合的なアプローチをとる ABR の特徴である。Cole と Knowles（2008）が述べているように「アートに学んだ的確な『テクスト』には，継ぎ目なく強固につながった目的と方法の一体的な関係を表すような内的整合性と一貫性が染み込んでいる」（p. 67）。ABR における表現に対する全体的なアプローチは，また，理論と実践の統合や，「研究者コミュニティが注意を払うべき」問題に対する ABR の取り組みにも広がっている（Leavy, 2015, p. 22）。

理論と実践のアート

オートエスノグラファーは，Barbara Bolt（2004）が述べている実践の実体化，すなわち，研究および創造的実践のプロセスと，私たちが創り上げるテクストの間の関係性を記録し，注釈する実践に携わっている。この視点から見ると，研究は経験という状況における探究のプロセスであり，オートエスノグラフィーは実践主導で，そこでは「客観的な『無関心さ』ではなく，個人的な関心と経験が，私たちの研究のプロセスへの意欲を呼び起こす」（Barrett, 2010, p. 5）。オートエスノグラファーが結果として生み出す知識は，理解のための枠組みを具体化し，その枠組みを思考や生活のための道具として使うことで理論と実践の両方を統合する（Leavy, 2015）。さらに，オートエスノグラフィーは本来的に批判的なプロジェクトであり，私たちがエスノグラファーとして行う研究や創造的作業は，個人にまつわることと文化にまつわることがいかに交差しているのかを問い，このような交差が当事者にどのような影響を与えるのかについての物語（絵，映画，ダンスなど）を提供する。Bochner と Ellis（2016）が述べているように，オートエスノグラファーは，読者に「何かを感じて，あるいは／かつ，何かをして」ほしいと思っており，「そこにはオートエスノグラフィーの芸術的技巧と創造性が加わる」（p. 58）。

オートエスノグラフィーが語る物語は，個人にまつわることと文化にまつわることのダイナミックな関係性を理論化する。言い換えれば，オートエスノグラフィーの物語が行う理論化は，物事のありようを私たちに語るだけでなく，その物事はどうなりうるかについても語る。私（ステイシー）は，オートエスノグラフィーで理論的なことに取り組むことの芸術的技巧性は，3 つの使命にかかっていると書いてきた。

- 理論とストーリーは協働的関与のダンスの中で共に力を発揮する。
- 批判的オートエスノグラフィーは有形かつ倫理的な実践（praxis）の両方をともなう。
- 批判的オートエスノグラフィーを行うことは私たちを変容のプロセスに関与させ，そのために，変化を具現化する方法を私たちに示す。（Holman Jones, 2016, p. 229）

第一の使命を果たすこと，つまり，理論と物語，「理論を*実践すること*と」物語を「*考えること*」（Pollock, 2005, p. 1, 強調は原文まま）とのダイナミックな関係を探求するために，私たちは理論を物語の協働者として見なくてはならない。理論とは，知識の創造

と世界における存在のあり方の両方に，ダイナミックかつ省察的に参加するものである。オートエスノグラファーは，*語彙*（理論の着想，概念，言語）と物語の*様式*（物語が創り上げる形式，関係性，世界）を駆使して，複雑で陰影に富み，多様で批判的に自己省察的なナラティブを，人々の実生活というコンテクストにおいて語りながら，理論を実践し，物語を考える。

　オートエスノグラフィーの第二の使命，すなわち，実質的で倫理的な実践において共に展開される分析と行為を結びつけるという使命を果たすために，私たちは，分析的，実践的，美的な様式の探究と表現の間に橋を架ける。オートエスノグラフィーは研究者と読者に，個人的経験からの教えと理論に対する知的かつ政治的な使命を結びつける橋を提供する。ここでは，理論は自分たちの物語を創る際に*私たちにとって使用可能な言語*である。批判的オートエスノグラファーは，意見，感情，理解を明確に表現し，行動を呼び覚ますために「引証」（テクストの引用）というテクニックを使う（Adams, Holman Jones, & Ellis, 2015, p. 92）。引証を使った書き方は往々にして，理論の言語に特徴的な（そして学術的知識によって価値づけられる）分析的で観察的な*上からの視点*と，Donna Haraway（1988）が述べる複雑で矛盾に満ち，構成しつつ構成された「身体からの視点」（p. 589）との間に橋を架ける。分析と行為を橋渡しすることとは，私たちが自身の作業の中で（互いについて互いのために）行う主張は常に「人々の実生活についての主張」であることを認めることである（p. 589）。芸術的技巧を使ってこれらの橋を創り上げることで，このような主張は生き生きとした，ダイナミックでニュアンスに富み，複雑で，変更可能で，関係的なものになる。

　オートエスノグラファーはまた，自分たちの研究と創造的な実践を，変化をもたらし，変化を具現化するための手段として用いるという第三の使命を立てている。理論化とはすでに行き先が決まった旅ではなく，私たちが未知なるものに出会い，私たち自身が学者，アーティスト，作家として「異質なものになるという不安定な空間的・時間的位置に」身を置くための「回り道」である（Pollock, 2005, p. 2）。異質なものになることは，芸術的技巧を使うオートエスノグラファーである私たちが自身の作業を進めていく際に求めていることである。しかし，José Esteban Muñoz（ホセ・エステバン・ムニョス，2009）が述べているように，異質なものになることは，徐々に展開する変化のプロセスであり，その到達点は「そこには何かが欠けていること（…）現在は十分ではないこと」（p. 100）を私たちに思い起こさせる。オートエスノグラフィーにおけるアートとは，理論をどのように実践し，物語をどのように考えるかということであり，たとえその変化がいまだに実現していないとしても，それには，私たちが自分自身の中に，そして自分たちの実生活の中に求めている変化を具現化し実現する力が備わっている。

　この次の節では，異質なものとなるプロセスに注目し，私たちが自分自身と世界に求めている変化を具現化した２つのオートエスノグラフィーのプロジェクト《メンター願望（Mentoring Desire）》（トニー）と《未到の代償（The Price of Not-Yet）》（ステイシー）からの抜粋を紹介する。

メンター願望（Mentoring Desire）

　マットはゲイを自認している男性で，エヴィーが教えている大学の２年生である。大学のゲイ・レズビアン同盟（GLA）のメンバーでもある。エヴィーはレズビアンの教員で，彼女が（女性の）パートナーと定期的に顔を出すクラブにマットも通っている。マットは GLA の会合でエヴィーと話すのを楽しんでいる。エヴィーも彼と話すのを楽しんでいる。彼は頭が良く，思いやりがあって，面白い。マットはエヴィーに，他の GLA メンバーが「レズビアン」と「ゲイの男性」の二人は付き合っていて，デキてる，ヤってる，と噂していると語る。水と油，教員と学生，レズビアンとゲイなのだから，そんなことはありえないと，エヴィーは笑い飛ばす。

　エヴィーはこのようなカテゴリーはかみ合わないと想定して安全だと思っている。デートはダメ，もちろん親密なタッチも，それに教員と学生，レズビアンとゲイの男性のセックスはありえない。これらのカテゴリーを想定して安全と思うのはエヴィーの間違いで，カテゴリーはそのうち役に立たなくなる。

　マットは GLA のある男性に夢中になっていることを話し，エヴィーは彼がいろんな人と会って，夢中になって，交際を考えたりしているのがうれしい。

　マットは初めてとったエヴィーの授業で成績優秀で，別の授業のオートエスノグラフィーのプロジェクトで出された，彼の友人関係，魅力に感じること，セクシュアリティについての課題で，エヴィーにメンターになって指導してほしいと頼む。エヴィーは了承し，指導が始まる。マットはこれらのトピックの私的な話を打ち明け，エヴィーはフィードバックを与える。マットはもっと私的な話を打ち明け，エヴィーがフィードバックする。このプロセスは毎週，学期中ずっと続く。

　マットは再度，彼とエヴィーが付き合っており，デキてる，ヤってるという噂があることを話し，二人ともこの噂を笑い飛ばす。

　メンターが学生自身の私的な体験を書くのを手伝うと，その過程で二人は親しくなる。マットは私的な体験について書き，エヴィーに打ち明け，エヴィーはこれらの体験を編集し，自分の体験をいくつか打ち明ける。エヴィーはマットにもっと内省的で無防備になるように強く促し，エヴィーもより内省的で無防備になる。二人の親密さが増していく。

　講義期間が終わり，エヴィーはマットにオートエスノグラフィーや友情，セクシュアリティに関する本を編集している学者に原稿を送ることを勧める。マットも同意して原稿を審査のために送る。翌月，エヴィーとマットはプロジェクトを振り返るために会い，彼は自分の生活の私的な詳細を引き続き打ち明ける。エヴィーもまた自分の生活の私的な詳細を引き続き打ち明ける。マットはまもなく編集者から加筆修正依頼を受け取り，エヴィーは彼と一緒に改訂作業を行う。原稿は受理され出版されることとなり，エヴィーは有頂天になってマットを誇りに思う。学部生にとってはとてつもなく目覚ましい功績である。

　卒業まで１ヵ月。マットは大学ではもう活発に活動しないだろう。

　「あなたのことが大好き」，卒業の際，マットはエヴィーに言う。

「ありがとう」とエヴィーは答えるが，なんとなく気まずい。「私もあなたのことが大好き」と彼女は言う。

マットは，卒業して数週間経ったらエヴィーに会いたいと言う。エヴィーは同意する。

マットは，翌週エヴィーに会いたいと言う。エヴィーは同意する。

「あなたのことが大好き」，次に会ったとき，マットはエヴィーに言う。

「ありがとう」とエヴィーは言い，「でも，あなたが私のことを深く，友達以上に好きになっているのでは，と心配しているの」と続ける。マットは答えない。

マットは，翌週エヴィーに会いたいと言う。エヴィーは仕事で忙しいと言う。

マットは，その次の週にエヴィーに会いたいと言う。エヴィーはまだ仕事で忙しいと言う。

マットはエヴィーに，いつ会えるのかとテキストメッセージを送る。エヴィーはわからないと言う。

次の週，マットはエヴィーに会いたいとEメールを送る。Eメールの最後を「あなたのことが大好き」と締めくくる。エヴィーは返信しない。

次の週，マットはエヴィーに一日のうちにテキストメッセージを2度，Eメールを2通送り，いつ会えるのかを聞くボイスメールを残す。エヴィーはEメールの一つに返信し，メッセージを受け取るのは気まずいとマットに伝える。

次の日，マットはエヴィーにまたテキストメッセージで「あなたのことが大好き」と伝え，彼の両親が「とうとうゲイであるのをやめて結婚相手の女性を見つけたのかと聞いてくるようになった」とEメールで伝える。エヴィーは自分が彼の考える結婚相手の女性なのではないかと感じる。

エヴィーはマットに，もうそんなに書いてこないでと頼む。彼は謝り，数日間連絡を減らすが，まもなく連絡を再開する。エヴィーは再度マットにもうそんなに書いてこないでと頼む。彼は謝り，数日間連絡を減らすが，まもなく連絡を再開する。エヴィーは新しいルールを決め，マットに1週間に1回にしてと頼む。マットは数週間そのルールを守るが，まもなく連絡を再開する。

エヴィーはマットとのつながりを切ろうとしていることに罪悪感を覚える。彼女はマットがオートエスノグラフィーを学ぶのを助け，原稿の出版も助けたが，今となっては学生と私的なトピックで協働するのは危険な仕事となりうることを実感している。エヴィーは，どれほど彼女が彼を追い込んだか，どれほど彼に無防備さと魅力を示すことを奨励したかと思いを巡らす。そして，蒙昧にもカテゴリーの安全性を信頼し，「ゲイの男性」と「レズビアン」は正確な分類名称で，「講師」と「学生」は安全な境界を提供すると信じたことを。しかし，カテゴリーは正確でも安全でもなかった。親交が生まれ，ゲイの学生マットはレズビアンの講師エヴィーに恋をした。

エヴィーはまた思いを巡らす。どうしてこの関係がそれほどまでに親密さを増してしまったのか，そして，どうして自分がこのような関係的混乱を招いたのか。エヴィーはGLAの会合でマットに話しかけなければよかったのかもしれない。ひょっとしたらオートエスノグラフィー，友情，セクシュアリティについてのプロジェクトを彼に

勧めなければよかったのかもしれない。しかし，またエヴィーは考える。メンターと学生との親密で愛情に満ちたつながりを提唱した学者たちについて。その中ではCalafell（2007）が，非白人の学生と教官が白人の学問的実践と環境の中で冷遇され「疲弊し，引き裂かれ，破滅する」さまについて考察している。また，Rawlins（2000）による友情としての教職の記述もある。それは，いたわり，慈愛，危険と無防備から成るプロセスでもあると述べている。Rushing（2005）とPensoneau-Conway（2009）の研究では，指導者能力に対する批判的なアプローチ，ならびに教師－学生関係の感情的でエロティックな面と，教師にとっての学生中心とは何を意味するのかが述べられている。エヴィーは近寄りやすく，面倒見が良く親しみやすい教師であることを楽しんでいるが，15年になろうとする教職の中でマットのような学生に会ったのは初めてである。

エヴィーはとうとうマットに一切連絡してこないでと頼む。マットは応え，彼女のことが大好きと伝える。エヴィーは返事をしない。マットはまた1週間後に連絡するが，エヴィーは返事をしない。マットは一月後に連絡してくる，そしてもう一月後にも。そしてエヴィーは返事をしない。マットはとうとう連絡をとらなくなる。

《メンター願望》のアート

《メンター願望》は私（トニー）の個人的体験から合成したフィクション風のオートエスノグラフィーであるが，このストーリーを書き，共有する目的は複数ある。教師と学生との気まずくなった関係の例を提示し，オートエスノグラフィーのプロジェクトの指導から発展するかもしれない親交を例示し，アイデンティティのカテゴリーについての誤った前提，特にそのようなカテゴリーが役に立たなくなるときについて述べ，描写や表現の倫理的課題を強調した。

私のフィールドワークは，Eメールとテキストメッセージの保存や記憶に頼り，フィールドノートを取り，学生－教師の関係や「レズビアン」や「ゲイの男性」の文化的アイデンティティについて他者と話したり，学生－教師関係，メンターの指導能力，そして願望についての既存の研究にあたったりすることで成り立っている。私はここで揺れ動く対話を使うことで，関係システム理論の視座，つまり，人々が共に問題をつくることを想定した視座（Bochner, 2014）により，エヴィーとマットが互いに関係性を発展させ崩壊させていくさまをどのように例示できるかを実証した。対話，特に短い文と段落で，緊張感と緊迫感を伝えようと試み，そして，いかに人々が一緒になって親密性を段階的に高めていくかについての，実在感のある描写や表現を提供しようとした。

三人称の声の使用によって，冷ややかで何もかも見通しているような視点で状況を捉え，その人物の正体がわからないようにも努めた。私の名前はマットでもエヴィーでもなく，私が言及する学生と教師の名もエヴィーでもマットでもなく，私はどちらの人物でもありうるだろう。私自身のジェンダーやセクシュアリティ，教師と学生のジェンダーやセクシュアリティ，どこでどう私たちが出会ったのかや，学期末プロジェクトの

トピックなどを変えたかもしれない。さらに，私は 20 年近く 4 つの大学で数千人の学生や教員と交流したが，いつどこでそのようなやりとりがあったのかには言及していない。1999 年に起こったかもしれないし，2014 年かもしれない。サウスフロリダ大学（私が博士課程を取得した大学）で起こったことかもしれないし，ダンヴィルエリア・コミュニティカレッジ（そこで準学士号［短期大学学士］を取得した）でのことかもしれない。

　私が脚色した詳細を述べることは，これらの脚色の効果を失わせることになる。情報を脚色することでその状況の意味は変わるかもしれないが，回想録作家やフィクション作家のように，私の目的は体験の本質を再現することであって，起きたことについての事実に基づいた歴史的な説明ではない（Bochner, 2014）。情報の脚色によって，この状況で関与を暗示させる学生や教員を守ることができる――ストーリーを共有するために教員や学生の許可をとらなかったし，その代わりに，私が直接目撃した状況を合成し，フィクション風に説明した。さらに，結末はハッピーエンドではなく（Purnell & Bowman, 2014），ストーリーが語られた後も，この状況の無我夢中さ，恐れ，感情，傷跡は長くつきまとうだろう。

未到の代償（The Price of the Not-Yet）[4]

室内。大学教員研究室。タンパ。夜[5]**。**
アナヤ[6]，机の上の事務用電話を掛けている……

室内。コールダーのオフィス。タンパ。夜。
彼の個人電話が鳴る。電話をとる。

コールダー：コールダー・ヘイズです……もしもし？　コールダーです。（沈黙）　アナヤ？　君かい？　どこに居るんだ？　いつうちに帰ってくるんだ？（背後で赤ん坊が泣きはじめる）

4　この抜粋は Phyllis Nagy（2015）の映画《Carol（キャロル）》のための脚本が基になっている。この映画は，Patricia Highsmith（パトリシア・ハイスミス，1952）の『The Price of Salt』という小説の翻案である。この抜粋が焦点を当てている映画のシーンでは，夫と別居状態にあるキャロルが幼い子どもの母親にふさわしくかつ能力があるかについての夫とのコンフリクトに関連して，キャロルのクィア性とテレーズという人物との深まる親密な関係が中心になっている。また，この抜粋は，私（ステーシー）自身がカミングアウトした後の，母親としての子育てにまつわる元夫とのコンフリクトについて書いた著作にも依拠している（Holman Jones, 2005, 2009, 2011）。
5　このシーンは郵便局のシーンをモデルにしている（Nagy, 2015, p. 82）。
6　脚本での名前は本章では改変されているが，それは各人物の中心的なエトスと役割を反映するためで，可能な限りオリジナルの人物の名前と何がしかの関連があるものとした。アナヤ（Anaya）はサンスクリット語で「完全な自由」を意味する名前で，キャロル（Carol）はゲール語の名前で「チャンピオン／強靭」を意味する。コールダー（Calder）はスコットランド語の名前で「荒れた海」を意味し，スヴィ（Suvi）はフィンランド語の名前で「夏」を意味するが，テレーズ（Therese）は「刈り取る」あるいは「摘む」を意味する。弁護士の名前 ―― ジェッド・ジェイムズ（Jed James）とサム・ショー（Sam Shaw）は，音のリズムと頭韻の効果で選んだが，脚本の中の弁護士言葉での抑揚と確信を反映するのを意図している。

室内。大学教員研究室。タンパ。夜。
アナヤは数秒黙ったままだが，通話停止ボタンを押し，電話を置く。

室内。エコノミールーム。ベンソンホテル。マイアミ。朝[7]。
小さなホテルの部屋にまぶしい陽の光が射し込んでいる。スヴィはまだベッドの中にいて，アナヤがコーヒーをすすりながら机に広げた地図を凝視して，これからの一日の計画を立てているのを見る。「突然，この日，世界のすべてが変わった[8]」

スヴィ：今日，私たちは何をする？
アナヤ：まず朝食ね。そのあと博物館は？　それともビーチを散歩？

室内。フロントデスク。ベンソンホテル。その後。
フロントデスクには客が3人並んでいる。アナヤは自分の番を待ち，フロント係の前に進む。フロント係は黒髪の若い女性で20代に見える。

フロント係：チェックアウトですか？
アナヤ：ええ。
フロント係：お部屋番号は？
アナヤ：88。
フロント担当スタッフ：お客様宛のメッセージがあります。（事務員は部屋の領収書
　　とメッセージを印刷し，アナヤに手渡す。アナヤは請求書を一瞥して，メッセージを読む。
　　良い知らせではない）
アナヤ：いつ届いたの？
フロント担当スタッフ：昨夕です。記録時間は午後7時となっています。

室外／室内。エコノミールーム。ベンソンホテル。朝。
アナヤは自分の部屋の隣の部屋のドアを拳で強く叩く。

アナヤ：ドアを開けて！
（スヴィがドアに駆け寄ってアナヤのそばに行く）

スヴィ：アナヤ，どうしたの？　ダメ……
アナヤ：どいてちょうだい，スヴィ。
（アナヤはスヴィに電話のメッセージを手渡し，スヴィはそれを読んで急に息を呑む。アナヤはドアをまた強く叩く。ドアが開く。コールダーがドアの縁から顔を出す）

7　このシーンと次のシーンはNagyの脚本でのジョセフィーヌ・モーター・ロッジでのシーンをモデルとしている。
8　Nagy（2015, p. 88）。

コールダー：何だ？

（アナヤはコールダーを押しのけて部屋に入る。ベッドの上で赤ん坊が寝ている）

　アナヤ（コールダーに）：なんでこんなことを？

（緊迫した間が空く。アナヤはコールダーに近づく。彼は冷静さを保ち，微動だにしない。アナヤは彼の顔の方に手を上げながらもっと近づく。彼女は立ち止まり，力尽きて手を下ろす。赤ん坊が横になって寝ているベッドにかがみ込む）

　スヴィ（コールダーに）：なんでこんなことを？

　コールダー：僕は彼女の夫だ，スヴィ。（コールダーは自分の胸を指す）僕は彼女の夫なんだよ。

　ジェッド・ジェイムズ[9]：コールダーは親権審問まで君が赤ん坊に近づけないように禁止命令を求めることもできるんだ。全面的に親権を求めることもできる。

（アナヤは茫然とする。彼女は腰を下ろす）

　アナヤ：親権については私たちはもう合意したわ。

　ジェッド・ジェイムズ：彼は考えを変えられる。書類はタンパの家庭裁判所に提出されるし，どんな判事がつくか君にはわからないんだ。君のライフスタイルを承認しない人を引き当てるかもしれない。そのライフスタイルでは君が親としてふさわしくないと考える人をね。

　アナヤ：彼にできるの？　「それは――正しいの？」[10]

　ジェッド・ジェイムズ：それが正しいかはわからないが，合法だよ。

　アナヤ：どうして？　母親を子どもから遠ざけるのがどうして合法なの？

　ジェッド・ジェイムズ：いいかい。子どものための最善の利益とは何か，ということなんだ。私のアドバイスは，住むところを見つけなさいということだ――一緒に暮らしていたご主人の家になるだけ近いところに。そこで子どもの毎日の生活の細かいことまで再現するんだ――隣近所の様子，家の大きさ，寝室，オモチャ，服――

　アナヤ（ジェッド・ジェイムズを遮って）：どうやって？　どうやったらそんな余裕があるっていうの？　どうしてそれが合法なの？

　ジェッド・ジェイムズ：彼は判事に申し立てることができるんだよ，子どもにとって何が最善の利益になるのかを評価する際に，君のライフスタイルを考慮することをね。

　アナヤ：私のライフスタイル？　いったいどの時代に私たちは生きてるの？

　ジェッド・ジェイムズ（少し間を置いて）：どの時代かなんて問題じゃない。もし，判事が保守的なら……

9　このシーンは Nagy（2015）の脚本のヘイムス法律事務所のシーンをモデルとしている（pp. 55-56）。
10　Nagy（2015, p. 55）。

190　第Ⅱ部　文学のジャンル

アナヤ：私はあの子の母親よ！（彼女自身に向かって）「もし彼が……私を手に入れられないなら，私は（赤ちゃんを）手に入れられない……」[11]

室内。エレベーター／サム・ショー法律事務所。日中[12]。
　アナヤは黙って，歯を食いしばりながらエレベーターの階の表示が変わるのを見ている——4，5，6，7階。エレベーターが8階に着き，彼女は2つの二重扉のドアを押し分けて進む。彼女はコールダー，サム・ショーと自身の弁護士ジェッド・ジェイムズが会議室に集まっているのを見る。男たちは振り返って，彼女の到着を認める。

室内。サム・ショー法律事務所。日中。少し後。
　アナヤは会議室のテーブルの周りに居る男たちと一緒には座っていない。

サム・ショー（咳払いする）：我々は，この状況では，私のクライアントが未成年の子どもの親権を全面的に認められるべきだと感じている。

ジェッド・ジェイムズ：裁判所は子どもの最善の利益のみに関心がある。そして，我々皆が知っているように，未成年の子どもたちのための望ましい決着は共同親権だ。

サム・ショー：ジェッド。こんなに小さな子どもにとっての最善の決着が共同親権だなんて，本気で信じているのかい？　君のクライアントが愛人と一緒になるために子どもを放棄したというのに。

ジェッド・ジェイムズ：私のクライアントは当該女性ともう接触していない。その上……

アナヤ（ジェッド・ジェイムズを遮って）：「私も話してもいいかしら？」[13]（沈黙。部屋にいる皆がアナヤを見る）起きたことは否定するつもりはないわ。自分の願いを果たすために夫のもとを去ったことを否定するつもりもない。（コールダーに）コールダー，「私はあなたに……幸せになってほしい」。たぶん，私たちはお互いを失望させたけれど，でもそれは，愛とか欲望が続かなかったことが失敗だとすれば，ずっと「ストレート」のまま居つづけられなかったことを失敗とみなすならば，でしょう[14]。「私たち，与え合えばよかった。もっと。（**鼓動**）でも，私たちはお互いに（子どもを）与え合ったじゃない。それこそが———番——わくわくす

11　Nagy（2015, pp. 55-56）。
12　このシーンと次のシーンは Nagy の脚本のジェリー・リックス法律事務所のシーンをモデルとしている（pp. 106-190）。
13　Nagy（2015, p. 107）。
14　この台詞は Judith Halberstam（2011）のクィアの失敗という概念を参照しており，特に，愛の失敗，「愛が長続きしないという失敗，すべての親交の免れない終焉，欲望のはかない本質」（p. 105）を指す。彼女はこの失敗という概念を「喪失と死としてのホモセクシュアリティの表象の歴史」と関連づけ，「可能性と失望が隣同士で生きている」という彼女の分析を私たちに思い起こさせる（p. 105）。ストレートのままで，異性間の愛，欲望，子育てのストーリーラインを生き抜くことに対してのアナヤ（とキャロル）の失敗は，Halberstam が示しているクィアの喪失の表象の歴史に文字通り関連づけられている。

第9章　オートエスノグラフィーのアート　　191

る……贈り物でしょ」[15]（コールダーは下を向く）今，私たちは赤ちゃんの人生をめちゃくちゃにしようとしているのよ。お願い，そんなことはやめましょう。お願い。（コールダーは数秒黙る）

コールダー：皆が私にこう言うんだ，「赤ん坊を取り上げろ。彼女を赤ん坊に会わせるな。彼女は母親である権利を失ったんだ」と。

アナヤ：私にはすべての権利があるわ。私は赤ちゃんの母親よ。

ジェッド・ジェイムズ：ちょっと協議したいんだが，私の……

サム・ショー：ジェッド，私が思うには，君のクライアントは自分が固執しているものについてはっきりわかっている。自分のこれからの選択についてね。（アナヤが立ち上がる。沈黙）

アナヤ：私には何が正しいかわかっている。私の子どもに何が最善かわかっている。（コールダーに向かって）私は共同親権が欲しいの。あなたが望んだことはすべてやったわ。自分の子どもに会いに行かなくてはならなかったのよ。犯罪者のようには生きたくない，用心され，監視され，取り締まられる人たちのようには。私は「自分自身の性分……に背いて生き」[16]たくはない。赤ちゃんには「喜びがふさわしい。どうやって喜びを与えられるの？　それが何かよくわかっていないのに……自分自身が」。（アナヤは一息つき，グラスの水を飲み干す）「それが理想……私にはできない――交渉は，しない……私たちは醜い人間じゃないわ」[17]，コールダー。

コールダー：いいや，君には赤ん坊を渡さない。赤ん坊は僕と居るべきだ[18]。

室内。大学教員研究室。タンパ。夜[19]。
アナヤはデスクを前に座って，窓の外をじっと見つめている。研究室の電話が鳴る。アナヤは受話器をとるが，話さない。

スヴィ：もしもし，アナヤ？

（アナヤは答えない。彼女は目を閉じ，スヴィを見る，「今までいつも彼女を見ていたように……スローモーションで，夢の中のように，あるいは一つのはっきりとした記憶のように，現実のようではあるが捉えどころがない」）

15　Nagy（2015, p. 108）の台詞からの引用。

16　Nagy（2015, p. 109）。

17　Nagy（2015, p. 109）。

18　このシーンの最後は《Carol》の解決のシーンを反映していない。映画では，彼女は弁護士事務所で，自分の子どもの終身親権を譲ることを了承し，子どもの元を訪問することを要求しているが，訪問は1回か2回しかなく，そのまま途絶えていく（Nagy, 2015, p. 111）。代わりに，このシーンは私自身の体験とその体験についての著作をより密接に反映している（Holman Jones, 2009）。

19　ここでの設定とこのシーンのオープニングは，本抜粋のオープニングシーンを反映している。引用された台詞はNagy（2015）の脚本（p. 115）の結末のシーンをモデルとしている。

スイヴィー：アナヤ，お願い……アナヤ。

（電話の向こうで沈黙が続く。アナヤは電話を切って，闇を見入る。彼女はまだたどり着いていない）[20]

《未到の代償》のアート

この抜粋で私（ステイシー）は自分の物語を小説化し，自分の体験について Phyllis Nagy の映画《Carol（キャロル）》の脚本の言語やリズムを使って書いた。「私が行っていることとその理由」（Gutkind, 2008, p. 40）は，脚注を使って読者に伝えた。しかしながら，先に述べたように，小説化した物語と私の体験とのつながりは，フィールドワーク，私自身，私の愛する人たちの間の区別の不明瞭さを反映しているかもしれない。一方で，私と私の親しい人々との関係を十分に隠すことができず，親しい人たちが私の言葉によって当惑したり，私の文章で描写された自分を読むことで気持ちが変わったりすることを防げない。

登場人物を描く際には，彼らが難しい感情や状況を体験する中で，美しい姿と下品な姿の両方を描いた（Karr, 2015, p. 97）。キャロルはずっと以前に，子どもを育てられない，子どもにはふさわしくない，不道徳で怪物のような母親として描かれたが，その経験が私の経験にも再現され，それと共鳴するように，私は記憶と結果論のコラージュでこの物語の未完成で不確実な結末を表現している。

最後に，脚注は，私の選択と研究者かつ書き手としてのプロセスについて読者に洞察を与えるための装置として働くのに加えて，脚注を使うことによって，これらの交差するストーリーのより大きな社会的・政治的意味と示唆をつくり込むことができた（Adams et al., 2015, p. 94）。脚注は，私が，この著作でつくっている理論的つながりを統合し入念に練り上げることのできる空間である。ストーリーと脚注との間で起こる会話が，私に「理論を実践すること」と「物語を考えること」を可能にする（Pollock, 2005）。

20　Nagy（2015）の脚本の結末の台詞はこう書かれている。「テレーズは近づきつづける。キャロルは燃えるような微笑みを目に浮かべながら見ている。テレーズはもうそこまで来ている」（p. 115）。この抜粋の結末の台詞はこれらの台詞を模倣しており，その間もない到来を阻むものとなっているが，これは Muñoz（2009）によるクィアの未来の概念を反映している。実現していない到来は「クィア的ユートピアの想像」の仮の到達点で，「未来の必要性，必要だというのと同じくらい鮮明な未到の瞬間の必要性」を示している（p. 46）。《Carol》は元々は Highsmith によって 1952 年に出版された小説『The Price of Salt』の翻案であるが，一般的なクィア性，特にクィアの母性という包含的概念が，いかに予期されながらいまだに遠いものであるかを示している。これは「我々の人生と時代を違うように考え」，「今ここに存在する支配者たちの圧倒的な力」について「狭い見方を超えて見る」ことへの招待である（p. 189）。キャロルと違って，アナヤは Muñoz のクィアのユートピア的理想主義の中に待たされているが，彼女は「待ちつつも，未到のもう一つの時への（彼女の）願望を抱きながら，その到来への注意は怠らない」（p. 182）。

おわりに

この章では，フィールドワークを進めることと他者と関わることの技，テクスト表現の技，理論と実践の統合の技について探求した。オートエスノグラフィーの技法は，波乱に富み，枠——時間とコンテクストの準拠枠であり，私たちがかつてそうであった，そしてこれからなるであろう何，誰，どこという枠——からあふれ出るような，まさに人間味のある営みの中に見出せる。私たちが創り出すフィールドワークと表現は，倫理的で美学的な関わり方における創造的で協働的な時間と労力の投資である。ABR の手法はオートエスノグラフィーも含め，「広範囲の人々に届き，多様な視聴者や読者を感情的にあるいは／かつ政治的に喚起する可能性」を持っている（Leavy, 2015, p. 24）が，最終的には，私たちの研究や著作は私たちに属するものではなく，他者へのメッセージであり贈り物である。あるいは，自伝作家の Suzan Howe（1985, p. 13）が言うように「私が言葉にしたものはもう私のものではない。可能性は無限となった。未来は忘れ，消し，思い出す」のである。

文献

Adams, T. E. (2011). *Narrating the closet: An autoethnography of same-sex attraction*. Walnut Creek, CA: Left Coast Press.

Adams, T. E. (2016). Watching reality television. In D. Waskul & P. Vannini (Eds.), *Popular culture as everyday life* (pp. 29–37). New York: Routledge.

Adams, T. E., Holman Jones, S., & Ellis, C. (2015). *Autoethnography*. New York: Oxford University Press. ［アダムス，T. E.，ホルマン・ジョーンズ，S.，エリス，C.，松澤和正・佐藤美保（訳）（2022）．オートエスノグラフィー——質的研究を再考し，表現するための実践ガイド 新曜社］

Barrett, E. (2010). Introduction. In E. Barrett & B. Bolt (Eds.), *Practice as research: Approaches to creative arts inquiry* (pp. 1–14). London: Tauris.

Barrington, J. (2002). *Writing the memoir* (2nd ed.). Portland, OR: Eighth Mountain Press.

Berry, K. (2016). *Bullied: Tales of torment, identity, and youth*. New York: Routledge.

Bochner, A. P. (2000). Criteria against ourselves. *Qualitative Inquiry, 6*, 266–272.

Bochner, A. P. (2014). *Coming to narrative: A personal history of paradigm change in the human sciences*. Walnut Creek, CA: Left Coast Press.

Bochner, A. P., & Ellis, C. (2016). *Evocative autoethnography: Writing lives and telling stories*. New York: Routledge.

Bolt, B. (2004). *art beyond representation. The performative power of the image*. London: Tauris.

Boylorn, R. M. (2006). E pluribus unum (out of many, one). *Qualitative Inquiry, 12*, 651–680.

Boylorn, R. M. (2011). Gray or for colored girls who are tired of chasing rainbows: Race and reflexivity. *Cultural Studies ↔ Critical Methodologies, 11*, 178–186.

Boylorn, R. M. (2013). *Sweetwater: Black women and narratives of resistance*. New York: Peter Lang.

Calafell, B. M. (2007). Mentoring and love: An open letter. *Cultural Studies ↔ Critical Methodologies, 7*, 425–441.

Clough, P. T. (2000). Comments on setting criteria for experimental writing. *Qualitative Inquiry, 6*, 278–291.

Cole, A. L., & Knowles, J. G. (2008). Arts-informed research. In J. G. Knowles & A. L. Cole (Eds.), *Handbook of the arts in qualitative research* (pp. 55–70). Thousand Oaks, CA: SAGE.

Crawford, L. (1996). Personal ethnography. *Communication Monographs, 63*, 158–170.

de Certeau, M. (1984). *The practice of everyday life* (S. Rendall, Trans.). Berkeley: University of California Press. ［ド・セルトー，M.，山田登世子（訳）（1987）．日常的実践のポイエティーク　国文社］

Dillard, A. (1990). *The writing life*. New York: Harper Perennial.［ディラード，A.，柳沢由実子（訳）（2022）．本を書く　田畑書店］

Ellis, C. (1995). Emotional and ethical quagmires in returning to the field. *Journal of Contemporary Ethnography, 24*, 68–98.

Ellis, C. (2004). *The ethnographic I: A methodological novel about autoethnography*. Walnut Creek, CA: AltaMira Press.

Ellis, C. (2007). Telling secrets, revealing lives: Relational ethics in research with intimate others. *Qualitative Inquiry, 13*, 3–29.

Ellis, C. (2009). *Revision: Autoethnographic reflections on life and work*. Walnut Creek, CA: Left Coast Press.

Ellis, C. (2012). The procrastinating autoethnographer: Reflections of self on the blank screen. *International Review of Qualitative Research, 5*, 333–339.

Ellis, C., & Patti, C. (2014). With heart: Compassionate interviewing and storytelling with Holocaust survivors. Storytelling, *Self, Society, 10*, 93–118.

Faulkner, S. L., & Squillante, S. (2016). *Writing the personal: Getting your stories onto the page*. Rotterdam, The Netherlands: Sense.

Feldstein, M. (2004). Kissing cousins: Journalism and oral history. *Oral History Review, 31*, 1–22.

Frank, A. W. (1995). *The wounded storyteller*. Chicago: University of Chicago Press.

Geertz, C. (1973). *The interpretation of cultures*. New York: Basic Books.［ギアーツ，C.，吉田禎吾ほか（訳）（1987）．文化の解釈学（1・2）　岩波書店］

Gingrich-Philbrook, C. (2005). Ambition vs. inflation in the poetry of Jorie Graham: A lesson for autoperformance. *Text and Performance Quarterly, 25*, 27–42.

Goodall, H. L., Jr. (2000). *Writing the new ethnography*. Walnut Creek, CA: AltaMira Press.

Goodall, H. L., Jr. (2008). *Writing qualitative inquiry: Self, stories, and academic life*. Walnut Creek, CA: Left Coast Press.

Gore, A. (2013). The part I can't tell you. In J. Castro (Ed.), *Family trouble: Memoirists on the hazards and rewards of revealing family* (pp. 58–67). Lincoln: University of Nebraska Press.

Goulish, M. (2000). *39 microlectures: In proximity of performance*. New York: Routledge.

Gutkind, L. (2008). *Keep it real: Everything you need to know about researching and writing creative nonfiction*. New York: Norton.

Halberstam, J. (2011). *The queer art of failure*. Durham, NC: Duke University Press.

Hampl, P. (1999). *I could tell you stories: Sojourns in the land of memory*. New York: Norton.

Haraway, D. (1988). Situated knowledges: The science question in feminism and the privilege of partial perspective. *Feminist Studies, 14*, 575–599.

Highsmith, P. (1952). *The price of salt*. New York: Dover.

Hjorth, L., & Sharp, K. (2014). The art of ethnography: The aesthetics or ethics of participation? *Visual Studies, 29*, 128–135.

Hodges, N. (2015). The chemical life. *Health Communication, 30*, 627–634.

Holman Jones, S. (2005). (M)othering loss: Telling adoption stories, telling performativity. *Text and Performance Quarterly, 25*, 113–135.

Holman Jones, S. (2009). Crimes against experience. *Cultural Studies ↔ Critical Methodologies, 9*, 608–618.

Holman Jones, S. (2011). Lost and found. *Text and Performance Quarterly, 31*, 322–341.

Holman Jones, S. (2014). Always strange. In J. Wyatt & T. E. Adams (Eds.), *On (writing) families: Autoethnographies of presence and absence, love and loss* (pp. 13–21). Rotterdam, The Netherlands: Sense.

Holman Jones, S. (2016). Living bodies of thought: The critical in critical autoethnography. *Qualitative Inquiry,* *22*(4), 228–237.

Holman Jones, S., & Adams, T. E. (2014). Undoing the alphabet: A queer fugue on grief and forgiveness. *Cultural Studies ↔ Critical Methodologies, 14*, 102–110.

Howe, S. (1985). *My Emily Dickenson.* Berkeley, CA: North Atlantic.

Ito, S. (2013). Living in someone else's closet. In J. Castro (Ed.), *Family trouble: Memoirists on the hazards and rewards of revealing family* (pp. 114–121). Lincoln: University of Nebraska Press.

Karr, M. (2015). *The art of memoir.* New York: HarperCollins.

King, S. (2000). *On writing.* New York: Simon & Schuster.［キング，S.，池央耿（訳）(2001)．スティーヴン・キング 小説作法　アーティストハウス］

Lamott, A. (1994). *Bird by bird: Some instructions on writing and life.* New York: Anchor.［ラモット，A.，森尚子（訳）(2014)．ひとつずつ，ひとつずつ——「書く」ことで人は癒される　パンローリング］

Leavy, P. (2012). Fiction and the feminist academic novel. *Qualitative Inquiry, 18*, 516–522.

Leavy, P. (2013). *Fiction as research practice: Short stories, novellas, and novels.* Walnut Creek, CA: Left Coast Press.

Leavy, P. (2015). *Method meets art: Arts-based research practice* (2nd ed.). New York: Guilford Press.

Link, A. R. (2013). Things we don't talk about. In J. Castro (Ed.), *Family trouble: Memoirists on the hazards and rewards of revealing family* (pp. 146–159). Lincoln: University of Nebraska Press.

Miller, A. (2011, October 16). *How to write fiction: Andrew Miller on creating characters.* Retrieved January 31, 2016, from www.theguardian.com/books/2011/oct/16/how-to-write-fiction-andrew-miller.

Muñoz, J. E. (2009). *Cruising utopia: The then and there of queer futurity.* New York: New York University Press.

Mykhalovskiy, E. (1996). Reconsidering table talk: Critical thoughts on the relationship between sociology, autobiography and self-indulgence. *Qualitative Sociology, 19*, 131–151.

Nagy, P. (2015). *Carol* [Screenplay]. Retrieved from http://twcguilds.com/wp-content/uploads/2015/09/carol_script_wcover_r22.pdf.

Nguyen, B. M. (2013). The bad Asian daughter. In J. Castro (Ed.), *Family trouble: Memoirists on the hazards and rewards of revealing family* (pp. 197–200). Lincoln: University of Nebraska Press.

Pelias, R. J. (2000). The critical life. *Communication Education, 49*, 220–228.

Pelias, R. J. (2003). The academic tourist: An autoethnography. *Qualitative Inquiry, 9*, 369–373.

Pelias, R. J. (2014). *Performance: An alphabet of performative writing.* Walnut Creek, CA: Left Coast Press.

Pensoneau-Conway, S. L. (2009). Desire and passion as foundations for teaching and learning: A pedagogy of the erotic. *Basic Communication Course Annual, 21*, 173–206.

Pollock, D. (2005). Introduction: Remembering. In D. Pollock (Ed.), *Oral history performance* (pp. 1–17). New York: Palgrave Macmillan.

Pressfield, S. (2002). *The war of art.* New York: Black Irish Entertainment.［プレスフィールド，S.，宇佐和通（訳）(2008)．やりとげる力　筑摩書房］

Purnell, D., & Bowman, J. (2014). "Happily ever after": Are traditional scripts just for fairy tales? *Narrative Inquiry, 24*, 175–180.

Rambo, C. (2016). Strange accounts: Applying for the department chair position and writing threats and secrets "in play." *Journal of Contemporary Ethnography, 45*, 3–33.

Rawlins, W. K. (2000). Teaching as a mode of friendship. *Communication Theory, 10*, 5–26.

Ronai, C. R. (1995). Multiple reflections of child sex abuse. *Journal of Contemporary Ethnography, 23*, 395–426.

Ross, C. (2006). *The aesthetics of disengagement: Contemporary art and depression.* Minneapolis: University of Minnesota Press.

Rushing, J. H. (2005). *Erotic mentoring: Women's transformations in the university.* Walnut Creek, CA: Left Coast Press.

Solnit, R. (2013). *The faraway nearby.* New York: Penguin.

Stewart, K. (2007). *Ordinary affects*. Durham, NC: Duke University Press.

Tamas, S. (2009). Writing and righting trauma: Troubling the autoethnographic voice. *Forum: Qualitative Social Research, 10*(1), Article 22. Retrieved June 1, 2013, from www.qualitative-research.net/index.php/fqs/issue/view/30.

Tillmann, L. M. (2015). *In solidarity: Friendship, family and activism beyond gay and straight*. New York: Routledge.

Tolich, M. M. (2010). A critique of current practice: Ten foundational guidelines for autoethnographers. *Qualitative Health Research, 20*, 1599–1610.

Tomaselli, K. G., Dyll-Myklebust, L., & van Grootheest, S. (2013). Personal/political interventions via autoethnography: Dualisms, knowledge, power, and performativity in research relations. In S. Holman Jones, T. E. Adams, & C. Ellis (Eds.), *Handbook of autoethnography* (pp. 576–594). Walnut Creek, CA: Left Coast Press.

Van Maanen, J. (2011). Tales of the field: *On writing ethnography* (2nd ed.). Chicago: University of Chicago Press. ［ヴァン＝マーネン，J., 森川渉（訳）(1999). フィールドワークの物語――エスノグラフィーの文章作法　現代書館］

Wyatt, J. (2005). A gentle going?: An autoethnographic short story. *Qualitative Inquiry, 11*, 724–732.

Wyatt, J. (2006). Psychic distance, consent, and other ethical issues. *Qualitative Inquiry, 12*, 813–818.

Wyatt, J. (2007). Research, narrative, and fiction: Conference story. *Qualitative Report, 12*(2), 318–331.

第10章

創造的ノンフィクション（CNF）との出会い
方法論に挑む冒険物語のあらすじ

●アニタ・シナー／エリカ・ハセベ＝ルッツ／カール・レゴ

（Anita Sinner, Erika Hasebe-Ludt, & Carl Leggo）

訳：時津倫子

> 書かれたものは声でできている。私たちひとりひとりの声は，激しい風にかき消され
> てしまう。けれども，懸命に耳をすませば，歌おうとする幾千もの声が聞こえる。布
> に織り込まれたたくさんの糸のように。星座を描く星々のように。これまでは歌おうと
> しなかった人々の声が。
> —— GEORGIA HEARD（1995, p. xi）

　創造的ノンフィクションは，カナダのバンクーバーにあるブリティッシュ・コロンビ
ア大学で開催されたカリキュラム研究会議にその端緒をもつ。そこには芸術的な表現を
使った方法を試行している研究者たちが集い，さまざまな声が響き，会話が飛び交って
いた。私たちは，ビジュアル・リサーチ，文学的リサーチ，パフォーマティブ・リサー
チについての議論に参加し，目的や志を同じくする研究仲間と共に，私たちのストー
リーを展開する空間を提供してくれる，学問的コンテクストを確認することができた。
私たちは10年近く，チームでライフライティング研究を続けており，その活力をこの
場でも再体験することになった。私たちがライフライティングの実践を通して得た知見
から，ここに創造的ノンフィクション（Creative Non-Fiction: CNF）という方法を提案する。
CNFによって，芸術研究者は創造的なストーリーを示すとともに，方法論の概念化（プ
ロセス），適用された技術と方法（実践），研究の成果（プロダクト）を示すことが可能に
なる。この章では，私たちの実践の概要——理論と実践，考察，課題，そしてCNFへ
のアプローチなど——について述べる。学術的芸術表現の一例として読んでいただき
たい。文学というジャンルが学問の境界を揺るがし，ハイブリッドな方法への可能性を
ひらく瞬間を目の当たりにすれば，きっとあなたもやってみたいと思うだろう（Singer
& Walker, 2013）。この「物語を書く」空間において，個人個人のストーリーという数多
の糸が，歴史，文化，政治，心理という名の模様のある一枚の布に織り上げられるさま
をご覧に入れよう。

　創造的ノンフィクションとしてのライフライティングと私たちの旅の物語を始めよう。
学者としての自己の地図を広げ，研究，教育，学習の源泉となった，私たちの師匠から

198　第Ⅱ部　文学のジャンル

受け継いだアイデアからの水脈をたどってみよう。私たちに学問という道のりを案内してくれる声，いつも寄り添ってくれている声を聴こう。それは，「仕事の環境の中で長い間受け継がれている語りは，それ自体が職人のコミュニケーションの一形態」であり，しばしば「語り直しの繰り返しを通して明らかにされる」（pp. 91, 93）という Benjamin（ベンヤミン，1969）の文言を思い起こさせる。ここでの創造的ノンフィクションについての対話は，Benjamin のこの文言の証となるだろう。創造的ノンフィクションを共に創ってきた人たちの学問実践の物語は，「知恵ある心」を探し求める物語でもあるかもしれない（Chambers, 2010; Chambers, Hasebe-Ludt, Leggo, & Sinner, 2012）。

　文芸分野における創造的ノンフィクションの定義は幅広い。その中から教育研究に適した枠組みを導き出せるかもしれない。Singer と Walker（2013）は，創造的ノンフィクションはライフライティングであると定義している。それは，「『私』を主人公とし，事実に基づいて構想し，フィクションのテクニックを使用して生き生きとした物語を描き出す，事実をベースとした著作」を創造的ノンフィクションであるとする定義である（pp. 3, 139）。創造的ノンフィクションの作品は，イメージや叙法，対話文や皮肉などを使用することによって，時間と場所を超越した作品となる。方法としての CNF は，エッセイ，詩，回顧録，自叙伝，手紙，日記だけでなく，すべての豊かで自己省察的な表現モードを橋渡しすることができる。また，旅行や食物，動物，犯罪，環境などの幅広いテーマについて扱うことができる（Clasen, 2015）。研究における「私」の必要性についての Richardson（1994）の議論に共鳴し，研究論文に自分自身を入れ込むことによって，論文の著者と読者の距離を縮めている。このような自己省察的なスタンスを研究論文に織り込むということには，独自の教育的意図がある。時制を変化させることによって時間と自己を位置づけ，著者自身が方法論に織り込まれることで，論文としての表現を変化させることになる（Purpura, 2013）。

　しかし，諸学会での議論の中では，創造的ノンフィクションやライフライティングは自己陶酔にすぎないといわれつづけている。確かに，研究としてのストーリーは，主観的すぎるように見えるかもしれない。ストーリーとは重要な出来事に関連する真実の，またはおそらく真実であると思われる記述であると，オックスフォード英語辞典では定義されている（Brown, 1993）。すべての学問にとって最も懸念されることは，何が研究を構成するのかを決める権力として，またそれを制御する力として働く懲罰的な言語が，研究のプロトコルを限定してしまうことの根本的な影響である。創造的ノンフィクションは，創造的表現を用いた批判的アプローチの一方法としては認められていない（Barrett, 2010）。それは，私たちが実際に経験している気持ちや意図が入ったストーリーはデータにはならないという誤解によるのかもしれない。創造的ノンフィクションは，ストーリーの内容（データ）から，「**考えうるあらゆる事態**」を想定し，論じる方法である。ストーリーに含まれる比喩や類推，暗示，対立，パラドックスなどによって意味が違ってくる。読者は言葉の間の空間で，経験したことや感じたことがどのように配置されているのか，また，刻々と変化する解釈のプロセスと考えうる解釈がどのように描き出されるのかについて，じっくりと考え，疑問を投げかけることが可能になる。

　ハイブリッド性への新たな傾向や，倫理的で共感的な新しい研究実践を模索するメ

ティサージュ（métissage）などのアプローチ（Hasebe-Ludt, Chambers, & Leggo, 2009）から考えられることは，ストーリーを使えば，学問的実践に誰もが平等に参加できること（民主化），学問的実践が活性化されることである。これらのアプローチでは，解釈が主観的であることは自覚されている。研究は，研究者と参加者，それ以外の人々も含む協働的な取り組みである。学問的には冷笑されつづけてはいるが，ストーリーはさまざまな質的調査法の支柱となってきた。この支柱があってこそ，創造的ノンフィクションという新しいアプローチを展開することができるのである。ストーリーは，誰でも書くことができて誰にとってもわかりやすく，また，調査の方法としても論文の書き方としても最も自由で口語的な方法である。創造的ノンフィクションなどのナラティブモードの研究は，使いやすくて汎用性が高いだけでなく，これまでは学問的な研究には含まれなかった領域を学問として扱うことを可能にするだろう。教育実践のストーリーによって，他者との関係における意味を模索し，私たちはいかに学ぶのかを理解することができる。共感と思いやりのための空間をひらき，そこに関与し認識することによって，学習者がどのように知の創造プロセスに参加しているのかが明らかになり，学習の定義がよりわかりやすくなる。つまり，ストーリーを使った学習は，アクセスしやすくインクルーシブでもある。ストーリーは，限られた少数の人だけでなく，すべての人によって理解され，語られる。Fellner（2013）が言うように，「書き手による作品は，枝葉の部分が最もおもしろい」（p. 177）ということを，心に留め置きたい。

質的神話の中で見つけた創造的方法論 —— 両者から最善の方法を

　Gallagher（2011）は，ストーリーテリングは長きにわたって教育研究の中心でありつづけていると主張しているが，方法論としては理論化されないままになっている。つまり，教育におけるストーリーには「骨格がない」ままではあるが，教育実践の記録などの小規模なストーリーから権力としての植民地教育などの大規模なテーマまで，幅広く利用されている（p. 51）。また，Tilden（2010, p. 708）によると，創造的ノンフィクションは「日常生活に根ざした」「抵抗姿勢」をとるものであり，「そのどれもが喪失を背景として書かれている」。ここからは私たちの事例を示そう。創造的ノンフィクションが変化のエージェントとして機能し，教育と学習の経験に埋め込まれた新しい実践を促進する様を見ていただきたい。ここに示すストーリーは，教室での成功や失敗を読者にありのままに伝えるデータであり，私たちの教師としての仕事の，生きた歴史の一部である。

　ここまでの話を総じて考えてみると，創造的ノンフィクションという方法が，教育学ではどれほど認められているのか，と問いかけたくなるだろう。たとえば，質的研究では，参加者の名前を仮名にしたり，参加者の経験を物語として表したり，実際のいくつかの出来事をまとめて書いたり，歴史的出来事についての記述を再構成したり，個人の特定を避けるために実際とは違う場所として書いたりすることで，匿名性や機密性といった倫理的要件を満たそうとする。倫理的要件を守ろうとすると，事実ではない創

作として書くことになる。この点において，質的研究は創造的ノンフィクションに相通じる痕跡を長い間保持してきたと言える。研究に関わる人々のプライバシーを保護しようとすると，創作として書くことにならざるを得ない。ライフライティング，伝記，ストーリー研究，現象学的解釈，厚い記述によるエスノグラフィーなど，書かれたものの形式はさまざまであるが，プライバシーの保護はどの形式にも共通する，研究倫理を遵守するための手続きである。つまり，調査によって得られたデータは，そのままの形で報告されることはないということである。どんな方法をとろうとも，実際の姿からのずれは生じてしまうものなのである。

　以前は否定的な論調が強かったが，この10年の間に質的研究法は数多の試行を繰り返し，知の構成を表現するさまざまな方法を次々と生み出して，新しい認識論への入り口を作ってきた。ここに創造的ノンフィクションが登場する。従来の研究法および研究報告の形式を中断し超越する。「フィクションと詩の要素」を「混ぜ合わせて再結合させることによって，一般的な境界を揺るがし超越するハイブリッドを作る」。研究という制度のガイドラインは守りつつ，豊かな想像力と大胆さをもって，「学術研究であり自己省察でもあるストーリーを生み出す」（Singer & Walker, 2013, pp. 4-5）。

　創造的ノンフィクションは，伝統的な質的研究論文よりも小説や物語に近く，研究を物語や詩，随筆や説話として考える場を提供している。Madden（2013）は，この執筆スタイルの複雑さによって，理論的な議論が促進されることを示している。創造的ノンフィクションこそが研究したこと全体を描き出す方法であるということではない。ストーリーによってその時点でのある視点からの解釈を示すことができ，そのストーリーから新たな視点や研究課題や，新たな情報を追加することができるという点では，他の研究方法と同様である。これは方法論的な真理のパラドックスである。どんな研究も論文も中立ではありえないのに，学生も研究者も，自分が書いたストーリーを創造的ノンフィクションではなくエスノグラフィーであると言う。創造的ノンフィクションよりもエスノグラフィーの方が信頼に足ると思ってしまうのは，なぜなのだろうか。

ハイブリッドな方法との出会い —— 一人でタンゴは踊れない

　学問においてハイブリッド性へと向かうには，理論的にも方法論的にも，どのようにして創造的で複雑な研究への文脈をつくり出すのかについて理解する必要がある。この点についてエリカは，知識を「すべての関係性を通して」どのようにやりとりするのかを全体として把握することだと言う。また，カールは「研究に対する情熱が研究そのものの厳密さを育む」という。ハイブリッド性は，解釈的研究における表象の概念に疑問を投げかけ，創造的ノンフィクションという技法を社会文化的な声明とすることができる。これはSutin（2013）が言うところの「境界上にある」ものである。境界をまたいでどちらにも属さない，宙ぶらりんの状態でいることができる，ということである。Ali（2013）の言葉を借りれば，「思考（理論）か行動（創造的作業）かの二元的思考に挑戦する」（p. 28）のである。結果として書かれたもの —— 論文でも文学作品でも —— は，私

たちが聴いたこと，考えたこと，理解したこと，さらに考えたことを書いたものである。創造的ノンフィクションが「どこにも位置づけられない作法」「外側に位置する作法（…）慣習を破壊し，予期を打ち砕く作法」(Matrone, 2013, p. 54) を必要とするのならば，理想的なハイブリッドの実践であると言えるだろう。

　私たちはライフライティングという形式を採用してきたが，そのハイブリッド性の核心は創造的ノンフィクションにある。これは，Pinar, Reynolds, Slattery, および Taubman (2000) からさまざまな要素を拝借し融合させたものであり，教育研究を書き上げる際に文学的な表現を利用することによって，その役割を再概念化することを志すものである。Perry (2010) によれば，書くことが研究そのものである。自分を含まずに研究報告を書くことはできない。私たちは，教育における社会的責任の領域に必要不可欠なストーリーを提供できるよう努めている。特に学習者としての個人的アイデンティティと，教師としての職業的アイデンティティの混在というジレンマについて取り扱う際には，日々どのようにしてそれに対処するのかを詳しく書くようにしている。ストーリーは考えや感情の表現である。私たちは創造的ノンフィクションによって，実際に経験したことや，熱意や関心を表現するとともに，この研究法とその技の質の定義たるところを提唱しているのである。

　ここで，インタビューの訓練や，ストーリーを書き上げる練習など，ハイブリッドな方法論の具体的技法について取り上げてみよう。調査者は思いやりの気持ちを持って，インタビュー中の微妙なニュアンスに注目し，語り手との心の距離のとり方の程度に十分に気をつけながら，会話全体の流れを十分にくみとり，さらに質問を繰り出す。この点では質的研究法と同様であるが，書き方が異なる。CNF を書く場合は，研究者が時系列通りにナラティブを並べることはない。その代わりに，インタビューで得られた情報の信頼性を考慮しながら，Barthe（バルト，1981）の「句読点」（論点として配置した写真）と同様に，インタビュー参加者の言葉をそのまま切り出して配置することによって，アイデアや出来事や感情を抽出し，ストーリーを経験の集積とすることができる。インタビューから抜粋することによって，声のトーンをその中に保ち，そのストーリーの状況性をも保つことができる。倫理的配慮として，インタビュー参加者に出来上がったストーリーを確認してもらうのだが，それによってストーリーをつないでいる「データ」を確認したり，ストーリーを推敲したりすることができる。Davies ら (2013, p. 681) が示唆するように，そのような「カテゴリーの差異から（…）創発的で連続的な差異」への動きは，伝統的な質的研究法の限界を超えるのに役立つだろう。これはノンフィクションを構成するプロセスであり，創造的ノンフィクションの基礎でもある。ページ上に登場人物を投映することによって，ストーリーは本物らしくなる。

　Colyar と Holley (2010) のナラティブ理論における命題を借りれば，文学的な技と創造的ノンフィクションの整合を示すことができる。「私」の視点に立つことによって，アカウント（説明）が能動態になり，読者は読者自身の視点から，出来事がどのように展開するのかを見極めることができる。研究課題がストーリーのプロットであり，その一部としての研究計画によって，説明の論理が決まってくる。研究参加者や研究者はもちろんストーリーの主役であるが，学校などの場所が主役であることもある。架空の人

物を主人公などの登場人物とすることもある。ストーリーのクライマックスは，記述を解釈し，教育的意義を評価するところである。インタビューの抜粋を編集して，良いストーリーにするには，問題についても方法についても，よく考える必要がある。場面の遷移を表す文を追加したり，アイデアを繰り返し提示したりすることもある。ここがクリエイティブたる所以である。創造的ノンフィクションは，有意性や客観性などの科学論文の規準を熟慮した上で打開し，感情経験を前面に出し，データや方法や考察というストーリーの各所に調査結果を断片化することで，従来の科学論文形式そのものを破壊する。Cappello（2013）が述べているように，創造的ノンフィクションは言語を「媒介モード，指示モード，道具モード，参照モード」から解放し，経験を「人生に閉じ込められた」「芸術という空間」で共有される，迷走や遊びや，探索や展開といった形態へと導くのである。つまり，言語を線形や平面から解放し，ストーリーの要素を統合する空間に移動させるのである（pp. 65-67）。

　創造的ノンフィクションの本質であるストーリーは，研究に含まれている美的かつ学術的な説得力を見せてくれる。さまざまな文学的スタイルや文学ジャンルの要素の集大成としての創造的ノンフィクションは適用範囲が広く汎用性がある。このような創造的なアプローチによって質的研究を活性化することができれば，私たちの作品がより広く読まれるようになり，学者としての研究公開の義務を果たすことができるようになるだろう。

創造的ノンフィクション（CNF）との出会い ── 同じ地平に立つ

　研究といえば，順序通りに段階を踏んで完成させるもの，というイメージが浮かぶかもしれない。私たちが CNF に出会ったときのことを振り返ってみると，研究の真っ最中のその瞬間にこそ，研究はあるのだということに気づく。そういった研究は，インプロなどの即興的実践として行われることが最近は多くなっている。私たちは，Rein（2011）が言うところの創造的な研究の教師なのであり，創造性を教育の目標にしようと努力している。以下に示すのは，ライフライティング実践についての3つのストーリーである。創造的ノンフィクションによって私たちがどのように変わったか，創造的ノンフィクションを私たちの学術研究にどのように適用してきたか。この章の著者であるアニタ，エリカ，カールそれぞれを主人公とする CNF の物語から方法論への挑戦についての対話を始めよう。

アニタの出会い ── テニュアがとれるまで待たない理由

　私はカールやエリカのストーリーを憶えている。それと同じように，私が教えた学生たちは私が教えたこと，私が授業で話したことや，私についての噂を憶えているだろうか。私が思うよりずっと悪い噂もあっただろうが，伝わっていくうちに淘汰されていくだろう。ストーリーは教師から学生へと受け継がれ，また学生から教師へと返って

くる。私はストーリーを書き，ストーリーで遊び，ストーリーを共有してきた。私は校則には従わず，授業をサボり，教室ではいつも後ろの席で，喫煙スペースでだらだらと過ごした挙句，学長に呼び出しを食らうような学生だったが，大学院に進んでからはストーリー研究に道を見出した。私と同じ道を行こうとする学生たちには，「危ない橋を渡っているよ」と忠告するようにしている。話が大きくなりすぎるかもしれないが，いくつか疑問に思うことがある。教育というストーリーを語る私たちは，保守的すぎるのか，革新的なのか。創造的ノンフィクションを書く者たちは，学問の外に追い出されて当然なのか。Lopate（2013）の「ノンフィクションを書く者は，学問分野に住みついたエイリアンだ」（p.4）という一節が思い出される。

大学の教室で植えつけられる，不安と苦痛のストーリーには驚くほかない。自伝的研究などが研究として扱われるようになった言語論的転回の時代に学部教育を受け，大学院に進学したばかりの学生たちが，学問として正当な道を進みたいと言う。とても興味深い。私は指導教員が私にしてくれたのと同じように，授業の一環として学生たちに自分のストーリーを書かせている。ストーリーが書けない学生には，ためらわずに「詩人の心で書いてください」と助言している。

ライフライティングとしてのCNF開発の過程で，研究としてのストーリーが時間の経過とともにどのように変化するのか疑問に思うことがたびたびあった。教師になったときのことを10年後に振り返ってみるとしたら，学生たちはどのように思い出すのだろう。CNFとして描かれた縦断的な研究は，目まぐるしく変化する現時点において，どのように語られ，語り直されるのだろうか。

個人として，自分のストーリーとともに率直に生きている私たちにとって，学問の妥当性とは何か。カールとエリカについて，私の指導教員として，また，私の研究仲間として，何を知っておくべきだろうか。ちょっと皮肉っぽい言い方が好きで，明るくて真面目で，手に負えないほど頑固で，場の政治性に敏感であるという独特な共通点がある，というようなことのほかにも，知っておくべきことはあるだろうか。私たち3人は，いつも動いている。いろいろな大学や場所を好きなように行き来している。Deleuze（ドゥルーズ）とGuattari（ガタリ）（2005）の言葉を借りるなら，ノードではなく，逃走線上にいる。始まりも終わりもない地図の上で，あちこちに新しい線を引いている。既存の枠組みから逃れ，新しいものを創造しつづけている。そういうわけで，私たちがライフライティングや創造的ノンフィクションといった生産様式に引きつけられたのは，必然だったのだが，私は問いつづけている。私の学生たちは，私について何を知っておくべきなのか。なぜ学生たちが，私について知っておくべきなのか。どの程度まで知る必要があるのか。学生にとって負担になるのはどこからなのか。そしてそれは，誰が決めるのか。

とある授業の最中に，科学研究（数量データを用いた厳密な研究）との比較によって，アート・リサーチの適切さを説明してほしい，という質問をした学生がいた。そのときに私は，検査精度が50％でしかない検査結果からの判断で，ある手術を受けることになったという話をした。追試可能な医学的検査ではあるけれども，2回検査したら2回とも同じ結果になると言えるだろうか。この場合，何を変数として，なぜその変数を設

定するのか。数量的研究も CNF と同じく，直観や推測によるストーリーの解釈に他ならないのではないか。私の病気のことは，私がすでに勘づいていることなのだから，この検査は医学的診断としての意味がほとんどない。言葉から生まれたストーリーよりも，数字から生まれたストーリーを信じてしまうのはなぜなのだろうか。次の大学院の授業の教室に行こうとしたそのときに，私はその授業での話の中で，私が抱えている先の見えない不安について語っていたということに気づき，謙虚に自分自身を振り返ることになった。それは，類推によって抽象的な議論を焦点づけるという教育実践のストーリーにおける関係性の質と，哲学的思考に満ちた，私にとっては目から鱗が落ちる瞬間であった。こういう質問をしてくる学生に出会うと，私自身のストーリーを話さずにはすまなくなるだろう。結局のところ，私たち 3 人は似たもの同士だと言うほかはない。私は，思わずくすりと笑ってしまうようなカールの苦労話や，エリカの豊かですてきな冒険の話など，二人のいろいろな話をよく憶えている。科学対アートという論点については忘れてしまったとしても，私の話をいつか思い出してくれる学生もいると思う。カールやエリカには遠く及ばないけれども，それはストーリーが信頼を得るということだと思う。

　誰がどう思うかとか，私の研究には誰も興味をもってくれないのではないかとか，そんなことを気にするべきだろうか。ライフライターとしての私の仕事は，大勢の人にショーを見せることではない。個人のストーリーの中で，事実のままを書くと不快感を引き起こす可能性があるところを的確に見極めることである。また，ストーリーに共感する学生が，研究者としてストーリーを書きたいと思ったときに，学問とストーリーを書くことのギャップを橋渡しする役目を務めることである。研究として，学問としての制度も視野に入れつつ，私はライフライティングという荒れ狂う海に錨を下ろし，思いがけない聴き手を相手に創造的にストーリーを語り，事実とフィクションの間でひどく絡まり合う，言葉の嵐に耐える。創造的ノンフィクションという方法を使うことによって，私は学生や教師の生活，彼らの，そして私の成長のストーリーに焦点を当てつづけている。Viadel, Roldan, Cepeda-Morales（2013）が質的アート研究で示しているように，ストーリー研究には知的に引きつけられるものがある。学校という場での生きられた経験のストーリーを知れば知るほど，その思いは燃え上がる炎のように強くなる。それほどまでに，これは教育者としての私の大切な仕事なのである。この炎を失うのなら，私の学者としての人生は終わりだ。ゆっくりでもいいから，ストーリーを表現する新しい方法を見つけるべきだと思う。CNF 宣言を起草して，創造的ノンフィクションを普及させることを目指しているのではない。教育の基礎としての，感情や経験を率直に語るということの目的や意図や価値にもっと興味をもってもらいたいと思う。既存の研究方法の模倣ではない，新しい方法を提案したいと思っている。

　そう，ためらわずに。
　アカデミックな荒地を歩いてみよう。
　人生は一度きりなのだから。
　テニュアがとれていなくても。

エリカの出会い —— 消されてしまったこと

オーチャードキャンプ

日系人強制収容所へようこそ。日系人とは，日本を離れて外国に移住した祖先をもつ，日本人の血を受け継ぐ人々を表す日本の言葉です。(…)

強制収容が始まった当時，日本人がブリティッシュ・コロンビア州西海岸沿いに初めて移住してから 65 年が経っていました。カナダ生まれの 2 世や 3 世もいました。

—— カナダ，ブリティッシュ・コロンビア州ニューデンバーの
日系人強制収容所記念センターの銘板（図 10.1 を参照）

私は夫のケンと一緒に，ブリティッシュ・コロンビア州まで車で旅をした。そのときに，内陸部にあるニューデンバーの日系人強制収容所記念センターを初めて訪ねた。私たちは，1942 年に連邦政府によって建てられた急ごしらえの小屋を見て回り，敷地内を歩いた。スクラップ材の合いじゃくり工法で建てられた小屋には，1941 年の真珠湾攻撃の後，ブリティッシュ・コロンビアの西海岸から「運ばれ」た日系カナダ人家族が収容されていた (Roy, 2007)。戦時措置法によって，カナダ西海岸に住む「日本人」全員が，「カナダの安全と防衛のために」家を追われ，内陸部に追放された（ブリティッシュ・コロンビア州安全保障委員会，Miki, 2012, p. 6 による）。彼らの財産や持ち物は，敵性外国人資産管理局にすべて押収された。「避難」（追放の公式な婉曲表現）する前は，バンクー

図 10.1　日系人強制収容所記念センター，ニューデンバー，カナダ

バーのヘイスティングスパーク（現在のパシフィック・ナショナル・エキシビション）の敷地内の家畜展示場に住むことを余儀なくされた（Miki, 2012）。この屈辱的な囲い込みに何週間も耐え忍んだ後に，彼らはパーセルロッキー山脈という険しい山の上にある「移転集落」に，列車に乗せられ運ばれた。これらの「住宅センター（収容所）」には「クーテナイ渓谷の静かで居心地のよい小さなお家での暮らし」というような意味をもつ名称がつけられた（Adachi, 1976, p. 252）。

「オーチャードキャンプ」とも呼ばれるニューデンバー・センターで，私はそこに遺された日常生活のための品物や生き残るための努力の産物を見た。必要最小限の調理器具，風呂用品，近くのスロカン湖から水を運ぶためのバケツ，砂漠の夏の炎天下での消火活動に使われたバケツ，穀物類を入れる麻袋で作った掛布団。高山地帯での冬の厳しい寒さをなんとかしようとしたのだろう。私たちは，銘板に刻まれた説明を読み，ディアスポラと抑留の様子がよくわかる写真を見てまわった。

私たちはこの「記憶の地形」（McAllister, 2011）を感じとることができた。私たちは，この強制収容所で暮らすということがどういうことだったかを知り，住んでいた人たちがどんなふうに感じていたかを理解した。私にとっては初めてだったが，夫にとっては２度目の経験だった。夫はブリティッシュ・コロンビア州内陸部のグリーンウッドにあった日系人収容所で生まれ，そこで２歳までを過ごしていた。1949 年に夫と夫の家族は，フレーザー川の河口の町，ニューウェストミンスターに帰ることを許された。帰ってみると，住んでいた家は競売にかけられ，他人の所有になっていた。8 年もの間抑留に耐え忍んだというのに，また一から，家を建てることから始めなければならなかった。

檻のごと	Icicles
氷柱が塞ぐ	bar the north-side window——
北の窓	my house a cage

——亀ヶ谷千恵（『Seasons in New Denver: An Immigrant Haiku Year（移民の
つづるニューデンバーの四季：亀ヶ谷千恵の俳句）』1999, n.p.）

消えてしまった俳句

戦争が終わる頃に（…）すべての強制収容所は閉鎖され，小屋は壊されて更地になり，抑留が行われたという証拠は隠滅されました。このニューデンバー「オーチャード」キャンプは唯一の例外であり，1957 年までそのままの形でブリティッシュ・コロンビア州安全保障委員会によって管理されました。

——カナダ，ブリティッシュ・コロンビア州ニューデンバーの
日系人強制収容所記念センターの銘板

私の義父ハセベユキオは，ブリティッシュ・コロンビアの海やフレーザー川で漁をして暮らしていた。ひたむきな俳人でもあった義父は，私が夫に出会う前に亡くなっていた（**図 10.2**）。私は家族が集まったときに聞いた話の断片や，夫が時折語る父の創作に

図 10.2　ハセベ家の人々。カナダ，バンクーバーにて，1958 年頃

ついての思い出話を集めて，義父の俳句のことを長年書き連ねてきた。ニューデンバーの日系 2 世である抑留経験者が書いた俳句の句集と，抑留時に書かれた俳句の句碑を見たときに，夫は義父が俳句を詠んでいたことを再び口にした。私は夫にそのことをもっと聞かせてほしいと頼んだ。夫はその頃まだ小さかったので，あまり父の俳句のことは憶えていない，と言ったが，父が木の板に貼ったパルプ紙に俳句を書いていたこと，毎日紙を取り換えて新しい俳句を書いていたということは，おぼろげながら憶えていたようだった。句会のメンバーだったユキオは，決められた通りに毎日俳句を詠む練習をした。収容所での重労働の合間や，仕事終わりの時間など，暇を見つけては書いていた。ケンの父や山の上に孤立して暮らす人々にとって，俳句を詠むことは彼らの生活や周囲の状況についての考えや感情を表現する方法であり，「個人的な痛みと集団的な痛みの源に名前をつける」方法であった（Smith, 2009, p. 93）。日系カナダ人は「屈辱を，社会的損失を，物質的損失を，精神的な傷跡を乗り越えなければならなかった」と，作家であり学者でもある Roy Miki は書いている（McAllister, 2010, p. 219 の引用による）。カリキュラム研究の泰斗，Ted Aoki（2000, p. 67）の言葉を借りれば，「私たちは生まれ育った国にとって望ましくないよそ者として扱われると収容され，そうでなければ解放されるという精神的な壁や制約」とともに生きていくことに耐えなければならなかった。そのわずか数十年後に，芸術家や作家や学者，活動家は，正義と救済を求めるための新しい言葉を見つけたのだった（Miki, 2004）。

　ユキオは俳句を詠むときには，木炭と水を混ぜて筆に含ませ，その筆を紙にすりつけるようにして，筆に力を入れたり抜いたりして，漢字の線と形を作り上げたのだろう。手描きの色とりどりの模様をつけ加えたり，落款を押したりして，見た目にも美しく仕上げていたのではないかと思う。

　ユキオが俳句を書き込んでいた木の板と紙はどこにいってしまったのか，家族の誰に聞いてもわからなかった。収容所で詠まれた俳句は，ものとしては残っていない。義父

はどんな俳句を詠んだのだろう。あんなにたいへんな状況の中で，どうして俳諧の道を歩むことができたのだろう。あの収容から長い年月が過ぎた今，私は遠く離れたところで考えつづけている。

病み伏せて　　　Lying in bed
手のあれじっと　I stare at my hands
眺めけり　　　　How rough they've been

——亀ヶ谷千恵（前掲書，n.p.）

敵でありつづけること

　　第二次世界大戦中にカナダで抑留された2万2000人以上の日系人の大半は，カナダ生まれのカナダ市民でした。1988年に政府による救済和解金を受け取ったときには，日系3世の世代になっていました。

——カナダ，ブリティッシュ・コロンビア州ニューデンバーの
日系人強制収容所記念センターの銘板

　私自身の*思考像*（Denkbild），つまり私の考え方やイメージや想像力は，私が西ヨーロッパで最初に受けた教育によってつくり上げられている。思考像とは，Walter Benjamin（ヴァルター・ベンヤミン，1969, Richter, 2007による引用）によって考案された言葉である。私はこのドイツの学者と同じ町に生まれた。古典的なカリキュラムについての問題，「最も価値がある知識とは何か」について考えるとき，私の認識論的または文化的なルーツから逃れることはできない。私は，ドイツとフランスの両者の系譜に属するものであり，私の両親と祖父母は2つの世界大戦を経験し，着の身着のまま，何もかもを失って避難せざるを得なかった（図10.3）。また，Northrop Frye（1971）の言う「こ

図10.3　ジェンティス家の人々。ドイツのザールブリュッケンにて，1926年頃

第10章　創造的ノンフィクション（CNF）との出会い　|　209

こはどこなのか」(p. 220) というもう一つの典型的な問題，つまり，カナダの国家的・文学的アイデンティティ（Chambers, 1998, p. 137 を参照）について考えるとき，私はドイツ南西部からフランス，西ベルリンを経て，言語やリテラシーを研究するために，北の*この地*に来たことを意識する。私の夫は日系カナダ人3世であり，夫の両親と祖父母の世代も第二次世界大戦の苦難に耐えた。日系1世と2世には，20世紀初頭の日本の政治的・経済的状況から逃れるためにカナダに移住したケースが多かった。ケンの祖父母もそうだった。第二次世界大戦前にブリティッシュ・コロンビア州に移民として定住した人々には広島県出身者が多く，ケンの母方も父方も共に広島県からの移民であった（Ayukawa, 2008）。私の両親が移住したのも第二次世界大戦中だった。連合軍の爆撃の標的地域にあった自宅からドイツの他の地域への避難が，私の家族にとっては最初の大移動だった。

　私は，ヨーロッパと北米とアジアという，三大陸と共にある。私はドイツとカナダと日本という，3ヵ国の国家の物語の間に生きている。今は中学校の教師をしている娘のシャーロットは，高校生のとき社会科の授業で提出したレポートに次のように書いた。

　　　「あなたは何者ですか」と聞かれたときの答えとして，私は自分自身を「第二次世界大戦での敵たちのミックス」と表現するのが好きです。母はドイツ人で，父は日系人です。こう言うと，相手はしばらくの間考え込んでしまいます。(Hasebe-Ludt et al., 2009, p. 226)

　さまざまな場所への移住，避難，ディアスポラ，抑留が入り混じった物語は，私のライフライティング研究と，教師への道につながっている。この不確かな「グローカライズされた」時代（Bauman, 2007）に，私はこれらのストーリーをどのように書くのだろうか。私はどのように「私のコースを走る」のだろうか。そして私の授業やそこで披瀝する私の考えを通して，人々とどのような関係をつくるのだろうか。私たちが集う国際色豊かな教室で，最も重要な知識を盛り込んだカリキュラムによって，私が学生に教えていること。それは，新旧の敵たちの地表の上に，私が歩むべき終わりのない道のトポス（場と方向）とフムス（よく耕した土壌／家族から受け継いだもの）を形成する問いかけである。

　　　月今宵　　　　Though an immigrant
　　　見すごすべきや　and far away, I would not miss
　　　移民われ　　　　this evening moon

　　　　　　　　　　　　　　　　　　——亀ヶ谷千恵（前掲書，n.p.）

カールの出会い —— 歳をとるということを考える

　詩人としても学者としても，私の創作の道具はアルファベットの文字である。私は，論文でなく詩作によって問題を明確にし，それについて考えてきた。私が詩を書き，あ

るいは詩が私を書くとき，詩がどのように機能するのかを考えることが私の仕事である。詩を書いているとき，私はじっくりと記憶や経験や感情と共に過ごす。Hillman（1999）は，「なぜ人はこんなに長く生きるのか」という疑問を投げかける。（p. xiii, 強調は原文まま）。また，「人格はその晩年に完成する」（p. xiii）とも言う。そして，老いることを「芸術の一形態」（p. xv）と表現している。老人は，記憶を担って，フィクションを書き，そのストーリーの登場人物になる。Hillman は，人生の出来事のいろいろを巧みに描き出し「複雑なたくさんの模様を織り込んで」（p. 32）「あなたの人生を一つのストーリーにする」（p. 91）ライフレビューの発展を促進した人で，「登場人物の独自性の一部だけを切り取って，風刺画のように一部を誇張した話にしてしまう」（p. 49）ことを特に懸念している。Hillman のこの警告に従い，私は風刺画のようにならずに登場人物を描き出すカリキュラムについて考えてみたいと思っている。詩を書くことは，人の心を癒やすかもしれない。Orr（2002b）は，詩やストーリーを書くことには「絶大な変革力」（p. 6）があるという。私がものを書くときはいつも，よりよく元気に生きられる道を探している。

　Heilbrun（1997）は，「踊りだしたいほどうれしいときに，これが最後かもしれないと思ってしまうことが，60代の特異なところである。でも，だからこそ，晩年には極上の珍味のような味わいがある。『最後かもしれない』という胸をつかれる思いがあればこそ，今ここを強く思うことができるし，『いつかまた』の可能性は決して消え去ることはない」（p. 55）と述べている。登場人物を描くカリキュラムについて，歳をとるということについて考えつづけるうちに，私は私のストーリーを織りなしている4本の縦糸を見出した。それは，言葉，生きること，愛すること，そして去ることについての教えである。

言葉についての教え

　Winterson（2011）は，「厳しい人生には厳しい言葉が必要である。それが詩だ。その人生がどんなものであるかを表現するのに十分な，強い言葉。文学が提供するのは，その言葉なのである」（p. 40）。私は言葉について学びつづけている。Miller（2005）は，「すべてが崩壊しかけているというのに，なぜ教えつづけるのか。世界は本であふれかえっているのに，なぜ読むのか。読んでくれる人など誰もいないのに，なぜ書くのか」と問う（p. x）。Miller は，絶望だらけの時代における「教養」（p. x）の価値についての問いを投げかけている。「学校はいま，世界の終わりに向けての教育をしている。より良い世界にするための教育が欠けている」（p. x）。私たちには Winterson の言う，「厳しい言葉」が必要である。私たちには，絶望的にユートピアな言葉だけでなく，希望に満ちたディストピアな言葉も必要だ。私たちには，喜びと光に満ち溢れた言葉が，解釈の可能性に満ち満ちた言葉が必要だ。次の詩は，言葉についての私のマニフェストである。少なくともマニフェストにつながるヒントにはなっていると思う。

言葉をめぐる言葉：26 の片影（More Words about Words: Twenty-Six Glimpses）

a

are words	空気という
air	言葉たち
particles of dust	ほこりのつぶ
fairies	妖精
snowflakes?	雪のかけら？

b

omnipresent words:	神出鬼没な言葉たち
when I speak, do I really speak	わたしが話すとき，わたしは言葉を話している？
or do the words speak me?	言葉がわたしを話している？
am I a blank sheet of paper?	わたしは何も書かれていない，白い紙？

c

do I expect anyone	わたしはだれかにわたしの言葉を
to hold my words?	受け止めてもらいたい？
(not really)	（そんなことはない）
I offer them	わたしは言葉を提供する
because I must	そうすべきだから
my words are flotsam floating	わたしの言葉は海の想像の中に
in the ocean's imagination	ぷかぷか浮かんでいる

d

how much of what I write is	わたしが書いたことはどれくらい
understood?	理解されている？
probably not much	たぶんそんなには
I understand a little, sometimes,	わたしは時々，ほんのたまに
not often	少しだけ理解している

e

poetry is offered	詩はおくりものを
a gift	くれる
offered with/in love	愛をそえて／愛にくるんで

f

sometimes I talk too much	ときどきわたしはしゃべりすぎる
can one really talk too much?	しゃべりすぎることなんてある？
what is too much?	しゃべりすぎるってどういうこと？

g

I use etcetera a lot because I must, must not bust, etc.

わたしは「など」をたくさん使う。わたしはそう
すべきだ，そうすべきでないから，など

h

I want to lean into learning　　　わたしは学びにどっぷりつかりたい

I don't want to earn learning　　わたしは学びを得たいのではない

I want yearning for learning　　わたしは学びを渇望したい

i

I want to listen with　　　　　わたしは聴きたい

the ear in learn　　　　　　　学びの中にある耳をつかって

j

writing wantonly is　　　　　　思うままに書くことは

a savory wonton soup　　　　　うまそうなワンタンスープ

full of wanton wanting　　　　気ままがないままが満タン

k

the nation always needs　　　　国家にはいつも必要

imagination　　　　　　　　　想像力が

l

I wonder why I wonder　　　　わたしがもうあまりふしぎに

so little any more　　　　　　思わないのはなぜだろう

I wonder why I wander　　　　わたしがもうあまり迷ったり

so little any more　　　　　　しなくなったのはなぜだろう

m

I think, I am　　　　　　　　わたしは，わたしが存在すると思う

I think I am　　　　　　　　わたしはわたしが存在すると思う

what is the difference?　　　　何が違う？

n

a poem is wild with longing　　詩は光と夜へのあこがれを

the longing for light　　　　　求めながら

and the night　　　　　　　　ワイルドだ

第 10 章　創造的ノンフィクション（CNF）との出会い　213

o

I am no longer a part of the race

I am a part of the human race

わたしはもはやある人種の一員なのではない

わたしは人という種の一員である

p

let our scholarship sing

    in new voices,

call out with enthusiasm for the possibilities

of language and literacy and epistemology

わたしたちの学問をみんなの

    新しい声で歌おう

言葉と文学と認識論の

可能性への熱意をこめて

q

poetry is unapologetic, prophetic,

    peripatetic, passionate

full of the heart's wide experience

like a spectrum that holds all the possibilities

even impossibility and impassibility

詩は悪びれない　詩は予言

    詩は巡る　詩は情熱

心の中いっぱいの経験

可能性や不可能性や無感覚さえも

すべてをかかえたスペクトラムの

    ように

r

being a poet in the academy

is like dancing bare buff

exposed to the world

composed in words

学問の世界で詩人であることは

はだかでおどっているようなものだ

言葉で作って

世界にさらしている

s

a poem is lightning rumbling in the swollen sky

a poem is thunder, calling out a reminder of

    god-infused enthusiasm

詩はふくれあがった空にきらめく光

詩は稲妻　神から賜った

    熱意の知らせを叫んでいる

t

float in the sea

of words, the universe of words,

like galaxies, the air

full of specks of dust

and oxygen and carbon dioxide

言葉の海に　言葉の宇宙に

浮かんでみなさい

銀河のように

ほこりの粒と酸素と二酸化炭素でいっぱいの

空気のように

u

a poem is letters lined up

letters that won't stay in place

詩は並んだ文字

そこにはとどまっていない文字

letters that insist 野生の呼吸を
on breathing wildness 主張する文字

v

I work words わたしは言葉をころがし
words work me 言葉はわたしをころがす
I work in words わたしは言葉の中でころがり
words work in me 言葉はわたしの中でころがる

w

he wrote all his secrets 彼は秘密をすべて書いた
between the lines of his poems 彼の詩の行間にある秘密

finally sure he had found とうとう彼は見つけた
the one place where no one だれもが思いに

would ever find the musings 気づかない場所を
that were simply not amusing まったく楽しくないその場所を

x

love story: x + y = z 愛の物語は　x + y = z

y

breathe in out again ふたたび息を吸って吐いて
hear the entire world from there そこからのすべての世界を聞こう
the heart's steady rhythm 安定した心臓のリズム

z

my calling is わたしの使命は
to love words 言葉を愛すること
and let words そして　言葉に
love me 愛されること

生きることについての教え

　「成長するのは難しい。不思議なことに，肉体的な成長が止まっても，私たちは感情的に成長しつづけなければならないようだ（…）」と Winterson（2011, p. 34）は言う。私は言葉についての教えを学び，また，私は生きることについての教えについても学んでいる。妻のラナと結婚してから 40 年以上になる。私たちは 13 歳の時に出会い，16 歳で交際しはじめ，20 歳の時に結婚した。私たちの結婚生活は破綻し，喪失と悲しみの

かけらを知ることになったけれども，共に成長することができた。感情面での成長，つまり魂の成長は，未完成の詩に似ているということに気づいた。Didion（2011）は，娘の死についての著作の中で，次のように書いている。「娘の形見の品を見ると，娘が生きていたときのこと，その瞬間を思い出す。私がそのとき，その瞬間をどんなに軽んじていたかを思い知らされる」（p. 46）。登場人物の描き方のカリキュラムは，Orr（2002a）が「親密さへの憧れ」（p. 140）と呼ぶ，今この瞬間に注目することからはじまる。

40年ののちに　あなたは（After 40 Years, You）

might expect 40 poems	40の詩を生み出すだろう
each with 40 stanzas	40行で構成された
composed in 40 lines	40の連をもつ詩を
instead of this poem	この詩の代わりに
cobbled together	40分間の静かな時間を
in 40 quiet minutes	作り出そう
like a long breath	人がたくさんいる
in the chaos of Las Vegas	ラスベガスのカオスの中での
where everybody is	ゆっくりとした呼吸のような
somebody else, or	みんな誰かになりたくて
wants to be someplace	どこかに行きたい
else, in other stories,	自分ではないストーリーの中に
while you and I	わたしとあなたが
celebrate long love	長く続いた愛を祝い
knowing this gift	この贈り物が
is granted, not	あたりまえでなく
taken for granted,	ありがたいものだと知りつつ
received gladly,	うれしく受け取っている間に
and while I have	そしてわたしが
scribbled this poem	この詩を紡ぐ
in morning minutes	朝のちょっとした時間に
we have been revising	わたしたちは　この詩を
the poem for over	40年もの間，
40 years, knowing how	書き直しつづけている

第II部　文学のジャンル

the mystery of grammar	文法というミステリーが
always holds us in process,	この終わりのないストーリーに
this story without end	いつもわたしたちをそのプロセスに留めおくことを
	知っている

how a life can hold	ひとつの命は
countless memories	数えきれない思い出をどんなやり方で
in intimate moments	その瞬間に留めおくのだろう

like neon lights in a Vegas	ベガスの夜景のネオンの
nightscape, defying all	輝きのように，ひとつだけの解釈など
simple interpretations	受けつけない

so all I know in this moment	40年がかりで作り上げられ
expressed lightly in a poem	詩の中におだやかに表されている
40 years in the making	今この瞬間にわたしにわかる全ては

is how in all of Las Vegas	トリビュートバンドとマジシャンと
with its memories of meadows	草原の記憶とともにある
and tribute bands and magicians	ラスベガスの全てと同じようなもの

Celine Dion and Elton John	セリーヌ・ディオンとエルトン・ジョン
Cirque de Soleil acrobatics	シルク・ド・ソレイユのアクロバット
and casino promises of fortune	カジノで夢見る幸運

I know with joy our love story	わたしはうれしい，わたしたちの愛の物語が
defies illusions and delusions	幻想も妄想も押しのけて
rooted in the heart's measure	心のものさしに根づいている

and lying on the pool deck	プールサイドのデッキチェアに寝転んで
in the Vegas summer sun,	夏のベガスの太陽の下
side by side, your pink bikini	すぐとなりにはあなたのピンクのビキニ

reminds me this poem	わたしはこの詩を思い出す
is always full of surprises	この詩はいつもおどろきに満ちている
like the story is just beginning	今始まったばかりの物語のように

| after 40 years, you | 40年ののちに |
| are the one who breathes | あなたはこの詩に　すべての詩に |

in this poem & all the poems　　息をふきこむだろう

愛することの教え

　Winterson（2011）は，「私には愛に満ちたレッスンが必要だった。今も必要としている。愛ほど単純なものも，愛ほど難しいものもないからだ」（p. 75）と言う。私は言葉についての教えと生きることについての教えを学び，また愛についての教えも学んでいる。Hillman（1999）によると，「想像力がなければ，愛は感傷や義務や退屈といった，つまらないものになってしまう。人間関係で失敗するのは，愛することをやめたからではなく，想像することをやめたからである」（p. 186）。子どもたちから教えられるとはどういう意味だろうか。四人の孫娘と一緒にいることで，私はスピードを落とすことをおぼえ，他者に対してより誠実に応えるようになった。私は話を聴くようにもなった。私は孫娘たちの成長のダイナミックな過程の中で，バランスをとったり，したいことやしてほしいことを調整したり，再調整したりしている。私は愛することを学んでいる。

愛を生きる（Living Love）

I know many fathers	私が知っている父親たち
I am the grandson of Archibald & Wallace	私はアーチボルドとウォレスの孫息子で
the son of Russell	ラッセルの息子だ
the father of Anna & Aaron	私はアンナとアロンの父親で
the grandfather of	マドレーヌとミラベルと
Madeleine & Mirabelle	グェネビアとアレクサンドリアの
& Gwenoviere & Alexandria	祖父だ
I always wanted to be	私はいつも
a good father	よい父親でありたいと思っていた
and while	でも
I sometimes succeeded	うまくいくこともあったけれど
I often failed too	失敗ばかりしていた
when my children were born	子どもたちが生まれたとき
I was a young father,	わたしは若い父親で
an unsettled man full of desire	まだおちつかなくて
to transform the world,	世界を変えたいとか
to become first	先駆者に
in something (anything),	なりたいとか
to fill the hole at the center	疼いた胸の真ん中の穴を
of an aching heart	埋めたいと思っていた

I wanted to be a good father	わたしはよい父親でありたかった
(I had some hopeful moments)	（わたしはよい父親だとたまには思うこともあった）
but mostly I was	でもだいたいわたしは
a colorful windsock	気まぐれなリズムの
blowing with the wind's	風に吹かれる
capricious rhythms,	カラフルな吹き流しみたいで
always filled with	不確かな確信に
an uncertain conviction	満ちていて
I needed to be someplace else,	どこかに行きたくて
needed even to be	だれかに
somebody else	なりたかった
in my new role as a grandfather,	祖父としての新しい役割ができて
in my new relationship with	マドレーヌとミラベルと
Madeleine & Mirabelle	グェネビアとアレクサンドリアとの
& Gwenoviere & Alexandria	新しい関係ができた
I seek to be passionately present	私ははっきりと目覚めて
with awakened awareness	夢中で今に生きようとしている
with my granddaughters	わたしの孫娘たちには
I pour out my love	愛をあふれるように注いでいる
because I know nothing else	他にはなにも知らないから
I am compelled, spell-bound even,	わたしは今生きている愛を愛し
to love to loving to living love	愛するものを愛さずにはいられない
as a grandfather	祖父として
instead of looking for love	愛を探しにいく代わりに
I now know	今はわかる
I need	わたしは愛で
to be love	なくてはならない
I now live love	わたしは今　愛に生きる
with flagrant and fragrant	ひどく　たのしく
wildness	生まれたままに
and always, daily,	そして　いつか
hope one day	曾祖父に
to be	なりたいと

第 10 章　創造的ノンフィクション（CNF）との出会い　219

	a great grandfather	いつもいつも思う

去ることについての教え

「誰にとっても真実は非常に複雑なものである。書き手が書かなかったことは、書かれたことと同じくらい、多くを語る。テクストの余白の向こう側には何があるのだろう。写真家は写真によって風景の一部を切り取り、作家は自分自身の一部を切り取ってみせる」と Winterson（2011, p. 8）は言う。私は言葉と生きることと愛についての教えを学び、去ることについての教えも学んでいる。最近カルガリー大学を退職したデヴィッド・ジャーディン（David Jardine）は、私が敬愛する学者の一人である。2015 年 2 月のバンクーバーでのカリキュラム研究会議で、私はデヴィッドも含め、カリキュラム研究に貢献した学者たちの功績を讃える会を催した。私はたくましく生きてきたデヴィッドを讃えて詩を詠んだ。Winterson は、「次に何が起こるか見当もつかない」（p. 230）という簡潔かつ深遠な一文で回顧録を締めくくっている。いつかはその場を去らなければならないことはよくわかっている。何かが続けられているときに、その場を去るということが、「誰かを残す」「何かを残す」ということであるのもよくわかっている。その場を去るということと何かを残すことは、切っても切り離せない。私はもう戻ることのない、家の中の自分の部屋に鍵をかけるように、私の物語を残すことを学んでいる。私はさよならの言い方を学んでいる。Hillman（1999）が賢明に、そして希望をもって言うところの「人の力と永続する命」を、生涯にわたる痛いほどの悲しみと後悔と憧れとともに受け容れることを学んでいる。

長く連なった言葉（Long Lines of Words）

（デヴィッド・ジャーディンに捧ぐ）

like the breath of last autumn's resigned sigh
 the past is always present & future

   昨年の秋の諦めのため息のように
   過去はいつも現在であり未来でもある

nothing is forgotten, only stored
 often in scars that will not heal or forget

   何も忘れられず、しまいこまれるだけ
   癒やされもせず忘れることもできない傷跡に

stories without beginning or ending,
 ready to be read, never forgotten

   始まりも終わりもない物語
   いつでも読めて、決して忘れない

we turn in an eternal return, a Mobius strip
 that laughs at gravity with centrifugal urgency

   私たちは永遠に巡りつづける、メビウスの輪を
   急速な遠心力で重力を笑いとばす

but finding the lightness of being unbearable

we cast our desires in long lines of words

耐え難いことの中に軽さを見つけて

長い言葉の連なりに願望をつめこむ

with the abiding hope that we can anchor our hearts

to the rocky lush shore of the earth, spinning

回る地球の岩だらけで青々とした岸辺に

心をつなぎとめることができるという変わることのない希望を

in an elliptical orbit that always keeps us

vertiginous with the moon's wild wisdom

月の野生の知恵をもって

わたしたちを回らせつづけている楕円軌道の中で

tugging us with other lines we cannot see,

do not know, full of faith in fictions like fire

私たちには見えない，私たちが知らない，

フィクションへの火のような信頼にみちた

詩の一節にぐっと引きつける

that can light the way or incinerate this poem

and all poems running deep and shallow

その火は道を照らし　または　この詩を燃やし

すべての詩が深くなったり浅くなったり

in the marrow of bones with no map

for finding the way back or forward

前に進む道も後に下がる道も探すべき地図のない

骨の中の髄の中で

but never ceasing in the circles of conversation

that might lead us home where Hermes

けれども会話の輪の中で止むことなく

わたしたちを家に導く

might be sitting beside the fire with a cup of tea

or hiding in the trees singing songs we do not know

家ではヘルメスがお茶を飲みながら火のそばに座っていたり

木々に隠れて私たちが知らない歌を歌ったりしているかもしれない

Neilsen Glenn（2011）は，私たちは「ドアを開けて外に出るたびに，無慈悲さに出会い，傷つけられ，傷跡がのこる」(p. 17) けれども，詩は「毎日見つけることができる恵み」(p. 117) であると述べている。詩は私たちに道を示す。それは，言葉の使い方であり，生き方であり，愛し方であり，去り方である。詩は，力強くものを言う方法である。詩は個人的でありながら政治的でもあるための方法である。詩は，よく知っている

場所であったりそうでなかったりするこの世の中への招待状であり，未来への祈りであり，教えである。

プロセスへの信頼
── 自分自身の人生を書くことによる方法論への挑戦

　著作物としての創造的ノンフィクションは，教育学研究としては型破りだ。CNF は，研究の成果が芸術作品のように機能すること，つまり，知識や創造性や感情の表現となることを重視する研究者のための方法である。リーヴィー（Leavy, 2013）が述べるように，「研究者は学問の世界のストーリーテラーである。他者についての学びを研究成果として共有する」(p. 35) のである。事実かフィクションか，ということは問題ではない。本章では，私たち三者三様の創造的ノンフィクションとの出会いのストーリーを提示した。リーヴィーが言うように，研究者としての自画像を率直に書くようにした。私たちの経験を共に感じてもらえるよう，臨場感を出して，読者の皆さんと私たちの距離を縮めるように努めたつもりだ。そうそう，とうなずいてもらえるような箇所もあると思う。また，本文中の言葉の選び方から，私たちの動機や関係性を読み取り，私たちがいつどのように，なぜ創造的ノンフィクションを書くことにしたのかにまつわる状況を理解していただけるだろうと思っている。

　ライフライティングという方法によって，私たちは教育学における創造的ノンフィクションの発展を促してきた。教育学だけでなく，創造的な方法論一般の発展に与しようとしてきたつもりだ。創造的ノンフィクションは，学問の枠を超えて，理論や方法論や実践の根幹を，より一般的で親しみやすい形に置き換えたものである。学問を超えた学問であるための条件は，美的意図と美的受容である。美的意図とは，ストーリーから読者が受ける影響である。すなわち，ストーリーが読者の心にどれだけ響くか，教育的実践，社会的実践，文化的実践，政治的実践に関する考察をどれだけ喚起するか，そしてストーリーからどれだけ洞察を得られるか，ということである。美的受容とは，ストーリーが学生や教師の人生や学校での生活にどのように役に立つのか，著者である研究者がどの程度の気づきを得るか，読み手をどの程度信頼して，どの程度正直に自分のことを書けるか，ということに注目することである。方法論への挑戦としての創造的ノンフィクションを「知的な誘惑」としての表現形式として評価するのであれば，それは，芸術的な表現の問題であると考えることができる。教育や学習についての大きな物語（理論）に沿ったストーリーではなく，特殊で，状況的で，より情報提供者に近い情報に基づいたストーリーを提示することによって，創造的ノンフィクションは研究の一形態となる。また，関連するストーリーが絶えず書き換えられていくことによって，研究としての形に変化をもたらしつづけるのである。

　私たちは，創造的ノンフィクションを学術研究の一つとして受け入れてもらうために，その意味を構築し，可能性を再考するように努めている。この章では，私たちの挑戦に関するすべての疑問には明確に答えられてはいないが，その過程のあらましはわかって

222　第Ⅱ部　文学のジャンル

いただけたのではないかと思う。具体的な出来事や会話，観察したことを布置するにとどまるが，これを読者の皆さんへの，理解への招待状としたいと思う。創造的ノンフィクションは「今，ここ」のスナップ写真であり，定型表現を詰め込んだ使い古しのアカデミック・ライティングの対極にある。その中核を占めるライフライティングという方法は，研究調査の中では軽視されがちな，語られることのない暗黙の知識を，見たり聞いたり感じたりすることによって，教育に，また教師や学習者の人生にもたらす力強い交流を生み出すのである。それが，教育的ツールとしてストーリーが存続する理由なのだろう。自己と他者，教師と生徒，学者と観客（著者と読み手）の間には脆弱性が存在する。この脆弱性によって，作家と読者の間には親和性が生み出され，能動的で実行可能な方法論的出会いのための舞台設定をつくり出す。私たちがライフライティングと創造的ノンフィクションによって*見出した方法*は，「心ある道」（Chambers, 2004, 2010）を皆で歩みつづける旅であり，私たちが共有する真実や個々人にとっての真実についてのストーリーの発見というメティサージュまたはスペクトラムをつくり上げる旅である。そして，知りたいという好奇心でいっぱいの対話は続く。創造的ノンフィクションの書き手としての私たちの仕事は，Bly（2001）の言う「最も民主的で最も自然な書き方」（p. xvii）で書くことであり，この形式で書くことは，「憤怒や失望を，森羅万象を愛することに結びつける方法を学ぶこと」である。愛することによって，より賢く，より共感的になり，真実にさらに近づき，その結果としてさらに「精神的に強く」（p. xix）なることなのである。

　この章では，質的研究とアート研究のハイブリッドな方法である，創造的ノンフィクションについて概説した。CNF は，物語の枠組みの中での登場人物や場面の設定，人物の語り口や様々な文体表現によって構成され，人々の暮らしや日々の出来事のストーリーを，人々との関係を作り上げながら書くという，応答的で流動的な研究報告の方法である。登場人物の嘘偽りのない姿を，明確な視点をもって一つのストーリーとして描き出すことによって，読者の感情に訴え，教育に内在する課題に目を向けさせることができるだろう。私たちのストーリーは，星座を布置する星と星の間の空間のようにいろいろな方向に広がっている。その空間の中で，私たちは研究というストーリーがその使命についてどのように語るのか，実際の経験をどの程度忠実に描き出すのかを，立ち止まってじっくりと考えることができるだろう。

文献

Adachi, K. (1976). *The enemy that never was: A history of the Japanese Canadians*. Toronto: McClelland & Stewart.

Ali, K. (2013). Genre-queer: Notes against generic binaries. In M. Singer & N. Walker (Eds.), *Bending genre: Essays on creative nonfiction* (pp. 27–38). New York: Bloomsbury.

Aoki, T. T. (2000). On being and becoming a teacher in Alberta. In J. M. Iseke-Barnes & N. Nathani Wane (Eds.), *Equity in schools and society* (pp. 61–71). Toronto, ON, Canada: Canadian Scholars' Press.

Ayukawa, M. M. (2008). *Hiroshima immigrants in Canada, 1891–1941*. Vancouver, BC, Canada: University of British Columbia Press.

Barrett, E. (2010). Foucault's "What is an author": Towards a critical discourse of practice as research. In E.

Barrett & B. Bolt (Eds.), *Practice as research: Approaches to creative arts enquiry* (pp. 135–146). New York: Tauris.

Barthes, R. (1981). *Camera Lucida: Reflection on photography* (R. Howard, Trans.). New York: Hill & Wang. ［バルト，R.，花輪光（訳）（1985）．明るい部屋 —— 写真についての覚書　みすず書房（仏語原典からの翻訳）］

Bauman, Z. (2007). *Liquid times: Living in an age of uncertainty.* Cambridge, UK: Polity Press.

Benjamin, W. (1969). *Illuminations.* New York: Schocken.

Bly, C. (2001). *Beyond the writers workshop: New ways to write creative nonfiction.* New York: Anchor Books.

Brown, L. (Editor-in-Chief). (1993). *The new shorter Oxford English dictionary on historical principles.* New York: Oxford University Press.

Cappello, M. (2013). Propositions; provocations: Inventions. In M. Singer & N. Walker (Eds.), *Bending genre: Essays on creative nonfiction* (pp. 65–74). New York: Bloomsbury.

Chambers, C. (1998). A topography for Canadian curriculum theory. *Canadian Journal of Education, 24*(2), 137–150.

Chambers, C. (2004). Research that matters: Finding a path with heart. *Journal of the Canadian Association of Curriculum Studies, 1*(3), 1–17.

Chambers, C. (2010). "I was grown up before I was born": Wisdom in Kangiryarmuit life stories. *Transnational Curriculum Inquiry, 7*(2), 5–38.

Chambers, C., Hasebe-Ludt, E., Leggo, C., & Sinner, A. (Eds.). (2012). *A heart of wisdom: Life writing as empathetic inquiry.* New York: Peter Lang.

Clasen, K. (2015). Contextual essays. In J. Ellis (Ed.), *Critical insights: American creative nonfiction* (pp. 3–14). Amenia, NY: Salem Press.

Colyar, J., & Holley, K. (2010). Narrative theory and the construction of qualitative texts. In M. Savin-Baden & C. Howell Major (Eds.), *New approaches to qualitative research: Wisdom and uncertainty* (pp. 70–79). New York: Routledge.

Davies, B., De Schauwer, E., Claes, L., De Munck, K., Van De Putte, I., & Verstichele, M. (2013). Recognition and difference: A collective biography. *International Journal of Qualitative Studies in Education, 26*(6), 680–691.

Deleuze, G., & Guattari, F. (2005). *A thousand plateaus: Capitalism and schizophrenia* (B. Massumi, Trans.). Minneapolis: University of Minnesota Press. ［ドゥルーズ，G.／ガタリ，F.　宇野邦一ほか（訳）（2010）．千のプラトー —— 資本主義と分裂症　河出書房新社］

Didion, J. (2011). *Blue nights.* New York: Knopf.

Fellner, S. (2013). On fragmentation. In M. Singer & N. Walker (Eds.), *Bending genre: Essays on creative nonfiction* (pp. 175–179). New York: Bloomsbury.

Frye, N. (1971). *The bush garden: Essays on the Canadian imagination.* Toronto: Anansi Press.

Gallagher, K. (2011). In search of a theoretical basis for storytelling in education research: Story as method. *International Journal of Research and Method in Education, 34*(1), 49–61.

Hasebe-Ludt, E., Chambers, C., & Leggo, C. (2009). *Life writing and literary métissage as an ethos for our times.* New York: Peter Lang.

Heard, G. (1995). *Writing toward home: Tales and lessons to find your way.* Portsmouth, NH: Heinemann.

Heilbrun, C. G. (1997). *The last gift of time: Life beyond sixty.* New York: Ballantine.

Hillman, J. (1999). *The force of character and the lasting life.* New York: Ballantine Books.

Kamegaya, C.(1999). *Seasons in New Denver: An immigrant haiku year.* ［亀ヶ谷千恵（1999）．移民のつづるニューデンバーの四季 —— 亀ヶ谷千恵の俳句］ Twa Corbies Publishing House.

Leavy, P. (2013). *Fiction as research practice: Short stories, novellas and novels.* Walnut Creek, CA: Left Coast Press.

Lopate, P. (2013). *To show and tell: The craft of literary nonfiction.* New York: Free Press.

Madden, D. (2013). Creative exposition: Another way that nonfiction writing can be good. In M. Singer & N.

Walker (Eds.), *Bending genre: Essays on creative nonfiction* (pp. 161–170). New York: Bloomsbury.

Matrone, M. (2013). Hermes goes to college. In M. Singer & N. Walker (Eds.), *Bending genre: Essays on creative nonfiction* (pp. 53–57). New York: Bloomsbury.

McAllister, K. E. (2010). Archive and myth: The changing memoryscape of Japanese Canadian internment camps. In J. Opp & J. C. Walsh (Eds.), *Placing memory and remembering place in Canada* (pp. 215–246). Vancouver, BC, Canada: University of British Columbia Press.

McAllister, K. E. (2011). *Terrain of memory: A Japanese Canadian memorial project.* Vancouver, BC, Canada: University of British Columbia Press.

Miki, R. (2004). *Redress: Inside the Japanese Canadian call for justice.* Vancouver, BC, Canada: Raincoast Books.

Miki, R. (2012). The power of euphemisms: A critical note on language and the mass uprooting of Japanese Canadians during the 1940s. *Nikkei Images, 17*(1), 6–7.

Miller, R. E. (2005). *Writing at the end of the world.* Pittsburgh, PA: University of Pittsburgh Press.

Neilsen Glenn, L. (2011). *Threading light: Explorations in loss and poetry.* Regina, Canada: Hagios Press.

Orr, G. (2002a). *The blessing.* Tulsa, OK: Council Oak Books.

Orr, G. (2002b). *Poetry as survival.* Athens: University of Georgia Press.

Perry, G. (2010). History documents, arts reveals: Creative writing as research. In E. Barrett & B. Bolt (Eds.), *Practice as research: Approaches to creative arts enquiry* (pp. 35–45). New York: Tauris.

Pinar, W., Reynolds, W., Slattery, P., & Taubman, P. (2000). *Understanding curriculum.* New York: Peter Lang.

Purpura, L. (2013). Why some hybrids work and others don't. In M. Singer & N. Walker (Eds.), *Bending genre: Essays on creative nonfiction* (pp. 11–14). New York: Bloomsbury.

Rein, J. (2011). Write what you don't know: Teaching creative research. *International Journal for the Practice and Theory of Creative Writing, 8*(2), 96–102.

Richardson, L. (1994). Writing: A method of inquiry. In N. Denzin & Y. Lincoln (Eds.), *Handbook of qualitative research* (pp. 516–529). Thousand Oaks, CA: SAGE.

Richter, G. (2007). *Thought-images: Frankfurt School writers' reflection from damaged life.* Stanford, CA: Stanford University Press.

Roy, P. E. (2007). *The triumph of citizenship: The Japanese and Chinese in Canada, 1941–67.* Vancouver, BC, Canada: University of British Columbia Press.

Singer, M., & Walker, N. (Eds.). (2013). *Bending genre: Essays on creative nonfiction.* New York: Bloomsbury.

Smith, D. G. (2009). Engaging Peter McLaren and the new Marxism in education. *Interchange, 40*(1), 93–117.

Sutin, L. (2013). Don't let those damn genres cross you ever again! In M. Singer & N. Walker (Eds.), *Bending genre: Essays on creative nonfiction* (pp. 21–25). New York: Bloomsbury.

Tilden, N. (2010). Nothing quite your own: Reflections on creative nonfiction. *Women's Studies, 33*(6), 707–718.

Viadel, R., Roldan, J., & Cepeda-Morales, M. (2013). Educational research, photo essays and film: Facts, analogies and arguments in visual a/r/tography. *UNESCO Observatory Multi-Disciplinary Journal in the Arts, 3*(1). Available at http://education.unimelb.edu.au/__data/assets/pdf_file/0010/1107874/001roldan_paper.pdf.

Winterson, J. (2011). *Why be happy when you could be normal?* New York: Grove Press.

第11章

小説に基づく研究

●パトリシア・リーヴィー（Patricia Leavy）

訳：今尾真弓

> 文学は，私たちが自分自身の可能性であることを明らかにする。
> ──WOLFGANG ISER（1997, p. 6）

　優れた短編小説や長編小説（フィクション）に没頭することほど素晴らしいことはない。それは，なじみのある，あるいは新しい，または驚くべき世界に足を踏み入れるようなことだ。あなたは物語の世界に没頭し，次に何が起こるかを知りたくなる。登場人物の人生や苦悩，選択や功績を想像し，自分が彼らの立場であったらどうするかを想像することもあるだろう。数時間前や数日前には意識の端にものぼらなかった登場人物のことを気にかけるようになり，心から親近感を抱くようになるかもしれない。登場人物や，その人物から受けた印象が，読み終わった後でさえあなたの心に残るかもしれない。これは，読者がある小説に魅了されたときに経験できるものである。これは，多くの人にとって従来の学術論文を読むのとはまったく異なる経験である。そして，このような乖離の中にこそ，研究実践としての小説の可能性が浮かび上がってくる。同様に，小説を書くという実践は，私たち研究者の努力の中心にある，データやコンテンツへの新たなかかわり方を与えてくれる。

　小説は書く形式の一種であり，読む形式の一種でもある（Cohn, 2000）。読者は，学術論文などのノンフィクションとは異なる方法で小説にアプローチする。読者は余暇に小説を読むことを選択し，それを楽しいこととみなすという点だけではなく，著者／テクストと読者の関係もノンフィクションとはまったく異なる。小説は，テクストと読者との間にある力の差を縮める。小説はノンフィクションよりも解釈が自由なため，読者はテクストに積極的に関与できる「対話者」として位置づけられる（Watson, 2016, p. 7）。私たちが想像力を働かせて小説を読むことによって，他の方法ではアクセスできない世界に入ることができるのである。つまり，小説を書いたり読んだりすることによって，私たちは想像上の世界や現実にありうる世界にアクセスし，私たちが住んでいる世界を再検討し，人々を動機づける心理的プロセスとそれらを形づくる社会的世界に足を

踏み入れることが可能になる。要するに，私たちが研究実践において小説と関わることによって，無数の可能性が生み出されるのである。

背景

小説に基づく研究（fiction-based research: FBR）は，アートベース・リサーチ（ABR）が発展するにつれ確実に増加している。しかし，小説を研究実践に用いることは，従来多くの社会研究者や作家が長い間やってきたことの延長線上にある。研究の実践とフィクションの執筆の間の道は，まっすぐではなかった（Franklin, 2011）。Stephen Banks（2008）は，小説は「多かれ少なかれ『虚構』にすぎない」ので，「小説作家とノンフィクション作家の実践の間の境界は曖昧である」（pp. 155-156）と述べている。小説は少なくとも，著者の経験と認識という点で現実に基づいている。それは避けられないことである。よくできた小説が心を摑むのは，それが「現実」に基づいているからである。歴史小説や創造的ノンフィクションなどの曖昧なジャンルは，常に存在する小説とノンフィクションの相互作用を実際に明確に示している。ショーン・マクニフ（本書第2章）が述べたように，「フィクションの書き手や読み手ならわかっているように，それは，経験や現実について妥協するというよりもむしろ，それらを最適な形で高めるだろう」。

小説家は，社会科学者と同様に，現実的で正しい描写を行うために幅広く研究を行っている（Banks, 2008; Berger, 1977）。これを社会科学者は「本当らしさ」と呼び，小説においてもエスノグラフィーなどの確立された社会科学の研究方法においても目標とされる。小説家とエスノグラファーはいずれも，既存の世界または実際にありうる世界に関する信頼できる表象の構築を目指し（Visweswaran, 1994, p. 1），人々の経験を真実または本物のように描写しようとする。小説家はファンタジーを*創り*，研究者は事実を*記録する*というわけではない（Leavy, 2013b）。小説家が使用する素材は，実生活と本当の人間の経験に由来する。同様に，エスノグラファーや質的研究者は，より一般的には，彼らの仕事のあらゆる側面において形を整え，それに意味を吹き込むことが多い。Kamala Visweswaran（1994）は，人類学には自伝や小説を含む文学ジャンルを実験してきた長い歴史がある，と指摘した。Visweswaran は私たちに，「エスノグラフィーとしての小説」を考えるよう促す（p. 16）。社会科学者，特に人類学者や社会学者は，表向きは文化を最も効果的に「書く」ために，ノンフィクションに小説の要素を加えてきたという歴史がある（Leavy, 2013b）。Ashleigh Watson（2016）は，社会学者のために小説執筆がもたらす力について幅広く書いている。数多くの例をもとに，彼女は「小説は，社会学者に社会学的な仕事をするための媒体を提供する」（p. 3）と論じている。

一般的に ABR が増加することに加えて，特にエスノドラマのような FBR に密接に関連する形式など，3つの相互に関連する要因が FBR の発展に貢献してきた。以下，(1) ナラティブおよび自伝的データの増加，(2) 創造的ノンフィクション，(3) 公共にひらかれた研究の重視，の3つについて簡潔に説明する。

第11章　小説に基づく研究 | 227

ナラティブと自伝的データの台頭

　ナラティブの調査とオートエスノグラフィーについては，いずれも前章でレビューを行った。しかしながら，これらの発展を FBR に結びつけることは重要である。研究実践における物語論的転回（ナラティブターン）は，多くの人が研究の物語を語る目的を変えた。ナラティブやストーリーテリングに重点を置くことで，研究者自身も物語る立場に置かれたのである。ナラティブの研究者は研究協力者の客体化を避けて，人々の経験の複雑さを保持することを目指している（Josselson, 2006）。

　過去 25 年ほどにわたるオートエスノグラフィーの発展は，おそらく自伝的情報の割合が増加した最も強力な証拠と言える。オートエスノグラフィーは，自己研究の方法であり，ここでは研究者の人生におけるデータが文化的文脈の中に置かれ，調査される。オートエスノグラフィーの最大の支持者である Carolyn Ellis（2004）は，「**オートエスノグラフィーとは，個人とその文化との関係について記述することを指す。それは意識の複数の層を示す執筆と研究の自伝的なジャンルである**」（p. 37, Dumont, 1978 より引用，強調は原文まま）と説明している。Ronald Pelias（2004）は，オートエスノグラフィーを執筆する目的は，「踏み台としての自己と，証人としての自己」（p. 11）を用いて，「自己と文化の結びつき」にアクセスすることであると提案している。『Handbook of Autoethnography』（Holman Jones, Adams, & Ellis, 2013）や『Autoethnography: Understanding Qualitative Research』（Adams, Holman Jones, & Ellis, 2015）といった画期的な出版物によって，オートエスノグラフィーとそれに関連する手法の人気が高まっている。

創造的ノンフィクション

　創造的ノンフィクションは，研究報告書をより人々を惹きつけるものにするために，1960 年代から 1970 年代に生まれた（Caulley, 2008; Goodall, 2008）。創造的ノンフィクションは「事実」に忠実でありながら，文学的ツールを使用してより説得力のある文章を生み出す。『Creative Nonfiction』誌の創設者である Lee Gutkind（2012）は，このジャンルが根本的に「真実の物語をよりよく語ること」（p. 6）を促進すると述べている。新聞，雑誌，ブログにおける創造的ノンフィクションが増加した結果，大概の読者はストーリーテリングに慣れている。人々は，自分が読むものが，魅力的で文学的な技巧が凝らされていることを期待しているのである。

公共にひらかれた研究

　近年，公共にひらかれた研究，つまりアカデミアの外部からもアクセス可能な学問が推進されている。従来の学術研究は専門用語で満たされていて近寄りがたく，一般にはアクセスできない学術研究領域内の学術雑誌において流通しているのに対して，小説は誰でも読むことができる。人々は余暇に小説を読むことを選択する。さらに，たとえば特定の年齢層など，ある一定の利害関係者にターゲットを絞った場合，小説はそれに合

うように書くことができる。たとえば，青年について行われた研究が，実際に青年に読まれる可能性が生まれるのだ。新しいアイデアと言えばよいだろうか！

　公共にひらかれた研究の背後にある最も純粋な意図は，単に学問が公共圏に一応あるということではないことに注意することが重要である。むしろ重要なのは，公共圏で利用可能であり，読者一般に影響を与える正当な可能性があるということである。一般の人々には，学問の影響を受け，関与する意向があるため，変化がもたらされる可能性がある（Watson, 2016, p. 13）。言い換えれば，このような研究は世界で何らかの良い結果（最適で肯定的な影響を与える）をもたらす可能性を秘めているのである。

　公共にひらかれた研究を推し進める力は，私の出身である社会学の分野で特に強くなっている。2004 年，Michael Buroway は公共にひらかれた社会学に関する基調講演でアメリカ社会学会を活気づけた。多くの人がその呼びかけを真剣に受け止め，Buroway が奨励したように，社会学者が到達すべき「多数の一般市民」と，私たちが行いうる「さまざまな方法」について考えはじめた（Buroway, 2005, p. 7）。小説は，社会学者がその一環として使いはじめた方法の一つである。Watson（2016）は，「社会学的な小説の執筆によって，従来の学問と聴衆の関係を再概念化する作業が可能になる（…）社会学者を作家として，一般の人々を読者として，そして両者を対話者として位置づける」（p. 5）。特に社会学者にとって，小説の力とは主に，「一般の人々の身近かつ日常的な経験を対象として細かく分析し，そこで価値に疑問を投げかけ，社会的プロセスに挑戦し，そして一般の人々のそれ自身のイメージの中に不協和音をつくり出す」（Watson, 2016, p. 6）ことができることである。さらに，私がかつて書いたように，小説は書き手がミクロとマクロのつながりを表現することを可能にする（Leavy, 2013b, 2015b 参照）。書き手は，個人的な伝記と，その人自身が暮らすより大きな社会的・歴史的文脈との関係を示すことができる。これは C. Wright Mills（C・ライト・ミルズ，1959）が「社会学的想像力」と呼ぶ，社会学の長年の目標なのである。

小説独自の強み

　小説には多くの独自の強みがあり，それ自体が一つの章のトピックとなりうるほどである。「真実性」を明らかにし，示し，暴露し，創造する能力は，小説の力の中心的なものとして理解される。他にも多くの強みがあるが，このセクションでは，良いフィクションを読むことの生理学的効果（教育と学習に重大な意味を持つ）と，読者の共感を育む能力について概説する。

神経文学

　読んでいる小説に深く入り込むと，あなたは家が燃え尽きてもそれに気づかないのではないかと感じることがあるだろう。あなたは完全に没頭する。本書第 1 章で述べたように，論説文を読むときよりも文学小説を読むときの方が熱中し，その効果はより長

く続く可能性があるという神経科学的証拠が実際にある。「神経文学」は，さまざまな形式の読書が脳活動にどのように影響するかを探る学問領域である。たとえば，Natalie Phillips は気晴らしの研究に興味を持つようになった。彼女は「私は読書が大好きで，実際に小説に夢中になって，家が私の周りで燃え尽きてもそれに気づかない可能性が本当にあると思っている。同時に，私は少なくとも一日に 3 回は鍵を紛失し，どこに車を停めたか思い出せないことがよくある」（Thompson & Vedantam, 2012 による引用）と述べている。Phillips らは，研究対象者が Jane Austen（ジェーン・オースティン）の小説を，深く読む場合と軽く読む場合における脳の活動の違いを測定する研究を行った。その結果，人々が小説を深く読むにつれて，脳全体の活動が変化していくことがわかった。脳のさまざまな領域にわたって全体的な活性化が認められ，その中には運動や触覚に関与する領域など，想定していなかった領域も含まれていた。実験では，「読み手は，物語の中に身を置いて分析している」かのようだった（Thompson & Vedantam, 2012）。同様に，『Brain Connectivity』誌に掲載された研究では，Gregory Berns ら研究チームが（Berns, Blaine, Prietula, & Pye, 2013），小説を読んだ後の数日間は，読み手の脳の各部位の相互接続性が高まっていることを発見した。

　小説は，私たちの没入感を高めるだけでなく，私たちが読んだものから何かを得るための手段でもある。

共感的関与

　共感を培うことは，どの分野であれ研究実践の重要な部分となりうる。トラウマやいじめ，暴力，摂食障害，末期疾患のある人との生活やケア，受刑経験，人種差別，性差別，または同性愛嫌悪の経験，移民，その他多くの問題の克服に関する研究を行っているか否かにかかわらず，私たちは研究で学んだことを取り入れ，他の人々のニーズや経験に照らして，その人々をより共感させる方法でそれらを共有したいと思うのが通例である。私たちが人々とその状況を知ると，世界に対する理解が広がる可能性が拓ける。私たちは，相互の違いを共有する人々のニーズや視点を，より理解し，寛容になり，心をひらくようになるかもしれない。小説は，比喩的にいえば，私たちが他者の立場に身を置くことを可能にするので，共感の促進に非常に適しているのである。

　Elizabeth de Freitas（2003）は，小説が「共感的関与」を促進すると主張している。登場人物の多面性がきめ細かく示されると，読み手は最も「欠陥のある」（Leavy, 2013b）登場人物に対してさえも共感できるかもしれない。読み手は，登場人物との間にきわめて個人的で情緒的なつながりを持つことができるが，これは「想像上の他者」との親密な関係を構築する行為なのである（de Freitas, 2003, p. 5）。

　小説は，共感を育む際に中心となる 2 つの点，つまり (1) 内面性と，(2) ナラティブの余地において，他の形式の文章とは異なっている（Leavy, 2013b, 2015b）。小説は，登場人物が何を考え，何を感じているかという内的対話を通じて，登場人物の内面性に接近できる唯一の形式である。このように登場人物の「内なる生活」に接近することで，読み手と登場人物との間に深いつながりが構築される。Watson（2016）は，登場人物の心を

230　第Ⅱ部　文学のジャンル

「内なる現場」と呼び，そこで読み手は「個人的な問題と小説の世界の社会問題とを結びつけることができる」と述べている（p. 6）。

　小説のナラティブもまた不完全であり，読み手自身の解釈をはさむ余白がある。de Freitas（2003）が述べたように，小説には解釈の余白があるが，これは多くの場合，書き手が意図的に設定したものである。読み手は，自身の経験に基づいてこれらの余白を埋め，そうすることによって登場人物との共感的なつながりを積極的に構築するのであろう。Ruth Franklin（2011）は，ホロコーストについての小説を論評する中で，「想像する行為というものは共感する行為である」と述べている（p. 15）。

　ステレオタイプを破壊したり，支配的なイデオロギーに異議を唱えたりすることを目的としたプロジェクトに限らず，分野を超えたあらゆる種類の社会正義研究を行う研究者にとって，読み手の共感性を培うことができることが，いかに役立つかを想像できるだろう。

研究デザイン

　本節においては，経験的現実を小説の現実に変換するプロセス，FBR プロジェクトの開始，小説作品の構成要素，および評価規準について概説する。もしあなたがこの研究実践に不慣れな場合は，文章のお題集（writing prompt，インターネット上で簡単に見つけることができる）に回答したり，創造的に書く習慣を身につけたりするなどの，いくつかのウォーミングアップから始めることをお勧めする。

小説化のプロセス

　FBR においては，「現実」と「想像」とが融合している。現実世界のディテール（詳細）を小説の表現にしっかり組み入れることによって，私たちが書いている既存の現実を記録し，かつ吟味することが可能になる。言い換えると，私たちは「現実」を記録することも，「想像」という代替案を提示することもできるのである。Iser（1997, p. 5）が「小説においては，現実と可能性が共存するのである」と述べているのはこの趣旨である。したがって私たちは，本物の物語世界を提示しながらも，読者には別の世界を想像してもらうことができるのである。小説を書くという行為は，「隠されていたものを想像可能にする」（p. 4）のである。

　H. Porter Abbott（2008）は，社会的現実について私たちが理解していることは必然的に，小説で構築された世界に私たちがどう関与するかに影響を与える，と主張している。

　　歴史を含め，私たちが生活している現実の世界に対する私たちの理解は，小説における架空の世界の構成においてどれほどの役割を担っているのかという問いがある。そしてその問いへの答えは，現実の世界に対する私たちの理解は，ほぼすべての小説世界で大きな役割を果たしている，ということである。事実，特に断りのな

い限り，私たちは小説の世界を，私たちが実際に生活している世界の幻影とみなしている。(p. 151)

Marie-Laure Ryan は「最小限の逸脱の原則」という語を造ったが，これは小説の世界が私たちの現実と共鳴しなければならないことを示している (Abbott, 2008)。

「現実」と「想像」の関係とは何だろうか。私たちは現実世界のディテールをどのようにして小説の表現に組み込むのだろうか。

Iser による「踏み越え」という概念は，「文学作品は，それが組み込む現実世界を踏み越える」(1997, p. 1) ということを意味する。Iser は，(1) 選択，(2) 結合，(3) 自己開示，という，3つの小説化プロセスについて詳述している。

「選択」は，社会的現実から「普遍的なもの」を取り出して，それらを小説の世界にインポートし，「それ以外の何かの記号へと」変換するプロセスである (Iser, 1997, p. 2)。この「選択」のプロセスを通して，私たちは私たちが参照しようとする経験世界を「踏み越え」る。実際には，選択は「結合」とあわせて行われる。

「結合」は，さまざまな経験的要素やディテールをまとめるプロセスである。私たちが選択するデータや経験的要素，またはディテールの一部は，質的研究の実践 (たとえばインタビューやフィールド調査) からやってくるかもしれないし，研究や教育，そして個人的な経験の蓄積を通して，より抽象的な，または想像によるかたちで私たちのところにやってくるかもしれない (Leavy, 2013b)。Tom Barone と Elliot Eisner (2012) は，実証的なディテールは，従来の研究方法から，あるいは「社会現象に関する，研究者のそれまでの経験に対する慎重な考察から生まれるかもしれない」と説明した (p. 104)。現実世界のディテールを使用することで，読み手を小説の世界に引き込むことが容易になり，作家は「現実世界」が何であるかを再び想像することが可能になる。Barone と Eisner は，「なじみのある経験の要素は，読み手をテクストに誘い込み，そこに再現された世界の住人となることを可能にするのに役立つ。それでもなお，持ち込まれた『現実』は (…) 信じられるものとして特定可能で親しみやすいものでなければならないのと同時に，再現された世界をテクストの外での読み手の人生経験に読み手がもはや関連づけることができないようにしなければならない」(p. 106)。

小説化の最後のプロセスは「自己開示」(Iser, 1997) であり，これはテクストがその架空性を明らかにする，あるいは隠す方法を指す (Barone & Eisner, 2012)。テクストがその架空性を明らかにするとき (それは作品に小説というラベルを付けるのと同じくらい簡単かもしれない)，読み手はそれに応じて関わり方を変える。読み手は，現実世界または実証的現実が架空の世界から「括弧でくくられる」ようになる，「括弧くくり」のプロセスに入る (Iser, 1997)。その結果，読み手は架空の世界を「かのような」世界として捉えることが可能になる (Iser, 1997, p. 3)。

プロジェクトの設計を開始する

次の項で，小説作品の主要な構成要素を概説する。しかしながら，執筆プロセス以前

に考慮すべき問題が3つある（私は議論を行うために便宜上これら3つを分けているが，実際にはそれらは絡み合っているか同時に起こっている可能性がある）。

　まず，研究の目標や目的を特定し，明らかにしたいテーマの内容を決定する。目標を明確にすることは，短編小説，中編小説，長編小説など，どの形式がふさわしいかを決定するのに役立つ。

　次に，含むべきデータまたは内容を決定する。小説に基づく研究者は通常，インタビュー，フィールド調査，文書分析といった従来のデータ収集方法によってデータを収集し，小説執筆の方法を使用してデータを解釈し表現する場合もあるし，執筆プロセス自体を探究と表現の両方の方法として使用する場合もある（Leavy, 2013b）。前者に関しては，たとえばインタビューのトランスクリプト〔インタビューや講演，会話などの音声を文字に書き起こし記録したもの〕は，特定のテーマを展開するために質的に符号化され，インタビュー対象者は経験および／または特性に基づいて一定のグループ化がなされるだろう。登場人物は，これらそれぞれの「タイプ」から構築される。結果的には架空の物語となるが，このプロセスは従来の質的なインタビュー研究に非常に近い。後者に関しては，書くこと自体が研究行為となり，累積可能な研究や教育として，および／または個人的な洞察として報告されるかもしれない。Elizabeth de Freitas（2003）は，このプロセスを次のように説明している。

> 　小説家である私は，いつでももう書きはじめている。解釈という私の行為の前にデータを収集することはない。出来事と物語の間に時間的なずれはない。教師や研究者としての私の人生経験が私の文章の特徴に表れているけれども，それらの経験は私の物語と対応させなければならない「不変の事実」ではない（…）私の想像力は，私たちが共有している現実の共同構築に，即時に関与しているのである（…）私の想像力が厳密な研究を提供する可能性を尊重してほしい。(p. 1)

　同様に，Rishma Dunlop（2001）は小説を研究行為として使用した。Dunlop にとって，この研究実践は，文学的な技巧で「事実」と想像力のアッサンブラージュを作り出すことを含んでいた。FBR からデータを導き出すさまざまな方法を考えると，場合によっては「データ」という言葉が適切となる（たとえば，データが他の研究方法で収集される場合）。他の例では，「内容」という言葉が適切である（たとえば，執筆の実践が探究の方法でありその内容でもある場合）。

　最後に，文献や理論の利用について考えてみる（これらは内容を示唆するものもあれば，その内容として機能するものもある）。

デザインの要素 —— 小説の構成要素

　アートという形式を取り入れる際には，その形式を構成するものに注意を向けるとともに，その形式を動かす主要な芸術的教義にも注意を払うことが重要である。考慮すべき文学的な物語の主な構成要素は以下の通りである（これらはすべて Leavy, 2013b において

開発された）。

構造的なデザイン要素
以下の特徴が文章を文章たらしめている。

- **マスター・プロット**：マスター・プロット（または「マスター・ナラティブ」）は，さまざまな方法で繰り返し語られる物語のことである。これらの物語は，人々に深く根ざしている価値観や，希望，恐怖（Abbott, 2008）を基にしている。いくつかの一般的なマスター・プロットには，探検の物語，復讐の物語，またはシンデレラ物語が含まれる。これらの物語は人々と深く共鳴し，「巨大な感情的資本」（Abbott, 2008, p. 46）を動かすため，強力な文学ツールである。

- **プロットとストーリーライン**：「プロット」という用語は，ナラティブの全体的な構造を指す。プロット作りのプロセスには，物語の主要な出来事や場面を順序づけ，ナラティブの始まり，中間，終わりという一般的な輪郭を描くことが含まれる。このプロセスの中で，主要な「プロットポイント」が描かれる。「ストーリーライン」は，プロットにおける出来事の進行や順序のことである（Saldaña, 2003）。

- **場面とナラティブ**：小説を書くための基本的な方法として，場面法とナラティブ法という2つの方法がある（Leavy, 2013b, 2015b）。場面を書くことは見せ方に関することであり，ナラティブの執筆は伝え方に関することである（Caulley, 2008）。場面法は，あたかも行動が読み手の目の前で展開されているかのように，何が起こっているのかを表す劇的な執筆方法である。うまくいった場合には，場面は高いリアリズムを提供し，読み手にはそれが現実の一部であるかのように見える（Caulley, 2008; Gutkind, 1997）。場面法においてはしばしば能動態が用いられる（Caulley, 2008）。ナラティブ法は，起こっている出来事を超えて，情報を要約または提供する手段である。ナラティブは，場面の外で起こった情報を伝えたり，語り手からみた背景情報を含む，登場人物や状況に関する解説を提供したりするのに役立つ。ナラティブ法においては，しばしば受動態が用いられる。

- **エンディング／終結と期待**：読み手は，(1)作者が書き記した手がかりと，(2)以前に物語（小説，映画など）を読んだ経験に基づいて期待を抱く。状況によっては読み手の期待を裏切ることが有益であるため，必ずしも読み手の期待に応える必要はない（Abbott, 2008）。たとえば，予期しないプロットのねじれや型破りな結末は，私たちが強調したいものを解明したり，なじみのあるジャンルやマスター・プロットが定型的であることを指摘したり，読み手がそれ以前に持っていた仮定に疑問を投げかけたりすることがある。「終結」とは，「物語の中心的な葛藤の解決」である（Abbott, 2008, p. 57）。読み手は期待を膨らませながら，物語の結末を予想する。たとえばマスター・プロットは通常，予期される方法で終了し，終結する。私たちの目的がそれらの期待を破ることによってより良く果たされるのであれば，読み手の期待に応える必要はない。あなたが書き記している手がかりとそれらが生み出す期待に注意を払って，特に物語の終わりに，読み手の期待に応えるか裏切るかに

ついて慎重に選択しなければならない。私自身の小説でも行ったように，実生活を映し出すためには，結末をオープンにしておくことが重要かもしれない。私の小説《Blue》（Leavy, 2016）と David Buckingham の小説《On the Cusp》（2015）について，Watson（2016）は，社会学的な努力の一環として，どちらの小説も「本文の中で問題をきれいに解決しようとしない」（p. 9）と述べた。彼女は《Blue》の結末について，「転がりつづける日常生活」と表現したが，それはまさに私が目指したことであり，FBR が従来のフィクションと区別される点かもしれない。

内的なデザイン要素
これらの特徴が，作品に感情や全体像を与えている。

- **ジャンル**：ジャンルは「繰り返し使われている文学形式」（Abbott, 2008, p. 49）である。長編小説も中編小説も短編小説も，どれも大きなジャンルである。これらの文学形式のそれぞれに，恋愛もの，「女性向け」，ミステリー，冒険ものなど，テーマごとのジャンルがある。ジャンルを選択するときは，テーマに合った内容，それに対応した読者，また場合によっては，それに関連する特定のマスター・プロットを考慮する。ジャンルごとに独自の決まりごとがあるので，読み手の期待に応えたり裏切ったりするときに考慮する必要がある。
- **テーマとモチーフ**：「テーマ」は中核的なアイデアであり，「モチーフ」は繰り返し現れる主題，アイデア，またはシンボルである。小説では，テーマやモチーフは，ナラティブを際立たせる設定の一部となり，実質的な内容になることがある。
- **スタイルとトーン**：「スタイル」は抽象的であるが，指紋のように文章に現れる作者自身の特徴を指す。スタイルには，言葉の劇的な効果（たとえば，短い記述の繰り返しや感情的な言葉の使用）への注意，言葉の叙情性の強調，ユーモアや皮肉の使用，場面法の文章とナラティブ法の文章の独特なバランス，あるいは異なる声（たとえば，語り手，内なる独白，対話，または登場人物の相互作用）同士の独特なバランスといったものが含まれるだろう。同様に，物語のトーンや「雰囲気」（たとえば，ユーモラス，希望に満ちた，悲劇的な，など）も考慮する必要がある。

性格描写
性格描写は，物語に登場する人々の創造である。

- **タイプと登場人物のプロファイル**：これまで繰り返し使われた登場人物の種類は「タイプ」と呼ばれる。登場人物のタイプは多くの場合，マスター・プロットと結びついている。登場人物のタイプは，読み手に感情的で象徴的な影響を与えうる。これまで繰り返し使われたタイプから登場人物を生み出すかどうかにかかわらず，繊細に多面的に描写された登場人物を生み出すためには，しっかりとした登場人物のプロファイルを作成することが重要である。考慮すべき問題としては，身体的特徴，登場人物が行いそうな活動，パーソナリティ，登場人物の名前（象徴的な意味

第 11 章　小説に基づく研究　235

を持つ場合がある）が挙げられる。最後に全体像，つまり核心においてこの人物がどのような人物であるかを心に留めておく必要がある。各登場人物と他の登場人物との共通点，独自性，欠点，長所を考える必要がある。

- *対話と相互作用*：対話は，性格描写に役立ち，人々の日常的なコミュニケーションのあり方を示す「会話のキャプチャ」と考えることができる（Caulley, 2008, p. 435）。対話を書く際には，文字通り登場人物に声が与えられる。対話から，個々の登場人物が誰であるか，そして登場人物が互いにどのように関係しているかが明らかになる。考慮すべき問題としては，登場人物の言葉の使い方，登場人物間の関係（たとえば，対話は登場人物間の親密さなど両者の関係のさまざまな面を示すかもしれない），会話の趣旨とテンポ，および対話が行われている文脈が含まれる。

- *内なる対話と内面性*：登場人物の内面性を表現できることは，小説の最大の利点であり，特徴の一つである。作者は内面性を表現することによって，そうでなければ隠されているものを想像可能にする（Caulley, 2008）。内なる対話は，心理社会的プロセスを探求するために用いられる（読み手は，人が，他者との相互作用の中で，また特定の出来事，状況，または環境に応じて，自分自身に関してどのように考え，何を感じているかを知ることができる）。内なる対話はまた，共感的関与を創り出すために，そしてミクロとマクロの接続を確立するために用いられる（この中で社会的，政治的，経済的，文化的な力やその他の力が，個人によってどのように解釈され，内面化されるかが示される）。内なる対話は，さまざまな方法でナラティブの中に書き込むことができる。登場人物が他の登場人物と対話しているときに，登場人物自身が考えていることを知ることもできる。登場人物が一人でいるときも同じことが言える（そのような瞬間には，内なる対話は意識の流れとして描かれるかもしれない）。

文学ツール
これらのツールは，小説を説得力のあるものにするのに役立つ。

- *描写とディテール*：場所，人物，そして状況の豊かな描写は読み手を魅了し，臨場感を生み出すのに役立つ。読み手が登場人物の世界に入ることができるように，登場人物がその状況で何を見ているのか，どんな匂いを嗅いでいるのか，何を聞いているのか，そして何を感じているのかを考慮すべきである。描写にあたって，具体的なディテールを組み込む。現実的なディテールは「読み手に感情とイメージを思い起こさせ」（Caulley, 2008, p. 447），信じられるという感覚を創り出す。

- *言葉*：作者が実際に持っている唯一のツールは言葉である。良い文章を書くためには，技巧と言葉に注意が必要である。うまく書かれた小説には素晴らしい芸術性がある。de Freitas は，「小説においてはずさんなことは何もない」と説明しており，私たちは文章を何度も何度も書き直し，「正確さ」を追求する厳密な作業を行わなければならない（2004, pp. 269-270）。

- *特異性*：目的を達成するために，明確に，歯切れよく，そして効果的に言葉を使用することが重要である。そのためには，言葉を注意深く選び，その意味，感情，趣

旨，そして叙情的な性質について考える必要がある。

- **メタファーと*直喩***：「メタファーや直喩を使うことによって，文章に豊かさが生まれる。それらは抽象的な概念を具体的なもの，つまり私たちが見たり，聞いたり，感じたり，味わったり，嗅いだりできる対象にたとえる表現である」（Caulley, 2008, p. 440）。質的研究者は，比喩的かつ象徴的に考えることに熟練しており（Saldaña, 2011），これらのスキルを小説を書くことを学ぶのに適用することができる。FBRでは，メタファーや直喩は，ミクロとマクロのつながりをつくり出し，自明となっている前提に挑戦し，それを破壊し，あるいは覆すために，そして背後の設定を組み立てるために用いられることがある。それらは「作者が意味を解釈し構築することを可能にする」（Watson, 2016, p. 12）。

- **小説のプレゼンテーション（ラベル付け）**：FBRを読者に向けて提示することを考えてみよう。一般的に，テクストはその小説の性質を開示したり隠したりするものである（Barone & Eisner, 2012）。たとえば，作品をフィクションまたはノンフィクションとラベル付けするという単純な行為は，テクストの性質を示している。中編小説や長編小説が単独で出版される場合は，表紙や裏表紙にラベルを貼って，小説というテクストの性質を示している。また，小説／ノンフィクションという情報を，序文やあとがきに含めることもある。短編小説を作品集の一部として出版する場合，要約，序文，まえがき，またはあとがきの中で，テクストの性質を示すことができる。

評価規準

　FBRは通常の小説でも従来の研究でもない。これがユニークな形態を生み出すのは，両者の融合である。したがって，FBRを判断するために使用する規準は，従来の小説と従来の研究を判断する規準を説明し，2つを融合させたものである必要がある。この趣旨に基づき，私は質的研究における評価規準を，FBRの規準としてどのように再考すればよいかについて，次のモデルを作成した（Leavy, 2013b, p. 79）。

妥当性　→　それは起こりうることかどうか。共鳴
堅固さ　→　美。文学的ツールの使用
一貫性　→　建築的なデザイン。構造，ナラティブの適合性
転用可能性または一般化可能性　→　共感的関与。共鳴的または普遍的なテーマ／モ
　　　　　　　　　　　　　　　　　　チーフ
徹底性　→　曖昧さ
真実性　→　共鳴
真正性　→　本当らしさ；ほぼ現実の創作
リフレクシビティ　→　作者の個人的痕跡

　これらの変更された規準に基づいて，私はFBRを評価するための一連の規準を作成

した（Leavy, 2013b, p. 90）。

- ほぼ現実の創作：真実性を捉えていること。
- 人々の繊細な描写，共感の促進，共感的な関与：語り手の視点から，内面性を発現させ，多面的な登場人物を創り出していること。
- 形式，構造，およびナラティブ：デザイン要素とコンテンツに関連があること。
- 曖昧さの存在：テクストを複数の意味に開放し，ナラティブのギャップを構造化し，読者の期待を考慮していること。
- 実質的な貢献：学術領域あるいは専門分野に貢献し，有用であること。
- 美学：文章の技巧と読み手の美的快楽に注意が払われていること。
- 個人的痕跡：テクストに執筆者自身の指紋（スタイル，トーン，およびコンテンツの選択）がついていること。
- 読者：発表／開示や読者の反応の評価（可能な場合）などが，ターゲットとなる読者に合わせてデザインされていること。

出版例

あらゆる分野の研究者が小説に目を向けている。「創作エスノグラフィー」は，エスノグラフィーやオートエスノグラフィーにおいてますます一般的に用いられつつある実践の一つである。出版されている作品には，たとえば，アイデンティティと二重意識（Viswesaran, 1994），教育研究（Clough, 2002; de Freitas, 2003, 2008），学校経営（Ketelle, 2004），貧しい労働者階級の学生の教育（Bloom, 2013），関係，大衆文化，アイデンティティに関するフェミニスト研究（Leavy, 2011, 2013b, 2015a, 2015b; Leavy & Scotti, 2017），性産業（Frank, 2000），摂食障害に対する家族の反応（Dellasega, 2013），パンデミック下の公衆衛生の実践と緊急事態管理（Gullion, 2014），性，人種，および家族のアイデンティティ（Gosse, 2005），2つの文化が併存するコミュニティ（Sleeter, 2015），農村部の白人コミュニティにおける黒人レズビアンの経験（Harper, 2014），ジェンダーの流動性とトランスジェンダーの経験（Sumerau, 2017），都市開発（Buckingham, 2015），企業の貪欲，環境汚染と家庭内暴力（Clair, 2013），そして学術研究における小説自体の探求（Wyatt, 2007）といった内容に関するものがある。

次項では，私自身の社会学的研究において小説をどのように使用したかを概説する。

私の小説の三部作 —— 社会学をフィクションとして書く

私が小説家になったのは偶然である。書くことは常に私の情熱であり，私は子ども時代に小説家になりたいという夢をたくさん持っていたが，それを追い求めたことはなかった。私はABRを含む創発的で革新的な研究方法の支持者であったが，ちょっとかじったにすぎなかった。サバティカル期間中，取り組んでいるものすべてに飽き飽きし

ていた私は，創造的な執筆を試してみることにした。そのときは，それは単なる楽しみのためだった。私は何について書けばよいかわからず，元交際相手がかつて所属していた執筆グループについて私に話したことを思い出した。そして私は以下のように書きだした。

> 「『ケイシーは手帳片手に町に繰り出した。』これは今まで聞いた中で最悪の書き出しだ！ 君はその手帳を片手に，そこに座っているじゃないか。冒頭からこんなに無関係なことを書いたりなんて。ひどい話だ。今は，誰もが書けると思っている。本物の作家はもういないんだ」，そう言って，プリリーは原稿を机の上に投げつけた。(Leavy, 2011, p. 3)

　すぐに私は，この原稿を拒絶した編集者のプリリー・グリーンが，型破りで時に憎まれ役の主人公になることに気づいた。そして，私が長年行ってきたインタビューに関して書きなぐった「メモ」と「アイデア」を，その中に埋め込みはじめた。私は書きつづけた。先に述べたように，私はまだ自分が何をしているのかわからなかった (Leavy, 2013b)。
　その日の夜，パートナーのマークが「今日は何をしていたの？」と聞いてきた。
「書いていたの」
「何を書いたの？」と彼は尋ねた。
「実のところ，よくわからない。小説だと思う。私は短編小説を書こうと意気込んだけど，ぎっしり書いて 10 ページ進んで，まだ登場人物全部を紹介できていないわ」
「メールで送ってくれない？ 明日の昼休みに読んでみるよ」
「わかった」と私は言った。
　翌朝，私は彼にメールを送り，その日の午後，彼は「君は小説を書くべきだ！！！」と返事をよこした。その瞬間，私は 2 つのことを知った。それは，私はこの男性と結婚するつもりだということと，小説を書くつもりだということだ。
　これが私の小説《Low-Fat Love》の始まりである。パートナーが私の成長を応援して，小説を書くように言ったとき，私が書いている小説はその逆を行くものになると思っていた。私は自分の私生活，社会学やジェンダー研究の授業の内外での学生との議論を通して学んだ教訓，そしてジェンダー，自尊心，人間関係，それに女性の大衆文化に関する問題について行った，女性たちとの 10 年近くにわたるインタビュー研究の中で蓄積した洞察を引き出した。
　《Low-Fat Love》では，ネガティブな関係の心理学，自分のことを支持してくれない人々に惹かれる心理，アイデンティティ構築，自尊心，そして女性らしさの社会的構築を探求していた。タイトル自体が，自分には価値があるとは思えないから，または破壊的なパターンを断ち切れないから，その人生や愛にとどまってしまうという考えを物語っている。この小説は，女性のアイデンティティ構築と自己受容，そしてなぜ女性が自分自身についての限られたビジョンに閉じ込められがちであるかについての言及が多いのが特徴である。この本の中では，女性向けメディアを手がかりとして，女性が自分

の人生において自分自身や男女について考えるようになった背景を可視化している。この点でこの本は，私のフェミニスト社会学の視点に根ざした，大衆文化と女性性の社会構築についての批判的な解説を与えるものである。

たとえば，ゴシップ番組，ショッピング番組，「ライフタイムムービー」〔アメリカの女性向け映画チャンネルで放映されるステレオタイプの多いメロドラマ映画〕，演劇，本，さらにはミュージックビデオなど，女性をターゲットにしたメディアを消費する女性が繰り返し登場する。読み手は登場人物が消費しているメディアと彼女の内なる対話を知ることができ，彼女が消費することを選択したメディアからどのような影響を受けるかを連想できる。ある例では，主人公はドラマ《Access Hollywood》を観ていて，ドラマの中のアンジェリーナ・ジョリーの物語から，自分の外見と人生を思って嫌な気分になる。この例では，彼女個人（ミクロレベル）がメディア文化（マクロレベル）からどのような影響を受けるかを見ることができる。別の例では，主人公がショッピング番組で2つの買い物をする。届いた商品の一つは宣伝通りではないにもかかわらず，彼女はそれが良い物であるかのようなふりをしようとする。もう一つの商品の方は，ライバルの同僚から褒められてはじめて気に入ったことにする。このような場合，この主人公の買い物は，2つの大きな関係の失敗を映し出すために使用されている。つまり，彼女は本当に求めていたものでなくても妥協して実際よりも良いふりをしようとし，自分自身について良い気分になるために外部からの評価を求めているのである。文学という形式ができることについて考えると，ジャンルを適切に選択すれば対象とする読者に効果的に伝えることができるのである。私は《Low-Fat Love》を「チック・リット」〔大衆小説のジャンルで，若い独身女性を主人公とした女性向け小説〕の形式で書いた。それは，対象とする読者の中には，その形式によって感情的・文化的資本を得られる人もいるためであるが，同時に，フェミニスト的表現を通じて固定観念を暴いて覆し，読者の期待に挑戦するためでもある。

この小説が完成する頃には，長年にわたる研究で学んだことと，教育の中で表現した主要なメッセージの核心をこの小説が体現していると確信をもった。それは事実上，*誰*でも読むことができる社会学の作品であった。

この小説に対する反応から，研究実践としての小説の力が示された。私は読者，主に女性から，数えきれないほどの電子メールとメモを受け取り，そこには彼女たちが主人公とどれほど似ているか，または違っているか，そして自分たちの《Low-Fat Love》の物語をいかに共有したいかが書かれていた。女性たちはブックイベントに列を作り，学生たちは大学の廊下で私を見つけ，同僚でさえ会議で私を見つけては彼ら自身の物語を私にささやいた。大学の授業では，私がこの本を使って教えたクラスと，「著者が答えます」の企画のためにSkypeで教えたクラスの両方で，学生たちが自分自身の物語をこの小説にどのように織り込んだか，そしてそれが自分の人生や関係の選択を見つめ直すきっかけになったことを話した。性暴力，DV，アルコール依存症，摂食障害，うつ病のサバイバーとなった人々は，最も個人的な物語を聞かせてくれた。学生にとっても一般の読者にとっても，この小説は，私がこれまでに書いたノンフィクションの本や記事にはなかったような，熟考と議論のきっかけとなるものだった。小説によって，文化的

文脈における女性の生活について書くことができるのは明らかだった。偶然に小説家になった私は，今やこの研究アプローチに夢中になっていた。

《Low-Fat Love》において自尊心とアイデンティティ構築の問題を探求した後，特に2008年の金融危機以降の変化の結果として，私は社会階級，ジェンダー，アイデンティティの関係に関心を持つようになった。綿密なインタビュー研究や，教育経験および個人的な経験をもとに，私は2作目の小説，《American Circumstance》を執筆した。読者が満足を得られるように，《Low-Fat Love》で展開したスタイルを踏襲して，チック・リットのスタイルで執筆した。

《American Circumstance》は，さまざまな社会学の基本的な考えを基盤としている。この小説では，人々の生活の外見と内実の違いや，他人から見た私たちの生活や関係と私たちの経験との対比について探り，その大部分を占めるのは，社会階級がいかにアイデンティティを形成するかについての探求である。社会階級は広範囲に影響を及ぼす非常に重要な問題であるが，それについて理解し，熟考し，議論することがしばしば困難である。アメリカ合衆国においては，社会階級に関して多くのことが語られておらず，私は権力と特権の再生産を含め，その一端を引き出したかった。私はまた，社会階級に関する固定観念を暴露し，壊したかった。

この本は強いアメリカ合衆国に焦点を当てているが，グローバルな伏線も張られている。物語はアメリカ北東部で展開し，アメリカ人の登場人物を追っている。しかし社会階級とアイデンティティの問題，そしてジェンダーと階級が交差するところに入り込もうとするならば，特権，機会，抑圧，自己実現能力の問題は，グローバルな視点を適用したときにはるかに複雑となることを認識することが重要だと私には思えた。言いかえると，ジェンダーと社会階級が私たちの生活に影響を与える複雑な方法は，異文化では大きく異なるのである。主人公のペイジは，世界中の紛争地域やリスクの高い地域に住む女性の支援に取り組むWINと呼ばれる架空の慈善団体で働いている。ペイジの働きを通して，私たちはすべての問題が相対的なものであり，人種，階級，性別が私たちの物語にどのように影響するかをみることができる。WINは架空の組織であるが，実在の組織であるWomen for Women Internationalに触発されていることに注目してほしい。これはまた，女性に対する暴力の問題や癒やしのプロセスの重要性について触れるきっかけにもなった。私は，紛争地域に住む女性を含むグローバルな文脈を持ち込んで，そのような文脈でしばしば蔓延していることがわかっている性暴力の問題を認めないわけにはいかないと考えた。しかし，性暴力はもちろん米国でも蔓延している。たとえば，よく報道されているスチューベンビルの強姦事件は，あまりにも強烈に私たちに性暴力の問題を思い起こさせるものであることを考えてほしい。したがって，私はこの小説の一部を用いて，性暴力が社会階級の問題をどのように横断できるかを考えた。これらの問題以外の大半は，私たちの生活の外観と私たちが経験している生活の内実との間のギャップを認めることに割かれている。小説の登場人物たちは，自分の人生の中で真実に向き合うことを迫られているのである。性暴力を生き延びた女性にとって，これは癒やしを含む多くのことを意味しており，それについても触れられている。

最後に，私の最新の小説《Blue》では，《Low-Fat Love》では端役であったタッシュ・

ダニエルズの数年後を取り上げ，彼女の物語を深く探求するとともに，多くの新しいキャラクターを探求している。私は《Blue》に，《Low-Fat Love》に対するコインの裏表のような存在として取り組んだ。《Low-Fat Love》においては，登場人物たちは孤立しており，孤独で，自尊心の問題を抱えていた。その結果，彼らは人間関係の選択がうまくいかなくなった。さらに，彼らは大衆文化からのネガティブなメッセージを内面化している。《Blue》は，登場人物が親しい友人関係を持ち，自分の人生を理解するために大衆文化を積極的に利用しながらも，個人的な問題や，人間関係におけるさまざまな葛藤を抱えているという，別のナラティブを打ち出すよう設計された。

　《Blue》では，ニューヨークで暮らす3人のルームメイトが，大学卒業後1，2年の間に，自分は何者か，どうありたいかを考えていく姿を描いている。タッシュは，元パーティーガールで，悪い男に引っかかった過去がある。彼女はDJのエイダンと出会い，彼に背中を押されて，自分は本当は何者なのかを考えはじめる。タッシュのルームメイトである親友のジェイソンは，人気上昇中の自由奔放なモデルである。彼はメイクアップアーティストのサムと出会うが，サムを言葉で傷つけてしまい，人間関係に悩むことになる。もう一人のルームメイトである，恥ずかしがり屋で勤勉な大学院生のペネロペは，目立たないようにしているが，秘密を持っている。《Blue》はアイデンティティと友情を祝福する本であり，私たちの生活において，本当に私たちを理解し最高の自分自身になることを助けてくれる人々が重要であることを強調している。私たちはしばしば，自分自身のイメージにとらわれてしまい，葛藤から逃れられずにいるが，その時々で自分がどのような自分でありたいかを選択できることを思い起こす必要がある。私たちは可能性であり，それを《Blue》は称賛するのである。

　《Blue》はまた，私たちが消費する大衆文化との生産的な関係を称賛する。この小説は，私たちが自分の人生に意味を持たせ，自分の居場所を振り返るために，大衆文化をどのように利用できるかを探る。登場人物というものは，テレビや映画のスクリーン光の「輝き」の中でイメージされることが多いが，この登場人物たち自身の物語も大衆文化の物語に照らされている。特に1980年代のアートや大衆文化へのオマージュは，私自身の人生において意味のある大衆文化を通して，この小説の中に自分自身を位置づける一つの方法となった。そこには，私のこれまでの作品と同様に，社会学的な伏線がある。Watson（2016）は，模範的な社会学的小説としての《Blue》に寛大に言及するなかで，私が「個人的な悩みを社会問題に結びつけるために（私の）社会学的想像力を使っているのは明らかだ」（p.9）と書いている。

　私は3つの小説を世に出したが，研究実践としての小説に方針転換したことによって，私の見方や考え方，そして私が学生や他の読者とつながり関与できる方法は完全に変わったと言えるだろう。私の小説は，私の研究成果と社会学的視点を多様な人々に届けることを可能にした。作家としての私にとっても，読者にとっても，これまで経験したことのないレベルの作品に関わることが可能になった。自分の考えの本質や，長年にわたって人から教わってきたことを概ね表現できたことに，やっと満足感を得ている。小説はそれ自体で成り立っており，読者は自由に解釈し，関わることができるのである。実際，読者と登場人物や物語との関係は，私には関係のないことである。私は以上すべ

てについて，《Low-Fat Love: Expanded Anniversary Edition》のあとがきに書いた。

おわりに

　新しい形式で仕事をする際には多くの抵抗にあう。それが，物理科学から芸術まで，あらゆる分野におけるイノベーションの歴史である。FBR を行うためには，厚かましさを身につける必要がある。自分の仕事との間に，外的要因（他人の意見など）に左右されない関係を築くことが重要である。FBR を「危険」と呼んだり，その妥当性に疑問を呈したりして，FBR に参加することを思いとどまらせようとする人がいるかもしれないが，それを気に留める必要はない。あなた自身の道を切りひらいてほしい。この種の作品は出版できないと言う人もいるかもしれないが，これも気に留める必要はない。私のデビュー作《Low-Fat Love》や，私のソーシャルフィクション・シリーズについては，何度もそのようなことをいわれた。Sense Publishers 社（現在は Brill 社の一部）のオーナーである Peter de Liefde が書いているように，このシリーズは同社の予想を超えて成功し，最も人気のあるシリーズの一つとして急成長し，Sense のベストセラーをいくつも生み出した。人々はしばしば新しく創造的な形式を恐れ，人々がそれらを探求するのを思いとどまらせようとする。あなたは自分で納得して仕事をしなければならない。自分が有意義だと思うことを書けば，他の人もそれを有意義だと思うはずである。あなたが自分の声を見つければ，読者はあなたを見つけるだろう。

　最後に，学術界へのお願いで締めくくりたいと思う。この種の作品を書いたり出版したりしたい，そして読者に届けたいと思うのなら，それをサポートしてほしい。出版社がこの作業をサポートできるのは，読者がいてこそである。この分野がどこまで成長するかについては，教員が重要な役割を担っている。科目を計画する際には，FBR の成果の使用を検討してほしい。

＊訳注
1. 2012 年 8 月 12 日にアメリカ合衆国オハイオ州のスチューベンビル市で起きた強姦事件。2 人の加害少年が，街の英雄的存在である高校のフットボール選手であったことから，上層部による隠蔽や，被害少女への誹謗中傷が行われたが，「アノニマス」によって事件が明るみになり，アメリカ国内のみならず，国際的にも注目されることになった。

文献

Abbott, H. P. (2008). *The Cambridge introduction to narrative* (2nd ed.). Cambridge, UK: Cambridge University Press.

Adams, T. E., Holman Jones, S., & Ellis, C. (2015). *Autoethnography: Understanding qualitative research.* New York: Oxford University Press. [アダムス，T. E.，ホルマン・ジョーンズ，S.，エリス，C.，松澤和正・佐藤美保（訳）(2022)．オートエスノグラフィー —— 質的研究を再考し，表現するための実践ガイド　新曜社]

Banks, S. P. (2008). Writing as theory: In defense of fiction. In J. G. Knowles & A. L. Cole (Eds.), *Handbook of the arts in qualitative research* (pp. 155–164). Thousand Oaks, CA: SAGE.

Banks, S. P., & Banks, A. (1998). The struggle over facts and fictions. In A. Banks & S. P. Banks (Eds.), *Fiction and social research: By fire or ice* (pp. 11–29). Walnut Creek, CA: AltaMira Press.

Barone, T., & Eisner, E. W. (2012). *Arts-based research*. Thousand Oaks, CA: SAGE.

Berger, M. (1977). *Real and imagined worlds: The novel and social science*. Cambridge, MA: Harvard University Press.

Berns, G. S., Blaine, K., Prietula, M. J., & Pye, B. E. (2013). Short- and long-term effects of a novel on connectivity in the brain. *Brain Connectivity, 3*(6), 590–600.

Bloom, E. (2013). The Scrub Club. In P. Leavy (Ed.), *Fiction as research practice: Short stories, novellas, and novels* (pp. 95–146). Walnut Creek, CA: Left Coast Press.

Buckingham, D. (2015). *On the cusp*. London: Mordant Books.

Buroway, M. (2005). For public sociology. *American Sociological Review, 70*(1), 4–28.

Caulley, D. N. (2008). Making qualitative research reports less boring: The techniques of writing creative nonfiction. *Qualitative Inquiry, 4*(3), 424–449.

Clair, R. P. (2013). *Zombie seed and the butterfly blues: A case of social justice*. Rotterdam, The Netherlands: Sense.

Clough, P. (2002). *Narratives and fictions in educational research*. Buckingham, UK: Open University Press.

Cohn, D. (2000). *The distinction of fiction*. Baltimore: Johns Hopkins University Press.

de Freitas, E. (2003). Contested positions: How fiction informs empathetic research. *International Journal of Education and the Arts, 4*(7), 11–22. Retrieved from www.ijea.org/v4n7.

de Freitas, E. (2004). Reclaiming rigour as trust: The playful process of writing fiction. In A. L. Cole, L. Neilsen, J. G. Knowles, & T. C. Luciani (Eds.), *Provoked by art: Theorizing arts-informed research* (pp. 262–272). Halifax, NS, Canada: Backalong Books.

de Freitas, E. (2007). Compos(t)ing presence in the poetry of Carl Leggo: Writing practices that disperse the presence of the author. *Language and Literacy 9*(1). Retrieved from www.langandlit.ualberta.ca/spring2007/defreitas.htm.

de Freitas, E. (2008). Bad intentions: Using fiction to interrogate research intentions. *Educational Insights 12*(1). Retrieved from www/ccfi.educ.ubc.ca/publication/insights/v12n01/articles/defreitas/index.html.

Dellasega, C. (2013). Waiting room. In P. Leavy (Ed.), *Fiction as research practice: Short stories, novellas, and novels* (pp. 211–232). Walnut Creek, CA: Left Coast Press.

Dunlop, R. (2001). Excerpts from Boundary Bay: A novel as educational research. In L. Neilsen, A. L. Cole, & J. G. Knowles (Eds.), *The art of writing inquiry* (pp. 11–25). Halifax, NS, Canada: Backalong Books.

Ellis, C. (2004). *The Ethnographic I: The methodological novel about autoethnography*. New York: AltaMira Press.

Frank, K. (2000). The management of hunger: Using fiction in writing anthropology. *Qualitative Inquiry, 6*(4), 474–488.

Franklin, R. (2011). *A thousand darknesses: Lies and truth in Holocaust fiction*. New York: Oxford University Press.

Goodall, H. L. (2008). *Writing qualitative inquiry: Self, stories, and academic life*. Walnut Creek, CA: Left Coast Press.

Gosse, D. (2005). *Jackytar: A novel*. St. Johns, NS, Canada: Jesperson.

Gullion, J. S. (2014). *October birds: A novel about pandemic influenza, infection control, and first responders*. Rotterdam, The Netherlands: Sense.

Gutkind, L. (1997). *The art of creative nonfiction: Writing and selling the literature of reality*. New York: Wiley.

Gutkind, L. (2012). *You can't make this stuff up: The complete guide to writing creative nonfiction—from memoir to literary journalism and everything in between*. Boston: Da Capo/Lifelong Books.

Harper, A. B. (2014). *Scars: A Black lesbian experience in rural White New England*. Rotterdam, The Netherlands: Sense.

Holman Jones, S., Adams, T. E., & Ellis, C. (2013). Introduction: Coming to know autoethnography as more than a method. In S. Holman Jones, T. E. Adams, & C. Ellis (Eds.), *Handbook of autoethnography* (pp. 17–47). Walnut Creek, CA: Left Coast Press.

Iser, W. (1980). *The act of reading: A theory of aesthetic response.* Baltimore: Johns Hopkins University Press.

Iser, W. (1997). The significance of fictionalizing. *Anthropoetics, III*(2), 1–9.

Josselson, R. (2006). Narrative research and the challenge of accumulating knowledge. *Narrative Inquiry, 16*(1), 3–10.

Ketelle, D. (2004). Writing truth as fiction: Administrators think about their work through a different lens. *Qualitative Report, 9*(3), 449–462.

Leavy, P. (2009). *Method meets art: Arts-based research practice.* New York: Guilford Press.

Leavy, P. (2011). *Low-fat love.* Rotterdam, The Netherlands: Sense.

Leavy, P. (2013a). *American circumstance.* Rotterdam, The Netherlands: Sense.

Leavy, P. (2013b). *Fiction as research practice: Short stories, novellas, and novels.* Walnut Creek, CA: Left Coast Press.

Leavy, P. (2015a). *Low-fat love: Expanded anniversary edition.* Rotterdam, The Netherlands: Sense.

Leavy, P. (2015b). *Method meets art: Arts-based research practice* (2nd ed.). New York: Guilford Press.

Leavy, P. (2016). *Blue.* Rotterdam, The Netherlands: Sense.

Leavy, P., & Scotti, V. (2017). *Low-fat love stories.* Rotterdam, The Netherlands: Sense.

Mills, C. W. (1959). *The sociological imagination.* New York: Oxford University Press. ［ミルズ，C. W.，伊奈正人・中村好孝（訳）(2017). 社会学的想像力　筑摩書房］

Pelias, R. J. (2004). *A methodology of the heart: Evoking academic and daily life.* Walnut Creek, CA: AltaMira Press.

Saldaña, J. (2003). Dramatizing data: A primer. *Qualitative Inquiry, 9*(2), 218–236.

Saldaña, J. (2011). *Ethnotheatre: Research from page to stage.* Walnut Creek, CA: Left Coast Press.

Sleeter, C. (2015). *White bread: Weaving cultural past into the present.* Rotterdam, The Netherlands: Sense.

Sumerau, J. (2017). *Cigarettes & wine.* Rotterdam, The Netherlands: Sense.

Thompson, H., & Vedantam, S. (2012). *A lively mind: Your brain on Jane Austen.* Retrieved from www.npr.org/blogs/health/2012/10/09/162401053/a-lively-mind-your-brain-on-jane-austen.html.

Viswesaran, K. (1994). *Fictions of feminist ethnography.* Minneapolis: University of Minnesota Press.

Watson, A. (2016). Directions for public sociology: Novel writing as a creative approach. *Cultural Sociology, 10*(4), 1–17.

Wyatt, J. (2007). Research, narrative and fiction: Conference story, *Qualitative Report, 12*(2), 317–331.

第12章

詩的探究

社会研究としての／における／のための詩

●サンドラ・L・フォークナー（Sandra L. Faulkner）

訳：梅野愛子

> それこそが，詩のすごいところです。言葉がすべてなのです。どうにも言葉にできないことを，言葉にするのです。そうできる必要はないけれど，あなたにこれができたとき，あるいは他の人たちができたとき，だからこそこんなにも感動するのです。
>
> ——SHEILA，詩人（Faulkner, 2009, p. 46 より）

　この章では，社会科学および人文科学系の研究者，実務家，学生が使用する，研究と表現と手法の一形式としての詩の利用について考察する。研究手法としての詩，質的分析と表現としての詩，そして，表現過程における形式と機能を考えることの重要性を議論するための詩，ここでの考察は，こうした詩についての議論を深める導き手となる。研究としての／研究における／研究のための詩の創作とその批評がもたらすものを示すために，詩の力に関する議論から始め，その目的と詩的探究にとって最もふさわしいプロジェクトは何かという問いへと進む。さらに，詩作過程とその技巧について述べることとする。加えて，研究結果とその過程を表現するための詩の利用について，以下の問いに答えたいと思う。

　　研究に詩を使うとはどういうことか。
　　インタビューや観察をいかにして詩に変換できるのか。
　　研究としての詩作とはどういうことか。
　　詩を，質的分析において，そして質的分析自体としてどのように使用できるか。

　手法としての詩の発展，洗練および教育において，詩作品が発見的方法となるよう，質的研究の執筆実践，具体的には詩的探究の評価に関する対話の重要性を強調して述べたい。

詩的探究とは……

> 詩を書くとは，手管を習得することでも，戦略を練り上げることでもない。
> 感覚から出発して，想像力がその向こうを，さらに先を感じるのだ。
>
> ── DONALD REVELL（2007, p. 12）

詩の定義

　詩は難しい，詩は神秘的だ，詩は難解だ，詩は曖昧だ，という理由で，多くの人が詩を恐れる。あるいは，詩の力を賛美する。楽しく，政治的に，叙情的に，そして物語として経験を具現化でき，社会正義のための道具としても使用できるその手腕を賛美する。詩は，率直でありつつ歪曲され，洗練されつつ粗雑でもあり，専門用語や簡素な言葉で満ち，イエスかノーか，二者択一かその両方か，これらすべてかこのどれでもないこともありうる。これが詩の定義であり，詩的探究の難しさである。しかし，研究者，学生，実務家が彼らの作業に詩を使うのは，その捉えどころのなさと曖昧さ，その正確さと明晰さゆえである。

　詩は，行，形式，構造，構文，頭韻，イメージ，言語の用法，比喩，リズム，そして韻律によって特徴づけられた独特の著述形態であると考えることができる。B. H. Fairchild（2003）は，詩を「他の言説形態のありようとは根本的に異なるような，一つの存在論的状態，存在の様態（mode of being）に達するために，具現化のための多くの修辞と韻律を用いた言葉による構築物」であると考える。Fairchild の定義では，詩は，人間性を解き明かし具現化する表現であり，存在の仕方としての詩，「朗読ではなく即興」（Buckley & Merrill, 1995, p. xi）としての詩を強調している。「詩は，詩行に示された言葉の音である。（…）詩行は，他の著述形式ではなく，詩としての詩を我々が経験することを特徴づけるものである」（Longenbach, 2008, p. xi）。詩は，私たち人間の神秘，勝利，弱点を伝えるのではなく見せるのである。また，カール・レゴ（Leggo, 2008a）は以下のように考える。詩は「言葉の中で世界を創造する（…）詩は世界の中で知り，生成する方法を導き，そして創出するための言説空間をつくる。詩は相互反応をもたらす。知的で，感情的で，精神的で，そして美的な反応を（…）心，理性，想像力，身体，そして精神を統合する手段をもたらすのだ」（pp. 166-167）。

詩的探究の定義

　詩は，さまざまな領域の研究において，一般的に質的研究形態の方法論として，特にアートベース・リサーチ（ABR）の形式として使用され，また，そうした研究のために使用されている（たとえば，Galvin & Prendergast, 2016）。研究における詩の利用と呼ばれるものは多岐にわたり，詩的トランスクリプション（Richardson, 2002）から，エスノグラフィー的あるいは人類学的詩（Behar, 2008），自己についての語り（Denzin, 1997），調査

詩（investigative poetry; Hartnett, 2003），研究詩（research poetry; Faulkner, 2007），解釈的ポエトリー（interpretive poetry; Langer & Furman, 2004），オートエスノグラフィー・ポエトリー（Faulkner, 2014b），ファウンド・ポエトリー（found poetry; Butler-Kisber, 2002），パフォーマンス・ポエトリー（performance poetry; Denzin, 2005），そして（単に）詩（Faulkner, 2005）まで，さまざまな分類がある。Prendergast（2009）は，質的研究としての／における詩に関するその詳細な文献解題の中で，「詩的探究」という用語を，多様な詩的形式と，研究者らが使用した分類までを含むものであると提案し，詩的探究を行う 29 の方法を挙げている。それは，質的研究の一形態（「**詩的探究**は，社会学における質的研究の一形態であり，調査項目として何らかのかたちで詩を取り入れたものである」［p. xxxv］）から，ナラティブによる探究の一形態（「**詩的探究**は，ナラティブによる探究と多くの特質を共有していることが示すように，人間の経験のより精確な表現のために，文芸を利用することに関心をおくものである」［p. xxxvi］），そして社会科学，人文科学とファインアートの学際的取り組み（「**詩的探究**は，人文科学［文学／美学］，ファインアート［クリエイティブ・ライティング］，および社会科学の間で，実りある学際的な方法を通して探究する試みである」［p. xxxvi］）にまで及ぶ。

　私は，「詩的探究」という用語を（以前，著書［Faulkner, 2009］で提示した「研究詩」の代わりに）研究領域の中で使用された詩を指す用語として採用したい。「詩的探究」とは，プロジェクト分析として，あるいはプロジェクト分析以前に，研究活動に基づいて詩を創作すること，また，研究プロジェクトの全体か一部に詩を使用することである。詩的探究の重要な特徴は，研究としての，研究における，研究のための詩の利用である。それは，研究活動の方法でもあり，成果物でもある。私は，研究としての／における／のための詩を，(1)社会科学と詩を融合させるために，(2)社会変化をもたらすために，そして(3)教育的道具（Faulkner, 2012c, 2014b）として使用する。詩は，捉えどころのないアイデンティティの折衝過程を浮き彫りにし（たとえば，Faulkner, 2006），従来の周縁化され烙印が押されたアイデンティティの表象を批判し（たとえば，Faulkner, 2014a），具現化して見せる（たとえば，Faulkner 2014a, 2014b）。データ分析と表現としての詩の使用を通して，周縁化された集団の表現が豊かになるのである（たとえば，Faulkner, 2012a; Faulkner & Nicole, 2016）。

社会調査における詩的探究

　　　詩人は，通常の社会科学的記述にはできない新たな方法で世界を見せてくれる。
　　　従来の文章形式なら思いとどまらせるようなやり方で，詩人はテクストの中で触れられ，
　　　目に見え，存在するのである。　　　―― NORMAN K. DENZIN（2014, p. 86）

　研究における詩は，普遍性と根源的主観に入っていく方法である。詩人は，具体的なものから何かを創造するべく，個人的な経験と研究とを用いる。聴衆が作品をまるで彼ら自身のことであるかのように共感し，具象化し，そして／あるいはそのように経験する際，こうした作品は普遍性を獲得する。詩的探究は多岐にわたり，詩をその目的

のために使用するのには説得力のある理由が存在する。『in education』誌の詩的探究に関する特集号の編集後記で，共同編集者であるジョン・ギニー・ヤロップ（John Guiney Yallop）とショーン・ウィーブ（Sean Wiebe）と私は，互いに，詩的探究とは何で，何のために使い，他の ABR 方法論との違いは何であるか，という問いに答えてみた（Guiney Yallop, Wiebe, & Faulkner, 2014）。

あなたにとって詩的探究とは何か

ヤロップ：詩的探究は，私にとっては入口です。もちろん他にも入口はありますが，私にとっては，研究者になるために詩人である自分を呼び覚まさなければなりませんでした（Guiney Yallop, 2005）。あるいは少なくとも，自分のするべき仕事をするために，私がならなければならなかった研究者になりつづけるために。つまり，自分自身のアイデンティティと，そうしたアイデンティティの属するコミュニティを探求するために，詩人を呼び覚まさなければならなかったのです（Guiney Yallop, 2008）。

フォークナー（著者）：詩は，データを提示（表現）し，人間の経験に対する理解を分析したり創出したりする素晴らしい方法だと思っています。散文によるレポートと比較して，より「受け入れられやすく」，力強く，感情的に訴えかけることができ，そして読者にもひらかれた一方的ではないかたちで人間の状況を捉えて描き出す，素晴らしい方法です（Faulkner, 2009）。詩は物事を喚起するように語り，全く現れ出ないような物事を語る方法です。

ウィーブ：詩的探究によって，創造的研究と批判的研究との中間に入っていくことができます。そうした空間は，自己と他者，私と公の双方のつながりが意識されているので，再帰的で批判的です（Guiney Yallop et al., 2014, p. 3）。

詩的探究と他の質的 ABR 方法との違いは何か

ウィーブ：それは，息の長い熟慮された言葉への愛だと思います。Susan Walsh（2012）は，自分の詩的探究のプロセスを，特定の作品の分析や解釈であるよりもむしろ，それらとともに存在すること，そこに生きることであると述べています（p. 273）。さらに，それはそのテクストに耳を傾けること，テクストが望んでいることを探ることをともなうと述べています（p. 274）。Eisner（2005）は，「使おうと選んだメディアの中で考えることを学ぶにつれて，私たちはさらに，そのメディア自体が示唆する疑問を提起することができるようになる」と書いています（p. 181）。私には，それぞれのメディア，それぞれの形態が，その内部に若干異なる考え方を擁しているようにも見えます —— この考え方というのは，その知識を表現しつづけるために方向性をくれるものですが，これは継続的な熟慮なしには見えてこないものです。

フォークナー：詩は，普段はわからないような真実を示すために，経験を具現化します。たとえば，ジェンダー，文化，階級，人種に対する私たちに染みついた考えです。一見自然な仕方でそこにあるものほど，韻文に解きほぐしやすいのです（たとえ

ば，Faulkner, Calafell, & Grimes, 2009）。

ヤロップ：私にとっては，マトリョーシカみたいなものです。詩的探究は，一目，二目
見ただけでは入り込めないような，隠された宝箱，あるいは開けられるのを待っ
ている宝箱の中へ入っていくことです（Guiney Yallop et al., 2014, p. 6）。

　私たち3人が述べたように，研究者は，研究と研究参加者たちに関する自分の示し
たいと思うものを把握するために（Faulkner, 2005, 2006），詩的探究を用いる。研究者が
知識の主張を深めたいと願い，より積極的で，再帰的で，連繋的でありたいと願うとき
（Denzin, 2005; Pelias, 2005; Richardson, 1997），そして，彼らのストーリーが研究参加者の人
生と交錯したとき（Behar, 2008），異なる理解を調停するために（Butler-Kisber, 2012; Leggo,
2008a），そしてより多様な聴衆に届かせるために（Richardson, 2002）詩が使用される。詩
的探究者は，提示方法として，表現として，そして質的データとデータ分析方法として
詩を使うのである（Faulkner, 2012a; Furman, 2006; Witkin, 2007）。多くの詩的探究者が，倫
理的な調査実践の一部として詩を使用する（たとえば，Denzin, 2014）。再帰的な実践と
して詩を使うことは，バイアスと期待が存在することを認識し，研究者と参加者の間に力
の差があることを認めるのに役立つ。「詩によって（…）研究者は（…）―― 観察者，記
録者として ――（研究方法に関わらず）どんな研究者にも唯一可能な方法として，経験
の中へと入っていける。それは誰かを代弁することを想定しているものではないのだ」
（Neilsen, 2008, p. 97）。

社会変化のための詩的探究

　　*私は，批評的な詩的探究者にとっての主要な使命であるソーシャル・ポエトリーに
　　関心がある。彼らの作品は，世界中の公正，人権，正義を支持するものだ。批判的
　　な詩的探究は，調査フィールド内部に積極的な目撃者として関わることを私たちに求
　　める。調査参加者が，正義や，正しい評価，癒やし，よりよい人生を追求することに
　　寄り添う目撃者として参与するよう求めるのである。*

　　　　　　　　　　　　　　　　　　　　　　―― MONICA PRENDERGAST（2015, p. 683）

　詩的探究のもう一つの重要な使い道は，詩によって，人類学的な洞察が提示され，社
会変化と社会正義を提唱すること，そして，サイエンスとアートの間にある誤った分断
に対する気づきを与えることだ。エスノグラフィー的もしくは人類学的詩学は，人類学
的経験によって形づくられるものであり，また詩人がいかにフィールド体験を捉え，詩
を通してそれを再構成するかによって形成されるものである（Behar, 2008; Denzin, 2005）。
エスノグラフィー的詩は，その文化の中で暮らす者と響き合うこと，簡単には答えの出
せない差異と類似について書いて見せること，そして，コミュニティの内部の者と外部
の者との間の緊張関係に参画することによって，特定の文化に対する洞察と，「文化」
という用語の定義とを与えてくれる。González（2002）は，ネイティブアメリカンの精
神生活に非先住民として順応しようとした彼女の3年間のエスノグラフィーの中で，自

分の築き上げた関係性を尊重し，調査参加者が共有してくれたものを歪曲しないための
手段として詩を用いた。これにより，記録した人々の匿名性を確保している。私は，調
査参加者との結びつきを生むために，LGBTQ（レズビアン，ゲイ，バイセクシャル，ト
ランスジェンダー，クィア）のユダヤ系アメリカ人と行ったナラティブ・インタビュー〔調
査参加者へのインタビューによってその語りからデータを取得するもの〕から，詩を創作した。
この詩の創作によって，感情的な反応を刺激し，主題とアイデンティティ理論に関する
自分の詩の分析を通して，タブー視された文化的・宗教的・性的アイデンティティを浮
き彫りにすることができた（Faulkner, 2006）。私のエスノグラフィー的小詩集《Postkarten
aus Deutschland（ドイツからの絵葉書）》では，力と差異の相互交流を示すために，フェ
ミニズムの視点を援用した（Faulkner, 2016b）。私が表現した詩，イメージ，音は，言語
の（誤）習得を通じた他言語の習得と文化に関与することにともなう全身による体験を
表している。一つの言葉を全身体の能力で感じることに注意を向けることで，一つの言
葉と文化を学ぶことの意味と身体化の概念とに焦点を当てた。言葉のわからないときに
その人の「目」から理解すること，ライン川に沿って走ったこと，公共交通機関に乗り，
食事を注文し，休日やいつもの活動の予定を練ったこと，男性配偶者と幼稚園児と暮ら
す中年白人女性として旅をすること，これらに注意を向けて，学ぶとはどういうことか
を示した。個人的なエスノグラフィー的詩を書くことによって，差異に橋を架けるため
にエスノグラフィーをどのように利用できるかがよくわかる（Faulkner, 2009）。

　詩は，「私たちの人生の本質を提示し，単なる体験の具体化以上のものになる。（…）
詩は自分自身を新鮮に，そして鋭く見ることを可能にし，見えていなかった世界を可視
化してくれる」（Parini, 2008, p. 181）。だから，詩は力強い。詩は，私たちが生きたいよう
に自分の人生を形づくることを助けてくれるのだ。社会正義を主張するために必要な物
語をつくり，それを伝えるのである（Denzin, 2014）。Hartnett（2003）の刑務所における
調査ポエトリーは，アクティビズムに参加することで社会正義を表現し，学問，批評的
エスノグラフィー，自伝，政治学とを結合させている。ここでの詩は，受刑者が書い
た詩や，重要な読書背景の参照となる詩，そして，パラフレーズされた会話と，受刑者
と看守と匿名の誰かによる直接脚注引用が付された，断片的自己と自己再生の詩である。
こうした詩は，刑務所における日々の生活の体験を表し，より広範な文化的・歴史的・
政治的条件と関わりを持つ手段なのである。私は学術界でのセクシュアルハラスメン
トを検証する方法として，ポップカルチャーのキャラクターであるハローキティ（Hello
Kitty）についての「データポエム」を使用した（Faulkner et al., 2009）。ハラスメント経験
を表現・分析するために，また聴衆を参加者かつ「共同発見者」としてこの設定に参
加させることでハラスメントの継続的な正常化を批判するために，自分の研究日誌に
こうした詩を書きとめた。《教授のドアの前を通り過ぎるとき，ハローキティは彼の気
味の悪い詩に唾を吐く（When She Passes by Her Professor's Door, Hello Kitty Spits on His Creepy
Poetry）》という詩は，こうした目的を表現している（Faulkner, 2012b）。

教授のドアの前を通り過ぎるとき，ハローキティは彼の気味の悪い詩に唾を吐く
　あるいは彼女は，口内形成手術をやりきっただろう。前学期でとったフェミニズ

ムの授業が執刀医の部屋で彼女の脊髄を緩めた。自分を大きな母猫の顎にぶらさがるいたずらな仔猫のように感じ，何の変わりばえもなかった。H.K. のクラスメートはため息をついた。*実際，口無しでいることは*，私たちの最終プロジェクトよりも――アメフトの練習室の外で口に粘着テープを貼って男性言語に抗議するよりも，ミュートグループ理論〔周縁化された人々が，言葉の使用を通して排除され沈黙させられるとする理論〕を正当化するんだ，と。それでも，教授の書いた死んだ猫への哀歌，めそめそしている親族へのソネット，正しい英語を話すためのソネットの前を通り過ぎるとき，彼女はもつれた毛玉が喉のうしろにせりあがってくるのを感じる。怒りを露わにするどうしようもない咳と，気のめいるインクを紙から削れるはずのやすりのような舌を感じる。H.K. は欲求と闘っている。テープの貼られたくずみたいな行を消して，自分のしっぽに教授が椅子を押しつけるのをやめさせる言葉を発してしまいたいと闘っている。

心揺さぶる詩を用いることで，読者の心と響き合うだろう。つらい人間関係の「心揺さぶる仲介者」として詩を味わい，読者は自分の物語を理解し，語れるだろう。
―― LES TODRES & KATHLEEN T. GALVIN（2008, p. 571）

　相対的構造に焦点を当てる透明性の高い非人称の科学的記述とは反対に，詩は，個別詳細なものに目を向けることで書かれたものを引き立たせる（Richardson, 1997）。レゴ（Leggo, 2008a, 2008b）は，学術界の内外で支配的な言説に挑むべく，社会科学研究と人文科学の交差するところで詩を書いている。「すべては言葉で構築されている。私たちの経験はすべて，認識論的にも存在論的にも，言葉で，自分と他者の言葉で構成され，理解されている」（Leggo, 2008a, p. 166）ことを，彼の詩は読者に思い出させる。Brady（2004）は詩を使うことで，エスノグラフィー的洞察の透明性を高め，西洋的見識を批判する。そして常に自分の仕事を文脈の中で捉えることによって，経験を語るには言葉は限界があることを詩で表現している。

手法としての詩

詩人は，人間科学者である。　　――CARL LEGGO（2008a, p. 165, 強調は原文まま）

　多くの詩人の詩制作におけるインスピレーションと源泉は，ABR の研究者にとっての詩の利用とその熟考に似ており，人文科学と社会科学の誤った分断を取り除くものである（Faulkner, 2012c）。さらに，多くの ABR の研究者は詩人でもあり，詩人−研究者，研究詩人，あるいは単に，詩作によって研究を行う詩人だと言いたい。プロセスを重視して手作業を行うときにも似たようなものが見受けられる。現実を探究し，新しいものを創造し，通常の考え方を中断して，具現化された経験をつくりだすのである。詩人であり批評家であり，そしてブロガーである Karen Craigo（March 23, 2016）は，次のよ

うに考える。「詩を書くことは，人間を中心に据え，人間を高めることである。それは，静観する精神をつくりだし，世界に価値を加える。たとえひどい詩であっても，ある意味では，よい詩である」。詩は，具現化された体験から理論がどのように生じるかを実証するべく，研究者を自らの身体に戻してくれるのである。「科学は，ごく普通のリアリティを与えてはくれない。私たちが住むこの世界は，自分の感覚と文化的にプログラムされた知性を通して生きられるものである」（Brady, 2004, pp. 624, 632）。

詩的探究の実践

いい詩には，自分が今まで持っていなかった洞察を与えてくれるような何かがある。情緒的に関わるよう誘い，世界を見直すことを迫る。私たちは，アートの中で，詩の中で，見ることを学ぶのだ。
　　　　　　　　　　　　　　　　　　　　　—— RUTH, 詩人（Faulkner, 2009, p. 46）

　詩を使うことを考慮する際，解決する必要のある方法論的問題の一つは，いつ，そしてどのように調査に詩を使うか，ということである。Sullivan（2009）は，作品の中の詩的な要素はどこか，詩的だと呼べるような改行や余白に頼らずに，具体性，声，感情，曖昧表現，連想論理を考えるべきはどのようなときなのかを考慮するよう研究者に勧めている。「読者が，詩人の具現化したい感情を経験できるのだとしたら，そもそも，そうした感情に引き込む事象が詩の中に書き込まれている必要がある」（p. 118）。研究プロジェクトの一部として書いたすべての詩を出版する必要はない。たとえば，従来の社会科学が行ってきたことを補完するように，データ分析と再帰的な実践のための一つの手段として詩を使うことができる。Kusserow（2008）は，エスノグラフィー的詩を，「激しい観照」と「現実らしさと繊細さの層をはぎ取る」（p. 75）手腕によって，厚みのある描写が可能となる方法だとみている。「詩とデータ収集は，（私にとって）相互に参考になるものだ。詩を書く行為は，フィールドノーツに関する深い観照であり，それによって自分の観察したすべての微細な点に集中しようとした」（p. 74）。再帰的な詩を書くことは，研究者に，より焦点の定まった疑問，考えたこともないような疑問を投げかけてくれるのである。

　詩の中で研究や史学的作業，記録作業をする研究者は，真理，表象，美学，研究者倫理，声といったものに対する関心を取り上げてきた（Faulkner, 2009）。これらの関心を提起する方法には，脚注や巻末注の使用（Faulkner, 2016c），コンテクストと理論の明示や，詩を取り巻く方法論的注釈によって複層化されたテクスト（Faulkner et al., 2009），再帰的な詩（Faulkner, 2016a），アルス・ポエティカ（詩論：Faulkner, 2007），時に単なる詩（Faulkner, 2007）の利用が挙げられる。Prendergast（2009）は，自身の詩的探究に関する注釈付文献目録で，研究者が詩を利用する方法を3つ説明している。文学的声としての詩（vox theoria），研究者の声としての詩（vox autobiographia/autoethnographia），および参加者の声としての詩（vox participare）の3つである。2009年改訂版の詩的探究文献目録の彼女の分析では（Prendergast, 2015, p. 683），さらなる使用方法が追加されている。自己・執筆・方法としての詩作に関する詩（vox theoria/vox poetica），公平・平等・社会正義・

階級・自由についての詩（vox justitia），自己および参加者のジェンダー・人種・セクシュアリティを探究する詩（vox identitatis），ケア・看護・看護者および患者の体験の詩（vox custodia），そして，子育て・家族・宗教の詩（vox procreator）である。さまざまな詩形式と，そうした詩を研究者が利用する方法についての議論を通して，**詩的探究の方法**を提示したい。それは，トランスクリプション・ポエトリー／ファウンド・ポエトリー，叙情詩，ナラティブ・ポエトリー，詩集，長編詩，連作詩，および共作詩である。

詩的トランスクリプション／ファウンド・ポエトリー

「詩的トランスクリプション」は，表現と分析のために調査で詩を利用する方法である。参加者の話し方と世界観をより忠実に表現する方法として（Madison, 1991, 2004），自分の物語の構築の仕方を示す方法として（Richardson, 2002），そして，参加者が物語の所有者になれる方法として（Calafell, 2004），詩的トランスクリプションが使われることがある。この方法は，もともとフェミニストと非白人女性たちの肉体論に関する研究から始まったものである（Madison, 2005）。インタビュー記録における特定の言葉を強調し，参加者の物語を表現する際にその言葉を使うことは，詩的トランスクリプションの使い方の典型例である（例：Butler-Kisber, 2002）。研究者の中には，インタビューを散文で書き起こさずに，詩的な記述でこれをつくる者もいる。「文字通りの言葉と同じように音も音声ナラティブをつくり上げるのであり，音だけで意味が決定される瞬間は多くある」（Madison, 1991, p. 32）。ページにおける文字の配置は，私たちの声のリズムのようであり，私たちが社会歴史的存在であることを示し，生来的なふるまいの深部にあるものを捉えるのである（Madison, 1991）。たとえば，Calafell（2004）は，米国南部のラテン系移民におけるチカーナ／ノ〔メキシコ系アメリカ人。チカーナは女性形，チカーノは男性形〕・アイデンティティの調査で，従来の書き起こしではなく詩的トランスクリプションを用いた。これにより，口述性を優先し，歴史的に周縁化されてきた文化における意味，語りのリズム，言葉の選択を強調している。また，インタビューにおける主題分析を行うために，研究者は時に，言葉の繰り返しやフレーズ，言語の特定の使い方に注目する（Butler-Kisber, 2002）。Walsh（2006）はその過程を，特定のフレーズや一節を雑誌や新聞，リスト，メールのやりとりから引用して創作する「ファウンド・ポエトリー」になぞらえる。余白や改行も含めて，詩は，一行一行への細心の注意からつくられる。ファウンド・ポエムは，詩的装置としての言語，音，視覚を通して，反応を呼ぶことを目的に生まれるものである（Padgett, 1987）。ファウンド・ポエトリーを使うことで，つぶさにデータを扱うことができ，データと研究者との新たな関係性によって異なる洞察すら可能となる（Butler-Kisber, 2002）。ファウンド・ポエトリーは，学術的まなざしの中で部分的に，あるいは完全に沈黙させられることもある参加者の声と経験を表現する方法となりうる（Bhattacharya, 2008）。

Rubyと筆者は（Faulkner & Ruby, 2015），詩的トランスクリプション／ファウンド・ポエトリーを，メールの言説に関する詩の共作プロジェクトに使用した。これは，私たちの関係性の「データ」を親密なものにし，その関係性を使って，直截的な散文表現以上

254 ｜ 第Ⅱ部 文学のジャンル

にさまざまな洞察がもたらされた。私たちは，*反復表現や強力な言葉やフレーズ*に注視することで，相反する言説や，データの中の対話的緊張の分析を示そうと，ファウンド・ポエム／詩的トランスクリプションを組み立てた。表記法と，詩的トランスクリプション構築のために使用した元のデータの例として，**図 12.1**《バドワイザー 1 パック持って行ったほうがいい？（Should I bring a 6 pack of bud?)》を見ていただきたい。ここには，メールのやりとりにおけるリズム，感覚，感情的共鳴を維持するために，いかに私たちが詩的トランスクリプションを使っているかが表れている。

バドワイザー 1 パック持って行ったほうがいい？

From: pdRuby	差出人：pdRuby
To: SF	宛先：SF
8/16/01	2001 年 8 月 16 日
09:07 AM	午前 9 時 7 分

Subject: Re: date	*件名：Re: 日付*
i have a cooler. don't dare ask for tofu	クーラーは持ってるけど，豆腐は持ってないからね。
my heart or hummus at the snack stand.	スナックスタンドでわたしの心を買おうかフムスを買おうか。
watch me. feel that I want you.	わたしを見て。わたしがあなたを望んでることを感じてほしい。
want you like you are. what does this have to do with sandra?	あなたのとおりであってほしいの。これはサンドラと何の関係があるの？

From: SF	差出人：SF
To: pdRuby	宛先：pdRuby
Subject: Re: bud?	件名：Re：バド？

The vile watered down	卑しいものは弱くなった
horse piss enigma	まっずいビールの謎
most people like,	たいていの人間は好きだけど，
your tongue becomes numb	あなたの舌は麻痺する
when you drink.	酔っぱらうと。
I shamed my roommate out	私はルームメイトに
of drinking BUD light.	バドワイザーライトを飲むのをやめさせた。
I am bad. Don't call me girl.	私は悪いの。女子って呼ばないで。

From: pdRuby	差出人：pdRuby

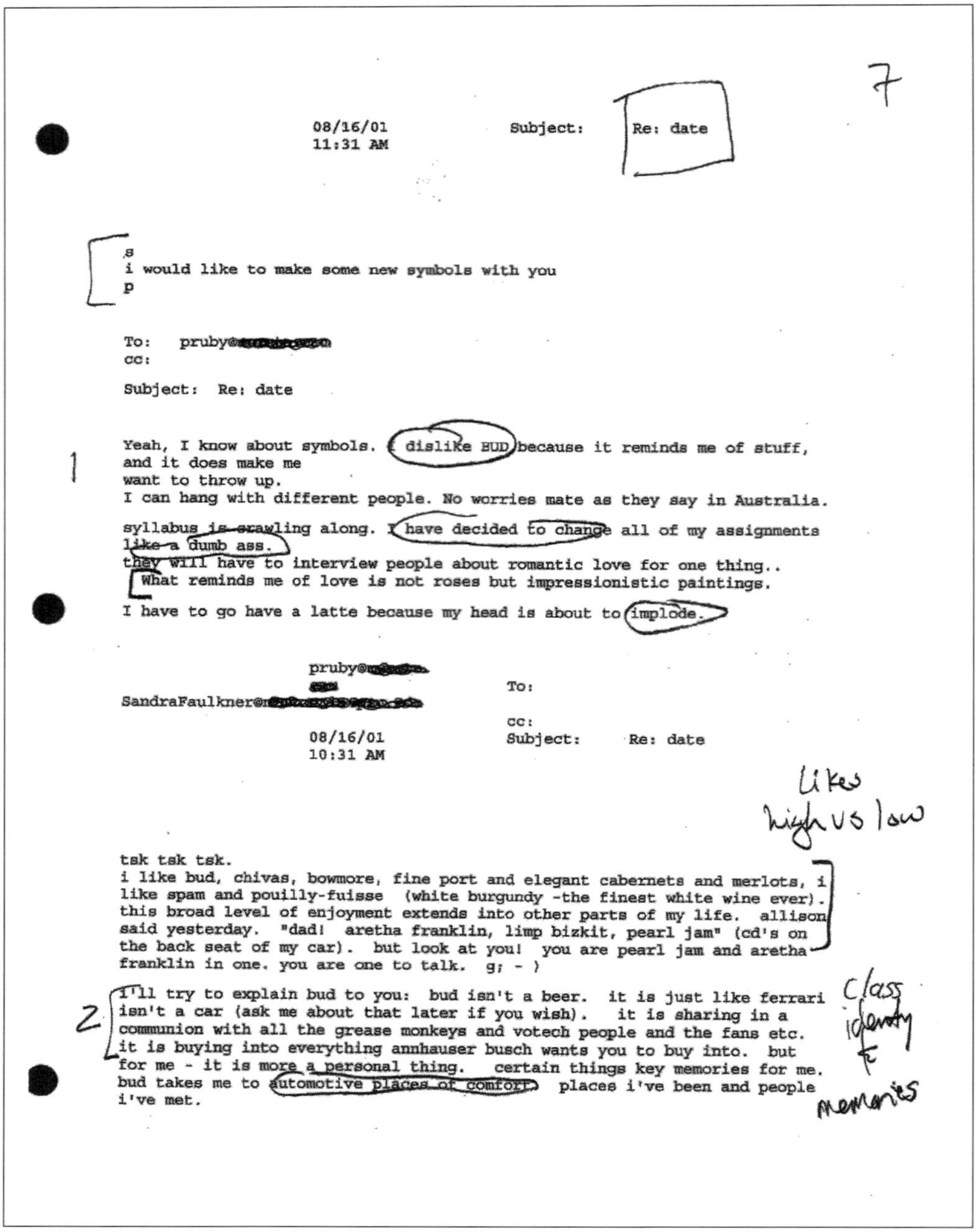

08/16/01
11:31 AM   Subject: Re: date

,s
i would like to make some new symbols with you
p

To: pruby@
cc:

Subject: Re: date

Yeah, I know about symbols. i dislike BUD because it reminds me of stuff, and it does make me
want to throw up.
I can hang with different people. No worries mate as they say in Australia.

syllabus is crawling along. I have decided to change all of my assignments like a dumb ass.
they will have to interview people about romantic love for one thing..
What reminds me of love is not roses but impressionistic paintings.

I have to go have a latte because my head is about to implode.

pruby@
SandraFaulkner@   To:
                               cc:
08/16/01   Subject: Re: date
10:31 AM

likes
high vs low

tsk tsk tsk.
i like bud, chivas, bowmore, fine port and elegant cabernets and merlots, i
like spam and pouilly-fuisse (white burgundy -the finest white wine ever).
this broad level of enjoyment extends into other parts of my life. allison
said yesterday. "dad! aretha franklin, limp bizkit, pearl jam" (cd's on
the back seat of my car). but look at you! you are pearl jam and aretha
franklin in one. you are one to talk. g; -)

i'll try to explain bud to you: bud isn't a beer. it is just like ferrari
isn't a car (ask me about that later if you wish). it is sharing in a
communion with all the grease monkeys and votech people and the fans etc.
it is buying into everything annhauser busch wants you to buy into. but
for me - it is more a personal thing.   certain things key memories for me.
bud takes me to automotive places of comfort. places i've been and people
i've met.

Class identity

memories

図 12.1　詩的トランスクリプションの例

	08/16/01	Subject:	Re: date
	11:31 AM		

s

i would like to make some new symbols with you　新しいシンボルを一緒につくりたい

p

To: pruby@*********

cc:

Subject:　　Re: date

うん，シンボルについては知ってる。バドワイザーが嫌い。だってがらくたを思い出すから。それに，飲むと
吐きたくなる。
いろんな人と付き合うことはできる。気にすんなよ，とオーストラリア人が言うように。

シラバスが忍びよってきてる。課題をぜんぶ変えることにした。
大馬鹿野郎みたいに。
みんな，ひとつのものへのロマンティックな恋愛についてインタビューすることになる。
　愛で思い出すのは，薔薇じゃなくて，印象派の絵画。

頭が破裂しそうだからラテを買いに行かなくちゃ。

	pruby@*******		
	***	To:	
SandraFaulkner@***********			
	08/16/01	cc:	
	10:31 AM	Subject:　　Re: date	

ちぇっちぇっちぇ。
バドと，シーバスと，ボウモアと，いいポートワイン，優雅なカベルネとメルローが好きだな。スパムとプイィ・フュイッセ（ブルゴーニュの白。史上最高の白ワイン）が好きだ。これだけの楽しみは，僕の人生のほかの部分にも広がっていく。アリソンが昨日言ってた。「お父さん！　アレサ・フランクリン，リンプ・ビズキット，パール・ジャム（車のバックシートに置いてる CD）。でも見て！　お父さんは一人でパール・ジャムとアレサ・フランクリンだよ。お父さんが話し相手。g;-」

バドについて説明するよ。バドはビールじゃない。それは，フェラーリが車じゃないみたいなものだ（聞きたければあとで聞いてくれ）。自動車整備工とか職専校の人たちとかそのファンとか，みんなの間で共有されているんだ。アンハイザー・ブッシュ〔バドワイザーを販売するアメリカの大手ビールメーカー〕が株を買い込んでほしいがためのすべてを抱え込んでる。でも私にとってはもっと個人的なことだ。確かなこと，重要な記憶だ。バドは自動的快適環境に連れていってくれる，これまでいた居心地のいい場所とこれまで出会った人たちのところへ。

図 12.1 の訳

To: SF	宛先：SF
Re: ooo	件名：ooo

you are a dream girl, the phd lady?	君は夢見る女の子だ，博士課程のレディー？
the one that tells lesbian jokes	レズビアンジョークを語る者
firegirl—whiskey straight from the bottle.	ファイアーガールだ ── ボトルから
	ウィスキーを直飲みするんだ
yes i remember. tsk tsk tsk	そう，覚えている。ちぇっちぇっちぇっ
bud isn't a beer like ferrari isn't a car,	フェラーリが車じゃないように，
	バドもビールじゃない。
it is a personal thing	個人的なもの
with all the grease monkeys and votech fans,	自動車整備工と職専校のファンたちといっしょに
it takes me to automotive places of comfort	自動的快適空間へ連れて行ってくれる
i like spam and pouilly-fuisse	スパムとプイィ・フュイッセが好きだ
buying into Anheuser-Busch	アンハイザー・ブッシュの株を買うこと
chivas and key memories:	シーバスと重要な記憶：
bring a 6 pack	6本入りを持ってきてくれ

To: pdRuby	宛先：pdRuby
From: SF	差出人：SF
11:36 AM	午前11時36分

I know symbols,	シンボルを知ってる，
dislike bud as a reminder	バドが嫌いなのは，思い出させるから
that my latte will implode.	私のラテが破裂するのを。
My assignments: interview people about love,	私の課題：愛について人々にインタビューすること，
not roses but impressionistic paintings	薔薇じゃなくて印象派絵画
what reminds me to throw up.	吐きたくなるのを思い出させるもの。

叙情詩

　叙情詩は，自己と他者の距離がぼやけ，他者が「エピソード，エピファニー，不遇，喜び」（Richardson, 1997, p. 183）を経験し，感じられるように，体験を表現するものである。その目的は，主観的気分と感情の瞬間を重視することにある。「他の人たちがそれを経験し，感じられるように，実際の経験を捉えて，それらの経験 ── エピソー

ド，エピファニー，不遇，喜びといった——を表現する」（Richardson, 1997, p. 183）のである。つまり叙情詩には，規範的なエスノグラフィー的論述ではできないような，エスノグラフィー的理解を示せる可能性がある。一つの叙情詩は，さまざまな感情を具体化し，そうして創造された体験を聴衆に対して伝え直すために，空想やリズム，音，配置によって構築されたものである。Neilsen（2008）によれば，叙情詩による探究は，言語の詩的機能および「美的著述とは探究である」という考えに重点を置いていて，倫理的関与を通して，知る者と知られる者の関係をつくり上げることを目的としている。「読者は，他者の世界との共鳴を手に入れる」（p. 96）。「私たちは研究者として学者として，仕事において今まで以上に地域通貨を必要としているのに，なぜ，見せることや想像することよりも，話すことに固執しつづけるのか」（p. 99）と彼女は問う。

物語

ナラティブ・ポエトリーは，ストーリーテリングに関心をおいた詩を指す。物語的材料を使うことは，とりわけ，これが研究者の人生と関係するときに，聴衆とより強いつながりの感覚，すなわち，経験の普遍性をもたらす。Krizek（2003）は，参加者の物語が研究者の個人的歴史と交わる場合，その作品に研究者の経験が含まれることを支持している。韻文による家族の物語をテーマにした私の研究プロジェクト（Faulkner, 2014b）から例を引けば，会話体詩《Eating Dinner（夕飯を食べて）》は，研究者に焦点を当てた物語詩の混入を表している。

銃@朝食（Guns @ Breakfast）

Mimi: Can I stay home? I don't wanta
　　　go to school today.

ミミ：家にいていい？　今日は学校に
　　　行きたくない。

Mom: No. Mom and Dad have to work.
　　　Though, we could leave Buddy
　　　in charge, and you could stay here.

ママ：ダメ。ママとパパは仕事に行かなきゃ
　　　いけないの。まあ，バディーを残して
　　　いけるけど。そしたらここにいてい
　　　いわ。

Mimi: He's not a human.

ミミ：バディーは人間じゃないよ。

Mom: True, but he would tell you
　　　if anyone was outside.

ママ：確かに。でも，誰かが外に来たら
　　　教えてくれるでしょ。

Mimi: He would bark at strangers.

ミミ：知らない人たちに吠えるよね。

Mom: We'd lock the door, and then
　　　you would know not to answer it.

ママ：ドアにカギをかけていくから，
　　　誰か来ても出なくていいでしょ。

Mimi: But what if they broke the door
　　　down? I would run away.
　　　I would take a sword and stab them.
　　　But they would have a gun.

ミミ：でも，もしその人たちがドアを壊し
　　　たら？　そしたら私逃げる。
　　　剣をとって刺してやる。
　　　でも，やつらは銃を持ってるかもね。

私は，自分自身も含めた多世代にわたる女性の物語に関するプロジェクトに，弁証法を組み込む方法として会話体詩に分類されるものを書いたが，これはいわば二者両択の，双方ともに声を与えるためである。

　詩の基本となる参加者および自己のナラティブの使用は，私たちの思考やふるまい，経験に対する窓となり，いかに私たちが自分たちの文化と社会的世界を理解しているか，いかに私たちが一貫性を保とうとしているかを考察し，アイデンティティを検証する方法なのである（McAdams, 1993）。詩は，物語る道具，人生に近づく方法として使うことができる。語りの言葉を用いることで，環境の制約や倫理的複雑性，複数の自己を表すことができるのである（Riessman, 1993）。

小詩集，長編詩，連詩

　小詩集，連詩，詩編群と長編詩は，質的調査に適している（Butler-Kisber, 2012; Faulkner, 2016b）。小詩集は DIY 文化の一部として，当初より，政治的活動のための媒体であり，アヴァンギャルドな新しい作家の受け皿となってきた。多くの小詩集は手作りで，カッターで切った厚紙を，手縫いとリボンで綴じてある。様式や形式も自分好みの自己完結した小冊子である。小詩集は，たいてい 40 ページ以下で，ハローキティや家族のトラウマといった（例：Faulkner, 2012b, 2015）特定のテーマのもとに編まれている。こうした冊子は，かつては読者の民主的手段だったが，そこから，書き手のための民主的生産手段へと変化してきた（Miller, 2005）。Gordon（2007, para. 11）は，『Jacket』誌で，詩人のための小詩集の力と魅力について述べている。

　　　現状における小詩集は，詩人が社会経済空間の支配的パラダイムを避けつつ，その想像を人と共有できる人生へと導いてくれる。短い詩の連なりで構成されていようと，あるいは一つの長編作品であろうと，小詩集は，読者の注意に瞬間的に刻み込むには，詩にとってこの上ない媒体である。

　小詩集《Postkarten aus Deutschland》で，私はエスノグラフィー的詩と，自作のポストカードを使って，ドイツ語表現に関する 3 ヵ月半のフェミニスト・エスノグラフィーを描いている（Faulkner, 2016b）。この小詩集の中では，力と差異の相互作用を表すために，フェミニズムを使った。私の表現した詩と絵は，外国語を学び，その（誤）習得を通じた文化活動の全身による体験を表している。一つの言葉を全身体の能力で感じることに注意を向けることで，一つの言葉と文化を学ぶことの意味と身体化の概念とに焦点を当てた。言葉がよくわからないときにその人の「目」から理解することや，ライン川沿いを走ったこと，公共交通機関に乗り，食事を注文し，休日やいつもの活動の予定を練ったこと，そして，幼稚園児と男性配偶者のいる中年の白人女性として旅をすること，そうした体験である。

　『Family Stories, Poetry, and Women's Work: Knit Four, Frog One（家族の物語，詩，そして女性の仕事）』（Faulkner, 2014b）は，家族間コミュニケーションの調査に，連詩を使用

260　第II部　文学のジャンル

した一例である。家族の物語や，母娘関係，女性の仕事，子育て，執筆，家族の秘密，
身近な関係にあるコミュニケーション・パターンといったものについての，さまざまな
形式の詩（たとえば，コラージュ，自由詩，会話体詩，ソネット）が，収集したものに弁証法
的思考を組み入れることを助けてくれた。家庭の中で女性であるとはどういうことかを
詳述することで，詩と身近な関係性とを明確につなげている。そして，複数の声——
娘，母，祖母の——を通して，女性の重要な仕事としての関係性の構築を表現している。
この批判的筆記は，個人的経験を具現化するとともに，白人・中流・高学歴のフェミニ
スト女性にとって，子育てとは何かを説明し，反論し，より広い文化的構造と関連づけ
ている。詩は，これらの問題を解決するのではなく，それ自体に注意を向けようとする
ことを目的としている。女性の仕事や子育てとその関係性をめぐって当然とされている
文化的言説に，こうした個々の家庭の親しい関係性を利用することでいかに疑義を提示
できるかを示すため，詩を活用しているのである。

　別れに関する連詩の中で，私は，4段階の分析過程を経て詩的分析を行ったが
(Faulkner, 2012b)，これには，オートエスノグラフィー・ポエトリーと，関係解消に関連
した個人間コミュニケーションの調査文献をデータとして使って，パフォーマンス・ポ
エムをつくった。まず，関係解消に関する9つの詩を主題分析に用いた。いくつかの詩
は，メール交換，個人的会話，私が「ファウンド・ポエム」に分類するもので構成され
た日記で構築されている。これらの詩を幾度も読み返し，当初の詩に対する印象や，特
徴的な言葉やフレーズを，主題を特定するために記録していった。次に，その主題を関
係解消に関する文献に関連づけていく。第三に，Duck（2011）の分析プロセスモデルを
使って詩と主題分析とを対比する。Duck のモデルは，Pelias（2011）著の『Leaning: A
Poetics of Personal Relations（学び：私的関係の詩）』のある章で述べられていることに類
似している。Pelias は当該章で，別れに関する連詩のための足場（スキャフォールディン
グ）として，Knapp と Vangelisti（2005）が提示した関係解消の段階を援用している。第
四に，主題と詩を，《Frogging It（フロッギング・イット）》と題したパフォーマンス・ポ
エムに落とし込んだ。この詩の目的は，関係性における個人が，いかに一連の属性とし
てではなく，活性化因子として関係性の構造の中に存在しているかを示すことである。

共作

　詩的探究を行う研究者の中には，詩人と学際的コラボレーションをしている者もいる。
互いに働きかけ合い，相手のメンターとなり，研究者のデータ分析から詩を書いたりす
る。私は，Guiney Yallop, Wiebe と Honein と共に（2017），一連のヴィラネル〔19行，2
種の脚韻から成る詩形〕を創作するために，家庭をテーマに「優美な死骸」ゲームを行っ
た。このゲームはパリのシュルレアリスムに由来し，通常の心的習慣の反転を目的とし
て，ユニークな創造のために共同アート作品を生み出すものである（例：www.poets.org/
poetsorg/text/play-exquisite-corpse）。通常のルールでは，驚きをとっておくために各人は他
のプレイヤーの書いたものを見ない。プレイヤーは，テーマと決まった形式を設けたい
かどうか，作品を伏せておきたいかどうかを決める。私たちの場合は，家庭に関する

第 12 章　詩的探究　261

（たとえば，結婚，愛，子ども）3行連句を毎週月曜日にメールで送り合い，その後，その4つの3行連句に対する4行連句を創作し，結果的に5つの共作のヴィラネルをつくった。詩をデータ分析に使用した研究の中で，Furman, Langer, Davis, Gallardo と Kulkarni（2007）は，詩の文脈上の世界観と，青年期アイデンティティとその発展における主体を捉えるべく，4段階を踏んでいる。初めに，一人の著者が自伝詩を書き，他の著者がその詩を研究のための短歌（日本の詩形式）創作のデータとして使用する。研究のための短歌は，最初の詩の印象の記録や，主題特定のための詩の再読，二項対立の検証，当初の詩における特徴的な言葉とフレーズの発見と，そうした言葉を文章へと組み立てることで構築された。続いて，3番目の著者が最初の詩と，研究のための短歌を，グラウンデッドセオリー〔取得したデータ分析による理論化を目的とする質的社会調査の一手法〕を使って分析した。この理論分析で，詩に使われた動作語とメッセージの意味について熟考するのである。最後に，3番目と4番目の著者がこのグラウンデッドセオリーの分析と最初の詩に対する返答詩を書いた。分析者としての研究チーム活動は，バイアスを最小化するのを助け，自己省察を促し，深い理解へと導く環境を整えるのではないか，と彼らは主張する。Witkin（2007）は，「リレーショナル・ポエトリー」と呼ばれるプロセスについて述べている。このプロセスでは，一人の詩人が別の詩を書くことによって，フリースタンディング・ポエムに返答し，次に，単独の詩以上の異なる何かを生み出すために，最初と2番目の詩から拾った文を織り交ぜて第三の詩を書く。詩があり，返答詩があり，そして，相互作用による詩があるのである。

規準となる問い

　　それなりに愉快で素晴らしい効果的な詩はたくさんあるが，真によい詩は，危険なビジネスである。　　　　　　　　　　　　　　　　　―― PHIL，詩人（Faulkner, 2009, p. 45）

　私たちは詩をどう理解しているのか，詩的探究を用いたプロセスに関する重要な議論を見ていこう。詩は私たちの研究にどのように情報を与え，質の高い詩的探究というリスクのあるビジネスにどのように学術的に乗り出すことになるのだろうか（Faulkner, 2009; Percer, 2002）。私たちは，研究活動を，研究仲間に提出するだけでなく，詩人の精査にもかけなければならない。つまり，研究としての詩／研究における詩の認識論的および美学的次元に注意を向けなければならないのである。Gingrich-Philbrook（2005）は，オートエスノグラフィーとパフォーマンスにおける実践と技術に関する論考で，知識と美学との間の板挟みを認めている。「詩を学ぶ真面目な学生なら，（…）オートエスノグラフィーのメタ方法論に関する話題では，メタ詩学言説が不足していて，そうした研究の広範囲にわたって消去されているものがあるとすぐに気がつく（…）オートエスノグラフィーを書く者は，オートエスノグラフィー・ポエトリーのリスクと恩恵に関するさまざまな詩，ムーブメント，会話，矛盾，あるいは議論が詩人たちの間にあることを（…）めったに認識していない」（p. 308）。詩的探究の力は，美学的関心と認識論的関

心の間の弁証法に乗り出してみればわかる。Strand と Boland（2000）は，「よい詩とは，どんな主題であろうと超えていける抒情的特徴を持っている。そうした詩には声があり，その声の構成，発声の想像された音の集合は，詩が存在するための真の出来事となる」（p. xxiv）と考える。Percer（2002）が「技巧に関する考えが探求され，実行され，そして開示されたとき，最も効果的に評価することができる」（para. 19）と述べるように，美と機能とを考えることができる。詩的探究者は，ライティングのためのワークショップや授業，詩の読解研究に加えて，アルス・ポエティカ（つまり詩論）と詩の評価規準をつくり，それを使用することについて*積極的に議論に参加*することもあるだろう。

技巧の実演としてのアルス・ポエティカ

アルス・ポエティカ，すなわち詩論は，ポエトリー・ライティングの技巧と美学を学生に紹介するためにしばしば使われるものである。詩人は，彼らにとって詩とは何か，自身の美学とプロセスについて表明や定義のかたちで説明するが，散文形式のこともあれば，ほとんどは芸術を説明した詩によって表現する。アルス・ポエティカについて書き，検証することは，詩学を表現し，詩的記述を実践する一つの方法なのである。Wiegers（2003）は，詩についての詩を書くことは，矛盾しているように見えるかもしれないが，これは重要な伝統でもあるという。「詩人は，詩を書くことに命を吹き込み，読者はそれを読むことに命を吹き込む。この過程を通して，アルス・ポエティカ，詩についての詩は，それがまさしく呼ぶところの芸術（アルス）を維持するのを助けてきた」（pp. xiv-xv）。

さまざまな詩人によるアルス・ポエティカの研究を見ると，書くこととは，鍛錬と根気と，技巧にきわめて高い集中力を傾けることであるようだ。詩的技巧への留意とは，イメージ，詩行，レトリック，隠喩と直喩，音韻，声，感情，物語，そして文法に留意することである。詩人は，強調したり，速度の上げ下げに気を配ったり，期待に応えたり裏切ったり，緊張と緩和を生み出すために詩行を駆使する。「詩行は，一篇の詩がつかの間現出するときの，私たちの経験を決定づけるものである。そのイントネーションの制御は，成功と同じくらいに阻止もされやすいがために，感動への期待を生む」（Longenbach, 2004, p. 21）。詩人は，私たちの理解とつながりを拡大し，深めるために，隠喩と直喩を使いこなす（Addonizio & Laux, 1997）。詩的技巧に関する重要な点は，技術は実践と改訂をともない，いつ自分の作品を「有害言語廃棄所」（Addonizio & Laux, 1997）へ送ればいいかを知っている必要があるということだ。この理解に基づいて，私自身の美学的感覚を披瀝する直近の私のアルス・ポエティカを紹介する。ここには，美学的感覚が私の詩作とその利用にどれほど関わっているかが表れている。

中年のアルス・ポエティカ

私は，だめな社会科学者だからこそ，詩を書く。私は社会科学よりも詩的真実を信じている。大文字の T によって強調される真理（Truth）。私は私的関係を研究しているし，「送互関係（relation-shipping）」に一番興味がある。それがどんなふうに機能するかより，どんな感じがしてどんな音がするか，どんな匂いがするか。磁気を帯びた反響の波のよ

うにさざ波打つ詩を思い浮かべる。私たちの関係の物語を映し出すスキャナーを思い浮かべる。詩は波になる。詩は関係性が血を流しているのを見せてくれる。内部から血を流し，理論の整った原理の外へと溢れ出しているのを。詩は，私たちが読むとき，聴くとき，次の行を待つまでのあいだ息を止めるとき，社会の構築と破裂とを**あるがままに**体験させる。詩は慰めだ。詩によって私は，引用のしっかりとしたマントを享受し，親しい関係を研究することの中に批判的考察と私的経験の両方のための場所がありうると主張できる。詩は，社会科学になる。

とりわけ詩は，私をよりよい社会科学者にしてくれる。私は，他の方法では言及できない詩行によって，物事を述べることができるのである。人生についてもっと考えてみてほしい。いかに社会構造があなたの経験を組み立てているかを，批判してほしい。詩は，普段明らかではない真実を見せ，読者を誘い，力づけるような経験を表現する。ジェンダーや文化，階級，人種に関する私たちの深くしみついた思考，見たところ普通のあり方は，韻律で簡単にほどけていく。詩人 Jay Parini（ジェイ・パリーニ，2008）が書いているように，「経験を伝えるのに適切な言葉として，私たちは詩によって，関心事を物理化，有形化，現前化するような方法で詳述できる」（p. 25）。詩は，私にさまざまな意義を示してくれる。人々の物語と，いかにそうした物語が意義深い人生となるかに興味を抱く者である私にとって，最も理にかなったものである。

詩論は，詩的規準を議論するとっかかりを与える。研究者の目的を検討し，アルス・ポエティカによる詩的技巧を考察することで，こうした規準が見えてくる。自分のアルス・ポエティカ（詩論）を書くための入口は，他の詩人の作品とアルス・ポエティカを読み，研究し，借用することである。これが自分の詩的技巧の概念化を定義し，洗練させ，検証することになる。以下の設問を用いて書いてみるとよい。気に入っている詩人は誰で，それはなぜか。その詩人たちは，あなたを感動させる詩の中で何を行っているのか。もしも，お気に入りの詩人とバーボンかコーヒーを飲みながら話せるとしたら，彼らに何と言いたいか。研究者は，自らの研究発表中に，アルス・ポエティカを通じて，自分の理解と技巧を提示することができるだろう。あるいは，私が以下のアルス・クライテリア（規準論の詩；Faulkner, 2016a）に表現したように，プロセスと方法に関する詩を使って表現することもできる。

規 準 論 のための詩を書く
<small>アルス・クライテリア</small>

私は，厳密な規準の応用や，強力な規準の適用に取り組んできた。リーヴィー（Leavy, 2015）は，アートベース・プロジェクトのために，妥当性や信頼性といった従来の規準を使用することに反論している。なぜなら，その目的が異なるからであり，この研究の質的評価においては，「強力（vigor）」という方が厳密さ（rigor）と置換しうるよい用語だと述べている。こうした著者や，技巧と実践，厳密さの理念に留意を求める者（Percer, 2002; Richardson, 2002）に私は賛同する。質的研究としての詩的探究の質および有効性を査定しないという方法はないと考えており，強力な適用可能性と技巧の変容に焦点を当ててみたい。

私は，インターネット上のディアスティック・ポエム・ジェネレーター（www.

languageisavirus.com/diastic-poem-generator.html）を使って，《質的規準とは何か（What is Qualitative Criteria?)》という規準論の連詩を創作した。これは，元ネタになるテクスト（ソーステクスト）と種となるテクスト（シードテクスト）を利用したファウンド・ポエムであり，各行の最初の文字を読んでいくと言葉やメッセージをつくり上げているアクロスティック詩（折句）に近いものである。自著『Poetry as Method（方法としての詩）』（Faulkner, 2009）から，詩的規準に関する第3章をソーステクストとして使用し，「What is qualitative criteria?」を種となるフレーズに使用した。何度かこれらのソーステクストとシードテクストをディアスティック・ポエム・ジェネレーターに入れてみた結果，使いものになる6詩を抽出することができた。

「質的規準とは何か？」

what:	work the reality that	
is:	in assignment	
qualitative:	Questions	questions what feelings
	continued importance	poetica
	grandfather observations	qualitative consciousness
criteria:	craft traditional said writing	
	grimes history	
	attention potential	

何か：	現実を生む	
とは：	課題における	
質的：	疑問	どんな感情か
	継続した重要性	ポエティカ
	祖父の見解	質的意識
規準：	伝統的な技巧が述べた書くことは	
	歴史を汚す	
	可能な配慮	

what:	works that meant poetry	
is:	is as	
qualitative:	qualities dumped	exploration imagination
	that world workings	
	sensations	
	scientific qualitative acknowledged	emotional
criteria:	connection are criteria	
	poet wondered	
	concerns subordinate	

何か：	詩を意味した作品
とは：	それはまるで

質的:	棄てられた資質	探求の想像力
	その世界の仕組み	
	センセーション	
	科学的，質的に認められた	
規準:	つながりは感情的規準	
	詩人の問うた	
	従属する関心事	

what:	with sheets craft what	
is:	is	is
qualitative:	question buzzing	translate fully
	fulfill sensation	
	persona interested inspiration	
	qualitative acknowledge	
criteria:	Circle	poetry statements
	ars akin	
	better rejection performance	

何か:	幾枚もの技巧によって何を	
とは:	それは	それは
質的:	耳鳴りしている問い	完全に翻訳する
	センセーションの達成	
	人物インスピレーションに関心のある	
	質的承認	
規準:	円	詩が表明する
	同族のアルス	
	より良い拒否パフォーマンス	

　これらの詩では，私がアルス・クライテリア（規準論）と呼んでいるファウンド・ポエムを用いた。これは技巧に着目したアルス・ポエティカを展開させたもので，アートと科学の交差点における規準論について書いたものを変容させることで編み直してある。質的研究と詩的探究における強力さを考察するにあたって，重要だと思われる点にふれた作品をこれによって再考している。

詩的探究の規準

　すべての文字，すべての音節，すべての言葉には，それぞれにぴったりの目的があって，他にほとんど同じものはありません。だから，いい詩にはそれがなければいけない。私にとってのある種の音楽性がなければいけない。いい言葉が見つからないけれど，大きなアイデアがなければいけない。何のアイデアもないのに，なるほど，とは言

わないでしょう。　　　　　　　　　　　——KAREN, 詩人（Faulkner, 2009, p. 46）

　詩的探究に従った研究としての／における／のための詩を使うにあたり，科学的規準と芸術的規準の交差点で立ち止まって，その中間段階を遮っていた考えを示してみたい。詩的探究は，芸術性の濃度，具現化された経験，発見／驚き，条件，語りによる真実，変容といった観点によって評価できる（Faulkner, 2009, 2016a）。これらの詩的規準は，**図 12.2** に示したように，詩的探究の評定ガイドラインをつくるにあたって，科学の関心とアートの関心を一体化する。

　ABR のための規準として，Chilton と Leavy（2014）が文献の注意深い読み込みを通して提案しているものがよいだろう。設問／適合する方法論，美的力，利用可能性，参画性および変容性，技巧的真正性，典例的一般化といった規準を挙げている。Lafrenière と Cox（2012）が紹介する ABR 研究評価の指導（GABRA: guiding arts-based research assessment）枠組みは，以下の項目を網羅している。選択したアートの形態におけるトレーニング／コーチング，方法論的規準および道徳的規準と技術的規準および芸術的規準の適用，聴衆に対する配慮，パフォーマンス面である。ここで繰り返されていることは，芸術性の濃度と，ABR，とりわけ詩を使用した際の技巧に対する関心の必要性である。

芸術性の濃度

　芸術性の濃度という規準では，詩人が自分の作品を，詩の歴史と，詩の技術の中にど

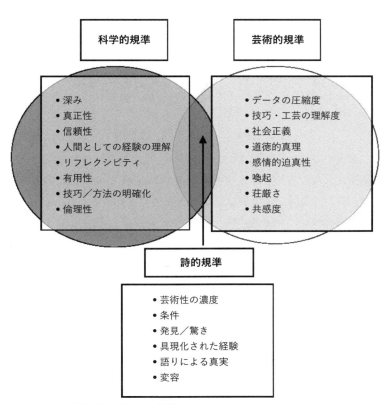

図 12.2　詩的探究のための規準

のように位置づけているか，そして，何と対話をし，何に抗っているのかに着目する（Perser, 2002 参照）。詩人は，新鮮な仕方で，ありふれた細部と同時に特異な細部に目を向ける。この濃度は，細部（題，詩行，句読点，音，韻，比喩表現，および言葉の選択），感情（トーン，ムード）への細やかな注意の払われ方の中に，それ自体の姿を垣間見させる。言葉への焦点と集中が高まり，詩は陳腐な表現とは対照的なものになる（Parini, 2008）。「詩人は，（…）彼ら独自の絵のような具体的な隠喩連関に言葉を引きずり戻すことで，言葉を新たにする（…）。言葉を増強し，高めるために使われる方法がさまざまな詩を生み出す」（Parini, 2008, pp. 25, 37）。この研究は，Piirto（2002）の問い「質的研究として詩を書く者に，詩をよく知り，詩を研究する必要がないとどうして言えるだろうか」（p. 435）とも対応する。

具現化された経験

詩は，聴衆がそれについて感じるよりも，それとともに感じるときに，*具現化された経験*となる。聴衆は，そのままで感動と感情を経験する。「空想による練習をすればするほど，（可能な限りそれを鮮明な細部とともに記憶すると）詩が，経験についての単なる話ではなく，読者のための経験になる可能性が高まる」（Addonizio & Laux, 1997, p. 91, 強調は原文まま）。詩人は，それまで不鮮明だった何かを「表現されたものの領域」に持ち込むべく，私たちの世界の見方を変えるようなイメージを使う（Hirshfield, 1997）。これは，詩が実際には何かを*省き*，読者がその省略の意味するものを解釈することで達成されるだろう。私たちは，身体性，および心と体，物質と精神の間のつながりの中で地に足をつけるようにして，詩的な言葉の中に足をつける。詩的言語を使うことによって，詩人は人間の関心事を雄弁に語り，よってその関心事が具現化され，現前化されるのである。「詩人は，私たちの言語感覚とともに，生きる意味をも蘇生させる。だからこそ，詩においては言葉が命なのであり，詩こそが命なのである」（Parini, 2008, p. 38）。

発見

詩において最良のものは，政治的にも精神的にも私たちを喚起する（Parini, 2008）。「よい詩は，神秘性によって無知と闘うべきである」（Dan, 詩人, Faulkner, 2009）。詩が，なじみのあるものを新たな見方，あるいは驚くような観点で見せるとき，私たちは，人間の状態と私たち自身について何かを学んでいるのだ。詩は，「自己に対して抵抗するという詩のメカニズムが生み出した驚嘆である。ここでのメカニズムとは統語論，詩行，比喩表現，選言，話しぶりなどである。これらがなければ，詩は，知識のための伝達手段であり，驚嘆の念も霧消させてしまうような経験の説明にすぎないだろう。それは使いやすく，それゆえ，使い捨てられるだろう」（Logenbach, 2004, p. 97）。詩の中で驚嘆を表現し喚起することは，教育的であること以上にドラマティックであり，学術的言語とは対照的な人間としての言語を使うことなのである。なぜなら，予期せぬ方法で言葉の音楽を経験できるからだ。よい詩が持っている音調的側面と言葉の意味との間の緊張によって，詩における私たちの喜びは，言葉の中にあるのである（Longenbach, 2004）。

条件

書き手の視点がある条件に固定されているとき，物語は偏向的になることも詩を通じて認識されるべき点である。詩人は，「語りの，あるいは詩の真実」を表現できる。出来事，気分，感情，イメージが「実際に」起こったか否かに関わらず，示された**事実**が真実として響くはずである。Hugo（1992）は，最良の詩は嘘をつく，と考える。真実の偶発性が認識されるのは，こうした嘘，空想上の空間と可能性を利用しているからである。「その結果は，厳しい事実をつかむには，緩すぎるかもしれない。しかし，事実の説明にあたってその状況の人間性を伝えるという点では，とても力強い」（Brady, 2004, p. 632, 強調は原文まま）。もし隠喩が現実と空想との関係性を媒介するなら，詩人が用いる類推概念，つまり直喩や奇想，寓喩，換喩，提喩といったものが重要になる（Parini, 2008）。詩人は，いかに隠喩的思考が私たちの経験を構成するか，そして，隠喩の崩れる前に隠喩的思考によってどこまでのことができるかを理解しているのである。

変容

そして最後に，詩的探究は，新たな洞察と視点の導入，および／あるいは社会変革の主張によって変容するべきである。「なぜこういうことが私に語られているのだろう。この詩を読み終えるときには，今まで知らなかったどんなことを知るだろう。何のために？」（Hirshfield, 1997, p. 13）。沈黙ではなく詩である理由はあるだろうか。こうした疑問は，表現の倫理に関わるものである。詩人は「暗闇をのぞき込み，声なき者のために語る。彼らは都市や森を，ひらかれた目と耳でめぐり，その経験を，驚くべき率直さと精巧さで知らせてくれる」（Parini, 2008, p. 178）。詩的探究を行う者は，表現の問題と研究参画にふれつつ，研究参加者の物語を称え，社会変革と存在の新たなあり方を創造するような方法で彼らを代弁するべく努めるのである。

詩的規準の使用は，弁証法的ジレンマを生む。創造性を制限する一方で研究目的に見合うような機会をつくりうる規準を提案することと，研究過程における詩のあり方とその可能性を広げるための規準との間には，緊張関係があるからである。では，そのような柔軟性のある規準はありうるだろうか。あるいは，ABR に投げかけられた質問を変えてみよう，詩的探究は「囲いを広げ」るだろうか，と。質的な一般化可能性に至るために，詩的探究はよりよい問いを問えるだろうか（Siegesmund & Cahnmann-Taylor, 2008）。ファウンド・ポエトリーとして書いた規準論を使って詩的規準について述べた私の過去の詩作から，「囲いを広げ」，よりよい問いを呈し，そして普遍性を希求する一つの方法を提示する。

what:	when whip leads that		
is:	in as		
qualitative:	questions gut years	build premise inserted disposable	
	interact inspiration	substantive qualitative	
criteria:	craft art　　　　writes	coat table	rather reflexivity criteria

何か：　　鞭が導くとき

とは：	その中で
質的：	質問が年月を骨抜きにする　　消耗品の挿入された前提を築き
	インスピレーションと作用し合う　　現実的質的
規準：	クラフトアートが　　書く　　コート台
	むしろ再帰性の規準

文献

Addonizio, K., & Laux, D. (1997). *The poet's companion: A guide to the pleasures of writing poetry*. New York: Norton.

Behar, R. (2008). Between poetry and anthropology: Searching for languages of home. In M. Cahnmann-Taylor & R. Siegesmund (Eds.), *Arts-based research in education: Foundations for practice* (pp. 55–71). New York: Routledge.

Bhattacharya, K. (2008). Voices lost and found: Using found poetry in qualitative research. In M. Cahnmann-Taylor & R. Siegesmund (Eds.), *Arts-based research in education: Foundations for practice* (pp. 83–88). New York: Routledge.

Brady, I. (2004). In defense of the sensual: Meaning construction in ethnography and poetics. *Qualitative Inquiry, 10*, 622–644.

Buckley, C. B., & Merrill, C. (Eds.). (1995). *What will suffice: Contemporary American poets on the art of poetry*. Salt Lake City, UT: Gibbs Smith.

Butler-Kisber, L. (2002). Artful portrayals in qualitative inquiry: The road to found poetry and beyond. *Alberta Journal of Educational Research, XLVIII(3)*, 229–239.

Butler-Kisber, L. (2012). Poetic inquiry. In S. Thomas, A. Cole, & S. Stewart (Eds.), *The art of poetic inquiry* (pp. 142–176). Halifax, NS, Canada: Backalong Books.

Calafell, B. M. (2004). Disrupting the dichotomy: "Yo soy Chicana/o?" in the New Latina/o South. *Communication Review, 7*, 175–204.

Chilton, G., & Leavy, P. (2014). Arts-based research practice: Merging social research and the creative arts. In P. Leavy (Ed.), *The Oxford handbook of qualitative research* (pp. 403–422). New York: Oxford University Press.

Craigo, K. (March 23, 2016). *Bias and the literary review*. Retrieved from http://betterviewofthemoon.blogspot.com/2016/03/bias-and-literary-review.html.

Denzin, N. K. (1997). *Interpretive ethnography: Ethnographic practices for the 21st century*. Thousand Oaks, CA: SAGE.

Denzin, N. K. (2005). *Performance ethnography: Critical pedagogy and the politics of culture*. Thousand Oaks, CA: SAGE.

Denzin, N. K. (2014). *Interpretive autoethnography* (2nd ed.). Thousand Oaks, CA: SAGE.

Duck, S. (2011). *Rethinking relationships*. Thousand Oaks, CA: SAGE.

Eisner, E. W. (2005). *Reimagining schools: The selected works of Elliot W. Eisner*. New York: Routledge.

Fairchild, B. H. (2003, June). The motions of being: On the intersections of lyric and narrative (a work in progress). Paper presented at the West Chester University Poetry Conference on Form and Narrative, West Chester, PA.

Faulkner, S., Guiney Yallop, J., Wiebe, S., & Honein, N. (2017). Playing Exquisite Corpse: Villanelles on family. In P. Sameshima, A. Fidyk, K. James, & C. Leggo (Eds.), *Poetic inquiry III: Enchantments of place* (pp. 87–95). Wilmington, DE: Vernon Press.

Faulkner, S. L. (2005). Method: Six poems. *Qualitative Inquiry, 11*(6), 941–949.

Faulkner, S. L. (2006). Reconstruction: LGBTQ and Jewish. *International and Intercultural Communication Annual, 29*, 95–120.

Faulkner, S. L. (2007). Concern with craft: Using ars poetica as criteria for reading research poetry. *Qualitative Inquiry, 13*(2), 218–234.

Faulkner, S. L. (2009). *Poetry as method: Reporting research through verse.* New York: Routledge.

Faulkner, S. L. (2012a). Frogging it: A poetic analysis of relationship dissolution. *Qualitative Research in Education, 1*(2), 202–227.

Faulkner, S. L. (2012b). *Hello Kitty goes to college: Poems.* Chicago: Dancing Girl Press.

Faulkner, S. L. (2012c). Poetry as/in research: Connections between poets and qualitative researchers. In S. Thomas, A. Cole, & S. Stewart (Eds.), *The art of poetic inquiry* (pp. 310–313). Halifax, NS, Canada: Backalong Books.

Faulkner, S. L. (2014a). Bad Mom(my) litany: Spanking cultural myths of middle-class motherhood. *Cultural Studies ↔ Critical Methodologies, 14*(2), 138–146.

Faulkner, S. L. (2014b). *Family stories, poetry, and women's work: Knit Four, Frog One (Poems).* Rotterdam, The Netherlands: Sense.

Faulkner, S. L. (2015). *Knit four, make one: Poems.* Somerville, MA: Kattywompus Press.

Faulkner, S. L. (2016a). The art of criteria: Ars criteria as demonstration of vigor in poetic inquiry. *Qualitative Inquiry, 22*(8), 662–665.

Faulkner, S. L. (2016b). Postkarten aus Deutschland: A chapbook of ethnographic poetry. *Liminalities, 12*(1). Retrieved from http://liminalities.net/12–1/postkarten.html.

Faulkner, S. L. (2016c). TEN (the promise of arts-based, ethnographic, and narrative research in critical family communication research and praxis). *Journal of Family Communication, 16*(1), 9–15.

Faulkner, S. L., Calafell, B. M., & Grimes, D. S. (2009). Hello Kitty goes to college: Poems about harassment in the academy. In M. Prendergast, C. Leggo, & P. Sameshima (Eds.), *Poetic inquiry: Vibran voices in the social sciences* (pp. 187–208). Rotterdam, The Netherlands: Sense.

Faulkner, S. L., & Nicole, C. (2016). Embodied poetics in mother poetry: Dialectics and discourses of mothering. In K. Galvin & M. Prendergast (Eds.), *Poetic Inquiry II: Seeing, caring, understanding: Using poetry as and for inquiry* (pp. 81–98). Rotterdam, The Netherlands: Sense.

Faulkner, S. L., & Ruby, P. D. (2015). Feminist identity in romantic relationships: A relational dialectics analysis of email discourse as collaborative found poetry. *Women's Studies in Communication, 38*(2), 206–226.

Furman, R. (2006). Poetry as research: Advancing scholarship and the development of poetry therapy as a profession. *Journal of Poetry Therapy, 19*(3), 133–145.

Furman, R., Langer, C. L., Davis, C. S., Gallardo, H. P., & Kulkarni, S. (2007). Expressive, research and reflective poetry as qualitative inquiry: A study of adolescent identity. *Qualitative Research, 7*(3), 301–315.

Galvin, K., & Prendergast, M. (Eds.). (2016). *Poetic inquiry II—Seeing, caring, understanding: Using poetry as and for inquiry.* Rotterdam, The Netherlands: Sense.

Gingrich-Philbrook, C. (2005). Autoethnography's family values: Easy access to compulsory experiences. *Text and Performance Quarterly, 25*(4), 297–314.

González, M. C. (2002). Painting the white face red: Intercultural contact through poetic ethnography. In J. N. Martin, T. K. Nakayama, & L. A. Flores (Eds.), *Readings in intercultural communication: Experiences and contexts* (2nd ed., pp. 485–495). Boston: McGraw-Hill.

Gordon, N. E. (2007). Considering chapbooks: A brief history of the little book. *Jacket, 34.* Available at www.jacketmagazine.com/34/gordon-chapbooks.shtml.

Guiney Yallop, J. J. (2005). Exploring an emotional landscape: Becoming a researcher by reawakening the poet. *Brock Education, 14*(2), 132–144.

Guiney Yallop, J. J. (2008). OUT of place: A poetic journey through the emotional landscape of a gay person's identities within/without communities. Unpublished doctoral dissertation, University of Western Ontario, London, ON, Canada.

Guiney Yallop, J. J., Wiebe, S., & Faulkner, S. L. (2014). Poetic inquiry in/for/as (editorial for special issue on the practices of poetic inquiry). *in education, 20*(2), 1–11. Available at http://ineducation.ca/ineducation/issue/view/21.

Hartnett, S. J. (2003). *Incarceration nation: Investigative prison poems of hope and terror*. Walnut Creek, CA: AltaMira.

Hirshfield, J. (1997). *Nine gates: Entering the mind of poetry*. New York: HarperCollins.

Hoagland, T. (2006). *Real sofistikashun: Essays on poetry and craft*. Saint Paul, MN: Graywolf Press.

Hugo, R. (1992). *The triggering town: Lectures and essays on poetry and writing*. New York: Norton.

Knapp, M. A., & Vangelisti, A. L. (2005). *Interpersonal communication and human relationships* (5th ed.). Boston: Allyn & Bacon.

Krizek, R. L. (2003). Ethnography as the excavation of personal narrative. In R. P. Clair (Ed.), *Expressions of ethnography: Novel approaches to qualitative methods* (pp. 141–151). Albany: State University of New York Press.

Kusserow, A. (2008). Ethnographic poetry. In M. Cahnmann-Taylor & R. Siegesmund (Eds.), *Arts-based research in education: Foundations for practice* (pp. 72–78). New York: Routledge.

Lafrenière, D., & Cox, S. M. (2012). "If you can call it a poem": Toward a framework for the assessment of arts-based works. *Qualitative Research, 13*(3), 318–336.

Langer, C. L., & Furman, R. (2004, March). Exploring identity and assimilation: Research and interpretive poems [19 paragraphs]. *Qualitative Social Research, 5*(2). Retrieved June 14, 2004, from www.qualitativeresearch.net/fqs-texte/2–04/2–04langerfurman-e.htm.

Leavy, P. (2015). *Method meets art: Arts-based research practice* (2nd ed.). New York: Guilford Press.

Leggo, C. (2008a). Astonishing silence: Knowing in poetry. In G. J. Knowles & A. L. Cole (Eds.), *Handbook of the arts in qualitative research: Perspectives, methodologies, examples, and issues* (pp. 165–174). Thousand Oaks, CA: SAGE.

Leggo, C. (2008b). The ecology of personal and professional experience: A poet's view. In M. Cahnmann-Taylor & R. Siegesmund (Eds.), *Arts-based research in education: Foundations for practice* (pp. 87–97). New York: Routledge.

Longenbach, J. (2004). *The resistance to poetry*. Chicago: University of Chicago Press.

Longenbach, J. (2008). *The art of the poetic line*. Saint Paul, MN: Graywolf Press.

Madison, D. S. (1991). "That was my occupation": Oral narrative, performance, and Black feminist thought. *Text and Performance Quarterly, 13*, 213–232.

Madison, D. S. (2004). Performance, personal narratives, and the politics of possibility. In Y. S. Lincoln & N. K. Denzin (Eds.), *Turning points in qualitative research: Tying knots in a handkerchief* (pp. 469–486). Walnut Creek, CA: AltaMira.

Madison, D. S. (2005). *Critical ethnography: Method, ethics, and performance*. Thousand Oaks, CA: SAGE.

McAdams, D. P. (1993). *The stories we live by: Personal myths and the making of the self*. New York: Morrow.

Miller, W. (2005, March/April). Chapbooks: Democratic ephemera. *American Book Review*, pp. 1–6.

Neilsen, L. (2008). Lyric inquiry. In J. G. Knowles & A. L. Cole (Eds.), *Handbook of the arts in qualitative research: Perspectives, methodologies, examples, and issues* (pp. 93–102). Thousand Oaks, CA: SAGE.

Padgett, R. (Ed.). (1987). *The teachers and writers handbook of poetic forms*. New York: Teachers and Writers Collaborative.

Parini, J. (2008). *Why poetry matters*. New Haven, CT: Yale University Press.

Pelias, R. J. (2005). Performative writing as scholarship: An apology, an argument, and anecdote. *Cultural Studies ↔ Critical Methodologies, 5*(4), 415–424.

Pelias, R. J. (2011). *Leaning: A poetics of personal relations*. New York: Routledge.

Percer, L. H. (2002). Going beyond the demonstrable range in educational scholarship: Exploring the intersections of poetry and research. *Qualitative Report, 7*(2). Retrieved June 14, 2004, from www.nova. edu/ssss/qr/qr7–2/hayespercer.html.

Piirto, J. (2002). The question of quality and qualifications: Writing inferior poems as qualitative research. *International Journal of Qualitative Studies in Education, 15*(4), 431–445.

Prendergast, M. (2009). "Poem is what?": Poetic inquiry in qualitative social science research. In M. Prendergast, C. Leggo, & P. Sameshima (Eds.), *Poetic inquiry: Vibrant voices in the social sciences*. Rotterdam, The Netherlands: Sense.

Prendergast, M. (2015). Poetic inquiry, 2007–2012: A surrender and catch found poem. *Qualitative Inquiry, 21*(8), 678–685.

Revell, D. (2007). *The art of attention: A poet's eye*. Saint Paul, MN: Graywolf Press.

Richardson, L. (1997). *Fields of play: Constructing an academic life*. New Brunswick, NJ: Rutgers University.

Richardson, L. (2002). Poetic representations of interviews. In J. F. Gubrium & J. A. Holstein (Eds.), *Handbook of interview research: Context and method* (pp. 877–891). Thousand Oaks, CA: SAGE.

Riessman, C. K. (1993). *Narrative analysis*. Newbury Park, CA: SAGE.

Siegesmund, R., & Cahnmann-Taylor, M. (2008). The tensions of arts-based research in education reconsidered: The promise of practice. In M. Cahnmann-Taylor & R. Siegesmund (Eds.), *Arts-based research in education: Foundations for practice* (pp. 231–246). New York: Routledge.

Strand, M., & Boland, E. (2000). *The making of a poem: A Norton anthology of poetic forms*. New York: Norton.

Sullivan, A. M. (2009). On poetic occasion in inquiry: Concreteness, voice, ambiguity, tension, and associative logic. In M. Prendergast, C. Leggo, & P. Sameshima (Eds.), *Poetic inquiry: Vibrant voices in the social sciences* (pp. 111–126). Rotterdam, The Netherlands: Sense.

Todres, L., & Galvin, K. T. (2008). Embodied interpretation: A novel way of evocatively re-presenting meanings in phenomenological research. *Qualitative Research, 8*(5), 568–583.

Walsh, S. (2006). An Irigarayan framework and resymbolization in an arts-informed research process. *Qualitative Inquiry, 12*(5), 976–993.

Walsh, S. (2012). Contemplation, artful writing: Research with internationally educated female teachers. *Qualitative Inquiry, 18*(3), 273–285.

Wiegers, M. (Ed.). (2003). *This art: Poems about poetry*. Port Townsend, WA: Copper Canyon Press.

Witkin, S. L. (2007). Relational poetry: Expressing interweaving realities. *Qualitative Social Work, 6*(4), 477–481.

第 III 部

パフォーマンスのジャンル

第13章

新しい調性での a/r/tographic な探究
音楽と詩の関係性

●ピーター・グズアシス（Peter Gouzouasis）

訳：蓮見絵里

私は音楽について，音楽の中で，音楽とともに，音楽を軸に，音楽を通じて生涯学ぶミュージシャンである。

私は50年以上，音楽的に生きることを求めてきたミュージシャンであるが[1]，音楽をアートベースの教育研究（arts-based educational research: ABER）に，より真正かつ全体的なかたちで持ち込み，研究を私たちの音楽制作に持ち込むために[2]，私たちの目の前にある課題を見て，感じて，聞いて，行動を起こしている。このような前提を念頭に置いて，比較的少ない ABER と創造分析実践（creative analytical practices: CAP）のテクストに対して歴史的な視点をとることもできるだろう。また，ある人は音楽や「ミュージシャン」という用語を*使用*するテクストや学会発表を強く批判するかもしれない。そして，それらが適切な方法と誤解された方法の両方で，（*本質的*でなく）手段として，比喩的に実施されてきたことを強く批判するかもしれない[3]。したがって，次のような問いから始める。

---

1 私の視点は，自身の artography における立場に大きく影響を受けている（Gouzouasis, 2006, 2008b）。私は，3つの学位（BMus, MA, PhD）のすべてを音楽で取得した。私は50年以上，さまざまな様式やジャンルで学び（学びつづけ），楽器（ギター，声，ベース）を演奏してきた。また，作曲（たとえばジングル，コマーシャル，ドキュメンタリーのサウンドトラック）や，パフォーマンスのさまざまなプラットフォーム（歌曲と器楽曲から，クラシック，ジャズ，フォーク，ロックにおいて，16世紀半ばの作曲家である Guillaume Dufay（ギヨーム・デュファイ）〔実際には15世紀（1397-1474）の人である〕や Josquin des Prez（ジョスカン・デ・プレ）から，21世紀のシンガーソングライターの Jesse Winchester（ジェシ・ウィンチェスター）まで，北アメリカとヨーロッパ中の大きなコンサートホールや大衆酒場で学び仕事にしてきた。1980年代半ば（1983〜1988年）には，ジャズの録音の知識とその領域の専門性をもとに，私は北アメリカで最も聴かれるジャズ専門ラジオ局における音楽プログラム（WRTI/JAZZ90）のディレクターを務めた。

2 Suzanne Langer（1953, pp. 25-26）を認めて言い換えるならば，芸術作品の形式は，表現されるべきその「物事（thing）」の形をいかに反映しているだろうか？となる。

3 過去15年間，音楽は発表や論文の中で，背景として実施されたり，広く誤解されたりして，（あまりに）頻繁に価値を落とされ，隠喩的に誤解され，貧しい形で利用されてきた。その主な理由は，音楽を学び作ることに人生を捧げてきた人のうち比較的わずかな人しか，ABER のさまざまな形態に関わってこなかったからである。さらに，「ミュージシャン」という用語自体が，ペニー・ホイッスルを吹いたり，ギターで少数のコードをかき鳴らしたりするくらいの人も含めた，あらゆる人を意味するものとして

音楽制作，つまり作曲やミュージッキング[4]において私は何をするのか，そしてそれは私のミュージシャンシップ，哲学的立場，研究，教育とどう関係するのか？

　私は人生を音楽的に生きることの意味に関する世界観として，個性的でコスモポリタンな世界観を用いる。私はラジオやテレビのジングルを作曲し，子どもと大人が歌うための歌を書き，ソロやグループでジャズの即興演奏を行い，著名な歌手のギター伴奏を行い（Theodore Bikel［セオドア・ビケル］，Leon Bibb［レオン・ビブ］），多くの様式とジャンルでソロの器楽曲を作曲し演奏してきた。そうしたとき，私が称賛する人の音楽で聞いたり感じたりすることを，私の音楽を通して人々に感じたり聞いたりしてもらいたいという願いがある。まさにその時その場所で，私はABER，中でもa/r/tographyの独自の形態を育む手助けをしてきた。最初は，ブリティッシュ・コロンビア大学の私の同僚とともに（Gouzouasis, 2006; Springgay, Irwin, Leggo, & Gouzouasis, 2007），より最近では世界中の同僚と共に行ってきた。私は，音楽の学習，教授，演奏，研究に取り組むという点において，多元的である。これらの観点からすると，「音楽の問題」（Suzanne Langer［スザンヌ・ランガー］[5]と彼女が制作した作品の認識に敬意を払い，そのように述べる）とは次のようなものである。私たちは視覚的に志向された21世紀文化に生きていて，そのため音楽は，私たちがテクスト（物語，詩，ドラマ／演劇）や動き[6]や視覚イメージに関わるのと同じレベルまで認識，概念化，研究，演奏，理解が行われていない。

　したがって，私は音楽，特にABERにおける音楽を「新しい調」でだけでなく「新しい調性」で聴き，そして音楽的に考えることを求める（Gouzouasis, 2013）。私は倫理的な移行に向けて高らかに歌う。ABERを書いたりプレゼンテーションを行ったりするときに，芸術家気取り[7]の発表とテクストを作るために単にアート形式（詩，音楽，視覚芸術，演劇／ドラマ）を「ぐちゃぐちゃにする」という考えから離れるのである。ABERにおける音楽の役割，構造，機能，エトス（ethos/ἔθος）〔場所，心の状態，存在する感覚〕，エー

誤解されてきたからである。

4　「ミュージッキング」はChristopher Small（1998）が造り出した用語で，音楽に関わる，そして音楽を作るすべての側面を含む言葉である。ミュージッキングは，音楽の過程に焦点を当てる。つまり，音楽を作り携わるすべての側面に焦点を当てる。GouzouasisとBakan（2011）は，Smallの考えを21世紀とデジタルメディアの領域へと拡張した。また，「ダンス」という言葉が名詞と動詞で用いられるように，ここでは「音楽」という言葉も名詞と動詞として用いる。

5　Langerはチェロとピアノを学んだが，彼女は修辞理論，特に「修辞認識学」（私たちが言語を通じてどのように知るかの研究）における研究が最も知られている。そして，音楽を通じて私たちが知るあり方の研究を，なぜ彼女がより深く探究しなかったのか，私はいつも困惑する。そうはいっても，Langerの信念を支持する。その信念とは，私たちが知ることすべては，芸術，音楽，ダンス，演劇，神話，儀式，科学といった共同体のシンボル（とサイン）に基づいており，全員が同等に価値があるというものである。

6　ダンスの教育者はどうであるかわからないが，私がLabanとDalcrozeについて実践と文献購読の両方から学んだ経験から，ABERにおける動き（ダンス）の私たちの理解のレベルにおいて同じ「問題」が存在することに気がついた。

7　私は「芸術家気取り」という用語を用いることで，今まで見聞きしてきた，薄っぺらく，誤解され，未熟で，下手に演じられ，熟練した芸術的感性を侮辱する多くのパフォーマンスや作品を説明する。不幸なことに，多くのABERの仕事はポストモダンの相対主義の考えの泥沼にはまっている。Cole Porter（コール・ポーター）を引用するならば「何でもあり」である。このジャンルで働き執筆する，あまりに多くの同僚が，作品における経験，アカデミックの品位，倫理，芸術的感性の重要性を説明することで「排他的」に見えることを恐れている。

トス（eethos/ἦθος）〔自己と他者の関係における人の存在の特質〕，そして美学を探求し説明する方向へと，私たちはさらに進む必要がある。したがって，この章は，排他や排除を目的とするのではない。むしろ私は，ABER において音楽の性質や役割の可能性，そして 21 世紀の ABER を増幅させ例証するような私たちの音楽の聴き方や関わり方に関心がある。その話題にアプローチする多くの方法を見せようとしたり，その目標に向かう少数の「**アーティスト研究者教育者たち（artistresearchersteachers）**」（Gouzouasis, 2008b, p. 226）について議論しようとしたりするのではなく，この章では新しい調性の視点から ABER における音楽理解へとアプローチする一つの方法の実例を示す。

エンタシス

　詩と音楽が結合すると，エンタシス（èntasis/ἔντασις：緊張）が生まれる。その一つの理由は，詩が自由詩として制作されたときには，伝統的で規制された（すなわち「韻律がある」）歌詞のように見たり感じたり聞いたりしないからである（Gouzouasis & Leggo, 2016）。私は，作曲，演奏，録音のプロセスに参与するとき，関係性の美学，探究の感受性，創造性，教育的アイデア，芸術的アイデンティティを考慮する。それは，熟達，批評的な耳，鑑識眼（Eisner, 1991, 2003）なしには*知る*ことができないと信じている。この知り方により，音楽－詩の作品における必要不可欠な質，つまり音楽作品が芸術作品としてだけでなく教育的経験として機能するかについても見分け説明できるようになる。その種の「鑑賞のわざ」（Eisner, 2003, p. 153）は，生涯を通じた実践により培われる。その実践は深い理論的理解，音楽制作における創造的熟達，音楽の知識と知恵（ソフィア［sofia］とフロネーシス［phrònesis］の両方）に関する倫理的性質への関心により満たされている。そこには，音楽の解釈，理解，利用，また研究知識の関係的・解釈的プロセスがともなう（Gadamer, 2004, pp. 268-278）。「偉大な芸術は私たちを揺さぶる。なぜなら，感動的な作品の圧倒的な衝撃にさらされるとき，私たちはいつも準備せず無防備だからだ」（Gadamer, 1986, p. 37）。

　音楽の演奏と詩の朗読の中で，ギタリストと詩人により表現される音楽と詩は，複雑だが一つの会話を形成する。そうした会話はそれぞれのアート形式における熟達によってのみ達成できる。ある詩人[8]と私は，別々の芸術的実践を行ってきたかもしれない。しかし，それらが思慮深く織り込まれるとき，全体的で独自な何かが形成され，新たなタイプの探究が生じる。この新たな形の探究では，音楽は単に装飾する装置あるいは終わる間際に付け足されるようなものではない。音楽はポイエーシス（poiesis）の根本である。ポイエーシス（poiesis/ποίεσις）[9]は行為であり，Peters（1967, p. 162）が言う

8　カール・レゴ（Carl Leggo）はブリティッシュ・コロンビア大学（UBC）の教授で，彼の詩《冬のアルファベット（Winter Alphabet）》を，この章の音楽的対話の焦点として取り上げることを快諾してくれた。私たちは，2013 年の夏にこの作品を録音した。録音エンジニアは UBC で私の受け持つ博士候補生の 1 人である David Murphy である。

9　ギリシャ語でアクセントがどこに置かれているかを示す。二重母音の「oi」は「ee」と発音される。

ように「ポイエーティケ・テクネー・パー・エクセレンス（poietike tèchne par excellence）〔卓越した詩作の技術〕は詩であり，Aristotle（アリストテレス）が全体の論説をそこに当てた」。Donnegan（1840, p. 1015）はポイエーシスを「作る，準備する，形成する，構成する，行うという行為」と翻訳し，「制作者，構築者，構成者」であるポイエーティス（poietìs/ποιητὶς）と区別した。プラクシス（pràxis/πράξις）は，広義の意味では行為，活動，行うことである（Peters, 1967, p. 163）。ポイエーシスには，詩の創作が含まれ，他のアート形式やその他アートに満ちた物事（すなわち制作物，イベント，有用物）の創作も含まれる[10]。ある意味では，Aristotle の三種の「思考」からなるモデル，つまり知ること（テオーリア［theorìa/θεορία］，そして知恵に関係するソフィア［σοφία］とフロネーシス［φρόνησῃ/phrònesis］）[11]，行うこと（プラクシス），技巧的な作成と製造（ポイエーシス）からなる「思考」のモデルは，学習におけるアートの中心的な役割と重要性を予見する概念であり，何年ものあいだ強調されてきた。「どのような技術も研究も，そして同様にしてどのような行為も選択も，何らかの善を目指しているように思われる。それゆえ，善はあらゆるものが目指すものであるとする人々の主張はすぐれていたのである」（Aristotèles『Nicomachean Ethics（ニコマコス倫理学）』，Barnes, 1984, p. 1729 における引用；邦訳は，アリストテレス（著），渡辺邦夫・立花幸司（訳）（2019）『ニコマコス倫理学（上）』光文社，p. 22 より引用）。

教授と学習の経験の幅広さは，音楽制作における私の様式の選択に影響をもたらす。詩人と私の共通性，私たちのディスコース，そして私たち個々の実践，そうしたものの関係から，私は詩を意味づけする（Lunsford, 1995）。私は，この種の仕事は多次元的なもの，つまり本質的にはオートエスノグラフィー的であり，教育的であり，a/r/tographic であり，独学的であると考えている。なぜなら，私たちのアイデアが編まれたものは，学問内と学問間の理解についての場と空間（((s)p(l)ace）（de Cosson, 2004）へと導いてくれるからである。何年にもわたりギターを演奏したり，さまざまなスタイルやジャンルで歌ったり，音楽を作曲し書き取り編曲したり，研究の多くの形態に関わったりすることで，私はある場所，時間，空間にたどり着く。そこでは，音楽を，明確でない表現のための単なる手段あるいは「音楽風の（musicky）」（Gouzouasis & Bakan, 2011）背景として語り使用するような，アートベース・リサーチ（ABR）と創造分析実践の中で非常に頻繁に見られ，読まれ，聞かれる，ありふれた思慮深くない利用から脱却できるのである。

したがって，この単語の発音は「pee-ee-sees」となる。

10 Thomas Regelski は，早くも 1997 年に，この話題について幅広く書いている。私は音楽教育の実践哲学にもコメントできたが，それはこの章の焦点ではない。

11 専門的に言うならば，ソフィアは，理論的，思弁的，霊的な知と考えられている。フロネーシスは，分別のある知あるいは良識（すなわち，何かの知識）として考えられる。フロネーシスは，「人間の善にかかわる行為の領域における，分別をそなえた真なる性向」である（Barnes, 1984, p. 1800）。Baracchi（2008, p. 1）の「実践知と理論知の分解できない絡み合い（フロネーシスとソフィア，それにともなうプラクシスとテオーリア）」という考えは，全体論，反－二元論，関係論的，メタ理論的な立場と共鳴する（Overton, 2002, 2007 を参照）。

アルファベットを演奏すること

　この探究を全体的に思考すること，つまり本章でテクスト，詩，音楽を知識の表現として用いるということは，音楽と詩で飾られた解釈的省察を単に収集することではない。それは，次の事柄を教えることを意図した話である。(1)調査においてパフォーミング・アートがもつ潜在的な驚きや力，(2)複雑で力強く教育的に構築された ABR を構成する中で，私たちが経験したり観察したりできる解釈プロセス，(3)そのプロセスが私たちを触発し変化させるあり方，(4)ミュージシャンと詩人のコラボレーションが，批判的かつ創造的な学術的探究の可能性へとひらくあり方。それは，オートエスノグラフィーに関わる教育的プロセスを通じて，私たちに自身のことを教えてくれるという意味で重要である。その観点からすれば，それは**教訓的オートエスノグラフィー（*didactic autoethnography*）**の概念の探究を含む。「教訓主義」[12] は，文学やその他の芸術において，教育的で情報伝達の性質を強調する書き方である。そして，冒頭で宣言したように，私はいつも，芸術作品の様式が表現されるべきものの形をどう反映するのかに関心がある（Langer, 1957, pp. 25-26; Gouzouasis, 2008b も参照）。様式の形は，この研究の解釈の要素（影響を与える何か）である。そしてアートの様式（この事例では，音楽と詩）は研究に影響を与え，研究はアート形式に影響を与える。これは，テクスト（と探究のプロセス），詩（と詩人），音楽（とミュージシャン），そしてこれら3つすべてを全体的なプロセスとして，探索し理解するという解釈の循環（Gadamer, 2004, pp. 269-278）の中で行われる。

　オープンチューニングで書かれたかのように聞こえるが [13]，《冬のアルファベット（Winter Alphabet）》（カール・レゴによる詩）にともなう音楽は，スタンダードチューニング（すなわち EADGBE）で作曲されている。私は「11月から3月の雨」の最中の霧がかかったノースバンクーバーに住むような感覚とともに，音楽を想像し書いた。これは，過去25年間にわたって私という存在そのものに刻み込まれたものである。雨雲と雨のなか私の忠実なブリタニースパニエル犬と散歩しながら冬の風の中へと突き進み，横なぐりの雨がひっきりなしに降り，そうした雨とともにある感覚である。この詩に散りばめられている詩的な頭韻に触発されて，私は繰り返し起こるベースラインのパターン（オスティナート，つまり音楽的な頭韻の形式）が，繰り返すコードという特有の構造に適していると（隠喩的に）思いついた。そのため，シャコンヌのようなコードとベースラインの繰り返しのパターンを私は思いつき取り上げた。しかし，《冬のアルファベット》をさらに読み学ぶほど，そして，そのバリエーションとさまざまな詩の節との音調的な

12　教訓的（didactic）はギリシャ語の διδακτικός（didaktikòs）に由来する言葉で，特に教授と学習，具体的には刺激的に独自の方法で学ぶことに関係している。現代のギリシャ語では，この言葉の接頭辞は，「見せること」を意味する用語 διξι（「deexee」と発音される）と関連している。

13　ギターの標準的なチューニングは，EADGBE（最低音の弦から最高音の弦）である。「オープンチューニング」という用語は，ギターをコードの形に合わせてチューニングすることを意味する（たとえば，DADF♯AD は，オープン D チューニング。DGDGBD はオープン G チューニング）。DADGAD のチューニングは，特定の単一のコードに合わせたものではない。しかし，指板の上で，シンプルな，時に繰り返しの形状（パターン）を使うことで，「オープン」なコードの音を奏でるのに適している。

280　　第Ⅲ部　パフォーマンスのジャンル

適合性を確認するため自分の声で暗唱した粗いバージョンを録音するほど，そのリフの
グルーヴや，私が即興演奏したそれぞれのバリエーションが詩の言葉と戯れ補う方法を
身につけた。

　作品のギターの部分は，イギリスのギタリストの故 Bert Jansch（バート・ヤンシュ）に
よる主題のモチーフを基礎としている。私は 35 年間，それを演奏しなかった。その
主な理由は，ギター音楽は 1970 年代後期では幅広く利用されておらず，私はそれを
「昔々」に，友人の地下室で録音されたのを聴いて学んだものだったからである。過
去 50 年間私が演奏してきた多くの曲と同様に，始まりの断片は，調律された私の心の
奥底から現れた。19 行ある詩にともなって，19 の運指の反復を再考する必要があった。
そのため数週間，Jansch のテーマの拡張のため，詩の性質に合わせたたくさんのバリ
エーションを即興で弾き，遊び，ハミングし，発展させた。私にとって，音楽の構成は
凍結された即興演奏のようである。楽譜を書くことが得意な私は，即興演奏された音楽
のモチーフを思い出すために，曲を書き出した。書き手がストーリーを書いたり書き直
したりすることでテクストに磨きをかけるのと同様に，曲を楽譜にすることで，繰り返
されるベースのパターンの上で戯れて漂うテクスチャーやコードボイシングの微妙な違
いを，書き直したり再構成したりして演奏することが可能になった（それはすなわち，聴
覚で想像し，指により運動感覚的に形成し，楽譜へと視覚的に形成することである）。

　聞き手にわかりやすくするため，そしてドラマティックな導入と終結の効果をもたら
すために，メインの主題のモチーフである低音パターンは，1 〜 2 小節目と 37 〜 38 小
節目では「むき出し」で表される。オスティナートの繰り返しは，7 年の強い雨という，
しつこくうんざりした感情をもたらす（1 〜 2 小節目）。そして，ベースラインをむき出
しで置くことは，始まりと終わりの部分のハーモニーの「喪失」（すなわち欠乏）そして
言葉の「喪失」と隠喩的に類似している。さらに，作品の終わりのコード Em+7/9（印
刷スペースを節約するため楽譜には書かれていない）は，捉えどころのない神秘的な性質が
あり，「言葉を失うこと」という考えを示す。ハーモニー（すなわち個別のコード，そして
2 小節のコード進行の中で用いられるコード）は，2 小節の繰り返しすべてで，和音の機能
において類似している（厳密に同じというわけではないが）。しかし，そこに見聞きされる
であろう微妙な違い（そのすべては意図的に行われたものである）は，テクストの私の解釈
を遊び心のあるものにする[14]。

　たとえば，私は 2 小節のフレーズごとに，コードやアルペジオのパターンの演奏を無
意識に変化させた。しかし，ひとたびその音を記譜すると，ペアとなる詩のフレーズに
おける言葉のキャラクターを摑むために，コードとアルペジオのリズムを意識的に変化
させて演奏した。私の音楽の感受性と音楽の要素や概念についての知識は，反復と対比
を直感的に考えることをもたらした（たとえば，わずかに変化させたコード。作曲するとき，
私はコードを変化させるが，それは反復と対比が音楽の統一性の感覚を創造するために必要だと

14　楽譜を見てまだ「聴く」ことができないリスナーも，楽譜の違いを「見る」ことはできるかもしれ
　ない。逆に，楽譜で違いを見ることはできるかもしれないが，違いを「聴く」（知覚する）こと，あ
　るいは認知的に処理する（概念化する）ことはできないかもしれない〔楽譜を見ながら音を想像できない
　リスナーは，音の微妙な違いを楽譜で見ることができるかもしれないが，「聴く」ことはできないかもしれない〕。

第 13 章　新しい調性での a/r/tographic な探究　│　281

知っているからである）。たとえて言うならば，作曲者は詩人が文語的な装置を（意識的に，そして無意識的に）使用するのと同じ理由で，つまり構成の面白さを強め，深めるため，芸術作品の美的な次元を拡張するために，これらのことを行うのである。そうはいっても，多くの音楽の作曲の仕掛けは，ナイーブな聴き手には気づかれず，エキスパートのミュージシャンでも初めて聴くときには気づかないだろう[15]。また，読譜できるミュージシャン[16]の多くは，(1)音楽作品の詳細な分析と，(2)音楽それ自体の，どちらが先なのかという質問を投げかけるかもしれない。

　たとえば，音楽理論と音楽史の学習では，作品の様式的な文脈と歴史的な文脈の両方において音楽をただちに理解するために，学習者は音楽の詳細な分析（形式，和音，モチーフの展開，リズムについての分析）を期待される。しかし，作曲家は音楽を構成するプロセスで作品を構成する多くの方法を必ずしも考慮しないだろう。むしろ，分析は作曲するプロセスのあとに考えるかもしれない（一般的にはそうである）。言い換えるなら，音楽制作において音楽のフィーリングやサウンドは批判的分析に先立つ。それはちょうど，探究が研究方法を思いついて始まるのではなく，研究目的とリサーチクエスチョンから始まるのと同じである[17]。たとえば，私は次のような考えとともに曲を書きはじめることはない。「今日は雨の歌を書こう。荒涼とした主題のモチーフで始めて，すべてダイアトニックスケールのコードを使って，ドミナントキーでリフレインを置いて，ブリッジの間サブドミナントキーに変えよう」とはならないのである。その多くの時間において，（プラクシスとして）歌を作ることは，より有機的で，その瞬間のものであり，特定の瞬間で何が有効かという美的な影響を受けた意思決定を考えるもので，思慮深いもので，自然と湧き起こるもので，事前に計画されないものである。これらの考えを踏まえて，ウェブサイトにある〔https://www.guilford.com/companion-site/Handbook-of-Arts-Based-Research/9781462540389〕《冬のアルファベット》を聴き，テクストと音楽に触れながら「理由」を考えよう（**図13.1**参照）。

解説

　私は，自分が知っている音楽，何十年にもわたって知ってきた音楽で，自分は知られているという自信と信念を持って音楽をしてきた。私は半世紀以上，他者との関係の中で自分の音楽的自己を理解している。私は音楽，私自身，他のミュージシャンとアーティストとの間で互いに感じ合っている。音楽を教えながら，音楽について，ミュージッキングについて，学習者とともに，学習者を通じて学ぶ。詩人の友人の言葉を言い

15　私は，ある作曲の教授の奇才ぶりを最近思い出した。その教授は，《冬のアルファベット》について知的な議論をする前に，楽譜のコピーと音楽を聴かせることを要求したのだ。

16　「読み書きできる」ミュージシャンとは，標準的な楽譜があってもなくても，聴き，読み，書き，演奏ができる人だと私は考えている。

17　作曲家は音楽作品の記譜を進めるとき，音楽に対して，「マッサージ」したり，思慮深く理解した上で変更を加えたりはしない，と言っているのではない。

282　　第Ⅲ部　パフォーマンスのジャンル

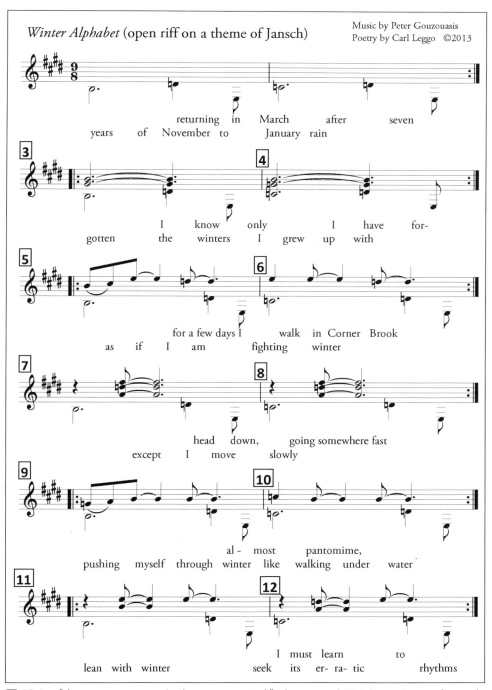

図 13.1 《冬のアルファベット (Winter Alphabet)》(Jansch の主題を基にしたオープンリフ)。作曲：ピーター・グズアシス／作詞：カール・レゴ。Copyright © 2013

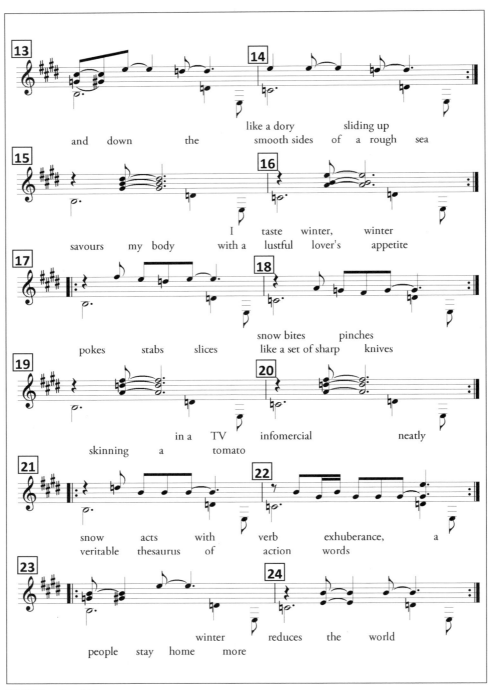

図 13.1 （つづき）

図 13.1 （つづき）

第 13 章 新しい調性での a/r/tographic な探究

returning in March after seven years of November to January rain	3月に7年ぶりの帰郷 11月から1月にかけての雨
I know only I have forgotten the winters I grew up with	私は自分だけが忘れてしまったことを知る 私が育ってきた冬を
for a few days I walk in Corner Brook as if I am fighting winter	数日間コーナーブルックを歩く 冬と戦っているかのように
head down, going somewhere fast except I move slowly	うつむいて，どこかへ速く向かっている しかし私はゆっくり動く
almost pantomime, pushing myself through winter like walking under water	ほとんどパントマイムのように，突き進む 水の中を歩くように冬の中を
I must learn to lean with winter seek its erratic rhythms	冬に寄り添うことを学ばなければならない その不規則なリズムを探し求める
like a dory sliding up and down the smooth sides of a rough sea	荒波のなめらかな面を 滑るように上り下りする小型の漁船のように
I taste winter, winter savours my body with a lustful lover's appetite	私は冬を味わう，冬の風味を 私の身体は強い欲望で満ちている
snow bites pinches pokes stabs slices like a set of sharp knives	雪はかみつき，つねり，つつき，刺し，スライスする 一式の鋭いナイフのように
in a TV infomercial neatly skinning a tomato	テレビのインフォマーシャルの 巧みなトマトの皮むきのような
snow acts with verb exuberance, a veritable thesaurus of action words	雪の動きは豊富な動詞で表現される， 行為を表す言葉の紛れもない宝庫
winter reduces the world people stay home more	冬は世界を制圧する 人々はいっそう家にいる
huddle in their cars more hide in shopping malls more	車でいっそう身を寄せ合う ショッピングモールにいっそう隠れる
deep snow, hard-packed snow, plowed snow, powder snow	深い雪，固まった雪， 除雪された雪，粉雪
no hint of spring anywhere except spring always comes	どこにも春の兆しはない しかし春は必ず訪れる
sunglasses essential, blind colour, light and shadow tear the retina	サングラスは欠かせない，色をわからなくさせる， 光と影は網膜を引き裂く
snow in mountain creases and cracks, a monochrome world	山の雪はひだとなり ひびが入る，白黒の世界
like the alphabet on paper, a text I am learning to read again	紙上のアルファベットのように， 私が読み直そうとしているテクストは
reminded how quickly I grew illiterate, lost my language	私がいかに早く読み書きできなくなり， 言葉を失わせたのかを思い出させる

図 13.1 の詩の訳

換えるならば[18]，私が自分の音楽的な印象を書くとき，その印象が自分や他者の心に響くという安心感を疑いなく持っている。

　その種のオートエスノグラフィー的な視点は「オートエスノグラフィー」という用語を詳細に研究することで浮かび上がる。私の分析によれば，オートとは自己（self, すなわち auto はギリシャ語の αυτό に由来）[19]，それ（that, この言葉もまたギリシャ語では αυτό と言う），「彼を／に（him）」と「彼女を／に（her）」（αυτόν/auton および αυτί/auti），「彼らを／に（them）」（εαυτόν/eauton），「彼らの（those）」（αυτά/auta），「彼ら（they）」（αυτοί/auti），「文化（culture）」（すなわち the *ethno*/έθνο），「書くこと（writing）」（すなわち the *graphy*/γραφή）の結合がある。ギリシャ語では，「エスノ（ethno）」（έθνω）という言葉は，共同体や家族はもちろんだが，国家，国，民族，人種，部族，共同生活を送る人々のグループを意味する。私たちは，エトス（ethos）なしには，エスノ（ethno）や倫理（ethics）をもつことはできない。一般的に言うならば，「エトス（ethos）」は場所，心の状態，存在する感覚であり，個人を形成するであろう不可欠の特質である。その一方で，「エートス（eethos）」は，自己と他者の関係における人の存在の特質である（Gouzouasis & Ryu, 2015 参照）。さらに「グラフィー（graphy）」はテクストを書くこと以上のものである――この言葉は絵を描くことや作曲にも適用できる。オートエスノグラフィーをその視点から解釈するとき，オート（auto），エスノ（ethno），グラフィー（graphy）は，文脈の中に位置づけられるもので，相互に関係するものである。αυτό の概念についての考えの統合は，私たちを取り巻く世界との関連の中にある自己といった新たな理解をもたらす[20]。「（…）芸術作品が，その本来の存在を獲得するのは，それが経験となり，その経験が経験する者を変化させる場合なのである」（Gadamer, 2004, p. 103；邦訳書 p. 147 より引用）。

　もしオートエスノグラフィー――特に，芸術的に書かれたストーリー，詩，音楽，音楽と詩――の目的が，意味を知らせることであり，事実を単に描くのではないならば，そして芸術の役割が思考・意味・イメージを喚起することであるのならば，詩と音楽が不可分に溶け合い新しい表現形式を創造するとき，何が起こるだろうか。全体的かつ関係論的な視点からすると，そのプロセスは，私たち（ギタリスト／作曲家と詩人）による音楽と詩の上演（プラクシス）の物語や方法となり，音楽や詩を書くこと（ポイエーシス）となり，その音楽と詩の経験への聴き手の反応のあり方となる。それは，言葉と音楽相互の遊び，言葉や音楽各々での遊びとなる――それは音楽が言葉に引き起こす動きのある遊びであるし，その逆でもある。

　場と空間（(s)p(l)ace）になるのは，音楽と詩の遊びが循環し，なること（becoming）の継続的なプロセスにおいてである。そのようになるのは，絶え間なく動きつづける形でパフォーマンスする中で（Allport, 1955, p. 33），兆候を意識することを通じて，そして「あるもの」になる自由を通じてである。それは次のようなことでもある。(1)パフォー

18　Leggo（1995）を参照。また，私が「自己」について言及する際，本章で後ほど述べるすべての素晴らしい次元において，「オート（auto）」を用いる。

19　ギリシャ語で「au」は，二重母音で「af」と発音する（単語「after」のように）。

20　関係的状態と関係性のメタ理論の考えについては他の著作で議論してきた（Gouzouasis, 2008a, 2008b 参照）。

ミング・アートの作品を，パフォーマンスを通じて継続的に更新される成長する動的な構造として理解すること（Allport, 1955, p. 91），(2)エンタシス（緊張）を創造的な成長に不可欠なものと評価すること（p. 48）であるが，それは(3)制作することと演じることの文脈の中で，そして(4)個々のアーティスト，共同体（ミュージシャンと詩人），オーディエンス（すなわちパフォーマーと観衆，個人と集団）(p. 35) との間の発展的な関係性を理解する中で行われる。アートに満ちた研究プロセスに，より多くの経験やスキルを持ち込めば持ち込むほど，アーティスト研究者教育者たちはより「自由に」なり，より豊かで深く美的に挑戦的な音楽作品へと，そして解釈のプロセスを通じた共同体や自己理解へと向かうようになる（Gadamer, 1986, pp. xv–xviii）。音楽と詩が音と言葉，指の動きと朗読，そして静的なテクストを超越するとき，私たちは，「すべての遊びは遊ばれることだ」ということをより深く理解するようになる（Gadamer, 2004, p. 106；邦訳書 p. 152 より引用）。それはどういう意味かというと，パフォーミング・アートには，詩と音楽におけるすべてのパフォーマンス（とパフォーマー）を変えてしまうような詩と音楽それぞれの解釈の更新が絶え間なくあるということである。

評価，考え

　近著のある章でグズアシスとレゴ（Gouzouasis & Leggo, 2016）は，音楽と詩の統合を，芸術的歌曲に基づく探究として考えることへと読者をいざなった。ここでは，そのアイデアを詳しく説明するためにさらなる考え[21]を示す。

　古代ギリシャの抒情詩（つまり，竪琴で伴奏された詩[22]）には録音や楽譜は存在せず，非常にわずかな抒情詩のみが残っている[23]。ギリシャの「歌い手」による合唱は，一般的に詠唱する抒情詩であるものの，西洋の歌で私たちが考えるようなメロディーという感じを必ずしも伴ったものではなかった。抒情詩は一般的に，詩人が個人的な感情を表現することができる短い詩である。カール・レゴの《冬のアルファベット》は，弦楽器の伴奏による口語（詠唱される）詩の，この時間，空間，場所を（再）創造するよう私を掻き立てる。《冬のアルファベット》は，強弱格の 4 歩格[24]，あるいは弱強格の 4 歩格[25] として考えることはできない。そうではあるが，私が発展させた伴奏により，テクストを 3 拍子で流れるものと考えるようになった[26]。なぜなら，「歩くこと」と，1 音 1 音拍

21　Ektìmisis（εκτίμησεις）とは，認め評価する，つまり尊敬する方法である。theòrisi（θεώρηση）とは，ものの見方（観点），考え方，解釈する方法である。

22　ギリシャでは，リラ（lýra/λύρα）は 7 弦の卵形の楽器であった。

23　これはアレクサンドリアの図書館が破壊されたことによるものだろう。Plutarch（プルタルコス）によれば，図書館は紀元前 48 年の Julius Caesar（ユリウス・カエサル）が放った火によって誤って破壊されたようだ。

24　Longfellow（ロングフェロー）の《The Song of Hiawatha（ハイアワサの歌）》を考えると，「On the shores of Gitche Gumee」では，強調されたシラブルからなる韻脚の後に，強調されないシラブルが続く（**du** da, **du** da, **du** da, **du** da）。

25　英語では，この格調（da, **du** da, **du** da, **du** da, **du**）がより一般的である。

26　私は，付点 4 分音符はそれぞれ 3 つに分割されて聞こえ，感じられる。8 分の 9 拍子で，各小節は

を刻まない形の伴奏に重ねてその詩を読むことが、「不規則なリズム」であるように感じられたからである。楽譜では（**図13.1**にある），ギターパートの繰り返しのリズムとともに不規則に読むという性質を示すように，音楽にテクストを並べるよう努力した。「pushing … through winter」のような詩の言い回しでは，疾走感をもってリズミカルにベースライン（親指だけで）と伴奏（人差し指，中指，薬指）を維持するという難事に自分を追い込まなければならなかった。

この章において，さらに芸術的成果[27]を記述し明確にしようとする中で，もう一つ考慮することがある。それは，《冬のアルファベット》のパフォーマンスを頌歌と考えるというものである。頌歌とは，即興的に始まったもので，悲劇と喜劇の両方で見られるアート形式である（Aristotle『Poetics（詩学）』1987, pp. 10-15, 68 を参照）。もう一つの視点からみると，《冬のアルファベット》は，より自由で「イレギュラー」な詩の表現であるという点で，*酒神讃歌*の性格をもつというのが妥当だろう[28]。「頌歌」（φδή）は音楽と詩の芸術的融合を描くため，他の人も用いてきた。最も注目に値するのは，John Dryden（1697）の頌歌《Alexander's Feast》，副題《The Power of Music》である。Jeremiah Clarke（楽譜は失われている）と Georg Friedrich Handel（1736）の両者が，その頌歌に音楽をつけた。後者の 2 作品もまた，私が歌曲に基づいた探究のモデル「研究としての芸術的歌曲（arts song as research）」（Gouzouasis & Leggo, 2016 参照）として提案している，西洋音楽における歌曲の例の議論に関係している。

《冬のアルファベット》と共鳴するような密接に関連する作品例を探す中で，Ioannidis Nikolaos（イオアニディス・ニコラオス）[29]の音楽を見つけた。彼の曲は古代ギリシャの詩（Simonides［シモニデス］，Solon［ソロン］，Anacreon［アナクレオン］，Homer［ホメロス］，Sappho［サッフォー］）に合わせて作曲されているが，詩の旋律的解釈について，そしてギターの伴奏が竪琴のそれに似ていることについて，その両方の歴史的「真正」を問う人もいるだろう。そうした接近は，解釈に立ち入ることになる。しかし，彼の作品は音楽の質がとても高く，Aristotle やその他ギリシャの歴史家や哲学者が書いた詩に関する記述を解釈する一つの方法かもしれないと十分に推測できる。そう考えると，私はポイエーティケ・テクネー（技術知）には 2 つの次元があるという考えを共有している。その 2 つの次元とは「何がよい詩をつくるのかが明確である」こと，そして「その作品の詳細を合理的に把握している人，つまり，その根拠を理解し，説明できる人の認知状態が示されている」（Heath, 2009, p. 62）ことである。同じ規準は，音楽，芸術的歌曲に基づいた研究，そして ABR の出版物にあまり登場しない他の形式の音楽にも

---

　3 つの大きなビートがあり，それぞれが 3 つの小さなビートへと分割されるように感じられる。

27　ギリシャ語で，芸術的な成果は καλλιτεχνικό αποτέλεσμα（kalitechnikò apotèlesma）という。「kalitechnikò」の中にある「tèchne」と「apotèlesma」の中にある「tèlos」（終着点）の言葉のわずかな変形に注意せよ。また，文字通り訳すと「kali」は「よい」という意味である。したがって，そのフレーズは「よい芸術の結末」を実際には意味する。

28　紀元前 5 世紀の Simonides（シモニデス），Pindar（ピンダロス），Bacchylides（バッキュリデース）は，酒神礼賛の頌歌を書いた。

29　1999 ～ 2016 年に書かれたもので，以下のサイトで聴くことができる。http://homoecumenicus.com/ioannidis_ancient_greek_texts.htm

適用できる（Bakan, 2014; Gouzouasis, 2013; Gouzouasis & Leggo, 2016 参照）。

　本章を構成する上で，非常に難しい側面が 2 つあった。それは，(1) 読み手が理解できなくならないよう，理解しにくい音楽用語とテーマ固有の理論的議論を使うという罠に陥ることなく，ABR における音楽の役割と機能を概念化するための方法を説明するよう試みること。(2) 美を抽象的，霊妙，魔術的，感覚的な幻想として議論するという罠に陥るのではなく，むしろ「真理」とつながるものとして議論すること（Gadamer, 1986, pp. xi–xxi; Gouzouasis & Lee, 2002 も参照）である。これはミュージッキングの経験，特に音楽と詩を演奏し，制作し，作曲し，録音することを通じて，そして音楽，詩，語りにおけるアイデアとともに遊ぶという循環的解釈の過程を通じて行われる。日常経験の中で，音楽と詩を通じて，そしてそれらを軸として自分自身を書くときに知るのは，私が遊び，遊ばれているということである。

　私が音楽を演奏し作曲しながら音楽と詩を学んだこと，そして，哲学，音楽，詩，ABR の観点から，この作品の形式の批評的なプロセスについてさらに書くことにより，作曲とパフォーマンスのさらなる可能性を考えたことは，オートエスノグラフィーの教育的性質だけでなく，解釈学の教育的性質についての考えを私に呼び起こしてくれる。音楽を通じて，音楽と詩を通じて自己を書くこと，そして批評的・省察的な旅をすること，それ自体が教育的プロセスであり，Pelias（2000）が人生の一日について書くことと同様の教育的過程である。これらすべての考えに対して，私はこの章を，アートに満ち創造的で熟練されたかたちで構成された音楽の ABR を思い描き，作るための方法として提案する。

文献

Allport, G. (1955). *Becoming: Basic considerations for a psychology of personality*. New Haven, CT: Yale University Press.

Aristotle (Aristotèles). (1987). *Poetics*. Indianapolis: Hackett. ［アリストテレス，三浦洋（訳）(2019)．詩学　光文社］

Bakan, D. L. (2014). A song of songs: A/r/tography, autoethnography, and songwriting as music education research. Doctoral dissertation, University of British Columbia, Vancouver, BC, Canada. Retrieved from http://circle.ubc.ca/handle/2429/51903.

Baracchi, C. (2008). *Aristotle's ethics as first philosophy*. New York: Cambridge University Press.

Barnes, J. (Ed.). (1984). *The complete works of Aristotle: The revised Oxford translation*. Princeton, NJ: Princeton University Press.

de Cosson, A. (2004). The hermeneutic dialogic: Finding patterns midst the aporia of the artist/researcher/teacher (Rewrite #10 in this context). In R. L. Irwin & A. de Cosson (Eds.), *A/r/tography: Rendering self through arts-based living inquiry* (pp. 127–152). Vancouver, BC, Canada: Pacific Educational Press.

Donnegan, J. (1840). *A new Greek and English lexicon: Principally on the plan of the Greek and German lexicon of Schneider*. Boston: Hilliard, Gray & Co. Retrieved May 10, 2011, from http://ia600300.us.archive.org/12/items/newgreekenglishl00donnuoft/newgreekenglishl00donnuoft.pdf.

Eisner, E. W. (1991). Taking a second look: Educational connoisseurship revisited. In M. W. McLaughlin & D. C. Phillips (Eds.), *Evaluation and education: At quarter century* (pp. 169–187). Chicago: University of Chicago Press.

Eisner, E. W. (2002). *The arts and the creation of mind*. New Haven, CT: Yale University Press.

Eisner, E. W. (2003). Educational connoisseurship and educational criticism: An arts-based approach to educational evaluation. In T. Kellegan & D. L. Stufflebeam (Eds.), *International handbook of educational evaluation* (pp. 153–166). Dordrecht, The Netherlands: Kluwer Academic.

Gadamer, H.-G. (1986). *The relevance of the beautiful and other essays* (R. Bernasconi, Ed.). Cambridge, UK: Cambridge University Press.

Gadamer, H.-G. (2004). *Truth and method* (2nd ed.) (J. Weinsheimer & D. J. Marshall, Trans.). London: Continuum.［ガダマー，H.-G., 轡田收ほか（訳）(1986). 真理と方法Ⅰ　哲学的解釈学の要綱　法政大学出版局］

Gouzouasis, P. (2006). A/r/tography in music research: A reunification of musician, researcher, and teacher. *Arts and Learning Research Journal, 22*(1), 23–42.

Gouzouasis, P. (2008a). Music research in an a/r/t/ographic tonality. *Journal of the Canadian Association for Curriculum Studies, 5*(2), 33–58.

Gouzouasis, P. (2008b). Toccata on assessment, validity, and interpretation. In S. Springgay, R. L. Irwin, C. Leggo, & P. Gouzouasis (Eds.), *Being with a/r/tography* (pp. 219–230). Rotterdam, The Netherlands: Sense.

Gouzouasis, P. (2013). The metaphor of tonality in artography. *UNESCO Observatory E-Journal, 3*(2). Retrieved from http://web.education.unimelb.edu.au/UNESCO/ejournal/index.html.

Gouzouasis, P., & Bakan, D. (2011). The future of music education and music making in a transformative digital world. *UNESCO Observatory E-Journal, 2*(1). Retrieved from http://web.education.unimelb.edu.au/unesco/pdfs/ejournals/012_gouzouasis.pdf.

Gouzouasis, P., & Lee, K. V. (2002). Do you hear what I hear?: Musicians composing the truth. *Teacher Education Quarterly, 29*(4), 125–141.

Gouzouasis, P., & Leggo, C. (2016). Performative research in music and poetry: A pedagogy of listening. In P. Burnard, L. Mackinlay, & K. Powell (Eds.), *The Routledge international handbook of intercultural arts research* (pp. 454–466). London: Routledge.

Gouzouasis, P., & Ryu, J. Y. (2015). A pedagogical tale from the piano studio: Autoethnography in early childhood music education research. *Music Education Research, 17*(4), 397–420.

Heath, M. (2009). Cognition in Aristotle's Poetics. *Mnemosyne, 62*(1), 51–75.

Langer, S. K. (1953). *Feeling and form: A theory of art.* London: Routledge & Kegan Paul.［ランガー，S. K., 大久保直幹ほか（訳）(1970). 感情と形式──続「シンボルの哲学」　太陽社］

Langer, S. K. (1957). *Problems of art: Ten philosophical lectures.* New York: Scribner's Sons.［ランガー，S. K., 池上保太・矢野萬里（訳）(1967). 芸術とは何か　岩波書店］

Leggo, C. (1995). Storying the word/storying the world. *English Quarterly, 28*(1), 5–11.

Lunsford, A. (1995). *Reclaiming rhetorica: Women in the rhetorical tradition.* Pittsburgh, PA: University of Pittsburgh Press.

Overton, W. F. (2002). Understanding, explanation, and reductionism: Finding a cure for Cartesian anxiety. In L. Smith & T. Brown (Eds.), *Reductionism* (pp. 29–51). Mahwah, NJ: Erlbaum.

Overton, W. F. (2007). Embodiment from a relational perspective. In W. F. Overton, U. Mueller, & J. L. Newman (Eds.), *Developmental perspective on embodiment and consciousness* (pp. 1–18). Hillsdale, NJ: Erlbaum.

Pelias, R. J. (2000). The critical life. *Communication Education, 49*(3), 220–228.

Peters, F. E. (1967). *Greek philosophical terms: A historical lexicon.* New York: New York University Press. Retrieved May 27, 2011, from https://books.google.co.in/books/about/greek_philosophical_terms.html?id=jepr6mj9hy8c.

Regelski, T. A. (1997). Prolegomenon to a praxial philosophy of music and music education. *Canadian Music Educator, 38*(3), 43–51.

Small, C. (1998). *Musicking: The meanings of performing and listening.* Hanover, NH: University Press of New England.［スモール，C., 野澤豊一・西島千尋（訳）(2011). ミュージッキング──音楽は〈行為〉である　水声社］

Springgay, S., Irwin, R. L., Leggo, C., & Gouzouasis, P. (2007). *Being with a/r/tography.* Rotterdam, The Netherlands: Sense.

第14章

生きること，動くこと，そして踊ること
身体化された探究の方法

●セレステ・スノーバー（Celeste Snowber）

訳：鈴木絵美子・岡原正幸

> どんな言葉も，身体が奥底で知っていることを完全に表現することはできない
>
> —— CELESTE SNOWBER（2014b, p. 119）

　ダンスは，呼吸と骨，筋と細胞を通して私たちと出会い，体内から脈打つエネルギーを解き放つ。歩いていても走っていても，泳いでいても飛び跳ねていても，跳んでいても静止していても，いずれにせよ，私たちはみんな生きているし，同じく踊ってもいるのである。体内を循環する血液や体液によるダンスというものがあり，身振り手振りの表現は日々行う活動なのである。ダンサーは，形やリズム，そして身体性という要素を無数の方法で扱うが，その中で最も核となるのは，知るための場として身体を統合することである。私たちは，身体化された人間であり，身体を通して，身体の中で生きている。そして，この地球上の人間に共通するのは，身体の美しさと限界の両方の中で生きるというパラドックスである。生きること，動くこと，踊ることとは，喜んで跳ねたりすることから悲しんで身を縮めることまで，さまざまにある。本章では，ダンスとアートベース・リサーチ（ABR）の中にある身体的な探究方法とを統合することで，身体化された学問という可能性について考えたい。

背骨 —— 身体化された学問の指標

　研究者，学者，アーティスト，ダンサー，教育者である私たち全員に言えることは，私たちが私たちであるのは，身体と精神，心と魂，細胞と組織，想像力と認識力が結びついたときである。身体とダンスは，多くの学問領域の中でも誤解されてきた最たるものである。それも身体と精神の二分割が，とりわけフェミニズム研究において，何十年にもわたって強く批判されてきたにもかかわらずだ（Bordo, 1993; Butler, 1993; Cixous, 1993; Griffin, 1995; Grosz, 1994; Irigaray, 1992; Kristeva, 1980; Leder, 1990）。身体がどのよ

うに植民地化され，あるいは文化的に刻印されるのかについて議論する学問が増え，ダンス教育の研究者は，知と知覚の場として身体とダンスを結びつける理論を進めている（Fraleigh, 2004; Hanna, 1988, 2008; Shapiro, 1999; Stinson, 1995, 2004）。身体化された脳であるダンスと，認知と動きであるダンスを相互に結びつけようとする研究は続いている（Green-Gilbert, 2006; Hanna, 2014; Mason, 2009）。ソマティックス〔客観的な実体や機械的な道具としての身体ではなく，内なる経験的な身体に焦点を当てること〕の分野での目覚ましい発展は，身体の統合と知を深く結びつけ，理論と実践を身体化された方法でつなげようとする世界中のダンサー／学者の作品集を復活させている（Johnson, 1983, 1994; Williamson, 2010; Williamson, Batson, Whatley, & Weber, 2014）。これらの分野と並んでダンスと運動療法の研究があり，そこではダンスが人生の過程における変容と発見の場になるのかについてその関係性が問われている（Collins, 1992; Halprin, 1995, 2000; Hawkins, 1991; Levy, 1988）。これらの研究結果や蓄積が，ABR のダンサーや運動の実践者がダンス，振付，即興を探究の場として研究し，開拓していく仕方に影響を与えてきた。そのため，ABR と現象学を専門とする教育学者は，知識，学習，教育法，実践における身体の重要性を強調しつづけているのである（Blumenfeld-Jones, 1995, 2008, 2012, 2013; Blumenfeld-Jones & Liang, 2007; Bresler, 2004; Cancienne, 2008; Cancienne & Snowber, 2003; Garoian, 2013; Katz, 2013; Lawrence, 2012; Leavy, 2015; Lloyd, 2011, 2012; Lloyd & Smith, 2006; Margolin, 2013, 2014; Migdalek, 2014, 2016; Richmond & Snowber, 2009/2011; Ricketts, 2010; Ricketts & Snowber, 2013; Smith, 1997, 2010, 2012, 2015; Snowber, 1997, 2002, 2004, 2005, 2007, 2010, 2013, 2014a, 2014b; Springgay & Freedman, 2007; Stinson, 1995, 2004; Wiebe & Snowber, 2011）。

　現在 ABR には，ダンスと運動を統合する方法がダンスの形態の数だけ存在している。フラの揺れる腰，バレエダンサーのアラベスク，コンテンポラリーダンスの収縮と拡大，アパラチアン・フォークダンス，スーフィーダンス，ベリーダンス，ヒップホップやハイブリッド形式のパフォーマンス・アートに，ダンスの語彙というものがうかがえる。人間の身振りや表現の幅は，精神，身体，魂を結びつけることのできる身体による表現の中に見出すことができる。ダンサーは，自分たちのダンスの中心は，生き，呼吸し，脈打つ身体であり，それは長年の訓練により培われただけではなく，表現というものが持つ景色でもあることを知っている。モダンダンサーとして知られる Merce Cunningham（マース・カニングハム）は，「ダンスは好きでなければ続けられない。ダンスから得られるものは何もない。出来上がった原稿も，壁に飾ったり美術館に飾ったりできる絵画も，印刷して売ることのできる詩もない。あるのは，生きていると感じるその一瞬だけだ」（Huxley & Witts, 1996, p. 154 より引用）と見事に言い表している。

　私はよく研修中の教員に，学校にダンスを導入することはそこまで大切ではなく（私は大喜びするが），大事なのは生徒が深く目覚め，生き生きとした体験ができるようにすることだと言っている。ダンスは，美的体験，つながりの経験，全体性，ひらかれるべき知識を受け入れる空間というだけでなく，身体化された体験への入り口でもある。この章では，ダンサーや運動の実践者，そして身体化された探究方法で活動する人々が，研究，探究，知ること，存在すること，理解するための場として，どのように身体を統合してきたかを追跡していく。ABR の研究者たちが，ダンスと研究を結びつけて執筆

し，理論化するようになって20年近く経つが（Bagley & Cancienne, 2001; Blumenfeld-Jones, 1995, 2002; Snowber, 1997, 2002; Schroeder [Snowber] & Gerofsky, 1998），身体を知るという行為の場として統合することは，bell hooks（ベル・フックス，1994）の哲学にある，越境という革命的な行動でもありうるのだ。ABRでダンスが探究の場として使われた初期の著作の一つが『Dancing the Data』であり，これにはSnowberの《The Zen of Laundry》（Bagley & Cancienne, 2002）などのパフォーマンスを収録したCDが付属している。心と身体のデカルト的分裂から離れるという議論は長い間されてきており，神経科学者，ダンス研究者，哲学者たちは，身体と心を統合することの重要性を主張する「先頭」（私だったら「先体」と言うが）に立ってきた。身体に起こることは心にも起こり，その逆もまた起こる。「動きの中で考えることは，身体であることの基礎になる」と，動きの哲学者として知られるMaxine Sheets-Johnstone（2009, p. 494）は言い，モダンダンスのパイオニアであるMartha Graham（マーサ・グレアム）も「動きは決して嘘をつかない。動きは，それを読むことができるすべての人に，魂の天候の状態を伝えるバロメーターである」（1991, p. 4）と言っている。私たちの身体は，感情の所在を示す巨大な場所であり，喜びや嘆き，トラウマや驚きが，身体の中に存在しつづけるということは，広く理解されている。コミュニケーションは少なくともその80％がボディランゲージであり，厄介なことに，性的虐待を受けた場合にはそれが何年にもわたって感情に影響を与えるという厳しい現実もわかっている。サッカーやホッケーの試合に勝ったとしたら，観客が手も動かさずに席で静かにしているだろうか。私たちの最初の動きは子宮の中から始まり，生涯を通じて続く。私はよく，身体は私たちの中にあるGPS（全地球測位システム）のようなもので，私たちを導き，指示することができるとたとえている（Snowber, 2011）。身体というものは，私たちが人間として本当は何者であるかという証拠を，*指標*に変えるものなのである。私たちには，身体という魂を通じて，自分の大胆な宣言や微妙な感覚を聞き分ける能力がある。長い間，常に問われているのは，なぜアカデミズムや医学，あるいはアートベースの学問の場においてさえ，運動芸術をより広いコミュニティの中で位置づけることがいまだに難しいのか，ということである。ダンス史家のCurt Sachsが何年も前に言ったように，「踊らない民族」はほとんどいないのである（1937, p. 11）。身体とダンスを探究の場とする言説が豊かになれば，それは，教育的研究の中で，ダンスが根を張り，羽ばたくための背骨となるものなのである。

心 —— 身体への思いやり

　ABRにおいてダンス，動き，身体が，ここ数十年でどのように統合されてきたかを理論的に説明する前に，読者の皆さんに，身体性を持った人間であることの意味をより深く受け止めていただき，あなたの学問や好奇心やアートへのつながりのすべてをどのように研究に注ぎ込むのか，それを考えてほしいのである。私はよく大学院生に，私がこの仕事を続けているのは，自分が身体化されているからではなく，しばしば身体化されないからだと話す。そして，私にとって「身体化」とは，身体，精神，心，想像力な

どが相互に関連することを意味している。身体化とは，単に身体についてではなく，身体，心，精神の統合的な場のもとに生きるということである。私がこの分野で研究し，踊り，書き，教えている理由は，頭で考えて生きることができるからだが，歩き，書き，踊り，料理し，教え，泳ぎ，演じるなどの実践を続けることで，一面だけでなく全体的な自己の中に根ざしながら生きることができるのである。多くの人がそうであるように，私も頭で考えることを中心としたカリキュラムに沿った教育を受けてきた。自然界の大切さに触れ，色彩豊かな料理を作り，Kandinsky（カンディンスキー）の絵画を眺め，海でカヤックを漕ぎ，会話を楽しみ，リビングで踊る機会があったにもかかわらず，私の受けた学校教育は，知能や頭脳，そして学力の重要性を強調するものであった。アイビーリーグという名門大学の多いニューイングランド州で育ったけれども，高校時代にはわざと悪い成績をとってアイビーリーグに入らないようにした。後年，私は反抗しようとしたが，私の身体に刻まれたのは思考への関心であった。そして，思考なるものは，まるで脳と身体のつながりがないかのように，心の中にあった。だから，私には「モンキー・マインド」と呼ばれる，頼んでもいないのに勝手に動いてしまう性質があり，何でもかんでも心配してしまう傾向がある。もちろん，これとてパフォーマンスの材料になり，《Woman Giving Birth to a Red Pepper（赤トウガラシを産む女）》という大きな長編ショーの一部として「Spirituality of Worry（心配性の精神）」という作品を観客のためにつくり，この作品を通して，心配する方法を知らない観客のために心配する方法を教えたのである。すべてがパフォーマンスのためのインスピレーション！ ダンスや動きを通じて身体化された理解の仕方を探求することは，人生に完全に入り込み，世界と自分との直感的な関係を理解するための，まさに私の方法なのである。時を経て，私は感覚を通して生きることの素晴らしさ，そして身体から湧き出る言葉や文章の重要性を知るようになった。読者の皆さんには，自分の身体との関係において，その限界と素晴らしさの両方に対して思いを馳せ，自分の身体を再認識し，その身体と友達になってほしい。あるいは，David Abram（1996）が言うように，「呼吸する身体で自身を再認識すると，認識した世界自体が変化しはじめる」（p. 63）のである。

　身体芸術や生理的な芸術の最も厄介で驚くべき点は，私たちの心の奥底にあるものに「目覚める」機会を与えてくれることだと感じている。これは驚きや喜びをもたらすこともあるが，不快になる余地もあるのだ。西洋文化では，見た目，腰の大きさ，髪のスタイル，平らで割れた腹筋といった「外見」としての身体に執着してきた。子どもの頃に，注意を払うにはじっと座っていなければいけないと指示されるまで，スキップしたり，ジャンプしたり，芝生で転げまわったり，大げさな身振りで不満の気持ちを他者に伝えていたりしたこと，それを忘れがちだ。注意するとは，じっと座っていることではなく，自分が何者であるかということのすべてとともに存在することなのだ。身体は私たちに意識を向けるよう呼びかけている。そして，ここにABR研究者への贈り物がある。どんな形のものであれ，それを身体により深く宿すことは，目覚めるための生理的な呼びかけなのである。それは，親愛なる哲学者Maxine Greene（1995）が彼女の多くの美しい本や言葉の中で私たちを鼓舞するような，そんな目覚めなのである。

　お腹についた脂肪，病気，速く走れない，何かが完璧にできない，そういった自分の

第14章　生きること，動くこと，そして踊ること　｜　295

限界に立ち向かい，自分の身体を慈しむときである。今こそ，身体をいじめるのをやめ，私たちの身体が持つ知識と知恵を尊重する神聖な空間をつくるときなのである。だから私は，あなたがこの文章を読み進めていくうちに，あなたの体を大切に扱い，あなた自身に呼びかけ，あなたを待つ大いなる発見と啓示の場があるということを知ってほしいのである。

腰 ── 生きられた身体を理論化しながら踊る

　身体は長年にわたって注目を集めるテーマであり，ダンスのみならず，身体を理論化して説明する方法は複数存在する。身体化は，身体化された知識の重要性を正当化するさまざまな文化的言説によって記録されてきた。ダンスセラピー，パフォーマンス研究，神経科学，記号論，フェミニズム研究，カリキュラム理論など，この目的に貢献したさまざまな分野がある。刻印された身体，記号化された身体，性的な身体，生きられた身体などといった，身体について語るさまざまな方法が，身体と知覚がいかに結びついているかという理解を形成するのに役立ってきた（Grosz, 1994; Shusterman, 2008）。私は，ABRに関連させてダンスと動きを統合するという目的のために「生きられた身体」の重要性を強調し，さらに，ABRにダンスを組み込みはじめる場として，フィールドカリキュラム理論の重要性を強調したい。現象学的な理解における生きられた身体や生きている身体とは，感じ，呼吸し，五感を通して生きている身体であり，また，知ることの場として身体を理解する可能性をひらく身体である。マーケティングが強調してきた外側の身体とは対照的に，生きられた身体は，身体の本質をより完全で，豊かに，そして複雑に理解することを可能にするのである。生きられた身体では，首や背中の不快感や痛み，肌に感じる雨の香り，手足の伸縮や腹部の収縮，腰の揺れなど，身体におけるさまざまな感覚を大切にすることができるのである。私はよく学生に，腰は絶滅危惧種になってしまったから復活させなければならないと話す。私たちの身体の真実はどこにあるのか，そんな絶滅寸前の知識である骨盤からの問いかけがここにある。生きられた身体とは，人が知識の場，知恵の場として身体に入り込むことができる場所なのである。ダンスと動きは，教えること，書くこと，存在すること，研究すること，生きることに完全なる自己をもたらすように，人である私たちに足で考え，身体全体に住まうように誘うのである。身体知というものがあって，それをダンサー，運動実践者，研究者は，身体における知覚，洞察，理解といった関係の中で探求している。今こそ，思考に脚を，ノートに胴体を入れるべき時なのかもしれない。あまりにも長い間，脚注は文書のページに追いやられ，生きられた脚注が聞かれることはなかったし，身体には独自のノートの取り方がある。私たちは足でノートを取り，私たちは足で教える。そして，私たちは足でアート制作の練習をする。私たちの足の裏を，私たちの魂の呼吸の場にしてみてはどうだろうか。靴やブーツやハイヒールを脱いで，すり減った足を大地に置き，どこに行くべきか，何を調べるべきか，次の文章をどこに書くべきか，足に教えてもらってもいいだろう（Snowber, 2011）。

腹部 ―― 身体を使って研究する

　私たちの真実は胃や腹部にあるため，身体を使って嘘をつくことは難しい。友人や同僚があることを言っていても，身振り手振りがそれとは違うことを言っていることが多々ある。運動学的な知識は，この惑星で人間であることの一部であり，そしてダンスは身振り手振りの幅広さや，洗練されたさまざまな動きの存在を示してくれる。私は，ダンスというものを，コンテンポラリーダンス，エスニックダンス，クリエイティブ・ムーブメント，インプロビゼーション（即興）といった正式な表現方法だけでなく，動きの表現力がもつすべての範囲まで，そしてABRにある身体知を含むまでに，拡張したいと思う。そうすることで，ダンスはABRの場であるだけでなく，知ること，存在することを調査する場にもなるのである。これは膨大な仕事だと思われるかもしれない，しかし，それは私たちが生まれながらにして持っている権利をより広く享受できるようにするものである。そして，私はこう問いかけたい。身体を呼び戻す衝動に意識を向けることは，教育者，学者，研究者，ダンサー，あるいは探求者であることにどんな意味があるだろうか（Snowber, 2012, p. 120）。私は，ダンサーであり学者であるKimerer LaMothe（2013, 2015）が「身体的になることの哲学」と呼ぶものに同調する。それによると，「私たちは，この惑星の生き物としてのウェルビーイング（心身の健康）のために，ダンスをしなくてはならない。ダンスについて考え，ダンスを研究し，ダンスを練習する必要があるのだ」（2013, p. 134）とする。さらに彼女は，「私たちが必要としているのは，身体からの自由ではなく，身体になる自由なのである」（2013, p. 147）と言い切るのである。つまり身体化された探究の方法は，ダンサー，研究者，学者，教育者，そして運動実践者が身体になっていく道をひらくものである。

　身体化された研究方法をABR，ダンス，運動の中に組み込んでいく分野は，ここ数十年で急成長していて，その活用方法はさまざまな角度に広がっている。本章の後半では，ダンスにおいてABRの学者がこうした道を探求してきたさまざまな方法を紹介する。何年も前にCancienneとSnowber（2003, p. 237）が述べたように，結局のところ私たちは動く研究者であり，振付，ダンス，執筆はABRの研究者としての職業生活に不可欠なものなのである。早くからCancienneとSnowber（2003, p. 237; Bagley & Cancienne, 2001も参照）は，「私たちは教育研究プロセスの中で動きを用いた方法を使用することで，重要な質問を投げかけ，参加者の感情とつながり，理論的概念を理解し，発見の場としての自己を理解し，観客に向けたパフォーマンスを通して研究を表現する」と述べている。しかし，私はこの始点を，運動がABRに組み込まれていったもっと多くの分野へと広げてみたい。なぜなら私たちが自分たちの歴史を理解しなければ，未来に向かうことはできないからである。私は20年以上前にカリキュラム理論の分野に出会い，カリキュラムを単なる「内容」ではなく「生きられた経験」として表現する方法があることに非常に魅了された（Pinar, 1994, 2004; Pinar & Reynolds, 1992; Pinar, Reynolds, Slattery, & Taubman, 1994）。そこでは現象学の影響で，テクストとしての身体だけでなく，感じられた身体，生きられた身体を統合することが強調されていた。現象学は，私たちが単

第14章　生きること，動くこと，そして踊ること　297

に世界を記述するのではなく，いかにして私たちが，世界との親密性を直接的に経験し，その音，光景，質感，身振りに注意を払うかに注目をする（Husserl, 1970; Merleau-Ponty, 1962, 1964, 1968）。著名な学者たちは身体の生きられた経験が知識と学習の中心であると述べ，初期のカリキュラム理論家たちは生きられた経験を学問に取り入れることで大きな影響を残し，ダンサーや運動実践者が身体的な探究の方法を理論化しつづける道をひらいたのである（Aoki, 1993; Greene, 1995; Grumet, 1988; van Manen, 1990）。つまり，すでにダンサー，運動実践者，パフォーマーとして身体化された探究の方法を理論化するための基盤はできていたのである。アートベースの教育研究はカリキュラム理論の分野から大きな影響を受けていたが，ABRと，カリキュラム理論を再概念化する仕方の互換性をまとめる一つの方法として，ダンスを取り入れることに最初に注目したのは，カリキュラム理論の学術雑誌や研究学会であった。そこでは，探究の方法として身体について明確に述べるだけでなく，同じく，身体から書くというパフォーマティブな書き方を尊重し，実践し，賞賛する場があった。これは，いくらダンスと学術をつなぐ芸術の分野であっても，多くの既存の分野では，学術として認められるためには慣習的に言語で表現することが求められたわけで，そこには重要な違いがある。

　生きられた経験に焦点を当てることで，ダンサー，振付師，そして運動実践者は，生きること，存在すること，動くこと，踊ること，そして書くこと，これらをつないで一つにする土台を築いたのである。自伝的な探究方法はABRのさまざまな方法の中に散りばめられており，個人的なものを普遍的なものにつなげる中で，骨，脳，皮膚の間のつながりを知り尽くしているダンサーたちは共鳴を覚えるのである（Ricketts & Snowber, 2013; Snowber, 2014a）。身体知はもろもろの感覚に根ざしており，身体の衝動や身振りは，ダンスを探究の場として取り入れることで，その中に着地と飛行を見出すことができるのだ。しかし，ダンスだけでなく，身体性との結びつきこそ重要である。現象学の研究者でありダンサーでもあるRebecca Lloyd（2012）は，ダンスの枠を超えて，動きの優位性を呼び覚ます必要性を説いている。彼女は，現象学の研究者であるStephen Smithと共に，登る，手を伸ばす，あるいはストレッチをするなどの動きを通して学ぶ必要性を強調し，それによって原初的な世界とのつながりが深まるとする（Lloyd & Smith, 2006）。彼らは，動きの感覚，ジェスチャー，感情的な質を，動く人にとって探求する価値のある活力の一部として考えるのである（Lloyd, 2011; Lloyd & Smith, 2010）。Lloyd（2011）は犬と一緒に走ることについて，「新鮮で束縛されない生命の感覚が私の毛穴から押し寄せ，神聖な領域に入ったと感じる」（p. 120）と見事に語っている。Smith（2015）も同様に，乗馬における身体動作の充実感を「乗馬は，常足や速足だろうが，前脚旋回だろうが，盛り上がりの瞬間の連続である。しかし，感覚的，官能的には，欲望という点で，乗馬とはその瞬間の，生命性，身体性，間身体性に存在するのである」（p. 49）とするのである。

　ダンスであれ，カヤックであれ，乗馬であれ，ランニングであれ，水泳であれ，動きを喜び，身体の中の流れに連なって，感覚的な知識を得ることは，人間であることの意味なのである。ダンサーやアスリートはこの現実を知っており，これと合わせて，Csikszentmihalyi（チクセントミハイ，1997, 2000）が論じるフロー状態に，身体的な仕方で

入ることを理解している。この身体化された知恵はすべての人のためにあるが，ABRの学者，実践者，教育者として十分に生きるためには不可欠なものである。ケルト神学者の John O'Donohue（2004, p. 24）は，この真実を以下のように述べる。

> 人間の皮膚は多孔質で，世界はあなたの中を流れていく。あなたの感覚は，世界を取り込む大きな孔なのである。五感の叡智と同調することで，自分の意思や知性が構築した外部の精神的な場所に迷い込んだ，自分の人生における亡命者となることはないのである。

　本章では探究の方法としてダンスを取り上げているが，学者か，教育者，母親，父親，恋人，画家，植物学者，ダンサーかにかかわらず，身体感覚，内臓感覚，運動感覚で知ることを，私たちの身体と生きていることの意味に持ち込まれるように切に願っている。地球は身体とのつながりを求めており，同時に私たちの身体は地球なのである。ダンサーが真実だと知っていることは，ダンスの形式をはるかに超えた意味をもっている。多くのダンスの形式は，歩行者の何らかの動きから始まっている。一つの身振りが世界を変えることができるのである。Rosa Parks（ローザ・パークス）があるバスの席に座るという身振りは，他に類を見ないほどの歴史をつくったのである。たった一つの身振り。自由のための動き。立つのをやめ座り，腰を据える，それらのことが，平等であることは選択するかしないかではないことを世界に示すのである。

循環 —— ABR におけるダンスの動き

　振付家，ダンサー，即興家という人たちは，ダンス制作が創造的なプロセスであり，問いかけとシフト，形成と解体，制作と再制作，そして常に発見の場であることをずっと前から知っている（Cancienne & Snowber, 2003; Snowber, 2002）。身体化された方法とダンスが教育研究にどの程度組み込まれているかを一つの章で取り上げ，評価するのは難しいだろうが，私としてはこの仕事を推し進める創造的な方法をつくりつづけ，私たちを触発してくれる数人の学者に着目したいと思う。ダンサーは昔から好奇心が強く，発見の手段としてダンスを活用してきたと言わざるをえないが，いわゆるサイトスペシフィック・パフォーマンスが急成長しているものの，これまでほとんどの作品のコンテクストは舞台上で行われてきた。教育界や ABR における統合は，ダンスと運動が舞台を超えた文脈で統合され循環する方法の可能性を広げ，ダンスの価値が，かつてをはるかに超える現実をつくり出すことに活かされるのである。
　教育研究においてダンスが重要であることを経験したり，見たりすることは珍しくなく，学会の発表でも身体化された表現方法が取り入れられることはよくある。また，ダンサーでもある教育者や学者の中には，自分の論文中に身体化された探究方法を取り入れる者が急増している（Hornsby-Minor, 2004, 2007; Kay, 2012; Kurnaedy, 2013; Margolin, 2009; Migdalek, 2012; Ricketts, 2011; Rosehart, 2013; White-Wilkinson, 2013）。それどころか，自分の

学位論文を踊るというものもある（Myers, 2012）。ジェンダー，社会正義，悲哀，あるいはパフォーマンスを通して学ぶ総合的な方法など，さまざまなテーマを探求する従来の方法に挑戦しつづけるためには，タイミングが重要である。私はこれを肉付けされた哲学と呼びたい。ありがたいことに，多くの教育学系の大会で，パフォーマティブであることの可能性を受け入れる余地がすでに生まれている。私が忘れられないのは，アートベースの研究としてダンスの仕事を始めたばかりの頃，多重知能の研究で有名な Howard Gardner（ハワード・ガードナー）がアメリカ教育学会（American Educational Research Association: AERA）の会議室で発表し，それを大宴会場にいた 800 人がしゃがみ込みながらも熱心に聴いていたときのことである。廊下の先の部屋では，数人の ABR の研究者が，モダンダンス，バイオリン，ビジュアルアート，詩，声などを探究の場を直感的にひらく方法として総合して使っていた。十数人の参加者がいたが，それぞれの表現形式が並存していることに，私はいつも驚かされていたのである。そのとき，偉大な教育者であり，『Passion and Pedagogy: Relation, Creation and Transformation in Teaching』（2002）の編集者である故 Elijah Mirochnik が，私たちの部屋にやってきて，ダンス，バイオリン，音楽，美術のセッションにはほんの一握りの人しか参加せず，別の部屋では何百人もの人が座って多重知能のセッションを聴いているという皮肉を言ったのを覚えている。このアートベースのセッションは，アメリカ教育学会における特別なアート研究グループの始まりとなり，ABR の枠組みにより多くのライブのパフォーマンスを取り入れるようになっていった。多重知能を理論化するだけでなく，データを踊ることで現実にする場の必要性があったのである。

　ダンス／学者／教育者が，教育研究や教育環境の中でダンスや運動を統合するために使うさまざまな方法について掘り下げる前に，それらが表現される方法の多様性の中心となるものについて強調しておきたい。まず，厳密性について述べよう。学界では厳密性に注目が集まっているが，詩人であり学者であるカール・レゴ（Carl Leggo）が示すように，活力をともなった厳密性が重要である（Conrad & Sinner, 2015, p.xix）。ダンスの訓練には長い年月がかかり，常に注意を払う必要があるだけでなく，運動を生み出すための芸術性はもちろんのこと，学界内に統合されてはじめて，真の身体の知識人が存在することになる。Donald Blumenfeld-Jones（2012）が見事に語ったように，ダンサーとダンスという探究の場そのものが，ダンスを他の社会科学的な研究とは一線を画すものにしているのである。彼は「ダンスの実践者は，身体を探究や視線の対象としてだけでなく，身体の『内側』から働きかける探究方法そのものとして注目する。つまり，ダンスの実践者は，単に身体の動きを分析するだけでなく，その分析を自分の身体で実践し，その動きを個人的な出来事として研究する」（p. 310）と述べている。ダンスを統合する知識にパラダイムシフトが起こり，あえていえば，親密さとしての知識の余地があるのだ。私は踊っているとき（**図14.1**），全神経を集中させ，姿勢と細胞を振動させ，筋肉と筋膜のすべてを前面に出す準備ができていなければならない。その過程で感情と想像，認識と直感，指と腰は内側から出て外側へ入るように熟していく。ダンスは表現する場であるだけでなく，継続的な探究の場となるのである。私は時に自分を回復中の振付家と呼んでいる。それは，何年も前に即興に夢中になり，ダンスを発見と知識の場だけで

図 14.1　パフォーマンスにおけるセレステ・スノーバー
写真：Chris Randle

なく，習慣的な動きの形式から離れて，どんな知識が生まれ，何に惹かれるかに気づくための不変の源として理論化できると思ったからである。即興は，私たちが全存在を通して想像力の可能性に達し，発見されるべき身体の語りと物語に到達するための巡礼となりうるのである（Snowber, 2002）。

　「私たちは私たちが誰であるかを教える」と Parker Palmer は言うが，私たちは自分が何者であるかを研究し，指導し，踊るのである（1998, p. 2）。存在することと知ることの間には深いつながりがあり，かつて私が言ったように，「身体を通して探究を掘り下げれば掘り下げるほど，自分の中のパラドックスに深く気づく」（Snowber, 2002, p. 31）のである。ここに，人間という存在の複雑さについて私の理解を深めるための素材がある。つまり，ダンスは個人が問いを立てる場にもなり，そして，パフォーマティブな行為であり，探求であり，私たち自身の人生の素材に潜り込んでいくものなのである。私たちの好奇心，質問，探究心は，私たちの身体全体を通して問われたとき，いったいどうなるだろうか。私たちの身体は，胃のもたれ，姿勢の変化，胸の収縮など，私たちに語りかけるデータを常につくり出している。インタープレイと呼ばれる哲学と技法を開発した Cynthia Winton-Henry と Phil Porter（1997）は，身体データの情報は現在進行形で，経験を身体にどのように配置するかという方法で展開されるとする。インタープレイは世界中で実践されており，生活のあらゆる場面に身体を統合することで健康と変容を促進している。私は幸運にも 20 年以上にわたってインタープレイの指導者を務めており，それは私の創造の実践，指導の実践，そして最終的には自分の身体を通して聞くことの実践に大きな影響を与えてきた。身体のデータや情報に耳を傾けることは，思いもよらない方法で自分自身を知ることを可能にする。これらの身体データは静的なものではなく，私たちの中にある，動き，呼吸し，脈打つ運動的な生命力と結びついているのである。あるいは，Maxine Sheets-Johnstone（1999）が断言するように，私たちは生まれながらにして「元来の運動的活力や生気」（p. 232）を持っているのである。彼女はさらに，私たちは生きることによってのみ知識にたどり着くことができると述べ，この

ことは，運動学的な知に触れることで，自分の疑問を踊り，探究の場としての動きを発
見することができる運動実践者にとっては基本的な真実であると述べる。運動実践者と
して，ダンサーとして，人は自身が持つ動きの衝動に従い，振付や即興のプロセスを掘
り起こすための地面を切りひらき，身体と心のつながりを突き進むのである。ダンスは
汗と魂を解き放ち，疑問の下にあるものを明らかにする。だからこそ私はダンサーとし
て，また教育者として，自分自身や生徒たちと即興的なプロセスを活用し，それを新し
い理解や認識の方法を見つける場として活用しつづけているのである。身体に語らせる
とき，問いはいったいどのように問われるのだろうか。ダンスを通して問うとき，私は
言葉，身振り，思考を描き，それによって私の心の習慣的な働き方をすべて明らかにす
る。ジェンダーや人種，地球温暖化や生態，嘆きや喜び，美学や倫理などに対して，私
たちの身体の中にある知識はどのように動き，どのように語りかけるのだろうか。踊り，
そして書くことで，私たちの呼吸と血液をインクに変えるとどうなるのだろうか。長年
にわたる私の研究と教育において，私自身や生徒たちは身体から書くこと，そしてパ
フォーマティブで物語的な文章に身体的な感覚を吹き込む方法を探求するための実践を
行っている。言葉は私たちの舌や喉，音や感覚を通して発せられ，言葉の身体性に立ち
返ることで，身体に根ざした詩的な新鮮さを文字に吹き込むことができるのである。身
体は発見や研究のプロセスから取り残されがちであるが，組織や筋膜はそれ自体が声を
持っている。そしてその声を聞くために必要なのは，私たちの身体的存在が文章に入る
のを許すだけなのである。私はいつも，フランスの哲学者 Hélène Cixous（1993）の「書
くことは到着することではなく，ほとんどの場合，到着しないことである。人は身体と
一緒に歩いていかなければならない」（p. 65）という言葉からインスピレーションを受
けている。身体から書くことで，研究は内側から生きることができるのである。同様に，
Jana Milloy（2005）も，書くということのエロスについて書くとき，「身体全体がそこに
存在し，動きと共鳴し，ページの印に沿って描かれる言葉に向かってこぼれていく。青
い線の間を走る，無の動きは，皮膚の限界を超え，視神経を超え，味覚を超え，鼓膜を
超え，喉の奥深く，声帯を超えるのである」（p. 547）と述べている。「研究は，外に向
かう努力のみならず，私たち自身の人生，知識，情熱，実践を再調査する領域を旅す
る」（Richmond & Snowber, 2009/2011, p. 3）。私たちは，人間性を表現して生きるという権
利を生まれながらに与えられているからこそ，全身が持つ知識を活かした，身体化され
た知識人になることができるのである。ダンスは教師であり，私は生徒である。ABR
の中でダンスと身体がどのように活用されようとも，ダンサーと運動実践者はそれぞれ，
身体の古代の知恵に耳を傾ける方法を見つけ，発見しつづけている。ここに驚きの材料
があり，ここに贈り物がある。

　ダンス，運動，身体を統合しようとする探究は，人間であることの意味のすばらしさ
を私たちに教えてくれる。私たち自身の人間性への入り口は，私たちの物語を特徴づ
ける腐葉土，ユーモア，謙虚さへの誘いである。Martha Graham が自伝である『Blood
Memory（血の記憶）』（1991, p. 5）で表現したように，ダンサーはこの奇跡を知っている。

　　今度，鏡を見るときは，頭の横にある耳の形や，髪の生え際，手首にある小さな

骨のことを見てほしい。それは奇跡である。そしてダンスはその奇跡を祝うものなのである。

Doris Humphrey（1959）は，この奇跡に共鳴し，次のように述べている。

　　動きや身振りほど，内なる人間性をはっきりと，そして必然的にあらわにするものはない。言葉や絵画，彫像，その他の人間的な表現の背後に隠したり，姿をくらましたりすることは十分に可能であるが，動いた瞬間に，良かれ悪しかれ，自分が何者であるかが明らかになる。（Sorell, 1966, p. 113 より引用）

　これらのモダンダンスの先駆者たちは，ダンスが探究方法であるとは言っていないかもしれないが，ダンスが常に発見と好奇心の場である可能性を切りひらき，運動に感情生活のすべてを持ち込んだのである。多くのモダンアーティスト，たとえば偉大な表現主義の画家である Wassily Kandinsky（1977）は，それを ABR と呼びはしなかったが，内面の生と外面の生のつながりがアートという形式をとっていることを見抜き，はっきりとそれを示している。私は，彼らが最初の ABR の研究者であり，今でも私たちの旅のミューズでありつづけると信じている。

　私は，ダンスと運動がアートベースの探究方法として開花したことに感謝の気持ちでいっぱいだが，長年にわたって行われてきた基礎的な仕事を思い出すことも重要だと考える。学者であり，ダンサーであり，教育者である Donald Blumenfeld-Jones は，質的研究にダンスを取り入れた先駆者であり，1995 年の時点で研究のための表現方法としてのダンスの重要性，美的知覚の能力，運動，時間，空間，形について理論化している。彼は，「ダンスを研究の主要な手段として使うことを考えるには，まず芸術家として自分自身を成長させ，芸術の実践が多くの点で研究の実践と変わらないことを理解しなければならない」（2012, p. 322）と言い，ダンサーに自分の芸術に対して常に献身するよう発破をかけている。Blumenfeld-Jones の数年にわたる作品の多くは（2002, 2007, 2008），彼の美しく意味深い書籍である『Curriculum and the Aesthetic Life: Hermeneutics, Body, Democracy and Ethics in Curriculum Theory and Practice』（2012）に収録されており，これはダンサー／学者にとって確実に役立つものである。彼は，《Trois Chaises, An Exploration of ABER》という作品にも見られるように，詩，ダンス，理論的考察の間のつながりをつくりつづけているのである。

　ダンサー，学者，教育者である Mary Beth Cancienne は，文学作品，カリキュラム理論の著作，自伝的考察をもとに，数十年にわたってダンスパフォーマンスの振付を行ってきた（Cancienne, 2008; Cancienne & Megibow, 2001; Cancienne & Snowber, 2003, 2009）。彼女の仕事は，テーマ別にデータを整理する特性のある振付家と研究者の間のつながりを明らかにした。振付家は，理論，映像，技術，感情，文化的経験など，さまざまな要素から外界の感覚的経験を形成し，研究者もまた，同様の要素からデータ収集の分析を形成することができるのである。Cancienne の研究は，データを公表するための有効な形式としてのパフォーマンスの可能性について，教育研究コミュニティの中で議論を引き起こ

第 14 章　生きること，動くこと，そして踊ること　　303

図 14.2　《膝の精神性（Spirituality of the Knee）》を演じるセレステ・スノーバー
写真：Chris Randle

した。Cancienne と Snowber（2003）の画期的な論文は，振付家，ダンサー，研究者の相互関係を概説し，振付と自己省察的な執筆がいかに質的な実践に役立ち，ダンスがどのように研究プロセスにおける発見の場につながるかを説明している。この初期の研究は，知識の場としての身体を明確にし，質的研究にダンスを取り入れるという彼ら個人の研究実践を生み出した。Cancienne は《Women's Work》という作品で，さまざまなタイプの女性の生きられた体験を研究し，女性の体験の多様性を解釈できるようにした。「振付と自己省察的な執筆を統合するプロセスは，一方のために他方をあきらめることなく移行するアプローチである」（p. 243）。Snowber は，Susan Gerofsky との最初の共同作業について，「私の四肢の範囲を超えている。身振り，数，無限性を使い，ダンス，数学，無限性，超越性，空間と時間の関係を探求するのである」（Schroeder & Gerofsky, 1998）と概説している。この作品の中で，Snowber は椅子の上で踊るのだが，その椅子の上のダンスやサイトスペシフィックな作品を通して，限界と支えとしての憧れと欲望を探求し，重力と浮遊感，限界と可能性の概念を統合している（図 14.2）。ここでは，高齢で膝を痛めたダンサーの現実が，ダンスを構成する新たな方法への探究の場となる。いろいろな教育の場で上演されたこの作品は，概念的なものと身体的なものを分けるという前提に挑戦した（Cancienne & Snowber, 2003, p. 245）。この ABR の重要なダンス作品を通して，Cancienne と Snowber は，ABR の手法におけるダンスを根拠づける身体ベースの理論的枠組みを支えるための，運動研究の方法を提供している。この作品は，他の ABR ダンスアーティストが跳躍し，活躍していくための基礎となる作品となったのである。

　ダンサーであり学者である Jack Migdalek（2014, 2016）は，ジェンダーという観点にダンスを含み込むことで可能になることの範囲を広げた（図 14.3）。彼は，オーストラリア，イギリス，日本においてパフォーマー，作家，振付家，演出家として活動した経歴

図 14.3 Jack Migdalek《ジェンダーの身体化（Embodiment of Gender）》
写真：Rob Chiarolli

を持ち，その経験によって，記号論，身体化されたコミュニケーション，ジェンダーの身体化に関する自分自身の研究をまとめ上げている。彼は，振付，研究，執筆を通じて，伝統的な男らしさ，女らしさに疑問を投げかけ，パフォーマンスと執筆の両方を利用してジェンダー規範に挑戦しており，その様子はビデオ《Embodied Iconics of Gender》で見ることができる。2014 年に出版された彼の著書『The Embodied Performance of Gender』でも，ダンサーや教育者がダンスとジェンダーをつなぐ革新的な方法を探る旅に付き添っている。

　ダンサーであり学者である Kathryn Ricketts は，彼女の言う「身体化された詩的な語り」を探求している。これは，忘れられたり抑圧されたりした記憶が，個人の主体性や自分自身を政治的に理解する行動を活性化することで，個人の変容をもたらす学びになるという，ダイナミックな教育学的環境をつくり出すツールである（**図 14.4**）。身体化された詩的な語りは，*自己*と*他者*についての新たな理解を表面化させる方法として，創造的に共有される遊びの中で，身体，物語，物を結びつけるものである。彼女は，「世界のカリキュラムにおける身体化されたリテラシーとは何か」「個人の物語を一緒に描くことで，どうすれば実践するコミュニティやさらにグローバルなコミュニティの中で思いやりを育むことができるだろうか」と問いかけている。彼女のモデルには複数の入り口があり，教師・参加者は，クリエイティブ・ライティングや動きから，価値あるものから展開された共有の物語の組み合わせに入ることができる。このような想像力豊かな探求により，彼女は身体の重心を移動させ，それによって知ることの軸を乱すように仕向けるのである。Ricketts（2010）は，自分の作品を「私は，物の取り扱いを抽象化することによって，物・語のパターンを破壊し，それによって物語の中に新しい情報を導入することに興味がある。物の詩学に取り組むことは，物の意味に対する先入観を取り除き，内容を空にし，識別記号を剥がすことなのである」（p. 136）と見事に表現している。

第 14 章　生きること，動くこと，そして踊ること | 305

図 14.4　パフォーマンスにおける Kathryn Ricketts
写真：Michele Sorensen と Valerie Triggs

　このプロセスは，生きられた経験を再解釈し，再物語化し，そして他者とともに再想像することをもたらすのである（Ricketts, 2010, 2011; Ricketts & Snowber, 2013）。Ricketts と Fels（2015）は協力して，テクノロジーと内臓的な身体との遭遇，さらには，衝動と動きによって出現する世界を嗅ぎ，触り，見て，聞き，感じるという関係的な身体を探るためにパフォーマティブな研究を行っている。
　アーティスト，学者，パフォーマーである Barbara Bickel（2005, 2007, 2008）は，アート制作を，相互に関係するパフォーマティブな儀式行為として捉えている。彼女の芸術と探究は，社会に関与する教育学を通して身体で理解され，復元的かつ変容的な学習経験をひらくものである。Bickel は自身の身体を研究と学習の場として使用し，身体というレンズを通して問いを見つめている。彼女の文章と，身体やパフォーマティブな儀式に根ざした視覚的イメージは，いずれも相互に関連していて，ABR の身体化された形式により引き起こされたものである。Bickel（2005）は，アート空間や，関係性や環境を通じて表象される身体に焦点を当てることで，「肉体とテクストの再統合を経験し，それが個人的な変容体験となる」（p. 11）のである。
　中学校の教師，ダンサー，学者である Cheryl Kay（2011）は，彼女が「フォトポエティクス」と呼ぶものについて研究し，中学校でダンスを学ぶ生徒に，自分のダンスに関する写真や文章を通して自分の声を明確にする機会を与えている。彼女は，「ダンス

の写真を使った実験として当初始めたものが，生徒の**フォトポエティック**なコラージュやフォトポエムへと発展し，生徒たちがダンスへの情熱をどのように発見し，学習者としての強みを築いていくのかを明らかにしていった」（Kay, 2013, p. 3, 強調は原文まま）と語る。修士号と博士号の両方で，ダンスとアートベースの方法論を結びつけながらパフォーマンスの実践を行っていた Kay は，「学生との共同作業における私のゴールは，彼らが自分自身についてもっと学ぶ方法として，また周りの世界を知る方法としてダンスを実践するように，彼らの生涯学習の可能性をひらくことである」（p. 7）という。

これらの中には，アイデンティティの問題に取り組むダンサー／学者が多く含まれる。Indrani Margolin はこのテーマについて，創造的なダンス実践を通して，ダンスとスピリチュアリティが少女や女性の人生にどのように影響するかというところまで研究を進めている。博士論文から生まれたアートベースの探究方法を基に，創造的な動きが思春期の女の子にどのような影響を与えるかを彼女は研究しているのである。Margolin（2013, 2014）の身体的自己についての研究の範囲は，仲間との真の信頼感から，受容，アイデンティティ，そして畏敬の念にまでわたっている。「Only Human: Critical Reflections on Dance, Creation and Identity」では，Margolin と Riviere（2015）が，多文化的な文脈における社会的アイデンティティの交渉と芸術的な創造活動の関係を探求している。彼らの作品は研究におけるダンスの役割の重要性について思い起こさせる。いわく「ダンサーの身体というものは，ダンスと文化的多元性が相互作用し，常に変化していくようなアイデンティティ交渉の実践が行われる場として解釈され理解される。その結果，ダンス，創造活動，アイデンティティが，芸術的・文化的な関わりのみならず，批判的な関わりともなりうる」（p. 83）のである。

Evette Hornsby-Minor（2007）は，《If I Could Hear My Mother Pray Again》というタイトルでマルチメディア・パフォーマンス・エスノグラフィーを制作し，4 世代にわたるアフリカ系アメリカ人女性と人種差別の関係について調査している。彼女は，アフリカ系アメリカ人コミュニティにおける死，悲しみ，母親喪失について挑発的かつ切実に研究し，母親としてのアフリカ系アメリカ人女性の語り・物語を適切に伝えるには，物語やパフォーマンスの中に理論を移す必要があるという主張を作品に具現化している。

これらは ABR で長年にわたってダンスが活用されてきたさまざまな方法の一例にすぎないが，これらに共通しているのは，ダンスを創るという生きられた経験，そして生きることと踊ることのつながりによって，認識や知識が新鮮な洞察と理解へとひらかれていくということである。私たちの人間らしさや謙虚さといった，身体性に埋め込まれたダンスと運動は，探究の場となり，私たちの足元を動かす肥沃な大地となって，さまざまなアートベースの諸実践を活気づける。私たちが知っていることや知らないことの中に入る，この輝かしくも逆説的な旅を，私たちが踊り明かすことのできるように！あなたに詩的な呼びかけを残そう。生き，動き，踊るための身体詩を。

生きる，動く，踊るための身体詩（Bodypsalm for Living, Moving, Dancing）

Return to your first loves	初恋に帰ろう
where curiosity and play	そこは，好奇心と遊び心

color, movement, voice, and gesture	色，動き，声，しぐさが
nurture your very essence	あなたの本質を育む場所であり
where re/search, life and art	そこは，再び探ること（研究），ライフ，アートが
are glorious partners.	輝かしいパートナーとなる場所である。

Let paradox, mystery and wind	矛盾，神秘性，風を感じてほしい
find their way to your inquiry	それらは，あなたの問いかけに道をひらく
trust the place of not knowing	知らないということを信じよう
and the impulse in your cells	そして，あなたの細胞の中にある衝動が
to the path of bridging worlds.	世界の架け橋となる道を信じよう。

Befriend your own body	自分の身体と仲良くしよう
trust your belly	自分のお腹を信じよう
and the whispers within	自分の中のささやきを信じて
which breathe inspiration	それらは，生きること，動くこと，踊ることに
to living, moving and dancing	インスピレーションを与えてくれる

Stretch, soar, skip, release and roar	伸びる，舞い上がる，飛ばす，放つ，吠える
Live your own precious life	誰にもできない，かけがえのない人生を生きよう
as no one else can	他の誰にもできないように
and step into wonder.	驚きの中に足を踏み入れてみよう。

文献

Abram, D. (1996). *The spell of the sensuous*. New York: Vintage.

Abram, D. (2010). *Becoming animal: An earthly cosmology*. New York: Pantheon.

Aoki, T. (1993). Legitimating lived curriculum: Towards a curricular landscape of multiplicity. *Journal of Curriculum and Supervision, 8*(3), 255–268.

Bagley, C., & Cancienne, M. B. (2001). Educational research and intertextual forms of (re)presentation: The case for dancing the data. *Qualitative Inquiry, 7*(2), 221–237.

Bagley, C., & Cancienne, M. B. (Eds.). (2002), *Dancing the data*. New York: Peter Lang.

Bickel, B. (2005). From artist to a/r/tographer: An autoethnographic ritual inquiry into writing on the body. *Journal of Curriculum and Pedagogy, 2*(2), 8–17.

Bickel, B. (2007). Embodying exile: Performing the "curricular" body. In D. Freedman & S. Springgay (Eds.), *Curriculum and the cultural body* (pp. 203–216). New York: Peter Lang.

Bickel, B. (2008). Who will read this body?: A/r/tographic statement. In M. Cahnmann & R. Siegesmund (Eds.), *Arts-based inquiry in diverse learning communities: Foundations for practice* (pp. 125–135). New York: Routledge.

Blumenfeld-Jones, D. S. (1995). Dance as a mode of research representation. *Qualitative Inquiry, 1*(4), 391–401.

Blumenfeld-Jones, D. S. (2002). If I could have said it, I would have. In C. Bagley & M. B. Cancienne (Eds.), *Dancing the data* (pp. 90–104). New York: Peter Lang.

Blumenfeld-Jones, D. S. (2008). Dance, choreography, and social science research. In A. Cole & G. Knowles

(Eds.), *Handbook of the arts in qualitative research: Perspectives, methodologies, examples, and issues* (pp. 175–184). Thousand Oaks, CA: SAGE.

Blumenfeld-Jones, D. (2012). *Curriculum and the aesthetic life: Hermeneutics, body, democracy, and ethics in curriculum theory and practice.* New York: Peter Lang.

Blumenfeld-Jones, D. S., & Liang, S.-Y. (2007). Dance curriculum research. In L. Bresler (Ed.), *Handbook of research in arts education* (pp. 245–260). Dordrecht, The Netherlands: Kluwer.

Bordo, S. (1993). *Unbearable weight: Feminism, Western culture, and the body.* Berkeley: University of California Press.

Bresler, L. (Ed). (2004). *Knowing bodies, moving minds: Towards embodied teaching and learning.* Dordrecht/ Boston/London: Kluwer Academic.

Butler, J. P. (1993). *Bodies that matter: On the discursive limits of sex.* London: Routledge. ［バトラー，J.，佐藤嘉幸（監訳），竹村和子・越智博美（訳）(2021)．問題＝物質となる身体──「セックス」の言説的境界について　以文社］

Cancienne, M. B. (2008). From research analysis to performance: The choreographic process. In J. G. Knowles & A. Cole (Eds.), *Handbook of the arts in qualitative research: Perspectives, methodologies, examples, and issues* (pp. 397–406). Thousand Oaks, CA: SAGE.

Cancienne, M. B., & Bagley, C. (2008). Dance as method: The process and product of dance in arts-based educational research. In P. Liamputtong & J. Rumbold (Eds.), *Knowing differently: Experimental research methods in the health and social sciences* (pp. 169–186). New York: Nova Science.

Cancienne, M. B., & Megibow, A. (2001). The Story of Anne: Movement as educative text. *Journal of Curriculum Theorizing, 17*(2), 61–72.

Cancienne, M. B., & Snowber, C. (2003). Writing rhythm: Movement as method. *Qualitative Inquiry, 9*(2), 237–253.

Cancienne, M. B., & Snowber, C. (2009). Writing rhythm: Movement as method. In P. Leavy (Ed.), *Method meets art: Arts-based research practice* (pp. 198–214). New York: Guilford Press.

Cixous, H. (1993). *Three steps on a ladder of writing.* New York: Columbia University Press.

Collins, S. (1992). *Stillpoint: The dance of selfcaring, selfhealing.* Fort Worth, TX: TLC.

Conrad, D., & Sinner, A. (Eds.). (2015). *Creating together: Participatory, community-based and collaborative arts practices and scholarship across Canada.* Waterloo, ON, Canada: Wilfred Laurier University Press.

Csikszentmihalyi, M. (1997). *Finding flow: The psychology of engagement with everyday life.* New York: Basic Books. ［チクセントミハイ，M.，大森弘（監訳）(2010)．フロー体験入門──楽しみと創造の心理学　世界思想社］

Csikszentmihalyi, M. (2000). *Beyond boredom and anxiety. Experiencing flow in work and play.* San Francisco: Jossey-Bass. ［チクセントミハイ，M.，今村浩明（訳）(2000)．楽しみの社会学（改題新装版）新思索社］

Foster, R. (2012). *The pedagogy of recognition: Dancing, identity and mutuality.* Tampere, Finland: University of Tampere Press.

Fraleigh, S. (2004). *Dancing identity: Metaphysics in motion.* Pittsburgh: University of Pittsburgh Press.

Garoian, C. R. (2013). *The prosthetic pedagogy of art: Embodied research and practice.* Albany: State University of New York Press.

Graham, M. (1991). *Blood memory.* New York: Doubleday. ［グレアム，M.，筒井宏一（訳）(1992)．血の記憶──マーサ・グレアム自伝　新書館］

Green-Gilbert, A. (2006). *A. Brain compatible dance education.* Reston, VA: National Dance Association/ American Alliance for Health, Physical Education, Recreation and Dance.

Greene, M. (1995). *Releasing the imagination: Essays on education, the arts, and social change.* San Francisco: Jossey-Bass.

Griffin, S. (1995). *The eros of everyday life: Essays on ecology, gender and society.* New York: Anchor-Doubleday.

Grosz, E. (1994). *Volatile bodies: Toward a corporeal feminism*. Bloomington: Indiana University Press.

Grumet, M. (1988). *Bitter milk: Women and touching*. Amherst: University of Massachusetts Press.

Halprin, A. (1995). *Moving toward life: Five decades of transformational dance*. Hanover, NH: Wesleyan University Press.

Halprin, A. (2000). *Dance as a healing art: Returning to health with movement and imagery*. Mendocino, CA: LifeRhythm.

Hanna, J. L. (1988). *To dance is human: A theory of nonverbal communication*. Chicago: University of Chicago Press.

Hanna, J. L. (2008). A nonverbal language for imagining and learning: Dance education in K–12 curriculum. *Educational Researcher, 37*(8), 491–506.

Hanna, J. L. (2014). *Dancing to learn: The brains cognition, emotion and movement*. Lanham, MD: Rowman & Littlefield.

Hawkins, A. (1991). *Moving from within*. Pennington, NJ: Acapella.

hooks, b. (1994). *Teaching to transgress: Education as the practice of freedom*. New York: Routledge. ［フックス，b.，朴和美・堀田碧・吉原令子（訳）（2023）．学ぶことは，とびこえること──自由のためのフェミニズム教育　筑摩書房］

Hornsby-Minor, E. (2004). If I could hear my mother pray again: An intergenerational narrative ethnography and performance ethnography of African American motherhood. Unpublished doctoral dissertation, Claremont Graduate University, Claremont, CA.

Hornsby-Minor, E. (2007). If I could hear my mother pray again: An ethnographic performance of Black motherhood. *Liminalities: A Journal of Performance Studies, 3*(3). Retrieved from http://liminalities. net/3–3/pray.htm.

Humphrey, D. (1959). *The art of making dances*. New York: Grove Press.

Husserl, E. (1970). *Cartesian meditations* (D. Cairns, Trans.). The Hague, The Netherlands: Martinus Nijhoff.

Huxley, M., & Witts, N. (Eds.). (1996). *Twentieth century performance reader*. New York: Routledge.

Irigaray, L. (1992). *Elemental passions*. London: Athlone Press.

Johnson, D. H. (1983). *Body: Recovering our sensual wisdom*. Boston: Beacon Press.

Johnson, D. H. (1994). *Body, spirit and democracy*. Berkley, CA: North Atlantic Books.

Kandinsky, W. (1977). *Concerning the spiritual in art* (M. T. H. Sadler, Trans.). New York: Dover.

Katz, M. L. (Ed.). (2013). *Moving ideas: Multimodality and embodied learning in communities and schools*. New York: Peter Lang.

Kay, C. (2011). The photopoetics of dance in education: Dance is like painting a picture with your body. In Méndez-Villas, (Ed.), *Education in a technological world: Communicating current and emerging research and technological efforts* (pp. 523–530). Badajoz, Spain: Formatex Research Center.

Kay, C. (2012). Photopoetic moments of wonder: Photography as an artistic reflective practice in secondary dance education. Unpublished doctoral dissertation, Simon Fraser University, Burnaby, BC, Canada.

Kay, C. (2013). Photopoetic moments of wonder: Photography as an artistic reflective practice in secondary dance education [Special issue]. *Physical Health and Education Journal, 79*(1), 3–22.

Kristeva, J. (1980). *Desire in language: A semiotic approach to literature and art*. (T. Gora, A. Jardine, & L. Roudiez, Trans.). New York: Columbia University Press.

Kurnaedy, K. M. (2013). Uncovering the essence of what animates us beneath the dance: Investigating the lived experiences of bodily perceptions generated while dancing. Unpublished doctoral dissertation, Simon Fraser University, Burnaby, BC, Canada.

LaMothe, K. L. (2013). "Can they dance?": Towards a philosophy of bodily becoming. In A. Williamson, G. Baston, S. Whatley, & R. Weber (Eds.), *Dance, somatics and spiritualities* (pp. 133–149). Bristol, UK/ Chicago: Intellect.

LaMothe, K. L. (2015). *Why we dance: A philosophy of bodily becoming*. New York: Columbia University Press.

Lawrence, R. L. (Ed.). (2012). *Bodies of knowledge: Embodied learning in adult education: New directions for adult and continuing education, Number 134.* San Francisco: Jossey-Bass.

Leavy, P. (2015). *Method meets art: Arts-based research practice* (2nd ed.). New York: Guilford Press.

Leder, D. (1990). *The absent body.* Chicago: University of Chicago Press.

Levy, F. (1988). *Dance/movement therapy: A healing art.* Reston, VA: American Alliance for Health, Physical Education, Recreation and Dance.［レヴィ，F. J., 町田章一（訳）(2018). ダンス・ムーブメント セラピー —— 癒しの技法　岩崎学術出版社］

Lloyd, R. J. (2011). Running with and like my dog: An animate curriculum for living life beyond the track. *Journal of Curriculum Theorizing, 27*(3), 117–133.

Lloyd, R. J. (2012). Moving to learn and learning to move: A phenomenological exploration of children's climbing with an interdisciplinary movement consciousness. *The Humanistic Psychologist, 40*(1), 23–37.

Lloyd, R. J., & Smith, S. J. (2006). Motion-sensitive phenomenology. In K. Tobin & J. Kincheloe (Eds.), *Doing educational research: A handbook* (pp. 289–309). Boston: Sense.

Lloyd, R. J., & Smith, S. J. (2010). Moving to a greater understanding: A vitality approach to "flow motion" in games and sports. In J. Butler & L. Griffin (Eds.), *Teaching games for understanding* (pp. 89–104). Champaign, IL: Human Kinetics.

Margolin, I. (2009). Beyond words: girl's bodyself. Unpublished doctoral dissertation, University of Toronto, Toronto, ON, Canada.

Margolin, I. (2013). Expanding empathy through dance. In B. White & T. Costantino (Eds.), *Aesthetics, empathy, and education* (pp. 83–98). New York: Peter Lang.

Margolin, I. (2014). Bodyself: Linking dance and spirituality. *Journal of Dance and Somatic Practices, 1*(1), 1–20.

Margolin, I., & Riviere, D. (2015). Only human: Critical reflections on dance, creation and identity. *Journal of Arts and Humanities. 4*(10), 74–85.

Mason, P. H. (2009). Brain, dance and culture: The choreographer, the dancing scientist and interdisciplinary collaboration—broad hypotheses of an intuitive science of dance. *Brolga: An Australian Journal about Dance, 30*, 27–34.

Merleau-Ponty, M. (1962). *Phenomenology of perception.* London: Routledge & Kegan Paul.［メルロ゠ポンティ，M., 中島盛夫（訳）(2015). 知覚の現象学（改装版）　法政大学出版局］

Merleau-Ponty, M. (1964). *The primacy of perception.* Evanston, IL: Northwestern University Press.

Merleau-Ponty, M. (1968). *The visible and the invisible.* Evanston, IL: Northwestern University Press.［メルロ゠ポンティ，M., 滝浦静雄・木田元（訳）(2017). 見えるものと見えないもの（新装版）　みすず書房］

Migdalek, J. (2012). Embodied choreography and performance of gender. Unpublished doctoral dissertation, Deakin University, Melbourne, Australia.

Migdalek, J. (2014). *The embodied performance of gender.* New York: Routledge.

Migdalek, J. (2016). Broad minds, narrow possibilities: The embodiment of gender. In I. J. Coffey, S. Budgeon, & H. Cahill (Eds.), *Learning bodies: The body in youth and childhood studies* (pp. 39–52). New York: Springer.

Milloy, J. (2005). Gestures of absence: Eros of writing. *Janus Head, 8*(2), 545–552.

Mirochnik, E. (Ed.). (2002). *Passion and pedagogy: Relation, creation and transformation in teaching.* New York: Peter Lang.

Myers, N. (2012). Dance your PhD: Embodied animations, body experiments, and the affective entanglements of life science research. *Body and Society, 18*(1), 151–189.

O'Donohue, J. (2004). *Beauty: The invisible embrace.* New York: HarperCollins.

Palmer, P. J. (1998). *The courage to teach: Exploring the inner landscape of a teacher's life.* San Francisco: Jossey-Bass.

Pinar, W. (1994). *Autobiography, politics and sexuality: Essays in curriculum theory 1972–1992.* New York: Peter Lang.

Pinar, W. (2004). *What is curriculum theory?* New York: Routledge.

Pinar, W., & Reynolds, W. M. (1992). *Understanding curriculum as phenomenological and deconstructed text*. New York: Teachers College Press.

Pinar, W., Reynolds, W. M., Slattery, P., & Taubman, P. (1994). *Understanding curriculum: An introduction to the study of historical and contemporary discourses*. New York: Peter Lang.

Richmond, S., & Snowber, C. (2009/2011). *Landscapes in aesthetic education*. Newcastle upon Tyne, UK: Cambridge Scholars.

Ricketts, K. (2010). Untangling the culturally inscripted self through embodied practices. In S. Schonmann. (Ed.), *Key concepts in theatre/drama education* (pp. 135–140). Rotterdam, The Netherlands: Sense.

Ricketts, K. (2011). The suitcase, the map, and the compass: An expedition into embodied poetic narrative and its application toward fostering optimal learning spaces. Unpublished doctoral dissertation, Simon Fraser University, Burnaby, BC, Canada.

Ricketts, K., & Fels, L. (2015). BodyHeat encounter: Performing technology in pedagogical spaces of surveillance and intimacy. *International Journal of Education, 16*(9), 1–24.

Ricketts, K., & Snowber, C. (2013). Autobiographical footsteps: Tracing our stories within and through body, space and time [Special issue]. *UNESCO Observatory Multi-Disciplinary Journal in the Arts, 2*(13) 1–17.

Rosehart, P. (2013). Learning to move, moving to learn: Metaphorical expressions in teacher education. Unpublished doctoral dissertation. Simon Fraser University, Burnaby, British Columbia, Canada.

Sachs, C. (1937). *World history of the dance*. New York: Norton.

Schroeder (Snowber), C., & Gerofsky, S. (1998). Beyond the span of my limbs: Gesture, number and infinity. *Journal of Curriculum Theorizing, 14*(3), 39–48.

Shapiro, S. (Ed.). (1999). *Dance, power, and difference: Critical feminist perspectives on dance education*. Champaign, IL: Human Kinetics.

Sheets-Johnstone, M. (1999). *The primacy of movement*. Philadelphia: Benjamin.

Sheets-Johnstone, M. (2009). *The primacy of movement: Expanded Second Edition*. Philadelphia: Benjamins.

Shusterman, R. (2008). *Body consciousness: A philosophy of mindfulness and somaesthetics*. New York: Cambridge University Press.

Smith, S. J. (1997). Observing children on a school playground: The pedagogics of child-watching. In A. Polland, D. Thiessen, & A. Filer (Eds.), *Children and their curriculum: The perspectives of primary and elementary school children* (pp. 143–161). London: Falmer Press.

Smith, S. J. (2010). Becoming horse in the duration of the moment: The trainer's challenge. *Phenomenology and Practice, 5*(1), 7–26.

Smith, S. J. (2012). Caring caresses and the embodiment of good teaching. *Phenomenology and Practice, 6*(2), 65–83.

Smith, S. J. (2015). Riding in the skin of the movement: An agogic practice. *Phenomenology and Practice, 9*(1), 41–54.

Snowber, C. (1997). "Writing and the body. *Educational Insights, 4*(1). Retrieved from http://einsights.ogpr. educ.ubc.ca/archives/v04n01/writing.html.

Snowber, C. (2002). Bodydance: Fleshing soulful inquiry through improvisation. In C. Bagley & M. B. Cancienne (Eds.), *Dancing the data* (pp. 20–33). New York: Peter Lang.

Snowber, C. (2004). *Embodied prayer: Towards wholeness of body mind soul*. Kelowna, BC, Canada: Wood Lake/ Northstone.

Snowber, C. (2005). The eros of teaching. In J. Miller, S. Karsten, D. Denton, D. Orr, & I. C. Kates, (Eds.), *Holistic learning: Breaking new ground* (pp. 215–222). Albany: State University of New York Press.

Snowber, C. (2007). The soul moves: Dance and spirituality in educative practice. In L. Bresler (Ed.), *International handbook for research in the arts and education* (pp. 1449–1458). Dordrecht, The Netherlands: Springer.

Snowber, C. (2010). Let the body out: A love letter to the academy from the body. In E. Malewski & N. Jaramillo (Eds.), *Epistemologies of ignorance and the studies of limits in education* (pp. 187–198). Charlotte, NC: Information Age.

Snowber, C. (2011). Let the body out: A love letter to the academy from the body. In E. Malewski & N. Jaramillo (Eds.), *Epistemologies of ignorance in education* (pp. 187–198). Charlotte, NC: Information Age.

Snowber, C. (2012). Dancing a curriculum of hope: Cultivating passion as embodied inquiry. *Journal of Curriculum Theorizing, 28*(2), 118–125.

Snowber, C. (2013). Visceral creativity: Organic creativity in teaching arts/dance education. In J. Piirto (Ed.), *Organic creativity in the classroom* (pp. 253–266). Waco, TX: Prufrock Press.

Snowber, C. (2014a). Dancing the threshold from personal to universal [Special issue]. *International Journal of Education and the Arts, 15*(2.4). Retrieved from www.ijea.org/v15si2.

Snowber, C. (2014b). Dancing on the breath of limbs: Embodied inquiry as a place of opening. In A. Williamson, G. Batson, S. Whatley, & R. Weber (Eds.), *Dance, somatics and spiritualities: Contemporary sacred narratives* (pp. 115–130). Bristol, UK: Intellect.

Snowber, C., & Bickel, B. (2015) Companions with mystery: Art, spirit and the ecstatic. In S. Walsh, B. Bickel, & C. Leggo (Eds.), *Arts-based and contemplative practices in research and teaching: Honoring presence* (pp. 67–87). New York: Routledge.

Sorell, W. (Ed) (1966). *The dance has many faces.* New York: Columbia University Press.

Springgay, S., & Freedman, D. (Eds.). (2007). *Curriculum and the cultural body.* New York: Peter Lang.

Stinson, S. W. (1995). Body of knowledge. *Educational Theory, 45*(1), 43–54.

Stinson, S. W. (2004). My body/myself: Lessons from dance education. In L. Bresler (Ed.), *Knowing bodies, moving minds: Toward embodied teaching and learning* (pp. 153–167). London: Kluwer Academic.

Van Manen, M. (1990). *Researching lived experience: Human science for an action sensitive pedagogy.* London: Althouse.

White-Wilkinson, L. (2013). Dancing into voice: Articulating and engaging embodied knowledge. Unpublished master's thesis, Simon Fraser University, Burnaby, BC, Canada.

Wiebe, S., & Snowber, C. (2011). The visceral imagination: A fertile space for non-textual knowing. *Journal of Curriculum Theorizing. 27*(2), 101–113.

Williamson, A. (2010). Reflections and theoretical approaches to the studies of spiritualities within the field of somatic movement dance education. *Journal of Dance and Somatic Practices, 2*(1), 35–61.

Williamson, A., Batson, G., Whatley, S., & Weber, R. (Eds.). (2014). *Dance, somatics and spiritualities: Contemporary sacred narratives.* Bristol, UK: Intellect.

Winton-Henry, C., & Porter, P. (1997). *Having it all: Body, mind, heart and spirit together again at last.* Oakland, CA: Wing It! Press.

Winton-Henry, C., & Porter, P. (2004). *What the body wants.* Kelowna, BC, Canada: Northstone.

第15章

エスノドラマとエスノシアター

●ジョー・サルヴァトレ (Joe Salvatore)

訳：川島裕子

　劇作家かつ演出家である私は，新しい演劇作品をつくるプロセスは研究者が研究を行うプロセスとよく似ていると思っている。「研究」とは，あるトピックについてデータを収集し，分析し，その調査結果を発表することである。研究プロセスは，探究中のトピックに関連する問いに答えるために遂行される。私の定義では，研究は演劇作品をつくるプロセスを通して遂行される。答えたい問いを見つけ，その問いを研究し，その結果を創造的に表現することで自分の答えを提示する。私にとってこれはアート制作そのものなのだが，学者たちはこれをアートベース・リサーチ（ABR）と呼ぶようになった。Barone と Eisner（2011）は「アートベース・リサーチは，人や場所，状況を理解するための感情の形を生み出すことを重視する」(p. 7) と言い，「アートベース・リサーチは，想定した結果にどのような特徴があるのかを判断する際に，美的判断を活用し，美的規準を適用すること」(p. 8) だと述べている。リーヴィー（Leavy, 2015）はこの考えに賛同し，「アートに基づく実践は，権力的な主張を押し付けるのではなく，複数の意味づけを行ったり，*意味に複数性を持たせ*たりすることを可能にする」(p. 26, 強調は追加) と述べる。あるトピックを新しく理解するのに必ずしも実証主義的な道筋をとる必要はない。むしろ ABR，つまりアート制作は調査結果を観客に提示し，観客が経験したことを自分なりに解釈するよう促すことができるのである。

　私のエスノドラマやエスノシアターの仕事は，いつも自分が抱えている問いやもっと学びたいと思う出来事，自分が説明したいと思う現象によって突き動かされている。私の目標は観客に「権威ある」答えや結論を提供するのではなく，「複数の意味」を喚起し，探究中のトピックについて新しい問いを提起することである。このため，私が制作するエスノドラマは，リサーチクエスチョンへの熟考の様子だと考えている。私は「ヴァーベイタム・インタビュー演劇（verbatim interview theatre）」と呼ばれる特殊なエスノドラマおよびエスノシアターを制作している。これはインタビューによってデータを収集し，インタビュー参加者の話し方のパターンを摑んで一言一句書き起こし，当該トピックの新しいテーマを強調して台本を制作し，その台本を役者たちが一言一句そのま

まに演じるものである。この章では，活動を通して発展させてきたこの形式の最良の実践に焦点を当てるが，これらの技法は他のエスノドラマやエスノシアターの形態にも応用することができる。

　Johnny Saldaña（2011）は『Ethnotheatre: Research from Page to Stage』の中で，「エスノドラマ」や「エスノシアター」という包括的な用語の中に位置づけられる，演劇を指す80の用語を挙げている（pp. 13-14）。Saldañaによると，エスノドラマとは「インタビュー記録，参与観察のフィールドノート，日記，個人的な記憶や経験，印刷物やメディア作品から集められた物語について重要な部分をドラマ化し，台本化したもの」（p. 13）である。一方，エスノシアターは「研究参加者の経験や研究者によるデータの解釈を観客に向けてライブまたは媒介されたパフォーマンスとして上演するために，演劇やメディア制作の伝統技術や芸術的技法を用いる」（p. 12）ものである。「エスノドラマ」や「エスノシアター」という用語は学術用語であり，学問の世界に起源を持つ多くのものと同様，あるパラダイムで活動する学者や研究者にとって，形式やプロセスに正当性を与えるものである。自分の作品制作にインタビュー記録やフィールドノート，紙媒体やその他の記録媒体による作品を用いる主なシアターアーティストにはAnna Deavere Smith（《Fires in the Mirror》《Twilight: Los Angeles, 1992》《Let Me Down Easy》）やMoisés Kaufman（《The Laramie Project》《Gross Indecency: The Three Trials of Oscar Wilde》），Emily Mann（《Execution of Justice》），The Civilians〔調査型の演劇活動を行う劇団〕（《This Beautiful City》）などがいるが，一般的に彼らは自分の作品を「エスノドラマ」や「エスノシアター」とは表現しない。私の大学ではこれらの用語の方がわかりやすく，この形式のアートプロジェクトへの資金援助が増えてきたため，私は最近これらの用語を用いるようになった。演劇スタイルを表すこのような用語は，作品が制作・上演される環境によってさまざまである。

　エスノドラマは質的データが情報源であるため，ある主題について個人的なインタビューやフィールド観察を通して複数の視点を集めるプロジェクトや，手紙，日記，イメージ，インタビュー記録や作品のようなアーカイブデータを用いるプロジェクトに特に適している。しかし，研究パラダイムをエスノドラマやエスノシアターとする場合，アーティスト－研究者（artist-researcher）〔アーティスト兼研究者〕は台本制作や演出方法，ライブパフォーマンス，観客の存在など，この形式の美的要求に取り組む資質がなければならない。プロジェクトのすべての段階に影響するため，アーティスト－研究者は想定する観客についても注意深く考える必要がある。もし想定している観客がプロジェクトのトピックに以前から強い関心がある場合，リサーチクエスチョンにはその観客の特定の研究分野や共有体験，また互いの関係性に関する，より具体的な言葉を使うかもしれない。もし調査結果を一般的な観客に届けるのであれば，アーティスト－研究者は，リサーチクエスチョンやインタビューでの質問を，特定の主題領域や経験について内部知識があることを前提としない視点から構成する必要がある。プロジェクトによってリサーチクエスチョンが複数ある場合もあるが，それらの問いは同じ研究トピック内の領域と関連しているべきである。またデータ収集の過程で，リサーチクエスチョンは必ずしもインタビューの質問になるわけではない。リサーチクエスチョンは調査やデータ収

集・分析の指針となるが，インタビューの質問は参加者がリサーチクエスチョンと関連して個人的な経験や信条を振り返ったり，議論することを促すきっかけとなるものである。

　参加者へのインタビューは，自由形式の質問や指示の形をとるのがよい。参加者が単純に「はい」や「いいえ」で答えられる質問はあまりよくない。たとえば，非白人の学生にとってのキャンパス風土の問題に関するプロジェクトに取り組みたい場合，アーティスト－研究者は「大学のキャンパスで人種差別を経験したことがありますか」という質問をしようとするかもしれない。しかし，この質問は回答者が「はい」か「いいえ」で答えることができるため，自由形式の質問ではない。指示というのは「大学のキャンパスで人種差別を経験したときのことを描写してください」というように，より強烈なものである。この質問は，参加者がインタビューに同意したのは，その主題について何か言いたいことがあるからだという前提に立っている。そのため，参加者が大学キャンパスでの人種差別を直接経験したことがなかったとしても，その主題に貢献する貴重で重要な何かを持ち合わせている可能性はある。さらに，インタビューの質問は，参加者が自分の経験を人と共有するよう刺激を与えるためのものである。参加者はその質問に直接回答しないかもしれないが，だからといって，質問への応答として共有された情報が否定されるわけではない。

　アーティスト－研究者の中には質問をたくさん準備してインタビューを行い，インタビュー参加者が会話の流れをつくることができるようにする者もいる。私は5つから7つの質問のリストを作り，参加者全員に同じ質問を同じ順番で答えてもらうのを好む。このやり方を規則的で窮屈なものと考える人もいるかもしれないが，この構造によって，インタビューで聞き手や観察者としてその場により存在することができ，結果として，データにそのことが反映される。場合によってはインタビュー参加者が話したことをもっと詳しく聞くこともあるが，準備した質問から大きく離れることはしない。フォローアップの質問が多すぎるとインタビューがさまざまな方向に進み，元のテーマに戻ることができなくなるからである。私は，すべてのインタビューを次の最終質問で終えている。それは「このインタビューでこれまでお話しされたことについて，他に何か言いたいことはありますか」という質問である。この一般的なフォローアップの質問はさまざまな回答を浮かび上がらせるので，私はエスノドラマでよくこの質問への回答を用いている。また，私やプロジェクトに対する信頼感を高めてもらうため，私やインタビュープロセス，主題に関しても質問がないかどうかを尋ねるようにしている。

　2014年春に，ニューヨーク大学スタインハート校の音楽・舞台芸術学科におけるドラマセラピーと教育演劇プログラムの学生と一緒に作ったエスノドラマ《Towards the Fear: An Exploration of Bullying, Social Combat, and Aggression》を用いて，リサーチクエスチョンとインタビューの質問の違いを説明したい。ヴァーベイタム・インタビュー演劇の技法によってエスノドラマを制作するために，このプロジェクトでは次のリサーチクエスチョンを設定した。大人たちは子ども時代のいじめや社会的闘争〔人種やジェンダーなど，社会的・文化的要因と関わる闘争〕，攻撃性に関する理解や経験についてどのように話すのか。その同じ人物は，どのように子どもの頃の出来事が自分の大人になって

からの他者との関わりに影響を与えていると述べるのか。私たちはこれらの問いについてデータ収集するために，インタビューの質問として以下のことを聞いた。

1. あなたが生まれたときの状況を教えてください。
2. あなたは「社会的闘争」という用語をどのように理解し，説明しますか。
3. 子どもの頃，あなたがいじめや社会的闘争に巻き込まれた瞬間について説明してください。
4. 大人になってから，あなたがいじめや社会的闘争に巻き込まれた瞬間を描写してください。

（参加者が質問3と4でいじめられたことのみを話した場合，質問5を尋ねた。そうでない場合は質問6と7へ進んだ。）

5. 子どもの頃，あるいは大人になってから，あなたがいじめや社会的闘争で加害者あるいは傍観者となった瞬間について描写してください。
6. 現在のあなたの日常生活で，攻撃性はどのように表れますか。
7. いじめや社会的闘争に巻き込まれた可能性のある若者に，あなたはどのような言葉をかけますか。
8. このインタビューでお話しされたことについて，他に何か言いたいことはありますか。

インタビューでの質問は，リサーチクエスチョンに関するデータを生み出すよう会話を論理的に構成し，質問や指示の形式を組み合わせたものである。最初の質問はAnna Deavere Smith（2000）がインタビューの技法を開発する初期段階に使っていたものと似ており，参加者とインタビュアーの関係を発展させ，同時に参加者がインタビュー中にどれだけオープンになりうるかの評価手段になりうる。その後の質問はより具体的で，研究トピックに焦点を当てたものになる。このプロジェクトでは，3つ目と4つ目の質問に対する回答によって追加の質問をした。データ収集の初期段階では，参加者自身が加害者か傍観者であった可能性を考慮に入れていないことを見込み，自分の経験を考えたり議論したりする際に，それらの役割についても考えてもらう質問を追加した。

インタビュー参加者の募集は，リサーチクエスチョンの性質やアーティスト－研究者がいる地理的場所，参加者候補との物理的距離，プロジェクトの期間などによって幾通りもの方法で行われる。また募集方法は，プロジェクトをアーティスト－研究者が単独で行うのか，別の機関や組織の管轄下で行うのかによって大きく異なる。参加者にインタビューを行い，その結果をいずれかの形式で発表する研究プロセスにおいては，アーティスト－研究者とインタビュー参加者，データの間に生まれる関係性の合法性や倫理に注意深く目を向ける必要がある（Saldaña, 2011）。アーティスト－研究者が大学の管轄下で活動する場合，アーティスト－研究者が提案する研究プロセスは，人を対象とした研究を管理する大学の倫理審査委員会（institutional review board: IRB）によって審査される必要がある。審査委員会による監督が当該プロジェクトには必要かどうかをこの審査

で決め，必要な場合には，IRBはインタビュー参加者の安全と福祉について厳格なガイドラインを守るように求める。IRBは募集要項や参加者から収集データの使用許可を得る同意書，あるいは譲渡証書を審査し，承認する。同意書は一般的には，インタビューへの参加にともなう潜在的リスクや利益に関する情報を含む。しかしより重要なのは，発表や上演を含むどの段階においても，参加者がインタビューデータの使用許可を取り下げることができるという条項を含んでいるかという点である。しかし，参加者がいったん譲渡証書にサインをすると，アーティスト－研究者がインタビューをどのように使うのかも含め，自分のインタビューに関するどんな権利も放棄することになる。譲渡証書には一般的に，参加者はアーティスト－研究者の芸術的かつ美的な選択を規制できないという，彼らの創造的プロセスをより厚く保護するための法的文言が含まれる。機関や組織に属さない人は譲渡証書による方がより守られるが，機関や組織はアーティスト－研究者が同意書を使用する方を好む可能性が高い。プロジェクトを管轄するのが誰であれ，アーティスト－研究者は参加同意書または譲渡証書について助言や指導を受けるために，いつでも所属機関のIRBあるいは法律顧問に相談するのがよいだろう。

　15年にわたるさまざまなプロジェクトを通して，私はインタビュー参加者からデータを収集するため，デジタル音声レコーダーと手書きの調査票によるインタビュープロトコルを開発した。このプロトコルには，同意書に記載されたインタビューデータの使用方法を口頭で伝え，思い出してもらう項目も含まれている。現在，アーティスト－研究者の多くはインタビューをする際にビデオレコーダーを用いているが，私はビデオレコーダーよりも邪魔になりにくい音声レコーダーのみを使いつづけている。この方法では，ビデオという道具がないため，インタビューの間，参加者の身振りや表情，身体的特性，服装，インタビュー環境の物理的状況に細心の注意を向けながら，参加者と緊密な状態を保つことができる。インタビュー中はメモを取らず，むしろインタビューに没頭し，参加者との信頼関係を築くようにしている。

　ここでは，私のヴァーベイタム・インタビュー演劇におけるインタビュープロトコルの主なポイントを紹介する。

- インタビューへの参加希望者は，アーティスト－研究者の代表に連絡をし，プロジェクトの詳細を聞いて参加するかどうかを決める。参加する場合は，インタビューの予定を組む。
- インタビューは参加者の都合のよい場所や時間に行う。インタビューは電話やSkype，FaceTimeなどで行うこともできるが，対面の方が望ましい。
- インタビューで，参加者は同意書を受け取り，内容を確認し，質問や気がかりな点があれば伝えるための時間が設けられる。ヴァーベイタム・インタビュー演劇のプロジェクトでは，「逐語的」とは「一言一句」を意味しており，それには声の抑揚や話し方，身体の動きも含まれていることを参加者が理解しているかを確認する。参加者は同意書にサインしてインタビュアーに返し，記録用としてコピーを受け取る。
- インタビュアーは録音機器の音量や明瞭度をテストする。カフェや屋外の公園など，

公共の場でインタビューを実施する際は，背景のノイズによって，時々インタビュアーと参加者の会話が聞こえにくくなる問題が発生する。

- インタビュアーは参加者にインタビューが始まることを伝え，録音機器の電源を入れ，参加者に感謝の意を伝える。また参加者に参加は任意であり，インタビューはいつでも止めることができ，いずれの質問も回答を拒否することができることを伝える。

- インタビュアーは参加者に，身元を伏せるために仮名の使用が可能だと伝える。しかし，台本制作やリハーサルの過程で，他の研究者－役者が録音したインタビューを聞く可能性があり，匿名性を担保するには限界があることも伝える。

- インタビュアーは，一般的な用語を用いて，文字起こしやコーディング，台本制作の過程を説明する。その際，インタビューの一部が台本の一部分になる可能性があること，また役者が劇で参加者の言葉や行動をそのまま使って参加者を演じる可能性があることを強調する。

- インタビュアーは参加者に，台本制作プロセスでどのように識別されたいか，本名か別の識別名を使用するかを尋ねる。識別名の例には「27歳男性」「アフリカ系アメリカ人のビジネス専攻の学生」「白人女性，20歳」「匿名の女性ウェイトレス」などがある。インタビュアーは参加者に，インタビューの最後に決断を変えることもできると伝える。

- 参加者の準備ができたら，インタビュアーは参加者に，質問に一つずつ回答してもらい，インタビューを進める。

- インタビュアーは最後に，2つの一般的な質問をする。それは「これまで話してこられたことで，他に何か言いたいことはありますか」と「何か質問はありますか」である。インタビューは通常30～60分であるが，常に例外はある。

- インタビュアーは，インタビューの最後に録音を続けた状態で，インタビューの最初に確認した文字起こしやコーディング，台本制作，匿名性，参加者の識別名に関する情報をすべて確認する。参加者は自分の識別名を変えたり，インタビューで言及した他の名称（人，場所，もの）を変更したり，エスノドラマに含めないでほしいインタビューの箇所を指定することができる。インタビュアーは同意書のコピーに，それらの箇所を記録する。

- インタビュアーは参加者に改めて感謝の意を表し，音声レコーダーを止める。

- 参加者が帰った後，インタビューの記憶がまだ新しいうちに，「参加者の特徴と物理的環境に関する調査」を完成させるため，参加者の身体的特徴，参加者のインタビュー中の身体性や動き，インタビューが実施された物理的環境，インタビューが行われた地理的な場所や近隣地域について書きとめる。

「参加者の特徴と物理的環境に関する調査」は，役者が後で参加者を演じる準備をする際，また衣装や舞台芸術のデザイナーが視覚的・物理的世界を創造する際に役立ちうる有効なデータをフィールドノートに収集する仕組みになっている。私がビデオ撮影よりも，音声レコーダーやインタビュー記録，フィールドノートを使用することを好むの

は，この3つの要素が一緒になることで，役者が参加者を演じるために必要な豊かな情報を獲得し，個人の身体的表現に関連する細部を解釈して埋めることができるからである。たとえば，母親のことを話しながら髪の毛をいじる人がいるのはなぜか。自分がいじめられっ子だったときのことをどのように思うかと尋ねられると，目をそらして話題を変えてしまう人がいるのはなぜか。役者がこれらの瞬間の参加者の身体性を解釈できるようになると，単なる模倣や風刺，ものまねではなく，彼らを人間らしく表すことができる。

　データ収集の過程では，アーティスト－研究者はエスノドラマが提起しうる倫理的配慮の問題に注意深く意識を向ける必要がある（Ackroyd & O'Toole, 2010；Saldaña, 2011）。パフォーマンスの中で自分自身を体験することで，数々の発見や不快感が生まれる可能性があり，アーティスト－研究者は，このことを心に留めて作品制作をしなければならない。私は自分自身をパフォーマンスで表現される経験を何度かしており，役者がリハーサルや上演を通して私の言葉を話し，私の身振りを身体化し，私の意見を表現するとき，さまざまな感情が生まれることを理解している。どの経験も自分について新しいことを教えてくれたが，必ずしもそれは私が好んだり感謝したりするようなものばかりではなかった。この経験に共感しているため，私はインタビュー参加者を慎重に選び，このアプローチについてできる限り多くの情報を提供した上で，参加者が自分の意志でその過程に入ることができるように徹底している。Smith はこの制作を考えるのに適切なメタファーである「山の頂上から叫んでいる」人のみにインタビューを行うと説明している（Smith との個人的やりとり，2014年6月11日）。参加者は「逐語的」の意味を理解し，自分が演じられることはわかっていると主張するかもしれないが，実際に何が起きるのか，またパフォーマンスが展開するにつれてどのような感情になるのかを完全に把握することは観客の前でパフォーマンスを経験するまでは難しい。多くの参加者は新しい視点から自分を見つめる機会になったと感謝し，彼らとの経験はポジティブなものが圧倒的であった。しかし，参加者から伝えられた2，3のネガティブな経験によって，私は共感的姿勢を保持し，この形式における倫理を常に頭の片隅に置くようにしている。最初の接触の段階で，インタビュアーと参加者のやりとりの中で起こりうることを明確に理解し，インタビュー参加者を表現する倫理的配慮に用心深くいなければならない。

　エスノドラマは，人の不快感やもろさを利用しようとするものではない。もし参加者がインタビューを受けて不安を感じているのであれば，私はそのインタビューをコーディングには含めないようにしている。データ収集の過程で不快な思いをしたのであれば，舞台上の役者の演技にも不快な思いをするかもしれない。参加者の中には時々，インタビューに参加することは何らかのセラピー的効果があると言う人もいるが，私はすぐに，セラピストではないこと，またこのインタビューはセラピー的なものではないことを伝えている。あるトピックを議論することで副産物としてセラピー的効果があるかもしれないが，インタビューの第一目的は研究と芸術的創造であり，セラピーではない。そのため私は，そのインタビューをコーディングの過程に含めるかどうかを注意深く考える。同様に，参加者がインタビューで感情的になっていた場合，インタビューの最後にフォローアップを行い，インタビュー全体あるいは特定の箇所をコーディングに含め

るべきかを決めている。参加者の許可が得られた場合でも，そのインタビューを少しでも使うなら，エスノドラマでどのように使うのかに細心の注意を払う。インタビューの最後に，参加者に含めない方がいい箇所があるかどうかをすでに聞いていることを考えると，これは余計なことだと思うかもしれない。しかし，特定の箇所をパフォーマンスで共有することの影響を注意深く考えることは，アーティスト−研究者としての私の責任である。匿名性をさらに担保するため，参加者はインタビューで言及した人名や場所をいつでも変更することができる。私は自分の研究や芸術的プロセスに参加してくれる人を不快にさせたり，再びトラウマ化させたり，危険にさらすようなことはしたくないと思っている。

　私は，研究者−役者で構成されている劇団とエスノドラマを制作するとき，劇団員がパフォーマンスで自己を体験する感覚を理解するためのエクササイズを行い，彼らがインタビュー参加者への共感を高められるようにしている。まず，各メンバーが他のメンバーにインタビューを行い，その中から2分の抜粋を作り，グループで発表する。このとき，インタビュー参加者に実際に用いる質問を使い，インタビュー技法の向上を図っている。新しいグループでこのエクササイズをするたびに，劇団員はこれまでとは違う新しい方法でお互いや自分自身のことを見たり聞いたりし，劇団内に信頼や理解，共感を築き上げている。この共感的態度はインタビュープロセスや参加者の描写の仕方に影響を与え，役者やインタビュー参加者，観客にとってやりがいと敬意を生み出している。

　アーティスト−研究者はそれぞれ，プロジェクトや質的なデータセット，個人の美学によって独自の方法でエスノドラマを構築する。この構築物には大きなデータセットから選別する過程が含まれる。アーティストとしてのものの見方と研究者としてのスタンスを意識し，これらのデータの「見方」が選別プロセスに与える影響を観察する必要がある（Ackroyd & O'Toole, 2010）。ヴァーベイタム・インタビュー演劇プロジェクトのデータセットは，インタビューを文字起こししたものとフィールドノートで構成され，繰り返されるテーマをコーディングし，最終的には上演可能な台本に整える。アーティスト−研究者の中には，参加者それぞれのインタビュー全体を文字起こしした後に，データ全体から立ちあがるテーマや関連する点をコーディングする人もいるが，私はリサーチクエスチョンとの関連箇所や観客が聞くべきだと考える箇所のみをコーディングするのが好きである。それぞれのインタビューの音声記録を振り返り，このような規準に合う2〜3分の箇所を3つ選び，その部分のみを文字起こししている。これらが直接的にインタビューの質問に答えているかいないかは重要ではない。私は全体の物語や特徴的な説明，驚くべき宣言，意味をめぐる葛藤に耳を傾ける。なぜなら，このような情報共有の方法が，上演の際に観客の興味を引くためである。私が選ぶ箇所は連続しており，ある30秒間の箇所を，ある2分間の箇所とつなぎ合わせるようなことはしない。2〜3分の抜粋というのは，伝統的な戯曲の平均的なモノローグの長さであり，観客が興味を失わない心地よい長さである。1つの役が台本の中で複数回登場する可能性を考えて，私はそれぞれのインタビューから異なる3つの箇所を選ぶ。アーティスト−研究者の中には，インタビューのさまざまな箇所を編集して継ぎ合わせる者もいる。そうすることで，インタビューの最初の5分と15分後の箇所を一緒に継ぎ合わせ，そのように情報が伝

達されたかのように演出することができる。コーディングプロセスにおけるこれらの芸術的な選択は，各自の美学やプロジェクトの目標に基づいて独自の判断で行う必要がある。

　私はインタビューから3ヵ所を選んだ後，逐語録の技法によって，つまり参加者の話し方について，言い淀みや間，言い間違い，「うーん」「あー」なども含めたすべてを文字に起こす。参加者が話の中で大きく間をとるたびに，リターンキーを押して改行する。その人が一呼吸置いたり間をとったりせずに話しつづけ，入力が次の行に続く場合は逆インデントを使い，話し手が休みなしに話していることを表す。この逐語録のスタイルはSmithの台本フォーマットからインスピレーションを得ており，詩のような外観である。Smithは，それらは「欠陥のある日常会話の縛りからリズムや意味を解放する」ため，それらを「有機的な詩（organic poetry）」と呼んでいる（Dominus, 2009より引用）。注意深く聴き，それらを書きとることができれば，紙の上に詩を書き出すことができ，役者たちはその瞬間の参加者の思考様式を力強く洞察できるようになる。音声を聞き返すときに簡単に場所を探せるように，開始と終了の時間を記入している。またその箇所を選んだ理由を思い出せるように，各箇所に原稿からの一行を使ったタイトルをつけている。これらのタイトルは，後の台本制作の過程で役立つ。最終的に，文字起こしをした箇所はすべて個別の文書とし，フォーマットの一貫性のため同じフォントと文字サイズを使用している。そうすることで実際の台本に簡単に組み込むことができる。フォーマットやタイトル，時間の印などの例として，下記に《Towards the Fear》の文字起こし原稿の冒頭部分を示す。

"My sanctuary"	「私のサンクチュアリ」
（7:23-9:59）	（7:23-9:59）
BOSTON AREA FEMALE	ボストンエリア　女性
And you know there was there was	それからね，ある，ある男の子も
this one boy too who was um	いたの
his name was Barry and he	彼の名前はバリーで，彼は
you know I found a lot of	あの，私はたくさん
um solace in	えー，癒やされてた
in art cause there was no theatre	アートで，だって劇場がなかったから，
so I would go and just do like	私はただひたすらアートプロジェクトに
manically do art projects to kind of	取り組んだの
you know art therapy before there was	アートセラピーみたいなものはまだなかっ
such a thing.	たしね

　第一段階の文字起こしとコーディングが終わったら，次の段階では文字起こしをした箇所を音読し，その有効性と関連性を見極め，似ている箇所をテーマごとに分けていく（Anzul, Downing, Ely, & Vinz, 1997）。プロジェクトに演劇集団が関わっている場合は，このコーディングの第二段階に共同研究者を加えている。もし私がすべてのインタビューと

文字起こしをしていたら，役者たちにこの段階で読者になってもらう。私たちは声に出して文字起こしされた箇所を読み，つながりや重なり，関連する視点，矛盾を聞き取っていく。これらの箇所の関連性を見つけることで，自然とテーマが生成されていく。私は文字起こしをした箇所すべてを印刷し，テーマが生成されるごとにそれらを大きな部屋の床に並べ，関連する箇所を積み重ねていく。そして，それらをテーマごとのフォルダに入れる。この段階で，台本で参加者の誰が最終的に登場人物になるのか，また似たことを言っているどの参加者を除くのかを決めることができる。時々，一人の参加者が重要な主張をしていても，他の参加者とのつながりが見出せないこともある。このような場合，その発言を独立させるか，あるいはインタビュー記録に戻ってより有用なデータを探し，その参加者の台本での存在感を高めることもできる。しかし，エスノドラマのパフォーマンスの長さと関連する自分自身の目標も忘れないようにしている。私の考えでは，75 〜 90 分以上のエスノドラマは観客にとって効果的ではなくなるため，台本に含めるインタビューや参加者の数に影響を与える。また登場人物のほとんどを台本に複数回登場させたいので，プロジェクトにもよるが，登場人物の数を普段は 12 〜 18 人に制限している。

　エスノドラマの登場人物となる参加者を選ぶとき，アーティスト−研究者の中には異なる人のインタビューの断片を組み合わせ，台本上に複合的な登場人物を作る必要性を感じる人もいるだろう。ドラマセラピストの Darci Burch（2015）は，ドラマセラピストの仕事における解離の経験を検証した《The Space Between Us All: Playing, with Dissociation》と呼ばれるオリジナルのエスノドラマを制作した。彼女は主にニューヨーク市とその近郊で，病院の同僚たちに 20 回のインタビューを行った。そして，データをコーディングする中で，識別名を仮名にしても，匿名を希望するインタビュー参加者の身元を完全には保護できないことに気がついた。そのため，彼女はコーディングの過程を再検討し，データセット全体のすべての参加者のインタビュー記録から，特定のトピックについて似た主張をしている箇所を探すことにした。それからさまざまな参加者の断片を組み合わせて一つの声を作り，その合成された声が一人の登場人物となった。合成された登場人物を作ることでインタビュー参加者の匿名性が高まり，「この方法によって，一人の登場人物が一人の参加者として識別されず，一個人が必ずしも特定の登場人物と結びつけられない」（p. 55）。Burch の作品の観客は主に地元のドラマセラピストであり，この分野はとても狭いことを考えれば，参加者のプライバシーを守り，エスノドラマの構造やドラマツルギーに影響する重要な倫理的選択をしたと言える。

　私は台本制作過程の最初の段階で，エスノシアターでの配役の仕方についても考える。台本ができていない段階で配役について考えるのは奇妙に思えるかもしれないが，エスノドラマでの登場人物の数とそれを演じる役者の数は，台本の構造に大きく影響する。たとえば Smith が一人芝居をするとき，互いに会話しているかのように登場人物たちを同時に演じることはほとんどなく，ある役から次の役へと流動的に移動して一度に 1 役ずつ演じる。一人芝居なので，彼女の劇は一連のモノローグで構成されている。一方，私は役者が複数の人物を演じることで，観客に役者たちの多才さや名人芸を体験してもらえたらという思いから，エスノドラマ《open heart》の台本を制作する際，台本

第 15 章　エスノドラマとエスノシアター　｜　323

全体の 15 人の登場人物に対して，5 人の役者が一人で 3 人ずつ演じるようにした。し
かし，この選択は台本の構成にも影響する。ヴァーベイタム・インタビュー・エスノド
ラマで役者集団と仕事をする際，私はそれぞれの役者が少なくとも 2 人の人物を演じる
のを好んでいる。その結果，異なる人物を演じる複数の役者が舞台上にいるため，選択
の幅が広がる。この柔軟性によって，インタビューを別々に受けていても，登場人物の
間で会話を構築することができる。このような会話は一人の役者が演じるには複雑すぎ
て，観客がついていけない可能性がある。

　インタビューの内容をテーマごとに分類し，登場人物とそれを演じる役者の数を事前
に決めたら，台本をまとめ上げていく。台本は，コーディングの第二段階で特定した
テーマに基づいて作成することが多い。台本をテーマ別に構成することで，観客は一度
に一つの調査結果に集中でき，パフォーマンスが展開する中で分析や省察を行う可能性
が高まる。エスノドラマでは探究中の現象について決定的な結論を導き出すことを避け
るかもしれないが，観客はパフォーマンスで提示された観点や視点をもとに自分なりの
結論を導き出せるはずである。

　役者それぞれが複数の人物を演じる場合，台本制作でより多くの手法が使えるため，
エスノドラマをより柔軟に構成することができる。このようにさまざまな台本制作の手
法によって，複数の役者が出演する場合に同じ構造が何度も繰り返されて退屈なもの
になりがちなモノローグのみの形式を避けるようにしている（Soans, Hammond & Steward,
2008 による引用）。一人の役者が演じる連続性のあるモノローグについてはすでに述べ
た。モノローグは，用語の定義や出来事の描写のような，エスノドラマの中心的な概念
や考えを紹介するのに効果的な技法である。私はよく 2 つか 3 つのモノローグを使って
エスノドラマを始める。これは調査結果の主な考えやさまざまな視点を紹介する方法と
して行う。他の台本制作の技法には，デュエット，トリオ，カルテット，モンタージュ，
合唱などがある。Saldaña（2011）はこれらをまとめて「エスノドラマティック・ダイア
ローグ」(p. 99) と表現しているが，私は台本でもパフォーマンスでも，起きているこ
とを構造的に正確に表現するため，これらの音楽用語を用いて台本制作の技法を説明し
ている。

　デュエットとは，2 人の登場人物のインタビューを継ぎ合わせて，あるトピックや考
えを 2 つの異なる視点から照らしだす会話を作り，2 人の役者がそれらの登場人物を
演じるというものである。エスノドラマ《Towards the Fear》では，私は「社会的闘争」
という用語を生み出した 2 人の社会学者 Robert Faris と Diane Felmlee に別々にインタ
ビューを行った。彼らは共著者だが，その用語を，関連しながらも異なる言葉で説明し
ていた。台本では，この用語の意味とそれぞれの視点を強調するため，インタビューの
抜粋を継ぎ合わせて，2 人の登場人物が同時に舞台に登場しているが互いの存在を認識
していないという会話を作り出した。上演時には，この「会話」が始まったとき，Faris
と Felmlee は一緒にインタビューを受けているような印象を与えるが，セクションが進
むにつれて，別の時に別の場所でインタビューを受けていることが明らかになるという
ものになった。

　トリオとカルテットの基本的な考えはデュエットと同じで，3 人か 4 人の登場人物が

あるトピックや考えについて，それぞれの視点を共有するものである。この種の対話では，一人の役者が複数の人物を演じると誰が誰かを追うのが難しくなるため，デュエットと同様，トリオとカルテットの劇を演じる役者は一人の人物のみを演じる。これらの台本制作の手法を効果的にする鍵は，「メリハリ（bounce）」と私が呼ぶものを発見する能力にある。デュエットやトリオ，カルテットでは台詞の流れを保つことが難しくなることがある。一人の人物が長時間話しつづけるとエスノドラマの進展が遅くなり，観客が調査結果を理解できなくなる恐れが高まる。私がメリハリを作るとき，デュエットやトリオ，カルテットの劇では，各人物の抜粋を小さく分割し，会話のエネルギーがある人物からある人物へと頻繁に移るようにする。インタビューでは決して同じ部屋に一緒にいたわけではなくても，登場人物が互いに賛成したり反対したりしているかのように話題が登場人物の間で行ったり来たりし，あるトピックについてしっかりと会話をしているかのような錯覚を覚える。この台本制作の手法は，伝統的な演劇における登場人物の対話をまねたもので，パフォーマンスのエネルギーを維持し，観客が調査結果への関心を保つためのものである。

モンタージュの機能はトリオやカルテットと似ているが，異なる点は，抜粋は通常かなり短く役者が全体を通して複数の人物を演じることができるため，4人以上の人物を表現することも可能だという点である。また，モンタージュには，ある概念や調査結果をめぐる複雑性や混乱を最も効果的に洞察するという，少し異なる目的がある。《Towards the Fear》のインタビューに応じた参加者は，それぞれ「社会的闘争」という用語を定義するように求められた。この用語は比較的新しく，参加者は正確な定義を思いつくのに苦労していたが，彼らの回答はその用語を聞いて頭に浮かんだことやその理解をどのように説明しようとしたのかを表していた。そのモンタージュでは多くの登場人物がこの用語を短い言葉で定義しようとし，意味を見つけようとするこれらの声を組み合わせることで，いじめという深刻なトピックを扱った劇にひとときの軽やかさを与えていた。

「合唱の交流（choral exchanges）」（Saldaña, 2011, p. 109）と呼ばれる合唱作品は，声の合唱を模してアレンジし，インタビュー記録から抜き出した短いテクストの断片や一行を使って制作したものである。合唱作品は，多くの視点や考えを即座に劇的に紹介したり要約したりする方法として，台本の最初か最後で最も効果的に使用される。台本中盤での合唱作品は，会話のリズムを変え，観客の注意を直後に来るものへと向けることができる。この合唱作品の構成は多くの人がインタビューを受けたことを浮き彫りにし，研究テーマに意見を述べる文字通りの声の合唱を観客に提示する。

エスノドラマは台本の構成や形式が伝統的な演劇とは必ずしも同じではなく，上演でも異なる展開になりやすいことを考え，私は台本の早い段階で関わりのルールを作るようにしている。それにより，観客が自分たちは何を経験し，台本がどのように作られたのかを理解できるようにしている。たとえば，役者は一般的に何人もの人物を演じるので，ある台本制作の手法によって，特定の時間に誰が話しているのかを観客がわかるようにしている。ある人物が最初に登場する際，役者がその人物を演じはじめてからだいたい5〜7行ほどのセリフを言ったあと，いったん間をとる。その間に舞台上の別の

役者が，インタビュー参加者が決めたその人物の識別名を告げる。これは初めて新しい
役が登場するたびに行われる。もしその人物が後で舞台上に戻ってきても再度紹介はし
ない。なぜなら私は役者がその人物を正確に演じる能力と誰が話しているのかを理解し
ようと演技に見入る観客の能力を信頼しているからである。他のエスノドラマでは，そ
の時々の登場人物を明確にしたり告知したりするためにプロジェクションやボイスオー
バーが用いられる。どの選択も効果的だろうが，早い段階で紹介され，台本やパフォー
マンスの中で一貫して使われる必要がある。

　私はまた，台本の中でインタビュープロセスを認識できる方法を探し，観客が登場人
物の話しぶりから，彼らがインタビューに回答していることがわかるようにしている。
エスノドラマの早い段階で，参加者がインタビューのプロセスや質問自体についてはっ
きり語っている箇所を含めることも多い。《Towards the Fear》では，バートレット（46
歳男性）の最初のモノローグは，以下のように始まる。

> **バートレット**
> はぁ
> （深呼吸）
> 　私の日常生活の中で攻撃性がどのように現れるか？　それは，まぁ，それは，と
> てもいい質問をしますね。あなたたちはよくやってくれた（笑）。

　バートレットは意図せずに，観客に制作過程を説明するような返答をしている。彼は
インタビューで尋ねられた質問をもう一度述べ，インタビュアーの存在を示した。彼の
この回答を含めることで，観客はデータ収集の過程をある程度理解し，この劇はフィク
ションではないことを思い起こすことができる。この抜粋は，登場人物の話し方が逐語
的であることも伝えている。バートレットは自分の言葉を遮り，質問に小さく舌打ちし
ているようである。私はこのような瞬間を台本の最初や全体に含めることで，観客にさ
りげなく，実在する人物の話し言葉にふれているということを伝える。

　エスノドラマの草稿ができたら，劇を演じるために選んだ役者集団を集め，台本を声
に出して読んでもらう。この最初の読み合わせで，台本制作の過程で行った選択が論理
的であり，リサーチクエスチョンが一貫した判断可能な方法で扱われているかについて
重要な情報を得る。私は最初の読み合わせを聞く際，以下のことを問うよう心に留めて
いる。

- 台本には明確な始まり，中，終わりがあるか。
- エスノドラマのどこにも，余分だと感じられる箇所はないか。もしあるならどこか。
  その箇所は，表現されている考え全体の有効性を失うことなく，削除あるいは調節
  できるか。
- 一人の登場人物がエスノドラマ全体，あるいは特定の箇所を独占していないか。こ
  の支配的な人物はエスノドラマに貢献しているか，それとも不均衡を生み出してい
  るか。

- デュエット，トリオ，カルテット，モンタージュにメリハリはあるか。
- 長いモノローグがエスノドラマの流れを悪くしていないか。
- インタビューやコーディングの過程で明らかになった重要なテーマや視点が，エスノドラマから抜け落ちていないか。抜け落ちている場合，付け加えることは可能か。付け加える必要はあるか。
- エスノドラマには複数の結末があるか。おかしな質問に聞こえるかもしれないが，台本制作ではしばしば複数の結末を描くことに悩むのだが，エスノドラマも例外ではない。

これらの問いへの答えによっては，リハーサルを始める前に台本をさらに修正する必要がある。エスノドラマに大幅な修正が必要な場合，加えた変化の効果を見定めるためにもう一度読み合わせが必要になることもある。小さな修正だけであれば，役者たちとリハーサルを行う中で修正できるかもしれない。エスノドラマの最初の読み合わせでは，配役に関する情報を提供し，役者の構成や組み合わせを考えながら，さまざまな配役を試すことも多い。

台本制作の過程が完了すると，エスノドラマはリハーサルに入り，観客に調査結果を美的に心地よい方法で伝えるエスノシアターの作品制作に移る（Ackroyd & O'Toole, 2010; Saldaña, 2011）。エスノドラマ制作者は台本制作の過程でこうした目的を達成するための選択を行うのだが，これらの選択はパフォーマンスにも同様に反映されていなければならない。伝統的な劇作家が実際の観客を想定して戯曲を作り上げるように，エスノドラマ制作者およびエスノシアターの演出家も，上演イベントをつくり上げる際にそうしなければならないのである。

ライブ・パフォーマンスの制作では，観客とパフォーマー，上演される素材との関係性を指し示すパフォーマンス現象学を意識する必要がある。典型的な演劇体験，たとえば Lorraine Hansberry（1959）による《A Raisin in the Sun》のような演劇の上演では，役者は観客のために登場人物を演じる。このパフォーマンス現象学は，役者 − 登場人物 − 観客という三位一体の形をとる（Olf との個人的やりとり，1995；**図 15.1** 参照）。Hansberry の戯曲を上演する際，演出家はこの3要素の関係性を考慮し，三位一体を支える選択をしなければならない。Hansberry の戯曲はアメリカン・リアリズムの一例であり，ある種のリアルな演技が要求される。役者は変身して登場人物になり，観客が演技中の人物を見るだけで役者のアイデンティティは消えてしまうように意図されている。演出家はリハーサルや本番で役者を導き，この役者 − 登場人物 − 観客の三位一体を強化するよう

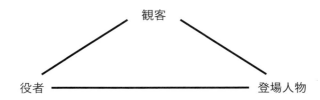

図 15.1 伝統的な演劇体験のパフォーマンス現象学：三位一体

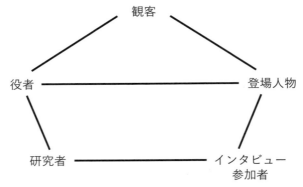

図 15.2 エスノシアターのパフォーマンス現象学：五角形

な選択をする。

　エスノシアターのパフォーマンス現象学はより複雑なため，インタビュー参加者 – 研究者 – 役者 – 登場人物 – 観客という五角形で表すのがよい（**図 15.2** 参照）。インタビュー参加者が研究者と話し，研究者は文字起こしをしてコード化し，台本へと整え，それを役者が／役者として学び，解釈し，観客のために上演する。「役者が／役者として」の違いは，研究者が登場人物である場合とそうでない場合を考えてのことである。五角形での役割によって，同一人物でもデータ処理の方法が異なる。このパフォーマンス・ペンタゴン（五角形）のためにエスノシアターの作品では，登場人物の声や身体化によって研究プロセスやデータ分析，台本制作，調査結果の様子が何らかの形で示されなければならない。そして観客は自らデータを解釈し，エスノドラマによって探究されている現象を自分なりに結論づけていく。エスノシアターの演出家は，観客が解釈のプロセスに関わりつづけることができるよう，この五角形を強調するパフォーマンスの美学を活用する必要がある。観客は，どのような演劇体験であっても素材を解釈していると主張する人もいるだろう。しかしエスノドラマでは，観客がデータについて独自の結論を導き出すことに依存しており，またそれを期待すべきものであるから解釈に対する観客の責任はとても大きい。

　エスノシアターの利点は，観客に演劇作品を見ていることを思い出させるような演劇の手法を用いることで，観客の批判的意識を高め，そこで表される調査結果に集中させることができることである。エスノシアターの演出家は，ドイツの劇作家である Bertolt Brecht（ベルトルト・ブレヒト）の理論的著作を参考にするのがよいだろう。Brecht は**異化効果**（*Verfremdungseffekt*）という用語をつくり，観客の批判的意識を高める方法について述べている。この用語にぴったりの英語はないが，Brecht の考えを英語で書くとき，翻訳家は「alienation effect」という言葉に置き換えている。Brecht（Willett, 1964 による）は，このプロセスについて以下のように説明している。

　　（異化効果は）人の認識や注意を向ける対象を，普通で身近ですぐにわかるものから，独特で印象的で予想外のものへと変えることで成立する。明白なものがある意味で理解不能なものになるが，それは理解することをずっと簡単にするための唯一

の順番である。(pp. 143-144)

　この**異化効果**を達成するため，Brecht（Willett, 1964）はより説明的な演技形式やプロジェクション，プラカード，音楽，歌など，さまざまな技法を用いて観客のカタルシス反応を中断させた。そうすることで登場人物に影響を与え劇中の出来事を生み出した外部の力について観客が批判的に考えられるようにした。エスノシアターでも，観客の素材に対する感情的過剰反応を中断するという同様の目的を持つべきである。しかし，批判的思考を刺激することと観客を楽しませることの間に，美的なバランスが存在しなければならない。演出家は役者による人物描写，配役の選択と演出技術の使用，パフォーマンスへの他のメディアやアート様式の統合という3つの要素に集中することで，この美的なバランスを達成することができる。

　エスノシアターにおける役者による人物描写のアプローチは，伝統的な演劇によるものとは異なる。演出家はそのアプローチを理解し，リハーサルを通してサポートしなければならない。Darci Burch（2015）は研究者－役者として，エスノシアターの役者の特殊性について，《Towards the Fear》や自身のエスノドラマ《The Space Between Us All: Playing with Dissociation》において活動する中で明確にしている。彼女は次のように述べている。

　　　（エスノシアターでの）役者指導や役作りは伝統的な演劇のものとは大きく異なるため，「役者」の役割も変わる。私はこの役割を要約するため，エスノ－アクター（ethno-actor）という新しい用語を提案する。エスノ－アクターには，インタビュー参加者の尊厳を保ち敬意を払いながら，新しい知識や理解を見出すような描写が求められる。彼らは戯画化や虚偽の表現，またごまかしがないように意識的に選択をしなければならない。エスノ－アクターは，演じる人物・役に共感してその人物のふるまいを忠実に再現する能力が求められる。エスノ－アクターの経験をさらに複雑にするのは，彼らが舞台で体現する人物がパフォーマンスの観客となる可能性があるためである。この可能性によって，エスノ－アクターの演技では共感や倫理的配慮が重要になってくる。（…）エスノドラマの作家は，インタビュー参加者の言葉を一番よく表現する劇の作り上げ方を考えなければならないが，エスノ－アクターは発声や身体描写，動き，演技の意図を開発する中で，そのプロセスを継続しなければならない。エスノ－アクターは，架空の人物やセリフを元にした伝統的な演劇作品とは異なり，実在する人物や実話をそのまま，あるいは合成して制作するため，真正な演技の責任が加わる。（pp. 42-43）

　Burch はこの説明の中で，エスノ－アクターと演出家はこれまでとは違った方法で人物を表現し，観客がエスノシアターで自らが経験していることを理解できるようにする必要があると指摘している。たとえば，ヴァーベイタム・インタビュー演劇のプロジェクトでは，エスノ－アクターは他の演劇作品と同様に登場人物の話し言葉を学ぶのだが，その際，話し方を表した文字起こし原稿や音声記録を参照でき，また参加者の身体的特

性やくせを捉えたフィールドノートが存在するという利点がある。ミュージカル俳優が最初，歌の楽譜から歌唱方法について技術的に学ぶのと同じように，エスノ－アクターは最初に登場人物の話し方や身体性のパターンについて学ばなければならない。Smith（1993）が「パターンの切れ目は人物が生きている場所」（p. xxxix）と考えているように，学ぶ内容には間，言い間違い，言い淀み，方向や焦点の変化など，パターンの切れ目のすべてが含まれる。エスノ－アクターは，登場人物の話し方や身体性を技術的に正確に演じられるようになった後，演出家と一緒になぜその瞬間に切れ目が存在するのかを見定める。そして，その人物が何をどのように言うかを考え，伝統的な演技技法によって想像力を駆使しながら，切れ目の理由をつくり出す。Burch（2015）が指摘するように，エスノ－アクターは基本的にインタビュー参加者の話し方や動き方の真正性を尊重するため，架空の人物を対象とする伝統的な演技技法のみに頼ることはできない。しかし，これらの技法をエスノシアターでの役作りの第二段階に用いることで，登場人物の本質を捉えたニュアンスのある解釈を促すことができる。同時に，ヴァーベイタム・インタビュー演劇のパフォーマンスに対してよくある一面的な風刺画という批判も避けることができる。

　観客が役者による人物描写を通して素材に批判的に関わりつづけられるように，配役では役者の存在が注目されるようにするべきである。観客は，役者がその登場人物に魔法のように変身したと信じるのではなく，役者がその人物を表現するために取り組んでいる姿を見るべきである。このことは役者が自分のタイプと反する，つまり自分とは異なるジェンダーや人種，エスニシティ，年齢，性的指向，能力などを演じるような配役をすることで達成しうる。たとえば，女性の役者が男性の登場人物を演じる場合，彼女は予期された方法で舞台に現れるが身体性や声により観客に予期せぬことを経験させ，Brecht の*異化効果*が達成される。観客はジェンダーを超えた描写に驚き，興味を持ち，登場人物の発言内容を注意深く聞くようになる。そのことが観客のデータ分析に役立つのである。

　観客は演技技法や配役選択によって刺激を受け，エスノドラマやエスノシアターに内在する研究および分析プロセスに意識を向けるようになるが，このことは演出方法によっても強化できる。たとえば，私は劇団員には基本となるシンプルな衣装，つまりジーンズと中間色のTシャツ，グレーのズボンやトップス，あるいは同じメーカーとスタイルのカジュアルな服を着てもらうようにしている。このアプローチが視覚的統一感，および「真っ白なキャンバス」効果をつくり，観客が役者の話し言葉や身振りをもとに，その人物の印象を役者に投影できるよう促す。また，役者たちは舞台で演じるたびに，それぞれの登場人物について基本衣装に加えて別の衣装や小道具を追加することで表現している。たとえば，過去のプロジェクトではブレザーやメガネ，ヘアバンド，大きなネックレス，帽子，財布，スカーフ，そしてポテトチップスの袋さえも使用した。それはその人物のシンボルであり，この追加する物を「お守り（talisman）」と呼んでいる。お守りは，インタビューの際に記録したフィールドノート，「参加者の特徴と物理的環境に関する調査」を参照して選んでいる。役者はみな同じ基本衣装を着ていることを考えると，お守りは話し方や身振りによる演技以上にその人物を表す追加の指標とな

る。また，役者が登場人物に入ったり出たりするのを観客が見えるように演出している。役者は舞台の外でお守りを付けたり取ったりするのではなく，観客の目の前で行う。そうすることで役者は観客の前で役を「身につけ」，観客は役者が役を演じており調査結果を提示しているのだということをしっかり認識できる。同様に，役者は観客の前でお守りを外すことで登場人物を「脱ぐ」のである。このように登場人物を文字通り提示することで，観客の研究プロセスに対する批判的意識を持続させる高度に演劇的で役者主導のパフォーマンスが生まれる。

　エスノドラマという形式をさらに意識してもらうため，私は舞台上に役ごとの立会人を登場させている。立会人は当初，上演中にそれぞれの登場人物を識別する方法が必要だったために，必要に迫られて登場させたものである。初期のエスノシアターでは，初めて観客の前に現れる登場人物の識別名は，他の役者によって告げられていた。しかし，作品の多くに立会人の存在を組み込むうちに，この技法はアーティスト－研究者と参加者との元々のやりとりに関する，インタビュアーの視覚的メタファーとして機能することに気がついた。登場人物が話していることを聞くために他の役者あるいは全劇団員を同席させ，インタビュー参加者とインタビュアーの関係を演出によってまねて，元の素材やエスノドラマという形式を視覚的に観客に思い出してもらうことができた。立会人の存在は，観客が見たり聞いたりしている経験を映し出し，エスノシアターの特徴であるパフォーマンス・ペンタゴンをさらに際立たせる。

　役者が役に入ったり出たりするのを見るという演劇性は観客にとっては説得力があるだろうが，エスノシアターでは，役者による人物表現が静的に見えたり繰り返しが多くなったりすることもある。登場人物の身体表現についてある程度の信憑性を持たせるために登場人物が椅子に座っていたり，1ヵ所に立っていたりという演出もよく行われる。インタビュー中に動き回りつづけている人はめったにいないため，演出では登場人物が話している間，動きが多くなりすぎないようにしている。しかし，登場人物同士のつながりや矛盾を表すために舞台上の椅子やスツールの配置を変えるなど，立ったり座ったりを自由自在に変えて舞台上にさまざまな絵を作り出している。Saldaña（2011）は，エスノシアターの演出を強化する効果的な技法として背景要素や小道具，衣装，化粧，メディア，照明，音響，音楽を挙げているが，特に観客への美的影響に注意を払い，それらを慎重に使用すべきだと指摘している。役者たちを単に聞いたり見たりすることを超えて観客がパフォーマンスを多様に経験するため，私は「質感（textures）」と呼ぶ情報共有の方法を導入し，観客の批判的意識を活性化させ調査結果との多様な接点を提供している。私は主にビデオプロジェクションや動き，音楽を使ってこのような他の質感をつくっており，《Towards the Fear》はそれらをどのようにエスノシアター的なパフォーマンスに統合するのかについて，素晴らしい例を提供してくれる。

　《Towards the Fear》は，いじめが大人に及ぼす長期的影響に焦点を当てたパフォーマンスであり，オープニングシーンや場面転換の際に，ビデオプロジェクションが重要な役割を果たした。最初にこのテーマについて調べた際，いじめの被害者である子どもに関するさまざまなテレビニュースと出会った。そのため，パフォーマンスにこの種の物語の抜粋を織り交ぜ，主流メディアがいかに視聴者の目を子どもの苦境に向けさせ，子

どもの頃のいじめが大人に長期的に及ぼす影響から目を背けさせてきたかを説明したいと思った。いじめをテーマとしたテレビニュースや公共サービスの広告，いじめをテーマとした画像などさまざまな描写を示し，ビデオデザイナーと協働でビデオの切り抜きによるオープニングのモンタージュを制作した。その後，パフォーマンス全体を通して，オープニング・モンタージュで示したクリップの長いバージョンをさまざまな場面転換の際に使用した。たとえば，ある人物がネットいじめについて語る場面に移る際，その前に，若い女の子が仲間からソーシャルメディアでいじめを受けた後に自殺したとされる事件の詳細を報告する保安官の姿を映し出した。このビデオ作品や類似の作品によって，観客は舞台上の役者やその演技から上部スクリーンへと目を移し異なる方法で情報が伝えられることで，観客の批判的意識は再び活性化した。

　動きに音楽を組み合わせることによっても，《Towards the Fear》のパフォーマンスにまた別の質感が加わり，いじめや社会的闘争，攻撃性などの経験をより抽象的に表現することができた。このパフォーマンスには，社会学者の Robert Faris と Diane Felmlee（2011）によって刊行された学術論文「Status Struggles: Network Centrality and Gender Segregation in Same- and Cross-Gender Aggression」からインスピレーションを受けて制作したフーガのような動きが含まれている。この論文で共著者は「社会的闘争」という用語を定義し，その視点から調査結果を分析かつ説明している。Faris と Felmlee の研究は，私たちがインタビューを実施する前にいじめや社会的闘争を理解する基盤となった。そこでこの論文を抽象的に表現し，パフォーマンスの一部にすることにした。役者たちはそれぞれこの論文を読んだ後，重要なキーワードとフレーズを特定し，それらを個別にメモ用紙に書き込んだ。そのメモ用紙を集めてシャッフルしメンバーの間で再分配して，割り当てられた各カードを解釈するため，一人ひとりが身体を使って静止画を作った。その後，これらの静止画を順番に並べ，動きのある表現を作った。論文の言葉やフレーズからインスピレーションを受けて生まれたこれらの表現が，動きの作品の基盤となり，作曲家がその作品に合わせてオリジナル音楽を書いた。2 番目の動きの作品は，劇団員自身のいじめや傍観者としての体験談をもとに制作された。その体験談の中から話を 3 つ選び，各話の関係性を再び静止画で表現した。これらのイメージを動きによって活性化し，各話を描写しながらそれぞれが重なり合う 3 つの長い動きのシークエンスへと変容させた。この 2 番目の動きの作品に合わせて，同じ作曲家が別のオリジナル曲を書いた。3 番目の最後の動きの作品は即興的なもので，役者たちが舞台上を素早く動き回り，お互いに出会うと抱き合うか無視して先に進むかを決めるというものであった。この作品は，いじめや社会的闘争，攻撃性と闘うならばつながりが必要だと強調するインタビューのある箇所からインスピレーションを得たものであった。役者たちは，録音された音楽に合わせて即興で動きを作ったが，最終的には作曲家による 3 曲目のオリジナル曲に合わせて上演した。特筆すべき点は，役者の誰も自分をダンサーと認識していなかったので，簡単なエクササイズと多くの歩く動きによって作品をつくり上げたという点だろう。動きの作品は役者たちにとっては意味を有していたが，観客には動きや音楽作品の情報源や着想元はいずれも明かされなかった。エスノドラマやエスノシアターでは観客全員に同じ発見や結論を伝える必要はないという考えのもと，私たちは観客の

解釈にすべて委ねた。観客がさまざまな情報伝達の方法に異なって反応することを考えると、《Towards the Fear》の上演で使用したさまざまな質感は複数のデータ解釈の仕方や経験を可能にするものであった。

　この章では、アーティストが使う言葉を意図的に使うようにしてきた。なぜなら、エスノドラマやエスノシアターにとっての主な課題の一つは、アート内外の経験の浅い研究者がこの形式を使って調査結果を生み出し報告しようとしている点にあると考えているからである。これらの研究者は演劇の訓練をほとんど、あるいは全く受けていないため、結果として作品の芸術性や美学が損なわれているのが現状である。研究パラダイムの名称に「ドラマ」や「演劇」という言葉を使うのであれば、芸術性や美学を研究実践の他の要素と同等に扱うべきである。演劇的に説得力のあるエスノドラマを作るには、劇作家とドラマトゥルク*訳注1が専門的な訓練と長年の経験を通して獲得する演劇の構造を批判的かつ美的に考える能力と効果的に編集する能力が必要である。同時に、研究者がそれぞれの学問分野において訓練や指導を通して身につける正確な研究プロトコルの作成と研究参加者を守る倫理的配慮への注意も必要である。それと同様に、エスノシアターを上演するためには、パフォーマンス理論の理解や役者に対応する対人スキルがなくてはならない。そして明確なビジョンを持ち、研究者のバイアスや認識論を意識する必要がある。エスノドラマとエスノシアターでは、残念ながら芸術的な感性よりも学術的な研究能力が優先されることが多く、その結果、芸術的な形式が損なわれてしまっている。芸術性と研究のバランスがとれていないと形式が読み取りにくく、観客が理解しにくいものになり、結果として、調査結果がパフォーマンスによって明確には伝わらずに失われてしまう。この20年間、エスノドラマやエスノシアターをABRの有効な形式として認める動きにより、重要な成果が生み出されてきた。しかし、美的に十分でないエスノドラマやエスノシアターが制作され発表されるたびに、ABRの研究者が苦労して獲得してきた成果や形式の価値は損なわれてしまう。この問題に挑むために、これらの形式に関わる研究者は学問分野だけでなく演劇の制作技術においても長けている必要がある。優れた研究者は、先人からの指導を受けながら時間をかけてその能力を上達させていく。優れたアーティストも同様である。エスノドラマとエスノシアターを制作するアーティスト−研究者として、私たちはその二重性、つまりハイフンの場所で実践し、研究し、制作しなければならない。そうしてこそ、芸術的な研究を最も強く観客に届けることができるだろう。

＊訳注
1.　舞台芸術において、演出家や劇作家や役者とは別の立場で、作品制作に関わるあらゆる情報を調査収集・整理し、適宜助言を行う者。

文献

Ackroyd, J., & O'Toole, J. (Eds.). (2010). *Performing research: Tensions, triumphs and trade-offs of ethnodrama.* Sterling, VA: Trentham Books.

Anzul, A., Downing, M., Ely, M., & Vinz, R. (1997). *On writing qualitative research: Living by words.* New York: Routledge.

Barone, T., & Eisner, E. W. (2011). *Arts based research.* Thousand Oaks, CA: SAGE.

Burch, D. (2015). The space between us all: The performance of dissociation in the drama therapy relationship. Unpublished master's thesis, New York University, New York, NY.

Dominus, S. (2009, September 30). *The health care monologues.* Retrieved from www.nytimes.com/2009/10/04/magazine/04smith-t.html.

Faris, R., & Felmlee, D. (2011). Status struggles: Network centrality and gender segregation in same- and cross-gender aggression. *American Sociological Review, 76*(1), 48–73.

Hammond, W., & Steward, D. (Eds.). (2008). *Verbatim verbatim: Contemporary documentary theatre.* London: Oberon Books.

Hansberry, L. (1959). *A raisin in the sun* [Play]. New York: Samuel French.

Leavy, P. (2015). *Method meets art: Arts-based research practice* (2nd ed.). New York: Guilford Press.

Saldaña, J. (2011). *Ethnotheatre: Research from page to stage.* Walnut Creek, CA: Left Coast Press.

Salvatore, J. (2014). *Towards the fear: An exploration of bullying, social combat, and aggression.* Unpublished play, New York University, New York, NY.

Salvatore, J. (n.d.). *open heart* [Play]. Available from www.indietheaternow.com.

Smith, A. D. (1993). *Fires in the mirror* [Play]. New York: Anchor Books.

Smith, A. D. (2000). *Talk to me: Travels in media and politics.* New York: Anchor Books.

Willett, J. (Ed. & Trans.). (1964). *Brecht on theatre: The development of an aesthetic.* New York: Hill & Wang.

第16章

演出家／俳優／研究者／教師による
プレイビルディングの技法と雰囲気

....

● ジョー・ノリス（Joe Norris）

訳：郡司厚太

1980年代初頭，私は同僚の Stan Christie（1983）に触発され，「集団的創作」（Berry & Reinbold, 1985）と呼ばれる，新しい教育的な演劇様式を用いはじめた。私の演出のもと，演劇部の生徒たちは《This Is an Adolescent, Leaving Home: Youth of the 20th Century》という作品と，《Masks》という学校間作品の一部を書き上げ，上演した。私は，このときに用いたアプローチによって，生徒が知識の消費者から生産者になることを発見した（Freire, 1986）。

この新たなアプローチは，後に私の博士課程の研究（Norris, 1989）の中心となった。研究では，教師の指導のもと，11年生〔日本での高校2年生〕の生徒たちが「成長」をテーマにブレーンストーミングを行った。最終的には，生徒たちがこれまでの生活の中で経験してきたことに基づきながら《Merry-Grow-Round》という作品を創り上げた。その作品では，きょうだい間の競争意識のこと，公共の場における親との恥ずかしい経験〔たとえば人前でハグをされるなど〕，学校や友達関係の重圧のことなどを描き出した。生徒たちは，友達や保護者の前で，その作品を2回上演した。私は，作品の創作過程をすべてビデオに収めていた。そして博士論文には，創作過程を記録した4時間の VHSテープを付録として綴じ込んだ。さらに，創作過程のさまざまな側面を探った4本のドキュメンタリー映画を制作した。私は，生徒と教師の間に働く力学に興味を持っていた。そしてどのような点から，集団的創作を民主的な教育の一形態とみなすことができるのかを探った。集団的創作の過程は，生徒同士がお互いの考えを伝え合ったり，ある合意に向けて話し合いを行ったりする場であった。その中で生徒たちは，民主主義について学ぶだけではなくて，民主主義を実践していたのである。

研究を通して，私はそうした創作過程こそが，まさに教育的なものであるという考えに至った。しかしその後，実践を重ねることを通して，また Donmoyer と Yennie-Donmoyer（1995），Mienczakowski（1995），Saldaña（1998, 2005）の著作に影響を受ける中で，集団的創作を研究の方法論の一つとしても捉えるようになった（Norris, 2000）。集団での創作には，外部および内部のリサーチが多く含まれており，リサーチを通して生み出されたパフォーマンスや戯曲は，リサーチの成果物の一つとなる。そこで私は，自身

の実践／研究に対して，より一般的なプレイビルディング[1]（Weigler, 2002）という用語を用いることで，集団で創作する劇を，アートベース・リサーチ（ABR; Leavy, 2015）の一形式として主張しはじめた。

　この章を執筆している時点で，私は約60作品目のプレイビルディングのプロジェクトに取り組んでいる。同時に，授業の一環で行っているプロジェクトと，私が学外で主宰しているミラー・シアター（Mirror Theatre）のプロジェクトの2つが，もうすぐ終わりを迎えるところである。そのため，この章は単に過去の回想に基づくものではなく，今まさに私が体験していることに基づいて書かれている。『Playbuilding as Qualitative Research: A Participatory Arts-Based Approach』（Norris, 2009）以来，自身の思考の発展を記録していく中で，私の感覚は高まっていった。この章では，私の初期の研究の基本的な土台を再確認しつつ，2009年にオンタリオ州に移ってから得た洞察を加えることで，研究をさらに発展させていく。私は，リサーチの技法という横糸と，対人関係の雰囲気という縦糸という，相互に関連した要素によって，各プロジェクトは織りなされていくと考えている。どちらもプロジェクト全体や織物にとって不可欠なものである。別の比喩を使えば，この章は，他の人がそこから選ぶことのできるより大きな可能性のビュッフェを提供する。『Playbuilding as Qualitative Research』（2009）を出版してから，私は新たに18の上演作品と，7つのビデオ作品の演出をした。以下は，ウェブ配信用にビデオ録画されたものの一部である。

- 職場での暴力：www.joenorrisplaybuilding.ca/?page_id=1198
- キャンパス内での飲酒：www.joenorrisplaybuilding.ca/?page_id=1104
- メンタルヘルス：www.joenorrisplaybuilding.ca/?page_id=1679
- カウンセリングの課題：www.joenorrisplaybuilding.ca/?page_id=938
- 学問的誠実性：www.joenorrisplaybuilding.ca/?page_id=1467
- 学問的誠実性と第二言語としての英語：www.joenorrisplaybuilding.ca/?page_id=149
- コミュニティ開発：www.joenorrisplaybuilding.ca/?page_id=954
- インクルーシブ教育：www.joenorrisplaybuilding.ca/?page_id=626
- 研究参加：www.joenorrisplaybuilding.ca/?page_id=759　（Bodle & Loveless, 2013）

技法，アクティビティ，基本的な構造

　拙著『Playbuilding as Qualitative Research』（Norris, 2009）〔以下『プレイビルディング』〕で述べたように，プレイビルディングのプロセスは凧の形〔ダイヤ形の凧を指している〕のように進んでいく（p. 55）。プロジェクトに関わる中で，演出家／俳優／研究者／教

1　集団的創作やプレイビルディング以外にも，応用演劇，ポピュラー・シアター，フォーラム・シアターなど，長年にわたってさまざまな名称が存在している。台本に基づいて行われるパフォーマンスもあれば，より双方向的なパフォーマンスもある。

336　第Ⅲ部　パフォーマンスのジャンル

師（D/A/R/T[2]）[*訳注1]と俳優／研究者／教師（A/R/Tor）たちは，一連のスパイラルや解釈学的循環（Gadamer, 1975）を経て，調査中の現象をいかに経験し，目撃したかについて物語（Reason & Hawkins, 1988）を語り，テーマを生成しながらその物語を解釈し，それら解釈されたものを，学術的かつ一般の観客に向けた演劇作品（vignettes）へと翻訳していくのである。プレイビルディングのプロセスにおいて，凪の底の部分は，コミュニティのメンバーからテーマが選ばれたり，リクエストされたりする最初の段階を表している。2009年以降，職場における暴力，ストレス，生殖に関する選択（Norris, 2012），教師／ティーチングアシスタント／生徒の関係，学問的誠実性，メンタルヘルス，アルコールの過剰摂取，医療制度，人間の性，コミュニティの発展と評価などに関するテーマが選ばれてきた。テーマが決まると，D/A/R/Tとキャスト[3]は，プロジェクトに関して，内外でリサーチを開始する。凪の底がV字型に膨らみはじめ，通常3分の2から4分の3の時間を占める。

　ストーリーテリング〔自分自身について物語ること〕は，プロジェクトの中での生成的[4]なプロセスの大部分を占めている。キャストはまず，自分の体験を語ることから始める。すると語る中で，さらに物語が思い出されていく。私たちは，物語が物語を生み，物語自身がさらなる情報を引き出すことを発見した。お互いに語り合う中で，キャストが「なぜか忘れていたけど，あなたの話を聞いてこんなことがあったということを思い出した」と言うことがよくある。集団での創作プロセスを通してキャストの記憶が喚起されることで，さらにアイデアが浮かび上がってくるのである。このように，ストーリーテリング（Haven, 2007）とはアイデアを引き出すための強力な手段となりうる。プレイビルディングの初期の段階では，お互いに語り合う活動を通して，語られた内容を端的に表すような短いフレーズを情報カードに書き込む。そのカードの右下に，小さな文字で語り手の名前を書く。会話が進むにつれて，このようなカードが部屋の中央に投げ込まれ，後日ファイリングされる。A/R/Torたちはプレイビルディングのすべての局面で中心的な参加者であるため，この時点では語られた内容のすべてを記録する必要はない。後に見返したときに思い出せるように，キーワードとなるフレーズだけを記録しておけばよい。

　プレイビルディングのプロセスは，何週間もかけて(1)トピックについてのディスカッション，(2)トピックに関する自身の物語を語る，シーンのコーディング，関連する文献やニュースの参照，シーンの創作，というパターンで発展していく。このプロセスには自然な流れがあり，通常，D/A/R/Tはタイムキーパーとしての役割を担い，いつどの作業をするかを提案する。プロセスの中で出てきたアイデアはすべてカードに書き，「仕分けするカード（To Be Filed）」とラベリングされたファイルフォルダに入れる。

2　「D/A/R/T」「A/R/Tor」という用語は，リタ・アーウィンの「a/r/tography」（Irwin & de Cosson, 2004）という用語を翻案したものであり，リタとの会話を通して，後に使用したものである。

3　簡潔な表現にするため，区別が必要な場合を除き，「キャスト」という用語には演出家も含む。

4　私は，「収集」という言葉から遠ざかっている。というのは「収集」という言葉は，意味があらかじめ存在することを意味しているからである。リサーチクエスチョンやその行為とは，その人独自の応答を引き出すものであるため，情報は「生成」されたものとなる。また，同じ理由で「データ」という言葉も避けている。

他のフォルダもあらかじめ用意されているが，すぐにその場で仕分けしてファイリングするのではなく，仕分けを後回しにすることで，既存の資料の見直しに役立てる。あらかじめ準備されているフォルダは以下の通りである。

- *仕分けするカード*。プロセスの中で生み出されたカードを最初に収めておくフォルダ。このフォルダの中身は，キャストによって検討され，仕分けされる。それによって，自分たちが行ってきた仕事量を思い起こすことができる。また，このフォルダにカードが収められていることによって，キャストたちはこの中のどこかに劇が存在するという自信を持つことができる。
- *白紙のカードとマーカー*。必要な備品を収納するための実用的なフォルダ。
- *シーンのアイデア*。劇的なアクションにすぐにつながるような具体的な物語のアイデアを収めるフォルダ。
- *クイッキーズ*。名前の由来となったように，15秒から30秒程度で表現できるワンフレーズや短いシーンのアイデアが書かれたカードを収めておくフォルダ。シーンとシーンをつなぐために用いたり，組み合わせて大きなシーンにしたりすることもできる。
- *テーマ・メタファー・イシュー*。このフォルダには，コードとなりうる抽象的なアイデアが含まれている。これらを定期的に見直すことで，作品の中でどのような本質的なテーマが表現されているのか，あるいは欠けているのかを判断したり，新しいシーンへと発展していったりすることができる。たとえば，「恥」というテーマは，健康を害するというトピックの中で，他の個人的な物語を呼び起こすことができるかもしれない。
- *外部リサーチ*。物語は，さらなる情報の必要性を喚起する。必要な情報は，文献やニュース，ときにはゲストスピーカーから収集することができる。プレイビルディングのプロセスで，あるキャストは取り組んでいるテーマが日常生活の中でどのように自然に起こっているのかを意識するようになり，そのテーマにより気を配るようになったと述べていた。外部リサーチを通して得た気づきは，後にシーンの創作の時に生かされることとなる。
- *歌・小道具・衣装*。このフォルダには，後で必要になるが早めに集めておいた方がよいものがリストアップされている。車椅子，1960年代の歌，白衣などは，リストアップするだけではなく，早く調達した方がよい。通常，プレイビルディングでは黒一色の衣装を用いる。加えて，一部でテーマに関する衣装を使用する。
- *タイトル候補*。プレイビルディングのプロセスを通じて，いくつかのフレーズがタイトルの候補となる。これらは，さまざまな物語／テーマに焦点を当てるのを助けるものである。メタファーがタイトルとして機能することもあり，そのような場合，そのアイデアは2枚のカードに書いて，*テーマ・メタファー・イシュー*と*タイトル候補*の両方のファイルに入れておく。
- *リハーサルシーン*。このフォルダには，演劇的に探求されたシーンのアイデアやテーマが含まれている。このフォルダの中のすべてのシーンが本番で使われるとは

限らないので，この時点で洗練させる必要はない。以前は，重要なイシュー，重要なフレーズ，暫定的なシーンの順番などを紙に書き出していた。しかしこの段階でシーンが完成したと思っても，後になって，シーンに新たな可能性をもたらす情報が追加で出てくる可能性もある。また実際の上演の時には，観客もシーンに貢献することになるので，どのシーンもこの時点で完全に完成することはない。技術的な進歩により，ここでの暫定的なシーンの記録は，文書化するという方法から，シーンをスマートフォンなどで記録し，非公開の Facebook ページにアップロードするという記録方法に変わった。

- キーパーズ。このフォルダには，最終的に選ばれたシーンと，キャストの一覧，制作ノートが収められている。
- **基本方針**。このフォルダは新しく追加されたもので，私たちがどのようにプレイビルディングを実践していきたいかということに関するメモである。これらは実践の中で参加者たちと合意されたもので，その基本方針は以下の通りである。

  - ポリフォニー：複数の視点・視座を提供する（責めてはいけない）。
  - A/R/Tor たちの視点は，プロセスを通じて変化すべきである（独我論を回避する）。
  - 相手や観客の声に耳を傾け，そこから学ぼうとする姿勢を持つ。
  - 観客との対話を引き起こすシーンを考案する。
  - テーゼ（命題）とアンチテーゼ（反命題）を提示し，観客が自らジンテーゼ（止揚）を見出す。
  - 判断を留保し，私たちがこの場で学ぶことと，プロセスを通して変化することを受け入れる。
  - プロットや登場人物ではなく，シーンで扱われているイシューに重きを置く。
  - プレイビルディングの実践以外の場で，私的に少人数で集まり議論することは，徒党を組むことになり破壊的なエネルギーを生み出す。
  - 稽古中の発言は秘密にする。
  - 端的な表現をする（観客はシーンの中で登場した人物が誰で，この人はどこにいるのかをすぐに知ることができる）。
  - 各登場人物に，それぞれの内的な統合性（A/R/Tor の態度ではなく信念として）を与える。
  - 観客が自分の人生と重ね合わせることができるように，特殊なシーンの中にも普遍性を持たせる。

プレイビルディングを実践する上で，私が提示した上記の原則を含むか含まないか，または他の原則を追加するかどうかは別として，独自の方針を作成することが望まれる。

プレイビルディングを実践していく中で，私が「転回（the turn）」と呼んでいる地点がある。「飽和状態」という研究用語があるように，プレイビルディングの実践の中でも，生み出されたものを磨きはじめる時期が来るのである。上演の期日が決まっている

場合は，その3〜4週間前が転回の時期であることが一般的である。ここで，凪の両端が内側に向きはじめ，作品に焦点が当てられていくのである。私はよくこの段階で，ジェットコースターのアクティビティを行う。椅子を2脚並べて置き，その後ろにも同じように2脚ずつ椅子を並べて置いていく。私がチケットを回収している間に，A/R/Torたちは席に着いて，架空のシートベルトをしっかりと締める。前2列が後ろに傾くように指示され，それに続いて2列目，3列目も後ろに傾く。各列は，前の列が動いた後にのみ動く。前列が，左へ，右へ，早く，ゆっくり，前へ，後ろへと動く。このとき，指示をしなくても悲鳴が自然と発生する。その後2人ずつ，交代でリーダーを務めていく。最後に私は，「覚悟を決めてください。次のステージはジェットコースターです」と述べる。

　そうしたジェットコースターのアクティビティを行った後，私はグループの椅子の周りを一周して，「この芝居をどうしたい？」と問いかける。まず，各キャストがこれまでのプロセスの中で自分が経験したことを直感的にまとめる。そしてリハーサルシーンとクイッキーズのフォルダを見て，実践の中で立ち現れてきたイシューに対応するシーンができたかどうかを判断する。必要なことはメモをしつつ，さらにテーマ・メタファー・イシューとシーンのアイデアのフォルダを見直すことで，現状のシーンを補完できるようなアイデアを探す。こうした分析に基づいて，さらにシーンを考案していく。この転回の時期にシーンをブラッシュアップしていく中で，テーマに対する新たなアイデアが浮かび上がるため，プレイビルディングのプロセスは，あるゴールへと向けて直線的に進んでいくものではなくて，ジグザグと進んでいくものだと言える。航海にたとえるならば，この段階の雰囲気は，帆船のタックのようなものである。クルー／キャストは，形成期（347ページ参照）を通してよい準備がなされれば，転回の時期を，慎重さをともないつつもスムーズに素早く乗り切ることができる。しかし，ほとんどの場合，最終的にシーンをどれくらい磨き上げていくのかということに対する認識の違い（353ページ「飽和状態・終結・洗練・即興」の項を参照）によって，一部のキャストにストレスが溜まり，そのキャストに精神的な混乱が生じることがある。特に台本のある芝居の経験が豊富な人にとっては，劇（作品）の最終形に対する考えが異なるため，この認識の違いという点が最もストレスを感じるようである。

　転回の時期を経てシーンを磨き上げていった後に，編集と構成が行われる。この段階で，作品の全体像が形づくられる。リハーサルシーンのカードは，8.5インチ×11インチ〔A4判に近いサイズ〕の用紙の左上隅にホッチキスで留められた後に，床に広げられる。キャストは輪になって，シーンの順番を提案する。対話を進めながら，シートの順番を入れ替えていく。強烈なオープニングとエンディングが求められるが，ときには緊張をほぐすために，衝撃的なシーンの後には，重苦しくないシーンを入れることもある。シーンとシーンをつなぐためにクイッキーズを挿入することもある。このとき，作品全体の焦点がはっきりしてくると，それとは合わないシーンが出てくるため，カットされることもある。そのようなシーンは，リハーサルシーンのフォルダに戻される。

　さまざまな視点を確保するために，集団で劇を創作する段階や，特に構成を練る段階で，シーンが多様な視点に基づいているかを分析する。演劇にとって死語となっている

「説教」を避けるために，シーンを通してテーゼとアンチテーゼを示すことで，観客が自らのジンテーゼを構成できるようにする。「タバコを吸わない理由」というテーゼは，「タバコを吸う理由」についてのアンチテーゼを生み出し，それは同じシーンの中で示されたり，別のシーンの中で示されたりする。テーゼとアンチテーゼは，作品の中で立て続けに構成したり，他のシーンで区切ったりすることができる。強いテーゼに対してアンチテーゼがない場合には，別のシーンを作るのが一般的である。

　作品全体を構成する段階で，私が「ブラッシュファイア」と呼んでいる現象が自然に生じる。小さなグループがいくつか自然発生しディスカッションを行い，シーンやシーンの順番についてさまざまな側面を探究していくのである。D/A/R/T が違えば視点も異なるが，「ブラッシュファイア」が生じたときの私のスタンスは，自然に燃え尽きるのを待つこと，焦点を合わせるポイントを探すこと，そして，それぞれのグループが何を議論したかということに耳を傾けることである。しばしば，A/R/Tor たちの個々の声（「キャストの意思決定」の項を参照）を育てるという雰囲気が，グループとして取り組むことよりも優先されることが多い。私は，このことをプレイビルディングのプロセスの重要な点として認識するようになった。

　配役も，作品の最終的な仕上がりに影響することがある。通常 A/R/Tor は，衣装や舞台装置の変更が必要なシーンに続けて出演したり，多くのシーンを連続してこなしたりすることがある。その場合，シーンの順番が変更されることもあれば，15 秒から 30 秒程度の短いシーンが挿入されて，元の A/R/Tor に代わって別の A/R/Tor が出演することもある。ツアーに出る場合，授業の都合ですべての公演に出られない A/R/Tor もいる。シーンにおけるマルチキャストはよくあることである。キャストはリサーチの全過程に参加しており，それぞれのシーンは即興で作られているため，すべての A/R/Tor はほとんどのシーンを演じられるようになっている。

　シーンの順番が決定したら，シーンのタイトル，シーンに登場する A/R/Tor たち，照明と音響の指示，必要な小道具を記入したシートを作成する（**図 16.1** 参照）。これで，作品を最初から最後まで練習し，さらに磨き上げていくための準備が整った。

作品の構成

　Courtney（1980）は，私たちはみな劇作家であると主張している。人は一日に何度も，もしこうだったらとか，こうあるべきだったとかというようなことを考えながら，人生の状況をあらかじめ体験したり，追体験したりしている。私たちは日々，たくさんの小さなシナリオを想像し，作り出している（wright）[5] のである。劇作という行為は，人間の自然な特性であり，ありふれたものを崇高なものにする行為である。劇作という行為は，イメージ（視覚芸術），身振り（ダンス），音（音楽），そしてこれらを言葉や数字と組み合わせたもの（演劇）を通じて，思考に影響を与える（McLeod, 1987）。「媒体がメッセージ

---

5 「wright」とは，車輪，樽，船，劇などの製作を意味する言葉である。この章では，「wright」を「playwright」のように使っている。

シーンタイトル	キャスト（仮名）	照明／音響	小道具
待合室ブルース	Mandy, Jim, Sheila, Katie, Carly	暗転	
		時計の音	
		歌手とキャストが入る	ギター
		歌―出る	
		シーン	エチケット袋
		RS 待合室	
		RS 時計	
動悸	Fraser, Esther, Nancy, Sue, Jess	RS Dr. Who	4脚の椅子（2脚の椅子は背中合わせにして中央に）
		RS 時計	
妊娠時の反応	Carla, Cloe, Jess, Haley	RS 青のカーテン	
		RS 時計	
私の名前はルース	Carla, Fraser, Jane, Esther, Cloe	暗転	車椅子，ブザー，ハンドマイク
		RS 10 危険	
		暗転	
翻訳不能	Fraser, Katie, Jemma, Jim	RS 眼科	
		RS 視力検査表	
		RS 目のかすみ	
		RS 眼科	
ミスコミュニケーション	Sheila, Jane, Haley	暗転	クリップボード
壊れた命令の連鎖	Nikki, Mandy, Fraser, Esther, Jane, Nancy	RS 17 背景なし／BGM	
介護の時間	Sheila, Carla, Katie, Cloe, Jane, Carly	RS 待合室	2脚の椅子
固定された命令の連鎖	Nikki, Mandy, Fraser, Esther, Jane, Nancy	RS 19 背景なし／BGM	
ルースにおける重要性	Sheila, Carly, Carla, Jane, Jess	RS カフェテリア	丸テーブル，3脚の椅子
薬局の争い	Nancy, Sue, Katie, Jemma	RS テレビ番組のロゴ／BGM	
		スライド	
		RS テレビ番組のロゴ／BGM	
直前での決断	Sue, Jess, Fraser	RS オフィス	
		影	
		RS テスト	
回復の遅れ	Sheila, Mandy, Jim, Sue	RS 緑	
病院のあり方	All, Carla, Jim, Nancy, Cloe	暗転	

図 16.1 シーンの構成のアウトライン。RS は，後方のスクリーンのこと
〔https://mirrortheatre.ca/performance/who-cares-2016/ 参照〕

である」（McLuhan, 1967）ならば，物語を語るために用いるそれぞれの形式もまた，物語の意味に影響を与える。芸術は，世界を解釈するための豊富な意味を提示する。一般的に，劇作とは孤独な活動であると考えられているが，プレイビルディングの場合は，関係している人々が物語を伝えるためにさまざまな形式を試しながら，集団的な努力をすることになる。

　プレイビルディングの作品の形式は，長編のドラマに比べて，認識論的，価値論的，実践的，美学的な利点がある。認識論的には，作品の形式は視点のポリフォニーを提供する。キャストは，典型的な主人公／敵という構造に基づいた単一の物語に縛られることはない。むしろ，それぞれの作品には，与えられたシナリオの中で，それぞれの登場人物が設定されている。各シーンが短く，テーマが多岐にわたるため，観客はどの人物にも同調することができない。というよりも，物語の構造を異化（Brecht, 1957）することで，テーマへと誘導する構造になっている。

　価値論的には，プレイビルディングの作品は，A/R/Tor たちと観客の双方に，通常の劇構造では得られないパワーを与えるものである。A/R/Tor たちの物語は，ときに補完し合い，ときに矛盾し合いながら，共存することができる。観客は，すべての声を引き受けることができる。作品は「活性化するシーン」（Rohd, 1998, p. 97）として考案されている。それは，疑問を投げかけ，課題を提示し，観客にそのシーンの他の展開の可能性を考えさせるものである。上演後のワークショップでは，観客が客席からシーンの修正を指示したり，ステージに上がって提案された変更を自分で試したりすることができる。作品のコラージュは，観客一人ひとりが共感し，重要視する何かが生まれる可能性を高めるものである。

　通常，キャストは 10 ～ 15 人の A/R/Tor たちで構成される。これは，一般的な台本のある劇を作る上では人数が多すぎる。実践的には，少人数のグループの方が，選んだトピックを中心に独立したシーン作りが行いやすいと思う。そうすることで 2 ～ 3 シーンの同時進行が可能で，効率的に多くのシーンを作ることができる。少人数のキャストがお互いのシーンを発表し合うことで，荒削りな演技に外部からの目が入る。

　プレイビルディングでは，一つの作品の中でさまざまな演劇の形式が許容されることで，美的にも力強いものとなる。リアリズム演劇はよく使われるものであるが，リアリズム演劇という手法のみを多用した作品形式は，時間とともに単調になりやすい。他の形式を加えることで，面白さを維持することができる。Wagner（1976, pp. 153-154）は，Heathcote（ヘスカット）[*訳注2] を論じる中で，次のように述べている。

　　Heathcote はまた，教室でのドラマでは，演劇作品の 3 つのスペクトルを使っている。この 3 つのスペクトルによって，彼女は舞台上で起こる魔法のようなものを芸術的に作り出すことができる。そのスペクトルとは，次のものである。

　　　　　暗さ ↔ 明るさ
　　　　　静寂 ↔ 喧騒
　　　　　静止 ↔ 動き

私はこれをチャートの形式に拡張し（Norris, 2002, p. 314），どのようにストーリーを生み出していけるのかを A/R/Tor たちに実験するように勧めている。タブロー，マイム，コーラス，人形劇，言葉のコラージュ，シャドーシーン，内なる対話，ミラーエクササイズ，マシン，ナレーション，フラッシュバック，セカンドテイク，早送り，フリーズなどの技法は，プレイビルディングの中で，長年にわたって使用されてきたさまざまな演劇の形式のほんの一部にすぎない。

- リアルドラマ：スマートフォンで撮影した暴飲暴食に関する 15 分のシーンを 2 つ（www.joenorrisplaybuilding.ca/?page_id=1104）。
- 影のスクリーン：影は，留守番電話に不吉さと匿名性を感じさせる（www.joenorrisplaybuilding.ca/?page_id=938）。また，シーン 5（www.joenorrisplaybuilding.ca/?page_id=463）ではメンタルヘルスのさまざまな「秘密」を感じさせる。
- 引用コラージュ：学問的誠実性における不正行為の名言集（https://mirrortheatre.ca/performance/common-knowledge-video/）。
- ウォールビルディング：メタファーは，シーンに視覚的な焦点をもたらすことができる（www.joenorrisplaybuilding.ca/?page_id=759）。
- 内的対話：キャラクターの明示的な言葉から推測される内面的な状態を描写することができる（www.joenorrisplaybuilding.ca/?page_id=1602）。
- 早送り／巻き戻し：仮説のバリエーション（《Officer Bubbles》と《Back at the Station》参照。www.joenorrisplaybuilding.ca/?page_id=954）。
- タブローによる身体彫刻：個人または集団の静止像（『プレイビルディング』の 5 章「プレッシャー」を参照。www.joenorrisplaybuilding.ca/?page_id=1467）。

　研究内容を演劇的に表現する方法は無限にあり，上記はほんの一例にすぎない。D/A/R/T と A/R/Tor たちの役割は，それを「媒介」する適切な方法を見つけることである。最近，私はある内容とその伝わり方の複雑な関係を示すために，「媒介」という言葉を使うようになった（Norris, 2017, p. 241）。選択されたそれぞれのスタイルが，ある意味でメッセージを変えてしまうのである（McLuhan, 1967）。

　作品の構成は，適切な演劇的媒体を生み出すことに加えて，簡潔さと説明の要素も守らなければならない。なぜなら一つひとつのシーンが短いため，観客が「誰が，いつ，どこで」を素早く把握できなければならないからである。そうした説明は，余計な要素を最小限に抑えた文脈のもとに確立される必要がある。たとえば，男性が皿を洗う演技をしていると，女性が入ってきて，「パパ，ママはいる？」と言う。この台詞は簡潔に多くの情報を与えてくれる。一般的に，A/R/Tor たちは黒を基調とした衣装に加えて，一部テーマに関する衣装を用いる。たとえば，白衣，首から提げた聴診器，クリップボードを用いることで，医療現場についてのシーンであることが示される。また，「マリア先生……」「ジョージ看護師，あなたは……」といった対話によって，さらなる情報が加えられる。A/R/Tor たちは文脈を理解し，D/A/R/T は第三者の目線で各シーンを客観的に眺め，必要な要素を効率的に追加できる部分に注目する。

パフォーマンス／ワークショップ

プレイビルディングの普及は，教育的な行為とも言える。しかし，プレイビルディングによって生み出されたシーンは，情報や結論を提示するというよりも，観客との議論を誘うように設計されており，出来事を対話的なものにしている。鑑賞後，観客は客席から劇中の人物に意見を述べたり，自らステージに上がって新しいシーンの展開を試したりすることができる。このワークショップの構成要素は，対話を前提としたものである。Aukerman（2013）は，理解と意味づけの教授法との比較の中で，次のように述べている。

> 意味づけとしての理解は，読者がテクストの意味と格闘する際に行う仮説のことである —— 意味の可能性を積極的に追求する。「意味づけとしての理解」は，特定の解釈（結果としての理解）や特定の読みの方法（手続きとしての理解）を好む教室であっても，すべての読者が行うことである。教師がこのような知的作業を，*自分の考え方や読み方と一致するかどうかにかかわらず*，生成的なものとして扱う場合，教師は「意味づけとしての理解」の方向から進めていることになる。この開放性こそが，「結果としての理解」や「手続きとしての理解」の教授法と決定的に異なる点である。（p. A5, 強調は原文まま）

Barone（1990）が物語の目的として主張していることと同様に，作品は一時的に実践的なユートピアを想像するのに役立つ。そして作品は，その後時間とともに発展し，変化していく。キャストや観客は自分の意見を持つことができ，ジョーカー（Boal, 1979, 1992）であるD/A/R/Tは，一つの視点を押し付けるのではなく，さまざまな視点を推奨する「道徳的な判断を下さない（amoral）」（Norris, 2009）存在となる。上演後の，観客を交えたワークショップの中で，私がこれまでに使ってきた，そしてこれからも使いつづける技法は，リモートコントロール，ホットシーティング，賛成と反対の声，そして最近では裁判官と陪審員の4つである。

リモートコントロール

この技法では，上演されたシーンの巻き戻しや早送りを行うことができる。観客から「もっと深く掘り下げたいシーン」を提案してもらい，キャストがそれを再生する。ジョーカーは，架空の，あるいは実際のリモコンを使って，遊び心を持ってその場をコントロールする。観客の誰でも，変更を提案したいところで手を挙げて「フリーズ！」と叫ぶことができる。こうして巻き戻しによる再検証が行えることで，シーンの分析と書き直しの両方が可能になる。巻き戻しや早送りの技法では，元のシーンの設定に縛られる必要はなく，異なる時点における別の新しいシーンを作り出すことができるのである。

ホットシーティング

この技法では，ある登場人物にインタビューをして，その人物の下した決断や，立場を問うようなシーンをつくり出すことができる。複数のシーンで異なる人物が必要とされるため，ほとんどの場合，観客が覚えやすいようにA/R/Torたちは実名で出てくる。人物が変わるたびに毎回名前を変えると，混乱してしまう。ホットシーティングや，ワークショップの初期段階では，ジョーカーが観客に対して，人物の名前がA/R/Torの実名ではあるが，劇中ではその人自身ではなくて，シーンの中に登場する人物であることを明示する。ジョーカーは，インタビューに答えるA/R/Torたちが観客から非難される状況を避けながら，声を出しやすくするという紙一重の状況を歩むことになる。言い換えたり追加で質問したりすることで，節度のあるバランスが実現される。また，観客は劇中のある役柄になって席に座ること（ホットシーティング）ができ，複数の人が同様に役柄になって席に座ることで多面的な見方ができるようになる。ホットシーティングの後，もとのシーンに影響を与える新しい洞察をふまえて，新たなシーンがもう一度行われることもある。

賛成と反対の声

この技法は，登場人物が下す，あるいは下すべき決断を問題化するために用いることができる。観客の中から3人，ステージ上で「リスクの低い」活動をしてくれるボランティアを募る。ジョーカーは遊び心を持って観客を誘い，辛抱強く待つ。すると，たいてい一人の勇敢な人が沈黙を破り，他の人もそれに続いてボランティアを引き受けてくれる。そうでない場合は，A/R/Torたちが参加する。真ん中の立ち位置に選ばれた人は，両腕を床と平行に上げ，体をTの字の形にして立つ。残りの2人は左右に立ち，その人の手首を持つ。左右の2人は，何かをする，しないの理由づけを行う，頭の中の声である。学問的誠実性についてのプロジェクト《You Be the Judge》の中で，「Do You Mind if I Sit Here?（ここに座ってもいい？）」というシーンがある（https://mirrortheatre.ca/performance/you-be-the-judge/ 参照）。そこではある学生が，試験中にノートを読みたいがために，他の学生に後ろに座らせてほしいと頼むシーンが描かれている。一方の声が賛成理由を述べながら，賛成の方向へ優しく引っ張り，もう一方の声が反対理由を述べる。このとき，観客から賛成と反対についての別の理由を提案することも可能である。この活動は，真ん中の人が最終的な選択とその理由を述べるか，あるいは，観客を悩ませたままにしておくかのどちらかで終了する。

裁判官と陪審員

この技法は，少人数のディスカッション・グループで行うのが一般的であり，A/R/Torたちが中心となって，観客席をグループに分けて会話を行う。少人数のグループにすることで，圧迫感がなくなり，一人ひとりが発言する機会が増える。《You Be the Judge》の場合，ジョーカーは観客に「違反があったかどうか」，そして「ペナルティはどうするか」を問う役割を与える。それによって参加者は，状況の複雑さに関与するようになるため，このアクティビティはAukerman（2013）が推奨するように，決まった

答えを超えたものになる。参加者は方針を聞かされるのではなく，役になり安全な状態で，可能なシナリオを生成し，体験するのである。

D/A/R/T は，集団での創作プロセスを通じて，これらの技法やその他の技法を使ってシーンがワークショップに耐えうるものかをあらかじめ試し，A/R/Tor たちの事前準備も行う。

プレイビルディングの雰囲気

プレイビルディングはどのように展開されるのか。そこでの参加者の生きられた体験とはどのようなものであるのか。D/A/R/T と A/R/Tor たちが，社会性を意識した芸術プロセスを協働で創作する際に直面する，個人的・対人的な課題とは何か。プレイビルディングは対人関係に基づく要素が強いため，技法を実践することと同様に，作品の雰囲気を理解することが重要である。前述した技法の議論の中には，プロセスの雰囲気の側面も織り込まれていた。この節では，協力的で遊び心があり，尊重し合うようなグループの雰囲気を醸成するためのいくつかの方法について詳しく説明する。

コミュニティ・ビルディング

『プレイビルディング』でも少し触れたが，この数年，私はこの方法論がコミュニティ／チーム・ビルディングの上で果たす重要な役割を，より強く認識するようになった。プレイビルディングでは，他者「に基づいて」「について」研究を行うのではなく，他者「とともに」（Norris, 2015a）研究することが重要である。作品の生成[6]と一般への公開の両方において共同作業を行うという性質上，この方法論ではコミュニティ・ビルディングが前提であり，プロセスのあらゆる側面を支えている。エスノドラマの多くは，外部からもたらされた素材を研究者／脚本家が加工して，それを他の人に演じさせるというものである。またオートエスノグラフィックな表現や詩的な表現を用いた作品は，ほとんどの場合，一人で創作される。その過程で他者と話し合う機会はほとんど必要ない。プレイビルディングはそれらと異なる。プレイビルディングでは，参加者全員がその研究成果を公の場でパフォーマンスする研究者であると同時に，研究対象者なのである。そのため，プレイビルディングのすべての局面には，傷つきやすさが存在している。

Tuckman（1965）は，小集団は，形成期，混乱期，統一期，機能期という4つの局面を経ると主張している。私の考えでは，グループにとって混乱期を経ることは自然なことであり，健全なことである。それは，さまざまな個人がグループとして集まり，共同で作品づくりを行う上で，予期されることである。しかし，混乱期を乗り切るためには，グループのメンバーがチームとして効率的に働くことを学ばなければならない。D/A/

---

6 「データ」を「情報」，「収集」を「生成」，「分析」を「媒介」に置き換えている（Norris, 2016）。

第16章 演出家／俳優／研究者／教師によるプレイビルディングの技法と雰囲気

R/T の役割は，形成期における，帰属感と信頼感を育むアクティビティを主導することから始まる。

　長年にわたり，私は，相手の能力を信頼すること，自分の能力を信頼すること，そしてお互いの意思を信頼することといった，相互に関連する多くの種類の信頼というものがあることを発見してきた。キャスト同士の親交を深めるためには，何よりもお互いの意思を信頼することが優先される。私は，アイスブレイクやウォームアップと呼ばれるリスクの低いアクティビティから始めることにしている。

　私は早い段階で A/R/Tor たちに，私たちは公的な知識，個人的な知識，私的な知識という 3 種類の知識を持っていることを明示する。*公的な知識*とは，私たち，そしてほとんどの人がすでに知っているような，名前，服装，髪型，その他一般的でごく普通の情報のことである。*私的な知識*とは，自分以外誰も知らない，あるいはごく少数の親しい友人しか知らない自己のことである。*個人的な知識*とは，私的な知識を集団に内々に知らせるもので，集団の架け橋となるものである。またその一部は，特定の個人に言及するかどうかは別として，後に上演を通して観客に公に発表されることがある。ストーリーテリングの段階では，参加者は集団に対する自分の心地よさに基づいて自己開示をするため，信頼関係が不可欠である。

　アイスブレイクやゲームは，遊び心を持ってコミュニティを築くことができるため，過小評価することはできない。ジェスチャーゲームは，聞く力と即興の力を養う。棒投げ（stick toss; Norris, 2009, p. 32）は信頼感を高め，指差しゲームであるジップ・ゾップ・ズーム（Zip Zop Zoom）の類はグループの集中力を築き，エネルギーを高めることができる。すべては，「最高の演技とリアクション」という格言を見習い，パフォーマンス力を養うためである。私にとって，笑いはポジティブな形成期の強い指標であり，その場にいる人たちに，暗黙のうちに「共通するものがある」ということを伝えている。形成期では，活動でも振り返りでも，ユーモアが生まれるような状態を生み出す。ゲームやアクティビティを使って，キャストの間でより居心地のよさが増すことが推奨される。『100+ Ideas for Drama』（Scher & Verrall, 1975），『Gamesters' Handbook』（Brandes & Phillips, 1980），『Teaching Drama to Young Children』（Fox, 1987），『Offstage: Elementary Education through Drama』（Tarlington & Verriour, 1983）などの書籍では，コミュニティ・ビルディングに活かせるアクティビティが紹介されている。形成期のアクティビティは，信頼関係の醸成に役立つものなので，急いで行うべきではない。

振り返り

　前述した，作品の構成に関する技法の議論の多くは，A/R/Tor の役者としての側面と，プレイビルディングを普及させる上での教師の特性に焦点を当てたものであった。しかしすべてを通して重要なことは，探究心の雰囲気である（Norris, 2016）。プレイビルディングとは，単に自分の物語を報告することではなく，その物語をキャスト，ひいては観客が検証することなのである。「私は何を知っているのか」「他のキャストとの会話，外部リサーチ，そして演劇を創るプロセスから得たものを，私はどのように再認識するの

か」を問うことで，A/R/Tor たちはプロセスを通して変化していく。そうでなければ，現在のスタンスを強化するだけで，「再」探究（"re"searching）とは言えない。他者とのコミュニティの中で，自己について熟考する雰囲気が，独我論の回避を助ける。

リーダーシップ

研究責任者である D/A/R/T は，自分の権力を注視しなければならない。Scudder (1968) は，「どのようにして，学生の誠実さを侵害することなく，権威を持って学問の専門家として教えることができるのか」という問いかけを行っている (p. 133)。D/A/R/T の役割も，同様に考えることができる。しかし，D/A/R/T に「すべきこと，しなければならないこと」という規範的な指示を課すのではなく，Wagner (1976, p. 34) の「許容範囲」に基づいて，私が経験した一連の限界点を提示する。ただし，それぞれの項目によって各 D/A/R/T の許容範囲が異なることに注意する必要がある（**図 16.2** を参照）。Wagner が言うように，「重要な限界点を超えないようにするために，自分自身の安全のために何が必要かを知ることは，それぞれの教師に委ねられている」(p. 34) のである。

キャストの意思決定

すべての許容範囲の根底には，D/A/R/T に委ねられている決定の程度と種類がある。何かを決定する上で，D/A/R/T は，A/R/Tor たちもそれぞれプロセスや内容に関して独自の許容範囲を持っているのだという認識を持ちながら，活動を進めていく。D/A/R/T の演出家や研究者としての役割には，常に多くの変数に対応しながら可能性の海の中で不確実な道筋を描くという，曲芸のような役割が含まれている。共同の航海なので，D/A/R/T はさまざまな人の意見を取り入れながら，自分の力ではどうにもならないバランスを保ちつつ，ナビゲートするのである。D/A/R/T は，いつ主導権を握るか，いつ流れに乗るかという緊張感の中で生きており，自分の選択がよりよいものであるかどうか，確信を持てることは決してない。

研究者として，D/A/R/T は参加者の声を尊重したいと考える。民主的な教師として，

	1	2	3	4	5
キャストの意思決定					
タイムキーパー					
不確実性の度合い					
混乱期の度合い					
飽和状態・終結・洗練・即興					
表象					
安全性／リスクのバランス					

図 16.2 許容範囲の項目／傾向。許容度 1：低い ～ 5：高い

D/A/R/T は参加者全員が意見を述べるよう促進する。演出家である D/A/R/T が目指すのは，観客の関与を促すような質の高い作品（Norris, 2011 を引用したリーヴィーによる本書第 31 章 647-648 ページを参照）を生み出すことである。リーダーシップの雰囲気には，ボトムアップ型，トップダウン型，交渉型がある。さまざまな視点が想定される最初のうちは許容範囲が広いかもしれない。しかし，最終的に作品を形づくっていく段階では，誰かが作品の視点を焦点化していくことが必要である。D/A/R/T は「行為の中で」生じたことを省察し，提案された方向性にグループがどう反応するかを注視しつつ，それに応じて方向性を継続したり，変更したりする。複数の視点があることは喜ばしいことだが，それによって議論が多くなりすぎると，退屈で不必要なものとなり，その結果として不協和音が生まれることがある。意思決定の促進には，ファシリテーターの力が必要である。そのため，プレイビルディングのプロセスにおけるリーダーシップというものが曖昧であることを認識した上で，ファシリテーターは決断をする。D/A/R/T はこの曖昧さの中で機能しているのである。

　形成期の早い段階で，話し合いのグループのあり方と，トーキング・オブジェクト（小さなぬいぐるみを使うことが多い）についての慣例が確立される。トーキング・オブジェクトとは，いま誰が発言権を持っているのかを示したり，次に発言するのは誰かを決定したりするものである。これによって，D/A/R/T から権力が分散され，すべてのキャストがお互いの声に責任を持つようになる。それでも，熱中した A/R/Tor が会話を独占してしまうことがある。私が採用している 2 つの技法は，トーキング・ヤーン（talking yarn）と 2 セントの価値（two cents' worth）というものである。トーキング・ヤーンとは，一綛の糸を持った私から話しはじめ，その糸を次に話す人に投げる，というものである。話し合いの最後には，床一面に撒かれた糸が，これまでの話し合いの地図となる。発言の長さはわからないが，参加者たちの発言の頻度がグラフ化されるのである。各キャストはそれを話し合いの自己評価に活用することができる。シーンを形づくっていく段階で，A/R/Tor たちに 2 セントずつを渡すという方法をとることもある。これは彼らに割り当てられたものであり，彼らは「2 セント分の発言」しかできない。にもかかわらず，他の人から 2 セントをもらいたいという声もある。ともあれ，2 セントは声のバランスを私たちに明示してくれるものである。

　しかし，A/R/Tor たちにも活動に対するそれぞれの許容範囲があり，そのためうまくいかないときには別の方向性を提案することもある。これは予想される自然な混乱期の再来である。適切な形成期を経ていれば，キャストはこのような事態が起きても，ときに譲り合い，ときに中断しながら，快適に過ごすことができる。それがコラボレーションということなのであり，プレイビルディングにおけるキャストの意思決定のあり方なのである。

タイムキーパー

　通常，D/A/R/T は，次のことを決めるタイムキーパーとしての役割を担っている。作品を考案する際，A/R/Tor たちはシーンの中に身を置いているため，グループを前進させる役割の人を必要とすることが多い。D/A/R/T は，参加者たちのいまの状態を

見定め，次によくされている活動を提案することで，A/R/Tor たちが次の活動を計画しなくてもいいようにする。D/A/R/T の内なる許容範囲は，いつまでその活動／タスクに留まり，いつ次の活動に移るのかという判断にかかっている。これはロケット科学よりも複雑で，多くの変数が未知であり，生体内で対処する必要がある。D/A/R/T の外にある，各 A/R/Tor たちの許容範囲の体内時計も，D/A/R/T の時間に関する判断に影響を及ぼす。

Heidegger（ハイデガー，1977）によれば，時間感覚は私たちの住まうこと（dwell）に影響を与え，「時間が，存在に関するあらゆる理解と解釈の地平として把握されなければならない」（p. 61）という。私たちは時間の生き物であり，それぞれ過去，現在，未来の異なるバランスの中を生きている。この創発的なプロセスの中で，D/A/R/T は今を読み，グループのニーズを注視することで，次に行う新しいシアター・エクササイズについて，作品を創作するためのトピックについて，シーンを見せ合うことについて，意思決定の促進についてなど，グループの方向性を描き出す。Vygotsky（ヴィゴツキー）の「発達の最近接領域」（Levykh, 2008, p. 83）と同様に，D/A/R/T の教師の役割として，新しいスキルを開発したり，他の演劇の形式を導入したりする必要があるかもしれない。D/A/R/T は，他のメンバーよりも多くの経験（*exper*ience）[7] を積んだ熟達者（*exper*t）として，プロセスの中で次のことを決定する役割を担っている。しかし，その雰囲気は，別の可能性を探る遊び心に満ちたものである。

Henriksen（1985）は，クリー族にとっての「リーダー」の意味は，議論に時間をかけすぎると飢えや凍えを招くという認識から，朝，テントから最初に出てくる者であると主張している。よい形成期を経て，D/A/R/T の意思と能力に対する信頼感があれば，多くの場合 A/R/Tor たちは D/A/R/T をタイムキーパーとして快く受け入れてくれる。権力を共有しながらも，異なる責任を負うという雰囲気である。

時間についての現実的な閾値は，出席と遅刻についての閾値である。映画《Metropolis（メトロポリス）》（Lang, 1927）で明らかになったように，私たちの生活は時計によって動かされている。しかし，そうである必要があるのだろうか。ミラー・シアターのプロジェクトのほとんどは課外活動であり（Norris, 2015a），A/R/Tor たちの興味や関わり方はさまざまである。通常，施設利用の都合上，夕方が最適であるが，前年度のキャストがこの時間帯に授業を予定している場合もある。また夕方からは，地域の人々のために，施設が開放されている。ある人は午後 5 時から午後 8 時まで空いており，ある人は午後 6 時から午後 9 時まで空いていることがある。こういうときには，時間よりも包摂的な雰囲気が勝る。遅く来る人もいれば，早く帰る人もいる。学生である多くの A/R/Tor たちは，私たちのプロセスが時間に縛られていないということを喜んでいる。

しかし，D/A/R/T の許容範囲はそれぞれに異なるものであり，人によって時間の過ごし方も違う。そのため，不満が残ることもある。私は，プレイビルディングのプロセスには高度な相互理解が必要であり，それがなければ強い共同体意識は失われることになると思っている。時間に縛られないというやり方の問題点は，それによって集団の知

---

7 「expert」と「experience」は同じ語源で，息を吐き出す，生きるという意味の「exper」である。

識が全員に知られることがなかったり，プロセスの中で生じた重要な問題が共有されなかったりすることで，共同での意思決定に影響を及ぼす可能性があることである。時間に関しては，私の許容範囲はさまざまであるが，この問題意識を明確にすることで，緊張感が薄れ，より包摂的な雰囲気になることがわかった。

不確実性の度合い

　この章で紹介する技法をどんなに詳しく説明しようとも，共同的創造行為の不確実性は常に優先事項となる。Aoki（2005）の「教えるとは，計画されたカリキュラムと生きられたカリキュラムの間の緊張状態の中を生きることである」という主張と同様に，D/A/R/T は，すべての人の視点を大切にしながら，異質な集団の間に芸術的な統合とトピックの一貫性を見出すことを試みている。私が受講していたある授業で Ted Aoki は，「教師は生徒の後ろからリードしなければならない」，つまり，生徒のニーズや興味に耳を傾けた上で選択をしなければならないと主張した。Aoki が提案した応答的な教育学的立場に拠りつつ述べるならば，私のプレイビルディングは，ある一つの方法論として規定されたものではない。むしろそれは，時間の経過とともに立ち現れてくるものである。D/A/R/T はこの領域／閾値内に存在する。まるでそれは，Sarah Polley の映画《Stories We Tell（物語る私たち）》（2012）で，登場人物（彼女の父親）が次のように述べていることと重なる。

　　　物語の渦中にいるときはまだ物語の体をなさず，ただの混乱だ。あとになり，
　　　やっと物語と呼べるようになる。自分に，あるいは誰かに語っているときに。

　Root-Bernstein と Root-Bernstein（2001）は，創造的な人々に関する研究の中で，ペニシリンを発見するまでの Alexander Fleming（アレクサンダー・フレミング）の道のりについて述べている。人々は最初，Fleming の寒天培地にカビが生えている様子を見て，彼は仕事から離れて遊んでいるのだと考えた。しかし，その過程で Fleming は発見につながる多くのことを学んだ。科学や芸術の躍進には直感的な要素があり，その中には研究者や芸術家にとってさえも不明瞭な部分がある。Madson（2005）がその著書の副題で「準備しないで，まずやってみせて」（Don't prepare, just show up）と主張しているように，手を出すことはプロセスの一部なのである。

　台本を使った演劇作りに慣れている A/R/Tor たちの中には，台本がないことがもたらす不確実性から，活動に対する閾値が低い人がいる。劇は時間をかけてゆっくりと立ち現れていき，一般に向けて公開される少し前に，最終的に形が作られる。A/R/Tor ごとに不確実性に対する耐性が異なる場合，ベテランの D/A/R/T であっても不安になることがある。D/A/R/T は，参加者の中には不確実性に対して強い恐れを持つ人がいることを承知しつつ，冒険心に満ちた雰囲気を持って，さまざまな個人の上に成り立っているグループを導こうとする。

混乱期の度合い

　混乱期は，その雰囲気が不和と受け取られる可能性があるため，コミュニティへの脅威と考える人がいるかもしれない。しかし，生産性の高いコミュニティは，混乱なくしては成り立たない。意見の多様性は，適合と同化を求めるボーグ集合体〔《Star Trek（スタートレック）》シリーズに登場する，架空の機械生命体の集合体〕とは異なり，期待され，歓迎されるべきものである。D/A/R/T は，彼ら彼女らもその複合体の一部であることを認識しながら，異なる視点や起こりうる対立の交渉を行う。集団で劇を創作することは不確実な芸術であり，すべての参加者が異なる意見を持っていて，混乱に対する許容範囲のレベルも異なる。繰り返しになるが，集団が強く結びついていれば，混乱をうまく乗り切ることにつながるが，必ずしもそうなるという保証はない。「飽和状態・終結・洗練・即興」で述べるように，私は，恐怖心は混乱を生み出し悪化をもたらす，非生産的な要素であると考えている。現在のところ，他の人の中にある恐怖心こそが，私の最大の恐怖心だと思っている。そうした恐怖心は，不適切な瞬間に表面化し，生産的な関わり合いを台無しにする可能性がある。わかっているのは，私がそうした恐怖心による混乱の状態をもキャッチすると，みんながバタバタしてしまうということである。恐怖心に対して，あるときは集団で，またあるときは個人で対処する。時にはそうした恐怖心を無視して，ポジティブな流れに身を任せてしまうこともある。恐怖心は，常に判断の材料となる。

　混乱に耐える力は，経験を積めば強くなるが，多くの A/R/Tor たちがプレイビルディングに参加するのは数回程度しかないため，混乱を問題視する人がいるかもしれない。D/A/R/T は，自分の許容範囲と，他人の許容範囲をうまく調節していく。台本のある作品であっても，ストレスは想定されうるものだろう。私たちの人生においても，自分自身やお互いの中にある恐怖やストレスに対処する能力は，常に課題であると言える。Wagner（1976）の言葉を借りれば，自分の安全にとって何が必要かということは，D/A/R/T が知るべきことなのである。このような混乱を乗り切るために，私を支えてくれる格言がある。

If you can keep your head when all about you
Are losing theirs and blaming it on you,
If you can trust yourself
　　　　when all men [sic] doubt you,
But make allowance for their doubting too.

もし周りの人々が冷静さを
失うときにも冷静でいられるなら
もし周りの人々から
　　　疑いをかけられたときにも
自分を信じ周りの人々をも
　　　許すことができるなら

（Kipling, 1943）

飽和状態・終結・洗練・即興

　飽和状態の程度とは，質的研究において長い間議論されてきた規準である（Guest, Bunce, & Johnson, 2006）。「どうなれば十分か」という問いは，プレイビルディングにも通じるものがある。キャストはどの時点でシーン作りをやめて，終結と作品の洗練に

向かうのだろうか。このことも，キャストによって許容範囲が違うだろう。「転回」は，それが最も顕著に現れる段階であり，洗練への期待に直結するものである。2015年と2016年に私が演出した2つの大きなプロジェクトについていえば，その一つは，観客が上演後のワークショップに関与する前に，まずは作品全体を観劇するものだった。それはとても伝統的な演劇のようであった。もう一つは，シーンの合間ごとに短いワークショップを挟みながら，作品全体が構成されているものであった。どちらも即興的なものであったが，前者のようなプロジェクトの方が，作品に対してより洗練されたものが要求される傾向にある。D/A/R/T も A/R/Tor たちも，この緊張感の中に身を置くことになる。振り返りでは，「もっと早くシーン作りを終結させて，作品全体を洗練させる時間があればよかった」という声もあれば，「ジェットコースターに乗っているようで楽しかった」という声もあった。パフォーマンスの段階への転回は，キャストのストレスレベルに応じてさまざまな雰囲気になる。生の上演は，どんな形でも緊張するものであり，そうした緊張は予想されることである。

表象

　表象とは，登場人物をどのように構築し演じるかに関わる技法と考えられるかもしれない。しかし私は，シーンにおける「他者」の扱い方に関わるものとして，表象を雰囲気に分類している。Preston（2009）は障害についての議論の中で，「（映画など）主流のコミュニケーションにおけるこの物語は，正常さのイデオロギーを強化することに成功している」（p. 66）と主張している。A/R/Tor たちに対する私の演出は，「他者に対する自分の態度を演じないで。人々がそれぞれの物語で自分が主人公だと考えるように，その人物の尊厳を持って演じて」というものである。Preston と私（Norris, 2015b）は，他者の作品を考案・分析する際に，前置詞「for（～にとっての）」「by（～による）」「with（～とともにある）」を用いて，自己と「他者」の関係を位置づけるようにしている。しかし，これにも問題がある。学校でいじめられたという個人的な話や，感じのよくない医療者に会った話は，「他者」を中傷することになる。医療制度をテーマにした作品では，ほとんどの当事者が肯定的にも否定的にも表現されるようなコラージュが作られていた。こうすることで作品全体がテーゼとアンチテーゼを提示するものとなっており，それによってある特定の事象に対する非難に陥らずにすみ，それどころか，人間の複雑さを表象するものとなっていた。周縁化された集団に対しては，たとえそのコミュニティのメンバーがプロジェクトに参加していたとしても，細心の注意を払わなければならない。誰もが，全市民を代表していると主張することはできない。私たちは「他者」を代弁することはできない。私たちにできることは，不完全であっても会話のきっかけを提供し，観客に不完全な部分を補ってもらうことである。そうすれば，私たちは皆，共同の学習者になり，共同の指導者になる。

　私の研究はおそらく，ラディカルな解釈学的アプローチに基づいているだろう。それによって，すべての研究は暗示的であろうと明示的であろうと，研究者による物語であると私は主張する。Jill Bolte Taylor（2008）は，自分の脳卒中について記述する中で，彼女は兄の病状がきっかけで脳科学者になることに興味を持ったと述べている。すべて

の研究は，たとえ量的な研究であっても，研究の中で示されているかどうかにかかわらず，何らかの自伝的な要素を含んでいる。私たちは，翻訳したり代弁したりするのではなく，語り直す（restory）のである。そのとき，私たちは「他者」の物語によって喚起される。私たちの作品では，登場人物と俳優の関係性が問題化され，作品は構築されたストーリーであることが明確にされる。

　そのために，登場人物が語り手に質問をしたり，カチンコを使って異なるバージョンの場面を見せたり（www.joenorrisplaybuilding.ca/?page_id=954；「Bubbles Back at the Station」参照），あるいは場面を中断して新しい視点を加えるなど，Brecht（ブレヒト，1957）が「異化効果」（p. 91）と呼ぶような方法で物語を混乱させるのである。これにより，観客に，自分たちが見ているのは創られた物語であり，疑問を持つべきものだということを思い出させることができる。自分自身の物語でさえ疑わしい。Cell（1984）は，ある女性が生涯に 3 回語った物語について報告している。その都度，彼女は自分の人生経験に基づいて，まったく異なる自分を演じていた。それは，次のように Banks と Banks（1998）が述べていることのようである。

　　　　客観的であるとか，現実の様子を表象しているとか主張するジャンルや文章は
　　　どれも，David Lock が述べたように，自らの存在を否定している文章なのである。
　　　言い換えれば，どんなテクストも自己意識的な構築物から自由ではいられない。ど
　　　んなテクストも，現実を映す鏡として機能することはできない。（p. 13）

　簡単にいえば，研究者は皆，物語を語るのである。研究者たちはさまざまな情報を，数字や画像，言葉などに変換することで媒介する。Richardson（1990）が述べているように，「科学について記述するときはいつでも，ある種の物語，あるいはより大きな物語の一部を語っている」（p. 13）。A/R/Tor たちは，自分たちの物語を演劇的なシーンにまとめるのである。

　D/A/R/T や A/R/Tor たちそれぞれに，「他者」を演じることに対する許容範囲は異なる。しかし，演劇や映画の登場人物はみな「他者」である。これは，常にあるべき議論である。一次資料に忠実であることと，芸術的に自由であることに対する寛容さの度合いも同じである。Prentki（2009）は，シーン構築の詩学を認め，形式と内容の相互関係や，「同時進行する現実を巧みに操る」トリックスターの役割について論じている（p. 20）。私が用いるプレイビルディングの形式は，必ず最後には観客参加型となる。そのとき，ジョーカーがすべてのことに対して問いを発する。ワークショップでは，すべてのストーリーが「もしも……」と問題化される。ストーリーは人々を喚起し，会話を刺激することを意図している。上演されたパフォーマンスは決して完成されたものではなく，観客一人ひとりがパフォーマンスに加えていくのである。

安全性／リスクのバランス
　プレイビルディングの構築の全過程において，安全性とリスクの閾値は常に存在する。一つは，前述したように，公私の境界線であり，個人的なことの開示に関することが閾

値となる。プロセスの初期段階においてこのことは明確にされ，すべてのキャストは，
(1) プロセスを通じて明らかになったことを秘密にすること，(2) この場に何を出す準備
ができているか自分自身に確認すること，(3) グループの快適レベルを判断し，それに
応じて明言したり隠したりすること，が求められる。しかし，情報開示は信頼関係を築
き，A/R/Tor たちの居心地のよさを拡大することにつながる。

　「チェックイン」と「チェックアウト」は，安全，信頼，コミュニティの雰囲気を確
立することができる技法である。チェックインでは，前回の稽古から今回の稽古までの
間に起こったことをキャストが話し合うことがあるかもしれない。このとき，トピック
と関係がある場合とない場合がある。私たち一人ひとりは，プロジェクトよりもはるか
に大きな存在であり，一見するとテーマから外れた会話によって，お互いを発見するこ
とができる。前回会ってから浮上した話や，外部の調査項目もチェックインで紹介する。
あるときには，稽古中にデリケートな問題が発生することがある。このとき，何らかの
形で解決しないうちに稽古を終了（チェックアウト）しないことを合意する。また，稽古
終了（チェックアウト）から次回の稽古までの間に A/R/Tor 同士でプロジェクトの話を
しないようにお願いしている。このような小グループでは，扱われたアイデアが他の人
に押し付けられる可能性があるため，意図せずしてグループ全体の力関係が乱されるこ
とがある。そのため，グループで作業するのが一番よいのである。キャストによって安
全性やリスクの許容範囲は異なり，それをどう判断するかは各キャストが決めることで
ある。D/A/R/T が雰囲気をつくるのに対して，活動をコントロールするのは各個人な
のである。

おわりに

　結論として，プレイビルディングとは，D/A/R/T と A/R/Tor たちがそれぞれ独自
の才能，美的信念，対人関係の性質をプロセスに持ち込むものであるため，複雑な研究
であると言える。従来的な研究では，研究プロジェクトの参加者にとって，そこでの経
験は個人的なものであり，一人でするものである。参加者たちは，アンケートや研究者
との 1 対 1 のインタビューに答えたりする。そうした研究を通して，彼らは匿名化さ
れ，研究成果に対する創造的な影響力を発揮することはほとんどない。しかしプレイビ
ルディングは異なる。研究のすべての段階が参加型で民主的なものである。また，ここ
では作品の上演による研究成果の普及も含まれており，そこで参加者と観客の間に，対
話的な教育的関係が構築されることになる。このような共同制作では，集団的な創造物
を生み出すために，多くの話し合いを必要とする。

　この章での私の洞察と考察は，文字通り何百人もの A/R/Tor たちと，また何千人も
の観客たちと一緒に仕事をしたことによってもたらされたものである。そして，それら
縦糸と横糸の組み合わせによって生み出される作品／織物は，それぞれが意味を与え合
い，結合し合うことで，切り離すことのできないものとなる。演劇を通して世界を理解
するために，これまでに多くの共同制作者たちが協力してくれたことに深く感謝してい

る。好奇心旺盛な何百人もの人たちと，このような冒険を共有できたことを光栄に思う。通常はこのような関係を通じて強い絆が生まれ，嵐にも負けない強いコミュニティが形成される。キャストが仲間を家族と呼ぶのをよく耳にするし，親しい友人となる人も少なくない。

　しかし，それぞれのプレイビルディングのプロジェクトは，参加者たちと同じようにユニークで，さまざまな技法や雰囲気に違った重点を置いており，すべてに検討の余地がある。拙著『プレイビルディング』では，第2章をあえて"the" process ではなく「"A" Research to Performance Process」とした。それは，プレイビルディングには多くのバリエーションがありうることを認識しているからである（Belliveau, 2006, 2007; Bishop, 2015; Conrad, 2008; Giambrone, 2016; Hewson, 2015; Perry, Wessels, & Wager, 2013）。この章で紹介してきたことは，社会問題に関心を持ち，参加者と観客が相互に関わり合うような演劇を生み出していこうと考えている人々に，さまざまな可能性と考察を提供することを意図しているものなのである。

＊訳注

1.　a/r/tography では「/」が多用される。「/」を表記で用いる意味について，a/r/tography の研究を進めている笠原広一は，「その前後を『～でもあり～でもある』と，一義的に意味を固定できないもの，同時複数的な意味や存在，その可能性を含んでいる状況を表している」と端的に述べている（笠原, 2019, p. 10）。詳しくは，笠原広一／リタ・L・アーウィン（編）（2019）『アートグラフィー――芸術家／研究者／教育者として生きる探求の技法』（ブックウェイ）を参照されたい。本章の「D/A/R/T」「A/R/Tor」という用語は，「a/r/tography」の翻案であるため，訳出するときも「/」表記のままとした。

2.　イギリスのドラマ教育の実践者 Dorothy Heathcote を指す。ティーチャー・イン・ロールや専門家のマントといったドラマの技法を方法論として用いることで，学習者をドラマの世界に招き入れ，探求や洞察を引き出した。Heathcote の実践は後に Drama in Education（DIE）と呼ばれ，イギリスをはじめ，世界中に流布していった。Heathcote の概説については，たとえば小林由利子（2010）『ドラマ教育入門――創造的なグループ活動を通して「生きる力」を育む教育方法』（図書文化）を参照されたい。

文献

Aoki, T. (2005). Teaching as indwelling between two curriculum worlds. In W. Pinar & R. L. Irwin (Eds.), *Curriculum in a new key: The collected works of Ted T. Aoki* (pp. 159–165). Mahwah, NJ: Erlbaum.

Aukerman, M. (2013). Rereading comprehension pedagogies: Toward a dialogic teaching ethic that honors student sensemaking. *Dialogic Pedagogy: An International Online Journal, 1*(1), A1–A31.

Banks, A., & Banks, S. (1998). *Fiction and social research: By ice or fire.* Walnut Creek, CA: AltaMira Press.

Barone, T. E. (1990). Using the narrative text as an occasion for conspiracy. In E. W. Eisner & A. Peshkin (Eds.), *Qualitative inquiry in education* (pp. 305–326). New York: Teachers College Press.

Belliveau, G. (2006). Engaging in drama: Using arts-based research to explore a social justice project in teacher education. *International Journal of Education and the Arts, 7*(5). Retrieved from http://ijea.asu.edu/v7n5.

Belliveau, G. (2007). Dramatizing the data: An ethnodramatic exploration of a playbuilding process. *Arts and Learning Research Journal, 23*(1), 31–51.

Berry, G., & Reinbold, J. (1985). *Collective creation*. Edmonton, AL, Canada: Alberta Alcohol and Drug Addiction Commission.

Bishop, K. (2015). *Spinning red yarn(s): Being Artist/Researcher/Educator through Playbuilding as qualitative research*. University of Victoria, Victoria, BC, Canada.

Boal, A. (1979). *Theatre of the oppressed*. London: Pluto Press.

Boal, A. (1992). *Games for actors and non-actors*. New York: Routledge.

Bodle, A., & Loveless, D. J. (2013). *Breaking the script: An ethnodrama on the roles performed in education research*. San Francisco: American Association for the Advancement of Curriculum Studies.

Bolte Taylor, J. (2008). *My Stroke of Insight. TED Talks Conference*. Available at www.ted.com/talks/jill_bolte_taylor_s_powerful_stroke_of_insight?language=en.

Brandes, D., & Phillips, H. (1980). *Gamesters' handbook*. London: Hutchinson.

Brecht, B. (1957). *Brecht on theatre: The development of an aesthetic* (J. Willett, Trans.). New York: Hill & Wang.

Cell, E. (1984). The four kinds of experiential learning. In E. Cell (Ed.), *Learning to learn from experience* (pp. 28–41). State University of New York Press.

Christie, S. (1983). Freedom. In Hilroy Fellowship Program's *Innovations '83* (Canadian Teachers' Federation) (pp. 19–24). Ottawa, Ontario, Canada.

Conrad, D. (2008). Exploring risky youth experiences: Popular theatre as a participatory, performative research method. In P. Leavy (Ed.), *Method meets art: Arts-based research practice* (pp. 162–178). New York: Guilford Press.

Courtney, R. (1980). *The dramatic curriculum*. New York: Drama Book Specialists.

Donmoyer, R., & Yennie-Donmoyer, J. (1995). Data as drama: Reflections on the use of Readers Theatre as a mode of qualitative data display. *Qualitative Inquiry, 1*(4), 402–428.

Fox, M. (1987). *Teaching drama to young children*. Portsmouth NH: Heinemann Educational Books.

Freire, P. (1986). *Pedagogy of the oppressed*. New York: Continuum. ［フレイレ，P.，三砂ちづる（訳）（2018）．被抑圧者の教育学（50周年記念版）　亜紀書房］

Gadamer, H.-G. (1975). Language as the medium of hermeneutical experience. In *Truth and method* (pp. 345–387). New York: Crossroad. ［ガダマー，H.-G.，轡田收ほか（訳）（1986）．真理と方法 I　哲学的解釈学の要綱　法政大学出版局］

Giambrone, A. (2016). Dramatic encounters: Drama pedagogy and conflict in social justice teaching. Unpublished doctoral dissertation, University of Toronto, Toronto, ON, Canada.

Guest, G., Bunce, A., & Johnson, L. (2006). How many interviews are enough?: An experiment with data saturation and variability. *Field Methods, 18*(1), 59–82.

Haven, K. (2007). *Story proof: The science behind the startling power of story*. Westport, CT: Libraries Unlimited.

Heidegger, M. (1977). Being and time. In D. F. Krell (Ed.), *Martin Heidegger basic writings* (pp. 41–89). New York: Harper & Row.

Henriksen, G. (1985). *Hunters in the barrens*. St. John's, NL, Canada: Institute of Social and Economic Research, Memorial University of Newfoundland.

Hewson, A. (2015). "You can't make me!": Working with scripts of classroom resistance in forum theatre. In E. Vettraino & W. Linds (Eds.), *Playing in a house of mirrors: Applied theatre as reflective practice* (pp. 23–34). Rotterdam, The Netherlands: Sense.

Irwin, R. L., & de Cosson, A. (2004). *a/r/tography: Rendering self through arts-based living inquiry*. Vancouver, BC, Canada: Pacific Educational Press.

Kipling, R. (1943). *If* [Poem]. Retrieved from www.poetryfoundation.org/poem/175772.

Lang, F. (Writer). (1927). *Metropolis* [Film]. Germany: Universum Film (UFA).

Leavy, P. (2015). *Method meets art: Arts-based research practice* (2nd ed.). New York: Guilford Press.

Levykh, M. G. (2008). The affective establishment and maintenance of Vygotsky's zone of proximal development. *Educational Theory, 58*(1), 83–101.

Madson, P. R. (2005). *Improv wisdom: Don't prepare, just show up.* New York: Bell Tower.

McLeod, J. (1987). The arts and education. In J. Simpson (Ed.), *Education and the arts* (pp. 7–22). Edmonton, AL, Canada: Fine Arts Council, Alberta Teachers' Association.

McLuhan, M. (1967). *The medium is the massage.* New York: Random House. [マクルーハン，M.／フィオーレ，Q., 門林岳史 (訳) (2015). メディアはマッサージである —— 影響の目録　河出書房新社]

Mienczakowski, J. (1995). The theater of ethnography: The reconstruction of ethnography into theatre with emancipatory potential. *Qualitative Inquiry, 1*(3), 360–375.

Norris, J. (1989). Some authorities as co-authors in a collective creation production. Doctoral dissertation, University of Alberta, AL, Canada.

Norris, J. (2000). Drama as research: Realizing the potential of drama in education as a research methodology. *Youth Theatre Journal, 14*, 40–51.

Norris, J. (2002). The use of drama in teacher education: A call for embodied learning. In B. Warren (Ed.), *Creating a theatre in your classroom and community* (2nd ed., pp. 299–330). North York, ON, Canada: Captus Press.

Norris, J. (2009). *Playbuilding as qualitative research: A participatory arts-based approach.* Walnut Creek, CA: Left Coast Press.

Norris, J. (2011). Towards the use of the "Great Wheel" as a model in determining the quality and merit of arts-based projects (research and instruction) [Special issue]. *International Journal of Education and the Arts, 12*, 1–24.

Norris, J. (2012). Reconceptualization through theatre: Reflections on Mirror Theatre's "(Re)Productions". In S. C. Bingham (Ed.), *The art of social critique: Painting mirrors of social life* (pp. 287-314). Lexington Books.

Norris, J. (2015a). Mirror Theatre: Blurring the lines between curricular/extracurricular, campus/community and outreach/inreach within teacher education and dramatic arts programs. In M. Carter, M. Prendergast, & G. Belliveau (Eds.), *Drama and theatre education: Canadian perspectives* (pp. 134–141). Ottawa, ON, Camada: Canadian Association for Teacher Education/Canadian Society for the Study of Education, Polygraph Book Series.

Norris, J. (2015b). Forward: A prepositional proposition. In W. Linds & E. Vettraino (Eds.), *Playing in a house of mirrors: Applied theatre as reflective practice* (pp. ix–xv). Boston: Sense.

Norris, J. (2016). Reflecting upon the teaching assistant roles in higher education through participatory theatre. In H. Brown, R. D. Sawyer, & J. Norris (Eds.), *Reflective practice in teaching and education: Critical, conversational, and arts-based approaches* (pp. 217–238). New York: Palgrave Macmillan.

Norris, J. (2017). Pioneering the use of video in research and pedagogy: A currere of media(tion). In J. Jagodzinski (Ed.), *The precarious future of education: Risk and uncertainty in ecology, curriculum, learning, and technology* (pp. 241–276). New York: Palgrave Macmillan.

Perry, M., Wessels, A., & Wager, A. C. (2013). From playbuilding to devising in literacy education: Aesthetic and pedagogical approaches. *Journal of Adolescent and Adult Literacy, 56*(8), 649–658.

Polley, S. (Writer/Director). (2012). *The Stories We Tell.* Canada: The National Film Board of Canada.

Prentki, T. (2009). Introduction to poetics of representation. In T. Prentki & S. Preston (Eds.), *The applied theatre reader* (pp. 19–21). New York: Routledge.

Prentki, T., & Preston, S. (2009). *The applied theatre reader.* New York: Routledge.

Preston, S. (2009). The ethics of representation. In T. Prentki & S. Preston (Eds.), *The applied theatre reader* (pp. 65–69). New York: Routledge.

Reason, P., & Hawkins, P. (1988). Storytelling as inquiry. In P. Reason (Ed.), *Human inquiry in action* (pp. 79–101). Newbury Park, CA: SAGE.

Richardson, L. (1990). *Writing strategies: Reaching diverse audiences.* Newbury Park, CA: SAGE.

Rohd, M. (1998). *Theatre for community, conflict and dialogue.* Portsmouth, NH: Heinemann.

Root-Bernstein, R., & Root-Bernstein, M. (2001). *Sparks of genius.* Boston: Mariner Books. [ルートバーンスタイン，R.／ルートバーンスタイン，M., 不破章雄・萩野茂雄 (訳) (2018). 天才のひらめき

―― 世界で最も創造的な人びとによる13の思考ツール　早稲田大学出版部]

Saldaña, J. (1998). "Maybe someday if I'm famous ...": An ethnographic performance text. In J. Saxton & C. Miller (Eds.), *The research of practice, the practice of research* (pp. 89–109). Victoria, BC, Canada: IDEA.

Saldaña, J. (2005). *Ethnodrama: An anthology of reality theatre*. Toronto, ON, Canada: AltaMira Press.

Scher, A., & Verrall, C. (1975). *100+ ideas for drama*. Portsmouth, NH: Heinemann Educational Books.

Scudder, J. J. (1968, Spring). Freedom with authority: A Buber model for teaching. *Educational Theory, 18*, 133–142.

Tarlington, C., & Verriour, P. (1983). *Offstage: Elementary education through drama*. Toronto, ON, Canada: Oxford University Press.

Tuckman, B. (1965). Development sequence in small groups. *Psychological Bulletin, 63*, 384–399.

Wagner, B. J. (1976). *Dorothy Heathcote: Drama as a learning medium*. Washington, DC: National Education Association.

Weigler, W. (2002). *Strategies for playbuilding*. Portsmouth, NH: Heinemann.

第 IV 部

ビジュアルアート

第17章

アートベース・ビジュアル・リサーチ

●グニラ・ホルム／フリッツヨフ・サールストロム／ハリエット・ジリアカス

(Gunilla Holm, Fritjof Sahlström, & Harriet Zilliacus)

訳：楊心苡

　社会科学と人文科学の分野では，質的研究者が絵や写真，映像といったイメージを研究に応用するようになり，アートベース・リサーチが注目を集めている（Huss, 2012; O'Donoghue, 2011; Rose, 2014; Weber, 2008）。そして，この方法論の発展は，ポストモダン・アプローチが社会研究領域に与えた大きな影響と深く関わっている（Chappell & Cahnmann-Taylor, 2013）。一般的なアートベース・リサーチ（ABR）と同様に，アートベース・ビジュアル・リサーチは，幅広く多様な分野を含んでおり，「サイエンス」と「アート」の境界線に挑む新たな一連のメソッドである（Holm, 2008b）。アートベース・ビジュアル・リサーチ・メソッドに関する文献は増えているものの，この分野でのアートの役割と芸術的プロセスに関する定義と議論，基本的な立場は多岐にわたっており不明確である。その原因の一つは，この方法論の特性にある。ABRは，多元的で，ポスト構造主義的，さらにポストパラダイム的であり，創造と再定義の絶え間ないプロセスにある方法論とみなされている（Rolling, 2010）。これらの方法論は，従来の研究方法と並べてどちらを選ぶのがよいというわけではなく，サイエンスだけでは進めない研究領域の可能性を提示できる。

　アートベース・ビジュアル・リサーチとは，人々の経験をさらに研究するためにビジュアルアートを活用する方法を探索する研究の総称である。アートベース・ビジュアル・リサーチは，写真，ドローイング，カートゥーン（漫画），グラフィティ，地図，ダイアグラム（図表），グラフィック，サイン，シンボル，映画，ビデオなど，幅広いビジュアルメディアを網羅している。イメージに基づく方法論は，ビジュアル社会学やビジュアル人類学の分野における先駆的な研究から大きな影響を受けてきた（Holm, 2008b; Weber, 2008）。インターネットやデジタルテクノロジー，さまざまなソーシャルメディアの進歩により，新しい形式のビジュアル研究の可能性が急速に発展している。そして，これらの新しい実践も発展と変化を求めている。特に，写真やビデオの撮影と共有，ビジュアルコンテンツの閲覧やコメントなどの，モバイル画面による視覚的操作の統合がますます一般化しており，あらゆるレベルにおいて方法論の発展が求められている。

アートベース・ビジュアル・リサーチは，データの収集，分析の実施および研究の発表をする一つの方法として，さまざまな形式でビジュアルアートを制作し利用することを含んでいる。方法論的な出発点は，研究における新しい形態の知識を生み出すために利用できるビジュアルイメージを見ることから，従来の言語的アプローチで分析できるデータとしてイメージを見ることまで，多岐にわたっている。私たちは，アートベース・ビジュアル・リサーチと ABR 全般とを，明確に区別できない連続体として捉えている。この連続体の一端には，ビジュアルアートの制作と学術的研究を結びつけた完全なアート中心のアプローチが存在している。もう一端には，ビジュアルアートや作品を有益なデータとして利用し，ABR を方法論的ツールとして捉える研究者たちがいる。これらのアプローチの間の大きな違いは，ビジュアルイメージの制作プロセスにおける研究者とそれ以外の参加者の参加の度合いと関わっている。時には，研究者が自身の研究の中でビジュアルなものを作ることに大きな関心を持っていることがある。たとえば，1990 年代に Stefinee Pinnegar がアメリカ教育学会（AERA）で計画したセッションには，Knowles（Cole & Knowles, 2008）が絵画の形で自らの研究結果を発表していた。他方，Bray（www.zoebray.corn/anthropology）は，絵画をエスノグラフィーのデータ収集の一環として利用している。彼女は研究参加者の絵を描くことで，「自然主義・写実主義の絵画をアイデンティティやその社会的構築，それらの裏にある政治性を発見する手段として」探求している。Bray は，自分自身は「アート，エスノグラフィー，アイデンティティ・ポリティクスの交差点」で活動していると述べている。同様に，写真においては，以前は研究者が撮影することが一般的であった。たとえば，Mead と Bates（1942）による，バリ島のとある村の人々に関する著名な本には，彼らが撮影した 2 万 5000 枚の写真が含まれている。他方で，研究者が既存のビジュアルアートを利用し，ビジュアルデータの作成に関与しないビジュアル・リサーチがある。このような手法は特にすべてのアーカイブ研究や歴史研究に当てはまる（Grosvenor & Hall, 2012）。

ビジュアルアートを研究に活用する理由

イメージは多層的で論理的な主張となり，同時に矛盾する命題さえも提起し，論理の曖昧さ，特定の人間経験の複雑さ，または相矛盾した性質を示すことができる。イメージが持つ多様なメッセージを伝えたり，問いかけたり，抽象的思考と具体的思考とを同時に効率的に示すことができる能力こそが，イメージに基づくメディアを学術的知識の伝達にとって非常に適切なものにする。　　——SANDRA WEBER（2008, p. 6）

基本的に，研究におけるビジュアルアートの利用は，人間の理解を深めることを目的としている。イメージには新しいニュアンスや繊細な状況を盛り込むことができる上，イメージを調査することを通して，私たちがイメージを読み取って，知って，認識を広げることができる（Eisner, 2008）。そして，イメージを知識の直接的な情報源であり，客観的で独立している存在として直観的に捉える見方は，イメージはこの世界にいる人々

の交流から生じる動的な産物であるという理解に変わってきた。イメージは常に文化的に構築され，組み込まれているものであり，魔法のようなものではない（Huss, 2012）。あるモノとそのイメージとの区別は明確ではなく，区別することさえも不可能である。イメージの産出者と閲覧者の両方が共同でそのイメージを作り出しているのである。加えて，イメージというものは，参加者が自分たち自身や社会的関係における自身の立場をどのように見ているのか，あるいは見たいと思っているのかの産物である（Holm, 2008a）。アートベース・ビジュアル・リサーチの研究者は，特に，自分自身および参加者をイメージの制作と解釈のプロセスに引き込むとき，研究における主体−客体という二分法に挑戦することが多い。イメージの作成，そしてイメージの理解，意味づけという創造的なプロセスにおける複雑さと多様性は，アートベース・ビジュアル・リサーチが根本的に抱える難しさと無限の可能性を形成する。リーヴィー（Leavy, 2008）が述べるように，こうした新しい手法の出現には，理論的なレベルでの真実と知識の再評価だけでなく，美と科学的探究におけるその位置づけの再評価も必要となる。中心的に追求されることの一つは，各経験の美的側面を含めることによって，社会現象の認識論的理解に影響を与えることである。アートベース・ビジュアル・リサーチの場合，アートとしての目標は科学的な目標と並行している。その両者は相互に関連し，相乗効果を発揮して，相互に補強し合っているのである（Barone & Eisner, 2011）。

　Weber（2008）は，イメージを用いた研究に関する多くの議論をまとめた。芸術的なイメージを通じて，私たちは，他の方法では隠されたり無視されたりしている知識の捉えにくい側面に触れることができる。イメージは，一般的な抵抗を打ち破ることができ，物事に対する新しい見方ややり方を私たちに考えさせる。イメージは記憶に残りやすいため，私たちの考え方や行動にも影響を与えやすく，研究成果をはるかに多くの人に広めるのに役立てられる。そして，イメージは全体と部分とを同時に目で把握することができ，知識の統合にも役立つ。また，イメージを利用するもう一つの重要な理由は，他者の視点から見たり，知識の身体化された側面について知ったりするのにイメージが役立ち，共感的理解を高めることを可能にするからである。さらに，視覚的なものを利用することで，効果的かつ効率的な論理的説明を行うことができる。したがって，適切な状況では，イメージの利用は研究プロセスにおける透明性とリフレクシビティ（再帰性）を向上し，促進することができる。Hickman（2007）が指摘するように，イメージは，メタファー，アナロジーや図像学などを含むことで，多様な情報源を提供する。イメージは，日常に対する知覚を変えることを通して，一見普通の現実をより意味のあるものに変える能力を持っている。

　加えて，イメージは，多くのアートベース・ビジュアル・リサーチの主要目的となる，社会正義のための行動を引き起こす可能性を持つ。イメージは，批判的な質問を提起し，ステレオタイプに挑戦して，個人的・集団的行動を促す力を持っている。Finley（2014）は，ABR は文字通り，人々を動かし，改革と変化を促すことができると論じている。Finley の見解によれば，「良い批判的なアートベース・リサーチは，私たちの想像力を捉えて，魂を摑む。そして，大胆に，研究者として，社会科学者として，人間としての私たちによる生き方，存在，共同性（co-being）に強い影響を与えることを目指し

ている」（p. 531）。

社会科学におけるアートベース・ビジュアル・リサーチ

　アートベース・ビジュアル・リサーチは，情報を伝え，実施し，改革し，変容させる研究を含む，さまざまな種類の質的研究である（Chenail, 2008）。そして一般的には，さまざまな分野や研究テーマにおける帰納的なプロセス指向の研究も含まれている。参加型やエスノグラフィック型の調査デザインが多くの研究に使われ，日常的な行為と社会的相互作用における現象を理解することが目的になっている。人文・社会科学領域では，マイノリティ研究，アイデンティティ研究，若者・子ども研究，教育研究，大衆文化・メディア研究などの分野でビジュアル・リサーチが特に進められてきた。その中では，Eisner（2006）の ABR を通して，教育におけるビジュアル・リサーチの方法が特に推進されてきた。また，ビジュアル・リサーチは，健康科学における社会的探究の目的においても，新しいアプローチとして成長しつつある（Boydell, Gladstone, Volpe, Allemang, & Stasiulis, 2012; Moxley & Calligan, 2015）。アートベース・リサーチの共通の目的は，人々の諸経験の側面のうち，言語表現の分析に基づく質的な研究手法が見逃した，また重視されていない側面を把握することである。知ることや体験することの特別な方法としてビジュアルアートを調べるという方法を扱っているのをよく目にする。ビジュアルアートを利用した教育実習生の授業観察レポートに関する Hickman（2007）の研究がその一例である。この研究は，世界を理解する特別な手段としてアートを位置づけ，それを教育研究に活用する可能性を示している。同様に，Grisoni と Collins（2012）は，視覚的解釈と詩のテクストを組み合わせた**ポエムハウス**という立体的な成果物を作るプロセスを通して，ビジュアルベースのリーダーシップの発達を調査した。それによって，物事を違う角度から見ることで，リーダーシップと学習に関してより深いレベルの知識と理解にアクセスできることが示されている。

　アートベース・ビジュアル・リサーチの目的の多くは，社会から周縁化された，または支配されたグループに声を与え，批判的な意識を高めることである。最近注目されているのは，難民や移民に関する問題である。女性の難民申請者の研究で，Haaken と O'Neill（2014）は，集団写真とビデオ撮影を通じて，亡命の日々の記録をまとめた。精神分析的フェミニスト理論とビジュアルエスノグラフィーの手法を組み合わせることによって，彼らは移住を再想像するための批評的空間を広げ，単純な真実に到達しようとする行為に揺さぶりをかける。また，Guruge ら（2015）は，絵画と個人的な省察を通して，カナダにいる難民の若者の家庭内役割と責任の変化を理解しようとした。この研究では，コミュニティと同世代の研究者が共同で分析を行い，アートを踏まえたデータから，視覚的表現における文化特有の繊細なニュアンス，沈黙，矛盾など，多様な文脈を得る方法が提示された。意見が社会で反映されない人々に着目したその他の研究例としては，Desyllas（2014）がフォトボイスを用いて，女性セックスワーカーのアートによる自己表現を通して彼女たちの生活を研究した。このプロジェクトは，研究における

アートの利用が，対象者の主体性の承認，自己表現，主張，選択を支持することを通して，エンパワメントをいかに高めることができるかを明らかにした。また，周縁化された集団に関する研究に関しては，障害者研究におけるビジュアル・リサーチの発展も注目されている。近年，McEwen, Zbitnew と Chatsick（2016）は，知的障害のある成人による自己表現と視覚的なストーリーテリングのメディアとして，タブレット端末の利用を研究した。その結果として，タブレットは，従来の道具をもとにした活動と比較して，参加者のコミュニケーションと社会的交流を促進し，育成することが見られた。

　アイデンティティとその構築についての研究は，アートベース・ビジュアル・リサーチが発展しつつある一つの分野である。若者に関する研究の方法論的枠組みを開発する試みとして，McGarry（2016）はアイルランドで，ムスリムの若者がアイルランド社会から受ける期待やプレッシャーと，彼らの宗教・文化的背景に関連する規範と伝統をどう調和させているかに関する研究を実施した。この複数の研究方法を用いた研究では，フォーカスグループ，ビジュアルナラティブ，個別インタビュー，オンラインブログサイトが用いられた。複数の方法を用いることによって，研究のデザインにおけるさまざまな要素が相互に影響し合い，若者たちの経験の中に埋め込まれた知識が見出された。Azzarito（2012）は，イギリスの都心部にある公立学校で実施された研究において，14〜15歳のエスニックマイノリティの若者によってなされた身体表現の視覚的側面を探求した。ビジュアルダイアリーは，若者が自分たちの動く身体に対して構築する意味の不均一性を捉えて，自己表現と自己提示の可能性を広げた。Gold（2015）は，2001年9月11日を機にデトロイトで起こったアイデンティティ構築のプロセスを理解しようとし，エスニックコミュニティのイベントを記録した写真集に対するアラブ系アメリカ人の反応を調査した。ここでは，フォトエリシテーションが，デトロイトのアラブ系アメリカ人の汎民族的アイデンティティと人種差別および人種プロファイルの経験について洞察を得るのに有用なツールであることが証明された。

大衆文化

　大衆文化に関する研究領域では，研究者は既存の映画や雑誌などの大衆文化による製品をよく利用する。1990年代から2000年代初期にかけて，Farber と Holm はいくつかの大衆文化に関する研究を行った。たとえば，思春期の若者を主人公とする64本の1980年代アメリカ映画に関する研究がある。この研究の全体的な焦点は，個人的な自律性と学校との関係性に当てられている。映画のテーマの分析を通して得られた結論は，「社会的な機関は主人公の人生にとって何の影響力も持っていない。むしろ，個人がどのように自立し，自己表現をして，自主的な計画を進めていくかという重要なストーリーに対して，（社会的な機関は）邪魔なもの，見世物，あるいは単なる背景でしかない」（Farber & Holm, 1994, pp. 24-25）というものである。これと同じように，テレビ CM（Farber & Holm, 2004）やコミックス（Provenzo & Beonde, 1994）が現在にわたって研究されてきている。また，Holm（1994, p. 60）は，1966年から1989年までに『Seventeen』誌に掲載された挿絵と，それを説明するキャプションテクストを研究した。テクストと挿絵は

個別で分析されることも，一緒に分析されることもあった。この研究に関して Holm は，「『Seventeen』誌は，『スタイリッシュに学ぶ』ことが不可欠というナラティブを構築している。これは，ファッショナブルな服装やスタイリッシュな美しさだけではなく，青少年女子に対して提示された基準の範囲内で学ぶことを指している。容姿とふるまいの両方が満たされることが，『Seventeen』が定義する成功の鍵である」(p. 60) と結論づけた。着こなし方と美しいあり方に関する基準が，それらの挿絵と一部のテクストによって伝えられていたのである。

ソーシャルメディア

　アートベース・ビジュアル・リサーチが方法論的な手段として急速に発展すると同時に，ソーシャルメディアが探究の主要な対象となっている。その対象には，ウェブサイト，フォトギャラリー，フォトブログ，Instagram，Tumblr，Snapchat など，さまざまなアプリあるいはプログラムが含まれる可能性がある。デジタルエスノグラフィーの領域（Pink, 2014; Varis, 2016 参照）では，デジタルなものによって媒介される社会性の圧倒的な影響力を視野に入れるために，研究実践が急速に発展している。Instagram に投稿された写真を調べると，多くの写真がその芸術的価値のために投稿されていることがわかる。写真は視覚的な魅力・美しさあるいはドラマティックな効果・特徴を持つからこそ投稿されているのである。また，テクストが添えられている場合，そのテクストが非常に短いことが多く，その結果，分析は難しくなる。当然，写真の意味分析は可能だが，社会科学や質的研究の観点から分析することは困難である。撮影者の意図は推察するしかなく，フォトブログを分析する場合も同様である。旅行ポートレート（Catalin Marin のフォトブログ www.momentaryawe.com/travel-portraits を参照）など，特定のテーマに絞っているフォトブログでも，撮影者の意図を把握するのは難しい。単に美しい写真である場合もあるが，多くの写真家（たとえば Diane Varner; http://dianevarner.com/japan）は，写真にその文脈の記述，詩や説明的な文章なども加えている。また，このようなフォトブログは，フォトエッセイに近いため，撮影者の意図がより明確であり，分析しやすく，より良い理解を生み出せる。しかし，想定されるオーディエンスが誰か，その人たちがどのようにこれらの写真が持つメッセージを解釈しているのかを知ることはほとんどない（ある写真にいくつの「いいね！」がついたかとその理由以外には）。写真ギャラリーまたはウェブサイトの中には，1 行の説明文のみ（時には撮影者名のみ）の写真の方が，プロジェクト全体が一段落で説明されているため，理解しやすいものもある。たとえば，Jim Hubbard（http://shootingback.net）がホームレスの若者やネイティブアメリカンの若者と共に，彼ら自身の生活と暮らし方を撮影した作品は，多くのテクストがなくても作品を理解することができる。また，Hubbard の『American Refugees』などの著書では，テクストはほとんどなく，写真自体が語っている。これらの書籍やウェブサイトはフォトジャーナリズムであるが，このようなフォトエッセイとリサーチの間に線を引くのは難しい。多くのアートベース・ビジュアル・リサーチでは，言語的なテクストの量が限られている。Wendy Ewald が子どもたちと展開した LTP（Literacy through Photography：

写真によるリテラシー）プロジェクト（https://literacythroughphotography.wordpress.com/wendy-ewald）では，撮影における美学が強調されているため，他の数多くのフォトブログやフォトエッセイなどよりもアートベースの傾向が強いと言える。

アートベース・ビジュアル・リサーチによる参加型写真撮影の利用

　20年前にも，ソーシャルメディア上の専門的ではない写真と似たような形で，革新的な方法で発表された研究があった。JipsonとPaleyの著書『Daredevil Research: Re-creating Analytical Practice』（1997）は，何が研究として認められるかを問いかけ，そのいくつかの研究は独特なビジュアル手法で報告されている。たとえば，西洋美術の代表的作品が何かのカリキュラムの説明文と対比されている（Jipson & Paley, 1997）。また，容姿を強調したポーズをとる10代の少女の白黒写真に，彼女たちのつらい体験に関する記述がつけられているものもある（Holm, 1997）。

　ほとんどのアートベース・ビジュアル・リサーチは，写真，特に参加型写真撮影を利用している。「参加型写真撮影」とは，研究参加者が，研究者が指定したテーマ，あるいは合意したテーマに関する写真を撮る場合をいう。しかし，参加型写真撮影は，研究における権力の差に対処する一つの手法である。このような研究では，何の写真をどのように撮影するかを決めるのは，研究参加者である。たとえ何を撮影するかというテーマを決めないとしても，データ収集の焦点を決めるのは参加者である。

　フォトエリシテーションは，参加者が撮影した写真を用いるよく知られている手法であり，子どもや若者に関わってもらう際にはよく使われる方法でもある。フォトエリシテーションでは，写真がインタビューを促進するものとして，主にインタビュー対象者に写真について詳しく説明してもらうことで，会話だけのインタビューよりも多様な知識や感情を引き出す。また，フォトエリシテーション・インタビューを通して，誰もが知っていると参加者は思っているが，参加者の写真がなければ語られない知識を引き出すことができる。フォトエリシテーションは，研究参加者と研究者における力関係も変える。それは，両者がデータの生成に関わり，研究参加者は撮影された写真の専門家である。単なるインタビューより，フォトエリシテーションを利用した方が，人種，性別や階級などに関するデリケートな問題が浮き彫りになる可能性が高い。写真の意味は，インタビューの文脈から生み出され，参加者が自分のアイデンティティを表現する手段として機能していると捉えられる（Holm, 2008a; Rose, 2012）。また，これらの写真を分析する際には，「撮影されたもの，見えるものだけではなく（…）撮影されていないもの，見えないものにも注意する」ことが重要だとRose（2012, p. 315）は指摘している（以下の「ケーススタディ」の項における，学生のハラスメント報告に関する研究を参照。Holm, Londen, & Mansikka, 2015による）。

368　第Ⅳ部　ビジュアルアート

ケーススタディ

少数派の言語集団に属する若者の帰属意識に関する参加型写真撮影研究では，3校の中学校の5つのクラスの生徒が，フィンランドでスウェーデン語を話す少数派言語集団の一員であるとはどういうことかを表す写真を撮影した。（スウェーデン語を話す人々は，南海岸地方と西海岸地方，そしてフィンランドとスウェーデンの間にあるフィンランド領のオーランド諸島に集中している。）南海岸地方，西海岸地方とオーランド諸島を代表する3校を対象に決めたのは，これらが異なる言語状況にあるからである。オーランド諸島は完全にスウェーデン語圏であり，スウェーデンと非常に深いつながりがある。また，スウェーデン語圏の人々が多く住む西海岸地方では主にスウェーデン語が話されており，南海岸地方，特に首都周辺の住民は大多数がフィンランド語話者またはバイリンガルである。私たちは，居住地において言語的に少数派であるという環境によって，生徒たちの少数言語話者集団への帰属意識がどのように異なるかを探りたいと思った。生徒たちには，グループごとにこのトピックを紹介し，グループで議論する機会を設けた。生徒たちは約2週間かけて，自分の携帯電話のカメラかデジタルカメラ，または貸し出されたデジタルカメラで写真を撮影した。そして，すべての写真にタイトルまたは短い説明文をつけてもらった。それ以外のデータの収集は行わなかった。私たちは以前，ある学校のエスノグラフィー調査で，1年をかけて教室などの学内空間を観察し，生徒と教師にインタビューをし，さらに，生徒の撮影した写真をもとにフォトエリシテーション・インタビューも合わせて行ったことがある。写真のみの研究をすることで，フォトエリシテーション・インタビューを用いたより包括的な研究と比較して，写真だけだと何が欠如しているのかを明らかにしたいと考えたのである。そして私たちは，すべての写真についての内容分析とともに，地域・学校ごとの写真の内容分析を行った。

その結果，地域ごとに明確な違いがあった。オーランド諸島の生徒が撮った写真は日常生活の風景，たとえば，趣味，買い物，自然，テレビ番組や他者との交流の様子など具体的な学校関連の物事に関するものであった。多くの写真はスウェーデンとの深い関係を示し，フィンランドよりスウェーデンとのつながりが示された場合もあった。オーランド諸島にいるスウェーデン語話者を，本来属するはずのスウェーデン系フィンランド人集団と結びつける写真またはコメントは一つもなかった。彼らは自分たちをスウェーデン系フィンランド人（あるいはフィンランド人やスウェーデン人）ではなく，オーランド諸島の島民と定義している。学生がオーランド諸島特有のものと間違えた風習と伝統が**図17.1**のような多くの写真で示されている。

西海岸地方の生徒たちも同様に，自分が思う地域の独自性を強調した。そして，フィンランド語圏側の社会に関するある種の無知が見られている。ここでもまた，祝日，風習，スウェーデン語圏の施設，自然や典型的な建造物などの写真が撮影された。少数派言語とその人々の将来に対してわずかでも心配を表す隠喩的な写真を撮った生徒は数人しかいなかった。この生徒たちは，オーランド諸島の生徒たちと同じように，自分たちの言葉を話せるコミュニティで暮らし，スウェーデン語の学校にも通っている。彼らは，単に将来について心配する理由がないと考えているのである。しかし，南海岸地方では，

図 17.1　夏至祭, オーランド諸島

　少数派言語人口の将来への不安を映し出す写真を撮影した生徒が多い。彼らは, 異文化間の結婚とバイリンガル人口の増加による少数派人口の減少を心配している。また, 古い建物の写真に添えられた文章には, 古い建物と同じように言語が見捨てられることへの不安が反映されており, 消しゴムが写った写真には, 時間の経過とともに言語が消えていくことへの懸念を表現するテクストが添えられている。

　南海岸地方の生徒たちは, 自分たちの言語のために立ち上がることに前向きである。図 17.2 に示されている双子の塔は, その国がバイリンガルであることを象徴している。ある生徒は 2 枚の写真を並べている。一方 (図 17.3) は言語のようにまだ生き生きと咲いている花を象徴し, もう一方 (図 17.4) はその言語の終わりを表している。

　写真から, 10 代の若者の思考や自己認識に関する多くの情報と深い理解が得られたが, キャプションがなければ, その意図と意味を読み解くことは非常に難しくなっただろう。撮影対象と撮影方法には鮮明な地域差が見られた。南海岸地方では, シンボルとメタファーを用いた写真がある一方, その他の地方で撮影された写真はほとんどが説明的な写真であった。首都圏で行ったエスノグラフィー研究によると, フィンランド語の生活環境の中でスウェーデン語を話すことで, ハラスメントまたはいじめを経験したことのある生徒は多く, そのために言語の存続に対する不安がより顕著であると考えられた。

図 17.2　フィンランドはバイリンガルの国である

図 17.3　スウェーデン語はまだ咲いている

図 17.4　しかしスウェーデン語は，フィンランドで消滅しつつある

また，そこでは言語に対する政治的圧力もより顕著であった。ゆえに，集団への帰属意識も重視されるようになったと言える。さらに，首都圏の生徒とそれ以外の地域の生徒の間にも違いがあった。首都圏のグループの生徒に対しては，フォトエリシテーション・インタビューが行われたが，Rose（2012）などのような他の報告とは異なり，生徒が写真について語りたいと思うことは少なかった。彼らは何を撮影するかを考え，写真を撮影し，キャプションを書いた。この作業を完成させることを目的として捉えていたのである。また，フィールドワーカーが同じ言語集団の出身であるため，詳しく説明しなくても写真を理解してくれると思い込んでいた可能性もある（さらなる論考は Holm et al., 2015 所収の「Analyzing, Interpreting, & Disseminating Visual Data」を参照）。けれども，生徒たちは，インタビューでは言語に関する直接的な問題をより深く論じたため，このインタビューは有益であった。彼らは，数々のハラスメントの状況と，スウェーデン語を話すことが原因で喧嘩が起こるのをどう避けるかについても話してくれた。当然ながら，調査期間中にこのような状況は発生しなかったので，写真を撮ることは不可能であった上，もし嫌がらせをした相手の写真を撮れば，非常に挑発的だと思われる可能性がある。これも，より大きな倫理的問題，すなわち，参加者に何を撮影してもらえばよいのかということにつながっている。日常生活を撮影することさえも危険なことなのである。

　この 2 つの写真プロジェクトで，研究者としての私たちの考え方は，写真というアートの形式を利用してデータを収集・作成することであった。写真を選んだ理由は，生徒が自分のアイデンティティと経験について深く考えることに役立ち，生徒を参加させることもできると判断したからである。プロジェクトは生徒の考え方に関するものなので，生徒にある程度の主導権を持たせることが重要である。しかし，生徒らが芸術性のある写真を撮っていることは間違いない。彼らにとって，撮影は自らのアイデンティティの表現となった（Holm, 2008a を参照）。生徒たちは写真で伝えたいことについて時間をかけて考えていた。彼らは慎重に写真の構図を決め，自然の中で撮影する際には，ちょうどよい瞬間をねらって待つこともあった。構図に気を配り，色もきれいな写真が多かった。自分の考えと見解を過去とつなげる生徒もいれば，現状とつなげる生徒もいた。このプロジェクトを単なる日常生活の再現として捉えた生徒がいる一方で，いくつかの今後起こりうるシナリオを想定し，あまり明るくない未来を描いた生徒や，逆に起こりうる困難に気づかず楽しそうに描いた生徒もいる。

アートベース・ビジュアル・リサーチにおけるビデオの利用

　1980 年代，ビデオが人類学，教育学，社会学のエスノグラフィーの研究領域に登場し，その使いやすさや入手のしやすさ，経済性により，フィルムの限界を克服できることが示された（Pink, 2014）。ビデオによってさまざまな環境に記録を拡張することが可能になり，ビデオカメラはエスノグラフィー研究のツールキットの一部となった。初期の大型カメラと三脚は，消費者市場の拡大により，より軽量で使いやすい機器へと急速に発展していった。1990 年代には，手頃な価格のデジタル編集・保存ツールが登場し，

この 10 年の間に，社会科学や人文科学のあらゆる領域を含む社会の全分野で，動画の制作と利用に関する第二の根本的な革命が始まったことを示している。2016 年現在では実際上，すべての動画はデジタル形式で制作され，保存もデジタルクラウドに移行し，さまざまなデバイスを通して，異なる空間的位置からアクセスできるようになっている。

ビジュアル研究において，ビデオおよびそれに付属する音の利用の発展は，数々の研究の方向性を拓いた。ビデオ以前の，研究者しか利用できなかった貴重で高価な撮影機材の時代から，スマートフォン動画が広く普及した 2016 年までの変化によって，所有権や，倫理と参加について再考する必要性が生じ，またビデオ研究における制限やそれがもつアフォーダンスについての再定義が不可欠となっている。Pink（2014）が主張するように，この分野には，ただ認識するだけではなく，考慮に入れるべきことがある。それは，ビデオ撮影は客観的ではないこと，すべての研究材料は共同で構築されたものであること，そして，研究材料とそうではないものは状況の文脈によって定義される問題であることという，現在確立されている理解が意味することである。ビデオを用いた研究領域では，そこで求められている，不可欠なポストモダン的なリフレクシビティがどういうものかは，まだ明らかにされていない。しかし，ビデオを用いた研究プロジェクトの参加者やインフォーマント（情報提供者）は，研究プロジェクトにおけるビデオデータがもつ非客観的な共同構築という特性を意識し，その特性を重視する傾向がある。このようなビデオリサーチデザインに対する姿勢は，前述の Pink が批判したいくつもの特性を体現している。ここからは，主に教育現場で実施された，微視的分析を行った多くのビデオ研究（たとえば Derry et al., 2010）における，ビデオデータの構築に対する参加者の志向性を説明し，議論しようと思う。これらの研究紹介は，共同構築および現在のビデオ研究に必要とされるリフレクシビティの基準に従って設計されていないビデオデザインに対する批判的理解を促進することを目的としている。

Rusk，Pörn，Sahlström と Slotte-Lüttge（2014）は，ビデオデータの微視的分析を用いた研究の増加にともない現れてきたと思われる，3 種類のデータ構築と分析のアプローチについて論じている。1 つ目のフィールドワークとビジュアル分析のアプローチは，データ構築と分析の観点から，日常生活の中にある一つの場面に焦点を当てたものである（Emanuelsson & Sahlström, 2008; Lee, 2010; Mehan, 1979; Young & Miller, 2004 を参照）。2 つ目の参加者中心のアプローチには，参加者の視点からデータを記録・分析する研究が含まれる。ここでは多くの場合，ある個人に焦点が当てられている。その特定の参加者の志向するものが解析の中心にある（Melander, 2012; Sahlström, 2011; Wootton, 1997 を参照）。参加者中心アプローチは，後述の録音に関する例で示されるように，一人の参加者の視点から，複数の異なる場面での出来事をデータとして記録する。最後に，3 つ目のコンテンツ中心型アプローチの特徴は，特定の場面における特定のコンテンツ，または特定の社会的交流における相互行為に焦点を当てるものである（Lindwall & Ekström, 2012）。コンテンツ中心アプローチの一例に，Lymer（2010）の建築家教育のための批評がある。その研究では，建築士としての能力が社会的相互作用の中でどのように表されるかが分析されている。

研究者－インフォーマントの協働
——参加型映像リサーチにおける問題点

　サールストロムが主導したフィンランドでの2つの大規模なプロジェクトでは、さまざまな環境における社会的慣行と言語使用が着目され、学校の外で数々の研究用映像が撮影された。7〜9歳の低学年の子どもたちの場合は、カメラと三脚が各家庭に配布され、1週間、校外での日常的な交流をできる限り記録するように指示が出された。また、14〜17歳の高学年の子どもたちも同様の指示を受けて、配付されたカメラを使って学校外での日常生活を撮影した。これらの撮影において、子どもたちがビジュアルイメージを構成しようと意識して、それに対する明確なコメントや議論をする例が多く見られた。そのような構成に対する意識は、カメラをちらっと見る目線や、短いコメント、明示的なパフォーマンスや長いコメントなどから、このプロジェクトや研究者との言語的・視覚的対話に至るまで、多岐にわたりうかがえる。

　カメラへの短い目配りに加えて、このプロジェクトのビデオ資料には、インフォーマントが口頭で明確にビデオ撮影について短くコメントをしている例が相当多く見られる。そのような状況の一例が図17.5であり、17歳の生徒2人が、このプロジェクトで撮影したビデオを見ることができるのは誰なのかについて話している。以下の対話の1行目では、生徒のティアがインフォーマントのクラーラに、撮ったビデオがどこで公開されるかを尋ねている。それに答えるクラーラは、共同で制作された映像資料を受け取るのは「研究者」だということをはっきり指摘している。

　映像資料の受け手が研究者であることへの関心は、より強く強調される傾向がある上、さらなる話題にもなっている。図17.6はその一例を示している。インフォーマントのファビアンは、母親の車の中でコーン型のアイスクリームを食べながら、研究プロジェクトについて話している。ファビアンは、アイスクリームを研究者が見ていたことを話したが、なかなか返事がないので、母親にもう一度話しかけている。返事があると、彼は母親に、そして研究者である私たちに、私たち研究者もこのビデオクリップを見たらアイスクリームを買いに行くだろうと言った。つまり、ファビアンは、撮影されている車の中の状況を、その後に研究者に視聴されることと結びつけることができているのである。

1　ティア：これってどこにも公開されないよね？
2　クラーラ：そう、見ることができるのは、研究者たちだけ。
3　サリ：なるほど。
4　ティア：たとえば、タバコを吸ったりしたら？
5　クラーラ：そう、それ。
6　サリ：誰が見れるの？
7　クラーラ：研究者たち。

図17.5　ティアとクラーラはビデオについてコメントをする

```
1  母：どこを持てばいいのかわからないわ。
   こう持ってて。
2  ファビアン：あの人たち，僕のアイスク
   リームを見てたよ。
3  母：あ。（ここで曲がるのかな？）
4  ファビアン：研究者たちが僕のアイスク
   リームを見たらさあ。
5  母：何？
6  ファビアン：研究者たちが僕のアイスク
   リームを見たらさあ……
7  母：ええ。
8  ファビアン：そうしたら，あの人たちも
   アイスクリームスタンドに行って，アイ
   スクリームを買うんじゃないかな。
9  母：そうね。そうなるかもしれないね。
```

図 17.6 ファビアンは，撮影しているビデオを研究者の視聴と関連づけている

　ビデオ撮影には，その場にいない研究チームとの視覚的・言語的な会話を促進する効果がある。前述の2つの状況において，対話は躊躇することなく，また撮影が問題になることもなく，行われていた。今回の例では，撮影は何か新しいことをするときに利用され，日常的な体験にポジティブに加えられているようであった。しかし，常にそうなるとは限らない。カメラレンズの後ろには研究者が間接的または直接的に存在することに懸念が生じる可能性がある。この点については，倫理の議論の際に戻って述べることにする。

記録された可視性
――データ収集とアイデンティティ・パフォーマンスにおける携帯電話のスクリーン

　前述のように，ソーシャルメディアは人間の社会性だけではなく，ビジュアル・リサーチの分野も急速に変容させている。Mizuko Ito らが主宰した大規模な「デジタルユースプロジェクト（Digital Youth Project）」（Ito et al., 2008; Jenkins, Ito, & boyd, 2015）においては，ソーシャルメディアによる参加文化が大きく2種類に分けられている。それは，集まったり騒いだりを特徴とする友情主導型の参加と，専門的な活動や興味，あるいはニッチで周縁的なアイデンティティと関わる，いわゆる「ハマる」ことを特徴とする関心主導型の参加の2種類である。「デジタルユースプロジェクト」の研究資料は大量で見事なものだが，インフォーマントの日常的な交流の中に位置づいたモバイル画面の視覚性に関する詳しい研究は前面に出てこない。しかし，研究成果と使用に関する研究によって明らかになってきたことは，ビデオエスノグラフィーが人間の社会性の核心的な側面を精査するための描写と構築の可能性にその価値を置きつづけるのであれば，ビジュアル・リサーチの分野もまた，〔生活・社会に〕位置づいた携帯電話の使用を記録・分析する方法を見出す必要があるということである。

フィンランドで実施中の「テクストミーティング（Text Meetings）」というプロジェクトで私たちは，携帯電話の画面にリアルタイムで映っているものを，その時にその場で起こっているやりとりのビデオエスノグラフィー記録と組み合わせる方法を開発した。現段階では，データ構築は学校内に限定されているが，廊下でのゲームシェアリングや，写真・動画の送信によってからかったり馬鹿にしたりすることなど，学校とは無関係な社会的視覚性も，当事者・客観的視点からデータ化されている。現在進行中および発展中の調査では，教室内外の携帯画面に映っているものの存在感が非常に大きいこと，また急速に高まっていることがわかっている。特に，圧倒的によく利用されているSnapchatを筆頭に，他のアプリ（Facebook, Instagram, Safari, Tumblr, Emoji Quiz, Google Drive, Messenger, Whatsapp, Wikipedia, Fanfiction.net, eBay, YouTube, Yle.fi, QuizUp, Wilma, 9GAG, Hangouts, Chrome, Outlook, ZigZag, Forza）においても，携帯画面の録画によって同様の傾向があることがわかった。

携帯電話は，教室の中に教師がコントロールできない空間をつくり出した。その中で起きていることを，教師や他者はモニタリングできない。生徒による携帯電話の使用は，生徒同士の空間の共同構築に参加することである。それは，携帯電話によって与えられるさまざまな，一見小さなことのように見える交流資源の断片から生まれる。携帯電話に関する教室活動においては，同時に複数の活動を行うということが共通しており，学校の課題とプライベートな利用（たとえばメッセージの送信）が同時に行われていることが，研究データ上で明らかになった。生徒も教師も，教室での携帯電話の使用の制限と範囲を意識しており，携帯電話を中心に形成された空間は，今のところ授業と共存することが可能である。教室の中に新しい相互作用の文化が生まれつつあることは明らかなように見える。このような新しい空間では，テクノロジーが大きな役割を果たしている。

学校での携帯電話使用に関する分析に関しては，Itoら（2008）が導入した友情主導型の使用と関心主導型の使用という，ヒューリスティックに基づいた二分法がある程度の有効性を示した。関心主導型の使用では，教育に関する画像，動画，テキストが大部分を占めており，友情主導型の使用では，人間関係の構築と維持のためのものが含まれている。

図17.7では，生徒のベンジャミンが障害者とスポーツに関する資料をGoogleで検

図17.7　ベンジャミンは携帯電話を使って調査を行う

図 17.8　マリアは自分の Tumblr のブログのための写真を選ぶ

索しているところである．Google は，フィンランドのパラリンピック槍投げ選手であるマルヤッタ・フォービネンに関する画像とテクストを提案している．教師はベンジャミンの隣に立ち，どこで関連資料を見つけるかについて彼と議論している．これは，数百の類似の状況の中の一例であり，教室内の典型的な関心主導型の携帯電話使用を例証するものである．

　文字通りの意味で，同じ教室で，別のインフォーマントであるマリアが，座ってTumblr の自分のブログに載せる写真をスクロールしながら選んで時間を過ごしている（**図 17.8**）。マリアの携帯画面に映っているものは，教室で行われている授業の内容とは一切関係がない．一方で，この関係の無関連性にはもう一つの側面がある．それは，マリアが構築し注意を払っている，またオンライン上の視聴者がリアルタイムでアクセスできるビジュアル世界と，教室での授業にほとんど関連性がないということである．

　ビデオに収められた学生が使用するビジュアルアプリケーションの中で，圧倒的に普及し，活発に利用されているのは Snapchat である．Snapchat は，ベーシックながら汎用性が高く，学校内外で他者とコミュニケーションをとるためのツールになっている．学校関連のウェブ検索で使用される公開写真や Tumblr で使用される公開写真と，Snapchat とには違いがある．Snapchat の写真は，ベンジャミン（**図 17.9** の左）が読んでいるメッセージに貼られた床の写真のように，送られてくる写真は生徒が撮影したもの

図 17.9　ベンジャミンは，Snapchat のメッセージを読む

である。さらに，このアプリケーションでは写真が表示される時間が限られている。通常の場合は 10 秒以下しか表示されない。これらの点から，Snapchat の写真は，より安定した視覚モダリティとはかなり違っていることを示している。それらが唯一安定するのは，実際にプロジェクトの記録データベースという媒体に収められたときである。そこでようやく，厳格な審査を受けることができる。

また，研究資料には，携帯電話を使った悪ふざけも多く含まれる。よく起こる携帯電話による悪ふざけとして，私たちは 2 つのタイプを発見した。1 つは，生徒が同級生の写真を撮って，それをその人の携帯電話に送るというパターンである。写真を送ったり受け取ったりする中で，その写真の中での行為に対して冗談を言い合うことがある。2 つ目は，一人の生徒が多少なりとも性的な内容を含む写真や動画を他の生徒に送り，その生徒が直接口頭で反応したり，電話で返事を送ったりするパターンである。

ビジュアルデータの分析，解釈と発信

分析

多くの研究では，分析と解釈に関する問題がかなり大まかな方法で議論されることが多い。同様に，ビジュアルメソッドに関する数多くの書籍で，ビジュアルデータの分析方法についての議論が含まれていたとしても，簡潔な説明しか行われていない（Banks, 2007; Emmison & Smith, 2007; Stancziak, 2007）。ビジュアルデータの分析は，複数テクストのテーマティック・アナリシス（polytextual thematic analysis; Gleeson, 2011）から内容分析（Ball & Smith, 1992）まで，さまざまな方法がある。13 年前に出版された『Handbook of Visual Analysis』（van Leeuwen & Jewitt, 2004）は，分析の種類についての概要をうまくまとめているが，ビジュアルデータを分析するさまざまな方法に関する最も詳細で興味深いガイドは，Gillian Rose の『Visual Methodologies』（2012）である。Rose は，記号論，精神分析，談話分析などのアプローチについて論じている。私たちは，アートベース・ビジュアル・リサーチ独自の分析が必要だとは考えていない。しかし，どのような分析を利用するかは，分析されるデータの種類や豊かさだけではなく，研究者自身の認識論的信念と学問的立場に大きく左右される。

質的な調査を行う研究者は，文字起こしされた大量のインタビューと観察記録の紙資料に慣れている。また，このような紙資料をビジュアルデータと組み合わせる場合，デジタルカメラの普及により，調査対象者が撮った数百枚，数千枚の写真を扱うことがよくある。もちろん，調査の参加者に，最も気に入っている，または最も重要だと考える写真を 10 枚か 20 枚選択してもらうことも可能である。一方，ビデオデータの分析にも時間がかかる。一般的に写真はインタビューや観察などのテキストデータと一緒に分析されることが多い。写真が撮影されたときの文脈や撮影者の意図を把握せずに，写真を分析・解釈することは非常に困難である。多くの場合，テーマティック・アナリシスかある種のディスコース分析が行われる。Holm ら（2015）は，中学 3 年生がスウェー

デン系フィンランド人のバイリンガル集団を全般的にどのように認識しているかや，スウェーデン系フィンランド人のバイリンガルであることは彼らにとって何を意味するかについて研究し，テーマティック・アナリシスを行った。43 人の生徒が撮影した使用可能な写真は 337 枚であり，加えて 62 回のインタビューが実施された。まず，写真だけでテーマティック・アナリシスが行われた。次の段階では，写真とインタビュー両方のテーマティック・アナリシスが行われた。その結果として，両方のデータセットに共通するテーマが見られたが，一部のテーマは片方のデータセットにおいてより強調されていた。著者らは，写真はすでに解釈であるので，生徒が自分たちの写真に対して行った分析は「写真の形で表現された生徒の解釈の解釈」(p. 758) であると指摘している。テーマが分析された結果，写真は以下の 2 つのタイプに分かれることが明らかになった。一つは，文字通りの表現で，もう一つはメタファー表現である。文字通りの表現では，学校，劇場，新聞，習慣や祝典などスウェーデン語圏の制度に焦点が当てられていた。メタファー表現は，文字が添えられていなければ解釈するのが非常に困難であっただろう。たとえば，鎖や魚網の写真は集団のつながりの強さを象徴していた。また，夕日は，太陽が沈むように自分たちの言語が消えてしまうという，少数派のスウェーデン語話者集団の悲しい未来を心配する生徒たちの姿を描くものであった。さらに，凍った窓は，スウェーデン語を話す人がたった一人になった場合，フィンランド語話者集団から疎外されることのメタファーであった。あるいは，高い樹の写真には，スウェーデン系フィンランド人は嵐の中に立つ木のようで，強風が吹くと折れてしまうという文章が添えられている。

　文字通りの写真とメタファーの写真を解釈する場合，またフォトエリシテーション・インタビューを解釈する場合，生徒と研究者のハビトゥス（習慣）の影響に注意する必要がある。調査対象となる生徒も研究者も同一のマイノリティ言語集団に属しているため，生徒は自分たちが写真について何を話しているのかや写真が何を意味しているのかを，研究者が理解できると考えている。異なる文化圏の言語集団から来た研究者であれば，皿に盛られたザリガニの写真の意図を自然と理解することができず，異なる解釈をすることもあって当然である。集団の外から来た研究者であれば，より多くの質問をしなければならない上，生徒たちも共通の理解，共通の経験，すなわち共通のハビトゥスがあるという想定はせずに，言葉で説明する必要性を感じるであろう。西海岸地方とオーランド諸島の生徒たちは，完全に共通のハビトゥスを想定していなかった。彼らは，自らの地域に特有だと思われるものを撮影するとき，撮影対象が地域特有のものであることをキャプションで指摘することが多い。共有されたハビトゥスは写真の解釈において有益だが，参加者がキャプションで写真を詳しく説明しなければ不利に働く可能性もある。

発信と表現

　多くのアートベース・ビジュアル・リサーチは，いまだに視覚的なものをテクストに変換するという従来の研究スタイルで発表されている。近年，『Visual Studies』や

『Visual Communication』などの写真を掲載するジャーナルがある上，電子ジャーナルである『Sociological Research Online』では，ビデオクリップや論文へのリンクが用意されている。オンラインジャーナルの増加により，写真を掲載するための費用も安くなっている。最近のビジュアルメソッドの書籍では，写真も見られるようになった（Mitchell, 2011; Rose, 2012 を参照）。興味深いのは，Rose の著書の第 3 版と第 4 版（2012, 2016）に，追加資料や，書籍内で論じられた方法を用いた研究例，ビジュアルデータの多様な発表方法についての情報を含むウェブサイトが掲載されていることである。写真やトランスクリプト〔文字起こしされたテクスト〕などを用いたインタラクティブなウェブサイトもあり，印刷されたナラティブだけの場合では得られない研究内容やその成果を読者に伝えることができる。

　さまざまな観衆や読み手にアプローチするために，研究者は数多くの革新的な方法を用いている。学術研究者向けのアートベース・ビジュアル・リサーチの発表における制限あるいは制約は，ほとんどの大学が査読付きジャーナルに投稿するようプレッシャーをかけていることに起因する。研究である以上，展示やウェブサイトといったアートに基づく方法だけでは学術研究者にとって十分ではなく，これらと論文の両方を行うか，論文だけで発表するかを選択することになる。DVD やビデオは，学会で研究成果として共有する際やウェブサイトに掲載する際には良い手段だが，通常の大学の評価においては科学的な成果として認められない。しかし，インタラクティブなウェブサイトは，研究テーマをさらに深く検討できるビデオクリップ，写真，素描や地図などのビジュアル表現を豊富に掲載できるため，アートベース・ビジュアル・リサーチの強力なツールとなりうる。また，このような手段は研究成果を魅力的に展示することを可能にしてくれる。

　フォトエッセイは，文章と写真を組み合わせたもので，研究成果を発表する興味深い方法である。フォトブログの形式よりも文章量が多く，主張もより明確である。そして，一般的な学術論文より写真を多く活用して，研究成果を発表することができる。つまり，フォトエッセイは，研究成果の発表と，アートに基づくアプローチにより近い発表方法の中間に位置づけられる。フォトエッセイは，視覚的ではない研究報告より，私たちの感情に訴えかける。フォトエッセイは，論文（Holm, 1997; *Sociological Research Online* at www.socresonline.org.uk/17/2/contents.html）または書籍の形式をとることができる。近年のフォトエッセイの書籍の一例に，数人の研究者が編集した『Street Ways: Chronicling the Homeless in Miami』（Provenzo et al., 2014）がある。このフォトエッセイの冒頭で，アメリカ，特にデイド郡におけるホームレスに関する背景が説明されている。ホームレスがおかれた文脈は，デイド郡のサービス提供者へのインタビューによってさらに詳しく説明されている。しかし，本書の肝は，研究者グループがインタビューした 28 人のホームレスの人々の物語である。写真はすべて一人の写真家が撮影したものである。多くのフォトエッセイ集のように，この本は事実を伝えるだけではなく，私たちの感情にも訴えかけてくる。それぞれの物語，そして特に写真が，ホームレスの状況やその 28 人の厳しい境遇を，読者である私たちにより具体的に伝えてくれるのである。

ビジュアル・アートベース・リサーチにおける倫理的問題

　質的な研究における倫理は非常に厳しいものだが，ビジュアル・リサーチの分野ではさらに厳しい。Wiles ら（2008; http://eprints.ncrm.ac.uk/421/1/methodsreviewpaperncrm-011.pdf）は，ビジュアル・リサーチにおける倫理の問題を深く考察している。さまざまな専門学会が独自の倫理ガイドラインを設けており，それぞれの郡ごとに，何が正しく何が間違っているかについての非公式または公式な規則がある。アメリカの施設内倫理審査委員会は，ビジュアル・リサーチに対して非常に疑い深いことで知られており，ビジュアル・リサーチの許可を得るのがかなり困難である。特に，研究対象が子ども・若者である場合，研究者が研究現場や参加者の写真を撮影する許可を得るのは困難である。参加者自身が写真やビデオなどを撮影する許可を得る方が比較的容易である。たとえば，フィンランドでは，写真撮影もビデオ撮影も非常に簡単に許可を得ることができる。当然ながら，許可を得やすい方法と得にくい方法があることは，研究のデザインと収集されたデータの形式に大きく影響を与える。たとえば，参加者が人の写真を撮るのを避けることが多いのは，写真を撮られた人から書面で許可を得る必要があるのを知っているからである。ヨーロッパにある数多くの大学には，学内倫理審査委員会が設置されているが，現時点では，写真やビデオを扱う研究に関して，アメリカの倫理審査委員会より制限が少ないようである。

　Mitchell（2011）は，一連の事例を通して，ビジュアル・リサーチのコミュニティまたは参加型研究における倫理的な課題について，わかりやすく論じている。彼女は，写真などのビジュアルデータを収集する際に，研究参加者に対して倫理に関する教育を行う重要性を強調している。その上，研究同意書に記載すべき内容について参考になる例をいくつか示している。さらに，記載されている内容が実際に何を意味するのかを参加者に理解してもらえず，同意書に署名するように参加者を説得するのが難しい場合がある。一つの解決策は，データ分析，プレゼンテーション，出版など，写真が使用される可能性のあるそれぞれの項目をリスト化し，撮影された人が同意する項目だけにチェックを入れてもらうことである。また，人によっては，特定の写真しか使用を許可しない場合もある。文化や状況によっては，たとえば，難民申請者のような社会的弱者は，どんな書類にも署名することを望まないかもしれない。アマゾン地域におけるバイリンガル・バイカルチュラル教師教育の研究（Veintie & Holm, 2010）では，地元の村議会との間で合意は得られたが，現地の慣習に従い文書への署名は行われなかった。撮影されたものに関する保護に関しては，顔だけでなく，識別可能な建物や特徴なども，たとえ背景に写っているだけでも問題になることもある。研究者としては，人物のいない写真も含めてどの写真が利用できるかを常に考えなければならない（Clark, 2008）。前述の少数派の言語話者に関する研究（Holm et al., 2015）においては，多数撮影された学校写真を一枚も載せられなかった。一方，小学生にとって「コミュニティ」とは何かを調査する研究では，学校で撮影された約半分の写真が，地元の人にとっては識別可能な教師と生徒の写真であった（Holm, 2014）。しかし，学校，教師と生徒の保護者たちが学校を識別

できる写真の利用に了承していたため，問題はなかった。顔をぼかすという方法もあるが，人物を客体化し，距離を置くことになる。Bagnoli（2008）によると，若者の参加者らは自分の写真をぼかされることを好まない。ぼかしをかけることは，写真自体を変え，写真の魅力を弱める。子どもや若者たちは，自分の写真に誇りを持っていることが多く，画像がぼかされたり，撮影者としての自分の名前が削除されたりすることを望まないことがある。難点は，自分の名前を出されたくない人が必ずいるので，その人を保護するために，参加者全員の名前と識別できる特徴をすべて消す必要があることである。そのため，子どもや若者は人以外のものを主に撮ったり，象徴的・メタファー的な写真を撮ることになることがある（Holm et al., 2015）。

Mitchell（2011）は，コミュニティの撮影をする子どもたちがデリケートな問題または違法行為を撮影した場合，彼らが危険な目に遭い，脅かされることもありうるとも述べた。また，大人も同様に危険な状況に陥る可能性がある。たとえば，質的ビジュアル・リサーチの授業で，ある学生（25歳の男性）がデトロイトのガソリンスタンドの売店で違法薬物が公然と売られている様子を撮影した。彼が撮影した理由は，違法薬物が他の商品と同じように公然と売られていることを誰も気にしていないことを示すためだったが，この行為が彼を危険な状況に追い込む可能性があるのは明らかである。このようなビデオ・写真は，研究者としての私たちの役割と介入義務について深刻な問題を提起する。イギリス社会学会・ビジュアル社会学研究会の倫理的行動に関する声明（http://eprints.ncrm.ac.uk/id/eprint/421）によれば，違法行為に関する情報はすべて報告すべきだということになっている。この例はまた，隠れて行うビジュアル・リサーチにおける問題を提起している。ドキュメンタリー・リサーチにおける写真やビデオの隠し撮りによって，時に他の方法では得られない貴重な情報を入手できることもあるが，基本的に，明示的な許諾を得ないリサーチは容認されていない。また，Wiles ら（2008）が倫理的問題に関するレビューで指摘したように，明らかに公共の場ではない場所にいる大人数の人々を写真やビデオで撮影する場合には，同意書を得る必要がない場合もある。

たとえば，児童虐待の場合，写真やインタビューによってそれが明らかになったとき，私たちは常に自分たちの研究上の利益よりも，子どもの最善の利益を優先させる法的・道徳的義務を負っている。また，私たち研究者は，困難または危険な状況でデータを収集してくれる大人や子どもを不当に利用しないように注意する必要がある。利用するのが難しい資料については，写真ではなく言葉で提示する方法もある。妊娠中や子育て中の若者のための学校に関する研究では，彼女たちが撮る写真に関して非常に厳しい制限を校長が定めたが，自分たちの困難な状況を文章で表現することについては許可された。また，子どもと若者が非常に困難な生活環境にいる場合（たとえば，ホームレスのシェルターで暮らしている場合），Jim Hubbard（http://shootingback.net）のエンパワメント・フォトグラフィーのようなアプローチを採用する以外に，彼らに自分たちの生活環境と生活状態を撮ってもらうことは非常に難しい。

ビジュアル・アートベース・リサーチでは，研究者が研究プロジェクト全体を通して倫理的な問題と同意について考慮する必要がある。特に，参加者が写真を撮ったり，ビデオ撮影をしたりする場合，研究中に新たな状況が発生し，倫理的な問題に関する判断

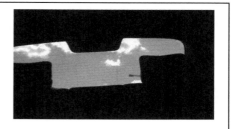

エメリー：もう撮らないで。
お母さん：これ以上撮られたくないの？
エメリー：撮られたくない。
父：ほっとけばいいよ。
母：しゃべらなくてもいいのよ。
父：いつものようにしてればいいんだよ。
エメリー：でもやることがないの。

図 17.10 エメリーは撮影に参加するようにプレッシャーをかけられる

が継続的に必要となることもある。子どもを対象とした研究では，子どもがビデオ撮影などに同意しても，いつでも参加をやめる権利があることを，子どもの周囲にいる大人にも伝えておくことが重要である。先ほどの事例のように，子どもに参加させようと誰もプレッシャーをかけてはいけない。エメリーは，「もう撮られたくない」とはっきり言い，カメラの撮影範囲に入らないようにしていた。しかし，両親から強く促され少しプレッシャーを受けた彼女は撮影を続けた（**図 17.10** 参照）。

　アーカイブを用いたビジュアル・リサーチ，家族写真アルバムのような既存の画像を使ったリサーチは，家族成員または遺産相続者の許可が必要な場合がある。しかし，通常は，社会科学や人文科学などの研究分野において，この種のイメージに関する倫理への判断は比較的に単純である。ただし，その写真の撮影者である家族だけではなく，その家族写真に写っている人たちの許可も必要な場合がある。

　写真やビデオは能動的に構築されたものである。人と場所，色彩や，撮影された年代や日付といった時間などは，メッセージの伝達に影響を与える。人々の民族性，性別と階級（Harper, 2004）は，研究者によってマイルドに示されたり，過度に強調されたりする可能性がある。同様に，撮影者である参加者は，体裁を取り繕うことで，自分自身を事実と異なる形で表現することができる（Holm, 1997）。また，研究者は，写真とビデオが，見る側の個人的な経験と状況に基づいて解釈されることを常に意識することが重要である（Pink, 2012）。そのため，誤った理解や解釈を招きやすい映像を制作することは，特に参加者個人またはその人が属する集団に悪影響を与える可能性がある場合には，避けなければならない。

まとめ

　アートベース・ビジュアル・リサーチは，社会科学の分野で徐々に普及しつつある。研究者が独自に，あるいは研究参加者と共同でビジュアルイメージを制作するものから，既存のアーカイブの図像や，ソーシャルメディア，大衆文化のイメージをデータとして利用するものまで，さまざまな方法で活用されている。アートベース・ビジュアル・リサーチを行う研究者は，ビジュアルイメージが言語データに別の側面を加え，より深い理解をもたらすと主張している。スチルカメラやビデオカメラの代わりに携帯電話が使われることが多くなり，新たな技術がこの分野を急速に変化させている。それによって，時に予想もしなかった意外なことが起こり，新たな倫理的問題を現場で解決しなければならないこともある。データ収集と分析プログラムも，絶え間ない技術の発展によって変わるために，研究者にも常に新しい発展に対応することが要求される。しかし，興味深いのは，ビジュアルデータの分析方法に関しては，それほどの発展が見られていないということである。依然として，ビジュアルイメージは，言語データの分析に使用されるのと同じ方法で分析されることが多い。ビジュアル・リサーチの分析と理論化におけるアートの影響力に関しては，これからさらに発展させていく必要がある。

　ソーシャルメディアは，ビジュアル・リサーチの分野で新たなデータや情報源となり，ビジュアル・リサーチに新たな可能性をもたらすだけではなく，新たな課題も提示する。分析対象となりうる写真とビデオクリップは数限りなく存在するが，文脈がつかめず，目的も不明確なものが多いため，従来の研究方法では分析するのが困難である。さらに，大量の画像を扱うことに加え，その使用可能期間が短い場合には，いっそう課題が増えることになる。

　これまでのところをまとめると，私たちは常にイメージに囲まれており，それによる社会の可視化が，アートベース・リサーチをますます重要なものにしている。大量のイメージと新しいテクノロジーは，アートベース・ビジュアル・リサーチの無限かつ興味深い未来の可能性を示唆している。

文献

Azzarito, L. (2012). Photography as a pedagogical tool for shedding light on "bodies-at-risk" in physical culture. *Visual Studies, 27*(3), 295–309.

Bagnoli, A. (2008). Anonymising visual data: Reflections on the Young Lives and Times Project. In R. Wiles, J. Prosser, A. Bagnoli, A. Calark, K. Davies, S. Holland, & E. Renold (Eds.), *Visual ethics: Ethical issues in visual research* (NCRM Working Paper). Leeds, UK: NCRM Real Life Methods Node, University of Leeds. Retrieved from http://eprints.ncrm.ac.uk/421/1/methodsreviewpaperncrm-011.pdf.

Ball, M. S., & Smith, G. W. H. (1992). *Analyzing visual data*. London: SAGE.

Banks, M. (2007). *Using visual data in qualitative research*. London: SAGE.

Barone, T., & Eisner, E. (2011). *Arts based research*. London: SAGE.

Boydell, K., Gladstone, B. M., Volpe, T., Allemang, B., & Stasiulis, E. (2012). The production and dissemination of knowledge: A scoping review of arts-based health research. *Forum: Qualitative Social Research, 13*(2). Retrieved from www.qualitative-research.net/index.php/fqs/article/view/1711.

Chappell, S. V., & Cahnmann-Taylor, M. (2013). No child left with crayons: The imperative of artsbased education and research with language "minority" and other minoritized communities. *Review of Research in Education, 37*, 243–268.

Chenail, R. J. (2008). "But is it research?": A review of Patricia Leavy's Method Meets Art: Arts-Based Research Practice. *Weekly Qualitative Report, 1*(2), 7–12.

Clark, A. (2008). *Reflecting on attempts to anonymise place*. Retrieved from http://eprints.ncrm.ac.uk/421/1/methodsreviewpaperncrm-011.pdf.

Cole, A. L., & Knowles, J. G. (2008) Arts-informed research. In J. G. Knowles & A. L. Cole (Eds.), *Handbook of the arts in qualitative research* (pp. 1–22). Los Angeles: SAGE.

Derry, S., Pea, R., Barron, B., Engle, R., Erickson, F., & Goldman, R. (2010). Conducting video research in the learning sciences: Guidance on selection, analysis, technology, and ethics. *Journal of the Learning Sciences, 19*(1), 3–53.

Desyllas, M. (2014). Using photovoice with sex workers: The power of art, agency and resistance. *Qualitative Social Work, 13*(4), 477–501.

Eisner, E. (2006). Does arts-based research have a future? *Studies in Art Education, 48*(1), 9–18.

Eisner, E. (2008). Art and knowledge. In G. J. Knowles & A. L. Cole (Eds.), *Handbook of the arts in the qualitative research* (pp. 3–15). Los Angeles: SAGE.

Emanuelsson, J., & Sahlström, F. (2008). The price of participation: Teacher control versus student participation in classroom interaction. *Scandinavian Journal of Educational Research, 52*(2), 205–223.

Emmison, M., & Smith, P. (2007). *Researching the visual*. London: SAGE.

Farber, P., & Holm, G. (1994). Adolescent freedom and the cinematic high school. In P. Farber, E. Provenzo, Jr., & G. Holm (Eds.), *Schooling in the light of popular culture* (pp. 21–39). Albany: State University of New York Press.

Farber, P., & Holm, G. (2004). Our best foot forward: Image management and self-presentation in university promotional films. In S. Edgerton, G. Holm, T. Daspit, & P. Farber, (Eds.), *Imagining higher education: The academy in popular culture* (pp. 164–184). New York: Routledge.

Finley, S. (2014). An introduction to critical arts-based research: Demonstrating methodologies and practices of a radical ethical aesthetic. *Cultural Studies ↔ Critical Methodologies, 14*(6), 531–532.

Gleeson, K. (2011). Polytextual thematic analysis for visual data—Pinning down the analytic. In P. Reavey (Ed.), *Visual methods in psychology* (pp. 314–329). New York: Taylor & Francis.

Gold, S. J. (2015). Panethnic mobilisation among Arab Americans in Detroit during the post-9/11 era: A photo-elicitation study. *Visual Studies, 30*(3), 228–243.

Grisoni, L., & Collins, B. (2012). Sense making through poem houses: An arts-based approach to understanding leadership. *Visual Studies, 27*(1), 35–47.

Grosvenor, I., & Hall, A. (2012). Back to school from a holiday in the slums!: Images, words and inequalities. *Critical Social Policy, 32*(1), 11–30.

Guruge, S., Hynie, M., Shakya, Y., Akbari, A., Htoo, S., & Abiyo, S. (2015). Refugee youth and migration: Using arts-informed research to understand changes in their roles and responsibilities. *Forum: Qualitative Social Research, 16*(3). Retrieved from www.qualitative-research.net/index.php/fqs/article/view/2278/3861.

Haaken, J. K., & O'Neill, M. (2014). Moving images: Psychoanalytically informed visual methods in documenting the lives of women migrants and asylum seekers. *Journal of Health Psychology, 19*(1), 79–89.

Harper, D. (2004). Wednesday-night bowling: Reflections on cultures of a rural working class. In C. Knowles & P. Sweetman (Eds.), *Picturing the social landscape: Visual methods and the sociological imagination* (pp. 93–114). London: Routledge.

Hickman, R. (2007). Visual art as a vehicle for educational research. *International Journal of Art and Design Education, 26*(3), 314–324.

Holm, G. (1994). Learning in style: The portrayal of schooling in Seventeen magazine. In P. Farber, E. Provenzo, Jr., & G. Holm (Eds.), *Schooling in the light of popular culture* (pp. 59–79). Albany: State University of New York Press.

Holm, G. (1997). Teenage motherhood: Public posing and private thoughts. In J. Jipson & N. Paley (Eds.), *Daredevil research* (pp. 61–81). New York: Peter Lang.

Holm, G. (2008a). Photography as a performance [34 paragraphs]. *Forum Qualitative Sozialforschung/Forum: Qualitative Social Research, 9*(2), Article 38. Retrieved from http://nbn-resolving.de/urn:nbn:de:0114-fqs0802380.

Holm, G. (2008b). Visual research methods: Where are we and where are we going? In S. N. Hesse-Biber & P. Leavy (Eds.), *Handbook of emergent methods* (pp. 325–341). New York: Guilford Press.

Holm, G. (2014). Photography as a research method. In P. Leavy (Ed.), *The Oxford handbook of qualitative research* (pp. 380–402). Oxford, UK: Oxford University Press.

Holm, G., Londen, M., & Mansikka, J.-E. (2015). Interpreting visual (and verbal) data: Teenagers' views on belonging to a language minority group. In M. Griffiths, D. Bridges, & P. Smeyers (Eds.), *International handbook of interpretation in educational research methods* (pp. 753–782). Dordrecht, The Netherlands: Springer Science.

Huss, E. (2012). What we see and what we say: Combining visual and verbal information within social work research. *British Journal of Social Work, 42*(8), 1440–1459.

Ito, M., Horst, H., Bittanti, M., boyd, d., Herr-Stephenson, B., Lange, P. G., et al. (2008). *Living and learning with new media: Summary of findings from the Digital Youth Project.* Chicago: The MacArthur Foundation.

Jenkins, H., Ito, M., & boyd, d. (2015). *Participatory culture in a networked era: A conversation on youth, learning, commerce, and politics.* Cambridge, UK: Polity Press.

Jipson, J., & Paley, N. (Eds.). (1997). *Daredevil research: Re-creating analytical practice.* New York: Peter Lang.

Leavy, P. (2008). *Method meets art: Arts-based research practice.* New York: Guilford Press.

Lee, Y.-A. (2010). Learning in the contingency of talk-in-interaction. *Text and Talk, 30*(4), 403–422.

Lindwall, O., & Ekström, A. (2012). Instruction-in-interaction: The teaching and learning of a manual skill. *Human Studies, 35,* 27–49.

Lymer, G. (2010). The work of critique in architectural education. Unpublished doctoral dissertation, University of Gothenburg, Gothenburg, Sweden.

McEwen, R., Zbitnew, A., & Chatsick, J. (2016). Through the lens of a tetrad: Visual storytelling on tablets. *Educational Technology and Society, 19*(1), 100–112.

McGarry, O. (2016). Repositioning the research encounter: Exploring power dynamics and positionality in youth research. *International Journal of Social Research Methodology, 19*(3), 339–316.

Mead, M., & Bates, G. (1942). *Balinese character: A photographic analysis.* New York: New York Academy of Sciences.

Mehan, H. (1979). *Learning lessons: Social organization in the classroom.* Cambridge, MA: Harvard University Press.

Melander, H. (2012). Transformations of knowledge within a peer group. Knowing and learning in interaction. *Learning, Culture and Social Interaction, 1,* 232–248.

Mitchell, C. (2011). *Doing visual research.* London: SAGE.

Moxley, D. P., & Calligan, H. F. (2015). Positioning the arts for intervention design research in the human services. *Evaluation and Program Planning, 53,* 34–43.

O'Donoghue, D. (2011). Doing and disseminating visual research: Visual arts-based approaches. In E. Margolis & L. Pauwels (Eds.), *The SAGE handbook visual research methods* (pp. 639–652). Thousand Oaks, CA: SAGE.

Pink, S. (2012). *Advances in visual methodology*. London: SAGE.

Pink, S. (2014). *Doing visual ethnography* (3rd ed.). London: SAGE.

Provenzo, E., & Beonde, A. (1994). Educational cartoons as popular culture: The case of the Kappan. In P. Farber, E. Provenzo, Jr., & G. Holm (Eds.), *Schooling in the light of popular culture* (pp. 231–246). Albany: State University of New York Press.

Provenzo, E. F., Bengochea, A., Doorn, K., Ameen, E., Pontier, R. W., & Sembiante, S. F. (2014). *Street ways: Chronicling the homeless in Miami*. Charlotte, NC: Information Age.

Rolling, J. H. (2010). A paradigm analysis of arts-based research and implications for education. *Studies in Art Education, 51*(2), 102–144.

Rose, G. (2012). *Visual methodologies: An introduction to researching with visual materials* (3rd ed.). London: SAGE.

Rose, G. (2014). On the relation between "visual research methods" and contemporary visual culture. *Sociological Review, 62*, 24–46.

Rose, G. (2016). *Visual methodologies: An introduction to researching with visual materials* (4th ed.). London: SAGE.

Rusk, F., Pörn, M., Sahlström, F., & Slotte-Lüttge, A. (2014). Perspectives on using video recordings in conversation analytical studies on learning in interaction. *International Journal of Research and Method in Education, 38*(1), 39–55.

Sahlström, F. (1999). *Up the hill backwards: On interactional constraints and affordances for equity-constitution in the classrooms of the Swedish comprehensive school*. Upsala, Sweden: Academia Upsaliensis.

Sahlström, F. (2011). Learning as social action. In J. K. Hall, J. Hellermann, & S. Pekarek Doehler (Eds.), *L2 interactional competence and development* (pp. 43–62). Bristol, UK: Multilingual Matters.

Stanczak, G. C. (2007). *Visual research methods: Image, society, and representation*. London: SAGE.

van Leeuwen, T., & Jewitt, C. (2004). *The handbook of visual analysis*. London: SAGE.

Varis, P. (2016). Digital ethnography. In A. Georgakopoulou & T. Spilioti (Eds.), *The Routledge handbook of language and digital communication* (pp. 55–68). London: Routledge.

Veintie, T., & Holm, G. (2010). Knowledge and learning visually portrayed by amazonian indigenous teacher education students. *Ethnography and Education, 5*(3), 325–343.

Weber, S. (2008). Visual images in research. In G. J. Knowles & A. L. Cole (Eds.), *Handbook of the arts in the qualitative research* (pp. 42–55). Los Angeles: SAGE.

Wiles, R., Prosser, J., Bagnoli, A., Calark, A., Davies, K., Holland, S., et al. (2008). *Visual ethics: Ethical issues in visual research*. Retrieved from http://eprints.ncrm.ac.uk/id/eprint/421.

Wootton, A. (1997). *Interaction and the development of mind*. Cambridge, UK: Cambridge University Press.

Young, R. F., & Miller, E. R. (2004). Learning as changing participation: Discourse roles in ESL writing conferences. *Modern Language Journal, 88*(4), 519–535.

第18章

ドローイングと絵画リサーチ

●バーバラ・J・フィッシュ（Barbara J. Fish）

訳：富田俊明

　ドローイングと絵画をつうじて探求される専門家の経験は，いかにして社会的リサーチに活気を与えるだろうか。私は，その仕事を包含し，探求し，伝達するために，アートセラピーで使われるイメージづくりの実践であるレスポンス・アート（response art）を制作している（Fish, 2012）。私は臨床実践を研究するためにドローイングし絵画を描き，それらの作品から，理解を深めたり内省したりするための素材を得ている。こうした制作は確かな臨床実践を支え，私のアクティビズムのための動機と手段として役立っている。

　　　遥か彼方の土地を旅する探検家のように，多くのアーティストはマイノリティの
　　　住民の声に接近し，目撃し，要約する。彼らは個人的で文化的なメッセージを主
　　　流派のいる中心地に持ち帰り，我々の集団的な利益のために役立てる。したがって，
　　　熟練した芸術的探究は社会的リサーチの重要な形態ということになる。（Franklin,
　　　2013, p. 91）

　私のリサーチは，アーティスト，セラピスト，臨床医療のスーパーバイザー，教育者，アクティビストの物語であり，ドローイングと絵画リサーチを意図的に使用することがいかに私の仕事を導き，継続して活気を与えるかについての物語である。「応用芸術の専門家が問題を解決し経験を理解するために芸術的知性を使用することは，完全に道理にかなっており，無限の可能性を示唆する」（McNiff, 2013, p. 4）。私は，自分の方法論としてレスポンス・アートを制作し探究し，エスノグラフィックで発見的で現象学的な探究に従事するためにドローイングと絵画を制作する（Fish, 2006）。

　マクニフ（McNiff, 1998）は簡潔に，アートに基づく研究（アートベース・リサーチ：ABR）は「探究の目標かつ方法としてのアート」（p. 15）を使用することであると述べている。私はアートセラピストとして，クライエントの物語を目撃する。彼らの経験を聞く過程で，私は，クライエントの語る複雑な情報から意味を見出さなければならない。

私は，共感の効用を見出すことで，共感を扱うことを学んだ。クライエントが癒やされるのを援助するセラピストとしての役割を超えて，私はセッションの中で聞き取ったことを理解する。クライエントのあがきを目撃し，社会的かつシステム的な要因が彼らの苦悩に与える影響を理解すると，私の中のアクティビストの心が奮い起こされる。私の臨床実践を方向づけるこの研究は，長期入所施設や病院のクライエントとの自分の関係性について理解を深めたいという私の希望に刺激されている。これらのドローイングと絵画に導かれて，私はリサーチにおいてレスポンス・アートを使用するようになった。

　私は主としてマイノリティの子どもたちを相手に仕事をしている。そのほとんどが州の保護下にある子どもたちである。このことは私に，メンタルヘルスサービスを受けながら，社会正義の議論の中で過小評価されてきた人々と時間を過ごし，関係性を構築する機会を与えてくれた。彼らについて私がつくり出したイメージは，探究の方法と仕事から得られる情報の説得力のある統合をもたらしてくれた。

　この探究はドローイングと絵画によってなされ，それは社会的リサーチである。私の仕事を理解し，クライエントである子どもを擁護するつもりで，私がつくるイメージに細心の注意を払ってみると，この方法が実用的であることへの感謝の念が増した。「アートはプロセスを批判的に前進させることであり，それは直線的ではなく，不完全で二元的なワーキングメソッドである」（Franklin, 2013, p. 92）。私の芸術作品は次第に声高になり，芸術作品によってクライエントを援助するよう私に厳しく要求するようになっている。

　この章を書いていて，真っ先に思い浮かぶのは《彼らは待つ（They Wait）》（図 18.1）と題した絵である。この絵は何年も前に描いたものだが，これを描いた当時，私は，私

　図 18.1　《彼らは待つ（They Wait）》

第 18 章　ドローイングと絵画リサーチ　｜　389

が関わっていた子どもたちに対して感じた責任をどう表すかに苦心していた。この絵は自画像で，私を信頼して自らの物語を私に預けているクライエントが私を囲んでいる様子を表している。絵の中で彼らは，私が彼らの心配事を，彼らの力の及ぶ範囲を超えて世界に届けるのを待っている。治療の間，私は彼らの意思表明支援者（アドボケイト）として，彼らの要求を彼らの家族や，スタッフや，治療チームに伝えるとともに，彼らの家族内や里親家庭や彼らを処遇する支援機関で起きた虐待やネグレクトの事件を報告していた。私の義務は，子どもたちとの仕事の時間だけにとどまらない。彼らと向き合うことで，私は彼らの困難が何に由来するかを理解した。それは，個人的・家族的・文化的文脈や，資源の限界や機能不全に陥っているケア組織と複雑に絡み合った，社会経済的なストレスに根ざしていた。私は，クライエントと私自身の相互作用を理解するためにイメージを描き出し，それを仕事の際のスーパービジョンに持ち込んだ（Fish, 1989）。私は，関係性の機微を紐解くために，これらのイメージを使いつづけたのである。

　私は目撃したことを研究するためにドローイングと絵画を制作している。それは，重要な資料であり，セラピストとして，そしてセラピーのスーパーバイザーとしての私の実践を支えるものである（Fish, 2016）。私がレスポンス・アートを制作するのは，動揺するような経験をしたときや，それをもっと十分に理解したいときや，やりとりの中で理解できないことがあったりしたときである。これらの作品を私は，仕事上の目的を明確にするために，また対人関係を理解するために制作する。レスポンス・アートは，私がスーパーバイズする人々に，治療チーム会議や運営会議，また機関外フォーラムでの支援活動で情報を伝えるときに役に立つ。

　「観察記録に使われる基本的な規準が，研究下にある状況に読者がどこまで入り込めるかの範囲を決める」（Patton, 2002, p. 23）。十分に細心の注意を払って経験や相互作用に関するアートを制作するためには，言葉以上のことを聞く必要がある。これらのドローイングと絵画は，対人関係の機微に強く注目することからインスピレーションを受けて制作されている。言葉の内容に加えて，私はクライエントの語調，情動，エネルギー，そして物語が語られた環境に注意して聞く。そして，クライエントの人種，階級，ジェンダー，年齢，宗教，セクシュアリティ，さらに，彼／彼女の身体的・感情的・知的な能力についてよく検討する。また私自身のそうした要素についても熟考する。私自身が持つ力と特権が与える影響を自覚しつづけるようにする。これは，州の保護下に置かれ，健康管理システムによって治療されているマイノリティの子どもたちと仕事をするときにはきわめて重要である。セッションにおける課題を研究するためのイメージに加えて，喧嘩，あるいはクライエントとスタッフの激しいやりとり，あるいは抑制された患者のもがくような事象に対して，距離をとって探求するために，私はレスポンス・アートを制作する。私は，システム上の課題に対する自分の反応を探求し，それらに効果的に応答するために，スタッフと管理者側に生じる相互作用についてもアートを制作する。

　クライエントとの仕事においては，守秘義務を守ることがいつも課題となる。私のドローイングと絵は，見てそれとわかる類似性があるわけではなく，より深い理解にたどり着くためのメタファーによる考察である。クライエントとの仕事の間，イメージは理解を促し効果的な実践を援助してくれる。クライエントとの仕事が終わっても，私はそ

の余韻に浸り，意味を探る。芸術作品が表現している問題は，個人的な事情を超えている。放棄，危険，虐待，絶望などの感情は，繰り返し現れるテーマである。クライエントの経験は個人史に根ざし，文化的背景や社会経済的課題と絡まり合い，若者を対象とした里親制度やメンタルヘルスシステムに内在するシステム上の課題と複合している。

> 自身の経験と参加者の経験にある暗黙の次元を探ろうとする研究者にとって，視覚的イメージの制作は，経験に埋め込まれた意味を表出させ，変容させるユニークな方法を提供する。研究者はアイデアや直感や感情を形にする新しい方法を学ぶ。この過程で研究者は，問題の核心に迫り，理性的な思考のみでは不可能な洞察を得る。（Leavy, 2009, p. 250）

私が目撃したことについてドローイングし，絵画を描き，レスポンス・アート制作により研究するプロセスが，私の研究である。イメージは研究の媒体であり，同時にその統合でもある。私が学んだことを発表したり書いたりするときに，それは，教師でありスーパーバイザーである私を活気づけてくれる。レスポンス・アートは，私の洞察を人と共有するプラットフォームであり，批判的な気づきや知見に基づく治療を引き出し，子ども福祉改革を援助する創造的解決へのサポートを導き出すために役立っている（Fish, 2006, 2010, 2012, 2013, 2016）。

今日の社会科学においては，方法論的に絶対的な確実性を保証する神の目は存在しない。すべての探究は探究者の立ち位置を反映する。すべての観察は理論に裏打ちされたものである。理論や価値観から自由な知識はありえない。ナイーブな実証主義の日々は終わった。研究の評価規準はいまや相対的なものとなったのである（Denzin, 2010, p. 24）。

経験主義的な調査の場と，深い理解につながる暗黙知や直感的な探究の場は存在する。Moustakas（1990）は，発見的探究における直感の役割について次のように述べている。

> 直感的過程においては，人は手がかりに導かれる。パターンや根本的な状態が感じられ，それが想像を可能にし，次にリアリティ，心境，体調を特徴づける。直感の中で，私たちは何かに気づき，観察し，手がかりから手がかりへと真実の推測に至るまで見直す。（p. 23）

私は人生の初期に，物事を理解するための主要な方法としてドローイングと絵を学んだ。子どもの頃，アーティストの母のそばで私も描いて，つながり，研究し，コミュニケーションを図るための道具としてのイメージに携わった。イメージを表現するために必要な観察の質を学び，描いたものへの理解がそのプロセスからどのように深まるかを学んだ。直感と想像に任せて新しい方向へ進むうちに，感情をなだめたりそれに挑んだりする素材の性質に慣れ親しんだ。また，素材というものが私の集中的な注意を維持する力を持つことを知った。

大学では，私は何ヵ月もの間，一つの植物を描いた。その植物の輪郭をさまざまな素材で描き，その形態をさまざまな視点で探求した。さまざまなパースペクティブでもの

を見て理解するということを学んだ。私は形態というものを文脈の中に埋め込まれたものとして表現し，環境の重要性および形態を囲む虚の空間〔地と図の関係における地の部分のこと〕の価値を知るようになった。私は自分のテーマを理解するために，あらゆる資源を使った。注意深く計測し，描出し，時間をかけてゆっくりと注意深くイメージを構築した。私は白と黒によるジェスチャー的な素早い素描も行った。また，作品の表現にいかに色彩がインパクトを与えるかを探求した。形態にボリュームをもたらすために光と影を利用することを考察し，同様に光と影を利用して，物体を画面の中で平面化することも考察した。

　治療上の関係性についても，上述したようなこれまでの制作上の経験と同様の見方でもって見ている。私は，他者との共同作業を探求するためにあらゆる道具を利用し，持てるものすべてを用いて対人関係の理解を深め，それらを文化的・システム上の文脈において概念化する。よりよい理解のために，多様なパースペクティブとメディアを援用する。「もし私たちが実際に語れるよりも多くのことを知っているとしたら，メッセージを伝えられるどんなものでも利用して語ろうとするべきである」(Eisner, 2008 p. 9)。アートを制作することで，私は調査している内容を手がけることができている。また，アートを制作することで，私は形づくり，挑戦し，再形成し，そのことによって意味を見出すことができる。

　大学院でアートセラピーのトレーニングを受けて以来，私は専門家としてのキャリアをとおして，治療的関係性におけるイメージ制作の価値を学んできた。それは，対人関係の理解と癒やしを支えてくれる。私は，自分の仕事を内省するために，セッション外でドローイングと絵を描くことを始めた。それは，微妙で捉えどころのない素材を把握する助けとなっている。私は仕事上の対人関係を物理的に扱い制作することで，それを意識的に理解するに至っている。制作に利用するさまざまなメディアの感覚上の質〔鉛筆やパステルや水彩絵の具といった画材の質のことだと思われる〕が，私の注意を地に足のついたものにしてくれるのである。それは，微妙な素材と言葉にならない理解に私をひらいてくれる。イメージによって印象をメタファーに変容させることは，意味を探求し，経験の理解を他者に伝達することを助けてくれる。

　　　アートは，調査と伝達の道具の幅広いパレットを質的研究者に提供する。この道
　　　具を用いて，質的研究者はさまざまな社会的意味を集め伝達するのである。さらに，
　　　アーティストのパレットは，質的研究の展望を拡大する道具を提供する。(Leavy,
　　　2009, pp. 11-12)

　セラピストとしての私の仕事を解明するために自分のイメージに向き合うことは，ごく自然なことだった。なぜなら，それが私が慣れ親しんだやり方だからである。この強烈で多面的な熟考は，独我論的なものではなく，むしろ臨床の仕事に対する価値あるガイドである。セラピーを提供する者は，逆転移という現象をよく知っているであろう。この関係性のダイナミズムは，セラピストのクライエントに対する個人的な感応に根ざしている (Fish, 1989)。逆転移を研究し理解することは，治療的関係性を明瞭にするこ

とであり，セラピストが真正面から関わる道をひらく。私はこの仕事にドローイングと絵を使うため，そこには個人的な内省に基づくデータが蓄積される。それは，しばしばさらなる探究を必要とする。関係が終わってもイメージは生きつづけ，考察を前進させ深めるためのスペースを保ちつづける。

多くのアートセラピストが自分の仕事を熟考するためにレスポンス・アートを制作している（Allen, 1995; Franklin, 2010; Jones, 1983; McNiff, 1989; Moon, 1997）。私が博士課程において研究を始めたとき，アートセラピーにおけるこのようなイメージの扱い方はまだ徹底的に研究されていなかった。そんなわけで私は，治療を理解し活気づけるものとしてのレスポンス・アート制作を，博士論文の焦点とすることに決めた。しかし，このような意図を持って研究と向き合ったとき，私は急に立ち止まることになった。私はアートセラピーにおけるレスポンス・アートの使用について理解したかったが，私が気に入り信頼した実践を還元的で経験主義的なレンズで見ることに嫌悪感を覚えたのである。研究方法は異質なものに感じられ，私が経験してきたレスポンス・アートの情熱と魔法が失われると感じた。私は博士課程での研究に没頭していたが，研究方法が冷たく異質なものに見えはじめた。

そこで私は自分の作品に向き直り，理解しようとした。この結果，11点の絵画シリーズが生まれ，研究の道具を熟知する助けとなった。イメージによるこの仕事は，方法論および探究過程そのものを検証するのに役立った。絵画を制作し探求することで，私はアート制作とは探究であり，また研究とは創造的な活動であると理解するようになった（Fish, 2013）。

絵を描き，イメージと密接に関わりながら研究することで，私は以前は冷たい道具だとみなしたものを温かいものに変え，独自の研究方法へとつくり上げることができた。すなわちイメージに基づくナラティブ探究（Fish, 2006）である。レスポンス・アートの使い方を包括的に理解するために，私はイメージそのものを探究の中心に位置づけた。この研究方法により，ドローイングと絵は，研究の対象として特別な重要性を帯びることとなった。

私は，何が作品のインスピレーションとなり，どんな制作過程を経て，誰に見せられ，どのように使われるかを説明する，イメージのライフストーリーというコンセプトを発展させた。

> 作品制作をするアートセラピストは，子どもに同伴して状況説明をする親のように，インタビューに参加することになる。しかしながら，クライエントは子どもであるから，子どもに直接インタビューすることが重要であるのと同様に，この研究方法においては，イメージがインタビューの対象になる。（Fish, 2006, pp. 93-94）

まず自分の作品の中から，思いつくままに作品を思い浮かべ，それらを熟考するという帰納的方法によって，インタビューすべき作品を選んだ。私は私自身のイメージにインタビューすることから始め，自分の実践の範囲を使い尽くすまで続けた。それから，私は他のアートセラピストが制作した芸術作品についてインタビューした。レスポン

ス・アートの用途を探究し尽くしたと感じるまでインタビューを続けた。私の作品15点と，他の3人のアートセラピストの作品6点の合計21作品を私は研究した。

アーティストはそのイメージのライフストーリーを知るイメージの歴史家だと考え，私はそれぞれのアーティストへインタビューを始めた。そして，ウィットネス・ライティング（witness writing; Allen, 1995, 2007），アクティブ・イマジネーション（active imagination; Jung, 1965）をとおして個々の作品と交流した。ナラティブ認識論（Clandinin & Connely, 2000; Coles, 1989）を用い，非構造化インタビューをとおしてイメージをそのイメージのライフストーリーに関連づけた。

このプロセスの一環として，私はイメージを自分の前に置き，受容的であることを心がけながら静かに座り，イメージが知識を伝えてくるのを待った。私は作品に，想像上の対話（McNiff, 1989）の中で交流してくれるよう尋ね，検閲なしにやりとりを書き取った。次に，私はその写しを声に出して読み，それを録音した。その後の展開は作品によってさまざまだった。私は，展開するプロセスに対してオープンさを保ち，インタビュー中に浮かんだ暗示と方向の指示についていった。これは，さらなるイメージ制作や創造的仕事につながっていった。いくつかの作品は，さらなる他のイメージをつくるよう私を促した。いくつかの作品は，テクストを読むように私を促した。最後に，顕著なテーマを浮かび上がらせるべく，私はパターン分析をとおしてインタビューを評価した。この探究は，アートセラピーに使用されるレスポンス・アートの概念化につながった。すなわちそれは，臨床的な仕事を包含し，探求し，表現するものである。

この探究の間，過去に制作したドローイングと絵についてインタビューし，理解を深めるためにさらに多くのドローイングと絵を描いた。絵画をとおしてクライエントとの仕事に立ち戻るうちに，私は彼らとの相互作用を解き明かすようになった。これは直線的な過程ではなく，関係性を洞察する創造的な展開であり，より深い普遍的な情報を提供するものであった。私はイメージがもたらすものに対してひらかれた，無検閲の方法で取り組んだのである。

　　　　イメージが何を意味するかを，認知的方法によって全く知らなくともよい。あなたは驚きに満ちた発見をするだろう。そのうちのいくつかは愉快なものであり，中には不穏なものもあるだろう。あるイメージについて完全な結論に至ることは，そのイメージから道案内する力を奪い去ることになる。（Allen, 1995, p. 59）

レスポンス・アートによって研究を始めたとき，過去に制作した治療的関係性についてのイメージを調査した。私はその探究に没頭している間，最近の経験を熟考するためにイメージ制作をすることにより，研究のための新しいインスピレーションの源を発見した。

ある暑い夏の夕暮れ，シカゴ中心街のビルの背後では空がまだ明るく輝いていた。私は，クライエントとの仕事についての学生セラピストの話を聞いたあと，帰宅する道すがら，公園のなだらかな丘の上を歩いていた。臨床についての議論が頭の中にまだ残響しており，私の想像力は，次に起こるものに対して大きくひらかれたままだった。歩い

ていくと，暮れはじめた夕空をバックに一人の男が横を向いて，微動だにせず立っているのが見えた。彼は立っている影のようで，全く動かなかったので，私はそばを通りかかるまでその存在に気づかないほどだった。

　私は，丘の上の男の硬直した存在感に衝撃を受けた。私を最も強く打ったのは，彼の姿勢だった。彼の胴体は，背中の上のあたりで直角に曲がっていた。私は，まるで生々しい傷を見るように，彼の姿に強い反応を覚えた。私は，彼はホームレスなのだろうかと思い，痛みを抱えているのか病気なのかと訝しがり，しかし無言で彼の横を通り過ぎた。私は，彼に気づかなかったふりをし，彼に気まずい思いをさせないようにと自分自身に言い聞かせたのを覚えている。

　翌日私は，前の晩に見たものへの強烈な反応を理解するために，《丘の上の男（The Man on the Hill）》（図18.2）を描いた。あの男のイメージがすぐに浮かんだ。ドローイングを描いた後，なにがしかの安堵を感じたものの，私はいまだにそのイメージと強くつながりつづけているように感じた。私はドローイングを脇へやらずに，それと関わりつづけることにした。私は，このイメージに共鳴することには正当な理由があることに気づいた。私は長年のレスポンス・アート制作の経験から，このようなエネルギーを持つイメージは，意図を持って探求すれば，価値ある洞察を導くことを学んでいた。この作品を見ているうちに，丘の上の男のイメージは，私の研究を深め，レスポンス・アートの使用についての知識をもたらす窓であることを理解しはじめた。

　私は，ウィットネス・ライティングとアクティブ・イマジネーションをとおして，さらなる情報をこのドローイングに求めた。私は，イメージが送ってくるメッセージに対

図 18.2　《丘の上の男（The Man on the Hill）》

して受容的になることを意識して，居間でドローイングと対角になるようにゆったり腰掛け，一連のプロセスを始めた。そして，想像上の対話が起こるままに，それを記録した。これは，ドローイングの各部分と私との会話という形をとった。

交流の間，ドローイングに描かれた男は，自分は暗闇からやって来た者であり，私が抵抗したり押しやったりしたものを表しているのだと私に語った。彼は続けて，自分は孤立していること，痛みがとても深く，世界の中心核に達していることを話した。彼は，世界の集合的な痛みを自分と一緒に感じるように私に迫った。そして「私が立っている丘は私たち全員のもの……私と共に立ち，あなたも分担する気があるか？」と言った（Fish, 2006, p. 181）。

ドローイングとの会話を終えた後，私は丘の上の男の背中の湾曲について考えた。これは私に，Peter Birkhäuser（1980）の作品《登ってくる（Coming Up）》（図18.3）に描かれた男の曲がった背中を思い出させた。[*訳注1]

Birkhäuserはスイスのアーティストで，その作品はユング派の分析を受けている期間に見た夢にインスパイアされて描かれた。絵には横から見た孤独な人物像が描かれ，時が止まったように見える。Marie-Louise von Franz（マリー＝ルイーズ・フォン・フランツ）〔ユング派の心理学者〕は，Birkhäuserの作品を，梯子を上る背骨の曲がった（hunchback）男で，下水溝からランタンを運び上げ，無意識から啓示をもたらしていると説明している。「背骨の曲がった，惨めな，最も醜い男（Nietzsche）が下水溝から登ってくる。彼の顔は，私たちが私たち自身の無意識的な魂を拒否したために，これまでに一度も愛されたことのない悲しさを反映している」（Birkhäuser, 1980, p. 36）。Wertenschlag-Birkhäuserは，同じ作品について次のように述べている。「この体の不自由な少年は，ゆがめられた不幸な無産階級の少年として，見捨てられるということが人の形で表されたものであ

図 **18.3** Peter Birkhäuser《登ってくる（Coming Up）》（制作年不詳）
www.birkhaeuser-oeri.ch/ より転載

り，人をして哀れみと畏怖を抱かせる」(2009, p. 185)。私が丘の上で見た男，そして彼への反応として描いたドローイングは，Birkhäuserの作品に描かれた背骨の曲がった男に関する私の記憶と響き合った。私の作品もBirkhäuserの作品と同様に解きがたい性質を持っている。

　それから数日後，マッサージを受けているとき，私は右肩甲骨の奥でエネルギーが爆発するのを感じた。私は，Birkhäuserの絵に描かれた背骨の曲がった男のことを思い，この男が無意識から啓示をもたらすこと，私が見た丘の上の男のことを思い出した。このドローイングのイメージとの会話について熟考しているとき，私は，真実を受け入れる目で自分自身をはっきりと見つめるつもりで，絵を描く準備ができたと感じた。私は私自身のゆがみを見ようと決心し，自分の芸術作品によって私の研究がより深い理解に導かれるようにした。

　私は，《背骨の曲がった私（The Hunchbacked Me）》（図18.4）を描いた。これはBirkhäuserの絵の背骨の曲がった男を自分に置き換えた自画像である。しかし，私の絵では，無意識から戻ってくるのではなく，無意識へと降りていくところを描いている。この絵を描き上げたときに，ウィットネス・ライティングによってこの絵と関わったところ，この絵は警告を与えてきた。背骨の曲がった私は，私が体験したすべてのことを抱え込まないよう戒めてきたのである。目撃したすべてのことを抱え込み，それを表現する方法が見つからないために，彼女は経験した要素の上に自分自身を石灰化させ，その結果，ゆがんだ姿になったのだと彼女は言った。彼女自身を訓戒的な例として，「私は見たことのすべてを抱え込み，さらにもっと得ようと戻ってしまう。私の仕事には何の喜びもない。私は暗闇を見つめ，それがもたらすものを握りしめるのだ」と彼女は言った（Fish, 2006, p. 183）。

図18.4　《背骨の曲がった私（The Hunchbacked Me）》

私は注意を絵の中のランタンに向けた。するとそれは，「目撃することは重要だ。そしてそれをどう使うかを学ぶことも重要だ。あなたは目撃したことをどう使うのか。何もしないのか，行動するのか」と言った（Fish, 2006, p. 183）。このランタンを見て，私は，アートセラピーの研修生たちと一緒に，私がスーパーバイザーを務めている現場を訪問したときのことを思い出した。その前の週，私はホームレスの女性たちのためのシェルターを訪れ，ある女性が，自分の持ち物をやさしく畳んでカートに戻すのを静かに見守った。刑務所内の男性用精神病棟では，私は一人の研修生を伴って，収容者と共に，彼らの感情的な痛みについて話し合いながらドローイングを制作した。背骨の曲がった女は私とランタンとの会話に割り込み，私に次のように警告した。「ただの容器のような目撃者になってはいけない……このことに対して健全でいる唯一の方法は，媒介者であることだ。目撃し，熟考し，表現せよ」（Fish, 2006, p. 184）。

　私は，自分が目撃したすべてについて，レスポンス・アートの用い方について，レスポンス・アートがもたらす情報を私がどのように使用してきたかについて考えはじめた。私は，何が私の経験を強烈なものにしたのかについて思案した。これらのドローイングや絵を元に，私はハームズ・タッチ（harm's touch）という概念を発展させた。これを私は，目撃したものによって私たちはどのような影響を受けるかということだと理解している（Fish, 2006）。私は，ハームズ・タッチの経験により与えられる挑戦や機会を探究することを続けている。

　この一連のイメージの最後のものは《背骨の曲がった女と捜索者（The Hunchback and the Seeker）》（図 18.5）である。これは，捜索者が背骨の曲がった女からランタンを受け取り，彼女の経験によって照らされていることを表している。捜索者は，知識を前進させる能力を持ち，このすべてを抱え込むことにエネルギーを使うよりも，その効用を見出したいと思っている。私は，想像上の対話とウィットネス・ライティングによる絵と

図 18.5　《背骨の曲がった女と捜索者（The Hunchback and the Seeker）》

の関わりという自分の方法を続けた。

　背骨の曲がった女がこの絵の状況を説明して言うには，彼女が背負っている袋には彼女が目撃したすべてが詰まっており，彼女の背には彼女のクライエントが乗っかっている。クライエントたちは，彼女がランタンを捜索者に手渡すのを見ている。背骨の曲がった女は暗闇の中での自分の役割を受け入れ，それ以上を求めない。捜索者が言うところによれば，背骨の曲がった女は目撃することによって光を集めたが，それを使うことができないのである。捜索者は目撃の効用を知っている。「私は喜んでランタンを受け取り，進んでいく。私は，この光を必要としている人々に光を投げかけることができる」（Fish, 2006, p. 312）。

　ランタンに何か伝えることがあるかどうか訊いたところ，ランタンは目的を明確にするための意図の重要性を強調した。背骨の曲がった女は自分が目撃したものから洞察を得ていたが，それをどう使うかを知らないで，彼女自身を容器にしてしまう。捜索者は背骨の曲がった女から光を受け取り，人々の利益となるように使用する。ランタンは「意図が私の有用性を決定する。意図のない光は照らさない」と言った（Fish, 2006, p. 314）。

　これらのイメージは，丘の上の男のドローイングから始まり，イメージに基づく研究へと私を導いた。それは，研究についての私の理解を助けるものであり，ハームズ・タッチの概念を掘り起こした。絵は，私が目撃したもの自体ではなく，そこからどんな影響を受けたかに私の注意を向けさせた。絵は，ハームズ・タッチの衝撃を認識するように，また，その価値を理解し，ふさわしい表現を見出すことなしに，それにしがみつくことは潜在的に危険であるということを認識するように，私に迫った。ランタンを運ぶ捜索者は経験によって啓示を得ており，過去を熟考し，学んだすべてを自分の仕事に生かす。彼女はアクティビストであり，経験したことの捻れた影響を後に残す。彼女は，背骨の曲がった女の手の届かないところで，自分が目撃した者の弁護を行う。

　これらの絵は，他者との私の仕事を探求すること，目撃することのリスクと潜在的な利益についての情報を得ること，ハームズ・タッチについて理解することを助けてくれた。目撃と想像的な仕事をとおして得られたデータは，他者の痛みをケアし目撃するときに経験する共感が，交流そのものを超えていかにして有用なものとなるかを理解することを助けてくれた。これは，アクティビズムと社会正義に関する活動に私を駆り立てた。

　　芸術的に表現されたイメージは，しばしば行動につながる共感を引き起こす。Picasso（ピカソ）の《Guernica（ゲルニカ）》であれイラクの戦争を伝える現代の写真であれ，それらによって人は戦争のイメージを想起するのであり，アートがつくり出すやり方によって心が動かされていることに気づくのである。アートはしばしばこのような強力なイメージをつくり出し，その結果として私たちは，世界そのものの見地からよりも，世界についてのイメージの見地から世界を見るようになる傾向がある。（Eisner, 2008, p. 11）

研究はアクティビズムを支えることができる。私たちが経験から知ったことを表現することで，ハームズ・タッチから私たちが学ぶことを肯定することができ，それを有用なものにすることによって，その有害な影響から私たちを解放することが可能になる。

　私は博士課程で，研究とは芸術制作と矛盾しない探究であることを学んだ。ドローイングと絵は，研究対象であるとともに，研究結果を統合し伝達する道具でもあることを学んだ。私がどのように物語を聞いたか，そしてそれに応えてどのようなイメージをつくり出したかは，子ども支援の活動の原動力である社会正義の主題と響き合っていると気づいた。

　私は，レスポンス・アートをより定期的に実践することにし，自分の仕事の管理と理解のために利用しはじめた。私は，ハームズ・タッチのレンズをとおして，臨床経験上の，またスーパーバイザーとしての，そして教育上の経験を見つめ，目撃することの価値と個人的な影響を認識した。私は私が教えたりスーパーバイズしたりする相手とレスポンス・アートの実践を共有し，ハームズ・タッチを扱い理解するための情報に基づくアプローチが，彼らの健全な仕事を維持する助けとなるようにと願った。

　博士号取得後，私は，大学の精神医療学部に設けられた，州の保護下にある子どもたちのケアの質向上を請け負う学際的なチームに参加した。私たちは，入所施設および病院のプログラムにおいて，さまざまな仕事に就く人々を対象に，トレーニング，指導およびスーパービジョンを行った。

　スーパーバイザーやコンサルタントを務めるそれぞれの場で子どもたちに自己紹介するとき，私は子どもたちに，彼らが必ず良いケアを受けられるようにするために自分が来たことを伝えている。すると子どもたちは安心し，助けてもらえると思って，彼らの経験を熱心に話してくれる。彼らの物語を聞いていると，過去に彼らが受けてきたトラウマや最近起きた虐待は，私が過去に子どもたちから聞いた話と共鳴するものがある。彼らが過去の経歴や施設や制度の中での現在の苦悩について語るのを聞くと，私は，個人的，社会文化的およびシステム上の課題について心配になり心が掻き乱される。これらの課題は保護下にある子どもに影響を与えるのである。

　私は子どもたちの語りに耳を傾け，語りが描き出す全体像に動かされるのに身を任せる。その後，私はレスポンス・アートを制作し，そこに現れるメタファー的表現を見て，出会いの体験を消化し，その理解のための探究を行う。あるときは長い会話の後に，他のときには短時間のやりとりの後に制作する。《静かな部屋にいる少年（Boy in the Quiet Room）》（**図18.6**）を描いたのは短時間のやりとりの後であった。あるとき私は，思春期の入院患者がいる精神病棟に行き，その混乱ぶりを目の当たりにした。男の子たちは騒ぎ回り，デイルームで進められている治療グループから出たり入ったりしていた。ナースステーションでは医師とセラピストが忙しく患者のカルテに書き込みをしていた。看護師たちは投薬や家族訪問や他のアポイントを電話で調整しながら，同時に，仕切りになっているプレキシガラス〔アクリル樹脂でできたガラス〕越しに子どもたちのリクエストに応えていた。ナースステーションの奥には静音室（quiet room）があり，それは鍵のかかる小さな部屋で，患者が手に負えなくなったり小休止が必要になったりしたときに使われていた。

400　　第Ⅳ部　ビジュアルアート

図 18.6 《静かな部屋にいる少年（Boy in the Quiet Room）》

　この日，静音室の扉は開いていた。おそらく 13 歳くらいであろう少年が，その部屋の中に立っていた。この少年にはこれまでに会ったことがなかった。彼は戸口に立っていたので，とても奇妙な感じがした。私が大丈夫かと話しかけると，彼はすぐに自分の話をしはじめた。この少年は，自分でこの部屋に来たらしい。そして何時間もそこにいたという。誰かが必要とするまでこの部屋を使っていいとスタッフに言われらしい。お母さんのボーイフレンドからお母さんと弟たちを守らなければならないのでとても心配だと彼は続けた。そのボーイフレンドはお母さんの元に戻ってきたのだ。少年は家族の安全を守らなければと思いながら，病院から出られなかった。彼は半狂乱になり，落ち着きを失ってしまったのだ。それで，患者とスタッフが部屋の外を駆け回っている間，彼は静音室に独りで立っていた。彼がその悲しみと不安を爆発させ，行動化して，スタッフが対応しなければならないのは時間の問題だった。

　その夜，私は《静かな部屋にいる少年》（図 18.6）を描いた。絵の具を画面に塗りながら，内省的な実践の静寂の中で，その日出会った少年を思い出した。私は，彼が語った鬱積した恐怖と不安と，臨床上の裏の意味を熟考した。私は，治療チームがこの機会を捉えて，この少年が行動化したり自分を危険な目に遭わせたりしないように，彼に感情をうまく処理することを学ばせることもできたのではとあれこれ考えてみた。静音室で少年の感情が激しくなっていく間，スタッフはもっと状態の悪い患者に対応していた。患者の数に対してスタッフが足りないというシステム上の課題が思いやられ，またスタッフが十分な治療上のトレーニングやスーパービジョンを受けられず，少年の心配事を解消する手助けができていないことも憂慮した。ドメスティック・バイオレンスに

影響を及ぼす社会経済的要因や薬物乱用の問題のことも考え，これらのトラウマに関連する影響について子どもやその家族は適切に対処されているのだろうかと思った。入院している少年にとって，家族を保護したり親代わりをしたりする責任を感じながら，家族に危険が迫っていると感じるのはどれほどつらいことかを想像しようとした。このとき，絵はこのような内省のためのスペースを提供し，この少年の錯綜した状況と，彼の精神的健康と治療をひそかに損なうシステム上の課題の複雑さに対して私をひらいてくれた。このイメージによって私はこれらの関心事を持ちつづけ，公に表現することを迫られつづけた。

　攻撃性の高い若者の家出の問題を抱えている児童養護施設のコンサルタントをしていたときのことである。その施設に足を踏み入れると，女の子たちがありとあらゆる方向に走り回っていた。スタッフと入所者である思春期の少女とを区別することが難しかった。誰もが罵り叫んでいた。そこにいる間，私は，明らかにリーダーと思しき少女と出会った。彼女は私を値踏みし，話しても大丈夫だと見てとると，自分自身について語ってくれた。彼女は他の女の子に気をとられ，その子の元に走っていってしまったので，私たちの会話は一瞬で終わった。彼女は，お母さんの精神障害のために，州の保護下に何年も置かれていたと言った。バイオリンを弾けるとも話し，いつか弾いてあげると言ってくれた。彼女に再び会ったとき，状況はいくぶんか落ち着いていた。彼女はバイオリンをとても美しく奏で，私は座ってひたすらその音色に聴き入った。彼女は弾き終わると，喧嘩したせいで手が痛くて弾くのが難しかったと言った。

　幾日か後，私は《衝動性（Impulsivity）》（図18.7）を描いた。この絵では，バイオリン

図 18.7　《衝動性（Impulsivity）》

を美しく奏でることができる繊細な手が，物事を台無しにし，他者に痛みを負わせるために使われるということを理解しようとした。クライエントは頻繁にバラバラな振る舞いを見せるので，理解することが難しい。この少女の攻撃性の履歴は，彼女の過去に根ざしている。精神障害を患うシングルマザーの子として，彼女の母とのつながりは首尾一貫せず安全でもなかった。彼女は家族から引き離され，里親，養護施設，精神病院と短期間の間に転々とすることになった。現在いる養護施設も十分とは言えないものだった。彼女の攻撃性は，施設の問題解決能力の限界を試すようなものだった。この少女の中に存在する分裂は，彼女が経験してきたすべての人間関係（私との関係も含まれる）の相互矛盾の表れであった。この矛盾を理解しようとして描くことで，私は共感を覚え，彼女と効果的に働くための対人関係の課題を乗り切ることができた。このイメージと関わることで，効果的なケアを提供すべき施設の限界を思いやった。治療上の見落としと適切に訓練されたスタッフの不足の結果，クライエントは不適切で非行的な振る舞いをすることで，スタッフの注意を引くことを余儀なくされた。それでも，スタッフからの否定的な注目の方が，全く関心が向けられないよりもましである。

　私は，児童福祉制度改革のために制度の内側で活動する一方で，凝り固まった政府の児童福祉制度や企業のケアに対する計画に苛立ちを覚えていた。この仕事においてアートセラピストのアクティビズムの潜在的な貢献の可能性を探る中で，私はユング派の視点から語られたカッサンドラの神話（Schapira, 1988）を見出した。この物語は，アポロンとカッサンドラの間で交わされた婚姻上の誓約が破綻した話である。アポロンはカッサンドラに予言の能力を授けた。結婚を成立させる床入りをカッサンドラが拒否するのであれば，彼女の予言は誰からも信じられないものになるとアポロンは宣言した。これによって，カッサンドラは未来を明確に視る能力を持ちながら，未来に影響を及ぼす術を失ったのである。

　組織の中から変革を試みようと働いている間，私も同様の無力感を経験した。私は報告書を作り，コンサルテーションとスーパービジョンを提供したが，ケアの改善に結びつく変化への組織的な努力をほんのわずかしか見ることができなかった。組織の中から治療の質向上に対して影響を与えられないことに挫折感を抱いた私は，スーパービジョンに注力することにした。州の提供するケアにおいて医療サービスを十分に受けられず，あまりに頻繁に不当な扱いを受けている子どもたちのために，レスポンス・アートとハームズ・タッチの使い方とその効用性の理解を洗練させることに集中したのである。

おわりに

　私は，州の保護下にあり精神医療の治療を受ける子どもたちと仕事をしてきた。これらの若者たちは，多くの理由によって，元々の家族から離れて育てられてきた。2014年，ホットライン（電話身の上相談サービス）には虐待とネグレクトを報告する電話が10万9784件もあった。これはイリノイ州子ども家庭福祉局が調査のために受け入れた件数である（Illinois DCFS, 2015）。調査の後，4720人の子どもが家から離され，州の保護下

第 18 章　ドローイングと絵画リサーチ ┃ 403

に置かれた。これらの子どもたちは，シェルターや里親の元で暮らしている。新しい家族の元で養子になった子どもたちもいる。対人関係に問題がありコミュニティでうまくやっていけない子どもは，グループホームや児童養護施設や精神病院でケアされている。

　私は子どもたちの視点から物語を聞き，彼らの生々しい傷や身体的・精神的傷跡を見てきた。私自身ホットラインに電話をかけ，彼らのために安全で効果的なケアが得られるよう代弁してきた。私のドローイングと絵は，これらの経験に呼応して制作されたものである。子どもたちは，私を信頼して彼らの物語を語り，私が彼らの苦境を明らかにするよう希望し，誰かが彼らを助けてくれると期待していた。《彼らは待つ》（図18.1）は，私が経験してきた出会いの結果として私が感じた責任感を表している。ドローイングと絵画の／によるリサーチは，子どもたちの証言をメタファーに変換し，それらを公共の議論に持ち込むことによって，私の義務を果たす助けとなった。

　何年にもわたるプログラム開発，セラピーの提供，そして他者の仕事をスーパーバイズする仕事の経験は，私のドローイングと絵に記録されている。これらのレスポンス・アートは，出会いを支え，出来事そのものを超えて，それらを探究する機会を提供してきた。私は，教師として，スーパーバイザーとして，アクティビストとしての自分の役割についてはっきり認識した。そして，トレーニング中のアートセラピストたちに，彼らが仕事で関わる人々の人生に自らが影響を及ぼす可能性を高く評価するよう促してきた。私は個人的かつシステム上の虐待を目撃してきたし，有毒なシステムに対応しようと努力する人々のスーパーバイズをしてきた。Allen（2007）は，Watkins の考えるアクティビストとしてのアートセラピストについて次のように述べている。「（…）アクティビストの仕事は，活性化されるべきものや，周縁からさえも押し出され沈黙しているものとつながることである。そして，無言の真実に満たされた沈黙に注意深く耳を傾け，イメージをとおしてそれに形を与えることである」（pp. 73-74）。

　アートセラピストであり教育者でもある私の知見には価値がある。しかし，私の仕事における最も本質的な強みは，レスポンス・アートを用いて，物事をクリアに見る能力であり，変化を心に描く想像力という能力である。創造的過程は，経験を研究し，それを探求し，可能な行動について熟考するためのスペースを保つ。アーティストでありセラピストでありアクティビストでもある Joseph（1997）は，アーティストの義務と機会について次のように述べている。「アートは，私たちの時代の非人間化と生命を脅かす力を暴露し，これに直面するために人類を鼓舞する活気に満ちた表現の力として，聖なる機能を持つ。そして，創造的で，生命を尊重する別様の思考・行動様式を発動させる」（p. 54）。

　この経験と内省と熟考の束はどのように研究へと変換されるのだろうか。入所施設や病院におけるケアで私が関わっている子どもたちへの理解を深めるという意図を持って，私はこのアートベースの探究を始めた。私のレスポンス・アートの内省的統合は進行中である。このような複雑な関係性を紐解き，その有効性を見つけるには時間がかかる。Franklin（2013）は，自身の癌の体験の研究において，時間をかけて経験を創造的に展開することの価値について次のように述べている。

この鉢を作るのに6年かかった。これまでに作った80個は，この瞬間のための準備だったのだ。ABRの一つの重要な要素はここに存する。それは，縦断的で，体現された語りの謎は，煮詰まって現れるまでに時間がかかるということである。私は，このような現象に対する他のどのような研究方法も知らない。(p. 89)

　レスポンス・アートというイメージを基にした私の研究は，研究としての実践の価値を理解させてくれた。ドローイングと絵は，批判的に見つめ，総合し，他の人に役立てることができるデータを提供する研究方法である。イメージは，コミュニケーションに効果的な道具であり，社会的正義の活動としての物語を伝達し，疎外された人々についての意識を向上させる。

　これまで，私が目撃したことを探究し理解するために制作したドローイングや絵は，いくつかの点で有用である。レスポンス・アートを制作し，これについて熟考する過程は，健全な治療的な仕事を支え，治療の素材についての私の理解を強固なものにしてくれる。それは，私がクライエントの個人的・家族的・社会文化的文脈について，また児童福祉と精神保健システムから彼／彼女がどのような影響を受けるかについて熟考することを助けるための手段にもなっている。レスポンス・アートは，クライエントに関する自分の偏見と先入観に立ち向かい，逆転移を含む自分の個人的な反応を認識するのを助ける。時間をかけて，クライエントに関するドローイングと絵を制作することは，私の同情と共感の度量を深める助けとなる。イメージは，スーパービジョンを受ける人や治療チームのメンバーや行政に対して，治療上の微妙な内容を示すときに，効果的な道具である。この研究方法は，セラピストを養成する際に有用である。セラピスト養成において私は，人生の経験の機微を把握するためにレスポンス・アートとイメージをとおしたアクティブ・リスニング（積極的傾聴）の使用について扱う。

　この気づきを私のチームに持ち込んだり，治療スタッフにフィードバックとして示すこと以外に，私はイメージとそれがもたらす洞察を，他の場所で使用している。ドローイングと絵は，学部と大学院におけるセラピスト養成とスーパービジョンにおいて治療上の議論をするときに有意義である。私は，児童福祉改革におけるアートセラピーの役割（Fish, 2010）を議論する専門的な場や，スーパービジョンに関する執筆（Fish, 2016）の際に，この作品を発表した。いくつかのイメージは「レスポンス・アート：アートセラピストのアート」というグループ展で発表した。展覧会は，イリノイ州アートセラピー協会（Illinois Art Therapy Association）のアートセラピストのメンバーによるレスポンス・アート作品によって構成され，シカゴにある国立保健医療博物館で展示された（2015）。

　ドローイングと絵は，関係性を新しい方法で見るのを助けてくれる。そして，周縁に押しやられた人々をより細心に見る機会を提供することで，気づきと共感をひらき，周縁に追いやられた人々を身近に感じることで，社会的良心を掻き立てる。精神医療による治療を受けている子どもたちの物語に沿ったアート作品は，彼らへの不適切なケアを長引かせているという社会正義の課題を伝達するための効果的な方法である。その上，これらの子どもたちは州の保護下にあるため，彼らが治療を受けている施設にはケアの

状況について代弁する保護者がいない。これらの若者は，精神障害という重荷と烙印を背負っている。このことをよく知らない一般の人々は，しばしば彼らが非行少年であると決めつけ，彼らの行動が痛みの表れであることに気づかない。Eisner（2008）は，研究におけるアートの喚情的な役割について説明している。

　　　（…）アートを使って人が状況に代理的に参加できるとき，研究においてアートは現前する。誰かの立場に立ってその状況を経験することは，その一面を知る一つの方法である。共感は理解の方法であり，強い共感的な感情は，他者が経験していることへの深い洞察をもたらす。その意味で，研究におけるアートは，共感的経験をとおして引き出され，あるいは喚起されることによる独特な理解を促す。（pp. 6-7）

　目撃することは責任をともなう。長年にわたってクライエントと直接に仕事し，他の臨床医をスーパービジョンやトレーニングで援助してきた経験は，私により広い観衆に知らせるべき知識をもたらした。**図18.5**に示したランタンを運ぶ捜索者のように，私は，意識を高めるためにこの知識を世界にもたらす。私は患者に，私が来たのは彼らが確実に良いケアを受けられるようにするためだと言ったが，本気でそう言ったのである。Roy（2001）は次のように述べている。「問題は，一度それを見たら，見なかったことにできないことである。そして，もしそれを見たなら，黙っていること，何も言わないことは，思い切ってものを言うのと同じくらい政治的な行動になる。無罪潔白ということにはならない。どちらにしても，目撃したあなたには責任がある」（p. 7）。
　私は自分の研究が成果を出すように努力している。私はハームズ・タッチについて書き，そのリスクと機会について何を学んだかについて書いた。私は，レスポンス・アートを制作し，その知識を紐解くことが継続的なプロセスとなり，おそらく私の生涯の仕事となることを期待している。Jung（ユング）は，アクティブ・イマジネーションを用いて『Red Book（赤の書）』（2009）に視覚的な，あるいは書かれたイメージを集め，自身の長年の研究を振り返っている。

　　　私が内なるイメージを追求した年月こそ，私の人生で最も大切な時期であった——その中で，すべての本質的なことが決定された。すべてはそこから始まった。後の仕事は，無意識から飛び出してきた素材の補遺であり，その解明にすぎない。最初それらは私を圧倒した。それは，生涯をかけるに値する仕事の**第一質料**（*prima materia*）であった。（Jung, 1965, p. 199, 強調は原文まま）

　社会から疎外されている人々に声を与えるのだと人は言う。すべての人は声を持っていると私は思う。多くの人が持っていないのはフォーラムなのだ。もし誰かの声が聞こえないとしたら，あなたはその人に十分に近づいていないのだ。カッサンドラの神話と私の絵《彼らは待つ》（**図18.1**）を心に留め置きながら，私が挑戦すべきことは，家族のサポートもなく精神障害と闘う，疎外され，汚名を着せられ，過小評価された子どもたちについての認識を向上させるために，経験に支えられた私のイメージと私の声を使

いつづけることである。資源もなく，変化する意思がないかに見える，崩壊して機能不全に陥ったケアシステムの中で，これらの子どもたちは育った。彼らは主としてマイノリティの子どもたちであり，州の保護下に置かれ，入所プログラムと精神病院の鍵のかかった扉の背後で暮らしているのである。私の目的は，私のドローイングと絵を，不十分なケア，ネグレクト，虐待と不正を照らし出すために使用することである。デンジン（Denzin, 2010）は自らの質的研究マニフェストで次のように述べている。「歴史の不正義というものは，批判的な想像力を持たぬものであり，いずれ私たちの道行きを急停止させる」(p. 116)。

　医学の治療はしばしば，エビデンスに基づく実践を確実にするために，科学的研究に重点をおく。ドローイングと絵画の／によるリサーチは，対人理解を助け，治療と批判的意識の向上に役立つ，経験を理解するもう一つの方法に貢献する。私は，インタビューと想像的探究をとおした，厳格な方法論によるレスポンス・アートの制作と研究により，私が仕事をした子どもたち自身および州のケアと精神医療の中にある彼らの人生の複雑性を，多面的に概念化して提示する。

> 　　ABR は批判的な認識を生み出し，意識を高めるための手段として使用することができる。これは，権力関係（特権をもつ集団にとってはたいてい不可視である）を明らかにしたり，人種やジェンダーに対する批判的意識を高めたり，集団を超えた連帯を構築したり，支配的なイデオロギーに異を唱えたりすることを目指す社会正義志向の研究にとって重要なことである。(Leavy, 2009, p. 13)

　研究者として，私は自分が持てるものすべてを精密に探究に持ち込む。アーティストとして，私は多様なパースペクティブから細心の観察をすることの威力を理解している。セラピストとして，またアクティビストとして，私は関係性を探究する創造性の力を理解しており，また変化は実現する前に想像されなければならないことを知っている。

＊訳注
1. ここでは「背骨の曲がった」(hunchback) ということが「惨め」「醜い」「不幸」と結びつけられているが，Birkhäuser は，あくまで夢が生成するシンボル的表現について述べているのであって，現実の人々について述べているのでないことに注意が必要である。

文献

Allen, P. B. (1995). *Art is a way of knowing*. Boston: Shambhala.

Allen, P. B. (2007). Wielding the shield: The art therapist as conscious witness in the realm of social action. In F. F. Kaplan (Ed.), *Art therapy and social action* (pp. 73–74). Philadelphia: Jessica Kingsley.

Birkhäuser, P. (1980). *Light from the darkness: The paintings of Peter Birkhäuser*. Basel, Switzerland: Birkhäuser Verlag.

Birkhäuser, P. (n.d.). *Coming up*. Retrieved from www.birkhaeuser-oeri.ch/en.

Clandinin, D. J., & Connelly, F. M. (2000). *Narrative inquiry: Experience and story in qualitative research*. San Francisco: Jossey-Bass.

Coles, R. (1989). *The call of stories*. Boston: Hougton Mifflin.

Denzin, N. K. (2010). *The qualitative manifesto: A call to arms*. Walnut Creek, CA: Left Coast Press.

Eisner, E. (2008). Art and knowledge. In J. G. Knowles & A. Cole (Eds.), *Handbook of the arts in qualitative research* (pp. 3–12). Los Angeles, CA: SAGE.

Fish, B. (1989). Addressing countertransference through image making. In H. Wadeson, J. Durkin, & D. Perch (Eds.), *Advances in art therapy* (pp. 376–389). New York: Wiley.

Fish, B. J. (2006). *Image-based narrative inquiry of response art in art therapy* (Doctoral dissertation, UMI No. AAT 3228081). Retrieved from http://barbarafishtherapy.com/art_therapy/image-based_narrative_inquiry.html.

Fish, B. (2010, November). *Envisioning change: An art therapist's activism in child welfare reform*. Paper presented at the annual conference of the American Art Therapy Association, Sacramento, CA.

Fish, B. J. (2012). Response art: The art of the art therapist. *Art Therapy, 29*(3), 138–143.

Fish, B. J. (2013). Painting research: Challenges and opportunities of intimacy and depth. In S. McNiff. (Ed.), *Art as research: Opportunities and challenges* (pp. 209–219). Chicago: University of Chicago Press.

Fish, B. J. (2016). *Art-based supervision: Cultivating therapeutic insight through imagery*. New York: Routledge.

Franklin, F. (2010) Affect regulation, mirror neurons, and the third hand: Formulating mindful empathic art interventions. *Art Therapy, 27*(4), 160–167.

Franklin, M. A. (2013). Know thyself: Awakening self-referential awareness through art-based research. In S. McNiff (Ed.), *Art as research: Opportunities and challenges* (pp. 84–94). Chicago: University of Chicago Press.

Illinois Art Therapy Association. (2015, October 23). *Response art: Art work of the art therapist* [Round table discussion and exhibition]. Retrieved from www.nmhmchicago.org/index.php/events-mm/pastev/past-ev-2015.

Illinois Department of Children and Family Services [DCFS]. (2015, March 31). *Child abuse and neglect statistics, fiscal year 2014*. Retrieved from www.illinois.gov/dcfs/aboutus/newsandreports/documents/dcfs_annual_statistical_report_fy2014.pdf.

Jones, D. L. (1983). An art therapist's personal record. *Art Therapy, 1*(1), 22–25.

Joseph, C. (1997). Reflections on the inescapable political dimensions of art and life. In P. Farris-Dufrene (Ed.), *Voices of color: Art and society in the Americas* (pp. 46–54). Atlantic Highlands, NJ: Humanities Press International.

Jung, C. G. (1965). *Memories, dreams and reflections*. New York: Random House. ［ユング，C. G.，ヤッフェ，A.（編），河合隼雄・藤縄昭・出井淑子（訳）(1972-73)．ユング自伝　1-2, みすず書房］

Jung, C. G. (2009). *The red book: Liber novus* (S. Shamdasani, Ed.; M. Kyburz, J. Peck, & S. Shamdasani, Trans.). New York: Norton. ［ユング，C. G.，シャムダサーニ，S.（編），河合俊雄（監訳）(2010)．赤の書 ── THE RED BOOK　創元社］

Leavy, P. (2009). *Method meets art: Art-based research practices*. New York: Guilford Press.

McNiff, S. (1989). *Depth psychology of art*. Springfield, IL: Charles C Thomas.

McNiff, S. (1998). *Art-based research*. Philadelphia: Jessica Kingsley.

McNiff, S. (2013). Opportunities and challenges in art-based research. In S. McNiff (Ed.), *Art as research: Opportunities and challenges* (pp. 3–10). Chicago: University of Chicago Press.

Moon, B. L. (1997). *Art and soul: Reflections on an artistic psychology*. Springfield, IL: Charles C Thomas.

Moustakas, C. (1990). *Heuristic research: Design, methodology, and applications*. Newbury Park, CA: SAGE.

Patton, M. Q. (2002). *Qualitative research and evaluation methods* (3rd ed.). Thousand Oaks, CA: SAGE.

Roy, A. (2001). *Power politics* (2nd ed.). Cambridge, MA: South End Press.

Schapira, L. L. (1988). *The Cassandra complex: Living with disbelief*. Toronto: Inner City Books.

Wertenschlag-Birkhäuser, E. (2009). *Windows on eternity: The paintings of Peter Birkhäuser*. Einsiedeln, Switzerland: Daimon Verlag.

第19章

アートベース・リサーチとしてのコラージュ

●ヴィクトリア・スコティ／ジョイア・チルトン

(Victoria Scotti & Gioia Chilton)

訳：ニューシャム聖子

　アーティスト，アートセラピストまたアートに基づく研究者として，我々は常にコラージュの芸術的手法がもたらす可能性にインスパイアされている。本章では，アートベース・リサーチ（ABR）のビジュアルアートの一手法としてのコラージュの概要を説明し，この手法を用いるよう研究者たちを触発できれば幸いである。ここではまず用語の定義，ポストモダンの哲学的立場としてのコラージュの入門，ABR の一手法としてのコラージュの利用方法を紹介する。また，例を参照しながら，コラージュを用いたデザインとその分析について説明する。我々や同業の仲間たちの経験に基づいて，初心者のためにコラージュを研究に用いる実践的なアドバイスも行う。最後に，コラージュに関する倫理の問題について概観する。

ファインアートにおけるコラージュ

　「コラージュ」という用語は，接着するという意味のフランス語，coller に由来する。1910 年ごろのフランスのアーティスト，Braque（ブラック）や Picasso（ピカソ）によるコラージュの使用が西欧のモダニストにおける大きな転換期を先導したことは，多くの学者が同意する（Greenberg, 1961）。最も厳密な定義として，「コラージュ」とはすでに創られたイメージを面の上に接着するという芸術的手法を意味する（Atkinson, Harrison, & Grasdal, 2004; Butler-Kisber, 2008; Chilton & Scotti, 2014）。これらのビジュアルアートワーク（**図 19.1** 参照）は，雑誌の図像，写真，紙片などを選び，ハサミなどで切ったり単純に手でちぎったりして組み合わせ，それらを紙やボール紙などの表面に貼り付けてつくり上げていく（Chilton & Scotti, 2014）。通常，コラージュは紙やボール紙で作られるように二次元のものであるが，表面に盛り上がった部分があるものもある（Weingrod, 1994）。

　コラージュ制作のプロセスは，「明らかに不調和な素材からハーモニー」を生み出す（Hopkins, 1997, p. 6）。異なるビジュアル要素を並べることで新たな連合体と意味が生ま

409

図 19.1 ジョイア・チルトン作コラージュ。素材：紙の切り抜き，雑誌の図像，リサイクルされたグリーティングカード，シール，デコパージュイメージの製品，和紙テープなど（9インチ×12インチ／約23cm×30cm）
American Art Therapy Association, www.arttherapy.org より許可を得て転載

れる（Chilton & Scotti, 2014; Hopkins, 1997）。Seiden（2001）は，コラージュの制作プロセスでさまざまなイメージが一つになるにつれて，平凡なものが特別なものへと変身すると述べている。

　コラージュと時おり混同される美術手法として，モンタージュやアッサンブラージュがある。「モンタージュ」の語源はフランス語の monter で，台紙に貼るという意味である（Weingrod, 1994）。この手法は 19 世紀の写真の発達とともに用いられるようになり，写真を自分たちの作品に取り入れたダダイストによる造語である「フォトモンタージュ」と呼ばれることもある（Butler-Kisber, 2008）。モンタージュとコラージュの違いは，モンタージュではフィルムや写真の編集または処理に依存するが，コラージュは写真や雑誌の図像を他の切り抜きやエフェメラと組み合わせる手法である。Weingrod（1994）は，コラージュとモンタージュにおける最も明白な技術的な違いとして，モンタージュには具体的なもの，またはレリーフ部分がないことを指摘している。モンタージュは「既存の写真から成る，厳密な二次元の手法である」(p. 1)。[*訳注1]

　異なった画像を重ねるこの手法の例は，雑誌のイメージを利用してフォトモンタージュ・シリーズを制作した Davis の研究作品に見られるが，これは身体の図像を探究するものであった（図 19.2 参照）。「フォトモンタージュは特にマスメディアのメッセージの再生産，さらには賞賛に利用されやすい。世に出されたイメージは決して中立的で無色透明なシニフィアンではない」（Davis & Butler-Kisber, 1999, p. 17）。

　「アッサンブラージュ」は，コラージュとモンタージュに似た手法であり，異なったピースとパーツを用いて新しい全体が構成されるが，完成作品は三次元の立体芸術品である（Weingrod, 1994）。アッサンブラージュは通常さまざまなファウンド・マテリア

図 19.2 Donna Davis 作コラージュ《ゴールド・スタンダード（The Gold Standard）》
Davis（2008）より許可を得て転載

ル（拾得物）から完全体を組み立ててつくり上げられる（Atkinson et al., 2004）。これらの三次元のオブジェクトは，小石，木くず，ビーズ，壊れたおもちゃ，金属屑，その他購入品，またはリサイクル品やファウンド・オブジェ〔自然の産物や人工物など「発見」したものを美術作品やデザインの中に生かすこと〕など，自然のものもあれば製造品もある。コラージュイメージが別の目的へと用途が変更されるように，これらのアイテムの本来の目的も多くの場合，芸術素材としてのものではない。本来の目的と現在の芸術的使用を並置することで魅力が増す。ABRにおけるアッサンブラージュの例として Kay（2013a）のビーズ・コラージュがあるが，これはアメリカのオルタナティブスクールの教師を対象とした研究で展開された手法である（図 19.3 参照）。参加者への質的インタビューで彼らの経験を引き出し，自身を振り返り表現する中でビーズ・コラージュが用いられた。

またコラージュには，アーティストが概念上の目的で意識的に他者の作品を借用して創造する「アプロプリエーション・アート」〔すでに流通している写真や広告などを作品に取り込んで再表現するもの〕との共通点もある。使用されるものの多くは，他のアーティスト，マスメディア，ポップカルチャーなどによるコンテンツで，マスコミ，広告，教育，インターネットを通して入手可能なものである。アプロプリエーション・アートはしばしば論争を呼び，「借用」したコンテンツを通して社会規範（たとえば所有権），真正性，オリジナリティに疑問を呈し，意味を再文脈化する。そのため，そこから派生す

図 19.3 Louise 作ビーズ・コラージュ。ビーズ／ファウンドオブジェ 7.5 インチ（約 19cm）
Kay（2013a）より許可を得て転載。Copyright © Lisa Kay

る法的・倫理的な問題は重要である（Landes, 2000; McLeod & Kuenzli, 2011）。ビジュアル・アプロプリエーション・アートでは，違う設定にイメージを再配置してその意味を変える能力が，元の作品の創造技能よりも高く評価される（McLeod & Kuenzli, 2011）。

　その他の関連用語として，ミクストメディア，メティサージュ，ブリコラージュがある。ミクストメディアとは，たとえばペイントやオイルパステルなどが塗られたコラージュのように，一つの表面上に連続的にいくつかの芸術手法を用いることを言う。メティサージュとブリコラージュは，異なる要素のものをいろいろな素材や手法を組み合わせて継ぎ合わせる基本的手法である。しかし，「メティサージュ」（混合または混ざり合う）と「ブリコラージュ」（多様な要素から構成されたもの）は，単なる芸術手法としてだけではなく，質的研究と ABR におけるさらに大きな哲学的な論点にも触れるものである。

哲学的立場としてのコラージュ

　前節ではファインアートの手法としてのコラージュの定義とコンテクストをいくつか紹介した。コラージュは，ファインアートを超えて多分野的（multidisciplinary）で分野融合的（interdisciplinary）なポストモダン哲学の立場を特徴づけるものとしても評価されている（Badley, 2015; Denzin, 2001; Gerstenblatt, 2013; Holbrook & Pourchier, 2014; Larsen, 2010; McLeod & Kuenzli, 2011; Vaughan, 2005）。この点について，さらに大きな哲学的コンテクストにおける一手法としてコラージュを理解できるよう，ここで簡単に説明する。

　19 世紀の産業革命における西欧社会の変化は，モダニズムを特徴づけポストモダン

時代へと導いた文学，建築，ビジュアルアート，映画などに反映された（Hopkins, 1997）。ファインアートにおいては，コラージュはポストモダンへの転機を告げる手法であった。それは，物体の元々の目的の解体と，多数の追加的意味合いを持ってシフトした相互作用を通して，客観的という考え，または単一のリアリティという考えに異議を唱える文化実践であったからである（Gerstenblatt, 2013）。当時も現在も，コラージュは「マスメディア，消費者文化，著作権制度，日常生活」（McLeod & Kuenzli, 2011, p. 2）の概念的および物理的な破片をはめ込んでは引き離す——きわめてポストモダンなプロセスである。

　ポストモダンの実践として，コラージュは特定の専門分野に限定されたものではなく，分野横断的（transdisciplinary）なものである。たとえば，音楽，コミック，テレビ，小説，ファインアート，映画，あるいはこれらを組み合わせたものなどにコラージュが使われる。コラージュの特徴であるリミックスや変更は，ポストモダンの越境行為を象徴し専門分野を横断する。

　「メティサージュ」と「ブリコラージュ」は，ポストモダンの質的研究とABRの文脈で使われる用語である。メティサージュは語源学的に「ラテン語の mixtus，『混合した』から派生した言葉であり，主に2種類の異なった繊維から成る布を意味する」（Lionnet, 1989, p. 14）。「メティサージュ」という用語は，政治的実践，読書実践，執筆実践または研究実践などを特徴づけるために用いられることがある（Chambers et al., 2008）。研究実践としてメティサージュは創造性と差異を受け入れ「分野融合性，そしてジャンルやテクストやアイデンティティの曖昧さを重視するものである」（p. 142）。

　「ブリコラージュ」（フランス語で「いじくり回す」の意味）はファインアート用語で，手元にある素材で間に合わせるという，洗練されていないが効果的な手法を意味する。この用語は，ポストモダンの中で Claude Lévi-Strauss（クロード・レヴィ＝ストロース，1966）によって最初に用いられた。現在，「ブリコルール（ブリコラージュをする人）」とみなされる研究者は，透明性とリフレクシビティを取り入れて全く異なったストーリーと研究結果をつないでナラティブを作り出している（Yardley, 2008）。Denzin と Lincoln（2011）は，解釈的，ナラティブ的，理論的，政治的など，さまざまなタイプのブリコルールについて解説している。これらの研究者は，深さ，複雑さ，難度を加えて多数の研究メソッドを組み合わせて，「精神的で感情的な結合体を創造するためにリアリティの切れはしを合わせ」「流動的で相互連合するようなイメージ・表現であるリフレクシブ・コラージュやモンタージュを制作する。この解釈的構造体は，キルトのようなものであり，パフォーマンス・テクストであり，またパーツをつなぎ合わせて一つのものを作る表現の連鎖でもある」（pp. 5-6）。

　ポストモダンの探究方法として，特定のトピックの調査にコラージュ制作が実際に適していることは，研究者たちが認めている。Davis（2008）は，「メディア・カルチャーの中の自己・身体のイメージ」（p. 251）を調査する研究に，コラージュがアナログ的に適していると述べている。また Vaughan（2005）は，ABRの手法としてさまざまなリアリティとアイデンティティの発見を可能にすることから，コラージュが「フェミニズム，ポストモダン，ポストコロニアリズムの探究」（p. 27）に役立つことを明らかにしている。

第19章　アートベース・リサーチとしてのコラージュ　｜　413

ABR におけるコラージュの発展

Butler-Kisber（2008），Davis と Butler-Kisber（1999），Butler-Kisber と Poldma（2010）など，アート教育分野の研究としてコラージュに関する論文が書かれるようになった 2000 年代初頭に，ABR におけるコラージュの体系的な使用が始まったと見られる。Davis と Butler-Kisber は，その影響力のある論文の中で，コラージュを ABR の方法論として認識し次のように語っている。「図像，物体，文字など，芸術的にデザインされ表現されているものは，見る者や読み手に美的な経験を喚起するものである。この経験は，感情的反応と個人的価値観の高まりによって特徴づけられる」（p. 5）。また，アートによる手法，つまり ABR の一形態として，いかにコラージュが体系的な研究方法となるかを説明している。口頭や文章によるナラティブを利用した研究者の内省的メモと同様に，コラージュは研究者のリフレクシビティの道具であり，分析や発表に用いられる。

> 分析メモの一種として機能するコラージュは，分析のコンテクスト化を容易にするために必要な，非線形で前意識的な思考のモードを実践するものであり，研究者，参加者，コンテクストに関する暗黙の合意を，洞察的で有益な色々な方法で表面化する。（Davis & Butler-Kisber, 1999, p. 4）

その後，Butler-Kisber と Poldma（2010）はコラージュを，「省察のプロセス，考えの引き出し方の一形態，アイデアの概念化方法」（p. 3）であると説明し，質的研究におけるコラージュの特性を特定している。つまりコラージュは，研究のあらゆる段階において質的研究者のニーズに応えることができる。研究計画を立てる際にはニーズを明白にし，またアイデアの構想段階，データ生成，リフレクシビティ・プロセス，データ分析，研究の概念化または普及にコラージュを適用する際には，その使用の倫理的根拠を明確に示すことを研究者に推奨する。

コラージュは過去 15 年間，アート教育（Butler-Kisber & Poldma, 2010; Kay, 2013a; La Jevic & Springgay, 2008），アートセラピー（Chilton & Scotti, 2014），コミュニケーション学（Rippin, 2012），ソーシャルワーク（Gerstenblatt, 2013; Margolin, 2014）などの多分野で研究方法として発展してきた。研究課題として適していれば，さまざまな分野で ABR の方法としてのコラージュの活用が可能になると考えられる。

複数の研究者が研究におけるコラージュの特性を特定してきた。Butler-Kisber と Poldma（2010）は，コラージュが特定の目的に応える道具となりうることを見出した。コラージュには，考えを引き出す活動，アイデアの概念化やリフレクシビティの促進手段，研究データの説明方法としての機能がある。また Larsen（2010）によると，コラージュはテーマを「タイポロジーとヒエラルキー」によって分類するのではなく，「対象となる存在（entities）の関係性を見分ける」（p. 46）ための機会を提供する。未知の発見や既存知識を批判的に問うという意味で，コラージュが研究者に役立つことを Larsen

は見出した。アートセラピストである筆者ら（Chilton & Scotti, 2014）は，「コラージュが(a)理論的，芸術的，かつ間主観的な知識の統合，(b) ABR 研究者のアイデンティティ発達，(c)発見の具現化を可能にする」（p. 166）ことを見出した。また Vaughan（2005）は，探究としてのコラージュが創作的な実践を提供すると述べている。これは，文化批評や文化変容，並置，分野融合，暫定的・相互依存的なさまざまなプロダクトへの無限の機会を研究者にもたらす日常生活とのつながりをもたらす。

　前述した特性に基づいて，コラージュは，ABR の研究者に特に適していると言える。彼らはさまざまな意味や視点を発見し，並置し，変形させることを追求し，具現化された複数の感覚によるプロセスを通して，人や現象の色々な側面の統合を追求しようとするからである。またコラージュ作品は，複数の感覚による知識の統合を通してアイデアの概念化とリフレクシビティの促進を促すという点にも，研究者は同意している。さらに，視覚的に具現化された方法での研究発信を考える研究者にとっても，コラージュは研究実践としてきわめて実用的である。次に，研究方法としてのコラージュの長所と短所を詳しく説明する。

研究方法としてのコラージュの長所と短所

　コラージュは，データの生成，分析，表現において研究者と研究参加者の双方にとって利用しやすい方法である。いろいろな才能やスキル，また異なった年齢の人々が容易にコラージュを創ることができる（Chilton & Scotti, 2014; Davis, 2008; Elkis-Abuhoff, 2008; Gerstenblatt, 2013; Margolin, 2014; Stallings, 2010）。コラージュは通常，雑誌の画像，写真，文章のスクラップ，エフェメラ，装飾物などの既製のイメージから創られるため，切り取りと貼り付け作業の他には芸術的なスキルをほとんど要しない。芸術的なスキルが未熟な者にとっては不安材料となりかねないデッサン，ペインティング，または描くなどの作業は不要である（Elkis-Abuhoff, 2008）。

　したがって，アートの一形態としてのコラージュは，アート未経験の参加者にとって手ごわいものではなく利用しやすいものと言える（Butler-Kisber, 2008; Davis, 2008; Linesch, 1988; Malchiodi, 2006）。また，素描やハンドレタリングの熟練者に対しては，アートの一形態としてのコラージュは，表現豊かなデザインに挑戦するための大きな可能性をもたらす（Harrison & Grasdal, 2003）。コラージュ制作は，研究参加者にとっても非常に楽しいアクティビティとなりうる（Margolin, 2014）。また，必要な基本材料も，接着剤，既製のイメージ，それらを接着する台紙など，少なくとも先進国では比較的手に入りやすい安価なものである（Chilton & Scotti, 2014; Davis, 2008）。実際にこのアートの形態は，まさにその本質から，本来は廃棄されるべき不要な雑誌や新聞などすでに使用済みのマテリアルをリサイクルすることで，社会に良いインパクトを与えるものである。

　Margolin（2014）は，データ生成の方法としてのコラージュは，言葉で明確に表現することが困難な子どもや高齢者などに特に適していると述べている。たとえばアートセラピストの Stallings（2010）は，治療的な回想や自己表現の道具として認知症の高齢者

にコラージュを用い，この手法が「クライエントの言語能力や認識能力を超えた表現を可能にする」(p. 140) ことを見出した。コラージュのイメージは，あらゆる年齢の人々に力強い象徴的意味を含んだ作品に使われる幅広い具体的な表現を提供するものである。

またコラージュは，参加者と研究者の双方による意味形成とデータ統合を促す (Margolin, 2014)。Margolin は，参加者の洞察力を引き出し明確に表現するためにコラージュを利用して，それが参加者にとって楽しく自信を持てる方法であることを発見した。研究実践としてのコラージュは，共感を促し，「作品と統合されたデータのつながりを深めた」(2014, p. 268)。

さらにコラージュは，多様な経験の共存，並置，統合を，言語的側面とビジュアル的側面の両方で実現するものである (Chilton & Scotti, 2014; Margolin, 2014)。言葉とイメージを取り込むことで，コラージュは研究に幅と深さを加える。文章とイメージ的なものの並置から，コラージュでは新しいオリジナルな解釈と意味形成が自由にできる (Butler-Kisber, 2008; Chilton & Scotti, 2014; Gerstenblatt, 2013)。したがって，ABR におけるコラージュのもう一つの重要な長所は，「独創性を欠いた意味表示の実践と表現がもつ理論と詭弁を崩壊させ，パロディ化し，それに挑む能力」(Davis, 2008, p. 246) にある。

コラージュは，他の形態のアート制作と同様，伝達が困難あるいは不可能な無意識的または半意識的な経験を仲介し，感覚や具現化された知識にアクセスしたり，または促したりすることを可能にする (Butler-Kisber, 2008; Chilton & Scotti, 2014)。たとえば，ソーシャルワーカーの Gerstenblatt (2013) は，データ生成，分析，表現の方法としてコラージュを利用し，テキサスの田舎に住むアフリカ系アメリカ人の家族の文化と歴史を研究した。またコラージュは，言語・非言語両方の表現を伝達し，「言葉で明確に表現することが困難な，微妙な問題にかかわる方法を研究者と参加者に提供できる」ことを Gerstenblatt は見出した。この理由からコラージュ制作は，自信を与える手段であり，さらにはセラピー治療としての可能性を秘めており，参加者は自分たちの知識が評価され自己表現が重視されていると感じる (Gerstenblatt, 2013; Margolin, 2014)。たとえばコラージュは，研究結果を参加者と共有する方法を与えてくれるため，達成感と共通のプライドを持つことにつながると Gerstenblatt (2013) は述べている。このようにコラージュは，社会的抑圧を遮断し，人々の声や研究への参加を広める手段となる (Leavy, 2008, 2015)。コラージュには表現の具現化モードとしての役割がある (Chilton & Scotti, 2014; Vaughan, 2005)。コラージュは，学術研究の表現に，文章に加えて具現化された実践的な側面を追加することができると Vaughan は述べている。筆者ら (Chilton & Scotti, 2014) は，研究実践としてのコラージュの触覚的特性が，具現化された洞察力とデータの意味形成を促すとし，「ハサミで切る，接着する，書く，テープを貼るなどの行為は，我々が学びを実行し，『実施する』方法であり，同時に材料をアートにトランスフォーム（変容）させることである」(p. 169) と述べる。

研究実践としてのコラージュの限界の一つとして，作業を行うために必要なスキルが挙げられる。コラージュの手法は，たとえば絵画や素描などに比べ表現するという意味では一般的に難易度が低い。一方，視覚的または触覚的な選択や，物理的に素材に細工することなどには特定の能力が必要とされる。あらゆる ABR の実践と同様に，手法を

効果的に参加者に紹介したり，研究結果の広い流布に利用したりできるよう，研究者はコラージュの手法を熟知すべきである。また，リーヴィー（Leavy, 2008, 2015）の助言にあるように，参加者の制作に気を配り作品を尊重することが大切である。

　スキルの上達には，研究者がコラージュの手法に関する背景的な知識を深めて，自分でも実践することをお勧めする。書籍や雑誌，美術学校での個人指導，オンライン動画など，コラージュに関して学ぶためのリソースは多く存在する。その一つとしてPlowman の『The Collage Workbook』（2012）があるが，これはファインアートの手法としてコラージュを使用するための，誰でも入手しやすい実用的な手引きである。デザイン要素に関する解説，プロジェクトのアイデアやイメージライブラリーなどが含まれている。Atkinson らによる『The Collage Sourcebook』（2004）は，実用的なセクションに加え，テキスタイル，ファウンド・オブジェ，オルタード・ブック〔第5章参照〕などのさまざまなコラージュが使用された刺激的な美術作品や図解も掲載された概説書である。コラージュに関するインターネットのブログも多く，オンラインで検索が可能である。効率的に手法を他者に説明できるよう研究者自身が学び慣れることは重要である。そのためにも，参加者に対して使用する前に，色々なリソースを利用してコラージュを制作し，プロセスを経験的に理解することを勧める。

研究例

　ABR では，データ生成，分析，調査結果の表現という，従来の研究過程が不鮮明でかつ絡み合っている場合がある。これらの用語の使用に抵抗を感じている研究者もいる。たとえば，a/r/tography の研究者である Holbrook と Pourchier（2014）は，ポストモダンの探究としてのコラージュの文脈では，データ生成，分析，調査結果の表現を意味する用語として，「収集する（hoarding）」「まとめる（mustering）」「折り畳む／広げる／再び折り畳む（folding/unfolding/refolding）」を提案している。Holbrook と Pourchier が示したように，「コラージュは内面を露わにするものであり，答えを導き出すものではない。したがって，それは常に我々が探究しつづける複数ある継続的なものの一つである」（p. 761）。また，彼らは，コラージュを従来の研究パラダイムとは異なるものとして称える質的研究や ABR 分野の研究者ら（Leavy, 2008, 2015; McNiff, 1998; Sullivan, 2010）と同様に，確実な答えを追求するのではなく多様な解釈と意味を受け入れるものだとしている。

　一方で，ABR の特定のデータ生成，分析，表現に関してもっと透明性と明白さを求める学者もいる（Boydell, Gladstone, Volpe, Allemang, & Stasiulis, 2012）。特に，ABR の初心者である学生や学者らには，もっと具体的な概要が役立つであろう。したがってここでは，構造的アプローチを通してデザイン／手法，分析，表現を説明する例を紹介する。しかしこれらの例は，ABR においてコラージュをどう実行「すべき」か指示するものではない。これらの例は逆に，自分の研究課題や目標に合うよう自分自身のデザインに変更を加えたり制作したりすることを奨励し，インスピレーションを提供するものである。

　『Collage as a Method of Inquiry for University Women Practicing Mahavakyam

Meditation: Ameliorating the Effects of Stress, Anxiety, and Sadness』（2014）は，Margolin のアートに基づく探究調査としての質的研究書である。本書は，研究過程の全範囲において役立つ実践であるコラージュの使用に関する一例を示している。この研究では，ストレス，不安，悲しみと闘っていると自認する6名の女子大学生が，読書，マントラ瞑想，ビジュアル化，ディスカッション，筆記，振り返りのコラージュ（リフレクティブ・コラージュ）などを合わせた8週間の心理教育的なグループ活動に参加した（Margolin, 2014, p. 260）。参加者は，総括的な最終作品として，グループでの経験をコラージュとして表現するよう求められた。材料として雑誌が与えられ，参加者はそこから自由にイメージや文章を選んだ。また，「インスピレーションとして感情，感覚，知覚などを組み入れ，自分のモチベーションや選んだイメージを，判断せずに直感的に作業する」（p. 260）よう促した。コラージュ作品が完成した後，研究者は半構造的インタビューを行い，コラージュのイメージから生じる自分の考えを言葉にして振り返り，説明するよう参加者に求めた。

　データ分析では，初めにビジュアル分析が行われて，次にテーマ分析が行われた。ビジュアル分析の段階では，Margolin（2014）と共同ファシリテーターが主導し，数回会ってアート作品を二人ですべて熟視し，代表的な4作品を選び，ビジュアル分析から共通テーマを見つけ出すという方法で，参加者のコラージュを共同で分析した。この過程には，「使用されたコンテンツ，色，形，空間」（p. 261）など，一般的な要素の調査も含まれた。次に，コラージュに対する参加者のビジュアル的評価を通してテーマ分析が行われた。これにより「観点のシフトまたは拡大，概念 対 経験的理解，瞑想とビジュアル化の力の認知」（p. 262）という3つのテーマが明らかになった。

　また，明白さを向上させるためのリフレクシビティの形として，著者自身によるコラージュ作品の制作も行われた。Margolin（2014）は，研究者兼参加者として自分自身の経験とコラージュ作品を通して，グループでのプロセスを自分がどう認識したかをまとめた。参加者のオリジナルのコラージュとMargolinら自身が制作した個人の振り返りのコラージュの両方を使って調査結果を表現した。データ収集の後にデータ分析の一形態として追加のアート作品を制作した。まとまったテーマが見つかると，コラージュ作品全体と書き出された省察の中に表現した。したがって同研究は，データ生成，分析，表現としてのコラージュの良い例である。

　研究の後期でコラージュを使用したものとして，Gerstenblatt（2013）が行ったソーシャルワーク分野の研究がある。彼女は，社会的構成主義（social constructivism）の観点から，テキサスの田舎に住むアフリカ系アメリカ人家族の土地を題材としたアート・インスタレーションの制作に対する，その家族自身の反応を研究した。この家族の家は40年以上も前に火事で失われ，アート・インスタレーションはその跡地に設置された。研究課題は，「参加者たちの所有する土地にアート・インスタレーションを設置することが参加者に与える影響とは」（p. 302）であった。Gerstenblattは，データ生成の過程で参加者兼観察者としての立場をとり，分析と表現の過程では研究者－アーティストの立場をとった。

　Gerstenblatt（2013）による研究デザインには，質的ナラティブ研究とABRの要素が

418　第Ⅳ部　ビジュアルアート

図 19.4 JB 作コラージュ・ポートレート
Gerstenblatt（2014）より。Copyright © Paula Gerstenblatt. 許可を得て転載

取り入れられ，データ生成の過程で質的な半構造的インタビュー，データ分析と表現の過程でコラージュ制作が行われた。言葉とイメージの両方を利用し，ナラティブとABRが結合することにより，作者の研究者兼アーティストとしてのアイデンティティが一つとなった。「コラージュ・ポートレートの制作プロセスは，振付ダンスと即興ダンスのハイブリッド・パフォーマンスのようなものであり，ナラティブとしての研究デザインの方法的な段階を踏むやり方と，アートの創造に内在する感情的で生成力のあるプロセスを行き来する」(p. 299)。

Gerstenblatt（2013）は，データ分析の方法としてコラージュ・ポートレートを用いた。3家族のメンバーからナラティブを収集し，各参加者のナラティブに基づいて文章とイメージを組み入れてコラージュ・ポートレートを作り出した（**図19.4**参照）。この方法は，参加者の経験を統合することに役立った。「特にこのデータ分析では，情報提供者の回想に即時性を与え，データの断片をもっと完全な形にし，異種のデータを一つのビジュアルとして表現することにコラージュの使用が役立った」(p. 302)。

データ分析の初期段階で，Gerstenblatt（2013）はインタビューの文字起こしを行い，その文字起こしに関するメモを参加者に送った。この段階で，土地と家族の接点を見つけるなど，参加者のストーリーの主要テーマを大まかに理解することができた。さらに

Gerstenblatt は，互いにやりとりできる環境に参加者を置いて，この家族が彼らの土地にいるところを視覚化し，参加者の豊かなストーリーをより深く捉えられるよう具現化した。分析の第二段階では，コラージュ・ポートレートの制作を目的として，写真や保存文書などをじっくりと観察し，主要テーマを説明するような材料を探した。次に，言葉やイメージを用紙の上にテーマ別に並べたり並べ替えたりして，詳細を描き加えることで既存の写真を違う作品にした。インタビューの文字起こし，新聞記事，フィールドノート，写真，保存文書などの文章とビジュアルデータは，コラージュ・ポートレートに取り込まれた。これは，参加者のナラティブと研究者のリフレクシビティの両方を表現した解釈的プロセスであり，インタビュー内で生まれた非言語的な経験を伝達するものであった。

　ポートレート完成後，確認のためにポートレートを参加者と共有した。参加者はポートレートの中に自分たちの経験を見出し，友人や親族とポートレートを共有できたことを誇りに感じていたと，Gerstenblatt（2013）は報告している。したがって，コラージュ・ポートレートを用いた研究結果の表現は，参加型かつ個人的な方法で研究結果を参加者に発表するという目的を果たした。さらにビジュアル表現は，参加者の経験と研究者の省察を重層的なマルチメディアの形式で伝えて，学術書においてその研究結果を共有することを可能にした。コラージュ・ポートレートは参加者の経験を立証し，言葉とイメージの両方を用いて結果を表現した。それによって，「言葉での明確な表現が難しい微妙な問題に取り組むための方法を研究者と参加者に提供する」(p. 306) ことができたのである。この Gerstenblatt の研究は，研究過程の後半部分，すなわち，データ分析と，表現でのコラージュの使用例である。

　以上，あらゆる研究段階でのコラージュの使用方法の例を示し，データ生成，分析，表現におけるコラージュのさまざまな適用例を説明した。次に，コラージュ制作に関する実践面と芸術面の問題点に焦点を移し，異なった研究状況下で研究者がどのようにコラージュを使用できるかを説明する。

実践上の懸念

　例で示したように，コラージュは研究の参加者と研究者の両方が使用できるデータ生成，分析，表現の魅力的な研究方法となりうる。コラージュのアート作品を制作する場合，絵画や素描などのその他のアートに比べて学術的な訓練はそれほど要求されないことが，コラージュをさまざまな人々が広く利用できるものにしている。しかし，コラージュは「誰にでもできる」ものではなく，また「なんでもあり」という手法でもないことを強調したい。データ分析と表現にコラージュを使用する研究者にとっての難題は，それを確かに「美的な力」(Barone & Eisner, 2012; Chilton & Leavy, 2014) を伝えるものにすることであり，これが ABR の潜在的評価規準となる。美的な力とは，喚情的，挑発的，刺激的な力を言い，観客とつながる潜在性を持つものである（Barone & Eisner, 2012）。参加者とのデータ生成方法としてコラージュを使用する研究者にとっての難題は，安全で

刺激的で魅力的なものになるよう，かつ参加者に自信を持たせるようにコラージュを使用することである。次節では，これを可能にするために役立つ実践的な提案を行う。

参加者とともに行うデータ生成／表現としてのコラージュ

研究を実行するには計画と準備を必要とする色々な側面がある。ABRでは，材料の実践的・芸術的側面と文脈内での使用に関してあらかじめ配慮する必要がある。材料の選択によって文脈とコラージュの表現が概ね決定される。したがって，研究者にはコラージュ材料に関連するいくつかの点を考慮することをお勧めする。

提供するイメージの内容

主な影響要素として次のことが挙げられる。どんなイメージを提供するのか。参加者はコンテンツを幅広く選択できるか。さまざまな文化，性別，年齢層の人々を代表するようなイメージか。人，もの，動物，自然な風景，街の風景，抽象的な形などが含まれているか。さまざまな色，テクスチャー，デザイン要素など，視覚的な多様性に富んでいるか。特定のテーマがある場合，そのテーマを表すようなイメージがある。たとえば，チルトン（Chilton, 2014）による感情に関する研究では，いろいろな表情をしたさまざまな人々のイメージが参加者に提供された。また，特定のイメージを特定の参加者に提供する場合，その影響も考慮に入れることを研究者は求められる。提供するイメージがその特定の人々に適しているかどうか。たとえば，子どもやトラウマの影響を受けた人などを対象とする場合，性的，暴力的，その他不安にさせるイメージを避けることを研究者は考慮すべきである。大人向けの雑誌などには驚くほどどぎついイメージの宣伝広告が掲載されていることがあり，新聞には不穏な写真やさらには虐待の被害者らを刺激しかねない暴力的な写真も掲載されている。慈善的で無害な研究の倫理的価値を維持するために，どのようなイメージが参加者に提供されるのかを正確に把握しておくことが望まれる。十分なインフォームド・コンセントのプロセスを経た上で，ショッキングで露骨なイメージの使用を研究者が望む場合もある。もちろん，何を適切と見るかは文化的基準に左右される。研究対象者や研究が意図する観客に対して，研究者はこれらの問題点を認識する必要がある。

イメージの出典元

コラージュ用の図像の出典元はさまざまである。参加者から提供されるもの（個人的な写真，記録資料，個人的なエフェメラなど）もあるし，服の布地，壁紙の切れはし，ドライフラワーなどの材料もある。通常，オリジナルの写真など代替品のないイメージは，コラージュ用に変更を加える前に複製しておくことが勧められる。別の方法として，参加者が使用するための材料やイメージを研究者が提供することも可能である。たとえば

図 19.5　ジョイア・チルトンの博士論文（Chilton, 2014）で使用されたコラージュ材料

　Margolin（2014）は，イメージの出典元として雑誌を研究参加者に提供し，参加者は雑誌を見ながら自分のコラージュ用の言葉やイメージを選ぶことができた。このアプローチの利点は，（提供された雑誌の選択以外には）研究者が選んだイメージが参加者に影響を与えたり，制限したりすることがないという点である。潜在的な欠点としては，雑誌をめくる作業に長時間を要し，参加者は雑誌の文章やその他の内容に気をとられ，コラージュに使用する材料を探すことに集中せずに，自由な時間の活動として雑誌を読み出してしまう可能性がある。コラージュの材料の提供方法のオプションとして，研究者があらかじめイメージを選んで整理しておく方法がある。たとえば，セラピストであるチルトン（Chilton, 2014）や Stallings（2010）がこのアプローチを用いた。チルトンは，「色々な表情の多文化の人々のイメージなどのあらかじめ切っておいた雑誌の写真を仕分けしたもの，コラージュ用紙，柄のあるハンドメイドの紙や繊維など，さまざまなコラージュ材料を選び，11 インチ × 10 インチ（約 28cm × 25cm）の透明なビニール袋に入れて共同研究者に提供した」（Chilton, 2014, p. 336, 図 19.5 参照）。研究者は，コラージュ制作者が使用するイメージの出典元をよく考えることが重要である。

芸術的な留意点

　その他，コラージュ・イメージを接着する用紙やその他の台材など，「支持体」のサイズも考慮すべき点である。たとえば，余白部分に何か書き込みをするなど，既存のコラージュに後で追加することが目的であれば，用紙のサイズは大きい方が好ましい。Stallings（2010）の研究から引用した作品が 図 19.6 に紹介されているが，16 インチ × 24 インチ（約 41cm × 61cm）の用紙を用いたこの作品では，アーティストがイメージの

図19.6 16インチ×24インチの用紙を用いたコラージュ
Stallings（2010）より。The American Art Therapy Association,
www.arttherapy.org より許可を得て転載

間にスペースを残し，互いに視覚的なコミュニケーションをとっているように見える。

　逆に，小さいサイズの画面を用いて，イメージが接近するコラージュ手法や，イメージの重なりを表現することもできる。たとえば，チルトンとスコティの共同研究（Chilton & Scotti, 2014）から引用した作品が**図19.7**に紹介されているが，これは約6インチ×7インチ（約15cm×18cm）の狭い構図の中に重なったイメージを表現したものである。

　さらに，制作スペースも考慮すべき点である。アート制作に適した空間か，また十分な照明や座り心地の良い椅子があるか，不要になった材料を破棄する場所はあるかなどの点が挙げられる。参加者がすべてのイメージを見ることのできる余裕がその空間にあるかどうかも，研究者は確認すべきである。イメージや材料をテーブルの上に並べることができるか，あるいは重ねた状態で提供され，パラパラとめくって見なければならないか。また，参加者の創造性に関心を向けるABRの研究者にとって，時間とプライバシーも考慮すべき点である。

　コラージュ制作には通常，ハサミの使用が必要となる。しかし，小さな子どもや，急性の精神障害のある人，受刑者など，対象者によっては安全面で困難をもたらす場合もある。ハサミはさまざまなサイズや形のものがあり，先が尖っておらず人を刺傷できない安全なものを入手することもできる。ハサミやその他鋭利な道具を一切使用しないために，研究者があらかじめ切り抜いたイメージを提供したり，切る代わりに手でちぎったり裂いたりする方法を参加者に教えることもできる。小さな子どもにハサミの使い方を教えることもできるし，細かな手作業が困難な対象者用には特別な補助のあるハサミも利用できる。また，イメージの切り抜きに正確性を求めるような手先が器用なアーティスト用には，先が尖った鋭い刃のハサミもある。

　鋭利な道具（たとえば，ハサミ，ナイフ，カッターなどの切断用の道具）の他に，接着剤も，参加者や研究者に危険を及ぼす可能性があるコラージュの道具である。広く流通している非毒性接着剤を常に使用し，参加者の安全を確保すべきである。色々なサイズのスティックのりも市販されており，大きめのスティックは細かい作業が困難な対象者に役立つ。逆に，接着剤を正確に付けたいような技術的上級者にはグルーペンも提供できる。代替手段として，透明な剝がせるテープを利用してイメージを貼り付けることもでき，それだとイメージを再配置できるので接着作業が柔軟になる。また，一般的に入手

図 19.7 ヴィクトリア・スコティ作コラージュ
Chilton & Scotti（2014）より。The American Art Therapy Association, www.arttherapy.org より許可を得て転載

可能な色や柄付きのテープ，質感のあるものやメタリックな材質のテープなどを利用することで芸術的な選択が広がる。コラージュは一般的に安全な手法であるが，材料に関するリスクと利点，さまざまなオプションなどを引き続き考慮しなければならない。

プロンプトとテーマの活用

　テーマやプロンプト〔動作・作業を促すもの〕を利用して，コラージュ制作やリフレクシビティの面で参加者を手助けすることができる。研究プロジェクトにはリサーチクエスチョンが不可欠であるが，コラージュの使用はリサーチクエスチョンの答えを探る助けとなる。コラージュを使用する場合，参加者からリサーチクエスチョンの答えを引き出しデータ生成ができるよう明確なテーマを参加者に示すべきである。またデータ生成に続いて，研究者は口頭で質問やプロンプトを投げかけて，参加者が自分のコラージュに対する省察を言葉で表現するよう誘導できる。たとえば，「この材料を利用して，〔関心のあるトピック〕についてコラージュを作ってみてください」などのプロンプトを最初に投げかけ，コラージュの完成後に「自分の作品についてどう思いますか」などの自由形式の質問をするか，あるいはテーマに沿った構造的インタビューで質問する方法もある。

リサーチ全過程での研究者のコラージュ

　コラージュ制作は，研究者がリサーチクエスチョンを構想する際にも役立つ。たとえば，リサーチクエスチョンの構想段階で，研究テーマに関するコラージュを作成して，コラージュの完成後にテーマ全体のどの要素に焦点を当てるべきかなどをコラージュに語りかけ，そしてコラージュがまるで話せるかのようにコラージュとの擬似インタビューを行う。この手法によって，潜在的で直感的な知識を利用して焦点を絞り，研究課題の構想を促す。

　データ分析においても，あらかじめ準備しておいた質問や突発的な質問を問いかけつづけて，データの分析，リフレクシビティ，表現を促すことができる。プロンプトの例としては次のようなものがある。(1)参加者のデータから発生した主要テーマを表現したコラージュを作成する。(2)参加者／研究現場に対する自分の情動反応をコラージュの中に探し出す。(3)コラージュを使って研究結果全体を総合的に表現する。(4)参加者との確認用，または研究知見の普及のために参加者と共用できるコラージュを作成する。

　また研究者は，研究のさまざまな段階で，あるいは研究全体を通してコラージュを利用することができる。最初の段階では，研究を視覚化して概念化できるような具体的なビジュアル的方法を提供したり，文献調査で得た情報をまとめたりする際にコラージュの特性が役立ち，断片化された情報をビジュアルと概念の結合体へと導く。データの分析と表現の過程では，コラージュは省察の場を提供し，データの配置・再配置，データの異種要素間をつなぐものを発見するための実用的な方法を提供する。研究者は，文献調査で得た情報を統合する研究実践（Chilton, 2014）として，Kay（2013b）の作品のように視覚的なフィールドノートとして，または省察のメモやリフレクシビティを促すもの（Margolin, 2014）として，あるいはGerstenblatt（2013）の研究のようにデータ分析と表現を同時に行うプロセスで，コラージュを利用することができる。次に，研究全体を通しての実践としてのコラージュの例を2つ紹介する。

　コラージュをさまざまな方法で研究に利用した例としては，チルトン（Chilton, 2014）の博士論文があり，執筆と文献調査の段階でコラージュを利用している。チルトンは次のように述べている。

　　　このプロセスの初期段階で，Maxwell（2006）が提案するように，それぞれに関連する複雑な探究の領域を概念化するために，私は，テーマを抽出し視覚的に重要な関連性を表現してコンセプトマップを作成した（**図19.8**参照）。このアートによるプロセスは文字通りつながりをマッピングし，そこにある空白を見分け，新しい研究領域を見出すことに役立った。たとえば，上述のマップ上の「変容（transformation）」や「変化（change）」などに秘められた言葉や動きは，研究課題の一部として感情表現のダイナミクスを研究に取り入れることを見極めるのに役立ったのである。(p. 12)

図 19.8 ジョイア・チルトンによる文献調査のコンセプトマップ
Chilton（2014）より。Copyright © Gioia Chilton．許可を得て転載

　Kay（2013b）は，その研究全体を通してコラージュを使用した。研究として生まれつつある段階では，コラージュの手法を使用して研究デザインを視覚化して形づくった（**図 19.9**）。Kay は，「羽のイメージの視覚的なダイアグラムとコラージュは，研究で得たものを包括的な方法で組み合わせることに役立った」（p. 132）と語っている。
　Kay（2013b）は，最初のコラージュに引き続き，研究者のリフレクシビティと分析の道具としてコラージュの使用を進め，学生と教師がアート教育にどの特性を適用するかを理解した。研究終了後，Kay は自分の視覚的リフレクシビティのメモを展示する展覧会を行った。このアート・インスタレーションは，データの再配置が可能な磁石板の上に作られ，そこに研究プロセスが映し出された。最終的には，研究プロセスを表現するものとしてデジタル・コラージュが制作された（**図 19.10**）。
　ここまで説明してきた例は，コラージュを研究実践として使用する場合に研究者が考慮すべき実用的な要点を示したものである。次節では，コラージュに既製のイメージを使う際の倫理の問題に焦点を当てる。

図 19.9 Lisa Kay 作コラージュ。セミの羽，マーカー，薄葉紙
Kay（2013b）より。Copyright © Lisa Kay．許可を得て転載

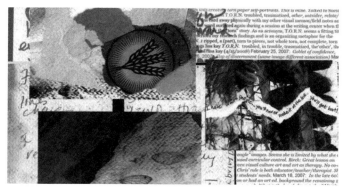

図 19.10 オリジナルのアート作品，省察的文章，手書きメモ，写真を使用した Lisa Kay のデジタル・コラージュ。Copyright © Lisa Kay. 許可を得て転載

倫理の問題

　研究の文脈でコラージュを使用する場合，作品の著作権が色々なレベルで問題となりうる。たとえば，研究参加者が作成するオリジナルのアート作品をどのように扱うかについて，研究者はあらかじめ考えておく必要がある。データ収集を開始する前に，研究参加者がアート作品の使用可能期間に関する情報の説明を受けた上で選択を行う機会が与えられることを，同意プロセスに組み込むことを推奨する。たとえば，自分のアート作品を自分で保管できるのか，アート作品の使用期間，また作者としてクレジットされるのかについては，参加者に伝えておくべきである。場合によっては，参加者の名前が共同研究者としてクレジットに載ることもある。たとえばチルトンの研究（Chilton, 2014）では，5名の共同研究者が関与し，研究結果の展示，発表，出版に参加し，作品のクレジットに名前が載せられた。また，参加者と研究者は，オリジナルのアート作品は最終的にどうなるのか，処分または保管されるのか，またデジタル写真の性質なども明確に理解しておくのがよいだろう。

　コラージュ・アートと研究としてのコラージュに関する著作権の問題も複雑である。他者のアート作品を使用する場合，通常，作者の名前をクレジットに載せる必要がある。このクレジットの原則に常に従うことは困難であり，特に研究という文脈で，コラージュ目的に使用される雑誌の図像など，色々なイメージが使用される場合は難しい。さらに，雑誌の図像を使用する場合，その作者が不明の場合も多い（Butler-Kisber, 2008）。一般的にアート作品は，米国においては作者の死後 70 年間（Landes, 2000），カナダにおいては 50 年間（Butler-Kisber, 2008），著作権が保護されている。しかし多くの場合，研究としてのコラージュは公正使用に該当し，経済的利益は生じない（Butler-Kisber, 2008）。

　Landes（2000）は，アプロプリエーション・アートと著作権に関する経済的観点を説明している。Landes によると，アプロプリエーション・アート（コラージュ・アートを含む）の独特の特徴は公正使用の原則に該当する。その原則には，(1) 複製ではなく独自の作品を創造すること，そして (2) 複製でなく，単一の作品を創造することなどが含ま

表 19.1　著作権フリーの図像に関する無料のオンラインリソース

タイトルと説明	ウェブサイト URL
Free Range Stock：著作権フリーのデータベース。個人利用および商業用途にほとんどのものが無料で利用できる	https://freerangestock.com
U.S. Library of Congress Image Database（連邦議会図書館イメージデータベース）：アート作品，プリント，人物・場所の歴史的写真	www.loc.gov/pictures
Library of Congress Flickr Photostream：人物・場所の歴史的写真	https://www.flickr.com/photos/library_of_congress/
Reusable Art：年代物のイメージやイラストがカテゴリー別に簡単に閲覧できる。カテゴリーには，人物，動物，植物，昆虫，文字・アルファベットなどがある	www.reusableart.com

れる。さらに，作品を評価やパロディーに使用する場合にも公正使用の原則が該当する。総じて，独特の特徴があることは経済的利益の原則となる。先に述べた例は，通常，ファインアートの文脈ではアプロプリエーション・アートに適用されるが，研究の文脈では特に適用されることはない。ABR におけるコラージュ制作は通常，経済的利益，複製または販売の目的ではなく，研究，知識生成教育，また知識変容の目的で行われるため，多くのケースで公正使用の原則が適用される。しかしこの点は明確に言明されてはいない。ABR でのコラージュの活用が増えるにつれて，研究者が研究でのコラージュイメージの使用に関する指針から得る利点は多くなるだろう。Butler-Kisber が提案するように，「これは，研究者にとってプロジェクト開始前のパラメーターとして役立ち，まだ明白になっていない倫理の問題を発見する助けとなるであろう」(2008, p. 274)。

　著作権に関する問題を避けたい場合には，パブリックドメインや著作権フリーのリソースから図像を利用することもできる（**表 19.1** 参照）。

今後の展望

　コラージュを利用する研究者にはまだ難題が残っている。この方法はまだ新しいものであり，一定のアプローチは開発されているが，ガイドラインはほとんどない。これは，ABR にガイドラインは必要なのかというさらに大きく厄介な問題につながる。そして，それは何をともなうのか。我々は ABR における多様性を評価するが，統一された条件は創造性と変革を制限すると考える。その一方で ABR でのコラージュには体系的で厳格なアプローチが必要であると考える。そうでなければ，それは研究ではなくアートになってしまう。どのような場合でもアート制作は一般的に有益な活動であると思われるが，アートによる実践を研究とみなすには厳格さや明確性が必要となる。したがって，査定と評価に関する問題点がまだ残る。しかし，コラージュを用いた ABR の先駆者である Butler-Kisber（2008）は，評価の取り組みの一環として，「コラージュに特定の焦点

を当て，ABR の評価規準をビジュアルイメージの評価規準に統合」することを推奨している（p. 273）。ABR でのコラージュに特化した評価規準にさらに取り組み，展開を進めていくことに我々は同意する。また研究者は，ビジュアルイメージに関する現行の評価規準の知識を広め，その規準が自分の研究に適しているかを見極める必要がある。研究実践としてコラージュを利用する研究者は，透明性を高め研究コミュニティが今後も見聞を広めるためにも，全体的な研究方法を明確にすべきである。

本章では，ABR におけるコラージュの歴史，理論および実践に関する大要を示した。定義，実例，図版を紹介して，理論的で実践的なガイドを研究者に提供してきた。コラージュはさまざまな分野に適用可能であり，研究におけるアートに基づく実践として重要な地位を得てきている。また本章では，データ生成，分析，表現にコラージュを利用する方法の利点や問題点も紹介した。まとめとして，我々は ABR でのコラージュの利用を歓迎する。その手軽さ，また新しいアイデアを創造する有益性から，ABR でのコラージュの採用は今後も引き続き増えていくであろう。

＊訳注
1. エフェメラ（ephemera）は一時的な筆記物および印刷物で，長期的に使われたり保存されたりすることを意図していないものを指す。しばしば収集の対象となり，その例としては，しおり，グリーティングカード，手紙，写真，葉書，ポスター，チケット，パンフレット，チラシ，マッチ箱などが挙げられる。

文献

Atkinson, J., Harrison, H., & Grasdal, P. (2004). *Collage sourcebook: Exploring the art and techniques of collage*. Hove, UK: Apple Press.

Badley, G. (2015). Conversation piece? *Qualitative Inquiry, 21*(5), 418–3425.

Barone, T., & Eisner, E. W. (2012). *Arts based research*. Thousand Oaks, CA: SAGE.

Boydell, K. M., Gladstone, B. M., Volpe, T., Allemang, B., & Stasiulis, E. (2012). The production and dissemination of knowledge: A scoping review of arts-based health research. *Forum: Qualitative Social Research/Sozialforschung, 13*(1). Retrieved from www.qualitative-research.net/index.php/fqs/article/view/1711/3329.

Butler-Kisber, L. (2008). Collage as inquiry. In G. Knowles & A. Cole (Eds.), *Handbook of the arts in qualitative research: Perspectives, methodologies, examples, and issues* (pp. 265–276). Thousand Oaks, CA: SAGE.

Butler-Kisber, L., & Poldma, T. (2010). The power of visual approaches in qualitative inquiry: The use of collage making and concept mapping in experiential research. *Journal of Research Practice, 6*(2), Article M18.

Chambers, C., Hasebe-Ludt, E., Donald, D., Hurren, W., Leggo, C., & Oberg, A. (2008). Métissage: A research praxis. In G. Knowles & A. Cole (Eds.), *Handbook of the arts in qualitative research: Perspectives, methodologies, examples, and issues* (pp. 141–153). Thousand Oaks, CA: SAGE.

Chilton, G. (2014). An arts-based study of the dynamics of expressing positive emotions within the intersubjective art making process. Doctoral dissertation, Drexel University, Philadelphia, PA.

Chilton, G., & Leavy, P. (2014). Arts-based research practice: Merging social research and the creative arts. In P. Leavy (Ed.), *The Oxford handbook of qualitative research* (pp. 403–422). New York: Oxford University Press.

Chilton, G., & Scotti, V. (2014). Snipping, gluing, writing: The properties of collage as an arts-based research practice in art therapy. *Art Therapy, 31*(4), 163–171.

Davis, D. (2008). Collage inquiry: Creative and particular applications. *LEARNing Landscapes, 2*(1), 245–265.

Davis, D., & Butler-Kisber, L. (1999, April). *Arts-based representation in qualitative research: Collage as a contextualizing analytic strategy.* Paper presented at the annual meeting of the American Educational Research Association, Montreal, Quebec, Canada.

Denzin, N. (2001). The reflexive interview and a performative social science. *Qualitative Research, 1*, 23–46.

Denzin, N. K., & Lincoln, Y. S. (Eds.). (2011). *The SAGE handbook of qualitative research* (4th ed.). Thousand Oaks, CA: SAGE.

Elkis-Abuhoff, D. L. (2008). Art therapy applied to an adolescent with Asperger's syndrome. *Arts in Psychotherapy, 35*(4), 262–270.

Gerstenblatt, P. (2013). Collage portraits as a method of analysis in qualitative research. *International Journal of Qualitative Methods, 12*, 294–309.

Greenberg, C. (1961). Collage. In *Art and culture: Critical essays* (pp. 81–95). Boston: Beacon.

Harrison, H., & Grasdal, P. (2003). *Collage for the soul: Expressing hopes and dreams though art.* Gloucester, MA: Rockport.

Holbrook, T., & Pourchier, N. (2014). Collage as analysis: Remixing in the crisis of doubt. *Qualitative Inquiry, 20*(6), 754–763.

Hopkins, B. (1997). Modernism and the collage aesthetic. *New England Review, 18*(2), 5–12.

Kay, L. (2009). Art education pedagogy and practice with adolescent students at-risk in alternative high schools. Doctoral dissertation, Northern Illinois University, DeKalb, IL.

Kay, L. (2013a). Bead collage: An arts-based research method. *International Journal of Education and the Arts, 14*(3). Retrieved from www.ijea.org/v14n3.

Kay, L. (2013b). Visual essays: A practice-led journey. *International Journal of Education through Art, 9*(1), 131–138.

La Jevic, L., & Springgay, S. (2008). A/r/tography as an ethics of embodiment: Visual journals in preservice education. *Qualitative Inquiry, 14*(1), 67–89.

Landes, W. L. (2000). *Copyright, borrowed images, and appropriation art: An economic approach* (John M. Olin Program in Law and Economics Working Paper No. 113). Chicago: University of Chicago Law School.

Larsen, E. E. (2010). Text and texture: An arts-based exploration of transformation in adult learning. Unpublished doctoral dissertation, Lesley University, Cambridge, MA.

Leavy, P. (2008). *Method meets art: Arts-based research practice.* New York: Guilford Press.

Leavy, P. (2015). *Method meets art: Arts-based research practice* (2nd ed.). New York: Guilford Press.

Lévi-Strauss, C. (1966). *The savage mind.* Chicago: University of Chicago Press. (Original French version published 1962)［レヴィ＝ストロース，C.，大橋保夫（訳）(1976)．野生の思考　みすず書房］

Linesch, D. G. (1988). *Adolescent art therapy.* Hove, UK: Psychology Press.

Lionnet, F. (1989). *Autobiographical voices: Race, gender, self-portraiture.* Ithaca, NY: Cornell University Press.

Malchiodi, C. (2006). *Art therapy sourcebook.* Boston: McGraw-Hill.

Margolin, I. (2014). Collage as a method of inquiry for university women practicing Mahavakyam Meditation: Ameliorating the effects of stress, anxiety, and sadness. *Journal of Religion and Spirituality in Social Work: Social Thought, 33*(3–4), 254–273.

McLeod, K., & Kuenzli, R. (Eds.). (2011). *Cutting across media: Appropriation art, interventionist collage, and copyright law.* Durham, NC: Duke University Press.

McNiff, S. (1998). *Art-based research.* London: Jessica Kingsley.

Plowman, R. (2012). *The collage workbook.* New York: Lark Crafts.

Rippin, S. (2012). Eliza, Anita and me: An art investigation into using portraiture as a research method in organization studies. *Culture and Organization, 18*(4), 305–322.

Seiden, D. (2001). *Mind over matter: The uses of materials in art, education and therapy.* Chicago: Magnolia Street.

Stallings, J. W. (2010). Collage as a therapeutic modality for reminiscence in patients with dementia. *Art Therapy, 27*(3), 136–140.

Sullivan, G. (2010). *Art practice as research: Inquiry in visual arts.* Thousand Oaks, CA: SAGE.

Vaughan, K. (2005). Pieced together: Collage as an artist's method for interdisciplinary research. *International Journal of Qualitative Methods, 4*(1), 27–52.

Weingrod, C. (1994). Collage, montage, assemblage. *American Artist, 58*, 18–22.

Yardley, A. (2008). Piecing together—A methodological bricolage. *Forum: Qualitative Social Research, 9*(2). Retrieved from www.qualitativeresearch.net/index.php/fqs/article/view/416/902.

第20章

インスタレーション・アート
旅は終わらない

....

● ジェニファー・L・ラパム（Jennifer L. Lapum）

訳：馬定延

　　一度旅をすると，その旅は終わることなく，最も静かな部屋の中で何度も繰り広げられる。心は旅から離れられない。　　　　　　　　—— PAT CONROY（1986, p. 127）

　心と身体に永続的な影響を与える経験に私たちを導くインスタレーション・アートの究極的な意図を捉えた点において，私は Conroy の『The Prince of Tides（潮流の王者）』の一節に共感を覚える。芸術様式としてのインスタレーション・アートは，私たちに強烈かつ明らかな影響を与えると同時に，より静かで目立たない形で働きかける。しかしその効果はすぐには感知できない。

　2015 年 5 月，私はカナダのトロントにあるレイクショア精神病院の共同墓地で《不在の視覚化（Visualizing Absence）》というインスタレーション作品（**図 20.1 を参照**）の中を歩いた。1890 年から 1974 年の間にその病院で亡くなり，ほとんどが碑銘のない墓に埋葬された 1511 人，その一人ひとりのためにアーティストたちが一本ずつ白い紙でできたユリの花を植えた。

　　「賑わう交差点の道を渡ったところで，共同墓地の名称が書かれたアーチ型の門にたどり着いた。黒い錬鉄でできた柵越しに覗き込みながら，自分がその聖なる土地を邪魔することになるかもしれないと思い，私は立ち止まった。門を開けて，芝生の上に広がるユリの花に導かれ，思わず歩き回りはじめた。最初に見た碑銘のない墓には，19 という数字が書かれていた。疎外され，隔離され，時には非人道的な治療を受けざるを得ない悲惨な状況に密かに置かれた，これらの人々のそれぞれの生と死を想像しながら，信じられないほどの悲しさを感じ，思わず涙ぐんでしまった。そのときに墓地にいたのは自分一人だったのにもかかわらず，ぞっとするほど他人の存在を感じていた。石碑の静寂とそこから感じられる終末の感覚とは対照的に，鳥たちのさえずりと遠くの車の音を聞きながら墓地の奥まで歩いて個々のお墓を訪れるうちに，私は平穏な感情を抱きはじめた。」

図 20.1　《不在の視覚化（Visualizing Absence）》

　私は再び Conroy（1986）の一節を思い出す。白いユリの花の間を歩いたその旅が，いまでも自分の身体と心の中に鳴り響く没入的な体験だったからだ。Conroy の言葉を借りれば，時にその経験は最も静かな部屋の中や魂の隅々に流れ込み，予期せぬときに潮の満ち引きのような余韻を残す。研究分野におけるインスタレーション・アートの力を考察するにあたって，私が想像するのはこのような効果である。私はたびたび，ユリの花と碑銘のない墓の間に立っていたあの瞬間に引き戻される。そして，7024 番目の患者を 7024 番目の患者のように感じないようにするために，その体験的な出会いを私自身の仕事の中に適用するよう背中を押されるのである。それについては後で詳しく説明しよう！

　医療・社会科学の研究におけるインスタレーション・アートの方法論的な使用には，短いが豊かな歴史がある。芸術の領域におけるその影響を考えると，社会学，教育，医療関連の研究分野におけるインスタレーション・アートの役割には，まだ実現されていない可能性があるように思われる。その新規性ゆえに，それは研究者が使うにはなじみがなく，疑わしく，物議をかもすところがあるが，それと同時に好奇心を刺激し，力強くて挑発的である。本章の中で私は，インスタレーション・アートを通して探求し，制作し，さまよった自らの旅へ読者を誘う。まず，インスタレーション・アートの概念化と特徴を概観した後，医療・社会科学研究分野における採用という点に移り，簡単に説明する。次に，《7024 番目の患者（The 7,024th Patient）》《アルツハイマー・プロジェクト（The Alzheimer's Project）》《アウト・フロム・アンダー：社会の底辺から解放されて（Out from Under）》《ハイブリッド・ボディ（Hybrid Bodies）》を含む，いくつかのインスタレーション・アートの事例について論じる。最後に，インスタレーション・アートと研究分野における設計，解釈，表象をめぐる方法論的な問題点について考察する。

インスタレーション・アートの概念化と特徴

「インスタレーション・アート」とは，広義かつ広範にわたる用語（Malpas, 2007）であり，それを芸術の特定の類型として分類することや明確に定義することは難しい。Bishop（2014）は，特に見た目にまつわる混合性ゆえに，その用語の意味を定義することは不可能だとまで言った。多様な展示場所だけでなく，制作と設計に異なる素材や技法を組み合わせたミクストメディア（mixed media）のアッサンブラージュが使われることがある（Tate, n.d.）という側面から，インスタレーション・アートの見え方を定義する決まった外観は存在しない。次節で詳述するが，インスタレーション・アートの概念化と特徴を明確に例示して説明することのできる図がある。その最も大規模かつ独特な事例を示すウェブサイトが以下の2つである。

www.mymodernmet.com/profiles/blogs/10-most-stunning-art-installations-in-2013

www.designboom.com/art/top-10-art-installations-of-2016-12-14-2016

他の芸術ジャンルと差別化されるインスタレーション・アート固有の特性は，「個別の芸術様式の展示ではなく，完全に統合された一つの体験であること」（Tate, n.d., para. 2）である。インスタレーションは，それが置かれた空間と要素のアッサンブラージュを含め，完全な統一体として見られるように設計される（Bishop, 2014）。アーティストは，体験的，没入的，感情的な出会いをつくり上げようとする願望を持って，作品を美学的に設計する（Bishop, 2014; Cole & McIntyre, 2004; Tate, n.d.）。Bishop（2014）によると，静観以外の行動を禁じられた受動的かつ孤立した観客とは対照的に，インスタレーションでは身体化された観客を前提として制作される。Cole と McIntyre（2004）は，インスタレーション・アートが諸感覚を刺激して省察と意味形成を引き起こすところに，美学的静観の役割があると論じた。このように，インスタレーション・アートは，観客の感覚を刺激する複合的な感覚経験である（Bishop, 2014; Long, Goldsworthy, & Tylicki, 2010）。たとえば，美学的な設計のために音と光が広く使われ，時には嗅覚，触覚，味覚までもが使われる。

インスタレーション・アートは，室内でも屋外でも展示されることができ，天然素材と／または合成素材のようなミクストメディアで構成された芸術形式である（Encyclopedia of Art, 2015）。たとえば，《不在の視覚化》は合成素材と有機素材を組み合わせて屋外に展示された。紙で作った白いユリとその周辺の墓地の自然環境が，そのインスタレーションの本質的な要素である。サン＝ポール・サン・ルイ教会で開かれた「ニュイ・ブランシュ・パリ」で Robert Stadler（ロバート・スタッドラー）は，観客が空間の中を動くとランダムな模様が大きな疑問符に変化するように，光る球体のインスタレーションを配置した（https://www.robertstadler.net/all/exhibitions-installations/Nuit-Blanche-Paris/）。ミクストメディアは，音，光，視覚芸術の様式から得られる（Bishop, 2014）。たとえば，Bill Viola（ビル・ヴィオラ）の《Science of the Heart（心の科学）》というインス

タレーション（Harris, 2008）では，レトラクター（開創器）で開かれた胸と不規則的に鼓動する心臓の映像が投影されており，会場に入る前からその脈動を聞くことができる。インスタレーション・アートの中に用いられる諸芸術様式の多様性には，写真画像，詩，パフォーマンス，彫刻，絵画，物語，オブジェ，デジタル／ビデオ／フィルム／音などの組み合わせが含まれる（Bishop, 2014; Encyclopedia of Art, 2015）。

　インスタレーション・アートの視覚的・文化的な実践では，しばしば空間の変容に焦点が当てられる（Bishop, 2014; Long et al., 2010; Malpas, 2007; Tate, n.d.）。一部のインスタレーションには，作品に完全に没入するために空間の中に物理的に入ったり，動き回ったりする必要のある三次元の作品もある（Bishop, 2014; Coulter-Smith, 2006; Tate, n.d.）。また，空間よりも音と映像ベースのメディアで実装された，没入的な経験に重点を置く二次元形式の作品もある（Coulter-Smith, 2006）。インスタレーション・アートの概念化は，特にその芸術様式が非芸術分野で取り上げられることによって継続的に進んでいる。

インスタレーション・アートの歴史 —— 研究の世界への移行

　インスタレーション・アートの歴史は 20 世紀全体にわたるものだが，それを説明する用語は 1960 年代までなかった（Bishop, 2014）。記録に残る最初期のインスタレーションに，1923 年にベルリン駅で制作された El Lissitzky（エル・リシッキー）の《Proun Room（プロウン・ルーム）》がある（Encyclopedia of Art, 2015）。Lissitzky は，部屋の中に幾何学的形態を用いて建築の要素と美術の要素を組み合わせ，観客に浮遊しているかのような感覚を与えた。他方，インスタレーション・アートというジャンルは数万年前の洞窟壁画から始まったという見解もある（Rosenthal, 2003）。その後，このジャンルは，自然環境に焦点を与えてその中で展開される環境芸術（Malpas, 2007）の出現によって確立された（Reiss, 1999）。近年の事例として，《The Fallen Project（戦死者プロジェクト）》を取り上げることができる（Wardley, 2013）。これは，2013 年の平和の日に追悼の形式として，アーティストとボランティアが北フランスの海岸に砂で 9000 個の身体を模したものを作って，第二次世界大戦の D デー〔連合軍がドイツ占領下のフランス・ノルマンディーに大規模な上陸作戦を開始した 1944 年 6 月 6 日〕に亡くなった人を表現したものである。

　インスタレーション・アートが建築，ランド・アート，環境芸術，演劇，パフォーマンス・アート，彫刻，絵画などと接続された複数の歴史を持っているがゆえに，その始まりは複雑である（Bishop, 2014; Long et al., 2010; Malpas, 2007）。たとえば，芸術様式を進化させたことで有名なコンセプチュアル・アーティストの Marcel Duchamp（マルセル・デュシャン）は「ファウンド」オブジェを芸術に変えた（Encyclopedia of Art, 2015）。物議を醸したインスタレーション《Fountain（泉）》では，陶器の便器が美術館で展示された。Allan Kaprow（アラン・カプロー）の有名なマルチメディア作品は，部屋全体を埋め尽くすことによって芸術のジャンル概念を揺さぶり，環境と観客が作品の一部になることを示した（Bishop, 2014; Reiss, 1999）。もう一つの重要な例は，これも Marcel Duchamp の主導で 1938 年に始まったシュルレアリスム展である（Bishop, 2014）。これらの展覧会

第 20 章　インスタレーション・アート　435

が，床に散らかった葉っぱとコルクで囲まれた場所に，天井から1200個の汚れた石炭袋が吊り下げられるという，夢のような空間を部屋の中に作り上げることによって，美術館の空間をそうとは認識できないほど完全に変貌させたと，Bishop（2014）はコメントする。この暗い空間の壁には絵画がかけられており，各コーナーにはフランス式のアンティーク・ベッドが置かれていたが，その一つのそばには睡蓮の池があった。さらに，コーヒーを焙煎する匂いと精神病院収容者のヒステリー発作の録音によって，観客の感覚が刺激された（Bishop, 2014）。

1970年代と1990年代の間にインスタレーション・アートは，ギャラリーと美術館だけでなく，主要なデータベースや辞書の索引の中にも頻繁に使われたり，取り上げられたりするようになった（Reiss, 1999）。1990年代に，インスタレーション・アートの受容と評価が格式高い美術界に広がったことと，それが医療・社会科学の研究分野において採用されるようになったこと，この2つの変化はほぼ同時期に起きたように見える。このような変化は，教育，医療，社会科学研究の領域で注目された，アートインフォームド・リサーチの急成長とも時期を同じくしていた（Boydell, 2011）。1990年代後半に参照されたインスタレーション作品はわずかであったが，2000年に入ってからは着実に制作されてきた（たとえば，Bell, 2011; Church, 2008; Church, Panitch, Frazee, & Livingstone, 2010; Cole & McIntyre, 2006; Goldhahn, 2009; "Hybrid Bodies" Project, n.d.; Lapum et al., 2014; Lapum, Ruttonsha, Church, Yau, & Matthews David, 2012; Mandlis, 2009; Parsons, Heus, & Moravac, 2013; Ponto et al., 2003; Robinson et al., 2008）。これらの事例は概して医療，障害，教育分野に集中しているようであった。

研究者は，アーティストから触発されて，芸術的思考と芸術的形式の両方が，科学的思考，過程，結果において研究にいかなる影響を与えるかを考察してきたことが知られている。最近の文献は，有効な研究普及の形式としてインスタレーション・アートに注目している（Church et al., 2010; Cole & McIntyre, 2006; "Hybrid Bodies" project, n.d.; Lapum, Ruttonsha, et al., 2012; Parsons et al., 2013）。インスタレーション・アートの固有の特徴は，観客にとって感情的，本能的，経験的な出会いを生み出す能力にある（Cole & McIntyre, 2004; Degarrod, 2013; Lapum et al., 2014; Ntalla, 2014）。その喚起的な特性によって，思考と先入観を混乱させることもできる（Lapum, Ruttonsha, et al., 2012; Percy-Smith & Carney, 2011）。観客は批判的に省察し対話することを促される（Cole & McIntyre, 2004; Slattery, 2001; Townsend, Thomson, & "Get Wet" team, 2015）。Pontoら（2003）は，インスタレーション・アートが癌のように難しい話題に関する対話の切り口を提供したことに言及した。また，インスタレーション・アートは，観客を体験の中に誘導する新規性と可能性によって（Lapum et al., 2014），より広範囲な研究成果の普及を促進するとも指摘される（Bruce et al., 2013）。

インスタレーション・アートの事例

この節では，医療・社会科学研究の文脈における4つのインスタレーション・アートの事例を取り上げる。最初の事例は，私自身が率いた《7024番目の患者》である。そ

の次に紹介する3つの事例は，私が直接見る機会に恵まれた《アルツハイマー・プロジェクト》《アウト・フロム・アンダー：社会の底辺から解放されて》《ハイブリッド・ボディ》というインスタレーション作品である。

《7024番目の患者》

大規模のインスタレーション作品《7024番目の患者》において，私は主任研究者，詩人，キュレーターを務めた（**図20.2**と**20.3**を参照）。このプロジェクトは患者の開心術とその回復の経験に関する研究から発展し，当初は伝統的な形式で発表された（Lapum, Angus, Peter, & Watt-Watson, 2010, 2011）。調査結果が新しいものではなかったため，私はインスタレーション・アートに内在する創造的な普及方法に関心を持った。それが実践に対してより大きな影響を与えられる可能性を持っていたからだ。インスタレーションのタイトルは，基本研究で得られた，患者のケアに対する人道的なアプローチの重要性に関する主要な発見から付けた。調査に参加したある人が，たとえ自分が7024番目の患者になったとしても「7024番目の患者」のようには扱われたくないと言ったのである（Lapum, Ruttonsha, et al., 2012）。

《7024番目の患者》を設計，構築するために私の率いた学際的協働には，看護師・詩人（私），デザイン戦略家，心臓血管外科医，身体と障害に注目する社会科学者たちからなる調査チームが含まれていた。また，医療従事者と患者を含む有識者の諮問チームも組織された。学際的チームとの協働により，最初から最後までのプロセスにおける分析的厳密性と認識論的感受性が保証された。なお，諮問チームに意見を求めることは，関心のある有識者層に合わせて普及戦略が調整されているかを確認するためにも重要だった。

私のチームは，《7024番目の患者》というインスタレーション作品を設計・構築す

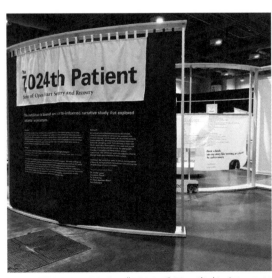 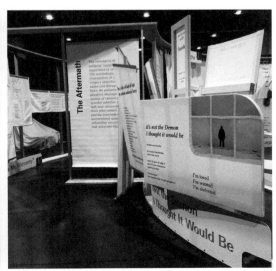

図20.2，20.3　《7024番目の患者（The 7,024th Patient）》

るために（Lapum, Ruttonsha, et al., 2012），アートインフォームドかつナラティブのレンズ，つまり芸術から学び，物語を通じて受け手に伝えるという手法を用いた（Bresler, 2006; Greene, 1995; Lieblich, Tuval-Mashiach, & Zilber, 1998）。医療サービスにおける研究実施に関する行動促進（The Promoting Action on Research Implementation in Health Services: PARIHS）の理論的枠組みが，知識から実践への効果的な翻訳を促すために用いられ，そこでは証拠，文脈，促進と関連する諸要素の間の相互作用と影響が強調された（Kitson et al., 2008; Rycroft-Malone, 2004）。設計過程において推進力となったのは，心臓手術を受けて回復することがどのようなことなのかを感じられるように，観客が患者の経験の中に没入できるインスタレーションを創作することだった。

反復プロセスが採用されたが，私は患者たちの話を，詩に翻訳することから始めた。その基となったのは，研究の鍵となる物語のアイデアと手術前から心臓手術後の自宅療養期間に至るまでの時系列の流れである。デザイン戦略家と数十回の打ち合わせをして，その詩を共有しつつ，写真画像のコンセプトと全体的なインスタレーションの設計に関する分析的な議論を行った。設計段階には，研究チーム全員と諮問委員会との会議も組まれた。写真画像は，詩を通じて表現された患者経験の隠喩的表象として設計された。インスタレーションのコンセプトとして，身体の象徴的な中心（すなわち心臓）と患者経験（すなわち手術室）という患者の旅を観客が追体験できるように，迷路のパターンが選ばれた。観客は，回復への曲がりくねった道を進み，再び入口付近から出ることになるが，そのときには，彼らは本質的に変化していることになる。インスタレーションの構造物は，バルト海地方のカバ材とアルマイト〔酸化被膜処理されたアルミニウム〕で作られ，人間の身体の有機的な性質と，病院での定型化された手順の機能一点ばりの感じを対照的に表した。インスタレーションは，1700平方フィート（約158㎡）の面積で，9.5フィート（約3m）の高さであり，垂れ幕と彫刻に詩と画像が印刷された。その後，詩と写真画像の多くは出版された（Lapum, Church, Yau, Matthews David, & Ruttonsha, 2012; Lapum, Church, Yau, Ruttonsha, & Matthews David, 2013; Lapum, Yau, & Church, 2015; Lapum, Yau, Church, Ruttonsha, & Matthews David, 2015）。

研究普及の一形式としてインスタレーション・アートを制作することは，小さなアイデアとして始まったものであったが，私がこの展覧会に初めて足を運んだときにそれは文字通り生き返った。プロジェクトのリーダーとして，詩人として，設計プロセスのすべての要素に密接に関わってきたのにもかかわらず，私はプロジェクトの集大成から深い影響を受けたのである。

　　「インスタレーション作品の中を歩きながら，圧倒されるような感覚を覚えた。それはまるで自分が患者の経験の一部になったかのように自分を取り囲む，9.5フィートに及ぶ等身大のものであった。私は心臓手術をめぐる患者の旅の迷路を歩いた。私は過去に手術をした患者をケアする看護師としてこの道を歩んだことがあり，いまこの空間の中で美的かつ視覚的に生きている言葉を話した患者たちにインタビューをしたことがある。いま私は，彼らの話を初めて聞いたリビングやキッチンに引き戻されている。患者の観点から心臓手術の話を再び想像し，観客と同様の

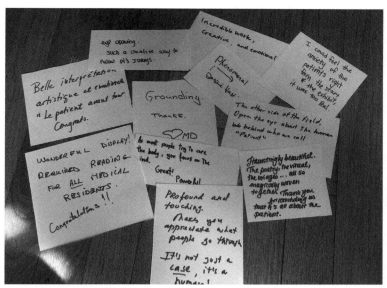

図 20.4　観客の反応

希望を感じている。」

《7024 番目の患者》は，カナダの心臓血管プログラムをもつ 2 つの大都市の病院で，そしてアメリカの国際質的研究学会（International Qualitative Conference）と，最近ではカナダのトロントにおけるカナダ心臓血管会議で展示された。医療従事者，研究者，教育者，管理者，アーティスト，患者と家族など，3000 人以上の人がインスタレーションを鑑賞した。アートを活用したアートインフォームドな普及方法としてのインスタレーションの可能性について，知識翻訳（knowledge translation: KT）が行われた。他のところに詳しく書いたように，観客はインスタレーションに対して強い感情的かつ本能的な反応をしたことが明らかになった（Lapum et al., 2014）。インスタレーションに対する最近の反応を確認するために，図 20.4 を参照してほしい。さらに，私の研究チームは，インスタレーションが実践にどのような影響を与えたかを理解するために，視覚的かつ分析的手法として絵を用いた物語のマッピングを採用した（Lapum, Liu, et al., 2015）。このプロジェクトの中で私たちは，このインスタレーションが，コミュニケーションを重視する支持的な介入に関連して心臓血管学における環境設定に実質的な修正が施されるきっかけになったことを知った。プロジェクトの現在進行形の情報とその他のアートベースのプロジェクトについては，Twitter〔現 X〕@7024thpatient で参照できる。

《アルツハイマー・プロジェクト》

研究の文脈において私が初めて鑑賞したインスタレーション作品は，トロント大学の教育学者，Ardra Cole と Maura McIntyre による《アルツハイマー・プロジェクト》（図 20.5）であり，当時，隠れ詩人だった私は，研究において芸術がもちうる役割に関心

図 20.5 《アルツハイマー・プロジェクト（The Alzheimer's Project）》
写真：Ardra Cole

を持った。《アルツハイマー・プロジェクト》は，アルツハイマー病を患う人々のためのケアに対する自伝的記述を描写したミクストメディアのインスタレーションである（Cole & McIntyre, 2006）。インスタレーションは，カナダの3つの州の公共空間で展示され（Cole & McIntyre, 2006），初期バージョンはカナダのトロントで展示された。

《アルツハイマー・プロジェクト》は，アルツハイマー病と診断されて亡くなった母親の介護の経験に関する話を書き，写真とともに共有した2人の教授／研究者によって始まった（Cole & McIntyre, 2006）。Cole と McIntyre は，他の人々の物語だけでなく，自分自身の自伝的記述を表象し，介護の複雑さにまつわる知識のデータベースに寄与する形式として，インスタレーション・アートに関心を持った。美的静観というアイデアは，観客がインスタレーションに対する自らの反応について深く省察，共有，記録するように促す設計上の特徴であった（Cole & McIntyre, 2004）。

「《アルツハイマー・プロジェクト》のインスタレーションを見るために最初にビルに入ったときには，少し方向感覚を失ってしまった。立ち止まって空間を観察すると，見慣れたオブジェが目に入るが，この空間ではなぜかそれらが異様に見えるのである。洗濯紐，折りたたみ椅子，洗濯物入れ，冷蔵庫のドア，額装された一連の絵画が見える。洗濯紐に沿って目を動かすうちに，自分がその端から端まで歩いていることに気づく。おむつ，肌着，パンツ，ブラジャーなどの下着が，若い時のものから老いた後のものまで時系列にぶら下がっている。複数のホックがついたブラジャーを見ると，不思議に自分の母のことを思い出す。赤ちゃんのおむつと大人のおむつの対照に衝撃を受ける。個人的にも，職業上も，私は加齢とアルツハイ

マー病が必ずしも愉快なものではないことを経験的に知っている。いくつかの記憶が蘇る。私は病院にいて，12歳である。私のナナが私に叫んでいる。彼女は私が誰なのかを知らない。いま85歳の私の母は，自分がアルツハイマー病になることを心配している（私はその恐怖を彼女から受け継いだ）。最後に，私は長期介護施設で夜間勤務をしていたときのことを思い出した。美しくて優しい女性が混乱して眠れなくなり，私に怒鳴りながら牛乳のコップを投げつけたのだ。午前2時，私は牛乳でずぶ濡れになった。」

　当初，私はアルツハイマー病の分野における介護の本質と，介護におけるアートの活用を調べることができるかを知るために，このインスタレーション作品を体験した。いま振り返ってみると，それが芸術の体験的な性質との遭遇だったことに気づかされる。私は，ある程度，物語の一部となっていた。冷蔵庫のドアのマグネットに印刷された絵を見ながら，固定された空虚な眼差しの年上の女性と並んだ鏡の中の自分を見たとき，自分自身の物語を考えつつ，彼らの立場になってみたことを覚えている。認知症関連の病気を患う人々を介護した経験から，私はこのような眼差しをよく知っている。そして，最初はピントがずれているように見えてよくわからなかった額装されたイメージにも衝撃を受けた。イメージの上に別のイメージが重ねられていたので，自分が見ているものを理解するのに苦心した。前述した空虚で固定された眼差しと同じ視線を持つ年配の女性の像に重ね合わされたイメージを見ようと長い時間を費やした。重なりの下にあるイメージは，その人物が若くて元気だったときの姿のようだが，それはたえず，年老いた病気の女性の姿に戻ってしまうのである。私自身の過去，そして未来の物語に反映されるかもしれないこれらの話に没入して，私は人生の移り変わりについての悲哀というものを感じた。

《アウト・フロム・アンダー：社会の底辺から解放されて》

　2013年に私は，オンタリオのホイットビーにあるアビリティ・センターで，巡回展「アウト・フロム・アンダー：社会の底辺から解放されて ―― 障害，歴史，そして記憶すること」を見る機会に恵まれた（**図20.6**を参照）。この1500平方フィート（約140㎡）の規模の展覧会では，独立したアルコーブの中に置かれた13個のオブジェによって，カナダの歴史的背景における障害のある人々の奮闘に光を当てた（Church, Frazee, & Panitch, n.d.）。展示物は，高さ約8フィート（約2.5 m）の直方体の幾何学的な形をしていた。それらはつながっているが個別に作られた，透明度の異なるプラスチック製のケースで，そのアルコーブの中にある刻印された物語や歴史に関する文章とオブジェを，観客は見ることができた。この展覧会は，ロイヤル・オンタリオ美術館やバンクーバー・パラリンピックを経て，現在はカナダ人権博物館の常設展になっている（Church et al., n.d.）。展覧会のバーチャルツアーも利用可能である。

　展覧会はライアソン大学の障害学研究学科のキュレーターたちが始めたカナダの障害の歴史に関する一連のセミナーから派生した（Church et al., n.d.）。セミナーの一環として，

図 20.6 《アウト・フロム・アンダー：社会の底辺から解放されて（Out from Under）》
写真：Kathryn Church

参加者は障害のある人々と関連するものを持ってくるように誘導された。それらのものは，障害のある人々の失われた，見えない歴史に対する共同の議論と省察を活性化させた。協働者たちは「13個のものそれぞれから発せられる，隠された労働と意味を可視化する」作業を行った（School of Disability Studies, n.d., p. 4）。これらの省察と研究を共有することから，障害のある人々の経験に関する展覧会が生まれたのである。インスタレーションの中で浮き彫りにされたコンセプトには，回復力，生き抜く力，アクティビズムだけでなく，ネグレクト，恥，公民権の剥奪などが含まれていた（Church et al., n.d.; School of Disability Studies, n.d.）。

　「私はインスタレーションの方に歩み寄り，《アウト・フロム・アンダー：社会の底辺から解放されて》というタイトルのシンプルさに目を覚まされた。即座に抑圧について考え，歴史的に社会から隠されてきた人々を可視化する必要性を強く感じた。インスタレーションの中を歩きながら，私は障害のある人の経験に近寄る感覚だけでなく，そこから分離されるような感覚を覚えた。インスタレーションの設計によって，アルコーブの中に入っているオブジェを見るために透明なプレキシガラスの中を凝視していると，ここに展示されているのは彼らの物語であるような感覚を与えられた。シャベルと灰色のスウェットスーツのようなオブジェが私の注意を引いた。木製ハンドルの錆びたシャベルから，私は障害の歴史について考えた。シャベルは希望の象徴にもなりうるが，それはまた碑銘のない墓を掘るためにも使われる。ありきたりの灰色のスウェットスーツは，障害のある人々が強いられた没

個性的かつ非人間的な性質をもつ施設生活について考えさせた。インスタレーションを見ながら，私は障害のある人々にとってそれがどのようなものなのかを考えずにはいられなかった。障害のある人々の歴史と，かつては不可視的だったものが可視化されることによってもたらされる未来で，自分の居場所とはどこなのかと自問した。」

《アウト・フロム・アンダー：社会の底辺から解放されて》のインスタレーションを見て，私は障害の歴史を調べたくなった。何年にもわたる抑圧と侮辱，そして人間精神に対するその影響について考えさせられた。現時点に戻り，以前より可視化された今日の障害について考えた。私の両親は，変形性関節症と末梢血管疾患に関連する障害のために，手描きの杖をいくつも持っている。今日，障害は以前より可視化，正常化され，時に賛美されることもあるが，障害のある人とない人との間の分断を招く言説はまだ存在しているように見える。私は，未来の障害を表象するためにどのようなものが選ばれるかという問題について考えなければならないと感じた。

《ハイブリッド・ボディ》

《ハイブリッド・ボディ》は，心臓移植手術を受けた経験を探求するために視覚的な手法を用いた，現象学的研究に基づいたインスタレーション作品である（Ross et al., 2010）。図 **20.7** と **20.8** は，このインスタレーションの記録写真である。Ross ら（2010）は，移植を受けた人々が，術後にアイデンティティと身体の完全性に対する混乱だけでなく，相当な苦悩を経験していることを明らかにした。この科学者の研究チームは，4人のアーティストと協働して，移植された心臓を受け入れる移植者の経験に対して芸術的探求を行った（"Hybrid Bodies" project, n.d.）。アーティストは科学者と議論し，参加者のインタビューを視聴した。各アーティストは，体験的，感情的，精神的な経験と心臓をめぐる神話と象徴の現象という観点から，心臓移植の複雑さを表象する芸術的な形を設計・制作した（Bachmann, 2013）。その結果がミクストメディア・インスタレーションの《ハイブリッド・ボディ》である。

2012 年に私はオンタリオ州トロントの YYZ ギャラリーで開かれた《ハイブリッド・ボディ》展を訪れた。当時はまだ制作中の作品だったが，その後の 2014 年にケベック州モントリオールの PHI センターで完成形が再展示された。研究チームのプロジェクトのウェブページからインスタレーションの他の要素も閲覧することもできた（www.hybridbodiesproject.com）。

「ギャラリーの中に入ったとき，まるで見知らぬ空間に足を踏み入れたような感覚を覚えた。複数の空間を見ていると，自分の精神と身体が多方向に引き裂かれるような気がした。最初に入る部屋は自分で選べるようになっていた。複数の空間にざっと目を通していると，自分がバラバラになっているような感じがした。それと同時に感覚が激しく刺激された。そこには，無数の音とオブジェがあり，明かりの

図 20.7 《ハイブリッド・ボディ（Hybrid Bodies）》PHI センター，2014 年 1 月 23 日～3 月 15 日
写真：Emily Jan．参加作家：Alexa Wright, Andrew Carnie, Catherine Richards, Ingrid Bachmann

ついた空間もあれば，暗い空間もあった。看護師として私は移植の経験についてよく知っている。しかし，この経験は，異質的で，分裂的で，より良い言葉がないけれど，『かすんで』いた。私は『他人の心臓を自分の胸の中に入れて，どうやって生きられるのだろう？』と思った。」

　移植を受けた人の経験に対する各アーティストの解釈が，独立しているものの相互に関連づけられた空間の中に展開されていた。それらのミクストメディア形式には，彫刻，映像，サウンドを用いたインスタレーション・アートが含まれていた。Carnie の作品（図 20.8 を参照）は，裸体の人物の異なる断面が連続で表示される映像インスタレーションだった。それを見て，私は複数の観点が視覚化される核磁気共鳴画像診断法（MRI）から得られる，身体の断面を思い出した。この作品を初めて見たとき，傷つきやすさと居心地悪さを感じた。これまで見たことのなかった人間精神の一部を垣間見たのである。Carnie は，作中の影とオブジェを使って，移植を受けた人が臓器提供者の体の一部をどのように身体化するかという問題への切り口を提供した。Bachmann のビデオ・インスタレーション作品「The Gift（ギフト）」は，臓器提供者から心臓を受け入れ移植した人の経験を調べて伝えるために，ダンスを用いた（https://vimeo.com/99161623）。移植経験者の複雑で対照的な感情を考えていた私には，2 人の人物がお互いの手を握っている最初の場面が印象に残った。Wright は，ギャラリーの壁にかけられたフェルト・ジャケットの中に音声を組み込んだオーディオ・インスタレーションを制作した。作家によれば，観客がジャケットに近づくと移植経験者の独白の音声が再生され，その空間にもっと人

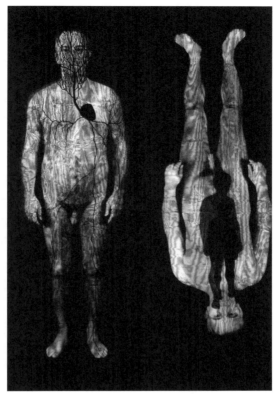

図 20.8 「心臓の変化」より，HD ビデオ，2012 年
画像提供：Andrew Carnie and GV Art London

が入ってくると，複数の声とさまざまに交わされる会話の不協和音が聞こえるようになる。インスタレーションの中の複数の録音を通じて，移植経験者の心理的，感情的な経験が観客に押し寄せる。その一部の映像はオンラインで視聴することができる（https://vimeo.com/99147055）。Catherine Richards の「L'intrus（侵入者）」は，透明な壺に入った心臓の形のオブジェだった。私は守られたオブジェとしての心臓を見て，研究室の環境を思い出した。持ち上げると，その心臓は光りながら脈動しはじめる。私にとって，それは臓器提供者と移植経験者，そして静的なものと動的なもの，死と生，の対照であった。全体的に《ハイブリッド・ボディ》を通じて，私は心臓移植を受けた人たちの身体的な経験と感情的な経験を垣間見ることができた。

方法論的な考察

　研究の範囲と影響力を拡大させる普及方法として，インスタレーション・アートを採用するというアイデアを着想・模索していた頃，私は好奇心と希望に満ちていた。芸術の力というイデオロギーとその創作過程に対する素朴な理解から，この芸術ジャンルにアプローチしたのである。私が知っていたことは，インスタレーション・アートを見て

自分が何を感じるのか，それが自分にどのような働きをするのか，そしてそれが自分の経験の中に持続的に影響を与えるという事実であった。私は，自分の研究のために，また研究遂行中に患者たちが丁寧に話してくれた話のために，このような効果を求めていた。そこで私は前に進み，自分の研究の中に芸術と科学を融合させはじめた。《7024番目の患者》という作品を設計・補完・評価・保存するために努力するプロセスに専念しながら，私は数年間にわたって芸術的なプロセスと科学的なプロセスを問題化しつつ，その方法論的な考察事項について省察した。

　今までインスタレーション・アートに対する学界の関心はごくわずかなものにとどまっていたが，その理由は，制作された後に多くが解体されてしまい，収蔵や保管が困難であるという，インスタレーションという芸術様式の一時的な性質のためである（Reiss, 1999）。本来の形態通りの永久的な記録を残すことが難しいがゆえに，インスタレーション・アートの学術的な批評と歴史的な位置づけの作業も容易ではない（Reiss, 1999）。一部のアーティストは，特定の空間で一度だけ見せるインスタレーションを制作するが（Reiss, 1999），医療・社会科学の研究者の場合には，研究普及活動に十分長い期間にわたって他人がアクセスできるようにしなければならない。このような必要性から一部の研究者は，病院，美術館，ギャラリー，学会などの空間における，企画展またはより常設に近い展覧会に取り組んできた。他方，インスタレーションをウェブサイトで見せられる形式に翻訳する作業に集中してきた研究者もいる（http://www.hybridbodiesproject.com/）。チームと協働しながら，私は《7024番目の患者》というインスタレーションの中身を，テクスト，詩，イメージなどに抽出していくつかの論文に翻訳した（Lapum, Church, et al., 2012; Lapum et al., 2013; Lapum, Yau, & Church, 2015; Lapum, Yau, Church, Ruttonsha, et al., 2015）。しかし私は，インスタレーション・アートを介した芸術との出会いと，論文形式を通した経験は相当異なるものだと考える。後者の形式も魅力的なものになりうるが，インスタレーション・アートの感覚的な即時性と没入性というのは，あなたと作品が出会う瞬間にようやく発揮されるものだと言いたい。

　アートインフォームド・リサーチと同様，インスタレーション・アートも理論的かつ方法論的な基盤に対する批判的な分析が必要な成長分野である（Hodgins & Boydell, 2014）。特に医療・社会科学分野におけるインスタレーション・アートに関わる基本的なアプローチは多様であるがゆえに，そのような検証は重要である。既存の研究では，インスタレーション・アートがアートインフォームド・リサーチ分野の中に位置づけられる傾向があったが，普及の一形態としてのその活用は特定の方法論に限定されるものではない。インスタレーション・アートが，自伝，オートエスノグラフィー，エスノグラフィー，行動分析，ナラティブ分析，現象学などのような研究の方法論とともに使われているという証拠がある（たとえば，Cole & McIntyre, 2006; Davidson, 2012; Degarrod, 2013; Lapum, Ruttonsha, et al., 2012; Mohatt et al., 2013; Parsons et al., 2013; Phillip et al., 2015; Ross et al., 2010）。したがって，インスタレーション・アートの活用の基本理論もその方法論と同様にさまざまなのである。

　医療・社会科学分野におけるインスタレーション・アートを学問的に推奨するには，方法論的，芸術的，設計的な過程に関する詳細な説明が出版物の中にほとんど登場しな

いという問題がある。そのため，私のチームはプロジェクト中に分析的，創造的，設計的な決定について細かいフィールドノートを作成して，その過程に関する説明を出版した（Lapum, Ruttonsha, et al., 2012）。また，数は少ないものの，インスタレーション・アートの形式について分析的かつ設計的な特徴の詳細を著した非常によい記録の事例も参照してきた。Davidson（2012）は，《The Journal Project（日記プロジェクト）》における繊維と布が緊密に織り合わされた芸術的な手法をもとにした，オートエスノグラフィー的分析について報告した。Goldhahn（2009）の場合には，死を題材にした屋外の彫刻的インスタレーションの制作について記述している。Mohatt ら（2013）は，自殺をめぐる屋外壁画を，コミュニティを動員して設計するための参加的プロセスを詳しく書いた。最後の事例は，アメリカに難民として移住してきたチリの人々のビデオとモノタイプで構成されたインスタレーションに関する Degarrod（2013）の報告書である。これらの事例から明らかになったのは，研究分野におけるインスタレーション・アート制作にまつわる創造的かつ有機的な共同作業のプロセスの価値と，使われた芸術メディアの多様性そのものである。

　インスタレーション・アート制作における分析的かつ創造的な過程の形式化の危険性は，それが決定された単線的なテクストとして利用されうるということである（Church, 2008）。分析的・創造的過程の複製は，インスタレーション・アートに不可欠である想像力の活用と反応設計という要素を傷つけるかもしれない。ここに，芸術と医学・社会科学研究の間に介在する緊張があり，芸術の有機的で創造的な特性が，科学に付随する体系化された，再現可能な過程と衝突する可能性がある。《7024 番目の患者》にも体系的な過程が用いられたが，それは分析に基づいた反応設計に従った有機的なものであった（Lapum, Ruttonsha, et al., 2012）。「体系的」という言葉で私が意味しているのは，過程の遂行と意思決定が組織的で慎重であり，データに裏付けられているということであるが，その過程は柔軟性に欠けたものでも，事前に決まったものでもなかった。芸術における硬直した方法論的なアプローチに創造性と厳密性を損なう可能性があることも，質的研究の中で頻繁に議論される問題である（Sandelowski, 1993）。インスタレーション・アートは，認識論的な感受性と厳密な研究アプローチを備えた，系統的でありながらも反応的な研究設計であると提案したい。

　すべての研究は解釈を必要とするものであり，統計的な手段による結果も解釈する必要がある。しかし，一部の人はインスタレーション・アートから得られたリサーチの解釈的性質は，異なる性質を帯びるという。Simons と McCormack（2007, p. 303）は，解釈をデータの層の間を行き来する「芸術的過程」だと描写する。他方，アーティストと研究者の間の協働では，データからアート形式への再解釈が必要だという主張もあり（Boydell, 2011），その再解釈にはデータの（再）表象が含まれるという（Hodgins & Boydell, 2014）。Hodgins と Boydell（2014）は，芸術を活用する際の（誤）表象の危険性を強調し，生のデータから研究者が離れれば離れるほど，その危険性は大きくなるように見えると指摘した。私たち研究者は常に，選択された芸術様式とその制作が表象をより豊かにするか，あるいは発見をわかりにくくするかについて考える必要がある（Lapum et al., 2014）。Bloom と Erlandson（2003）は，アーティストの声がデータ（すなわち参加者の声）

第 20 章　インスタレーション・アート　447

を圧倒しないように慎重な努力が必要だと述べる。追加的な解釈の問題は，観客がいかにインスタレーション・アートを再解釈するかに関わっている。Goldhahn（2009, p. 27）は，「芸術の制作というのは，作品が公共圏に突然属することになるため，いつも手放しの経験をともなう」と述べている。

　プロジェクトの立ち上げから遂行期間に至るまで，アーティストと研究者の観点とニーズの間の緊張関係には細かい注意が求められる。このようなモニタリングというのは，他の学際的協働でも必要であるが，それぞれの専門分野の観点が異なりすぎて両立不可能に見える場合には，その緊急性はさらに高まる。最後に，インスタレーション・アートの場合，知的財産権に関連する問題が発生する可能性がある（Bruce et al., 2013）。たとえば，「制作物を誰が所有するのか」という問題である。プロジェクトに参加した研究者が制作者である場合には懸念するほどではないが，研究者がアーティストと協働する際には問題が一層複雑になりうる。そのアーティストが調査チームの一員なのか，謝礼を受ける顧問として雇用されたのかという，関係性の本質が決定的な要因かもしれない。

　アートインフォームド・リサーチの方法の使用に対するこれまでの評価は不十分であり，さらに医療・社会科学におけるインスタレーション・アートの役割に関する関心はさらに限られていた。評価に関する文献は，演劇的パフォーマンスに集中しており，人々の肯定的な反応が注目されている（Kontos & Naglie, 2007; Mitchell, Dupuis, & Jonas-Simpson, 2011; Shapiro & Hunt, 2003; Sinding, Gray, Fitch, & Greenberg, 2006）。研究者は，アートインフォームド・リサーチに内省的な思考を促して意識を向上させる力があるとも報告している（Gray, Fitch, Labreque, & Greenberg, 2003; Lapum et al., 2014; Parsons et al., 2013; Sinding et al., 2006）。特にインスタレーション・アートに対する評価は，観客が研究対象となる現象を想像して擬似経験できるようにする，その想像力と伝達力を浮き彫りにした（Lapum et al., 2014; Parsons et al., 2013）。Parsons ら（2013）は，この高揚した意識が本質的に思考と行動における変化の前兆であるとした。私のチームは，《7024 番目の患者》が医療専門家の実践に影響を与えて，それをより対話的で支持的なケアへと変化させたことを報告した（Lapum, Liu, et al., 2016）。また，別のコミュニティアクション・グループは，移民と難民にとっての家，歴史，希望というテーマに関する話とイメージをプリントした屋外テントの形でインスタレーション・アートを制作した（Phillip et al., 2015）。このプロジェクトの評価において，彼らは芸術が「文化，医療，福祉」に関連する分野に重要な役割を果たしたとした（p. 47）。美術館でいえば，Ntalla（2014）の研究が，観客の情動と好奇心に関わるダイナミックかつインタラクティブな空間を作り上げるという，インスタレーション・アートの力を強調した。しかしながら，医療・社会科学で活用されるインスタレーション・アートは，効果の観点からの研究が最も不足した芸術様式のように思われる。学術的コミュニティにいる者として，私たちは社会学と医療分野に関わる実践を変化させるインスタレーション・アートの可能性を模索しつづけなければならない。

おわりに

　インスタレーション・アートによる探求とその制作は，人生の隅々まで満ち引きする，終わりなき旅へと私を駆り立てた。私は他の研究者（Bochner, 2012）と同様に，研究が読者（この場合には観客）を目覚めさせ，深く親密な対話に誘うものでなければならないと認識している。インスタレーション・アートの刺激的かつ永続的な力は，断りもなく，私たちに静観して参加しつづけるよう強く要請するものである。

　　「約1年前，私は一人で車に乗って，都市の向こう側にあるレイクショア精神病院の共同墓地を再び訪れた。黒い錬鉄でできた柵を開いたら，わずかな軋みがした。あのとき以来，他に誰か来たのだろうか。紙でできた白いユリの花はもはやここにはない。墓にはいま碑銘がなく，ひときわ静寂に包まれていた。空気はさわやかで，木から枯れ葉が落ちていた。霜が降りた草の上を歩きながら，まだ記憶と経験が残っていることに気づく。私は，数字の19としか書かれていない墓のそばにユリの花を一本置いた。そして周辺を歩き回りながら，他の碑銘のない墓の一つひとつを眺めた。そうする必要性を感じた。そして，家に向かった――不思議に思いながら。」

　インスタレーション・アートの可能性はここにある。

文献

Bachmann, I. (2013). *Hybrid bodies: Where science becomes an art form*. Retrieved July 2, 2015, from https://phi-centre.com/en/events/id/hybridbodiesexpo.

Bell, S. (2011). Claiming justice: Knowing mental illness in the public art of Anna Schuleit's "Habeas Corpus" and "Bloom." *Health, 15*(3), 313–334.

Bishop, C. (2014). *Installation art: A critical history*. London: Tate.

Bloom, C., & Erlandson, D. (2003). Three voices in portraiture: Actor, artist, and audience. *Qualitative Inquiry, 9*(6), 874–894.

Bochner, A. (2012). On first-person narrative scholarship: Autoethnography as acts of meaning. *Narrative Inquiry, 22*(1), 155–164.

Boydell, K. (2011, Spring). Using performative art to communicate research: Dancing experiences of psychosis. *Canadian Theatre Review, 146*, 12–17.

Bresler, L. (2006). Toward connectedness: Aesthetically based research. *Studies in Art Education, 48*(1), 52–69.

Bruce, A., Makaroff, K., Sheilds, L., Beuthin, R., Molzahn, A., & Shermak, S. (2013). Lessons learned about arts-based approaches for disseminating knowledge. *Nurse Researcher, 21*(1), 23–28.

Church, K. (2008). Exhibiting as inquiry: Travels of an accidental curator. In G. Knowles & A. Cole (Eds.), *Handbook of the arts in qualitative research* (pp. 421–434). Los Angeles: SAGE.

Church, K., Frazee, C., & Panitch, M. (n.d.). *Out from under: Disability, history and things to remember*. Retrieved July 6, 2015, from www.ryerson.ca/ofu/about/index.html.

Church, K., Panitch, M., Frazee, C., & Livingstone, P. (2010). "Out from Under": A brief history of everything. In R. Sandell, J. Dodd, & R. Garland-Thomson (Eds.), *Re-presenting disability: Activism and agency in the museum* (pp. 197–212). New York: Routledge.

Cole, A., & McIntyre, M. (2004). Research as aesthetic contemplation: The role of the audience in research interpretation. *Educational Insights, 9*(1). Retrieved from http://ccfi.educ.ubc.ca/publication/insights/v09n01/articles/cole.html.

Cole, A., & McIntyre, M. (2006). *Living and dying with dignity: The Alzheimer's Project*. Halifax, NS, Canada: Backalong Books.

Conroy, P. (1986). *The prince of tides*. Boston: Houghton Mifflin. ［コンロイ，P., 真野明裕（訳）(1988). 潮流の王者　上・下，早川書房］

Coulter-Smith, G. (2006). *Deconstructing installation art: Fine art and media art*. Retrieved June 25, 2015, from www.installationart.net/index.html.

Davidson, J. (2012). The journal project: Research at the boundaries between social sciences and the arts. *Qualitative Inquiry, 18*(1), 86–99.

Degarrod, L. (2013). Making the unfamiliar personal: Arts-based ethnographies as public-engaged ethnographies. *Qualitative Research, 13*(4), 402–413.

Encyclopedia of Art. (2015). *Installation art: History and characteristics of installations—form of conceptual art*. Retrieved from www.visual-arts-cork.com/installation-art.htm.

Goldhahn, E. (2009). Sculptural installations on the theme of obliteration: A response to themes embodied in the MoverWitness exchange (authentic movement). *Canadian Creative Arts in Health, Training and Education Journal, 7*, 17–28. Retrieved from http://ijcaip.com/archives/ccahte-journal-17-goldhahn.pdf.

Gray, R., Fitch, M., Labreque, M., & Greenberg, M. (2003). Reactions of health professionals to a research-based theatre production. *Journal of Cancer Education, 18*(4), 223–229.

Greene, M. (1995). *Releasing the imagination: Essays on education, the arts, and social change*. San Francisco:Jossey-Bass.

Harris, A. (2008). The artist as surgical ethnographer: Participant observers outside the social sciences. *Health, 12*(4), 501–514.

Hodgins, M., & Boydell, K. (2014). Interrogating ourselves: Reflections on arts-based health research. *Forum: Qualitative Social Research, 15*(1), 1–16.

"Hybrid Bodies" project. (n.d.). Retrieved July 2, 2015, from www.hybridbodiesproject.com/about-the-project.

Kitson, A., Rycroft-Malone, J., Harvey, G., McCormack, B., Seers, K., & Titchen, A. (2008). Evaluation of the successful implementation of evidence into practice using the PARIHS framework: Theoretical and practical challenges. *Implementation Science, 3*(1). Retrieved from www.implementationscience.com/content/3/1/1.

Kontos, P., & Naglie, G. (2007). Expressions of personhood in Alzheimer's disease: An evaluation of research-based theatre as a pedagogical tool. *Qualitative Health Research, 17*(6), 799–811.

Lapum, J., Angus, J., Peter, E., & Watt-Watson, J. (2010). Patients' narrative accounts of open-heart surgery and recovery: Authorial voice of technology. *Social Science and Medicine, 70*, 754–762.

Lapum, J., Angus, J., Peter, E., & Watt-Watson, J. (2011). Patients' discharge experiences: Returning home following open-heart surgery. *Heart and Lung: Journal of Acute and Critical Care, 40*(3), 226–235.

Lapum, J., Church, K., Yau, T., Matthews David, A., & Ruttonsha, P. (2012). Arts-informed dissemination: Patients' perioperative experiences of open-heart surgery. *Heart and Lung: Journal of Acute and Critical Care, 41*(5), e4–e14.

Lapum, J., Church, K., Yau, T., Ruttonsha, P., & Matthews David, A. (2013). Narrative accounts of recovering at home following heart surgery. *Canadian Medical Association Journal, 185*(14), E693–E697.

Lapum, J., Liu, L., Church, K., Hume, S., Harding, B., Wang, S., Nguyen, M., et al. (2016). Knowledge translation capacity of arts-informed dissemination: A narrative study. *Art/Research International: A Transdisciplinary Journal, 1*(1), 258–282.

Lapum, J., Liu, L., Church, K., Yau, T., Ruttonsha, P., Matthews David, A., et al. (2014). Arts-informed research dissemination in the health sciences: An evaluation of peoples' responses to "The 7,024th Patient" art installation. *Sage Open, 4*(1), 1–14.

Lapum, J., Liu, L., Hume, S., Wang, S., Nguyen, M., Harding, B., et al. (2015). Pictorial narrative mapping as a qualitative analytic technique. *International Journal of Qualitative Methods, 14*, 1–15.

Lapum, J., Ruttonsha, P., Church, K., Yau, T., & Matthews David, A. (2012). Employing the arts in research as an analytical tool and dissemination method: Interpreting experience through the aesthetic. *Qualitative Inquiry, 18*(1), 100–115.

Lapum, J., Yau, T., & Church, K. (2015). Arts-based research: Patient experiences of discharge. *British Journal of Cardiac Nursing, 10*(2), 80–84.

Lapum, J., Yau, T., Church, K., Ruttonsha, P., & Matthews David, A. (2015). Un-earthing emotions through art: Reflective practice using poetry and photographic imagery. *Journal of Medical Humanities, 36*(2), 171–176.

Lieblich, A., Tuval-Mashiach, R., & Zilber, T. (1998). *Narrative research: Reading, analysis, and interpretation* (Vol. 47). Thousand Oaks, CA: SAGE.

Long, R., Goldsworthy, A., & Tylicki, J. (2010). *Natural art.* Mainz, Germany: Pedia Press.

Malpas, W. (2007). *Installation art in close-up.* Kent, UK: Cresent Moon.

Mandlis, L. (2009). Art installation as method: "Fragments" of theory and tape. *Qualitative Inquiry, 15*(8), 1352–1372.

Mitchell, G., Dupuis, S., & Jonas-Simpson, C. (2011). Countering stigma with understanding: The role of theatre in social change and transformation. *Canadian Theatre Review, 146*(22), 22–27.

Mohatt, N., Singer, J., Evans, A., Matlin, S., Golden, J., Harris, C., et al. (2013). A community's response to suicide through public art: Stakeholder perspectives from the Finding the Light Within project. *American Journal of Community Psychology, 52*(1–2), 197–209.

Ntalla, I. (2014). Engaging audiences on ongoing social debates through interactive and immersive exhibits. *International Journal of the Inclusive Museum, 6*, 105–116.

Parsons, J., Heus, L., & Moravac, C. (2013). Seeing voices of health disparity: Evaluating arts projects as influence processes. *Evaluation and Program Planning, 36*(1), 165–171.

Percy-Smith, B., & Carney, C. (2011). Using art installations as action research: Engaging children and communities in evaluating and redesigning city centre public spaces. *Educational Action Research, 19*(1), 23–29.

Phillip, R., Gibbons, N., Thorne, P., Wiltshire, L., Burrough, J., & Easterby, J. (2015). Evaluation of a community arts installation event in support of public health. *Perspectives in Public Health, 135*(1), 43–48.

Ponto, J., Frost, M., Thompson, R., Allers, T., Will, T., Zahasky, K., et al. (2003). Stories of breast cancer through art. *Oncology Nursing Forum, 30*(6), 1007–1013.

Reiss, J. (1999). *From margin to center: The spaces of installation art.* Cambridge, MA: MIT Press.

Robinson, P., McIver, S., Rumbold, J., Rankin, B., Hawkins, R., Colliver, B., et al. (2008). OddSocks at the Melbourne Fringe Festival: A methods paper for using arts installation in promoting public health. *Australian and New Zealand Journal of Public Health, 32*(3), 250–253.

Rosenthal, M. (2003). *Understanding installation art: From Duchamp to Holzer.* Munich: Prestel.

Ross, H., Abbey, S., De Luca, E., Mauthner, O., McKeever, P., Shildrick, M., et al. (2010). What they say versus what we see: "Hidden" distress and impaired quality of life in heart transplant recipients. *Journal of Heart and Lung Transplantation, 29*(10), 1142–1149.

Rycroft-Malone, J. (2004). The PARIHS framework—a framework for guiding the implementation of evidence-based practice. *Journal of Nursing Care Quality, 19*(4), 297–304.

Sandelowski, M. (1993). Rigor or rigor mortis: The problem of rigor in qualitative research revisted. *Advances in Nursing Science, 16*(2), 1–8.

School of Disability Studies. (n.d.). Out from under: Disability, history and things to remember. Unpublished manuscript, Ryerson University, Toronto, Ontario, Canada.

Shapiro, J., & Hunt, L. (2003). All the world's a stage: The use of theatrical performance in medical education. *Medical Education, 37*(10), 922–927.

Simons, H., & McCormack, B. (2007). Integrating arts-based inquiry in evaluation methodology: Opportunities and challenges. *Qualitative Inquiry, 13*(2), 292–311.

Sinding, C., Gray, R., Fitch, M., & Greenberg, M. (2006). Audience responses to a research-based drama about life after breast cancer. *Psycho-Oncology, 15*(8), 694–700.

Slattery, P. (2001). The educational researcher as artist working within. *Qualitative Inquiry, 7*(3), 370–398.

Tate (n.d.). *Installation art*. Retrieved July 20, 2015, from www.tate.org.uk/learn/online-resources/glossary/i/installation-art.

Townsend, A., Thomson, P., & the "Get Wet" Team. (2015). Bringing installation art to reconnaissance to share values and generate action. *Educational Action Research, 23*(1), 36–50.

Wardley, J. (2013). *The Fallen*. Retrieved July 25, 2015, from http://thefallen9000.info.

第21章

学術的なコミックの描き方

アカデミックな場で CBR（コミックベース・リサーチ）を創る

●ポール・J・カットナー／ニック・スーザニス／マーカス・B・ウィーヴァー＝ハイタワー

（Paul J. Kuttner, Nick Sousanis, & Marcus B. Weaver-Hightower）

訳：家島明彦

1978 年，コミックの巨人 Stan Lee とアーティスト John Buscema は『How to Draw Comics the Marvel Way』を出版した。この本に刺激されたファン世代はペンやブラシを手に取り，お気に入りのスーパーヒーロー作品のアクション，活気，興奮を捉えようとした。同年，作家でありアーティストである Will Eisner は，ニューヨークでのアパート生活を描いた『A Contract with God』を出版した。この本は「グラフィックノベル」として出版された最初のコミックであった。いくつかの浮き沈みはあったが，「マーベル風」が特に映画やテレビに翻訳されて成長，成功したように，Eisner の系譜であるグラフィックノベルもやがて本領を発揮するようになった。コミックとグラフィックノベルは今やベストセラーリスト，文学賞リスト，大学のシラバスを飾るに至っている。フィクションやノンフィクションの世界のほとんどあらゆるところで，自然，社会，文化の世界を探求する者にコミックが多くの情報を提供するところを，人々は目の当たりにしている。

そのような中で，コミックを社会調査の強力な手段として活用する研究者が，アカデミックな場の内外で増えてきている。私たち[1]はそのような研究を「コミックベース・リサーチ（コミックに基づく研究，CBR）」と呼んでいる。CBR の例は，科学や人文学の分野，特に歴史，人類学，教育，哲学，健康・医療などの分野に現れている。現在，CBR の出版には，『Annals of Internal Medicine』『Harvard Educational Review』『Qualitative Research』『Teachers College Record』などの権威ある学術誌があり，さらに多くの CBR プロジェクトが大会発表論文，報告書，書籍，雑誌，博士論文，オンラインメディアを通じて共有されている。

しかし，CBR の開発は，コミックと研究の両方に対するスキルと情熱をたまたま持っていた学者－アーティストにほぼ限定されており，多くの場合，トレーニングやサポートの機会もほとんどなく，孤軍奮闘しているのが現状である。CBR が独自の実践分野

1　著者名はアルファベット順で記載されている。本章は三人の対等な共同作業として執筆された。

として発展するためには，興味を持ちながらも何らかの理由で挑戦しようとしない研究者に，理論的・実践的な指針を与えることが必要である。この章では，私たち自身の経験と，分野を超えた革新的なCBR研究者の例に基づき，「学術的な方法」でコミックを描く（というより*創る*）方法について謙虚に提案を行う。私たちが示すように，重要で影響力のある研究は，コミックという形をとりうる可能性があるだけでなく，すでに行われており，まだまだこれからも行われていくと思われる。

　まず，「コミック」とは何かを定義し（確かにこの用語には異論もある），コミックというメディアの持つアフォーダンスについて概説する。この「アフォーダンス」とは，文字だけでは得られない分析やコミュニケーションのためのツールを提供する，形式のユニークな特性のことである。これらのアフォーダンスを既存の研究の例によって説明すると同時に，このメディアの可能性をより深く追求する。それは研究仲間や私たち自身を励ましてくれることになるだろう。そして，品質，出版，倫理などの問題に関連して，CBRが示すいくつかの緊張と課題を指摘する。難しいことではあるが，私たちは最終的に，この新しい分野が統合されれば，これらの緊張を創造的な方法で克服することができると信じている。最後に，CBRの世界に足を踏み入れようとしている人のために，実践的な提案と演習を提供する。

研究のためのコミックとそのアフォーダンス

　私たちは，コミックという形式を用いて学術的な研究を収集，分析，普及させる広範な実践を指す言葉として「コミックベース・リサーチ（CBR）」を用いている。第一に，コミックはデータ収集のプロセスの不可欠な一部となりうる。たとえば，Ramos（2004）は人類学のフィールドワークの際に自分の周囲をスケッチし，Galman（2009）はインタビュー対象者に自分のコミックを描かせ，参加者の物語を探求するための出発点としている。第二に，コミックを作るプロセスは，ウィーヴァー゠ハイタワー（Weaver-Hightower, 2013, slide 37）が「分析者の認識の足場となるマルチモーダルな方法」と呼ぶように，分析の一形態として機能することが可能である。最後に，コミックは研究者にとって強力な表現手段であり，研究成果やコンセプトを広く伝えるための効果的で柔軟な形式を提供することができる。

　もちろん，私たちの定義は，より基本的な問い「コミックとは何なのか[2]」を提起している。この問いに答えるのは意外に難しい。作家であり理論家でもあるScott McCloud（1993）は，その代表的な著作『Understanding Comics』において，コミックを「情報を

---

2 「コミック」という言葉は，すべてがユーモラスであることを意味する，やや不愉快な言葉である。他の用語として，「グラフィックノベル」や「グラフィックナラティブ」など，よりシリアスで大人向けの芸術形式を意味するものも提供されている。これらの用語は，特定のコミック形式を説明するためには有用かもしれないが，私たちは，こうした用語が一種の俗物となり，明らかに「高尚な」コミックと，コミックが大きな負債を負っているそれ以外のコミック世界との間に誤った区別を生み出す可能性があると考えている（Wolk, 2007）。だからこそ，私たちは，より包括的な「コミック」という言葉を取り戻したいと考えている。

伝えるため，あるいは見る者に美的反応をもたらすために意図的に並置された絵やその他のイメージ」（p. 9）と定義している。このような広範で抽象的な定義は，非常に包括的であり，革新のための空間を生み出す。同時に，この定義は，私たちの多くがコミックと言うときに**意味**するものを必ずしも捉えていない。コミックを定義するもう一つの方法は，20世紀に発展した慣習に基づく歴史的なものである。たとえば，ほとんどのコミックはカートゥーンの技法（cartooning）を用いており，アイコン的なイメージと黒一色の線に大きく依存している。発話は通常「スピーチバブル」〔会話の吹き出し〕，思考は「ソートバブル」〔思考の吹き出し〕の中に，ナレーションは「テキストボックス」の中に書かれ，絵のほとんどはコマの縁とコマの間の「ガター（間白，コマ間）」で「フレーム化（コマ割り）」されている（McCloud, 1993; Varnum & Gibbons, 2001）。これらの側面はそれ自体でコミックを定義するものではないが，あまりに多くを取り除くと，その作品はもはやコミックとして認識されなくなるかもしれない。

　何がコミックであるか，あるいはコミックでないかについて議論するよりも，私たちはコミックが何をするのかに焦点を当てることを選択した。アメリカでコミックブック市場が誕生して以来，人々はコミックが従来のテクストよりも魅力的かつ効率的な方法で，複雑なアイデアや物語を伝えるように見えることに興味を抱いてきた（Sones, 1944）。コミックは，若者から大人まで，学習，理解，記憶保持を促進するために効果的に利用することができ，教室，ビジネストレーニング，軍事コミュニケーションなどに取り入れられている（Nalu & Bliss, 2011; Short, Randolph-Seng, & McKenny, 2013; Syma & Weiner, 2013）。一方，コミック研究の分野では，コミックがコミュニケーション手段としてどのように機能するかに光を当て，コミックは活字で書く物語よりも一部の人々にはアクセスしやすいかもしれないが，決して単純ではないことを示している。McCloud（1993），Groensteen（2000），Cohn（2013, 2014）らの研究者が示すように，コミックという形式は，独自の複雑な構文，記号論，構造，物語技法を持つユニークな「言語」なのである。

　このように，コミックは他の形態とは異なる資源を研究者に与えることができる。これは単に違いであって，良いか悪いかというものではない。コミックは，読者と作者の双方に，ある種の認知的枠組みを与えるし，おそらく求めることもする。コミックは研究の対象や結果について考えたり，違った角度から考えたりするための枠組みを提供する。以下の節では，コミックが提供するいくつかの重要なアフォーダンスと思われるものを挙げ，それぞれがコミックにおいていかに意味がつくられるかの側面を捉える。私たちは，本質的に視覚的なものに関して多くの言葉を提供していることに留意する必要がある。最良の結果を得るためには，この形式に没頭すること，そして最も重要なこととして，コミック創作に挑戦することをお勧めする。漫画家 Ivan Brunetti（2011）が言うように「最もよく教えてくれるのは鉛筆」（p. 5）なのである。

コミックのアフォーダンス

　まず，おそらく最も広く認識されているコミックのアフォーダンス，すなわち**文字と画像の統合**から始めることにする。自伝的なコミック作品の原作者 Harvey Pekar は

「コミックとは文字と絵である。文字と絵があれば何でもできる」（Pekar, 2009, p. 30）と言ったことでしばしば引用される。ほとんどの場合，文字（テクスト）と画像（イメージ）は，それぞれ異なる強みを持ち，異なる方法でコミュニケーションを図ることができる。画像は，言語の枠を超えた形で意味を提示することができ（Langer, 1957），視覚志向の強まった私たちの文化を探求する上で貴重なものである（Pink, 2007）。たとえば，Peter Kuper（2014）の《The System》のような文字のないコミックや，Craig Thompson（2011）の《Habibi》のような文字だけの革新的な作品が示すように，何かがコミックであるためには文字と画像の両方が必要なわけではない。しかし，コミックという形式は，物語の必要性に応じて文字と画像の間を行き来する能力を作者に与え，もう一方のモードでは伝えられないことを伝える能力を提供する。

　コミック初心者は「文字と絵，どちらを先に読めばいいのか」とよく質問するが，正しい順番などない。読者によって読み方は異なるし，ページの構成によって読み方が変わることもある。コミックを見ることは循環的なプロセスであり，見ることと読むことの間を往復し，画像は文字に，文字は画像に情報を与える。コミック理論家 R. C. Harvey（1979）は，この相互依存関係を「文字も絵も，他方なしには不十分である」（p. 641）と表現している。文字と画像がいかにして互いに「相互化」するか（Lewis, 2001）には，コミック創作者の細心の注意が必要である。文字が画像に意味を与えているのか，あるいはその逆なのか。一方が他方を支配しているのか。文字と画像は互いに補強し合っているのか，それとも矛盾しているのか。それらは一つの声を形成しているのか，それとも多声的なのか。McCloud（1993）は，文字と画像の相互作用について，片方が主導するものから完全な相互依存に至るまで，いくつかの有用な組織的カテゴリーを示している（pp. 153-156）。研究者にとって，文字と画像の相互作用は，他の種類の関係，たとえば，理論的と具体的，公式のストーリーとカウンターストーリー，客観と主観の間の関係を探るのに有用なツールとなりうる。また，不確実性や曖昧さ，ある現象に対する複数の有効な解釈の存在を調査する機会にもなりうる（Williams, 2005）。

　第二のアフォーダンスは，ある意味で第一のアフォーダンスを包含しているが，コミックが高度に意識的な**マルチモーダル**であることである（Kress, 2009; Kress & van Leeuwen, 2001）。コミックの作り手は，文字だけよりも豊富なコミュニケーション・モード（たとえば，画像や色）にアクセスでき，それぞれが追加の記号的資源を提供する（Kress, 2009）。また，創作者は，身振り，匂い，音など，他のモダリティを部分的に捉えることを可能にする記号や描画規則を長い間開発してきた。Eisner（1985）が「苦肉の策として考えた装置」と表現した吹き出しは，「音という幽玄な要素を捉えて可視化する」（p. 26）試みであり，こうした慣例の一つである。《Beetle Bailey》の作者 Mort Walker は，コミックの中でアクションや感情を示す線やアイコン，たとえば，波打つ悪臭の線や，人の頭から飛び散る汗の玉のようなものを「漫符（emanata）」と呼んだ（Abel & Madden, 2008, p. 8）。これらの省略記号は，文字だけではもっと時間のかかるような事柄を，迅速に伝えることを可能にする。

　そして，それぞれのモードには，多種多様なスタイルや美学が存在する余地がある。コミックの絵は，非常に単純化された記号的表現から，非常に精細な描写的表現ま

で，そしてその間にあるあらゆるものに対応することができる（McCloud, 1993）。文字のスタイルもまた，多様なアイデアや感覚的な経験を伝えることができる。1960年代のテレビ版《Batman（バットマン）》の象徴的な「POW」や「BAMM」の効果音を考えてみよう。コミックにおける文字は，実際には画像に情報を与える独立した要素ではなく，むしろページの中に埋め込まれた視覚的な要素である（Sousanis, 2015c, p. 64）。これらのさまざまな様式やスタイルが一緒になってアンサンブルとして機能し，それぞれが，私たちが全体をどのように読むかに寄与しているのである。David Mazzucchelli（2009）のグラフィックノベル《Asterios Polyp》は，コミック形式におけるマルチモダリティと複数の美学を探求する素晴らしい例を提示している。各キャラクターを劇的に異なるスタイルと色で表現し，さらにさまざまな吹き出しの形や書体を添えることで，Mazzucchelliはそのキャラクター描写を強化し，深みを増している。このようなツールは，研究者にとっても貴重なものとなりうる。Rachel Marie-Crane Williams（2012）は，質的研究の複数の要求に応えるために，彼女がどのようにさまざまなモードやスタイルを用いているかを示す便利な図を提供している（図21.1）。

　コミックという形式が持つ第三のアフォーダンスは，*物語やプロセスを表現しやすい*ことである（Abbott, 1986）。コミックは，物語形式ではない形で問題提起をするために使われることもあるが，この形式は主として，大衆的な物語の出口として発展してきた。典型的には，コミックのコマは順番に経験されるよう設計されているが，コマとコマの間の空白部分，「ガター（間白，コマ間）」の部分にもリアルなアクションが経験されるのは，読者が2つの静止画の間に「閉合（closure）」を積極的につくり出そう（補完

図21.1　「質的研究におけるコミックの基本的な解剖図」
Williams（2012）より許可を得て転載

しよう）とするからである（McCloud, 1993, p. 66）。読者は，たとえば，ある絵ではゴールポストを通過するサッカーボールが描かれ，次の絵では応援する群衆が描かれているのを，関連する出来事として解釈し，一方が次を導き，あるいは引き起こしているとみなすのである。文脈を無視してランダムに並べられたコミックの絵でさえ，一貫性を見出そうとする人間の欲求は，見る者に本能的にその絵の周りに物語を構築するように仕向ける。これらの理由から，コミックは研究のナラティブを引き出し，創造し，伝えることに適しており，CBR はオーラルヒストリーのようなナラティブアプローチの研究に特に有用である。

　コミック創作者は，順次経験されるコマを活用して，時間とリズムを操作することができる。このことを Eisner（1985）は「連結」と表現している。一つのコマが，たとえば，爆発が空中で起こったときの炎と音の間の一瞬を捉えていることもあれば，登場人物が大きな吹き出しの中のすべての文字を言うのに十分な時間を示していることもある。さらに，コマやページの*間白*が示す時間の流れは，一瞬であることもあれば何百万年であることもある。研究者にとって，このような柔軟なツールは，生命の進化から，ふとした瞬間の視線に至るまで，大きく異なるスケールで世界を探求することを可能にする（Atkins, n.d.; Hosler, Cannon, & Cannon, 2011）。もう一つ付け加えると，読者はこの時間操作のプロセスに大きく関与している。回転するリールの着実な行進に合わせて観客が前進しなければならない映画とは異なり，コミックという静的な形式における時間は空間の中で展開し，読者はより個人的なペースでそれを経験することができるのである。

　しかし，コミックの連続的な性質は，ストーリーの一部を語っているにすぎない。コマは順番に「読まれる」としても，ページという形で一度に取り込まれる。したがって，コミックの第四のアフォーダンスは，その*同時性*である（Sousanis, 2015c）。映画の絵コンテとは異なり，コミックにおける意味は，連続する各コマで進行することだけではなく，コマのサイズや形，向き，構成，他のコマや「空白の」スペースとの関係，さらには隣接するページとの関係によって決まる（Miller, 2007, p. 83; Postema, 2013）。Groensteen（2007, p. 146）は，コミックにおける意味は，ページを横断する断片的な要素によってあらゆる方向や順序で「編組（braided）」され，階層的な構造よりもネットワークやシステムのように機能することを示唆している。Art Spiegelman は，建築との対応関係を描きながら（Ware, 2012 も参照），コミックのページを建築的な単位であると言及し（Witek, 2007, pp. 176-177 参照），それによって作者は読者のための空間体験を設計し，読みの流れや強調，全体のトーンを操るのだと述べている。

　順次モードと同時モードの相互作用は，複雑な情報や多面的な視点を伝えるための非線形の，また接線的，多層的な可能性を研究者に与える。コミックのページは，時間と空間が混在し，複数の時間枠と場所が並存しうる特異な場である（四次元による見通しを提供するものとしてコミックを考察した Bernard & Carter, 2004 を参照）。Richard McGuire の《Here》（1989, 2014）は，空間的・時間的に階層づける可能性を見事に実証している。McGuire は，単一の空間的な視点（両親の家の片隅）から物語を語るが，それが何世紀にもわたって時間を飛び越え，ページごとに複数の時間枠を重ねる。コミックは，作品全体を通して何度もコマを再利用したり，微妙な変化をつけて描き直したりするこ

とさえある。そのため，人はコミックの中で思い出したり，めくり返したりして，視覚的な記憶にとどめておいたものを見つけることができる（Worcester が「フリッパビリティ［flippability］」と呼ぶものだ。Jenkins, 2015 を参照）。このような並置によって，研究者は単純な時系列に抵抗し，人間の認識と経験の複雑さを捉えることができるのである（Sousanis, 2015c, p. 63）。

　私たちが提供する最後のアフォーダンスは，*スタイルの表現*である。コミックの画像（描画が多いが，必ず用いられるわけではない）は，異なる（あるいは複数の）手によって，さまざまに構築される。Craig Thompson の豊かな筆の線から Jeffrey Brown の簡潔な走り描きまで，私たちはそれぞれ異なるマークを作り，その違いはページ上に存在しつづける。スタイルによって，研究者は自分の主観を探り，伝えることができる。特に描画では，ページ上の線そのものに研究者の存在感が感じられる。コミック批評家の Douglas Wolk（2007）が言うように，「カートゥーニングは，不可避的に，知覚の主観性のメタファーである。二人の人間が同じように世界を経験することはなく，二人の漫画家が同じように世界を描くこともなく，彼らの描く方法は，読者が彼らの目を通して世界を経験することに最も近い方法」（p. 21）なのである。

CBR の例

　次に，これらのアフォーダンスが実際にどのように機能するかを探るために，CBRの例に目を向ける。私たちは，*CBR が新たな実践分野*（Boguslaw, Burns, Polycarpe, Rochlin, & Weiser, 2005）であると主張するが，それは単一の方法論ではない。むしろ，さまざまな学問的，方法論的，および認識論的アプローチに根ざしている可能性がある。実際，CBR の最も強力な例のいくつかは，伝統的に学問とみなされるものの外から来たものであると私たちは主張する。たとえば，Joe Sacco（2003）や Josh Neufeld（2009）のコミック・ジャーナリズムや，Mary Talbot と Bryan Talbot（2012; Talbot, 2007）の個人的・歴史的ナラティブを参照することをお勧めする。しかし，本章では，意識的に研究として構成された作品に焦点を当てる。これらの事例が，編集者や管理者，あるいはその他の人々に対して，コミックがいかに受け入れられており，適切であり，場合によっては通常のテクストに代わる優れたものであるかを説明する研究者の根拠となることを願っている。

　おそらく，CBR の中で最もよく発達した領域はグラフィックヒストリー（Buhle, 2007）であり，そこには力強い一人称の証言やオーラルヒストリー（Okubo, 1946; Spiegelman, 1986）や，より伝統的なアーカイブ研究に基づくコミック（Buhle & Schulman, 2005）なども含まれる。人類学もまた，コミックをベースとした研究者を多く輩出している（Bartoszko, Leseth, & Ponomarew, 2010; Newman, 1998; Ramos, 2000, 2004）。彼らは，時に，長い間限界にあったエスノグラフィーの描画の伝統に刺激を受けながら，研究を行っている（Afonso & Ramos, 2004）。近年，教育の分野や，哲学，ナラティブリサーチ，アートベース・リサーチ，参加型リサーチ，フェミニスト認識論などを含む多様な伝統的分野に

第 21 章　学術的なコミックの描き方　459

も，多くの CBR 実践者が現れている（Galman, 2009; Jones & Woglom, 2013a, 2013b; Sousanis, 2015c; Weaver-Hightower, 2015）。そして，CBR 研究者のコミュニティ全体が医学の分野に集まり，学問，医療，ナラティブの交わりを探求している（Czerwiec et al., 2015）。

ここでは，CBR のいくつかの異なる例を提供する。それぞれについて，それらが由来する文脈，方法論的アプローチ，およびそれらが強調するアフォーダンスについて簡単に説明する。

グラフィックヒストリー ──《アビナと大切な人たち》より

最初の例は，ゴールドコースト（現ガーナ）の女性が奴隷から逃れ，かつての主人を法廷に立たせた話を生々しく描いた歴史書《アビナと大切な人たち（Abina and the Important Men）》（Getz & Clarke, 2016）からである。本書は，1876 年の裁判記録をもとに作成されており，その記録は本書に収録されている。歴史家 Trevor Getz とアーティスト Liz Clarke が共同で，植民地主義，奴隷制，家父長制のはるかに広い歴史の中に組み込まれた，アビナの体験の親密な物語を作り上げた。Getz（2015）は，オリジナルの植民地文書からアビナの声を「発掘」する作業において，「個人的で壮大なスケールの物語を伝えることができる」という理由でコミックという形式を選択したと述べている。

私たちが選んだページ（**図 21.2**）において，Getz と Clarke（2016）は，その連続／同時の二元性とともに，コミック形式の持つ語りの可能性を活用し，ガーナの歴史の大局を捉えている。コマを順番に読むと，ゴールドコーストの植民地化について直線的な語りが展開される。服装，建物，習慣など，図像のすべてが入念に調査され，本物であることが目指されている。私たちは，たった 4 つのコマから過去を垣間見るだけで，その原因と結果のギャップを埋めることができる。同時に，読者はページ全体を一度に体験し，その並置の中に，時代を超えた対比と類似を見ることができる。大柄で力強いアサンテの指導者の姿と，小さすぎて認識できないアサンテの虐殺の様子は，植民地化における文化的・物理的暴力を物語っている。その下には，奴隷貿易を描いたコマと，後のパーム油貿易を描いたコマが並置されている。両方のコマの人物の前かがみの姿が，奴隷制の正式な廃止がその慣習を止めなかったことを伝えている。

これらの画像は地図を囲んでおり，読者は抽象化された大きな地理と，個人の身近な体験の間を行ったり来たりすることができる。文字と画像の相互作用は，文字が画像を首尾一貫した歴史に結びつけるために必要な情報を提供し，画像が現場での体験の瞬間を提供することによっても実現されている。Getz と Clarke（2016）はこれを経済的に行い，読者の分析的関与を促している。また，これらのコマは，歴史的分析や地図などの原資料を示唆したり再現したりすることで，方法論や歴史的議論の根拠を垣間見ることができる重要なものである。

教育哲学 ──《アンフラットニング》より

第二の例は，ニック・スーザニスの著書《アンフラットニング（Unflattening）》（Sousanis,

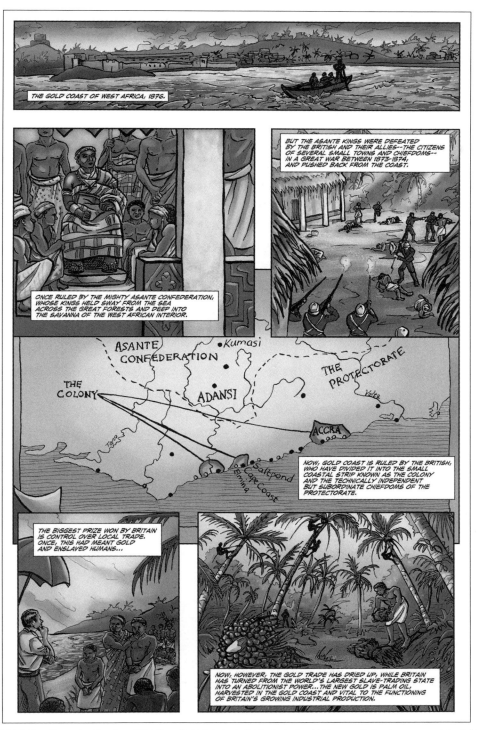

図 21.2 GetzとClarke（2016）《アビナと大切な人たち（Abina and the Important Men）》5ページより。アビナ・マンサの物語を最初に紹介するページでは，彼女の生涯の物語と法廷での証言の文脈として，19世紀西アフリカ沿岸部の歴史を即座に理解できるよう試みている

Copyright © 2016 Oxford University Press. 許可を得て転載

2015c：もともとは彼の博士論文）である。これは知覚と知識の問題を探求する，コミック形式の哲学的な論考である。ニックの作品を特徴づける2つの顕著な特徴は，目に見える語り手の不在と，非物語的な構造である。このことは，彼の作品制作のプロセスには拠り所となる一定の存在や，従うべき時系列がなく，各ページの概念構造をゼロから作り上げなければならないことを意味する。ニックは，複雑なアイデアをわかりやすく，しかし決して単純ではない方法で描写する方法として，文字と視覚的なメタファーを用いている。

　ここに掲載したページ（**図21.3**）で，ニックは新しいアイデアの生成における発散と多様性の価値を探求している。DeleuzeとGuattari（1987）を引き合いに出して，彼は，人々が多様な視点を通して世界を理解するようになる，非中心的で非階層的な学習を思い描いている。これは，一連の重層的に織り成されたメタファーによって表現されている。目は知覚のメタファーであり，根はつながりのメタファーであり，表面の突起は，望遠鏡で武装した人々で，みな異なる見解を持っている。そしてコミックのコマ自体も，個人の見解の限界のメタファーである。相互につながった根系や「根茎（リゾーム）」のアイデアは，ページの構成そのものに反映されている。ページの構成は，規則的でより階層的な構造とは無縁であり，そのレイアウトは統一された全体として機能し，複数の視点が同時に存在する経験を模倣している。これは分散型であり，読み方は一つではなく，その読書体験によって万華鏡のように多様な経験としての学習という包括的なコンセプトを伝えられるようにしている。他のアートベース・リサーチと同様，ニックのページは，情報伝達（denotation）だけでなく情動喚起（evocation）を通じて，また描写だけでなくページを体験する感覚を呼び起こすことによって意味を伝えるのである（Eisner, 2008）。

グラフィック・メディスン──《双子の流産》より

　3つ目の例は，マーカス・ウィーヴァー＝ハイタワーの論文《双子の流産（Losing Thomas and Ella）》（Marcus Weaver-Hightower, 2015）からである。ここに提示されているのは，10ページのうちの2ページ目である（**図21.4**）。この大作は，双子の子どもトーマスとエラと死別したポール（本章の共著者ポールではない）という仮名の男性とその妻の経験を探るものである。この物語は，新生児の死を経験した父親であるポールへの長いインタビューから生まれたものである。マーカスは，ナラティブ研究（Connelly & Clandinin, 1990）の質的技法を用いて，新生児との死別に関する文献にある年代とテーマの両方にしたがってインタビューを「復元」した。**図21.4**は，夫婦が最初の双子を失おうとしている，初期の病院での体験を示したものである。次のページ以降で，病院での体験をさらに掘り下げ，さらにその後のページで，葬儀の計画，人間関係の困難，宗教的信仰の揺らぎ，将来の妊娠によって生じる恐怖，人生を歩み出すという，実存的危機に直面した長い悲しみの体験について詳述している。各主題は，ポールの体験を，新生児の死を経験した父親に関する文献（Weaver-Hightower, 2012参照）と整合させている。つまり，この父親の経験は，より広範な父親の悲しみに関する重要な研究ベースの知見が生々しく描写された医学的事例なのである。

462　第Ⅳ部　ビジュアルアート

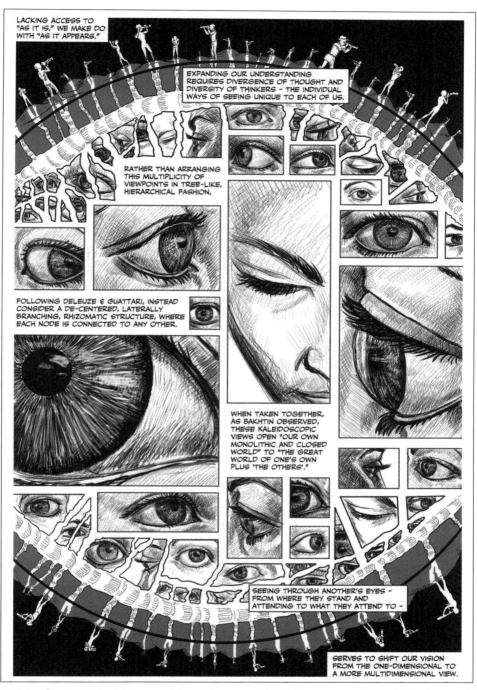

図 21.3 「万華鏡のような」。スーザニス (Sousanis, 2015c)《アンフラットニング (Unflattening)》39 ページより
Copyright © 2015 Nick Sousanis. 許可を得て転載

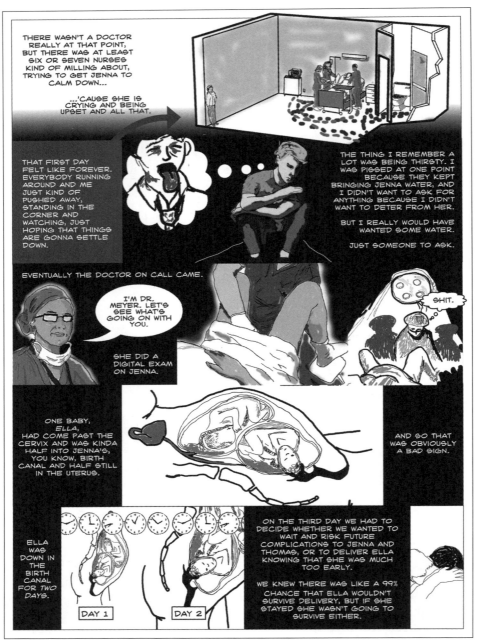

図 21.4　ウィーヴァー＝ハイタワー（Weaver-Hightower, 2015）《双子の流産（Losing Thomas and Ella）》2 ページより
Copyright © 2015 Springer International Publishing. 許可を得て転載

このページでは，数多くのアフォーダンスが示されている。まず，コマを区切る間白がないことだが，これは文字が大量にあるためにページの領域を節約するためでもあり，ボールが物語を語ることを特権化するための機能である。しかし，このことはまた，ページ上に狭苦しい感じを与え，画像は密接に押しつけられている。いくつかのコマは細い線で区切られているだけで，その境界さえもきっぱりと区切られてはおらず，他のコマに重なる吹き出しが越境している。また，ページの背景もすぐに黒に変わり，事件の恐怖へと急速に落とされていく様子が表現されている。しかし，赤ん坊は決して黒一色の背景には描かれず，純粋無垢の感覚が色で強調されている。

図 21.4 のいくつかのコマは，マーカスが物語をよりよく伝えるために採用した，コミックの特別な可能性を示している。最上段では，建築の断面図でいくつかの物語を同時に語っている。この技法は，Bil Keane（2009）が《Family Circus》の漫画で，幼いビリーの近所の散歩を示す際に最も頻繁に用いている，すでに確立された図像法からマーカスが借用したものである。第二段目では，視線を戻すための床の線を除けば，物理的に父親をここでの主な行動から切り離す大きな余白が確保されている。父親は隅でほとんど胎児のようにしゃがみ込み，吹き出しの中の別のコミック画像が渇きを象徴的に（したがってすぐに）伝えている。第三段目では，より自然な左から右へのコマの流れを利用して，手順が展開される。

第四段目は，この物語にとっておそらくコミックが持つ最も優れたアフォーダンス，つまり，通常の人間の視覚では見えないものを見せるアフォーダンスを示している。コミックという形式によって，マーカスは，今度は医療イラストに典型的なカットアウトによって，身体の内部で起こっているであろうことを示すことができた。そのためには，少なくとも簡略化された形の，医学的に正確な画像をリサーチする必要があった。最後の段は解剖図と同じだが，時間の経過を強調するために，テキストボックスで日数をカウントしている。それだけでは物足りないということで，マーカスは時計を並べ，時間の経過を見守るような感覚を持たせている。最後のコマは無音になり，夫婦の抱擁だけが描かれ，最初の，そして最もインパクトのあるページめくりの準備に入る。

人類学——《エスノグラフィーの記述》より

最後の例は，ビクトリア大学人類学部の「メディアと創造的実践」コースで制作された，学生のプロジェクトからの抜粋である（Boudreault-Fournier, 2015）。Emily Thiessen の語りは，彼女の母親の故郷であるマレーシアのサラワク州での時間を探索している。サラワク滞在中，彼女は写真やスケッチ，工芸品を通して視覚的なデータを収集し，そのすべてがこのコミックに活かされている。彼女は，人々や場所を忠実に描くと同時に，自分自身の主観を追求した。たとえば，コミック・ジャーナリストの Joe Sacco のようなクリエイターに倣って，彼女はコマの端の方に自分自身を挿入した。彼女は「枠の中で彼らを中心に据えることで，再定住に関する他者の視点が私よりも中心的であることを示すことを目指している。同時に，このエピソードには私が二重に紛れ込んでいることも認めている，すなわち，最初は私の存在によって変化が生じていること，後に私の

図 21.5 Emily Thiessen の CBR プロジェクト《エスノグラフィーの記述（Drawing Ethnography）》より

視点から語られているということである」(Boudreault-Fournier, 2015, p. 16) と書いている。

　ここに掲載したページ（**図 21.5**）では，インタビュアーとしての Thiessen 自身の視点によるイメージ，彼女のカメラから再現されたイメージ，実際の遺物のスキャン，そして彼女の記憶／想像によるイメージが提示されている。私たちは文字通り，彼女の目を通して物事を見ているのであり，複数の主観が同時に表現されている。彼女の主観は，彼女の芸術的なスタイルによって明らかにされ，一方，文字は第二の感情の層を加え，私たちが写真をどのように経験するかを変える。画像と文字が一緒になることで，「厚い記述」(Geertz, 1973) の形式となり，表面的な画像だけでなく，その背後にある重層

的な意味も探求される。このページでは，参加者の意味と人類学者が参加者に与えた影響の両方を反射的に考える，最も緩やかな意味での年代順の断片が提供されている。

CBR の重要な課題

私たちが挙げた事例から示されたように，CBR は学問分野や芸術的スタイル，アプローチによって大きく異なる印象を与える可能性がある。しかし，いくつかの問題はこの多様性を横断し，分野を超えた議論に値するものである。それにはコラボレーション実践，データ収集と分析，出版の課題，妥当性と品質に関する考察，倫理などが含まれる。

コラボレーション

コミックを作るには多くのことが必要であり，誰もがその必要なスキルを使いこなせるとは限らない。もし，自分ですべてを行える気がしないのであれば，コラボレーションをしよう。他のクリエイターを加えることで，自分の考え方や作品そのものを重要な形で拡張することができる。コミック業界では，原作者，ペンシラー（下描き），インカー（ペン入れ），カラーリスト（彩色），レタラー（レタリング）などがそれぞれにいるチームでコミックを作るのが一般的である。CBR では，研究者とアーティストでチームを組むことは比較的よく見られ（例：Ayers & Alexander-Tanner, 2010; Jones & Woglom, 2013a, 2013b），このアプローチには大きな可能性があると考える。しかし，このようなパートナーシップがその可能性を発揮するためには，深い協力が必要である。研究者は，自分の発見を単に文字で書き，それをアーティストに投げればよいということではない。また，アーティストもコンセプトをよく理解しないままでは始められない。これでは，悪い研究，悪いコミックになる。むしろ，研究者とアーティストは互いに学び，互いについて学び，それぞれが作品に個々の強みを持ち込み，情報をコミックという形で表現する最善の方法について対話する必要がある。これが最も興味深い作品を生み出す方法である。教育学の教授である Bill Ayers が，コミック・アーティストの Ryan Alexander-Tanner と組んで，彼の著書『To Teach』のコミック版を新たに作ろうとしたとき，Ayers は当初，既存の文章を Alexander Tanner に渡して，コミックに「翻訳」してもらえばいいのだと考えていた。しかし，彼らはすぐに，本当に独自のものになるような作品をつくるには，真の意味でのコラボレーションの方法を見つけなければならないことに気がついた。この特別なケースでは，Alexander-Tanner は，本の制作期間中，継続的に会話をするために，Ayers と 6 ヵ月間同居することになった（Blackmore, 2010; Heater, 2010）。

Sherine Hamdy と Coleman Nye の両教授は，近刊の民族誌的グラフィックノベル《Lissa: Still Time》のために，コミック作家として高い評価を得ている Paul Karasik にアドバイザーとしての協力を依頼し，プロジェクトの高いクオリティを維持することに

成功した。Karasik は，ロードアイランド・スクール・オブ・デザイン〔アメリカ合衆国ロードアイランド州プロビデンスの美術大学〕でイラストレーションを学んでいる学生から2人を選び，漫画家としてこのプロジェクトに参加させた。多額の助成金を得て，チームはカイロに赴き，一緒に調査を進めることになった。研究者と漫画家は共に，提示しようとするコミュニティに直接没頭し，生み出される作品にさらなる深みをもたらした(Dragone, 2016)。

このような緊密なコラボレーションには努力が必要である。なぜなら，異なる期待，ビジョン，作業スタイル，学問的背景を調整する必要があるからである。たとえば，ニックは，著名な科学ジャーナリストである Richard Monastersky と共同で，『Nature』誌に気候変動に関するコミックを寄稿することになった (2015)。これは，2015 年のパリ気候会議に備えて，気候科学と過去 25 年間の気候変動交渉を総括するものであった(Krause, 2015)。これはユニークな挑戦であり，特に，8 ページという少ないページ数でこのトピックの巨大な複雑さをいかに伝え，親しみやすく魅力的なものにし，『Nature』誌が誇る正確さを犠牲にしないようにするか，ということであった。

二人の共同作業は 2 ヵ月間にわたり，何時間も電話で話し，何百通もの電子メールを送るという形で行われた。歴史と政策論争を熟知している Rich〔Monastersky を指す〕は，途中でぶつかるであろう重要なポイントのアウトラインを提供した。そして，何を重視すべきかを質問できるように文献に没頭していたニックが，物語の展開を描きはじめた。作品ができあがるにつれ，課題も出てきた。まず，ジャーナリズムの言葉の使い方と，コミックのページで利用可能なスペースを融合させることは，常に緊張を強いられるものだった。ジャーナリズムの基準では比較的短い文章であっても，コミックのページを完全に圧迫してしまうことがあった。コミックには，視覚的な構成を常に念頭に置いた，異なる種類の文章が必要なのである。第二に，新しいデータが入ったり，『Nature』誌の編集者からのフィードバックがあったりすると，出版期限の数日前まで，要素の追加，変更，カットが必要になった。これは，アフォーダンスについて述べた節で強調したように，ページ全体を単位として作業するコミック・アーティストにとっては問題であり，断片を入れ替えることは簡単ではない。第三に，ニックの作品の多くはスケッチという実践から生み出されているため，電話や電子メールでの会話はあっても，視覚的に直接交流できないことが，二人の著者の間の効率的なコミュニケーションを妨げていることがわかった。スケッチは制作者だけが完全に理解できるものであることが大半である。このため，締切までの厳しい日程の中で学習することは困難であったが，幸いなことに，忍耐と粘り強さで最終的には満足のいく形にまとまった（**図 21.6** を参照）。

最後に，報酬について述べたい。このようなコラボレーションに取り組むためにアーティストを招待するということは，かなりの時間を費やすことを要求していることになる。さらに，学術出版を出口とすると，作品自体の販売から金銭的な補償を受ける機会はほとんど期待できない。ほとんどのアーティストは，他の人と同じように，支払いをしたり食べ物を買ったりする必要があり，作品クレジットに名前が出ることや「履歴書の 1 行」を提供することだけでは，それらのニーズを満たす助けにはならない！ アーティストに支払うための助成金や外部資金が必要とされるところである。

図 21.6 ニックはアイデアをスケッチする中で，海面上昇の予測グラフの曲線的な傾斜と高波に視覚的に重なる点があることに気づき，葛飾北斎の《神奈川沖浪裏》を参照することにした
Monastersky & Sousanis（2015）より抜粋。Copyright © 2015 Nature. 許可を得て転載

コミックデータの収集と分析

　学術的なプレゼンテーションの方法としてコミックを使用することは，研究においてコミックが使用される最もわかりやすい例であるが，それは氷山の一角にすぎない。私たちの経験では，コミックの持つアフォーダンスは，最初のデータ収集やブレーンストーミングなど，研究プロセスの最初から組み込まれたときに最も有用である。データ収集や分析中に作成されたコミックは，決して日の目を見ることはないが，それでも最終的な成果物に貢献する。コミックは，現場での視覚的な身振りをともなうデータを記録するフィールドノートの一形態として作成することができる。また，インタビューを身振り手振りや表情付きで書き起こすこともできる。研究者がマインドマップを作ったり，理論的なメモを書いたりするのと同じように，新たなアイデアを探求するために使用することができる。また，コミックは参加型の意味づけの一形態として，参加者とともに創作することもできる。これらのすべての場合において，コミックは研究者の思考の足場となり，水平思考を支え，新しいつながりを発見し，研究者の注意をトピックの物理的・空間的・時間的・視覚的側面に向けることができるのである。

　たとえば，人類学者で漫画家の Jorge Ramos は，フィールドにいる間，スケッチをする。彼の著書《Histórias Etíopes》(2000) は，伝統的なフィールドノートと絡み合った，人々や場所の美しいレンダリング〔データの再構成によって表現されたもの，またその行為〕で満たされている。Ramos にとって，絵を描くことは視覚的なデータを取得する方法であるだけでなく，研究者と参加者の積極的な交流を促進し，人々の目から見て彼を人間らしくする社会的活動でもある (2004, p. 149)。Ramos はまた，同僚の人類学者である Anna Isabel Afonso と，より良いインタビューデータを引き出すためにコミック描画を用いる興味深い共同作業を展開している。Afonso は，Ramos と一緒にインタビュー調査に出かけ，Ramos が聞き取った話をもとにオリジナルの画を描いた。その描画をインタビュー対象者と共有し，インタビュー対象者がコメントや編集をすることで，より正確で新しい情報を引き出し，インタビュー対象者を深く惹きつけた (Afonso & Ramos, 2004)。

さらに，CBR の制作活動それ自体が分析の一形態として機能することもある。たとえば，ニックの分析プロセスは，コミックのページの制作と密接に結びついている。各ページやシークエンスについて，彼は探求したいことの全体的なアイデアと，おそらくイメージから始め，それがどのように感じられるかや，ページ上でどのように形をとるべきかを考えようとする。元となるイラストを描くための，事前に書かれた台本はない。これについては，ニックから自分で説明してもらおう。

　　私の場合，ラフスケッチ（メモと描画からなるマインドマップ）の中で思考を巡らせると，アイデアが浮かんでくる。描画は，私の視覚システムを会話に取り入れる方法であり（Suwa & Tversky, 1997），それによって他の方法では見えないスケッチのつながりが見え，以前は予想できなかった発見をすることができる。私にとって描画は，自分の限界を超えた見方や考え方を広げるためのツールであり，自分自身の思考に積極的に関与するものである。研究に応じて描画しながらも，描画の要求によって探究の方向が変わっていく，その繰り返しである。最終的には，学術的な研究と芸術的なアプローチは同じ比重を持ち，互いに影響し合うものでなければならないと考えている。もし，素晴らしい描画ができたとしても，あまり多くを語らなかったら，それは十分ではないし，もし，素晴らしいアイデアをたくさん表現できたとしても，画像がその一部になっていなかったら，それを破棄してもう一度やり直さなければならない。この 2 つの力が作品を動かすとき，最高の発見と最強の作品が生まれるのである。（Jenkins, 2015, Part 3; Smith, Hall, & Sousanis, 2015; Sousanis, 2015a も参照）

出版という課題

　コミックを学術的な場に置くことは，多くの新しい出版上の課題をもたらす。これまで述べてきたように，創作者は当初から，作品全体のページの大きさや長さに必然的に気を配ることになる。これらの制約によって，どのようなコミックが制作できるかが決まる。そうでなければ，コミックを収まりの悪いスペースに押し込めることになる。しかし，ほとんどの学会誌の執筆要項は，ページ制限や印刷寸法ではなく，文字数制限だけを記載している。しかし，コミックではそうではない。各ページが建築単位を構成し，ページ展開や見開きの適切な効果も考慮される。文章であれば，編集で書き直したり，流れを意識したりすることもあるが，コミックの場合は，すべてのピースがバラバラになり，構造が崩れてしまう可能性がある。ニックにとって，『Nature』誌の制作で苦労したのはこのような修正の可能性だった。この修正の可能性のために，彼は制作の後半まで最終的な描画に取りかかることができなかった。コミックの現場では，クリエイターがラフレイアウト（いわゆる「サムネイル〔ネームのこと〕」）を事前に提出して承認を得ることで，こういうことを回避するのが主流である。そのためには，早い段階から編集者が関与し，出版上の制限（たとえば，カラーにかかる高いコスト）に対処することが必要であるし，おそらく学術編集者にコミックとそれをうまく表現するための要件を教

えることも必要である。

　学術的な場で出版する際のもう一つの課題は，ピアレビューである。CBR の論文を審査する適切な「査読者」は誰だろうか。ほとんどの学問分野の同僚は，たとえ研究テーマについて知識があったとしても，CBR のアプローチにはなじみがないであろう。一方，コミックをベースとする他の研究者は，その形式の効果的な使用については語ることができても，研究については語ることができないかもしれない。この緊張は CBR に限ったことではないが，この分野がまだ生まれたばかりであることを考えると，こうした出版上のロジスティックス〔生産物を生産者から消費者へ引き渡すまでの一連の流れを管理するシステム〕は近い将来，CBR の実践家にとって重荷となるであろう。方法論とトピックの異なる側面を語ることができる多様な査読者グループを見つけること，アプローチの特殊性について編集者を教育すること，世界中の CBR 実践者のリストを作ること（同じ 3, 4 人が毎回査読を負担することがないように）の，すべてに取り組むことが必要である。

妥当性と質

　ピアレビューは，より根本的な問題を提起する。「優れた」CBR とはどのようなものだろうか。研究としてのコミックを主張するとき，私たちは，必ずしも容易には嚙み合わない 2 組の基準に直面することになる。一方では，私たちは研究を行っており，私たちの作品が，研究対象である現象を信憑性をもって忠実に表現しているという意味で「有効」または「信頼」できるものであることを示さなければならない。他方で，私たちはコミックを作っている。コミックは長年にわたり，美的品質に関する独自の基準を発展させてきた。この二重の要求に，私たちはどのように応えればよいのだろうか。悪いコミックであっても，良い研究であることは可能なのだろうか。もしそうだとしたら，それを読みたいと思う人はいるのだろうか（Saldaña, 2005, p. 31 も参照）。良いコミックは出来の悪い研究を補うことができるのだろうか。

　CBR を評価する規準は，研究の目標やその基礎となるパラダイムによって必然的に異なる。しかし，私たちは，この問いに取り組んできた質的研究者や ABR の研究者の先行研究に基づき，「優れた」CBR の包括的な特徴を明らかにすることを試みる（ここでは質的研究や ABR の先行研究を参考にしているが，このことはコミックが量的研究を表すことができないことを示唆するものではないことに注意！）。これらの規準を提示することは，研究の妥当性と美的センスの問題を分離するのではなく，融合させる試みである。これらの規準は決して新しいものではないが，それぞれのケースで，これらの広範な規準がコミックの実践にとって具体的に何を意味するのかについて，簡単な例を示している。このリストはすべてを網羅したものではなく，対話の始まりである。

テクストとビジュアルの忠実性
　CBR の実践者は，研究対象である人々や現象に「忠実」であるかどうかという問題に注意を払わなければならない。高度かつ意識的にマルチモーダルなメディアを選ぶ

ことで，CBR の実践者は，絵の細部，色の選択，吹き出しの中のテクストなど，モードを超えた忠実性に取り組むという責任を負うことになる。たとえば，髪型，服装，設定，話し方など，歴史的な細かい部分が正しく描かれているかを，他の人が検証できるような方法で確認することなどが挙げられる。また，参加者の感情や経験の真実に忠実であることが重要な場合もある。このような場合，参加者に作成したページへの反応を求めることで，作者の手によって翻訳された彼らの経験が認識可能な方法で捕捉されているかどうかを判断することができる。さらに，コミックは研究者の経験や主観性に忠実であることに重点を置くこともある。この場合，研究者を登場人物として作品に挿入したり，主観性を強調するためにスタイルを誇張したりすることで対応する（例：Sacco, 2003）。どのようなパラダイムであれ，CBR の実践者は自らのアプローチを（視覚的，文学的に）説明することで，コミックと研究対象である現象との関係をどのように解釈するかについて，読者の理解を支援することができるはずである。

コミックの精巧さの理解

CBR のアイデアを紹介されたとき，多くの研究者は「しかし，私は絵が描けない！」と抵抗する。幸いなことに，良い研究コミックを作るために，完全な量感のある図形を描くことができる必要はないし，キアロスクーロ〔美術では明暗のコントラストを指す言葉だが，ここでは「明暗法」や「陰影法」と呼ばれる絵画の技法〕を習得する必要もない。重要なのは，研究者がコミック作品を理解し鑑賞することである。フォークナー（Faulkner, 2007）が研究詩について書いているように，研究者は「伝統や技法を認識し，研究論文を研究するようにその技術を学ぶ」（p. 221; Percer, 2002 も参照）べきなのである。研究者は，学術的な目的のために，コミックの持つアフォーダンスや約束事をどのように思慮深く利用することができるだろうか。研究者は，全体的なレイアウトと個々のコマの両方を考慮したことがあるだろうか。絵文字や動線，効果音といったコミックの視覚言語（あるいは「文法」）は，読者が情報や意味をよりよく理解したり処理したりするのに役立つだろうか。研究者はコマとコマの間のテンポやアクションを効果的に操作することができるだろうか。

認知的・感情的な衝撃

コミックというメディアは，Elliot Eisner（2008）が「情報伝達（denotation）」と呼ぶタイプのコミュニケーション，すなわち明確かつ論理的なコミュニケーションに有効である。しかし，コミックは，その最高の状態で，感情的なレベルでコミュニケーションを行う「情動喚起（evocation）」のための強力なツールでもある。Bochner（2000）が優れたオルタナティブ・エスノグラフィーについて「私は，私の頭だけでなく，心や腹をも動かすような物語が欲しい。主観的な生活に言及するだけでなく，人生が今どのように感じられ，それが何を意味するかを示す方法でそれを演じる物語が欲しい」（p. 271）と書いているように。コミック創作者は，読者が理性と直感の琴線に触れるのを助けることができるだろうか。たとえば，Ellen Forney の《Marbles: Mania, Depression, Michelangelo, and Me》（2012）は，一個人に双極性障害が及ぼした影響に関する感動的

な物語を通して，普通に双極性障害に関する情報を伝えるのと同じくらい，私たちにこの障害について教えてくれる。このような衝撃は，私たちの理解を深めるだけでなく「自分ならどうするだろうか」ということを考えるきっかけをも与えてくれる。

意味のある一貫性

Tracy（2010）が指摘するように，「意味のある首尾一貫した」研究は，研究者が取り扱おうとするトピックを扱い，適切な方法と発表形態を用い，既存の文献を相互に関連づけている。CBR の場合，何よりもまず，コミックが研究を提示するのに適した形式を提供しているかどうかが問われることになる。コミックが「最良の方法」「唯一の方法」である必要はないが，コミックの持つアフォーダンスは，研究者が考えの理解と普及のために持つより大きな目標を達成するために，何らかの形で利用することができる。

倫理

研究になることを目的としたコミックは，おそらく自伝のためのグラフィックノベルの使用やジャーナリズムのためのコミックの使用（たとえば，Plank, 2014）よりも，機密保持と匿名性という責任（研究上のリスクから研究対象者を保護すること）を負うことになる。しかし，このことはコミックという形式において，やや独特な課題を提示している。研究対象者が*見られる*可能性があるときに，どのように研究対象者を保護すればよいのだろうか。研究対象者を保護するためのアイデンティティの変更（外見や場所の変更，抽象化，合成キャラクターの作成）が，研究の科学的真実性を損なわないことをどのように確認すればよいのだろうか。

CBR の特権の多くは，この形式がもつアフォーダンスに基づくナラティブであるが，個人的な語りはほとんど常に他者との相互作用をともなうことを考えると，私たちは研究協力者の周囲の人々をどのように保護すればよいのだろうか（Ellis, 2004）。《Stitches: A Memoir》（Small, 2009）や《Can't We Talk About Something More Pleasant》（Chast, 2014）などのグラフィックノベルは，特に親に対して批判的に描き，その特異な性格や不道徳な行動，さらには心身の病気などまで明らかにしている。参加に直接同意していない人々を保護すべきであるのなら，このような暴露は研究において許されるのだろうか。これは，故人など自分の意見を言えない人々や，歴史的に研究やコミックの世界で疎外され，誤って表現されてきたコミュニティ（白人以外の人種，障害者など）のことを考えると，特に重要な問題であろう。

コミックは本質的に視覚的な形式であるため，CBR 研究者は，視覚的表現に関する態度や信念の文化的差異を考慮しなければならない。たとえば，多くの非イスラム教徒の漫画家が知っているように，イスラム教徒は預言者ムハンマドを絵で表すことを非礼とみなしている。研究者はまた，植民地化の道具として広範囲に使用されたことを含め，研究における視覚的表現の歴史と闘わなければならない（Hight & Sampson, 2013）。そして，コミックが子どもと密接な関係にあり，人種差別的・性差別的な視覚的ステレオタイプの長い歴史があることを考えると，人々は特にコミックという形式で表現されることに

第 21 章　学術的なコミックの描き方　｜　473

ついてどのように感じるだろうか。特に，自分たちの文化的環境の外で研究を行う場合，視覚的表現のスタイルとそれに関連する意味や反響について研究協力者と対話することが重要である。

　最後に，CBR を実践として追求することについて，その当事者たちに倫理的な問いを投げかけなければならない。学生にそのような仕事の追求を*許可*することは，倫理的なことなのだろうか。もし，「非伝統的な形式」でやっていることで就職や任期なしの雇用が難しくなるとしたら，私たちは彼らに対して警告する（あるいは止める）べき義務があるのだろうか（この点については Patel, 2016 の議論を参照）。教室では，コミックがトピックとして受け入れられるようになるにつれ，コミックの創作を学生に課す教授も出てきている（たとえば，Czerwiec et al., 2015 の章を参照）。このような課題において，私たちは学生に暗黙のうちに自己開示を課しているのだろうか。もしそうなら，そのような作業を学生に*要求する*ことは倫理的なことなのだろうか。私たちは自己開示を必要としないコミックを作ることを受け入れる余地があるだろうか。コミックは，作り手の目的に応じて，情報提供をしたり，笑い，胸騒ぎ，思索，緊張感を与えたりなどさまざまな性質を持つ。したがって，学科の中でそれらの目的すべてを例示し，課題ですべてを許容することは，学生を保護すると同時に，コミックの形態の広がりを保つことになるかもしれない。

あなたの番

　コミックは誰でも作ることができる。「絵が描けない」という理由でコミックを避ける研究者は，(1) 自分の仕事にとって有益であり，新しいタイプの認識へと導いてくれる，(2) 実際には絵を描くことも特定の方法で描くことも必要としないこの形式を，早々に見捨てていることになる。カナダの漫画家 Seth は，コミックを散文と画像の融合と表現するのは悪い比喩であり，詩とグラフィックデザインから成るものと表現するのがより適切であろうと述べている。「詩はリズムと凝縮のため。グラフィックデザインは，漫画よりも形を動かすこと，つまりデザインすることに重きを置いているからだ」(Ngui, 2006, p. 22)。

　利用できる描画スタイルの範囲は，伝統的な漫画化をはるかに超えて，多岐にわたる。フォトコミックやコラージュもまた，生産的な可能性を持っている。Ann Marie Fleming (2007) のグラフィックノベル《The Magical Life of Long Tack Sam》は，彼女の祖父についての回想録である同名の映画と同時に出版されたものであるが，この作品について考えてみよう。Fleming は冒頭で，自分が絵を描く能力がないことを直接的に表明し，その後，祖父の人生の再現を，キャラクター「スティックガール」〔棒人間のような女性のイラスト〕を通して語る。彼女がすべての物語を演じ，アーカイブや現在の写真，地図，ポスター，さらには現役の漫画家が描いたいくつかの部分とともに，読者が夢中になれる物語を実現するために進んでいく。この手法は成功している。

　CBR に興味を持ったなら，コミックを読むことに時間を費やそう。スーパーヒーロー

もののコミックが好きなら，書店のグラフィックノベルのコーナーに行ってみよう。アメリカのコミックを中心に読んでいる人は，日本のマンガやカナダのインディーズコミックに飛び込んでみよう。コミックに対するスタイルやアプローチの幅は日々多様化しており，研究としてコミックを作る際に何ができるか，あなたのアイデアを広げてくれることだろう。プロの漫画家と共同制作する場合でも，アートワークやレイアウトの方向性を示し，フィードバックを提供するために，その形式を熟知していることが重要である。

アクティビティ

　コミックを作りはじめること以上に，あなた自身のコミックの実践を発展させる方法はないだろう。ここでは，コミックについて考える際の準備運動になるようなアクティビティや練習，活用資源をいくつか提案する。ページを作るのに役立つデジタルツールはたくさんあるが（たとえば，Comic Life や Pixton），基本的に既成のテンプレートがあるものは避けた方がいいと思われる。レイアウトや並置を考え，ゼロから画像を作成する経験は，あらかじめ定義された構造で作業すると失われる可能性のあるアイデアや連想を誘発する。まずは白い紙と描く道具から始めて，その先に何があるのかを見てみよう。少なくとも最初のうちは，手で描くことをお勧めする。そのうちハサミとノリ，あるいは Adobe Illustrator を好むようになるかもしれないが。道具が違えば，行き着く先も違ってくるので，試してみてもらいたい。

　Matt Madden の《99 Ways to Tell a Story》(2005) を読むことは，コミックという形式にアプローチする無数の方法への理解を深める方法として，強く推奨したい。Madden は，自分が冷蔵庫から何かを取り出そうと階下に降り，その後，探していたものを忘れてしまうという 1 ページでコミックの幕を開ける。彼はこれに続いて，同じストーリーの 98 のバリエーションを，スタイル，ジャンル，形式，その他のテクニックを変えながら描いている。私たちは，研究者が発見を促す方法として，同じような練習をすることを提案する。フィールドノートから得た経験や，インタビューから得た物語を，1 ページのコミックにしてみる。次に，それをもう一度描いてみる。ただし，アプローチを変える。異なる参加者の視点から，あるいは俯瞰的な視点から，あるいは出来事を静かに見守る無生物の視点から，物語を語ってみてもらいたい。細部や音，感情に焦点化して描いてみる。ニックは学生たちに対し，3 つのコマで短い物語を語り，その後同じ物語を 2 ページにわたって再び語るという同様の演習を行っている。何が必要不可欠で，何なら省いてもアイデアや物語を伝えることができるのか。このような制約のある練習は，解放感をもたらし，生産的な新しい仕事の方法をひらめかせることができる。

　文字で表現することに慣れている人は，効果音や絵文字以外の文字を一切使わないで作ることに挑戦してもらいたい。文字のない物語を作ることで，リズム，ジェスチャー，音，表情，環境の詳細，ページレイアウト，各画像の重要性について考えることができる。また，研究で扱っている抽象的な概念を，具体的な出来事の積み重ねにすることなく，視覚的に伝えることを試みてもらいたい。その概念について考えるとき，どんなイ

第 21 章　学術的なコミックの描き方　475

メージが浮かぶだろうか。その概念を他の人に伝えるには，どのような視覚的なメタファーが役に立つだろうか。このような探求は，完全な形式を活用するコミックの実践を発展させるために不可欠である。

　また，コマとコマの関係だけでなく，ページレイアウトを考えるきっかけになるような練習もある。初心者の描き手がコミックの実践に必要な空間的思考にすぐに触れられるようにする方法として，ニックは「グリッドとジェスチャー」（Sousanis, 2015b）を開発した。これは代表的な方法ではないが，コマに描かれたものから，ページ全体の構成とそれが伝えるものについて考えることに重点を移すためのコミック制作の練習である。これまでの描画経験によらず，誰でもすぐにできる。以下は，その簡単な説明である（より長い説明は，先に引用した文献〔Sousanis, 2015b〕にある）。

　　　一枚の紙を，あなたの一日の形を表すように，格子状に区切ってください。これを行っているその日のことでも，典型的な日でも，特別な出来事があった日でも，あるいは想像上の日でもかまいません。重要なのは，紙全体を使うことです。コミックでは，空白のスペースが大きな意味を持ちます。そして，各コマの中に，あなたの身体的・感情的な動きを表す線や記号を描いてみてください。できるかぎり，ものを描かないように！

　これは「絵を描かない人」に，ページ全体についてや，ページ上の動きの流れ，コマの重さや向きについてすぐに考えさせ，最終的には，意図的な構図の選択から描かれた絵であることを参加者がどれだけすでに知っているかを示すことになる。

　ニックは，このエクササイズを，児童書作家 Molly Bang（2000）の楽しくて短い本《Picture This》と組み合わせることがよくある。この本の中で Bang は，切り取った色紙だけを使って「赤ずきんちゃん（Little Red Riding Hood）」の一場面を作る様子を語りながら，絵がどのように機能するかを説明している。ギザギザの線は危険や興奮を，曲線は優しさや静けさを，隣り合った2つの形は親密さを，赤は紫とは異なる感情を表している。ニックはよく，ハサミと画用紙を用意し，切り取った形を並べるという基本的な活動を通して，学生たちに何か重要な関係を表現させる。ハサミを使うことで，絵を描くときの煩わしさやためらいから解放されたり，明確な決断を迫られたりすることがある。こうしたより抽象的なアプローチをコミック制作に持ち込む学生もいる。

　もちろん，ある形に対する真の熟練は，経験と反復から生まれる。したがって，漫画家の Lynda Barry（2014）や Ivan Brunetti（2011）などが示唆するように，コミック制作を日誌として実践することは強く推奨される。日誌は，描画スタイルの探求や，形式で遊ぶことを可能にする場である。Barry（2014, pp. 62-63）は，日誌をつけることを「心の奥が前に出てくる場」として，きっちりと規則正しく実践することを提案している。特に CBR 研究者にとって，日誌やフィールドノートは不可欠な研究ツールであり，観察やフィールドワークを視覚的に記録する場であり，最終的な作品に不可欠な情報を保存する場でもある。

　コミックを創る感触をつかみ，その形式やさまざまなテクニックについてもっと学

びたいと思ったら，次のステップは本にあたることかもしれない。私たちは，あなたの
コミック制作をより豊かなものにするために，次のような必携の文献を推薦する。Scott
McCloud の『Understanding Comics』(1993) は，コミックにできるすべてのことについて
考えるために不可欠なガイドである。より教育的な文献としては，McCloud の『Making
Comics』(2006)，Jessica Abel と Matt Madden の『Drawing Words & Writing Pictures』(2008)
とその続編『Mastering Comics: Drawing Words & Writing Pictures Continued』(2012) が
ある。いずれもコミック制作のテクニックやアプローチに関する実践的なガイダンスを
提供している。さらに，Abel と Madden は，コミックの使用と制作に関する演習を共
有するためのコンパニオン・ウェブサイトを主催している（http://dw-wp.com）。漫画家
Lynda Barry の著書《Syllabus》(2014) では，ウィスコンシン大学マディソン校で彼女が
開講する「描かない人」のためのデッサンの授業に読者が同席できるようになっている。
Barry は，先に挙げた人たちよりも形式的な問題にはあまり関心がなく，その代わりに，
手を動かし，心を研ぎ澄ませるような活動の渦を通して，描くことで自分を表現する私
たちの自然な能力を再び呼び覚ますことに関心を持っている。

　これらの基本的な活用資源は，そのアプローチに非常に大きな多様性があることを示
している。これは，コミックがいかに広くひらかれたものであるかを映し出し，また，
コミック創作への道を見出すための複数の道を反映していると，私たちは考えている。

今後の展望

　コミックと CBR においてこれまでに何が起きてきたかを探ることで，私たちはこの
分野を発展させ，前進させるためのプラットフォームを提供したいと願っている。私
たちは，学術的な文章を書くために身につけた貴重な習慣やスキルを，必ずしもコミッ
ク制作にうまく移行させられるわけではないことを認識している（逆もまたしかり）。コ
ミックと研究を両立させるためには，新しいアプローチを培い，研究の考え方に視覚的
要素を取り入れ，また，視覚的な考え方に研究を取り入れることを学ぶ必要がある。私
たちは，境界線を押し広げ，他の方法では想像もつかないようなことをするために，こ
の形式を利用するアプローチを奨励している。たとえば，説明文に大きく依存する一
般的な「語り手としての研究者」アプローチからどのように脱却できるだろうか。コ
ミックを方法論として用いることは，単に「舞台上の賢者」である読者に語りかける
ことを超えて何かをすること，そしてこの形式が持つ視覚的な性質を最大限に活用す
ることを意味するはずである。Bechdel の《Fun Home: A Family Tragicomic》(2006) や
Spiegelman の《Maus》(1986) が示しているように，研究コミックは依然として文字の
方が多いかもしれないが，CBR は単に文字で描かれたもの以上のものになりうる。

　研究者たちがコミックが提供する豊かな多様性を探求し，コミックの幅広い伝統の中
から自らの道を見出し，さらには新しい地平を開拓しはじめることを私たちは望んでい
る。たとえば，テクストはどのようにして構成の重要な要素になるのだろうか。Chris
Ware（2012）によるタイポグラフィーの使用などの例は，テクストが視覚的に生き生き

とする可能性を示している。また，研究を説明するのではなく，物語として表現するにはどうしたらよいだろうか。Talbot の《Alice in Sunderland》(2007) や Ros と Farinella の《Neurocomic》(2014) のように，架空の語り手が架空の探求中に研究主題に遭遇するという，架空の枠組み装置を作る作家もいる。創作者はまた，物語を超えて抽象的・概念的なアプローチをとることもでき，おそらくはコミックの枠を越えて情報デザインのようなものへと到達することもできる。あるいは，Shiga の《Meanwhile》(2010) のように，読者は情報を通じて自分自身の道を自由に選択することもできる。

　McCloud は『Understanding Comics』(1993) に続く著作『Reinventing Comics』(2000) で，コミックがページや本の形の制限から解放される可能性について推測している。デジタル時代の幕開けに際して，彼はコミックがどこへ向かうかを予測している。とりわけ，彼が「無限キャンバス」と呼ぶもの，つまり，コンピュータの無限のスクロールの可能性を利用して，物語をあらゆる方向へ，必要なだけ進められるものについて論じている。それ以来，いくつかの興味深い例があるが，デジタルコミックはまだ黎明期にある。モーションコミックや，静止したコマの中でループする GIF 画像を使ったコミックもまた研究されており，『New York Times』などのメディアにも掲載されている (Carré, 2015)。

　おそらく，コミックと学問のための最も有望なデジタルフロンティアは，コミックジャーナリズムにおいて発展してきた。そこでは，クリックすることで補足資料にアクセスできるような，画面上のアクティブな領域をコミックの特徴としてきた。この双方向性によって，ビデオやインタビュー，舞台裏のスケッチなどの資料がコミックの本編とともに存在し，情報の階層をさらに増やすことができる。デジタル人文科学における同様の取り組みと同様に，このバーチャルな階層は，コミックにおける学問の次元を高める方法を提供する。（デジタルコミックの学術的な出版についての詳細は Whitson & Salter, 2015 を，また本稿執筆時点における著名なオンラインコミック・プラットフォームについては https://electricomics.net を参照。）

　テクノロジーの継続的な進歩がコミックという形式を利用するための可能性を拡大することはわかっているが，その核となるのはもっと本質的なものである。コミックで仕事をすることの楽しい側面は，コミックがいかに手近に作られうるかということである。カレンダーから破いた紙でもかまわない（Streeten, 2011 を参照）。安い紙とペンでさえ，広がりのある物語を作り上げる能力を備えているのである。言葉と絵を組み合わせること，組み合わせる順番を変えてみることによって思考を整理すること，そしてさまざまな様式を一度に導入することには，大きな力がある。アナログでもデジタルでも，あるいはその中間でも，また熟練したアーティストでも，どちらかといえば言葉の達人でも，コミックにはあなたの居場所がある。私たちはコミックが，あなたの思考を補強したり，あなたの研究に対する新しい視点にアクセスしたり，それを共有したりするための新しい方法になると考えている。さあ，始めよう。

文献

Abbott, L. L. (1986). Comic art: Characteristics and potentialities of a narrative medium. *Journal of Popular Culture, 19*(4), 155–176.

Abel, J., & Madden, M. (2008). *Drawing words and writing pictures*. New York: First Second.

Abel, J., & Madden, M. (2012). *Mastering comics: Drawing words and writing pictures continued*. New York: First Second.

Afonso, A. I., & Ramos, M. J. (2004). New graphics for old stories: Representation of local memories through drawings. In S. Pink, L. Kürti, & A. I. Afonso (Eds.), *Working images: Visual research and representation in ethnography*. New York: Routledge.

Atkins, M. (n.d.). *The dark side of the village*. Retrieved from http://comicsforum.files.wordpress.com/2012/02/dark-side-of-the-village.pdf.

Ayers, W., & Alexander-Tanner, R. (2010). *To teach: The journey in comics*. New York: Teachers College Press.

Bang, M. (2000). *Picture this: How pictures work*. San Francisco: Chronicle Books.［バング，M.，細谷由依子（訳）（2019）．絵には何が描かれているのか──絵本から学ぶイメージとデザインの基本原則　フィルムアート社］

Barry, L. (2014). *Syllabus*. Montreal: Drawn & Quarterly.

Bartoszko, A., Leseth, A. B., & Ponomarew, M. (2010). Public space, information, accessibility, technology, and diversity at Oslo University College. Retrieved from http://anthrocomics.wordpress.com.

Bechdel, A. (2006). *Fun home: A family tragicomic*. Boston: Houghton Mifflin.［ベクダル，A.，椎名ゆかり（訳）（2017）．ファン・ホーム──ある家族の悲喜劇（新装版）　小学館集英社プロダクション］

Bernard, M., & Carter, J. B. (2004). Alan Moore and the graphic novel: Confronting the fourth dimension. *ImageTexT: Interdisciplinary Comics Studies, 1*(2). Retrieved from www.english.ufl.edu/imagetext/archives/v1_2/carter.

Blackmore, T. (2010). A new review of the comic book! HOORAY! Retrieved from https://billayers.org/2010/05/20/a-new-review-of-the-comic-book-hooray.

Bochner, A. P. (2000). Criteria against ourselves. *Qualitative Inquiry, 6*, 266–272.

Boguslaw, J., Burns, M., Polycarpe, M., Rochlin, S., & Weiser, J. (2005). Part of the solution: Leveraging business and markets for low-income people. Retrieved from www.fordfoundation.org/pdfs/library/part_of_the_solution.pdf.

Boudreault-Fournier, A. (2015). "Making" graphic novels as creative practice in anthropology: Learning outcomes from the classroom. Retrieved from http://imaginativeethnography.org/wp-content/uploads/2016/01/Boudreault-Fournier-CIE-Blog-Jan10.pdf.

Brunetti, I. (2011). *Cartooning*. New Haven, CT: Yale University Press.

Buhle, P. (2007). History and comics. *Reviews in American History, 35*, 315–323.

Buhle, P., & Schulman, N. (2005). *Wobblies!: A graphic history of the Industrial Workers of the World*. London: Verso.

Carré, L. (February 5, 2015). The bloody footprint. Retrieved from www.nytimes.com/interactive/2015/02/05/opinion/private-lives-the-bloody-footprint.html.

Chast, R. (2014). *Can't we talk about something more pleasant?* New York: Bloomsbury.

Cohn, N. (2013). *The visual language of comics*. London: Bloomsbury.［コーン，N.，中澤潤（訳）（2020）．マンガの認知科学──ビジュアル言語で読み解くその世界　北大路書房］

Cohn, N. (2014). The architecture of visual narrative comprehension: The interaction of narrative structure and page layout in understanding comics. *Frontiers in Psychology, 5*, 680.

Connelly, F. M., & Clandinin, D. J. (1990). Stories of experience and narrative inquiry. *Educational Researcher, 19*(5), 2–14.

Czerwiec, M. K., Williams, I., Squier, S. M., Green, M. J., Myers, K. R., & Smith, S. T. (2015). *Graphic medicine manifesto*. University Park: Pennsylvania State University Press.［サーウィック，M. K. ほか，小森康

永ほか（訳）（2019）．グラフィック・メディスン・マニフェスト——マンガで医療が変わる 北大路書房］

Deleuze, G., & Guattari, F. (1987). *A thousand plateaus* (B. Massumi, Trans.). Minneapolis: University of Minnesota Press. ［ドゥルーズ，G.／ガタリ，F.，宇野邦一ほか（訳）（2010）．千のプラトー ——資本主義と分裂症　河出書房新社］

Dragone, F. (February 18, 2016). The making of Lissa: Still time—An ethnoGRAPHIC novel. Retrieved from www.utpteachingculture.com/the-making-of-lissa-still-time-an-ethnographic-novel.

Eisner, E. (2008). Art and knowledge. In J. G. Knowles & A. L. Cole (Eds.), *Handbook of the arts in qualitative research: Perspectives, methodologies, examples and issues* (pp. 3–12). Thousand Oaks, CA: SAGE.

Eisner, W. (1978). *A contract with God and other tenement stories.* New York: Baronet.

Eisner, W. (1985). *Comics and sequential art.* Tamarac, FL: Poorhouse Press.

Ellis, C. (2004). *The ethnographic I.* Walnut Creek, CA: Alta Mira Press.

Faulkner, S. L. (2007). Concern with craft: Using ars poetica as criteria for reading research poetry. *Qualitative Inquiry, 13*(2), 218–234.

Fleming, A. M. (2007). *The magical life of Long Tack Sam.* New York: Riverhead.

Forney, E. (2012). *Marbles: Mania, depression, Michelangelo, and me.* New York: Gotham.

Galman, S. A. C. (2009). The truthful messenger: Visual methods and representation in qualitative research in education. *Qualitative Research, 9,* 197–217.

Geertz, C. (1973). Thick description: Toward an interpretive theory of culture. In C. Geertz (Ed.), *The interpretation of cultures: Selected essays* (pp. 3–30). New York: Basic Books.

Getz, T. R. (2015, May 26). *A graphic history: The story of an enslaved African woman in art and text.* Talk presented at 11th annual Spring Speaker event at San Francisco State University, San Francisco, CA.

Getz, T. R., & Clarke, L. (2016). *Abina and the important men: A graphic history* (2nd ed.). New York: Oxford University Press.

Groensteen, T. (2000). Why are comics still in search of cultural legitimization? In A. Magnussen & H. C. Christiansen (Eds.), *Comics and culture: Analytical and theoretical approaches to comics* (pp. 29–41). Copenhagen: Museum Tusculanum Press.

Groensteen, T. (2007). *The system of comics* (B. Beaty & N. Nguyen, Trans.). Jackson: University Press of Mississippi.

Harvey, R. C. (1979). The aesthetics of the comic strip. *Journal of Popular Culture, XII,* 640–652.

Heater, 2010. Interview: Bill Ayers. Retrieved from http://thedailycrosshatch.com/2010/03/15/interview-bill-ayers-pt-1-of-4.

Hight, E. M., & Sampson, G. D. (2013). *Colonialist photography: Imag (in) ing race and place* (eBook Edition). New York: Routledge.

Hosler, J., Cannon, K., & Cannon, Z. (2011). *Evolution: The story of life on Earth.* New York: Hill & Wang.

Jenkins, H. (2015). Geeking out about the comics medium with Unflattening's Nick Sousanis (Part Three). Retrieved from http://henryjenkins.org/2015/09/geeking-out-about-the-comics-medium-with-unflattenings-nick-sousanis-part-three.html.

Jones, S., & Woglom, J. F. (2013a). Graphica: Comics arts-based educational research. *Harvard Educational Review, 83*(1), 168–189.

Jones, S., & Woglom, J. F. (2013b). Teaching bodies in place. *Teachers College Record, 115*(8), 1–29.

Keane, B. (2009). *The family circus.* San Diego, CA: IDW.

Krause, K. (November 25, 2015). A graphic explanation: 25 years of climate talks. Retrieved from http://naturegraphics.tumblr.com/post/133869269023/a-graphic-explanation-25-years-of-climate-talks.

Kress, G. (2009). *Multimodality: A social semiotic approach to contemporary communication.* London: Routledge.［クレス，G. R.，松山雅子ほか（訳）（2018）．マルチモダリティ——今日のコミュニケーションにせまる社会記号論の試み　溪水社］

Kress, G., & Van Leeuwen, T. (2001). *Multimodal discourse*. London: Bloomsbury Academic.

Kuper, P. (2014). *The system*. Oakland, CA: PM Press.

Langer, S. K. (1957). *Philosophy in a new key: A study in the symbolism of reason, rite, and art* (3rd ed.). Cambridge, MA: Harvard University Press.［ランガー，S. K.，塚本明子（訳）（2020）．シンボルの哲学——理性，祭礼，芸術のシンボル試論　岩波書店］

Lee, S., & Buscema, J. (1978). *How to draw comics the Marvel way*. New York: Simon & Schuster.

Lewis, D. (2001). *Reading contemporary picturebooks: Picturing text*. London: RoutledgeFalmer.

Madden, M. (2005). *99 ways to tell a story: Exercises in style*. New York: Chamberlain Bros.［マドン，M.，大久保譲（訳）（2006）．コミック文体練習　国書刊行会］

Mazzucchelli, D. (2009). *Asterios Polyp*. New York: Pantheon.

McCloud, S. (1993). *Understanding comics*. Northampton, MA: Kitchen Sink Press.［マクラウド，S.，椎名ゆかり（訳）（2020）．マンガ学——マンガによるマンガのためのマンガ理論　復刊ドットコム］

McCloud, S. (2000). *Reinventing comics*. New York: Paradox Press.

McCloud, S. (2006). *Making comics*. New York: Harper.［マクラウド，S.，須川宗純（訳）（2023）．マンガの描き方　国書刊行会］

McGuire, R. (1989). Here. *Raw Magazine, 2*(1), 69–74.

McGuire, R. (2014). *Here*. New York: Pantheon Books.［マグワイア，R.，大久保譲（訳）（2016）．Here ヒア　国書刊行会］

Miller, A. (2007). *Reading bande dessinée: Critical approaches to French-language comic strip*. Chicago: Intellect.

Monastersky, R., & Sousanis, N. (2015). The fragile framework. *Nature, 527*, 427–435.

Nalu, A., & Bliss, J. P. (2011). Comics as a cognitive training medium for expert decision making. *Proceedings of the Human Factors and Ergonomics Society Annual Meeting, 55*, 2123–2127.

Neufeld, J. (2009). *A.D.: New Orleans after the deluge*. New York: Pantheon.

Newman, D. (1998). Prophecies, police reports, cartoons and other ethnographic rumors in Addis Ababa. *Etnofoor, 11*(2), 83–110.

Ngui, M. (2006). Poetry, design and comics: An interview with SETH. *Carousel, 19*, 17–24.

Okubo, M. (1946). *Citizen 13660*. New York: Columbia University Press.［オークボ，M.，前山隆（訳）（1984）．市民 13660 号——日系女性画家による戦時強制収容所の記録　御茶の水書房］

Patel, V. (2016, February 28). Ph.D.s embrace alternative dissertations: The job market may not. *Chronicle of Higher Education*. Retrieved from http://chronicle.com/article/phds-embrace-alternative/235511.

Pekar, H. (2009). American splendor: Another dollar. New York: DC Comics.

Percer, L. H. (2002). Going beyond the demonstrable range in educational scholarship: Exploring the intersections of poetry and research. *Qualitative Report, 7*(2). Retrieved from www.nova.edu/ssss/qr/qr7–2/hayespercer.html.

Pink, S. (2007). *Doing visual ethnography* (2nd ed.). London: SAGE.

Plank, L. (2014, February 23). Drawn truth: Why comics journalism needs rules. Retrieved from http://lukasplank.com/2014/02/23/drawn-truth.

Postema, B. (2013). *Narrative structure in comics*. Rochester, NY: RIT Press.

Ramos, M. J. (2000). *Histórias Etíopes* [Ethiopian stories]. Lisbon, Portugal: Assirio e Alvim.

Ramos, M. J. (2004). Drawing the lines: The limitations of intercultural ekphrasis. In S. Pink, L. Kürti, & A. I. Afonso (Eds.), *Working images: Visual research and representation in ethnography* (pp. 147–156). New York: Routledge.

Ros, H., & Farinella, M. (2014). *Neurocomic*. London: Nobrow Press.［ファリネッラ，M.／ローシュ，H.，安徳恭演（訳）（2016）．天才学者がマンガで語る脳　西村書店］

Sacco, J. (2003). *The fixer: A story from Sarajevo*. Montreal: Drawn & Quarterly.

Saldaña, J. (Ed.). (2005). *Ethnodrama: An anthology of reality theatre*. Walnut Creek, CA: AltaMira Press.

Shiga, J. (2010). *Meanwhile*. New York: Amulet Books.

Short, J. C., Randolph-Seng, B., & McKenny, A. F. (2013). Graphic presentation: An empirical examination of the graphic novel approach to communicate business concepts. *Business Communication Quarterly, 76*, 273–303.

Small, D. (2009). *Stitches: A memoir*. New York: Norton. ［スモール，D.，藤谷文子（訳）（2013）．スティッチ——あるアーティストの傷の記憶　青土社］

Smith, A., Hall, M., & Sousanis, N. (2015). Envisioning possibilities: Visualising as enquiry in literacy studies. *Literacy, 49*, 3–11.

Sones, W. W. D. (1944). The comics and instructional method. *Journal of Educational Sociology, 18*(4), 232–240.

Sousanis, N. (2015a). Behind the scenes of a dissertation in comics form. *Digital Humanities Quarterly, 9*(4). Retrieved from www.digitalhumanities.org/dhq/vol/9/4/index.html.

Sousanis, N. (2015b). Grids and gestures: A comics making exercise. *SANE Journal: Sequential Art Narrative in Education, 2*(1), Article 8.

Sousanis, N. (2015c). *Unflattening*. Cambridge, MA: Harvard University Press.

Spiegelman, A. (1986). *Maus: A survivor's tale*. New York: Pantheon. ［スピーゲルマン，A.，小野耕世（訳）（2020）．完全版 マウス——アウシュヴィッツを生きのびた父親の物語　パンローリング］

Streeten, N. (2011). *Billy, me and you: A memoir of grief and recovery*. Brighton, UK: Myriad Editions.

Suwa, M., & Tversky, B. (1997). What architects and students perceive in their sketches: A protocol analysis. *Design Studies, 18*, 385–403.

Syma, C. K., & Weiner, R. G. (Eds.). (2013). *Graphic novels and comics in the classroom: Essays on the educational power of sequential art*. Jefferson, SC: McFarland.

Talbot, B. (2007). *Alice in Sunderland*. Milwaukie, OR: Dark Horse.

Talbot, M. M., & Talbot, B. (2012). *Dotter of her father's eyes*. Milwaukie, OR: Dark Horse.

Thompson, C. (2011). *Habibi*. New York: Pantheon.

Tracy, S. J. (2010). Qualitative quality: Eight "big-tent" criteria for excellent qualitative research. *Qualitative Inquiry, 16*, 837–851.

Varnum, R., & Gibbons, C. T. (Eds.). (2001). *The language of comics: Word and image*. Jackson: University Press of Mississippi.

Ware, C. (2012). *Building stories*. New York: Pantheon.

Weaver-Hightower, M. B. (2012). Waltzing Matilda: An autoethnography of a father's stillbirth. *Journal of Contemporary Ethnography, 41*, 462–491.

Weaver-Hightower, M. B. (2013, April). Comics and the narrative/ethnographic moment. In M. B. Weaver-Hightower (Chair), *Making comics as educational theory and research*. Symposium conducted at the annual meeting of the American Educational Research Association, San Francisco, CA.

Weaver-Hightower, M. B. (2015). Losing Thomas and Ella: A father's story (A research comic). *Journal of Medical Humanities*. [Epub ahead of print]

Whitson, R., & Salter, A. (2015). Comics as scholarship. *Digital Humanities Quarterly*, 9.4. Retrieved from www.digitalhumanities.org/dhq/vol/9/4/index.html.

Williams, K. (2005). The case for comics journalism: Artist-reporters leap tall conventions in a single bound. *Columbia Journalism Review, 43*(6), 51.

Williams, R. M.-C. (2012). Can you picture this?: Activism, art, and public scholarship. *Visual Arts Research, 38*(2), 87–98.

Witek, J. (Ed.). (2007). *Art Spiegelman: Conversations*. Jackson: University Press of Mississippi.

Wolk, D. (2007). *Reading comics: How graphic novels work and what they mean*. Cambridge, MA: Da Capo Press.

第 V 部

映像アート

第22章

研究としての映画／映画としての研究

●トレヴァー・ヒアリング／キップ・ジョーンズ

(Trevor Hearing & Kip Jones)

訳：久保田賢一

ある秋の日，イギリス南海岸の小さなアパートの一室で

　トレヴァー・ヒアリング（Trevor Hearing）とキップ・ジョーンズ（Kip Jones）は，映画をパフォーマティブな研究の道具として，そして多くの人に研究を知ってもらうメディアとして使うことについて対談した。

　ヒアリングには，テレビ向けドキュメンタリー映画制作の経歴がある。ジョーンズは，質的研究者として伝記をもとに短編映画を作り，短編映画賞を受賞したことがある。ヒアリングとジョーンズは，映画の予告編を共同で制作し，その制作過程をビデオに記録した。これまで10年以上にわたり，彼らはいくつかのプロジェクトや映像制作で一緒に仕事をしてきた。特に，一緒にビデオを編集することを楽しんでいる。

KIP：アートベース・リサーチ（ABR）は，一部の学者には敬遠されているようですが，アートをツールとして研究に取り入れることは，この10年で増えてきました。私たち二人は，アートベースの仕事をする上で，具体的な対象と目標を持っています。私の場合は，哲学に基づいた方法として，パフォーマティブな社会科学（PSS）(Jones, 2012, 2013) を発展させることにあります。あなたにとってはドキュメンタリー映画制作という分野を，何か別のものに変えるものでしょう。それは，なにか哲学的な変容を促すような創造性を生み出すのではないかと思います。ABRの観点から，今のあなたにとってドキュメンタリー映画制作が何を意味するのかを，説明していただけますか。

TREVOR：私にとって，映画制作，特にドキュメンタリーはテレビや映画を通して私たちが見ることができるツールなので，大衆文化に関係していると思います。おそらく，大衆文化に乗っ取られてしまったと言えるかもしれませんが，私はこの

ツールを学術的な場に戻すことに関心があります。ドキュメンタリー映画の起源は科学と人類学にありますが，少なくとも英国ではテレビというマスメディアに採用されてきました。BBC（英国放送協会）のようなテレビ局においても，Bill Nichols（2019）が「節制の言説」[*訳注1]と呼んだように，公共サービスの文脈でドキュメンタリー映画を採用したのですが，近年では，その社会的目的のほとんどが放棄され，娯楽的な方向に変容してしまいました。ですから，今こそドキュメンタリー映画を，データを得るための有効な形式，つまり学術研究のための道具として取り戻すべき時だと思います。

KIP：それは面白いですね。なぜなら私の作品では，ほとんど逆の方向に進んでいるからです。私は，（さまざまな研究方法を用いて）学術的な研究をフィクション化し，映画にしてきました。そうすることで，テレビや映画など，一般客を対象とした映画制作にともなう娯楽性を取り入れているのです。観客が何を期待しているのか，どうすれば観客を引きつけることができるかを考えます。つまり，短編映画《RUFUS STONE》[*訳注2]（Appignanesi & Jones, 2011）のストーリーを作る際に，最初から，知的な思索にふけるのではなく，映画を使って心と体を動かそうとすることが原動力になっているのです。文書化されたインタビュー素材を使い，それをフィクションの素材（あるいは私が好んで呼ぶ「虚構の現実」[Jones, 2013, p. 12]）に変えるというアイデアは，私にとって創造的プロセスの一部であり，すべてをひっくり返すようなものでした。つまり，あなたが転回させ，私がそれを反転させているわけですが，それはおかしいですか？

TREVOR：ドキュメンタリー映画はフィクション以外の何ものでもないと，私は考えているので，それはおかしいと思います。ドキュメンタリーというものを特定の見方に固定してはいけないと思います。私はドキュメンタリーをフィクションの一種として捉え，コミュニケーションを構造化する方法として利用しています。なぜなら，何を撮影するかを選択し，物語を作り出し，編集をする方法において，創造的な決断を下しているからです。ですから，あなたの仕事のやり方が，事実からフィクションのアウトプットを生み出す一方向のものであり，私の仕事のやり方が事実のアウトプットを作ることであるという分け方は，間違っていると思います。私は，ドキュメンタリーやフィクションを，そのような狭い言葉で捉えてはいません。それらはすべて構築物なのです。もちろん，テクストによるどんなレポートもそうです。映画であれテクストであれ，私の挑戦は透明性をいかに提起するかであり，ドキュメンタリー形式は特にそうした主張に敏感でなくてはいけません。

KIP：人類学者，特に映像人類学者は，ある文化における特定の民族学的事象を撮影し，映像としてオーディエンスに紹介するという，映像人類学の古いやり方を踏襲していることについて，どう思いますか。古いやり方には，やるべきこと，やってはいけないことなどの規則が満ちています。そんな人たちに「何か新しいアプローチ方法がありますよ」と言えるのでしょうか。

TREVOR：世界に対する複雑な視点，何が真実かというより複眼的な見方，存在論，

認識論に基づいた方法で捉えることで，人類学者が素朴な方法で社会を観察しに行くように，そこにある世界から単純に事実を取り出していくという観点に囚われないようにするためです。そしてこの議論の目標として，20世紀を通じて，芸術，科学，社会科学のあらゆる分野で不確実性を評価し，それを研究手法に反映させることが，哲学的にますます理解されるようになってきました。

KIP：（これは空想みたいなものかもしれませんが）芸術や大衆文化のあらゆる種類のもの，その中でも特に家具デザイン，建築，服飾などにおいて，「ミッドセンチュリー」と呼ばれる1950年代，1960年代，そして1970年代へと，懐古的なものに回帰しているように見えることは興味深いことです。それは，普通だったら「もう過去のものじゃないか」とか，「この前のことはもういいじゃないか」と思うようなことなので，ちょっと不思議な感じがします。ところが，突然，ブルータリズム[*訳注3]や1950年代，1960年代のさまざまなものに再び関心が集まり，好意的でさえあるのです。そのようなことが，研究においても過去に立ち返るようなことがあるのでしょうか。つまり，懐古的な研究というのは，大学の新入生を対象とした調査を通じて，大理論を提示しようとするようなものでしょうか。文化や共同体や個人差というものをまったく意識せずに，自分たちの主張を世間に再び証明するようになっていくのでしょうか。

TREVOR：あるいは，描けるパレットが大きくなったから，いろいろなものを，幅広く，そして皮肉っぽく描けるようになったということでしょうか。もしかしたら，以前よりも深い理解ができるが，最初の頃のような素朴さはなくなったのかもしれません。そして，それゆえに，建築であれ研究方法であれ，それらのスタイルを「知った上で」採用することができるのだと。

KIP：皮肉っぽく言うと，何かを歴史的に見るとき，それはそもそも皮肉な方法なんです。今やっているのは，1960年代を舞台にした映画の脚本で，それと同じことをしているんです。最近観た映画で，BGMにJohnny Mathis（ジョニー・マシス）の歌う《Chances Are（恋のチャンス）》(Allen & Stillman, 1956) が使われていました。私は，「しまった！　これは私の映画のオープニング・シーンと同じ曲だ。それは使えないよ」と思いました。このことからわかるのは，人々は当時の文化的な芸術品を振り返り，それを使って何か新しいことを言おう，何か違うことを言おうと考えている，ということです。そこで，1960年代と1970年代が，映画や研究にとって新鮮な素材となるのです。

TREVOR：ええ，でもそれは常にそうだったのではありませんか？　たとえば，18世紀半ばの新古典主義において，ギリシャ・ローマ時代の建築様式が採用されたように，建築を例にとれば，それは常にそうだったのではないでしょうか。必ずしも繰り返しではなく別の形で理解する，つまり再評価なのです。

KIP：実は「アートベース・リサーチ」という言葉自体，私はあまり好きではありません。なぜなら，その言葉には，単にアートを作ることとリサーチをすることが同じであるという前提があるからです。私の仕事では，アートを研究方法として使うのではなく，研究や普及にアートを使うことが多いからです。私はこれを「パ

フォーマティブな社会科学」（PSS）と呼んでいます。これはデンジン（Denzin, 2001）によって考案された言葉です。私のPSSの研究は，関係性美学（Bourriaud, 2002）に理論的に基づいており，これについては別のところで詳しく述べています（Jones, 2006）。PSSは，単にアート作品をつくってそれをリサーチと呼ぶことではありません。それは方法論を必要とし，作品を生み出すための方法だけでなく哲学も考慮するということです。

TREVOR：私は，アート，特に映画制作をデータ収集の一形態として用いることを重視しています。

KIP：だからこそ，私たちは仲良くなれるのですね。「アート」そのものが研究プロセスの一部であり，「ツール」であり，それ自体が目的ではなく，目的への手段であることに同意します。私は，写真や映画制作，音楽やダンス，演劇など，アートを研究に取り入れている人たちと一緒に仕事をしています。これらすべてが演じることに関連しています。この本には，こうした取り組みを扱った章がたくさんあります。私たちが話したいのは，アートに基づく研究としての映画と，それに関する私たちの経験についてです。ある意味，それはとても狭いかもしれないが，焦点が狭い方が良いかもしれません。私の場合，そしてあなたの場合も，ドキュメンタリーが何であるかということに没頭し，それをまた再発明しているということではないでしょうか。

TREVOR：ええ，まったくその通りだと思います。私にとって，こうやってディスカッションで話すことが，アイデアを実際に形づくるのにとても役立っています。博士課程で学んだとき，映像制作をデータ収集の一形態として用いることについて書きました（Hearing, 2015）。それをもとに，これらのアイデアを再考することができ，博士号取得の際の結論では，ドキュメンタリー映画作家として，世界が私たちの中を歩き回るのではなく，私たちが世界の中を歩き回っているのだというErrol Morris（エロール・モリス）の決意（Meyer, 2008）に挑みました。それは，私がレンズやファインダーを通して外を見るのではないということを認めることです。私が映画を撮っているとき，私の内部で何が起こっているかを理解するということなのです。たぶん，それは私にとって新しい形の研究方法なのでしょう。

KIP：そして，オートエスノグラフィーにテクノロジーを取り入れる方向へと進んでいくわけです。

TREVOR：オートエスノグラフィーという方法では，私が「体現」しています。これはとても便利な言葉ですが，当たり障りのない言葉でもあります。しかし，研究者であり映画制作者でもある私の立場からみると，とても便利な言葉なのです。ですから，私はまだそれを深く考えたことはないのですが，今，それを明確にしていこうと思います。

KIP：私は自分の映像作品において，特定の映画作家や映像作品からインスピレーションを得ることはあまりありません。あるとすると，映像よりも音楽の方が，私の作品に影響を与えています。たとえば，最近，効果音と物語に支えられた5分間の静止画を制作するときに，Berlioz（ベルリオーズ）のメロローグ（音風景を伴奏

にした断章）という概念からインスピレーションを得ました（Jones, 2015）。私が選んだのは，脚本執筆中の長編映画《Copacetica》のシーン 1 です。Berlioz は，映画の基本的要素をひっくり返すということをしていたのです。つまり，映画といえば「動くイメージ」を思い描くでしょう。それをひっくり返して「動くイメージではないもの」とすると，全くの別物になってしまう。ナレーション，効果音，ぼんやりした音楽（あの Johnny Mathis も！），そういったものを使っています。最終的には，話し言葉と風景音を一緒にしたサウンドスケープになるのです。今，私が取り組んでいるのは，ナラティブという点ではそういうものです。あなたの作品は，どこから影響を受けていると思っていますか。

TREVOR：いや，あなたの方に少し話を戻しましょう。あなたの作品では，情動を呼び起こすようなサウンドスケープを効果的につくり出していますね。そして，情動を喚起する方法はとても特徴的です。言葉や音楽だけでなく，言葉と言葉の隙間，沈黙や不在の空間，想像力の遊びがいいのではないでしょうか。

KIP：私も，Haneke（ハネケ）の映画（IMDb, 2016）で，彼が静寂をどう扱っているのか，何のために使っているかに注目したんです。ここに見えるのは，観客を作品に引き込む方法です。なぜなら，静寂をあれだけ長く見ていると，2 つのことが起きるからです。まず，鑑賞者として，自分が見ているものが何なのかを想像しはじめます。そして次に，気が散って，見ているものの前から立ち去りたくなるのです。

TREVOR：これが「スローテレビ」と呼ばれ，今や大衆文化にも浸透していることは，すごいことだと思いませんか。たとえば，BBC FOUR には，もともとノルウェーの大衆文化の中で生まれ，トレンドになった番組がありますね。静寂の空間をつくり出し，視聴者は画面を見ながら頭の中で別のことをするという考え方がそこには見られます。

KIP：そう，ノルウェーの人たちです。今テレビで，誰かが何時間も編み物をしているのを見る番組がありますよ。

TREVOR：まさに，それが良い例です。この国では，運河を走る遊覧船の旅を何時間も眺める番組があります（私にとっては長すぎるわけでも，ゆっくりすぎるわけでもありませんが）。主流ではないにしても，このような番組が必要とされているのは，非常に興味深いことだと思っています。そこで，最初の質問に戻りますが，私が最初に研究者になったとき，ドキュメンタリー映像制作者としてのスキルをどのように生かせるのか，思いをめぐらしたことについて話したいと思います。そのとき，私は沈黙と静寂についてより深く考え，映画が瞑想となりうると思いました。瞑想としての映画というアイデアは，その特性上，心の開放を求めます。確かにそれは，じっと見つめることのできる，ゆっくりとした映像を使っていて，自分の作品の中でそれをある程度探求していますが，音を通してどのように考えることができるのかには興味があります。そしてそれは，静寂や沈黙をどのように利用できるかに関連するのですが，私はこのことにますます惹かれています。

KIP：面白いのは，「静寂と，動きのない映像が欲しい」と言ったことが決め手になり，

それがメディアとして利用されたからです。作曲家の Max Richter（マックス・リヒター）が《Sleep》(Richter, 2015) という作品を書いたようなものです。それは8時間の作品ですが，彼は観客にホールで一晩体験するように呼びかけています。これは，先ほどの1960年代についての指摘に戻りますが，Richter は，たぶん5時間20分眠る人を撮った映画を作った Andy Warhol（アンディ・ウォーホル）にならっているのでしょう (Warhol, 1963)。空間と時間を引き伸ばすことは，それほど新しい考え方ではありません。Haneke はそれを短い時間でやっていますが，やはり同じように空間と時間の引き伸ばしがあることで，私たちにいろいろなことを考えさせてくれます。《Caché（隠された記憶）》(Haneke, 2005) で Haneke がやっていることは，盗み撮りしたと思われる映像を見せることで，「見ることがどういうことかを見せているんだ，さあ見て」と言っているのです。そして，急な動きをしないことで，「ダメだ！　もっとじっくり見ろ，もっと見えるようになるんだ」と主張しているのです。最後のクレジットで，彼はもう一度これを行い（それはすごいことです！），学校の前のあの混雑した階段に，2人の人物を一緒に登場させます。1回目に映像を見たときには，私は役者を見ないで，ストーリーをみていました。私は，「なんてこった⁉ 彼らはどこにいるんだ？」と思い，また映像を見直すと，彼らが見えてきたんです。まるで，トーストの焼き目にイエス・キリストを見るような感覚です。一度イエスを認識すれば，それは本当に見えるのであり，それにしか見えなくなってしまうんです。もちろん，その設定のやり方は完璧だと思いました。年配の役者が右から左へフレーム前方に入ってきて，若い役者の方へ斜めに階段を上っていく。そして，前に移動して，そのまま二人で会話する。そうか，このシーンはこういうことなんだとわかる。あるいは，本当にそうなのか？　と思ったりする。最初は気づかないかもしれないが，気づいたときには，彼のメッセージが何なのかがわかるような，巧妙な演出になっているんです。彼のメッセージは，静寂を観ているようでいて，そうではなく，同時にいろいろなことが起こっている全体を観ているのだ，ということです。それは虫眼鏡で蟻塚を見ている感じです。あまり見過ぎると，観ているものを壊してしまうかもしれない。その後，Haneke の別の映画《Funny Games（ファニーゲーム）》(1997) を観ようとしたのですが，あまりのつらさに観るのをやめざるをえませんでした。それは《A Clockwork Orange（時計じかけのオレンジ）》を思い出させるものでした (Kubrick, 1971)。《A Clockwork Orange》を最初に観たときは，それほど動揺も苦痛も感じませんでしたが，《Funny Games》ではそうなってしまい，文字通り観るのをやめなければなりませんでした。結局，また戻って最後まで観ましたが，なぜ Haneke があの映画であんなに暴力的だったのかわからないのです。それは本当に暴力的で，《A Clockwork Orange》の影響も大きいと思いました。とにかく，そういうものが私の考えに影響を及ぼし，私の映像制作活動の背景を形成しているのです。しかし，どのように物事を変えようとも，何を道具として使おうとも，私たちは常に私たちのままであることを認めるべきだろうと考えます。教育者であれば教育者であり，映像作家であれば映像

作家であり，研究者であれば研究者であるということでしょうか。

TREVOR：そうでしょうか，それは間違っていると思います。あなたは，研究者というものは執筆者であると思い込んでいるようですが，私は，研究者はソングライターや映画制作者，あるいは他のタイプの情報発信をする人になれると思います。だから，研究者というのは単に研究者であるということではないと思います。

KIP：あなたがこれらのうちの一つのものでなければならないと言っているわけではありません。私たちは皆，自分がやっていることが何であれ，同時にいろいろな役割を担っているのです。自分がやっていることをただ否定するのではなく，自分の「役割」をいろいろ演じて，よりパフォーマティブな言葉で表現したらよいと言っているのです。

TREVOR：しかし，あなたが取り上げた映画制作者と私たちの仕事の違いは，何よりもまずリサーチクエスチョンがあること，つまり，私たちが研究者であることを示すには，明確にリサーチクエスチョンを提示することが必要ではありませんか。私たちの使命は，アーティストが必ずしも明確に示す必要のないリサーチクエスチョンを，プロセスのある時点で提示する必要があるという点で，異なるのではないでしょうか。私たちは，何もない空間について話していましたが，その何もない空間が静止画なのか，それとも映像を長く使うのか，沈黙を使うのかについて話しました。私たちがやっていることは，問いが投げかけられる空間をきちんと縁取ることです。パフォーマティブな社会科学の方法論を採用するならば，私たちは，読者，観客，視聴者，あるいは利用者が，作品に自分の瞑想を，またはリサーチクエスチョンに自分の考えを持ち込めるような空間をつくり出せるのではないでしょうか。私たちは研究者としてリサーチクエスチョンを持たなければいけません。私たちは，そのような問いを投げかける空間をつくり，他のどの方法論よりも，視聴者からの反応を求め，私たちが提供できるものと同じくらいその反応が有効であることを明らかにするのです。芸術家や映画制作者がこれを行うことがあります。私は最近，Antonioni（アントニオーニ，1962）の映画《L'Eclisse（太陽はひとりぼっち）》を観たのですが，この映画は，現代生活について熟考するように観客の注意を向けさせるものでした。そのような芸術の形態と，私たちが研究方法として提案していることは紙一重ですが，私たちの目的が学術的な手法に裏打ちされている点で異なります。この映画では1960年頃のローマ郊外を舞台に，人がいて，そして人がいない物語をつくりました。映画の終盤には虚無があり，核となる文脈はとても落ち着いたものです。そこにあるのか，ないのか。私はいったい何を見ているのだろう。恋人同士が一緒にいて，最後には，以前いた通りに二人がいなくなり，虚無感が漂うという物語でもあります。とても奥の深い作品ですが，人間の状態を描写するために情緒的なインパクトを利用しています。そして，それが他の方法論ではできない，人間であるという感覚を表現するというパフォーマティブな社会科学の方法を通して，アートが貢献できるのではないでしょうか。そのことについても，私たちはもっと考え，話し，書く必要があるのかもしれません。他に言いたいことは，Alexander Mackendrick

の考えから大いに導き出されたことです（Mackendrick & Cronin, 2006）。彼は映画を監督することの意味について書いていますが，彼が主張するのは，監督とは俳優でもカメラでもなく，視聴者の注目を監督することだということです。私たちがしていることも同じなのではないでしょうか。私はそういうことを言いたいのです。

KIP：次の質問にいきましょう。それは，リサーチクエスチョンについてです。研究は通常，リサーチクエスチョンから始まり，その答えを明らかにするために，映画というメディアを使い，質問を投げかけます。この方法は，他の研究と比べるとどう違うのでしょうか。リサーチクエスチョンを組み入れますが，通常のリサーチと比べると少し違うので，どう行ったらよいでしょうか？

TREVOR：映画についてですが，映画は創造性の多くの形態を引き出します。映画は，パフォーマンスを引き出します。たとえば，文章，音楽，写真などです。そこには，さまざまな創造性が詰まっています。そして，それが研究と関係しているかどうかにかかわらず，映画の素晴らしいところは，それらの特殊な技術，テクニック，感情を利用する能力が融合しているところです。

KIP：私にとって，それはほとんど空気を吸うと同じくらい当たり前のことです。パフォーマティブな方法としてうまくできあがったのを見たときが，「おおっ」と思う瞬間なのです。これは，私にとってより意味のあることです。

TREVOR：それはとてもわかります。でも，情動の話に戻りましょう。私たちは，研究するときに情動を扱うことを避ける傾向があるので，もう少し情動について考える必要があるのではないでしょうか。映画だけでなく，アートに基づいたあらゆる研究において。おそらく情動については映画が最も強調していると思います。これは，私がまだ十分に探究していない部分であり，また，学術的にも，知識を理解する上での情動の位置づけは十分に認められていないことだと思うので，こうしたことはパフォーマティブな方法論を通じて提供できるでしょう。

KIP：研究に携わる人はよく「情動的」と言ったりしますが，それはある意味逃げ口上で，自分が制作しているものの情動について語るつもりはないのだと思います。《RUFUS STONE》（Appignanesi & Jones, 2011）では，私は監督と一緒に情動を表現しようとしました。観客の琴線に触れ，情動的な反応を引き出したかったのです。

TREVOR：それは，研究を再現したり，表現したりすることですからね。

KIP：特に，研究のメッセージが何なのか再現しようとして，取り入れていました。研究のメッセージとして感じたことを人々に向けて表現しなければなりません。メッセージを人に届けるとき，認知的には届かないかもしれないことも，情動的にすることで届くことがあります。それがこの方法の重要な点です。学術的な何かに断固として賛成する人，反対する人に対して，「いや，そうでないなら説得してやる」とあなたが説明したとしましょう。それに関して長い時間議論しても，彼らは考えを変えることはしないでしょう。でも，その話題で相手の心をつかむ方法があれば，違う次元で相手に届くチャンスがあるのではないでしょうか。

TREVOR：研究者の中には，自分の研究を伝えるために情動を使う，あるいは情動を

操るという考え方に反発を覚える人もいると思います。

KIP：おそらく量的な研究をする人たちでしょう。彼らは調査対象者の質的な面や，さらにいえば「被験者」そのものにあまり興味がないのです。彼らが興味があるのは「何人」「何分」「何キロ」という数字であり，膨大な数字を積み上げて，それによって自分たちの主張を証明することなのです。

TREVOR：ですから，私たちは研究において情動を取り扱うことを恐れてはいけないのです。

KIP：正直に言うと，（オートエスノグラフィーの話に戻りますが）面白いことに，20年前の自分には考えられなかったようなことが自分の人生に起こったので，そのことについて書こうとしています。これ以上面白いことは起きないんだから，もう経験したことを書いてもいいんじゃないかっていうときがあるんです。そういうことを公にするのに，不安や恐れを感じなくなるときが来るんです。それはタトゥーを入れるのと同じようなものです。「タトゥーを入れてもいいのか？　一生残るんだぞ」と言われたりします。でも，ある時点で，どうせ人生そんなに長くはないから，自分がそうしたいのなら，入れた方がいいと思ったりする。だから，私はオートエスノグラフィーについても同じように考えています。この本に登場するオートエスノグラファーは，私が彼らについて述べたことに困惑するかもしれませんが，これは私の個人的な見解です。他のどのような方法よりも，情動的で個人的な視点が大きな有効性を持つようになるのは，特定の場合しかないということに気づくからです。だから，私はそれを使いたいのです。

TREVOR：研究者として，具体化され，体現したことを認める必要性です。そして，それは私にとってドキュメンタリー映画を作ることなのです。

KIP：私たちが提案しているのは，創造性を学術的な探究の一要素として認めることだと思います。ある博士課程の学生が，5行の長さの論文タイトルを書きました。私は，もう少し短いものを考えてはどうかと勧めました。私はよく，小見出しやキャッチフレーズの概念を使って，タイトルやツイートなどの意味を込めた短い文章を考えることを提案します。書き方については，1960年代に名言や格言を集めたカラフルな巨大壁画で有名だった Sister Corita Kent（シスター・コリータ・ケント）のアドバイスをいつも思い出します。Sister は，「100のバージョンを作り，さらにもう一つ作りなさい」とアドバイスします。採用するのは最後のものだから。

　　二人で《RUFUS STONE》の予告編（Hearing, Hillard, & Jones, 2012）を作っていたとき，当時，カリフォルニアの旧友でハリウッド映画の予告編を制作する会社で働いている人に相談しましたね。彼女は素晴らしいアドバイスをしてくれ，実際に私たちの映画のキャッチフレーズも考えてくれました。「時に一生は……短すぎる（Sometimes a lifetime ... isn't enough distance）」。この言葉は，私が最終的に考えた「RUFUS STONE」というタイトルではなく，「The Return of Rufus Stone（ルーファス・ストーンの帰還）」という仮の題ととてもよく共鳴しています。実は，今，タイトルを変えられるなら変えたいくらいです。このように，コラボレー

ションによって，最高の結果を得ることができたのです。

　ですから，論文や映画のタイトルを考えるにしても，映画の予告編を作るにしても，脚本を書くにしても，学術論文を書くにしても，創造的なテクニックが活きてきてこそ，プロセスを豊かにすることができるのです。アイデアや脚本，記事が魔法のように現れるまで，座って額に皺を寄せて待っていてはダメです。道具を取り出し，仕事をし，生み出すことです。クリエイティブな人たちが私たちに教えてくれることがあるとすれば，こういうことです。

TREVOR：それは，うまくいくけれど，大変な仕事です。

KIP：そうですよね。よく言われるのは，これを全部やるのは素晴らしいけれど，どうやってやるのか，ということです。それに対して私は「2倍の仕事をするんですよ」と答えます。映画を制作するためには，従来の学術的な研究をすべて行い，次に映画とそれに付随するすべてのことを行わなければならないのです。あなたの博士号取得の経験が，今につながる完璧な例です。あなたは論文の一つの章で映画を使用しましたね。他の人たちは論文に写真を使ったし，他のパフォーマティブな手法を使った人もいました。そしてすべて論文審査に合格しているので，アートを土台とした博士号という点では前例があることになります。今後，このような最初の取り組みを超える作品を制作できる人が出てくるでしょうし，博士論文の審査員にアートベースの作品が正当であることを納得させるための余分な労力を使うこともなくなるでしょう。「文章を書くのではなく，映画にする」と言ったのは，とても素晴らしいことです。とても勇気のいる行動だったでしょう。

TREVOR：思っていたほど勇気のいることではありませんでした。ただ，博士論文全体をこんな風にしたかったんです。

KIP：もちろん，二人ともそうでしょう！　そして，私たちにはきっとできる。やってみて無残に失敗する人も見てきました。だから，先ほどあなたがおっしゃっていたようなことが必要なのです。アーティストとその創造的なプロセスと，研究者がそのプロセスの中で創造性を発揮することのバランスの違いです。その違いは何なのかを，私たちは強く意識する必要があると思います。

TREVOR：その通りだと思います。私は，自分を実験する人，研究する人だと考えている多くのアーティストに出会ってきました。彼らは「私は探求し，見つけ出す。私は研究をしているのだ」と言うでしょう。そして，彼らは自身をアーティストと特徴づけています。学術的な文脈で行われていることと，おそらくほとんどのアーティストがリサーチや発見を自分のアイデンティティの中核部分とみなしていることの違いは何なのでしょうか。

KIP：誰がお金を払ってくれるのか，どうやってそのお金を手に入れるのか，ということでしょうか。研究者としてスタートした人が，研究に基づいた信じられないほど素晴らしい映画を作り，それが思いがけず世界的な成功を収め，その仕事のおかげで突然，商業映画の監督になるというのはよくある話です。このように，注目するものが変化すること（そして，誰が何にお金を払うか）によって，アイデンティティも変化するのです。

第22章　研究としての映画／映画としての研究　｜　493

TREVOR：つまり，これらは制度的な用語なんですね。研究者であるということは，社会制度上の呼び名なんです。

KIP：私がいつも言っていることがあります。Freya Najade（フレイア・ナジェイド）という素晴らしい写真家が，世界のさまざまな場所で写真を撮っています。彼女はフロリダの高齢者のシリーズを撮りました。また，ウクライナのウォーターパークという，ウクライナ人が泳いだり日光浴をしたりしに行く夏の場所の素晴らしいシリーズも撮りました。それはとても洗練された構造で，とても奇妙ですがある意味，素晴らしいものです。私たちは彼女を会議に招待し，フロリダでの写真を発表してもらいました。学会の聴衆からの最初の質問は，「まず，どうやって準備をするのですか。参加者や撮り方などを，どうやって決めるのですか。どうやって写真を撮りはじめるのですか」でした。その質問に彼女は「カメラを手にとって，撮影を開始するだけです」と答えました。それを聞いて，私ははっとしました。それが，アーティストと研究者の違いです。研究者は，カメラを手にする前に膨大な数のミーティングを行い，あらゆる倫理的承認，あらゆる委員会，あらゆる手続きを経て撮影に臨みます。

TREVOR：そして，その学術的なプロセスを文書化していきます。

KIP：アーティストは，そこで話したことだけでなく，実際にはそのプロセスでたくさんのことをやっているのです。彼らがやっていることは，手持ちのツールや利用可能なものを何でも使うことです。そうしている間にも，彼らの頭脳は働き，計画を立て，可能性を検討しているのです。

TREVOR：つまり，それはある意味で直感的なアプローチであり，それがアーティストと研究者を区別するキーワードなのでしょうか。

KIP：学者がもっと直感で仕事をすることを学んでくれればいいんですけどね。それは，多くの場合，許可を与えるということに尽きると思います。私は時々，ただ許可を与える活動をすることがあります。以前，「学術のためのクリエイティブ・ライティング」というワークショップを開催したことがあります。人物の写っている写真を選んでもらい，「これまでに見たことのない人を選び，写真をもとにストーリーを書きましょう。あなたが想像するストーリーを教えてください」と説明します。また，前の晩に見た夢について，深く考えることはしないで，即興的に詩を書くように頼みました。もう一つのエクササイズは，標準的な学術論文について 25 のキャッチフレーズを書くというものです。このように，さまざまなチャレンジを通して，アーティストがエンジンをかけるときのような即時性を生み出すことができたのです。

TREVOR：私は今まさにそのような状況にあります。自分の経験や調査を基にした小説，いわゆる研究小説を書こうとしているのですが，経験の文字通りの描写を手放し，作品に想像力を働かせることが非常に難しいと感じているところなのです。ドキュメンタリー・ジャーナルに想像力を持ち込むのは大変なことです。

KIP：Michael Kimball（2016）を読んでください。彼はすべてをシンプルで華麗な文章に還元する方法を知っていて，私の文章に最も影響を与えた作家です。ブログを

どう書くかは，私にとって本当に重要なことでした。「雑誌か新聞のために書いていると仮定して，どう書けばより多くの読者に読んでもらえるのだろうか」と考えるようになりました。

TREVOR：しかし，罪悪感はないのでしょうか。事実を手放すことや既知のデータを超えて想像力を働かせることに，あなたは罪悪感を感じませんか。

KIP：いいえ，私は事実が大好きだからです。そして，具体的な事実を取り入れるのが大好きだからです。

TREVOR：そうですね，事実はそこになければなりません。しかし，あなたは書かれた歴史や何かを超えて，別のレベルの理解を見出しています。

KIP：読者に対して私が言いたいことは，「なんて私は賢いんだろう」ではなく，「なんてあなたは賢いんだろう」です。読者に自分のしたいことを見つけてもらうためです。「もっと詳しく知りたい」と読者に言わせたいのですね。

TREVOR：繰り返しになりますが，読者のための隙間を作るという考えに戻るわけです。

KIP：空間，沈黙，静寂などのアイデアの例に戻りましょう。Haneke の《Caché》の終わりにクレジットが流れていましたが，私はクレジットの背景で起こっている動きが見えなかったのです。私は視覚的な人間なのですが，目の前にあって，しかもかなり大きなもののはずなのに，動きが完全に抜け落ちてしまっていたのです。それで，調べたくなって調べてみたんです。もう一度見て，何が起こっているのかがわかったとき，「すごい！」と思いました。それで，最後に映画監督と僕とで会話をしているのです。

TREVOR：他に聞きたいことはありますか？

KIP：どうすれば観客に映画や映画制作に参加してもらうことができるのでしょうか。私は，アカデミックな映画作家としての研究者について話しています。研究においてはますます，研究対象の人たち，つまり研究過程への参加や研究に対する反応を取り入れることが重要になってきています。また，パフォーマティブな作品において，研究に参加した人たちがアウトプットにも関わることが増えてきて，研究プロセス全体に関与するようになってきました。

TREVOR：それは新しいことではありません。ある意味，私自身が過去に何度も行ってきたことで，アカデミックなドキュメンタリー映画作家と名乗る前に，映画制作の伝統をとても意識していました。たとえば，チャンネル４の初期の頃や，*訳注8
ニューカッスルのアンバー・フィルム（Amber Films）のような映画制作の協同組合の設立当初など，いくつかの事例を挙げることができます。映画に貢献するために，脚本を書き，工夫をし，そして演じる，このようなコミュニティで映画を作るのです。このような例は，他にもたくさんがありますが，今は以前よりずっと少なくなっています。これは有効な形であり，私たちは映画制作の方法として再び取り上げることを考えるべきかもしれません。

KIP：映画制作の方法をすでに研究に取り入れているということは，率直に，興味深いことです。特にアメリカでは，ここ10年から15年で多くのことが起こっていて，本当に素晴らしいことだと思います。私はよく，映画監督やアーティストな

どとコラボレーションするのは良いことだとアドバイスしますが，そこで得られるのは専門性の異なるアウトサイダーです。研究者が参加者とともに演劇を作るかわりに，アーティストと研究者の間でもっとそういう活動があってもいいのではないでしょうか。研究者がアーティストとぶつかってしまうこともありますよね。これは，研究者がコントロールすることを放棄しないために起こることが多いのですが，それは研究者にとって大切なものだからです。私自身の経験から言うと，そのようなことがないように，早い段階で，何を手放すかを決めておく必要があります。アーティストと一緒に仕事をし，より良いストーリーを伝えるために必要であれば，ストーリーを変えることができるでしょうか。創造的なアウトプットを出すためには，多くのことが必要であり，時には火傷してしまうこともあると思います。数年前の話ですが，ある舞踊団が関わったことがありました。研究成果を舞踊団に渡し，その研究成果を解釈したパフォーマンスを考えてもらうというものです。ところが，研究者側は，それをどう解釈するかということにこだわり，コントロールしようとしました。もちろん，クリエイティブな人に「解釈してください」と言えば，その人は自然とそうするわけで，「これでいいのか」と迷うことはないんです。

TREVOR：結局のところ，それは確信の問題だと思います。研究者の側には特別な確信が必要です。最後にはアウトプットが得られるとわかっているから手放せるのです。しかし，それはアウトプットに大きく依存しています。その基準はますます重要になっているため，研究者の側には，たとえ根拠がなくとも相手を信頼し，研究の一部を確信することが必要なのです。

KIP：《RUFUS STONE》の話に戻りますが，正直なところ，監督を選んだのは，研究を始めるかなり前のことでした。かなり早い段階で Appignanesi を招き，ボーンマス大学でセミナーと2日間の修士課程の学生向けの授業「映画に研究を取り入れるには」を開いてもらいました。彼がどんな仕事をするのか，私が彼に映画で求めていることとぴったり合っているかを知るための機会でした。「さあ，どうぞ。私が示したものに基づいて脚本を書いてください」と言ったとき，やはりドキドキしました。ですが，何をするかわからない人に渡すわけではありませんから。彼が手がけた短編映画《Ex-Memoria（記憶の外側）》[*訳注9]（Appignanesi, 2006）を観たのですが，研究をフィクションで表現するという点で，私が考えていたものに非常によく似ていました。電話帳で監督を探せばいいや，とはならなかったのです。それでも，大学の規則があるので，監督や制作会社を雇うときには，やはり「電話帳を見て」制作者を公募しなければなりませんでした。すると「映画制作のための資金がここに山ほどあるようだ。応募してみよう」と熱心な映画人がたくさん応募してきました。しかし，それでは見ず知らずの人に企画を渡すことになってしまいます。最終的に3つの制作会社が候補に挙がり，Appignanesi が獲得しました。他の候補者たちもみな非常に有能で，この映画について興味深いアイデアを持っていました。しかし，私が候補者たちに概要を説明したのですが，私が期待したほどには明確な反応はありませんでした。

TREVOR：長々と話してきましたが，とても有益な会話になりました。自分の思考を内面化してキーボードで打ち出すよりも，思考の風船を膨らませて声に出して話すことの方に価値があると気づかないことがあります。おそらく，このシーン（「ある秋の日，イギリス南海岸の小さなアパートの一室で」）から得られるアイデアがあるとすれば，コミュニケーション技術，メディア経済，そして学術分野における変化が，映画制作の目的，私にとってはドキュメンタリー映画制作の目的を再構築する時期に来ていることを私たちに突きつけているということでしょう。つまり，映画制作を，書き出された言葉と同様に有効だが異なる方法で，世界について考え，感じ，知り，理解する空間をつくり出すツールとして構築し直すときなのです。

KIP：私にとって，結局はメディアがメッセージだと思うんです。それが，この章のタイトルでもある「研究としての映画／映画としての研究」なんです。この斜めの線（／）の片方，あるいは両方で仕事をすることができるので，いずれにせよ，それは本当の分離ではありません。私はむしろ，単独で，あるいは協調して働く可能性を持つ，2組のパフォーマティブな約束事として捉えています。これらの可能性は，研究者として私たちが利用できるツールの中にあります。映画は，偉大なパフォーマティブな社会科学のツールの一つなのです。

＊訳注

1. ドキュメンタリーは「記録」という厳密な意味でのドキュメントではないが，ドキュメンタリーの要素として記録的な性質も含むものである。観客として私たちは，私たちが見ているものとカメラの前で起こったこととの間のつながりを信頼することと，制作する人の考え方や視点により世界の見方を変換させられることを評価することの両方が求められる。これが，ドキュメンタリーを他の映画ジャンルと区別している点である。

2. 「愛，性の目覚め，そして裏切り」をテーマにした短編映画。監督の Josh Appignanesi（ジョシュ・アピニャーネシ）によると，「この物語は，村の生活の中で古くから続く偏見を，主に3つの視点からドラマ化している」。青春時代に村から追放された年配のゲイであるルーファスが，死んだ両親のコテージを売るためにしぶしぶロンドンから戻り，そこで疎遠だった過去の面々と向き合うことになる物語。

3. イギリスの建築家アリソンとピーター・スミッソンによって1953年に定義された用語で，生な素材の使い方を指向する建築理念と建築様式のこと。66年に刊行されたレイナー・バンハムの著書『The New Brutalism: Ethic or Aesthetics?』に倣い「ニューブルータリズム」と呼ぶこともある。第二次世界大戦後，福祉国家として再建を試みるイギリスで，造形主義が復活し，モダニズム建築が本来の機能主義を離れる傾向があった。それを受け，真のモダニズムへの原点回帰を求め，打ち放しコンクリートのように素材や設備をそのまま見せ，ロマン主義や神秘主義を排除しようとした。（「現代美術用語辞典」より。https://artscape.jp/artword/index.php/）

4. 謎の脅迫者から追いつめられる男の焦燥と暗い過去の秘密を暴くサスペンスタッチの人間ドラマ。2005年公開。58回カンヌ映画祭で監督賞を含む3部門を受賞。

5. 1997年のオーストリア映画。1997年カンヌ映画祭出品時，その凄惨さから観客がショックのあまり席を立ったといわれる。ロンドンではビデオの発禁運動まで起こった。

6. 1962年に Anthony Burgess（アンソニー・バージェス）が発表した同名の小説を原作とする映画。監督はスタンリー・キューブリック。1971年公開。暴力やセックスなど，欲望の限

りを尽くす荒廃した自由放任と，管理された全体主義社会とのジレンマを風刺的に描く。

7. 1962 年のイタリア映画で，原題の意味は「日食」。主演は《太陽がいっぱい》《若者のすべて》などのフランスの名優アラン・ドロン。共演はモニカ・ヴィッティ。1962 年度カンヌ映画祭審査員特別賞受賞。

8. イギリスの公共テレビ局。1982 年に BBC1, BBC2, ITV に次ぐ第 4 のチャンネルとして開設され，ドラマやドキュメンタリーを専門とする。

9. 2005 年夏に撮影され，2006 年春に初上映された。ウェルカム・トラストから資金提供を受け，ブラッドフォード大学の認知症研究グループと共同で脚本を作成し，映画祭やテレビで上映されたほか，介護施設や慈善団体に配布され，認知症についての直接的な教材として使われた。

文献

Allen, R., & Stillman, A. (1956). *"Chances Are"* [Recorded by Johnny Mathis in 1957]. Quogue, NY: Charlie Deitcher.

Antonioni, M. (Director/Writer). (1962). *L'Eclisse [Eclipse]* [Film]. Rome: Cineriz.

Appignanesi, J. (Author/Director). (2006). *Ex memoria* [Film]. London: Missing In Action Films.

Appignanesi, J. (Director), & Jones, K. (Author). (2011). *RUFUS STONE* [Film]. London: Parkville Pictures & Bournemouth: Bournemouth University. Retrieved from https://vimeo.com/109360805.

Bourriaud, N. (2002). *Relational aesthetics* (English version). Dijon, France: Les Presses du Reel.

Denzin, N. K. (2001). The reflexive interview and a performative social science. *Qualitative Research, 1*(1), 23–46.

Haneke, M. (Director/Writer). (1997). *Funny games* [Film]. Vienna: Filmfonds Wien.

Haneke, M. (Director/Writer). (2005). *Caché [Hidden]* [Film]. Paris: Les Films du Losange et al.

Hearing, T. (2015). The documentary imagination: An investigation into the performative application of documentary film in scholarship. Unpublished doctoral thesis, Bournemouth University, Bournemouth, Dorset, UK.

Hearing, T., Hillard, R., & Jones, K. (2012). *Trailer for RUFUS STONE* (Hearing–Hillard–Jonesedit/mix) [Video]. Retrieved from https://vimeo.com/43395306.

Internet Movie Database (IMDb). (2016). *Michael Haneke* (website). Retrieved from www.imdb.com/name/nm0359734.

Jones, K. (2006). A biographic researcher in pursuit of an aesthetic: The use of arts-based (re)presentations in "performative" dissemination of life stories. *Qualitative Sociology Review, II*(1). Retrieved from www.qualitativesociologyreview.org/eng/volume3/qsr_2_1_jones.pdf.

Jones, K. (2012). Connecting research with communities through performative social science. *Qualitative Report, 17*(Rev. 18), 1–8. Retrieved from www.nova.edu/ssss/qr/qr17/jones.pdf.

Jones, K. (2013). Infusing biography with the personal: Writing RUFUS STONE. *Creative Approaches to Research, 6*(2), 6–23. Retrieved from www.academia.edu/attachments/31739870/download_file.

Jones, K. (2014). What is performative social science?: The potential of arts-based research and dissemination. *Discover Society, 8*. Retrieved May 6, 2014, from www.discoversociety.org/2014/05/06/what-is-performative-social-science-the-potential-of-arts-based-research-and-dissemination.

Jones, K. (2015). *Swimming pool mélologue* [Video]. Retrieved from https://vimeo.com/146383598.

Jones, K. (in press). Performative social science. In J. Matthes (Ed.), *The international encyclopedia of communication research methods*. Hoboken, NJ: Wiley.

Jones, K., Hearing, T., & Hillard, R. (2012). *Trailer for RUFUS STONE*. Retrieved from https://vimeo.com/43395306.

Kimball, M. (Author). (2016). *Michael Kimball*. Retrieved from www.michael-kimball.com.

Kubrick, S. (Director/Writer). (1971). *A clockwork orange* [Film]. Burbank, CA: Warner Bros.

Mackendrick, A. (Author), & Cronin, P. (Ed.). (2006). *On film-making*. London: Faber & Faber. ［マッケンドリック，A.，吉田俊太郎（訳）（2009）．マッケンドリックが教える映画の本当の作り方　フィルムアート社］

Meyer, M. (2008). *Recovering reality: A conversation with Errol Morris*. Retrieved from www.cjr.org/video/recovering_reality.php.

Nichols, B. (2001). *Introduction to documentary. Bloomington: Indiana University Press*. Available from http://public.eblib.com/choice/publicfullrecord.aspx?p=129783.

Richter, M. (2015). *Sleep* [Musical composition]. Retrieved from www.deutschegrammophon.com/gb/cat/4795267.

Najade, F. (Photographer). (2016). *Freja Najade*. Retrieved from www.freyanajade.com.

Warhol, A. (1963). *Sleep* [Film]. Retrieved from https://vimeo.com/4880378.

推薦図書・映像

Gergen M., & Gergen, K. (2012). *Playing with purpose*. Walnut Creek, CA: Left Coast Press.

Jones, K. (Ed.). (2010). *Prime cuts* [Film]. Available at http://vimeo.com/14824842.

Jones, K. (2012). Connecting research with communities through performative social science. *Qualitative Report, 17*(Rev. 18), 1–8.

Jones, K. (2013). Infusing biography with the personal: Writing RUFUS STONE. *Creative Approaches to Research, 6*(2), 6–23.

Jones, K. (2016). "Styles of good sense": Ethics, filmmaking and scholarship. In I. Goodson, A. Antikainen, M. Andrews, & P. Sikes (Eds.), *The Routledge international handbook on narrative and life history* (pp. 569–580). Abingdon, UK: Routledge.

Jones, K., Gergen, M., Guiney Yallop, J. J., Lopez de Vallejo, I., Roberts, B., & Wright, P. (2008). Performative social science [Special issue]. *Forum: Qualitative Social Research, 9*(2). Retrieved from www.qualitative-research.net/index.php/fqs/issue/view/10.

Jones, K., & Hearing, T. (2009a). *A day at the races* [Film] (LIMBIC project). Available at http://vimeo.com/6326686.

Jones, K., & Hearing, T. (2009b). *Day dreams, night games* [Film]. Available at http://vimeo.com/4325017.

Jones, K., & Hearing, T. (2009c). *Beyond text: Relations of dialogue, parody and contestation* [Film]. Available at http://vimeo.com/4912252.

Jones, K., with Hearing, T. (2013). Turning research into film: Trevor Hearing in conversation with Kip Jones about the short film, RUFUS STONE. In M. Lichtman (Ed.), *Qualitative research for the social sciences* (pp. 184–189). New York: SAGE.

Jones, K., & Leavy, P. (2014). A conversation between Kip Jones and Patricia Leavy: Arts-based research, performative social science and working on the margins. *Qualitative Report, 19*(38), 1–7.

Leavy, P. (2015). *Method meets art: Arts-based research practice* (2nd ed.). New York: Guilford Press.

第23章

エスノシネマとビデオベースの研究

....

●アン・ハリス（Anne Harris）

訳：山本良太

　ビデオを中心に置いた研究は，方法論的，美的，政治的に他の研究アプローチとは性質が異なっている。本章では，具体的な方法論的・認識論的関心をいくつか取り上げ，その意義を説明する。ビデオはデータ収集ツールの一つであるとみなされる一方で，方法および（理論的・概念的な意味をともなう）方法論的なものでもある。たとえば，観察やインタビューが容易に記録できるようになったことにより，単に新しいツールを導入する以上のことが可能となる（Harris, 2016）。研究者はビデオを使って研究するとともに（Banks, 2008; Banks & Zeitlyn, 2015; Gubrium & Harper, 2013; Harris, 2012, 2014a, 2014b, 2014c, 2016; Heath & Hindmarsh, 2002; Heath, Hindmarsh, & Luff, 2010; Hongisto, 2015; Hughes, 2012; Marks, 2000, 2011; Mitchell, 2008; Nichols, 2010; Pink, 2004, 2006, 2012, 2013, 2015a, 2015b, 2015c; Rogers, 2013; Rose, 2012; Rouch & Feld, 2003; Ruby, 2000)，新しい表現で研究を理解してもらうことができる。Banks（2008）は，どの研究者よりも，映画やビデオだけでなく幅広く視覚的手法を用いた研究領域を描いている。今日，特にビデオベースの研究に取り組む研究者たちは広くいる。しかし，Heath ら（2010）はそれらの研究者のツール応用の多様性に注目し，「ビデオを中心に置いた研究を進める上で，社会科学におけるビデオの方法論的な影響は依然として大きい」と述べている。

　たとえば，Sarah Pink（2013）は，ビジュアルエスノグラフィーの領域や，視覚研究の実践およびその理論化に多大な貢献をした。その中で，ビデオを方法，方法論，あるいは理論面での革新のどこに位置づけるかについて，立場の違いによる認識論的な緊張関係があることを指摘している。彼女の最新の研究は，ビデオの「取扱説明書」を提示しようとはしていない。むしろ，「世界の中の出来事や世界について学んだり知ったりするための，さらにそれらを他者に伝えるための，映像アプローチが持つ理論的で実践的な要素を結合させること」（p. 6）を意図している。ビデオを中心とした研究について取り上げた私の最近の著書『Video as Method（方法としてのビデオ）』（Harris, 2016）では，ビデオが方法と方法論のどちらにも影響を与えることを論じている。そこでは，エスノシネマ（**図 23.1**）のような民族学的方法論の必要性や，概念的，政治的，美的な革新を

引き起こすアプローチの必要性を主張している。

　もちろん，ビデオベースの研究は広く普及しており，また方法論的かつ学問的にも多様であることから，本章だけでそのすべてを取り扱うことは不可能である。

　　たとえば，ビデオゲームを含む仮想現実的な方法，発達心理学におけるビデオを応用した研究，ビデオを用いた創造的な社会科学の研究，そしてエスノシネマを含むビジュアルエスノグラフィーなど，数例だがその多様さがわかるだろう。また，教育心理学では，ビデオは学習者のメタ認知のプロセスを補助するために用いられる。このような研究では，被験者である学習者と教員の音声や詳細な観察，またはインタビューなどでは捉えられない相互作用を記録するための方法としてビデオが用いられる。（しばしば自動生成される）この種の豊かなビデオデータは，定量的なデータと組み合わせることで，統計的・質的な知見から複雑な網目を生み出し，より生産的になりうる。（Harris, 2016, p. 2）

　しかし，（感覚や美的な方面に注意を向けずに）「気軽に」ビデオを用いる研究と，ビデオを実践として中心に置く研究との間には重要な違いがある。私たちは後者のカテゴリーに関心を寄せており，そこでまず読者に向けて，「民族学的でないドキュメンタリーを含む学術的な研究におけるビデオの取り込み方（Nichols, 2010），ビデオエスノグラフィー（Pink, 2012, 2007），ビジュアル社会学（Banks, 2008; Harper, 2012）と，それぞれの研究におけるビデオの役割の違い」（Harris, 2015, p. 226）の定義を示すことから始める。

　Deleuze（ドゥルーズ）をはじめとした多くのニューマテリアリスト（新物質主義者）やフェミニズム研究者ら（その中でも，Barad, 2007; Barrett & Bolt, 2013, 2014; Hickey-Moody & Page, 2015; Manning & Massumi, 2014; Senft, 2008; Minh-ha, 1989, 1992）が指摘するように，ビデオの政治的な次元と美的な次元は切り離すことができない。しかし，ビデオ研究を始めようとする人たちは，それらを別々に扱った方が理解しやすいだろう。

図 23.1 カルチャー・シャック研究プロジェクトの参加者による自作のエスノシネマの ような新しい映像アプローチの試行　*訳注1

美的側面への配慮

··

　今日の創造性研究のように，ビデオには一貫した定義や応用方法がなく，特定の学問領域に帰属しているということはできない。すべての学術的研究と同じように，ビデオベースの研究の文法は，きわめて重要である。私たちがどのように知識を構築し，伝達するのか（いわゆる認識論）を問うことは，研究者になりたての人たちにとっては，私たちがやろうとしていることは「共通語で話す」ことを阻害する，空虚で恣意的でエリート的なことだと思えるかもしれない。しかし，そうではない。より実証的な形態とアートベース・リサーチ（ABR）の研究を区別するための方法の一つは，私たちが行っていることをどのように話すかということである。ABR において，私たちはいまだに，同時に起こる次の 2 つの方法で世界を理解している。何を利用し（この場合はビデオ），どのように表現するのか（多くの場合は言葉）ということである。今日広く用いられるようになったビデオは，気軽に用いられる手段ではなく，この 2 つの方法が「重なり合う」アートベースの方法である。ABR の研究者のように訓練されていなくても，その使い方を練習していなくても，想像力豊かに使う方法を学んでいなくても，ビデオは誰でも用いることができる。ビデオは，多くのアートベースの方法と同様に，さまざまな人たちが容易に参加できるという利点がある（詳しくは，Lunch & Lunch, 2006; Mitchell, 2011; Pink & Mackley, 2014 を参照）。そして，参加のしやすさと同様に美的な側面も見落とされがちである。ビデオベースの研究は言語，絵画，ダンス，歌のように，一つの組織化されたものであり，コミュニケーションツールであり，美的な側面を持つものである。したがって，さまざまな領域の研究者たちが気軽な研究方法として用いることができ，実際に使用している。ビデオベースの研究をする上で，研究者はトレーニングだけでなく，ABR を役立つ方法として使うために，具体的かつ慎重に話をする方法を学ぶ必要がある。それが ABR パラダイムを拡大し，洗練しつづけるという側面を担う（Harris, 2016; Leavy, 2015）。

政治的な側面への配慮

··

　ビデオは使う場所を選ばず，また簡単に使えることから，研究プロジェクトの中で使う場合，政治的な配慮が必要である。「学術研究」においては通常，疎外されたり目立たない立場に置かれたりする人たちを自分の研究に取り込むためにビデオを使うのだろうか。研究プロジェクトでの権限や統制を譲り渡したり共有したりするためにビデオを使うだろうか。世界的なフォーラムや学術的な文脈において，自分自身や脇に追いやられたり沈黙を強いられたりする人たちの声を前景化させるためにビデオを使うだろうか。自分の研究を公表する際，より多くの人たちに届けることを望んでいるのだろうか。ビデオを使うことで，「立ち入ることができなかった」領域，実践，共同体にアクセスすることができるだろうか。

これらの理由によって，研究者やアーティストは学術的なビデオベースのプロジェクトに動機づけられることが多い。だが，これらの理由以外であったとしても，ビデオがもつ「批判的側面」を知っておくべきである。ビデオの柔軟性と応用性は，「社会科学，教育心理学，および ABR のアプローチ」の多様な学問的起源に関係している。そして，柔軟性を超えて，「データ収集」だけでなく，「理論化，執筆，伝達における選択肢となる。ビデオを用いた方法が広まり，進化する速さは，方法だけでなく方法論として，ほぼすべての領域の研究者にとって有効なツールとして機能するというパワーの裏付けである」（Spencer, 2011, Harris, 2016, p. 2 による引用）。私は，「真実の主張」あるいは人類学的・民族学的なドキュメンタリーを超えた映画やビデオの政治的ポテンシャルを拡張する研究に取り組んだ研究者たちと同じように（たとえば，Harding, 2001; Minh-ha, 1989; Mitchell et al., 2010; Rouch & Feld, 2003; Ruby, n.d.; Senft, 2008），メルボルンで行った南スーダンおよびサモアの若い女性たちとの長期間にわたるエスノシネマを通じた協働を通じて，これらの問いを検討してきた（Harris, 2009a; Harris & Nyuon, 2010, 2013）。Vlog〔動画をもとにしたブログのこと〕やウェブ経由のライブ配信，ソーシャルメディア，その他利那的で一時的な介入としてのビデオを含むビデオベース・リサーチは，デジタルの流動性を通じて「意味の生産」を取り戻すための強力な可能性を持っている（Milne, Mitchell, & De Lange, 2012; Nichols, 2011; Pink, 2007; Wesch, 2009 参照）。

　したがって，ビデオは方法（ツールとして，あるいはアプローチとして）としてだけでなく，理論的な枠組みをますます拡大するものである。つまり，異なった方法で研究するだけでなく，研究における実践や役割，責任について見る方法が変わってくる。ビデオベースの研究は，異なる学術的機能を提示し，異なる社会的関係について言及する。そして新たな知識創造を示唆するのである。

エスノシネマ

　美的および政治的な意図を前面に出すアプローチとしてエスノシネマ（エスノビデオ）がある。エスノシネマは，ABR の一形態であるが，研究を民主化し，ABR のプロセスにおいて参加者と協働していく新しい研究アプローチでもある。

　エスノシネマは，次のことができる。

　　デジタル技術によって，世界各地の「自分たちが所属する」国や共同体，さらに「ディアスポラ」の参加者たちとのつながりを促進する，徹底した協働的あるいは参加者主導の方法となる[1]。エスノシネマは，たとえば Appadurai（1996, 2004）や Massumi（2002, 2011）などの社会文化的理論家，文化唯物論者である Anderson（2006），Rouch と Feld（2003），Minh-ha（2011）といったポストコロニアルの映像民族学者，さらにはポストヒューマニスト（Appiah, 2010）たちによって形づくられた。

1　詳しくは，the Creative Research Hub を参照（www.creativeresearchhub.com）。

そして，創造的な方法や，地理的に規定され境界づけられたものではない文化について検討するために多様なアプローチをとる。したがって，間主観的に，文化は民族的あるいは地理的に定義づけられた存在というよりもむしろ，実践の共同体を含み，またそのようにみなされるべきなのである。(Harris, 2015, p. 161)

　エスノシネマは，エスノメソドロジーともみなされうるが (Rouncefield & Tolmie, 2011)，それは「社会文化的な集団（や社会的な秩序）を定義するために用いられるのではなく，むしろ『文化』や『アイデンティティ』の間や，それらが交差する『アンビバレントな交渉 (Bhabha, 2001)』を強調するためのものである」(Harris, 2014b, p. 1)。そして，エスノシネマは，「文化の静的な観念から流動的な観念への転換を引き起こす引き金であり，『文化を記録する作業が，動きを記録する作業になったとしたら？』という問いを含む，エスノグラフィックな研究の中心にある問いの変容を示すものである」(Harris, 2014b, p. 7)。

　エスノシネマが映し出すのは Hongisto (2012) が関心を持つ「証言ビデオにおけるインタビューをする人／される人の役割が移り変わる瞬間」(p. 10) である。そこには，撮影する人／される人というような生産者と消費者の倫理があり，いつもそこにオーディエンスが存在する。しかし，エスノシネマは実践に重点をおいた研究方法であり，学術的であり大衆文化の一部でもある。たとえば，DIY (do it yourself) のような「モノづくり」文化は，既存の文化に対しての抵抗と参加の倫理を共有しているし，それらの美学および倫理観は学術研究においても浸透している。エスノシネマはその一例で，「エスノグラフィックな映像に由来する技術と理論的な視点を，参加型で協働的な研究方法と結合させることで，研究者と共同参加者を創造的に結びつける」(Harris, 2015, p. 156)。とりわけエスノシネマは，社会的な交流・変革に向けて立ち現れてくる協働的で創造的な関係性の場をひらく，アートベースの方法なのである (Harris, 2012, 2014a)。

　ビデオは，普及のしやすさや多様な感覚に働きかける機能を持つことから，さまざまな研究で幅広く使われるようになった。「ビデオは，研究のさまざまな手段として使われているが，それだけでは方法にも方法論にもならない」(Harris, 2015, p. 221) と私は主張してきたが，そのうちのいくつか（ほとんどが ABR 実践）で，実証主義的な言説における妥当性の概念に異議を申し立てている。ビデオは，その柔軟性や普及の可能性によって，「民主化の研究ツールとなり，それはたとえば Vlog のようなデジタル研究 (Boler, Harris, & Jacobson, in press) から，テクノロジーと若者を対象とした研究 (Dimitriadis & Weis, 2008)，さらにはエスノシネマ (Harris, 2013, 2014a, 2014c) へと使用の範囲が広がっているように見える」(Harris, 2015, p. 154)。次の項では，参加型ビデオとエスノシネマのための 2 つの研究デザインのアプローチについてまとめる。

参加型のビデオ研究デザイン（Claudia Mitchell）

　参加型のビデオ研究者である Claudia Mitchell (2011) は，「この 30 年ほどで，ますます多くの質的研究者が視覚的アプローチを採用し，洗練させてきた」(p. 12) と述べている。実際に，彼女は学際的な領域や方法におけるビデオの普及やその力強い働きに言

及している。

　私が指摘したように，「ビデオは今では映像を用いた研究やイメージに基づく研究において支配的であり，初期の視覚的ツールとしての選択肢であった写真をもはや凌ぐものである」（Harris, 2016, p. 8）。そして，「それは境界をぼやけさせる。それは研究なのか，芸術なのか。真実なのかどうか。カメラは嘘をつくのか。研究する上での『手っとり早い方法』ではないのか。主観的な立場をどのように乗り越える（あるいは強調する）のか」（Mitchell, 2011, p. 12）などのいくつかの問いが提起されている。

　参加型ビデオは，ビデオ活用の異なる方法を示すもので，それはデータのもう一つの見方でもある。Mitchell（2011）は次のように主張している。

　　（さまざまな形態のある）コミュニティベースのビデオ制作に関する議論に欠けてしまいがちなものは，「なぜビデオなのか」という問いである。そして，ビデオ制作が，参加型の視覚的な質的研究アプローチが不足している研究チームや研究コミュニティ自体に何を与えてくれるのか，という問いである。(p. 72)

　さらに，Mitchell（2011）は，Jay Ruby（2000），Peter Loizos（2000），Sarah Pink（2006），Luke Pauwels（2002）を引用し，次のように示している。「異なるエスノグラファーやビデオグラファーが編集されていない映像の役割を見出す」ための手段について述べ，その上でビデオの貢献は，映像もしくはデータに関する論争を超え，研究「ツール」それ自体の力の問題化へと向かっていくと主張している。

　YouTube や Facebook，Vine，Vimeo などの SNS にビデオが統合されているように，動画は，私たち自身を見つめ，理解するための包括的な方法となっている。それは，他の，あるいはより大きな目的を達成する道具としてのビデオの還元主義的な議論を乗り越えるものである。研究においてであれ，より一般的な文脈においてであれ，ビデオは私たち自身を見つめる方法を変化させ，そして McLuhan（マクルーハン）を再び思い起こさせるのである。メディアは確かに，少なくともある部分においてはメッセージである。「Mitchell は，カメラのような研究ツールは，サイボーグの目や手，脳と同じように，常に研究者の拡張機能であり，そして同様にその関係性もまた拡張していくのだということを私たちに気づかせる。つまり，ビデオは，研究者と研究手法それ自体は協働的な関係にあり，またそれは常に進化していくものだという理解を助けてくれる」（Harris, 2016, p. 11）。

　Mitchell は，研究デザインには次のことが含まれると説明する。

　　以前からトレーナー研修でよく取り入れられている「伝言」ゲームを例に挙げてみよう。ある参加者がカメラの機能やパーツの詳細について教えてもらう。そうすると，その人は隣の参加者にその情報を教える。その結果，それぞれの参加者はビデオカメラについて他の人に教える責任を負うことになる。この活動と，実際の映像撮影を組み合わせることもできる。「トレーナー」役の参加者が「学習者」役の参加者に，アイスブレイキングとなるような議論や，あるいは意図された内容によ

り直接的に焦点化した問いかけをする様子を撮影するのである。（Gubrium & Harper, 2013, p. 95）

　研究者は，「『参加者の美学（participant aesthetic）』という観念を構成するような」*質問を投げかけるべきである*。「たとえば，美しさに配慮することは研究成果を『届けること』にどう貢献するのか。参加型の映像研究の一環として行われる芸術分析に，オーディエンスはどのように寄与する可能性があるか。オーディエンスの分析を記録することは，社会変革における参加型手法の役割に関する私たちの解釈を伝えるのにどれほど役立っているのだろうか」（Mitchell, 2011, p. 192）。

　*分析*は撮影の最中に始まるもので，「参加者を分析に関与させるために，また参加者とコミュニケーションをとるために，映像作品を用いることができる」という点において，協働的な分析・制作を豊かにしてくれる（Mitchell, 2011, p. 159）。

　最後に，Mitchell は参加型ビデオ研究のデザインとその手法を使って，批判的，協働的に知識生産を問い直そうとしている。それは，「（研究者が）日常生活の描写や観察のために映像記録を用いることが一般的ではなかったり，（研究者が介在せず）人々の生活に関する日常的あるいは客観的な映像を記録するという考えが問題視されたりしている領域において，（どうすれば）一人称視点のビデオ撮影は（人々を）関与させ，分析的に意味あるものになるのか」（Pink, 2015b, p. 243）を探索することで達成される。

エスノシネマの研究デザイン（アン・ハリス）

　初期のエスノシネマ・プロジェクトは厳密に記録されていないが（Pack, 2000; Prins, 1989, 2004），フランスの人類学者である Rouch がエスノシネマ的な力関係や美学を創始した映像作家である。彼と共同研究者は，映像人類学を，映画エスノグラフィー（cine-ethnography）」や「エスノフィクション（ethnofictions）」（Rouch & Feld, 2003）と呼ぶものへと発展させた。彼らは，「民族学的な文脈で映像化する際に共同的に構築する部分的な真実の価値や可能性を強調する」（Harris, 2015, p. 156）。協働と参加型手法は，彼らが行うことのすべてにおいて不可欠な要素である。Rouch は「エスノシネマの核は，協働的で創造的な作業を通じたエスノグラフィックな真実である」（Harris, 2015, p. 166）という可能性を完全に否定し，独特かつ文脈依存的な，協働的なブレーンストーミングから始める方法を手段とした。そこには，(1) 作業のための小グループもしくはペアの形成，(2) この協働における文化的な関心事／実践に注意を向けさせるブレーンストーミングが含まれる。

　これらの単純ではあるもののきわめて重要な第一歩は，リサーチクエスチョンが互恵的に共有され，文化的に重要で，そして社会的に重大であり（「それがどうした」という問いに思えるが）創造的に興味深い方向へと向かうものなのだと示すために必要不可欠なのである。

　プロジェクトの「制作」に関する部分にともなう（すべてのエスノグラフィックで創造的な研究に存在する）理論的枠組みも同様に重要である。たとえば，Rouch の映像作品およ

び理論的な観点からの貢献に精通することは，批判的な視点をビデオベースの学術研究へと持ち込むために映像を用いた，Trihn T. Minh-ha（トリン・T・ミンハ，2005）などのポストコロニアルの映像制作者／研究者へとつながっていく。あるいは，もしエスノシネマ的な研究デザインが主観的で文化的な生成物にどのような役割を果たすのかという，美的で存在論的な次元についての関心を共有するのであれば，Deleuze（1986a, 1986b），DeleuzeとGuattari（1987）やManningとMassumi（2014）を参照することになるだろう。

映像制作者であり研究者でもあるTrinh T. Minh-haは，「制作者として訓練すること，そして人類学的なパラダイムにおける美的な観点に焦点化された政治的な研究群へと向かうアクティビスト／学者としての取り組み」（Harris, 2015, p. 166）と述べたが，これはエスノグラフィックな映像における伝統的な考えを拡張した。そして，ポストコロニアルで協働的で，また実践を基盤とした彼女のビデオベースの研究アプローチは，次に示すエスノシネマ研究プロジェクトのデザインの2つのステップに影響している。

- プロジェクトが取り組む問い，あるいは美的な問題は何か。
- 自分にとってのオーディエンスは誰なのか。
- 自分の役割は何か——（DIYの倫理のように）シンプルなテクノロジーを用いて撮影すること／されることのすべてに参加すること。

ステップ1——プロジェクトにおけるビデオの焦点を選択するプロセスは，チーム内で確認された文化的な属性だけでなく，芸術的実験に役立つかもしれない概念的枠組みをともなった主観の交わりによって決まる。「オーディエンスから切り離されるべきであると主張するいくつかの現代的な『制作』文化とは異なる（制作は，作品についての想いを排除して，批判的な物事を反映するプロセスであると定義される）。（Minh-ha［2005］が描くように）エスノシネマでは，オーディエンスを映像制作の対話に不可欠な存在であると位置づける」（Harris, 2015, p. 166）。そして，それはABRの不可欠な要素なのである。

ステップ2——ビデオは（エスノシネマのようなDIYのビデオ手法でさえも）簡単に取り扱うことができる。また，転移可能であり，拡張性があり，ビッグデータとしても利用できるためその有効性にニーズが高まっている。しかし，ビデオが「手軽な」代替品であると考えることには注意が必要である。「皮肉なことに，ビデオベースの研究はしばしば手に負えないほど大量のデータを生み出すが，それらは量的研究パラダイムを満足させるものではない。（…）エスノシネマの価値が発揮されるのは，その行為を通じてである」（Harris, 2015, p. 167）。最後に重要なことは，「エスノシネマの研究デザインもまた，常に物質志向である。なんでもない空間に自分あるいは他者のイメージを入れると，そこはもう抽象的なものではなくなる。それは，文脈固有で，共同研究者や彼らの問いによって生み出されるものなのである」（p. 167）。

これらの考察では，2つの種類の映像中心の研究デザインの基礎がいかに形成されてきたのかをみてきた。しかし，毎年それとは違う研究デザインが登場しており，またそれらも常に学問分野での議論によって左右されている（具体的にはHarris, 2016; Heath et al., 2010; Mitchell, 2011を参照）。

分析，解釈，表象（あるいは非表象）

ビデオを用いた手法が普及することによって，ビデオ自体やその働きを理解する方法や，表現方法が広がった。ウォーキングメソッド（walking methods）やマイクロおよびマクロの両方の観点から描く制作プロジェクトのように，感覚または多感覚を用いた研究は，しばしば，オープンソース技術を活用して，インタラクティブに展開される（Harris［2016］の GoPro ビデオの研究がその典型的例として挙げられる）。それはビデオベースの研究が，新しい種類の社会性，社会的空間，社会文化的な人工物を創造することを意味している（Harris & Nyuon, 2012）。それにともなって，ビデオが，ニューマテリアリズム（新物質主義）やポストヒューマニズムの考え方を含む，新しい概念的な探究の領域を広げることも期待される。Hickey-Moody が「バーチャルな身体との差異を明瞭に表現していくことを通じてコミュニティを再定義する。（…）身体に近接した空間は身体的な学び（corporeal learning）の場となる」（Hickey-Moody & Page, 2015, p. 19）と述べたように，ビデオは協働的で集合的な芸術実践として強力に機能する。Manning とMassumi（2014）が主張するように，行為することは思考の一形態である。まさに，「実践は行為における思考の様式」（p. vii）である。そして，この「社会科学や人文科学において高まっている物質と創造性への注目」（Hickey-Moody & Page, 2015, p. 1）は，「研究におけるマルクス主義的な物質性の重要さの再検討や，研究プロセスを身体的，感情的，関係的に理解することを求める」（HickeyMoody & Page, 2015, p. 1）ニューマテリアリズム（Alaimo & Hekman, 2008; Barad, 2007, 2008; Barrett & Bolt, 2013; Braidotti, 2013; Coole & Frost, 2010; Hekman, 2010; van der Tuin, 2011）と，多様なインタラクティブなデジタル手法との間の強い結びつきと意味を生み出す。さまざまな形態があるが，ビデオベースの研究はこのことに取り組んでいると言える。

したがって，エスノシネマや他のビデオベースの研究手法は，研究者が参加者とともにビデオ制作のプロセスを共有したり知識を共構築したりする際，批判的な社会関係を生成する（あるいはそれを後押しする）。それだけでなく，映像制作者とカメラの間に注目すべきニューマテリアリズム的な関係が生み出される。私は以前の論文で（Harris, 2009b），共同制作者との互いの力が示される映像制作を取り上げた。そこでは，研究に参加したリナが，自分が持つ美的な枠組みから私〔ハリス〕／映像制作者／研究者を被写体として捉え，彼女のジェンダー観から意見を述べた。リナはカメラを用いて，私の女性らしくない外見や，私が示すジェンダーパフォーマンスに賛同しないことを表明した。共同でビデオを使った研究は，時に不快な方法にもなるが親しみやすく，視聴者をその場へと引き込んでいく。このように新しい方法で，ビデオは視聴者／読者／消費者を巻き込む可能性を持つ。しかし，ビデオカメラや携帯電話，もしくは他の撮影機器をどれほど使いこなせるのだろうか。データ分析の要件を追加したり，変化させたり，あるいは取り除いたりすることをどうやってできるのだろうか。

分析

　Heath ら（2010）は，人類学的研究を含む質的な社会科学研究におけるビデオについて優れた説明を行っている。彼らにとっては（時として特異で，ほとんど実証主義的な見方とみなされる恐れがあるが），ビデオを用いた研究では実践的でより科学的なアプローチが何よりも重要である。けれども，この説明で最も意味のある側面の一つは，ただ単により伝統的な研究デザインにおいて道具として形だけのビデオの「操作方法」を示すのではなく，研究における／研究としてのビデオの独自性を明確に示していることである。

　注目すべきは，「ビデオやデジタルテクノロジーによって示された可能性に応じて，（着想から公表までを）根本的に改革するための研究デザインの必要性」（Harris, 2016, p. 6）を彼らが主張していることである。彼らは，「ビデオデータは，モノや人工物，テクスト，道具そしてテクノロジーのローカルな生態系が，調査対象の行為や活動においてどのように特徴づけられ，また影響を与えているのかを研究者が考察することを可能にする」（Heath et al., 2010, p. 7）と述べ，その方法を巧みに説明している。ビデオベースの研究での分析は，その学術領域やプロジェクト独自である。新たにビデオベースの研究に取り組む研究者はまず，自分自身の分野あるいは探究しようとする領域におけるテクストを洗い出すべきだろう。たとえば，社会科学における分析では Spencer（2011），人類学では Loizos（2000）が参考になる。また，Milne ら（2012; Claudia Mitchell を含む）は複数の領域で，Harper（2012）や Knoblauch ら（2012）は社会学で参考になる。特に Luff と Heath（2012, p. 268）は，従来型の問題解決方法ではしばしば限界があるように見えるビデオを用いた分析の方法を改善しようとしており，分析を含む「ビデオに関係する方法論についての考察を拡張」しようとしている。これらの研究者が指摘するように，その学術領域での応用や方法が多様であるように，ビデオ分析の形態は多岐にわたる。分析では，多感覚のデータ（画像，音声，動き）を含むビデオの内容分析から，表象の政治学や間主観性，デジタルとバーチャル空間の世界的な流れについてのより美的な考察，さらにオンライン市民権などまで，広がりを見せている。

　ビデオで伝える研究（たとえビデオが中心ではなかったとしても）での分析やビデオ制作は，多くの研究機関において倫理申請やその手続きの再検討を引き起こす。このような変革のすべてが，ビデオベースの研究，より広い意味で ABR が持つ可能性を拡張させる。これまでビデオを部分的に，あるいはよく理解しないままに用いていた研究者に対しても，ビデオのように実践が主導する研究手法を用いることの複雑さや責任について，より深く考えることを求める。発展を続けるこのビデオベースの研究分野はおそらく，ビデオデータ分析の単純な議論を乗り越えることで，その実効性と物質性の両面において間主観的で表象的な行為であるという研究の解釈に影響を与えていくのだろう。

解釈

　『Transcultural Cinema（文化横断的な映画）』の著者である映像人類学者の David MacDougall（1998）は，ビデオ作品それ自体が研究であり，分析的な説明を付け加える

必要はほとんどないと考えている。彼の信念は実践に導かれたものであり，認識論は作品そのものであり，作品には新しい知識創造に必要な概念的で美的な「データ」がすべて収められていると考えている。MacDougall は，創造的な作品に分析的な説明を添えるという学術的な伝統をしりぞけ，そのことでたとえ彼の作品に対する正当な学術的支持を失ったとしても，40 年以上にわたってその立場を堅持してきた。しかしながら，Bill Nichols は，解釈することが最も重要であると考える。ただしそれは，ビデオテープのタイムスタンプ（「実際」の出来事を「リアルタイム」で記録する機能）によって捉えられた「証拠」に対抗して，「真実」を守る主張をすることではない。むしろ，次のようなことである。

　　証拠として示されたイメージは，それを支えている根拠，視点，説明あるいは解釈とは異なるものなのである。証拠とは利用されるものであり，それは映像の全体的な目的に適ったものである。実際，あらゆる裁判で行われているように，同じ証拠が複数の提案や視点の材料となることがある。同様に，示されたイメージは付与された解釈を証明するものにもなる。しかしながら，解釈というものは正当な証拠を用いているかどうかだけで簡単に評価することなどできない。これは，すべての解釈は等しく妥当だということを意味しない，ということである。(2010, p. 35)

このように Nichols は，たとえばドキュメンタリーを，反論を許さないような客観的な真実の記録であるとみなすべきではないと主張している。ビデオに基づいた研究に期待する人がいるにもかかわらず，ドキュメンタリーなどの映像は「現実の*創造的な表現方法*であって，現実を忠実にコピーしたものではない」(p. 36, 強調は原文まま)。

Nichols (2010) は，ビデオベースの研究プロジェクトの「真実性」に対し疑問を投げかける研究コミュニティに対し，防衛的なスタンスをとることに注意を促す。Nichols によると，映像研究者は「過去の行為を非難したり，擁護したり，正当化や批判をしたりする人たち」からは距離を置くのがよいと述べる。「映像制作者は，過去に目を向け，『本当は何が起こったのか』という問いを投げかける。これらは，事実と解釈に関する問いであり，有罪あるいは無罪の判断がかかっている」(p. 105)。ビデオベースの研究とは，たとえばビデオで「現実の」教室での実践を記録できると信じて気軽にビデオを使っている人たちが真実を記録しているとしても，それとは異なる種類のものである。たとえばフェミニズム研究や，デジタル・オンラインメディア，情動に関する研究などの異なる領域に取り組む研究者たちも，映像やビデオベースの研究との，そして真実やその主張に関する解釈との関連性を問題にしている（たとえば，Hongisto, 2012; Juhasz, 2001; Juhasz & Lerner, 2006; Keep, 2014; Pink, 2015b; Rose, 2015; Smith & Dean, 2009; Taylor, 2013 を参照）。

「情動とは，芸術が語る手段」(Hickey-Moody & Page, 2015, p. 11) である。そして，実践研究に取り組んだり関与したりする多くの人たちに対し，創造的な実践は，新しい知識構築の形式だけでなく，世界で幅広く取り組まれている研究の新しい分析，解釈，そして理解の方法を示す。もし，カメラや携帯電話などの非人間の協力者が，それらが生

み出す作品（たとえば映像やデジタル動画）が引き起こす情動を通じて「話す」ことができるなら，多様な知識や解釈の形態の可能性がひらかれるかもしれない。このような可能性は，人間についてだけでなく，人間と非人間の間の相互作用や協働についての新しい存在論的な理解を示唆する。実践主導の研究へと向かうニューマテリアリズムのアプローチは，身体性や間主観性，権力について関心を持つ。それだけでなく，「権力関係の中にいる参加者の主体性や自己変革性，身体性の実践的側面」（Coole & Frost, 2010, p. 19），さらに「身体の実在に関する政治性と意味，現代的な制作活動，鑑賞や教授と学習，そして思考の構成」（Hickey-Moody & Page, 2015, p. 3）に関する意味を強調するのである。

表象（あるいは非表象）[*訳注3]

どのような種類の研究であれ，特に映像を使った研究にも，非表象的な側面があるとみなすのは難しい。しかしこれもまた，研究におけるビデオの倫理性が問われる原因なのである。一世代前の人類学的な主張に困惑させられた Minh-ha（1989, 1992, 1999, 2005）は，ようやくポスト人間主義やニューマテリアリズムが取り入れられるようになったと主張している（Pink, 2013, 2015a, 2015b, 2015c; Steyerl, 2012, 2017; Steyerl & Olivieri, 2013; Vannini, 2015 を参照）。

Gillian Rose は，「方法としてのビデオの独特な解釈と認識論的な可能性について考える」ポスト表象主義的な手法について明確に述べている。それは，「固定ではなく流動性のある方向へと進化し，その研究や社会文化的機能が特定の言説や伝統に依存せずに」発展していく能力に基づくものである（Harris, 2016, p. 155）。

ドイツを拠点とする映像制作者で研究者の Hito Steyerl は，実践と理論を通じた研究によってビデオや映像のポスト表象主義的な探求の定義に取り組んだ。

> 表象のパラダイムは，アルゴリズム的で被写体の配置を重視した伝統的な写真撮影技術に立脚している。その結果，予期しえないものを見ることがより困難になった。（…）携帯電話は私たちが見たいものを見せている，と考えるかもしれない。しかし実際にはそうではない。携帯電話は，私たちについて知っていることを見せているのである。この複雑な関係性は，非常に神経を使う結婚生活のようなものなのだ。（Steyerl, 2017）

彼女の議論を通じて，私たちはテクノロジーとの関係性について，異なった考え方をするようになる。また，この拡大する共生的な関係は，動画を通じてより透明になっていく。非表象的な映像理論を構築した地理学者の Nigel Thrift（2008）[2] と同様，Steyerl は「『映画』や『ビデオ』は，フォーマルであろうとインフォーマルであろうと，ネットワーク化されていようとローカルだろうと，あらゆる動画の現場で生まれ出てくるもの

---

2 Thrift や他の非表象的な研究者は，間主観的に創造された知覚的，身体的，物質的，感覚的な経験の探究に関心を置いている。

である」（Harris, 2016, p. 143）と述べている。

　最後に，ヴァニーニ（Vannini）は，カナダ西部におけるオフグリッドの生活に関する*訳注4
作品だけでなく，非表象的な方法論に関する学術的かつ実践的な視点をまとめ発展させ
た作品集においても，表象以上のものを問題視している。彼にとって，ビデオや他の実
践主導的な研究は，客観的な真実に対する主張を形成しないだけでなく，それらを否定
することを楽しんでいるようなものなのだ。

　　　　研究は，もう「少し踊ってみる」べきだという考えは，非表象的な考えを持つ
　　　多くの思想家たちによって探求されてきた（たとえば，Thrift, 2003; Thrift & Dewsbury,
　　　2000）。その結果として，出来事や省察，情動，言外のこと，さらには日常行為の
　　　不完全性と開放性に関する幅広い視点が，非表象的な研究スタイルのはっきりとし
　　　た特徴づけにつながっていった（たとえば，McCormack, 2002; Stewart, 2007; Wylie, 2005）。
　　　これらのアプローチの重要な特徴は，Dewsbury（2009）の言葉によれば，不出来な
　　　知識を楽しむことである。たとえば，Dewsbury（2009）や Doel（2010）は，実験を
　　　受け入れ，創造的な機会としての実証的研究の不可能性を（欠陥を指摘するという意
　　　味ではなく）直視し，システム化された手続きを揺り動かし，生活世界を（真似事で
　　　はなく）再構成すること，つまり，失敗から学び，よりよく失敗することに研究者
　　　を駆り立てている。（Vannini, 2015, p. 15）

　これらの研究者たちの支えによってビデオベースの研究への示唆をより広く検討する
ならば，私たちは，制作，思考，そして相互関係を受け入れることができるだろう。そ
こでは「創造的な研究の言語は，物質的な思考の目標に関係し，制作のプロセスを超え
て，社会的な関係の局所的な再編へと目を向ける。（その中で）『制作』は新しい思考を
生み出すのである」（Carter, 2004, Hickey-Moody & Page, 2015, p. 1 による引用）。

まとめ

　生成としてのビデオの概念について，Barad（2007）は，「主観と客観から，*それらの
絡み合い，実際の出来事，その間にある行為*（媒介という意味ではなく）」へと焦点を移
すべきだと述べる。それは，「研究としての実践の議論の中で能動的な主体として物質
を概念化する必要がある」（Hickey-Moody & Page, 2015, p. 9）という認識と一致する。本章
で私は，ビデオベースの研究，そして特に文化的に状況づけられ，批判的なビデオベー
スの研究形態であるエスノシネマが，どのように研究の創造的実践，分析，解釈，およ
び表現のありようを変えつつあるかを探ってきた。さらに，ビデオベースの研究やその
他の ABR 実践が（存在論的，認識論的に定義され）理論化される方法に影響を与えている
ことを示そうとした。ビデオを単純なデータ収集ツールとして取り扱おうとする人たち
から，社会変革に向けてビデオ手法を協働的に用いようとする人たち，さらにはビデオ
をニューマテリアリズム的に人間以上のものとして位置づけ，その創造的な可能性を探

究しようとする人たちまで（van der Tuin & Dolphijn, 2012），研究におけるビデオは新しい時代の到来を告げ，計り知れない可能性を提示するのである。

リーヴィーの著書『Method Meets Art（研究方法がアートと出会う）』の第2版で説明されているように，研究におけるビデオの創造的かつ芸術的な応用は急速に広まっており，研究としてのビデオは，その人類学的なルーツから大きく発展を遂げた。ニューマテリアリズムは，「身体と物質はこれまで教えられたように分離してはおらず，またこの相互関係は，人間としての私たち自身を理解し，環境と相互作用するために不可欠である」（Hickey-Moody & Page, 2015, p. 2）ことを示してくれる。そして，映像制作者や研究者は，カメラは今まで長いあいだ主体的な役割を果たしてきたのだと主張する。ニューマテリアリズムによるビデオや映像の可能性に関する考察は，研究としてのビデオに関する学術的な取り組みを強力に押し進めるものである。そして，ビデオは人間によって操作されるだけの，自力では何もできない「道具」から，研究プロセスや知見の生産における主体的なパートナーとみなされるようになっていく。しかしながら，結局，ビデオベースの研究は，研究がなすべき，生きられた経験に関する新しい理解へと私たちを立ち戻らせる。

リーヴィーは，「詩人の仕事とは，『経験』の外観，つまり生活し感じた出来事の様相を創造し，それらを組織化することである。つまり，純粋かつ完全に経験された現実，仮想生活の一部を構成することなのである」と述べる（Langer, 1953, p. 212, Leavy, 2015, p. 91 による引用）。確かにこの説明は，生きられた経験において表象されないことをよりよく表現するために，複雑な状況下で多層的かつ多感覚的なアプローチをとろうと努力するビデオ研究者の行動と合致する。動画や音声よりもよりよい手段はあるのか。ビデオベースの研究は，表現することを通じて，最も情動的で原初的な，人間の生に関する複雑さを示す。そしてそれは，すべての研究の中心的な作業なのである。

＊訳注
1. カルチャー・シャック（Culture Shack）研究プロジェクトとは，特に教育過程において地理的や文化的な差異の横断に若者を引き込むためにアートを用いようとする取り組みである（Harris, A. (2011). Culture Shack and the art of intercultural learning. *Multi-Disciplinary Research in the Arts*, 2(2)）。
2. 芸術と社会科学を接合させる「歩くこと」に注目した方法論。研究実践における空間や動き，感覚の役割に関する探究や社会への介入などもその射程に含まれる（O'Neill, M. & Roberts, B. (2019). *Walking Methods: Research on the Move*. New York: Routledge）。
3. 非表象理論は，日常生活の政治性への独特のアプローチを示す。政治や，政治が繰り広げられているさまざまな空間で，認識や表現，実践が意味するものを問い，既知であることの周辺に存在している実践を価値づけることを狙いとする（Thrift, N. (2007). *Non-Representational Theory: Space, Politics, Affect*. New York: Routledge）。
4. 電力会社などの送電網に接続されておらず，主に再生可能エネルギーを利用して電力を自給自足すること。

文献

Alaimo, S., & Hekman, S. (2008). Introduction: Emerging models of materiality in feminist theory. In S. Alaima & S. Hekman (Eds.), *Material feminisms* (pp. 1–19). Bloomington: Indiana University Press.

Banks, M. (2008). *Using visual data in qualitative research*. Thousand Oaks, CA: SAGE. ［バンクス，M.，石黒広昭（監訳）（2016）．質的研究におけるビジュアルデータの使用　新曜社］

Banks, M., & Zeitlyn, D. (2015). *Visual methods in social research* (2nd ed.). Thousand Oaks, CA: SAGE.

Barad, K. (2007). *Meeting the university halfway: Quantum physics and the entanglement of matter and meaning*. Durham, NC: Duke University Press.

Barad, K. (2008). Posthuman performativity: Toward an understanding of how matter comes to matter. In S. Alaimo & S. Hekman (Eds.), *Material feminisms* (pp. 120–156). Indianapolis: Indiana University Press.

Barrett, E., & Bolt, B. (2013). *Carnal knowledge: Towards a new materialism through the arts*. New York: I.B. Tauris.

Barrett, E., & Bolt, B. (Eds.). (2014). *Practice as research: Approaches to creative arts enquiry*. New York: I.B. Tauris.

Bhabha, H. K. (2001). Unsatisfied: Notes on vernacular cosmopolitanism. In G. Castle (Ed.), *Postcolonial discourses: An anthology* (pp. 38–52). Malden, MA: Blackwell.

Boler, M., Harris, A., & Jacobson, J. (in press). *Vlogging as self-curation: Mediating the male gaze on YouTube*. Feminist Media Studies.

Braidotti, R. (2013). *Metamorphoses: Towards a materialist theory of becoming*. Hoboken, NJ: Wiley.

Coole, D., & Frost, S. (2010). Introducing the new materialisms. In D. Coole & S. Frost (Eds.), *New materialisms: Ontology, agency, and politics* (pp. 1–43). Durham, NC: Duke University Press.

Deleuze, G. (1986a). *Cinema 1: The movement-image* (H. Tomlinson & B. Habberjam, Trans.). Minneapolis: University of Minnesota Press. ［ドゥルーズ，G.，財津理・齋藤範（訳）（2008）．シネマ1 ＊運動イメージ　法政大学出版局］

Deleuze, G. (1986b). *Cinema 2: The time-image* (H. Tomlinson & R. Galeta, Trans.). Minneapolis: University of Minnesota Press. ［ドゥルーズ，G.，宇野邦一ほか（訳）（2006）．シネマ2 ＊時間イメージ　法政大学出版局］

Deleuze, G., & Guattari, F. (1987). *A thousand plateaus: Capitalism and schizophrenia* (B. Massumi, Trans.). Minneapolis: University of Minnesota Press. ［ドゥルーズ，G.／ガタリ，F.，宇野邦一ほか（訳）（2010）．千のプラトー――資本主義と分裂症　河出書房新社］

Dimitriadis, G., & Weis, L. (2008). Rethinking the research imaginary: Globalization and multisited ethnographic approaches. In G. Dimitriadis (Ed.), *Studying urban youth culture* (pp. 81–108). New York: Peter Lang.

Gubrium, A., & Harper, K. (2013). *Participatory visual and digital methods*. Walnut Creek, CA: Left Coast Press.

Harding, T. (2001). *The video activist handbook*. Ann Arbor: Pluto Press/University of Michigan.

Harper, D. (2012). *Visual Sociology*. Abingdon, UK: Routledge.

Harris, A. (2009a). Performativity, identity and the "found girls" of Africa: Sudanese women talk education. In C. Baker (Ed.), *Expressions of the body: Representations in African text and image* (pp. 337–361). London: Peter Lang.

Harris, A. (2009b). "You could do with a little more Gucci": Ethnographic documentary talks back. *Creative Approaches to Research, 2*(1), 18–34.

Harris, A. (2011). Slowly by slowly: Ethnocinema, media and the young women of the Sudanese diaspora. *Visual Anthropology, 24*(4), 329–344.

Harris, A. (2012). *Ethnocinema: Intercultural arts education*. Dordrecht, The Netherlands: Springer SBM.

Harris, A. (2014a). *Ethnocinema: Intercultural collaborative video as method*. In SAGE cases in methodology. London: SAGE.

Harris, A. (2014b). Ethnocinema and the impossibility of culture. *International Journal of Qualitative Studies in*

Education, 27(4), 546–560.

Harris, A. (2014c). Ethnocinema and the vulnerable methods of creative public pedagogies. *Departures in Critical Qualitative Research, 3*(3), 196–217.

Harris, A. (2015). Ethnocinema and video-as-resistance. In A. Hickey-Moody & T. Page (Eds.), *Arts, pedagogy and cultural resistance: New materialisms* (pp. 153–168). London: Rowman & Littlefield.

Harris, A. (2016). *Video as method*. London: Oxford University Press.

Harris, A., & Long, R. (2013). Smart bitch: Talking back in unity (article and videos). *Liminalities, 9*(3). Available at http://liminalities.net/9–3/index.html.

Harris, A., & Nyuon, N. (2010). Working it both ways: Intercultural collaboration and the performativity of identity. *Australasian Review of African Studies, 31*(1), 62–81.

Harris, A., & Nyuon, N. (2012). People get tired: African–Australian cross-culturaldialogue and ethnocinema. In P. Vannini (Ed.), *Popularizing research: Engaging new media, new audiences, new genres* (pp. 19–24). New York: Peter Lang.

Harris, A., & Nyuon, N. (2013). Still "working the hyphen": Intercultural collaboration as creative research. In J. Marlowe, A. Harris, & T. Lyons (Eds.), *South Sudanese diaspora in Australia and New Zealand: Reconciling the past with the present* (pp. 85–100). Newcastle-Upon- Tyne, UK: Cambridge Scholars Press.

Heath, C., & Hindmarsh, J. (2002). Analysing interaction: Video, ethnography and situated conduct. In T. May (Ed.), *Qualitative research in action* (pp. 99–120). London: SAGE.

Heath, C., Hindmarsh, J., & Luff, P. (2010). *Video in qualitative research: Analysing social interaction in everyday life*. London: SAGE.

Hekman, S. (2010). *The material of knowledge: Feminist disclosures*. Bloomington: Indiana University Press.

Hickey-Moody, A., & Page, T. (2015). Making, matter and pedagogy. In A. Hickey-Moody & T. Page (Eds.), *Arts, pedagogy and cultural resistance: New materialisms* (pp. 1–20). London: Rowman & Littlefield.

Hongisto, I. (2012). Moments of affection: Jayce Salloum's Everything and Nothing and the thresholds of testimonial video. In E. Barrett & B. Bolt (Eds.), *Carnal knowledge: Towards a "New Materialism" through the Arts* (pp. 105–112). London/New York: I.B. Tauris/Palgrave.

Hongisto, I. (2015). *Soul of the documentary: Expression and the capture of the real*. Amsterdam: Amsterdam University Press.

Hughes, J. (2012). *Sage visual methods*. London: SAGE.

Juhasz, A. (2001). *Women of vision: Histories in feminist film and video*. Minneapolis: University of Minnesota Press.

Juhasz, A., & Lerner, J. (Eds.). (2006). *F is for phony: Fake documentary and truth's undoing*. Minneapolis: University of Minnesota Press.

Keep, D. (2014). The liquid aesthetic of the cameraphone: Re-imagining photography in the mobile age [Special issue]. *Journal of Creative Tecnhologies, 4*(4), 128–146.

Knoblauch, H., Schnettler, B., Soeffner, H., & Raab, J. (2012). *Video analysis: Methodology and methods: Qualitative audiovisual data analysis in sociology* (3rd ed.). New York: Peter Lang.

Leavy, P. (2015). *Method meets art: Arts-based research practice* (2nd ed). New York: Guilford Press.

Loizos, P. (2000). Video, film and photographs as research documents. In M. W. Bauer & G. Gaskell (Eds.), *Qualitative researching with text, image and sound: A practical handbook* (pp. 93–107). London: SAGE.

Luff, P., & Heath, C. (2012). Some "technical challenges" of video analysis: Social actions, objects, material realities and the problems of perspective. *Qualitative Research, 12*(3), 255–279.

Lunch, N., & Lunch, C. (2006). *Insights into participatory video: A handbook for the field*. Sussex, UK: InsightShare.

MacDougall, D. (1998). *Transcultural cinema*. Princeton, NJ: Princeton University Press.

Manning, E., & Massumi, B. (2014). *Thought in the act: Passages in the ecology of experience*. Minneapolis: Minnesota University Press.

Marks, L. (2011). Calligraphic animation: Documenting the invisible. *Animation: An Interdisciplinary Journal, 6*(3), 307–323.

Marks, L. U. (2000). *The skin of the film: Intercultural cinema, embodiment, and the senses.* Durham, NC: Duke University Press.

Milne, E. J., Mitchell, C., & De Lange, N. (Eds.). (2012). *Handbook of participatory video.* Lanham, MD: AltaMira Press.

Minh-ha, T. T. (1989). *Woman, Native, other: Writing postcoloniality and feminism.* Indianapolis: Indiana University Press. ［ミンハ，T. T., 竹村和子（訳）(2011). 女性・ネイティヴ・他者──ポストコロニアリズムとフェミニズム　岩波書店］

Minh-ha, T. T. (1992). *Framer framed: Film scripts and interviews.* New York/London: Routledge.

Minh-ha, T. T. (Ed.). (1999). *Cinema interval.* New York/London: Routledge.

Minh-ha, T. T. (Ed.). (2005). *The digital film event.* New York/London: Routledge.

Mitchell, C. (2008). Taking the picture, changing the picture: Visual methodologies in educational research in South Africa. *South African Journal of Educational Research, 28*(3), 365–383.

Mitchell, C. (2011). *Doing visual research.* London/Thousand Oaks, CA: SAGE.

Mitchell, C., Dillon, D., Strong-Wilson, T., Pithouse, K., Islam, F., O'Connor, K., et al. (2010). Things fall apart and come together: Using the visual for reflection in alternative teacher education programmes. *Changing English, 17*(1), 45–55.

Nichols, B. (2010). *Introduction to documentary* (2nd ed.). Bloomington: Indiana University Press.

Nichols, B. (2011). Performing documentary. In T. Corrigan, P. White, & M. Mazaj (Eds.), *Critical visions in film theory: Classic and contemporary readings* (pp. 672–687). Boston: Bedford/St. Martin's Press.

Pack, S. (2000). Indigenous media then and now: Situating the Navajo Film Project. *Quarterly Review of Film and Video, 17*(3), 273–286.

Pauwels, L. (2002). The video- and multimedia-article as a mode of scholarly communication: Toward scientifically informed expression and aesthetics. *Visual Studies, 17*(2), 150–159.

Pink, S. (2004). Performance, self-representation and narrative: Interviewing with video. In C. Pole (Ed.), *Seeing is believing?: Approaches to visual research studies in qualitative methodology* (pp. 61–77). Bingley, UK: Emerald Group.

Pink, S. (2006). *The future of visual anthropology: Engaging the senses.* London: Routledge.

Pink, S. (2007). Walking with video. *Visual Studies, 22*(3), 240–252.

Pink, S. (Ed.). (2012). *Advances in visual methodology.* London: SAGE.

Pink, S. (2013). *Doing visual ethnography* (3rd ed., rev. expanded). London: SAGE.

Pink, S. (2015a). *Doing sensory ethnography* (2nd ed.). London: SAGE.

Pink, S. (2015b). Going forward through the world: Thinking theoretically about first person perspective digital ethnography. *Integrative Psychological and Behavioral Science, 49*(2), 239–252.

Pink, S. (2015c). *Sensory ethnography/energy and digital living site.* Retrieved from http://energyanddigitalliving. com/using-video-to-present-ethnography.

Pink, S., & Mackley, K. L. (2014). Reenactment methodologies for everyday life research: Art therapy insights for video ethnography. *Visual Studies, 29*(2), 146–154.

Prins, H. E. L. (1989). American Indians and the ethnocinematic complex: From Native participation to production control. In R. M. Boonzajer Flaes (Ed.), *Eyes across the water: The Amsterdam Conference on Visual Anthropology and Sociology* (pp. 80–90). Amsterdam: Het Spinhuis.

Prins, H. E. L. (2004). Visual anthropology. In T. Biolsi (Ed.), *A companion to the anthropology of American Indians* (pp. 505–525). Oxford, UK: Blackwell.

Rogers, R. (2013). *Digital methods.* Cambridge, MA: Massachusetts Institute of Technology.

Rose, G. (2012). *Visual methodologies: An introduction to researching with visual materials.* London/ Thousand Oaks, CA: SAGE.

Rose, G. (2015). (Blog). Retrieved from https://visualmethodculture.wordpress.com.

Rouch, J., & Feld, S. (2003). *Ciné-ethnography*. Minneapolis: University of Minnesota Press.

Rouncefield, M., & Tolmie, P. (Eds.). (2011). *Ethnomethodology at work*. Surrey UK/Burlington, VT: Ashgate.

Ruby, J. (2000). *Picturing culture*. Chicago/London: University of Chicago Press.

Ruby, J. (n.d.). *Ethnographic cinema (EC)—a Manifesto/a Provocation*. Retrieved from http://astro.ocis.temple.edu/%7eruby.

Senft, T. (2008). *Camgirls: Celebrity and community in the age of social networks*. New York: Peter Lang.

Smith, H., & Dean, R. T. (Eds.). (2009). *Practice-ledresearch, research-led practice in the creative arts*. Edinburgh, UK: Edinburgh University Press.

Spencer, S. (2011). *Visual research methods in the social sciences: Awakening visions*. Abingdon, UK: Routledge.

Steyerl, H. (2012). *The spam of the Earth: Withdrawal from representation*. Available at www.e-flux.com/journal/the-spam-of-the-earth.

Steyerl, H. (2017). *The politics of post-representation*. Retrieved from http://dismagazine.com/disillusioned-2/62143/hito-steyerl-politics-of-post-representation.

Steyerl, H., & Olivieri, D. (2013). Shattered images and desiring matter: A dialogue between Hito Steyerl and Domitilla Olivieri. In B. Papenburg & M. Zarzycka (Eds.), *Carnal aesthetics: Transgressive imagery and feminist politics* (pp. 214–225). London/New York: Palgrave/I.B. Tauris.

Taylor, C. A. (2013). Mobile sections and flowing matter in participant-generated video: Exploring a Deleuzian approach to visual sociology. In R. Coleman & J. Ringrose (Eds.), *Deleuze and research methodologies* (pp. 42–60). Edinburgh, UK: Edinburgh University Press.

Thrift, N. (2008). *Non-representational theory: Space, politics, affect*. Abingdon, UK: Routledge.

Van der Tuin, I. (2011, August). New feminist materialisms. *Women's Studies International Forum, 34*(4), 271–277.

Van der Tuin, I., & Dolphijn, R. (2012). *New materialism: Interviews and cartographies*. London: Open Humanities Press.

Vannini, P. (Ed.). (2015). *Non-representational methodologies: Re-envisioning research*. New York/Abingdon, UK: Routledge.

Wesch, M. (2009). YouTube and you: Experiences of self-awareness in the context collapse of the recording webcam. *Explorations in Media Ecology, 8*(2), 19–34.

ビデオ資料

Conteh, P. (Manchester, UK). Diamonds on the soles of her shoes. View exemplar at http://sombraprojects.com/archive/diamonds.

Elzerman, H. (The Netherlands). Video coding in visual art education. View exemplar at https://vimeo.com/123598579.

Glynne, A. (United Kingdom). Animated minds (country?). View exemplar at http://animatedminds.com.

Harris, A. (Australia). Creative research hub. Available at www.creativeresearchhub.com.

Pink, S. (United Kingdom). Sensory ethnography/energy and digital living site. Available at http://energyanddigitalliving.com/using-video-to-present-ethnography.

Rose, M. (Bristol, UK). The "Are You Happy" project. View exemplar at www.theareyouhappyproject.org.

Steyerl, H. (Germany). Post-representational documentary. View exemplar at www.dazeddigital.com/artsandculture/article/19122/1/ica-presents-hito-steyerl.

Steyerl, H. (Germany). An extract from How Not to Be Seen: A Fucking Didactic Educational.MOV (4:07). View an interview with Steyerl at http://dismagazine.com/disillusioned-2/62143/hito-steyerl-politics-of-post-representation.

Vannini, P. (United Kingdom). The Life Off Grid project. View exemplars at http://lifeoffgrid.ca.

第 VI 部

ミックスメソッドと
チームアプローチ

第24章

海のモンスターたちがビーチを征服する

教育資源としてのコミュニティアート：ある「海洋ゴミ」プロジェクト

● カリン・ストール／ウェンチェ・ソルモ／メッテ・ゴードヴィーク

(Karin Stoll, Wenche Sørmo, & Mette Gårdvik)

訳：楊 榛

　国際社会は，海や海岸の汚染が深刻化していることに気づきはじめている。近年，独立環境保護団体や協会が，ボランティアや学校団体と協力して海岸線のゴミや有害廃棄物を除去するためのビーチクリーンキャンペーンを始めた。また，エコアート，サステナブルアート，環境アートなどのバックグラウンドを持つ国内外のアーティストたちが，作品を通じて一般の人々の問題意識を喚起してきた。しかし現状では，環境やサステナビリティに関する授業にアート教育を体系的，意図的に活用している活動はほとんど見られない。

　そこで私たちは，コミュニティアートが，海洋汚染などの社会的に重要な環境問題について取り組んだり探索したりすることを社会や学校に対して伝える効果的な方法になりうると提案する。今まで，このような問題は，社会科や理科のカリキュラムに組み込まれていた。しかし，アート教育は，現在および将来の自分たちの生活に影響を与える重要な文化的・生態的問題を学生が探求し，経験する安全な領域となりうる（Milbrandt, 2002）。Hicks と King（2007, p. 334）は，「アート教育は，自然と社会生活の接点にある環境問題に取り組む上で非常に適している」と指摘した。教育の中でコミュニティアートを用いることは，生徒や学生が現実世界の問題に対する自らの意識を高め，社会的責任や批判的思考力を養うのに役立ちうる。これは，学生たちが将来，持続可能な生活を送るための素養となることだろう。

　この文脈を踏まえ，2015 年の春，ノルウェーのラナという地域の全レベルの教育機関を対象に，海洋ゴミプロジェクト「海のモンスターたちがビーチを征服する」が実施された。これは，ラナ市にあるフィヨルドであるランフィヨルド沿いのビーチで，海洋ゴミを素材にしたコミュニティアート作品を制作するという，学際的でユニークなアートプロジェクトである。このプログラムは，ノルド大学ネスナ校（当時ネスナ・ユニバーシティカレッジ）のアート・工芸部門と科学部門の密接な協力のもと，地域や国際的な関係者の支援を受けて開発・実施された。

　本章では，海洋ゴミとコミュニティアートの現状，教育方略におけるテーマの重要性，

プロジェクトのデザインと実施，図画工作・美術科や，科学に関する能力の育成を目標にした教育プログラムの展開，学生の参加，学習成果，地域社会全体の取り組みについて述べていく。

このプロジェクトの背景

海洋ゴミ ── 教育におけるこのテーマの重要性

海洋ゴミという巨大かつ増大しつづける環境問題は，現在私たちが挑戦している最大でグローバルな環境問題の一つであると考えられている（Norwegian Environment Agency, 2014）。今までは，海や海岸の汚染は目障りなものとしか考えられていなかったが，今日の研究は，「海洋汚染」が海洋生態系や野生生物，人間の健康，航海，経済などに深刻な影響を及ぼすことを明らかにしている。ここでいう海洋ゴミは，人間の活動に基づき海洋生態に廃棄された難分解性の人工の固体物質であり，直接的または間接的に海洋に持ち込まれた可能性があるものと定義されている（United Nations Environment Programme [UNEP], 2009）。

毎年，世界中で約1000万トンのゴミが海に流れ出している（European Commission, 2013）。海洋ゴミは，海洋活動，船舶，工業，漁業，水産養殖，ゴミ埋立地に由来するものだけでなく，個人が捨てたゴミなどもあり，さまざまな原因で発生している（**図24.1**）。海洋ゴミの6～8割は陸上での活動に由来している。それに加え，家庭からの排水には，プラスチック素材の繊維製品の洗濯，そして歯磨き粉やスキンケア商品などの衛生用品に由来するマイクロプラスチック粒子が大量に排出されている。

これらの廃棄物は，世界の主要な「環流」，つまり海洋表層流の循環システムによって集められる。ノルウェー環境庁は，プラスチック廃棄物が世界の海洋ゴミの約75%を占めると推定している。海洋プラスチックゴミのうちの約70%は海底に沈み，15%は海面を漂い，15%は世界中の海岸に流れ着いている（Mepex, 2014）。

プラスチックは永久に分解されることがない（**図24.2**）。自然の力にさらされながら，時間を経てどんどん小さな破片，つまりマイクロプラスチックに分解されていく。その結果，プラスチック廃棄物は動物に直接的に致命的な身体損傷を与える可能性がある。つまり，プラスチック部品が首や体に巻きついて窒息したり，飲み込んで消化不良を起こしたりすることがある。一方，マイクロプラスチックは毒素を含むため，食物連鎖に取り込まれ，その結果，動物にとっても人間にとっても問題となる（**図24.3**）。

第8次「Norwegian Official Report on the Future School（未来の学校に関するノルウェー公式報告書）」（NOU, 2015）では，教育で取り組むべき学際的な中心的テーマとして，持続可能な開発に関する授業に焦点が当てられていた。

研究や自然保護団体の努力の結果，海洋ゴミの発生を抑制する方法は，すでに国際政治や国政で確立されている。しかし，消費者一人ひとりが，商品選択や海岸のゴミ拾いへの積極的な参加を通して，責任を持つことも可能である。それを実現する前提となる

図 24.1 海洋ゴミのさまざまな出所（cleancoasts.org）。An Taisce（5a Swifts Alley, Francis Street, Dublin 8, D08 TN88 Ireland）環境教育部門による海岸清掃プログラム
http://cleancoast.org/（2016年11月1日確認）

図 24.2 一般的な海洋ゴミの分解速度の推定値
www.plasticgarbageproject.org, NOAA. Graphic design: Oliver Lüde © Museum für Gestaltung Zurich, ZHdK, 2012.

どれくらいでなくなる？
一般的な海洋ゴミの分解速度の推定値

リンゴの芯　2ヵ月
ウールの靴下　1〜5年
発泡スチロール製カップ　50年
発泡スチロール製ブイ　50年
釣り糸　600年
牛乳パック　3ヵ月
新聞紙　6週間
ブリキ缶　50年
プラスチックの食品袋　10〜20年
ペットボトル　450年
段ボール箱　2ヵ月
ベニヤ板　1〜3年
光分解性飲料ホルダー　6ヵ月
プラスチック製飲料ホルダー　400年
紙おむつ　450年
ガラス瓶　不明
ペーパータオル　2〜4週間
タバコの吸殻　1〜5年
アルミ缶　200年
綿のシャツ　2〜5ヵ月

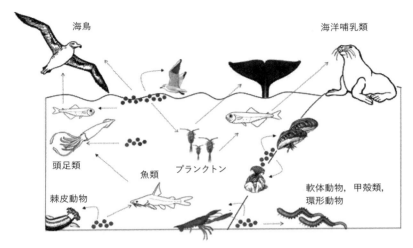

図 24.3 食物連鎖の中を移動するマイクロプラスチック
Ivar do Sul & Costa（2014）より。Elsevier 社の許可を得て転載

のは，自然の持続可能な利用と管理のために，社会と個人の両方が高い意識と態度を構築することである。環境意識と持続可能な生活を営む能力を高め，海洋ゴミによる被害を抑える上で，教育は最初の最も重要なステップである。1970 年代以降，国際社会は学生が環境と地球の発展，将来の世界の姿について学ぶことの重要性を認めた（United Nations Educational, Scientific and Cultural Organization [UNESCO], 1972）。環境教育の役割は，ユネスコの「持続可能な開発のための教育」宣言において，世界的な課題として取り上げられた（United Nations Economic Commission for Europe[UNECE], 2009）。ノルウェーでは，教育カリキュラムと法律の両方が，ノルウェーの学校において環境意識の高い人々を育成する教育を行うことを約束している（Regjeringen, 2012）。教育法第 1 章 1 項において，教育の目的には「職業訓練校の訓練生も含め，生徒は批判的に考え，倫理的に行動し，環境を意識することを学ぶ。彼らは，参加する責任と権利の両方を持つものとする」と記されている（Lovdata, 1998）。「Norwegian Official Report on the Future School」（NOU, 2015）では，教育で取り組むべき学際的な中心テーマとして，持続可能な開発に関するカリキュラムが提示されている。

教育現場におけるコミュニティアート

Jan Cohen-Cruz（2002）は，コミュニティアートと社会活動に関する著作の中で，現代のコミュニティ運動は 1970 年代半ばに始まったと述べている。これは，今日のコミュニティアートの文脈でも同様であり，一部で頻繁に論争を巻き起こしている。Coutts（2008, p. 200）によれば，コミュニティアートというアート形態は，経済的・政治的な不安定さの結果として発展した。当時は「都心部では高い失業率と大きな政治的・社会的混乱があり，アート全般が深刻な脅威にさらされていた時代」であった。さらに Coutts は，「コミュニティアートには，地域のコミュニティや若者，そして最近では

正規・非正規の教育機関も直接参加している。（…）コミュニティアートの特徴と考えられるプロセス重視モデルは，より広く理解され，受け入れられるようになってきている」（p. 199）と述べる。実際，「コミュニティアートは，（…）アートを通じて，個人やコミュニティのエンパワメントと解放を目指すものである」と指摘されている（Hiltunen, 2008, p. 91）。

> コミュニティアートの実践に不可欠なのは，変化を促し，エンパワメントを達成するという観点から，アートの修養に参加者を巻き込み，その活動を支援することができることである。この積極的な参加を通じて，個人，グループ，コミュニティは，自尊心を高め，アイデンティティを創造し，個人的，社会的，文化的，政治的な変化をもたらす表現を見出す機会を与えられる。その最終的な目的は，QOL を向上させることである。これらの活動は，多くの場合，プロジェクトの形で行われ，イベントや最終プロダクトにつながるワークショップで構成されている（ただし，これに限定されるわけではない）。（Austin, 2008, p. 176）

加えて，Austin（2008, p. 178）は，「他方で，コミュニティアートは，才能やスキルの有無にかかわらず，誰もが創造的になれるという原則を推進する。その前提として，プロダクトよりもプロセスが重視され，個人またはグループのニーズや要望を明らかにするために，参加者の主導で活動が行われる」と述べている。また，「どのようなメディアで表現されたかではなく，アート表現に至るプロセスによってそれと識別される傾向がある」。したがって，あらかじめ定義された達成基準は，コミュニティアートの実践者にとっては主要な関心事ではない。その代わり，習得したスキルや能力を評価することが，成功の最も良い指標になると考えられる。De Bruyne と Gielen（2013）によれば，「コミュニティアートは場所，興味，好奇心に基づいてコミュニティを創造するために，アートの中で，あるいはアートを通して何かを探求するものだろうと曖昧にしておくのではなく，コミュニティアートの概念を定義する」（p. 7）ことが重要である。

本物の学習の文脈に触れるために，学校か外の世界かという区分けをなくし，学校の外の世界の経験を得ることが不可欠と考えられている。このような体験は，たとえば，地域社会で地元の企業や政治家，団体と一緒に自然豊かな場所を見学するなどを通して行うことができる。生徒がグローバルな文脈に触れるのは，主にメディアやインターネットを通じてである（Anderson, Reder, & Simon, 1996; Sterling, 2010）。Wals と Dillon（2013）は，学習には子どもの積極的かつ建設的な参加が必要であり，個人差を考慮する必要があると主張している。個々の生徒の学習には，社会的な活動や学校の社会生活への参加が必要であり，文化的に適切な活動や，若者の人生にとって重要だと考えられる活動，実生活の状況に関連した活動に参加することで，生徒たちは最もよく学ぶことができる。

「リサイクルに基づいたアート運動は，廃棄物を見る際の新しい視点を提供し，アートの要素をあらゆる年齢層の創造的プロセスに適用できることを強調すると同時に，環境の現状と自分たちとの関係に関する意識を高める方法となった」（Din, 2013, p. 120）。「地域に根ざしたアート教育は，アーティストと教育者の社会的責任を高めるものであ

る。生徒がアートを通して，自分たちが地域社会の健全性のためにいかに重要な役割を果たすことができるかを学ぶとき，統合的な視点が得られる。その過程でコミュニティが強化され，生徒は自分を取り巻く世界との関係において自己表現を見出すのである」(p. 122)。

　持続可能な開発のための教育は，学生が今住んでいる世界とは根本的に異なる未来において，良好で持続可能な生活を送ることができるようにすることを目的としている (Sinnes, 2015)。環境に関する将来の課題に対応するために，人類は革新的な思考をしなければならない。そのため，創造的思考は，環境や現在の環境問題について考え，学び，対処するための中心的な能力であると考えられている (Daskolia, Dimos, & Kampylis, 2012)。このように考えると，コミュニティアートを用いた，現象に基づいた教育は，現実と生徒の生活体験に基づく教育の良い例だと言えるだろう。生徒たちは，さまざまな感覚を通して現象を体験することで，その現象に対する個人の当事者意識を獲得し，同時に，創造的で解決志向の機会を得ることができる (Østergaard, 2004; Sinnes, 2015)。さらに，教材を使いこなし，課題を解決するためには，生徒同士が交流し，助け合うことが必要である (Johnson, Johnson, Haugalokken, & Aakervik, 2006)。

　コミュニティベースのアート教育は，アーティストと教育者の社会的責任を高めるものであり，リサイクルに基づくアート運動は，廃棄物を見る際の新しい視点を提供し「アートの要素をあらゆる年齢層の創造的プロセスに適用できることを強調すると同時に，環境の現状と自分たちとの関係に関する意識を高める方法となった」(Din, 2013, p. 120)。

　アラスカ大学アンカレッジ校 (UAA) のアート教育の教授である Herminia Din (2013) は，エコアート，サステナブルアート，環境アートの現在の方向性として以下のようなパラダイムで評価している。

- 自然やそのプロセスについて情報を提供し解釈する，あるいは環境問題について啓蒙する。
- 風，水，雷，そして地震の影響を反映した，あるいはそれを動力源とするアート作品を制作し，環境の力や素材に関心を寄せる。
- 私たちと自然との関係を見直し，環境との新しい共存のあり方を提案する。
- 傷ついた環境を再生・修復し，アートによって，かつ時に美的な方法によって生態系を回復させる。(p. 120)

　この考えをもとに，私たちは，年齢や学年に応じた学際的な教育プログラムを開発・実施した。図工・美術科，自然科学などの副教材とし，地元の自治体や企業の支援・協力を得て，児童・生徒の属するコミュニティにおける海洋ゴミについて教える手段として，コミュニティアートを活用した。エコアートの一環として，海岸のゴミを清掃し，集めたものをアート作品に再利用した。プロジェクトの概要は**図 24.4**（Laininen, Manninen, & Tenhunen, 2006）にまとめられており，学校文化の中で実施できる持続可能な開発のさまざまな要素が提示されている。

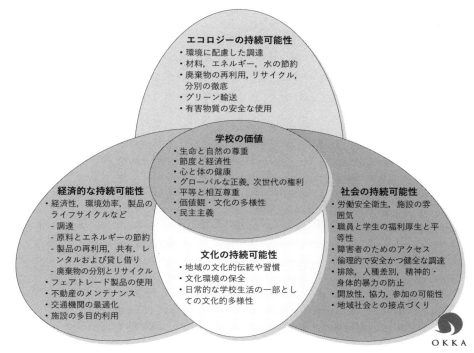

図 24.4 学校文化における持続可能な開発の要素
Laininen, Manning, & Tenhunen（2006）より。許可を得て転載

授業開発の方法

　ノルド大学ネスナ校は，ノルウェー中部のヌールラン県の海岸沿いにあるネスナというコミュニティにある。ヌールランは，多くのフィヨルド，小島，島々からなる長い海岸線を持ち，ノルウェーの海岸線のほぼ 40% を占めている。そのため，このノルウェーの海岸にはより多くの世界中の海洋ゴミが流れ着いている。暴風の後の干潮時には，わくわくするようなものがたくさん見つかることもあるが，流れ着くゴミのほとんどは，生物分解性のないプラスチックである。プラスチックが残って海岸線を汚し，陸上動物や海洋動物にとって危険な存在となることもある。

　2014 年 2 月，北極圏大学の「北極圏の持続可能なアート・デザイン（ASAD）」のテーマ別ネットワークを通じて，私たちは UAA を訪れ，ウィンターデザインプロジェクトの一員として，ノルウェーの教育制度と環境に関する公開講座と雪彫刻ワークショップを開催した。

　訪問期間中，UAA の Din 教授に誘われ，アンカレッジ博物館の，現代の消費文化における人間と海の関係を探求する「Gyre: The Plastic Ocean（渦：プラスチックの海）」（2014 年）という展覧会を見学した。この展覧会は，アートと科学を組み合わせたものであり，グローバルな問題を視野に，世界中から来た 25 人以上のアーティストの作品が出品された。

　この展覧会をきっかけとして，私たちは，自分たちが住むノルウェーのネスナ地域

で，海洋ゴミに関連して何かできないかと計画しはじめた。その後，研究助成に応募し，「海のモンスターたちがビーチを征服する：現場固有のアートとしての海洋ゴミ」と題したプロジェクトを立ち上げるための研究助成金を北極圏大学から獲得した。

　2014年秋には，科学週間と同時に，私たちは「科学者に来てもらおう」プロジェクトのもと，海洋ゴミに関する試験的なプロジェクトを開発・実施した。科学週間は毎年恒例の全国的なフェスティバルであり，さまざまな研究知識集約機関が，各々の研究成果や知識を，新しく面白い方法で人々に紹介するために招待される。私たちは地域の学校と幼稚園をそれぞれ2つ訪問し，海洋ゴミに焦点を当てたセミナーを実施した。また，ノルド大学ネスナ校の幼稚園教員養成課程のクラスにも同じようなセミナーを設けてもらった。セミナーでは，海洋ゴミとマイクロプラスチックについて学び，地元の海岸線を清掃してゴミモンスターを作ったり，写真で記録したり，ゴミをカテゴリー別に分類したりし，その後，それらのゴミを認定廃棄物処理施設に搬入し，リサイクルした。これは，このコミュニティとしても地球規模でも深刻な問題に焦点を当て，子どもたちに「みんなで力を合わせるだけで，ゴミ問題の解決に対して何かできる」ということを教えるために行われたものである。

　この事前プロジェクトで得たポジティブな経験をもとに，私たちは北極圏アウトドアライフ協議会（Arctic Circle Council on Outdoor Life）に連絡をとった。この団体は，北極圏の自治体であるハットフィエルダル，ヘムネス，ルーレイ，ネスナ，ラナ，グラネ，ロドイ，タナの協同組織で，この地域のすべての学校・幼稚園と連携している。この団体の責任者と相談した結果，2015年春のメインプロジェクトはランフィヨルドの内側を中心に行うことにした。

　ランフィヨルドは，ヌールラン県の中心地域であるヘルゲランの北部に位置する全長67kmのフィヨルドである（**図24.5**）。このフィヨルドの先端に，約1万9000人が暮らす工業都市モ・イ・ラナがある。ラナには，小学校が10校，中学校が4校，中学校が

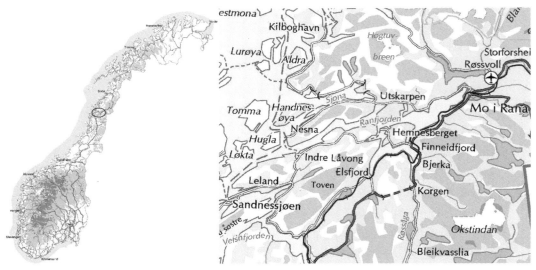

図24.5　ヘルゲランとランフィヨルドの海岸清掃の地図

2 校，高校が 1 校あり，これらの学校のいくつかは，海岸線に近い場所にある。

　その後，北極圏アウトドアライフ協議会が，ヘルゲラン博物館，ラナ市，ヘルゲラン廃棄物処理センター（HAF），ラナ・パーク・アンド・レクリエーションに連絡をとったところ，それぞれの立場から支援が得られることになった。私たちは大学での会議を整えた上で，学士論文を作成中のノルド大学ネスナ校の小学校教員養成クラスでプロジェクトを発表した。このクラスに属する 2 人の学生が興味を持ち，中学校の 2 クラスでプロジェクトに参加してくれた。そして私たちは，北極圏アウトドアライフ協議会が持つラナの学校や幼稚園のネットワークを利用し，プロジェクト参加への招待状を送付したのである。

　私たちはモ・イ・ラナで教員や関係者を対象に説明会を開き，プロジェクトの概要と，さまざまな教科の能力と知識が向上する可能性を説明した。また，プロジェクトの中で検討されているいくつかの教育方法についても概要を説明した。ラナでは，幼稚園 2 園，小学校 4 校，中学校 1 校，高校 1 校が参加した。小学校 2 校（計 5 クラス），幼稚園 1 校に講師として招かれたほか，中学校 2 クラスがノルド大学ネスナ校の学部生と一緒に海岸を掃除し，海のモンスターを作った際には，オブザーバーとして参加した。

プロジェクトのデザインと実施

　このセミナーの目的は，学校や幼稚園，地域コミュニティが地元の海岸線をきれいにすることで，海洋ゴミに対する知識と理解を深めることであった。これは，コミュニティアートに取り組む際の創造的な方法，エコロジー，サステナビリティに焦点を当てた，コミュニティベースの教育プログラムを実施することによって達成されると期待された。

　このプロジェクトの目標は以下の通りである。

- 地域コミュニティと教員養成課程の学生たちを巻き込んで，地元の海岸線をきれいにすることで，海洋ゴミに関する知識と関心を高めること。
- 小学校の先生／児童，小学校／幼稚園を対象に，サステナビリティと美的方法（コミュニティアート）を中心としたコミュニティベースの教育プロジェクトを展開すること。
- 参加する人々に環境問題の当事者意識を高め，環境問題の是正方法の知識を与えること。
- 海のマイクロプラスチック量を減らすために，収集された海洋ゴミを持続可能な方法で処理すること。
- 展覧会およびブックレットを制作すること。

実施プロセス

第 1 部

まず，私たちは学術的な面から，海洋ゴミは野生動物や人間にとってどのような問題なのかという事実を紹介した。次に，私たちの地域には長い海岸線があることから，この海岸地域の人々や野生動物たちが直面している問題について議論することとした。

プラスチックはゴミの中で最も大きな割合を占め，食物連鎖の中でマイクロプラスチックとして蓄積されている。

漁業，養殖業，観光業は，ノルウェーの海岸文化にとって重要であり，海洋ゴミの影響を最も受けている産業である。私たちが注目したマイクロプラスチックについて，Bo Eide が監督した映画《Clean Coast: Got a Spare Afternoon?（美しい海岸線：午後にお時間ありますか？）》(www.youtube.com/watch?v=xzklOpr059g) を上映し，マイクロプラスチックがどうやって食物連鎖に取り込まれ，海鳥や動物にどのくらい悪い影響を及ぼすかを人々に示した。このセミナー終了後，参加者同士で少しディスカッションをした。また，若い参加者のために，図 24.6 に示すように，参加者／子どもたちが小さなプラスチック粒子（ビーズ）で餌を与えることができる，段ボールで作った魚を用意した。

この魚は胃の中を開けて見られるようになっており，口から胃まではプラスチックチューブで，胃はペットボトル（0.5ℓ），胃（ペットボトル）から肛門までは細いプラスチックホースでできている。子どもたちは魚の内部を見ることができるので，彼らが与えたプラスチックビーズが大きすぎて消化できず，胃から腸管に進めないことを理解できる。

学術的な準備段階において，私たちはグループを 2 つに分けた。これらのワークグループの計画は，オーシャン・コンサバンシー（Ocean Conservancy，海洋保護団体。https://marinedebris.noaa.gov/talking-trash-and-taking-action）と米国海洋大気庁海洋ゴミプログラム（NOAA Marine Debris）から提供された。

図 24.6 段ボール製の魚にプラスチックビーズの餌をやる子どもたち
写真：Mette Gårdvik，プライバシー保護のため，子どもたちの顔はぼかし加工済

第２部：グループワーク１

4〜5人のグループに分かれた参加者たちには，さまざまな種類の家庭廃棄物を与えられた。彼らは，さまざまな種類の廃棄物について話し合い，家庭や自治体で行っている廃棄物の分類と同じように，ガラスや金属，プラスチック，段ボール，紙，生ゴミ，有害廃棄物，一般廃棄物などに分類した。このプログラムの目的は，生徒たちにさまざまな物を見る訓練をし，正しく分類できるよう学習させることであった。私たちは各グループを回り参加者たちと話をし，その分類を選択した理由を説明させた。

第３部：グループワーク２

参加者たちは4〜5人のグループに分かれて作業した。彼らは通学かばんを調べ，かばんの中のさまざまなものがどのような材料から作られているのかを調べることになった。そして，彼らの祖父母たちが小学生の頃の通学かばんには何が入っていたのか，どんな素材でできていたのかを考えたり，調べたりした。この作業の結論としては，以前に比べて今のかばんとその中身にはより多くのプラスチックが含まれるようになっていることが導かれ，結果的に，参加者たちにプラスチックの使用についてより意識してもらえるようになる。

また，参加者たちが海モンスターをより創造的に作る機会も用意した。私たちは「海モンスターとは何だろう？ どのような姿をしているだろうか」という質問をした。この活動の目的は，どのような姿をしているか誰も知らない海モンスターについて，子どもたちが想像力を働かせて，どのように見えるかを考えることである。大判紙，カラーチョーク，木炭棒が配られ，子どもたちは自分なりの海モンスターを描いた。この作業は2人組のグループで，あるいは1人で行った。私たちは歩き回り，子どもたちが描いた絵にアドバイスしたり，コメントしたりした。その絵は一日の終わりに展示され，みんなが描いたモンスターを見ることができた。

私たちは，水族館から生きたウニやヒトデを借りて幼稚園に持って行ったので，子どもたちは見て触れることができた。私たちは丸一日子どもたちと一緒に過ごしたため，このプロジェクトが最も時間のかかるものとなった。私たちが到着する前にはもう，子どもたちは海モンスターについて話したり，絵を描いたりしていて，廊下の壁に描いた絵が張られていた。また，子どもたちはすでに地元のビーチに行ってゴミを拾い，その中から好きなものを選んで幼稚園に持ち帰っていた。子どもたちがゴミに注目し深く調べ，それがどのような物からできているのかについて判断できるように，幼稚園の先生は，部屋の壁に沿って置いた大きな白い紙の上にゴミを並べていた。私たちはそこに，ゴミが多い干潮時のビーチをクローズアップした大きな写真（A3サイズ4枚）を一緒に並べた（**図24.7**）。

子どもたちは写真の周りに輪になって寝そべり，写真の中のさまざまなものについて「何がビーチに元々ある物で，何が元々ない物か」などの話をした。その後，私たちはポリスチレンとごつごつした石を使って，波がプラスチックを石に打ちつけ，ポリスチレンの小さな破片が粉砕されるプロセスをドラマティックに表現し，プラスチックが海に届くとどうなるかを子どもたちに見せた。その後，子どもたちは，発泡スチロールと

図 24.7 潮間帯の海洋ゴミ
https://www.friflyt.no/surf/mora-di-jobber-ikke-her
より取得。写真：Christian Nerdrum

プラスチックビーズを魚の口に入れた（図 24.6）。その破片が魚の腹の中にあるのを見て，魚を揺すっても再び出てこないことを学んだ。

また，私たちは，隣の部屋の床に広げられた巨大な紙に，子どもたちがモンスターの絵を描く時間も用意した。子どもたちは木炭棒とパステルチョークを使い，モンスターは大きくて危険な歯と不吉な目を持っていること，そして海藻がモンスターを海の中に押しとどめていることを確認した。彼らは赤，黄，緑，黒などの強い色を選んだ。

幼稚園児たちは，幼稚園で選んだゴミの一部を使い，室内でモンスターを作ることにした。この課題に取り組みはじめると，子どもたちは素晴らしい創造性を発揮し，たくさん協力し合っていた。私たちは，子どもたちが作っている間，テープや接着剤，紐，手で物を固定するなどの手伝いをした。その結果，図 24.8 に示すような，古い自転車フレームのボディを持つ双頭のビッグモンスターが誕生した。

幼稚園児が数日間かけて作ったゴミモンスターは，子どもたちが描いたモンスターの絵とともに博物館に展示された。

図 24.8 幼稚園のゴミモンスター
写真：Mette Gårdvik

学士課程のインターンシップ

ノルド大学ネスナ校の教育学部の学生 2 人が学士課程のインターンシップでこのプロジェクトに取り組みたいと希望し、このプロジェクトの報告書を書いた。2 人ともモ・イ・ラナの中学校での活動に参加し、それぞれ中学 2 年生の 2 クラスのうち 1 クラスを担当した。

A さんは、25 人の生徒がいるクラスを担当したが、残念なことに、狭い教室で空気の循環が悪かったことが、生徒の不安を引き起こしていた。この先生（A さん）は、美術科に加えて、理科、社会科、RLE（宗教・人生観・倫理）を融合させた学際的なアプローチを選択した。彼女の生徒たちはコミュニティアートを使い、拾ったゴミでマンダラ（宇宙を表す幾何学模様）を作り、どのシンボル／イメージを使うかを事前に決定した。

B さんのクラスは、20 人の生徒で構成された静かなクラスだった。彼女は自然科学、国語、図工の学際的なアプローチを選択した。自分たちが考える海洋ゴミを象徴するような作品をビーチに作ることと決めたが、何を作るかは事前に決めていなかった。その後、生徒たちは国語の課題の一環として、このプロジェクトに関する作文を書くことになった。

このプロジェクトに関する両学生のデータ収集は、プロジェクトの実施前後における観察と匿名アンケートによって行われた。アンケートには、プロジェクトに対する評価も書かれていた。A さんのプロジェクト前のアンケートは、生徒たちが自分自身の学び方、学校や教科との関わり方についてどう考えているかを調査するものだった。2 回目のアンケートは、生徒たちがプロジェクトやこの学習方法についてどのような経験をしたかを調べるものである。B さんは生徒たちのゴミに対する考え方に注目した。プロジェクト実施前後のアンケートは同じような内容で、回答を選択肢から選ぶ設問の他に、生徒たちが自分の言葉で説明したり考えたりできる自由記述欄が設けられていた。また、生徒たちが国語で書いた作文もデータとして使用した。

その後、生徒たちは、ビーチで見つけたゴミの中から、もっと調べたい物を一つ決めることになった。そして、その物を教室に持ち帰り、自分が選んだ物について、なぜそれを選んだのか、どんな素材でできているのか、何のために使われていたのか、どうしてビーチに落ちていたのか、などについてエッセイを書いた。こうして、生徒たちは地元のビーチで作った海モンスターの大きな写真とともに、自分が選んだ物とエッセイを博物館での展示に向けて準備していった。

私たちは、ノルウェー北部の海岸線でゴミを収集し、それを展示することによって新しい文脈に挿入するという、美的でない問題に対する実践的な美的アプローチを用いた。作品は、ゴミをリサイクルにまわす前に、プロの写真家や子どもたち自身が記録した。その写真とさまざまな作品の実物によって、巡回展が行われた。

結果と考察

幼稚園段階ではコアカリキュラムとして、早い段階から、自然を管理することや、人

間の生命と健康に対する文化的責任を持つことを促進することが重要であり，あわせて，日常生活の中で持続可能な開発の理解を促進することが望ましいとされている（Udir, 2011）。私たちは「知識の普及のための国定カリキュラム」の中から，「教育は，すべての生徒が，選択の実際的な結果を見ることによって学ぶことができるものでなければならない。よって，演習と実習の両方が，教育において重要かつ不可欠な部分でなければならない。教育は，自然の関係や人と自然の相互作用に関する幅広い知識を提供しなければならない」（Udir, 2015）という言葉を発見した。

このプロジェクトは当初，小学校の教員を対象にした，サステナビリティに関する学際的かつ地域に根ざした教育として開発されたが，幼稚園，小学校，中学校でも十分に機能することが証明されている。さらに，自治体や博物館，地域の廃棄物管理部門など，地域社会とも関わりを持った教育活動を行った。すべての地域社会，学校，幼稚園は，汚染を引き起こす原因に意識的であるべきである。

方法の検討

私たちは，子どもたちに海の汚染に関する問題を理解させ，当事者意識を持たせ，状況を改善するための手段を提供するにあたり，その伝達手段としてコミュニティアートを選んだ。このプロジェクトによって海のマイクロプラスチックの削減に貢献するために，ビーチから持ってきたゴミを持続可能な方法でリサイクルした。また，私たちはこのプロジェクトで人々を鼓舞したかったので，海のマイクロプラスチックの脅威をイメージしたモンスターを作ることにした。私たちは，他の学校や幼稚園，地域社会を鼓舞し，海洋ゴミ問題への認識を高めるための展示会を開催したいと思った。この展示会では，写真，彫刻，そして海洋ゴミに関する情報が展示された。さらに，ノルウェー国内の他の学校，幼稚園，博物館などに宣伝するために，海洋ゴミに関する写真や情報を掲載した冊子を作成する予定もある。

私たちの学際的なアプローチは，主に図工・美術科と自然科学の科目を基盤とし，互いに支え合っている。私たちは，海洋ゴミに関してより広い社会的な議論に参加することを一番の目標としているわけではない。それは，私たちが身近な環境やコミュニティの「層」と関わっている中で，結果として発展してきたものである。また，現代の課題としての持続可能な開発とゴミの不法投棄という，世界的に声が高まりつつある環境問題・社会問題に関する訴えとして取り上げられることで，生徒たちのアート作品が研究の分野でも活用されるかもしれない。

私たちは教育者であり，もともと地域に根ざしたアーティストや活動家ではないが，海洋ゴミに関する知識，経験，学習を広めるという目的に非常に適したものとして，それらに接近し，活用している。「このような協力関係は，地域の問題に対する共通の関心に基づいており，中身をつくる人々もアーティストも世間の注目をひくための存在であるので，厳密には，社会活動家に分類される可能性は低い」（Cohen-Cruz, 2002, p. 3）。

私たちは，学際的なコンセプトのもと，海洋ゴミとは何か，その構成要素は何か，そしてそれが微生物の世界から食物連鎖にまでどのような影響を及ぼすのかについて，知

識，理解，そしてより総合的なアプローチの開発を目指している。また，屋外で対象と向き合うことは，屋内でそれらを見るよりもさらに多くの可能性がある。屋外では，対象以外のものやさまざまな気象現象・季節に対応しなければならない。屋外は屋内よりもスペースが広く，より大きなサイズの作品を制作するチャンスもある。屋外だと，子どもたちは外の空間やアートや工芸を創造的に使い，より活動的で多様に身体を使うことができる（Moe & Øien, 2014）。

時間の使い方

このプロジェクトにおける時間の使い方は，学校によって，また幼稚園により異なっていた。セミナーを行った学校では，1校で3〜5年生を対象に4時間，別の学校では4年生2クラスを対象に2時間ずつ指導した。それに加えて，クラスでは地元のビーチでゴミを集め，海モンスターを作り，写真を撮り，ゴミの中から面白いものを見つけて記録した。地元の廃棄物処理センター（HAF）がゴミを収集できるように，ゴミを分別して道路まで運んだ。また，ゴミの量や種類を生徒たちが記録し，ノルウェーの自然の中のゴミや有害廃棄物を清掃し，不法投棄防止の活動を行うボランティア団体「Hold Norge Rent（ノルウェーをクリーンに）」（www.holdnorgerent.no）に報告した。結果的に，各学校では4時間から丸一日以上，幼稚園では数日かけて行われた。

学習成果

学習成果には，環境問題，海洋ゴミ，プラスチック汚染とその地域社会への影響に関する知識の習得があった。また，リサイクル，海洋食物連鎖，コミュニティアートの知識と経験なども関係する。それは，実践的，創造的，美的な作業プロセスや，学際的で能動的な，健康増進につながる地域に根ざした屋外での指導も含まれていた。生徒たちはこのプロジェクトを文書や写真で記録し，その気づきを Hold Norge Rent に報告することが求められた。

学校の授業は，児童・生徒にとって重要性が低く現実性に乏しいと思われがちであり，教科書に出てくる多くのもののように，実生活とはかけ離れているとみなされることがある。持続可能な開発をより理解し，推進するためには，理論だけでなく，現実的に世界を観察し，体験することが必要なのである。このような現象に基づく教育によって，生徒たちは現象の理論的な側面を学ぶ前に，世の中の現象を観察し，触れ，感じることを学ぶのである。このようにして，生徒たちは感覚と観察を学び，理論的な知識を教室の外の世界への理解に結びつけることで，経験を積むことができる。彼らは，海洋ゴミという現象に対処するための知識とスキルの両方を身につけることができる。また，ゴミの回収やコミュニティアートの制作の間に，体を積極的に動かすことになる。

協力

お互いに協力することを学ぶことは，持続可能な開発に貢献するための重要な能力である。対人関係能力の開発・訓練は，持続可能な開発のための教育（Sinnes, 2015）にとって重要な目的である。このプロジェクトで，子どもたちは共通の目標に向かって協力し合いながら活動している。幼稚園でも小中学校でも，社会的な相互作用の重要性を強調することが重要である。このプロジェクトのメリットは，子どもたちが貴重な意見，アイデア，発明の助けを得られることであり，これは Buaas（2002）の手法に合致している。

子どもたちが幼い頃から，より大きな生態的文脈や環境的文脈の中での個人としての役割を自覚することは重要であり，このようなプロジェクトは子どもたちの環境に関する能力を高めることができる。「幼稚園では，創造的な活動を通して，子どもは自分の印象を処理し伝える能力や，多様な表現をつくり出す能力を高める手助けがなされる」（Udir, 2011, p. 36）。中心となるのは，創造的な活動に適した環境を整え，子どもたちの好奇心や研究への興味を喚起することである。そのため，学校に通うような年齢の高い子どもたちと同じように，幼稚園児にも，このようなプロジェクトを取り入れることが特に重要であると考えられる。屋外での体験や遊びは子どもの想像力を刺激し，体を動か

図 24.9 幼稚園でシベールが描いた海モンスター
写真：Mette Gårdvik

す機会を増やすことが，集中力や学習能力の向上につながる。幼稚園においても学校においても，子どもたちは，屋内でも屋外でも集中して課題に取り組んでいる様子であった。子どもたちは，熱心に参加し，過去の海洋ゴミとの出会いから得た疑問や体験談を投げかけた。お絵かきのセッションでは，多くの子どもたちがチームに分かれて，鋭い歯と大きな目をもったモンスターを描いた（図24.9）。これらの絵のいくつかは，ヘルゲラン博物館に展示された。

学生の体験談

　中学2年生のクラスでこのプログラムを実施した2人の学士課程の学生は，学際的なプロジェクトに基づくコミュニティアートについて多くの経験を得ることができた。2人とも，空気のこもった比較的狭い教室で普段授業を受けているクラスを担当した。特に一つのクラスは荒れていた。このうち一人の学生に，プロジェクトの参加後にインタビューをした。彼はおおむね，学部生がこのような形で共同作業やこのプロジェクトに参加することに賛成で，ビーチ清掃日の後，次のようにコメントした。「これは良い試みです。教室以外の場所を探すことができれば，教室では得られない経験ができるでしょう」

　この学生は，生徒を教室から連れ出して科学を教えることで良い経験ができた。そのクラスは，学際的で美的な手法を使うまで，科学の授業がうまくいっていなかったのである。この学生は，このプロジェクトで教室を出て行ったことではじめて，この問題について見通しを得ることができたと考えた。「読むだけでは十分ではありません。毎日あらゆる方面から情報を浴びている子どもたちですから，海洋ゴミの問題を理解するには，文章以上のものが必要なのです」。さらに彼は，情報や技術的なことを提示して次のカリキュラムに進むだけでなく，一歩立ち止まって考える時間を持つことが大切だと述べた。「ビーチ清掃は，このテーマに対する理解を深め，身近なものにすることに役立つでしょう」と彼は言った。

　その後，プロジェクトからの直接的な学びについて尋ねると，この学生はこう答えた。「直接的な（学問的な）学習効果についてはよくわかりませんが，純粋に学習態度の点では，最も大きな利益が得られたと思います。もちろん，どのようなゴミがあるかやその影響も見ることもできたと思いますが」

生徒の取り組みの観察

　このプログラムで経験した創造的なプロセスは多くの児童・生徒を惹きつけたようで，何人かの生徒は一つのジャンルとしてアートと関わって楽しかったと言った。アートインスタレーションの完成時に生徒たちがお互いに発表し合う様子からも，積極的に参加した生徒が伝えたい重要なメッセージを持っていることが示されていた。関わった生徒は，プロジェクトのすべての段階で，新しい出会いをしたり，お互いに協力したりした。Udir（2006）によれば，このようなアートや工芸と関わることができることも，文化的

なリテラシーを発達させる上での中心的な要素である。

　ビーチ清掃日の後，生徒は自分たちが経験したことを振り返る授業を受けた。生徒は，プラスチックゴミについていくつかのことを思い出した。その多くは，教室での授業と屋外での体験に基づくものであった。多くの生徒が，そこにあったゴミの量に驚いたと話していた。ある生徒は，少し前に誰かがそこを掃除したのに，またすぐにゴミだらけになっているのが不思議だと言っていた。言葉と態度の両方から，クラスの多くの子どもたちが，明らかにショックを受けている様子が見てとれた。クラスのこの不安や混乱を静めるのには非常に多くの時間がかかったが，このテーマに沿った素晴らしいディスカッションが行われた。私たち自身，学部学生，そして担当教員の観察によると，生徒たちは誇りと責任感を持ち，何か重要なことに参加し，社会のために良いことをしたと感じていた。生徒たちもこの問題に深く関わることの利点や重要性を感じていることがわかったのは，興味深いことであった。このように，彼らは自身のさまざまな側面に挑戦し，体を動かし，創造力を発揮することができた。生徒たちは，積極的に貢献できたことに誇りを持ち，その結果，さらに熱心にこの問題に取り組むようになった。クラスの半数以上の生徒にとって，創造的活動は実にやりがいのあるものであり，そして重要なものであることが証明された。

総合的な視点

　このプロジェクトでは，学際的な実践とコミュニティアートの活用が，総合的な観点から重要な意味を持っていた。この観点は，実際の計画においても重要なものであり，教育者として，すべての科目が相互に関連していること，そして幼稚園児，児童・生徒，大学生にとってより重要性の高い教育を行うために学問領域を超えた協力ができることを思うとわくわくする。この方法では，より各個人に合った指導が行われ，条件や前提知識の有無に関わらず，誰もが機能するものになる。

　このセミナーは，参加者が地域の社会問題に直接触れる手助けとなった。そのため，これは子どもたち，ただし少し年長の子たちであるが，彼らには環境問題に対して自分がどのような立ち位置にいるのかを知るきっかけとなっただろう。おそらく結果的にこの体験は，子どもたちのアイデンティティの足掛かりを形成するものとなりうる。自分たちは環境に配慮しているのか，していないのか。自分たちはその問題の一部なのか，それとも解決策の一部なのか。自分たちはそれに変化をもたらす存在になれるのか。アイデンティティの形成は青年期の重要な要素であり，活動と社会的な文脈の両方が，若者が自らのアイデンティティを発展させるための重要な領域である。

プロジェクトの波及効果

地域との関わり

>アーティストが積極的に社会との関係を求め，対話を試みる限り，関係の美が働くのである。
>—— PASCAL GIELEN（2013, p. 17）

　私たちの場合，海岸の清掃やコミュニティアートの制作を行った場所に地元の報道関係者を招くことで，私たちの作品の観客を積極的に集めたことが何度かある（図 24.10）。モ・イ・ラナの博物館と科学会議「Relate North 2015」（北極圏の持続可能なアート・デザインのネットワーク）でコミュニティアートの写真を展示し，アンカレッジのキムラ・ギャラリーで展覧会を開催した。また，ラナ市，北極圏アウトドアライフ協議会，地元の廃棄物処理企業であるヘルゲラン廃棄物処理センターから，素晴らしい善意と地元の関与を得た。

　参加した子どもたち，学生，教師，そして博物館やギャラリーの展示を見に訪れた人たちからは，非常にポジティブなフィードバックが寄せられた。幼稚園の子どもたちの作品の中では，特に海モンスターのカラフルな絵や彫像が注目された。教師たちは，次の学年にも導入することでこのプログラムを継続することを求め，先生役をした学生はこのセミナーを，自分たちの授業づくりに役立てたいと言ってくれた。

　これは，学習は学習者の頭の中だけにあるものではなく，基本的に社会的なプロセスであると主張した Lave と Wenger（1991）の議論と一致している。正統的周辺参加と状況的学習には，(1) 権限を与えられた共同作業への明示的な関与と，(2) 学習は状況的になされること，それにともない，学習は「実践コミュニティ」の中で行われるという考え方の明確化が含まれる。

　したがって，私たちは，コミュニティアートに関する私たちの活動において，二重性を用いることにした。一つは，小学校の先生，小学生，幼稚園児に，海洋ゴミとは何か，それが何を引き起こすかを理解してもらいたい。それに加えて，コミュニティアートで

図 24.10　ビーチのコミュニティアート《ウミガメ（The Turtle）》
写真：Robert Øyjord, Artic Air View

ゴミモンスターを作り，その創造力と知識に挑戦してもらうことを望んでいる。サステナビリティの観点からも，この地球環境問題に対する私たちの学際的なアプローチは，プロジェクト開始時に想定していた以上の反響を呼んでいると言える。

プロジェクトへの参加は，私たちにどのような影響を与えたか

幼稚園や小中学校の教員教育に携わる私たちは，この取り組みに身体的にも精神的にも影響を受けた。私たちは，子どもたちや生徒がビーチでゴミを集める活動のほとんどに参加し，さらに，私たちの家の近くの非常に汚れたビーチのほとんどを清掃した。このビーチは私たちが最後に掃除した場所であり，それは，いろいろな意味で，すべてのゴミを取り除く必要があることを確認する機会となった。このビーチには海洋ゴミ，特にピンク，青，白の小さなプラスチック綿棒が無数に落ちていた。この日のゴミ拾いに参加して積極的に関わるうちに，冷静になって地元の美術館での今後の展示に集中するべきだという強力なメッセージを受け取った。

おわりに

現在そして未来の世代は，巨大な環境問題に直面している。この問題への対処と解決には，意識と前向きな姿勢，そして何よりも協調性，創造性，革新性が必要である。「教育資源としてのコミュニティアート」プロジェクトは，環境と持続可能性に関する授業に，アート教育を体系的に，かつ目的意識を持って活用している。地域教育プロジェクトの開発と実施を成功させることで，参加する生徒，学生である教師，教員，そして地域社会全体が，現実世界の問題に協力して対処するための知識，能力，管理能力を身につけることができる。それは，参加者の環境に対する意識や，自分の行動に対する意識を高めるものである。特に創造的なアプローチにより，このコミュニティアートプロジェクトはあらゆる年齢の生徒や学生を巻き込むのに適しており，地元の海岸に対する責任感や当事者意識を与えるのに適していることが明らかになった。また，協力して表現されたアート作品は，地域コミュニティに注目しながら制作されたものであり，それが，コミュニティが展示しつづけることのできる美術展となるのである。地域のコミュニティカレッジとの共同企画に加えて，地元の議会や市民を巻き込むことも非常に容易であろう。

このプロジェクトでの経験が，子どもたちや地域社会全体に，現在および将来の課題に他者と関わりながら対処するための知識を与え，持続可能な生活を営む力を与えてくれると信じている。

謝辞

この章の英訳は，ノルウェー，ノルド大学ネスナ校の Gary David Hoffman 准教授が担当した。本章で紹介する取り組みは，北極圏大学，ネスナ・ユニバーシティカレッジ，北極圏

アウトドアライフ協議会，ヘルゲラン博物館ラナ，ラナ市，HAF（ヘルゲラン廃棄物処理センター）の支援を受けて行われた。

文献

Anderson, J. R., Reder, L. M., & Simon, H. A. (1996). Situated learning and education. *Educational Researcher, 25*(4), 5–11.

Austin, J. (2008). Training community artists in Scotland. In G. Coutts & T. Jokela (Eds.), *Art, community and environment: Educational perspectives* (pp. 175–192). Bristol, UK: Intellect Books.

Buaas, E. H. (2002). *Med himmelen som tak, uterommet som arena for skapende aktiviteter i barnehage og skole* [With the sky as a roof, outdoor space as an arena for creative activities in kindergartens and schools]. Oslo, Norway: Universitetsforlaget.

Cohen-Cruz, J. (2002). *An introduction to community art and activism.* Retrieved January 12, 2016, from http://ed621.weebly.com/uploads/3/2/6/7/3267407/an_introduction_to_community_art_and_activism_cohen_cruz.doc.

Coutts, G. (2008). Community art: What's the use? In G. Coutts & T. Jokela, (Eds.), *Art, community and environment: Educational perspectives* (pp. 193–216). Bristol, UK: Intellect Books.

Daskolia, M., Dimos, A., & Kampylis, P. (2012). Secondary teachers' conceptions of creative thinking within the context of environmental education. *International Journal of Environmental and Science Education, 7*(2), 269–290.

De Bruyne, P., & Gielen, P. (2013). Between the individual and the common. In P. De Bruyne & P. Gielen (Eds.), *Community art: The politics of trespassing* (pp. 1–11) Amsterdam: Valiz/Antennae Series.

Din, H. W.-H. (2013). Junk to funk: A community based practice of sustainable art. In T. Jokela, G. Coutts, M. Huhmarniemi, & E. Harkonen (Eds.), *Cool: Applied visual arts in the North* (pp. 120–125). Rovaniemi, Finland: Erweko Oy.

Eide, B. (2014). *Clean coast: Got a spare afternoon?* Retrieved from www.youtube.com/watch?v=xzklQprO59g.

European Commission. (2013). *Environment: Our oceans, seas and coasts.* Retrieved January 8, 2016, from http://ec.europa.eu/environment/marine/good-environmental-status/descriptor-10/index_en.htm.

Gielen, P. (2013). Mapping community art. In P. De Bruyne & P. Gielen (Eds.), *Community Art: The politics of trespassing* (pp. 15–34). Amsterdam: Valiz/Antennae Series.

Gyre: The Plastic Ocean. (2014). Retrieved from www.anchoragemuseum.org/exhibits/gyre-the-plastic-ocean.

Hicks, L. E., & King, R. J. H. (2007). Confronting environmental collapse: Visual culture, art education, and environmental responsibility. *Studies in Art Education, 48*(4), 332–335.

Hiltunen, M. (2008). Community-based art education in the North: A space for agency? In G. Coutts & T. Jokela (Eds.), *Art, community and environment: Educational perspectives* (pp. 91–112). Bristol, UK: Intellect Books.

Ivar do Sul, J. A., & Costa, M. F. (2014). The present and future of micro-plastic pollution in the marine environment. *Environmental Pollution, 185*, 352–364.

Johnson, D. W., Johnson, R. T., Haugaløkken, O. K., & Aakervik, A. O. (2006). *Samarbeid i skolen. Pedagogisk utviklingsarbeid—samspill mellom mennesker* [Cooperation in school. Educational development—human interactions]. Namsos, Norway: Pedagogisk Psykologisk Forlag AS.

Laininen, E., Manninen, L., & Tenhunen, R. (2006). *Näkökulmia kestävään kehitykseen oppilaitoksissa okka-säätiö* [Perspectives on sustainable development in educational institutions, OKKA Foundation]. Retrieved March 27, 2017 from http://vanha.koulujaymparisto.fi/nakokulmia_kekeen.pdf.

Lave, J., & Wenger, E. (1991). *Situated learning: Legitimate peripheral participation.* London: Cambridge University Press. ［レイヴ，J.／ウェンガー，E., 佐伯胖（訳）（1993）. *状況に埋め込まれた学習*

――正統的周辺参加　産業図書］

LOVDATA. (1998). Law on primary and secondary education (Education Act). Last changed LOV-2015-06-19-76 from 01.08.2015, LOV-2015-06-19-65 from 01.10.2015. Retrieved January, 15, 2016, from https://lovdata.no/dokument/NL/lov/1998–07–17–61.

Mepex. (2014). *Sources of micro-plastic pollution in the marine environment.* Retrieved January 15, 2016, from http://www.miljodirektoratet.no/documents/publikasjoner/m321/m321.pdf.

Milbrandt, M. (2002). Addressing contemporary social issues in art education: A survey of public school art educators in Georgia. *Studies in Art Education, 43*(2), 141–157.

Moe J., & Øien V. D. (2014). Kunst og håndverk og kreativ bruk av uterommet [Arts and crafts and creative use of outdoor space]. In M. Sæther & T. L. Hagen (Eds.), *Kreativ ute. Barnehagepedagogikk med uterommet som læringsarena* (pp. 45–73). Bergen, Norway: Fagbokforlaget.

Norwegian Environment Agency. (2014). *Kunnskap om marin forsøpling i Norge 2014* [Knowledge of marine litter in Norway 2014]. Retrieved February 7, 2014, from www.miljodirektoratet.no/no/publikasjoner/2015/januar/kunnskap-om-marin-forsopling-i-norge-2014.

Norwegian Official Report (NOU). (2015). *The school of the future: Renewal of subjects and competencies.* Retrieved November 12, 2015, from https://nettsteder.regjeringen.no/fremtidensskole/nou-2015–8.

Ocean Conservancy and NOAA Marine Debris. (2014). *Talking trash and taking action.* Retrieved March 28, 2017, from https://marinedebris.noaa.gov/talking-trash-and-taking-action.

Østergaard, E. (2004). Fenomenologi som læringsform [Phenomenology as a teaching method]. In E. Østergaard & S. Strangstadstuen (Eds.), *Fenomen og virksomhetsbasert undervisning* (pp. 56–67). Ås, Norway: IMT, UMB.

Regjeringen, Norwegian Department of Education. (2012). *Kunnskap for en felles framtid: Revidert strategi for utdanning for bærekraftig utvikling 2012–2015* [Knowledge for a common future: Revised strategy for education for sustainable development 2012–2015]. Retrieved March 28, 2017 from www.regjeringen.no/globalassets/upload/kd/vedlegg/uh/rapporter_og_planer/strategi_for_ubu.pdf.

Sinnes, A. (2015). *Utdanning for bærekraftig utvikling. Hva, hvorfor og hvordan?* [Education for sustainable development: What, why and how?]. Oslo, Norway: Universitetsforlaget.

Sterling, S. (2010). Living in the Earth: Towards an education for our time. *Journal of Education for Sustainable Development, 4*(2), 213–218.

Udir. (2006). Læreplanverket Kunnskapsløftet [National Norwegian Curriculum]. Retrieved March 28, 2017, from www.udir.no/laring-og-trivsel/lareplanverket.

Udir. (2011). Rammeplan for Barnehagen [The National Curriculum for Kindergartens]. Retrieved March 27, 2017, from www.udir.no/globalassets/upload/barnehage/rammeplan/rammeplan_bokmal_2011nett.pdf.

Udir. (2015). Den generelle delen av læreplanen [The Core Norwegian Curriculum]. Retrieved March 27, 2017, from www.udir.no/laring-og-trivsel/lareplanverket/generell-del-av-lareplanen.

United Nations Economic Commission for Europe (UNECE). (2009). *Learning from each other: UNECE strategy for education for sustainable development.* Geneva: United Nations.

United Nations Educational, Scientific and Cultural Organization (UNESCO). (1972, June 16). *The Declaration of the United Nations Conference on the Human Environment.* Paris: Author.

United Nations Environment Programme (UNEP). (2009). *Marine litter: A global challenge.* Retrieved from www.unep.org/pdf/unep_marine_litter-a_global_challenge.pdf.

U.S. National Park Service; Mote Marine Lab, Sarasota, FL and "Garbage In, Garbage Out," *Audubon magazine*, Sept./Oct. 1998. Retrieved January 12, 2016, from https://earthrespect.wordpress.com/2015/09/17/how-long-until-its-gone.

Wals, A., & Dillon, J. (2013). Conventional and emerging learning theories: Implications and choices for educational researchers with a planetary consciousness. In R. B. Stevenson, M. Broady, J. Dillon, & A. E. Wals (Eds.), *International handbook of research on environmental education* (pp. 74–86). New York: Routledge.

第25章

混合型アートベース・リサーチ

··

●スーザン・フィンリー（Susan Finley）

訳：倉沢郁子

　Lin-Manuel Miranda（2015a）のブロードウェイヒット作《Hamilton（ハミルトン）》と
そのビデオは，アメリカにおける人種，権力，移民，アメリカ文化史，金融システ
ムの議論に火をつけた。「アメリカがとりつかれた」といわれてもおかしくないほど，
Miranda はトークショーやニュースに登場し，オバマ大統領でさえ，この作品のヒップ
ホップ，R&B，ラップを引き合いに出したほどだ。学校の生徒たちは歴史に耳を傾け
ている——私の娘も，ある少年が Miranda のおかげでテストに合格することができた
と感謝を述べたツイートをシェアしてくれた。Miranda はもちろんそのツイートに返信
をしている。ニューヨークに住む低所得者の生徒2万人にブロードウェイの《Hamilton》
のチケットが配られた。本章は，混合型アートベース・リサーチ（ABR）について紹介
するものだが，《Hamilton》はその刺激的な事例である。伝えられているところによれ
ば，この作品は，Miranda が Chernow（2004）のアレクサンダー・ハミルトン（Alexander
Hamilton）の伝記を余暇の読み物として楽しんでいるときに生まれた。2, 3ページ読ん
だところで，この話は語られるべきだと彼は決心する。しかも，ワシントン（Washington），
ジェファーソン（Jefferson），そしてマディソン（Madison）という大事な役を非白人の
人々に配役し，ラップで語ることを。最初のセリフから，ハミルトンの暗殺者となる登
場人物，アーロン・バー（Aaron Burr）は言う。

How does a bastard, orphan, son of a whore and a	このろくでなしの孤児
Scotsman, dropped in the middle of a	娼婦とスコットランド人のガキ
Forgotten spot in the Caribbean by providence	カリブ海の忘れられた
Impoverished, in squalor	貧しくて，きったねぇ場所で
Grow up to be a hero and a scholar?	どうやって，英雄，そして学者に
	なったんだ？

この恐ろしい結末にジョージ・ワシントンが，「誰が生き，誰が死に，誰が君の物

語を語るのか」と哀悼の中で述べるが，Miranda（2015c）は，十ドル紙幣に描かれているにもかかわらず，これまでおそらく一番知られていない建国の父であろうアレクサンダー・ハミルトンの遺したものを，この悲しい結末まで語り伝えることを決意する。多様な配役，モダンな音楽，そしてハミルトンの移民としての物語が強調され，このミュージカルは多様な文化的背景をもつ観客が親しめるようになっている。Mirandaの言葉を引用すると，「この舞台のキャストはまるで今のアメリカのようだ。それは意図的なんだが……このことによって観客を話に引き込み，建国の父についてあなたがもっている文化的な重荷を，この劇場の入り口に置いてくることができる」（Paulson, 2015 より）。《Hamilton》は混合型 ABR のいくつかの要点をついている事例である。まず，《Hamilton》は他のブロードウェイ・ミュージカルのように，音楽，ダンス，台詞，詩，そして舞台セットや衣装などのビジュアルアートを組み合わせており，マルチメディア・プレゼンテーションの中に 2 種類以上のアート形式を使っているという最低限の規準を満たしている。しかし，ブロードウェイ制作の舞台のすべてが ABR というわけではない。《Hamilton》のトピックとその方法が ABR の特色をユニークに反映しているのだ（間違いなく Chernow の伝記は，歴史物語としての基準を満たしていることはもちろん，芸術的に見事に語られているという点で，ある種の混合型でつくられたすばらしい作品である）。《Hamilton》の事例では，情報を分析することに加えて，質的な伝記研究法を強化するためにマルチモーダルな芸術が使用されている。アートは現存する情報を理解する分析的ツールとしてだけでなく，そのデータや情報についての新しく，そしてエキサイティングな考え方を生み出すからである。さらに，Miranda は ABR の研究者に求められる大胆不敵な性格を発揮し，ABR の研究者たちが新しい芸術的領域を確立し，意図的にその場所に特有の言葉を用いながら，複数の声と幅広い社会的表象のための空間を見つけることを要求している。これは，Viega（2016）が，ABR が「アートを通して社会を再構築しようという破壊的で変革的で過激な性格」（p. 4）に価値をおき，「方法論としてみられたときには，価値論の役割が前面に出て，知識と変化を主に導くものとして，倫理と美学の役割が評価される」（p. 5）ようなものだと述べたときに思い描いていたことである。そして最も重要なのは，アメリカ史上最も重要なときに，現代の関連する問題についての対話に Miranda が貢献したことである。たとえば移民や貧困について，国家のウェルビーイングにいまだに奴隷制が否定的な影響を及ぼしていることについて，また，州の権利と国の権利に関して続く議論についての問題などがある。ABR の研究者にとっての主要なゴールは，一般的には，人々に話してもらうこと，対話を起こすこと，そしてその対話から，政治的アクションへと動機づけることである。《Hamilton》は意図的に非白人を「The Room Where It Happens（それが起きた部屋）」（Miranda, 2015b）のシーンに配役し，若者と貧困者層を鼓舞している。大統領や大統領候補が言及したことに加えて，ハミルトンの新しい評判が米国紙幣の肖像画を別の人物に変えようとする最近の動きを阻止してきた。

研究者としてのアーティスト

マルチモーダル，または混合型の方法による探求を通してのコラボレーションは，対話的であることが特徴で，アーティストが自分の作品やテーマをもっと理解しようと構想した研究プロジェクトやアートであることが多い。それは文化的・社会的境界を渡り歩く一つのやり方や，共有する社会的世界を理解する新しい方法にもなりうる。ミュージカルアートに基づく2例目は，分野をまたいだ6つの芸術的コラボレーションのコンピレーション，《Inspired by Bach（インスパイアド・バイ・バッハ）》（Yo-Yo Ma, 1998）である。ビジュアルアーティストとパフォーマンスアーティストのコラボレーションにより，このプロジェクトを監督した音楽家である Yo-Yo Ma（ヨーヨー・マ）は，Bach（バッハ）の無伴奏チェロ組曲のコンピレーションとそれぞれの曲について，オーディエンスの聴き方を変容させた。対話的パフォーマンスに価値を置く混合型 ABR に関する議論の中では，Sacks（2008/2012）の「音楽の主要な機能は集合的・共同的であり，人々を結束させることだ」（p. 266）というコメントが評価できるだろう。一方で，Ma の《Inspired by Bach》シリーズは，アーティストがこのコレクションの演奏で見せたように，アート自体がデータであるときにアートをどう使うかを解読して芸術的インスピレーションの可能性を探究した。しかし，さらにこのシリーズは，多くの ABR の研究者によって引用されているように，言語では言うべきことすべてを「言う」ことができないが，アートであれば「他の方法では言えないこと」も表現できるという考え方を探求するものである。Eisner（1991/1998）の ABR の議論への貢献の一つは，さまざまなアート形式が情報を与える力を持っており（例：ダンス，映画，造形美術，社会科学のナラティブ），それゆえに世界を知る方法として異なる形で貢献するという彼の見方であった（Finley, 2008）。

《Inspired by Bach》の6つのそれぞれの解釈的作品は，Bach の無伴奏チェロ組曲の空間性と，音体験の視覚的可能性を探求している。撮影と演出，演技と振付など，これらすべてがビデオシリーズの一部であり，実際，このシリーズのそれぞれの特徴的なコラボレーションに，複数の共同制作者が参加している。Ma は，イギリスのアイスダンサー，Jayne Torvill（ジェーン・トーヴィル）と Christopher Dean（クリストファー・ディーン）とともに，「Suite No. 6」という Bach の一人称のミュージカル・ナラティブを作った。この作品と，14人のメンバーで構成される Mark Morris Dance Group とのダンスコラボレーションである「Suite No. 3」は，アーティストがこのコラボレーションにおける創造的プロセスを省察する作品になっている。「Sarabande」は，Bach の《Cello Suite No. 4（無伴奏チェロ組曲 第四番）》に刺激をうけて，Ma が長編映画作家である Atom Egoyan（アトム・エゴヤン）とともに，小作品集や短編小説の登場人物の日常に音楽が与える影響を探究した作品である。これらの事例は，アートが複数の方法で意味を表現したり，コラボレーションによって空間性，視覚化，音楽性に関する感情をとりわけ鋭く表現したりできる可能性を示すものである。

しかしながら，本章の議論のためには，このシリーズの残りの3作品が特に重要かも

しれない。Maと歌舞伎俳優の坂東玉三郎によるBachの《Cello Suite No. 5（無伴奏チェロ組曲 第五番）》に合わせたダンスパフォーマンスは，東洋と西洋の文化の伝統を掛け合わせたものである。このビデオは，実践プロセス自体が同時に作品をつくり上げるというABRの概念を想起させる。そして，その概念は，ABRの方法論が，新しい，そしてまったく違う何かを創造するもの，また総合的で文化超越的な，構築された現実を創造するものとして定義されていることを思い起こさせる。

　このシリーズの最後の2つの作品は，空間，場所，物質性，そして現実性の探究である。「The Music Garden」（現在，トロント市のハーバーフロント・パーク内にある）はランドスケープデザイナーであるJulie Moir MesservyとMaのコラボレーションである（1998）。これはアートなのか，研究なのか。これらは，私がABRの研究者として，キャリアの中で何度も聞いてきた問いで，このパフォーマンス作品はこの質問をした人にこれらの問いを投げかける。アートと研究，音楽，生き生きとしたアート形式のデザイン実践は，このコラボレーションを通して造られた公園の平穏の中で一体化している。さらに，Bach《Cello Suite No. 1（無伴奏チェロ組曲 第一番）》の解釈に基づいて，実際に公園が造り上げられたという点において成功している。最後に，映画制作者のFrancois Girard（1998）との《The Sound of the Carceri》のコラボレーションは，建築家Giovanni Battista Piranesi（ジョヴァンニ・バッティスタ・ピラネージ）の牢獄のエッチング（銅版画）をコンピュータアニメーション化し，その中で《Cello Suite No. 2（無伴奏チェロ組曲 第二番）》を使っている。Piranesiはもちろん歴史上の人物であり，彼の地下牢獄のエッチングの幻想的な二次元のイメージ表現は，時間を感じさせず，歴史，そして未来を呼び起こすイメージ生成の芸術である。私たちは，自分の属する場所に囚われて，読むことはできないが私たちの人生の意味を書いた古代文書に囲まれている。刑務所に閉じ込められながらも，その中でずっとMaは弾きつづけ，自由と表現を彼のアートを通して見つけていく。私にとって，この作品の力は言葉で言い表すことができないものだが，同時にこの作品は，私がABRに求める形を表している。つまり，それは私たちを束縛するあらゆるものから自由になるための努力，そうでなければ存在しつづけられなかった世界を理解し「存在する」ことの可能性を，最大限に実現するために捧げられた努力の実例なのである。

　この作品集にチェロが選ばれたのは，その目的のためである。それは，チェロが人間の声の抑揚を最もよく捉えることができる楽器だからである。チェロは，ストーリーテリングのためにデザインされた楽器なのである。「最初の小節は即興演奏の名手のストーリーテリング力によって展開する」（p. 3）と，Eric Siblin（2009）によるBachの無伴奏チェロ組曲のナラティブである伝記・ミステリー小説は始まる。

　この曲にBachがチェロを選択したのには，もしかしたら政治的で，最も格が低く（最も低い音域を出す）最も頑丈な楽器のために曲を書いたのだという社会批判的な意味も込められていたのかもしれない。Siblin（2009）は，Bachが1720年に書いた無伴奏チェロ組曲が与えたインパクトと，それに続く20世紀におけるチェリストPablo Casals（パブロ・カザルス）によるこの曲の復活について書いた。そして特に，次のように指摘した。

この 6 作品の物語は，ミュージカル以上である。18 世紀のプロイセンの軍国主義から Bach の名声を後世に広めたドイツの愛国主義まで，政治は音楽を形づくってきた。ヨーロッパを独裁主義が支配した 20 世紀，反ファシストであった Casals のチェロが奏でる音は弾丸となった。数十年後，Mstislav Rostropovich（ムスティスラフ・ロストロポーヴィチ）は，崩れかけたベルリンの壁を背景に無伴奏チェロ組曲を演奏した。（p. 6）

　この曲の政治史は，米国政治の有力者であるケネディ三兄弟の最後の人物，エドワード・ケネディ上院議員の葬儀での Yo-Yo Ma による演奏へと続く。しかし，それまでにも，この曲は多数のテレビ番組や映画のサウンドトラックになり，さまざまな編曲で携帯電話の着信音にも使われるようになっていたと Siblin（2009）は書いている。Siblin はこの曲がメインストリームになったことを否定しているが（p. 7），私は，この曲の歴史的遍歴が，新しいアウトサイダーの芸術を称賛する限られた聴衆に向けて作られた音楽（最も低音で洗練されていない楽器で「たたきつける」）という高みから，今日のサブカルチャーの日常のアート（例：着信音）の言葉（vernacular）へと一巡したと考えている。Siblin はこの曲の起源が，Mikhail Baryshnikov（ミハイル・バリシニコフ）や Rudolf Nureyev（ルドルフ・ヌレエフ）などのバレエの名手などによる新しい振付や，Ma とアイスダンサーの Torvill と Dean とのコラボレーション，Mark Morris や歌舞伎俳優の坂東玉三郎との作品の中で新しい命を吹き込まれた，古いヨーロッパの舞踊にあることを読み手に思い出させてくれる。

　Ma の実験的かつ変革的な傾向は，Edgar Meyer〔コントラバス奏者〕と Mark O'Connor〔フィドル奏者〕とのコラボレーションとなる《Appalachia Waltz》（1996）と《Appalachian Journey》（2000）という 2 つのアルバムへと続いた。この CD のライナーノーツを書いた John Schaefer は，《Appalachian Journey》についてこう書いている。

　　新しいミレニアムのスタートにあって，クラシック音楽に素晴らしいことが起きた。この 1 世紀の間に，コミュニケーションと輸送手段の技術的発展により，私たちのこの小さな青い世界が劇的に規模を縮小したが，その間にクラシック音楽はもっと包摂的になり，Bach や Beethoven（ベートーヴェン）といった偉大な西洋の遺産とは相容れないと思われていたスタイルや伝統を受け入れるようになったのだ。

　そしてコラボレーションが Ma のチェロに大きな影響を与えたと続ける。Schaefer（2000）は Ma の言葉を引用する。「私が最初に Mark O'Connor と一緒に仕事しはじめたとき，彼の演奏はバロック音楽を弾いているようで，その演奏，そして演奏のスピードに合わせるには，自分の現代の弓をバロック時代の弓だと思って演奏するしかなかった。だからこの素晴らしいフィドル奏者を注意深く見て，私はバロックのチェロをおかしな風に弾くようになったんだ」。さぁ，フィドルを手にとって，演奏してみよう。

マルチメディア ABR

　本章は2つ以上のアート形式を組み合わせた混合型 ABR プロジェクトの理解に充てることとしたい。その可能性は限りない。ABR の研究者は，マルチモーダルで，分野横断的，分野融合的，分野複合的なリサーチデザインを創造することにより，専門分野の境界を無視することが多い。ABR で使われているアートの手法は，アートそのもののように多様で，音楽，演劇とダンスのパフォーマンス，ビジュアルアート（コラージュ，絵画，写真，彫刻やインスタレーション），さらに，ファクチュメンタリー（factumentaries）〔完全に一過性のものであるメディアに歴史的な感覚を与えようとする試み〕であるビジュアルナラティブや書かれたナラティブ，隠喩的フィクション，創造的ノンフィクション，短編小説や長編小説なども含む。研究詩はあちこちに溢れている。また，ABR の研究者が，芸術分野の境界を超えて，多様なアート形式を研究プロジェクトに利用することもまれではない。アーティストである研究者が，どの段階の何の文脈で，多様なアート形式を融合するかも違う。ABR の研究者にとって，データ収集，データ分析，研究報告という伝統的な個別の段階はたいてい融合され，アート形式のどのような組み合わせも，情報収集や分析，表現の目的のためのいずれかに使われているかもしれないし，このすべての目的に同時に携わっているかもしれない。

　しかし，複数のアートを活用した研究事例を見ていると，私たちはいまだに混合法デザインにある数多くのタイプを理解することを求められている。一方で，2つ以上のアート形式を使ったリサーチデザインもあれば，かなり単純な質的または量的な伝統的研究方法に則ったものもある。たとえば，情報収集を芸術品やパフォーマンスにしたもの（例：質的研究＋視覚表現＋詩，または量的研究＋視覚表現＋詩）である。これらの研究事例のいずれにおいても混合法のデザインとのシナジー（相乗効果）やバランスはあるかもしれない。しかし，伝統的な質的研究もしくは量的研究のアプローチがリサーチプロセスを独占し，アートによる探究法は，情報を浮かび上がらせたり，強調したり，あるいは，創造的な見せ方を高めるために使われている場合が多い。

　知識を生み出す量的すなわち実証主義的なアプローチにおいて，対照的な認識論があることは明らかである。しかし，混合法や多様な手法を用いた質的アプローチにおいてははっきりとしていない。そのため，混合型 ABR に関するこうした議論を形づくる問いの一つは，ABR が認識論的に質的研究アプローチと一貫性があるのか，それとも，研究者の中には一緒にしている者もいるが，質的方法と量的方法が認識論的に異なるパラダイムであるように，ABR は概して方法論的に質的研究とは異なるのかということである。たとえば，Hanauer（2010, p. 2, 強調は引用者による）は，アートに基づく問いは**「他の質的アプローチとは違う**。それは，他者の体験を描写せず，むしろ読者／観察者のためにその経験を再現するものである。（…）この経験の再現こそが（ABR の）実践－プロセス－成果そのものである」と確信をもって述べている。Hanauer にとって，ABR の際立った特徴の一つは，データや情報をただ再現させる力よりも，むしろそのつくり出す力である。創造を推進する力として，ABR は，実行し，つくり，創造し，演じる

548 ｜ 第Ⅵ部　ミックスメソッドとチームアプローチ

力がある。

パトリシア・リーヴィー（Leavy, 2015）は，彼女が「芸術的実践と質的研究実践の間に生まれる多くのシナジー」（p. 17）とみなすものを明確に説明しているが，その一方で「ビジュアルアート，またはパフォーマンス」のような単体の「芸術的な方法が，ある特定の研究の中で全体に関する方法論として役目を果たすことができる」とも認めている（p. 20）。リーヴィーにとって，この方法論の認識論的シナジーは，研究実践において，質的探究の伝統とABRの伝統が統合に成功することを確証するものである。リーヴィーは混合型研究デザインの事例として，伝統的な質的インタビューで始め，そのインタビューのナラティブを反映させた創造的な動きをするエクササイズに展開し，その後さらなるインタビューへと続ける例を挙げた（pp. 162-163; Picard, 2000 参照）。リーヴィーの事例分析では，研究者としてのアーティストが創造的な動きによってさらなるデータをつくり出すことができるメカニズムを研究プロセスの一部として活用することで，伝統的な質的研究デザインを補完し，活性化した。リーヴィーによれば，マルチモーダルな研究デザインはシナジーとある種の途切れのない統合が必要であり，それは「さまざまな手法すべてがお互いに『話し合い』，知識の構築への*統合的アプローチ*の一部となる」（p. 163, 強調は原文まま）ことによって生じる。このような統合モデルで，リーヴィーは「伝統的な質的インタビュー，および創造的な動きを構成しているものには関連があり，両方とも同じもの，つまり，参加者の人生にとって最も意味のあるものへの理解を深めようとしている」と書いている（p. 163）。そのため，Picard のプロジェクトについてのリーヴィーの分析では，質的研究とABRの認識論は共通している。質的研究とABRは「関連」しているが，ただし，その関係は共有された結果に限定されているかもしれない。つまり，その共有は両者とも「同じ対象の理解」を追求しているという点においてである。その点，質的研究法と本質的な価値観がはっきりと異なるアート形式の間の互換性の程度については曖昧性を孕んでいる。たとえば，質的方法論と量的方法論は同じゴールを追求しているかもしれないが，それぞれは，そこにたどり着くまでまったく違う道を進むのである。

ABR はアートに基づくアプローチしか活用していないが，それでも2つ以上の芸術的な形式を含めるのかという問いがここで生じる。それは，私たちは，「芸術」という一つの言葉のもとにABRを概念化できるのか，それとも芸術的な創造行為を通して知るさまざまな方法の間に認識論的な違いはあるのか，という問いである。作曲と絵画では，概念的にどのくらい決定的な違いがあるのか。作品を見ることとストーリーテリングは認識論的にはっきり異なるものなのか。リーヴィー（Leavy, 2015）によると，アートに基づくアプローチのもとで行われる研究実践は，描写し，探求し，発見し，問題解決し，ミクロとマクロのつながりを築くことで，社会や人間の経験の理解をもたらすという独特な位置づけにある。さらに，総合的で学際的，示唆に富むうえに先を見越す実践である。批判的な意識や気づき，そして共感を高める。ステレオタイプを揺るがし，支配的なイデオロギーに挑み，周辺化された声や意見を包含する。参加型である。対話を促進し，複数の意味を引き合いに出し，社会正義を促進するために役立つ（pp. 21-27）。次に，リーヴィーは芸術のジャンルを分析し，独特なアート形式，たとえば，ナラティ

ブ・フィクションとフィクションに基づく研究，詩的探究，音楽，ダンスとムーブメント，演劇，ドラマ，映画，ビジュアルアートなどが ABR のプロジェクトに独特な強さをもたらすことを見出している。

批判的 ABR の実践は，創発的，倫理的，ローカルであり，コミュニティの省察的な対話の追求がベースとなっている。これは，感覚や感情，気持ちを通してオーディエンスと関わるアート形式を用いるパフォーマンスアーティスト，ストリートアーティスト，そして，社会政治的なアクティビストの領域である。こうした研究としてのアートイベントは，人間の複雑な境遇という文脈の中で形となるが，それには，ひらかれた，そして対話により考えを交わせる場を研究者がつくることが必要で，そうした仕組みや形式にすべくイベントは構成される。このポイントを明らかにするため，Finley と Finley（例：Finley, 2000; Finley & Finley, 1999; Saldaña, Finley, & Finley, 2005）の《Street Rat（路上のねずみたち）》の研究プロジェクトの事例を考えてみたい。この中で一つの主要な方策として使われたのが，ニューオーリンズ市のストリートユース〔家出や何らかの理由で路上生活をしている子どもたちや青少年〕に対して行った，ストリートユースについての詩の朗読会である。「無料の詩の朗読会が始まるよ！ いただきたいのは皆さんの注目だけ！」と，即興の路上リーディングイベントのアナウンスがあり，立ち止まって聴き入っていたオーディエンスはやがて，会話やディスカッションに加わっていった。そこで始まった，ストリートユースについて突きつけられる意図的にステレオタイプを含ませた即興的な対話に，彼らは意欲的に参加した。こういった会話に参加する詩人−研究者−オーディエンスは，ストリートユースから，興味津々な観光客，露天商，地元の経営者まで多岐にわたることがよくある。この路上対話は，この国〔アメリカ〕の多くの場所でストリートユースとのコラボレーションを生み，時には彼らの家族も巻き込んだ。この対話から派生した研究プロジェクトの一つが，ストリートユースとの 5 年間にわたる詩の創作交換で，若い参加者たちは，詩のコラボ創作というかたちのパフォーマンスイベントを自分たちで生み出したのであった（Finley, 2010）。

このタイプのアートに基づく批判的探究では，アーティストとしての研究者は，さまざまなアート形式を探究的アプローチやパフォーマンスや社会運動の手法として同時に活用する。批判的 ABR の実践は，活動ベースであり，また共同体的で，そしてしばしばそのとき限りのものである。それはアートギャラリーや美術館に展示される「もの」が存在するのではなく，また学術論文集にも掲載されない。このように，意図をもったこうした対話を新しいオーディエンスに聞いてもらったり，会話のやりとりを通して得た情報を展示したり，新しいパフォーマンスに関わってもらったり，さらに，知識とその創造を司る組織（大学や博物館）による「研究成果」の需要を満たしたりする方法として，パフォーマンスによる対話の提示は，幅広いアート・ドキュメンテーションの実践と，アートリサーチのオルタナティブで革新的な表現を生み出している。

Groys（2008）は，「今日のアートが，単にアート作品をつくるために人生を描くのではなく，人生そのものになろうとするその志によって定義づけられる」その難しさを指摘する（p. 108）。《Street Rat》プロジェクト（例：Finley, 2000; Finley & Finley, 1999）で，私たちは詩を書いて出版したり，朗読者による公演や，短編小説の執筆を行ったり，コー

ヒーショップでフォトジャーナルを配布したりした。こういった取り組みは学術界の組織構造の枠組みから飛び出したパフォーマンスであったが,「アート・ドキュメンテーション」の主要な取り組みは,詩や短編小説,読者が書いた台本などの私たちが収集してきた大量の素材を,ノーカットの台本に編集した完全版のパフォーマンスであった。これらの素材は,プロの演劇俳優とのコラボレーションで書いた舞台の台本の情報源として使われた。Hauser(2010)ならば,《Street Rat》の複合的に構成された台本をともなう私たちの動きを,アートによる「素材の再構築」の例として捉えるだろう。そうすると,「アート・ドキュメンテーションもまた『人生そのものとしてのアート』を意味する記号の表出となる」(p. 85)かもしれない。

このように,批判的なABRの研究者は,再現化(representation)を超えようとパフォーマンスの実践を試み,研究パフォーマンス(対話)においてオーディエンスを意図的に巻き込む。これは具現化の美学であり,感情や認知,神経学,身体を可視化するプロセスを含み,「それについてお話ししましょう」という実体のない再ー表現化(representations)に依存するのではなく,研究のパフォーマンスを継続し,更新してさらに続けていくための研究参加のスペースを広げるものである(Clark/Keefe, 2010, 2014)。非常にシンプルなことに,アーティストである研究者が多様なオーディエンスから感情的,認知的,具体的な応答を引き起こすためには,マルチモーダルなアート形式と,時にメディア変革を必要とする可能性が高いのである。

アーティストしての研究者

批判的なABRの研究者として,私は,伝統やヘゲモニー,そして抑圧に対して立ち向かう批判的言説に,想像的で直感的なパフォーマンスを組み入れる探究的プロジェクトを発展させることに興味がある。本章ではもう2つの事例とともに,MirandaとMaが例示した概念を再考したい。この章で挙げたABRの研究者が共有する,アートには新しくつくる力,変革させる力,今日から明日へとつなぐ力があるという概念である。芸術は問題解決への想像力をもたらす。これらの事例は,私たちが新しい対話への刺激を得たり,文化的障壁を乗り越えていく共同の政治的活動を動機づけたりするために,さまざまなアート形式を使うことができることを証明しようとしている。そのため本章の以下で強調されるのは,アートベース・リサーチの実践に,研究者がどのように関わってきたかという事例となる。その実践は,多様なコミュニティの中でコミュニケーションをひらくようにデザインされた研究実践への,マルチモーダルでパフォーマティブなアプローチの使用によって定義される。

《Secrets under the Skin(肌の下に秘められたもの)》

《Secrets under the Skin》(Crosby, 2011 [最終更新 2017]; Crosby, Jeffery, Kim, & Matthews, 2014, 2015 も参照)は,マルチモーダルな,かつ分野融合的で,各文化の枠組を超え

る複合的な協働による，種々のオーディエンスをもつ ABR プロジェクトの事例である。その複雑性の中に豊かさがある。しかし，このプロジェクトの一つひとつは，インスタレーション／展示／パフォーマンスイベントとしてまれに共有されてきたものの，オーディエンスのほとんどは，その包括的なウェブサイトを通してこの相互作用的な研究パフォーマンスにアクセスすることが求められている。このウェブサイトのビデオの初期のバージョンでは，儀式舞踊と文化的工芸品の写真とビデオを映し出した3つのスクリーンの前でのライブパフォーマンスが取り上げられていた。このビデオはもう視聴不可能であるが，これらの解釈的パフォーマンスは，さまざまなテーマを表象するプロジェクトのために作曲された現代音楽に合わせて撮影・編集されている。それは，「大西洋奴隷売買の結果として」(Crosby et al., 2015, p. 105) キューバに住むアララ (Arará) の人々の伝統実践に取り入れられた，地，空気，火，水のメタファーとテーマをもつセグメントに分かれており，フィールドワークの記録の合間合間に挿入されている。たとえば，これらのビデオの最初のものでは，キューバの老人と彼のアフリカの先祖の話が語られる。これらはビデオ映像であったが，ビデオのビジュアルイメージを説明する際には，写真が持つ感情的なインパクトについて述べた Roland Barthes（ロラン・バルト）の「プンクトゥム (puncturm)」という言葉が思い浮かぶ。ダンスを通して儀式を再解釈し，並置し，ドキュメンタリー形式で重ね合わせ，音楽を組み込んで過去についての話をしているが，それがある作品を再コード化し，新しくユニークな経験にする言語でもって行われているのである。

　私自身が大きな研究プロジェクトに関わるようになったのは J. T. Torres がきっかけだった。共同制作者の Torres は，4つの創造的ノンフィクションの短編をブログに寄稿した。それぞれのタイトルは《Performance Research》(2015d)，《En Trance》(2015b)，《Forbidden Worlds》(2015c)，そして《Conviction》(2015a) である。Torres (2016) は，私が教えているワシントン州立大学の ABR の授業で，「Dreaming in Arará」というタイトルの挑発的なエッセイを書き，プロジェクトを詳細に説明してくれた。Torres は「キューバのアララ族の子孫と一緒に過ごしてみてはじめて，密かな瞬間に生まれる知識の潮流，海のように深い歴史がありながら，それでいて夢のように無重力に見えるような潮流を，身体的に，そして直感的に意識した」(p. 5) と書いた。キューバから戻った Torres は，「知識は経験から生まれるのではなく，経験の中でつくられていくものだということがわかった」(p. 5) と言いながら，自らの経験と夢の印象の有意性について描写しつづけた。キューバ系アメリカ人として，Torres は，彼の祖母との経験と，祖母がもつアララ族の宗教的儀式の記憶の物語を，リサーチプロジェクトに関連づけたのである。Torres は次のように書いている。「アララの宗教的通過儀礼では，教科書で勉強したり，戒律を覚えたり，試験監督の前でお経を暗唱して間違いを直してもらったりすることはない。代わりに，ある法則に従う立場に身をおくことで，説明しがたい力によって知識へと導かれる」(p. 7, 強調は原文まま)。これは，彼の祖母が話の詳細を通して彼に伝えようとしていた知識と同種のやり方だと Torres は続け，「アララは，西洋の科学者を困惑させる方法論を用い，西アフリカとヨーロッパの伝統の要素を含む長いオーラルヒストリーの中に，若い世代を引き込もうとしていた。アララ族にとって，

この世界が――科学者でなく――真実の著者である」（p. 7）という見解を述べている。Torres の議論の多くは，ブログでも展開されているが，アララのスピリチュアルな儀式にキューバで参加した経験を探求するものであり，その儀式に彼は驚愕し，興味をそそられると同時に，自分がよそ者でも関係者でもあるような気持ちになった。最終的に，「シンクレティズム（文化的重層構造）は禁じられた境界線を曖昧にすることに長けている。おそらく，これはキューバが歴史に贈るギフトなのだ」（p. 7）と Torres は見る。

　これと同じように，《Secrets Under the Skin》のリサーチプロジェクトも，境界線を越え，重層的で時に困惑させられるものだが，シンクレティズムへの態度は一貫している。参加者であるアーティストやその他の人々と批判的な対話をしながらコミュニティの中でアートを制作するアプローチは，歴史と感情を対話を通して追求していく空間を創造する。それは奴隷貿易により歴史上にもたらされた文化的含意を理解することにつながる。多元的な研究アプローチ（すなわち，質的エスノグラフィーの実践や，アートに基づく方法論）はこのプロジェクトへの多すぎるほどの視点と入り口を作る。それはダンスを通して知識を具体化するプロセスであり，このプロジェクトの中でみられる複数のアート形式――写真，アート，振付とダンス，ストーリーテリングとドリームスケープ〔夢のような情景を描く絵画〕を集合知の創造という努力に組み込むこと――を通して具体化した知識を活かすものである。

《Custer on Canvas（絵画の中のカスター）》

　《Custer on Canvas》（Denzin, 2011）は，想像力に富んだ歴史フィクションのパフォーマンスで，一部は回顧録，一部は社会政治的解説，一部は美術史，一部は政治的かつ社会的なアクティビズムへの呼びかけからできている。そして，そのすべてがビジュアルアートと脚本化されたパフォーマンス・アートを組み合わせたマルチメディア形式で表現されている。《Custer on Canvas》は，モンタナ州で「文化的旅人」（2011, p. 16）として成長したデンジンの自伝的反芻をもとに描かれている。幼少期に見た西部劇，ハリウッドのカウボーイやインディアンの思い出が，彼の回想とそれに続く美術館での絵画研究のきっかけとなった。特に，カスター〔アメリカ南北戦争時の軍人。インディアン戦争で戦死〕を白人至上主義の象徴として高める一方で，ネイティブアメリカンを中傷し見下す種々の絵画に，この作品の本筋を集約してきた。「《Custer on Canvas》は表象の政治の実践である」（p. 10）とデンジンは書いている。この本は「私が属したくないと思っている西部からの脱出（を演じる）」（p. 19）というデンジンの試みである。

　回顧録，歴史的文書からの抜粋，代表的な絵画――これらはすべてデンジンによって高度にフィクション化して書かれ（それも小集団で劇の台詞の音読をする活動のために書かれた），一連の台本の中で，検討され，批評され，再現され，さらに再検討されている。これらのクリエイティブな台本は興味を引かれる会話で構成されている。そこに登場するのは，画家や，戦闘参加者，トント族（Tonto）〔北米の先住民族〕や想像上のインディアンの役による多様な声，また，映画監督の Mel Brooks（メル・ブルックス），Georgia O'Keefe（ジョージア・オキーフ）などのアーティスト，ジェロニモ（Geronimo）〔アパッチ

族のシャーマン。アメリカ合衆国に激しく抵抗し，最終的に捕らえられる］，ピエロの合唱，ネイティブアメリカンのアーティストの子どもたち，そしてデンジン自身である。デンジンはこのプロジェクトを「過去のやり直し」（p. 10）であり，「アートや博物館におけるネイティブアメリカンの扱い方，そして現代の西部劇における開拓時代の西部の描き方への批判」（2011, p. 10）であると述べている。《Custer on Canvas》は，デンジンがこれまで発表してきた，植民地時代およびポストコロニアル時代の西部におけるネイティブアメリカンのパフォーマンスやアートを商品化してきた歴史と対峙する一連の試みをさらに発展させたものである。「カスターの絵画はファーストネーションの人々や彼らの西洋史における位置づけを示すイメージの範例として機能している」（p. 12）とデンジンは書いている。大衆文化の政治と芸術的言説を再検討する彼の目的は，「ネイティブアメリカンが，今日どのように表象されているかについての批判的評価」（p. 19）を行うことである。

　デンジンのプロジェクトの興味深い点の一つは，このプロジェクトを広く知らせるのに，多くの情報ネットワークを使うことを認めていることである。事実，地理的・物理的な資料としてこの絵画を観るためのアクセスを用意し，そしてアッサンブラージュ（・ハード）・テクスト[＊訳注1]を最終的に選択している。製本・装丁されてはいるが，この本は閉じない。この本は絵画に言及しているが，絵画「について」の本ではない。彼の関心は個々の絵画の形式的な側面にはない。デンジンの方法論は，その代わりに，アート作品が表象する（人種についての）文化的知識を暴露し，それに対抗し，新しい美的体験を創造することで，作品の意味を再検討したり，新たに見出したりすることを目指している。これはクリエイティブな対話の模範となり，「研究者とアートの間の弁証を探究するため」の，また「無意識の知識に直接アクセスするためにアートと対峙して楽しむため」（Leavy, 2015, p. 271）の目標を示しているのである。

　次に，デンジンのパフォーマンス・テクストの読者として，もしこのパフォーマンスの体験を十分に評価しようとするならば，次のような行動をとるかどうかはあなた次第である。たとえば，デンジンのテクストを iPad や Kindle リーダー等の利用可能な電子機器にダウンロードする。そして，学生や教員，部族の長，スピリチュアルリーダー，家族や友達，もしくはその全員を集めてグループを作る。この本はパフォーマンスであり，他者とともに経験されるべきである。もしあなたが一人でいたとしても，友達や同僚，選挙で選ばれた代議士，もしくは自分自身と会話しているところを心の中で想像し，自分が何を見て，何を感じているかについて考えてみてほしい。その体験をすれば，それが一部であっても，きっとあなたは，衣装や舞台セット，小物なども使って一緒にもう一度「読んで」くれる人を見つけたいと思うだろう。可能であるならば，デンジンの指示に従って，この本に参照され，掲載されている絵画やその他の画像をスクリーンに映してみるといい（2011, p. 19）。

芸術と研究——パフォーマンスへのマルチモーダル・アプローチ

　本章は，Yo-Yo Ma のフィドル奏法〔クラシックのバイオリン奏法より幅広く，多様な民族音楽の伝統から影響を受けている〕の習得になぞらえるような形で着想を得た。新しい方法を確立し，地理的・歴史的瞬間へと研究方法を適応させることについて，コラボレーションと対話の重要性について述べたものである。その目的は，ABR がさらにインクルーシブになり，今後もそうありつづけるための道筋を強調することである。これまで分離し，二分されてきた，そしてお互いに，また西洋の知識の科学的遺産とは両立しないと考えられてきたアートのスタイルや伝統を受け容れていくことである。研究者がフィドル奏法を習うようなことについてである。

　これは，Kester（2013）のいう「ダイアロジック・アート」と同種のプロジェクトである。彼は，会話のためのスペースをつくるアートは正当なものであると書いている。理由は次の通りである。

　　アーティストが表現したい内容を物理的なものに託し，後で鑑賞者がその内容を引き出すという従来の（教育理論家 Paulo Freire〔パウロ・フレイレ〕のフレーズを借りれば）「銀行」型のアートを，彼らは対話とコラボレーションのプロセスに置き換える。強調されるのは，この相互作用の特性であって，与えられた人工物の物理的な，または，かたちとしての完全性，それを制作する際のアーティストの経験ではない。ものに基づくアート作品は（例外もあるが）アーティストによって全体が制作された後で鑑賞者に提示のみがされる。その結果，鑑賞者の反応は作品の構成に対して直接に互恵的な効果を与えることはない。さらに，物理的なものは本質的に静的である。対話的プロジェクトでは，それとは対照的に，パフォーマティブなやりとりのプロセスを通して作品が出来上がっていく。（p. 10）

　これは，デンジン（Denzin, 2011）がカスターの絵画を「パフォーマンス，ミリタリードラマ，戦争にまつわる話，対立，暴力」（p. 11）と述べたときに考えていたことである。重要なのは，これらの作品がパフォーマンス・アートや対話の伝統の中で構築されたものではなさそうだということである。そういった作品を銀行型からパフォーマンス型に変えるのは，デンジンが何もしなければ静的なままであった絵画に適用した態度やプロセスである。デンジンは書く。

　　私は自分自身をこれらの絵画の中に読み取らなければならない，まるで鏡を見るかのように（…）。私がカスターの絵画の中に見るのは人々である——ラコタ族（Lakota），シェイアン族（Cheyenne），クロウ族（Crow），男たち，女たち，子どもたち，カスターとその部下たち——彼らは自由ではない。彼らは戦場のシーンに閉じ込められ，暴力的な物語から抜け出せない役柄である。虚栄心，妥協，エゴ，臆病，偽りの勇敢さをもつ囚人もいる。喜びに満ちた自由な人はほとんどいないか，

非常に少ない。これらの絵画を研究する中で，私たちは私たち自身を書いたり，描いたりすることで歴史にしていく新しい方法を見つけ出すのである。(p. 11)

《Custer on Canvas》の冒頭で，デンジン（Denzin, 2011）は彼の視点を確立する。彼は次のように書く。

アート作品に感じるオーラや尊敬の念は作品そのものではなく，作品にもたらされる意味に付着し，それは宗教や伝統，儀式，魔術，資本主義構造の権力と関連している。機械によるアートの複製の出現とともに，実のオリジナルはもうなくなった。アート体験は今，時間や場所から自由になり，その代わりに大衆による注視とコントロール下にあるが，儀式やオーラへの依存からは解放された。機械的複製の時代におけるアートの意味は，本質的にこの政治的実践に基づくであろう。

（Benjamin, 1968, pp. 222-223, Denzin, 2011, n.p. による引用）

ここで注目すべきは，パフォーマティブな相互作用はアート作品に必ずしも本来備わっているものではないことだ（そうである場合もあるが）。代わりに，Kester が説明するように，作品自体の形式的な統合よりむしろ相互作用の特徴がパフォーマティブな相互作用を生み出すプロセスなのである。その方法論は，アート作品がどのように概念化されるかによってのみ制限され，対話行為はテクストを読む者のパフォーマンスにかかっているのである。デンジン（Denzin, 2011）は，アートの解放を促進するために，研究の中でアート作品を再−表現する研究者の役割を担う。彼は，テクストの読者を，表象としての絵画を解明していくことに関与させ，代わりに絵画を反射鏡として，読者自身の歴史を語るものとして提示している。彼のテクストは，絵画の中の人々 —— ラコタ族，シェイアン族，クロウ族，男たち，女たち，子どもたち，カスターとその部下たち —— を文字通り解放し，彼らの人生を通じた経験についての会話に参加してもらうのである。究極的には，これは非常に楽観的でありながら，変革を起こす研究方法へのアプローチである。それは，共感や対話を通して絵画を観る者もまた，今も続いていて抜け出せない人種的暴力の物語のプレーヤーとして囚われないことを確かにするからである。

Benjamin（ベンヤミン）とデンジンが合意していたのは，19 世紀初期から 21 世紀にわたり複製技術が，アートが持つイメージの社会的意味を変えるチャンスを提供するということだ。イメージの技術は知識の政治学における認識論的転換を強いている。アートと研究における抵抗の政治学には，リスクをとって厄介なテクストを提示し，すでに採用された研究アプローチの実行可能性を検証しようとする意欲が必要である。マルチモーダル・アプローチについて考えるときに浮かぶのは，テクノロジーが新しい世界の見方を導入するかどうか，するのであればいつなのか，またそれはアートや科学のプロセスなのかどうかという疑問である。写真についての社会的ミームは広く受け入れられていると私は考えている。それは，写真が「真実」の「リアル」なイメージではなく，単に写実主義を演じるか，またはそれを呈したものであり，その場合でさえも，メ

ディアは真実を再現しなければならないという主張と折り合いをつけるために操作や再構成の対象となるということである。デンジンは，カスターの物語の中でただ「ホワイト・インディアン」になった自分を想像するのではなく，台本を作るときに使う絵画の写真の中に，インディアンやカウボーイになった自分を挿入することもできるだろう。Benjamin，デンジンやその他の人々が指摘するのは，ビジュアルテクノロジーが肖像画法，文化的生産，そして再生産についての考え方を変えたということだ。デジタル技術が「見ること」において目の機能よりも生産性が高いと認められるようになるにつれて，私たちは現実とイメージ（画像）を混同することなく，あったかもしれないもの，あるかもしれないものの創造物としてイメージを見るようになるだろう。実際，デジタルメディアの時代に，テクノロジーを利用できる中流階級のほとんどが毎日写真に「参加」している——つまり，私たち自身がショーなのである（Garoian & Gaudelius, 2008）。Garoian（2013; Finley, 2015 も参照）が正しく指摘しているように，メディアはプロテーゼ（人工装具）であり，私たちはメディアを通して，経験を拡大し，他者とコミュニケーションしている。複数のリテラシーを使い分けられるバイリテラシー脳は，研究としてのアートのコミュニケーションの可能性を広げる。メディアへのアクセスを通して，私たちは，ブルジョアジーの政治や社会構成をただ支持するのではなく，コミュニケーションを民主主義の理想に役立たせるものに変えることができる。デジタルコミュニケーション技術は，利用可能なリソースである。それは，カウンターカルチャー，路上や土着の視点を発展させるプロテーゼになる。そして，絵画の扉を開き，生き返らせ，コミュニケーションを多様化するのにも役立つだろう。これらの芸術的な使用は，批判的な ABR の研究者がマルチモーダルなアート形式に基づく変革的・対話的・政治的・倫理的方法論の理想を実現するための遊び場であることが必要なのである。

＊訳注
1. 《Custer on Canvas》は，テクストによる書籍の形式で出版されている。デンジンは複数のかたちの情報源を参考に，多くの思想やイメージ，声などを"組み立て"，アクセスしやすいように，テクストとして書籍を選んだが，作品の解釈を議論できない閉じられたテクストではない。

文献

Bando, T. (Writer), & Fichman, N. (Director). (1998). Struggle for hope [Music recorded by Yo-Yo Ma] [Television series episode]. In N. Fichman, Rhombus Media (Producers), *Yo-Yo Ma inspired by Bach*. Los Angeles: Belarus Studios.

Benjamin, W. (1968). *Illuminations* (H. Zohn, Trans.). New York: Schocken.

Chernow, R. (2004). *Alexander Hamilton*. New York: Penguin Books. ［チャーナウ，R.，井上廣美（訳）（2019）．ハミルトン——アメリカ資本主義を創った男（上・下）　日経BP］

Clark/Keefe, K. (2010). *Invoking Mnemosyne: Art, memory, and the uncertain emergence of a feminist embodied methodology*. Rotterdam, The Netherlands: Sense.

Clark/Keefe, K. (2014). Suspended animation: Attuning to material-discursive data and attending via poesis during somatographic inquiry. *Qualitative Inquiry, 20*, 790–800.

Crosby, J. F. (2011). *Secrets Under the Skin*. Available at www.uaa.alaska.edu/academics/college-of-artsand-sciences/departments/theatre-and-dance/secrets-under-the-skin.

Crosby, J. F., Jeffery, B., Kim, M., & Matthews, S. (2014). Secrets Under the Skin: Blurred boundaries, shifting enactments and repositioning in research based dance in Ghana and Cuba. *Congress on Research in Dance Conference Proceedings, 2014*, 59–69.

Crosby, J. F., Jeffery, B., Kim, M., & Matthews, S. (2015). Art as ethnography: Secrets under the skin: Materiality, sensational forms and blurred boundaries. *Material Religion, 11*(1), 105–108.

Denzin, N. K. (2011). *Custer on canvas: Representing Indians, memory, and violence in the New West*. Walnut Creek, CA: Left Coast Press.

Egoyan, A. (Writer & Director). (1998). Sarabande [Music recorded by Yo-Yo Ma] [Television series episode]. In N. Fichman, Rhombus Media (Producers), *Yo-Yo Ma inspired by Bach*. Los Angeles: Belarus Studios.

Eisner, E. W. (1998). *The enlightened eye: Qualitative inquiry and the enhancement of educational practice*. Upper Saddle River, NJ: Prentice Hall. (Original work published 1991)

Finley, S. (2000). "Dream child": An approach to creating poetic dialogue in homeless research. *Qualitative Inquiry, 6*(3), 432–434.

Finley, S. (2008). Arts-based inquiry: Performing revolutionary pedagogy. In N. K. Denzin & Y. S. Lincoln (Eds.), *Collecting and interpreting qualitative materials* (Vol. 3, pp. 95–160). Thousand Oaks, CA: SAGE.

Finley, S. (2010). "Freedom's just another word for nothin' left to lose": The power of poetry for young, nomadic women of the streets. *Cultural Studies and Critical Methodologies, 10*(1), 58–63.

Finley, S. (2015). Embodied homelessness: The pros/thesis of art research. *Qualitative Inquiry, 21*(6), 504–509.

Finley, S., & Finley, M. (1999). Sp'ange: A research story. *Qualitative Inquiry, 5*(3), 313–337.

Garoian, C. R. (2013). *The prosthetic pedagogy of art: Embodied research and practice*. Albany: State University of New York Press.

Garoian, C. R., & Gaudelius, Y. M. (2008). *Spectacle pedagogy: Arts, politics, and visual culture*. Albany: State University of New York Press.

Girard, F. (Writer & Director). (1998). The sound of the Carceri [Music recorded by Yo-Yo Ma] [Television series episode]. In N. Fichman, Rhombus Media (Producers), *Yo-Yo Ma inspired by Bach*. Los Angeles: Belarus Studios.

Groys, B. (2008). *Art power*. Cambridge, MA: MIT Press. [グロイス，B.，石田圭子ほか（訳）(2017). アート・パワー　現代企画室]

Hanauer, D. I. (2010). *Poetry as research: Exploring second language poetry writing*. Amsterdam: Benjamins.

Hauser, J. (2010). Observations on an art of growing interest: Toward a phenomenological approach to art involving biotechnology. In B. da Costa & K. Philip (Eds.), *Tactical biopolitics: Art, activism, and technoscience* (pp. 83–104). Cambridge, MA: MIT Press.

Kester, G. H. (2013). *Conversation pieces: Community and communication in modern art* (2nd ed.). Berkeley/Los Angeles: University of California Press.

Leavy, P. (2015). *Method meets art: Arts-based research practice* (2nd ed.). New York: Guilford Press.

Ma, Y.-Y. (1998). *Yo-Yo Ma inspired by Bach*. Los Angeles: Belarus Studios.

Ma, Y.-Y., O'Connor, M., & Meyer, E. (Artists), O'Connor, M., & Meyer, E. (Producers). (1996). *Appalachia waltz*. New York: Sony Classical Records.

Messervy, J. M., & Ma, Y.-Y. (1998). The music garden [Music recorded by Yo-Yo Ma] [Television series episode]. In N. Fichman, Rhombus Media (Producers), *Yo-Yo Ma inspired by Bach*. Los Angeles: Belarus Studios.

Miranda, L. (2015a, September 25). Alexander Hamilton. On *Hamilton* (Original Broadway Cast Recording) [Lyrics]. New York: Atlantic Recording.

Miranda, L. (2015b, September 25). The room where it happens. On *Hamilton* (Original Broadway Cast Recording) [Lyrics]. New York: Atlantic Recording.

Miranda, L. (2015c, September 25). Who lives, who dies, who tells your story? On *Hamilton* (Original Broadway Cast Recording) [Lyrics]. New York: Atlantic Recording.

Paulson, M. (2015, July 12). "Hamilton" heads to Broadway in a hip-hop retelling. *New York Times*. Retrieved from www.nytimes.com/2015/07/13/theater/hamilton-heads-to-broadway-in-a-hip-hop-retelling.html?_r=0.

Picard, C. (2000). Patterns of expanding consciousness in midlife women. *Nursing Science Quarterly, 13*(2), 150–157.

Sacks, O. (2012). *Musicophilia: Tales of music and the brain* (Revised ed.). London: Macmillan (Original work published 2008).［サックス，O.，大田直子（訳）(2014)．音楽嗜好症（ミュージコフィリア）――脳神経科医と音楽に憑かれた人々　早川書房］

Saldaña, J., Finley, S., & Finley, M. (2005). Street rat. In J. Saldaña (Ed.), *Ethnodrama: An anthology of reality theatre* (pp. 139–179). Walnut Creek, CA: AltaMira Press.

Schaefer, J. (2000). [Liner notes]. In *Apalachian Journey* [CD]. New York: Sony Music Entertainment.

Siblin, E. (2009). *The cello suites: J. S. Bach, Pablo Casals, and the search for a Baroque masterpiece*. New York: Atlantic Monthly Press.

Torres, J. T. (2015a, January 21). *Conviction* [Web log comment]. Retrieved from http://49writers.blogspot.com/2015/01/jt-torres-conviction.html.

Torres, J. T. (2015b, January 14). *En trance* [Web log comment]. Retrieved from http://49writers.blogspot.com/2015/01/jt-torres-en-trance.html.

Torres, J. T. (2015c, January 21). *Forbidden worlds* [Web log comment]. Retrieved from http://49writers.blogspot.com/2015/01/jt-torres-forbidden-worlds.html.

Torres, J. T. (2015d, January 7). *Performance research* [Web log comment]. Retrieved from http://49writers.blogspot.com/2015/01/jt-torres-performance-research.html.

Torres, J. T. (2016). Dreaming in Arará. Unpublished essay, Washington State University, Pullman/Vancouver.

Viega, M. (2016). Science as art: Axiology as a central component in methodology and evaluation in artsbased research (ABR). *Music Therapy Perspectives, 34*(1), 4–13.

第 VII 部

学問領域・分野別の
アートベース・リサーチ

第26章

教育におけるアートベース・リサーチ

●ジェームズ・ヘイウッド・ローリング Jr.

(James Haywood Rolling, Jr.)

訳：久保田賢一

緊急の質問

　2013年3月中旬，私はニューヨーク州シラキュースからペンシルベニア州立大学まで4時間の距離を車で移動した。天候はとても変わりやすく，太陽が照りつける丘陵地帯から，にわか雨と吹雪の降る，そして凍てつく谷へと移動していった。というのは，私は，シラキュース大学を代表して，研究におけるアート大学連合の研究シンポジウム（Alliance for the Arts in Research Universities Research Symposium）への参加を依頼されたからだ。この大学連合は，2011年にミシガン大学アナーバー校で開催された「研究型大学におけるアート制作と芸術の役割」という会合から始まった。もともとは，「大学が学生を教育し，エンパワーするために，教員の創造性を高め，アート実践を取り入れることができるよう，研究と実践を推進する」（Alliance for the Arts in Research Universities, 2013）ことを目指して結成されたものである。

　その意味で，この2013年のシンポジウムに期待される成果の一つは，「アート／科学／工学を統合した研究，創作活動，教育によって生じる研究課題を明らかにする」（Alliance for the Arts in Research Universities, 2013）ことであった。私は運転に集中しながら，少し気晴らしのためにラジオのニュースを聞いていると，中国の河川に何千匹もの豚の膨れた死体が不法投棄され，その結果，飲料水の水質に対して上海市民が不安を抱いていると報じていた。そのとき，一つの疑問が浮かび上がった。このような生死に関わる問題に直面したときでも，アートは重要と言えるのだろうか。社会におけるアート＋デザインの実践は，芸術，人文科学，科学，テクノロジーを横断して，緊急の社会問題に対して創造的な解決策を導き出す方法を提供できるのだろうか。シラキュースを出発するのが遅れたため，日暮れまでに目的地に到着するよう急いだが，時速80マイル（約130km）に達したとき，私は気づいた。その答えは「イエス」だ。私たちのアート＋デザインの実践は，義務教育においてより創造的なアプローチをするための土台として，

普通に考えられている以上に重要なのである。この章では，その理由を探っていこう。

研究実践としてのアート＋デザイン

　アートベース・リサーチ（ABR）は，単なる職人芸でも，芸術や美学の実践でもない。それでは，何が ABR を*研究*として特徴づけるのだろうか。ABR はいつからアートに基づいた「教育」研究となるのだろうか。Brent Wilson（1997）の「*再－探究（re-search）*とは，もう一度調べること，もう一度しっかりと見ること」（p. 1, 強調は原文まま）という研究（research）の概念から出発している。私はその概念をもとに，次の答えを提案したい。ABR の研究活動は，ある厄介な問題に取り組むことであり，その問題についての言説を実践者の属するコミュニティ全体に拡大することを意図している。研究とは，問題を解決するため，あるいは問題を効果的に捉え直すために，新たな知識を生み出し，記録し，さらなる研究を促すものである。アート実践を研究とみなすこと（Sullivan, 2010）は，他の学問分野の知識を豊かにすることであり，古くからあるアート＋デザイン実践を衰退させるものではない。それどころか，そうすることで，すべてのアート＋デザイン実践の基本的な側面を認識することができる。なぜならそれは，私たちの問いかけや信念を*常*に見つめ直すための手段だからである。私たちの創造的な実践は，資源，環境，社会について知っていることすべてを記録し，モデル化し，共に成長するための手段なのである。

　Richard S. Prawat（1999）は，教育研究において厄介な問題の一つ，すなわち，表層的な既有知識から新しいより優れた知識がどのようにつくられるのかを問う学習のパラドックスについて述べている。つまり，学習のパラドックスのような問題を，アート＋デザイン実践によって解決しようとするとき，ABR はアートを土台とした教育研究になるのである。では，アートは知識構築の道具として，どの程度役立つのだろうか。アート，デザイン，建築の歴史を見てみると，その形態，アイデア，意味表現は単純なものからより複雑なものへと進化することから，アート実践は，過去の理解を見直すための知識創造だけでなく，学習のパラドックスやその他多くの研究課題に対応する方法論の作業仮説にもなりうる。

　このことは，もう一つの重要な問いにつながる。すなわち，現代芸術は，古くさい職人芸を披露したり，これまで蓄積してきた芸術や美学の実践を単に応用したりするのではなく，専門教育の分野に関連するものとなるのだろうか。現代芸術と同様に，ABR もまた本質的な問いに取り組んでいる。しかし，科学研究アプローチとは異なり，ABR の問いは，*確実性を証明*することよりも*可能性を生み出*す方を優先することにより，個人の幸福を拡張することや社会開発の中心となる問題を取り扱う。

アートと研究が織りなす作品

Donella H. Meadows（ドネラ・H・メドウズ，2008）は，影響力のある著書『Thinking in Systems（世界はシステムで動く）』において，システムを「パターンや構造の中で組織され，相互接続された要素や部品の集合」と定義し，それは部分の集合体以上のものであり，「機能」や「目的」として分類される「特徴のある行動のセットを創り出す」としている（p. 188）。あらゆる研究の目的は，自分を支えているシステムを明らかにし，活性化させることであり，現在における自分の位置や使命を計測し，未来の可能性に向けて，既存の知識を押し上げていくための視点を見つけ出すことである（つまり，知っていることを組織化することで成長するのである）。自然の生命維持システムの発見と検証の方法として，科学は「*相互に関連した一連の原理を生み出す実験と観察の動的プロセスであり，その結果，さらなる実験と観察，そして改良をしていく*」と定義される（Hoy, 2010, p. 4, 強調は原文まま）。アート実践もまた，ダイナミックで実験的，かつ深く観察されたものであり，社会的要請や情動的な意味を持つ，人間的な情報のために組織化されたシステムである。言い換えれば，科学もアートも，自然と関係性のシステムを理解するために人間が作った2つのモデルで構成されているのである。

私たちを支えているシステムについて意味のある問いを立てるには，少なくとも3つのパラダイムがある。第一の**質的**研究パラダイムは，システムが互いに関係し，私たちがそれに関係するときのシステムの特徴を豊かに記述し，「質の違い」（Sullivan, 2010, p. 58）を明らかにするものである。第二の**量的**研究パラダイムは，システムとそこに相互に関連している要素にある観察可能な指標を測定・分類し，「量の違い」（Sullivan, 2010, p. 58）を示すものである。そして第三の***ABR***パラダイムは，生きられた経験や文脈の関係から，私が「解釈の違い」を引きだし，それによって即興やハイブリッドな*創造活動*を生み出すものである。

このように，アート＋デザイン実践は，理論構築のための手段として独特な方法で機能している。個人や社会の発展のために構築された知識は，それが手作りであろうと，工場生産であろうと，多様な文化的表現，あるいは変革的な社会批判から生み出されたものであろうと，豊かで複雑なデータの階層とネットワークとして捉えることができる。芸術を基盤とした方法論は，データの保存，整理，再生のためのダイナミックな戦略であり，それは私たちが誰で，どこから来て，何を目的としていて，どこへ行こうとしているのかを教えてくれる（Rolling, 2008）。

アート＋デザイン実践は，集めたデータの意味を考えたり，洗練したりすることで人間に関する情報を深めていくことができる。口承芸術，視覚芸術，文字芸術，パフォーマンス芸術，工業デザイン，環境デザイン，あるいはインタラクティブデザインのいずれにせよ，アートを基本にしてデータを整理し処理する方法は，それが美しいからとか精巧にできているからというのではなく，私たちの最初の情動的反応が基準となる特別な経験に結びつくことで，情報を提供してくれるのである。見たり，聞いたり，味わったり，嗅いだり，感じたりしたものは，長く記憶に残る。物や建物は私たちに快適さと

居場所を提供してくれる。それによって，安住の場所という感覚を与えてくれる。このようなアートに基づく手法は，言語の壁を越え，文化の隔たりを越え，年月を経て，ミーム（情報）を効果的に伝えてくれる。

　アート作品が運ぶ情報は，方法論，作家，デザイナー，研究課題によって異なる。たとえば，Edvard Munch（エドヴァルド・ムンク）が《The Scream（叫び）》（1893）でキャンバス上に描いた人間の苦痛の表現方法は，Käthe Kollwitz（ケーテ・コルヴィッツ）が《Woman with Dead Child（死んだ子を持つ女）》（1903）の絵画やエッチングで同様に苦痛を表現した方法とは違うものである。そして，Alvin Ailey（アルヴィン・エイリー）がアフリカ系アメリカ人の経験を表現する《Revelations（黙示録）》（1960）でのダンスの振付は，これをまた異なった方法で示したものである。これらのアート作品は，文化やサブカルチャーの要素であると同様に，自然界における人間行動の生データであり，省察的・探究的で，それぞれの方法論によって形成された結果として再提示されたものである。いずれも，科学的厳密性を追求しているわけではない。それよりも人間とは何か，苦しむとは何かを問いかけている。それには唯一の正しい答えはない。

　したがって，アート＋デザイン実践は，人間が意味のシステムを構築し組み合わせる自己組織化の行動と定義づけることができる。それは物質に紐付けられ，言語特有のものであり，批判的方法論を取り入れている（Rolling, 2008）。たとえば，新聞記事にあるテクストとしての訃報は死について語る一方で，（フランツ・フォン・ヴァルゼック伯爵［Count Franz von Walsegg］が妻の命日を記念して作らせた）Mozart（モーツァルト）の最後の曲《Requiem Mass in D minor（レクイエム　ニ短調）》は，忘れがたい崇高な悲しみの旋律の中に過ぎ去った人生の出来事を結びつけ，その正統性を伝えてくれる。言い換えれば，アート＋デザイン実践がもたらす重要な文化的帰結は，その美しさやデザインセンスではなく，記憶に残る構成物の中で伝えられる知識の断片なのである。あらゆる文化は，人間行動と人工物の複合体であり，独特のパターンを再生産し，それを構成する主体（文化をつくる人）を維持するため体系化されたものである。個人の行動だけでは文化的パターンを構成することはできないので，他の人々も同じように行動するよう仕向けなければならない。最終的に，文化には生物文化的なメカニズム，すなわちフェロモンのような魅力が必要である。このメカニズムは，アリのコロニーで分泌される誘引物質のように機能し，コミュニティの構成員に化学フェロモンと同様の反応を引き起こす（Miller, 2010）。

　ABR実践者は，新しい知識を構築するための最初のフェロモンは美的なものであることを知っている。重要とみなした人物，物体，人工物，行為，出来事，現象を抽出し，メンタルモデルを形成し，それらに肉付けして描写することで，他の人々も同様に行動したり考えたりして自分にとって何らかの利益を達成できるような説得力のある要因が提示される。そして，他の人々が同じように行動したり考えたりするたびに，その文化的パターンが強化されるのである。

　科学研究の目的が「理論と呼ばれる一般的な説明を見つけること」（Hoy, 2010, p. 4）であるなら，アート実践とABRの目的は，探究の範囲を拡大することである。科学的手法と同様に，アート＋デザイン実践は，「理論」すなわち人間の生活と世界における私

たちの経験についての理解を別のやり方でつくり上げ，実践する理論を生み出す。しかし，科学的な理論が検証可能な*仮説*として組み立てられるのに対し，アートベース理論はより深く理解できる*表現*として示すことが特徴である。つまり，アートベース理論は，まだ説明できていないことを表現し，安易に見過ごされたことの再解釈を可能にするという点で*優れて*いる。科学が私たちの主張の真偽を証明するものであるならば，アートは生き生きとした経験を意味づけ，保存し，不朽のものにする。この柔軟性によって，科学では手に負えないような問題を追求したり，科学的手法では着手できないアプローチによって知識のギャップを埋めたりすることができる。

たとえば，道徳や倫理，哲学に関する日常的な疑問（何が正しいのか，間違っているのか。このような場合，どうすべきなのか。なぜ私は存在しているのか）について科学的に証明することはできない。美的判断や価値観に関する疑問（美とは何か。芸術家とは誰か。どのような芸術品やパフォーマンスが気まぐれで，はかないものなのか。後世に残すべきものは何か），超自然現象に対する疑問（死後の世界とは。どうすれば心の幸福を維持できるのか。どの信仰に従うべきか），生活体験や人間関係に関する疑問（家庭とは。私は誰か。何が価値あるものか），歴史や自分の立ち位置に関する疑問（人間らしさとは。何が私の視点を形成しているのか。次の世代にどんな遺産を残すべきか）も同様である。基本的にこのような疑問は，現代の科学研究雑誌に掲載されている真実よりも重要である。

アートベース理論は，世界について説明し，他の先行する理論を脱構築してきた。表象としての理論は，心の中で概念化するものであり，反復することで集積し，特定のパターンに自己組織化される。したがって，アートベース理論は，探究をするための内省的なツールである。内部的な一貫性と有用性を表現したり，理論構築した人の知覚能力を表現したりするのに適している。さらに，他の理論との関係を表現したり，個人の生活や世界に関する何らかの集合的経験を表現したりするのにも適している。

同様に，芸術，デザイン，建築，映画，文学などの作品は，人間の生活や世界における経験に関する理論（表現といってよい）でもあり，それ自体が後続の作品や ABR でさらに理論化されることにつながっていく。つまり，アート作品は研究作品でもあり，作家が経験した現象，関係，物事を，あるレベルで，あるいは別のレベルで「もう一度よく見る」（Wilson, 1997, p. 1）ことだと言えるだろう。

ABR 探究の代表的なツール

19 世紀のアメリカのプラグマティズムの哲学者・論理学者である Charles Sanders Peirce（チャールズ・サンダース・パース）は，記号が意味を生み出すためにどう機能するかを，記号的 3 項図（Hardwick, 1977）の中で説明している（**図 26.1** を参照）。

Peirce の図式では，*対象*は意味形成過程における記号や理論が参照する最初のものである。対象は台座の上に立つ人間の姿のように物理的なものでも，粒子や光の波のように無形のものでも，出来事のように一過性のものでもありうる。*記号*は探究するための最初の装置とプロセスとして選択される媒介的ツール（および必須な技能）であり，マー

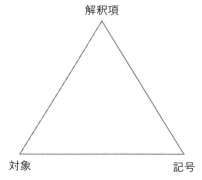

図 26.1 Peirce による意味の三角形

ク，モデル，あるいは美的，質的，量的な形であれ，認知的対象を有効に再構成する何らかの可能性を持つものである。記号は純粋なものとして始まり，潜在的意味をすべて可視化するために処理されなければならない。したがって，記号は基本的に実用的なものであり，私たちが最初に出会ったものの意味を理解するためのものである。記号は，ノミや大理石の塊であったり，学習に関するインタビューや観察の生の記録であったり，量子物理学における数学の方程式であったりする。

　最初に媒介する道具が何かによって，使用される方法論と探究プロセスをどう意味づけるかが決まり，研究成果とみなされたり，芸術作品とみなされたりする。意味づけのプロセスにおいて，アーティスト−研究者とオーディエンスが，探究対象をどのような記号として表象すべきかを決めるために，対話は不可欠である。これは，一つの意味の三角形が多数の三角形の連なりに変わり，*無限*に続けられる反復プロセスであるが，同時に，それ自身の内的妥当性を確立するか，類似の探究プロセスとの関係において妥当性を見出すことができる，自己完結したプロセスでもある。

　Peirce の用語法では，対象と記号は*解釈項*に変換され，その結果，対象に関する全く新しい探究が始まり，その対象の意味を表すため全く違う意味体系が開発されるかもしれない。言い換えると，対象と記号が共有結合するとともに，現象や経験を意味あるものとして解釈するために，複数の解釈者が仮説を立てることになる（図 26.2 参照）。

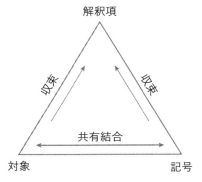

図 26.2 意味ある表象に向けて作用する

図 26.3 理論構築プロセス

探究の成果は，Michelangelo（ミケランジェロ）の《David（ダヴィデ）》像，W. E. B. Du Bois（デュボイス）の『The Soul of Black Folk（黒人のたましい）』，あるいは Einstein（アインシュタイン）の相対性理論かもしれない。アート作品や画期的な文学作品は，人間の生活や世界における経験に関する理論を，数学の方程式と同じように効果的に表現している。

　Peirce が使った言葉を刷新することで，ABR における理論構築のプロセスを理解するための青写真を見出すことができる。もし一般的な目的が，人間の生活，自然の営み，あるいは物理的な世界を記述し，解釈することであるならば，Peirce の使った「対象」という言葉の代わりに，*自然物や製造物*，*人間*，*出来事*，*現象*など，他のどんなカテゴリーでも代用することができる。同様に，Peirce の「記号」という用語ではなく，探究の道具として使用される可能性のある媒介する道具という用語を代用してもよい。探究の道具を選択し，まずは自分の研究について理解しはじめた後，それをダイナミックに意味あるものへと収束させることで，最終的に他の人が見ても理解でき役立つ理論になっていく（図 26.3 参照）。

　理論は研究者やアーティスト，デザイナーの知覚によってはじめて整理され，伝えられるまで不可視で不活性なものである。それらは，もっと先にある探究を引き起こすために，共有の文化的・情報的な保管庫に預けられている。Peirce の用語を刷新するもう一つのアプローチは，この意味形成の三位一体を，*探究の焦点（データセット）*とそれに合った*探究の道具（媒介する道具）*との間の共有結合とみなすことである（図 26.4 参照）。

　さらに一歩進むとすると，*研究とは表現すること*，理論を構築することである。つまり，研究者にとって重要なのは現実の捉え方や考え方を表現することであり，それぞれの研究行為が独自の方法論と妥当性を生み出していく。解釈的な方法論は，自然物，人間，出来事，現象を構成するものと，実際的な理解を媒介する調査ツールとの間の最初の*共有結合*によって始まる。探究を意味のある解釈として*目に見える形にする*作業を通じて，アーティストや研究者は方法論を形成する。同時に，探究の焦点の意味を媒介の道具を通して理解する作業の間，アーティストや研究者は，その種の対象についての一般的な言説を追加し，拡張する。*可視化すること*と*意味づけること*の間を行ったり来たりしながら（可視化されたものすべてが言説的に意味をなすわけではないし，意味をなすもの

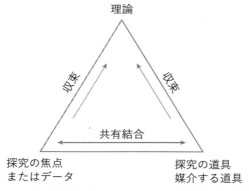

図 26.4 理論構築プロセスとしての意味形成の三角形

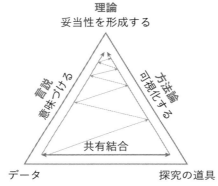

図 26.5 アーティストまたは研究者が可視化による意味形成をする

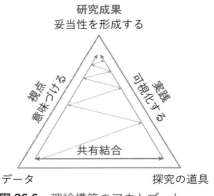

図 26.6 理論構築のアウトプット

べてが明白に可視化されるわけでもない)，研究者やアーティストが理論を構築するときまでに，作品はすでにそれ自身の厳密な内的妥当性（**図 26.5** を参照）を確立しているのである。

　理論構築の作業は，ローカルな意味でも，文化やコミュニティへの貢献という意味でも，創造的であることが重要である。理論構築の活動は，芸術的あるいは研究的な成果として，新しい知識とその妥当性を創り出す。この活動はまた，既成の言説を拡張し，

カテゴリーの対象について新しい理論的な*視点*を加える。さらに，理論構築の作業とは，新しい理論を生み出す*実践*を行うことで，いくつかの方法論が生成され，拡張していくことである。それによって，新しい知識が創り出される（図 26.6 を参照）。

解釈的方法 ── アート作品と研究の出発点

　Elizabeth Steiner（1988）は，教育や社会調査における理論を「物理理論，生物理論，人間（hominological）理論」（p. 13）の 3 種類に分類している。*物理*理論とは，物質・物体の特性や現象を解釈・表現するもの，*生物*理論とは，生物・生態系の特性や現象を解釈・表現するもの，そして*人間*理論とは，人間・社会の特性（意図的に導かれる教育という人間特有の現象を含む）を解釈・表現するものである。これらの理論の分類は，「生命現象として意味を与えられる現象は物理現象としても意味を与えられるし，人間現象として意味を与えられる現象は生命現象としても物理現象としても意味を与えられるため」（p. 13），相互に排他的なものではない。また，どのような理論を構築するのか，その基礎となる土台を定めることによって，どのような問いを立て，どのようなデータを求めて探究を始めるのかが決まることにもなる（図 26.7 参照）。

　*物理理論*とは，物質とそれに関連する生活や社会現象との間の特徴や関係を表現しようとするもので，主に自然または人工的なもの，文脈の特徴や関係を説明するものである。たとえば，教育研究において，研究者が物理理論がどのように発展していくかに興味を持った場合に，事例として「ある小学校の校長が選んだ家具や建物の音響の不具合が，小学 2 年生の生徒の学習方法にどのような影響を与えるのか」という問いを立てることができる。同様に，*生物理論*は，生物・生態系とそれに関連する物理的・人間的・社会的現象との間の特徴と関係を明確に説明しようとするもので，環境における生物に関するデータを必要とする。たとえば，教育問題に取り組む研究者は，「ミシガン州フリントにある学校では，子どもたちが毎日，鉛に汚染された水道水を飲んでいる。水道水を飲むことが，4 年生の標準テストの点数で示される学習理解度に長期的にどのような影響を及ぼすか」と問うかもしれない。同様に，*人間理論*は，人間とそれに関連する物理的な物体や生命現象との間の特徴や関係を表そうとするもので，主に行動，社会，心理の世界における*人類*に関するデータを必要とする。教育研究の文脈で人間理論の開発に興味を持つ研究者は，「監視のない遊び場で，生徒たちはどのように創造的に行動することを学ぶのか」と問うかもしれない。

図 26.7　理論の階層

私は，ハイブリッドなABRパラダイムにおいて，理論構築と方法論の構築の両面から，知識を扱う*4つの対話的方法*があると提案する。質的研究者と同様に，アートベースの研究者は，人間の知覚，社会的行動，そして経験について，深く掘り下げ，豊かに記述することで理解を深めていく。しかし，アートベースの研究者は，意味づけたり知識を記録したりするために，再帰的，美的，実践的，即興的な方法を重視する。したがって，アートベースの存在論に基づいて探究することで，ユニークな理論的視点を適用でき，意味のある結果をもたらす思考方法を提供することができる。*存在論*とは，私たちが住む世界の性質についての理論的根拠であり，世界が何から構成され，なぜそうなるのかという命題を含んでいる。存在論を特徴づけることは，「『知ることができる』ものの性質は何か。あるいは，『現実』の本質とは何か」（Guba, 1990, p. 18）ということになる。個人的存在論の*限界*を理解するとは，*世界観*が人間の経験に貴重な視点を提供する一方で，それ以外の視点を見えなくしてしまうことである。

　研究するためのモデルは，研究課題およびデータソースに適合していなければならない。量的研究者と同様に，アートベースの研究者は，人間の社会的行動，自然界における人間の位置を理解するのに役立つモデルの生成に関心がある。しかし，統計的に表現されたモデルに依拠するのではなく，ABRの理論モデルは，代わりに(1)*分析的であること*：つまり，*選択した物質*，定式化された技術，人工物とコレクションを含む。(2)*生成的であること*：選択された言語を使って総合的に思考し弁証法的に問題解決を行う。(3)*批判的活動（critical-activist）であること*：文脈を横断的に検討し，現状を問いつつ主体性を発揮し，社会的行為を批評し，イデオロギーで争い，不正義や良くない計画が繰り返されることに反対することを含む。(4)*即興的であること*：内省的に考え，前述したような「知ること」と「行うこと」の方法を，風変わりなやり方でやってみることを含む。

ABRのためのハイブリッドな理論構築

　*アートを用いた研究方法*は*柔軟*な探究法であり，時にはプロセス主導で，時にはプロダクト主導で，意味形成システムをつくり，以下に示すようなABR理論を構築していく。(1)分析的で学術領域に限定されるものであり，アートの伝統と技術的基準を明確にしていく，(2)生成的かつ学際的で，意味形成の実践の境界を横断していく，(3)批判的・活動的で，既存の学術領域における意味の境界を破壊する，(4)即興的で，学術領域の伝統に囚われないものである。研究の視点は理論を構築するための実践をもたらし，その実践はリサーチクエスチョンとデータソースを組み合わせ，アートベースの探究のための枠組みを生成する。**図26.8**は，分析的な理論的視点を示している。この図では，問いのカテゴリーと理論構築の実践が，探究アプローチを容易に参照できるように組み合わされている。

　ABR理論のうち，アプリオリで分析的な戦略をとることは，*選択された物質*（または一連の物質）*で*考えることである。自然のものであれ人工的につくられたものであれ，

ABRの柔軟な枠組み		
理論的視点	*分析的*	
理論構築実践	論理的	経験的
問いの タイプ	物理的	物理・論理	物理・経験
	生物的	生物・論理	生物・経験
	人間的	人間・論理	人間・経験

図 26.8 分析的アートベース理論を構築するための柔軟な枠組み

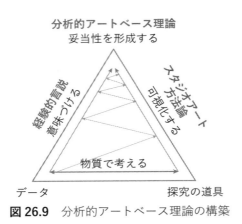

図 26.9 分析的アートベース理論の構築

　既存の特性に関して試行錯誤して得られた知識，または物質を操作するための既存の専門知識から，同じ物質を扱うための道具や媒介物を選択し，操作する。それは既成の知識から厳密かつ経験的に推定されたものであり，論理的・経験的な理論構築をもたらす。

　柔軟な***分析的*** ABR の枠組みは，物質やそれと関連する考えについて厳密に，***公式に沿った***探求をすることにより***実証的***な結果をもたらすこともあれば，人工物を操作し，視覚データを整理するための媒介物と技法の構造を探求する，より厳密に***論理的***な成果をもたらすこともある（**図 26.9** を参照）。

　生成的なアートベース理論は，分析的なアートベース理論とは異なり，「形式の理論ではなく，内容の理論である」(Steiner, 1988, p. 19)。***言語で思考すること***は，先験的あるいは事後的な生成的 ABR 理論の戦略であり，記号や連想記号，文化的構文，社会の難問，新たな対話などを操作し，伝達し，再解釈して，新しい意味や理論を構築し，実用的な解決法を提案する。それは哲学的かつ道具的な理論構築の実践である（**図 26.10** を参照）。

　柔軟な***生成的*** ABR の枠組みは，***記述的***，***説明的***，あるいは***解釈的***な***哲学***理論を生み出すことができる（**図 26.10** 参照）。哲学的理論構築のアプリオリな性質は，「本質的な性質とその性質間にある本質的な関係」(Steiner, 1988, p. 20) を確認するための演繹的推論を用いることにある。また，アプリオリな理論の妥当性は，「理性のみによって」(p. 19) 達成可能であると主張されるが，私は，哲学的推論プロセスは，流動的でそれほど

ABRの柔軟な枠組み					
理論的視点	*生成的*				
理論構築実践	哲学的			道具的	
	記述的	説明的	解釈的	工芸的	デザイン的
問いのタイプ 物理的	物理・記述	物理・説明	物理・解釈	物理・工芸	物理・デザイン
生物的	生物・記述	生物・説明	生物・解釈	生物・工芸	生物・デザイン
人間的	生物・人間	人間・説明	人間・解釈	人間・工芸	人間・デザイン

図 26.10 生成的アートベース理論構築の柔軟な枠組み

図 26.11 生成的アートベース理論の構築

確実ではないことを付け加えたい。

一方，*道具的*理論の事後的な性質は，「経験によってのみ確認可能」（Steiner, 1988, p. 19）な実践に基づく妥当性を特徴とする。このような場合，生成的な ABR の枠組みは，実用的または装飾的な価値を特徴とする職人の*工芸ベース*の成果，または問題解決的価値を提示するデザイナーの*応用的*な成果をもたらすと同時に，科学と教育研究のコラボレーションと接続するための自然な接点として機能する（**図 26.11** を参照）。

*選択した文脈を横断的に検証すること*は，事後的な批判的・活動的 ABR 理論の戦略であり，生態系が崩れたり生物多様性が失われたりする社会的相互作用や慣習を積極的に批判し，それらをより有益に再構築することである。それは*疑問を投げかける*という研究成果をもたらす（**図 26.12** 参照）。

世界観や生活世界について問うとき，ABR の探究方法は，厳密な測定を目指すものではない。しかし自然界と同じように研究対象となりうる生活における事実を現象として説明し，知識の社会的構築に注目した問いを提起する。

柔軟な*批判的* ABR の枠組みは，ローカルな文脈の中で認識や慣習を支配し，制限し，歪めてきた問題のある社会構造（たとえば，何世代も続いてきた不寛容，人種差別，性差別，家父長制や階級差別，暴力や虐待，人身売買や奴隷制度，超国家主義や虐殺，薬物依存，気候変動，汚染，資源の枯渇，持続可能でない消費行動など）に疑問を投げかけ，意味の編み直

ABRの柔軟な枠組み		
理論的な視点		*批判的・活動的*
理論構築実践		質問
問いの タイプ	物理的	物理・質問
	生物的	生物・質問
	人間的	人間・質問

図 26.12 批判的・活動的アートベース理論の構築のための柔軟な枠組み

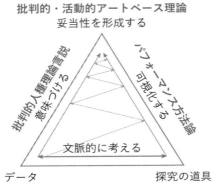

図 26.13 批判的・活動的アートベース理論の構築

しを行ってきた。このような問いかけは，まず，社会的に受容されているアイデンティティの物語，特にステレオタイプ化され，周辺化され，他者に従属させられている物語を特定し，それらを*再構築*し*再提示*する。次に，相対主義的，状況的，そして反道徳的な美学などによって導かれるように，ABR の問いかけは，再考されたアイデア，物質，メディア，または方法を*モンタージュ*，*コラージュ*，または*ブリコラージュ*して並置することによって社会的に受容されている物語を書き替え，崩していく。最後に，ABR の問いかけは，生き生きしたローカルな文脈を*再び綴り*，新たにつくられたアイデンティティの複合体を基盤とした，多様な自己と同時に立ち上がる可能性を取り込んでいく（図 26.13 参照）。

　*内省的*に考えることは，即興的な ABR の理論的戦略であり，継続的で実践に基づいた経験的な学習を行うことで，それにより「誰もが自身の方法論を決める」(Mills, 1959, p. 123)。それは，ABR 研究パラダイムの大きな枠組みにおいて，直感的で一時的な知の方法を組み合わせて，省察的かつその場に合った研究成果を出していく（**図 26.14** を参照）。

　柔軟な*即興的* ABR の枠組みは，*創発的*方法論を生み出す（図 26.15 参照）。アート制作の行動は，純粋に本能的な行為や無意識の動機づけられたものから，完全に意識的で論理的な理由づけがなされたものまで多岐にわたる。この 2 つの異なる知の方法の間にあるのが直感的なものであり，それは「異なる実体を混ぜ合わせることで，柔軟性に欠

ABR の柔軟な枠組み		
理論的な視点	*即興的*	
理論構築実践	省察的	即時的
	本能的	一時的
問いのタイプ	物理的	組み合わせから生じる
	生物的	組み合わせから生じる
	人間的	組み合わせから生じる

図 26.14 即興的なアートベース理論の構築のための柔軟な枠組み

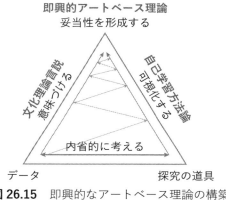

図 26.15 即興的なアートベース理論の構築

ける本能の世界から逃れることができ」，不可解なことを予知したいという衝動に突き動かされるのでも，慎重な論理を組み立てるだけでもなく，しばしば「発明的であり不合理」(Wilson, 1998, p. 31) なものに依存している，と定義されている。

　ABR の枠組みが有用なのは明らかであろう。世界について知りうること，あるいは知るに値することがすべて，数学や統計の枠組みや科学的な理論の中で捉えられるわけではない。また，知ることのできるもの，あるいは知るに値するものがすべて，私たちの世界に永続的に存在するわけでもない。ある種の知識は刹那的であり，そのままでは陳腐化したり，使用不能になったりする。実際，知識には非常に多くのカテゴリーがあり，その多くが，記号やモデルであり，たとえ一過性のものであっても，手を加えることでよく伝わるのは当然である。アート＋デザインがどのように評価されるかによるが，アート制作の第一の成果は，時間をかけて知識を記録し保存することである。また，受け継がれてきた知識に対して疑問を投げかけ，時間とともに定着した信念に異議を唱えることも，アート制作の成果であると言える。しかし，どのような結果であれ，アートは常にアイデアを形成し，情報を提供し，そして変化させる。

　アート作品の制作，デザインによる解決，研究としてのアートのいずれにおいても，Peirce の記号論的三段論法を実現するのに，表象と抽象を分離することは間違いである。表象的な結果と抽象的な結果は，どちらも経験を媒介としている。あらゆる表象は，人

間／社会／自然の経験の有用な抽象化であり，同じ経験の有用な表象として立ち現れる。表現上の成果も抽象的な成果も，既知の世界の理論的解釈を提示するために，その世界を媒介するものである。言い換えれば，*理論*（T）は，まず*経験*（E）に関わり，次に複数の物質的，象徴的，あるいは実行的な*解釈者*（I）によって媒介され，その経験が生きたものか，獲得したものか，現存の言説の形で交渉されたかにかかわらず，理論と等しいものとなる。これはABRの理論構築アルゴリズムでT＝E÷I（理論＝経験を解釈によって分割または分析），またはT＝E×I（理論＝経験を解釈によって乗算または強化）と書くことができる。

　それぞれのABRの枠組みは，質的および量的研究と一緒に織り込まれるハイブリッドな方法論に結合点を創り出す。さらに深い議論については，『Arts-Based Research Primer』（Rolling, 2013）において分析的，生成的，批判的・活動的，即興的アプローチの研究概要を参照できる。そこでは，科学者がアートをベースとした理解の領域を横断し，アーティストが知識の追求において科学の領域に越境することができる可能性が示されている。私は，知識の創造における自由奔放さを提案しているが，それはこれまで考えられていたよりもはるかに有効なものである。

アートベースの教育研究実践への示唆

　教育においてABRパラダイムを探究することの最大の利点は，科学的パラダイムに内在するバイアスを克服することにある。たとえば，今日私たちが理解している科学パラダイムは，西ヨーロッパでの「科学革命」がもとになっていると当然のこととして考えているが，この仮説は正しいとは言えない。実際，14世紀から19世紀半ば頃までは，「世界の全システムを記述し説明することを目的とした『自然哲学』と呼ばれるもの」（Henry, 2002, p. 4）が有力な探究概念であった。自然や物理的な宇宙の仕組みを研究する学問は，化学，天文学，物理学，解剖学，植物学，動物学，地質学，鉱物学といった分野の発展に代表されるものであった。しかし，この爆発的な学問の発展はルネッサンス期に視覚芸術，彫刻，建築におけるアート＋デザインの実践と応用を「知識の道具」（Claude Lévi-Strauss, Berger, 1972, p. 86による引用）とした，Leonardo Da Vinci（レオナルド・ダ・ヴィンチ）のような初期のアーティスト－研究者に代表される。このように，アート活動と科学活動は，人間の認識と文化の発展における双璧として結びつけられたのである。

　したがって，ABRのルーツは何世紀も前にさかのぼる。Leonardo Da Vinciは，建築家，音楽家，解剖学者，発明家，エンジニア，彫刻家，数学者，画家として活躍するために，多様な知識を身につけた。アートと科学の区分がまだ確立されていなかった時代に，Leonardoは20歳になる頃には芸術家と医学博士の組合である聖ルカ組合のマスター（親方）になる資格を得ていたのである。Leonardoが活躍した時代は，多様な知識ベースのABRが賞賛された時代であった。たとえば，Leonardoは1519年に亡くなる前に自身のポートフォリオを完成させているが，そこには1490年頃から1500年代初

頭にかけて制作した，人体，犬，蛙，馬，熊，猿，コウモリなどを見事に再現した数百枚の解剖図が収められていた。また，1511年から1513年にかけて描かれた人間の心臓の仕組みの図に見られるLeonardoの鋭い研究眼は，現在でも心臓外科医を驚嘆させているという。このような知的な職人芸にならい，アートベースの教育研究者は芸術的なものと科学的なものを融合させながら，次のようなことをやっていかなければならない。

- 研究課題を説明し，その核となる研究可能な問いを特定する。
- なぜその課題があなたの興味を引いたのか，あなたの視点を読者に紹介する。あなたの最初の主張を述べ，課題に対して選択したアートベースのアプローチを調査・説明し，なぜそのアプローチが目下の課題についてより深い理解を得ることができるかを説明する。
- 理論構築を開始し，その問いに対する一般的な言説をどのように*意味づける*かを示すと同時に，自分にとって意味のあるプロセスを*可視化する*。分析的，生成的，批判的・活動的，即興的な理論構築の根拠を示し，それぞれの主張を述べる。創発的な理解に対するあなた自身の貢献を明確にする。これらの創造的な貢献は，あなたの方法論を構成するのに役立つ。
- 現在の結論を進行中の理論として，収集したデータとともにあなたの経験を表現し，意味あるものとして伝えていく。

　要約すると，経験を解釈し，より具体的に経験を理解することがアートベースの成果である。そして，私たちのアイデンティティは，その経験によって形成され，情報を与えられることで変化すると捉えられる。アーティストとして，またアートの教師として，私たちはABRを実践しながら教育における究極の目的を問いつづけなければならない。教師が学習成果や生徒の行動をコントロールできなくなることを恐れていると，カリキュラムや学習成果の可能性を広げることができず縮小させてしまう。その結果，一度理解可能なカリキュラムが作られてしまうと，私たちの人生は必然的に変化していくにもかかわらず，それはずっと続く。

　アートベースの教育研究の取り組みは，観察，経験，実験を通して*分析的*に思考し，新しい知識を構築することである。また，*生成的*に思考し，その時点では見えない知識を象徴的な言語で組み合わせて新たな表現をすること，そして*批判的*に思考し学習し，積極的に過去の知識の文脈を変えること，*即興的*に学習し，過去と現在の知識を未来への問いの形に書き換えることである。

文献

Alliance for the Arts in Research Universities. (2013). *a²ru March 2013 Research Symposium overview and schedule*. Retrieved from http://lib.dr.iastate.edu/cgi/viewcontent.cgi?article=1055&context=a2ru.

Berger, J. (1972). *Ways of seeing*. London: Penguin Books. ［バージャー，J., 伊藤俊治（訳）（2013）．イメージ —— 視覚とメディア　筑摩書房］

Buchler, J. (Ed.). (1955). *Philosophical writings of Peirce*. New York: Dover.

Charles S. Peirce and Victoria Lady Welby. Bloomington: Indiana University Press.

Guba, E. G. (Ed.). (1990). *The paradigm dialog*. Newbury Park, CA: SAGE.

Hardwick, C. (Ed.). (1977). *Semiotics and significs: The correspondence between Charles S. Peirce and Victoria Lady Welby*. Bloomington: Indiana University Press.

Henry, J. (2002). *The scientific revolution and origins of modern science* (2nd ed.). New York: Palgrave. ［ヘンリー，J., 東慎一郎（訳）（2005）．一七世紀科学革命　岩波書店］

Hoy, W. K. (2010). *Quantitative research in education: A primer*. Thousand Oaks, CA: SAGE.

Meadows, D. H. (2008). *Thinking in systems: A primer*. White River Junction, VT: Chelsea Green. ［メドウズ，D. H., 枝廣淳子（訳）（2015）．世界はシステムで動く —— いま起きていることの本質をつかむ考え方　英治出版］

Miller, P. (2010). *The smart swarm: How understanding flocks, schools, and colonies can make us better at communicating, decision making, and getting things done*. New York: Avery. ［ミラー，P., 土方奈美（訳）（2010）．群れのルール —— 群衆の叡智を賢く活用する方法　東洋経済新報社］

Mills, C. W. (1959). *The sociological imagination*. New York: Oxford University Press. ［ミルズ，C. W., 鈴木広（訳）（1995）．社会学的想像力（新装版）　紀伊國屋書店］

Prawat, R. S. (1999). Dewey, Peirce, and the learning paradox. *American Educational Research Journal, 36*(1), 47–76.

Rolling, J. H. (2008). Rethinking relevance in art education: Paradigm shifts and policy problematics in the wake of the Information age. *International Journal of Education and the Arts, 9*(Interlude 1). Retrieved May 11, 2008, from http://www.ijea.org/v9i1.

Rolling, J. H. (2013). *Arts-based research primer*. New York: Peter Lang.

Steiner, E. (1988). *Methodology of theory building*. Sydney: Educology Research Associates.

Sullivan, G. (2010). *Art practice as research: Inquiry in visual arts* (2nd ed.). Thousand Oaks, CA: SAGE.

Wilson, B. (1997). The second search: Metaphor, dimensions of meaning, and research in art education. In S. La Pierre & E. Zimmerman (Eds.), *Research methods and methodology for art education* (pp. 1–32). Reston, VA: National Art Education Association.

Wilson, J. M. (1998). Art-making behavior: Why and how arts education is central to learning. *Art Education Policy Review, 99*(6), 26–33.

第27章

社会学，人類学，心理学におけるアートベース・リサーチの概観

● ジェシカ・スマート・ガリオン／リサ・シェーファー

(Jessica Smartt Gullion & Lisa Schäfer)

訳：ハイスありな／岡原正幸

　社会科学分野におけるアートベース・リサーチ（ABR）の認知度はいまだに低いが，この分野の研究者の中にはこれらの手法を高く評価している人が少なくない。本章では，社会学，人類学，心理学における ABR の手法を紹介しつつ，同分野における ABR の主要な動きについて説明していく。

　ABR の実践者は，アートベースの探究を通して抑圧の可視化を強調しており，そうした実践は社会科学者が行う研究に適しているとも言える。社会科学者の多くは，妊娠中や刑務所にいる女性，人種や民族のマイノリティ，病気や障害を持つ人，子どもなど，弱い立場の人たちに関わる仕事をしている。たとえば，Ephrat Huss（2007）は，イスラエルの文化にあって疎外された，遊牧生活から貧しい定住地での生活へと移り変わるベドウィンの女性たちの研究を行い，女性たちは絵や彫刻などのアート手法を通して自らの喪失体験を表現したのである。このような文化的移行の扱いはきわめて難しいが，アートを活用することで，これまでの研究で欠けていた情緒的な特性を引き出すことができる。つまり，アートを通して，人は言葉を持たない（言葉が存在しないのかもしれないような）感情を表現することができるのである。

　Capous-Desyllas と Forro（2014）は，セックスワーカーの問題を解決しようとする専門家らが集まるタウンミーティングを観察し，それをきっかけに，ABR プロジェクトを立ち上げた。彼らは問題解決を望むメンバーの中にセックスワーカー自身が含まれていないことに気づき，そのグループの日々の関心事や心配事に関する知識が限られたものであることを指摘した。いままで軽視されていた声も議論に取り入れるべきだと確信した Capous-Desyllas と Forro は，セックスワーカーに白黒フィルムが入った 35 ミリカメラを渡し，彼女たちのニーズ，願望，生きられた経験を写真で表現することを提案したのである。参加者は自分が撮ってきた写真について研究者と語り合い，作品は最終的にアート展として発表された。結果として，問題解決を望む人たちもセックスワーカー自身が問題視していることを理解することができ，彼女たちのニーズに答えられるような対策を提案できるようになった。

社会学

　社会学者はアートに関する研究を行い，アートに基づいた方法論を活用することもあるが，「アートベース・リサーチ」という言葉は，社会学分野でいまだに定着していない。それどころか，アートが学問の中で疎外されてきたと主張する研究者もいる（Alexander & Bowler, 2014）。

　アメリカ社会学会（American Sociological Association: ASA）が発行する『Sociological Methodology』誌は，社会学分野の方法論に関する主要な学術誌の一つだが，ABR に関する論文が掲載された実績がない。私たちは 2006 年から 2015 年の間に掲載された論文の分析を行ったのだが，社会学分野において ABR を取り上げたものを確認することはできなかった。むしろ，学術論文は量的データの収集や分析といった実証主義的なアプローチを圧倒的に重視していることがわかった。

　アメリカ社会学会はアートの区分を設けていないが，国際社会学会（International Sociological Association）の中に芸術社会学の研究委員会があり，アートとアートワールドの研究が進められている。

映像社会学

　社会学分野においてアートが疎外されていると言っても，研究者が全くアートと関わりを持たないというわけではない。アートベースの方法論の活用といえば，映像社会学（別の名称で呼ばれることもあるが）は最も知られている分野の一つである。

　Bourdieu（ブルデュー，1965）は最初の映像社会学者としてしばしば評価されることがある（Bourdieu, 2014; Grenfell & Hardy, 2007）。彼は 1950 年代にフランス軍としてアルジェリアに駐留し，のちに現地で大学講師を務めながら，戦争で苦しむアルジェリアの人々を写真に収めつづけた（Bourdieu, 2014）。Bourdieu（1965）によれば，写真は研究者に行為や経験を理解するための異なったツールを与えるものである。また，「写真撮影と写真イメージの意味をめぐる研究は，ある行為の客観的規則性と主観的経験を総合的に理解するために考案された独自の方法を採用する特権的な機会である」（p. v）とも述べている。

　社会生活を表現する方法として，映像社会学者はドキュメンタリー的な写真（ビデオを使う事例も増えているが）を用いることが多い。フォトエッセイは，表現の一種としてインタビューと組み合わされることが多く（Wahl, 2014），時には研究者による解説も含まれるが，分析の段階では軽視されがちである。アメリカ社会学会の『Contexts』と国際映像社会学会（International Visual Sociology Association）の『Visual Studies』という 2 つの学会誌はこのような研究を掲載している。

　映像社会学者はまた，フォトエリシテーションの手法を採用している。たとえば，Wahl（2014）は，イスラエルとパレスチナの写真家を写真に収めてきた。この地域は，これまで多くのドキュメンタリーで描かれてきたが，彼のプロジェクトはドキュメンタ

リスト自身にカメラを向けたのである。Wahl は，写真家のアーティスティックなアプローチ（いつ，どのようにして特定の写真を撮ろうと決心したか）と戦争カメラマンとしての活動の両方を理解するために，紛争地域での撮影と仕事について彼らにインタビューを実施したのである。

　フォトエリシテーション（またはフォトボイス）プロジェクトでは，参加者が写真を撮影した後，研究者とその結果を共有し合うことが多い。そして，共に写真を批判的に考察する過程の中で，研究者が参加者に深層インタビューを行い，撮影された写真は何らかの形で展示されることが多い。たとえば，Nash（2014）は，妊婦にデジタルカメラを渡し，妊娠期間中の自分自身や日常生活を撮影し，妊娠中の経験を映し出す写真を撮るように依頼した。データから浮かび上がった大きなテーマの一つは「胸の変化」である。それはつまり，女性たちは妊娠過程において，妊娠とは無関係の乳房を取り巻く文化的規範と関連づけながら，自分の胸の変化をどのように経験するのか，という観点である。興味深い研究の中には次のような事例もある。Sternudd（2014）は，自傷行為（主にリストカット）をする人々の体験と写真の大規模なデータベースを調査した。このプロジェクトはメタファーの視覚的な表現方法を考察し，自傷行為を行う人々にとっての可視性の重要さと，コミュニケーション行為としての血の可視性を指摘している。

　映像社会学者が用いるもう一つの手法は，ウェブサイトや写真アーカイブにあるような「発見された」画像を利用するものである。Uimonen（2013, p. 122）は，Facebook 上の画像を分析し，社会的相互作用を探索しているが，人は Facebook の友達を「閲覧する」行為で「トランスローカルかつトランスナショナルな社会的関係をコントロール」しているというのである。そのような画像（特にプロフィール画像）は，フィルターやその他の写真編集ソフトなどで加工されやすいことから，Uimonen は個人が他者に見てもらいたいリアリティを直接に構築することを明らかにした。つまり，これらはビジュアル・アイデンティティの演出である。Yeates（2013）は，有名サッカー選手デヴィッド・ベッカムの写真の分析を通して，男性のセクシュアリティと男性性を考察した。ベッカムの画像と，それらに対する世間の反応の分析を通して，ベッカムがどのように男らしさを「演じる」のか（たとえば，下着の広告など），また逆に，男性のセクシュアリティがメディアによってどのように規定されているのかを検証している。Butler（2013）は，リスクカルチャーと環境不安の視点を用いて，子どもと自然災害のメディアイメージの事例研究を行い，子どもや子ども時代をめぐる感情が，地球温暖化の議論にどのように持ち込まれるかを探っている。これらの研究において，社会のある側面をよりよく理解するために，既存の画像とその文脈的・言説的基盤が用いられたのである。事例をもう一つ取り上げてみよう。Simbürger（2013）は，ビジュアルな言説としての広告について書いている。彼女は特に，チリのサンチアゴ市の公共交通機関に設置された高等教育機関の広告キャンペーンに注目し，それらには同国の新自由主義的な高等教育の実態とは対照的な起業家精神のメッセージが描かれていることを明らかにした。

　社会学者の中には，ビジュアル・オートエスノグラフィーの手法として写真を用いる研究者もいる。たとえば，Li（2013）は，写真や個人的および分析的な洞察を使って，現代の上海における資本主義の爆発的な普及を考察している。このプロジェクトは，社

会の急速な変化と，西洋的な大量消費の概念の受け入れという歴史的背景と深く結びついている。また，Hockey と Allen-Collinson（2006）は，長距離ランナーの研究において，ビジュアルデータとオートエスノグラフィーのデータを関連づけ，このサブカルチャーの身体化された経験に特化したユニークな「見方」を提示している。

映像社会学分野すべてに普及しているわけではないが，一部の映像社会学者が映画やビデオを手法として用いることもある。たとえば，Brown（2010）は，Duneier（1999）の書籍『Sidewalk』を題材にした同名のドキュメンタリーを制作した。この作品は，ニューヨークで捨てられた本や雑誌を売る，主にアフリカ系アメリカ人のホームレスの人たちの生活を描いている。また，フォトエリシテーションと同様に，身体的な経験や身体化を記録するためにビデオダイアリーを使用している映像社会学者もいる（Bates, 2013）。

ソーシャルフィクション

社会科学分野におけるアートベース・リサーチの新しいアプローチとして，ソーシャルフィクションという方法が注目されはじめている。社会学者のリーヴィーの主導で，Sense Publishers 社はこの分野の受賞作シリーズを出版している。たとえば，リーヴィーの小説《Blue》（Leavy, 2015），《Low-Fat Love》（2011, 2015），《American Circumstance》（2013）は，ジェンダー，アイデンティティ，人間関係について，彼女自身が大学で女性たちに教えたり，インタビューしたりした経験や研究に基づいている。研究で得られた知識は，フィクションとしての登場人物やシナリオを通して表現され，従来の学術的な文章とは異なって，よりパーソナルな形で読者とつながるものになっている。たとえば，彼女の最新作《Blue》は，大学を卒業した人が大人になっていくプロセスを描いており，そうした体験と共鳴するものとなっている。登場人物たちのやりとりは，健全な人間関係と不健全な人間関係の違いを浮き彫りにしており，まっとうな社会科学に基づくものである。同じく，ガリオンの小説《October Birds: A Novel about Pandemic Influenza, Infection Control, and First Responders》（Gullion, 2014）は，医療社会学と公衆衛生学の研究と実績を活用し，仮想のパンデミックの発生を描いている。かつて感染症の疫学者であり，現在は社会学の教授であるガリオンは，インフルエンザ感染の現実的なシナリオを提示し，その状況で医療従事者がどのように対応するかを表現している。また，William Marsiglio は共著者の Kendra Siler-Marsiglio とともに，家族および父親のあり方や，ジェンダーに関する研究を，小説《The Male Clock: A Futuristic Novel about a Fertility Crisis, Gender Politics, and Identity》（2015）に活かしている。このディストピア小説は，男性の子孫繁栄能力が損なわれた世界と，そこから生まれる性の政治を想像して描いている。

ソーシャルフィクションのプロジェクトでは，研究者は文献や研究に基づいた一定の社会学的なルールでフィクションを構成し，そのルールの中で行動する登場人物やシナリオを創作する。ソーシャルフィクションの作者は，自らの経験（研究者，教師，アーティスト，人間として）を引用し，実証的な研究に対抗して身体的な研究（Gullion, 2015）

と位置づけている。意図的に幅広い読者層に受け入れられるよう文章を書くことで，彼らはアカデミックな世界と一般の世界という分断を超えて，同じ業界の学術誌の読者よりも幅広いオーディエンスに向かおうとしているのである。

芸術社会学

社会学者は，芸術の世界そのものを研究対象としていることもある。たとえば，Becker の『Art Worlds（アート・ワールド）』（1982）は，アート作品を制作する集団的なプロセスを考察しており，芸術社会学研究の土台ともいわれている。社会学者は，アートワークそのものを評価するのではなく，創造性やアート制作の歴史的・社会的プロセスに関心を寄せる（Rothenberg, 2014）。芸術活動では，個々のアーティストが孤立してプロジェクトを進めるイメージがあるが，実は他者との相互依存関係が非常に強いものである。たとえば，画材の生産者，画廊オーナーや美術教師との関係，そして彼らが最終的な作品にどのように関与しているかを考えてみるとよいだろう。社会学者の中には，ジェンダーとアート（Christin, 2012; Erigha, 2015），人種とアート（Shaw & Sullivan, 2011; Steenberg, 2009），社会階級とアート（Reeves, 2015）に注目する研究者もいれば，Baumann（2007）のようにアート世界の正統化を研究している研究者もいる。これらの研究で，社会学者は特権のインターセクショナリティ（交差性）と，それらがアートの制作と消費にどのような影響を与えるかを考察している。さらには，ハイアートとポピュラーカルチャーを区別する文化的な先入観，特定の芸術作品の本質的価値の社会的構築とそれに対立する美学についても研究している。

Gullion と Cooksey（2013）は，ツールとしてアートジャーナルを用いつつ，女性たちが母であることを社会的にどのように表象するかについて研究している。アートジャーナルはミクストメディアの手法の一つで，作家が自己表現としてテクストとビジュアルアートの両方を組み合わせた本を作りながら，より大きな社会的批評（このケースでは，母親であることの実践や母親であることの社会的表象について）も行うものである。社会学者の Julia Rothenberg（2012）はニューヨークでフィールドワークを行い，地元のアーティストたちの作品を通じて 9.11 同時多発テロに対する彼らの反応を分析した。アーティストが表現した 9.11 と主流メディアを通じて描かれた 9.11 を対比したのである。Rothenberg は，Adorno（アドルノ）と Benjamin（ベンヤミン）の理論的構造を使って，彼らのラディカルな社会変革への願望に沿わせながら，このアート作品を通して 9.11 の経験の枠組みを探った。Farkhatdinov（2014）は，アート・インスタレーション（観客がある空間に物理的に入り，介入する作品）が，美術館や博物館の来場者にどのように体験されているかを調査している。この研究では観客がインスタレーションによって，またインスタレーションについてどのように考えているか，そしてアート作品の意味が（特に，より抽象的に作られたインスタレーションにおいて）どのように論じられるかを考察した。これらの研究では，アート作品の言説的側面と物質的側面の両方が考慮されつつ，より大きな社会的文脈に埋め込まれたアーティストの身体的な作業のプロセスが探られたのである。

アートワールドの概念はビジュアルアートにとどまらず，さまざまな分野に広がっている。Crossley（2015）は，身体化された音楽制作について書き，また音楽スタイル，環境，素材，あるいは場所といった他の要素と身体技法との相互作用について書いている。その他，アートとテクノロジー（Robinson & Halle, 2002），政治や経済におけるアートの役割（Abing, 2002）なども研究テーマとして注目されている。たとえば，Alexander（1996）は，資金問題と，それらがアメリカの美術館における展示にどのような影響を与えるかについて書いている。この研究で Alexander は，26 年間にわたるアメリカの主要 15 美術館の資金助成の変化（寄付型から機関投資型へ）の影響を調査し，こうした変化は美術の基準を広げると同時に，小規模で学術的な展覧会を制限する結果になっていると論じた。

芸術社会学の新たな興味深い領域は，人間中心主義を脱し，物質性というエージェントを扱っている（Fox, 2015; Strandvad, 2012）。このような研究者は，アート作品の物理的な性質そのものを軽視してきた伝統に疑問を投げかけ，Latour（ラトゥール），Deleuze（ドゥルーズ），Guattari（ガタリ）の理論とニューマテリアリズムに基づきながら，主体／客体の二項対立を多様なエージェントと情動に置き換え，アート／アーティスト／アートワールドの集合体を考察しているのである。

アクションリサーチ

アクションリサーチそのものはアートベース・リサーチの手法ではないが，アクションリサーチの研究者は地域コミュニティとの共同作業において，ABR 手法を用いることが多い。アクションリサーチの研究者は，地域社会の問題を把握・解決するために，地域住民と協働する（Gullion & Ellis, 2014）。アクションリサーチの最大の目標は社会変革であり（Abraham & Purkayastha, 2012），アートや演劇はしばしば，社会への抗議，学び，社会参加の形態として活用されることがある。たとえば，Quinlan（2009）は，医療従事者の職場でのいじめ問題を解決するために，参加型リサーチの手法を採用した。ワークショップでは，参加者がそれぞれの体験談を語りながら，いじめの身体的な側面を捉えるための一連のエクササイズを行っている。最後には，より広範な観客に向けてそれらの体験を舞台で演じ，観客はそこで見せられた出来事を対話形式で分析し，効果的な対応策を考えた。より大規模なアクションリサーチ・プロジェクトにおいて，Marcu（2016）は幅広い利害関係者と協力し，ヨーロッパ 5 ヵ国におけるロマ族の若者の薬物・アルコール依存について調査し，対策に取り組んだ。データ収集の手法の一つとしてビジュアルコラージュが採用され，参加者は提供された画像を用いて薬物，タバコ，アルコールをテーマにしたコラージュを作成した。また，参加者が作品制作をする中で，研究者がその制作プロセスや選んだイメージについてナラティブ形式でインタビューを行った。つまり，インタビューと完成したコラージュの両方が分析用のデータとして使用されたのである。

Cahill（2007）は，「Makes Me Mad: Stereotypes of Young Urban Womyn of Color」というプロジェクトにおいて，若い女性のグループと共同で，資源の不足，ステレオタイプ，

公共空間における女性の恐怖体験の相互作用を理解するための調査を組み立てている。その成果物の一つが近隣の地域に貼って回った「ステレオタイプ・ステッカー」である。また，彼らはウェブサイトを立ち上げ，報告書も共同で書いた。しかし，それ以上に重要なのは，この種の研究の目的の一つなのだが，彼女たちが自分の地域の社会変革を開始するためのツールを手に入れたことである。Cahill（2010）は別の参加型調査の中でも，ステレオタイプが移民の若者に与える感情的・経済的な影響について調査した。ステレオタイプへの意識を高めるために，ソーシャルメディア上のキャンペーンで研究データをクリエイティブに表現し，研究者自身がその体験をビデオでドキュメンタリードラマとして演じたのである。

人類学

アートベース・リサーチの手法は，社会学者よりも人類学者によって活用される可能性が高い。これは，人類学者が物質文化を実際に扱うからであろう。人類学的な研究において，人間の創造物である芸術や物質文化は重要な要素である。さらに，ABRの技法は，社会学者よりも人類学者の間でより正当化されている。とりわけ社会人類学者や文化人類学者の間ではそうである（Cone & Pelto, 1965）。

ABRの導入は，1990年代から現在に至るまでの，文化を「本当に」表象するものとされたエスノグラフィーに向けられてきた批判への応答でもある。このような批判の中には，エスノグラフィーは特定の文化集団に関する単純なドキュメンタリー的なレポートよりもはるかに複雑なはずなのに，エスノグラファーという（偏った，欠陥のある）道具を通して行われるため，決して「本当の」現実を伝えることはできないという意見もある。このような議論を踏まえ，一部のエスノグラファーはABRを研究に取り入れはじめたのである。たとえば，Somerville（2013）は，『Water in a Dry Land: Place-Learning Through Art and Story』（2013）において，アートと語りを通してオーストラリアの先住民の文化を考察している。この研究は研究者自身のオートエスノグラフィーの体験とも密接に絡み合っている。本書は特にオーストラリアのマレー・ダーリング盆地の水域を取り上げ，水が個人的で文化的な意味生成の言説的源泉であるだけでなく，その地域の人々やその他の存在に物質的な影響を与えるものでもあることに注目している。ABRによってSomervilleは，水と場所を理解する多様な手法を取り込むことで「この古くて乾いた土地で，そして世界規模で，水についての物語と実践をどのように変えられるか」（p. 9）という大きな問いを立てることができたのである。

人類学におけるABRの手法としてよく用いられるのはエスノドラマ，エスノグラフィック・フィクションや詩といったツールである。人類学者は，映像人類学やフォトボイスなど，他のABRの手法も積極的に採用している。この種の研究はアメリカ人類学会の一部であるヒューマニスティック人類学会（Society for Humanistic Anthropology）の学術誌『Anthropology and Humanism』に掲載されていることが多い。

エスノドラマ

　エスノドラマやパフォーマンス・エスノグラフィーは，研究者がデータ（インタビュー記録，メモ，その他の文書など）を脚本化し，それを舞台で上演するものである。Saldaña (1998, pp. 181-182) は，エスノシアターを「ある研究のインタビュー記録やフィールドノートから重要な部分を抜粋し，観客のために注意深く構成し，脚本化および劇化したもので，視覚表現と感情移入によって参加者の生活に対する理解を深めるもの」と定義している。また，エスノドラマという言葉は，人類学者 Victor Turner（2001）によってつくられた。彼は，生きられた経験はナラティブ（語り）の形式によってこそ，よりよく表されると説き，パフォーマンスによって被調査者の「皮膚の中に入り込む」ことができると主張した。この手法は，研究者と観客の間に対話を生み出すものでもあり (Madison, 2005)，観客がパフォーマンスに参加することもしばしばある。

　Gillen と Bhattacharya（2013）は，テキサス州南部における 1950 年代と 1960 年代のチカーナのアクティビズムをより理解するために，パフォーマンス・エスノグラフィーを実践した。彼らの論文「Never a Yellow Bird, Always a Blue Bird: Ethnodrama of a Latina Learner's Educational Experiences in 1950-60s South Texas」は，ドラマツルギー表現に関心を持つ他の研究者にとって有用なガイドとなるだろう。インタビューのデータを元にテーマを設定し，脚本化し，さらに参加者のもとでその妥当性を確認するというプロセスを詳しく説明しているからである。

　人類学者は分析のための手法として，また教育的なツールとして，さまざまな研究プロジェクトにエスノドラマを活用している。たとえば，Nimmon（2007）は，カナダで英語を第二言語として使う移民女性の健康状態が，時間の経過とともに悪化していることに関心を持った。彼女は，女性たちが医療制度を利用する過程で，言葉の壁に直面していると仮説を立てた。深層インタビューのデータに基づいて，彼女たちの経験の一部を描いた劇が創作された。そして，この作品を通じて，Nimmon は女性たちの体験の妥当性を認めるだけでなく，彼女たちの視点を医療従事者に示すことで，医療従事者の共感と理解を促したのである。

　Sutton-Brown（2013）は，女性のエンパワメントとマイクロファイナンスをテーマとしたプロジェクトに参加した 6 人のマリ人女性の物語と経験をエスノドラマとして表現し，結果として女性の声をローカルな意思決定プロセスにもグローバルな意思決定プロセスにも組み込むことができた。先の例と同じく，戯曲の上演によって，社会的に疎外された集団の声が届きやすくなり，観客はより深く理解できるようになったのである。

エスノグラフィック・フィクション

　社会学者と同様，フィールドワークをもとにフィクションを書く人類学者もいるが，手法としてのフィクションは人類学の中では軽視されることもある (Schmidt, 1984)。しかし，フィクションは，研究者が説得力のある作品をドラマティックに表現することを可能にし，読者側の感情的なつながりを強めるのに有効である。たとえば，フィク

ションを土台にエスノグラフィーを書いている Frank（2000）は，「人類学者はようやく，アートと科学の境界線が曖昧であることや，エスノグラフィーはあくまでも現実の主観的な表象とその構築からなる部分的な真実であると認識しはじめた」（p. 482）とも述べている。このように認識することで，実験的な表現形式に手を出す研究者が出てきているのだ。

オックスフォード大学で人類学を学んだ Amitav Ghosh（アミタヴ・ゴーシュ）は，インドを舞台に，エスノグラフィーに基づく小説をいくつか書いている（Stankeiwicz, 2012）。彼の小説は膨大なフィールドノートと日記に基づいており，フィクションでありながら，人類学的な詳細さを備えている。インタビューの中で Ghosh はこう語る。「人類学（特にフィールドワーク）から学んだ最も重要なことは，観察の技術である。人間の相互作用を観察する方法，会話に耳を傾ける方法，隠れたパターンを探す方法など。このことがずっと頭の中に残っていて，私がやってきたことすべてに影響を及ぼしている」（Stankeiwicz, 2012, p. 541）。エスノグラフィー的な思考は，ストーリーテリングと相性がいいのである。

Ghodsee（2012）は，短編小説《Tito Trivia》で，ボスニア・ヘルツェゴビナで育った少女が，ユーゴスラビアの革命家ヨシップ・ブロズ・チトーの生涯に夢中になる様子を描いている。小説形式を通じて，読者はチトーのことを知るだけでなく，彼の行動がクロアチア紛争を生きる人々にとってどんな意味があったのか，そしてその戦争がこの子と家族にどんな影響を与えたのかを理解することができるのである。Ghodsee の作品は，個人から文化へ，そしてまた個人へと視点を移し，フィクションを使って戦争の物語は人間味あふれるものに変化している。Nancy Lindisfarne（2000）は，シリアでのフィールドワークから生まれた短編小説を書き，《Dancing in Damascus》という本にまとめている。作品の中では，女性らしさ，愛，ステレオタイプ，結婚といったテーマが取り上げられている。また，この本のあとがきで，フィクションへの転向と，こうした文章を書くための方法論について次のように説明している。「短編小説を書きたいと思ったのは（…）ダマスカスで知り合った人々をエスノグラフィーの対象として扱うことは，どうしようもなく傲慢で，明らかに馬鹿げているという確信があったからだ。自分が書く中で，あまりにも多くのことを省略してしまうのではないかと心配した（…）つまり，ダマスカスでのフィールドワークから学んだことを書き留める他の方法を見つけない限り，私がオリエンタリズムの罠に落ちることは避けられないように思えた」（p. 124）。

アメリカ人類学会の年間最優秀賞に象徴されるように，予感する人類学は，学問の成果を未来に展開するものであり，時に推理小説のように解釈されることもある（Collins, 2003）。

エスノグラフィック・ポエトリー

「エスノグラフィック・ポエトリー」は，フィールドワークに基づく詩と定義することができる（Maynard & Cahnmann-Taylor, 2010）。独立した詩として出版されることもあるが，多くの研究者は人類学的根拠を読者に知らせるために簡単なエスノグラフィー的な

記述を含めている。

たとえば，Davis（2014, p. 201）は，オーストラリアにおけるトレス海峡諸島の人々やアボリジニーとのフィールドワークに基づいて，その際に感じた自分の疎外感，身体，出会いを詩で表現している。また，「その社会構造や集団行動を観察したところ，トレス海峡諸島の人々はジュゴン（海洋哺乳類の一種）に寄せた言葉で自己表現をすることがある（…）糧と住まいとしてのジュゴンを意味ある形でまとめられるのは，おそらく詩だけだろう」（p. 201）とも言っている。詩は，他のナラティブ形式では表現できないような，島の人々の生活のエッセンスを表現するための道具なのである。

さらにいくつかの事例を見てみよう。意に沿わない中絶を題材にした Zhang（2013）の受賞作《One Child Policy》は，詩がいかに感情的な表現に適しているかを示す美しい例と言えるだろう。著者は作品の冒頭で，『New York Times』紙の記事を引用している。「陝西省の辺境の村で妊娠 7 ヵ月だったフェン・チャンメイ（馮建梅）は，中国の一人っ子政策に違反した罰金を払わず，地元の役人に中絶を迫られた」（p. 95）。これに続く詩は，女性の視点からその経験を思い描き，心を揺さぶる作品になっている。King（2011）の詩《Jalali Has Moved to Montana》は，自身のフィールドワークに呼応して，アメリカ神話とアルメニア神話を取り上げている。この作品で King は，アルメニア神話に登場する魔法の馬ジャラリに言及し，何もすることができないまま，民衆の苦しみを眺めていた馬の物語を描き出した。また，キューバ系アメリカ人の人類学者 Ruth Behar（2011）は，《Broken Streets of My City》で，祖国への帰還にともなう体験や感情を詩にした。Behar（1997）は，エスノグラフィーを書く際のヴァルネラビリティ（脆さ）についての研究でよく知られているが，読者をより大きなテーマに引き込むために，彼女自身の個人的な物語を使っている。

エスノポエティクスは，詩人，人類学者，言語学者，文学者が協力して，先住民族の詩を新しい読者層に届けるためのサブフィールドであり（Ryan, 2010），この種の作品は口頭で発表される。「エスノポエティクス」という言葉は，1968 年に Jerome Rothenberg によって作られ（Brady, 2003），言語的なディテール，言語的な個人の役割，詩の形式が持つローカルな美意識に細心の注意を払う研究である（Webster, 2009）。たとえば，Wesbter（2006）は，ナバホ族の詩人によるナバホ語の短詩を紹介し，そこに込められたナバホ族の象徴体系，音韻，意味論を探った。

エスノミュージコロジー

「エスノミュージコロジー」とは，エスノグラフィーと音楽学の学際的な組み合わせである。この分野において音は文化と組み合わせて研究され，音楽は社会的実践とみなされる。イギリス・エスノミュージコロジー・フォーラム（British Forum for Ethnomusicology）の『Ethnomusicology Forum』は，この分野の研究にとって重要な学術誌である。

Marian-Bălaşa（2002）の論文「Birds in Cages Still Sing Well: An Introduction to the Musical Anthropology of Romanian Jails」は，この種の研究の興味深い一例である。Marian-Bălaşa はルーマニアで広がっているジャンルとしての刑務所ソングを調査した。彼女は

刑務所内で調査および録音を行った。その際に，歌える，または楽器の演奏ができる受刑者たちが参加者として招かれた。歌は抵抗とエンパワメントの手段であり，文化の伝達の手段でもある。しかし，残念なことに，受刑者たちが既成の音楽に簡単にアクセスできるようになったことから，自分たちで音楽を制作しようという気持ちが薄れ，最終的にはそういった歌も消えつつある。

心理学

　社会学や人類学に比べれば，心理学はより気軽にアートベース・リサーチとその実践を受け入れてきた。特に，カウンセリング，臨床心理学，教育心理学の分野では，このような動きがよく見られる（Higgs, 2008）。また，心理療法においても ABR 手法が採用されることが増えてきている。たとえば，アートセラピーや音楽療法では，心理学の理論がビジュアルアートやオーディオアートと組み合わされ，心の健康を改善するために使われている。アメリカ・アートセラピー協会（The American Art Therapy Association）は，このような技法の実践者のための専門組織であり，『Art and Therapy』『The Arts in Therapy』『Journal of Health Psychology』などの学術誌に，心理学や心理療法における ABR の研究結果が掲載されている。また，アートセラピストと音楽療法士には，ともに臨床に必要な専門的な資格がある。

　さらに，アートの心理学に関する研究も数多く存在している。この議論は非常に有益ではあるが，本章では扱わない。ただ，読者にはこの領域をさらに探究していただければと思う。

アートセラピーと音楽療法

　アートセラピーでは，「経験を理解し，感情表現を促し，癒やしを進める」（McNiff, 1998, p. 88）ために，創造する作業過程が活用されている。患者らはアート作品を制作するのだが，セラピーの過程におけるアートの活用は，参加者による芸術的表現であるということ以上に，アートを制作する過程で患者がいかに内省し，いかなる関係をもつかがきわめて重要である。アートセラピーは患者のウェルビーイングを向上させる治療の手段として，数多くの症状に用いられ，さまざまな場面で広く実践されている。

　数えきれないほどの事例があるが，その中からいくつか挙げていこう。Artra（2014）は，心的外傷後ストレス障害（PTSD）と診断された元兵士の経験を研究するために，アート（ドローイング，絵画，彫刻を含む）と参加者の語りを組み合わせている。Slayton（2012）は，心理社会的な困難を経験する若者を対象に，グループ・アートセラピーのアプローチを用いている。参加者は9週間かけて，段ボール，木材，アクリル絵具などのさまざまな素材を用いて都市のミニチュアを作った。また，グループでの制作過程の中でさまざまなメディアを使って，メンバーの願い，希望，経験を表現し，創造してきた。Ragan, Rinehart と Ceballos（2011）は，アートベースの介入を通して，大学生

の不安を軽減するための個人とグループのアートプロジェクトを立ち上げた。Linesch, Aceves, Quezada, Trochez と Zuniga（2012）は共同プロジェクトにおいて，フォーカスグループと家族が描いたドローイングを活用し，アメリカに移住したラテン系家族の文化変容の体験を研究している。

　同様に，音楽療法士は音楽を治療環境において活用しており，それは心理的なものであったり，身体的なものであったりする。たとえば，脳卒中を患った患者が，歌うという行為によって筋肉のコントロールを回復させたり，音楽を使うことで血圧や心拍数を改善させたりできるのである（Loomba, Arora, Shah, Chandrasekar, & Molnar, 2012）。Vander Kooij（2009）は，深刻な精神疾患を抱える大人との音楽療法実践のツールとして，ソングライティングのテクニックを使用した。自作の歌と深層インタビューを組み合わせた彼の研究は，参加者の精神疾患をめぐる生きられた経験を明らかにすることに成功した。また，Gutiérrez と Camarena（2015）は，全般性不安障害と診断された患者の不安とうつを軽減する方法を探る研究を行っている。患者と音楽療法士の双方が，音楽を聴くだけでなく，物語をミュージカルにする試みなど，音楽制作を積極的に応用している。

エスノドラマ

　人類学者と同様に，心理学者もエスノドラマの手法を使って生きられた経験を描き，公的な議論の場に参加しようとしている。Sermijn, Loots と Devlieger（2010）は，インタビューのトランスクリプト〔文字起こしされたテキスト〕とフィールドノートから，エスノドラマ《Wolves in Sheep's Clothing or Sheep in Wolf's Clothing?: Scenes of a Dialog》を制作し，そこで研究者と参加者の関係や相互作用を描くことで，研究プロセスそれ自体を描き出すことができた。他の事例では，アルツハイマー病に苦しむ家族の介護体験を描いた，McIntyre と Cole（2008）のエスノドラマ《Love Stories》がある。Lykes（2013）は，暴力や人権侵害のサバイバーを対象に，コミュニティベースの参加型プロジェクトを行っている。この研究では，演劇，ドローイング，アクションリサーチ，言葉遊びなどの手法が用いられ，コミュニティベースの行為が演じられ，参加者の経験が表現されている。

写真

　治療手法として，また研究方法（研究者や参加者が作成したフォトエッセイやフォトエリシテーションを含む）として写真を取り入れている心理学者もいる。たとえば，Frith と Harcourt（2007）は，乳癌と診断された女性に化学療法が与える苦痛や感情的な影響を理解するために，フォトエリシテーションを用いた。Silver と Farrants（2015）は，同じ手法を使って，醜形恐怖症と診断された患者が鏡を自分で見たときの体験や衝撃について研究している。Jacobs と Harley（2008）は，フォトボイスを用いて，HIV／エイズと向き合って生きる子どもや家族の経験を調査した。ここで述べた研究結果は，いずれも治療現場で利用可能なものである。

おわりに

　それぞれの分野で使われているアートベース・リサーチの手法は異なっていても，社会科学は徐々にこれらの手法を有効な研究方法として受け入れはじめている。また，ABR は「表象の危機」（Nöth, 2003）に立ち向かうためのツールとしても注目されつつある。ここで言う「表象の危機」とは，データが人間の視点を通して解釈されることから生まれる，社会科学の「真実」と構築性に対する懸念である。そして，アートを用いた表現への転換は，そうした危機に向き合うための一つの手段である。

　ABR の利点として，参加者，研究者，オーディエンスのアート的なコラボレーションを通してより深い知識を得られる可能性が，さまざまな研究でよく取り上げられている。さらに言うと，実証主義的研究における受動的な調査協力者と違って，ABR の参加者は共同研究者とみなされることも多い。また，ABR を教育的ツールとして用いる研究者は，公共にひらかれた学問の可能性をもう一つの利点として強調している。

　この章では数多くの ABR の事例を紹介してきたが，ここで改めて強調したいのは，これらの手法は社会科学分野の研究全般のほんの一部でしか活用されていない，ということである。研究助成機関が質的研究のプロポーザルを評価する傾向は高まってきているが，とはいえ，依然として，プロポーザルに量的研究の要素がある場合（つまり「混合型」の研究であること）に限られていることが多い。さらに，学問世界の新自由主義化とテクノクラシー的な政策が拡大するにつれて，科学を実証主義的なものとして理解する傾向は強まっている。こういった理解の仕方は，まさに（社会「科学」という）私たちの呼称そのものであり，私たちが自分の仕事を科学的であると主張してしまうことと絡み合っている。そんな理解の方向をとれば，自然科学や実験科学に対して私たちの知名度は上がるかもしれないが，同時に，社会科学の分野におけるユニークな研究や異なる理解の方法の可能性を制限することになってしまうのだ。

　こうした課題はあるものの，ABR は社会科学者が世の中を把握するための新たなツールであり，数字やインタビューでは表現しきれないデータを取得することができるものである。研究者の最大の目標は人間の行動を理解することであり，そのため，学問を方法論的に限定することなく，あらゆる知（ること）の方法を受け入れるべきである。

文献

Abbing, H. (2002). *Why are artists poor?: The exceptional economy of the arts*. Amsterdam: Amsterdam University Press.［アビング，H.，山本和弘（訳）（2007）．金と芸術——なぜアーティストは貧乏なのか？　グラムブックス］

Abraham, M., & Purkayastha, B. (2012). Making a difference: Linking research and action in practice, pedagogy, and policy for social justice: Introduction. *Current Sociology, 60*(2), 123–141.

Alexander, V. D. (1996). Pictures as an exhibition: Conflicting pressures in museums and the display of art. *American Journal of Sociology, 101*(4), 797–839.

Alexander, V. D., & Bowler, A. E. (2014). Art at the crossroads: The arts in society and the sociology of art.

Poetics, 43, 1–19.

Artra, I. P. (2014). Transparent assessment: Discovering authentic meanings made by combat veterans. *Journal of Constructivist Psychology, 27*(3), 211–235.

Bates, C. (2013). Video diaries: Audio-visual research methods and the elusive body. *Visual Studies, 28*(1), 29–37.

Baumann, S. (2007). A general theory of artistic legitimation: How art worlds are like social movements. *Poetics, 35*, 47–65.

Becker, H. S. (1982). *Art worlds.* Berkeley: University of California Press. ［ベッカー，H. S.，後藤将之（訳）（2016）．アート・ワールド　慶應義塾大学出版会］

Behar, R. (1997). *The vulnerable observer: Anthropology that breaks your heart.* Boston: Beacon Press.

Behar, R. (2011). Broken streets of my city. *Cuban Studies, 42*, 186–195.

Bourdieu, P. (1965). *Photography: A middle-brow art.* Stanford, CA: Stanford University Press.

Bourdieu, P. (2014). *Picturing Algeria* (F. Schulthe & C. Frisinghelli, Eds.). New York: Columbia University Press.

Brady, I. (2003). *The time at Darwin's Reef: Poetic explorations in anthropology and history.* Lanham, MD: AltaMira Press.

Brown, B. A. (2010). *Sidewalk* [Documentary]. Princeton, NJ: Princeton University Press.

Butler, R. (2013). Images of the child and environmental risk: Australian news photography of children and natural disasters, 2010–2011. *Visual Studies, 28*(2), 148–160.

Cahill, C. (2007). Including excluded perspectives in participatory action research. *Design Studies, 28*, 325–340.

Cahill, C. (2010). "Why do they hate us?": Reframing immigration through participatory action research. *Area, 42*(2), 152–161.

Capous-Desyllas, M., & Forro, V. A. (2014). Tensions, challenges, and lessons learned: Methodological reflections from two photovoice projects with sex workers. *Journal of Community Practice, 22*(1–2), 150–175.

Christin, A. (2012). Gender and highbrow cultural participation in the United States. *Poetics, 40*(5), 423–444.

Collins, S. G. (2003). Sail on! Sail on!: Anthropology, science fiction, and the enticing future. *Science Fiction Studies, 30*(2), 180–198.

Cone, C. A., & Pelto, P. J. (1965). *Guide to cultural anthropology.* Glenview, IL: Scott, Foresman.

Crossley, N. (2015). Music worlds and body techniques: On the embodiment of musicking. *Cultural Sociology, 9*(4), 471–492.

Davis, R. (2014). Poems. *Anthropology and Humanism, 39*(2), 205–207.

Duneire, M. (1999). *Sidewalk.* New York: Straus & Giroux.

Erigha, M. (2015). Race, gender, Hollywood: Representation in cultural production and digital media's potential for change. *Sociological Compass, 9*(1). 78–90.

Farkhatdinov, N. (2014). Beyond decoding: Art installations and mediation of audiences. *Music and Arts in Action, 4*(2), 52–73.

Fox, N. (2015). Creativity, anti-humanism and the "new sociology of art." *Journal of Sociology, 51*(3), 422–436.

Frank, K. (2000). "The management of hunger": Using fiction in writing anthropology. *Qualitative Inquiry, 6*(4), 474–488.

Frith, H., & Harcourt, D. (2007). Using photographs to capture women's experiences of chemotherapy: Reflecting on the method. *Qualitative Health Research, 17*(10), 1340–1350.

Ghodsee, K. (2012). Tito trivia. *Anthropology and Humanism, 37*(1), 105–108.

Gillen, N., & Bhattacharya, K. (2013). Never a yellow bird, always a blue bird: Ethnodrama of a Latina learner's educational experiences in 1950–60s South Texas. *Qualitative Report, 18*(28), 1–18.

Grenfell, M., & Hardy, C. (2007). *Art rules: Pierre Bourdieu and the visual arts.* London: Berg.

Gullion, J. (2014). *October birds: A novel about pandemic influenza, infection control, and first responders.*

Rotterdam, The Netherlands: Sense.

Gullion, J. S. (2015, May). *Fiction as method of inquiry*. Presented at the International Congress of Qualitative Inquiry, Champaign, IL.

Gullion, J. S., & Cooksey, A. (2013). Social representations of motherhood through the practice of art journaling. In A. Riche (Ed.), *Motherhood and literacies*. Ontario, Canada: Demeter Press.

Gullion, J. S., & Ellis, E. G. (2014). A pedagogical approach to action research. *Journal of Applied Social Science, 8*(1), 61–72.

Gutiérrez, E. O. F., & Camarena, V. A. T. (2015). Music therapy in generalized anxiety disorder. *The Arts in Psychotherapy, 44*, 19–24.

Higgs, G. E. (2008). Psychology: Knowing the self through arts. In J. G. Knowles & A. L. Cole (Eds.), *Handbook of the arts in qualitative research* (pp. 545–556). Thousand Oaks, CA: SAGE.

Hockey, J., & Allen-Collinson, J. (2006). Seeing the way: Visual sociology and the distance runner's perspective. *Visual Studies, 21*(1), 70–81.

Huss, E. (2007). Houses, swimming pools, and thin blonde women: Arts-based research through a critical lens with impoverished Bedouin women. *Qualitative Inquiry, 13*(7), 960–988.

Jacobs, S., & Harley, A. (2008). Finding voice: The photovoice method of data collection in HIV and AIDS-related research. *Journal of Psychology in Africa, 18*(3), 431–435.

King, M. (2011). Jalali has moved to Montana. *Anthropology and Humanism, 36*(2), 269–270.

Leavy, P. (2011, 2015). *Low-fat love*. Rotterdam, The Netherlands: Sense.

Leavy, P. (2013). *American circumstance*. Rotterdam, The Netherlands: Sense.

Leavy, P. (2015). *Blue*. Rotterdam, The Netherlands: Sense.

Li, D. L. (2013). Shanghai EXPO 2010: Economy, ecology and the second coming of capitalism in China. *Visual Studies, 28*(2), 162–179.

Lindisfarne, N. (2000). *Dancing in Damascus*. Albany: State University of New York Press.

Linesch, D., Aceves, H., Quezada, P., Trochez, M., & Zuniga, E. (2012). An art therapy exploration of immigration with Latino families. *Art Therapy, 29*(3), 120–126.

Loomba, R. S., Arora, R., Shah, P. H., Chandrasekar, S., & Molnar, J. (2012). Effects of music on Systolic blood pressure, diastolic blood pressure, and heart rate: A meta-analysis. *Indian Heart Journal, 64*(4), 309–313.

Lykes, B. M. (2013). Participatory and action research as a transformative praxis: Responding to humanitarian crises from the margins. *American Psychologist, 68*(8), 774–783.

Madison, D. S. (2005). *Critical ethnography: Method, ethics, and performance*. Thousand Oaks, CA: SAGE.

Marcu, O. (2016). Using participatory, visual and biographical methods with Roma youth. *Forum: Qualitative Social Research, 17*(1), Article 5.

Marian-Bălaşa, M. (2002). Birds in cages still sing well: An introduction to the musical anthropology of Romanian jails. *Ethnomusicology, 46*(2), 250–264.

Marsiglio, W., & Marsiglio, K. S. (2015). *The male clock: A futuristic novel about a fertility crisis, gender politics, and identity*. Rotterdam, The Netherlands: Sense.

Maynard, K., & Cahnmann-Taylor, M. (2010). Anthology at the edge of words: Where poetry and ethnography meet. *Anthropology and Humanism, 35*(1), 2–19.

McIntyre, M., & Cole, A. (2008). Love stories about caregiving and Alzheimer's disease: A performative methodology. *Journal of Health Psychology, 13*(2), 213–225.

McNiff, S. (1998). Enlarging the vision of art therapy research. *Art Therapy, 15*(2), 86–92.

Nash, M. (2014). Breasted experiences in pregnancy: An examination through photographs. *Visual Studies, 29*(1), 40–53.

Nimmon, L. E. (2007). ESL-speaking immigrant women's disillusions: Voices of healthcare in Canada: An ethnodrama. *Healthcare for Women International, 28*(4), 381–396.

Nöth, W. (2003). Crisis of representation? *Semiotica, 143*, 9–15.

Quinlan, E. (2009). New action research techniques. *Action Research, 8*(2), 117–133.

Ragan, E. A., Rinehart, K. L., & Ceballos, N. A. (2011). Arts-based interventions to reduce anxiety levels among college students. *Arts and Health, 3*(1), 27–38.

Rajaram, S. (2007). An action-research project: Community lead poisoning prevention. *Teaching Sociology, 35*(2), 138–150.

Reeves, A. (2015). Neither class nor status: Arts participation and the social strata. *Sociology, 49*(4), 624–642.

Robinson, L., & Halle, D. (2002). Digitization, the Internet, and the arts: eBay, Napster, SAG, and e-books. *Qualitative Sociology, 25*(3), 359–383.

Rothenberg, J. (2012). Art after 9/11: Critical moments in lean times. *Cultural Sociology, 6*(2), 177–200.

Rothenberg, J. (2014). *Sociology looks at the arts*. New York: Routledge.

Ryan, S. C. (2010). Current applications: Anthropology and poetry. *Current Anthropology, 51*(6), 729.

Saldaña, J. (1998). Ethical issues in an ethnographic performance text: The "dramatic impact" of "juicy stuff." *Research in Drama Education, 3*(2), 181–196.

Schmidt, N. J. (1984). Ethnographic fiction: Anthropology's hidden literary style. *Anthropology and Humanism, 9*(4), 11–14.

Sermijn, J., Loots, G., & Devlieger, P. (2010). "Wolves in sheep's clothing or sheep in wolf's clothing": Scenes of a dialogue. *Creative Approaches to Research, 3*(2), 39–51.

Shaw, S., & Sullivan, D. M. (2011). "White night": Gentrification, racial exclusion, and perceptions and participation in the arts. *City and Community, 10*(3), 241–265.

Silver, J., & Farrants, J. (2015). "I once stared at myself in the mirror for eleven hours": Exploring mirror gazing in participants with body dysmorphic disorder. *Journal of Health Psychology, 21*(11), 2647–2657.

Simbürger, E. (2013). Moving through the city: Visual discourses of upward social mobility in higher education advertisements on public transport in Santiago de Chile. *Visual Studies, 28*(1), 67–77.

Slayton, C. S. (2012). Building community as a social action: An art therapy group with adolescent males. *The Arts in Psychotherapy, 39*, 179–185.

Somerville, M. (2013). *Water in a dry land: Place-learning through art and story*. New York: Routledge.

Stankeiwicz, D. (2012). Anthropology and fiction: An interview with Amitav Ghosh. *Cultural Anthropology, 27*(3), 535–541.

Steenberg, L. (2009). The hypersexuality of race: Performing Asian/American women on screen and scene. *Feminist Review, 92*, 172–173.

Sternudd, H. T. (2014). "I like to see blood": Visuality and self-cutting. *Visual Studies, 29*(1), 14–29.

Strandvad, S. M. (2012). Attached by the product: A socio-material direction in the sociology of art. *Cultural Sociology, 6*(2), 163–176.

Sutton-Brown, C. (2013). Voices in the wind: Six Malian women "talk back" to the literature on empowerment. *Cultural Studies ↔ Critical Methodologies, 14*(2), 1–3.

Turner, V. (2001). *From ritual to theatre: The human seriousness of play*. New York: PAJ Books.

Uimonen, P. (2013). Visual identity in Facebook." *Visual Studies, 28*(2), 122–135.

Vander Kooij, C. (2009). Recovery themes in songs written by adults living with serious mental illnesses. *Canadian Journal of Music Therapy, 15*(1), 37–58.

Wahl, H. (2014). Negotiating representation in Israel and Palestine. *Visual Studies, 29*(1), 1–12.

Webster, A. (2006). The mouse that sucked: On "translating" a Navajo poem. *Studies in American Indian Literatures, 18*(1), 37–49.

Webster, A. (2009). *Explorations in Navajo poetry and poetics*. Albuquerque: University of New Mexico Press.

Yeates, A. (2013). Queer visual pleasures and the policing of male sexuality in responses to images of David Beckham. *Visual Studies, 28*(2), 110–121.

Zhag, K. (2013). Second place: "One child policy." *Anthropology and Humanism, 38*(1), 95.

第28章

健康科学でアートベース・リサーチの謎を深める

● ジェニファー・L・ラパム（Jennifer L. Lapum）

訳：灘光洋子

アーティストの仕事は常に謎を深めることにある。

—— FRANCIS BACON（フランシス・ベーコン）

　健康関連の研究は伝統的に実証主義の影響が色濃く，知は客観的で観察可能，測定可能，予測可能，かつ検証可能であるとされてきた（Luchins, 2012; Nelson, 2009）。こうした前提は人生の謎を解き明かすためのもので，深めるものではない。そのため，一見アートにはなじまないように思われる。しかし，21世紀に入り，臨床現場において主観的，文脈依存的，かつ動的な知の有意性（もちろん，*p*値とは別物であることはいうまでもない）がますます認識されるようになってきた。人が織りなす経験を複合的に理解することを可能にするこのような知は，医療者の現場での推論や決定，さらにはケアの受益者（すなわち，患者，家族，コミュニティ）との関係性の構築に密接に関わっているからである。この知のナラティブの一部をなすのが研究とアートとの結びつきで，それは言葉や数値だけでは捉えきれない何かを私たちに見せてくれる。アートベース・リサーチ（ABR）の根底にある認識論は「確実性（と）（…）確固たる説明の探求」ではなく，対話を深め，目の前の現象をどのように解釈するかについて示唆を与えてくれるような「パースペクティブの拡張」（Barone & Eisner, 2008, p. 96）にあるが，これについては本章の後半で詳しく述べよう。つまり，アートの本質は，健康科学における研究の可能性と目標を再考するよう私たちに迫ることにある。

　本章は，健康科学にアートを取り入れることについてじっくり考えようとするもので，アートに基づく（arts-based），アートが知らしめる（arts-informed），アートによって生まれる（arts-inspired）などの用語を冠する研究についての議論に分け入ることではない。本章では，「アートベース・リサーチ」とは，研究プロセスのある段階でアートを媒体として用いる研究アプローチを指すこととする（Barone & Eisner, 2008; Knowles & Cole, 2008; Leavy, 2008）。アートには詩，小説，物語，絵画，写真，音楽，ダンス，演劇／パフォーマンスなどが含まれる（Barone & Eisner, 2008; Boydell, 2011b; Coemans, Wang, Leysen,

595

& Hannes, 2015; Cox, Kazubowski-Houston, & Nisker, 2009; Faulkner, 2007; Lapum, Ruttonsha, Church, Yau, & Matthews David, 2012; Liu, Lapum, Fredericks, Yau, & Micevski, 2012; Parsons, Heus, & Moravac, 2013)。また，健康科学についても広義に捉えており，看護，医学や関連する専門職だけでなく，障害，コミュニティ，福祉などの隣接領域も射程に入れている。議論において，私は健康科学における ABR の謎を解き明かすつもりはない。この点についてはすでに述べた通りである。健康科学での ABR は未解決の問題に答えを見つけたり，知を再生産したりすることに消費されるべきではないと考える。本章では，健康科学における ABR の起源，ABR の用いられ方，それにともなう難しさと倫理的課題を掘り下げ，謎を深めることを目指している。そのため，読者は本章を読み終える頃には答えよりもむしろ問いの方が増えているかもしれない。

健康科学における ABR の起源

ABR の健康科学領域への浸透はゆっくりではあるが，次第に勢いを増してきている。急速に発展しないのは，健康科学においては実証主義が支配的であるからだと思われる。不確実さがもたらすリスクを危険視する健康科学では，この確実性の探求は単純ではない。ただ，このことは正しいとも誤っているとも言える。不確実性が，ある意味，効果もなく非効率的な決断につながることは確かにある。その意味で，確実性は大いに求められてしかるべきである。間違った治療が回避されることで，患者の安全性は高まるのだから。しかし，単に確実性を追い求めることで，医療者が，患者に独特のコンテクストや治療の根拠や決定に微妙に関わるさまざまな要素や可能性を十分に吟味することなく，いわば医療に向き合うことを中断してしまうとすれば，それは認識論上の幻想と言えよう。不確実性の存在は，現場にいる人間の主観性やダイナミズム，患者の病の体験に医療者の目を向けさせることができるのである。

アートが健康科学に導入されたのは比較的最近のことだが，治療的介入や公衆衛生情報を伝えるという目的では数十年前から用いられている（Fraser & al Sayah, 2011）。ナラティブ，文学，ビジュアルアートだけでなく，教育，人類学，心理学，社会学関連の領域においても ABR が発展してきたことは健康科学にとって幸いであった（Barone & Eisner, 2008; Boydell, Gladstone, Volpe, Allemang, & Stasiulis, 2012; Eisner, 1981; Fraser & al Sayah, 2011; Harper, 1986）。たとえば，Barone と Eisner（2008）は社会科学でのナラティブ的および文学的転回を，アートを基盤としたムーブメントの前兆とみなしている。このナラティブへのシフトは，ストーリーを語り深めることを目的に肖像画を用いた Lawrence-Lightfoot（1983）の研究にもうかがえる。ナラティブは健康科学における ABR の最も初期の表現形式の一つだと私は思っている。看護の研究者は患者の状態を見極め，治療する上で実践的であるという理由で，ナラティブをいち早く取り入れた（Feldman, 1999; Moules & Amundson, 1997）。同様に，テクノロジーが出現するまでは，患者の語りは医者が診断を下すために重要な役割を果たしていた。Arthur Frank（アーサー・フランク，たとえば 2010）と Arthur Kleinman（アーサー・クラインマン，たとえば 1988）は病の語りの

重要性を説いてきたが，最近では Rita Charon（リタ・シャロン，2012）によってナラティブ・メディスン（narrative medicine）の気運が急激に高まってきている。

　研究という視点から見ると，アートが最も頻繁に用いられるのは研究プロセスのある段階においてである（Coemans et al., 2015; Furman, 2006）。健康科学では データ収集と普及のために用いるという初期の ABR のあり方が今日でも見られる（Furman, 2006）。たとえば，フォトエリシテーションやフォトボイスはこのアプローチによる手法で，研究者はプロジェクトの参加者にカメラを手渡す。参加者が撮る写真は，彼（女）らの体験の記録であると同時にインタビューにおいて語りを引き出す仕掛けとしての機能も果たす（たとえば，Angus et al., 2009; Lorenz, 2011; Padgett, Smith, Derejko, Henwood, & Tiderington, 2013; Radley & Taylor, 2003）。フォトエリシテーションやフォトボイスを用いた研究成果を公表する際には，これらの写真が補足資料としても使われる。ABR では，詩も自己表現，リフレクシビティ（再帰性），普及のために用いられてきた（Furman, 2006; Furman, Langer, Davis, Gallardo, & Kulkarni, 2007; Lapum, 2005, 2008a）。健康科学において，アートを分析方法や方法論として位置づけるのはあまり一般的ではなく，理解されているとも言いがたい。

　ABR は健康科学の多くの領域で取り上げられてきた。Boydell ら（2012）が 70 以上に及ぶ論文を概観したところ，ABR メソッドは看護学，栄養学，助産術，作業療法，リハビリテーション科学，ソーシャルワーク，健康政策，公衆衛生学，医学，心理学，精神医学などの分野で用いられていたという。最近では，これらの領域に共通する ABR への関心や助成金政策の影響で，学際的なアプローチに向けて新たな動きが進行しつつある。この ABR の発展は歓迎すべきもので，それは批判的な洞察力を深め，健康科学における実証主義の言説を揺るがす可能性へとつながる。

健康科学における ABR の実践

　健康科学での ABR の実践は多岐にわたる。まず，方法論の基盤について熟考し，リフレクシビティと立場性の視点から ABR を論じた上で，データ収集と分析の方法としてどのようにアートが機能するかについて検討する。最後に，普及および知識の実用化における ABR の有用性について考える。

方法論

　　私は，ABR という方法論を明解に説明した文献を探し，理解しようと格闘しています。研究プロセスがどのようなものかについて，はっきりと書かれたものはありませんでした。具体的なプロセスも共通した構造も ABR に関しては見つけられそうもありません。ご助言いただければ幸いです。
　　　　　　　　　　　　　　　　　　　　　　　　　　　　　　　　　　敬具
　　　　　　　　　　　　　　　　　　　　　　　　　　　　　　　一学生より

学生や初心者は異口同音にこのような苛立ちを，私の研究室を訪れたり，メールを介

したりして訴えてきた。アートを研究の方法論として取り入れたいと関心を示す人は，アートに親しみと情熱を持っていて，アートの力を認めている。しかし，同時に，方法論としてアートをどのように用いればよいのかが明らかでなく，挫折感を覚えてもきた。私は長年，健康科学の内外を問わず，このような混乱を「美女と野獣」と呼んできた。「美女（美）」はアートの本質であり，そして「野獣（獣性）」もアートの本質である。これは印刷ミスではないので，ご安心を。ABR が本来持つ異種混交性がこの混乱を生んでいる。Conrad と Beck（2015）は ABR の多様性は研究者やアーティストの数だけ存在するという。まさにそうであるがゆえに，私は研究者に研究プロセスを詳細に記しておくことを提唱する。ABR は比較的新しい方法論であり，いかに実践すればよいかを示す手引きが求められている以上，この手順を踏むことはきわめて重要と言わざるを得ない。

　ようやくわかってきたのだが，健康科学では ABR は他の研究方法との組み合わせによる混合的アプローチをとっていることが多い。包括的なアプローチと評されてもきた（Barone & Eisner, 2008）。もともとナラティブの研究者だった私は，過去 10 年の間に，徐々にアートに基づいたナラティブ研究に移行してきた（Lapum, Church, Yau, Matthews David, & Ruttonsha, 2012; Lapum, Church, Yau, Ruttonsha, & Matthews David, 2013; Lapum et al., 2016; Lapum, Ruttonsha, et al., 2012; Lapum, Yau, & Church, 2015; Liu et al., 2012）。最初は，分析や普及，そしてリフレクシビティを可能にする方法として，研究のある段階でアートを使っていたが（たとえば，Lapum, 2005; Lapum, Liu, et al., 2015; Lapum, Yau, Church, Ruttonsha, & Matthews David, 2015; Leung & Lapum, 2005），次第に自分の研究全体へのアプローチを特徴づける方法論として ABR を用いるようになった（Lapum et al., 2016; Lapum, Ruttonsha, et al., 2012）。ABR を他の方法論，たとえば，ナラティブ，エスノグラフィー，参加型リサーチ，事例研究，現象学などと結びつけて行う研究者が少なからず存在することも承知している（たとえば，Boydell, 2011a; Conrad & Beck, 2015; Duffy & Aquino-Russell, 2007; Hodges, Fenge, & Cutts, 2014; Jonas-Simpson, Steele, Granek, Davies, & O'Leary, 2015; Mitchell et al., 2011; Walji, 2014）。

　ABR の獣性とは，特定の方法論に固執しないことにある（Barone & Eisner, 2008）。一方で，アートに基づく方法論には共通して美学的な関心（Barone & Eisner, 2008）がみられ，アートが最も重要視される（Conrad & Beck, 2015）。健康科学における方法論としての ABR は，あらかじめ決められた形式や直線的で体系的なアプローチを良しとしない。このことを美点とみなす人もいれば，たまらなく嫌だと思う人もいる。これは，表面的には従来の健康科学研究の方向性に抗っているように見えるが，実は研究者や関係者（すなわち，医療者や患者）を別の認識論へと誘っているのである。このことは，ABR が無秩序とか無計画ということを意味しない。そうではなくて，研究方法のデザインが有機的かつ反応的であるということで，この 2 つはアートに基づく方法論を支える原則と言える（Lapum, Ruttonsha, et al., 2012）。これらの原則は研究方法を制約から解き放ち，研究のプロセスを通してデータとその解釈に応じた方法論へと変容させる自由を研究者に与える（Lapum, Ruttonsha, et al., 2012）。つまり，アートに基づく方法論の有機的性格は幅広い創作性をもたらすのである（Church, 2008; Cole & Knowles, 2008）。しかし，方法論に

ついてのプロセスの記載がきわめて重要であることは常に肝に銘じておく必要がある。いわゆる「何でもあり」とは違う。むしろ，いかに方法論を決めたのかを明らかにすべきで，ABR アプローチがどのように，なぜそのように用いられたのかがわかるようにしなくてはならない。

リフレクシビティと立場性

健康科学で，アートが研究者自身の立場性を明らかにし，再帰的でありつづけるための道具の一つとして用いられてきたことには疑う余地がない。外部で起きていることを理解するには自分の内面を見つめることが重要であると強調する Richardson（2000）や Ellis と Bochner（2000）の研究から，健康関連分野の研究者は多くを学んできた。健康関連の多くの研究者は，詩，写真，絵画，作曲，ストーリーテリングなどのアートを媒体とすることで，より厳密に再帰的になりうることを示してきた（Carter, Lapum, Lavallee, & Schindel Martin, 2014; Lapum, 2008a; Lapum, Yau, Church, et al., 2015; Leung & Lapum, 2005; McCaffrey & Edwards, 2015; Nguyen, 2013）。

ABR に取り組みはじめたばかりの頃，私は死と臨終をテーマに博士論文を書いた同僚と議論し，そして詩を書きはじめた。詩を共有することで，私たちは存在論や認識論について再帰的な議論を重ねることができた（Leung & Lapum, 2005）。**図 28.1** は，実証主義が幅を利かすヘルスケアについて，そして死が人に与える影響力について問う 2 つの詩を抜粋したものである。

これらの再帰的な議論は，まず私の立場性を知り，そして同僚がこの本質的課題をどのように捉えているかを検討するための手段となった（Leung & Lapum, 2005）。ほぼ同時期に，私は自分の研究のあるべき姿を確立するために，他にも詩を書き写真を作成していた（Lapum, 2008a）。詩はリフレクシビティをめぐる道のりの記録であり，写真はそのような瞬間を表し，探求を深めるためのものであった。**図 28.2** は，私自身が何者であるかを象徴的に表した写真で，この写真を見ることによって，私は途切れることなく，再帰的に研究することができたのである（Lapum, Yau, Church, et al., 2015）。この写真

uprooting that which is ingrained	埋め込まれたモノを根こそぎ抜き取り
understandings arising	わかってきた
truth fading	真実は虚ろい
notions of objectivity dissipating	客観性という**考え**は霧散した
struggling to extricate my "self"	私「自身」を解放するための格闘

striking your life with a magnitude	計り知れない規模であなたの人生を
unfathomable	打ちのめす
a ripple effect unimaginable	想像を絶する波及の連鎖
its imminence does not soften	それがすぐそこに迫っていることはわかっている
the blow	それでも衝撃が和らぐことはない

図 28.1 詩による再帰的議論

図 28.2　写真とリフレクシビティ

は，人は自分に他者の「痕跡」を残し，同時に他者にも自分の「痕跡」を残さずにはおかないという私の信念を表現しているが，それは医療でも研究においても同様である（Lapum, Yau, Church, et al., 2015）。私の顔にへばりつきさまざまな光を放つ湿った砂は，程度の差はあるが，他者，状況，やり方によって与えられた傷やレッテルで研究者としての私が社会的に構築されていることを表している。水平線があえて均一な線で表されていないのは，私の知覚の範囲と限界が入り乱れた状態であることを意味する。この写真は，私が実証主義から離れ，より動的で解釈的な視座へと移行したことの象徴である。私はこの写真を頻繁に眺め，今の自分ならどういった写真にするだろうと想像する。私の立場性はひらかれ流動的なままで，当時と大きく変わらない。しかし，認識論的なスタンスについては常に探求を続けており，それが私の顔の所々に影となって現れている。

　この事例に示されるように，研究者自身が描くデッサンや絵は内省的探究を促進し，分析にともなう解釈を深化させ，正当化する（Lapum, Liu, et al., 2015）。McCaffrey と Edwards（2015）はメンタルヘルス・プログラムの音楽療法で生じたデータに呼応するように歌を作曲するという再帰的方法をとったが，これなどは研究者が自らのアーティストとしての専門性を活かすことで，いかに立場性を明らかにし，リフレクシビティを維持したかを示した一例と言えよう。このようなプロセスを経なければ埋もれたままであったかもしれない自分たちの反応を顕在化し分析するという機会を，彼らは得たのである。チルトンとスコティ（Chilton & Scotti, 2014）は，アートセラピーでのコラージュ作成は ABR 研究者としてのアイデンティティを育ててくれたという。

　私のもとで研究した大学院生 3 人は，リフレクシビティを求める過程でそれぞれストーリーテリングとデッサンを創造的に用いている（Carter et al., 2014; Nguyen, 2013; Retta, 2011）。女性で非先住民の Carter は，先住民男性のアイデンティティについての語りを研究する際，自分の立ち位置を探るため対話的アプローチを用いた（Carter et al., 2014）。彼女は対話的に相手と関わる過程で，自己を見つめ，自分に厳しく問いかけ，分析的な解釈をすることができるようになったと述べている。Retta（2011）は詩作とストーリー

When I awoke	目覚めると
It was another day	別の日だった
A day when I realized my naked body	裸の私に気づいた日
Was . . .	それは……
Naked	裸
When humanity exposed itself and	人間性が姿を現し
Raped	私に
Me	襲いかかり
Into	何が起きたか
Consciousness	気づかされたとき

図 28.3 詩とリフレクシビティ

図 28.4 絵とリフレクシビティ

テリングを組み合わせ，再帰的に自分のレイプ体験を書くことで，他者の経験を理解しようとした。図 28.3 は Retta の詩の抜粋である。

　この強烈な詩は Retta（2011）の論文の土台となったが，研究参加者のストーリーを理解しようとするうちに，自ずと自分のストーリーを語るようになっていったという。彼女の研究者としてのあり方は個人的体験と切り離せないように思われる。Nguyen（2013）もまた，ストーリーテリングとイメージを絵に写し取ることで自分の立場性を明らかにし，再帰的に研究に取り組んだ。図 28.4 は彼女のデッサンで，過敏性腸症候群と「共に生きつつ他者と親密な関係を持つという経験」（p. 128）をする女性の複雑な感情労働について分析し，解釈した末に生まれたものである。この絵は，彼女の分析的決断が織り込まれた再帰的思考，そしてアートを用いることでいかにここまでたどり着いたかを表したものでもある。

データ収集

　アートに基づいたデータの収集方法は，健康関連のさまざまな研究者によって，病，健康，障害，コミュニティなど，領域横断的に用いられてきた（Hodges et al. 2014;

Mandleco & Clark, 2013; Mohr, 2014; Proulx, 2008）。アートワークを通して，研究者が注意を要するテーマや言葉だけでは表現しきれない体験に近づけるだけでなく，そのことがテーマに対する参加者の情緒面を引き出す手段ともなる（Mohr, 2014; Proulx, 2008）。初期のアートに基づいたテータ収集の方法として，ナラティブ・インタビューが出現したが，これは参加者のストーリーテリングや語りに焦点を当てている。ナラティブ・インタビュー以降，イメージ，音楽，詩などもアートを用いたデータ収集に取り入れられるようになった（Fortin, Jackson, Maher, & Moravac, 2015; Hodges et al., 2014; Jonas-Simpson, 2001; Proulx, 2008）。

　健康科学の分野で最初にデータ収集にナラティブが用いられるようになったのは，主に心理学や教育においてであった（Barone & Eisner, 2012; Clandinin & Connelly, 2000; Lieblich, Tuval-Mashiach, & Zilber, 1998; Riessman & Speedy, 2007）。患者の語りの録音は，かつて医療における要としての役目を担ったが，次第に使われなくなり，1980 年代に再び注目されるようになった（Hyden, 1997）。それ以来，ナラティブは病と回復の物語を聞く研究のためのツールとして認められるようにもなり（Bury, 2001; Frank, 1998;. Kleinman, 1988; Mattingly, 1994; Thomas-MacLean, 2004），ナラティブ・メディスンの出現へと発展を遂げたのである（Charon, 2006）。これらの成果により，健康科学では，データ収集の方法として語りを構造的に用いるようになった。たとえば，私は語りの内容と形式に注目した Lieblich ら（1998）のアプローチを援用した。彼らのアプローチに従い，参加者が何を，どのように語ったかに注目することで，インタビューの組み立て方を学び，病と回復の経験について洞察力を得ることができたのである（たとえば，Lapum, Angus, Peter, & Watt-Watson, 2010, 2011）。Lieblich らのアプローチは構造化されてはいるが，詩やビジュアルアートなどの他のアート様式に対して柔軟にひらかれていることにも気づかされた（例：Lapum et al., 2013, 2016; Lapum, Yau, & Church, 2015）。構造的かつ再帰的なデータ収集をする Clandinin と Connelly（2000）のナラティブ研究に影響された研究者もいる。たとえば，Schwind は看護教育におけるケア能力，人間中心のケア，メンタルヘルス教育において，ナラティブを用いた数多くのプロジェクトを実施している（Schwind, Lindsay, Coffey, Morrison, & Mildon, 2014; Schwind, Santa Mina, Metersky, & Patterson, 2015）。ナラティブを用いることで，参加者がより積極的にデータ収集のプロセスに関与できる余地が生まれ，研究者は自ずと参加者の視点でストーリーを見るようになった。

　健康科学では，イメージに基づくアートを用いたデータ収集方法として，肖像画，フォトエリシテーション，フォトボイスなどがある。これらの視覚に訴える方法は健康や病の体験に対する研究者の深い洞察を可能にする。しかし，このようなやり方は参加者のプライバシー保護という観点から病院の倫理審査委員会への配慮もあり，常にある種の抵抗感を持って受け止められてきた。技術的には参加者を特定する要素（たとえば，顔）を不鮮明にすることは可能だが，それは同時にイメージの持つ力を喪失することにもなる（Clark, Prosser, & Wiles, 2010; Switzer, Guta, de Prinse, Carusone, & Strike, 2015）。Clark ら（2010）は，研究者は実際の参加者が誰であるかを隠すため，時には顔が判別できない写真を用いたり，イメージを再形成したりすることもあるという。しかしながら，中には被写体が自分であることを隠さず，写真を撮ったのは自分であることを認められたい

と望む参加者がいることは注目に値する。

　フォトエリシテーションとフォトボイスは，イメージに基づいたデータ収集方法として よく用いられる。フォトエリシテーションは参加者が写真を撮り，それがトピックに ついて話し合うときの助けになるやり方である（Angus et al., 2009; Mohr, 2014）。研究者は， 心臓病や糖尿病などの病に関わる一人ひとりの日常的な生活習慣をよりよく理解するた めの手段として写真を用いてきた（Angus et al., 2009; Fritz & Lysack, 2014）。この方法であ れば，研究者は扱いにくい話題であっても弱い立場の人たちと語り合う機会を得ること ができる（Mohr, 2014; Padgett et al., 2013; Switzer et al., 2015）。たとえば，Mohr（2014）は自 然災害に遭いトラウマを抱えた若者に写真を撮ってもらうことで話すきっかけをつくり， その後の成長の経験について忌憚なく語り合えるようになったという。フォトボイス はセックスワーカー，ホームレス，エイズ患者などの弱者を対象とした参与型コミュニ ティベースのプロジェクトで頻繁に用いられてきた（Desyllas, 2013; Fortin et al., 2015; Teti, Murray, & Johnson, 2012）。フォトボイスの手法を用いることは，参加者の積極的関与だ けでなく，研究プロセスを通して彼（女）ら自身の内省やエンパワメントにもつながる （Desyllas, 2013; Fortin et al., 2015）。

　参加者やアーティスト／研究者が描く肖像画はイメージを用いたデータ収集方法とし て以前より用いられるようになってはいるが，他のやり方に比べるとそれほどでもな い。Proulx（2008）は摂食障害の女性にマインドフルネスに基づく療法（mindfulness-based treatment）を行う前と後に自画像を描いてもらうという現象学的研究を実施した。自画 像には，治療が進むにつれて女性たちがどのように自分たちを捉えるようになったかが 表れていた。研究の過程で，アーティストが参加者の肖像画を通して病のナラティブを 描くというデータ収集の方法を用いた研究もあった（Aita, Lydiatt, & Gilbert, 2010; Gilbert et al., 2016）。肖像画はデータ収集としてだけでなく，参加者および研究者／アーティスト が関心のある現象への理解を深めるための手段ともなる。

　音楽と詩もこれまでデータ収集に用いられてきたが，詩の方がより一般的と言え る。フルート奏者でもある研究者 Jonas-Simpson（2001）は病とともに生きる女性が自 分をわかってもらえていると感じた経験について調べた。インタビューで，女性たち は自分たちの体験を Jonas-Simpson にフルート演奏で表現してもらう機会が与えられた。 Jonas-Simpson は彼女たちのために作曲した音楽を奏でながら，病の体験を「わかって もらえることの意味」についても話し合ったのである（p. 223）。経験を語るために最 もふさわしい方法を参加者に決めてもらうという研究者もいる（Hoffmann, Myburgh, & Poggenpoel, 2010; Nguyen, 2013）。Hodges ら（2014）は，若者たちが自分が抱える障害の体 験について，個別に詩人と共同で詩を書くという参加型リサーチを行った。詩の創作は 障害者に関わる課題や方針について話し合う流れをつくることにもなった（Hodges et al., 2014）。Hodges らはデータ収集として用いた詩が，探究を深め，参加者にとっても表現 の手段となりうることを知ったのである。

第28章　健康科学でアートベース・リサーチの謎を深める｜603

普及

アートが最も用いられるのは研究における普及の段階においてである。そこで用いられる一般的なアート形式にはドラマ，パフォーマンス，映像，詩，イメージ，インスタレーション・アートが含まれる（Colantonio et al., 2008; Cole & McIntyre, 2004; Cox et al., 2009; Frazee, Church, & Panitch, 2008; Gray, 2003; Gray, Fitch, Labreque, & Greenberg, 2003; Jonas-Simpson et al., 2015; Lapum, Church, et al., 2012; Lapum et al., 2013; Lapum, Liu, et al., 2015; Lapum, Ruttonsha, et al., 2012; Lapum, Yau, & Church, 2015; Lapum, Yau, Church, et al., 2015; Parsons et al., 2013; Rossiter et al., 2008; Sinding, Gray, Fitch, & Greenberg, 2006）。健康関連分野の研究者は，急性脳損傷や心臓血管ケアなどの分野でアートを使った知識の実践的な普及に努めてきた（Colantonio et al., 2008; Lapum, Ruttonsha, et al., 2012; Rossiter et al., 2008）。アートで普及するというやり方が感情かつ直感のレベルで観客を捉えることを示す一連の文献も出てきている（Colantonio et al., 2008; Gray et al., 2003; Lapum et al., 2014, 2016; Sinding et al., 2006）。さらに，アートによる普及は患者の病の体験に対する医療者の理解を深め（Colantonio et al., 2008; Gray et al., 2003; Lapum et al., 2016），実践に変化をもたらし（Gray et al., 2003; Lapum et al., 2016; Mitchell, Jonas-Simpson, & Ivonoffski, 2006），方針の提言へとつながることもある（Leichner & Wieler, 2015）。

ドラマ，映像，パフォーマンスといった形式は，健康科学における普及と知識の実用化において最も頻繁に見られる。パフォーマンスとして初めて上演されたのは，転移性乳癌を扱った《Handle with Care（取り扱い注意）》と前立腺癌をテーマにした《No Big Deal（たいしたことじゃないさ）》である（Gray, 2003; Gray et al., 2000）。その後，多くの研究者が急性脳損傷，遺伝検査，認知症などの分野で研究成果の普及にドラマ仕立てのパフォーマンスを選んでいる（たとえば，Colantonio et al., 2008; Cox et al., 2009; Mitchell et al., 2006）。喪失体験を負った人たち，特に親族を失った子どもたちを対象に，ドキュメンタリー映画を用いて普及活動を行ったプロジェクトもある（Jonas-Simpson et al., 2015）。最近では学際的なグループが，精神的な問題を抱えた人たちへのサービスの自動化を題材に《Maladjusted（適応不全）》というユニークな参加型劇を創作している（Leichner & Wieler, 2015）。このグループは相互作用的アプローチによりABRの境界をさらに広げ，ロールプレーをすることで劇に参加するという機会を観客に提供したばかりでなく，方針提言のための構想にもつなげたのである（Leichner & Wieler, 2015）。

私は観客の一人として，これら多くの演劇が人を引き込み，感情に訴えることを知った。《I'm Still Here（私はまだここに居る）》（Mitchell et al., 2006）という劇を観た私は，アルツハイマー病になるとはどのようなことか，それが家族にとって何を意味するのかについて，感情が溢れ出したことを覚えている。こうした感動の余韻は持続するもので，私自身，このパフォーマンスを何年経った後でもよく思い起こしたものである。このようなパフォーマンスが病の経験について観客の知識と理解を高めることは研究でも示されている（Colantonio et al., 2008; Gray et al., 2003）。数年にわたる長期的研究によれば，演劇によって医療者は思いやりが深くなり，感情面にも目が向くようになったことで，認知症患者とのコミュニケーションにも変化が生じたという（Dupuis et al., 2016）。

健康関連分野では，ダンスや音楽も普及のために用いられてきた。数年前，私は初回エピソード精神病の若者をテーマにした《Hearing Voice（声が聞こえる）》というダンス・パフォーマンスを観た。Boydell（2011a）によると，医療データと研究者の見解を振付師とダンサーが創造的に再解釈し，それがダンスに反映されたという。今でも思い出す。パラノイア，スティグマ，孤立，恐れといった感情がダンサーの動きによって舞台で体現され，音楽のトーンとリズムが変化していったことを。心臓手術を受けた患者が退院するときの経験を，音楽という解釈レンズを通して調べた研究グループもある（Liu et al., 2012）。データ分析の結果はソロコンサートという形式をとり，ヘルスケア体制のもとで過ごす患者の緊張と調和を強く打ち出していた（Liu et al., 2012）。このような創造的プロセスを通してはじめて，研究者たちは患者が回復しようとするときに味わう，そこはかとない離別と孤立感を独自の洞察力で読み解くことができたのである（Liu et al., 2012）。

　研究成果の普及に詩を用いることで，健康科学の研究者は感情的に寄り添い，理解と共感を促す言葉で個人の経験を伝えられる（Duffy & Aquino-Russell, 2007; Lapum, Ruttonsha, et al., 2012; Poindexter, 2002）。時に，研究者はリズムや文学的直感に依存し，どちらかというと非構造化されたアプローチで詩を創作してきた（Duffy & Aquino-Russell, 2007; Poindexter, 2002）。詩の創作には，ナラティブに精通し比喩や修辞的工夫をこらすだけでなく，参加者自身の声のトーン，強調の仕方やリズムを大切にするという側面もある（Lapum, Ruttonsha, et al., 2012; Nichols, Biederman, & Gringle, 2014）。たとえば Poindexter（2002）は，パートナーがヘロインの注射器を共有した結果，HIV（ヒト免疫不全ウイルス）血清陽性と診断されたカップルにインタビューし，詩を書いた。彼は，Gee（ジー）のスピーチ構成における言語学的知見に基づいて，声の強調や間に留意し，詩を創作した。創作活動の基盤となる枠組みを詳細に記載することは，厳格な研究プロセスを経ていることを明確に示し，データに基づき普及を行っていると主張する上で重要である（Lapum, Ruttonsha, et al., 2012）。

　私は詩人として，このような普及方法を用いることで，特定の現象に対する感情的関与を強め，死と臨終と開胸手術に関わる問題に情動レベルで読者を関わらせようとしてきた（Lapum, 2008b, 2011; Lapum, Church, et al., 2012; Lapum et al., 2013）。私が普及に詩を用いはじめたのは，文献レビューから得た知見をより力強く伝えようとしたことがきっかけだった（Lapum, 2005）。ABR を推し進めていくうちに，書くこと（特に，詩の創作）が研究における分析と解釈のプロセスを深め，前進させる探究の方法（Richardson, 1994）として一層大切になっていった（Nichols et al., 2014）。私にとって詩は，健康科学における知識の実用化を最も可能にする，研究結果の発表手段となったのである（Lapum, Church, et al., 2012; Lapum et al., 2013, 2016; Lapum, Yau, & Church, 2015; Lapum, Yau, Church, et al., 2015）。

　インスタレーション・アートは健康関連分野でのアートを用いた普及方法としては比較的新しい。《The Alzheimer's Project（アルツハイマー・プロジェクト）》〔第20章参照〕は最も初期のアート・インスタレーションの一つと位置づけてよいと考えるが，これは私自身が参加した最初のプロジェクトでもある（Cole & McIntyre, 2004, 2006）。伝記風で美学的なアプローチを用いた Cole と McIntyre は，ビジュアルアートと展示物を組み合わ

第28章　健康科学でアートベース・リサーチの謎を深める　｜　605

せ，見る人が積極的に考え，関わることのできるような，働きかけるテクストとしての作品をつくり上げた。その後，Bartlett（2015）は認知症について参加者が制作したアートを展示するというやり方で研究成果を公開している。Bartlett はビジュアルアーティストや学芸員と共同でインスタレーションを制作してもいる。他のインスタレーションと同様，彼女の関心は研究に命を吹き込むことにある。観る人が，認知症を自らのこととして考えられるように。障害学では《Out from Under（アウト・フロム・アンダー）》（Church, Frazee, & Panitch, n.d.）〔第 20 章参照〕があるが，これは障害の歴史を紐解くように作られた移動型展示で，解説と 13 の展示品（たとえば，灰色のスウェットスーツ，シャベル，旅行用鞄）の組み合わせで構成されている。この会場に足を踏み入れた私は，アルコーブに陳列された展示品と解説文を透明なプレキシガラス越しに一つひとつ見つめながら，障害を持った人に近づくと同時に離れていくような感覚に襲われた。健常者といってよい私は，非人間的な抑圧の歴史に思いを馳せるだけでなく，障害の歴史，現在，未来から目を背けたり，目を向けたりする自分についても考えざるを得なかった。《Street Health Stories（路上のヘルス・ストーリー）》は複数の媒体で作られたアート・インスタレーションで，大きな写真がライトボックスに収められ，ホームレスについてのナレーションが流れている（Parsons et al., 2013）。この知識の実用化プロジェクトを評価した Parsons ら（2013）は，作品によってわずかでも認識が変わり，ホームレスに対する思い込みが揺さぶられること，それが日常における実践や方針を変えるためには不可欠だと悟ったのである。

　心臓手術を経験した患者のナラティブ研究を行い，その結果を伝統的な散文形式ですでに発表していた私（Lapum et al., 2010, 2011）は，これらの展示に触発され，学術横断的なチームと共同で自らの研究成果をもとに《The 7,024th Patient（7024 番目の患者）》〔第 20 章参照〕というアート・インスタレーションを企画した。普及にインスタレーション・アートを用いることにしたのは，患者中心の人間的アプローチに関する研究結果を，急性心臓血管疾患の現場で応用できるように持っていきたかったからである（Lapum, Ruttonsha, et al., 2012）。アートを用いたナラティブアプローチでデータを再分析し，それに基づいて作った 1700 平方フィート（約 158 ㎡）のインスタレーション空間に，詩を印刷した布を吊るし，バルト海地方のカバ材とアルマイトでできた構築物に写真を収めた（Lapum, Ruttonsha, et al., 2012）。インスタレーションを観る人は，迷路のような巡回路と芸術的に設計・配置された空間を通り抜けるうちに，心臓手術を受けるとはどういうことかを感情的かつ直感的に経験することになる（Lapum et al., 2016）。《The 7,024th Patient》開催の後には，別のグループによって，心臓のレシピアントのみを対象とした《Hybrid Bodies（ハイブリッド・ボディ）》というアート・インスタレーションが制作された（Ross et al., 2010）。そこでは，4 人のアーティストがそれぞれ異なる形式（たとえば，彫刻，ダンス，ビデオ，音を用いたインスタレーション）によってこのテーマ（Hybrid Bodies）を探求していた。展示を訪れたとき，多様な形式によって感性が揺さぶられ，心臓を移植された人について思いを馳せたことを，私は今でも覚えている。

　作品に至るまでの創造的な構想プロセスを詳細に記すよう努める研究者がいる一方で，観る人に解釈を委ねる研究者もおり，このことは ABR の分析のあり方と密接に結

びついている。詩やイメージなどのアートは分析プロセスに創造性をもたらし，普及の形式についても研究者の着想に影響を与える（Lapum, Liu, et al., 2015; Lapum, Ruttonsha, et al., 2012; Nichols et al., 2014）。データをどのようにドラマの脚本に落とし込んだかについて，その創造的かつ協働的アプローチを詳細に記した研究もあれば（Gray et al., 2003; Mitchell et al., 2006），修辞学的工夫や抑揚，リズムなど言語学的に着目した分析プロセスを詩に書き加えたものもある（Lapum, Ruttonsha, et al., 2012; Nichols et al., 2014）。Wulf-Andersen（2012）はライフヒストリーの手法で，自傷，性的虐待，薬物乱用で苦しむ若者について研究した。彼女はストーリーの中心的テーマを表出するような感情や感性に訴える箇所を選択することから分析を始め，次に，それらの断片を圧縮し，時系列に詩的形式に沿って再構築した（Wulf-Andersen, 2012）。構想や分析に至るプロセスを知ることは，研究者やアーティストによる創造的で厳密な実践を理解する助けとなる。

課題と倫理的問題

　私は健康科学で ABR を精査し促進しようとする中で，研究の目標を再考することとなった。概して，健康科学は体系的研究を通して人生を探求し向上させようとする。Conrad と Beck（2015）は ABR は科学ではないとするが，私は科学を広義に捉える立場で，その範疇は心臓幹細胞のシャーレでの培養から看護師主導によるリハビリテーションへの介入に関する試験的な対照調査，緩和ケアのエスノグラフィー，さらにはダンスを用いたトラウマや虐待体験の調査にまで及ぶ。こうした理解では，アートは科学の一部と考えることも可能で，人生，健康，病を探求するために多くの用途を提供しうる。Barone と Eisner（2008）は，ABR は「パースペクティブの拡張」（p. 96）により知の景観を広く豊かにすると述べているが，これは対話を深めることが求められていると言ってよい。健康科学における確実性に囚われるのではなく，不確実性によって解放されることで，常に視点をシフトさせ，謎を深め，揺さぶられ，そしてそのプロセスを通してさらに探求し，逡巡し，新たな想像につなげていくべきなのだ。

　健康科学での ABR の曖昧さは重要な特質であり，倫理的課題でもある。Barone と Eisner（1997）は，曖昧さこそが，知識の実用化プロセスに続く解釈空間へと観る人（あるいは，健康科学での知の使用者）を誘う ABR の中核であるとした。アートを用いる研究者は単に問題を解決するのではなく，問題が抱える謎を深めようとするため，曖昧さが解消されることはない。この哲学的前提はアートが持つ思いや感情を掻き立てるという性質に基づいており，振り返り，思索し，問い，探究することを促す。アートへの積極的関与は問いを引き出し（Dewey, 1934），曖昧さは好奇心を養う（Donoghue, 2009）。しかし，Donoghue（2009）をはじめとする研究者は，ABR に付きまとう曖昧さ（たとえば，多様で矛盾する解釈）がわかりにくさにつながるリスクについても考えることを読者に促している。私にとっては，すべてがアートの認識論へと差し戻される。Eisner（1981）は「研究へのアーティスティックなアプローチは真実の発見より意味の創造に関心がある」（p. 10）と述べている。健康科学では真実の発見が求められるあまり，意味，曖昧さ，

好奇心の重要性を蔑ろにする研究者もいる。さらに，私としては知の使用者こそが意味を創造する上で欠かせない存在であることを主張したい。

このようにみていくと，健康科学での研究とアートを用いた研究の哲学的基盤について考えざるを得ない。Donoghue（2009）は，一般的にABR研究者はアートについての哲学的基盤を十分に理解していないと指摘する。この怠慢は健康科学の研究者において一層顕著に見られる。前述のように，健康科学で実証主義が基本となるのは，患者の安全を守るという文化に深く根ざすもので，これはどんなに強調してもし過ぎることはない。しかし，私は存在と知の多層性は重要だと考えている。ConradとBeck（2015）が述べるように，人（医療者と患者を含む）とは本来，創造的で美を求める存在なのだから。このように，人（健康関連のABR研究者，知の使用者を含む）は世界について学び，感覚や情感を通して意味づけしている（Conrad & Beck, 2015）のだが，それは動的で文脈依存的でもある。自らの研究における不確実性を哲学的に受け入れ，曖昧さと付き合えるように，健康科学の研究者は一層思考を深める必要がある。倫理的観点からは，このような思索は，何が人間にとって真の価値であるか考える上で不可欠であり（Heron & Reason, 1997），このことは，患者と医療者（つまり，研究によって得た知の使用者）に関して特に重要である。多くの患者にとって大切なのは，研究とは**単に**客観的に行われたり，応用されたりするものではない。病院で病床にある患者は自分の個別性，主観性，実体験が大切に受け止められ，花開くよう望んでいる。倫理的には，アートは人間が置かれた状況や，不確実性，曖昧さ，意味，そして開花への可能性にひらかれている。

健康科学でアーティストとして，あるいはアーティストと共に研究するためには，多くの点が考慮されなくてはならない。研究者とアーティストのチームでは，どのように表現するかについて，力関係などの問題が絡むことは避けられない（Bartlett, 2015）。何十年も前のことだが，Eisner（1981）は主張を通すという視点から，アーティストの資格について語っている。健康科学においては，知の使用者を説得するための資格と言える。アートに対する解釈の質の問題だけでなく，思い切った試みはとかく懸念を生むものだが，健康科学での実証主義的認識においては特にその傾向が強い。Boydell（2011a）は，精神疾患についての研究成果を振付師とダンサーと共にダンスで表現しようとしたときのプロセスについて言及している。私自身，アートがどのように解釈されうるかを考慮することで，表現プロセスにさらなる複雑さが加わったという経験がある（Lapum et al., 2016）。健康科学でのABR研究は，データを忠実に表現しようと常に緊張状態にある。表現はデータに基づく必要があるが，単にデータを再生産するのでもない。研究成果を観る人（つまり，知の使用者）が仕事や生活面で納得できると思える空間を創造することがいかに重要であるかを，研究者は理解しなければならない。

知識の実用化が看過できないテーマなのは，研究成果の応用は健康科学を成す重要な要素であるからだ（Canadian Institutes of Health Research, 2010）。知識の実用化は，従来，知識とは客観的なものであるという前提に基づいてなされてきたが，社会的構成主義的（social constructivist）パラダイムによる知の理解へと大きく転換してきており（Rieger & Schultz, 2014），さらには，知を体現し消費する人に新たな空間をひらく他の視座へのシフトも見られるようになった。知の消費者（つまり，知の使用者）は主体をともなう存

在であり，コンテクストに影響を与えることから，知が活かされるかどうかの要となる。研究者と知の使用者が知識の文脈依存性を認識しているように，知識の実用化という営みはコンテクストと解釈が考慮されてはじめて活かされる。健康科学での知識の生産と実践は，アートを用いたパラダイムの導入で，観る人が積極的に考えることを求められることにより，さらに発展するだろう（Lapum et al., 2014, 2016）。

　最後に，健康科学のABRにおける厳密さは，さらに熟考を要する争点であることを指摘したい。概して，厳密さは研究の「質」と呼んでよく，研究の価値を決める。質的なパラダイムでは，厳密さを，納得できるかどうかという見地から捉える方向にシフトしており，妥当性や信頼性といった規準への回帰を疑問視する向きもある（Morse, 2015）。加えて，Richardson（2000）は創造的プロセスにひらかれた厳密性の規準を提案している。私は，健康科学に身を置く研究者に研究目的を批判的に捉えてほしい。目的にふさわしい厳格なアプローチを引き寄せ，修正し，練り上げていくために。厳密性がABRに創造的かつ批判的に埋め込まれた動的プロセスであることを忘れてはならない。研究に適した厳密性へのアプローチが登場してきたことは重要である。何といっても，創造性はABRの根本なのだから。RiegerとSchultz（2014）は，研究の成果物は「研究結果に忠実」（p. 137）でなくてはならないと論じる。これまで，プロセスがあまりにも疎かにされたり，詳細には記述されてこなかったことを踏まえると，ABR研究者が厳密性について議論を進めているように，分析，計画立案，創造的プロセスを詳細に記すことは重要となるだろう（Bartlett, 2015; Lapum, Ruttonsha, et al., 2012）。ABRのムーブメントは始まったばかりで，哲学的な不一致も存在することを考えると，このことは特に健康科学では大きな課題と言える。プロセスの記載および公表の欠如は，ABRにおけるアートとしても科学的側面においても不明瞭さを助長することになる。こうした主張はこれまで述べてきたことと矛盾していると受け止められるかもしれない。それでも，ABRの有機的で創造的プロセスは，人間が体験する複雑さを健康科学が研究しようとするときに，まさにうってつけのアプローチだと私は確信している。

おわりに

　この時期にABRが健康科学に取り入れられるのは時節を得ている。ヘルスケア領域は緊張の最中にあり，効率という言説においても，客観的な知と反復可能な方法によって得られる確実性への流れをみても，転換期にあるかもしれない。ABRは確実性も客観性も提供できず，このような言説を促進させることはない。むしろ，多角的な見方を提供する（Bartlett, 2015）ことで，現存の言説をかき乱し，観る人にいったん立ち止まって見ることを求める。私たちをたたずませずにはおかないABRの力は，かつて信じていたこと，あるいはこれまで想像もできなかったことを再度考えるよう促すだろう。探究者あるいは知の消費者としてABRに足を踏み入れるならば，深淵な体験をし，テーマを活かし，思考と対話の空間をひらく可能性が生まれる（Lapum et al., 2014）。そして，このような可能性を想像してたたずむとき，最初は居心地の悪さを覚えるかもしれない。

しかし，ABR の獣性が ABR の持つ美しさに影を落とすことはない。むしろ，その謎を深めることとなるだろう。

文献

Aita, V., Lydiatt, W., & Gilbert, M. (2010). Portraits of care: Medical research through portraiture. *Medical Humanities, 36*(1), 5–13.

Angus, J., Rukholm, E., Michel, I., Larocque, S., Seto, L., Lapum, J., et al. (2009). Context and cardiovascular risk modification in two regions of Ontario: A photo elicitation study. *International Journal of Environmental Research and Public Health, 6*(9), 2481–2499.

Barone, T., & Eisner, E. (1997). Arts-based educational research. In R. Jaeger (Ed.), *Complementary methods for research in education* (2nd ed., pp. 73–99). Washington, DC: American Educational Research Association.

Barone, T., & Eisner, E. (2008). Arts-based educational research. In J. Green, G. Camilli, & P. Elmore (Eds.), *Complementary methods in research in education* (pp. 95–109). Mahwah, NJ: Erlbaum.

Barone, T., & Eisner, E. (2012). *Arts based research*. Thousand Oaks, CA: SAGE.

Bartlett, R. (2015). Visualising dementia activism: Using the arts to communicate research findings. *Qualitative Research, 15*(6), 755–768.

Boydell, K. (2011a). Making sense of collective events: The co-creation of a research-based dance. *Forum: Qualitative Social Research, 12*(1), Article 5.

Boydell, K. (2011b). Using performative art to communicate research: Dancing experiences of psychosis. *Canadian Theatre Review, 146*, 12–17.

Boydell, K., Gladstone, B., Volpe, T., Allemang, B., & Stasiulis, E. (2012). The production and dissemination of knowledge: A scoping review of arts-based research. *Forum: Qualitative Social Research, 13*(1), 1–30.

Bury, M. (2001). Illness narratives: Fact or fiction? *Sociology of Health and Illness, 23*(3), 263–285.

Canadian Institutes of Health Research. (2010). More about knowledge translation at CIHR. Retrieved August 1, 2011, from www.cihr-irsc.gc.ca/e/39033.html.

Carter, C., Lapum, J., Lavallee, L., & Schindel Martin, L. (2014). Explicating positionality: A journey of dialogical and reflexive storytelling. *International Journal of Qualitative Methods, 13*, 362–376.

Charon, R. (2006). *Narrative medicine: Honoring the stories of illness*. New York: Oxford University Press. ［シャロン，R.，斎藤清二ほか（訳）（2011）．ナラティブ・メディスン —— 物語能力が医療を変える　医学書院］

Charon, R. (2012). At the membranes of care: Stories in narrative medicine. *Academic Medicine, 87*(3), 342–347.

Chilton, G., & Scotti, V. (2014). Snipping, gluing, writing: The properties of collage as an arts-based research practice in art therapy. *Art Therapy, 31*(4), 163–171.

Church, K. (2008). Exhibiting as inquiry: Travels of an accidental curator. In G. Knowles & A. Cole (Eds.), *Handbook of the arts in qualitative research* (pp. 421–434). Los Angeles: SAGE.

Church, K., Frazee, C., & Panitch, M. (n.d.). *Out from Under: Disability, history and things to remember*. Retrieved July 6, 2015, from www.ryerson.ca/ofu/about/index.html.

Clandinin, J., & Connelly, M. (2000). *Narrative inquiry: Experience and story in qualitative research*. San Francisco: Jossey-Bass.

Clark, A., Prosser, J., & Wiles, R. (2010). Ethical issues in image-based research. *Arts and Health, 2*(1), 81–93.

Coemans, S., Wang, Q., Leysen, J., & Hannes, K. (2015). The use of arts-based methods in community-based research with vulnerable populations: Protocol for a scoping review. *International Journal of Educational Research, 71*, 33–39.

Colantonio, A., Kontos, P., Gilbert, J., Rossiter, K., Gray, J., & Keightley, M. (2008). After the crash: Research-based theatre for knowledge transfer. *Journal of Continuing Education in the Health Professions, 28*(3),

180–185.

Cole, A., & Knowles, G. (2008). Arts-informed research. In G. Knowles & A. Cole (Eds.), *Handbook of the arts in qualitative research* (pp. 55–70). Los Angeles: SAGE.

Cole, A., & McIntyre, M. (2004). Research as aesthetic contemplation: The role of the audience in research interpretation. *Educational Insights, 9*(1). Retrieved from http://ccfi.educ.ubc.ca/publication/insights/v09n01/articles/cole.html.

Cole, A., & McIntyre, M. (2006). *Living and dying with dignity: The Alzheimer's Project*. Halifax, NS, Canada: Backalong Books.

Conrad, D., & Beck, J. (2015). Towards articulating an arts-based research paradigm: Growing deeper. *The UNESCO Observatory Multi-Disciplinary Journal in the Arts, 5*(1), 1–26. Retrieved from www.unescomelb.org/volume-25-issue-21–21/2015/2019/2014/2005-conrad-towards-articulating-anarts-based-research-paradigm-growing-deeper.

Cox, S., Kazubowski-Houston, M., & Nisker, J. (2009). Genetics on stage: Public engagement in health policy development on preimplantation genetic diagnosis. *Social Science and Medicine, 68*(8), 1472–1480.

Desyllas, M. (2013). Using photovoice with sex workers: The power of art, agency and resistance. *Qualitative Social Work, 13*(4), 477–501.

Dewey, J. (1934). *Art as experience*. New York: Berkley Publishing Group. ［デューイ，J.，栗田修（訳）（2010）．経験としての芸術　晃洋書房］

Donoghue, D. (2009). Are we asking the wrong questions in arts-based research? *Studies in Art Education, 50*(4), 352–368.

Duffy, L., & Aquino-Russell, C. (2007). The lived experience of women with cancer: Phenomenological findings expressed through poetry. *Canadian Oncology Nursing Journal, 17*(4), 193–205.

Dupuis, S., Mitchell, G., Jonas-Simpson, C., Whyte, C., Gillies, J., & Carson, J. (2016). Igniting transformative change in dementia care through research-based drama. *The Gerontologist, 56*(6), 1042–1052.

Eisner, E. (1981). On the differences between scientific and artistic approaches to qualitative research. *Visual Arts Research, 29*(57), 5–11.

Ellis, C., & Bochner, A. (2000). Autoethnography, personal narrative, reflexivity. In N. Denzin & Y. Lincoln (Eds.), *Handbook of qualitative research* (pp. 733–768). Thousand Oaks, CA: SAGE. ［デンジン，N. K. ／リンカン，Y. S.（編），平山満義（監訳）（2006）．質的研究ハンドブック（3巻）　北大路書房］

Faulkner, S. (2007). Concern with craft: Using ars poetica as criteria for reading research poetry. *Qualitative Inquiry, 13*, 218–234.

Feldman, S. (1999). Please don't call me "dear": Older women's narratives of health care. *Nursing Inquiry, 6*(4), 269–276.

Fortin, R., Jackson, S., Maher, J., & Moravac, C. (2015). I WAS HERE: Young mothers who have experienced homelessness use Photovoice and participatory qualitative analysis to demonstrate strengths and assets. *Global Health Promotion, 22*(1), 8–20.

Frank, A. (1998). Just listening: Narrative and deep illness. *Families, Systems, and Health, 16*(3), 197–212.

Frank, A. (2010). *Letting stories breathe: A socio-narratology*. Chicago: University of Chicago Press.

Fraser, K., & al Sayah, F. (2011). Arts-based methods in health research: A systematic review of the literature. *Arts and Health, 3*(2), 110–145.

Frazee, C., Church, K., & Panitch, M. (2008). *Out from Under: Disability, history and things to remember*. Retrieved from www.ryerson.ca/ofu/about/curators.html.

Fritz, H., & Lysack, C. (2014). "I see it now": Using photo elicitation to understand chronic illness self-management. *Canadian Journal of Occupational Therapy, 81*(4), 247–255.

Furman, R. (2006). Poetic forms and structures in qualitative health research. *Qualitative Health Research, 16*(4), 560–566.

Furman, R., Langer, C., Davis, C., Gallardo, H., & Kulkarni, S. (2007). Expressive, research and reflexive poetry as qualitative inquiry: A study of adolescent identity. *Qualitative Health Research, 7*(3), 301–315.

Gilbert, M., Lydiatt, W., Aita, V., Robbins, R., McNeilly, D., & Desmarais, M. (2016). Portrait of a process: Arts-based research in a health and neck cancer clinic. *Medical Humanities, 42*(1), 57–62.

Gray, R. (2003). Performing on and off the stage: The place(s) of performance in arts-based approaches to qualitative inquiry. *Qualitative Inquiry, 9*(2), 254–267.

Gray, R., Fitch, M., Labreque, M., & Greenberg, M. (2003). Reactions of health professionals to a research-based theatre production. *Journal of Cancer Education, 18*(4), 223–229.

Gray, R., Sinding, C., Ivonoffski, V., Fitch, M., Hampson, A., & Greenberg, M. (2000). The use of research-based theatre in a project related to metastatic breast cancer. *Health Expectations, 3*, 137–144.

Harper, D. (1986). Meaning and work: A study in photo elicitation. *Current Sociology, 34*(3), 24–46.

Heron, J., & Reason, P. (1997). A participatory inquiry paradigm. *Qualitative Inquiry, 3*(3), 274–294.

Hodges, C., Fenge, L., & Cutts, W. (2014). Challenging perceptions of disability through performance poetry methods: The "Seen but Seldom Heard" project. *Disability and Society, 29*(7), 1090–1103.

Hoffmann, W., Myburgh, C., & Poggenpoel, M. (2010). The lived experiences of late-adolescent female suicide survivors: "A part of me died." *Journal of Interdisciplinary Health Sciences, 15*(1), 1–9.

"Hybrid Bodies." (n.d.). Retrieved July 2, 2015, from www.hybridbodiesproject.com/about-the-project.

Hyden, L. (1997). Illness and narrative. *Sociology of Health and Illness, 19*(1), 48–69.

Jonas-Simpson, C. (2001). Feeling understood: A melody of human becoming. *Nursing Science Quarterly, 14*(3), 222–230.

Jonas-Simpson, C., Steele, R., Granek, L., Davies, B., & O'Leary, J. (2015). Always with me: Understandingexperiences of bereaved children whose baby sibling died. *Death Studies, 39*(4), 242–251.

Kleinman, A. (1988). *The illness narratives: Suffering, healing, and the human condition.* New York: Basic Books. ［クラインマン，A.，江口重幸ほか（訳）（1996）．病いの語り —— 慢性の病いをめぐる臨床人類学　誠信書房］

Knowles, J. G., & Cole, A. (Eds.). (2008). *Handbook of the arts in qualitative research.* Thousand Oaks, CA: SAGE.

Lapum, J. (2005). Women's experiences of heart surgery recovery: A poetical dissemination. *Canadian Journal of Cardiovascular Nursing, 15*(3), 12–20.

Lapum, J. (2008a). The performative manifestation of a research identity: Storying the journey through poetry. *Forum: Qualitative Social Research, 9*(2), Article 39.

Lapum, J. (2008b). Residuals of death. *Qualitative Inquiry, 14*(2), 233–234.

Lapum, J. (2011). Death—a poem. *Qualitative Inquiry, 17*(8), 723–724.

Lapum, J., Angus, J., Peter, E., & Watt-Watson, J. (2010). Patients' narrative accounts of open-heart surgery and recovery: Authorial voice of technology. *Social Science and Medicine, 70*, 754–762.

Lapum, J., Angus, J., Peter, E., & Watt-Watson, J. (2011). Patients' discharge experiences: Returning home following open-heart surgery. *Heart and Lung: The Journal of Acute and Critical Care, 40*(3), 226–235.

Lapum, J., Church, K., Yau, T., Matthews David, A., & Ruttonsha, P. (2012). Arts-informed dissemination: Patients' perioperative experiences of open-heart surgery. *Heart and Lung: The Journal of Acute and Critical Care, 41*(5), e4–e14.

Lapum, J., Church, K., Yau, T., Ruttonsha, P., & Matthews David, A. (2013). Narrative accounts of recovering at home following heart surgery. *Canadian Medical Association Journal, 185*(14), E693–E697.

Lapum, J., Liu, L., Church, K., Hume, S., Harding, B., Wang, S., et al. (2016). Knowledge translation capacity of arts-informed dissemination: A narrative study. *Art/Research International: A Transdisciplinary Journal, 1*(1), 258–282.

Lapum, J., Liu, L., Church, K., Yau, T., Ruttonsha, P., Matthews David, A., et al. (2014). Arts-informed research dissemination in the health sciences: An evaluation of peoples' responses to "The 7,024th Patient" art installation. *SAGE Open, 4*(1). Retrieved from http://journals.sagepub.com/doi/

pdf/10.1177/2158244014524211.

Lapum, J., Liu, L., Hume, S., Wang, S., Nguyen, M., Harding, B., et al. (2015). Pictorial narrative mapping as a qualitative analytic technique. *International Journal of Qualitative Methods, 14*, 1–15.

Lapum, J., Ruttonsha, P., Church, K., Yau, T., & Matthews David, A. (2012). Employing the arts in research as an analytical tool and dissemination method: Interpreting experience through the aesthetic. *Qualitative Inquiry, 18*(1), 100–115.

Lapum, J., Yau, T., & Church, K. (2015). Arts-based research: Patient experiences of discharge. *British Journal of Cardiac Nursing, 10*(2), 80–84.

Lapum, J., Yau, T., Church, K., Ruttonsha, P., & Matthews David, A. (2015). Un-earthing emotions through art: Reflective practice using poetry and photographic imagery. *Journal of Medical Humanities, 36*(2), 171–176.

Lawrence-Lightfoot, S. (1983). *The good high school: Portraits of character and culture.* New York: Basic Books.

Leavy, P. (2008). *Method meets art: Arts-based research practice.* New York: Guilford Press.

Leichner, P., & Wieler, C. (2015). Maladjusted: Participatory theatre about human-centred care. *Arts and Health, 7*(1), 75–85.

Leung, D., & Lapum, J. (2005). A poetical journey: The evolution of a research question. *International Journal of Qualitative Methods, 4*(3), 1–17.

Lieblich, A., Tuval-Mashiach, R., & Zilber, T. (1998). *Narrative research: Reading, analysis, and interpretation* (Applied Social Research Methods Series, Vol. 47). Thousand Oaks, CA: SAGE.

Liu, L., Lapum, J., Fredericks, S., Yau, T., & Micevski, V. (2012). Music as an interpretive lens: Patients' experiences of discharge following open-heart surgery. *Forum: Qualitative Social Research, 14*(1), 1–23.

Lorenz, L. (2011). A way into empathy: A "case" of photo-elicitation in illness research. *Health, 15*(3), 259–275.

Luchins, D. (2012). Two approaches to improving mental health care: Positivism/quantitative versus skillbased/qualitative. *Perspectives in Biology and Medicine, 55*(3), 409–434.

Mandleco, B., & Clark, L. (2013). Research with children as participants: Photo elicitation. *Journal for Specialists in Pediatric Nursing, 18*(1), 78–82.

Mattingly, C. (1994). The concept of therapeutic "emplotment." *Social Science and Medicine, 38*(6), 811–822.

McCaffrey, T., & Edwards, J. (2015). Meeting art with art: Arts-based methods enhance researcher reflexivity in research with mental health service users. *Journal of Music Therapy, 52*(4), 515–532.

Mitchell, G., Dupuis, S., Jonas-Simpson, C., Whyte, C., Carson, J., & Gillis, J. (2011). The experience of engaging with research-based drama: evaluation and explication of synergy and transformation. *Qualitative Inquiry, 17*(4), 379–392.

Mitchell, G., Jonas-Simpson, C., & Ivonoffski, V. (2006). Research-based theatre: The making of I'm Still Here! *Nursing Science Quarterly, 19*(3), 198–206.

Mohr, E. (2014). Posttraumatic growth in youth survivors of a disaster: An arts-based research project. *Arts Therapy, 31*(4), 155–162.

Morse, J. (2015). Critical analysis of strategies for determining rigor in qualitative inquiry. *Qualitative Health Research, 25*(9), 1212–1222.

Moules, N., & Amundson, J. (1997). Grief—an invitation to inertia: A narrative approach to working with grief. *Journal of Family Nursing, 3*(4), 378–393.

Nelson, J. (2009). Lost in translation: Anti-racism and perils of knowledge. In C. Schick (Ed.), *"I thought Pocohontas was a movie": Perspectives on race/culture binaries in education and service professions* (pp. 15–32). Regina, SK, Canada: Canadian Plains Research Center.

Nguyen, M. (2013). Women's experiences of intimate relationships while living with irritable bowel syndrome. Unpublished master's thesis, Ryerson University, Toronto, Canada.

Nichols, T., Biederman, D., & Gringle, M. (2014). Using research poetics "responsibly": Applications for health promotion research. *International Quarterly of Communication Health Education, 35*(1), 5–20.

Padgett, D., Smith, B., Derejko, K., Henwood, B., & Tiderington, E. (2013). A picture is worth . . . ?: Photo elicitation interviewing with formerly homeless adults. *Qualitative Health Research, 23*(11), 1435–1444.

Parsons, J., Heus, L., & Moravac, C. (2013). Seeing voices of health disparity: Evaluating arts projects as influence processes. *Evaluation and Program Planning, 36*(1), 165–171.

Poindexter, C. (2002). Research as poetry: A couple experiences HIV. *Qualitative Inquiry, 8*(6), 707–714.

Proulx, K. (2008). Experiences of women with bulimia nervosa in a mindfulness-based eating disorder treatment group. *Eating Disorders, 16*(1), 52–72.

Radley, A., & Taylor, D. (2003). Images of recovery: A photo-elicitation study on the hospital ward. *Qualitative Health Research, 13*(1), 77–99.

Retta, B. (2011). From "reel" to "real"—Embodied responses to rape. Unpublished master's thesis, Ryerson University, Toronto, Canada.

Richardson, L. (1994). Writing as a method of inquiry. In N. Denzin & Y. Lincoln (Eds.), *The handbook of qualitative research* (1st ed., pp. 516–529). Thousand Oaks, CA: SAGE.

Richardson, L. (2000). Writing: A method of inquiry. In N. Denzin & Y. Lincoln (Eds.), *Handbook of qualitative research* (2nd ed., pp. 923–948). Thousand Oaks, CA: SAGE. ［デンジン，N. K. ／リンカン，Y. S.（編），平山満義（監訳）(2006)．質的研究ハンドブック（3巻）　北大路書房］

Rieger, K., & Schultz, A. (2014). Exploring arts-based knowledge translation: Sharing research findings through performing the patterns, rehearsing the results, staging the synthesis. *Worldviews on Evidence-Based Nursing, 11*(2), 133–139.

Riessman, C., & Speedy, J. (2007). Narrative inquiry in the psychotherapy professions. In D. J. Clandinin (Ed.), *Handbook of narrative inquiry: Mapping a methodology* (pp. 426–456). Thousand Oaks, CA: SAGE.

Ross, H., Abbey, S., De Luca, E., Mauthner, O., McKeever, P., Shildrick, M., et al. (2010). What they say versus what we see: "Hidden" distress and impaired quality of life in heart transplant recipients. *Journal of Heart and Lung Transplantation, 29*(10), 1142–1149.

Rossiter, K., Gray, J., Kontos, P., Keightley, M., Colantonio, A., & Gilbert, J. (2008). From page to stage: Dramaturgy and the arts of interdisciplinary translation. *Journal of Health Psychology, 13*(2), 277–286.

Schwind, J., Lindsay, G., Coffey, S., Morrison, D., & Mildon, B. (2014). Opening the black-box of person-centred care: An arts-informed narrative inquiry into mental health education and practice. *Nurse Education Today, 34*(8), 1167–1171.

Schwind, J., Santa Mina, E., Metersky, K., & Patterson, E. (2015). Using the narrative reflective process to explore how students learn about caring in their nursing program: An arts-informed narrative inquiry. *Reflective Practice, 16*(3), 390–402.

Sinding, C., Gray, R., Fitch, M., & Greenberg, M. (2006). Audience responses to a research-based drama about life after breast cancer. *Psycho-Oncology, 15*(8), 694–700.

Switzer, S., Guta, A., de Prinse, K., Carusone, S., & Strike, C. (2015). Visualizing harm reduction: Methodological and ethical considerations. *Social Science and Medicine, 133*, 77–84.

Teti, M., Murray, C., & Johnson, L. (2012). Photovoice as a community-based participatory research method among women living with HIV/AIDS: Ethical opportunities and challenges. *Journal of Empirical Research on Human Research Ethics, 7*(4), 34–43.

Thomas-MacLean, R. (2004). Understanding breast cancer stories via Frank's narrative types. *Social Science and Medicine, 58*, 1647–1657.

Walji, N. (2014). Nurses' experiences of creating an artistic instrument for their nursing practice and professional development: An arts-informed narative inquiry. Unpublished master's thesis, Ryerson University, Toronto, Canada.

Wulf-Andersen, T. (2012). Poetic representation: Working with dilemmas of involvement in participative social work research. *European Journal of Social Work, 15*(4), 563–580.

第29章

自然科学におけるアートベース・リサーチ

● レベッカ・ケイメン（Rebecca Kamen）

訳：荒川 歩

「私たちが経験できることのうち最も美しいものは，ミステリアスなものだ。それこそが，すべてのアートとサイエンスの源である」

── ALBERT EINSTEIN（アルバート・アインシュタイン）

「私は一度だってアート作品として絵画を描いたことはない。それはすべて研究なのである」

── PABLO PICASSO（パブロ・ピカソ）

本章は，宇宙論，歴史，哲学などの幅広い研究を踏まえたアートとサイエンスの結びつきと，化学や宇宙物理学，神経科学のようなさまざまな科学分野に対する私の関心を探究するものである。アメリカ哲学会（American Philosophical Society）の図書館や，化学遺産財団（Chemical Heritage Foundation），米国医学図書館，マドリッドのカハル研究所にある科学的に貴重な本や草稿を調査したことで，これらの重要な科学的コレクションを，私のアート作品の創作のきっかけとして利用することが可能になった。

アート作品の創作は，質的な探究のプロセスから始まる。科学研究および科学者や歴史家たちとの対話を通して，私は，自分が何を理解しているのかを分析し，アートを通して観察したことや発見したことを伝える。

舞踊家や詩人，音楽家といった他のアーティストとの協働もまた，科学を解釈する新しくダイナミックな方法をつくり出し，作品を展開する上で重要な役割を果たしてきた。このようなプロジェクトは，さまざまな科学分野と歴史や文化的参照の間につながりをつくるという点で多重参照的である。たとえば，アート・インスタレーション《聖なる性質：元素の庭園（Divining Nature: An Elemental Garden）》の彫刻の形は，東南アジアにおける仏舎利塔の聖なる配置を参照しつつ，元素の周期表のパターンを解釈するために彫刻と音を使っている。

この章で紹介するアートプロジェクトは，インスピレーションの契機として，または発見の旅として，そして目に見えないものを可視化するきっかけとして研究を行うこと

を称賛するものである。さまざまな科学分野を超えて共通する糸でつなぐことで，私の
アート作品は，科学者が見るものを捉え，再想像することで，科学を理解するための新
しいレンズをつくり出す。

自己紹介

　私は，幼い頃から発見することが大好きだった。畏敬と驚嘆を持って，私の子ども時
代の大部分は，簡単な化学キットで元素の世界を探索することに費やされた。私はその
キットで，緻密な科学博覧会プロジェクトを進めた。飽くなき好奇心と学ぶことへの貪
欲さが，一見無関係の学問領域の間をつなげた。私は，自分の人生を，複数の学問領域
が重なる部分を直感的に検討することに捧げてきた。私は，段ボール製の望遠鏡によっ
て，最初に宇宙と運命的に結びついたときのことをはっきり覚えているし，私が感じた
ことや，その問題や意味を探究しつづけることで，そのときの感情や魅了されたことを
今でも思い出すことができる。
　私のキャリアは，1972 年，アリゾナ州カイエンナのナバホ族居留地での教育実習か
ら始まった。ここでアートを教えることに対する私の愛情が根を張り，多文化環境での
学習の重要性を尊重する種がまかれた。1974 年，アリゾナからサウスキャロライナの
アーティスト・イン・レジデンス・プログラムに参加した。このプログラムは米国芸術
基金（National Endowment for the Arts）と地元企業の助成を受けて，文化の伝道師として
アーティストが地域に住み，コミュニティでアートを教えることを支援するものであっ
た。
　1978 年，私は，ノーザンバージニア・コミュニティカレッジ（NOVA）で教えはじめ
た。現在も名誉教授として，刺激的な学習環境のもとで学生や同僚たちと専門的な発見
を共有しつづけている。
　1986 年に，中国での講演の招待を受けた。この活気ある国へのドアが西側諸国に再
び開かれ，ここでの経験は，異文化交流に関する私のさらなる探究を可能にしてくれた。
　この経験はまた，中国の彫刻家の趙樹桐との 7 年にわたる共作につながった。中国
での彼との仕事によって，不可能に見えても，距離や言語，偏見，作家としてのスタイ
ル，あるいは主題の違いといった障壁を理由に個人的な目標を到達するのをあきらめて
はならないということを学んだ。中国でのプロジェクトは，教育におけるアウトリーチ
プログラムのきっかけとしても機能し，他の文化の豊かさについて学ぶことを可能にし
た。加えて，インターネットが普及するはるか以前に，中国の学生に西洋の芸術文化を
初めて学ぶ機会を与えることができた。東洋と西洋の科学技術へのこれらの新しい学び
は，発見することに対する私の情熱を高めたのである。
　中国での仕事は，文化を超えて活動しつづけたいという気持ちを強めるものであり，
アート・イン・エンバシー（Arts in Embassy）という，海外のアーティストを巻き込んだ
アウトリーチ制度を通してアメリカの利益を追求するものであった。他の国での講演や
展示を経ることで，私は特に NOVA のような都市のコミュニティカレッジで，さまざ

まな文化を背景とする学生たちに対して，うまく教えることができるようになった。

多文化交流における私の関心は，《Text, Image, Form》と題したグラフィックデザインのコラージュを用いた協働的な教育プロジェクトのきっかけの一つになった。これは，NOVA とチリのサンチアゴにある Duoc UC カレッジ，韓国のソウルにある柳韓大学校の間の国際プロジェクトへと発展した。学生たちは，図書館の廃棄図書の内容を三次元空間上に物語で表現するという課題を与えられた。NOVA の図書館でのある学生の展示は，彫刻された本と印刷された本の間に，これまで認識されることのなかった関係を描き出した。次に，私は Duoc UC カレッジで５日間のワークショップを行い，デザイン学科の学生に，一見無関係な学問領域をアートでつなぐ方法を教えた。その後，柳韓大学校のデザイン学科の学生にも同様のワークショップが行われた。これらのプロジェクトは，学問領域の架け橋をつくり出し，３つの大陸の学生たちを結びつけた。それらは，学生たちが自分たちの周りの世界の見方を変容させることにつながったのである。

アーティスト・イン・レジデンスを通してのコミュニティでの教育や，同僚や学生同士の専門的な協働作業では，すべての参加者がそれぞれの専門領域だけでなく研究分野を超えて成長することが必要であり，私はプロのアーティストとして参加者を刺激し，情報を提供しつづけている。これらのユニークでマルチメディアのプログラムによって，従来の教育という概念を超えて，私は学生たちに，アートすなわち人生について教え，無限の可能性のビジョンを刺激することができている。私は大人になるまで，識字障害をもっていることによって自分の世界の見方が，その障害のない他の人とは全く違うということに気づかなかった。時間はかかったが，この違いがあるからこそ新しい問題の見方，新しい定義の仕方，新しい解決の仕方を他人に示すことができるのだと深く感謝をした。情報収集と思考における多様性は，真の発見の主たる要素なのだ。抽象的な概念を，意味を持たせて視覚化する生まれながらの能力が私をアートに導いた。

2011 年のハーバード大学での講演（および視覚学習研究室への訪問）は，目に見えないものを視覚化する能力をより広い領域の研究にどのように適用するかについて，非常に大きな気づきをもたらした。視覚学習研究室は，視覚学習によってどのように科学への理解が促進するかについての科学的調査や，識字障害と視覚学習の関係の研究，視覚メディアやインタラクティブメディアが学習をどのように促進するか，義務教育における視覚学習の効果について研究を行っていた。聴衆は，アートとサイエンスのつながりや，その関係性がさまざまな科学領域をつなぐという私の考えを本質的に理解してくれ，私の講演はそんな聴衆の心を打った。私は，自分の仕事が彼ら研究者にどのような情報を提供しうるのかを探究したいと思い，宇宙物理学センターの研究者と共同研究を始めたのである。

私はこれまで，自分の関わる教室や研究室に，探究し，好奇心を持ち，驚嘆を喜ぶような健康的な知的風土をつくり出したいと思ってきた。学問領域をつなぐ方法としてのアートを通して，サイエンスに洞察をもたらしたいというビジョンの実現に向けて，私は動きはじめた。たとえば，私の《聖なる性質：元素の庭園》のインスタレーションは，工学のプロジェクトを生み出し，サイエンスの鑑賞と理解にアートを融合させた。学問領域を超えた驚きの共有は，今も私のライフワークである。これは，私にインスピレー

ションを与え，教育やアートベース・リサーチ（ABR）についての私の考えのもとになった。

　私のこれまでの協働的・学問融合的な活動は，通常コミュニティカレッジの教員として関わることのない人にも伝えることを可能にしてきた。2005 年にメリーランド州カレッジパークにある米国物理学センターで行われた《Invisible Sightings（見えない光景）》と題した展覧会は，その一例である。若き Einstein に光の波に乗ったらどんな感じだろうと想像させた Aaron Bernstein の『Popular Books on Natural Science（自然科学の一般書）』は，Einstein の特殊相対性理論の発見を記念して創作した 16 体の新しい彫刻のきっかけになった。この仕事の結果，米国物理学センターでの物理学者たちの集まりで講演することになり，そこで私はアートがいかに物理学に新しい視点をもたらしうるかを論じた。

　科学者との対話の継続が，私のアートと教育に影響を与えつづけた。米国衛生研究所（National Institutes of Health）の小児腫瘍遺伝学研究室の室長 Javed Khan 医師との会話からは，メリーランド州フレデリックのコミュニティカレッジにおける展覧会の着想を得た。《Art as Science/Science as Art（サイエンスとしてのアート／アートとしてのサイエンス）》と題されたこの展覧会は，観衆に，アートとサイエンスは，分離した領域ではなく相補的なものであることを伝え，観客は互いにどのように参考になるのかが理解できるようになっていた。

　ハーバード大学の宇宙物理学者との経験と，米国衛生研究所の神経科学者との経験は，サイエンスとアートは同じ目的を追求するものであること，つまり，ともに，私たちの周りの世界の具体的な現象について知り，研究を通して得たそれを伝える目的があるという，私の長年の信念を確信に変えるものとなった。このつながりは，人は探究を通じて真実を探す必要があることと同様に，普遍的なものであるように思われた。私は講演するたびに，そのつながりをより深く検討したいという気にさせられる。そこで，私はハーバード大学宇宙物理学センターのプロジェクトに加えて，ジョージ・メイソン大学や米国衛生研究所のプロジェクトで共同研究を行うことにした。

　ABR を通して得た経験は，特に輝かしいものであった。私は宇宙物理学，生物多様性，化学，神経科学，視覚学習といったさまざまな学問領域に共通するパターンを発見してきた。高レベルの探究でこれらの領域に関わったことで，私自身の研究は多くの示唆を与えられ，また大いに向上した。

　今取り組んでいる研究と作品は，神経科学と宇宙物理学を直接的に結ぶものだという私の信念を探究したものである。究極的には，幾何学，複雑系科学，そして宇宙の化学的起源をつなぐと私は信じている。

　私たちを取り巻く世界に関する私の理解が進むに従い，講演や教育の方法論も進化してきた。私は新しく得た知識を教材に取り入れ，それを国内外問わず教員や学生と共有した。好奇心，成長，共有は連鎖し，私たちを取り巻く世界を探究し理解する活動に人々を巻き込む力の土台となった。

　ある意味で，私はまだ，星が見たくて永遠なる宇宙と自分をつないでくれる段ボール製の望遠鏡とレンズを自作していた幼い少女のままなのである。私は，この国の一流の

研究機関の一流の研究者たちと共に仕事ができることを栄誉に思っている。私たちが関わる学問領域が増え，共同研究する機関が増えるにつれ，神経科学と宇宙物理学をつなぐことに成功するだろうと思うようになった。子どもの頃，私は，畏敬と驚嘆とともにその可能性を思い描いた。それは今でも続いている。

アート／サイエンスを刺激するプロジェクト

「レベッカ・ケイメンは，科学と作品制作について人並みならぬ情熱を持っており，彼女の好奇心は，彼女も当初予想しなかったことにまで，驚異と栄光の両方の結果を生み出している。彼女の創作過程は，現在の科学者と同様，科学的調査を分解ではなく統合しようとする自然科学の研究過程と似ている。レベッカは，注意を狭めるのではなく，想像力を用いて関わる能力を高め，より広い関係の諸層を見ている。彼女は，複雑な科学的成果に埋め込まれた，人間のさまざまな思考や希望，信念，憧れを知る能力をもっている。レベッカは，科学のスピリチュアルな部分を取り出す才能を持っているのである」

—— Marjorie Gapp
（化学遺産財団 元アート＆イメージ担当キュレーター，フィラデルフィア）

《聖なる性質：元素の庭園》

2007年，元素周期表のことが気になりはじめた。この表の記憶が，私を11年生〔日本の高校2年生頃に該当〕の時の化学の教室に連れ戻した。不思議な匂いに満ちた魔法の部屋，試験管，ガスバーナー，そして，部屋の正面に架けられた文字や数字が格子状に描かれた表。数十年経った今，この不思議な表が私の思考に再び頭をもたげてきて，もう一度向き合うように求めている。しかし，今回は，一人のアーティストとして，これを見ることになった。

このプロジェクトが生まれたことで，私は最も忘れられない旅をすることになった。フィラデルフィアの化学遺産財団にある貴重な錬金術の本の調査もそうだったが，インドとブータンへの旅は，高校時代には思いもしなかった方法で，このプロジェクトに示唆を与えた。これらの体験が強力に結びつき，アートとサイエンスをつなぐものとして元素周期表を探求するきっかけになった。

仏教において宇宙観を表す曼荼羅が，《元素の庭園》の配置と概念にインスピレーションを与えた。庭園はその性質として，機能的にも隠喩としても常にアートとサイエンスの交差点の役割を果たすものであるため，それは変容の場となる。このような畏敬の念を抱かせる場所で，物事は一つの状態から別の状態へと変化するのである。原子が，その数と組み合わせの変化によって新しい要素へと文字通り変化して変性するのと同様に，《聖なる性質：元素の庭園》は，文字と番号から成る化学の周期表を，幾何学と原子番号に基づいた彫刻的要素の庭へと変容させた（**図29.1**および**29.2**）。

展覧会は，Plato（プラトン）の五大元素に基づく導入的な小さいインスタレーション

図 29.1 《聖なる性質：元素の庭園（Divining Nature: An Elemental Garden）》ポリエステル樹脂，グラスファイバーの棒，サウンドスケープ。300 インチ × 300 インチ × 38 インチ（約 7.6 m × 7.6 m × 1 m）
Copyright © 2009 Rebecca Kamen. 許可を得て複製

図 29.2 《聖なる性質：元素の庭園》近影
Copyright © 2009 Rebecca Kamen. 許可を得て複製

と，周期表に書かれた自然界に存在する 83 の元素からインスピレーションを受けた大きいインスタレーションの 2 つで構成された。建築家の Alick Dearie（アリック・ディアリー）は，独立してはいるが重なってもいるフィボナッチ螺旋の形に周期表の各列の元素を配置するという私のビジョンを実現するのを助けてくれ，インスタレーションの配置が出来上がった。

　このプロジェクトのコンセプトを考えている段階で，私はこのインスタレーションに音を使おうと思いついた。生物音楽家の Susan Alexjander（スーザン・アレクサンダー）が，

各元素の原子から発せられる周波数に基づいた記憶に残る音空間を作り出してくれ，音という点に関して最高の共同制作者となった。音は，この彫刻インスタレーションの経験全体に新しい層を付け加えた。

　《聖なる性質：元素の庭園》は，各元素の最も優美な側面であるその環状の模様からインスピレーションを受けた彫刻によって，周期表を三次元の美しいモノとして，より大きなインスタレーションで表現する機会をつくり出した。このプロジェクトは，宇宙のつながりを祝福するものでもあった。電子配列から作り出された形は，このインスタレーションのフィボナッチ螺旋の配置を着想させた聖なる幾何学と同じ原理に基づいており，自然のあらゆる側面で見られるものであった。

　《聖なる性質：元素の庭園》のアートコミュニティとサイエンスコミュニティの両方での成功は，次の新しい作品への豊かな会話やインスピレーションを産むことになった。このインスタレーションは，『New York Times』紙から『Royal Society of Chemistry』誌まで，国内外の出版物で特集された。これはまた，Annenberg Learner シリーズの一部である「Chemistry: Challenges and Solutions」や Pearson Education 社の「Career Connector」でも紹介された。

　《聖なる性質》は，生物音楽家の Susan Alexjander が制作した《Elements as Tone（音としての元素）》というタイトルの，《元素の庭園》とは別のマルチメディアによる音空間を含んだ協働インスタレーションなどの，化学からインスピレーションを受けた他のアートプロジェクトのきっかけになった。この作品では，それぞれの元素の原子から発せられる振動がラーモア周波数に基づいて配置され，音空間を構成するのに用いられた。

　《元素の庭園》は，星の崩壊によって生まれる順に，水素，ヘリウム，炭素，窒素，酸素，ケイ素，リン，硫黄という元素がとる軌道パターンからインスピレーションを受けた 8 つの彫刻から構成されている。

　環状の彫刻から成るこの小さなインスタレーションは，国際化学年である 2011 年を記念して，化学遺産財団の展覧会のために作られたものである。

　《元素の庭園》は現在，バージニア州ロアノークのトーブマン美術館の学習エリアで見ることができる。

《聖なる性質：元素の庭園》のための研究

　科学の象徴であるとともに美の象徴でもある元素周期表についての私の調査は，フィラデルフィアにある化学遺産財団図書館から資金援助を受けて行った調査旅行から始まった。この調査の機会によって，化学遺産財団図書館の特別収集品のすべてを見ることができ，科学の始まりについて調査するきっかけとなった。そして，《聖なる性質：元素の庭園》のコンセプトへの最初のインスピレーションのきっかけが生まれたのである。

　私が滞在した際に調査した特別収集品には，化学遺産財団の周期表コレクション，ネヴィルコレクション，フィッシャーコレクションおよびエードルマンコレクションの中の貴重書や百科事典類，軌道パターンや原子構造のように，化学の視覚化モデルを表現した特別なコレクションがあった。

このプロジェクトに関する専門家のコメント／洞察

「ケイメンは，化学に基づいたイメージを，仏教の曼荼羅や仏舎利塔に似た，きわめて優美な彫刻へと変容させた。この両者のつながりは偶然ではない。《聖なる性質》はその概念の中心において，化学と東洋哲学の基礎である変容を視覚的に表しているのである。展示される際，ケイメンが『文字と番号から成る化学の周期表を，幾何学と原子番号に基づいた彫刻的要素の庭へと変容させる』と述べているように，彼女は，エルドマンの表とフィボナッチ螺旋に基づいた正確な形に，原子の花を置く。《聖なる性質》は，科学，歴史，形而上学を統合するケイメンの方法の一例である。かびくさい本や，ピカピカの研究室の中から研究のネタを見つけることで，彼女は，想像を制限するのではなく拡張するために，アートに堅固さを持ち込んでいる。彼女は，科学の文脈で彼女の注意を引くテーマ（たとえば，フィボナッチ数，変換，科学の形と聖なる形の対応）を繰り返し調査し，繰り返し取り上げ，科学者のように，それらの題材の新しい側面を明らかにしつづける。最終的に，アートとサイエンスの概念的境界線に関する多くの研究とは異なり，ケイメンのアートは，その経緯や，知的な背景を超えて，純粋に美しい。複雑で，巧みに作られており，インスピレーションを与えるものである」
——Tami I. Spector
（サンフランシスコ州立大学 化学部長）

《ミューズとしての草稿》

　多くの人は本をすたれたものと考えている。デジタルで情報にアクセスする世代においては特にそうであろう。一人のアーティストとして，私は常に，深い形でインスピレーションを与える創造的な機会として本を捉えている。フィラデルフィアのアメリカ哲学会（American Philosophical Society）の図書館で，アーティスト・イン・レジデンスをしていたときに見た本は，私を最も特別な旅に連れ出してくれた。私が一番好きなその本の一部は，その著者が実際に自分の手で自然現象を記録したものである。最も刺激的な観察記録の一つは，カメラの発明以前に，科学者が視覚的に物事を捉える装置として絵画がどのように機能していたかを示している。2，3の例を挙げるなら，Lewisと Clark〔1803〜1806年にかけて，当時のアメリカ大統領の指示によって北米を陸路で横断した探検隊〕のスケッチブック，John LeConte の驚くほど詳細な虫の絵，そして『The Bee Book（ミツバチの本）』に描かれた John Benbow のスケッチをみると，自分の観察したものを文章だけではなく，美しい形によっても記録しなければという著者の思いに頭が下がる。

　専門的に見て，このような経験から作られたこの彫刻《ミューズ（発想の源）としての草稿（Manuscript as Muse）》は，アメリカ哲学会図書館のコレクションにある水文学者 Luna Leopold の美しい川の絵を見たことに影響を受けている。ある景観に距離や標高の情報の層を加えたこれらの複雑な川の地図は，私の一連の作品の制作に大きな影響を与えた。ポリエステルフィルムにグラファイトとアクリルを重ねるプロセスにより，一冊の本におけるページの重要性が視覚的に描き出される。本のページのようなそれぞれ

のレイヤーは，重ねてみたときに複雑な視覚的物語をつくり出し，形に意味を与えている。

アメリカ哲学会図書館での展覧会は，この作品に影響を与えた貴重書や貴重な草稿と一緒に，滞在中に制作した彫刻を披露する機会になった。

《ミューズとしての草稿》のための研究

このプロジェクトのために私は当初，アメリカ哲学会図書館のスタッフに，館が所蔵しているものの中で自分たちの好きな本や草稿を教えてくれるように依頼した。それを見ることで，特別コレクションの充実ぶりを目の当たりにすることができ，さらに調査したいと思う種類の本についてまず当たりを付けることができた。

科学と科学史に対する関心から，私は，アメリカ哲学会を 1743 年に創設した Benjamin Franklin（ベンジャミン・フランクリン）の論文集や絵画を見た。Franklin の科学に対する関心の高さは，この図書館に，電気，気象，数学に関する蔵書が多いという形で表れている。

このプロジェクトのために選ばれた本は，天文学，生物学，地質学，養蜂などの領域を含み，17 世紀における科学的発見の広大さを示している。歴史的メモや日記が，このプロジェクトのきっかけとして，またはインスピレーションのために利用され，その中には，Lewis と Clark や，宇宙物理学者 John Archibald Wheeler（ジョン・アーチボルド・ウィーラー）の日記も含められた。Wheeler のメモは，重力波に関する物理学にインスピレーションを受けた最近のインスタレーション《ポータル（Portal）》（後述）を含め，さまざまな刺激を与えつづけてくれている。

このプロジェクトに関する専門家のコメント／洞察

「アメリカ哲学会の収蔵責任者と司書は，検討に検討を重ねたコレクションの収集方針に基づき，資料収集を行っている。私たち収蔵責任者と司書が，永続的に価値のある資料的証拠としてこれらの資料を選んだときには思いもしなかった（華麗な）方法でこれらの資料が利用できることを，レベッカ・ケイメンは示してくれた。レベッカは，たとえば世界的に有名な宇宙物理学者 John Wheeler の日記を検討することで，その資料を，歴史的解釈を展開するものとしてではなく，それを一つの彫刻，素晴らしい芸術を生み出すためのインスピレーションとして用いているのである。この繊細で刺激的な彫刻は，ブラックホールの構造をグリッド線で説明する Wheeler の図を表しており，美しいと同時にひねりを加えた，視覚的な洒落にもなっている。レベッカは，Wheeler 自身の書籍のために使われていたカード目録を，彼女の彫刻の『ブラックホール』内に落下させるというウィットを利かせている（**図 29.3** 参照）。彼女のアートは文化を豊かにしただけではなく，私たちの資料にどのような利用価値があるのかは前もって完全に予測することはできないことを，私たちに教えてくれた。実際，彼女は，私たちが管理する草稿や本に関して，新たな視点と新たな評価をももたらしたのである」

—— Martin Levitt

（アメリカ哲学会図書館 元司書）

図 29.3 「ブラックホール」 鉄製ワイヤー，図書館カード目録。12 インチ × 12 インチ × 14 インチ（約 30 cm × 30 cm × 36 cm）
アメリカ哲学会図書館所蔵。Copyright © 2007 Rebecca Kamen. 許可を得て複製

神経科学にインスピレーションを受けた作品

　米国衛生研究所の神経科学者たちに対して 2011 年に行った講演は，彫刻作品を連作する最初のきっかけになった。この作品の制作は，講演を聴いていた一人の科学者から，Santiago Ramón y Cajal（サンティアゴ・ラモン・イ・カハル）（彼はもともと画家になるべく学んだ経験をもつ）の絵画を見てみないかと招待を受けたことで一気に進んだ。神経解剖学者である Cajal は，1906 年にニューロンの発見によってノーベル賞を受賞し，近代神経科学の父と考えられている。

　私の講演と，《イルミネーション（Illumination）》（図 29.4）と題した彫刻の制作は，網膜に関する Cajal の研究に基づいており，2012 年の神経科学プログラムへのアーティスト・イン・レジデンスとしての招待につながった。この滞在は，カハルの研究に基づく連作彫刻の制作において重要な経験となり，米国医学図書館の特別コレクションを見せてもらったり，米国衛生研究所の科学者たちと彼らの研究について対話をすることでインスピレーションを受けたりする機会にもなった。

　翌年，マドリードにあるカハル研究所の神経科学者たちから，私の作品についての講演の依頼を受けた。これは Santiago Ramón y Cajal の集大成的なアーカイブを調査する刺激的な機会になり，彼の絵画や研究は，現在制作中の作品の「ミューズ」として生きつづけている。

　Cajal の研究用スケッチや子どもの頃の作品を見ることは，啓示のようなものであった。幼少期に描いた美しい風景画や人物画は，彼がアートを愛しており，幼い頃から情報に気づき記録する高い能力があったことを示している。絵画や線遠近法についての Cajal の理解と，写真，特に立体写真に対する関心は，顕微鏡の下に置かれた，平面的にカッ

図 29.4 《イルミネーション（Illumination）》 ポリエステル樹脂にアクリル。36 インチ× 36 インチ× 10 インチ（約 91 cm × 91 cm × 25 cm）
Copyright © 2012 Rebecca Kamen. 許可を得て複製

トされた細胞組織スライドのサンプルを見たときに，それを立体的に解釈し理解する能力を高めることにつながったであろう。Cajal に関する膨大な収蔵品を見ることで，子ども時代のアーティストとしての訓練が，いかに科学者としての彼の見えないものを見る能力を高め，つくり出すことができたかを，誰でも目の当たりにすることができる。

このプロジェクトに関する専門家のコメント／洞察

「私が，レベッカ・ケイメンと出会ったのは，2011 年，彼女がアートとサイエンスの関係についての講演のために，（米国衛生研究所を）訪れていたときである。レベッカは，科学的概念や技術，データ，文献を彫刻家としてどのように作品に表現するのかに関して話し，聴衆である神経科学者を，その視覚的に説得力ある話しぶりで魅了していた。科学をミューズとして彼女が利用することは，思いつきの表面的な見かけ倒しではなく，その学問領域の核心を追求する真摯な，かつ洗練されたものであるということは明らかである。彼女は翌年，米国衛生研究所のアーティスト・イン・レジデンスに招待され，神経科学の概念を美しい彫刻として表現しただけでなく（図 29.5 参照），経験豊富ですでに実績のある科学者に，自分たちの研究の新しい見方を教えてくれもした。視点の違いや，蓄積されたバイアス，染みついた懐疑主義を切り分け，老獪な科学者から新しいアイデアを引き出し，彼らを子どものようにライフワークに再び熱中させるさまを見ていると驚嘆する」

—— Jeffrey S. Diamond, PhD
（米国国立神経疾患・脳卒中研究所 体内研究プログラム，
米国衛生研究所シナプス生理学部門 博士上級研究員）

図 29.5 《エネルギーの景観（Energy Landscape）》 ポリエステル樹脂にアクリル。37 インチ× 35 インチ× 7 インチ (約 94 cm × 89 cm × 18 cm)
Copyright © 2013 Rebecca Kamen. 許可を得て複製

《ポータル》

重力波物理学と Einstein の思考実験（Gedankenexperiment）という考えにインスピレーションを受け，彫刻と音とのインスタレーションである《ポータル（Portal）》は，連星ブラックホールの軌道と，この天体現象から放出される電磁波を解釈している（**図 29.6**と**29.7** 参照）。化石を取り入れることで，ミクロなスケールとマクロなスケールで同じパターンが見られることを示しつつ，宇宙時間と地質学的な時間の間の視覚的対話をつくり出している。

このインスタレーションは，Einstein による一般相対性理論発見 100 周年を記念したものであり，物質と空間のダイナミクスに関する観察と発見のためのユニークな窓をつくり出している。

最初のきっかけは，Einstein の特殊相対性理論の発見 100 周年を記念した複雑なワイヤーによる彫刻作品の連作であり，これは 2005 年に，米国物理学センターに展示された。この展覧会のパンフレットの中で，キュレーターの Sarah Tanguy はこの作品について以下のように書いている。

> Aaron Bernstein は 19 世紀に書いた彼のポピュラーサイエンスの本で，若き日の Einstein の想像力を掻き立てたことで知られているが，ケイメンのワイヤー彫刻は，その Bernstein を顕彰するものである。インスピレーションの源である科学によって，ケイメンは，自らの研究を表現する手段を求めて身の周りの世界を熱心に探究してきた。豊かな連想をともなう彼女の作品は，抽象化された言語と直感で個々のアイデアと感情を伝える。さらに，彼女のワイヤーによる彫刻は，実際に動いてい

図 29.6 《ポータル（Portal）》インスタレーション。ポリエステル樹脂，化石，サウンドスケープ。300 インチ× 300 インチ× 38 インチ（約 7.6 m × 7.6 m × 1 m）
Copyright © 2014 Rebecca Kamen. 許可を得て複製

図 29.7 《ポータル》インスタレーション。近影
Copyright © 2014 Rebecca Kamen. 許可を得て複製

るわけではないが，驚嘆と共感の輪を広げながらも，見る者に動きと変化を提示することに成功している。

2007年のアーティスト・イン・レジデンスで行った，天文学の貴重書や草稿に関するさらなる研究で，Einsteinの共同研究者で，初期の重力の研究や「ブラックホール」「ダークマター」と名付けたことで宇宙物理学の分野に多大なる貢献を行ったJohn Archibald Wheelerのノートを閲覧する機会も得た。彼のノートは，個人的・専門的メモであふれており，彼の講演と研究のための覚え書きは，ブラックホールと相対性理論の芸術的な解釈の可能性へのポータル（扉）を開くものであった。

ハーバード大学宇宙物理学研究所の科学者や科学史家へのインタビューは，ハーバード大学天文台の「女性コンピュータ」〔当時分類に当たっていた女性はこう呼ばれた〕についての研究とともに，この作品にインスピレーションを与えた。彼女たちは19世紀後半に，膨大な量の天体写真を解釈するために用いられた恒星の分類法を発展させた。この特別コレクションに収められた黒く塗られたガラス板の上の光の点は，初期の宇宙観の理解に貢献するとともに《ポータル》という作品の題にインスピレーションを与えたのである。

加えて，マサチューセッツ工科大学カブリ研究所の物理学教授Scott A. Hughesと，ロチェスター工科大学計算相対論・重力センター長Manuela Campenelliとの対話は，この彫刻《ポータル》と音のインスタレーション・アートとしてのビジョンに貴重な示唆を与えてくれた。

《ポータル》の共同制作者であり，音響アーティストであるSusan Alexjanderは，これを見る人が一般相対性理論をアートによって解釈するという経験を高めるために，ブラックホール連星を表す音波などの，宇宙から飛んでくるさまざまな音を使った感動的な音空間を作り出した。

このプロジェクトに関する専門家のコメント／洞察

「この数ヵ月間，レベッカ・ケイメン，Susan Alexjanderと一緒にこのインスタレーションを制作できたことは，望外の喜びである。私がブラックホールや重力波について考えるのは，それがある種の興奮をもたらすからであるが，その興奮の中に彼女らを巻き込むことができたことに大きな喜びを感じている。私は，彼女らが作ったものに驚愕している。レベッカが，「光円錐」〔ある時空上の一点（事象）から放射された光の四次元時空での円錐状の軌跡〕の概念を，軌道が発する外側に伝播する波，そしてブラックホールの軌跡の一部にみられるほぼ無秩序な動きとを組み合わせたことに，特に感銘を受けた。そこでは，私が仲間たちと研究している事象につながる多くの要素が完全に融合されていた」 —— Scott A. Hughes
(マサチューセッツ工科大学物理学専攻 教授)

「アーティストとして，そして友人として，レベッカ・ケイメンと私は，長い間，チームとして成功し，科学をインスピレーションの源にしてきた。私たちの4つ目

のプロジェクト《ポータル》は，宇宙空間にある巨大なブラックホールだけではなく，私たちの現実のあらゆるところに存在するブラックホールについて考えることで，対話し夢を見つづけてきた。ブラックホールに何の意味があるのか，ブラックホールはどこにつながっているのか。レベッカがこの展示に《ポータル》と名付けると決めたのは，このミステリーに基づいたものである。私の挑戦は，重力波，深宇宙，渦巻くブラックホールといった科学的なものを音で捉え，同時に，レベッカの彫刻の繊細さと上品さを際立たせようと努力することであった。レベッカ・ケイメンという，視覚と聴覚が互いに互いを豊かにするアーティストに出会い，探究を共にすることができたことは，私にとって，望外の喜びである」

―― Susan Alexjander（生物音楽家）

第30章

美から学ぶ
まだ利用されていないビジネスにおける利用可能性を解き放つ

●ケイコ・クラーンケ／ドナルド・グッドマンソン
(Keiko Krahnke & Donald Gudmundson)

訳：荒川 歩

　現在そして未来の組織が競争の中で優位になるために重要なことは，必要に応じて競争力を高められるよう組織を変化・変容させることができる能力をその組織がもっているかどうかであるといわれている。これには，学習し，革新し，想像するためのスキルセットを組織のメンバーがもっている必要がある。マネジメントの実務について，一部のマネジメントの研究者は，サイエンスというよりもアートだと考えているが（Taylor, Fisher, & Dufresne, 2002），現在の多くの研究は，組織のより合理的な側面に焦点を当てている。

　現在のマネジメント理論は，そのような組織を作るのに使用できるさまざまなアプローチを提案してきたが，その理論の多くは，チームに基づくアプローチを使って組織構造に上下関係を減らすことや，インセンティブを与えることなどのさまざまな方法を通して，そこで働く人々をどのようにコントロールし，操るかに焦点を当ててきた。これらのアプローチは，正しく実施されれば一定の良い効果をもたらしてきたが，多くの場合，組織のメンバーの可能性を実際に開花させるには至らなかった（Nissley, 2010）。なぜそれはうまくいかなかったのだろうか。組織は主に，「何」（問題の本質），「どのように」（解決策を見つける方法）についてだけではなく，時に「なぜ」（目的の背景）に焦点を当ててきたが，おそらく「誰」（自己のアイデンティティと意味）については，なおざりにしてきた。あらゆる組織で「誰」がなおざりにされることには，どのような意味があるのだろうか。それは，人間の内発的な欲求が無視され，かつ手段というよりも目標に焦点を当てた短期的な観点であることを意味し（Giacalone & Thompson, 2006），人々と社会のウェルビーイングを軽視しているということかもしれない。

　文化的に，私たちは仕事というものを自分の人生のネガティブな側面としてみなすことが時折ある。「やったぜ！ 金曜日だ！」や「これを乗り越えれば休日だ！」のような言い回しを使うということは，私たちは仕事から解放される時間が待ち遠しいことを意味している。私たちは，仕事を忘れられる休暇と週末のために生きており，多くの人は，仕事を自分自身から完全に切り離したいと考えている。仕事に対するこの疎外や回避は，

学びが起こりにくい環境をつくり出す。GoldsworthyとMcFarland（2014）は，「変化の激しい組織環境は脳システムにさまざまなレベルで影響を与えるため，21世紀の職場での学びにおいては，このような環境が学びの重要な要因となることを理解しなければならない」（p. 860）と論じている。学びは，ただ目の前に学習教材を置いたり，それを学習するように人に命じたりするだけでは起こらない。学習する組織の形成に成功するには，システム全体を見，そのシステムにおける学習のダイナミクスを理解する必要がある。

　それに加えて，研究者が組織について話す際にはその組織の美を理解し，それに敏感である必要がある。「知識は，特定の組織の文脈の中では，その組織の空気や雰囲気を吸収し，その香りをかぎ，その美を評価し，話された物語を楽しむことによって集められる」（Strati & Guillet de Montoux, 2002, p. 757）。研究課題の一部ででもなければ，こうしたことが組織における価値という点で認識され，議論されることはないだろう。しかし，アートに基づく学習についての研究は，「職場におけるアートに基づく学習の価値と影響を書き起こすことから始めて」きた。

　組織のメンバーの学習し創造的になる能力は，組織の成功にとっての鍵となるため，組織はその成功の実現に至る環境をつくることが必要である。非常に多くの既存研究が，職場環境の美は，そこで働く人々の全体的な健康，ストレス，不安，生産性，創造性に影響することを報告している。しかし，ほとんどの組織は，職場環境の戦略的可能性を生かす戦略を実施しようとしていないように見える。ビジネスが美の価値を見出すのに手間取っている理由は，従来のビジネスのマインドセットが，合理性と分析的アプローチに焦点を当てたものであり，美を「肌感覚的なもの」とみなしていることにある。

　本章では，組織に眠る可能性を解放し，そこで働く人々をより幸福に，より仕事に関わる創造的な者にする上で美が果たす役割を検討する。これは，もし組織がこの戦略を，より配慮の行き届いた美しい組織の創造のために使うのであれば，組織には現在のマインドセットを変える必要があることを意味する（Adler, 2015）。本章の前半では，学びに対する従来のビジネスのマインドセットと，ビジネス界で全世界的に起こっているわずかな変化を記述する。美がビジネスを変える具体的な方法については，本章の後半で紹介する。

ビジネスにおける学びに関するマインドセット

　知るということに関して，ビジネスでは長い間，合理的で分析的な方法に価値が置かれ，知ることや学ぶことに関する他の方法の価値については軽視されてきた。Pink（2006, p. 2）は，「1世紀近く，一般的に西洋社会，特にアメリカ社会では，狭義の演繹的かつきわめて分析的な考え方や人生の捉え方が優位を占めてきた。私たちは『知識労働者』の時代，すなわち高度な教育を受けた情報の操作者かつ専門知識の応用者の時代にいる」と述べている。Zohar（1997）によると，西洋の組織は従来，論理的・合理的思考によって機能している。私たちは，数学的分析に基づいて，分析し，評価し，判断

する（Wheatley, 1992）。この科学的・数学的思考を通して得る答えは，より信頼でき，正当性のあるものだと考えられてきた。Ghoshal（2005）は，「私たちは，パターンと法則を見出すために『科学的』アプローチを用い，因果的決定論によって企業業績のすべてが説明できるという固い信念を前面に出すことで，人間の外界に対するそれ以外の意識のすべてを封印してきた」（p. 77）。知るための方法として合理的・分析的方法は確かに重要であり，必要であるが，それが唯一の方法であると考えることで，私たちは重要なものを失うだろう。私たちは，「二者択一」や「因果的決定論」を確かに好み，多くの場合それらによって事を進めるが，今では，すべての人の行動や心理は，科学だけで説明することも理解することもできないということに気づいている。私たちが現在直面する複雑性が高まるにつれて，私たちが抱える課題に科学的論理以外で答える必要性が高まるであろう（Ladkin & Taylor, 2010）。

　知性によって知ること以外の知り方があることを私たちは知っている。Palmer（1993）は，知ることとは，私たちの行為を導く直感的リフレクションでもあると記している。直感の役割と世界のより全体的な知覚の重要性は，ビジネスの世界でますます高まっている。直感的意思決定は，ただの当てずっぽうではなく，多数の過去の経験の演繹推論であり（Prietula & Simon, 1989），直近の問題の意識的な全体的理解である。これによって，私たちは，パターンや関係性についてのビジョンをもち，より深く知ることができる。

　本章の後半で，脳の右半球と左半球の機能の違いについて触れる。それを通して，論理的であること（左脳による順次的処理）と全体的であること（右脳の並列的処理）が必要な理由を説明しようと思う。

世界観の変化

組織中心的世界観

　GiacaloneとThompson（2006）は，ビジネス教育の根本的問題は，固定された世界観にあり，ビジネスを学ぶ学生がビジネスパーソンやリーダーになったときにこの固定化された世界観を職業生活に持ち込むことにあるという。その背後にある世界観は，組織中心的世界観である。組織中心的世界観の信条は，ビジネスが世界の中心であり，究極の目標としての経済的・組織的利益が強調される。この世界観では，それより高次の目標はそれほど支持されず，さまざまなステークホルダーが背後に追いやられてしまう。仕事への満足感のような概念は，パフォーマンス向上の手段として見られているが，それは，自分の仕事に意味を見出しやすくなるのは正しいことだからではない。この領域における組織中心の見方はビジネスに固有のものであり，他の領域では自己中心性を同レベルにみなしてはいない（Giacalone & Thompson, 2006）。しかし，この数十年で，より人間中心的世界観への変化の兆しがいくつか見えてきている。それは，人間のウェルビーイングや，コミュニティの健全性，人間が価値を置くものの発展といったより重要な価値を中心に置いている。人間中心的世界観は，ポジティブ心理学やポジティブ組

織研究に基づいたものであり，「人間の状態として最善のもの，すなわち，許し，希望，利他，感謝，超越」に焦点を当てているのである（Giacalone & Thompson, 2006, p. 270）。

全体的世界観

人間中心的世界観への変化も非常に必要とされる変化であるが，対象範囲を広げ，他者や無視されがちなステークホルダーを含むように変化することも望まれる。そのため，これを「全体的世界観」と呼びたい。ビジネスにより全体的世界観を要請するために，Senge と Krahnke（2013）は，複数システム思考と共感とを組み合わせた，超越的共感という概念を導入した。「複数システム思考」は，複雑でダイナミックなシステムの相互依存構造を理解するものである。私たちは皆一つのシステムであり，自分たちのシステムが他のシステムと相互依存関係にあることを常に忘れがちである。「超越的共感」は，私たちが他者との関係の中で抱くような共感の感情よりも広いものである。それは，「時間・空間の中でより大きなシステムを見る能力であり，単なる知的理解を超えた，今存在するものと将来の可能性に対する意識のきっかけをもたらす『システム感知』を含む能力」（p. 187）である。超越的共感は，立ち止まり，時間と空間における自分たちの行為の結果を想像するよう促す。つまり，時空間的に存在する私たち自身からはるか遠く離れて，私たちの行為の影響が見えるところまで移動できるようにするものなのである。

技術の発展にともない，私たちはより早く情報を伝えることができ，より簡単に世界のどこにでも行くことができるようになった。世界は縮んでおり，私たちの行為の結果は，世界の別の場所にすぐに表れるだろう。しかし，その中には，ネガティブな結果を引き起こしてしまったことに気づいたときには時すでに遅しとなるような，非常にゆっくり表れる結果もある。私たちは急激に起こる脅威に備えるのは得意かもしれないが，徐々に高まる脅威は見逃しがちである。問題に寄与する方法についてより認識し，全体に利益をもたらすより賢明な選択をすれば，ビジネスは変化する。Giacalone と Thompson（2006）が古い世界観における自己中心性について説明したように，Scharmer と Kaeufer（2013）も私たちはまだ自己中心的意識にはまり込んでいると論じている。たとえば，私たちが現在その中で暮らしている経済システムは，複雑な問題を解決するのに適切ではない。主要なシステムは，自己中心システム意識から，生態系システム意識への変化にともなって変容しつつあるが，これは，すべてのステークホルダーが関わる共創モデルであり，セクターを超えたイノベーションなのである（Scharmer & Kaeufer, 2013）。

ビジネス界の多くはいまだに，経済的成功を至上のものとする組織中心的世界観に従っているが，たとえば「社会に影響する」「コミュニティに関わる」「イノベーション」などのようなものは，より一般的に議論されるようになっている。ベネフィット・コーポレーション（B Corp），すなわち，世界で一番になることだけではなく，世界のための一番になることも目指し，ビジネスでの成功を再定義する企業が増えている（www.bcorporationmetlivhat-are-b-corps）。29 ヵ国の 900 以上の企業がこの共通の目標のた

めに手を取り合って，ビジネスの力を社会問題や環境問題を解決するために使い，従来望ましくないとされてきたことを行う企業を妨害している。裕福でない人向けのメガネメーカーや，低所得家族に無料の食材を提供する食品会社，環境にやさしい活動を行ったり，生活保護を抜け出して就労できるよう人々を支援したりする会社などがその例である（www.bcorporation.net/what-are-b-corps）。このような B Corp の考えのように，ビジネスの成功を再定義することは，従来のビジネスのマインドセットを変えるために必要なものであり，それには私たちの学び方も含まれている。ゆっくりと，しかし確実に，ビジネスパーソンは自分たちの使命や役割，自分たちが住む世界に暮らす人々に対する自分たちの考え方を広げつつある。

学習する組織

リーダーの中には，組織の中での学習とは，単にトレーニングの提供を意味すると思っている人もいるかもしれない。組織の学習がトレーニングのことを指すと想定することは，不適切であるばかりか有害である。テクノロジーとグローバリゼーションが進むにつれ増大する複雑な問題の中で突き進むために，ビジネス組織における学習文化を促進する必要がある。すべての企業が学習する組織になることはきわめて重要なことであるが，多くの企業は，そのような文化の創造を進める方法を知らない（Garvin, Edmondson, & Gino, 2008）。学習する組織という考え方は，1990 年に Peter Senge（ピーター・センゲ）によって提唱されたものである。彼は「学習する組織」を，「人々が絶えず，心から望んでいる結果を生み出す能力を拡大させる組織であり，新しい発展的な思考パターンが育まれる組織，共に抱く志が解放される組織，共に学習する方法を人々が継続的に学んでいる組織である」（p. 3; 邦訳書 p. 34 より引用）と定義している。Senge によると，学習する組織で重要なのは，システム思考である。全体の一部分やカテゴリを見るという私たちにとってなじみ深い習慣とは逆に，システム思考では，パターンや相互関係，そして全体を見なければならない。

美から学ぶ

正当な組織研究のテーマとしての美に関する研究は，まだ始まったばかりである（Strati & Guillet de Montoux, 2002）。「組織における美〔本書原文では ethics と記されているが，元の論文では aesthetics。論文に即した訳にしている〕とは，自分の人生（その多くがさまざまな組織の中で生きている）を芸術作品として送る可能性すべてを追求することである。根源的，意識的に，制作実践の深い意味と美的感覚を手がかりにしたあり方で，より多くの人々が活動し，存在し，お互いに関係し合う可能性を拡大することである」（Taylor, 2013, p. 30）という人もいる。これまで効率性と成果が重要であった組織にとって，組織の目標達成のあらゆる側面において美や美しさを考慮することは難しかった。オフィス

や工場の多くは不毛な労働環境であり，被用者は，何かを作り出したり，展示したりといった，美に対する自らの欲求を，どんな方法であれ表明する機会を与えられてこなかった。私たちはこれまで「ただ仕事をこなす」あるいは「ただの仕事」のような言葉を使ってきたし，多くの人が言うのは，私たちは仕事の過程での美については全く気にしておらず，それよりも，私たちの注意が向けられ，成功の物差しとなっているのは，測定可能な成果である。これによって，組織の真の美は評価されず，組織生活の中でそれを求める人々はそのことに苦しむため，組織での暮らしには断絶が生じる。ある研究者は「インタビューでは，創造的な活動できわめて成功した個人の多くが，専門職における生産性には，音楽や詩のようなさまざまな種類のアート形式に深い興味をもつことが重要であることを強調している。そのような個人のうち，よく知られているのがAlbert Einstein（アルバート・アインシュタイン）であり，おそらく彼は，その専門領域である物理学における美の重要性を，最も強調した人物でもある」（Weggerman, Lammers, & Akkermans, 2007, p. 347）。アートは，先入観のない心を養う方法を教えてくれる。Edgar Schein（2013）は，「アートやアーティストは，私たちの内側や私たちの周りで起こっていることについて，私たちがより見，より聞き，より経験することを促す」（p. 1）と述べている。これは，よりひらかれた，探究的で共感的かつ創造的な心の決定的な要素となる。

アートに基づくトレーニング

経営と経営の学習に関する従来の方法への幻滅と批判は，他のモデルを探し求めることにつながった。アートに基づくトレーニングや開発アプローチは，この関心の中から起こってきた。ビジネスとアートが結びつかず，なぜビジネスパーソンがアートや音楽から学ぶのかを理解できない人もいるかもしれない。ビジネスに対してアートは感傷的すぎると考える人もいるかもしれないが，ビジネスとアートを結びつけるのは，それほど新しいアイデアというわけではない。Bolman と Deal（1991, p. 19）は，「アートの牽引者と経営者は，今日の組織の形式を超え，生かしきれていない個人のエネルギーを解放し，集団としてのパフォーマンスを改善する上で欠かせない存在である」と述べている。世界中で，ビジネスリーダーや MBA の学生の中には実際に，アートに基づくトレーニングに参加している者もいる（Merritt, 2010）。アートに基づく方法は，ビジネスリーダーを「ビジネスやその中で働いている人々を改善するために美の力の神秘に触れる」手助けとなる（p. 70）。ポラロイド創造性研究所（Polaroid Creativity Lab）の創設者であるMerritt（2010）は，自分自身が体験した深い発見について以下のように記している。

　　私の出した結論は，私たちには新しい働き方が必要だというものであった。それは，想像的であり，鋭敏であり，同時に知的であり，人間として私たち自身がすでに持っている自然な創造的能力を引き出すアプローチである。チームが創造的なプロセスにより直接的に関わるさまざまな方法を経験するにしたがって，美とビジネスの間の明らかな結びつきに私たちは気づいた。（p. 71）

アートに基づくアプローチをビジネスのイノベーションに用いることで，人々が世界を見る見方を変容させ，新しいつながりをつくり出すことができる（Merritt, 2010）。リーダーたちが美的な経験をすればするほど，「市場で成功する製品やアイデアをつくり出すために必要な，捉えどころのない優秀性」（p. 72）である「美的な要因」をつくり出す可能性は増すだろう。Merritt は，「美的要因」における美しさの 8 つのパターンとして，生命感，輝き，多様性の中の統一性，複雑性，実用性，シンプルさ，シンクロニシティ〔意味のある偶然の一致〕，崇高さを挙げている（p. 72）。ビジネスの中でアートを用いた一つの興味深い例は，イメージや色や形を使ったコラージュを皆で作ることで，組織の中に共有のビジョンをつくり出すというものである（Merritt, 2010）。

空白から学ぶこと

アートの授業で，私たちは，色が塗られた空間（ポジティブスペース）と塗られていない空間（ネガティブスペース）とを学ぶ。塗られていない空間（ネガティブスペース）から何らかの対象を見出すことは簡単ではない。「ネガティブスペース」は，主題の周り，あるいは主題と主題の間の空間であり，その主題の境界を示している。ネガティブスペースから学ぶことができることは非常に多い。私たちは，その絵の主題であるポジティブスペースに注意を向ける傾向があり，ネガティブスペースには何もないとみなす傾向がある。「無」あるいは「空白」へ注意を向けることを学ぶことで，完全に新しい世界がひらかれる。たとえば，人とコミュニケーションをとる際に，何が言われていないかに気をつけることで，状況のより深い理解につながる。「無」あるいは「空」を取り入れることは，創造や想像に無限の広がりを与えてくれる。量子論は私たちが何もないと思っている空間が実は情報の磁場であることを示すが，そのことから私たちが学ぶことは興味深い（Bohm, 1980）。Laszlo（2007）によれば，この場にはすべての可能性があり，すべての可能性が生まれる。彼は，量子の真空は「宇宙のあらゆる物質の根底にある目に見えないエネルギー」であるという説を提示し（p. 113），この量子真空は「空間と時間の中で，すべてのものが存在するようになる」場所であるという（p. 130）。ネガティブスペースが教えてくれたことからの学びの一つは，私たちの心を空白にし，空あるいは無に達することは想像力の源に到達するのに役立つということである。

心の向きを変え，ネガティブスペースに注意することは，私たちがいる文脈をより理解することを可能にする（Adler, 2015）。自我に意識を向けた，組織を中心にした世界から，環境に注意を向けたより全体的な世界へとシフトする際には，その文脈を理解し，他のシステムを把握することが決定的に重要となる。私たちの焦点を背景や文脈へと向ければ，新しいアイデアや，私たちが探し求めた答えを手に入れることさえできるかもしれない。私たちは，中心的な主題にこだわりすぎて，柔軟な目で全体を見ることを忘れがちなのである。

個人主義に重きが置かれる文化では，中心的な主題の代わりにネガティブスペースに注目するというのは自然なことではない。Nisbett（2003）の研究は，西洋の人と東アジアの人の思考過程には，同じ画像を見ても対象と背景それぞれに向けられる注意のレベ

ルという点で違いがあることを明らかにした。論理と合理性が強調される個人主義的文化において，ネガティブスペースに注意を向けることがパラダイムシフトを引き起こす。パラダイムについて意識するには，「主要なパラダイムへの依存を減らすこと」と「根本的なアンラーン〔後述〕」が行われる必要がある（Harrison, Leitch, & Chia, 2007, p. 333）。

ビジネスで成功する源としての不合理的，カオス的，非線形的な方法

ビジネスの中には，ブランド体験形成において非合理性の考慮に成功する場合と失敗する場合がある。Coca-Cola 社は味に関する消費者テストを事前に行い，その結果成功が確かだと思われたのに，新しい「コカ・コーラ」の導入に失敗した。これは，消費者が，すでに社会的アイデンティティとなっていたコカ・コーラの既存のブランドの変化を望まなかったからである（Mohiuddin & Qin, 2013）。他方，Harley Davidson 社〔オートバイで有名な企業〕は，その商品がもつ象徴的な価値に気づいていた。Mohiuddin と Qin は，ビジネスで持続的に競争に勝ちつづけるために「論理的な範囲を超えて考え，非合理的に考えよう」することを私たちに推奨している（2013, p. 36）。

ビジネスにおいて私たちは，合理的で線形的な方法で考え，行動するように訓練を受けている。カオスや不確かさは，自分たちのコントロールを失わせるもののように感じられるので忌避される。自然システムは，複雑なシステムがどのように働くかについて多くのことを私たちに教えてくれる。自然の生物システムは非線形である。非線形で複雑な生物システムが脅かされたり，ストレスを受けたりすると，それは不安定でカオスになる。しかし，カオスなシステムの中の「ストレンジ・アトラクタ」が，そのシステムに一定の秩序をもたらし，システムは自己組織化の新しい段階に達する。「新しい自己組織化は，カオスで荒れ狂う状態の推移の結果であり，それは，複雑性の増加や回帰／崩壊へとつながりうる」（Bloom, 2000, p. 3）。雪の結晶や葉の中のパターンを観察したり，それを利用したりすることで，私たちは，一見ランダムに見えるシステムの中に秩序が存在することを知ることができるだろう。私たちがカオスを，実際にはカオスではなく新しい自己組織化へのきっかけとなる何かであると理解するなら，それを今ほど恐れなくなるだろう。

アーティストは，万華鏡で人生の教訓を見，そしてその教訓は，組織における学習に容易に応用することができる。万華鏡をのぞいてみると，さまざまな形をした破片が右へ左へと動くのが見えるだろう。あるものは速く，あるものはゆっくりと，あるものはまっすぐに，あるものは弧を描いて……すべて予測不能である。この今見ているものと同じ景色を見ることは二度とないということを理解すると，万華鏡を回す手を止めて，形と色の魅惑の中に埋もれていたいという気持ちになる。リーダーのビジョンを育てる上で，これはとても重要な学びとなる。ビジョンを育てることは，単に長期的な目標を明確にすることだと考えられることが多いが，世の中の複雑化が止まらない現代において，もはやそう単純にはいかない。ビジョンをつくる過程は，複雑な環境の要因と将来の出来事を意味づける作業であり，それらすべてを将来世代に説明できるように理解可能なコンセプトへと言い換える作業と言い表すことができる。万華鏡の動く破片は，相

互に絡み合った，予測不能なダイナミックな環境要因を表している。万華鏡を回しながらそれを見る者は，ちょうどリーダーが今まさに起ころうとしている未来を切りひらくように，破片がどのように動くか予測するのである。

　水彩絵の具で多くの人が体験したことがあるように，それぞれの色が混ざり合わないようにするのは簡単なことではない。水を使っているため紙は濡れ，色は互いに混ざり合い，思ってもいない奇妙な色になってしまうことがある。それぞれの色をその場にとどめようと力の限りを尽くすが，水彩絵の具は，私たちの努力にはお構いなしである。これは，あきらめについての重要な教訓となるだろう。絵の具の方が主導権をもって，頑固に私たちの勢力圏から離れ，私たちにあきらめとともに，セレンディピティへの扉を開くことを教えてくれる。色は流れて混じり合い，人が当初思っていたのとは違う何かがつくり出され，結局は完璧な結果となるのである。

美とリーダーシップ

　人々がアートをビジネスに結びつけるのと同じように，美しさがリーダーシップとも関わる。Adler（2015）は，リーダーとは人間の未来やこの星の未来に我がことのように手を尽くす者であり，リーダーシップは美しさに大いに関わり，それゆえ私たちにとって重要なのは，美しさを正しく評価することであると主張している。困難と醜さにあふれた世界，Adler が「傷だらけの世界」とよぶ世界であっても，私たちは美しさを求める大胆さを持たねばならない。世界に存在する問題を合理的に理解するのとは異なり，アートはあなたに，「私たちの周りにひしめく予測不能性やカオスと対峙する上での独自の見方」を提供してくれるだろう。そして，リーダーが「私たちの目から現実を覆い隠すのではなく，現実の見方を再発見することによって，私たちに美しさを思い出させてくれる」のを助けるだろう（pp. 481-482）。

　リーダーの中には，機能性だけではなく美しさももったプロダクトを作ることに力を尽くすことで，美をリードする者がいる。その者たちは商品の目に見えない部分にまで，美と質とが行きわたっていることにこだわる。数百年続くものもある日本の長寿企業は老舗と呼ばれ，美しさと高品質に真摯に向き合っている。これらの会社には，造り酒屋，製茶業，料亭，呉服店などさまざまあるが，それらに共通するのは，本質において，可能な限り最も美しく，最も価値のある，最も質の高いものを作っているということである。美しさは，共感と手に手を取って進む。「共感と配慮は，消費者の満足や安全を考え，心を尽くし，考え抜かれて作られたモノから感じ取ることができる」（Senge & Krahnke, 2013, p. 196）。日本の茶道は，これらの企業が美しさと共感に取り組む刺激となったものであり，客に究極のもてなしを提供するのはどういうことであるかを教えてくれる。老舗企業の美のもう一つの例は，217 年続くある製茶会社である。この会社の家訓は，「無声呼人」であり，「徳のある人のところには呼ばれなくとも人が集まるという意味」である（www.fukujuen.com/company/policy.html）。

　人間中心デザインの過程には，美しさとともに共感がその基盤にある。この過程において，良いデザインはその商品を使う人への共感から生まれてくる。Steve Jobs（ス

ティーヴ・ジョブズ）は，機能的であるだけではなく美しい商品を作ろうと力を尽くした。美に対する Steve Jobs の取り組みは，外観だけでなく機能面においても，コンピュータ産業に革命を起こしたのである（Jobs, 2015）。

メタファーとしてのジャズ

　ジャズは，マネジメントやビジネスに関して多くの教訓を与えてくれる。ビジネスにおいて，即興は否定的な意味合いを持つ。それは，予定通りに物事が進んでいないことを意味し，急いで問題を修復するために緊急対応が必要であることを意味しうる。しかし，成功したビジネスは，当初の計画にこだわらず，「即興」で進められることが知られている。ジャズの即興は，柔軟なマネジメント手法であるアジャイルを表すメタファーとして使われることがある。より多くの組織が，被用者たち自身が自己成長する機会となりうる，突発的なやりとりを許容するようになってきている（Scheer, 2003）。ジャズバンドは，コミュニケーションと相互作用を含む突発的なやりとりにあふれている。機械的で規則に縛られた組織は，柔軟性や敏捷さ，相互作用に欠けている。

　ジャズバンドの音楽家は，全体に対してそれぞれが自分独自のユニークな貢献をする。うまくいけば，それは真の意味で，個々の役割を超えたチームになり，さまざまな楽器の息が合った瞬間にシナジーが生まれうる。Scheer（2003）は，新しいアイデアが生まれる前にさまざまなアイデアを持った人々が激論を交わし，「カオスの臨界点」に達するビジネス戦略会議を表すメタファーとして，このジャズのシナジーのメタファーを用いている。その中には「スウィング」という概念もある。Scheer の説明によると，これは，ジャズのソリストにはある種の緊張であるとともにインスピレーションの源であり，すべてのミュージシャンの息がぴたりと合うとき，それは期待以上のシナジーにあふれるパフォーマンスへとつながる。Scheer は，チームの人々をスウィングさせ，彼らが新しいアイデアを思いつくように刺激するのは，マネジメントのアートだと確信している。

　ジャズはまた，音が多ければよいわけではないということを教えてくれる。よく知られたミュージシャンの中には，ほんのわずかな音しか奏でないのに，強い印象を残す者がいる。偉大なジャズパフォーマンスには，知性と運動機能を組み合わせることが求められるが，情動性も重要な役割を果たす（Scheer, 2003）。これらの 3 側面の組み合わせは欠かせないが，演奏者を導くのは，その者たちのハートである。情動や直感は，ビジネスや起業における意思決定でも，たびたび重要な役割を果たす。

アンラーンのための学習

　私たちの教育システムは，分析，意思決定，意味づけを分析的に行う方法を教えることに，その大部分を割いている。前節で私たちが論じたように，この方法はもはや適切であるとは言えない。私たちは左脳が担う機能を使う必要があるが，自分たちが暮らす世界を完全に理解するには右脳が担う機能も必要である。問題は，ビジネスリーダーや

マネージャーのマインドセットを変えることであり，それは，自分たちが働いている組織や世界を理解するために，支配的，合理的，分析的な方法を使うのではなく，「豊かな発想，共感，楽しさと意味づけといった右脳的特徴」の価値を理解するということである（Pink, 2006, p. 3）。この変化には，何かを考えたり行ったりする方法として染みついてきた方法をアンラーン〔これまでに学んだことを意識的に捨て再び学び直すこと。学びほぐし〕し，世界の新しい見方を学習する必要がある。組織の変化に関する研究は，アンラーンの必要性を理解してきた。Hislop, Bosley, Coombs と Holland（2014）は，「知識，価値，信念と実践することをあきらめたり，放棄したりすることができないと，人や組織の順応性は阻害され，思考や行動が硬直化することになりうるため，アンラーンの能力は重要である」と述べている（p. 541）。研究者たちは，ある過程や活動での簡単な変化を指すものから，より深い情動的な体験を指すものまで，アンラーンをさまざまに概念化してきた。「深いアンラーンをともなう，変容を促すアンラーンの中心的特徴には，何らかの重要な価値観や前提，知識や実践に疑問を投げかけ，深く考えさせ，そして，それらを放棄させることが含まれる。また，この過程は，深い情動体験をもたらすため，人にとって行うのが困難なことでもある」（Hislop et al., 2014, p. 554）。

　全体を理解するために，つながりやパターンに目を向けるのではなく，部分に分けて分析するという私たちの習慣は，深く根付いている。学校教育を通して，私たちは，蛸壺のようにそれぞれ分離したものとして，情報を学び，知識を獲得してきた。私たちは，これらの古い方法をアンラーンし，組織や世界を見る新しい方法に心をひらかなければならない。この凝り固まった方法は，ビジネスで現実を見る唯一の方法であるだけでなく，世界を見る一つの方法として，私たちが昔学校で深く刻み込まれたものでもあるので，それを変えるのは非常に困難である。私たちに必要なのは，私たちの組織のリーダーや経営者だけではなく，子どもたちの心もひらくことである。

脳とマインドフルネス，学習

　神経科学の研究は，マインドフルネスとメタ認知の概念が人々の学習能力を高めることができると指摘している（Goldsworthy & McFarland, 2014）。Langer（1989）の研究をもとにした「マインドフル学習」は，「先走った結論や分類，物事を知覚したり考えたりする際の型通りの方法を解きほぐす」能力にその特徴がある（Siegel, 2007, p. 7）。これらの概念は，学習の可能性を最大化するためには，私たちは自分自身と自分が住む世界を理解する必要があるということを意味する。メタ認知は，私たちが自分自身とその世界についてあらゆることに自問する必要性を提起する。自分やその世界について問いかけ，理解する過程は，私たちの学習の増大につながると思われる。「最終的に神経科学者は，私たちの脳の働きについての意識と理解が増すほど，個人でもチームでも，学習能力を高める意識的な活動を行いやすくなり，それによって，組織にとっての学習の価値が高まることになると指摘している」（Goldsworthy & McFarland, 2014, p. 869）。

　脳科学者の Jill Bolte Taylor は，TED トークの中で，自身の脳卒中を乗り越えた体験

と，私たちの脳が持っている2種類の意識の説明を雄弁に美しく語っている。脳の右半球は，私たちに内在するアーティストが位置する場所であり，映像的に考え，情報をエネルギーとして受け取るところである（Taylor, 2008）。右脳は，現在の瞬間，今，ここに関する場所であり，右脳を通して，私たちは今という瞬間を運動感覚的に感じている。右脳を通して，エネルギーを持った存在として互いに結びついているのである（Taylor, 2008）。言語を処理し，独立した自己として自他を分ける左脳とは逆に，右脳は，その境界を曖昧にし，お互いを結びつきやすくする。絵画のようなアート活動に静かに没頭することは，私たちの脳に変化を引き起こす。アートやイメージに関わることで，右脳を使うことが増え，私たちはマインドフルになり，精力的に私たちの環境に結びつきやすく，そして他者に共感しやすくなる。

ビジネスリーダーはこれまで，過去や未来を扱い，細かな点に焦点化して分類する左脳に頼りすぎた。ビジネスパーソンの左脳ばかりを強調する傾向は，絵を見たり描いたりといった右脳活動によってバランスをとることができ，彼らはより全体的になり，他者と結びつくようになるだろう。

神経科学の領域は，職場環境が個人の学習能力に影響を与えうるという証拠を示している。「現代の組織の現在の環境は脳の学習能力を阻害するものであると，神経科学者は提唱しつづけている。その環境では，短期記憶は圧倒され，習慣を絶えず変えることが求められ，インサイトを得るために必要な集中力は海馬から奪われ，脳は脅威にさらされるために，何かを学習するということはますます難しくなる」（Goldsworthy & McFarland, 2014, p. 865）。被用者は，しっかり考えることができて学習で得た可能性を最大限引き出すために力を尽くせる，ストレスの少ない環境を求めている。本研究は，リーダーが被用者との関係に基づいてよりよい学習環境をつくるために，どのように行動し，働きかけることができるかに大部分を割いてきた。しかし，現在の職場環境の物理的な側面を実際に変化させることが，学習の可能性にも影響を与えうるという重要な証拠が示されている。

アートセラピーと音楽療法の効果を検証した研究により，セラピーにアートを使うことは，非常にポジティブな結果を生み出すことが示されてきた。アートセラピーの研究は現在，神経科学を取り込み，豊富な神経科学的データを用いている。「長年，アート制作は，体験をリフレームし，思考を再構成し，個人的なインサイトを得ることで，時にその人のQOLを高めてきた。アートセラピーは，有効な治療的介入となる可能性のある自由なアート表現を行うことがあるために人気がある」（Konopka, 2014, p. 73）。研究者は，アート制作に取り組んでいる際に影響される脳の領域を特定しようと取り組んできており，「科学的発明を行うのに用いられるプロセスとアート作品をつくるのに用いられるプロセスで，脳に違いは見られず，脳は同じ活動経過と操作を行っている」ことを発見した（p. 73）。脳の創造的プロセスは，創造するものが何であれ同一のようである。

研究者は同時に，アートが脳に与える効果についても研究を行ってきた。fMRIを使った研究は，絵を見たときに，快の感情や報酬の経験と結びついた脳領域が活性化することを明らかにしている（Bolwerk, Mack-Andrick, Lang, Dorfler, & Maihofner, 2014）。アートを見ることのポジティブな効果が見つかっているが，アートを制作することにはよ

り大きなベネフィットがある。ある最近の研究では，ビジュアルアートの制作によって，その人の心理的レジリエンスや脳活動が改善することが示されている（Bolwerk et al., 2014）。

リフレクション

　ビジネスやビジネスリーダーが，より全体的な世界観で，より高い意識を持つように進化する上で，美が重要な役割を担っていることは明らかである。ビジネスにおいて思いきって美しさを求めることの重要性について話す Adler（2015）は，使命を表す言葉（kalein）と美しさを表す言葉（kallos）は相互に関係していると指摘する。そのため，私たちの使命は，世界をより美しくすることであるに違いない（p. 6）。Adler は，ビジネスやマネジメントに関する議論で美に関する言及がほとんどないこと，リーダーシップの議論ではほぼ皆無であり，そのため美しくリードするにはどのようにすればいいのかを知ることが望まれると記している。私たちは，ビジネスの中で思いきって美を求めるべきであるし，Adler の提案では，より重要なことに「私たちは，一見不可能に見えるものも，可能性は低くとも実際には達成可能であるかもしれないということを，確かめたり気にかけたり信じたりするという，私たちが生まれながらにもつ能力を取り戻すべきであり」（p. 482），そして，「世界に美を取り戻す」（p. 483）ことが必要なのである。おそらく，美と思いやりは，手を取り合って進んでいく。美しさを経験したとき，思いやりを感じずにはいられない。美の力とそのビジネスへの影響について考える際，次の Jones（2015）の言葉は，まさにその核心を捉えている。

　　古い経済のパラダイムは，権力と影響力に基づいている。しかし，新しい経済の魂は，美に基づくものである。偉大なアーティストと同様，ビジネスリーダーも，自分たちの働き方を根本からまるっきり変えることがある。この変容を導くのが美である。権力はリーダーの心を刺激するかもしれないが，その魂を刺激するのは美である。権力は決まっていることを成し遂げるのに役立つが，その想像力をつかみ，成し遂げるべきことを教えるのは，美しさである。権力は，私たちが必要だと考えるべきことを定義するが，美こそがより大きな可能性に目を向けることを通じて，この不確実性の高い世界で，成功の見通しを見つけるのである。（p. 1）

文献

Adler, N. J. (2015). Finding beauty in a fractured world: Art inspires leaders—leaders change the world. *Academy of Management Review, 40*(3), 480–494.

Bloom, S. (2000). Chaos, complexity, self-organization and us. *Psychotherapy Review, 2*(8), 1–5.

Bohm, D. (1980). *Wholeness and the implicate order.* Boston: Routledge & Kegan Paul. ［ボーム，D.，井上忠・伊藤笏康・佐野正博（訳）（2005）．全体性と内蔵秩序（新版），青土社］

Bolman, L. G., & Deal, T. E. (1991). *Leading with soul.* San Francisco: Jossey-Bass. [ボールマン，L. G.／ディール，T. E., 山川紘矢・山川亜希子（訳）（1996）．スピリチュアル・マネジャー　新潮社]

Bolwerk, A., Mack-Andrick, J., Lang, F. R., Dorfler, A., & Maihofner, C. (2014). How art changes your brain: Differentiated effects of visual art production and cognitive art evaluation on functional brain connectivity. *PloS ONE, 9*(12), e116548.

Garvin, D. A., Edmondson, A., & Gino, F. (2008). Is yours a learning organization? *Harvard Business Review, 86*(3), 109–116.

Ghoshal, S. (2005). Bad management theories are destroying good management practices. *Academy of Management Learning and Education, 4*(1), 75–91.

Giacalone, R. A., & Thompson, K. R. (2006). Business ethics and social responsibility education: Shifting the worldview. *Academy of Management Learning and Education, 5*(3), 266–277.

Goldsworthy, S., & McFarland, W. (2014). The neuroscience of learning. In E. Biech (Ed.), *ASTD handbook: The definitive reference for training and development* (pp. 859–872). Alexandria: ASTD Press.

Harrison, R., Leitch, C., & Chia, R. (2007). Developing paradigmatic awareness in university business schools: The challenge for executive education. *Academy of Management Learning and Education, 6*(3), 332–343.

Hislop, D., Bosley, S., Coombs, C. R., & Holland, J. (2014). The process of individual unlearning: A neglected topic in an under-researched field. *Management Learning, 45*(4), 540–560.

Jones, M. (2015, February). *Leadership and the beauty principle. Management Issues.* Retrieved from www.management-issues.com/opinion/7016/leadership-and-the-beauty-principle.

Konopka, L. M. (2014). Where art meets neuroscience: A new horizon of art therapy. *Croation Medical Journal, 55*, 73–74.

Ladkin, D., & Taylor, S. (2010). Leadership as art: Variations on a theme. *Leadership, 6*(3), 235–241.

Langer, E. (1989). *Mindfulness.* Reading, MA: Addison Wesley. [ランガー，E., 加藤諦三（訳）（2009）．心の「とらわれ」にサヨナラする心理学——人生は「マインドフルネス」でいこう！　PHP研究所]

Laszlo, E. (2007). *Science and the Akashic field.* Rochester, VT: Inner Traditions.

Merritt, S. (2010). What does beauty have to do with business? *Journal of Business Strategy, 31*(4), 70–76.

Mohiuddin, M. F., & Qin, X. (2013). Irrationality: Sources of sustainable competitive advantage. *European Journal of Business and Social Science, 2*(5), 32–44.

Nisbett, R. E. (2003). *The geography of thought: How Asians and Westerners think differently . . . and why.* New York: Free Press. [ニスベット，R. E., 村本由紀子（訳）（2004）．木を見る西洋人 森を見る東洋人——思考の違いはいかにして生まれるか　ダイヤモンド社]

Nissley, N. (2010). Arts-based learning at work: Economic downturns, innovation upturns, and the eminent practicality of arts in business. *Journal of Business Strategy, 31*(4), 8–20.

Palmer, P. (1993). *To know as we are known: Education as a spiritual journey.* San Francisco: Harper. [パーマー，P. J., 小見のぞみ・原真和（訳）（2008）．教育のスピリチュアリティ——知ること・愛すること　日本キリスト教団出版局]

Pink, D. H. (2006). *A whole new mind.* New York: Riverhead Books. [ピンク，D., 大前研一（訳）（2006）．ハイ・コンセプト——「新しいこと」を考え出す人の時代　三笠書房]

Prietula, M., & Simon, H. (1989). Experts in your mindset. *Harvard Business Review, 67*(1), 120–124.

Scharmer, C. O., & Kaeufer, K. (2013). *Leading from the emerging future.* San Francisco: Berrett-Koehler. [シャーマー，C. O.／カウファー，K., 由佐美加子・中土井僚（訳）（2015）．出現する未来から導く——U理論で自己と組織，社会のシステムを変革する　英治出版]

Scheer, A. W. (2003). Epilog: Jazz improvisation and management. In A. W. Scheer, F. Abolhassen, F. Jost, & M. Kirchmer (Eds.), *Business process change management* (pp. 271–286). Berlin: Springer.

Schein, E. (2013). The role of art and the artist. *Organizational Aesthetics, 2*(1), 1–4.

Senge, P. (1990). *The fifth discipline.* New York: Currency Doubleday. [センゲ，P. M., 枝廣淳子・小田理一

郎・中小路佳代子（訳）（2011）．学習する組織——システム思考で未来を創造する　英治出版］

Senge, P., & Krahnke, K. (2013). Transcendent empathy: The ability to see the larger system. In K. Pavlovich & K. Krahnke (Eds.), *Organizing through empathy* (pp. 185–202). New York: Routledge.

Siegel, D. (2007). *The mindful brain*. New York: Norton.

Strati, A., & Guillet de Montoux, P. (2002). Introduction: Organizing aesthetics. *Human Relations, 55*(7), 755–766.

Taylor, J. B. (2008). *My stroke of insight*. Retrieved from www.ted.com/talk/jill_bolte_taylor_spowerful_ stroke_of_insight?language=en#t-157024.

Taylor, S. S. (2013). What is organizational aesthetics? *Organizational Aesthetics, 2*(1), 30–32.

Taylor, S. S., Fisher, D., & Dufresne, R. L. (2002). The aesthetics of management storytelling: A key to organizational learning. *Management Learning, 33*(3), 313–330.

Weggerman, M., Lammers, I., & Akkermans, H. (2007). Aesthetics from a design perspective. *Journal of Organizational Change, 20*(3), 346–358.

Wheatley, M. (1992). *Leadership and the new science*. San Francisco: Berrett-Koehler. ［ウィートリー，M. J., 東出顕子（訳）（2009）．リーダーシップとニューサイエンス　英治出版］

Zohar, D. (1997). *Rewiring the corporate brain*. San Francisco: Berrett-Koehler.

第 VIII 部

留意点

第31章

アートベース・リサーチを評価するための規準

●パトリシア・リーヴィー（Patricia Leavy）

訳：渡辺貴裕

　長年にわたって，アートベース・リサーチ（ABR）の実践者らは，主に ABR の長所を論じたり自身や他人の研究成果を発信したりすることに執筆の力を注いできた。評価という問題が出てきたときには，ABR の実践者らはしばしば質的研究の評価規準を用いた。ついには，一部のジャンルの実践者らが，自分たちのアートの実践に基づき，評価のための自前の規準の開発を始めるにいたっている。最近では，ABR をどう評価するかの問題は，ますます注目を集めている。

　ABR の評価に関して，質的研究で用いられる基準に依拠して行えるのか，新たな基準をつくりだす必要があるのかについては，議論が分かれている。これは，ABR が独自のパラダイムをもつものなのか質的研究の一分野なのかについて，依然として論争があるためである。たとえば，規準や妥当性，統一の基準という考え自体を，実証主義と表裏一体であり ABR にとって本質的に問題を孕むものとして，疑問視する人々もいる（Bradbury & Reason, 2008）。評価規準がもたらすことになる標準化と，アートの表現やアート作品の経験がもつ独自性に高い価値を置く性質との間には緊張関係があるわけだが，これは，そうした緊張関係をめぐる議論と絡んでいるのである。一方，次世代の ABR 実践者を育てるためには規準が必要だと感じている人々もいる。特に，大学院生の場合，ABR に取り組むことによって，学術界の本流から外れる恐れがあるからだ。また，博士論文（およびそれに相当するとして認められるもの）の評価をどうするかについての懸念もある。

　ABR の世界でのこの分岐点において，私は，ジャンルやプロジェクトに応じて適切に適用できる，一般的かつ発展的な評価規準をもつことが重要だと考えている。サンドラ・フォークナー（Faulkner, 2016）は，「柔軟性のある規準（flexible criteria）」という用語を用いている。確かに，アートのジャンルに応じて，それぞれに特化した評価規準は必要だろう。けれども，それらは一般的な規準との間でバランスをとることができるのである。これはちょうど，量的・質的研究における評価のあり方と同様である。たとえば，量的研究には一般的な評価規準が存在するが，用いられた手法に応じてバランスがとら

れたり修正されたりする。調査研究と実験研究の間には，同じ規準で評価できる側面も存在するが，一方で違いも存在する。さらに，フィールド実験と二重盲検法での実験とでは，適切な標本抽出のやり方が異なる。大事なのは，一般的な規準も，ジャンルや実践に固有の規準も，両方とも存在しうるということである。一般的な規準は，手がけているプロジェクトの特質をふまえて，合理的に適用しなければならない。

　数多くのABRの研究者たちが，さまざまな評価規準のリストを提示してきた（たとえば，Barone & Eisner, 2012; Chilton & Leavy, 2014; Cole & Knowles, 2008; Norris, 2011 などを参照）。ほとんどの実践者は，こうした個々の規準を，そのプロジェクトに応じた形で適用するモデルを支持している。言い換えれば，規準は思慮深く用いなければならないのである。たとえば，ジョー・ノリス（Norris, 2011）は，メディスンホイール〔アメリカ先住民の間で用いられる聖なる輪〕のような円の比喩に基づいた，4つのPからなる評価モデルを作成した。彼が提唱した評価規準は，教育的（pedagogical），生成的（poiesis），政治的（political），公共的（public）の4つで構成されていて，それぞれが円の4分の1ずつを示している（図31.1を参照）。

　ノリス（Norris, 2011）は，あるABRをその円の上に置いた場合に，そのプロジェクトが4つの領域すべてを均等に覆うものになるか，あるいは特定の目標や方法論に応じて一部の領域をより多く覆うものになるかを想像することを促している。図31.2は，2つの例を示している（それぞれが，異なる目標や成果をもった別のABRプロジェクトを表す）。ノリスは，この円を用いて，ABRの各作品が*そのプロジェクトに応じた形*で評価されることをねらったのである。

　同様に，私は，*そのプロジェクトに応じた形*で適用すべき，より詳細なABRの評価規準リスト案を作成してきた（Leavy, 2013, 2015, 2017 を参照）。私が作成した規準は，多少の批判も受けてきたが，文献に繰り返し登場する。また，私はわかりやすさを考慮してこれらの規準を分けて示しているが，実際には重なりが存在する。規準はしばしば結び

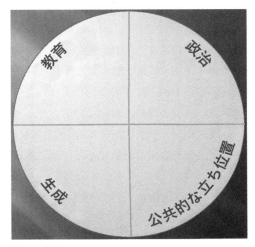

図31.1　偉大な円のイメージ1
Norris（2011）より。Copyright © 2011 Joe Norris.『International Journal of Education and the Arts』から許可を得て転載

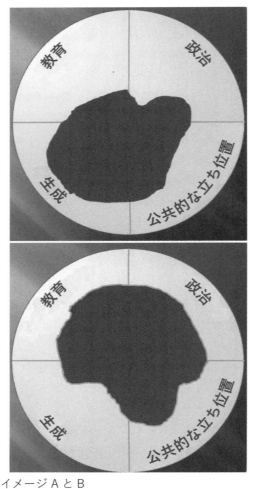

図 31.2 偉大な円のイメージ A と B
Norris（2011）より。Copyright © 2011 Joe Norris.『International Journal of Education and the Arts』から許可を得て転載

つき，絡み合っているし，さらには違う形で概念化できさえする。以前述べた通り，**これは取っ散らかった領域なのである**（Leavy, 2015）。たとえば，美学と受け手の反応は別の2つの領域として論じられているが，作品の美的な力は，受け手の反応に直接的に作用するものでもある。実際には，両者は絡み合っているのである。これはごく手短な例にすぎない。現実には，あるプロジェクトの評価に際して，絡み合う複数の規準を手にすることもありうる。これが，評価規準を思慮深く用いることが重要であるもう一つの理由である。

評価規準

私は以下のような，評価規準の7つの包括的カテゴリーのリストを作成した。

1. **方法論**：その研究がどんなやり方で実施されたか，その根拠は何か。
2. **有用性，意義，または実質的貢献**：研究が実質的あるいは実用的にどう貢献しているか。
3. **公共にひらかれた研究**：学術界の外も含む，多様な受け手にとってのアクセスのしやすさ。
4. **受け手の反応**：受け手に対してその研究が与える影響。
5. **美学あるいはアート性**：作品の本質的な美やアートとしてのよさ（Bamford, 2005; Butler-Kisber, 2010）。
6. **個人を表すしるしや創造性**：アーティスト−研究者が自らの作品に持ち込んだ，独自の質，構想，アプローチ，才能，見方（Barone & Eisner, 2012）。
7. **倫理的実践**：実践に加えて，テーマ設定から知見の公開にいたるまでの研究上の選択を導く価値体系への配慮。研究参加者に対する保護も含む。

　各カテゴリーは，より詳細ないくつかの下位規準で構成されている。本章の以下の節では，これらの包括的カテゴリーとそこに含まれる詳細な下位規準を概観する（すべてLeavy, 2015 から発展・改変したものである）。

方法論

問いと方法の適合
　ABR の実践そのものとその実践に用いられる方法は，研究上の問いや目標と合致していなければならない。*研究上の問いと，それらの問いに答えるために用いられる方法論との間には，緊密な結びつきがあるべきなのである*（Chilton & Leavy, 2014; Creswell, 2007; Hesse-Biber & Leavy, 2005, 2012; Patton, 2002; Saks, 1996）。
▶**手がかりとなる問い**：研究の実践は研究の目標と合致しているか。

全体論的あるいは相乗効果的アプローチ
　ABR は，研究に対して，全体論的あるいは相乗効果的アプローチを発展させる力を持っており（Blumenfeld-Jones, 2008; Cole & Knowles, 2008），複数の概念に基づいた判断が可能である。*徹底性*というのは，アプローチの包括性に言及するものである。*統一性*（Barone & Eisner, 2012），*一致*（Leavy, 2011），*内的一貫性*（Cole & Knowles, 2008）は，最終発表を含めたプロジェクトの構成要素がいかにうまく組み合わさっているかに言及するものである。Barone と Eisner（2012）が示したように，これらの用語は，*形式の強度*について述べている。
▶**手がかりとなる問い**：アート表現の各要素はうまく組み合わさっているか（たとえば，小説や戯曲の筋書き，映画の場面，インスタレーションにおける写真）。最終発表は完成されているか。

データ分析

ABR の質を高めるデータ分析の手続きとして，(1)仲間からのフィードバックを集めること，(2)内なる対話を行うこと，(3)理論や文献を活用することが挙げられる。

1. 仲間からのフィードバックを集めるためには，*外との対話*や，*データ分析サイクル*（Tenni, Smyth, & Boucher, 2003），*省察のチーム*（Jones, 2003）を用いることができる。サイクルの中でデータ分析を行うことにより，「データ飽和」（それ以上データを増やしても新たな洞察が得られない）の時点を認識しやすくなる（Coffey, 1999）。また，自分が取り組む芸術分野のアーティストから具体的にフィードバックを受け取ることも有用である。

2. *内なる対話*は，研究のプロセスを通して，自身の感情的，身体的，心理的，知的な反応とのつながりを保つために用いることができる（Tenni et al., 2003）。日記を付けることは一つの方策である（Tenni et al., 2003）。

3. *データ分析の際に理論と文献（両方あるいは一方）を明示的に用いる*ことで，データや内容に新たな解釈をもたらしたり潜在的な意味を浮かび上がらせたりすることができる。

▶**手がかりとなる問い**：フィードバックを引き出したか。そうであれば，それを意味理解のプロセスに組み込んだか。研究者自身をプロセスに位置づけたか。理論と文献を新たな解釈や理解を掘り起こすために用いたか。

翻訳

*翻訳*というのは，ある形式から別の形式へと移すプロセスのことであり，ABR では一般的である（たとえば，文章から視覚イメージへ，詩から散文へ）。Elizabeth Manders と Gioia Chilton（2013）は，翻訳プロセスの助けとなる方策を示している。たとえば，自由記述，自由連想，創造的対話，概念マップの作成，以前の成果物の翻訳のための新たなアート形式の活用などである。

▶**手がかりとなる問い**：翻訳のプロセスが生じたならば，どんな手法が用いられたか。

透明性または明示性

*透明性*または*明示性*は，研究が進んだプロセスや最終のアート表現が生まれた経緯を示すことにかかわっている（Butler-Kisber, 2010; Rolling, 2013）。アートの実践や成果物がもつ性質を考慮して，哲学的見地からこの規準に（あるいは少なくとも特定の作品の場合には）異議を唱える研究者もいる。その異議とは，明示性はアートがもつ「魔法のような」性質を損なう（Leavy, 2015），学術的文章ではなくアート作品が主要な成果物になるべき（Jones, 2010）といったものである。

▶**手がかりとなる問い**：最終のアート表現に結実するまでのプロセスが目に見えるものになっているか。

有用性，意義，または実質的貢献

違いを生み出す

研究は，特定の領域における知識を前進させたり，教育したり，あるテーマに光を当てたり（Cole & Knowles, 2008; Norris, 2011; Richardson, 2001），生活条件を向上させたり（Butler-Kisber, 2010; Mishler, 1990）することを意図している。Lynn Butler-Kisber（2010）は次のように述べる。「我々は自分たちの研究に対して，忌憚なくかつ継続的に，『だからどうした』を問うたり有用性を吟味したりすることが必要である。我々の研究は違いを生み出すのか，もしそうであるとすれば，誰のために，どのようにして，そしてなぜ？」（p. 150）。研究の経験から生み出される知識は，必ず，何かについての，そして何かのためのものである。その研究は，政治的な理由から始まっているかもしれないし（Denzin, 2003），公共政策の形成のために用いられることさえあるかもしれない。*有用性*は，とりわけ重要である。ABR では，新奇であるかにとどまらず役に立つかが大事になる（Eisner, 2005）。Barone と Eisner（2012）は，「生成性（generativity）」と「社会的重要性」を区別している。前者は，あるテーマに光を当てることで，後者は，違いを生み出すことである。私は，「有用性」という用語が，ABR が実際に示唆するものを理解する上ではおそらく最も助けになると提案してきた。

▶**手がかりとなる問い**：そのアート作品は何の役に立つのか（Chilton & Leavy, 2014; Leavy, 2010, 2011, 2015）。自分は何を学んだのか。

信頼性と真正性

アートベースの研究成果に対する判断は，*忠実さ*と*信頼性*に基づいて行うこともできる。これらは，*共鳴*という概念とつなげて理解することができる。

▶**手がかりとなる問い**：その作品は共鳴を呼び起こすか。本物のように思えるか。真正であると感じられるか。

公共にひらかれた研究

アクセスのしやすさ

ABR は，研究を学術界以外の人々の手にも届きやすいものにする可能性を秘めており（Cahnmann-Taylor & Siegesmund, 2008; Leavy, 2009, 2011, 2013），それが，他の研究の形式との違いにもなっている。最近の研究によると，学術雑誌に掲載された論文の9割以上は，著者と編集委員と指導教官にしか読まれないという（Gordon, 2014）。重要な研究というのは，多くの受け手をもったものである（Jones, 2010; Leavy, 2011; Rolling, 2013）。アクセスのしやすさには2つの次元がある。(1)*成果物が興味深く，難解な専門用語を使っていないこと*，(2)*学術界の内外問わず，適切な経路を使って，ふさわしい相手に届けていること*である。

▶**手がかりとなる問い**：成果物はアクセス可能な形で（難解な専門用語なしで）書かれたり発表されたりしているか。適切な経路で公開されているか。学術界の外にも届けら

れているか。

参加型アプローチ

研究をさまざまな受け手にとってアクセスしやすいものにするプロセスは，プロジェクトの構想段階から始められる。適切な関係者に，参加者や協力者として，最初からプロセスに加わってもらうといったことである。

▶手がかりとなる問い：学術界以外の関係者にも研究プロセスにかかわってもらっているか。

受け手の反応

受け手のフィードバックを引き出す

ABR は，感情にかかわったり，心を揺り動かしたり，挑発したり，何かを明るみに出したり，教育したり，変化をもたらしたりする力をもっている。そして，固定観念を崩したり壊したり，違いを超えた理解を創造したり，支配的なイデオロギーを問い直したり，対抗的な語りを提示したり，社会的な省察を促進したり，自己認識を刺激したりするために用いることができる。受け手からフィードバックを得ることによって，ある研究がそうした目的をどれだけうまく成し遂げられたかを，そのプロジェクトに合った形で評価することができる。たとえば，文学形式の ABR の場合，Arthur Bochner と Carolyn Ellis（2003）は，読者が作品をどのように理解したり感じたりそれに入り込んだりしたのかを探ることを提案している。エスノシアターやダンス，音楽演奏といった上演型の催しにおける聴衆のフィードバックを集めるための方策には，感想カード，公式ないし非公式のグループ，あるいは小グループでの話し合いや報告会がある。感想カードはアートの発表ではたびたび用いられるが，回収率は，研究者が入って話し合いを行う場合よりも顕著に低い。受け手の反応は常に確かめられるわけではない（たとえば，ショートストーリーや小説の読み手に確認するのは不可能かもしれない）。しかし，受け手の反応について非公式のデータを集めることが可能な場合もある。たとえば，小説や詩集の場合，読者がブックトークで自分たちの経験を非公式にしゃべり合う機会があったり，オンライン書店にフィードバックを書き残したりすることもある。

▶手がかりとなる問い：受け手のフィードバックを引き出したか。

多様な意味

ABR では，研究者が権威的に真実を主張するのではなく，意味が幾重にも立ち現れる。ABR の研究者は，*唯一*の真実ではなく，複数形での真実を追い求めるのである（Bochner & Riggs, 2014）。意味の多様性を生み出すことにより，ABR は，深い関与，批判的思考，省察を促進することができる。時には，*曖昧*さが強みにもなる。たとえば，ショートストーリーや小説，戯曲といった筋書きで進む形式においては，語りの途中に*切れ目*を挿入することによって，曖昧さと意味生成がもたらされる（Abbott, 2008）。こうした切れ目によって，読者はそのアート作品に対して自身の解釈を差し挟むことができるように

なり，それが，関与と批判的思考と想像力とを促すのである。

▶ **手がかりとなる問い**：その作品は複数の解釈が可能か。想像力を働かせてその作品にかかわるよう促されるか。

美学あるいはアート性

美的な質，美的な力，アート性

　ABR は結局のところアートである。そのため，その表現のアート性は，評価において主要な位置を占める（Barone & Eisner, 2012; Chilton & Leavy, 2014; Faulkner, 2009; Leavy, 2009; Patton, 2002）。作品の美的な，あるいはアートとしての力は，受け手の反応と，そのためさらには有用性と，密接に結びついている。意図する現実的効果を促進するような，望ましい反応を受け手に引き起こすためには，そのアートは「よきもの」でなければならない。*美的な力*は，最終のアート表現の*鋭敏さ，簡明さ，統一性*によって生み出される（Barone & Eisner, 2012; Chilton & Leavy, 2014）。美的な力を発揮するためには，アート表現は，テーマの核心に迫り，その「真実」を筋の通った形で提示しなければならない。アートベースの実践では，アーティストのように（Bochner & Ellis, 2003; Saldaña, 2011），あるいは，Ivan Brady（1991）の言い方では「アートに満ちた（artful）科学者」のように考えることが必要になる。自らが用いる技巧に注意を向ければ（Faulkner, 2016），専門的な訓練，仲間との相互交流，規律正しい独習によって，自らが取り組む形式を身につけることができるようになる。その作品が「深い美的影響力」をもったとき，厳格さが達成されたことになるのである（de Freitas, 2004, p. 269）。

▶ **手がかりとなる問い**：それはアートか（Saldaña, 2011, p. 203）。よきアートか。心を動かされるか。それに惹きつけられるか。

アートとしての真正性

　受け手は，そのアート表現を本物だと感じなければならない（Chilton & Leavy, 2014）。真正性とアート性の絡み合いは，受け手の経験の中に立ち現れる。*真正であるとは美的ということである*と述べる論者もいる（Hervey, 2004; Imus, 2001）。次の引用がそれを簡潔にまとめている。「最良のアートとは，最も誠実で，真正なアートのことである」（Franklin, 2012, p. 89）。ただし，「よき」アートを作り出すことと研究の知見を伝えることの間には緊張が起こりうることを，心に留めておかなければならない（Ackroyd & O'Toole, 2010; Saldaña, 2011）。実践者はそれぞれ，データの本質的部分を最も効果的に伝えるために，データや内容に忠実であることと人を惹きつけるようなアート作品を作成することとの間で，自分なりのバランスを見つける必要がある。

▶ **手がかりとなる問い**：本物と感じられるか。誠実と感じられるか。

個人のしるしや創造性

アーティストのスタイル

あらゆるアートの実践は*技巧*であり，実践者はそれぞれ，そのプロジェクトに自分自身を入り込ませている。アートの作品には声がある。作品に刻み込まれた*アーティストの個人的なしるし*は，ABR を評価するために用いることができる（Banks, 2008; Barone & Eisner, 1997, 2012）。その人なりのスタイルを確立するには，時間も技術も，技巧への献身も必要になる。ABR には積み重ねが不可欠なのである。アーティストの個人的なしるしによって，次の 4 つの目的が達成される。(1) 用いたジャンルに対する厳格な関与を身をもって示すこと。(2) その作品や将来の作品の受け手（そのアーティストの仕事に惹きつけられる人々）をつくりだすこと。(3) その作品の中にアーティストがどのように存在しているかを示すこと。(4) 革新と創造性を通して形式の限界を押し上げ，ABR で可能なアプローチの幅を拡張すること。自分なりのしるしを磨くことができる領域には，一例ではあるが，材質，型，スタイル，内容に関わる選択（例：繰り返されるテーマ）などがある。

▶**手がかりとなる問い**：その作品は特徴的な声をもっているか。スタイルに独自性はあるか。

倫理的実践

慎重さと配慮をともなった描写

ABR では，フィクションの文章であれ舞台上演であれ他のジャンルであれ，多面的で慎重さと配慮をともなった描写を行わなければならない（Cole & Knowles, 2001）。人々に多面性を提示しようとする以上，同時に私たちは，文化的な配慮を十分行い，描写の対象となる人々を植民地化してしまうことのないよう努めなければならない。

▶**手がかりとなる問い**：人々や人々の特徴は多面的に描けているか。深さはあるか。

公共的な上演

一部の ABR の手法がもつ公共的な性質に関連して，実践者は，*観客となる人々を守る必要性*を認識していなければならない。エスノドラマの上演を見て観客が危険にさらされた出来事により，倫理のガイドラインを作成する必要性が生じてきた（Mienczakowski, Smith, & Morgan, 2002）。Jeff Nisker（2008）は，公演に先立ってさまざまな利害関係者に脚本の草稿を渡してフィードバックをもらったり，「事実確認」をしてもらったりすることを提案している。あるいは，Jim Mienczakowski ら（2002）は，取り上げているテーマについて知識をもつ人々を招いて試演会をすることを提案している。彼らはまた，公演の影響を調べるために，「上演後の公開討論会」を開いて観客の反応を分析することができるとも述べている。

▶**手がかりとなる問い**：内容について受け手に事前確認するためにどんな手段をとったか。観客の反応をどのようにして測ったか。

参加型の研究

ABR が，学術研究者とアーティストや地域の参加者との連携をともなう場合，次のような事柄に配慮しなければならない。*同意，守秘義務，関係する人々や周囲に害を与えない*，といったことである。アートの共同制作を行ったり参加者の姿をアートに用いたり（写真など）する場合，*所有権*と*著作権*の問題が生じる（Holm, 2014）。参加者あるいは共同制作者との間で，期待するものを明確にしておかなければならない。同様に，参加型のアートベースのアプローチでは，共同制作者と有意義な関係を培うことがしばしば必要となる。プロジェクトの終結も含めたプロセス全体や最終発表のやり方と場所に関して，合意を形成することが不可欠である[1]。オートエスノグラフィーの実践を通して自分自身の物語を記録する場合でも，その物語の中には他者が登場することを理解しておくことは重要で，他者に対して潜在的に与えうる影響に自覚的でなければならない（Ellis, 2007）。

▶**手がかりとなる問い**：参加者を保護するためにどんな手段を講じたか（匿名性と福利）。アートの成果物の所有権・著作権の問題にどのように取り組み，どのように合意が交わされたか。

アーティストの自由裁量

ABR は異種混合の形式であり，研究実践とアート実践との間でバランスをとろうとする中で，緊張が生じうる。Johnny Saldaña（2011）は，質の高いアートの制作とデータを表現する上での倫理的義務との間，また，データに忠実かつ誠実であることと，アーティストとして腕をふるい教育すると同時に楽しませることとの間には緊張関係があることを，あらためて指摘している。実践者は，自分がどの程度アーティストとしての自由裁量を発揮するつもりかを決める必要がある。さらに，受け手に向けてそのアート表現がどのように文脈化され枠づけられているかということは，そのアート作品の制作についてどんな情報を示すかということも含め，倫理的実践とも結びついている。

▶**手がかりとなる問い**：データへの忠実さとアーティストとして腕をふるうこととの間でどのようにバランスをとったか。アート作品は受け手に向けてどのように文脈化されたか。

リフレクシビティ（再帰性）

リフレクシビティは，自身の想定や感情，決定を含めて，研究を進める中での自身の立ち位置を絶えず吟味することにかかわる（Leavy, 2009）。自身の内なる物差しに注意を払わなければならない。それを系統的に行うための技法としては，メモや日記に自身の

1　これが実際にはしばしば困難であることを打ち明けておこう。たとえば，私は長年にわたって聞き取りを行い，それをもとに小説《Low-Fat Love》を書いたのだが，聞き取りをしていた時点では，自分が聞いたことを後に小説にするとは全く思っていなかった。聞き取りに協力してもらった参加者および（この場合には）学生などに，彼らから得たテーマが最終的に小説という形になることを知らせるのは不可能だった。こうした例では，匿名性を守ること，配慮をともなった多面的な描写をすること，「善きことをなす」よう努めることが，最大限可能なことである。

選択について記しておき，後で振り返ってそれらの選択について再検討するといったものがある。

▶手がかりとなる問い：研究の過程における自らの立ち位置を，その研究者はどのように説明するだろうか。

文献

Abbott, H. P. (2008). *The Cambridge introduction to narrative* (2nd ed.). Cambridge, UK: Cambridge University Press.

Ackroyd, J., & O'Toole, J. (2010). *Performing research: Tensions, triumphs and trade-offs of ethnodrama*. London: Institute of Education Press.

Bamford, A. (2005). *The art of research: Digital thesis in the arts*. Retrieved from http://adt.caul.edu.au/etd2005/papers/123Bamford.pdf.

Banks, S. P. (2008). Writing as theory: In defense of fiction. In J. G. Knowles & A. L. Cole (Eds.), *Handbook of the arts in qualitative research* (pp. 155–164). Thousand Oaks, CA: SAGE.

Barone, T., & Eisner, E. (1997). Arts-based educational research. In R. M. Jaegar (Ed.), *Complementary methods for research in education* (Vol. 2, pp. 93–116). Washington, DC: American Educational Research Association.

Barone, T., & Eisner, E. (2012). *Arts based research*. Thousand Oaks, CA: SAGE.

Blumenfeld-Jones, D. S. (2008). Dance, choreogrpahy, and social science research. In J. G. Knowles & A. L. Cole (Eds.), *Handbook of the arts in qualitative research: Perspectives, methodologies, examples, and issues* (pp. 175–184). Thousand Oaks, CA: SAGE.

Bochner, A., & Ellis, C. (2003). An introduction to the arts and narrative research: Art as inquiry. *Qualitative Inquiry, 9*(4), 506–514.

Bochner, A. P., & Riggs, N. (2014). Practicing narrative inquiry. In P. Leavy (Ed.), *The Oxford handbook of qualitative research* (pp. 195–222). New York: Oxford University Press.

Bradbury, H., & Reason, P. (2008). Issues and choice points for improving the quality of action reseach. In M. Minkler & N. Wallerstein (Eds.), *Community-based participatory reaseach for health* (2nd ed., pp. 225–242). San Fransciso: Jossey-Bass.

Brady, I. (1991). *Anthropological poetics*. Savage, MD: Rowman & Littlefield.

Butler-Kisber, L. (2010). *Qualitative inquiry: Thematic, narrative and arts-informed perspectives*. Thousand Oaks, CA: SAGE.

Cahnmann-Taylor, M., & Siegesmund, R. (2008). *Arts-based research in education: Foundations for practice*. New York: Routledge.

Chilton, G., & Leavy, P. (2014). Arts-based research practice: Merging social research and the creative arts. In P. Leavy (Ed.), *The Oxford handbook of qualitative research* (pp. 403–422). New York: Oxford University Press.

Coffey, A. (1999). *The ethnographic self: Fieldwork and the representation of identity*. London: SAGE.

Cole, A. L., & Knowles, J. G. (2001). Qualities of inquiry: Process, form, and "goodness." In L. Neilsen, A. L. Cole, & J. G. Knowles (Eds.), *The art of writing inquiry* (pp. 211–229). Halifax, NS, Canada: Backalong Books.

Cole, A. L., & Knowles, J. G. (2008). Arts-informed research. In J. G. Knowles & A. L. Cole (Eds.), *Handbook of the arts in qualitative research: Perspectives, methodologies, examples, and issues* (pp. 53–70). Thousand Oaks, CA: SAGE.

Creswell, J. W. (2007). *Qualitative inquiry and research design: Choosing among five approaches*. Thousand Oaks,

CA: SAGE.

de Freitas, E. (2004). Reclaiming rigour as trust: The playful process of writing fiction. In A. L. Cole, L. Neilsen, J. G. Knowles, & T. C. Luciani (Eds.), *Provoked by art: Theorizing arts-informed research* (pp. 262–272). Halifax, NS, Canada: Backalong Books.

Denzin, N. K. (2003). Performing [auto]ethnography politically. *Review of Education, Pedagogy, and Curriculum Studies, 25*, 257–278.

Eisner, E. (2005, January). *Persistent tensions in arts-based research.* Paper presented at the 18th Annual Conference on Interdisciplinary Qualitative Studies, Athens, GA.

Ellis, C. (2007). Telling secrets, revealing lives: Relational ethics in research with intimate others. *Qualitative Inquiry, 13*(1), 3–29.

Faulkner, S. L. (2009). *Poetry as method: Reporting research through verse.* Walnut Creek, CA: Left Coast Press.

Faulkner, S. L. (2016). The art of criteria: Ars criteria as demonstration of vigor in poetic inquiry. *Qualitative Inquiry, 22*(8), 662–665.

Franklin, M. (2012). Know theyself: Awakening self-referential awareness through art-based reseach. *Journal of Applied Arts and Health, 3*(1), 87–96.

Gordon, A. (2014, March 18). *Killing pigs and weed maps: The mostly unread world of academic papers.* Retrieved from www.psmag.com/navigation/books-and-culture/killing-pigs-weed-maps-mostly-unread-world-academic-papers-76733.

Hervey, L. W. (2004). Artistic inquiry in dance/movement therapy. In R. F. Cruz & C. F. Berrol (Eds.), *Dance/movement therapists in action. A working guide to research options* (pp. 181–205). Springfield, IL: Charles C Thomas.

Hesse-Biber, S. N., & Leavy, P. (2005). *The practice of qualitative research.* Thousand Oaks, CA: SAGE.

Hesse-Biber, S. N., & Leavy, P. (2012). *The practice of qualitative research* (2nd ed.). Thousand Oaks, CA: SAGE.

Holm, G. (2014). Photography as a research method. In P. Leavy (Ed.), *The Oxford handbook of qualitative research* (pp. 380–402). New York: Oxford University Press.

Imus, S. (2001). *Aesthetics and authentic: The art in dance/movement therapy.* In Proceedings of the 36th Annual Conference of the American Dance Therapy Association. Columbia, NC: American Dance Therapy Association.

Jones, K. (2003). The turn to a narrative knowing of persons: One method explored. *Narrative Studies, 8*(1), 60–71.

Jones, K. (2010, October 13). *Performative social science: What it is, What it isn't.* Paper presented at a Seminar on Performative Social Science, Bournemouth University. Retrieved from www.academia.edu/4769877/performative_socsci_what_it_is_what_it_isnt_seminar_script.

Lather, P. (2000, July). *How research can be made to mean: Feminist ethnography out of the limits of representation.* Keynote address at International Drama in Education Research Institute, Ohio State University, Columbus, OH.

Leavy, P. (2009). *Oral history: Understanding qualitative research.* New York: Oxford University Press.

Leavy, P. (2010). Poetic bodies: Female body image, sexual identity and arts-based research. *LEARNing Landscapes, 4*(1), 175–188. Retrieved from www.learninglandscapes.ca/images/documents/ll-no7-vfinal-lr.pdf#page=175.

Leavy, P. (2011). *Essentials of transdisciplinary research: Using problem-centered methodologies.* Walnut Creek, CA: Left Coast Press.

Leavy, P. (2013). *Fiction as research practice: Short stories, novellas, and novels.* Walnut Creek, CA: Left Coast Press.

Leavy, P. (2015). *Method meets art: Arts-based research practice* (2nd ed). New York: Guilford Press.

Leavy, P. (2017). *Research design: Quantitative, qualitative, mixed methods, arts-based, and community-based participatory research approaches.* New York: Guilford Press.

Manders, E., & Chilton, G. (2013, October 28). Translating the essence of the dance: Rendering meaning in artistic inquiry of the creative arts therapies. *International Review of Qualitative Research, 14*(16). Retrieved from www.ijea.org/v14n16.

Mienczakowski, J., Smith, L., & Morgan, S. (2002). Seeing words—hearing feelings: Ethnodrama and the performance of data. In C. Bagley & M. B. Cancienne (Eds.), *Dancing the data* (pp. 90–104). New York: Peter Lang.

Mishler, E. G. (1990). Validation in inquiry-guided research: The roles of exemplars in narrative studies. *Harvard Educational Review, 60*, 415–442.

Nisker, J. (2008). Healthy policy research and the possibilities of theater. In J. G. Knowles & A. L. Cole (Eds.), *Handbook of the arts in qualitative research* (pp. 613–623). Thousand Oaks, CA: SAGE.

Norris, J. (2011). Towards the use of the "Great Wheel" as a model in determining the quality and merit of arts-based projects (research and instruction). *International Journal of Education and the Arts, 12*, 1–24. Retrieved from www.ijea.org/v12si1/index.html.

Patton, M. (2002). *Qualitative research and evaluation methods.* Thousand Oaks, CA: SAGE.

Richardson, L. (2001). Alternative ethnographies, alternative criteria. In L. Nelson, A. L. Cole, & J. G. Knowles (Eds.), *The art of writing inquiry* (pp. 2502–2552). Halifax, NS, Canada: Backalong Books.

Rolling, J. H., Jr. (2013). *Arts-based research primer.* New York: Peter Lang.

Saks, A. L. (1996). Viewpoints: Should novels count as dissertations in education? *Research in the Teaching of English, 30*(4), 403–427.

Saldaña, J. (2011). *Ethnotheatre: Research from page to stage.* Walnut Creek, CA: Left Coast Press.

Tenni, C., Smyth, A., & Boucher, C. (2003). The researcher as autobiographer: Analyzing data written about oneself. *Qualitative Report, 8*(1), 1–12.

第32章

アートベース・リサーチにおける翻訳

●ナンシー・ガーバー／キャサリン・マイヤーズ゠コフマン

（Nancy Gerber & Katherine Myers-Coffman）

訳：市川章子

> 言葉のないもの，心に刻まれたもの，魂そのものが知らない魂の神秘を，人はどう
> 表現できるのだろうか？　　　　　　　　　— GUSTAVE FLAUBERT, *Memoirs of a Madman*
> （ギュスターヴ・フローベール『狂人の手記』2003, p. 37）

　アートベース・リサーチ（ABR）は，「経験を理解し，考察する主要な方法として，（…）芸術的プロセスを系統的に用いること」（McNiff, 2008, p. 29）と定義される新しい研究手法であり，心理的，間主観的，社会文化的な人間現象の複雑な局面を表す。このような文脈の中で，「『ABR』は，別の方法では言い表せないような意味を表現するために，言説によるコミュニケーションの限界を超えて拡張する取り組みである」（Barone & Eisner, 2012, p. 1）。結局のところ，ABR は，すぐにそれとわかる知識やすぐに利用できる知識ではないが，人間の状態の動的な多次元性を理解するために不可決な知識を調査し，通常隠された部分をあらわにし，描き出し，広めるための強力かつ挑戦的なアプローチなのである。

　ABR の理論と定義されたその目的は，人間の状態のより深い理解を続けているすべての研究の形態と共鳴するものである。しかし，アートに基づく知識がもつ性質ゆえに，ABR の実践は，いくつかの点ではるかに複雑で，挑戦的である。この章で私たちは，私たちが翻訳と呼んでいるそれらの挑戦の一つに取り組む。ABR において「翻訳」とは，私たちがそう理解しているように，別の一つの言語に変化させることというだけでなく，より包括的に，もう一つの知識への一つの形態の変化を意味する。翻訳の目的は，新しい知識の構築，洞察の明示と，最大限の社会的なインパクトのための真の表現と普及である（Gadamer, 2007; Learmonth & Huckvale, 2013; Leavy, 2015; Sajnani, 2013; Springgay, Irwin, Leggo, & Gouzouasis, 2008; Sullivan, 2010）。これらの翻訳の概念と実践からの示唆は ABR の文献に溢れているが，必ずしも明確に言及されているわけではない。したがって，この章の目的は，これに関する文献の多様な観点から，翻訳に関して暗示的・明示的に参照できるものを収集すること，そして，ABR の研究者のために現在使われている翻訳と

そのメカニズムの定義を統合し構築することである。

この目的を追求するために，この章をいくつかの相互に関連する節にまとめて整理した。最初に，私たち自身の学問領域と ABR の世界観や「メンタルモデル」（Greene, 2007）に照らして，世界観の透明性と，翻訳に関する概念と戦略に関連する仮定について，簡単に批判的省察をすることから始める。次に，私たちが日ごろ ABR で翻訳している知識と実存的現象の性質をより明確に理解するために，アートに基づく現象の存在論的・認識論的起源に関する歴史的・現代的な視点を探求する。最後に，文献からこれらの構成要素を統合し，4 人のアーティスト－研究者へのインタビューに基づいて，ABR の翻訳の中心となる概念を定義するとともに，翻訳の多相循環（多相周期）モデルを紹介し，この各位相に関わる翻訳メカニズムを説明したい。

批判的省察 —— 私たちの視点を位置づける

ABR の学術領域融合的かつ学際的な性質は，複数の哲学的前提と理論的観点，分野固有の意味論と学際的意味論，包括的研究アプローチまたはパラダイムの構造を含む，多様なアートに基づく方法の承認を要求する。私たちは ABR を，個人の関心，学問の文化（disciplinary cultures），研究者に故意または無意識のうちに影響を与え，研究を導く社会政治システムから生じる特定の前提，信念，価値観を反映するパラダイムとみなしている。したがって，ABR の研究者は，調査されている人間の現象と，それらの調査に使用されているアートに基づく方法を見ることを通して，複数のレンズについて，批判的省察をする義務がある。

とはいうものの，私たちは ABR の学際的で学術領域融合的な豊かさや多様性を光栄に思う。同時に本章の紙幅と対象とする範囲に限界があることを認める。これらの限界を考えると，すべての学問領域の観点を，敬意を持ってカバーすることはできない。したがって，批判的リフレクシビティ（再帰性）と透明性の伝統に沿って，私たちは独自の哲学的，理論的，および学問分野的な方向性を示す。起源，認識論，意味論がわずかに異なっていても，複数の学問分野や ABR の伝統に由来するものと共鳴するように概念を提示することが，私たちの意図であり，心からの願いである。

私たちの哲学的および理論的な観点は，創作アートセラピーの理論と実践に由来する。より具体的には，アートを用いた心理療法と音楽療法を代表する。ABR と同様に，アートセラピーは本質的に学際的であり，その哲学的起源は芸術，人文学，心理学と医学にある。したがって，アートセラピーに不可欠なのは，感覚的，身体的，感情的，および関係的な方法によって得た知識を含むアートに基づく知識や美的知識が，私たちの個性を構築し表現する知覚，記憶と間主観的な物語の基礎を形成するという信念である（Chilton, Gerber, & Scotti, 2015; Eisner, 2008; Hagman, 2005; Harris-Williams, 2010）。しかし，これらのあり方や知り方は，簡単にアクセスしたり，翻訳したり，日常の言葉で表現したりすることができない。したがって，人間の本質であるこうした言語にならない現象に声を与えるための主な方法として，再帰的で，動的で，関係療法的な文脈の中で，それと

同じ性質を持ったアート言語を使用することが考えられる。クライエント，そのクライエントのアート，そしてクライエントとセラピストの関係性対話の間の相互作用からは新しい洞察が生まれるため，アートセラピーにおける自己表現と自己発見は本質的に翻訳的であり，変容的である。

　アートセラピストは日常的に，治療関係の文脈の中でアートに基づく現象を協働で調査することにより，翻訳に取り組んでいる（Gerber, 2014, p. 88）。したがって，私たちは自分自身を，複数の感情的な現実と意識のレベルの間を探索し，人間の物語の産物を熟考し，構築し，意味をつくるという，この動的で反復的なプロセスに常に没頭させていると言える。このプロセスは，自己認識，洞察，変容につながる翻訳プロセスである。この簡潔な説明から明らかなように，アートセラピーの哲学的構成，理論と実践は，多くの場合，ABR と類似している。アートセラピーでは，「ABR の研究者が探究の方法としてアート制作を使用するのと同じように，アートセラピストは自己発見の方法としてアート制作の実践を使用する」（Chilton, Gerber, & Scotti, 2015, p. 6）のである。

アートに基づく現象の性質

歴史的・哲学的文脈

　哲学者は，美学という哲学に具体化されているような，そしてアートを通じて伝えられるような存在，現実，真実，および知識の性質に長いあいだ関心を寄せてきた。この節では，現在のアートに基づく現象の前例として，美学とポイエーシス，エネルゲイア（現実態）と同時性の認識論的・存在論的な概念を検討する。

　「美学」という認識論はギリシャ哲学とギリシャ語に由来するものであり，文字通り「感覚に基づく認識」（Harris-Williams, 2010）と「知覚に基づく認識」（Cooper, 1997）を意味する。この定義は，アートに基づいた，あるいは美的な方法を通して知るということが，言葉にできない感覚的・身体的な精神の現象への洞察を生み出し，感情に形を与え表現できるようにする可能性があることを前提としている。「ポイエーシス」とこれに関連するエネルゲイアと同時性の概念は，アートが生まれ，存在し，実存的真実を明らかにする動的で創発的で創造的なプロセスを記述する存在論的概念である（Aristotle, 2006; Eisner, 2008; Gadamer, 2007; Hegel, 1998; Heidegger, 1971/1997）。ここで定義されているように，美学とポイエーシスは，物理科学に一般的に結びついた典型的な論理的・因果的思考の超越と破壊を促進する。これらの構成概念は，知覚的，感情的，関係的な人間の実存的経験の理解に貢献する，より空間的で時間を超えた，言説によらない方法を示唆する。

　この節を開始するにあたり，紙幅と対象範囲に限界があることは認めざるを得ない。確かに，私たちが選択したのは，翻訳とアートに基づく知識の方法というトピックに関連すると思われる 2 つの特定の概念だけであり，これらの概念についても基本的な説明に絞られることになる。ただし，これらの概念の重要性は，ABR，翻訳という概念，およびメカニズムに関する現在の視点と関連づけることで明らかになるだろう。

美学的な知のあり方

　哲学的観点からは，Plato（プラトン）に始まる美学の体系的な研究により，複数の多様な理論が生み出されてきた。Plato（Cooper, 1997）は，知識がさまざまな形態で存在し，これらのさまざまな形が理性または感情のいずれかに訴えると考えた。彼は，悲劇的な叙事詩などの一部のアートの形態は，自己満足的な思考を刺激し，人間の感情生活の最も暗い側面に訴えかけると考えた。Plato は，直感，共感，感情と信念によるあまり具体的でないアートに基づく知識よりも，知的・数学的観点による真実として理性を評価した（Cooper, 1997; Gadamer, 2007; Sajnani, 2013, p. 79）。Plato はまた，ビジュアルアートの真実性に疑問を呈し，ビジュアルアートは，神のもともとの創造物の欺瞞的な模倣にすぎないと主張した。絵画は真実に関して欺瞞的であるだけでなく，「私たちの一部の知性とはかけ離れた部分と親密で，温かく，愛情深い関係を形成している」（Plato, 1997, p. 22）。Plato は，「私たちの心はいつも数えきれないほどのこの種の矛盾に満ちている」（p. 23）と結論づけた。Plato はある意味，否定を通じて感情的なものの力を認め，美的知識の動的・多次元的で逆説的な特徴を理性の知識とは異なるものとして特定した。後の著作で Plato は，数学が真実の唯一の提供者であるという自分の主張には，実際には欠陥があるかもしれないことを認めた。そして芸術，特に音楽が，数学の理性を補い，真実と理解の別の次元を提供する可能性があることを認めたのである（Gadamer, 2007）。

　Aristotle（アリストテレス，Halliwell, 1995）は Plato と同様，アートの模倣的性質や表現的性質を信じたものの，知る方法としての芸術を認め，人間の状態についての理解の深さと幅を広げると評価しており，この点で Plato には同意しなかった。たとえば，彼は，悲劇の芸術的表現が実際の出来事とどのように異なるのか，そして人々がなぜドラマティックな悲劇を観ずにはいられないのかを問うた。Aristotle は，ドラマティックな，あるいは詩的な悲劇は，恐ろしい現実ではなく審美的でカタルシスのある経験であるようにするために，特定の要素が含まれなければならないと考えた（Cooper, 1997, p. 38）。ある意味で，Aristotle は「翻訳」の概念に取り組んでいたのである。すなわち，私たちは人間の生活におけるある事実を，感情的に価値のある人間の美的な経験にどのように翻訳（変換）するのか。人々を集めて，実際の出来事とは大きく隔たった，芸術的な形で巧みに表現された普遍的な人間の現象を経験させることには価値があると Aristotle は考えた。したがって，Plato と Aristotle は，芸術がもつ模倣または表現としての性質を見出しただけでなく，人間の状態を洞察するために，それらがもつ感覚的に身体化された感情的な力，ダイナミズム，深さ，次元性の可能性も見出した。

ポイエーシス —— ダイナミクスと真実の出現

　実生活における悲劇的な出来事は，それをアートにすることで，より許容しやすくなったり，おそらくカタルシスがつくり出されたりすることもあるが，Aristotle はそうしたことを何がつくり出しているのかを方法論的に検討するために，ポイエーシスとエネルゲイア（現実態）を含む，美学と芸術の実存的・創発的・知覚的性質を説明する知

識の形式を導入した。これらの概念の1つである「ポイエーシス」は当初，文字どおり「作ることによって知る」ことと定義されていた。しかし，その意味は，詩の創作とアート作品の制作経験が人間の状態の深い理解につながることを認めるという技術的側面よりもはるかに拡大した（Levine, 2005, p. 32）。私たちは，ポイエーシスがエネルゲイアと密接に関連していると考えている。これは，アートを存在と認識へと推進する創造性に関連した運動的（動作学的）で動的な力である（Gadamer, 2007; Halliwell, 1995）。ポイエーシスとエネルゲイアの概念は存続し，アートの創造は人間の存在の誕生と並行していると主張する実存主義の哲学者に受け入れられてきた。さらに，無の混沌から形と意味を創造する芸術に基づくプロセスは，創造的でダイナミックなエネルギーと感情的な存在によって促進され，真実の認識と明示の促進に貢献する（Cooper, 1997; Gadamer, 2007; Hegel, 1998; Heidegger, Levine, 2005 による引用）。Heidegger（ハイデガー，Levine, 2005 による引用）は，Aristotle のポイエーシスの概念にある実存的視点を，アートに基づく現象の性質と比較して紹介し，「人間の存在とは，与えられたものを形づくることによって意味を浮かび上がらせる能力である」（p. 31）と述べた。

　Gadamer（ガダマー，2007）は，ポイエーシスとエネルゲイアの概念に貢献し，*同時性*の重要性（Gadamer, 2003, p. 86），すなわち美学がいかに複数の時間的現実と知識を同時に身体化し，表現しているかを紹介した。同時性は，過去と現在の現実を同時に表現することを可能にし，私たちの集団と個人の歴史を掘り起こし，保存し，物語化する。同時性はまた，あるものは明白であるものは隠された，複数の現実と真実の共存を意味し，それらは反復的なアートプロセスが出現する中で明らかにされ，再体験されるのである。

　この節で紹介した歴史的な哲学的視点は，アートに基づく知識，ひいては翻訳を理解するために必要不可欠な存在論的・認識論的構成を発展させるための土台となるものであると，私たちは提案する。この節で明らかにした構成要素を，感覚に基づく身体化された感情的な知の方法を含む美の認識論，創造の創発的で動的な性質とダイナミズムとしてのポイエーシスとエネルゲイア，さらにはアートに基づく知識の多元的で非時制的な性質を代表するものとしての同時性として概念化する。これらの構成要素を，アートに基づく知識に関する現在の視点と統合し，テーマ別に識別して，次の節で展開する。

美学とアートに基づく知識に関する現在の展望

　翻訳という複雑な概念の探求を続けるにあたり，現在の ABR の文献において，前述の歴史的観点の上にしっかりと支えられている，関連する知識構成と考えられるものを要約して紹介する。歴史的な視点を統合する構成要素として，感覚的・身体的・感情的知識としての美的認識論，動作学と創発の力学としてのポイエーシス，対話・弁証法・一時性としての間主観性，多元性・曖昧さとしての反復，ならびに象徴主義・メタファーとしての解釈と表象がある。この節では，私たちが翻訳という概念を発展させるのに役立つと考えるこれらの構成要素について，説明と定義を示す。これらの構成要素

を検討する際に注目すべきは，それらの間に明白な交差と動的な相互関連性がある点であり，このことはアートに基づく知識全般，特に翻訳において特徴的である。

美的認識論 —— 感覚的に身体化された感情的知識

美的認識論は，歴史的文献と現在の文献において，*感覚的，身体的，感情的*な知のあり方を表すものとして，一貫して言及されてきた。この認識論は，美学研究において時の試練と精査に耐えてきただけでなく，ABR における現在の理論と実践の中心ともなっている。この認識論から，私たちの知覚，記憶，象徴，関係，物語，価値観が生まれ，形づくられ，ABR を用いて最もよく調査される私たちの人間の状態の実存的・倫理的・現象学的性質に情報を与える（Eisner, 2008; Harris-Williams, 2010; Kossack, 2013; Levine, 2005）。これらの感覚的・感情的な知識の形態は，非談話的なものであるため，一般に言葉では表現できない。したがって，同等に非言語的で非談話的な象徴言語であるアートは，**翻訳の形成段階を促進する**（Chilton et al., 2015; Eisner, 2008; Gerber, 2014; Harris-Williams, 2010; Hinz, 2009; Kapitan, 2010; Lusebrink, 1990）。

古代の哲学ではそれほど明白ではなかったが，より最近の精神分析的・人類学的な美学概念には，関係性の次元が暗黙的に含まれている（Chilton et al., 2015; Dissanayake, 2009; Eisner, 2008; Hagman, 2005; Kapitan, 2010; Springgay et al, 2008）。美学の共感性と喚起性，そしてアートにおける美学の発現は，私たちの原初的な関係性に由来し，最終的には他者の経験をより深く洞察する機会を提供する（Eisner, 2008, pp. 6-7）。さらに，芸術における知識の形態は，「覚醒，鮮明さ，解釈の創造性」（Daley, Kapitan, 2010, p. 31 による引用）をもたらし，新しい合理性 —— 感覚的に身体化された意識，質感豊かな感情・共感体験，増幅された洞察，私たち人間の状態との直感的なつながり —— を提供する（Eisner, 2008; Kapitan, 2010; McNiff, 2011; Springgay et al., 2008）。

ポイエーシス —— 創発と動作学の力学

アートに基づく現象の，感覚的に身体化された感情的性質と密接に関連し，場合によっては切っても切り離せないのが，ポイエーシスという実存的概念と動作学とエネルギーの力学であり，これらはすべて，アートにおける真理の構想，誕生，明示に寄与する性質と力に関連するものである。

ポイエーシスとは，「以前には存在しなかったものを構築または生産すること」（Gadamer, 2007, p. 201）である。ポイエーシスはまた，経験的あるいは身体的な知識の複数の形態間の継続的な動的相互作用から生じる，人間の状態に関する深い理解を意味する（Levine, 2005, p. 32）。

「現れ出でる」とは，つまり，アートの中に真実が「存在」し，「隠されていない」状態になり，全体的な身体化された真実が明らかになるということである（Gadamer, 2007）。**エネルゲイア**という概念は，物理的・精神的な力，絶え間ない動的運動，そしてアートを存在に押し上げる創造的な弁証法的プロセスを表している。さらに，エネルゲイア

はアートの動作学にとどまらず，「意識すること，見ること，考えること」が，真理が「隠蔽されない」ことに貢献するという固有の意識や存在をも推論する（Gadamer, 2007, p. 213）。

エネルゲイアとポイエーシスの概念は，反復的に出現する動的な創造プロセスとして理論的に概念化できることに加え，ダンス，演劇，即興などの特定のアート様式に固有の動きと演技の実際の動作学を通じた翻訳のメカニズムとして実践に適用することもできる（Sajnani, 2013）。動作（kinetic）は，記憶の身体化や，世界における私たちの身体の体性感覚に沿った方向づけ，そしてしばしば私たちが感覚と動きを行動に変換する方法を保持すると考えられている（Hinz, 2009, p. 39）。

ポイエーシスの概念と，アートを存在に押し上げるエネルギーと動作学のダイナミクスは，ABR の実存的・認識論的基盤を理解する上で重要な役割を果たす。ABR では，**エネルゲイアとポイエーシス**の間のダイナミクスは，理論的には，アートを通じて真実を照らし出そうとする際に，異なる形態の知識や，意識状態，没入，省察，または自己と他者の視点の間で起こる**動作力**と**弁証法プロセス**に関連する（Bresler, 2008; Gadamer, 2007; Learmouth & Huckvale, 2013; Levine, 2005; Springgay et al., 2008）。これらの概念はまた，美学という動作の要素が，アートに基づく身体化された知識をもたらし，それを形にし，最終的に意味を与えるための不可欠な要素であり実践であるという点で，翻訳のより焦点を絞った側面に貢献している（Gadamer, 2007; Hinz, 2009; Levine, 2005; Parsons & Boydell, 2012; Richardson, Finley, 2003 による引用 ; Sajnani, 2013）。

間主観性 ── 対話，弁証法，一時性

間主観性とは，関係的で複数の「美的知識 ── 感覚的で想像的な知識 ── を通じて創造され，共同構成される現実を指し，その調査は人間の経験の多次元を理解する結果になる」（Chilton et al., 2015, p. 3）。美学の間主観的な側面は，部分的には人類学と精神分析学の観点に由来しており，美学は，初期の母子間の前言語的コミュニケーションに始まり，人間の関係性，美，共感に関する私たちの生涯にわたる経験の発展に寄与する，本質的に関係的な認識の方法と考えられる（Chilton et al., 2015; Dissanayake, 2009; Gerber et al., 2012; Hagman, 2005; Harris-Williams, 2010; Kapitan, 2010; Springgay et al., 2008）。美的知識の間主観性を認めることは，ABR の理論と実践にとって不可欠である。というのも，人間の物語はすべて「共同構築された物語（…）（すなわち）以前にはそれを指す言葉が存在しなかった経験に意味を与えること」に基づいているからである（Brown, 2011, p. 1）。ABR では，アーティストたちによる複数の内的・外的文脈（内的共同研究者と観客，その他の共同研究者，実際の外部の観客との関わり）の中で「深い会話と洞察に満ちた対話」（Eisner, 2008, p. 7）を通じて，共同で構築された間主観的なナラティブのデータが出現する。

間主観的な美的言説の性質に不可欠なのは，時間と場所の限界を超え，「過去と現在，記憶と観察，感覚，思考，行動と感情に意識を向ける」（Learmouth & Huckvale, 2013, p. 104）ことを可能にする一時性と同時性という概念である。アートに基づく知識の非時間的かつ同時的な性質は，過去と現在を融合させ，記憶や歴史を現在と共存するものと

して経験することを可能にする（Gadamer, 2003）。美的知識あるいはアートに基づく知識は，このような複数の主観的な現実が共存する状況を捉え，表現することができる資質を備えている。

要約すると，感覚的に身体化された知識は，私たちの最初の関係の中に現れる最初の認知形態であるため，間主観性は，動的で弁証法的な対話を通じて，美学と記憶との，歴史的な人生の物語と感情的なそれとの本質的な結びつきとなるのである。アートに基づく間主観性の対話はまた，一時性を超越し，過去と現在を生き生きと同時進行で体験し表現することを可能にする。

反復 —— 多元性と曖昧さ

美的な知識の形態，この知識のための間主観的な文脈，そして動的で対話的，創発的，非時間的な性質は，アートに基づく存在と知の方法に関する**多元性**と**曖昧さ**の探求の考察へと私たちを導く。**ポイエーシス**を見直すと，その現象の中には，多元性と曖昧さの概念が含まれていることが推測される。ポイエーシスの概念から推測されるのは，アートが，それまで存在しなかったり，他のコミュニケーション形態では表現できなかったりする，人間の経験の言葉にできない側面に形と命を与えるということである（Gadamer, 2007; Langer, Eisner, 2008, p. 7 による引用 ; Levine, 2005）。多元性は，カオスと未知からなる曖昧さから現れる複数の間主観的な現実を伝え，表現するものである（Gadamer, 2007; Heidegger, 1971/1997; Levine, 2005）。結局のところ，多元性とは，美的知識が出現し，表現され，意味を獲得する，複数の，共存・共創する，動的で弁証法的な現実の視点を指す（Chilton et al., 2015; Johnson, 2012; Levine, 2005）。

曖昧さは，「知らない」と「知られている」という不可欠な概念，すなわち不完全に形成され，完全な意識の外にあり，完全な真実を隠している知識を強調し，アートに基づくプロセスや作品を通じて，未知の曖昧な知識をいかに獲得するかを示している（Eisner, 2008; Gadamer, 2007; Levine, 2005）。また，「無知」「無心」「空虚」「豊穣な空（void）」は，東洋哲学の中心的な現象であり，精神的・瞑想的な意識状態，自己喪失，一瞬の空虚を指し，そこから創造性や新しい洞察力が明らかになる（Bollas, 2002; Lear, 1999; Suzuki, 1999; Symington, 1997; Van Dusen, 1999）。ABR は多元的で曖昧なものを受け入れ，帰納と演繹，談話的なものと非談話的なもの，過去と現在，隠蔽と暴露，没入と省察の間の弁証法を用いて，新しい存在と知の方法を創造する生きた探究形態なのである（Eisner, 2008; Sajnani, 2013; Springgay et al., 2008）。

曖昧さを受け入れ，不確実性と前形態のカオスを受容することは，ポストモダンの規範であると同時に，新しい知識を生み出すための必要条件として「不安定さ」を受け入れることであり，普通ではないもの，もしくは未知のもので日常を混乱させることでもある（Levine, 2005; Rolling, 2013; Sajnani, 2013; Springgay et al., 2008）。多元性と曖昧さは，アートに基づく知識が形成され，構築され，象徴的に表現され，本質的な人間の経験を照らす私たちの能力の向上に関連して伝達される方法を語るという意味で，ABR における**翻訳**に関連している（Bollas, 2002; Gadamer, 2007; Heidegger, 1971/1997; Learmouth & Huckvale,

2013; Levine, 2005; Suzuki, 1999; Van Dusen, 1999)。

解釈と表象 —— 象徴主義とメタファー

*解釈*と*表象*は，翻訳プロセスの中心であり，知識を概念化する方法としても，アートに基づく知識の翻訳のためのメカニズムとしても考えることができる。ABRにおける知識の解釈と表象に直接関係するのは，芸術が，相互作用し共存する複数の意味の発見へと私たちを導くメタファーに満ちた象徴的言語を前提とし，それを明示するという仮定である（Eisner, 2008; Gorelick, 1989; Hinz, 2009; Lusebrink, 1990; Moon, 2007; Springgay et al., 2008; Sullivan, 2010）。言い換えれば，アートの象徴的な性質は，既存の構造，パターン，関係の表象と解釈に，非線形の空間的で象徴的な形式を採用することによって，私たちが知識の構成要素を再認識することを可能にするのである（Sullivan, 2010）。

*象徴主義*は，さまざまな観点から異なる定義がなされるかもしれない。しかし，私たちの目的では，象徴主義の性質は，個人的であれ集団的であれ，言葉では表現できない曖昧な，捉えどころのない，目に見えない，部分的に，または完全に知られていない現象を意味づけし，表現することを可能にする（Hinz, 2009; Lusebrink, 1990）。夢のイメージと同じように，無意識のメカニズムは，感覚的に身体化された指示対象を融合し，隠蔽し，並べ替え，あるいは変換する役割を果たし，本来の意味を完全に明らかにしないようにする（Hinz, 2009; Lusebrink, 1990）。生体エネルギー，知覚前の感覚，感覚運動による模倣体験は，内外の重要な出来事を参照する象徴（シンボル）に変換され，同時にその出来事の起源を隠蔽したり明らかにしたりする（Lusebrink, 1990）。したがって，象徴は生命エネルギー，記憶，知識，経験の非常に効率的な運搬者であり，複数の現実，思考，感覚，感情を同時に伝え，意味の出現につなげる（Hinz, 2009; Lusebrink, 1990）。先に述べた，*感覚的に身体的，感情的，動的，創発的，動的な知識の形態とそこに固有の多元性と曖昧さ*は，ある意味で象徴として身体化・現実化され，すなわち象徴がこれらの知識の形態の翻訳者ないし実現者であると言える。

*メタファー*とは，より意図的な象徴表現の一形態であり，あるものが別のものに似ていることを意味し，「意味を隠す情報を象徴的な形で保持する」（Moon, 2007, p. 3）ことで「線形合理性を超えた心理的洞察」（p. 4）を提供するものである。また，メタファーは，人間の心身の複数の体験に形，つながり，意味を与え，逆説的で混乱した無意識の言語を，新しい意味と可能性を備えた理解可能な言語に翻訳することを容易にする（Gorelick, 1989）。この固有の創造的な性質のために，メタファーは想像力の採掘に適しており，古風な感覚と身体化された人工物を発掘して描き，複雑な物語を組み立て，豊かで複数の意味を保持しつつ表現する物語を構築するのである。このことは，他の方法では不可能である（Gorelick, 1989; Moon, 2007）。

こうした本質的な性質により，メタファーと象徴とはABRにおける表象，解釈と翻訳のプロセスの中心として位置づけられる。ABRの翻訳プロセスで象徴とメタファーを使用する方法については，翻訳メカニズムに関する次の節でより深く探究する。

翻訳

ABR の定義と理論的考察

　前節で議論された概念に基づいて，この時点で私たちは翻訳の首尾一貫した定義とアプローチを明確にするために，その知識を統合したいと思う。ABR における翻訳には，反復的，動的，弁証法的なプロセス，およびアートに基づく調査研究やテクストによるプロセスが含まれ，それにより複数の間主観的現実から生じる感覚的・身体的・感情的現象から意味が生み出される（Gerber et al., 2012; Manders & Chilton, 2013）。さらに，翻訳は，複数の芸術，テクスト，対話のプロセスを用いて，複数の曖昧な間主観的現実の間を行き来し，調査対象の人間現象を意識化し，明確化して形づくり，意味づけを行う。

　翻訳とは，芸術的プロセス（たとえば，視覚的な作品，ダンス，動き）とそこに立ち会うという心理的経験から，芸術的言語，口頭言語であれ文字言語であれ何らかの他の種類の言語へと移行することである（G. Chilton, 2015 年 11 月 6 日の私信）。立ち会うという心理的な経験は，新しい形式の解釈と表象を含む反復的な調査プロセスを通じて，より無形で抽象的な芸術作品を理解し翻訳することを可能にする。Marshall（2007）は，芸術的思考には文字通りの思考や言語以上の伝達能力があると論じている。言語は正確で説明的であり，特性や規則を通じて機能するが，芸術的言語はパターンや知覚，素材，一時性，形態を通じてより機能する（Marshall, 2007）。したがって，翻訳は，図像（イメージ），想像的統合，理解の間の反復プロセスを通じて，アートと科学，個人とコミュニティ，内面と外面，感情と認識，前言語的理解と言語的理解の弁証法を媒介する（Bresler, 2006; Eisner, 2008; Marshall, 2007）。

　Michael Viega（2015 年 11 月 19 日の私信）は，アートと理解の仲介者・伝達者としての翻訳の美しい例を提示した。有害事象を経験した青少年へのヒップホップの利用を試みる音楽療法のアートベースの研究では，ある青年が《Emotional Disaster》と題した曲を作った。Viega（2013）は，この青年の感情をよりよく理解するために音楽と身体性を用いたプロセスを説明する中で，青年の「声」を見つけるために，曲がもつ複数の音楽層を取り除かなければならなかったと述べている。

　　そのとき，「ああ，このためにオーケストレーションがあるんだ」と思った。それは，この本当に単調な，落ち込んだ，まさに自殺しかねないような，「もう耐えられない」という気持ちを守るためで，そのために私がそこにいた。その翻訳によって，彼と私にとっての無意識が何なのか，より明確に理解することができた。彼は私に「ここに行く準備ができていない」と言っていたようで，私は「わかった，じゃあその周りに（音楽の）壁を作ろう」と言った。（2015 年 11 月 19 日の私信）

　翻訳には，研究者の批判的リフレクシビティが含まれる。ABR では，批判的リフレクシビティをもったアート実践が研究者の透明性のためのプラットフォームを提供し

（de Frietas, 2008），感情的な知識に形を与え，共感を呼び起こし，完全な人間の経験に対する理解を深める（Eisner, 2008）。たとえば，学生の ABR プロジェクトについて，Nisha Sajnani（2015 年 12 月 14 日の私信）は，ビデオ，ビジュアルアート，身体性を用いた反復的で再帰的なアートに基づく多様な実践への取り組みが，特定のリサーチクエスチョンと現象に関連する洞察を深め，拡張，表現，伝達するのに役立ったことを述べている。

　　　彼女はインタビューから作った詩から動きのあるコラージュを作成した。（…）それは，ある意味，動きのある詩だった。というのも，彼女がそのような言葉を用いていたので。（…）彼女は，この動きのある作品で明らかになったのは，参加者が直面したであろう感情的な内容，情緒的な現実であると言った。（…）彼女は，素材をより個人的なものにし，それを自分の身体の中に取り込むことができた。そして，彼女にとってビジュアルコラージュは，データに身体的に関与していると感じるために必要な橋渡しをするものだった。

　翻訳には，アート制作による，間主観的で社会的な対話への関与による洞察の変換が含まれる（Bresler, 2006; Kapitan, 2010）。研究者，参加者，観客の間で ABR の対話的プロセスが起こると，認識論的前提に直面し，複数の視点が探求され，研究現象のより深い理解が集団的に追求される（Parsons & Boydell, 2012）。観客の共鳴と関与は，さらに学習のための談話となり，芸術創造とその解釈に影響を与える仮定に挑戦し，対話を通じて芸術理解の個々のレベルをまとめ，知識変換のためのアクセス可能なプラットフォームをつくり出すことができる。

　　　つまり，言葉がなくても，観客は作品の中に引き込まれ，参加しているからこそ，その重要性や有用性を感じられるという，翻訳行為がそこで起きているのである。

（N. Sajnani, 2015 年 12 月 14 日の私信）

　翻訳とは，知識を表象し，より広い社会へと普及させることである。Emme（2007）は，言葉や数字に基づいた従来の研究形態では，現象の複雑さを伝えるのに十分でない場合があることを提唱している。テクスト，アート，そして意味づけは，美学とイデオロギーの間の緊張を維持し，専門的な研究用語を排除することによって，より多くの人々に到達し，参加してもらえるようなアクセシビリティを提供するために融合される（Emme, 2007; Parsons & Boydell, 2012）。アートに基づく知識翻訳は，経験的，相互的，身体的，感情的，動作学的な知識を頼りに，この重要な対話の場をつくり出す（Parsons & Boydell, 2012）。研究者，参加者，観客は，研究現象の対等な利害関係者であり専門家であるため，アートは知識の象徴的・隠喩的な表象とコミュニケーションとなる。

　要約すると，翻訳には複数の形態があり，それぞれの形態が異なる機能を持つ可能性がある。それは調査的であり，複数の認識論的スタンスによって導かれるが，そのすべてが美的認識方法の仮定を中心としたものである。それは，初期の研究段階における研究者とアートの間であれ，研究者，参加者，観客の間であれ，批判的な間主観的対話が

行われるものであり，再帰的で対話的である。また，翻訳はアート形式や弁証法的言語プラットフォームを通じてアイデアと知識を統合し，より深い理解と社会的変化を促進するために，アクセス可能で意味のある方法で知識を表象し，伝達する役割を果たす。

翻訳のメカニズム

ここでは，存在論的・認識論的基盤に関する詳細な議論と，ABR のための翻訳概念および戦略とを関連づけ，統合する。翻訳メカニズムに関する議論の土台作りを始めるにあたり，ABR の各段階における翻訳実践の戦略的配置と目的に対応する 3 つの段階を提案する。

第一段階では，研究の初期の形成的なプロセスを扱う。この形成的段階には，調査中の現象に関連する，埋め込まれた個人的，学問的，文化的な哲学的前提，信念，価値観や，調査に特有のアートに基づくアプローチに関する批判的省察が含まれる。この批判的省察のプロセスは，研究の形成段階に不可欠であり，私たちの無意識の信念体系を理解するための基本的な内的イメージ，知覚，感覚の翻訳に従事することが求められる。私たちは，自分の視点や信念を振り返り，紐解きながら，ABR の調査方法を用いて，これらの前言語的・感覚的な知識を形成し，繰り返しアート様式やテクストに変換していく。ポイエーシスと関連して，この段階では，私たちはしばしば無から有を，カオスから形を創造する。これを達成するために，私たちは反復的な自由連想や，動的な身体化，即興的な翻訳をともなうアートに基づくプロセスから開始することができる。そこでは，これまで隠されていた知識が出現し，形づくられ，最終的には私たちの視点の明確化，研究課題の形成，設計と方法論に関する決定が促進されることになる。

ABR の調査プロセスにおけるその後の段階では，データの生成，解釈，分析，予備的な表象化において，翻訳を反復的で動的な，生きる探究として概念化することが必要となる。形成段階に続き，この第二段階では，感覚的に身体化された感情的なデータの翻訳が重視されるが，それは，アート様式や，アートに基づき共同で行われる即興と演技や，テクストの記述の間でなされる没入的で省察的な対話などの反復的で動的なプロセスを通じてのことで，このプロセスすべてが調査中の現象の集合（アッサンブラージュ）と結晶化に貢献する。ここでは，研究者は反復的な構成主義的（constructionist）実践とアートに基づく間主観的な対話を実施し，その間に表現以前（prerepresentational）のアートに基づく人間現象の複数の曖昧な次元を，首尾一貫した美的表現と表現で形成することができるのである。

最後に，翻訳は，しばしば最終的な統合とみなされるもの，すなわち ABR の第三段階において重要な部分と考えられるかもしれない。そこで累積された洞察が，最終的なパフォーマンス，インスタレーション，表現，またはナラティブのいずれかに芸術的に再構成され，特定のトピックに関する「より深いレベルの理解」と，レベルの大小はあるが姿勢の変化が提供されるからである（M. Viega, 2015 年 11 月 19 日の私信）。最終的な統合段階の翻訳には，アーティストや研究者のパフォーマンスや表象の意図を通じて，美的な喚起力と表象的な社会的共鳴を身体化する象徴的または比喩的な言語での表現が

含まれることが多い（M. Viega, 2015 年 11 月 19 日の私信）。

　ABR における翻訳のメカニズムを紹介するにあたり，翻訳の位相と，これらの位相で直面する典型的な知識の形態，およびこれらの位相と知識のタイプに対するいくつかの翻訳戦略，すなわち私たちが「メカニズム」と呼ぶものを整列させたいと考えている。また，ABR の性質に関連した非規範的な方法を維持することに対する私たちのコミットメントを再度表明する。私たちの行う段階的な提示は一見，翻訳のコンセプトと手法の直線的なモデルを示すものであるが，私たちはむしろ ABR のプロセスを通じて，必要に応じて周期的に，ランダムに，そして芸術的に並べ替え，再検討し，繰り返し作成することができる多孔質で流動的なアプローチとみなしている。同時に，還元主義に抵抗し，アートに基づくあり方，知識，調査の本質的な性質を維持しながら，私たちはABR の価値と有効性を提唱する際に，体系的で厳密なアプローチの必要性も認識している。私たちの提言が，この 2 つの基準を支持するものであることを望む。

位相 1：形成段階

　私たちの推定では，ABR の初期の形成段階は，研究の仮定，問いと現象に導かれ，私たちが新生の無形の直感と概念を省察し，育成し，それらに形を与えることを試みる原初のポイエーシスが含まれる。感覚に基づいた，身体化された認識論を前提として，私たちは芸術的な直感と，創発的でダイナミックで動的なアートプロセスへの信頼，そしてアートプロセスと人間の現象の両方への共鳴を頼って，私たちの調査への最初の一歩を踏み出す。Dixon, Fenner と Rumbold（2013）が示唆したように，「イメージの導き」に任せ，それが導くプロセスを信頼することは，創造的な期待だけでなく，「私が予期しない場所に連れていかれるかもしれない」（p. 68）という不安も含んでいる。この段階では，予期しないこと，未知のこと，曖昧なことに直面することが，本物のアートに基づく知識を発見し，出現させる戦略的な弁証法の要点になることが多い。Sajnani（2013）は，不確実性を受け入れ，「不安定さ」を許容することが，新しい知識の生成に必要な条件であることを思い起こさせる。すなわち，普通でないもの，未知のもので普通を破壊するのである（p. 81）。

　先に述べたように，批判的なリフレクシビティは，ABR の研究者が自分の前提，信念，そして情報に基づいた芸術的直感を探求する上で不可欠な最初のステップとなる。美的または感覚的に身体化された知識は，しばしば完全に知られていない曖昧な概念や，感覚，または複数のつかの間のスナップショットとして経験される。このような知の形態を認識し，それに同調し，価値を見出すことは，批判的リフレクシビティや哲学的位置づけ，そして研究現象の調査にとって不可欠である。したがって，この形成段階では，アートに基づく翻訳メカニズムを用いた批判的自己省察を研究プロセスの不可欠な部分として組み込んでいる。アートに基づく批判的自己省察は，感覚に基づくデータ，リサーチクエスチョン，現象，そして出現した意味に対して，より鋭く適合していく移行にもなりうる。

　私たちが形成段階という位相のために特定した翻訳メカニズムには，自由連想，即興的な身体表現，非表象的な感覚に基づくアート表現がある。

〈自由連想〉

　自由連想は芸術的表現と密接に関係しており，これまで述べてきたように，芸術的表現は，主として直接的な意識を超えた，美的あるいは感覚的に身体化された知識の形態に由来することがよくある。自由連想は，無意識を翻訳する，あるいは「隠さない」(Gadamer, 2007) メカニズムであり，「一見バラバラに見える考えをつなぐ何らかの隠された論理によってつながった (…) 思考の道筋を明らかにする」(Bollas, 2002, p. 5) ものである。さらに，自由連想プロセスは，芸術において展開されるしばしば逆説的な創造と解釈のプロセスと密接に関連しており，その意味は，即興と演技という*動的・身体的*な相関を通じて継続的かつ動的に浮かび上がる (Manders & Chilton, 2013)。Bollas（2002）が語るように「自由なおしゃべりは，時に複数の自己と他者が，演技を通して何かを『考える』濃密なアイデンティティのオペラに没頭している劇場を想起させることがある」(p. 26)。

　自由連想は，意識と無意識，既知と未知の間の内的対話を開始し，「芸術家が表象形式を通じて深く主観的なスタイルを明示するのに似ている」(Bollas, 2002, p. 63)。自由連想の非回帰的な性質は，典型的な合理性，直線性，一時性を超越することを容易にし，空間性と同時性の領域へと私たちを連れていく。つまり，あまり意識的でない論理的な思考にアクセスできるようになると，記憶，過去と現在，ランダムだが関連性のあるアイデアが自由に混ざり合い，共存できる回想の領域に入ることができ，調査，創造性，理解の深みが増すのである。同様に，自由連想のプロセスは，芸術における創造的プロセスの創発的・弁証法的性質とも密接に関連する知識を呼び起こすことがわかる。

〈即興的な身体表現〉

　即興的な身体表現は，身体をベースとした，あるいは動的な自由連想の形態として概念化することができる。Parsons と Boydell（2012）によれば，身体的，感情的，動的な反応や知識は，それだけで認知レベルでの理解を凌駕するとされている (p. 170)。Sajnani（2013）は，「ボディストーミング」という自身の技法について，問いから始まり，物語の形成に寄与する断片，音，図像，動きなどに即興的に身体を同調させていくと述べている (p. 81)。さらに，Sajnani（2015 年 12 月 14 日の私信）は，「会話という観点から，身体の中で確実に何を呼び起こすのか (…) そして，どうすればその中で流暢に話すことができるのか」と問い，身体的即興に新しい言語としてアプローチするように学生を促した。

　Hinz（2009）は，感覚的・動的な焦点を高めることで，即興アート制作の運動感覚的側面を拡張させる提案をしている。たとえば，ある例では，アート素材の触感が異なるレベルの感覚的な意識と身体的な労力を刺激することを強調している。そして，このようなセンサーの高まりと運動感覚的な意識の組み合わせが，身体化された相関物に関連する感情や知覚の認識の形成に寄与するのである (Hinz, 2009, p. 56)。この主張をさらに推し進め，Learmonth と Huckvale（2013）は，「身体化レベルのアート制作」と「想像された感覚」が，想像力とイメージの出現に寄与することを観察した (p. 106)。動作学的・感覚的な即興が，言葉以前の美的知識を，知覚可能な形や，身体的・感情的相関関係，相互に結びついた連想，イメージ，そしてアートに基づく物語の始まりに変換する

と，私たちは結論づけようと思う。

〈非表象的な感覚に基づくアート表現〉

　自由連想的で即興的な身体的翻訳プロセスと密接に関連しているのが，非表象的な感覚に基づくアート表現である。**ポイエーシスや豊穣な空の概念**（Gadamer, 2007; Levine, 2005; Van Dusen, 1999）に直接関連して，この翻訳段階において無から有を生み出すには，創発的，自由連想的で，ランダムなアートに基づく表現を通じて意図的に一貫性や表現を回避することが必要である。これらのランダムな表現は，感覚的に身体化された感情的な知識の最も信頼できる産物であると考えられ，その後の意図的，反復的，没入的で，省察的なアートに基づくプロセスを通じて出現し，形となりはじめると私たちは信じている。LearmonthとHuckvale（2013）は，ビジュアルアートを用いたプロセスについて述べている。彼らは，自然な創発プロセスを挫折させると同時に感情や記憶を呼び起こす感覚の力に注目し，象徴的・表象的なイメージを意図的に避けながら，「マークを作る」プロセスを説明している（p. 103）。Viega（2013）は，まず動きが反復されるか飽和状態になるまで，ボディリスニングと動きを使うことを説明した。そして，第二段階の省察では，「私はボディリスニングの経験から，曲の感情的な性質について何を学んでいるのか」というガイドとなる問いかけとともに，ビデオや音楽を視聴した（Viega, 2013, p. 62）。その中で経験は記録され，図表化され，物語形式に変換された。アートに基づくデータ生成を導くために感覚を使用することは，最初のランダムなアートに基づく表現や，反復的な没入と省察，パターンの表記，問いとメモ，および出現した思考とナラティブへの同調を含むかもしれない。

　形成的な段階で説明された翻訳プロセスは，アートに基づく翻訳プロセスの省察的で探索的な段階を始める際に使用することができ，ABRのすべての段階を通して反復的かつ循環的に使用することもできる。参加者と研究者の弁証法的な対話を用いた，回想と自由連想への取り組み，応答的で身体化された即興の使用，そしてそこに出現する関連の非表象的な感覚に基づく現象への同調は，創発的なアートに基づくナラティブの形成と構築に貢献する。

位相2：アッサンブラージュ，構築と解釈

　この第二段階では，断片的かつ形成的な感覚的に身体化された感情的なデータを，アッサンブラージュ（集合），構築，分解，解釈，表象を通してナラティブに変換することに重点を置いている。この翻訳プロセスは，アート様式，アートに基づく共同制作，テクストの記述の間のダイナミックで没入的，省察的，反復的な対話を通じて行われ，これらすべてが調査中の現象の増幅，解釈，明瞭化，表象に貢献する。

〈反復構築，解体とアッサンブラージュ〉

　アート様式とテクストでの応答の間を行き来する反復的で弁証法的な実践，あるいはLearmonthとHuckvale（2013）が表現したように，演繹的知識と帰納的知識，参加者と観察者の視点，アートに基づくデータとテクストによるデータの間の弁証法的で動的な動きは，アートに基づく調査方法の中心である。反復は，複数を受け入れる操作であり，曖昧さを調査し，並置し，統合するために用いられる。発展する弁証法的緊張と，形成

段階において前言語的形態の知識から出現した曖昧さは，反復的な没入型・省察型の
アートに基づく応答と省察的なナラティブへの関与を通じて探求されつづけ，イメージ，
メタファー，象徴の出現によって，最終的なアートに基づくナラティブや表象が形成さ
れはじめる（Dixon et al., 2013; Kossack, 2013; Leavy, 2015）。ヴィクトリア・スコティ（Victoria
Scotti）は以下のように述べる。

> 　私は，ポートレートとナラティブを作成するときに，一方が他方を駆り立てるよ
> うな反復的な分析プロセスを考案していた（…）だから，私はポートレートスケッ
> チとナラティブの草稿の概要を持っていたのだが，私がそれに取り組みはじめたと
> き，参加者が与えた言語データがイメージを提供してくれそうであったし，そのイ
> メージが，今度はナラティブに情報を提供するかもしれなかった。（2015 年 11 月 12
> 日の私信）

　この段階では，形成段階から出現した，*ほとんど既知*の感覚に基づき身体化された，
感情的な，アートに基づく知識の断片が，さまざまなアプローチによって形をとりはじ
める。イメージ，メタファー，象徴主義はより原始的な，感覚と身体に基づく起源から
出現した，曖昧で*ほとんど既知*の現象を調和させ，統合し，表象するために作用するメ
カニズムである。したがって，象徴とメタファーは，このアッサンブラージュと解釈の
より構成主義的な段階と，最終的な統合をする表象段階において，不可欠な翻訳メカニ
ズムなのである。
　Eisner（2008）は，一貫性，アッサンブラージュ，解釈と意味づけの目的のために形成
された知識を翻訳するメカニズムとしてメタファーと象徴を使用することに加え，さま
ざまな感情的経験や人間現象を表すデータに対して特定の批判的解体と省察を行うのに
最適なアート様式，またはアートに基づくメカニズムを検討することを提案している。
Eisner は，多様なアート様式が，さまざまな程度の正確さや喚起をもたらすかもしれな
いと主張し，それゆえにどのような現象やその側面を調査するためにどのアート様式を
使用するかを意図的に決定することを提案している。
　〈間主観的なアートに基づく対話〉
　美的知識の固有の関係性は，アートに基づく知識が出現し，形成され，ミクロレベル
では個人的な意味づけとメタレベルでは社会的な言説を割り当てられるという，間主
観的な枠組みを提供する（Gerber et al., 2012; Leavy, 2015; Manders & Chilton, 2013）。Sullivan
(2010) は，アートに基づく知識や視覚的な知識は，日常の言語や会話にはない方法で，
他者の心や経験へと私たちを運んでくれると主張した（p. 123）。このような認識論的・
存在論的な要因から，ABR における協働と相互関係のメカニズムの利用は，この段階
での知識の翻訳に不可欠である。
　形成段階とそれに続く反復的な構築から生まれた感覚と身体に基づくナラティブを，
間主観的な文脈の中で翻訳し解釈することは，人間の関係性の現象を調査するという
ABR の焦点を維持し，ABR における厳密性，信憑性，信頼性，共鳴性を維持する。さ
らに，間主観的な対話は，観客とのコミュニケーションへのコミットメントを確認し，

アート制作と研究を単一の研究ではなく社会的行為とする。このことは，意味づけの能力を高め，そのすべてが美意識のフレームを通して行われることを意味する（Bresler, 2006）。

調査や創造の反復プロセスにおいて，アートに基づくデータによる複数の作品の集合からナラティブやその他の表象形式が形成されはじめるが，それに続いて，あるいは付随して，共同対話の導入が一貫性と意味の創造に貢献する。間主観的な文脈での翻訳には，形成されたデータを共同研究者との協力的，動的，相互的な対話の中に取り入れることが含まれ，そこから新しい知識の共同構築と解明が生まれる。他者による立ち会い，あるいは他者との相互作用をともなう協働は，通常の習慣的・二元的な思考の中断につながり，それが新しい意味の構築の中心となる。ここから「抽象的なアート作品」（G. Chilton, 2015 年 11 月 6 日の私信）と ABR の目的の中心である「省察的，応答的で，相関的な（…）継続的に再構成された，まったく別のものになる」批判的な交流（Springgay et al., 2008, p. xx）が出現する。

Sajnani（2013）はアートに基づくデータを間主観的な文脈に導入するための 2 つの翻訳メカニズムについて述べている。発達的変容（DvT: developmental transformations）は，David Read Johnson（Sajnani, 2013 による引用）が考案した手法で，「音，動き，イメージ，役割，シーンが互いの関係の中で自由に変化し，曖昧さを許容して存在を経験する能力が高まる」（p. 81）という共同瞑想的実践や身体化即興によって，不安や重複した習慣的思考パターンの克服を目指すためのものである。「ボディストーミング」は，「テーマや質問」から始まり，音，動き，イメージに注意を払いながら，DvT のように物語ナラティブを作り上げる手法である（p. 81）。これらの手法を導入することで，ABR の研究者は「美的空間」を作り出し，「真っ白なキャンバスや空の空間」が真理を求める創造性を招き入れる（p. 82）ことを提案するのである。この共同作業の結果，感覚的に身体化されたデータから人間のナラティブが生まれ，共同研究者の間で間主観的な共鳴と表象が見出されるのである。

Dixon ら（2013）は，「非常に個人的な探求として始まったものを，社会的に実用的な関連性を持つプロジェクトに変換する」ために，アーティストが互いの芸術表現に対してビジュアルアートに基づく応答を作成する，反復芸術の共同制作を用いた報告も行っている（p. 68）。彼らは，知らないという最初の経験，不確実性への不安，予期せぬ「驚き」，そして洞察の出現を説明し，そのすべてが，他の方法では決して到達することも表現することもできない親密さをもったアートに基づくナラティブをもたらしたと述べている。

位相 3：最終的な統合 —— 解釈，表象，普及

最終的な統合は，これまでの形成的で反復的，構築的，そして内外の対話的な翻訳プロセスへの集中的な関与を通して，蓄積されたデータと関連する洞察が，最終的なパフォーマンス，インスタレーション，ナラティブ，詩集，またはその他のアートに基づく表象に芸術的に再構成される段階である。ヴィクトリア・スコティは，アートに基づく調査から生まれた劇について説明する。

データ分析中に，私がデータを扱っていて，それにはある種のテーマ，共通の
テーマの集まりがあることが明らかになった。参加者がみんなで，自分たちの間で
なんとなく話しはじめたので（…）ドラマ形式がその種のデータによく合っている
ように思えた。(2015 年 11 月 12 日の私信)

　メタファーと象徴は，言語的・視覚的な表現，またはその他の芸術的な表現であろう
と，美学と感情の完全性を維持しながら，ある形式の知識から別の形式に意味を運ぶこ
とができるという意味で，究極の翻訳メカニズムになる。データの象徴的・メタファー
的な解釈の構築を通じて，アートに基づく知識の多元的・多義的・非時間的・同時的側
面を保持する能力は，物語と芸術的表現によって意味を伝え，真正性を保つ。その結果，
累積的で創発的なアートに基づくデータのメタファー的・象徴的表現が組み込まれるが，
その究極の目標は，調査中の現象についての首尾一貫した，美学的に強力な，間主観的
に共鳴するアートに基づく表象を提供することである（Bresler, 2006; Eisner, 2012; Marshall,
2007; Moon, 2007; M.Viega, 2015 年 11 月 19 日の私信）。
　喚起性，美的性質，アクセシビリティ，社会的インパクトは，しばしば最終的な翻訳
や統合の究極目標になることがある。ABR の研究者が最終的にどのように観客の共鳴
を統合し，普及させ，評価するかは，研究者の好みによって異なることが多い。場合に
よっては，間主観的な対話と社会的な言説の質感，信憑性，共鳴に貢献するような，観
客の関与と反応に関連する追加のデータを収集することを奨励したり，体系的に行った
りする研究者もいる。たとえば，観客は，美的喚起力，明瞭さ，社会的意義，そのほ
か間主観的共鳴や，社会的関連性や，インパクトを高めると考えられる要因に関する
データを提供することに関与できる（Barone & Eisner, 2012, p. 148）。好みによるが，より
信頼できる表現上の明確さと社会的共鳴を達成するために，観客の反応を体系的に収集
し，反復的なアートに基づく翻訳プロセスに戻り，元の結果を修正または再構築する研
究者もいる。他方，最終的な統合における意味づけの責任を，研究者から観客に移転す
ることを選択する者もいる。この新しい知識を受け入れるか，理解不足や混乱を認める
か，この新しい知識を受け入れることを拒否するかのいずれにせよ，「その情報を活用
し，受け止める責任を聞き手に負わせる」（M. Viega, 2015 年 11 月 19 日の私信）のである。
　社会的なアクセスやインパクトは ABR に固有の目的であるため，観客を含めること
は最終的な翻訳プロセスや社会的な関連性に不可欠であるとみなすことができる。した
がって，観客を巻き込むためのさまざまなアプローチは，具体性や曖昧さの度合いを意
図的に調整し，意図されたインパクトを与えることができれば，最終的な統合のために
等しく信頼できるものとみなすことができる。もちろん，アートに基づくインパクトに
対して曖昧さの度合いをどの程度意図的に操作するかは，最終的な統合の信頼性や信憑
性，研究の翻訳力（translational power）に不可欠である。Eisner（2008）が示唆したように，
象徴と参照元が具体的でないほど，解釈のための曖昧さは，正確さの欠如とも喚起力の
増大ともみなすことができるのである。
　最終的な統合は，ABR における翻訳プロセスの集大成であり，そこでデータへの集

中的な没入や，アートに基づく調査プロセスの反復，アッサンブラージュ，共同構築が生じ，そして最終的にアートに基づく統合と表現が出現するのである。この最終的な表象は，パフォーマンス，インスタレーション，展示，朗読，またはその他の関連するアート様式で公に提示され，社会的なインパクトに貢献する。

おわりに

翻訳とは，アートベース・リサーチの中心的かつ暗黙のプロセスであるにもかかわらず，必ずしも明示的に定義されたり記述されたりしているわけではない。このため，本章では，まずアートに基づく知識の存在論的・認識論的起源を探ることによって，翻訳の定義と説明，そのメカニズムにアプローチした。この過程で，私たちはABRの調査プロセス，ひいては人間の状態に対する洞察を照らし出すことに貢献するアートに基づく知識のカテゴリーを特定した。これらのカテゴリーは，美的認識論（感覚的に身体化された感情的知識），ポイエーシス（動作学と創発の力学），間主観性（対話，弁証法，一時性），反復（多元性と曖昧さ），および解釈と表象（象徴とメタファー）である。このようにアートに基づく知識と存在のあり方を体系的に探求し，分類した結果，翻訳の定義を示し，翻訳のさまざまな創発的側面についての段階を提案し，各段階における翻訳のメカニズムについて議論した。

謝辞

ジョイア・チルトン博士，Nisha Sajnani 博士，ヴィクトリア・スコティ博士，Michael Viega 博士には，アートベース・リサーチにおける翻訳についてインタビューさせていただいたことに，心からお礼を申し上げたい。彼らの知恵と膨大な知識は，本章の執筆とABRにおける翻訳に関する議論の発展に貢献した。

文献

Aristotle (2006). Poetics (M. E. Hubbard, Trans.). In D. Cooper (Ed.), *Aesthetics: The classic readings* (pp. 29–44). Carlton, Victoria, Australia: Blackwell.

Barone, T., & Eisner, E. (2012). *Arts based research*. Los Angeles: SAGE.

Bollas, C. (2002). *Free association*. Cambridge, UK: Icon Books.

Bresler, L. (2006). Toward connectedness: Aesthetically based research. *Studies in Art Education, 48*(1), 52–69.

Bresler, L. (2008). The music lesson. In J. G. Knowles & A. L. Cole (Eds.), *Handbook of the arts in qualitative research: Perspectives, methodologies, examples, and issues* (pp. 225–237). Thousand Oaks, CA: SAGE.

Brown, L. J. (2011). *Intersubjective processes and the unconscious*. New York: Routledge.

Chilton, G., Gerber, N., & Scotti, V. (2015). Towards an aesthetic intersubjective paradigm for arts based research: An art therapy perspective. *UNESCO Observatory Multi-Disciplinary Journal in the Arts, 5*(1), 1–27.

Cooper, D. E. (Ed.). (1997). *Aesthetics: The classic readings*. Carlton, Victoria, Australia: Blackwell.

de Freitas, E. (2008). Interrogating reflexivity: Art, research, and the desire for presence. In J. G. Knowles &

A. L. Cole (Eds.), *Handbook of the arts in qualitative research: Perspectives, methodologies, examples, and issues* (pp. 469–477). Thousand Oaks, CA: SAGE.

Dissanayake, E. (2009). The artification hypothesis and its relevance to cognitive science, evolutionary aesthetics and neuroaesthetics. *Cognitive Semiotics, 5*, 148–173.

Dixon, J., Fenner, P., & Rumbold, P. (2013). The risks of representation: Dilemmas and opportunities in art-based research. In S. McNiff (Ed.), *Art as research: Opportunities and challenge* (pp. 67–78). Chicago: Intellect.

Eisner, E. (2008). Art and knowledge. In J. G. Knowles & A. L. Cole (Eds.), *Handbook of the arts in qualitative research* (pp. 3–12). Thousand Oaks, CA: SAGE.

Emme, M. J. (2007). Art-based research/research-based art: On wonder and rigor. *Canadian Review of Art Education: Research and Issues, 34*, 1–7.

Finley, S. (2003). Arts-based inquiry in QI: Seven years from crisis to guerilla warfare. *Qualitative Inquiry, 9*(2), 281–296.

Flaubert, G. (2003). *Memoires of a madman*. London: Hesperus Press.

Gadamer, H. G. (2003). *Truth and method* (2nd ed.). New York: Continuum.

Gadamer, H. G. (2007). The artwork in word and image: "So true, so full of being." In R. E. Palmer (Ed. & Trans.), *The Gadamer reader: A bouquet of later writings* (pp. 192–224). Evanston, IL: Northwestern University Press.

Gerber, N. (2014). The therapist artist: An individual and collective worldview. In M. B. Junge (Ed.), *Identity and art therapy: Personal and professional perspectives* (pp. 85–95). Springfield, IL: Charles C Thomas.

Gerber, N., Templeton, E., Chilton, G., Liebman, M. C, Manders, E., & Shim, M. (2012). Art-based research as a pedagogical approach to studying intersubjectivity in the creative arts therapies. *Journal of Applied Arts and Health, 3*(1), 39–48.

Gorelick, K. (1989). Rapprochement between the arts and psychotherapies: Metaphor the mediator. *The Art in Psychotherapy, 16*, 149–155.

Greene, J. C. (2007). *Mixed methods in social inquiry*. San Francisco: Jossey-Bass.

Hagman, G. (2005). *Aesthetic experience: Beauty, creativity and the search for the ideal*. Amsterdam: Rodopi.

Halliwell, S. (1995). Aristotle. In. D. E. Cooper (Ed.), *A companion to aesthetics* (pp. 11–13). Oxford, UK: Blackwell.

Harris-Williams, M. (2010). *The aesthetic development: The poetic spirit of psychoanalysis*. London: Karnac Books.

Hegel, G. F. (1998). Aesthetics: The ideal. In S. Houlgate (Ed.), *The Hegel reader* (pp. 424–437). Malden, MA: Blackwell.

Heidegger, M. (1997). The origin of the work of art. In D. Cooper (Ed.), *Aesthetics: The classic readings* (pp. 229–243). Malden, MA: Blackwell. (Original work published 1971)

Hinz, L. D. (2009). *Expressive therapies continuum: A framework for using art in therapy*. New York: Routledge.

Johnson, R. B. (2012). Dialectical pluralism and mixed research. *American Behavioral Scientist, 56*(6), 751–744.

Kapitan, L. (2010). How art informs research. In L. Kapitan (Ed.), *Introduction to art therapy research* (pp. 29–48). New York: Routledge.

Kossack, M. (2013). Art-based enquiry: It is what we do! In S. McNiff (Ed.), *Art as research: Opportunities and challenges*. Chicago: Intellect/Chicago University Press.

Lear, J. (1999). *Open minded: Working out the logic of the soul*. Cambridge, MA: Harvard University Press.

Learmonth, M., & Huckvale, K. (2013). The feeling of what happens: A reciprocal investigation of inductive and deductive processes in an art experiment. In S. McNiff (Ed.), *Art as research: Opportunities and challenge* (pp. 97–108). Chicago: Intellect/Chicago University Press.

Leavy, P. (2015). *Method meets art: Arts-based research practice*. New York: Guilford Press.

Levine, S. K. (2005). The philosophy of expressive arts therapy: Poeisis as a response to the world. In P. J. Knill, E. G. Levine, & S. K. Levine (Eds.), *Principles and practice of expressive arts therapy: Towards a therapeutic aesthetics* (pp. 15–74). Philadelphia: Jessica Kinglsey.

Lusebrink, V. B. (1990). *Imagery and visual expression in therapy.* New York: Plenum Press.

Manders, E., & Chilton, G. (2013). Translating the essence of dance: Rendering meaning in artistic inquiry of the creative arts therapies. *International Journal of Education and the Arts, 14*(16), 1–17.

Marshall, J. (2007). Image as insight: Visual images in practice-based research. *Studies in Art Education, 49*(1), 23–41.

McNiff, S. (2008). Art-based research. In J. G. Knowles & A. L. Cole (Eds.), *Handbook of the arts in qualitative research* (pp. 29–40). Thousand Oaks, CA: SAGE.

McNiff, S. (2011). Artistic expressions as a primary modes of inquiry. *British Journal of Guidance and Counseling, 39*(5), 385–396.

Moon, B. L. (2007). *The role of metaphor in art therapy.* Springfield, IL: Charles C Thomas.

Parsons, J. A., & Boydell, K. M. (2012). Arts-based research and knowledge translation: Some key concerns for health-care professionals. *Journal of Interprofessional Care, 26*(3), 170–172.

Plato. (1997). The Republic, Book 10 (R. Waterfield, Trans.). In D. E. Cooper (Ed.), *Aesthetics: The classic readings* (pp. 11–28). Carlton, Victoria, Australia: Blackwell.

Rolling, J. H. (2013). *Arts-based research.* New York: Peter Lang.

Sajnani, N. (2013). Improvisation and art-based research. In S. McNiff (Ed.), *Art as research: Opportunities and challenge* (pp. 79–85). Chicago: Intellect/Chicago University Press.

Springgay, S., Irwin, R. L., Leggo, C., & Gouzouasis, P. (Eds.). (2008). *Being with a/r/tography.* Rotterdam, The Netherlands: Sense.

Sullivan, G. (2010). *Art practice as research: Inquiry in visual arts* (2nd ed.). Thousand Oaks, CA: SAGE.

Suzuki, D. T. (1999). The Zen doctrine of no-mind. In A. Molino (Ed.), *The couch and the tree: Dialogues in psychoanalysis and Buddhism* (pp. 26–34). New York: North Point Press.

Symington, N. (1997). *The making of a psychotherapist.* London: Karnac Books.

Van Dusen, W. (1999). Wu Wei, no mind and the fertile void in psychotherapy. In A. Molino (Ed.), *The couch and the tree: Dialogues in psychoanalysis and Buddhism* (pp. 52–57). New York: North Point Press.

Viega, M. (2013). "Loving me and my butterfly wings": A study of Hip Hop songs written by adolescents in music therapy. Unpublished doctoral dissertation, Temple University, Philadelphia, PA.

第33章

アートに基づくライティング
私たちの生活の中でのパフォーマンス

●キャンダス・ジェシー・スタウト／ヴィットリア・A・ダイエロ

（Candace Jesse Stout & Vittoria S. Daiello）

訳：荷方邦夫

私の身体に火山がある。しかし、そこに溶岩はなく、流れようとするのは息だ。そしてどんな形であれ、息は形になることを欲する。「私のことを書いて！」、ある日の火山は私に懇願し、ある日は脅迫する。「書いてくれるの？　書いてくれないの？」、そう言ったかもしれない。「私のことを描いて」とも言った。しかし、その怒りの実体は、その怒りを最小限にとどめ、それを最小限で囲む、枠のない、皮膚のない、そして壁のない身体を要求した……。

—— HELENE CIXOUS, *Coming to Writing and Other Essays* (1991, p. 10)

開幕

　作家なら誰でも、*書き出し*の難しさを知っており、そして誰でも文章の冒頭が持つ重要性と相半ばするちぐはぐなパラドックスを知っている。文章の冒頭とは「まさに心の中の生き物だ」と Said（サイード）は『Beginnings: Intention and Method（始まりの現象：意図と方法）』（1985, p. 77）の中で述べている。「なぜなら、それは実際には知ることもできず、言葉というより沈黙のようなものであり、常に取り残されてきたものだからだ（…）したがって、それは必要なフィクションのようなものである」（p. 77）。研究に関わるすべての書き手にとって、曖昧な典拠から降りてきた習慣や*真実*、そして知識の萌芽となる痕跡、またそのときの言説の中心から生じた最初の一連のテクストは、数え切れないほどの理論と根拠に基づいて、私たちの生活世界を貫き、進化させている。いかなる研究者も、状況の変化や、私たち自身や私たちが行う仕事に対して生まれるこれらの冒頭がその後どう変化していくのかを特定することはできないが、人間的で社会的責任のある探究の複雑さの中で働く私たち全員にとって、時間の経過とともに不明瞭になった根源、つまり Merleau-Ponty（メルロ＝ポンティ, 1986）のいう人生の最初に獲得した考えが、現在において批判的な検証を待ち望んでいることを理解することは不可欠なので

680　第Ⅷ部　留意点

ある。Said は，書くことの源となるものを潤すことができるとし，「書きはじめるということは，遊びの場を発明することであり，パフォーマンスを可能にすることである」（p. 24）と述べた。書くことは呼吸であり，批判的な精査と洞察への通路を開く衝動なのある。冒頭部分を書く方法は「確立された『真理』への服従を尊重するのではなく，発見の行為として書くことだ」と Said は主張している（p. 379）。冒頭を書き出す方法は，言語を手に入れ，話しはじめることである。Foucault（フーコー）は『Les intellectuels et le pouvoir（知性と権力）』（Said, 1985, p. 379 による引用）において，「話せ！」と主張し，不明瞭で疑いの余地のない起源を持つ真実を明らかにする。そうすることで，作家は「事実と観念の安らかな生成と消滅」（Geertz, 1995, p. 117）の実行者となり，さらに何かを見ようとする衝動や能力を増幅させるのである。

　デンジン（Denzin, 2010）が述べているように，希望を持ちながらも確証を持たない研究者たちは，人間の経験の複雑さを探り，隠蔽されたものを明らかにすることに重点を置いた批判的な質的探究が，世界をより良くする力を持っているという確信に駆られている。Rabinow（1986）によると，「私たちがなりたいようなものは，ひらいていて，透徹していて，メタナラティブを疑うような，複合化されたものである」（p. 257）。私たちは，文章のお膳立てとしてのライティング，物事の検討や破壊としてのライティングへの関与に向けて，落ち着きなくつき動かされている。また私たちは，経験に不安を抱いている。経験とは，社会生活の中で行われているさまざまな活動（Van Maanen, 2011）を，見たり，理解したり，疑問を投げかけたり，批評したり，多様な面や可能性を呼び起こす新しい方法を発見することである。だから私たちは，生成的で，刺激的で建設的な経験に向かって進んでいくのである —— それは「経験の記録ではなく，決して完遂することのない経験の手段」である。（Tyler, 1986, p. 138）。

　この章では，ライティングが持つ表現としての可能性を概念化し，検証し，説明する。とはいえ，規範性と信頼性の上にこれらを表象し，定まったものにするというものではない。文章はそのページに貼り付けられ固定されるようなものではない。それは立ち上がり，呼吸する。示唆や感覚的なつながりや記憶，まだ語られていないその先への連想など，魅力的な倍音で空気を満たしながら振動しているのである。このような感覚を刺激するパフォーマンスの中に芸術があり，読者はアーティスト／作家の言葉の中にある何層もの意味を吟味し，味わうように誘惑される。そうすることで，Greene の言葉を借りれば，私たちは人生を理解し，生きていくために「アーティストとともに，可能性を解放する自由の共犯者になる」（1995, p149）のである。絵画，詩，ピアノソナタ，演劇は，想像し，探究し，理解し，そして解き放つための入り口である。アートに基づく知とアートに基づく関わりには，他の方法では生まれない共感とケアへの新たなアクセス，新たな動機づけがある（Barone, 2008; Bresler, 2013; Eisner, 2008; Stout, 2001）。

背景

道徳的な心がけや社会批判としてアートに基づく認識論に位置づけられるライティ

ングは，ポストモダニズム（Barone, 2008; Clifford & Marcus, 1986; Denzin, 2010; Eisner, 1991, 2008; Fischer, 1986; Guba & Lincoln, 2005; Tyler, 1986; Van Maanen, 2011）における解釈学的転回に位置づけられる。ポスト構造主義，フェミニズム理論，批判的人種理論，クィア理論，そして，エスノグラフィー研究や社会学的研究の初期段階から密接に関係していることを踏まえ，理論と実践の基礎は，社会文化，政治，歴史，物理環境のエコロジーに組み込まれた，個人や集団間の相互作用から生まれる関係的知，創発的意味へと概念化される。「異なる世界に住む人々」でありながら，「互いに真の相互作用を与え合う」（Geertz, 1983, p. 161）可能性が，インタラクティブなパフォーマンスとして探究することに感性を動かし，Steven Tyler がその始まりで考えたように「異なる種類の旅の始まり」（1986, p. 140）を実現する。そして，文章化は，研究者が理解しようとする現象や生活（自分自身を含む）と共に意味づけを行うことで展開される。Van Maanen（2011）によれば，研究者の日記，ノート，出版されたテクストは，リフレクティブ（内省的）で自己批判的であり，動的で不安定，かつ多声的で整頓されておらず，解釈的な詳細が厚く，詩的で美的であり，同時に研究参加者のナラティブが散りばめられたものになっている。これらの性質はすべて，芸術に内在するものである。この認識論の変化から生まれたポスト構造主義的な文章は，思考の痕跡ではなく思考の生成であり，ジャンル，構文，意味，意図の慣習をハイブリッドに押し広げている（Tyler, 1986）。表裏一体で組み込まれた，代わりとなるような表現方法，感じ方，物事の内面を知るための実験が，質的な知の発展的構築のすべてである（Cole & Knowles, 2008）。ジャンルにとらわれず，アートを取り入れたこれらの作品は，コミュニティや自分自身のためにこれらのテクストが役立つと考える新しい読者層と対話するために考案され，形成され，意図されている（Lincoln, 2001, p. 3）。表現と客観化は読者反応理論（Fish, 1980; Iser, 1978）のように喚起されるようになる。読者は，自分自身のために「テクストを生産し，それをひらき，*それを動かす*」（Barthes, 1971/2001, p. 1475, 強調は原文まま）ように交渉するよう奨励されるのである。このような表現的なテクストは，St. Bernard が主張するように，目だけで読むのではなく，「『ページの声』を聞くために耳で読む」（Stock, 1983, p. 408 による引用）のである。

　このようなポストモダンかつポスト構造主義的な研究のライティングを理論化し，刺激し，その道筋を示す基礎となっているのが，*学ぶためのライティングやカリキュラムを超えたライティング*として知られる文章表現研究の潮流である。1960 年代と 1970 年代に根ざし，表現主義の理論と教育学を通して前進し，権力の構成要素としての言語（Clifford & Marcus, 1986; Foucault, 1972）の再調整を通して理論的に厚みを増した，文章表現，レトリック，ライティング指導の学者たち（たとえば Berthoff, 1981, 1984; Britton, 1970; Britton, Burgess, Martin, McLeod, & Rosen, 1975; Elbow, 1973; Emig, 1983; Fulwiler & Young, 1982; Macrorie, 1966; Warnock, 1989）は，ライティングを哲学的な作業として捉え直した。ライティングの理論と実践は，意味を探究し，構成し，つくり出し，実行するものとして，新たに，そして鋭く理解されたのである。こうして，これらの先例は，ライティングのプロセスがどのように機能し，ライティングが実際に何をするものであるかを理解し，評価する方法を再構築した。また，ポストコロニアルや先住民の認識論や方法論（Anzaldúa, 1987; Denzin, Lincoln, & Smith, 2008; Emig, 1983; Freire, 1970; Lyotard, 1979; Moffett,

1968）が合流し，進化する批判的人種理論やそのリテラシーがライティングとその解釈を推し進め，さらなる情報を提供している。これらの現象は，1980年代から今日までの40年間に，文章作成の理論と実践の熱と融合し，表現としてのライティングの第二の波となったのである。その結果，文章作成の研究，そして質的研究のためのライティングは，多様な理論と根拠を持ち，批判的に推し進められ，理論と実践を拡大する現代の波となった。このように進化した状況から生まれた，研究のためのライティングは，アカデミックなライティングに伝統的に組み込まれてきた堅苦しい形式の政治性を拒否し，ジャンルを曖昧にし，書き手と読み手の双方にとって知ることの特異点を超えた。これらの批判的転回が合流することで生まれる，研究のためのライティングは，人生へとつながる記述への新たな出発点となっている。

　このような種類の反抗的かつ豊かな表現の著作への衝動は，Thelonious Monk（セロニアス・モンク）のあのどうにも形容しがたい即興演奏やCage（ケージ）の不確定性の音楽から，Duchamp（デュシャン）や公共でのパフォーミング・アーツまで，芸術全般にわたってひらかれている。そして，Hélène Cixous（エレーヌ・シクスー）やAdrienne Rich（アドリエンヌ・リッチ），Toni Morrison（トニ・モリスン），Keith Gilyard（キース・ギリャード），Gertrude Stein（ガートルード・スタイン），Audre Lorde（オードリー・ロード），Ralph Ellison（ラルフ・エリソン），Clarice Lispector（クラリッセ・リスペクトール），Countee Cullen（カウンティー・カレン），Umberto Eco（ウンベルト・エーコ），Leslie Marmon Silko（レスリー・マーモン・シルコウ），そしてPaulo Freire（パウロ・フレイレ）などの批判的思考の詩人（Derrida, 1978）たちである。Anzaldúaは『Borderlands/La Frontera』（1987）の中で，人生の経験の質感を扱う作家たちに呼びかけている。「機能的なものから芸術的なものを，俗っぽいものから聖なるものを，そして日常から芸術を分けてはいけない」（p. 66）。多様な文化の融合する生活についての著作の中で，Anzaldúaは，音楽，ダンス，歌，野外での詩の朗読といった芸術を，人生を反抗的に生きることとして理解している。「私の『物語』は時間の中に凝縮された行為であり，私はそれらを不活性で『死んだ』モノとしてではなく，パフォーマンスと考えるのが好きである（西洋文化の美学が芸術作品をそのように考えるように）」（p. 67）。Sullivanは『Experimental Writing and Composition』（2012）の中で，書くことについて語り，「未来を夢見ること，それはひいては，社会的ディスコースでの決定から自由であるかどうかに依存する」（p. 49）と述べている。このような空間は，生きられた経験の複雑さをともなって，書き手と受け手が共鳴するアートに基づくジャンルによって，アカデミックな散文を多様化する。分野を超えたアートベース・リサーチ（ABR）の進展において，リーヴィーの『Method Meets Art（研究方法がアートと出会う）』（Leavy, 2015）は，「アート表現の力と即時性，アートに対置する可能性，公共にひらかれた研究への動き（…）そしてソーシャルメディアがもたらす知識の民主化」（p. 291）など，研究実践においてアートに対し説得力のある役割を生み出しているさまざまな現代の現象を列挙する。さらに，アートは「意味を述べる」のではなく「表現する」ものであるというDewey（デューイ，1934）の変わらぬ主張と，アートに基づく認識論と実践を，媒介し主張する言葉の優雅さをもってたゆみなく説明し支持するEisner（1991）の主張も加えたいところである。「Viewpoints:

Should Novels Count as Dissertations in Education?」において Eisner（1996）は，「基本的に私が（40年以上）試みてきたことは，人々が追求する可能性をひらくこと，そして，そのことについて考えたことのある誰もが人間理解の拡大に貢献すると認める，新しい探究の形を探ることを許容することだ」（p. 415）と断言している。

　以下の議論では，先行する議論と理論・実践を結びつけながら，2つの学生グループがどのようにアートに基づくライティングに取り組み，言語を手に入れ，意味の解き明かしと創造に取り組みはじめているかについて，理論的かつ根拠あるストーリーを提供するものである。Berthoff（1981）が意味生成としてのライティングという初期の着想で賞賛しているように，学生らの文章作成という行為は，それぞれが独自の役割と目標を持ち，基本的には内観の厳密さとともに価値を発見する行為なのである。それは道徳的，政治的な意味での自分たちの言葉の再発見である（p. 22）。

私たちの実践

　私たちは，異なる大学で教鞭をとる同僚であり友人であるが，研究に取り組む大学院生に文章作成の方法を教えるという，同じ複雑な状況に縛られている。絶え間ない締切の催促や，書き手や文章に集中的に関与したりすることは，日常風景の一つである。しかしここで立ち止まってほしいのは，文章作成を教え，促すことで得られる互恵関係や見返りには，それ以上のものがあることである。学生との対話の中で，彼らの作品を読み，言葉を交わす。その中で，古いものを解き放ち，新しいものの構想を促すのに格闘する。何が言えるのか，そして何かが言えたとしてもその効果や読み方には問題があるのではないか，どう読み取れるのか，ということを学生に想像させるにはデリカシーが必要である。学生が*手にした*ときの充実感もあり，時に Gertrude Stein のように，ただ*話す*だけでは不十分で，そうではなく書いたもので何かを*成し遂げ*なければならない。Retallack（2003, p. 163）は，「書くという行為」は，「（Stein を）自動的に現在の状態へと駆り立てた」と説明する。そしてこれこそが，私たちが学生らの書く文章について直接見出すものである。彼らは言葉を手に取り，それを揺さぶっているのである。

　私たちの授業はアートに基づいた学際的な科目であり，芸術学，人文科学，社会科学，行動科学の学生を対象としている。キャンダスによる授業「質的調査に基づくライティングの再構築」は，デザイン学部とアート運営・教育・政策学部に同時開講されている。「ライティングの再構築」の受講生はますます多様化している。最近の学期では，持続可能な服飾デザインや身体を動かせない子ども向けのビデオゲームに関心を持つ修士課程の学生，環境生態学に取り組む版画家，大学に復帰する退役軍人のための制度設計者などが参加している。同様に，博士課程の学生もいる。表現形式を追求するフレンチホルン奏者もいれば，難民の読み書きパターンから，聴覚障害のある高校生の学習の可能性と阻害要因までを研究する教育学部の学生もいる。

　「言語の芸術（The Art of Words）：視覚文化におけるライティング」と名付けられたヴィットリアの授業は，デザイン・建築・アート・プランニング学部内にあり，学問領

域の多様性を拡大しつつある。美術史，ファインアート，教育課程・学習指導，美術教育，地域計画などの大学院生が，アートに基づくカリキュラムを通して研究のための執筆を強化するために履修している。両コースとも，学生はすぐにスタジオワークに参加するため，ライティングを表現活動や芸術的制作に結びつけることに重点が置かれている。スタジオでの実践の中で書くことは，アーティストが意味生成のダイナミズムにもっと具体的に関わるための新たな方法を提供する。ちょうど，批判的な質的探究の作業の中で書くことが，他者との関係において自己を理解するための生成的な場，パフォーマンスとして機能するように，アーティストにとっては，素材や構成の特性を理解するための内観や発見として，また決定的なこととして，関係する自己についての新しい洞察を得るためのものでもある。芸術制作として体現されたダイナミズムとして編まれた文章は，Pelias が勧めるように「心から書く」ことを許し，アーティスト／研究者を自分自身への批判的な内観の前に立たせるのである。『A Methodology of the Heart: Evoking Academic and Daily Life』で Pelias（2004）は，この内観の核心を，「研究者のうちにあるこの身体は，ナルシスト的な誇示としてではなく，他者のために展開されるものであり，同一化と共感的なつながりを誘うものであり，完全に人間であることを責務とする身体である」（p. 1）と説明している。

　私たちの授業の学生にとって，書くことは，Soyini Madison（2005）がガーナでの批判的エスノグラフィーの著作において定義したように，強固に主張するという意味での声を出すための一歩なのである。

　　　声とは，単に発話の表現ではなく，歴史的な自己の提示，特定の世界に存在する完全な存在の提示を意味する。パフォーマンスの可能性とは，「聴かれ，包摂されること」を焦点として受け入れるのではなく，その出発点として受け入れるのみである。その代わりに，声とは，体現された歴史的自己であり，それは，社会的・政治的プロセスのマトリックスを構築し，同時にそれによって構築される。私たちは意味によってつくられ，意味をつくる。（p. 173）

　それでは，この文章は私たちの学生にはどのように*見え，感じられる*のだろうか。*彼らの現場*では何が起きているのだろうか。学期の中間発表で，学生の一人が言った。「私のここでのパフォーマンスは時々あることです。曖昧でありつつも進化し，活力がありつつ疲れています。私は進んでもいますし，立ち止まってもいます。書くことには，自分にとってリアルな格闘があるのです」。しかし，私たちの授業で追求するアートに基づくライティングは，時に詩的で魅力的ではあるが，絶え間なく楽観的であったり，やみくもに明るかったりするわけではない。むしろ，偶有的，感性的，前時代的な，一言でいえば，重い仕事なのである。また，Stewart（2012）の用語でいうところの「普通」でもある。実際，私たちが自分の世界を理解する方法を通して見るものは，まさにこの平凡さであり，それがアートに基づくライティングのプロセスを困難なものにしているのだ。私たちが取り組む仕事は，芸術性に富んだ世界の特徴を見せようとするのではなく，アートに基づく認識方法を通じて，衝撃的な気づきを発見することである（Greene，

1995)。それによって，互いの複雑さを見ることから私たちを遠ざけ，習慣化された人生の状態に挑もうという私たちの欲望を鈍らせてきた，中和の装置をこじ開けるものである。

ライティングの現場

　ここでは，学生らを舞台に上げ，彼らのパフォーマンスを共有しつつ，彼らの言葉との対話を行うこととする。学生の作品を使ったパフォーマンスは2つに分かれている。理論的かつ根拠ある方法で複雑につながっているが，作家／読者／関係者のテクストを検証するとともに，執筆プロセスにおける捉えどころのない過渡的な内部をも検証し例示するため，学生の書いたイラストレーションを2つのパフォーマンスに分けた。どちらにも読者／指導者の分析的解説がついている。

第1幕

　1人目のパフォーマンスの書き手は，「質的調査に基づくライティングの再構築」を受講していた。ここで例示した文章は，デンジンの『The Qualitative Manifesto』（Denzin, 2010）で示したビジョンに沿ったものである。これは，質的研究コミュニティのパイオニアたちの著作によって拡大され，説明されてきた熱のこもった議題であり，その多くは私たちのリーディングカリキュラムに不可欠な部分を形成している。以下に紹介する例では，Clandinin の『Handbook of Narrative Inquiry』（2007）における大勢の声から，Richardson（2000）の創造的分析実践，Frank の雄弁な『Letting Stories Breathe』（2010），そして批評家による多くの作品群など，ナラティブ研究者の豊かな伝統から基礎的な影響を受けている。この2つのライティング・パフォーマンスにおいて，社会批判と意識改革の力を考慮することは，作家／読者／利害関係者の主体性を押し上げるために不可欠である。学生らはさまざまな芸術的ジャンル（詩，劇，パスティーシュ〔作風の模倣〕など）を試みるが，私たちは，これらのテクスト全体における構造，内部一貫性，効果，ダイナミクスを説明するために，拡張されたナラティブを紹介することを選択した。これらは，デンジン（Denzin, 2010）が言うところの「内面性のテクスト」を示しており，生きられた経験から公の場へと移行することで，アイデンティティ，個人的経験，力関係が生きてくるのである。このような研究は，支配的なイデオロギーに対して，わかりやすく，詩的な方法で挑戦している。私たちは，特徴的な場所を舞台にした2つのナラティブを示す。それぞれのナラティブは，細かな暗示によって，自己と場所，歴史，世間の態度，習慣，搾取を結びつけている。Said（1985）の言葉を借りれば，このような書き方は，「個人の物理的な行為でもなければ，感覚をグラフの中に閉じ込めることでもなく，むしろさまざまな文化的プロセスへの参加（…）新しいテクストへの道を構成する行為」（p. 205）である。設定，トーン，イメージ，生活環境は異なるが，二人の作家はナラティブの香りを利用して，自らの現実の中にある痛みや嫌悪感を再燃させ，その経験を他の人にも見えるようにひらいているのである。

　これらのナラティブを促す課題は，書き手にかなりの自由度を与えているが，デン

ジン（Denzin, 1999）の「Two-Stepping in the '90s」でのナラティブ批評の奨励と関連している。雄弁さ，切迫感，熱気を兼ね備えたデンジンのテクストは，3人の個人のナラティブ（Susan Krieger, Laurel Richardson, そして デンジン自身）が，アートに基づく知識と社会的探究の目的の融合を例示している。私たちのライティング課題は，次のようなものである。「最近読んだものを受けて，個人的な体験を政治的な体験として用いて，自分自身のナラティブを作りなさい」。タニヤとコディのナラティブはともに，個人的な経験や考察を社会的・文化的・政治的な問題に鋭く結びつける自己のエスノグラフィーである。

　最初の物語は，タニヤの個人的な生い立ちを反映しており，過去に植民地化されたジャマイカの残滓の中に現代の自己を送り込むパフォーマティブなナラティブである。彼女は教育・人間生態学部の博士課程に在籍し，批判的リテラシーを研究している。彼女の研究目標は，アフリカン・ディアスポラ全域の黒人移民女性の物語を理解し，文脈化するための理論的・方法論的フレームワークを提案することである。デンジンのテクストへの反応として，タニヤは Doty の『The Art of Description』（2010）の一節，特に，「詩人の人生や境遇について何も知る必要はない（…）その代わり，私たちは 彼女の感覚のすぐ背後まで近づいた。主観性は，このような細部，つまり世界が私たちに印象づけるあらゆる方法によってつくられる」という彼の言葉を思い出した（p. 21）。タニヤのナラティブは，デンジンと Doty に対する個人的な反応であり，模範解答である。

タニヤより

　Doty（2010）は，「自分が自分であることをどう感じるかは，時間の経験と大いに関係がある」（p. 21）と示唆している。彼は，時間のもつ主観性をどのように文章化するかという広汎な問題に焦点を当てているが，私は，現代のこの瞬間に私自身そして他の人々の過去や過去ではない物語を表現しようとするとき，ある関連する問題に関心をもっている。今この瞬間に不快な歴史を喚起するような話が語られるとき，時間性の顕著さが前景化されるのである。昨年の夏，私は公共の場で歴史と時間がぶつかり合う瞬間を体験した。私はジャマイカにいた。ジャマイカはイギリスの旧植民地であり，観光地として人気があり，メディアではしばしば熱帯の熱病の夢のようなイメージで描かれる場所である。モンテゴベイの空港から一歩外に出ると，蒸し暑さが顔全体に広がっていったのを覚えている。塩分を含んだ空気と，かすかに香る焼き魚の匂い。スクーターの排気ガスと野菜の腐ったような甘い香りが混ざった匂いを吸い込みながら，私は果物を買うために市場に寄ってほしいと頼む。故郷に帰りついて，どの果物を買おうか迷っていると，白髪交じりの頬ひげに長いドレッドロックをした年配のラスタ〔ジャマイカ固有の文化を重んじる思想をもつ人々のこと〕が現れた。彼は声を張り上げ，一言発するごとに目を見開いたり目を細めたりしている。植民地支配の間にジャマイカの人々にイギリス女王がした悪行を並べたて，大声で罵倒する。彼は市場の中央広場を舞台にして，イギリスが島の人々に与えた損害の賠償を求め，単語を引き伸ばしたり縮めたりして，一文一文を披露してみせる。喚起するような身振

第33章　アートに基づくライティング　｜　687

りのダンスの中で，文には下線が引かれる。しばらくの間，私たちが立っているこの地は，奴隷労働によって築かれた，収奪された土地，植民地化された地であることを，彼は一瞬のうちに周囲に思い起こさせる。彼の暴言に市場にいるほとんどの人々が沈黙し，そしてまるでこの種の暴動に慣れたかのように，元の喧騒に戻った。現代に過去が存在する中で，この公共の場を選んで自己の表現を行ったこの男を，嘲笑をこめて乾杯する数人の観光客を除いては，誰も心から認めることはなかったのである。「彼は頭がおかしいわ，たぶんタバコの吸いすぎね」日焼けした女性がイギリスなまりの英語で言った。

　タニヤは，過去の残滓が現在に息づいているような，感覚に訴える個人的なナラティブを取り上げる。母親の故郷であるジャマイカへ読者をいざない，モンテゴベイの空港から，熱帯の湿った暑さの中で粘り強く響く「不快な歴史」の中に足を踏み入れるのである。タニヤのナラティブ（過去形から現在形に変化する）は，景色，香り，質感，音に反響する。果実や香り，海や魚など，五感を刺激される自身がそこにいる。しかし，白髪のラスタの存在を通して，荒涼とした植民地化された過去が，今に干渉するように矮小化され，もっと別の何かとともに響き合っている。「日焼けした」観光客は，「彼は頭がおかしいわ，たぶんタバコの吸いすぎね」と，無愛想に言う。それはタニヤにとって刺すような，植民地化された瞬間であり，時を超えて突き出てきた侮辱であり，イギリスの旅行者にとっては，いとも簡単にその罪が問われるものだった。読者にとって，タニヤの語りは，私たち自身を巻き込む**不都合な真実**を提供する。これは，タニヤの文章を私が読み，彼女の語りに私が移入したものである。

　2つ目の物語は，英語学の学士号を取得したのち入学し，芸術教育学の修士号を取得した学生，コディによるものである。コディは数年前，このクラスを最初に受講した学生の一人である。彼は長い間，ナラティブを書くことに興味を持ち，巧みであった。しかし，研究の過程で，Madison（2005）が提唱する，声は構成的であると同時に，社会的・政治的プロセスによって構築されるという概念について，力強く新しい何かを見出していた。

コディによる無題のナラティブ

　デンジンの「Two-Stepping in the '90s」（Denzin, 1999）では，より意味のある新しい形の質的なライティングが必要であると述べられている。書き手が自らの傷つきやすさを明らかにすることで，より説明責任を果たし，透明性を高めることができるのである。その中で，デンジンが「書き手は政治的という名目で，個人的なものを掘り起こす自由がある」と述べているのが私には印象に残っている。「個人と政治」を絡めながら，研究に深い誠実さと意味のある批評を吹き込む。この文章を書くことは，デンジンにとってカタルシスであったことは間違いなく，読者である私にとってもそうであった。しかし同時に，そのような経験に枠組みを与える文化的な構造にも立ち向かっているのである。文化，ジェンダー，歴史によって枠組みを与えられた主題や

類似点，相違点がこのテクストを通して輝きをもつ。そして私は段落の構造を理解し，自分自身の経験を再解釈する。デンジンの死の準備に関する解説は，私自身の横糸に織り込まれ，男性と女性，母親と娘と息子，大人と子どもに関する解説となる。

　これを書いている今，私の祖母は，身体のほとんどが麻痺しており，萎縮して役に立たない状態で，悪臭のする部屋の金属製のベッドの上にいる。彼女は木々のない一枚岩の丘の上にあるマリエッタ記念病院に閉じ込められている。この１年で，彼女が栄養チューブを抜くのは３度目だ。そのたびに，新しいチューブを入れるための穴を開ける場所を探すのは，医師にとって大変なことだ。午後７時頃，赤い夕日がビニールのブラインドに遮られるころ。室内の蛍光灯が賑やかに灯る。私は，デンジンが言うところの「息子の怒り」を，自分も抱えているからこそ痛感している。それは家族の感情的な沈黙と抑圧への怒り，壁に貼られたキリスト教的感情の幻影への怒り。訪れるたびに，「これが最後の別れだ」と自分に言い聞かせるが，決してそうならないことへの怒り。

　数年前，動物園に行ったとき，ゴリラが囲いの中で静かによたよたと拳をついて歩くのを見たことがある。ところが突然，群れの中から巨大なシルバーバックのオスが飛び出してきて，透明な壁に全体重をぶつけてきた。私は驚き，そばにいた２人の子どもも悲鳴を上げた。シルバーバックは歯をむき出しにして吠え，黒くて重い拳でプラスチックの壁を叩いた。私は祖母のことを思い，あごを締め，唇を引いて，目を伏せる。でも，あのゴリラはいつも中にいて，叩いている。

　怒りは恐ろしいものだが，怒りは幼稚で不条理なものでもあり，甘やかされた４歳児のようなものだ。私たちが子どもの頃，兄が起こした嵐のような癇癪を覚えている。それは夏の土砂降りのように，いきなり襲ってきて破壊していく。しかし，夏の嵐のように，それも短時間で終わってしまう。私の持つ怒りも，同じように激しいスコールで終わってほしいものだ。私は大人なので，そういうことはしない。だから，私は敬意とプライドを持って行動し，コントロールするつもりでいる。時間と文章を通して，怒りは炭火のごとくくすぶり，最後には風にとらえられた白い灰となる。これが，一見巨大に見える人生の残酷さに対する大人の対応なのだ。

　私はこのような形で応えることにためらいがあったし，おそらく関連のない悪循環に陥ってしまったのだろう。私は意識的にデンジンの論文を手本にした。それはメタ・コメントで表現されたナラティブであり，政治と絡み合った個人的なものである。私の応えがデンジンのスタンスを再び強調することになることを願っている。我々の研究を理解するために，どのような個人的な経験を語り直すべきなのだろうか。なぜなら，そのような体験は，実際，その体験が起こる現実の批評を可能にすると同時に，透徹した誠実さと共感的な深みを与えてくれるからである。

　Wood（2008）は『How Fiction Works』の中で，「この（もの）性（thisness）」（p. 70）について述べている。コディの語りは，これ以上ないほど「これ（this）」である。「ビニールのブラインド」と「赤い夕日」が並置され，彼の祖母は「ファイルにしまい込まれている」のである。生と死，そしてそれらとともに生きることの機微が，すべて洞察力の

ある必然的な方法で明らかにされている。シルバーバック・ゴリラが暴発するシーンは，音と怒りに満ちたメタファーであり，「透明な壁に全体重をぶつけ」るのである。それは長く抑制されてきた怒りである。そのことは手に取るようにわかる。コディのテクストとの対話の中で，恐怖，怒り，フラストレーション，そして自己抑制が，社会的，政治的に完全に示された力の中で擬人化されているのである。それは私たち全員に通じるものである。この作品における描写は，感覚的な詳細と比喩で分厚く表現されている。「時間と文章を通して，怒りは炭火のごとくくすぶり，最後には風にとらえられた白い灰となる。これが，一見巨大に見える人生の残酷さに対する大人の対応なのだ」。これは，読者だけが解き明かすことのできる可能性を秘めたテクストである。この執筆活動から数年経った今でも，コディが「（デンジンの）*段落の構造を理解し，自分自身の経験を再解釈する*」姿が目に浮かぶ。これこそ，Pelias（2004）と デンジン（Denzin, 1999, 2010）が主張する脆弱性であり，研究者／書き手が読み手に対してより説明責任を果たし，さらに私たち自身に対してもより説明責任を果たせるようになるのだ。

第2幕

レモネード，すべてが際限なく永遠に広がる，それは壁の存在がないほどに。

—— CIXOUS, *Coming to Writing*（1991, p. xii, Kafka の引用）

　この実践に参加した書き手は，「言語の芸術」を受講していた。ここに例示されている文章は，探究の形式としてのライティング（Richardson, 2000），ポストモダンの芸術性（Goldsmith, 2011a, 2011b），あるいは実践の詩学（Sheppard, 2008）など，文章の多様性を受け入れることで，アートに基づくライティングの内面性，芸術と書くことの間に深く根ざした相補性を示している。表現行為全体（および表現行為を通して）の意味の構成を導く芸術的ツールとして，リフレクシビティ（再帰性）が中心的な役割を果たしている。Kester（2004, 2013）や Bourriaud（2002）によって理論化された現代アートの実践の社会的関与や関係性の形式と一致するように，ライティング課題は，文脈と表現プロセス，アーティストと観客，書き手と読者の間の関係を問うように計画されている。学生らは，アートに基づくライティングを，*オートポイエティックなプロセス*，つまり知覚を象徴的な構造に変換する創造の道具として捉え，その結果，書き手と書き物の双方に変容がもたらされた。要するに，彼らはライティングを「人間の内面性の厄介で手に負えない側面」と「解釈的実践の手に負えない情熱的な次元」に遭遇するための対話的な関与の場として捉え，それにアプローチしたのである（Tarc, 2013, p. 538）。

　「言語の芸術」で，学生らは，パフォーマンスのリテラシーとしてのライティング，つまり，今／ここと，まだ想像もつかないことを演じるための観察と疑問が織り成す場としてのライティングについて調べた。彼らは，言葉や人生や学問の実践が互いに刺激し合って，驚くような新しい構成になる強力な交差へとひらき，それに関わり，*実行する*文章を作ろうとした。これらの学生はまた，予期しない形（Leavy, 2015）と探究の道筋を通して帰納的に彼らの方法を意識し，「そうでなければ位置の定まらない無形の世界，すなわち記憶，喜び，感覚，想像，感情および洞察の世界」（Pollock, 1998, p. 80）に

至る喚起のために書いているのである。学生らは，複数の表現実践間の関係性の*中*で生まれる認識を表現することで，ライティングがいかに物質的・概念的な形態を生み出すかを発見した。画家である美術学修士課程の学生，ベンにとって，書くことと描くことは，創作の道筋を形づくり，最終的に明らかにする生成的なプロセスであり，それらは密接に関係し合っている。

> 「書くこととはスケッチであり，絵画ではできない方法で時間と順序を呼び起こす。問題は，問いによって生じ，また答えによって生じる。作品の究極の物理的な形態は，文章がアイデアを定義できるほど長く書かれ，不完全なところを埋めたり，既存のテクストに融合されたものを吸収したりするために，モノの存在を残したときに生じる。」

つまり，アートに基づくライティング・アプローチは，学生を「生きたキャンバス」(Delville, 2003, p. 189) の住人として言語の流れの中に位置づけたが，それは外部に向かって押し出し，深みや茂みを探り，その中で表現を生み出す厚みのある中間表現を探求しつづけることを倫理的に求めている。これらの探求は，書き手としての自分自身に対する学生たちの認識を変化させることにつながった。それと密接に関わって，これらのプロセスは，アーティストや研究者としての仕事において，より意図的かつ戦略的に文章を使用することを強いる批判的意識の基礎を築くのに役立ったのである。

また，詩人の Joan Retallack (2003) は，言語と意味の滑りやすい構造について問いかける作品を発表しており，フランスの哲学者 Gilles Deleuze（ジル・ドゥルーズ）とフランスの精神分析医・哲学者 Félix Guattari（フェリックス・ガタリ）の執筆プロジェクトもまた，この授業で追求される執筆の本質的な対話的・喚起的性質へのインスピレーションとなった。スタジオやアートリサーチ・プロジェクトで利用し，考えるための道具として文章を使うことで，学生たちは言語のパターンや失言（パラプラクシス[1]）を探し出し，これらの軌道をたどりながら洞察や新しい参照枠の世界に向かっていった（Guattari, 1995）。彼らは，『A Thousand Plateaus（千のプラトー）』(Deleuze & Guattari, 1987) の著者たちによって，意思ある者が振り回すバールのようなもの，すなわち「こじ開けるエネルギー」(p. xv) の可能性を秘めたエージェントとしての道具であると描写された濃密なテクストに，驚かされないまでも刺激を受けたのである。さらに，『A Thousand Plateaus』の創造的可能性についての Brian Massumi (1992) の提案に，彼らは直感的に反応した。「問題は，それが真実かどうかではない。問題は，それが真実かどうかではなく，それが機能するかどうかだ。どんな新しい思考を可能にするのか。どんな新しい感情を抱くことができるようになるだろうか。どんな新しい感覚や知覚を身体の中にひらくのか」(p. 8)。学生にとって，Massumi の問いかけは，言語の物質性と芸術的な文章の具体的な効果を照らし出す道標となった。

Deleuze 研究者の Gordon C. F. Bearn (2013) の評価では，ライティングとは，行為，

---

1 無意識のうちに動機，願い，または態度を明らかにする舌やペンの滑りのことをいう。

材料，意図を超えてにじみ出る感情，エネルギー，出会いの予測が不可能な地図の製作者である。彼はこう説明する。「言語には，単にあるものが別のもののために存在するという以上のエネルギーがある。言語には，単に表現することよりもはるかに多くのエネルギーがある（…）。すべては言語の物質性とその表現内容の間で起こる」(p. 228)。ここには意味が中断されたり，封じ込められたりするような触媒的な閾値が存在する。美術科の修士の学生であり，アート教育者でもあるクリスティンが何週間もかけて制作した，部屋ほどの広さの手漉き紙も，そのような閾値の一つである。彼女のスタジオの床を覆う，継ぎ目のない一つづきの紙は，紙パルプを混ぜ合わせ，漉き，脱水するという反復的で整然とした日常から生まれた。クリスティンにとっては，制作の過程も，出来上がった形も，知覚と行為，記号と記号化，作家と読者の間に存在する息づかいや間といった，繊細な何もない状態を具体化するものである。パルプ，水，葉，樹皮，髪の毛というシンプルな素材は，壊れやすい物体を生み出すが，そのシンプルさと壊れやすさが意外にも，素材と意味の狭間で強さと響きを増す複雑な物体を生み出している。

　思考と行為，素材と物質性，アイデア，意図，表現などの関係性が，この授業の触媒的状況を促進する一方で，絶えず動く関係性のブリコラージュの中で作業することの効果に注目することが重要である。学生たちの知覚が，繰り返される表現豊かな制作につながるにつれて，彼らは思いがけない連関や制作上の新たな重心に遭遇していった。その結果，学生たちはアートに基づくライティングを常に変化する閾値の高さとして経験することになった（Mazzei & Jackson, 2012）。以下の学生の作品例で探るように，閾値はアートに基づく文章構成の実践がもつ表現的な内面性を明らかにするものである。これは制作途中で一時停止した，アートに基づく作品であり，文章を書くときの逡巡や繊細な成り行きを垣間見ることができる。どの例も，学生にとっての重心，つまり洞察の軌跡を帯びており，思考は複数の主体に跳ね返り，その中で，どの主体にも属さないが，すべての主体の残滓をなぞるような形でマッピングされている。このように，書くことには，その制作状況を反映した持続的な物質性が吹き込まれているのである。

クリスティの制作

　陶芸家であるクリスティは，テクスト『A Thousand Plateaus』（Deleuze & Guattari, 1987）を実験ツールとして使い，彫刻（的な陶造形）の展開において文字がどのように機能するかについて想像をめぐらせた。クリスティは，テクストの内容を批評的に分析するのではなく，オブジェのように捉えた。彼女は日記に，「（『A Thousand Plateaus』を）理解できないときでも，シュルレアリスム的な彫刻のようにその言葉を読む」と書いた。クリスティは，自分の読みのプロセスを彫刻的に視覚化することで，芸術制作と書くという形式とを実質的につなぐ新たな関係を見出したのである。『A Thousand Plateaus』の著者がレコードのように再生できると主張するこのテクストの不連続性に触れるうちに，彼女は『A Thousand Plateaus』の構造と彼女の彫刻や執筆方法との間に関係性を見出すようになった。クリスティは，言葉の組み合わせや構成の形式を系統的に試しながら，自分の文章が彫刻作品のように非物語的，非線形的に操作できることを発見した。さら

クリスティのアーティスト・ステートメントより。
「物質がどのように相互作用するかを観察したいという願望によって形づくられたこの作品は，一つの問いである。ここで何が起こっているのだろう？ という問いかけであり，それはそう簡単に理解できるものではない。」
「もっと近づいてみてほしい，それは素材の山のように見える。近づいてみると，指紋や隙間，表面を覆う影が見えてくる。」
「もっと近くに手招きする。磁器の柔らかいバターのような表面，ゆるく積まれた目地材，壊れたコンクリートのギザギザ……小さなディテールが魅力的で，もう一度見ようとあなたを誘う。」
「その接点は微妙。作品が姿を現すまで時間がかかる。」

図 33.1 クリスティ《冬の檻の中のキツネ（The Caged Fox in Winter）》2014年。気泡コンクリート，磁器，金属，木

に，彼女は自分の文章を意味の入れ物として見ることから，自分の彫刻から連想される，共鳴を生む物質性を呼び起こす可能性を認識するまでに飛躍した（図 33.1）。「対象や素材を配置することで，この作品は物語というよりも詩に近く，見る人に何かを伝えるというよりも，印象を与え，影響を与えようとしている」。

Ann Berthoff（1981）が，文芸評論家 I. A. Richards（1959）『How to Read a Page』から学んだように，私たちの最も有用な言葉や概念が曖昧で広がりをもつため，言語には体系的な曖昧さが内在している。しかし，言語の広大さと弾力性は，私たちの表現が理解されることへの期待を与えてくれる一方で，言語が誤解の原因となることも保証している。言語や文章が持つこの流動性と無限性が，私たちを同時多発性の空間へと引き込み，言語の豊かさと柔軟性はそこで豊かな資源となるのである。この授業では，この曖昧さが，「書く」ということを考えるための豊かな素材にしている。クリスティや他の受講生にとって，書くことの非物質的な物質性は，意味を触媒として封じ込めることから解放するだけでなく，「思考の蝶番（ちょうつがい）」（Richards, 1959, p. 24）として機能するものであった。

パフォーマンス性と詩学──書くことのエトス

絵画と人生は同義語か？[2]

詩人 Joan Retallack（2003）による John Cage の研究から生まれた**詩学**という概念は，日常生活の流動的で進化する状況の中に私たちを包み込み，注意，知能，感覚の方向性

---

2 授業「言語の芸術」での芸術修士（MFA）学生，ティールの解釈からの引用。

と質が現代の経験にもたらすものについて考えるよう求める言語的実践の一形態である。経験の還元不可能性を受け入れる複雑性の美学である詩学は，美的プロセスの前景にエトス（倫理）を置き，意味づけの個人的・社会的意味を強調する。つまり，詩学とは，自己と世界に対する認識を方向転換させる，あるいは再構築させる気づきの衝撃（Greene, 1995）を培い，名付けるためのメカニズムであり，「私たちが現代の経験に接触する際の，注意，知能，感覚の方向と質」（Retallack, 2003, p. 12）に光を投げかけるものである。詩学のライティング・プロセスは，書き手と読み手が互いに絡み合う「エトス」を前景化し，意味形成のプロジェクトを共有し常に変化させることに持続的に注意を向けさせる。

　Retallack の見解によれば，詩学はまた一種の「方法論的楽観主義」（2003, p. xii）でもある。具体的には，創発の方法，表現の様式，そして探求の方法として，詩学的な文章は，未知のものを既知のものに同化させるのではなく，文章のプロセスにおける喚起的な不確実性を詩的表現に向けて追い求める，しつこい好奇心によって駆り立てられるのである。このライティングの（ディス）オリエンテーションは，実践を構成するルーティン，混乱，転回に注目することで複雑な認識を構築し，同時にこれらの経験を「試験的，思索的な投射」（p. 48）に開放する。Joan Retallack の考えでは，既成の知識構造を破壊する意識の*揺らぎ*には，他者性との出会いが必要である。自分の実践の中で他者性や不確実性を経験することは，書くことについて別の異なる考え方をするきっかけとなりえ，他者性の認識はまた，親密で実用的な方法で私たちを世界と結びつけるものでもある。すでに見慣れたものを驚くほど見慣れないものとして見るには，詩人の Rosmarie Waldrop（1993）が「翻訳の細線」と呼ぶ，ある種の「拡がりのある気づき」（Greene, 1995）と不安定さへの開放性，すなわち見慣れた重苦しい表現と未知の領域の電撃的リスクの間に位置する創造的可能性の領域が必要であるとした。「最終的に私は，固い地面の傲慢さよりも落ちるリスクを好むようになり，翻訳という細い線に自分を置き，遅さにつながれた身体と誰も立つことのできないフィールドを疾走する電荷のカテゴリーの間で不安定にバランスをとっている」（p. 79）。

　Waldrop が言及する「翻訳の細線」は，美術史の修士課程に在籍するサミュエル・モーレンがその文章に命を吹き込む，生産的な不確実性の場である。次の文章では，サミュエルの自己認識の揺らぎは，彼の母国語であるスペイン語で生きる記憶と現在の散文を結びつける，懐かしさとほころんだ意味づけの糸の厚い毛布を越えて染み込む感情的な響きをもっている。彼は詩的な空間に安らぎを求めているのだ。

　　（…）その間の空間について詩を書くことを私は思いついた。私はその白紙のページをあなたと共有する……。たぶん，そうすれば，あなたはもっと早く埋められるかもしれない，あるいは，私は告白しがちな作家ではないのかもしれない……。あるいは，私は本当のアーティストではないのかもしれない。以前，死ぬほど好きだと告白していた女性に言われました。私は「アイデアのカーニバルだね……いつもいいことを考えているけれど，実行可能なアイデアは一つもないね」と……。ああ……！なんでこんなことをあなたに言ってるんだろう……？　ここは私が行きたい場所では

694　第Ⅷ部　留意点

> ないのだ……このことについて書かれた詩を知っているだろう……傷は決してかさぶたにはならない……いつもこの正確な時間にしなびるようだ……朝の早い時間に，人はもろくて，孤独は非常に厚い……。孤独はとても厚く，突き通すことができないように思える……（…）私は完全に自分を解放することができるだろうか。もしそれでもう一度泣くことになるのなら，その覚悟はできている。

　サミュエルのテクストが示すように，ある経験を言語で囲み，それを言葉に置き換えることは，単純な翻訳行為ではなく，むしろ，意味でベタついているような世界に対して予測不可能な，時には不安な近接性を生み出すことができる試みである。美術教育学の修士課程の学生であるジュリーは，「言葉には粘着性がある」という言葉に従って，ABR の中で展開される新たなテーマや重要な洞察との対話を行い，自身の作品の中でこの近接性を探求した。注意欠如・多動性障害（ADHD）の子どもに対する芸術的実践の変革の可能性を研究している陶芸家のジュリーは，「ADHD」というレッテルを貼られた幼少期の経歴が，この授業で作成したすべての文章に潜んでいて，べっとりと張り付いている。彼女の学期末の「解題」は，詩や散文をルーズリーフにまとめたもので，この作品にはこうしたサブテクストがほんの一瞬だったがはっきりと見えるようになっていた。解題は繊細な紙製ボードに印刷されていて，授業で音読された後，蜂蜜の入ったトレーの中に 1 ページずつ沈められた（図 33.2）。とろりとした金色の安定した液体が上から降り注ぎ，ページをコーティングして融合させると，言葉の列が蜜の甘い香りと混ざり合う。このテクストには記憶と歴史の粘着性があり，言葉がいかに歴史とアイデンティティを結びつけ，過去と現在を融合させることができるかを示している。この種のパフォーマティブな文章は，人間の経験の荒々しさや不規則性を抑制したり飼いならしたりすることはできず，むしろ情熱とエトスの優しい計算によってそれを増殖させる拡散の方法なのだ。

図 33.2　ジュリー《発生（An Emergence）》2015 年。蜂蜜，インク，ベラム紙

第 33 章　アートに基づくライティング | 695

意味の増殖は，授業の空間と時間を超えて，他の方法でさえも起こった。修士課程の学生であるシリは，「言語の芸術」を修了し，修士論文のプロジェクトである全国横断の孤独な自転車旅行に出た。シリの実験的テクストのパートナーであり，筆記具でもある自転車は，中西部の冬枯れの原風景に1マイルずつ物語を刻んでいった。ヴィットリアの郵便受けには，この旅の物語が毎週毎週，奇妙で思いがけない骨のかけらのように届いていた。旅先から郵送された，ゴミと間違われそうな紙片に，シリの旅で生まれた絵や引用が丁寧に添えられている。このような価値あるテクスト（Barthes, 1974）は，すべての作家が直面する現実を演出している。すなわち作者は，自分のテクストの意図した意味がそのまま読者に届くことを保証することはできないのである。ヴィットリアの郵便受けに，スパイシーな香りのする使用済みのティーバッグが投函された日，その意識は鮮明になった。片面には消印と宛名があり，もう片面には精巧にミニチュアの絵が描かれており，ティーバッグの中身がティッシュのように薄く延ばされていた。ティーバッグの小さな正方形を光にかざし，あちこちに傾けると，優雅なサギがいる穏やかな池の風景がピントを合わせたり外したりして動き出す。ヴィットリアは，シリがお茶を飲んだこと，このティーバッグをとっておいたこと，この文章を書いたこと，そしてさまざまな行為と意図が統合され，作家と読者とティーバッグに込められたさまざまな状況の集合体から表現力が生まれたことを思い浮かべた。ヴィットリアの手にあるティーバッグはシリであるが，シリ以上の存在である。それはシリが書いたものであり，おそらく先週のテキサスでもあり，しかし郵便受けの前の，ヴィットリアが立っていた場所でもあった。このように，書くことは経度と緯度，速さと遅さ，非主体的な影響の集合であり，それは静的なルートや通り道を意味するのではなく，不在と存在，期待と信念を増殖させ強化するルートが喚起する地図なのである。

触媒の力 —— 明らかながら言葉にしにくいものを求めて

I will speak to you in stone-language	石の言葉で語りかけよう
(answer with a green syllable)	（緑色のシラブルで答えよう）
I will speak to you in snow-language	雪の言葉で語りかけよう
(answer with a fan of bees)	（蜂の羽ばたきで答えよう）
I will speak to you in water-language	水の言葉で語りかけよう
(answer with a canoe of lightning)	（雷のカヌーで答えよう）
I will speak to you in blood-language	血の言葉で語りかけよう
(answer with a tower of birds)	（鳥の塔で答えよう）

—— OCTAVIO PAZ, Duration（1991.p. 117）

　芸術制作のプロセスの物質性と統合されることで，ライティングは，アーティストや研究者の仕事を推進する。*明らかでありながら言葉にしにくいもの*を追求することを通し，表現行為の絡み合いをより深く理解する機会を提供する。創造的な芸術の実践において，明白でありながら言葉にしにくい優美な側面を意味する概念である「明らかな

がら言葉にしにくいもの」（Feldenkrais, 1981; Igweonu, Fagence, Petch, & Davies, 2011）は，喚起を生む文章を作成するための指針となりうる。喚起的なライティングは，意味を対象（シニフィエ）にしっかりと結びつけるのではなく，「存在も不在もしなかったものを存在するようにする」「イメージはできるが提示されないものを提示する」（Tyler, 1986, p. 123）と身振り手振りで不可解な方向を示す。このような，つかみどころのない意識を表現するために文章を書くことで，創造的なプロセスが持つ微妙な性質が具体的な形となる。「言語の芸術」を受講する学生は，重要な単語・音・素材の個人的な用語集，繰り返されるイメージの概念図，実践を通して気づいたパターン，テーマの詩的な探求といった形で*周辺的テクスト*[3]（Daiello, 2014）を作成することによって，作品に表れる喚起的なテーマやパターンを特定し明確にすることを目指した。この持続的な文書化は，「ローステークス・ライティング」（Elbow, 1998）の一形態であり，学生たちの継続的な探求のための豊かなフィールドを提供したのである。さらに，表現上の反復練習として，周辺的テクストは学期中に蓄積され，意味の塊や鎖を形成し，時には合体して，目に見えないもの，落ち着かないもの，奇妙で矛盾したものの影を明らかにした。ケイトは，ストップモーション映画を通して，貪欲な消費文化の軽率で気楽な追求を痛烈に批判する修士課程の学生で，日記からスタジオのオブジェクトの一つであるテーブルに至るまで，執筆対象を拡張した。「歯と歯の間，爪の下，極小の空間で起こる」と彼女が表現するように，きわめて気まぐれで批判的な物語は，テーブルの上で繰り返し書き綴られる「テクスト」として始まった。

　私は意味と戯れている。身近なものにまつわる小さなナラティブで，新しいシステムをつくり上げているのだ。私の言葉の小さな問題は，ルールと慣習を中心に展開する。ただし，見慣れた部品は，それらが属しているシステムを問い直すために再鋳造される。その結果，不気味で，事実と信念に基づきながらも落ち着かないものとなる。それは，私のミニチュアであり，親密なモデルである。私にとってのエクササイズであり，挑戦である。この小さなナラティブをどれだけ巨大化できるか。どうすればこのナラティブを，それ自身よりも大きな，私の小さなテーブルの上にあるさまざまな物を超えた存在にすることができるのか。

　別の例では，元エンジニアで，版画の修士号を取得するために大学に戻ったミシェルが，自分の芸術的直感を信じられずに苦しんでいた。ライティングのコースが始まった当初，彼女の文章は端的な描写と文字通りの視覚表現に偏りがちで，文章と絵がページ上で注意深く分離されていた（**図33.3**）。しかし，日記に記録した考察についてのフィードバックに励まされ，最初はためらいがちで恐る恐るだった彼女の作家としての声が，力強さと明瞭さを増しはじめたのである。そして，詩人のメアリー・オリバーと意気投合し，その風合いのある言葉と繊細な自然観察に触発されて，ミシェルも自分自身の風景をより深く見つめるようになった。やがて，ミシェルのイ

3　ノート，スケッチ，日記，草稿など，自分が焦点とするプロジェクトの周辺や文脈の中に現れる，ほとんど手をつけていない生のテクスト。

　友人のシェリーが亡くなったとき，彼女のフィアンセはショックを受けていた。私もそうだったと思う。彼女はまだ50歳で，私たちとは長い付き合いで，年に一度会うか会わないかの仲だった。電話だけの友達だったのよ。最高！ 彼女に電話したい衝動と闘うのに2年かかったよ。ジムは彼女の携帯電話を使いつづけていた。電話すれば彼女の声が聞ける。「ハイ，シェリーです。メッセージをどうぞ」。おかしいわね，7年も経っているのに，彼女の声が聞こえるんだ――彼女と一緒にいた後の1週間は，彼女のように振る舞ったんだ……。今でも彼女の物まねができるのよ。シェリーが恋しい。

　シェリーは夜，大きなプラスチックのカップに水を入れて飲んでいた。それが彼女の就寝時の儀式だった。私が彼女を訪ねた夜には，大きなカップに水を入れてくれた。ジムは私に，シェリーを病院に連れていったとき，彼女は満杯の水をナイトテーブルの上に置いたままだったと打ち明けてくれた。病気で飲めなかったのだろう。それを空にする勇気はなかったと，彼は私に言った。それはまだナイトテーブルの上に置かれていた。そのカップのことを時々思い出す……。半分空なのだろうか，半分満たされているだろうか，それとも水はなくなってしまっただろうか。

図33.3　ミシェルの日記への書き込み，2013年
〔ミシェルの友人シェリーが亡くなる前後，シェリーとの電話や彼女が就寝時に水を飲むことについてのミシェルの回想〕

メージ制作は，文字通りのアイデアの表現から，紙の表面に刻まれたものが振動し，ぼやけているような重層的なイメージへと変わりはじめた（**図33.4**）。彼女は，自分の作品が変容するきっかけを，車と教授の研究室を往復する間に起きた知覚のゆらぎに求めている。

　先日，ある教授とのミーティングを控えていた私は，学校に向かって歩いていた。私は，私が刷ったもの，つまり糸で織られた枠の一部が，なぜ私にとって，その物から作った版画よりも興味深いものであったかを議論したかったのだ（**図33.4**）。私は，この対象が私の労働の手綱を握っており，網目に糸を通して記号の反復パターンを作

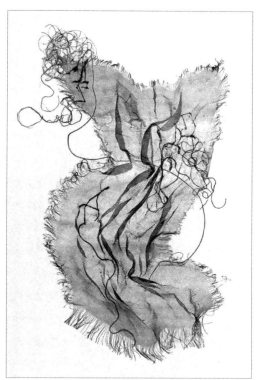

図 33.4 ミシェル《痕跡，No. 3（Trace, No. 3）》2014 年。紙，インク

> るという単純な行為が，シルクスクリーンの原版と私の間に関係をつくり出したのだと理解した。特に，糸を結んだり切ったりするたびにできる尾が気に入った。この尾が有機的なラインを作り出し，記号と混ざり合うのだ。しかし，この原版を刷ってみると，視覚的な遊びのない，凍りついたような刷り上がりになってしまった。私は，教授との打ち合わせで，私の作品に新たな発見があることを期待していた。ところが，打ち合わせの途中で，その原版がないことに気がついた。恐る恐る，原版を包んでいた新聞紙を開いてみると，そこには残像が……。私は振り返り，すぐに最後にそれを見た場所まで引き返した。私は，原版を見つけたいという欲求に取りつかれ，その欲求が私を支配していることにショックを受けた。時間が経つにつれ，私は原版を失ったことを嘆くようになった。「なぜ，もっと大切に扱わなかったのか」「誰が拾ってくれるのか」という疑問が頭をよぎった。もうないのだ。私は，新聞紙の汚れたインクの跡を見て，残った新聞紙の重要性に気づいた。新聞紙は石棺なのだ……もう存在しないものに授けられた聖餐式なのだ。残った新聞紙は，物体よりも大きな重要性を持っていた。このことは，私に仕事に対する新しい洞察を与えてくれた。作品とは，対象や対象の刷り上がり（版画）についてではなく，記憶する行為……不在のものを見つけるために歩みをたどることなのだ。

　この経験を日記に記すことで，ミシェルは，喪失の意味に折り合いをつけようと努め，

この喪失の物語を明確に表現する言葉を探すのに苦労しながら，偶然と混沌から意味をつくり出し，書くことがいかに「意味と新しい意味（時に無意味とされる）をつくる」ことに不可欠であるかを実証している（Retallack, 2003, p. 12）。ミシェルが自分の経験を日記に書き留める過程で発見したように，この出来事を捉えることは，版画で物体の姿を捉えるのと同じで，重要なことではない。むしろ，ミシェルが失くしたものを取り戻そうとする注意の特質が，彼女がずっと探し求めていた「不在と記憶」という明白でありながら言葉にしにくいものを明らかにしたのである。

関係性の空間 ── インテリアと川

I write poems.	私は詩を書く。
I paint paintings.	私は絵画を描く。
I write paintings.	私は絵画を書く。
I paint poems.	私は詩を描く。
I write paint.	私は絵画を書く。
I paint write.	私は書くを描く。
Poems write me.	詩は私を書く。
Paintings paint me.	絵画は私を描く。
I paint.	私は描く。[4]

　John Retallack が言うように，「人は（…）暖かく，活動的で，現実的に混乱した状態を保つために書く」（2003, p. 5）のである。今ここにある，この活動的で，混乱した，不確かな複雑さへの関与は，批評家 David Carrier（2005）による従来のような距離を置いた歴史分析から，芸術と人生に密接に関わるものへと置き換わったとする，アメリカのアート・ライティングの転回についての観察と一致している。ポストモダンのアート・ライティングは日常生活の状況と絡み合っているという Carrier の特徴づけの通り，書くこととアートの両方の実践において，学生が意味の生成と表現のために用いる戦略は，他者に向かって書くという状況から発展し，何らかの形で聞かれ，見られ，知られるために書くことになるのである。ヴィットリアの日記からも，学生（ティール），先生，そして……川の景色の対話のために書くという，書くことの起源を垣間見ることができる。

> 　私はティールのスタジオで，最近描いた数々の絵がかかる壁と，さまざまな進捗段階にあるいくつかのキャンバスと対面した。晴れた冬の午後の薄明かりの中，ティールの論文の内容について話しはじめる。もちろん，彼女は自分の絵について書くだろう。しかし，MFA の展覧会の日が近づくにつれ，ティールは不安を感じはじめていた。彼女は真剣な表情で私に尋ねる。「どうやって説明したらいいの？　こんな……」と彼女は声を詰まらせながら，「こんな当たり前のことを」と言った。7 階にあるこ

4　授業「言語の芸術」での学生ティールの解釈の引用。

のスタジオは，オハイオ川に面した壁一面の窓が特徴的だ。遠くで，細長い船が斜陽に照らされて銀灰色に光っている。私は，船の様子を見ながら，何か動くものはないかと探してから，言葉にした。「当たり前のことを当たり前に書くことで，親しみを道具にして，絵画の親しみやすい性質，つまり普通，既知，平凡な親密さを浮かび上がらせることができるの」。少しずつ，身近な言葉から書き連ねていくと，形が蓄積されていく。この形がどんなものになるかは，あなたにはわからない。この形，神秘の形は，それを包んでいる当たり前のものをなぞることによって明らかになる。

　ヴィットリアがティールのスタジオで経験したことは，「言語の芸術」の文脈と文章作成の輪郭を知るための窓となる。表現，特に明確で一貫性のある表現に向けて書くことは，ほとんどのアカデミックな授業で共通して期待されていることであるが，ライティングは，表現が形づくられる関係性の空間を特定する機会にもなる。関係性の空間は，作家，読者，主題，学問的慣習，社会歴史的文脈，制度的構造などの相互主観的な絡み合いによって創り出される。権力，知識，そして空間は相互に構成し合っている。権力関係が生まれるにつれ，言説，知識，空間は形を変え，複雑な形で共進化し，安定性が現れるまで互いに巻き付きながら進化する。このような異質な集合体の中では，言説と空間の分離は考えられない。知識は実践の中で物質化され，実践は身体の中で物質化され，身体は空間構成の様式に没頭し，その結果，知識の諸システムを「実行」するのである。このプロセスは，作家やその読者にとって，きちんとしたものでも，予測できるものでもない。画家であり修士課程の学生でもあるベンは，「観客には，知るよりもむしろ推測してもらい，言葉では言い表せないような感情を抱いてもらいたいのだ……悲しい，うれしい，怖い，これらはあまりにも明確でシンプルすぎる」と述べている。ベンにとって，書くことは「死に直面することであり，同時に耐えることを意識すること」である。

終幕として

　　私は，はじめにあった自由が徐々に私を支配していくのを感じている……。今日ほど，自分にセンスがないことを怖くないと思ったことはない。私は今，「静寂の波紋」と書いたが，これは以前なら言わなかっただろう。なぜなら，私は常に美しさとその本質的な礼儀作法を尊重してきたからだ。私は，「静寂の波紋」と言い，私の心は謙虚にお辞儀をし，それを受け入れている。私は，事実上，センスを感じるシステム全体を放棄してしまったのか？　しかし，それだけが私の得たものなのだろうか。美意識の欠如を恐れなくなっただけで，自分が自由になったと感じられるなんて，私はどんなに窮屈だったのだろう……。

　　　　── CLARICE LISPECTOR, *The Passion According to G. H.*（1964/1988, p. 12）

　書くというパフォーマンスには，受け入れられる以上のものがある。それは仮定法的

である。学生たちが私たちの授業に参加するのは，ライティングは「それを完了させるだけでなく，正しく書き上げる」以上の意味があることを知っているからである。「こんなにたくさんの『〜ねばならない (must)』があるのですか」と彼らは尋ねる。彼らは不安と抑制に疲れていて，ちょっとした反抗を促しているのである。彼らが求めているのは，「礼儀作法」を少し減らして，「**静寂の波紋**」を増やすことである。私たちの授業を受講するまでに，彼らは大量の三人称の言葉——論文，作者による表明，受動的に観察された物語——を書いてきた。「詩を描くこと」や「絵画を書くこと」において，また心と頭の中を探索するうちに，作家たちは白紙のページや空のスクリーンにあらためて立ち戻る。それは，今あるものを否定するのではなく，それ以上のものを求めることにある。書くということは，他に何で**ありうる**のだろうか。書くことで他に何をなしうるのだろうか。それは，可能性に関するものであり，ひらかれている。そして新しい入り口を可能にするような構成に関する問いである。私たちは，文字の書かれた紙面の中心から芸術が存在する余白へと移動するという Denis Donoghue の考えを気に入っている。

> (…) 余白は，日常生活では居場所がなく，ほとんどが抑圧されているような感情や直感のための場所である (…)。芸術によって，人々は自分自身のための空間を作り，そこに自由と存在の感覚をもって満たすことができるのである。(Greene, 1995, p. 28)

　想像し，仮定し，絡ませ，ほぐし，思考の周りで輪を描きながら，私たちは必要なことをする勇気を見出すのである。もし，私たちがこの「語られざるもの」のフィールドで遊ぶとしたら？　ジョシュのように「初めにあった自由」を使って書いたらどうだろう。『The Art of Description』(2010) の中で Doty が夏の花火について語ったことに反応して，ジョシュはこう記している。

> 　Doty は，桟橋で花火を見たときのことを，幻想的な描写で語っている。花火玉の爆発がどれほど近くで起こったか，火薬と煙の匂いがどれほどしたか，「スターバースト」と「降り注ぐ花」がはじけたときに（一部の子どもを除いて）どれほど皆が喜んだかを書いている。Doty のこの部分の記憶が私の心をつかむのは，多くの人がそうであるように，私も花火を楽しいものだと思うからだ。野原で，トラックの荷台で，桟橋で，運がよければボートの上に敷かれた毛布の上で，家族と一緒に座って，Doty が見たであろうものを見たという素晴らしい思い出がある。しかし，私は 11 年間軍隊にいたので，いつも他の人と同じように花火のことを考えるとは限らない。

　デザイン学部の修士課程に在籍するジョシュは，アフガニスタンに従軍していた。彼は研究者として，退役軍人が大学生活に戻るためのしくみ作りと円滑な移行を支援するプログラムを企画している。Doty の経験に対するジョシュの応答は，私的な物語から公的な物語へと変化し，簡潔でありながら，7 月 4 日に思いを馳せる私たちが考えずに

はいられない深い含意を帯びている。自分の世界を言葉にする他の学生たちと同じように，ジョシュもまた，*静寂の波紋*を書き残しているのである。

文献

Anzaldúa, G. (1987). *The Borderlands/La Frontera: The New Mestiza*. San Francisco: Aunt Lute Books.

Barone, T. (2008). Creative non-fiction and social research. In J. G. Knowles & A. Cole (Eds.), *Handbook of the arts in qualitative research* (pp. 105–115). Los Angeles: SAGE.

Barthes, R. (1974). *S/Z: An essay* (R. Miller, Trans.). New York: Hill & Wang.

Barthes, R. (2001). From work to text. In V. B. Leitch (Ed.), *The Norton anthology of theory and criticism* (p. 1475). New York: Norton. (Original work published 1971)

Bearn, G. C. F. (2013). *Life drawing: A Deleuzean aesthetics of existence*. New York: Fordham University Press.

Berthoff, A. (1981). *The making of meaning: Metaphors, models, and maxims for writing teachers*. Upper Montclair, NJ: Boynton/Cook.

Berthoff, A. (Ed.). (1984). *Reclaiming the imagination*. Portsmouth, NH: Boynton/Cook.

Bourriaud, N. (2002). *Relational aesthetics* (S. Pleasance & F. Woods, Trans.). Paris: Les Presses du Reel.

Bresler, L. (2013). Experiential pedagogies in research education: Drawing on engagement with artworks. In C. J. Stout (Ed.), *Teaching and learning emergent research methodologies in art education* (pp. 43–63). Reston, VA: National Art Education Association.

Britton, J. (1970). *Language and learning*. Harmondsworth, UK: Penguin.

Britton, J., Burgess, T., Martin, N., McLeod, A., & Rosen, H. (1975). *The development of writing abilities*. London: Macmillan Education Press.

Carrier, D. (2005). Artforum, Andy Warhol, and the art of living: What art educators can learn from the recent history of American art writing. *Journal of Aesthetic Education, 39*(1), 1–12.

Cixous, H. (1991). *Coming to writing and other essays* (D. Jenson, Ed.). Cambridge, MA: Harvard University Press.

Clandinin, D. J. (Ed.). (2007). *Handbook of narrative inquiry*. Thousand Oaks, CA: SAGE.

Clifford, J. & Marcus, G. (Eds.). (1986). *Writing culture: The poetics and politics of ethnography*. Berkeley: University of California Press.［クリフォード，J.／マーカス，G.（編），春日直樹ほか（訳）(1996). 文化を書く　紀伊國屋書店］

Cole, A., & Knowles, G. (2008). Arts-informed research. In J. G. Knowles & A. Cole (Eds.), *Handbook of the arts in qualitative research* (pp. 55–70). Los Angeles: SAGE.

Daiello, V. (2014). Wherever I am, I am what is missing. *Creative Approaches to Research, 7*(1), 46–66.

Deleuze, G., & Guattari, F. (1987). *A thousand plateaus: Capitalism and schizophrenia* (B. Massumi, Trans.). Minneapolis: University of Minnesota Press.［ドゥルーズ，G.／ガタリ，F.，宇野邦一ほか（訳）(2010). 千のプラトー ── 資本主義と分裂症　河出書房新社］

Delville, M. (2003). The poet as the world: The multidimensional poetics of Arakawa and Madeline Gins. *Interfaces, 21/22*(1), 187–201.

Denzin, N. (1999). Two-stepping in the '90's. *Qualitative Inquiry, 5*, 568–572.

Denzin, N. (2010). *The qualitative manifesto: A call to arms*. Walnut Creek, CA: Left Coast Press.

Denzin, N., Lincoln, Y., & Smith, L. T. (2008). *Handbook of critical and indigenous methodologies*. Los Angeles: SAGE.

Derrida, J. (1978). *Writing and difference*. Chicago: University of Chicago Press.［デリダ，J.，谷口博史（訳）(2022). エクリチュールと差異（改訳版）　法政大学出版局］

Dewey, J. (1934). *Art as experience*. New York: Minton, Balch, & Co.［デューイ，J.，栗田修（訳）(2010). 経験としての芸術　晃洋書房］

Doty, M. (2010). *The art of description*. Minneapolis, MN: Grey Wolf Press.

Eisner, E. (1991). *The enlightened eye*. New York: Macmillan.

Eisner, E. (1996). Viewpoints: Should novels count as dissertations in education? *Research in the Teaching of English, 30*, 403–427.

Eisner, E. (2008). Art and knowledge. In J. G. Knowles & A. Cole (Eds.), *Handbook of the arts in qualitative research* (pp. 1–12). Los Angeles: SAGE.

Elbow, P. (1973). *Writing without teachers.* London: Oxford University Press.

Elbow, P. (1998). *Writing with power: Techniques for mastering the writing process* (2nd ed.). New York: Oxford University Press.

Emig, J. (1983). *The web of meaning.* Upper Montclair, NJ: Boynton/Cook.

Feldenkrais, M. (1981). *The elusive obvious.* Capitola, CA: Meta.

Fischer, M. (1986). Ethnicity and the postmodern arts of memory. In J. Clifford & G. Marcus (Eds.), *Writing culture: The poetics and politics of ethnography* (pp. 194–233). Berkeley: University of California Press.

Fish, S. (1980). *Is there a text in this class?* Cambridge, MA: Harvard University Press. ［フィッシュ，S.，小林昌夫（訳）（1992）．このクラスにテクストはありますか　みすず書房］

Foucault, M. (1972). *Archaeology of knowledge and the discourse on language* (A. M. Sheridan Smith, Trans.). New York: Tavistock. ［フーコー，M.，慎改康之（訳）（2012）．知の考古学　河出書房新社］

Frank, A. (2010). *Letting stories breathe: A socio-narratology.* Chicago: University of Chicago Press.

Freire, P. (1970). *Pedagogy of the oppressed* (M. B. Ramos, Trans.). New York: Herder & Herder. ［フレイレ，P.，三砂ちづる（訳）（2018）．被抑圧者の教育学（50周年記念版）　亜紀書房］

Fulwiler, T., & Young, A. (Eds.). (1982). *Language connections: Writing and reading across the curriculum.* Urbana, IL: National Council of Teachers of English.

Geertz, C. (1983). *Local knowledge.* New York: Basic Books. ［ギアーツ，C.，梶原景昭ほか（訳）（1999）．ローカル・ノレッジ —— 解釈人類学論集　岩波書店］

Geertz, C. (1995). *After the fact: Two countries, four decades, one anthropologist.* Cambridge, MA: Harvard University Press.

Goldsmith, K. (2011a). *Uncreative writing: Managing language in the digital age.* New York: Columbia University Press.

Goldsmith, K. (2011b). Why conceptual writing? Why now? In C. Dworkin & K. Goldsmith (Eds.), *Against expression: An anthology of conceptual writing* (pp. xvii–xxii). Evanston, IL: Northwestern University Press.

Greene, M. (1995). *Releasing the imagination: Essays on education, the arts, and social change.* San Francisco: Jossey-Bass.

Guattari, F. (1995). *Soft subversions* (S. Lotringer, Ed.; D. L. Sweet & C. Wiener, Trans.). Los Angeles: Semiotext(e).

Guba, E., & Lincoln, Y. (2005). Paradigmatic controversies, contradictions, and emerging confluences. In N. K. Denzin & Y. S. Lincoln (Eds.), *The SAGE handbook of qualitative research* (3rd ed., pp. 191–215). Thousand Oaks, CA: SAGE.

Igweonu, K., Fagence, B., Petch, M., & Davies, G. J. (2011). Revealing the elusive obvious: Making sense of creative practice through reflection and writing out. *Journal of Writing in Creative Practice, 4*(2), 225–238.

Iser, W. (1978). *The act of reading.* Baltimore: Johns Hopkins University Press.

Kester, G. H. (2004). *Conversation pieces: Community and communication in modern art.* Berkeley: University of California Press.

Kester, G. (2013). Conversation pieces: The role of dialogue in socially engaged art. In Z. Kucor & S. Leung (Eds.), *Theory in contemporary art since 1985* (2nd ed., pp. 153–165). Malden, MA: Wiley.

Leavy, P. (2015). *Method meets art: Arts-based research practice* (2nd ed.). New York: Guilford Press.

Lincoln, Y. (2001, November 13–18). *Audiencing research: Textual experimentation and targeting for whose reality?* Paper presented at the annual meeting for the Association for the Study of Higher Education, Richmond, VA.

Lispector, C. (1988). *The passion according to G. H.* (R. W. Sousa, Trans.). Minneapolis: University of Minnesota Press. (Original work published 1964) ［リスペクトール，高橋都彦ほか（訳）（1984）．G・Hの受難　家族の絆　集英社，所収］

Lyotard, J. F. (1979). *The postmodern condition: A report on knowledge* (G. Bennington & B. Massumi, Trans.). Paris: Editions de Minuit.［リオタール，J. F.，小林康夫（訳）（1986）．ポスト・モダンの条件 ── 知・社会・言語ゲーム　書肆風の薔薇］

Macrorie, K. (1966). *Telling writing.* Rochelle Park, NJ: Hayden.

Madison, S. (2005). *Critical ethnography: Method, ethics and performance.* Thousand Oaks, CA: SAGE.

Massumi, B. (1992). *A user's guide to capitalism and schizophrenia: Deviations from Deleuze and Guattari.* Cambridge, MA: MIT Press.

Mazzei, L., & Jackson, A. Y. (2012). In the threshold: Writing between-the-two. *International Review of Qualitative Research, 5*(4), 449–458.

Merleau-Ponty, M. (1968). *The visible and the invisible* (A. Lingis, Trans.). Evanston, IL: Northwestern University Press.［メルロ＝ポンティ，M.，滝浦静雄・木田元（訳）（2017）．見えるものと見えないもの（新装版）　みすず書房］

Moffett, J. (1968). *Teaching the university of discourse.* Boston: Houghton Mifflin.

Paz, O. (1991). Duration. In E. Weinburger (Ed. & Trans.), *The collected poems of Octavio Paz 1957–1977* (pp. 115–117). New York: New Directions.

Pelias, R. (2004). *A methodology of the heart: Evoking academic and daily life.* New York: AltaMira Press.

Pollock, D. (1998). Performing writing. In P. Phelan & J. Lane (Eds.), *The ends of performance* (pp. 73–103). New York: New York University Press.

Rabinow, P. (1986). Representations are social facts: Modernity and post-modernity in anthropology. In J. Clifford & G. Marcus (Eds.), *Writing culture: The poetics and politics of ethnography* (pp. 234–261). Berkeley: University of California Press.

Retallack, J. (2003). *The poethical wager.* Berkeley: University of California Press.

Richards, I. A. (1959). *How to read a page.* Boston: Beacon.

Richardson, L. (2000). Writing: A method of inquiry. In N. K. Denzin & Y. S. Lincoln (Eds.), *Handbook of qualitative inquiry* (2nd ed., pp. 923–948). Thousand Oaks, CA: SAGE.

Said, E. (1985). *Beginnings: Intention and method.* New York: Columbia University Press.［サイード，E. W.，山形和美・小林昌夫（訳）（2015）．始まりの現象 ── 意図と方法（新装版）　法政大学出版局］

Sheppard, R. (2008). Poetics as conjecture and provocation. *New Writing: International Journal for the Practice and Theory of Creative Writing, 5*(1), 3–26.

Stewart, K. (2012). Precarity's forms. *Cultural Anthropology, 27*(3), 518–525.

Stock, B. (1983). *The implications of literacy.* Princeton, NJ: Princeton University Press.

Stout, C. (2001). The art of empathy: Teaching students to care. In W. Hare & J. Portelli (Eds.), *Philosophy of education* (3rd ed., pp. 83–92). Calgary, Alberta, Canada: Detselig Enterprises Ltd.

Sullivan, P. (2012). *Experimental writing in composition.* Pittsburgh, PA: University of Pittsburg Press.

Tarc, A. R. M. (2013). Wild reading: This madness to our method. *International Journal of Qualitative Studies in Education, 26*(5), 537–552.

Tyler, S. (1986). Post-modern ethnography: From document of the occult to occult document. In J. Clifford & G. Marcus (Eds.), *Writing culture: The poetics and politics of ethnography* (pp. 122–140). Berkeley: University of California Press.

Van Maanen, J. (2011). *Tales of the field: On writing ethnography* (2nd ed.). Chicago: University of Chicago Press.［ヴァン＝マーネン，J.，森川渉（訳）（1999）．フィールドワークの物語 ── エスノグラフィーの文章作法　現代書館］

Waldrop, R. (1993). *Lawn of excluded middle.* Providence, RI: Tender Buttons.

Warnock, T. (1989). *Writing is critical action.* Glenview, IL: Scott, Foresman.

Wood, J. (2008). *How fiction works.* New York: Farrar, Straus & Giroux.

第34章

アート，エージェンシー，そして研究倫理
ニューマテリアリズムはいかにアートベース・リサーチを必要とし，
変容させるか

● ジェリー・ロシェク（Jerry Rosiek）

訳：嶋津百代

真も善も，そして美も，結局同じものを異なる角度から見ているのである。
—— RALPH WALDO EMERSON, *Nature*
（ラルフ・ワルド・エマーソン『自然論』1849, p. 22）

驚くべきことに，美は善であるという思い違いがいかに完璧であることか。
—— LEO TOLSTOY, *The Kreutzer Sonata and Other Stories*
（レオ・トルストイ『クロイツェル・ソナタ，その他短編』1889/2009, p. 98）

　真・美・善という古典的な価値観は，Plato（プラトン）や Aristotle（アリストテレス）から，John Dewey（ジョン・デューイ），W. E. B. Du Bois（W・E・B・デュボイス），Jacques Derrida（ジャック・デリダ），Toni Morrison（トニ・モリソン）まで，哲学者によって何千年にもわたって議論されてきた。アートに基づく社会研究では，「真」と「美」の関係が，研究者に最も多く注目されてきた。政策に関する論争的な言説は経験則に基づく狭義の真理を重視してきたが，その文脈において，アートベース・リサーチ（ABR）の研究者は，政策についての議論への参加を確保するために，アートが真の一形態を表現していると主張することが多々ある（Barone, 2007; Eisner, 1988; Leavy, 2008）。
　しかし，ABR における「美」と「善」の関係はどうだろうか。耳を傾けてもらうために絶えず闘争しつづけてきたことはさておき，これは ABR の研究者が行うべき，より本質的で基本的な議論である。研究のオーディエンスを求める前に，ABR には共有するに値する倫理的な実体があることを，私たちは自覚する必要がある。それなりにあることはあるが，私たちの研究が誰かを危険にさらすかどうかといった，内部審査委員会（Internal Review Board）の懸念という意味での倫理を指しているのではない（Boydell et al., 2021; Sinding, Gray, & Nisker, 2008）。私が意味する倫理とは，個人的かつグローバルな規模での人間のウェルビーイングに貢献する必要性が，ABR のデザインにどのように関わってくるかという意味での倫理を指している。また，このことばを広く解釈するなら

ば，ABR の「政治」と呼んでもよいだろう。

　この議論は，必然的に哲学的なものになるだろう。ここでは，私たちが何を知っていて，何に価値を置き，そして現象を芸術的に表現しようとするときに何をしているか，その根底にある前提について考える必要がある。ABR は，時には一般のオーディエンスに届くことを強く望むため，概念の微妙な区別に焦点を当てた学術研究に関連する専門用語を，当然ながら避けることがある（Barone, 2000; Leavy, 2008; Saldaña, 2014）。しかし，研究の目的や卓越性の規準について，ABR の研究者同士が議論する際には，私たちの実践を導いている理論的な前提を問い直すことがきわめて必要なのである。社会研究を構成するものについて当然視している前提によって，アートに基づく探究が効果的に用いられないような場合は，特にそうである。このような場合，理論的前提と格闘することは荷が重いことではなく，ABR にとってより大きな自由と範囲を獲得する手段となる。

　アートに基づく実践や目標に即した形で，倫理について考えるための概念的枠組みを見出すために，この章では「倫理と ABR はどのような関係にあるか」という問いを取り上げる。この問いは，「倫理とアートの関係とは何か」という，さらに伝統的で一般的な問いにかかわっている。この後の考察で，この関係を扱う昔の哲学的理論をいくつか概観する。しかし，最も注目すべきは，新しいものではないものの，最近あらためて注目を集め，この問いに対して何かしら示唆を与えてくれる理論の数々である。本章のタイトルには，これらの概念的なリソースを指して「ニューマテリアリズム」という用語を使っているが，この用語が，上記の理論の周辺に出現した名称として，現時点で最も認知されているように思われるからである（Coole & Frost, 2010）。しかし，これらの考え方には「ポストヒューマニズム」（Barad, 2011; Braidotti, 2013），「存在論的転回」（Rosiek, 2013b），「新経験主義」（MacLure, 2013），「感情論的転回」（Clough & Halley, 2007），さらには「事物の回帰（the return of the thing）」（Lather, 2007）と呼ばれるものもある。これらの文献の中で最も有力な特徴のいくつかは，アメリカ先住民の哲学（Bunge, 1983; Deloria, 2012; Garroutte & Westcott, 2013; Watts, 2013 参照），古典的かつ修正主義的なプラグマティズム（McKenna & Pratt, 2015; Pratt, 2011），そして，私が最近発見した Alfred North Whitehead（1997）の哲学など，他の思想の伝統にも先例を見ることができる。私は，こうした新旧の哲学的発展が，ABR の倫理についてだけでなく，アートに基づく感性で行われる研究すべてにアプローチする際に必要とされる倫理について考える助けとなることを提案したい。

倫理と ABR

　倫理とアートの関係についての問いは，アートそのものと同じくらい古くからある。この議題に関する論争は，往々にして，やや単純化された二元論に沿って展開されることがある。アートに道徳的な規準を適用することは不適切で，アートはアートのために生み出されるものとする自治論的な立場がある（Gaut, 2000; Giovanelli, 2013）。一方，芸術作品の良さはその道徳的価値によって完全に決定されるべきであり，その美的な質は道

徳的目標を達成するための手段にすぎないとする道徳主義的な立場がある（Carroll, 2000;
Gaut, 2000; Giovanelli, 2013）。ここでは，アートに基づく教育研究について述べているので，
「アートのためのアート」という立場は取り上げない。私たちの研究や議論は，専門的
な実践と公共政策を改善する目的のために使用される，アートに基づく表現や探究のあ
り方についてのものである。つまり，その外側に目標がある。しかし，芸術的な仕事が
—— アートに基づく教育研究でさえも —— オーディエンスが倫理的に望ましい行動や
態度をするよう仕向ける手段的な能力に完全に屈するようになれば，一体化した創造と
美への衝動は，狭義の道徳的な独断主義に縛りつけられる危険性をはらんでいる。これ
は，ABR が説教臭いものになる危険性であり，質としては生きた説得力に欠ける空虚
な道徳化を与えるものである。こうなれば自滅的であり，支持された目的を果たすこと
はおそらくないだろう。

　古典的な自治論者と道徳主義者という二元論を離れて，ABR の倫理について，さら
に複雑な概念を検討してみよう。ここでは，3つの概念について簡単に紹介する。これ
らはすでに流布しており，利点があるが，結局はその限界も考慮すべきだと思われる考
え方である。

　まず，最も一般的なのは，ABR を経験主義の一形態として捉え，正確に描写すると
いう倫理に主に従うことである。この考え方によれば，ABR は，これまで隠されてきた，
あるいは他の方法では捉えられない現実の側面を描くことになる。このことが通常意味
しているのは，微妙なニュアンスをともなった，人間の経験についての特質に気づく習
慣がないために見落とされてきた実際の経験を記録するということである。

　たとえば，初等・中等教育（K-12）の生徒の進歩を測るために，義務教育における一
発勝負の標準化テストに躍起になるあまり，政策立案者は，このようなテストが生徒の
学校での経験の質に与える影響に気づかないことがある。こうした影響には，説明責任
の制度のせいでカリキュラムが狭小化させられるような，明らかにひどく，実証しやす
いものもある（Au, 2007, 2011; Polesel, Rice, & Dulfer, 2014）。しかし，わかりにくいものも
あって，テストという漠然とした脅威が年間を通じて生徒の経験に影響を与え，それが
教師と教育実習生のやりとりを形づくったりするという微妙なものもある（Green et al.,
2015）。ABR は，そのような影響の実態を記録することができ，それがなければ見過ご
してしまうかもしれない政策立案者に，テストのプロセスがもたらす人的影響を目に
とまるようにすることができる（Barone, 2003, 2007; Woo, 2008）。そのような倫理的な役目
は，人間の苦痛を麻痺させようとする勢力に対抗し，私たちが容易に見過ごしてしま
う美とウェルビーイングの可能性に敏感にさせることにある。おそらく Elliot Eisner は，
教育分野における ABR のプロジェクトについて，このような概念を最も明確に述べて
いた人物であろう。Eisner は多くの著作の中で，私たちの感覚を教育し，カリキュラム
や教育学の精緻な側面を理解することを啓発するような研究を提唱している（Barone &
Eisner, 2010; Eisner, 1998）。

　確かに，この種の研究は何か貢献できるものがあり，私たちがより良き専門家や市民
となる手助けをし，倫理的にも優れた研究となる。しかし，ABR をこのような経験主
義的な考え方として捉えると限界がある。つまり，社会改革に関する自由な啓蒙主義の

708　第VIII部　留意点

考えをほとんどすべて制限するような，変化についての単純な理論が前提となっているからである。知識が必然的に徳につながることを仮定し，無知や認識不足が，優れた政策や実践を阻む主要な要因であると想定している。ABR は真実の源泉であるという考え方に潜んでいる暗黙の変革のイメージが暗示しているのは，私たちの誰かが正しいエッセイを書いたり，正しいパフォーマンスを披露したりすれば，実践家や政策立案者が額を叩いてこう言うだろう，というものである。「おぉ！ なるほど，そういうことだったのか！ その見事な物語やドラマ，いや，他の芸術表現にも心から感謝するよ。それでは，さらに野心的で，公平で，資金をもたらす，より思いやりのある実践を組織のために行う仕事にみんなで取りかかろうではないか」と。

　これで制度改革が起きないことは，誰もが知っているだろう。必要なのは，公共政策がもたらしたものの経験について，微妙な差異を捉えた正確な記述である。おそらく，改善についての一般的なビジョンに真摯に共同で取り組むのが最も効果的であろう。しかし，制度改革の目標について本質的な意見の相違がある場合は，それだけでは十分でない。そのような場合，微妙なニュアンスの違いを明らかにするだけでは，私たちの多くが熱望する社会改革の特別なビジョンを実現するような，気持ちの変化や価値観を促すほどには至らないことが多いのである。

　アートに基づく教育研究の倫理的な目的に関する 2 つ目の，どちらかといえば一般的な概念は，より批判的に社会研究に向かうアプローチについての文献に見出せる。この流れの中で仕事をしている研究者たちは，解放について，より広範囲の政治的なプロジェクトに貢献しうる研究を生み出そうとする。ABR への経験主義的なアプローチ同様，実践家や政策立案者は現実の重要な側面を見逃していると思われるが，ABR の研究者は，彼らがそのような側面に触れるように手を差し伸べることができる。しかし，この見解によれば，教育の現状は単に微妙であるがゆえに見落とされているわけではないことになる。それらは，実証研究の説得力をそぐようなイデオロギー的な作用によって抑圧されているのである（Chappell & Cahnmann-Taylor, 2013; Delgado, 1989; Finley, 2011, 2014; Finley, Vonk, & Finley, 2014; Hanley & View, 2014; Leavy, 2013）。

　実証的なデータが必然的に社会改革につながるという前提に対してイデオロギーが投げかける挑戦については，最近，Nicholas Kristoff（2014）が『New York Times』紙で連載していた「When Whites Just Don't Get It（白人がそれを理解できない場合）」と題するコラムに説明されている。その中で，Kristoff は，アメリカにおける白人と黒人の貧富の格差が，アパルトヘイト下の南アフリカよりも悪化していることなどを示すデータを紹介している。アメリカでは 20 世紀に入っても囚人貸出制度という形で奴隷労働が存続していることを歴史的に説明している。また，継続している住宅差別や職業差別，公立学校で起こっている人種差別，法の執行や司法制度における体系的な偏見などについて，統計や事例研究が根拠として提示されている。これらのデータでは，黒人は「奴隷制を乗り越える」必要があるのだと不平を言ったり，それは個人の責任の問題だと主張したりという反応をする白人を減らすことはできなかったようである。そのため，Kristoff は「私たち白人は，驚くべき妄想力を持っている」と発言している。言い換えれば，事実は，私たちのイデオロギーが生み出した誤った意識を簡単には払拭してくれ

ないということである。

　ABR は，イデオロギー的に抑圧された現実の側面を，感情に訴えかけるポートレートとして提供することで，そのような状況に変化をもたらすことができる。芸術的に作り上げられたポートレートやパフォーマンスは，同時に，オーディエンスが知らない世界を何かしら明らかにし，またそれを変えたいという願望を育むよう手助けできる。ここで私が考えているのは，Derrick Bell（1992）や Richard Delgado（1989）などの批判的人種理論学者のカウンターナラティブや，Bryan Brayboy（2005）のような批判的部族理論学者の著作や，Leilani Sabzalian（近刊）のサヴァイヴァンス・ストーリー[*訳注1]などである。Marx（マルクス）と Engels（エンゲルス）が「11th thesis on Feuerbach（フォイエルバッハに関する第 11 のテーゼ）」[1]で警告したことに従えば，批判的 ABR は世界を明らかにするだけでなく，オーディエンスに世界を変える動機を与えることを目指している。

　経験主義として枠づけられた ABR 同様，批判的 ABR は，私たちの社会における不平等や抑圧に取り組む闘いに大きく貢献できる。しかし，その根底にある抑圧の現実に関する前提について，重大な懸念が提起されている。文芸批評家でありフェミニスト，ポスト構造主義者である Joan Scott（1981）が，社会変革をもたらす手段として，抑圧された人々の声や経験を記録することに依拠する研究について指摘したことは有名である。そのような研究は，彼らの経験を本質化してしまい，社会変革に取り組んでいる人々が抵抗しようとしている抑圧を認めるようなアイデンティティの構築に，彼らを閉じ込めてしまう危険性があるというのである。教育分野における質的研究の方法論研究者である Alecia Youngblood Jackson と Liza Mazzei（2008）も，これまで無視されてきた経験に声を与えることに無批判に依拠する研究に対して同様の批判をしている。

　このことから，ABR の倫理的義務についての 3 つ目の考え方が浮上する。ポスト構造主義，あるいはポストモダンに基づく方法論の文献に見られる考え方である。ポスト構造主義，あるいはポストモダンに基づく ABR は，当然視されている規範や社会的な取り決めを問題化しようとするが，単一の統一された代替案を提供するわけではない。その代わりに，真実を語るような語り方に読者の注意を向けさせ，学問の策略についての自己意識を生み出すことによって，社会の歩みを権威的に理解するような枠組みを権威が与えることを問題にしている（Cahnmann-Taylor & Siegesmund, 2008; Coulter & Smith, 2009; de Freitas, 2008; Hendry, 2010 参照）。

　Thomas Barone（2001b）の勇気ある，かつ特異な著書『Touching Eternity（永遠に触れる）』——とりわけカリスマ的な美術教師が持つ永続的影響力についての本——は，その素晴らしい例である。3 つのセクションで，それぞれ異なる方法論の実践が取り上げられており，異なる理論的な前提によって展開する。最後のセクションで Barone は，前の 2 つのセクションで使われている言説の習慣的な型に疑問を呈し，また，学校制度における大きな構造的問題から目をそらさせるのによく用いられる英雄的な教師物語を再現することは，良いことより害になることの方が多いかどうかについて検討している。

1　「哲学者は世界をさまざまに解釈してきただけである。重要なのは，世界を変えることである」（2016 年 7 月 25 日アクセス）。www.marxists.org/archive/marx/works/1845/theses/theses.htm.

Barone は，セクション間の緊張を，読者のために解消することはしない。この 2 つのセクションをそのままにしておくのである。

　アートに基づく探究に対するこのようなポストモダンのアプローチは，習慣化された言説の監獄からオーディエンスを解放することに，第一の倫理的な目標を置いている。生活世界を枠づける文化的な言説の狭間に意識を向けさせ，専門的な実践や関係や政策を新たに認識させようとする。これは賞賛に値する目標である。いまだ多くの研究が残されているのは確かである。これらの研究によって，非白人の非人間化を前提とした白人の権利についての言説から抜け出し，学校をウイルスのように取り込んでカリキュラムを弱体化させた監査文化から抜け出し，害をもたらし人間の苦しみを永続させるような，数多くの限定的な言説から抜け出せるのである。

　この流れにある研究について頻繁に挙げられる懸念は，控えめではあるが，私たちの議論にある程度の知的な誠実さを強要する点である。しかし，それが支配的な分析のやり方となれば，皮肉のフェティシズムへと堕落してしまう（Latour, 2004; Rosiek, 2013a）。脱構築は，世界を再認識し，関係を再構築するための道をひらくものであるが，脱構築それ自体は，新たに想像された関係性を約束する手段は提供しない。プラグマティズムの哲学者であり，アフリカ系アメリカ研究の Cornel West 教授（1993, pp. 51-53）が観察しているように，客体や主体，そしてその歴史の性質が構築されたものであることを認めたところで，20 世紀末の哲学者たちが考えるほどには，私たちは何も成し遂げていないのである。私たちは，こうして構築された思考や客体が歴史的な重みと動きを持つあり方に，いまだ取り組まなければならない。歴史の傷跡は現実のものであり，解釈を通じてでなければ決して出会うことのないものだが，常に解釈以上のものなのである。

　研究に関するこれらの概念すべて —— 素朴な経験主義，批判理論，そしてポストモダニズム —— は，現在ではさまざまな学問分野において，研究にアプローチする方法として非常に慣れ親しんだものとなっている。これらの概念間の論争は，周到に準備されるようになり，正直なところ，少々うんざりするほどである。それゆえ，質的な社会科学，特に ABR に携わる研究者の多くが，自分たちの研究を理論化する新しい方法を模索しはじめているのは，驚くべきことではない。そこで登場するのが，「ニューマテリアリズム」（および，これらの文献に用いられている他の関連用語すべて）である。この流れには非常に多くの著者がおり，その思想にも大きな違いがあるため，中心的かつ基本的な人物である Karen Barad に焦点を当てよう。その後，他の哲学の潮流から，ABR にとって強固な倫理概念を構築するのに役立つ概念的なリソースとして，類似したテーマを展開している人物を何人か紹介する。

Karen Barad のエージェンシャル・リアリズム

　Karen Barad は，物理学博士で科学哲学者である。つまり，ABR について考えるための洞察を得るのに，最初に頼りたいと思う研究者ではない。結局のところ，科学は芸術的な意味づけとは対極にあるものとして扱われることが多々ある。これはもちろん，科

学的なプロセスを誤って捉えている。科学的理論の構築や仮説，実験デザイン，そして測定などはすべて，きわめて創造的な仕事である。過去半世紀にわたる科学研究（Kuhn, 2012; Latour, 2007 参照）によって，科学的知識がいかに徹底的に社会的に構築されるものであるかが明らかにされている。しかし，ニューマテリアリズムの科学哲学者たち（Alaimo & Hekman, 2007; Barad, 2007; Kirby, 2011 参照）は，認識論的に構築された科学研究という概念を超えようとしている。科学の存在論的な創造的側面と，そのような創造にともなう倫理的責任に目を向けているのである。ここに，ABR の倫理に関する議論との関連性がある。

　Barad の研究は，私たちの探究が存在論的に生成されること，つまり，現実を記述するのとは対照的に，現実を創造する方法に焦点を当てている。Barad の哲学は，先行する哲学とは異なる特徴を２つ備えている。第一に，Barad は，探究によってレトリック的な名称である「現実」が生み出されると主張する，薄っぺらな社会的構成主義（social constructivism）に言及していない。Barad は，物理的な意味での本質的な現実の生成に言及している。第二に，Barad の理論は，研究で扱うエージェンシーがすべて人間の活動に位置づけられるのではない。この世界のもの，物理的なもの，社会的なものも，現実の生成に貢献するエージェントである。^{＊訳注2}

　ニューマテリアリズム論者は，先述の３つの研究理論 —— 素朴な経験主義，批判理論，ポストモダニズム —— が，意味構築におけるエージェンシーをすべて人間の活動に置いており，発見という認識論的なレトリックを前提としていることに言及している。前者２つの素朴な経験主義と批判理論は，そこに現実があるという考えに依拠している。世界の物質性は，意味に限界条件を与えるが，それ自体は不活性なもの（自力では運動できないもの）である。それは受動的に私たちによる発見を待っている。ポスト構造主義はこれとは反対の立場をとり，この世界の物体へのアクセスは常に言語によって媒介されると主張する。つまり，この世界の事物に直接アクセスすることは決してできず，意味は人間の言語活動の中で社会的に構築されるとする。この場合，世界の物質性は否定されないが，その重要度は低い。３つの枠組みにおいては，違いはあっても，意味構築のエージェンシーはすべて人間活動に位置づけられている。

　Barad によって修正されたマテリアリズムは，私たちの探究に根本的に異なる考え方を提供してくれる。エージェンシーは人間の意識や活動の特徴の一つであるということだけでなく，あらゆるものが持つリアルな特徴であるというものである。このエージェンシャル・リアリズムは，不活性な物体や機械的なプロセスの認識的な表現を解明するものとして，探究を捉えていない。人間と非人間のエージェントを構成する暫定的で存在論的な関係を確立するものとして探究を捉えるさまざまな考え方の一部である。

　この理論では，このような関係を「内部 – 作用」と呼んでいる（相互作用とは対照的に，内部 – 作用は関係におけるエージェントが先に存在することを前提としている）。研究者が研究のための「装置」 —— 実験器具や方法論の実践 —— をどのように作るかによって，また物質的な現実がどのように装置に特定のものを要求するかによって，「内部 – 作用」は部分的に決定される。エージェンシャル・リアリティというものは，研究の内部 – 作用に現れるものである。研究装置の開発とその後の使用の中で，エージェントは特定の

方法で互いに現実のものとなる。Barad（2007）はこれを「存在論的絡み合い（ontological entanglement）」と呼んでいる。

　このような文献に親しんでいない人にとっては，非人間的エージェンシーという考えは，空想的で意図的に神秘化されたものに聞こえることだろう。しかし，多くの科学哲学者や社会科学の方法論の研究者がこのような理論体系を検討していることには，それなりの理由がある。エージェンシャル・リアリズムの第一の価値は，研究によって世界に関する現実的な事柄が明らかになるのを認める方法を提供することであり，その際に，それらの発見を，何が可能かを全体的に説明するものとして扱わないことである。ある装置を使って行われる研究は，世界における予期せぬ絡み合い，つまり，それまで気づかなかった物事や関係の発見につながることがある。しかし，ニューマテリアリズムによれば，研究は常に別の方法でも実施されることが可能であり，その違いによって，その他の——時には両立しえない——関係性の発見をもたらすこともあり，それも劣らず現実的なものである。ニューマテリアリズム論者は，より良い研究デザインや研究デザインのトライアンギュレーションによって解決できるような誤りや限界に言及しているのではない。彼らは，存在の側面について言及しているのだが，それは原理的に，私たちの探究のプロセスを通じて物質的に構成されるため，単一の表現でそれらを捉える能力を超えている。Barad（2007）が主張するように，世界は，研究の半ばで，私たちの前に立ち現れるのである。

　Barad は，この存在論的な動きを「エージェンシャル」と表現している。この場合のエージェンシーとは，意識や意図を意味しているのではなく，反応性の一つの形態を指している。こうした哲学的な見解によれば，リアリティの本質は，探究において関係性の絡み合いがどのように確立されるかに応じて，異なる反応を示す。知る主体としての研究者のエージェンシーと研究対象は，ともに研究の「内部−作用」において構成される。言い換えれば，私たちの探究は単に知識を生み出すだけでなく，現実を生み出すのである。しかし，この部分が重要なのだが，生成に関与するのは人間だけではない。

　Barad の理論化は，部分的に量子力学的素粒子物理学の分野の発展に触発されたものである。Barad は，素粒子物理学の分野における回折格子実験を用いて，人間以外のエージェンシーや存在論的な内部−作用の意味するところを説明している。これらの実験では，非常に細いスリットが2つ入ったパネルに光を照射する。パネルの向こう側にあるスクリーンに干渉縞が現れることで，光の波動性が確認される。ところが，それぞれのスリットに粒子が通過するのが測定できるよう実験計画を変更すると，波の干渉縞が消えてしまうのである。単純に言い過ぎかもしれないが，光が持つ波動と粒子の両方の性質を一つの実験で捉えることはできないということである。これは，トライアンギュレーションの失敗ではない。光は波動であり粒子であるにもかかわらず，一つの実験でその両方として記録することができないのである。この存在論的な排除の原理は，過去50年間に何度も確認されている（Jacques et al., 2007; Manning, Khakimov, Dall, & Truscott, 2015 参照）。光に関する現実は，私たちが光とどのように内部−作用するかによって変化するのである。

　Barad（2007）によれば，私たちは静的な物体の世界に生きているのではなく，存在

論的にいえば，変幻自在な世界に生きているということである。世界について私たちは正確に説明でき，実際の世界の特徴を記述することはできるが，現実の可能性をすべて把握することはできない。「エージェンシー」は，この論理に適応できる数少ない概念の一つである。人が，優しさや勇敢さや短気など，ある種の具体的な性質を持っていると表現する場合，その性質が文脈に応じて変化することがあり，その一部は，その人のエージェンシーの結果であるとする。Barad によれば，光は一種のエージェンシーを持っていると考えることができる。私たちが光とどのように相互作用するかによって，光の本当の性質は異なってくる。

　しかし，Barad は，私たちが当然視しているエージェンシーの概念に重要な修正を加え，エージェンシーを個々の存在物にではなく，内部－作用自体の特徴として位置づけている。たとえば，人間以外のすべての物体が，意識や意図や人格を含む「エージェンシー」と呼ばれる性質を持っていることを，Barad は示唆しているのではない。私たちは，人間中心主義的な用法でこれらのものを同一視してしまうので，適応するのに多少時間がかかる。Barad の意味する「エージェンシー」は，

　　　所有されるものではない。人や物の所有物ではなく，エージェンシーはむしろ制定されたものであり，絡み合いを再構成する可能性に関する問題である。つまり，エージェンシーとは，自由主義的な意味での選択を指すものではなく，むしろ物質を再構成するのにともなう可能性と責任説明を意味する。それは，物質的な生産についての言説の装置であり，それらの実践によって示される境界のアーティキュレーションと排除を含むものである。(Barad, 2012, p. 54)

　エージェンシーは，内部－作用の過程を通じてのみ分離可能になり，位置づけられる。それゆえ，実際には，自由意志と自立した意識を持つと考えられているエージェントの所有物では決してないのである。

　読者の中には，このように個人の選択という概念から切り離す考え方だと，研究における倫理的責任の必要性に反するのではないかと懸念する人もいるだろう。実際，こうした考え方は，政治色の強い研究者からよく寄せられる反応である。彼らは，自分の行動の結果に対して個人に責任を負わせる能力を後退させることは，体制的な不正に取り組む努力を後退させることになると懸念しているのである。しかし，Barad は，エージェンシャル・リアリズムを，より強固に責任を遂行することを主張するための努力，すなわち，存在としての浸透性，研究のトピックや物事との相互関連性を認識するための努力として捉える。Barad は以下のように記している。

　　　エージェンシーの分離可能性とは，個別化することではない。それゆえ，倫理は，完全に外在化する他者への正しい対応ではなく，私たちがその一部である「生成」の生き生きとした関係性に対する責任と説明責任を意味する。倫理とは，問題となっていること，つまり，新たな構成，新たな主観性，新たな可能性を含む，私たちがその一部を成している，絡み合った物質化に配慮することなのである。（…）そして，

責任とは，応答する能力の問題である。他者の反応に耳を傾けること，私たちが自己と呼ぶものから完全に分離しているわけではない他者に対して反応する義務のことである。このように存在論，認識論，倫理を一緒に考えることで，常に，そしてすでに，倫理的に重要である世界をつくり出すことができる。(Barad, 2012, p. 69)

　このように，認知的な確実性とは対照的に，存在論的な浸透性としての倫理という概念は，アートに基づく研究者にはよく知られたものである。アートに基づく研究者は，冷静な距離を置いて研究を行うという啓蒙的な理想を安易に受け入れることはしない。芸術を実践することは，現象や経験を受け入れるよう育成していくことであるが，それによって変化する危うさの状態をともなう。エージェンシャル・リアリズムは，社会研究における倫理について検討した先述のどの概念よりも，アートに基づく探究実践に適した，研究倫理について考えるための枠組みを，ABR の研究者に提供するように思われる。しかし，このような結論を出す前に，この理論的枠組みの具体的な内容について，より多くのリフレクションが必要である。

ニューマテリアリズムを超えるエージェンシャル・リアリズム

　Barad が素粒子物理学の分野から借用した用語や図解は，研究倫理をより深く考える上で特に有用だと感じているが，Barad の著作では，社会科学のためのエージェンシー・リアリズムの方法論の実践を明確にするという点において，多くは語られてこなかった。しかし，他の研究者たちが，この仕事を引き受けてくれている。この5〜6年の間に，さまざまな分野の研究者が幅広いトピックにエージェンシーの存在論を援用しており，そうした論文が急増している。たとえば，政治の過程（Bennett, 2010），ジェンダー（Braidotti, 2013; Coole & Frost, 2010; Jackson & Mazzei, 2012），エコロジーと環境主義（Braidotti, 2013; Kohn, 2013），医学（Johnson, 2008; Michael & Rosengarten, 2012; Roberts, 2014），教育（Childers, 2013; de Freitas & Sinclair, 2014; Jackson & Mazzei, 2012; Lenz Taguchi, 2010），植民地主義（Lea, 2015; Nxumalo, Pacini-Ketchabaw, & Rowan, 2011）などのトピックがある。私自身，公立学校の人種隔離に関する研究において，このエージェンシーの存在論を人種差別という現象に援用し，教育機関における人種差別をエージェンシーに関する用語で考えられる方法を追究してきた（Rosiek, 2016）。

　エージェンシャル・リアリズムの哲学を社会科学研究に適用する際の中心的な課題の一つは，一般的な知識概念の影響を受けないようにすることであろう。研究を，そのさまざまなあり方とは対照的に，知識を生み出す過程として扱う習慣が深く根付いている。そのため，あたかもエージェンシャル・リアリズムという新しい「より良いことば」による説明を待っていたかのように，人間以外のエージェントを記述することで，以前の習慣に逆戻りする研究を読んでも驚くにはあたらないだろう。たとえば，Jane Bennet（2010）は，アッサンブラージュという Deleuze（ドゥルーズ）のことばを用いて，政治システム内の人間以外のエージェントの活動を記述している。Bennet の仕事には推奨す

第34章　アート，エージェンシー，そして研究倫理　715

べき点が大いにあるが，政治的なアッサンブラージュのダイナミズムを「軌道」を持つものとして述べている（p. 32）。「軌道」は，古典的な物理学の用語であり，慣性運動，すなわち外力によって作動されない限り変化しない運動を意味する。これはまさにエージェンシーの対極にあるもので，私たちのことばによって，知識は主体というオーディエンスの所有物であり，研究対象は受動的であるという人文主義的な概念に引き戻される一例である。この逆流に抵抗する方法を見つけなければ，エージェンシャル・リアリズムが約束する急進的な存在論的展開は失われてしまうだろう。

　同様の哲学的な問題を探究する文献は，他にもある。たとえば，Vine Deloria（1999），Eva Garroutte と Kathleen Westcott（2013），Bill Neidjie（2002），Angayuqaq Oscar Kawagley（2006），Ralph Bunge（1983），Charles Eastman（2003），Gregory Cajete（1994, 2000），Thomas Peacock と M. Wisuri（2011），Makere Stewart-Harawira（2005），George Tinker（2004, 2008），Eduardo Duran と Bonnie Duran（1995），その他多くの研究者が，物質，物体，土地，動物，集団，物語，その他の非人間的存在のエージェンシーについて述べてきた。これらの文献は，非人間的エージェントで満ちている世界にふさわしい，独特の実践と倫理概念を提示している。

　同様に，アメリカのプラグマティズムの哲学者たちは，存在論的に生成するものとしての探究のテーマや，エージェンシャル・リアリズムの一つの形態も探究してきた。John Dewey はトランザクショナル・リアリズムについて書いているが，それには Barad の「内部-作用」の概念と類似点が多くある。さらに印象深いのは，100 年以上前の書物の中で Charles Sanders Peirce が，エージェンシーと探究はこの世界のあらゆる事物の特徴であるという結論に達しており，エージェンシーを持つものとして思考を語っていることである（1974, p. 332）。彼と同時代の第一波フェミニストでプラグマティズムの哲学者である Mary Parker Follett（Pratt, 2011）も，人間を超えたエージェンシーを理論化している。さらに最近では，プラグマティズム哲学の伝統とは言わないまでも，アメリカ的な哲学を書く Alfred North Whitehead（1997）が，エージェンシーは独創的で，その存在自体が特徴的であるという結論に至っている。

エージェンシーと目的

　これらの哲学者や思想家がエージェンシャル・リアリズムの概念を明確にし，それを研究理論に適用する方法には，著しい類似性が見られる。一方で，明らかな違いもある。そのうちの一つは，ABR や社会科学研究全般における倫理というトピックにきわめて重要であると考えられるもので，エージェンシーを決定的に特徴づけるものは目的であるという考え方である。アメリカ土着の哲学者である Peirce や Whitehead は，非人間的エージェンシーの顕著な特徴として，「目的」に似たものを挙げている。Peirce 哲学の著名な論者である T. L. Short（2007）が論じているのは，表現を変えただけの記述的な別のリアリズムに陥らないためにも，エージェントの存在論はエージェントに関連する目的の概念を必要とするという点である。

716　第Ⅷ部　留意点

私は過去の経験から，「目的」ということばが，ある種の人々を躊躇させることを知っている。このことばには擬人化された響きがあり，おそらく「エージェンシー」ということばよりもそうだろう。しかし，読者には少し辛抱していただきたい。ここでいう「目的」とは，意識的な目的や意図，言語的に表現された目標とは異なるものである。そうではなく，Short（2007）は「目的」を，（狭義に規定された秩序とは対照的に）一般的な秩序形態を求める秩序化の活動の一形態と定義している。たとえば，サクラの種は，環境物質をサクラの木という一般的な秩序に組織化する。種の目的は，ここに枝があり，ここに根がある，というような特定の木を作り出すことではない。そうではなく，その目的は，サクラの木という一般的な形をしたものを生み出すことである。土や天候などの状況的な要因との内部−作用によって，特定の木の形や大きさが決まる。同様に，アイデアやストーリーも，それ自体がエージェンシーを持つことがある。それは，人々の知覚や感情や思考を一般的な方法で組織化することができるが，その具体的な影響力は，常にそれを受け取る側の状況に依存する。Short によれば，アイデアやストーリーは，現象を分離可能なエージェントとして区別する明確な秩序形態を確立しようとする。

　ここでは，Short（2007）が論じた，エージェンシーと目的の間に必要な関連性の詳細に触れることはしない[2]。その代わりに，エージェンシーについてこのように考えることによって，社会科学研究における倫理の概念をいかに拡げることができるかに焦点を定めたい。このような考え方が，公立学校における人種隔離に関する私自身の研究で，倫理的なリフレクシビティにどのように反映されたかを振り返ることで，その有用性を説明したい。

　私たちの社会における人種差別をどのように分析し，それにどう対応するかに関して，現代には多くの概念がある。それぞれの概念には，基礎となる存在論があり，そして，反人種差別研究の実践への示唆がある。たとえば，一部の研究者や活動家は，人種差別的な態度や行動の責任は個人にあると認める必要性を強調している。しかし，この個人主義的な見方は他の研究者によって批判されている。彼らは人種差別を主として制度的な現象と捉え，人種差別に基づく資産価値の偏りや，銀行によってレッドライン化された地域，学校の人種隔離といった，社会におけるマクロ構造の物質的不平等に存在するものとみなす。このように人種差別を構造的に理解することは，今度は，過度にマテリアリズム的であると批判される。このように批判している人たちは，人種差別が主に言説的な現象であり，その現象は何よりもまず，人種は社会的に区分されるという考え方によって決定されるものとする。この第三の見解によれば，公的な言説で人種の差異に基づくカテゴリーが自然化されることによって，物質的な不平等性や個人の偏見が明らかになるという。

　人種に基づく不平等性の問題を分析する研究者が直面している中心的かつ持続的な課題の一つは，先述の各レベルの分析がそれぞれ，私たちの世界で人種差別がどのように機能しているかについて，何か現実的かつ重要なものを捉えているように見えるという

2　これについては，Short の非常に優れた著書『Peirce's Theory of Signs』（2007），特に pp. 86-144 を参照されたい。

点である。また，それらは相互に排他的であるようにも思われる。つまり，それぞれが人種差別の異なる側面を第一義とし，他は派生的なものと主張しているのである。それぞれ，人種差別の抑圧についての書き方や，私たちが擁護する実践や政策の種類に違いを求めている。言い換えれば，それぞれが異なる方法で人種差別という現象に存在論的に，そして倫理的に絡み合うことを要求しているのである。

　エージェンシャル・リアリズムは，人種差別のリアリズムを捨てることなく，人種差別の真実を一つだけ特定するという認識論的な期待をはねつけるために，概念的なことばを提供する。光の波動と粒子の特徴を同時に研究することはできないとわかったのと同様に，人種差別も，個人の行動，社会の構造的・物質的特徴，そして言説の過程において現実化するとはいえ，他の見解のリアリズムを最小限に抑えなければならないと感じる必要はないのである。エージェンシャル・リアリズムによって，人種差別をエージェントとして理解する可能性がひらかれる。このエージェントの活動は，これを記述する一つの理論の力を超えてくる。

　人種差別において秩序化する活動は，人種差別化された社会的ヒエラルキーを生み出すという点で，かなり容易に特定できる。たとえば，法規範や金融機関から，比喩の使用や他者への無意識の反応，マイクロアグレッシブな個人的交流，そして知識と呼ばれるものの基準まで，あらゆるものにおいて人種差別は機能している。人種差別は，根本的に，どこかの場所に他の場所よりも存在するのではなく，すべての場所に潜在的に存在する変幻自在な現象である。ある場所では人種差別が明るみに出て反対されるが，人種差別が一目瞭然に行われている場所もある。エージェンシャル・レイシズムの根底には秩序化の活動があり，それは安定した状態を保っている。それは，人種差別を研究し，人種差別に立ち向かうための一貫した分析単位を提供する。

　このような秩序化の活動に，研究者はどのように関与しているのだろうか。エージェンシャル・レイシズムに関する言説的な表出には，人種差別に抵抗する手段としてしばしば展開されている社会理論さえも含まれる。たとえば，暗黙の人種差別的偏見 (Brosch, Bar-David, & Phelps, 2013) のような事象に基づく心理学研究は，個人の人種差別的態度を客観的に明らかにすることができる。しかし，このような研究プログラムは，人種差別の偏見に関する個人的側面だけに，私たちが対応可能な範囲を狭めてしまう。その結果，この枠組みを重視した人種差別に関する研究は，人種差別のマクロな構造的・制度的特徴の多くを事実上不可視化することになりかねない。このように，人種差別のエージェンシーは，反人種差別的な心理学者の仕事を利用し，抑圧を改善しようとする研究者の努力を，まったく逆のものに変えてしまうことがある。

　研究への批判的なアプローチも，このような不本意な共犯関係と無縁ではない。制度化された人種差別の構造的な性質を批判的アプローチによって分析すると，人種差別の抑圧に関する現実的かつ重要な特徴が明らかになる。しかし，批判理論の論者は，社会的階層化が持つ独特な人種差別的性質に注意を向けようとする声を封じるための口実として，人種差別が階級的抑圧の副産物であると主張することで有名である。同様に，人種差別の本質主義に対するポスト構造主義の批判は，現代の反抑圧的な活動の重要な一部となっている。しかし，これらの批判は，全体化の極限に達しており，個人の経験に

基づいた人種差別のいかなる議論も素朴なものとして無効化するために用いられてきた。このように，批判理論やポスト構造主義の反人種差別は，皮肉にも人種差別の沈黙の道具となっている。

　このことは，エージェンシー・リアリズム論者が研究を理解しようとする際に，真に不安になるところである。それは，人種差別の抑圧に関する真実の出所として特権を持つ単一の理論に排他的に依拠することで，私たちが人種差別の社会的に秩序化された活動の道具となりやすいことを浮き彫りにしている。言い換えれば，エージェンシーの現象としての人種差別は，研究者の主体そのものを巻き込み，私たちの思考や分析を自らの人種差別化活動に捻じ曲げるというパターンを持っているのである。人種差別に関する単一の理論では，このようなリスクから私たちを遠ざけることはできない。反人種差別に関する研究は，そのゴールとして最終確認を求めるのではなく，私たちを取り巻く，さらには私たちを通じての人種差別の動きに敏感になり，柔軟で活発な対応のために，感性的な能力と認知的な能力の両方を構築することを目的とすべきである。

　人種差別の思弁的な存在論については，まだまだ述べることができる。しかし，それは本章の目的ではない。重要なのは，エージェンシャル・リアリズムが，社会研究の目標と倫理の両方に関する概念を深く再構成する，その方法を強調していることである。それは，私たちの表現活動が，知る主体としての私たち自身の構成と，私たちが理解しようとする社会世界の進行中の構成の両方に結果をもたらす方法に注目させるのである。

エージェンシャル・リアリズムと社会探究の倫理

　認識論的な探究の目的から存在論的な探究の目的に移行することによって，研究倫理について考えるべき方法が再構築され，拡大される。エージェンシャル・リアリズムが示唆しているのは，ある現象をあらわす表現が他より優れているのを確認することが，私たちの探究の目的ではないということである。そうではなく，私たちの研究には，存在論的に本質的で実行的な側面があるということだ。私たちの研究デザインと実践が，研究する現象を構成し，それが今度は，私たちを主体として構成するという方法である。
　他でも述べているように，

> 　Barad のことばを借りれば，これらの絡み合いは，倫理的に示唆するところがある。というのは，それらには結果があり，またそうでない可能性も常にあるからである。このように，あらゆる探究は，現在の状況に関する概念だけでなく，物事がどのようにありうるか，またどのようにあるべきかという未来性に関する概念によっても組織されるものである。(Rosiek, 2016, p. xxvi)

　これは，ABR の研究者にとって新しい領域ではない。アートは常に，世界における存在の新しいあり方を生成するものであった。主に認識論的な研究の概念は，ABR には常に適合しない。認識論的な言説は正確さについての議論に向かう傾向があり，正

確さと信頼性の基準は，アートが提供する革新的な仕事とは相反することがよくある。エージェンシャル・リアリズムは，研究が持つ機能は，単に知識を生産することではなく，またどの表現が正しいかを議論することでもないという研究概念を提供している。つまり，私たちの探究や知識を獲得する方法が，世界における倫理的な絡み合い——存在のあり方——を生み出すのである。そしてそれは，世界の正しい姿に忠実であるかどうかや，形式的な美的性質によってではなく，経験や存在の可能性という観点から判断されなければならないのである。研究の目的に対するこのような考え方は，発見や新事実のレトリックよりも，アートの世界にはるかに適している。単に世界をありのままに描写するのではなく，現代の職業や社会的課題との新たな絡み合いの可能性を人々に想像させるような学問への道をひらくものである。

　社会研究における倫理についてより強固な概念を求めるこれらの主張は，ABRだけでなく，すべての研究に適用可能であることに留意することが重要である。研究はすべて，存在論的に生成されるものであり，それが生み出す存在論的な絡み合いの質に対して責任を負うものと考える必要がある。これらの新たな哲学的枠組みが科学者や社会科学者の研究に適用される限り，それらは単なる世界についての洞察ではなく，世界に存在する方法を提供するアーティストとして判断される必要がある。教育現象は実証主義的な記述によって，そのパターンが有用なやり方で明らかにされるが，それは同時に，倫理的に関わりを持たない，世界の見物客として私たちを構成する。エージェンシャル・リアリズムは，私たちにこう問いかける——見物客になることは，どのような倫理的な結果をもたらすのか。

　ABRの研究者は，ここで，多少ヘゲモニー的な野心を抱いてしまうかもしれない。アーティストやABRの研究者は，研究の対象や経験を生み出す効果について，この種の批判的な議論に最も精通している人たちである。したがって，私たちは，すべての研究における責任と質に対して，存在論的・倫理的に期待される次世代の発展に貢献すべき立場にある。私たちは，求められるのを待つべきではない。私たちは当然のこととして，こうした批判的な判断を提示すべきである。研究はすべて，間違いなく存在論的に生成されたABRの一形態であり，そのうちのいくつかはまさに不快なアートであると主張すべきなのである。

　最後になるが，エージェンシャル・リアリズムは，研究者が探究によって変容し，エージェント双方がその絡み合いの中で構成されるという考えを含んでいる。このような変容は，改良であり喜びの元となりうるが，人種差別のエージェンシーの性質に関するコメントで説明を試みたように，必ずしも快いものでも有益なものでもない。世界が私たちの存在のあり方を生み出す上で何らかのエージェンシーを持っていることを認めると，リスクがともなう。このことは，ABRの研究者がエージェンシャル・リアリズムの研究実践に貢献する何か大切なものを持っているという最も重要な点であろう。私たちは，このような類の危うさに慣れ親しみ，それを実践してきた。アーティストやABRの研究者は長い間，メディアの物質性が私たちに及ぼす変化に対して感受性を養うことを重視してきた。John Dewey（2005）が『Art as Experience（経験としての芸術）』の中で述べているように，アーティストはただ彫刻の素材を形成するのではない。

素材は，形を押し付けようとするアーティストの努力に抵抗し，その質感や性質に応じた特定の習慣を身につけることを要求する。そうすることで，素材はアーティストをも形づくるのである。このことに向き合うには，実存的な勇気，つまり，自分が何者になるかわからないうちに，自分がどうあるべきかを手放そうとする意志が必要なのである。ABR の研究者は，倫理に関するリフレクシビティの概念を発展させることに貢献できる何か重要なものを持っており，これらの概念はエージェンシャル・リアリズムの研究デザインに比類なく適合すると，私は信じている――アートに基づく教育研究者だけでなく，すべての教育研究においてである。

　このようにして，エージェンシャル・リアリズムは，ABR の言説を方法論についての議論の中心に置く。理論に関するこのような動きは，その変革の約束が実現されるならば，ABR を必要とするだろう。ABR の研究者の多くは，すでにこれらの新しい理論の有用性を追究し，それらが提示する責任について拡張させた概念を取り上げ，社会研究のための新しい可能性をひらいている。このような研究を行う私たちは，それがどうなるかを知ることはできない。エージェンシャル・リアリズムはおそらく，私たちがまだ想像もつかないようなものになるプロセスに，社会科学者が意図的に乗り出すことを可能にするのだろう。あるいは，こうした新しい哲学的展開の変革の可能性は，抵抗によって鈍化し，知識を記述的権威として扱う使い古された慣習に再び同化してしまうかもしれない。歴史は，私たちが楽観的でいられる理由をあまり与えてくれない。それは認めざるを得ない。

　しかし，楽観的でなくても，野心を持つことは可能である。私たちは，単に世界を正確に描写するよりも広範な倫理的責任を，研究において意図的に引き受けることができる。私たちは，条件が整えば，変化した未来の望ましい姿と，変革をもたらすことの難しさを示す歴史的証拠を天秤にかけてもよいと認めることができる。そして，この可能性が私たちのリスクと努力に値する善であることを認めることができるのだ。

＊訳注
1. 植民地化や抑圧に屈せず，先住民が生き残っていく様を描く物語で，その文化と伝統の回復力と永続性について，また，先住民の慣習や価値観の存続について語られたもの。
2. 心理学や教育学などの研究領域，また，それらの領域が交差する研究分野においては，人間が行為する際の主体性，あるいは，それらの行為を可能にする能力を指す。

文献

Alaimo, S., & Hekman, S. J. (Eds.). (2007). *Material feminisms*. Bloomington: Indiana University Press.

Au, W. (2007). High-stakes testing and curricular control: A qualitative metasynthesis. *Educational Researcher, 36*(5), 258–267.

Au, W. (2011). Teaching under the new Taylorism: High-stakes testing and the standardization of the 21st century curriculum. *Journal of Curriculum Studies, 43*(1), 25–45.

Barad, K. (2007). *Meeting the universe halfway: Quantum physics and the entanglement of matter and meaning.* Durham, NC: Duke University Press.

Barad, K. M. (2011). Nature's queer performativity. *Qui Parle: Critical Humanities and Social Sciences, 18*(2),

121–168.

Barad, K. (2012). Interview with Karen Barad. In R. Dolphijn & I. van der Tuin (Eds.), *New materialism: Interviews and cartographies* (pp. 48–70). Ann Arbor, MI: Open Humanities Press.

Barone, T. (2000). *Aesthetics, politics, and educational inquiry.* New York: Peter Lang.

Barone, T. (2001a). Science, art, and the predispositions of educational researchers. *Educational Researcher, 30*(7), 24–28.

Barone, T. (2001b). *Touching eternity.* New York: Teachers College Press.

Barone, T. (2003). Challenging the educational imaginary: Issues of form, substance, and quality in filmbased research. *Qualitative Inquiry, 9*(2), 202–217.

Barone, T. (2007). A return to the gold standard?: Questioning the future of narrative construction as educational research. *Qualitative Inquiry, 13*(4), 454–470.

Barone, T., & Eisner, E. (2010). *Arts based research.* Thousand Oaks, CA: SAGE.

Bell, D. A. (1992). *Faces at the bottom of the well: The permanence of racism.* New York: Basic Books.［ベル，D.，中村輝子（訳）（1995）．人種主義の深い淵 —— 黒いアメリカ・白いアメリカ　朝日新聞社］

Bennett, J. (2010). *Vibrant matter: A political ecology of things.* Durham, NC: Duke University Press.

Boydell, K. M., Volpe, T., Cox, S., Katz, A., Dow, R., Brunger, F., et al. (2012). Ethical challenges in artsbased health research. *International Journal of the Creative Arts in Interdisciplinary Practice, 11*(1), 1–17.

Braidotti, R. (2013). *The posthuman.* Cambridge, UK: Polity Press.［ブライドッティ，R.，大貫菜穂ほか（訳）（2019）．ポストヒューマン —— 新しい人文学に向けて　フィルムアート社］

Brayboy, B. M. J. (2005). Toward a tribal critical race theory in education. *Urban Review, 37*(5), 425–446.

Brosch, T., Bar-David, E., & Phelps, E. A. (2013). Implicit race bias decreases the similarity of neural representations of Black and White faces. *Psychological Science, 24*(2), 160–166.

Bunge, R. (1983). *American urphilosophie: An American philosophy before pragmatism.* Lanham, MD: University Press of America.

Cahnmann-Taylor, M., & Siegesmund, R. (Eds.). (2008). *Arts-based research in education: Foundations for practice.* New York: Routledge.

Cajete, G. (1994). *Look to the mountain: An ecology of indigenous education.* Durango, CO: Kivakí Press.［カヘーテ，G.，塚田幸三（訳）（2009）．インディアンの環境教育　日本経済評論社］

Cajete, G. (2000). *Native science: Natural laws of interdependence.* Santa Fe, NM: Clear Light.

Carroll, N. (2000). Art and ethical criticism: An overview of recent directions of research. *Ethics, 110*(2), 350–387.

Chappell, S. V., & Cahnmann-Taylor, M. (2013). No child left with crayons the imperative of arts-based education and research with language "minority" and other minoritized communities. *Review of Research in Education, 37*(1), 243–268.

Childers, S. M. (2013). The materiality of fieldwork: An ontology of feminist becoming. *International Journal of Qualitative Studies in Education, 26*(5), 599–609.

Clough, P. T., & Halley, J. O. (Eds.). (2007). *The affective turn: Theorizing the social.* Durham, NC: Duke University Press.

Coole, D. H., & Frost, S. (Eds.). (2010). *New materialisms: Ontology, agency, and politics.* Durham, NC: Duke University Press.

Coulter, C., & Smith, M. (2009). The construction zone: Literary elements in narrative research. *Educational Researcher, 38*(8), 577–590.

de Freitas, E. (2008). 39 Interrogating reflexivity: Art, research, and the desire for presence. In J. G. Knowles & A. L. Cole (Eds.), *Handbook of the arts in qualitative research: Perpectives, methodologies, examples, and issues* (pp. 469–476). Thousand Oaks, CA: SAGE.

de Freitas, E., & Sinclair, N. (2014). *Mathematics and the body: Material entanglements in the classroom.* New York: Cambridge University Press.

Delgado, R. (1989). Storytelling for oppositionists and others: A plea for narrative. *Michigan Law Review, 87*(8), 2411–2441.

Deloria, V. (1999). *Spirit and reason: The Vine Deloria, Jr., reader.* Golden, CO: Fulcrum.

Deloria, V. (2012). *The metaphysics of modern existence.* Golden, CO: Fulcrum.

Dewey, J. (2005). *Art as experience.* New York: Perigee.［デューイ，J.，栗田修（訳）（2010）．経験としての芸術　晃洋書房］

Duran, E., & Duran, B. (1995). *Native American postcolonial psychology.* Albany: State University of New York Press.

Eastman, C. A. (2003). *The soul of the Indian.* New York: Dover.

Eisner, E. W. (1988). The primacy of experience and the politics of method. *Educational Researcher, 17*(5), 15–20.

Eisner, E. W. (1998). *The enlightened eye: Qualitative inquiry and the enhancement of educational practice.* Upper Saddle River, NJ: Merrill.

Emerson, R. W. (1849). *Nature.* Boston: Munroe.［エマソン，R. W.，斎藤光（訳）（2015）．自然について　日本教文社，所収］

Finley, S. (2011). Critical arts-based inquiry. In N. K. Denzin & Y. S. Lincoln (Eds.), *The SAGE handbook of qualitative research* (pp. 435–450). Los Angeles: SAGE.

Finley, S. (2014). An introduction to critical arts-based research: Demonstrating methodologies and practices of a radical ethical aesthetic. *Cultural Studies ↔ Critical Methodologies, 14*(6), 531–532.

Finley, S., Vonk, C., & Finley, M. L. (2014). At Home At School: Critical arts-based research as public pedagogy. *Cultural ↔ Critical Methodologies, 14*(6), 619–625.

Garroutte, E., & Westcott, K. (2013). The story is a living being: Companionship with stories in Anishinaabe studies. In J. Doefler, N. J. Sinclair, & H. K. Stark (Eds.), *Centering Anishinaabeg studies: Understanding the world through stories* (pp. 61–80). East Lansing: Michigan State University Press.

Gaut, B. (2000). Art and ethics. In B. Gaut & D. M. Lopes (Eds.), *The Routledge companion to aesthetics* (pp. 341–352). New York: Routledge.

Giovannelli, A. (2013). Ethical criticism in perspective: A defense of radical moralism. *Journal of Aesthetics and Art Criticism, 71*(4), 335–348.

Green, S., Kearbey, J., Wolgemuth, J., Agosto, V., Romano, J., Riley, M., et al. (2015). Past, present, and future of assessment in schools: A thematic narrative analysis. *Qualitative Report, 20*(7), Article 11.

Hanley, M. S., & View, J. L. (2014). Poetry and drama as counter-narrative. *Cultural Studies ↔ Critical Methodologies, 14*(6), 558–573.

Hendry, P. M. (2010). Narrative as inquiry. *Journal of Educational Research, 103*, 72–80.

Jackson, A. Y., & Mazzei, L. A. (Eds.). (2008). *Voice in qualitative inquiry: Challenging conventional, interpretive, and critical conceptions in qualitative research.* London: Routledge.

Jackson, A. Y., & Mazzei, L. A. (2012). *Thinking with theory in qualitative research: Viewing data across multiple perspectives.* New York: Routledge.

Jacques, V., Wu, E., Grosshans, F., Treussart, F., Grangier, P., Aspect, A., & Roch, J.-F. (2007). Experimental realization of Wheeler's delayed-choice Gedanken experiment. *Science, 315*, 966–968.

Johnson, E. (2008). Simulating medical patients and practices: Bodies and the construction of valid medical simulators. *Body and Society, 14*(3), 105–128.

Kawagley, A. O. (2006). *A Yupiaq worldview: A pathway to ecology and spirit* (2nd ed.). Long Grove, IL: Waveland Press.

Kirby, V. (2011). *Quantum anthropologies: Life at large.* Durham, NC: Duke University Press.

Kohn, E. (2013). *How forests think: Toward an anthropology beyond the human.* Berkeley: University of California Press.［コーン，E.，近藤祉秋・二文字屋脩（訳）（2016）．森は考える ——人間的なるものを超えた人類学　亜紀書房］

第 34 章　アート，エージェンシー，そして研究倫理　│　723

Kristoff, N. (2014, November 2014). When Whites just don't get it, Part 4. *New York Times*. Retrieved from www.nytimes.com/2014/11/16/opinion/sunday/when-whites- just- dont-get-it-part-4.html.

Kuhn, T. S. (2012). The structure of scientific revolutions (4th ed.). Chicago: University of Chicago Press. ［クーン，T. S.，青木薫（訳）（2023）．科学革命の構造（新版）　みすず書房］

Lather, P. (2007). *Getting lost: Feminist efforts toward a double(d) science*. Albany: State University of New York Press.

Latour, B. (2004). Why has critique run out of steam?: From matters of fact to matters of concern. *Critical Inquiry, 30*(2), 225–248.

Latour, B. (2007). *Reassembling the social: An introduction to actor-network- theory*. Oxford, UK: Oxford University Press. ［ラトゥール，B.，伊藤嘉高（訳）（2019）．社会的なものを組み直す ── アクターネットワーク理論入門　法政大学出版局］

Lea, T. (2015). What has water got to do with it?: Indigenous public housing and Australian settler-colonial relations. *Settler Colonial Studies, 5*(4), 375–386.

Leavy, P. (2008). *Method meets art: Arts-based research practice*. New York: Guilford Press.

Leavy, P. (2013). Fiction and critical perspectives on social research: A research note. *Humanity and Society, 36*, 251–259.

Lenz Taguchi, H. (2010). *Going beyond the theory/practice divide in early childhood education: Introducing an intra-active pedagogy*. London: Routledge.

MacLure, M. (2013). Researching without representation?: Language and materiality in post-qualitative methodology. *International Journal of Qualitative Studies in Education, 26*(6), 658–667.

Manning, A. G., Khakimov, R. I., Dall, R. G., & Truscott, A. G. (2015). Wheeler's delayed-choice Gedanken experiment with a single atom. *Nature Physics, 11*, 539–542.

Marx, K., & Engels, F. (1845/2006). Theses on Feuerbach. In W. Lough (Trans.), *Marx/Engels selected works* (Vol. 1, pp. 13–15). Moscow: Progress.

McKenna, E., & Pratt, S. L. (2015). *American philosophy: From Wounded Knee to the present*. London: Bloomsbury.

Michael, M., & Rosengarten, M. (2012). Medicine: Experimentation, politics, emergent bodies. *Body and Society, 18*(3-4), 1–17.

Neidjie, B. (2002). *Gagadju man*. Marlston, Australia: JB Books.

Nxumalo, F., Pacini-Ketchabaw, V., & Rowan, M. (2011). Lunch time at the child care centre: Neoliberal assemblages in early childhood education. *Journal of Pedagogy, 2*(2), 195–223.

Peacock, T. D., & Wisuri, M. (2011). *Ojibwe waasa inaabidaa =: We look in all directions*. Saint Paul: Minnesota Historical Society Press.

Peirce, C. S. (1974). *The simplest mathematics* (C. Hartshorne & P. Weiss, Eds.). Cambridge, MA: Belknap Press of Harvard University Press.

Polesel, J., Rice, S., & Dulfer, N. (2014). The impact of high-stakes testing on curriculum and pedagogy: A teacher perspective from Australia. *Journal of Education Policy, 29*(5), 640–657.

Pratt, S. (2011). American power: Mary Parker Follett and Michel Foucault. *Foucault Studies, 11*, 76–91.

Roberts, C. (2014). The entanglement of sexed bodies and pharmaceuticals: A feminist analysis of early onset puberty and puberty-blocking medications. *Subjectivity, 7*(4), 321–341.

Rosiek, J. L. (2013a). Beyond the autoethnography vs. ironist debates: Using Charles Sanders Peirce and Cornel West to envision an alternative inquiry practice. In N. Denzin & M. Giardina (Eds.), *Global dimensions in qualitative inquiry* (pp. 157–180). Walnut Creek, CA: Left Coast Press.

Rosiek, J. L. (2013b). Pragmatism and post-qualitative futures. *International Journal of Qualitative Studies in Education, 26*(6), 692–705.

Rosiek, J. (2016). Critical race theory, agential realism, and the evidence of experience: A methodological and theoretical preface. In J. Rosiek & K. Kinslow (Eds.), *Resegregation as curriculum: The meaning of the new segregation in U.S. public schools* (pp. xiii–xlviii). New York: Routledge.

Rosiek, J., & Kinslow, K. (2016). *Resegregation as curriculum: The meaning of the new segregation in U.S. public schools*. New York: Routledge.

Sabzalian, L. (in press). *Survivance storytelling: Tribal crit theory and the education of educators*. New York: Routledge.

Saldaña, J. (1998). Ethical issues in an ethnographic performance text: The "dramatic impact" of "juicy stuff." *Research in Drama Education: Journal of Applied Theatre and Performance, 3*(2), 181–196.

Saldaña, J. (2014). Blue-collar qualitative research: A rant. *Qualitative Inquiry, 20*(8), 976–980.

Scott, J. (1981). The evidence of experience. *Critical Inquiry, 17*(4), 773–797.

Short, T. L. (2007). *Peirce's theory of signs*. Cambridge, UK: Cambridge University Press.

Sinding, C., Gray, R., & Nisker, J. (2008). Ethical issues and issues of ethics. In J. G. Knowles & A. L. Cole (Eds.), *Handbook of the arts in qualitative research: Perspectives, methodologies, examples, and issues* (pp. 459–467). Los Angeles: SAGE.

Stewart-Harawira, M. (2005). Cultural studies, Indigenous knowledge and pedagogies of hope. *Policy Futures in Education, 3*(2), 153–163.

Tinker, G. E. (2004). *Spirit and resistance: political theology and American Indian liberation*. Minneapolis, MN: Fortress Press.

Tinker, G. E. (2008). *American Indian liberation: A theology of sovereignty*. Maryknoll, NY: Orbis Books.

Tolstoy, L. (2009). *The Kreutzer sonata and other stories* (L. Maude, A. Maude, & J. D. Duff, Trans.; R. F. Gustafson, Ed.). Oxford, UK: Oxford University Press. (Original work published 1889)

Watts, V. (2013). Indigenous place-thought and agency amongst humans and non-humans (First Woman and Sky Woman go on a European world tour!). *Decolonization: Indigeneity, Education and Society, 2*(1), 20–34.

West, C. (1993). *Beyond eurocentrism and multiculturalism: Vol. 1. Prophetic thought in postmodern time*. Monroe, ME: Common Courage Press.

Whitehead, A. N. (1997). *Science and the modern world: Lowell Lectures, 1925*. New York: Free Press.

Woo, Y. Y. J. (2008). Engaging new audiences: Translating research into popular media. *Educational Researcher, 37*(6), 321–329.

第35章

教育方法としての美に基づく研究

「知っていること」と「未知であること」の相互作用で「見ること」を
拡張する

● リオラ・ブレスラー（Liora Bresler）

訳：蔡 豊盛

あなたは今，あなた自身の興味，習慣，思考様式，学術的なテクストや教育・学習への反応などをもって本書に取り組みはじめたところである。この出会いで何を得たいのか，何を与えられるのか。どれくらいの時間をそれに割いたか。椅子や大きなボール，床などに支えられたあなたの姿勢は，読書にゆとりを持って集中できるようにあなたを支えているだろうか。どのような種類の知っていることを，そして同じくらい重要なこととして，どのような種類の*未知であること*（unknowing）を，あなたは持ってこの場にいるだろうか。**図 35.1** に示したようなイメージに触れることで，文字で書かれた文章とは異なる種類の誘いかけが起こるだろうか。これらの異なるテクストは，あなたに何を語りかけるだろうか。あなたはそれらにどのような反応を返すだろうか。私のアートベース・リサーチ（ABR）の教育方法の根底にあるのはこれらの問いである。

本書の別の章では，文章を中心とした教育方法としての ABR を議論している。本章は，私自身と，さまざまな環境での口頭や論文を通したコミュニケーションによる何百人もの学生の，生きられた経験の成果なのである。私の願いは，単に一つの文章を読むことではなく，皆さんの生きられた経験と相互作用し，さらに多様な環境での経験を促進することである。ABR の教育方法は，知っていることと*未知であること*を重ねることで，見る力を強化することを目的としている。学際的な経験を通じて感性を高め，存在感を示し，既成知識のままで良しとする風潮に風穴を開けることを目的としている。

ABR の教育方法の素材である美的テクストは，意味の多層性を呼び起こす。本章で紹介する絵を用いて私がもたらす意味の多層性は，隠喩的であり，教育的であり，個人的であり，それらすべてが互いに作用し合っている。この絵は複数の共鳴点を持っている。それには，「美とカリキュラム」という授業の中で学生たちがこの絵に反応して，それぞれが各層の意味づけを共有した記憶を通して構造と創発の弁証法を視覚化したということから，この絵の作者である美術教育学者でアーティストの Terry Barrett と私との慈愛に満ちた関係まで含まれる。私がこの絵に最初に惹かれたのは，網目の中に置かれた形がなす相互作用であった。有機的で幾何学的な形は，私の研究という旅の生きら

726　第Ⅷ部　留意点

図 35.1 Terry Barrett による《サンキュー・マティス（Thank You Matisse）》。紙にアクリル，12 インチ × 12 インチ（約 30.5 cm × 30.5 cm）

れた経験を表現しており，学問が持つ網目状の構造に捕らえられた，ギザギザしたりゆらゆらしたりするものは，ある時は網目の中に沈み，ある時は網目を越えて動き，単独のものもあれば，他の形と交わって相互に肥大化しているものもある。

　Terry が作ったカラフルな姉妹作品は，同じようにくねくねとした遊び心のある形をしているが，鮮やかな黄色，ライムグリーン，赤，青が網目を越えて踊っているもので，私の自宅兼オフィスのデスクのすぐ上に飾られている。私は（本章がいま命を吹き込まれている）コンピュータの画面から目を上げ，さまざまな形が網目と戯れ，正方形の上で何も塗られていない場所を探している様子をしばしば観察している。今のように，浮かんだアイデアを整理して，ちょうどいい言葉を探すのに苦労しているときでも，何らかの構造があり安全であることをこの絵は伝えてくれる。その構造の中で，ABR の教育方法は，コミュニティ的関係や個人的関係の諸層の中に探索のための空間を作り出す。ここには，ある程度の遊び，孤独，孤立があり，活力や好奇心，時には発見の喜びと釣り合いのとれた絶望や落胆をともなう相互作用がある。

　ABR の解釈の幅が広いことは，21 世紀初頭に多く出版された ABR に関する文献から見てとることができる（有名な著作としては，Barone & Eisner, 2006; Cahnmann & Siegesmund, 2008; Irwin & de Cosson, 2004; Knowles & Cole, 2008; Leavy, 2015; Saldaña, 2005; Sullivan, 2005）。私は，ABR を明確なジャンルとしてではなく，知覚，概念化，意味づけ，共感的理解を養うための美的関与を利用する方法論として捉えている（Bresler, 2005）。本章で紹介する ABR の教育方法には，複数の文脈，場面，目的がある。すべての基本になっているのは，鑑賞者または制作者の役割で，アート作品（広義の概念）との共鳴を通じて，自分の外側の世界と内側の世界の風景を見，聞き，理解の拡大を熱望しているということ

である。この共鳴は，研究テーマに対する私たちの反応と同様，認知的，身体的，そして感情的な，調和と不調和の両方の反応を生み出す。あるものは瞑想的であり，あるものは共同体的であり，またあるものは文章を書くことに関わるものである，こうした出会いが起こるような多重的な企てを通じて，個人的・学術的な仕事に対する知識と対話する知覚を強化することができるのである。

　これらの教育方法には，既成の知識を捨てて，発見や新鮮な洞察を可能にする*未知であること*や*初心*という概念が不可欠である。注意深く観察し，長時間取り組むことで，観察した対象だけでなく，私たち自身の価値観や「メガネ」，感情，知的な反応など，自己についての認識を明らかにすることができるのである。私はこの章を，まずABR の教育方法の可能性について述べることから始める。「見ること」の強化のために美とアートの授業に私が組み込んだ ABR の活動を簡単に紹介した後，質的研究コースにおける教育方法を拡大し，ABR の教育方法によって得られるタイプの洞察を表現している学生の作品例とともに，具体的なカリキュラムの活動を論じることにする。本章最後の部分では，学生を作り手として巻き込む ABR の教育方法について言及する。このような ABR の経験は，私たちが出会うものへのガイドラインになり，同時に私たちが誰であり，何を目指しているのかについての理解を深めるコンパスのような役割を果たすだろう。

「教えることができないこと」を育む

　研究の主要な道具は研究者自身であるということを認めるならば，私たち自身が最高の道具となるために，私たちが何者であるかという問題と取り組む責任がともなう。育むとは，価値ある知識や技術を伝えることだと解釈することもできる。しかし，それと同じくらい重要なのは，私たちが何者であり，吸収し，内面化している知識や価値観はどのようなものであるかを，意識的に育成することである。ダンス教育者の Sue Stinson（2009）は，高校・大学時代に聴く音楽は，生涯を通じて最も心に響く音楽であると指摘している。それと同じことで，Stinson は，私たちが博士課程で出会った理論は，研究者人生を通じて共鳴しつづけることを示唆している。この永続的な共鳴は，大学院で得た経験や感性にも同様に当てはまると私は考えている。研究者・教育者としての私たちの役割は，自分たちの無知（ignorance）やそれに類するものたち（迷いや悩み）と，より親密で友好的な関係を育むことであり，私たちを新しい場所に連れていってくれるそれらの能力を尊重することだと提案したい。この旅は，ゆっくりとした持続的な取り組み，多少の「ギザギザ」，そして時折訪れる山や谷など，多様なリズムを必要とし，それを尊重するものである。

　私は教育職に就いて以来，知覚の強化，純粋かつ創造的な問いへの嗜好，*未知であること*への寛容さと感謝，そして出会ったものに対して全身全霊で応答できる能力を養うことといった「教えることが可能であるもの」について取り組んできた。そこで，アートが触媒として機能することがわかったのである。そのために，自己の内側と外側の世

界の対話への関わりを促進するものとして，アートを活用するようになった。シラバス
を考える過程でも，実際に教える過程でも，「（自分が何を一番教えやすいかよりも）何を学
ぶことが一番大事か」を見極めることが必要なのだと気づいた。私の大学での通常の授
業であろうと，別の場所での2～3日の集中ワークショップであろうと，カリキュラ
ムで体験させることの一つひとつの選択が重要であり，その分野の中心的な問題を扱い，
有意義で永続する素養を養い，学生たちが探究を生涯続けられるようにサポートする。
私の指導の重要な部分は，「指導の振付」（Andrews, 2016）を行う中で，問題や経験を特
定し選択し，それらの経験を生き生きと描き出すことである（Bresler, 2009）。質的な探
究のためのスキルと心構えを培うには，見ることが強化された探究が有効である。

　私の美学とアートの教育カリキュラムでは，一つの作品に長く関わることで個人とコ
ミュニティの探求を強調するABRの教育方法によって，授業とそのエトスを構築して
いる。授業参加者は輪になって，「絵に何が見えるか」「絵から何を取り除こうと思う
か」「絵の中のどこに入り，そこで何を見，何を感じ，何になることができるか」「絵
にどんなタイトルを付けるか」「絵はあなたに何を語り，あなたは絵にどう答えるか」
といった質問に答える。ルネッサンス期，近代，現代の作品，写実的な，あるいは抽
象的なイメージ，いずれの作品であっても，長時間（15～25人のグループで60～80分）
にわたって学生が共有することで，この同じ質問に対して，同じイメージ（私はよく
Breughel［ブリューゲル］，Klee［クレー］，Rousseau［ルソー］，Botero［ボテロ］，Barrettの作品
を使用する）を多様な視点で捉える価値と豊かさが明らかになり，反応が積み重なって
質感豊かなフーガとなるのである。私たちは，作品に時間と注意を払うことで得られる
ものがあると実感している。

　この活動は，私たちが何を探し，どのように関わるかを形成する導きのメガネ（質問）
の重要性を強調している（「何が見えるか」は「絵の中のどこに入るか」とは異なる関わりを促
す）。同じ質問に対する複数の反応に注目することで，見るという行為に私たちが何を
持ち込むのか，つまり状況に埋め込まれた自己に気づき，自分が埋め込まれた状況がど
のように意味づけを形成するのかを知ることができるのである。この活動では，知識
が後から入ってくる体験学習の重要性を強調し，知識が実際に私たちの意味づけにどの
ように（そしてどうあっても）寄与しているかが理解される。ABR教育は，研究と同様，
観察力と未知であることの間，綿密な計画と即興の能力との間，そして状況に埋め込ま
れた自己の声と他者の視点との間の「芯の部分」を目指している。このプロセスは，多
くの場合，「～として見る」ことから始まり，より深い「もっと見る」ことへと向かっ
ていく（Higgins, 2007）。「芯の部分」とは，全身全霊であることからもたらされる応答性
のダンスに関わると定義されている。この性質は教えることはできないが，引き出すこ
とはできるし，育てることもできる。研究方法論の授業では，状況に埋め込まれた自己，
学習の経験的性質，私たちが関与する際に持ち込むメガネと知識の重要性，そして未知
であることの重要性への注意が強化される。

「未知であること」と「初心」

　「知っていること」に固執し，好奇心に導かれて一歩を踏み出さずに安心感を得ようとする人間の性向こそ，探究心の大きな障害なのだと思う。表面的な探索でもたらされるのは，表面的な発見である。表面的な探索の無益さは，イスラームの行者ムラー・ナスルディンの「賢い愚か者」の物語によく表れている。この物語で，ナスルディンはある夜，街灯の下で失くした鍵を探していた。友人が手伝おうと立ち止まってくれたが，探しても見つからない。「本当に街灯の下に鍵を落としたのか」と尋ねる友人にナスルディンは，「いや，あっちの暗い路地で失くしたのだ。でも，こっちの方が明るいから」と答える[1]。この話は，「街灯の下」にこだわって探索（研究）することの不条理さを私たちに教えてくれる。確かに，「街灯の下」という方法論は魅力的であり，それを教義と勘違いしてしまう（長年，方法論を教えてきた者として，これはガイドラインとして非常に価値のあるものだと言っておきたい）。たとえば，インタビュー対象者の反応に応じて問いを発するのではなく，事前に用意した質問を真面目に読み上げるだけだと，関心に基づいて本当の問いを掘り下げたり，深く見たりすることが目指されず，単なる報告や要約になりがちである。

　研究に関する授業では，知識とスキルの蓄積を強調する傾向があり，恥ずかしさや無知は沈黙させられ，その結果，恥ずかしいという気持ちや*知らない*ということが知覚や関与を高めるために果たす役割は無視される。私は，専門性を向上しつつ，*初心者*の好奇心を失わないことが重要だと主張する。これはABRのマルチモーダルな性質，多様な素材との往復，感覚的な関与，そして言語の使用によって行うことができる。ABRの教育方法は，対象に対する深い関与と同時に，リフレクションや分析の余地をも兼ね備えている。私は，ABRの教育方法がもたらす学習の深さと活気は，簡単に認識したり，マスターしたり，検証したりできない世界を冒険する上で強力なツールになると感じている。

　知識を手放すことは，特に研究プロジェクト，理論，助成金，賞賛の蓄積を中心に回っている学術文化においては，容易なことではない。実際，私が別のところで指摘したように，自分の無知を自覚しておらず新しく知ることに開放的でない場合には，よく言えば素朴であるが，悪く言えば有害で自己保身になりかねない（Bresler, 2015）。しかし，私は，「知らないということ」という概念を，鈴木俊隆老師の*初心*の概念になぞらえて使っている（Suzuki, 1970）。有名な仏教の話にあるように，頭がいっぱいだと学習は妨げられる。この話では，禅師が客の満杯の茶碗に，客が声をかけるまでお茶を注ぎつづけ，禅師は客に，頭を空っぽにしない限り新しい知識を得るための余地はない，と忠告する。

　知識や専門性は，学問文化の重要な側面であり，その存在意義でもある。しかし，知

1　この物語には多くのバリエーションがあるが，「物語の骨子」（Hearne, 2005）は同じである。失くしたものを探すのに，見つかりそうな場所ではなく，探しやすい場所を探すことである。

識人というアイデンティティへの執着は，既知のもの以外を探索することを妨げる結果になることがある。もちろん，アートの世界も同様に，専門性へと誘惑するわなを提供することがある。したがって，私が使用している ABR の教育方法では，受講者に専門としていないアートメディアに関わらせることを含んでいる（たとえば，音楽家にはビジュアルアートを，一般教育者には音楽，ビジュアルアート，ダンスなどを使用させる）。表面上のことに囚われず，深みを追求するためには，すでに知っていることの網目から離れることが必要である。学際的な空間（Leavy, 2011; Wasser & Bresler, 1996）を作ることは，初心者の心を養うことにつながり，それは概念的，感情的，そして真っ正直に，初めて出会う素材と関わることで新鮮なつながりを生み出すことにつながるのである。

　私が強調したいのは，私の教育方針は知識を排除することではなく，知識の賢明な使い方とそうでない使い方，その境界線，そして限界に留意するということである。方法と理論に関する知識は，研究の基礎となるものである。それらは私たちに学問領域の伝統や知恵を生み出させ，知的探求を支える枠組みや道具を提供し，そのことが，私たちが航海し，探索し，その後，私たちの拡大自己であるコミュニティの学問の場に戻ることのできる，羅針盤となるのである。しかし，同じ便利なものが「敵に近いもの」[2] となり，探究の妨げになることもある。方法や理論は，外部の羅針盤として機能しうる。しかし，失われた鍵を探すために路地の暗闇を進むには，*内なる羅針盤*が必要である。ここで，私は，「ナラティブの羅針盤」という言葉を引用しよう。これは民話およびナラティブ研究者の Betsy Hearne によって造られた用語で，彼女の共編著（Hearne & Trites, 2009）でも例示されているものである。これは専門家としてのアイデンティティを刺激し，形成するストーリーのことであり，学習と教育が旅路でもあるということをよく捉えた言葉である。本章で述べる ABR の教育方法は，内なる羅針盤として機能する。これらは，注意深く観察することを通して，研究対象や自分自身に合わせて研究者を調律する訓練をするための貴重なツールであり，『I–Thou（我と汝）』（Buber, 1971）の概念と同様に，出会ったものと自分との対話をひらくものである。与えられた活動に不可欠な書き言葉や話し言葉を使ってその活動への関わりの過程を伝えるという課題を踏まえて，非言語的な表現（後述する活動では，視覚的，物質的，運動学的なもの）を用いるということは，社会科学の研究の過程，形式，機能と並列の関係にある。

　教育研究者の Jon Wagner が示唆するように，「知ってはいない（not knowing）」という概念は研究のプロセスに不可欠であるだけでなく，研究知見の基準にもなる。無知は，教育研究によって生み出される知識の有用性を判断する上での真理というよりも，出発点であり規準であると Wagner は主張する（Wagner, 1993, p. 15）。私たちの研究の最終的な基準は，それが無知を解消するのに役立つかどうかである，と彼は書いている。Wagner は，心理学の分野では学習の社会的文脈を，人類学の分野では逆に個人を取り込むことを例に挙げ，それらを「学問による併合」である（p. 18）として，古い探究の構造にはなかった新しい問いを可能にし，社会心理学と人類学の分野を拡大したと述べ

2　仏教思想から借用した用語。「遠くの敵」が反対の性質として認識されるのに対し，「近くの敵」は性質そのものになりすましている。たとえば，慈悲の遠敵は冷淡であるのに対し，近敵は憐憫である。

ている。ABR教育学の融合性は，*未知であること*を掘り起こすのと同様に，私たちの思考の慣習やこれら私たちの学問領域の慣習の向こう側に，しばしば私たちを押し出し，古い概念的な学問分野の地図では覆い隠されていた重要な問題を私たちが特定するように機能すると私は考えている。

心で見る —— 共感的理解に注意を向ける

より深く見るということは，価値ある挑戦である。John Dewey（ジョン・デューイ，1934/1980, p. 52）は，「認識とは，それが自由に発展する機会を得る前に囚われている知覚である」[3]とし，定型的な表面反応と知覚による創造的行為とを区別している。イギリスの美学哲学者 Peter de Bolla（2001, p. 64）は，「日常というものは，注意するには身近すぎる（…）気づかれずやり過ごす能力という点では異常なほどだ」という言葉で，多くの人の通常の精神状態では，表面しか見えないことを指摘している。

研究者や学者も，認識するのが苦手という点では無縁ではない。学問の本質である理論化や学術的なテクストへの精通も，熟知段階を探求段階と混同してしまうと，同じように誤った安心感を与えてしまうことがある。理論には，私たちの思考を支え，知識や視点を提供するという重要な用途があり，この知識と視点が私たちの思考を支え，これらが思考と相互作用している。しかし，Elliot Eisner（1991）が好んで言ったように，見る方法は見ない方法でもあるのだ。理論を安心感の源として使用することは，純粋な疑問を持つ動機となる，知らないことの利点を抑制することになる。専門家が集まる学問の世界で，理論は，洗練された言葉づかいや専門用語のそれっぽさによって自他に印象づけるために用いられることがある。そして，理論が盾となり，出会いの障壁となり，あるいは定型的な見方を庇護するものとなってしまうのである。ここで，理論は，ナスルディンの街灯のように機能し，問いに取り組むことよりも，その文言で早々に安心するように私たちを引き寄せる。私自身の研究や教育的助言をする場面においても，理論の抽象性と私たちが遭遇した場面の具体性の間に対話が生まれることがある。抽象的な理論が状況の具体性との出会いから新しい理論化を生み出すように私を導く役割を果たすときこそが，理論が最も役に立つときだと思う。

「より深く見る」知覚には，従来伝えられてきた理論やスキルとは異なる教育方法が必要である。私はABRの教育方法を，ナスルディンの話のように明るく見えるというだけで無駄な探索をすることのないように，街灯の照らす範囲を越えて未知であることの暗闇に踏み出すために使用している。この暗闇の中で私たちを導くのは，内なる羅針盤，すなわち研究対象との深い相互作用と，私たち自身の共鳴なのである。

共感的理解を意味するドイツ語 Verstehen は，特別な種類の「見る」ことである。『The Little Prince（星の王子さま）』の中でキツネが「大切なものは目には見えない。心でしかはっきりとは見えない」と助言しているとおりである（de Saint-Exupéry, 1943, p.

3　この文に関する見事な小論は，Higgins（2007）を参照されたい。

63）。興味と思いやりをともなう共感的理解を追求することで，人間であることの目に見えないが具体的な側面に取り組むことができる。「外にある」世界という客観的事実以上に，人間科学や社会科学の基本的な目標としての共感的理解の探求の歴史は，非常に長い（van Manen, 1990; von Wright, 1971）。この共感的理解が，先験的で単純な判断を捨てたり，疑ったりして，新たに遭遇したものをそのまま受け止める精神的余地を与える。私は学習者として，また教師として，共感的理解を深める際には，頭，身体，心を競合しあうものと捉えるのではなく，それらを融合させようと努力している。

　後述する具体的な教育方法とともに重要なのは，教育的体験に割かれる時間の長さであり，この体験によって，学生たち自身がそういうものだと思い込んでいる，見たり関係づけたりする際のカテゴリーや外見的な癖を，学生たちが乗り越えて見ることができるように支援することが期待される。ここで紹介する例を通して，他者の豊かさ（異なる場所や時代にいるアーティストの声や多様な視点を持つクラスメイトの声）とその拡張可能性を認識した際に，自分以外の声（あるいは自分の声に反響する声）に真摯に耳を傾けることができるようになることが望まれる。漫然と聞くのではなく，つながりを探しながら聴くこと（自分の既存の範疇に巻き込むこととは違う）には，頭と心のすべてが必要である。世界の中での存在の拡張を行うには，努力と専心が必要である。また，かなりの内省が必要である。「より深く見る」ということは，外側の世界と内側の世界の両方に関わるのである。

状況に埋め込まれた研究者と教育者

　専門性と初心の両方と，その相互作用が重要だという認識の背景にあるのは，私自身のアートとの関わりである。私のアイデンティティは，最初は（そういうつもりではなかったが）才能と熟練の両方を持った「神童」というものだったが，次第に「初心者」というアイデンティティへと移行していった。教育者としての私の価値観が形成された結果，本章で論じる活動は，見ることと発見することの学びは，実質的にも技術的にも私にとって未知の領域，見慣れない表現から得られるという私の発見を反映している。3歳の時，ピアノで曲を弾く楽しさを知り，幼稚園や家庭で歌の伴奏をしたのが，私のアートとの積極的な関わりの始まりである。音楽の美しさや合唱団のエネルギーと，選曲し，流れやハーモニーを決めることができる自分の立場，そして自分の耳や指の動きにそれらが従うことは爽快であった。音楽とハーモニーという流動的な言語は，いつの間にか直感的に身についた。自主的に始めた民族音楽の演奏は，制約ばかりでつらい何年にもわたる正式なクラシック音楽の訓練とは対照的であった。クラシック音楽の練習は一人ぼっちであり，生気がなく，コミュニケーションと表現においては間違えないことが重要だった。それでも，クラシックを聴くこと，そして時折行われたコンサートでの演奏は，強烈な体験であった。民族音楽とクラシックというジャンルは，その複雑さに違いこそあれ，夫婦のような音楽言語を形成するほど文法や構文が近かった。

ビジュアルアート，演劇，ダンスと私との関係は，それよりずっと後の 20 代の頃に，それまでとは異なる割合の感情的反応と知的反応をもって進化した。それを下支えしたのは，テルアビブ博物館（私はそこで，さまざまなアート形式の関係性とその歴史的経緯をたどるコンサート・シリーズを始めた）での音楽監督としての仕事と，私の修士論文（歴史的・文化的文脈の一部としての音楽，視覚，およびダンススタイルの相互関係に焦点を当てたものであった：Bresler, 1982）である。今にして思えば，音楽からアートへの移行は，「宗教」（すなわち，ある特定の実践への関与）からより普遍的な立場への移行と並行するものであり，それぞれのアート領域とその独自性が，この世界の中での存在のあり方や感性を拡張するという認識をともなっていた。

この美学に関する道のりは，イスラエルにある私の音楽コミュニティから，スタンフォード大学教育学部という異国の，さらに厳格で多様な実践のコミュニティを持ち異質なものを含み込んだ文化に移行することで，さらに強まった。後に，イリノイ大学教育学部の若手教員として，私は，さまざまなアートの訓練を受けた同僚に出会い，仲間を増やすことになる。その過程を十分に意識していたわけではないが，熱心なクラシック音楽家という私のアイデンティティは，私が音楽に対して持っている知識に比べれば知識も少なく，「正しい」とされる方法への執着も少ない「美学／アート」へと移行した。そこではさまざまなアート領域の知的系統，文化，焦点の違いに気づいた。私はピアニストとしてのペルソナを捨て，優しい仲間たちの誘いを受けて，オーセンティック・ムーブメント〔自由な連想に基づく即興ダンスの一種〕やコンタクト・インプロビゼーション〔複数で行う互いの体重を利用した即興ダンスの一種〕，色彩を使った視覚的な探求を含め，見慣れない素材の探求に慎重に乗り出した。専門家ではなく「知らない人」であることで，奇妙な解放感を得た。自分自身が持つ期待に応えるという達成不可能な責任から離れ，私はそこで発見の喜びを味わうことができたのである。

私の当初のアート体験が一枚岩であったとすれば，質的研究との出会いは多種混合のものとして始まった。博士課程の学生として，私は Elliot Eisner の*教育批評*と George Spindler の複数文化場面の*教育的エスノグラフィー*という 2 つの異なる質的研究ジャンルに同時に出会い，後に Bob Stake の事例研究の手法に出会ったが，それぞれがこれらの融合に与えてくれたものに感謝している。三者三様の方法で，視覚的なものが創造的かつ効果的に使用されており（Eisner, 1991; Spindler & Spindler, 1993; Stake & Kerr, 1995），そのことが，多元主義を推進し，それぞれ独自の目標を持った個々の研究に何が役立つかを新たに検討する必要性の認識を高めた。研究対象との関わり方の研究者による違いは，私が現在「知ること－未知であること」として理解していることも含め，ズレというよりむしろ相補的であるように思われた。重要なのは，3 つのアプローチとも，理論化を焦点とするのではなく，見ることと理解することをさらに深め，理論を知覚と理解に役立てることを主張していることである。

現代とその時代精神は，研究者としての私のアイデンティティを形成する上で中心的なものであり，私の学術的キャリアを充実したものにしてくれた。1990 年代から 2000 年代にかけての質的な教育研究は，アートが研究の何に貢献できるかという問いに対

して受容的な傾向にあった。音楽というレンズ[4]から始めた私は，次第に視覚的なもの，振り付けられたもの，そして身体化されたものの力を重んじるようになった。アートは私の人生にとって重要なものであり，研究の焦点でもあり，探索のプロセスを可能にするものとして，私が教育者の役割を担うときにもすぐに浸透していった。

関係構築のためのスローダウン

アートの何が教育的な力を発揮するのだろうか。アートに関わることは，作ることであれ見ることであれ，スキルや想像力，創造性，そして規範や期待をともなった遊び心を必要とする。関与の強さと，各自の内面を探求するというアートの可能性が，アートを魅力的な教育ツールにしている。研究に関する授業で私は，学生に自分と共鳴する（あるいは「不協和」する）アート作品を選んでもらうことにしている。この共鳴の強さは，その作品との関わりを長続きさせることができ，共鳴によって作品を通して自己の内面とつながることができると私は考えている。このように，作品という「モノ」が持つ意味の豊かさ，学生と作品との関わりの強さ，そしてクラスというコミュニティにおける反応の多様性という3つの側面が，探究と発見を支えているのである。

活動のペースは，出会いの豊かさに合わせる必要がある。詳細な観察（例：色や形，形態に注目する）と，その後の，事実に関する情報という形での文脈情報の獲得（例：作家やその時代に関する知識），そしてその作品に対する個々人の解釈や反応をバランスよく行うことが必要とされる。この活動において，客観的な知識が多様な意味づけを行うことを下支えする。このように外的な現実と内的な理解の間を行き来するのが，社会科学の重要な側面である。

アートやパフォーマンスを鑑賞する瞑想的空間（美術館，ギャラリー，劇場など）は，教育的経験の重要な一部であり，観察とリフレクションの余地を提供する。瞑想的空間とゆっくりとした関わりのリズムは，共鳴の強さと相まって，「より深く見る」ことを促進する。私たちは一度物事を固定的な反応に分類してしまうと認識を閉ざしてしまう場合があるという点において，「好き」「嫌い」という素早い反応は還元主義的であり，私の授業での経験では，これらのポジティブ・ネガティブの反応を出発点として利用して，その作品に対する知覚や観察，そして同様に重要なこととして，絵を見る者の内的プロセスを展開することを目指している。

このプロセスには時間がかかるため，モルト・ヴィヴァーチェ〔音楽用語で「きわめて活発に，速く，生き生きと」〕の中の一瞬のアンダンテやアダージョのような余裕のある空間によって，学問の世界の絶え間ない活動やペース（私は激しい仕事も必要であり，それは生産的であると主張する！）を補完することの重要性を明らかにすることが必要である。ABRの教育学は，「怠ける」のではなく，むしろ，どっぷりと取り組んで生み出すこと

4　1983年に私が最初に行ったEisnerのケーススタディでは，音楽，ダンス，ドラマを使用し，形，リズム，ダイナミクス，オーケストレーションを中心に，時間世界を整理する概念的な枠組みを提供した（Bresler, 2005）。

に専念するために，他とは異なるペースを必要とするのである。この空間は，本章の後半で例として示すように，知識や方法が，小学校から大学に至るまで学校現場でしばしば提示されている情報的・手続き的なレベルにとどまるのではなく，内面化され，消化・吸収されなければならないことを意味する。

　それこそが，外の世界と内なる風景との間に継続的な対話を生み出す，アートや質的研究の学術的な世界におけるゆとりある関わりの力である。人によって反応が異なるかもしれないと理解すること，そしてそれが間違った認識の問題ではないと理解することで，アートは他者と比較して自分がどのような立場にあるのかについて会話し，洞察を得ることができる豊かな源となるのである。（なじみのないものに親しくなる過程で）他者の視点に耳を傾けることで，自分自身の反応をより明確に見ることもできる（なじみのあるものをなじみのないものにする）。アートは，他者や自分自身に耳を傾けることを促し，元の内界と外界の対話に質感とバリエーションを加える。

コミュニティの価値

　高等教育機関は，研究者の養成という任務において，授業，通過儀礼（本格的な博士研究のための足がかりとして受ける資格試験や予備試験など），実践コミュニティといった形で，知識の習得やトレーニングのための価値ある学術的支援を組織的に行っている。研究者として成長するにともない，コミュニティを構築する上での柔軟性が高まる。このコミュニティは，私に活力と刺激を与えてくれる優秀な共同研究者たちとの日々の会話や，彼らの著作やアートワークに触れることなどを通して，ベテラン研究者である私にとっても，学術的キャリアを通じて多大な支えとなりつづけている。私の学生たちもまた，その献身的な探究と洞察によって欠くことのできない，思慮深い仲間である。しかし，一般的に学生には選べる選択肢が少なく，「出来合いの」コミュニティに身を置かざるをえず，自律性は確かにあるが，機動性に欠ける。コミュニティ形成の大きな妨げとなっているのは，学問のヒエラルキーにおける学生の位置づけの問題である。

　伝統的に高等教育機関は，初等・中等教育と同様に[5]，敬意と探究を重視していない。Parker Palmer（1999, p. 21）は次のように述べている。

　　　大学というところは，テクストや専門家，競争に勝った人たちなど，ごく一部の人たちにしか敬意を払わないところである。私たちは，つまずき，失敗する学生には敬意を払わない。正しい言葉が思い浮かばない，あるいは全く言葉が浮かばない，不確かであるが心から感じている世界の存在には，敬意を払わない。私たちは，自分たちの狭い輪の外の声に，ましてや世界の声なきものには敬意を払わない。私たちは，沈黙と驚きに敬意を払わないのである。

5　進歩的な環境を持つ特筆すべき例外を除いては。

敬意と思いやりは高まるのが理想である。他者への敬意と思いやりがあればあるほど，自分自身への敬意と思いやりが生まれ，他者もまた私たちに敬意を払ってくれる。他の人の話を注意深く聞くことは，自分自身の声を聞くことを強化し，他の人が私たちの話を聞くことを促す。したがって，積極的なコミュニティの存在は，ABR の教育方法の重要な側面である。

興味と心からの敬意に溢れたコミュニティの中で，ABR の課題を口頭や文書で他者に伝えたいというのは，研究者，調査参加者，オーディエンスの間の「三者関係」を促進することを意図した私の ABR の教育方法の重要な側面である（Bresler, 2006）。より深く見るという困難な課題において，関心を持ったオーディエンスという形でのサポートを得ることは，特に私たちの価値観と対立する不協和に直面した際に，非常に重要となる。不協和を克服するためには，評価ではなく，深い好奇心と一定の勇気が必要である。そのためには，出来合いの言語や概念に容易になじまないものを探し求め，手探りすることに敬意を払う必要がある。そして，私自身の経験でわかったことであるが，謙虚になるにはある程度の寛容さが必要である。誠実さ，深み，そして全力で取り組むことを大切にするコミュニティが重要である。

敬意と興味は密接に関連している。ABR の教育方法は，学生の視点がいかに興味深く，洞察力に富んでいるかを示す生産的な場を提供する。彼らは，多様な背景を持っており，多様な関わり方をし，多様な知的・情動的な旅をする。教授という権威は，ある意味では有用ではあるが，視点の多様性と豊かな意味づけの妨げになることがある。ABR の教育方法は，Palmer の言葉を借りれば，「不確かな」「心からの」声に取り組み，声なき声を注意深く探求する価値があると認め，既成の理論にとらわれないシャイな声を尊重することに特に適しているのである。

共鳴と対話 —— 内界と外界の架け橋

すべての ABR の教育方法に共通する最も基本的な要素は，共鳴と対話の力である。アートは，キャンダス・スタウト（Candace Stout, p. 33）の言葉を借りれば，「共感的気づきをもたらす傾向」であり，見る者を歓迎し対話を促進する「生きる存在」といった共感性を培うものである。共鳴することで，知覚し，関わり，内界と外界の架け橋となることが可能になる。研究者は常に研究対象の中に身を置いているというポストモダンの認識を持っていても，学生による共鳴の探求が高等教育で行われることはまれである。私の音楽的反応の一部である共鳴という概念は，最初の授業から私の教育に不可欠であったが，Hearne の羅針盤の概念がそれに旅の豊かさを加えた。私が 20 年以上にわたって授業で使ってきた教育方法は，教室の中に閉じこもった半ばプライベートなものだった。*ナラティブの羅針盤*は，内的自己という概念を，リフレクションと発見のための豊かな場として，学問の場にもたらしたのである。羅針盤という概念を使うことで，ABR の教育方法は，生徒自身の羅針盤（価値観，コミットメント，指針となる物語）の探求を促進するものになると私は考えている。

第 35 章　教育方法としての美に基づく研究　737

研究の授業であれ美学の授業であれ，あるいは自分自身の使命やビジョンに焦点を当てたセミナーであれ，これらの ABR の教育方法に共通しているのは，有意義な発見を行うのに必要な長時間の関与を共鳴と結びつけている点である。同様に，学生が作品制作や研究に費やす時間と注意は，研究対象と学生を結びつけ，深く思いやりのある方法で見聞きし，理解することを可能にしてくれる。

展示，良い／悪いの判断，自分自身の反応の探究
—— ある授業の設定

　私自身の経験では，共感的理解の最も恐ろしい敵は良い／悪いという評価である[6]。良い／悪いという判断は，日常生活にも浸透しているが，学問の世界では特に強い力を発揮しうる。ある学生は，自分の知的能力や洗練度の測定，また，何かを見極める際の指標として，良い／悪いという判断を用いるようになったと言っていた（良い／悪いの判断をするピアニストとしての私自身の体験と，多くの点で類似している）。

　私自身の考えや研究の中で気づいたことであるが，良い／悪いという判断をすることが，つまずきや落とし穴も含めて，興味深い旅になることがある。思いやりや不協和の扱い方は，教えることができないが，より深く見たり初心を取り入れたりすることと同じように，それらは培うことができるのである。実際，思いやりは，不協和に対処する際に役立つ重要なツールである。思いやりや不協和の扱い方の要素は，一回で完全にマスターするのではなく，生涯をかけて繰り返し取り組むべきものである。学術研究者は学校教育の形式的・実質的な要件に精通しているが，不協和に取り組む能力においてはそれとは別の資質を要求される。私自身の人生において，私自身は，自分を拡大させる不協和と，自分を衰退させる不協和とを区別することが有効だと考えている。困難な状況に置かれたとき，私たちはどちらが正しいのかわからなくなることがある。それを見極めるには，より広い視野が必要である。重要なのは，Buber（1971）やスタウト（Stout, 1999）が理解を深めるためのものとして言及した対話的往復，つまり関与の質なのである。

　対話はオープンエンド型であることが必要である。また，オープンエンド型の相互作用にするために，より構造化することもできる。美的でアーティスティックな体験は，真の人間関係のゆとりやその結果として生じる吸収とともに，緊密な分析的思考を踏まえたつながりの重要なモデルを提供する。その著書『Move Closer: An Intimate Philosophy of Art』の中で，美術史家の John Armstrong（2000）は，作品を知覚的に鑑賞するプロセスについて，(1) 細部に気づく，(2) 部分間の関係を見る，(3) 全体を全体として捉える，(4) 余韻，(5) 相互吸収，という 5 つの側面を挙げているが，私はこの関係性を例証していると考えている。私はこれらの側面に，それぞれの実施の際の文脈を踏まえることと，コミュニケーションに焦点を当てることを加えてきた（Bresler, 2013）。アート鑑賞の場で生まれたこれらの側面は，他のアートとの出会い（たとえば，ピアニス

6　判断力が識別力の近敵なら，「何でもあり」はその遠敵である。

ト用の新しい音楽作品との出会い）や研究にも使うことができる。これらの7つの側面は，研究方法論コースにおけるABRの教育方法のガイドラインとして有用である。

　以下に紹介する，美術館で作品との関わりを深める活動は，質的研究の経験のための実験室として機能する。その時その時の社会生活や個人生活の質が常に変化するのに比べて，絵画やインスタレーションという社会とは別のシステムは比較的安定しているため，それは「実験室」となりうるのである。ここで取り上げる例は，ルンド大学マルメ音楽院で私が担当した「見る，聞く，感じる，概念化する：質的研究の基礎」と題する質的研究法の集中講義の一部である。この講義は，マルメ・コンストハール〔スウェーデンのマルメにある現代アートの展示施設〕で行われた。この授業では一つの「部屋（chamber）」を10人の学生で構成しており，参加者全員が学位論文に取り組んでいる熟練した音楽家であった。課題の目的は，異なる感情を呼び起こす2つの作品の観察を行うことで，「社会と別のシステム」としての作品に対する知覚を高め，それとの対話的な関係を養うこととした。シラバスの課題にはこうある。

　　　「あなたにとって魅力的な作品と魅力的ではない（嫌悪感を抱く，または何も感じない）作品を一つずつ選んでください。それぞれの作品と30分ほど向き合ってください。見たものを詳しく説明するために，フィールドノートをとってください。テーマや課題を明確にし，その有意義性を考えてください。あなたは何に興味があるでしょうか。あなたが学びたいことは何なのか，どのような視点があなたの選んだテーマや課題に対する理解を深めてくれるのかを，考えてみてください。理解を深めるために，2〜3人の人を選んで，その人への質問リストを作ってください。この作品の特徴を描き出す上で重要なのは，どのような文脈なのかを明らかにしてください。」

　私は知覚を，新たなテーマや課題を特定する概念的な活動に密接に関連するものとして提示した。知覚は，具象から抽象へ，そしてまた具象へと移動し，さらなる観察を実質化するからである。また，この課題では，アーティストやキュレーターなど特定の人物へのインタビューの質問を作成したり，アーカイブにある資料からさらなる情報を探したりすることを含めて，探求に新たな方向性を見出すことが求められた。美術館課題は，社会的現実の多重構造，文脈の重要さ，研究者が状況に埋め込まれざるを得ないことなどを含む，質的研究の基本的な前提や目標，その世界観に基づいたもので，初日の後半に実施された。このABR活動後の教室でのディスカッションでは，現実の種類の違い（例：客観的なもの 対 多重的に構築・創造されたもの），長時間の関与，主観性などの重要なコンセプトが論じられた。ここで取り上げられたテクストには，LincolnとGubaの『Naturalistic Inquiry』（1985），Peshkinの「In Search of Subjectivity—One's Own」（1988），Classenの「Foundations for an Anthropology of the Senses」（1997），Eisnerの『The Enlightened Eye: Qualitative Inquiry and the Enhancement of Educational Practice』（1991），そして私自身の「Experiential Pedagogies in Research Education: Drawing on Engagement with Artwork」（Bresler, 2013）などがある。

この活動は，観察力や構想力のスキル，そしてさらなる探究を生み出すことを目標に，その後の教室での活動や最終的にはフィールドワーク研究を行うための土台を築くことを目指している。これは，基本的なレベルで，学生と研究者が自身の研究プロジェクトを行うのに必要とされるであろうまさにその方法で，事例との関係を強化し，習慣的に短時間で行われる見方や聞き方を超えることができるようになるよう支援することを目的としている。各作品に約 30 分[7]かけるという条件は，フィールドワークとデータ分析の両方において長時間の関与が求められること（Lincoln & Guba, 1985）に倣っている。この課題を私なりに説明するなら，これは（美術史やアート鑑賞におけるような）知識があることを示すためのものではなく，むしろ知覚する能力を中心に据えたものである。知覚は最初の解釈によって形づくられるが，より情報に基づいた解釈とより深い概念化がそれに続き，さらに，新たなテーマや問題を湧き起こすことも可能である。共鳴は，内面と外面のつながりを発見するための鍵となる。共鳴が起こらなかったことの表明である不協和は，観察を形成する上で強力な役割を持っているが，この不協和は，自己の主観性の探究を刺激するために精査されるよりも，むしろ覆い隠されてしまうことの方が多い。この活動は，作品とじっくり向き合うこと，他者に口頭で伝えること，そしてレポートを書くことを通して，観察した細部に細心の注意を払いながら，概念化や解釈を発展させていくものである。自分の主観性や価値観，傾向をしっかりと意識しながら，1 枚の絵や一つのインスタレーションに寄り添うことは，本章で紹介する作品が例示しているように，視野を広げ，不協和を扱うための生産的な空間となりうる。学生の声や文章は，ABR の教育方法の可能性と影響を理解する上で欠かせないものである。ここでは，スヴェン・ジャースタットとリア・ロナートの 2 人の学生（当時）の作品の例を紹介し，「もっと見る」がどのように展開されるかを説明する。

このような活動ではよくあることであるが，作品によっては，クラスメンバーの間で喚起される共鳴が異なることがある。今回，スヴェン・ジャースタットが「嫌い」だとして取り上げた作品《All Thanks to Our Old Friend the Sun》は，3000 枚以上の輸送用パレットをピラミッド状に積み上げた作品であるが，リア・ロナートが「好き」だと言ったのはこの作品であった。スヴェンの「好き」な作品は，《Towards Peace》という作品で，それは他のあるクラスメンバーが嫌いな作品だった。授業の参加者が作品に関して共有した詳細な説明，洞察に満ちた解釈，感情的な反応の深さは，正しいか間違っているか，ポジティブかネガティブかということよりも，その反応こそが作品（そして鑑賞者のメガネ）の見方や理解をかなり深めるということを明確に表している。このように，反応の不一致は，豊かな学びの機会となることが示された。スヴェンのレポートとリアのレポートは，「メタ」レベルで自分たちのプロセスに注目して概念化し，観察する驚くべき能力をあらわにした。また，個人的・社会的文脈，グループで共有されるものの文脈，これらのプロセスが評価体験に与える影響など，この出会いにおいて何が重要な文脈であるかを提示する驚くべき能力を顕在化させている。2 人の学生が選んだインスタレーションは，普通の絵画よりも運動的な側面を際立たせていた（ただし，意

7　後述の具体的な授業では，コーススケジュールの関係で 20 分しかとれなかった。

識するかしないかにかかわらず，経験において身体は常に重要な役割を果たすものであり，身体的な視点は常に生まれる）。

レポート No.1
アート作品との経験：マルメ・コンストハールでの観察

スヴェン・ジャースタット

嫌いな作品

その会場に入った瞬間，私は巨大なパレットのピラミッドのインスタレーションを大嫌いだと判断した。そこに，私は「典型的な」コンセプチュアルアート作品を見た。おそらく，この独裁的で怠惰なアーティストは，このピラミッドを作る上で何の貢献もしていないだろう。彼はイスに深く腰掛け，彼のただの思いつきを実現するために多くの人を使っただけだろうと私は思った。これが私の自然な反応だった。私は，この反応が明らかに否定的であることを興味深いと思った。おそらく，20分も観察とリフレクションをしていれば，このピラミッドに対する私の反応に変化が起こり，最初は気づかなかった特徴が見えてくるだろうか。

私は巨大なピラミッドの周りを歩きはじめる。ピラミッドは，会場の空間の多くを占めている。最初に思いついたのは，自分に出された数学の問題だった。このピラミッドを作るのに，輸送用パレットは何枚必要だったのだろうか。一番下の段には21 × 21枚のパレット，次の段には20 × 20枚のパレットといった具合に。最上段には3 × 3枚のパレットが敷かれている。そのときは，数字をメモしたが合計は計算せず，後日計算した。ピラミッドには3306個のパレットが入るはずである。

この計算問題のために，私はピラミッドの頂上を見上げることになった。そこで初めて，頂上に置かれているものを見た。壇上には，木枠に入った直径2mほどの黄色い大きな円盤が置かれている。それは太陽のようでもあり，銅鑼のようでもある。私はピラミッドに登る。フレームと円盤の厚さは約25cm。その太陽の片側には，小さなドリル穴が2つある。なぜだか私にはわからない。その穴に指を突っ込んでみる。何も起きない。穴の一つに指を入れて，黄色い円盤を時計回り，反時計回りに回転させてみたが，何も起こらない。叩いてみるが，自分の出した鈍い音に，私は特に何も感じなかった。

しかし突然，私は太陽が時計回りでも反時計回りでもなく，その枠の中で垂直軸で回転することに気づいた。ピラミッドに登らなければ知る由もなかったであろうことである。私たちが展示場に入ったときから，他に人が登っているのを見ていない。ピラミッドの頂上には私一人である。太陽を180度回転させ，下に降りる。

パレットはすべて薄いベニヤ板（幅約40cm）で覆われている。これは，つまずかないようにするためだろうと私は考えた。薄いベニヤ板のあちこちが少し膨らんでいて，下に降りるときちょっと不安な感じがする。……時間を確認する。この作品と過ごす20分のうち，10分が経過している。

メモを取るために，私はピラミッドの段に座る。座る前に手でその段を感じる。段は人の靴で汚れている。ピラミッドの象徴的な意味について考えてみる。はっきりし

たことはわからない。太陽……それはファラオなのか？　構成するたくさんのパレットは，奴隷制を象徴しているのか？　誰の奴隷？　ここで働く人々の，キュレーターの？……

　自分の「保守的」な反応にちょっと驚いている。1990年，まさにこの建物の外で行われたインスタレーションを思い出す。日本人アーティストの遠藤利克が，地面に穴を掘り，水と火で満たした。マルメの保守的な政治家の一人，ロルフ・ニレンヘッドはこれに大反対した。「これはアートではない」と，かなりぶっきらぼうに俗っぽい言い方で断言した。「こんなものに納税者のお金を使うべきではない。このような死の罠は排除されるべきだ」。新聞でもかなり話題になったし，その年に私が脚本を書いて参加した地元の歌劇でも，ジョークを交えてこの対立を紹介したのを覚えている。今の状況は，何年も前のこの芸術論議が持つユーモラスな面を思い起こさせる。［私は，この出来事を，自分のアート作品との経験に関わるいくつかの興味深い視点を示していると思い，よく覚えている。**記憶と個人的な関わりの影響，歴史的・社会的・政治的な文脈の影響**。角括弧を使って，この関係の過程で重要と思われる視点や概念化をさらに追加していく。］

　時刻は15時55分。あと5分である。ふと，一つの柱にとても小さなマークがあるのに気づく。私がピラミッドに登ったまさにその位置からでないと見えなかっただろう。そのマークに近づくと，ピラミッドの名前が書かれていることがわかる。《All thanks to our old friend the sun（すべては旧友である太陽のおかげ）》と書かれており，さらに「（ミクストマテリアル）提供：Galleri Nikolas Wallner，コペンハーゲン」と書かれている。私はこのタイトルに思いを馳せる。これまで私は，作品やその意味，作家の意図を理解するために無駄な努力を重ねてきたように思う。タイトルは私の理解の助けになるのだろうか。よくわからない。むしろ，私の疑問やリフレクションに新たな方向性を与えてくれている。たとえば，「おかげ」の意味は何だろう。ピラミッドは太陽に届くように作られたのだろうか。太陽はピラミッドにインスピレーションを与えたのだろうか。［**作家の「主張」つまり意図を理解するための奮闘。この記述は解釈のようである。**］

　それでも私は安っぽい素材を選んでいることに納得がいかない。この作品が太陽に感謝し，太陽に敬意を表するための作品であるならば，できるだけ安っぽく見せるのではなく，できるだけ美しく見せようとしないのだろうか。私はとても頑固な人間なのだろうか。

　そして，もう一つのキャプションを発見する。入り口付近の壁に，アーティストが短く紹介されている。それによると，このインスタレーションは，マルメ・コンストハールのために特別に制作されたと書かれている。そして，作者 Chris Johanson は廃材や，拾った木，捨てられた絵の具を使うことにこだわっていると書かれている。この文章によると，彼の作品の目的は，現代社会において人間であることがどういうことかについて言及することだそうである。

自分の経験を伝える —— 追加的リフレクション

　ピラミッドの感想をまとめ，それを他の人に発表するとき，相手がどう反応するか不安になる。リオラと目を合わせようとする。少し冗談を言ってみる。アーティストが「安っぽい」素材を使っていることに対して私がネガティブに反応していることを，他の人が面白がっているような印象を受けたとき，私は「安っぽい」という言葉を何度か繰り返していることに気づいた。同じように，私自身についても「イライラする」という言葉を何度か使っている。もしかしたら，ピラミッドに対する自分の反応をユーモラスに表現しようと私が試みている中に，何か神経質さ，申し訳なさがあったのかもしれない。このネガティブで，分析的で，「無感動で」，反感をともなう反応を経験することが許されるのか，想定されているのか，私にはよくわからない。[自己減少的な不確実性の影響。]

　他者との対話，あるいは他者からの短いコメントは，アート作品をこれまでとは違う形で体験させてくれるものだと実感している。サラは，私が好きな絵を好きではなく，「嫌いな絵」として選んだ。これはとても興味深いことである……このことで私はこの絵の新しい見方に気づいた。男たちが行進している！ それまでそのように考えたことはなかった。そのことは私に「平和のための行進」というこの絵のコンセプトについて考えさせた。[間主観的経験の影響。そして他者が好きなものと嫌いなもの。]

　もう一つ，作品を新たな形で体験させるようなコメントもあった。リアはピラミッドを好きな作品だとしている。彼女は美術館に早く到着して，そこでしばらくほとんど一人でいたという。彼女はピラミッドに登る男を見ていた。彼はその太陽を回し，その炎を通り抜け，そしてピラミッドの反対側に降りてきた。彼女は，その男性の動作を美しいと思った。私は，回転する太陽を，開口部，扉，通路として見ることができていなかったことに気づいた。私はそれを見落としていたので，彼女の体験談を聞いて，うれしくもあり，寂しくもあった。

　その後，教室でのディスカッションで，リオラは私たちのさまざまな感覚の大切さについてコメントした。私は太陽をノックする音を聞いたり，ピラミッドに登ったときの感触や階段の床の感触を感じたりした。でも，私はそれらのどの感覚も特に好きにはなれなかった。また，リオラの発言から，私のビジュアルアートに対する疎外感についても考えさせられた。音楽とビジュアルアートでは，私の反応や理解の仕方に大きな違いがあるように思う。それはおそらく，音楽の方がより多くの感覚を必要とすることに関係しているのだろう。リオラのコメントを受けて，私の経験したビジュアルアートに対する疎外感は，視覚と知的・分析的なものとの強い結びつきによるものかもしれないと考えさせられた。ピラミッドの場合，私は確かにその作品に対して強い（ネガティブな）感情を持っていた。おそらく彼女らは最初から分析的だったのだろう。このパレットの山を見たときの私の第一印象は，独裁的で怠惰なアーティストというものだった。そう想像したことで，結果として，偏見に満ちた，鈍感な観察者としてのリフレクションを私は持つに至った。そしてすぐに私は，ピラミッドについてある種の数学的な分析を行った。[関わる感覚の数の影響。]

　一般論として，私の感受性（おそらく作品に対する感受性に限らず）は，私という人間

がどのような存在かや，これまでの経験，そしてその時々やその直前に私の心がどのような状態かということに大きく依存していることに気づくことが重要なのだろうと私は考えている。「研究（[re]search）は（私）探索（[me]search）である」というリオラの言葉に，私は同意する。［感受性と解釈の偶発性。］

　これに関連する授業の中で，私は，アート作品との経験や，その経験を伝える上で重要と思われる多くの視点や概念化に言及した。私は，「距離をとることの不可能性」（Bresler, 2013, p. 3）というリオラの言葉にもともと強く同意していた。それでも，この課題に対する私の反応が，これほどまでに個人的な投影を含んでいたことに驚かされた。John Armstrong の著書『Move Closer: An Intimate Philosophy of Art』についてのある書評（Thwaite, 2005）には，「これは恋に落ちるプロセスに似ている」という言葉がある。確かに，私が指摘したような視点が作品との体験に当てはまるのであれば，恋に落ちるという側面と親和性があるのかもしれないと納得する。

　　作品に対する私の経験は，歴史的・社会的・政治的文脈の影響を受けている。
　　作品に対する私の経験は，作家の「主張」や「意図」を理解するための奮闘であり，
　　　　それに対する私の記述は解釈である。
　　作品に対する私の経験は，新たな疑問への関与を引き起こすものであり，新たな発
　　　　見へのあこがれである。
　　作品に対する私の経験は，自己減少的な不確実性に影響される。
　　作品に対する私の経験は，他者の好き嫌いという間主観的な経験に影響される。
　　作品に対する私の経験は，関わる感覚の数に影響される。
　　作品に対する私の経験は，感受性と解釈の偶発性によって特徴づけられる。

　先に述べた私の経験を振り返ると，私が経験し記述した2つのケースでは，Armstrong（2000）が述べた5つの反応のうちの2つが他の反応より先に起こっていたと言える。その2つとは，相互吸収と，完全な存在としての作品の把握である。この「全体的」な反応が最初にあった。このような反応が起きてはじめて，作品の細部やそれらの間の関係に気がついたのだと思う。その作品との長い関わりの中で，細部とそれらの間の関係への注意が，作品全体に対する私の反応に影響を与え，その逆もまた起こるという，連続的なプロセスが行われたのである。

　この課題の間，私は自分自身のアート様式である音楽のツールからも，その考え方からも助けをほとんど得られなかったようである。ピラミッドの上でのあの男性の動きについてのリアの経験，リズム，構造，ダイナミクスなどを含んだまるでバレエのように見えたものを，私は共有しなかったし，その経験が実際少しうらやましくもあった。しかし，私は音楽の知覚から連想するような，身体化されたものを含むいくつかの小さな（そしてあまりポジティブではない）経験をした。ピラミッドの膨らんだベニヤ板の表面を歩いたときの（心地の悪い）感じや，木製の太陽をノックしたときに出た（鈍い）音などだ。つまり，私が作品から受けた印象は，身体化されたものはそれほど多くなく，作品に対する私の反応と，そこから生じた「対話」は，主に感情

的・認知的な性質のものであったということである。

　最後に、「余韻」は、私が作品を全体として、また関連する細部の組み合わせとして経験した後に、結果として生じるものだと考えている。あの対象に対する私の知覚は、数週間後、この文章を書いているときにも、私の記憶と振り返りの中心にありつづけている。しかし、私がこれまで記述しようとしてきたプロセスで示されたのは、たとえ私の最初の反応が作品に対する私の経験にとって重要で、決定的なものであっても、それらは、他の人々がどのように経験したかを聞いたり、五感の他の感覚を通して関わったりすることによって影響され、おそらく変化することができるという意味で、まだひらいたままだということかもしれない。

　スヴェンとリアはともに優れた音楽家である。スヴェンはジャズピアニスト、リアはハープ奏者である。しかし、聴覚、視覚、運動感覚など、その作品と関わる際の感受性は著しく異なっており、詳細な観察や振り返りの焦点、文脈、複数の声への配慮、文学的引用、課題図書の参照などの仕方も異なっている。作品名その他の形式を用いたプロセスやアイデアのコミュニケーションは、個人の美意識やスタイルの違いを反映している。文章と活字による説明の性質上、また抜粋にすぎないために、この文章のリズムやテンポを完全に伝えることはできない。しかし、彼らの鋭い洞察力や、自己の振り返り、リズム、そしてユーモアによって、私たちはより多くのことに関わることができ、より深く見ることができるのである。

美に基づく探究：課題その１

リア・ロナート

接近

　美術館に早く着いたので、ほとんど人がいない。お客さんはほとんどいないし、同級生もまだ来ていない。私はゆっくりと歩きながら、何の作品を選ぶか考えようとした。そこには、２人の現代アーティストによる展示があり、その作家たちはこの展覧会が始まったときから共にここに常駐しており、作品の中にはこの美術館のために特別に作られたものもあった。

　私は、この美術館によく来ている。ここは入場料が無料で、レストランが充実している。そしてコンテンポラリーアートしか展示していない。メインホールはとても明るく開放的である。展覧会のたびに造り直されるのは一部屋だけ。そのほか、隣の建物に小さな展示室があり、時々コンサートに使われる部屋もある。授業で課題が出る少し前に、私は子どもと一緒にこの展覧会を訪れた。

好きなもの

　好みに合うものを探しながら私は歩いた。すでにアイデアは一つあったが、突然、ある男がある作品の階段を上り、その上にあるドアを開け、そのドアを通って反対側へ歩いていくのを見た。彼は反対側に座り、そして反対側をゆっくりと歩いていく。その部屋はとても空いていた。私はその動きの美しさと、その作品との一体感に息を

飲み，そして微笑んだ。それが「好きなもの」となった。そして，私がやろうと思ってまだやっていないこと，それは歩くということだった。

説明

それは，箱パレットで作られたピラミッドで，頂上まで16〜20段ほどある。側面はまさに木質で，ざらざらしている。側面に触れると，生木の破片が剥がれ落ちる。ピラミッドは部屋の主要な部分を満たし，ほとんど天井に達しそうだ。上部にある正方形の木のフレームに黄色い円が取り付けられている。その円は上下が固定されていて，押すと回転する。この部屋に，この部屋のために特別に作られた作品である。その隣でビデオが流れているのが聞こえる。内容を聞き取ることができ，アーティストが作品について説明しているようである。また，この作品の周りに音楽が流れる箱もある。

扉

階段の上には，ドア枠とドアだけが置かれ，異世界への秘密の通路のように見える。それは，ナルニア国への扉，あるいはそこを通ると自分が変わるような印象を受ける。そこを通ることによって，秘密の知識にアクセスできるかもしれない。一人の男が扉をくぐって，反対側に座って考えごとをしていた事実について私は考えた。彼は，自分が扉をくぐったときに起こったことを振り返っていたように思う。その扉は階段の上にあり，階段を上らなければアクセスできない。身体に障害があれば，階段を上ることができないだろう。また，身体に障害があれば，数段上にある柱に掲示された作品のタイトルも読めなくなる。誰もがアクセスできるわけではない作品なのである。私は，山の頂上に到達することのないシーシュポスの神話を連想する。

私は，2〜3歳くらいの小さな子どもが2人，懸命に階段を上っているのを見る。階段の段差が大きく，子どものバランス感覚は，まだ階段に合わせられない。しかし，彼らは作品を経験している。彼らの経験は，私の経験と同じくらい身体的である。おそらく彼らはそれを遊び場だと思っているのだろうが，私は彼らのアート経験が私のそれと同じように有効だと考えていることに気がついた。

経験

私は作品の中を歩き回ることにした。私は，階段を上りはじめることにした。途中の柱には，「All Thanks to Our Old Friend the Sun, 2011」と書かれたキャプションがついている。このキャプションについて考えるのは，歩き終えてからにしようと思った。階段の素材は，横から見るほどは未加工ではなく，滑らかな床であることに気がつく。ドアにたどり着く。ドアを開けると軽くきしみ，途中で止まってしまう。作品に触れることを「やっていいのだろうか」とためらったが，続けることにした。あの人がやっているのを見たのだから，私がしてもいいはずである。私はドアの反対側へと通り，階段の上に腰を下ろした。段を触ってみると，均一で滑らかな表面をしている。座っていると，エボシタガネでネジの形が彫られていることに気づく。私はその

ディテールに気づき，紙に書き留める。この床は厚く，他よりしっかりしている。私は座って，目にしたものと，キャプションを読んでから新たに考えた作品のコンセプトについて考える。下りの階段の段数を数えなければならないという事実を振り返りながら，「それは重要なことなのか，それは私の経験の一部なのか」と考える。自分の描写の中で，何を重要視するかを選択しなければならないことに私は気づいた。私は，自分の身体的な経験に集中したかったので，上る際に階段の段数を数えようとしたがうまくいかなかった。床に置かれた箱から音楽が聞こえてきて，それが私を取り囲んでいる。階段を下りるとき，音が変わった。私の足音は重くなったが，階段を上るときは軽くなった。音も気持ちも軽くなる。階段を下りるとき，音に集中していたので，段数は数えられなかった。

「太陽」と，登ったことによるリフレクション

　明るく黄色く巨大な太陽は，階段の最上段の床より高い位置にある。階段の一番上にいると，階下にある部屋は暗く息苦しい感じに見えるが，太陽の近くは風通しがよく，明るい感じがする。アーティストはこの部屋を利用して，まさにこの場所にピラミッドを作り，その光で特別な体験をさせたのである。太陽に触れようとする私は誰だろう。私は，太陽に近づきすぎて翼を焼かれるイカロスだろうか。私は階下の人々を観察している。彼らは私が頂上に座っているのを見ているのだろうか。自分は神々と同等だとでも私は思っているのだろうか。彼らは自分たちのいる闇と，私のいる光との違いを見ているのだろうか。この違いに関するさまざまなメタファーは重要である。私は展覧会で，太陽の下で最も大きな作品の中に自分自身を展示する。彼らは暗闇の中で小さな絵を見ている。

　このピラミッドの上に太陽を作ると，天窓からの光がとても明るく，太陽のイメージがとても鮮明になるのである。さらに，暗闇を見下ろすと，そのコントラストがより鮮明になる。見下ろすと，階段の一段一段は見分けにくく，まるで1枚の床のように見える。下から見たときのザラザラ感がなくなっている。上から見た印象は，明るく，滑らかで，風通しが良い。扉をくぐった後，私は扉のメタファーを探る。もう戻れない，ドアを通り抜けたくない。なぜだろうか。何が私を止めるのか，なぜ私は自分を止めるのか，それをすることで私は何を破壊してしまうのか。

　「秘密の扉」は私の中で強く生きている。私は変わりたい，振り返りたくない。

アーティスト

　Chris Johanson は，サンフランシスコのスケートボードとグラフィティカルチャーにルーツを持つ，アメリカの独学アーティストである。彼の主な焦点は，実存的な問題，人間関係，人間の未来にある。彼の作品の中心は環境であり，それは彼が見つけた素材，中古の素材，余った素材など，使用済みの素材を作品に使用していることに起因する。彼は，私たちが置かれている状況や生活の仕方について考えてほしいと思っている。彼は自分が警鐘となって，ポジティブな方法でコミュニケーションをとりたいと考えている（美術館で見つけた作家の情報）……

自分と関係づけること

基本的な課題は好きな作品と嫌いな作品を選ぶことなので，その好きなものと嫌いなものを分析する必要があった。それは，その好きなものと嫌いなものを自分事として，自分にとってどういう意味を持つのか，自分自身を見つめるということだった。最も明白だったのは，好きなものと嫌いなものというのは私にとって身体的な経験であるということであった。嫌いなものは，自分の身体に関する経験と関係づけられるが，それを身体とは関係づけることができないため，その概念が私を脅かすのである。同様に，好きなものは，自分の身体，そして私が自分の身体に関連づけることのできる動きと関連していった。

私は音楽よりも動きに感動することがある。ダンサーや人々の動きを見ていると，自分の体の動きを感じることがある。これはおそらく子どもの頃から長年，ダンスのトレーニングを受けていたせいに違いない。たとえば，Pina Bauch（ピナ・バウシュ）の《Café Müller》など，ダンサーを見ているときに自分の身体で感じた経験として，記憶に刻まれたものがある。

これは，私の知的な部分と対照的な部分と言えるだろう。私は分析的で，問題を解決するタイプである。周囲からは知的だと思われている。博士課程に進学していることで，さらにこの点がクローズアップされた。だから，今回の課題で，分析的な反応よりも身体的な反応，作品を見ることによる視覚的なイメージの前に，作品を感じることによる身体感覚で得た経験があるのが私には興味深い。しかし，私の場合，身体的な部分と知的な部分は非常に密接で，分析するときでも，自分が楽しいと思うことをする，つまり感情で動いているのである。

先行研究に関連づける

エスノグラフィーにおけるフィールドノートの書き方（Emerson, Fretz, & Shaw, 1995）と関連づけると，非常に明確な違いが現れる。ノートを取り，考察する時間があること，直接的に他人の影響を受けるわけではないため，ノートを取る際に他人を考慮する必要がないこと。動かない，しゃべらない，感情を持たない物体に対してフィールドノートを取ることは，生きている人間を相手にすることとは異なる。とはいえ，人が一切関わっていないわけではない。たとえばアーティストである。美術館という環境とそこにいる人々，その人々の文脈，そしてこの文章を発表する場にいる学生仲間や教員たちである。課題の性質については，三人称視点や普遍的な視点ではなく，一人称視点が自然な発表方法であると思われた（Emerson et al, 1995）。記述すること，その中でも舞台や環境，そしてそこにある物自体が課題の足掛かりとなった。人や人の行動は足掛かりではなく，基本的に人に関することは何も関係ないので，Emerson らのフィールドノートの本とは違うところがある。（…）

ブレスラー（Bresler, 2013）は論文の中で，学生時代に得た経験が研究者としての私たちを形成すると主張している。このように，質的研究の手法と分析の経験が博士課程の学生を形成する。彼女は，研究をする人自身が研究の道具であるという意識が重要であると強調している。これは，研究対象との関わり方，自己との関わり方，そ

して，その自覚ができるような経験の積み方を自覚することの両方を意味する。この論文で扱われた課題の方法論と目的は，学生が知覚と理解のプロセスについて理解を深めることであると，この論文で述べられている。この課題は，質的研究の中で自分の知覚と分析を探求する可能性を私に与えてくれた。そこで生まれた疑問は，私の中の将来の研究者を形成するものになるだろう。研究であることを維持したまま，自分自身のかつての経験，そして生活世界にどこまで踏み込むことができるのか。越えてはいけない一線があるのか，グレーゾーンがあるのか。質的な研究はいつ有効で，いつ有効でなくなるのか。これらの問いは，もちろん文脈を必要とするが，もしかしたら，あらゆる場面で新たに問われるべきかもしれない。

Classen（1997）は感覚を重視し，感覚的知覚は文化的なものであり，身体的なものだけではないと主張している。また，「感覚的知覚は，実際，身体的経験の単なる一側面ではなく，身体的経験の基礎である。私たちは自分の身体と世界を，感覚を通して体験している」（p. 402）とも主張している。西洋文化において他の感覚よりも視覚的な経験が重視されていることとともに，感覚同士を比較したり，それが感じられた文脈とは異なる文脈で感覚が意味するものを解釈したりすることが問題視されている。これは，Kristeva や Barthes（バルト）が論じた間テクスト性の概念と比較することができる。つまりすべてのテクストにおいて，他のテクストや他の種類の知識は暗黙的であり，すべてのアート作品において他のテクスト，作品，概念，連想などが暗黙のうちに存在するというものである。これは感覚的知覚の一部でもあり，自分が意識していると感じるものもあるが，意識していないものもある。

今回の課題では，読むべき論文の一つに Classen（1997）があったため，感覚を使うことが重要な部分となった。そのため，視覚的なインパクトだけでなく，展覧会の音や，触れることができるときには作品に手で触れたりすることも，使用することが期待されていると感じた。使うことのできる感覚を使うということによって，先ほどの 2 つの作品の視覚的な影響に，私の身体の反応も加えることができる。また，作品内を移動するときの体の感覚，階段を上り下りするときの感覚，そのときの音の違いなども，感覚を使うことの一部である。ドアのきしみ，ドアを通過すること，作品の中を移動すること，作品の上に座ることは，私が作品を体験する上で非常に重要な要素であった。私の好きなものの身体的な知覚は，視覚的な知覚よりも重要であった。私の嫌いなものでは，そもそも私は，背後にある作品の音を無視しようと努力するのが難しかった。作品に別の解釈をすることを選んだことは，私が音を含めて解釈したことを意味し，それは理にかなっていた。

ABR の教育方法のスペクトルを広げる

スヴェンとリアは，この授業以降，それぞれの博士論文を無事に提出し終え，今では尊敬すべき同僚であり，他の人たちの指導者でもある。この博物館での活動は私たちが共有する経験の一部であり，彼らの探求と洞察を通してより多くのものを見ることを許

してくれたことに私は感謝している。イリノイでの私の長い研究の授業では，美術館活動に続いて，音楽，ダンス，演劇という時間的モードに拡大した別のABRの教育方法（音楽演奏活動の例については，Bresler, 2014 参照）を実施しており，そこで観察される対象は，社会現象や教育現象とともに，常に動いている。有名な入れ子式のロシア人形のように，あるいは，韓国のアーティスト，ス・ドホ（Do Ho Suh）によるニュアンス豊かなアート作品《Home within Home》のように，学生は演劇やダンスのパフォーマンスに参加し，より大きな社会イベントの中でそのドラマと振付を観察する。このような時間をともなう出来事に対応する備えとして，私は事前にいくつかの焦点と問題を提示する。それは，そこにしがみつくためではなく，有用なときには支えとなるが，そうでなければ放っておける足掛かりとして機能する。

　Hearne の「羅針盤」の概念をもとに，私は ABR の教育方法を発展させ，それを私の教える「あなたの人生の偉大な作品：教育領域を探求する」[8]と題する授業に統合した。共鳴という概念と，知覚を強化するために外界と内界をつなぐことに注目し，世界においてなりたい自分を探し，それを明確にするために，自分にとって重要なものを特定する強力なツールとして，ナラティブ，音楽，視覚，運動感覚の羅針盤を私たちは探求し，重要な手がかりとなるイメージや価値を考察した。

　この活動の一つで，私は学生に，自分にとって意味のあるさまざまなモノを組み合わせて，変化していく専門性のアイデンティティを表現し，これらのモノとそのストーリーをクラスのメンバーと共有するよう求めた。この活動は，音楽教育研究者の Anna Houmann（2015）が述べた経験や，写真家の Liz Handy が述べた経験に触発されており[9]，深い価値を捉え，自分自身の中で「より深く見る」ことを助ける表現力のあるオブジェクトの可能性を理解させる。ここでは，モノや素材の使用を通じて知ることと未知であることの相互作用，そして支援的な共同空間の中での三者間の共有と傾聴が，生成的な視点を生み出している。ABR の教育方法は，相互に強化する対話的な交流の中で，伝達と変容，制作と鑑賞を結びつけるのである。

コーダ ── おわりに

　「私はこの世界に生きているのだから，私はどうありたい？　私はこの世界の中で生きているのだから，この世界にどうあってほしい？」。アーティストであり私の同僚，友人である Joseph Squier は，「あなたの人生の偉大な作品」の授業で，自身の芸術性と思考について語った。この問いに私自身が答える中で，ABR の教育方法は成長，拡張，喜びのサイクルを可能にしてくれるものだということに気づく。研究と教育を中心として，私自身の学びの旅によって始まり，その学びを他の人々と共有し，さらに成長を促すような議論をすることで，この進化しつづけるサイクルを私は経験している。ABR

8　Stephen Cope（2012）の著書を受けて。

9　www.lizhandy.net/still-lives，音楽教育研究者であり友人でもある Lia Laor から教わった（2016 年 1 月の私信）。

の教育方法は有意義な探究を促進し，自分の内と外の探究を促す。生きていることの意味を示し，学生，仲間，読者を通して世界に触れ，そのサイクルを継続させるためにその人たちの反応を期待する。この文章が終わるとき，何があなたの心に残り，共鳴し，あるいは不協和音を奏でるのだろうか，また，心をひらき，耳を傾け，理解するための探求にこれらのアイデアを取り入れることができる場所は，どこなのだろうか。

謝辞

この章のためにレポートを提供してくれたスヴェン・ジャースタットとリア・ロナートに，また作品の使用を許可してくれた Terry Barrett に感謝する。Betsy Hearne には，この章を注意深く読んでいただき，洞察に満ちた素晴らしいコメントをいただいたことに感謝する。

文献

Andrews, K. (2016). The choreography of the classroom: Performance and embodiment in teaching. Unpublished doctoral dissertation, University of Illinois at Urbana–Champaign, Champaign, IL.

Armstrong, J. (2000). *Move closer: An intimate philosophy of art.* New York: Farrar, Straus & Giroux.

Barone, T., & Eisner, E. (2006). Arts-based educational research. In J. Green, G. Camilli, & P. Elmore (Eds.), *Handbook of complementary methods in education research* (pp. 95–111). Mahwah, NJ: Erlbaum.

Bjerstedt, S. (2011). Experience with artworks: Observations at Malmö Konsthall. Unpublished course assignment for the L. Bresler's course, "Seeing, Hearing, Sensing, and Conceptualizing—the Foundations of Qualitative Research," Malmö Academy of Music, Lund University, Malmö, Sweden.

Bresler, L. (1982). The Mediterranean style in Israeli music. Unpublished master's thesis in Musicology, Tel Aviv University, Tel Aviv, Israel.

Bresler, L. (2005). What musicianship can teach educational research. *Music Education Research, 7*(2), 169–183.

Bresler, L. (2006). Toward connectedness: Aesthetically based research. *Studies in Art Education, 48*(1), 52–69.

Bresler, L. (2009). The academic faculty as an entrepreneur: Artistry, craftsmanship and animation. *Visual Art Research, 35*(1), 12–24.

Bresler, L. (2013). Experiential pedagogies in research education: Drawing on engagement with artworks. In C. Stout (Ed.), *Teaching and learning emergent research methodologies in art education* (pp. 43–63). Reston, VA: National Art Education Association.

Bresler, L. (2014). Research education in qualitative methodology: Concerts as tools for experiential, conceptual and improvisatory pedagogies. In C. Conway (Ed.), *Oxford handbook of qualitative research in American music education* (pp. 608–636). New York: Oxford University Press.

Bresler, L. (2015). The polyphonic texture of a collaborative book: Personal and communal intersections. In L. Bresler (Ed.), *Beyond methods: Lessons from the arts to qualitative research* (pp. 1–16). Malmö, Sweden: Malmö Academy of Music, Lund University. Available at www.mhm.lu.se/sites/mhm.lu.se/files/perspectives_in_music10.pdf.

Buber, M. (1971). *I and thou.* New York: Simon & Schuster. ［ブーバー，M.，野口啓祐（訳）（2021）．我と汝　講談社］

Cahnmann, M., & Siegesmund, R. (2008). *Arts-based inquiry in education: Foundations for practice.* Mahwah, NJ: Erlbaum.

Classen, C. (1997). Foundations for an anthropology of the senses. *International Social Science Journal, 153*, 401–412.

Cope, S. (2012). *The great work of your life: A guide to your journey of your true calling.* New York: Random House.

de Bolla, P. (2001). *Art matters*. Cambridge, MA: Harvard University Press.

Dewey, J. (1980). *Art as experience*. New York: Perigee. (Original work published 1934)［デューイ，J.，栗田修（訳）（2010）．経験としての芸術　晃洋書房］

Eisner, E. (1991). *The enlightened eye: Qualitative inquiry and the enhancement of educational practice*. New York: Macmillan.

Emerson, R., Fretz, R., & Shaw, L. (1995). *Writing ethnographic fieldnotes*. Chicago: University of Chicago Press.［エマーソン，R. M.，フレッツ，R. I.，ショウ，L. L.，佐藤郁哉ほか（訳）（1998）．方法としてのフィールドノート──現地取材から物語作成まで　新曜社］

Hearne, B. (2005). The bones of story. *Horn Book Magazine, 81(1)*, 39–47.

Hearne, B., & Trites, R. (Eds.). (2009). *A narrative compass: Stories that guide women's lives*. Urbana: University of Illinois Press.

Higgins, C. (2007). Interlude: Reflections on a line from Dewey. In L. Bresler (Ed.), *International handbook in research for art education* (pp. 389–394). Dordrecht, The Netherlands: Springer.

Houmann, A. (2015). The key to the life-world—Unlocking research questions through expressive objects. In L. Bresler (Ed.), *Lessons from the art to qualitative research* (pp. 125–139) Malmö, Sweden: Malmö Academy of Music.

Irwin, R., & de Cosson, A. (2004). *A/r/tography: Rendering self through arts-based living inquiry*. Vancouver, BC, Canada: Pacific Educational Press.

Knowles, G., & Cole, A. (2008). *Handbook of art based inquiry*. Thousand Oaks, CA: SAGE.

Leavy, P. (2011). *Essentials of transdisciplinary research: Using problem-centered methodologies*. Walnut Creek, CA: Left Coast Press.

Leavy, P. (2015). *Method meets art: Arts-based research practice* (2nd ed.). New York: Guilford Press.

Lincoln, Y., & Guba, E. (1985). *Naturalistic inquiry*. Thousand Oaks, CA: SAGE.

Lonnert, L. (2011). Aesthetic based inquiry. Unpublished assignment for the course "Seeing, Hearing, Sensing, and Conceptualizing—the Foundations of Qualitative Research" by Liora Bresler. Malmö, Sweden: Malmö Academy of Music, Lund University.

Palmer, P. J. (1999). The grace of great things: Reclaiming the sacred in knowing, teaching and learning. In S. Glazer (Ed.), *The heart of learning: Spirituality in education* (pp. 15–32). New York: Penguin.

Peshkin, A. (1988). In search of subjectivity—One's own. *Educational Researcher, 17(7)*, 17–21.

de Saint Exupéry, A. (1943). *The little prince* (K. Woods, Trans.). New York: Harcourt, Brace & World.［サン＝テグジュペリ，内藤濯（訳）（2000）．星の王子さま（愛蔵版）　岩波書店］

Saldaña, J. (Ed.). (2005). *Ethnodrama: An anthology of reality theater*. Walnut Creek, CA: AltaMira.

Spindler, G., & Spindler, L. (1993). Cross-cultural, comparative reflective interviewing in Schönhausen and Roseville. In M. Schratz (Ed.), *Qualitative voices in educational research* (pp. 106–125). Washington, DC: Falmer Press.

Stake, R., & Kerr, D. (1995). René Magritte, constructivism, and the researcher as interpreter. *Educational Theory, 45*(1), 55–61.

Stinson, S. W. (2009). Music and theory: Reflecting on outcomes-based assessment. *Congress on Research in Dance Conference Proceedings, 41*(S1) 194–198.

Stout, C. J. (1999). The art of empathy: Teaching students to care. *Art Education, 52*(2), 21–34.

Sullivan, G. (2005). *Art practice as research: Inquiry in the visual arts*. Thousand Oaks, CA: SAGE.

Suzuki, S. (1970). *Zen mind, beginner's mind* (T. Dixon, Ed.) New York: Weatherhill.

Thwaite, M. (2005). *The Intimate Philosophy of Art by John Armstrong* [Book review]. Retrieved from www.readysteadybook.com/bookreview.aspx?isbn=0713994053.

van Manen, M. (1990). *Researching lived experience*. Albany: State University of New York Press.

von Wright, G. H. (1971). *Explanation and understanding*. London: Routledge & Kegan Paul.［フォン・ライト，G. H.，丸山高司・木岡伸夫（訳）（1984）．説明と理解　産業図書］

Wagner, J. (1993). Ignorance in educational research: Or, how can you "not" know that? *Educational Researcher, 22*(5), 15–23.

Wasser, J., & Bresler, L. (1996). Working in the interpretive zone: Conceptualizing collaboration in qualitative research teams. *Educational Researcher, 25*(5), 5–15.

第36章

実験的なテクスト出版の際の語用論

● ノーマン・K・デンジン（Norman K. Denzin）

訳：小島卓也

> *私たちはこの本を，私たちが暮らすこの世界の社会正義をめぐる対話を行う舞台とし*
> *て捉えている。*　—— MARCELO DIVERSI & CLAUDIO MOREIRA（2009, p. 14）

> *私たちが（…）時とともに明らかになっていく特定の状況下の特異な人々の理解や描*
> *写を目指すとき，自然とナラティブやストーリーテリングに手を伸ばす。これこそ，人々*
> *が相互に語り合う物語を私たちが重んじる理由である。*
> —— RITA CHARON（リタ・シャロン，2006, p. vii, paraphrase）

> *ある分野では苦闘と権力闘争が，学術誌のページ上で繰り広げられているのである。*
> —— MITCH ALLEN（2008）

　40年近く，Clifford（クリフォード）とMarcus（マーカス）の『Writing Culture（文化を書く）』（1986）を自分たちなりのバージョンにして書き進めてきた中で，私たちは書くということは文化を可視化することだと理解している。客観的に観察するのではない。私たちは書くことで文化を可視化するのだが，これはPelias（2014, p. 12）が「パフォーマティブ・ライティング」と呼ぶものである。神の目は存在しない。結果として，エスノグラフィー・ライティングに紐づくナラティブというジャンルは，詩，演劇（Richardson, 2000a, p. 929），そして小説（Faulkner, 2009, 2014; Goodall, 2008; Leavy, 2013, 2015; Prendergast, 2007; Saldaña, 2005, 2011; Morse et al., 2009も参照）を内包する形で曖昧さを増し，拡大し，変化してきた。この曖昧さが，雑多な文章，オートエスノグラフィー，エスノドラマ，劇，詩，ノベラ〔風刺や教訓を含む短編物語〕，小説，短編小説，回想録，個人史，書くことについての物語（writing stories）〔エスノグラフィーが生み出される文脈や過程，背景についての物語〕，レイヤーテクスト，創造的ノンフィクションなどがともなう，想像力豊かな実験の数々を生むという状況をもたらしてきた。これらはすべてパフォーマンス・ライティングの一形態である（Pelias, 2014; Pollock, 1998）。これらは，テクスト，表象，

批評，個人的経験の間の境界を揺るがしている。こういった作品は，人類学からコミュニケーション，社会学，教育，演劇，パフォーマンス研究，劇場まで，ジャンルや文章形式，分野を越えて展開されている。

　パフォーマンス，パフォーマンス・ライティング，（オート）エスノグラフィー，劇場の間のこういったつながりの成り立ちは複雑で，また，以前にも言及されており，これらが持つ影響について付記する以外はここでは繰り返さない[1]（Leavy, 2015, pp. 174-175 を参照）。1980 年代半ば，Turner（1982, 1986），Conquergood（1985），Schechner（2013, 2014）が，Butler（バトラー，1990）のパフォーマティビティの理論を基に，文化，儀式，演劇，劇場，スペクタクル〔大掛かりな仕掛け，もしくは，そのような仕掛けをともなう劇や映画など〕の理論の大枠を作った[2]。伝統的なエスノグラファーはフィールドワークという儀式を研究し記録する。これらの儀式はエスノグラフィックなテクストに組み込まれる。その「加工されたエスノスクリプトは読み合わせ用の台本へと姿を変える」（Turner, 1982, p. 99）。その後，種々の台本は演劇を学ぶ学生たちによって，リハーサルされ，演じられる（Turner, 1982, pp. 98-99）。Victor Turner は以下のように明確に述べている。

シーン1

VICTOR TURNER：エスノグラファーは演劇俳優から盗んだのです。エスノスクリプトのテクストがあれば，台詞をやりとりする感覚，舞台装置や小道具の把握，語りを聞き分ける耳，示唆に富む言い回しといった俳優のノウハウを，文化人類学者が理解する文化的意味，土着のレトリック，物質文化（material culture）などと組み合わせることができました。私たちはリハーサルの過程で台本に修正を加えつづけ，観客の前で上演するに至りました。直接的関与をしないまでも，フィールドのエスノグラファーは，少なくとも（エスノ）*ドラマターグ*の役割，つまり演者や演出家のアドバイザーとしてリハーサル中の学生演者の手助けができました（Turner, 1982, p. 99, paraphrase）。こうして生まれたのが，エスノグラフィー，フィールドワーク，パフォーマンス，身体，紙，舞台の融合であるエスノドラマティクス（p. 100）という新たな書き物（the new writing）のための空間なのです（Spry, 2011）。

JOHNNY SALDAÑA：私のエスノドラマ（2005）とエスノシアター（2011）という概念は，Turner のエスノドラマティクスの概念に触発されたものでした。エスノドラマとエスノシアターとは，演劇制作の伝統的技法や芸術的手法を用い，研究参加者の経験やその経験に対する研究者の解釈をライブで，またはメディア化された形で観客に披露するものです（Saldaña, 2005, p. 1）。その目的は，重要な社会問題についての公開討論の場を設け，社会的認識と批判的意識を高め，教育し，楽しませ，観客に満たされた美的体験をもたらすことにあります（2011, p. 32）。

JIM MIENCZAKOWSKI：エスノドラマとエスノシアターの体系化を支えている命題

1　Schechner（2013, pp. 1-27）を参照。
2　Turner（1986）も Geertz（ギアーツ）の解釈的文化観を参考にしている。

は「エスノグラフィーの上演は，従来用いられた書面による報告文書の場合よりもわかりやすく明瞭に，研究を公に説明しうるだろう」というものです（Mienczakowski, 2001, p. 471）。

シーン2

ナレーター：社会問題を強調することで，Jim と Johnny は Turner の一歩先を進んでいた。彼らは，社会正義を図面に描き加え，ナラティブを政治化したのである。

JOHNNY SALDAÑA：また，*オートエスノドラマは，自分の物語は演劇的な手法で語られなければならないと感じている個人，さらに，そのような語りという手法を用いた作品を鑑賞した観客の間にコミュニティ単位の建設的なリフレクシビティ（再帰性）と対話が生まれうると感じている個人に対し，公開討論の場を与えるもの*です（Saldaña, 2011, p. 31）。エスノシアターは，圧制を白日の下にさらし，既存の社会秩序に挑戦するという表明なのです（2005, p. 3）。

TAMI SPRY：Johnny Saldaña のオート・エスノ・ドラマという3つの単語は，エスノグラフィーと演劇を新たな空間に移し替え，現在に至るまで存在する裂け目や分断，また，不確かなつながりを生み出しています[3]。たとえば，エスノグラファーはしばしば他の学者の著作に言及する一方，Saldaña の演劇には脚注すらありません（Leavy, 2015, pp. 182-187 を参照）。Johnny の作品には，他にも一般的なものとは異なる取り組みがあります。芸術，美学，テクスト，表象，パフォーマンス，フィールドワークなどの間にある境界の揺さぶりを促す中，彼が新たなアートに基づいた運動のために大きな空間を作り出したために，実践の最中にあったアートベース・リサーチ（ABR）は新たな意味を帯び，新しい形態をとるようになりました。フィクションが正当な研究実践とみなされるかどうかをめぐる議論をはるかに超えた，新しい次元に私たちはいたのです（Leavy, 2013, p. 79）。

シーン3（1つ目の語りの挿話）

ナレーター：こういった新たな書き物の形式に対する抵抗は相当なものである。これらのテクストは，非客観的，ナルシスト，単なる悪文，あまりにも内省的，あまりにも私的，あまりにも政治的であると批判されてきた。多くが新たな書き物を即座に拒絶している（批判のレビューについては，Denzin, 2010, pp. 33-37; Morse et al., 2009 を参照）。文学的な社会科学をどう読み，書くか，もしくは，いつ，どこで出版するかに関して意見の一致はほとんど見られていない。これは皮肉なことである。なぜなら，ある時は数字で，また，ある時は言葉で，ほとんどの社会科学

---

3 エスノグラフィー・演劇パラダイムにおけるパフォーマンスには，少なくとも6つのモデルがある。（a）Conquergood の調査者と被調査者の共同注視からなるパフォーマンスとしてのフィールドワークという考え方，（b）Goffman の「世界はすべて舞台」モデル，（c）Turner の社会劇としてのパフォーマンス，（d）Schechner の復元行動（restored behavior）または二度行動（twice-behaved behavior）に関するパフォーマンス研究，（e）Madison の対話的パフォーマンスモデル，そして（f）Saldaña の，観客に対して演じられる体現化された芸術作品としてのパフォーマンス，である。

の書き物は一定の水準において，物語を語るストーリーテリングだからである。つまり，ストーリーテリングとは，ストーリーを首尾一貫したナラティブへと編み込むことによってその社会現象に意味を持たせる手法なのである（Leavy, 2013, p. 20）。

シーン 4（2 つ目の語りの挿話）

ナレーター：私の議論は新たな著作，新たな解釈の形，もしくは，Richardson と St. Pierre（2005）が創造的分析実践（creative analytic practices: CAP）と呼ぶものを読み，書くためのガイドラインから始める。次に，質的研究の一分野である質的ヘルス研究における文学的・ナラティブ的転回に対する批判を取り上げる（Morse et al., 2009; Thorne, 2009）。私は詩的な例を使い，この批判に対する反論をする。一幕の短い劇の中で，私はテニュアと引用の分析を含む出版の政治力学について議論する。最後は，新たな書き物にとって安全な空間をつくるべきだという議論で締めくくる。

シーン 5（3 つ目の語りの挿話）

ナレーター：ところで，まずはニュージーランドの執筆者からの次のような所見を考慮してみてはどうか。北米の作家が新たに出版した著書に基づいて，私はいくぶんかの原稿の修正を提案したが。

ニュージーランドの執筆者：私は，こういった形での北米的な「ポストポスト不安」〔何かを公に公開した後に生まれる不安〕への固執には若干の抵抗があると気づきました。南半球にいる私たちの不安はむしろ異なっており，中心に流されていきたくないという自分がいるのです。

編者としてのナレーター：そのような抵抗と闘争は称賛に値することですが，もはや中心が維持されていない場合，その中心に向かってあなたはどのように書くのでしょうか。

ニュージーランドの執筆者：ああ，なるほど，でもそういう議論もできる一方，私たちがいるところからみれば中心は確かに維持されているのです。周縁では，中心が持つ規範の圧倒されるような影響力を感じます。中心とは，中心が維持されていないことに対する不安や確信が関心事である場所なのです。また，パフォーマンス志向の書き手，慣習に逆らう書き手，そして，土着の文化を持つような書き手をすべて押し出すことに，中心が熱中しているように見えるのです。

＊＊＊

　思った通りである。中心／周縁，分野規範の影響，学術誌，出版の政治力学，パフォーマンスとしての書き物，慣習に逆らうテクスト，読まれること，昇進，報酬，助成金，テニュア，権力，影響力といったものがここにはある。
　そこには皮肉と，ある種の茶番劇がある。周縁の外側で書く者，あるいは異なる執筆様式を試す者は，厄介者であるとか，批評や著作を二流の学術誌に掲載しているとか，

取るに足らない声だ，とかいった形で糾弾される。Audre Lorde（1984）は正しかったのだろう。主人の道具を使って主人の家を解体することはできない。

これは，実験主義の書き手が永遠に周縁部に追いやられ，より大きな枠組みの中では価値を持たない学術誌の中で批評と著作を発表しつづけるということを意味するものではない。私たちは別の住処を作らなければいけない（こういった著作のための新たな出版の場に関する議論と一覧については，Leavy, 2015, pp. 174-175, 201-203 や Allen, 2016, p. 42 も参照）。批判的な質的探究に対する主流派の抵抗を私たちは打破することはできない。私たちの政治的で，パフォーマティブで，実験的な学問のあり方を主流派は決して受け入れることはない。

これは，多くの異なる住処があり，多くの異なるテントがあり，複数の中心部があり，そして，各中心部がそれぞれの価値規準を持ち，メンバーをその規準に従わせることを意味する。複数の主流派である。

（それほど新しくもない）新たな著作を読み，書く

いくつかの課題に同時に向き合う必要がある[4]。この種のアートに基づく著作は難しいものである。書き手は平均以上の研究者でなければならないし，平均以上の物書きでなければならない。そして，パフォーマンステクスト，短編小説，詩，エスノドラマといった文学的な枠組みの中で，研究と執筆を効果的に結びつけるだけの技量がその書き手には必要となる。ほとんどの社会学系研究者は文学的な書き手ではないし，文学的であろうとすると罰せられることもあった。相応の文章力を身につけるためには，創作文学を書く訓練が必要であり，ライティンググループを作り，そこに加わり，参加することも必要である。文芸作家を共著者として招くことが奨励され，プロの作家や編集者に自身の著作を批評させる必要もある。

ほとんどの学術誌の編集者は，実験的なパフォーマンス・ナラティブを含むこのジャンルの文章を批評するのに十分な能力がないか，そもそもその能力を持ち合わせていない。参照すべき一連の規準なしで，文学的で社会科学として優れた成果物だと述べることに抵抗を感じている。自分たちでこれを行えるような訓練を彼らは受けていないのである。規準の概要を示す必要はあるが，そういった枠組みの多様性は奨励されるべきである。ABR の出版に注力する学術誌が重要とされる理由はまさにここにある（Leavy, 2015, p. 302）。

すべての探究が文学的な形式の中で効果的に描き出せるわけではない。一つのインタビューを，複数の人物が登場するドラマティック・リーディング〔作品の内容に合わせて的確な表現を使う話芸としての朗読〕にするのはふさわしくないだろう。フィクションの短編小説は，ソーシャルワークを扱う教室ではうまく役割を果たすかもしれないが，政策立案者へのプレゼンテーションではまったく効果がないかもしれない。「その文学的

---

4 これらの論点は，すべて Mitch Allen から拝借したものである。

な形式は目下の主題に関する知識を効果的に伝えているのか。伝統的な形式の方が良いのではないか」と書き手は問わなければいけない。もし答えが「そう」であるならば，文学的な形式は正当化できるものではなくなる。

　ここではやや曖昧な規準が運用されるべきである。リーヴィー（Leavy, 2015, pp. 21-28, 79-90, 96-97）は，フォークナー（Faulkner, 2014, 2009, pp. 89），Richardson（1992, 1994, 1997, 2000a, b, 2001），Ellis（2000），Bochner（2000），Clough（2000），Pelias（2011）や彼ら以外の書き手の著作や論稿を参照しながら，研究詩を中心としたABRの評価規準を3つ定めている[5]。

- *科学的規準*：深み，真正性，信頼性，理解度，情動面の臨場感，リフレクシビティ，有用性，結晶化／具体化，方法の明確化，倫理性。実のある貢献や問題解決をし，揺さぶり，記述すること
- *詩的規準*：芸術性の濃度，具現化された経験，発見，条件，語りによる真実，首尾一貫性，共感，変容
- *芸術的規準*：経験的要素の圧縮度，技巧・工芸の理解度，道徳的な真理，感情的な迫真性，荘厳さ，共感度

リーヴィーとフォークナーの最初の2つのカテゴリーは，あらゆる形式の批判的で質的な探究にふさわしい。

　3つ目のカテゴリーは拡張できる。その文学的・詩的な表現は美学的に効果があるのだろうか。文学として親しみやすいという資質があるだろうか。劇という観点において何か喚起するものがあるだろうか。叙情的だろうか。共有される感情，イメージ，情景，記憶を呼び覚ますだろうか。感情を効果的に，無駄なく表現しているだろうか。書き手が喚起しようとしている感情にまつわる*客観的相関関係*を立証しているだろうか（Eliot, 1920を参照）。Emily Dickinson（エミリー・ディキンソン）に由来する「ある作品を読んで，それが私の全身をどんな火も暖めることができないほど冷たくするなら，私はそれが詩であるとわかる」という規準を満たすだろうか。

　私は4つ目のカテゴリーを加える。

- *社会正義的規準*：社会正義に関する批判的な意識を引き出す，人を行動へと突き動かす，公共の場での対話を活性化する（Bochner & Ellis, 2016, pp. 60-62, 212-213; Leavy, 2015, p. 22）。

5　彼女（フォークナー）は「研究詩」という言葉を，「研究努力から作られた詩」（2009, p. 20），つまり，インタビュー，記録，観察，個人的な経験を詩の形に変える著作を指すのに使っている（ファウンド・ポエトリーについては，Prendergast, 2007も参照）。

新しい書き物を読む

　書き手と同様に編集者も，新たな様式の著作を評価するための枠組みを必要としている。二面性を持つ論稿が推奨されている。第一に，実験的な文章は，よく練られ，読者を引きつけ，文学の批評家と社会科学者の両者から尊敬されるに足るようなものでなければならない。第二に，自己言及的な著作は，書き手の自己を前面に出す以上の，もしくは，自己刷新や危機やカタルシスについて写実主義的で感情的な物語を伝える以上のものでなければならない。こういったナラティブは，社会批判と社会的行動のためのきっかけとなるべきである。別の枠組みのもとで新しいものとして通用しているように見えるものの多くは，ありふれたものにすぎないのである。

　Rorty（ローティ，1989, p. 60）は，人文学分野においてナラティブへの転回を推進する中で，自由主義社会には思いやりを促す社会的なテクスト，すなわち他者の苦しみを感じることを促すテクストが必要だと主張している。エスノグラフィックな語り，詩，パフォーマンステクスト，エスノドラマは，Rorty の指令を実践するための実験的手法なのである。ナラティブ的転回は，批判的，写実主義的な物語を伝え，今日の人生について複数の視点とさまざまな文学的仕掛けを配置し，実験に挑んでいく書き手のためにより広がりのある空間を切り拓いている。

　これらの著作は，伝統的なエスノグラフィーの境界を押し広げるものである。そういった境界は曖昧になり，気づかぬうちにパフォーマンステクストへと変容していく。これらの著作は事実とフィクションの間の関係をかき乱す。場面設定，重なる対話，複数の視点，複合的な登場人物，フラッシュバック〔過去のシーンの挿入〕，伏線，内なる独白，同時進行する筋書きなどを駆使してもいる。基本となる単位は場面，状況であり，事実ではない。物語や詩は事実についてではなく，事実に基づいて書かれているのである。個人的で啓示的な経験から，その経験の物語的描写へ，そしてそれを形成した社会構造への批判へ，外へ外へと向かう。これは経験を再び語っているのではない。語ることによって経験を創造しているのである。感情に特権を与え，読み手の情動的な反応を呼び起こし，それによって真に迫り，共有される経験を生み出していく。

　そういった書き手は読み手に対し，何がどのように，そして，なぜ起こったのかに関して，そのテクストが持つ因果関係に従うよう求める。詩的で物語的な文章は，多くの社会学者や人類学者が隠してきたもの，つまりフィールドワーカーに立ちはだかる私的な感情，疑念，ジレンマ，不確実性を白日の下にさらす。これらの疑念は，フィールドが外部，どこか外界の場にあるのではなく，私たちの内部にあることを明らかにする。個人的・感情的な要素を強調する中で，新たな書き手たちは新たな類の理論化に取り組んでいるのである。種々の著作は，学問的ではなく伝記的な引用で溢れている。ミニマリストの社会科学が創造されているのである。複雑な理論的な用語が個人的な経験に介入することはない。

　これらの実験的なテクストは，他者の経験の提示のためにエスノグラフィーを用いるという時代遅れの伝統，つまり，過去との決別を示している。この新しい世紀が迎える

第二の 10 年〔2020 年代〕に向け，ジェンダー化された自己記述に対する新しい理解を形づくりながら，実験主義者の多くは文化批評を書いているのである。

いくつかの批判

すでに述べたように，詩的で物語的なテクストは種々の理由で批判されてきた。これらの批判は，このジャンルを決定づける特徴，すなわち，個人的で省察的なテクストが強調されること，批評者が書き手の主張のいわゆる「正当性」を評価できるような周知の手法が存在しないことに直結している。事実かフィクションかという問題や文学的であろうとする試みがこういった批判の軸となっている。さらには，ナルシシズム，自己中心主義，ずさんな文章，表象や描写や分析よりも言説を優先することにまで批判は及んでいる。また，文学的表現が実証のための素材を変形させたり，その形式や意味を変えたりすることで，妥当性の問題が生じていると主張する批評家もいる（Morse et al., 2009, p. 1035）。研究の実施をしたり，「データ」を詩やナラティブにしたりするための実践的なガイドラインがないことも指摘され，社会理論の不在を嘆く声も上がっている（Denzin, 1997, p. 215; 2010, pp. 164-165; Ellis, 2009, pp. 230-233 を参照）。

責任があると感じられる省察的なテクストは，その政治性を表明し，それが喚起する現実を絶えず問いただす。そのような著作は読み手を突き動かす。雑然としている。局所的である。歴史的に偶発的なものである。リスクをともなう。

エスノグラフィーと実験的な文学的テクストを互いに引き合わせるような，省察的な様式をもつ社会科学的テクストの考案が喫緊の課題として残っている。ただ実験的であろうとするために実験的であることがその目標ではない。目標は，私たちがそれを書く営みを通してこの世界を変えていくことなのである。

編集委員らの抵抗

その鼓動は続いている。批判はなくならない。2009 年，『Qualitative Health Research』（QHR）という学術誌の編集委員らは，データを詩や自由詩へと変えてしまうことに反対する論説を発表した（Morse et al., 2009）。編集委員らの主張は以下のようなものである。

> 「詩」はどこにでもある。そして，質的な探究における最新の傾向の一つは，データの詩や自由詩への変換であると思われる。多くの場合，これは昔からあるジレンマの新しい形なのである —— どうすれば豊かなデータを，そのデータが持つ豊かさを損なわない状態で提示できるのかという。（p. 1035）

また，ケーススタディや文学的な物語といった形式で単一事例のナラティブの報告を活用することが増加していることも，編集委員らは見逃していない（Thorne, 2009）。

この最近の詩的転回，およびナラティブ的転回に対して，編集委員らはいくつかの批判を展開している。これらの批判は，今ではすっかりおなじみのものである。

1. 書式。しばしば研究結果の節で，冗長な引用が延々と続くことがある。
2. 時に，研究対象者の声が分析結果を示すこともある。研究者の解釈がほとんどないこともある。
3. 引用がさまざまな形で分析結果を描き出すために使用される。
4. 書き起こしからそのまま取り出されたかのように，データが未加工のまま提示される。
5. 句読符号が整っていないことがある。テクストのコード化が細部にこだわりすぎていることもある。休止や発話が一つひとつ入念に記号づけされ，計測されていることもある。
6. このような微視的分析の意義が明らかではない。
7. 書き起こしが自由詩に変換されることで，研究の目的が混然とする。
8. そこに解釈も，分析も，理論も，概念も，仮説もない。
9. 研究を詩やナラティブに変換しても，分析の深みは増さず，研究の知見がより豊かになることもない。
10. 一つの事例は一つの物語を語るにすぎない。理論はどこにあるのか。研究手法の枠組みはどこにあるのか。厳密さはどこにあるのか。
11. ナラティブ的探究は科学的な探究ではない。

QHR の編集委員らにとって，解釈と分析は，未加工データ，概念，仮説，分析，厳密さ，豊かな知見，理論構築という枠組みの中で組み立てられなければならない。ある著作の持つ意味はこういった観点から見出されるものなのである。詩，ケーススタディ，物語などは，このレベルで意味を問うものではない。したがって，彼らの学術誌に，こういった形式のための居場所はないのである。

ナラティブへの扉を閉ざす

ナラティブに対する自らの主張を検討した上で，このジャンルの原稿の掲載を拒否する決定を下したと QHR 編集委員らは述べている（Morse et al., 2009, p. 1035）。その理由は以下の通りである。第一に，QHR は一年に 12 回，1 号につき 144 ページしか割り振られていない。自由詩を使った論文で一つの論文が 5 ページ長くなるのであれば，他の著者が 5 ページ失うことになる。種々の論文は，自身のスペースを勝ち取らなければいけない。「40 ページの論文は 20 ページの論文の 2 倍の意義があり，読み手の大多数にとってより興味深いものに違いないとしても（…）それが正当化されない限り，私たちはこれらの著作を載せるための追加スペースを設ける余裕はない」（p. 1035）。

第二に，実験に挑む書き手は，書き起こしの原文を誰とも共有しない。「データを詩

のような構造に変換すると，たとえ意味が相当な程度で変化しないとしても，データの形式が変わってしまうために，意図的にそうしているのだと私たちは推察している」とのことである（Morse et al., 2009, p. 1035）。それゆえ，編集委員らは，詩やケーススタディで報告された知見を信用することができないのである。

第三に，著者はデータがどのように詩やナラティブに変換されたかを示さない。ガイドラインも全く提示されない。

第四に，詩と研究は相反するものである。本誌は研究を掲載するのであって，詩を掲載するものではない。

第五に，詩として投稿された著作は，ヘルス研究ではなく，文学的表現に焦点を当てている。それゆえ，そういった著作の意義は不明瞭なままになっている。

批判からの学び

ここで学ぶべき教訓がいくつかある。明らかなことであるが，著作を書き上げる際に使用する一連の解釈規準の概要を含め，実験に挑む書き手は自身の取り組みについてより効果的な説明を試みる必要がある。自分たちの目標は何か，そして文学的なテクストを用いることでその目標をどのように達成したいのかを明確にすべきである。なぜ語らずに見せたいのかを含め，ミニマリストのテクストの特徴を際立たせなければいけない。

すべての科学的な文章がストーリーテリングであるということは，繰り返すに値する。QHR の編集委員らですら，なぜ物語を出版したくないのかについて物語を語っているのである。実験的なテクストはエティック〔部外者視点〕ではなくエミック〔当事者視点〕な探究であり，本質的に人間主義的で解釈主義的なものなのである。エティックで仮説検証的な規準をもとに，答えを求められるべきではない。

それは一次概念と二次概念，あるいは，Geertz（1983, pp. 57-59）のいう経験に近い書き物と経験から遠い書き物と若干の類似点がある。詩的でパフォーマティブな形式は経験に近く，具体的なもの，局所的なもの，目の前の現実，一次テクスト性，生身の人間が互いに語り合うことに根ざしている。これは，Della Pollock（1998）が「パフォーミング・ライティング」と呼ぶものである。

QHR の編集委員らが求めているのは二次的な，経験から遠い書き物である。彼らは4層からなる解釈の構成を思い描いている。それらは，(1)生きられた経験から成る世界，(2)研究手法を活用することで収集されたその世界に関する，もしくはその世界からの証拠，(3)書き起こし，およびそういった資料の分析，(4)それらの分析に対する理論的解釈，である。

これは洗練された枠組みであるが，唯一の枠組みというわけではない。他の研究者，たとえば Laurel Richardson（2007）や Carolyn Ellis（2009）は3層からなる枠組みを扱っている。それらは，(1)観察，インタビュー，会話を通して捉えた生きられた経験とその経験の意味，(2)インタビューの書き起こし，(3)詩やナラティブへと変換された書き物，である。その他の作家，詩人たちは単層のテクストの枠組みを扱っており，それは

生きられた経験そのものを構成するナラティブテクストである。

　2つの解釈を持つコミュニティは，尊敬の念に満ちた相互コミュニケーションの方法を見出すべきである。多くの実験主義者の著作は，ヘルスケアの現場に直接的な関連性がある（Charon, 2006; Frank, 1995, 2004a, 2004b）。そういった実験主義者たちは，他者の報告の対象とされてきた人々の声や物語のための居場所を作ろうとしているのである。これは，ナラティブとストーリーテリングという営みを，ヘルスケアのエンパワメントの倫理とナラティブ的真実の内側に位置づけるものである（Bochner, 2007; Charon, 2006, pp. 208-209; Ellis, 2009, p. 15; Frank, 1995, p. xiii）。彼らは，方法論という点での解釈のすれ違いによって自分たちの著作が締め出されることを望んではいない。

詩の模範例 —— ルイーザ・メイ

　Laurel Richardson の詩である「Louisa May's Story of Her Life（ルイーザ・メイの生涯の物語）」（1992, 1997）は，詩的転回がどのように効力を発揮するかを示す珠玉の事例を供する。この詩は，Richardson が未婚の母であるルイーザ・メイに対して行った詳細なインタビューの書き起こしから創作された。この詩では，Richardson（1992）はルイーザ・メイの言葉と構文のみを使用している。以下はその抜粋である。

The most important thing	最も重要なこと
To say ... is that	言うべきことは……つまり
I grew up in the South.	私は南部で育ったということです。
Being southern shapes	南部育ちであるということは形づくります
Aspirations ... shapes	願望を……そして
What you think you're going to be ...	自分は何者になっていくのかという考えを……
I grew up poor in a rented house.	私は借家で，貧しいなかで育ちました。（p. 20）

　Richardson は，社会学的な自然主義，つまり，客観的な物語を語ろうとする実証主義の持つ使命を超えた枠組みと手法が必要であったと述べた。彼女は，ルイーザ・メイの人生を書くために，繰り返し，間，ミーター〔韻律，もしくは拍〕，押韻，言葉遣い，語調といった詩的な仕掛けを使いたかったのである（1992, pp. 19-20, 24-26; 1997, pp. 142-143）。

　Richardson はルイーザ・メイのインタビューを 36 ページの散文に書き起こした。そして，彼女はそれを詩としての書き起こしに形づくっていった。

　　私にそうさせたのは，「データ」の性質，万国共通のイベントとなったインタビュー，人生の表象に関するポストモダン的な課題への懸念である。ポストモダニズムが提起した中核的な問題 —— たとえば，声，存在，主観性，証拠に関わる政治学，省察的な経験を捉えきれない書き起こし —— は，体現化された発話を再現する詩的形式をもってして解決できるように思えたのである。（1992, p. 23; 1997, p. 143）

インタビューから書き起こされたテクスト，そして詩的な表現へと移行していく中，Laurel は間や改行，行内のスペースや行間，そして静かな瞬間，騒がしくなる瞬間といったものをそのままの状態にした。

　実演されると，詩的な表現は，正統的な社会学的散文では許されないような多様で制約のない読みに対してひらかれる。こういったパフォーマンステクストを書くことは，省察的であり，生き生きとしたものである（Richardson, 1992, p. 25; 1997, pp. 142-143; Richardson & St. Pierre, 2005, p. 964）。それは決して無色透明なものではない。読まれ，演じられなければならないのである。だからこそ，Richardson は自身の仕事がどのように行われたかを明らかにし，そして，この著作の制作においてある段階から次の段階へと移る際に，ライティンググループと共に慎重に作業を進めていったことを注記している。

　人生を詩的に表現することは，決してそれ自体が目的ではない。その目的は政治的なものであり，私たちが人々を，人々の人生を考える方法を変えることであり，詩的でパフォーマティブな形式をこのために用いるということなのである。詩人は，従来の社会学的な文章が許さないような，新しく，異なった方法で世界を可視化する。従来の文章形式が思いとどまらせようとした方法で，詩人はテクストの中で触れられ，目に見え，存在するのである。

＊＊＊

　この段階において，Richardson と St. Pierre（2005, p. 962）が輪郭を描いた創造的・分析的・解釈的な実践のすべての形式に敬意を払うべきであるのは明白である。

Performance writing,	パフォーマンス・ライティング
autoethnography,	オートエスノグラフィー
literary and ethnographic fiction,	文学的でエスノグラフィックなフィクション
poetry	詩
ethnodrama,	エスノドラマ
writing stories,	書くことについての物語
reader's theatre,	リーダーズシアター〔演者が台本を持って音読する読劇〕
layered texts,	レイヤーテクスト
aphorisms,	格言
conversations, epistles, memoirs,	会話，書簡，回顧録
polyvocal texts,	多声的なテクスト
comedy, satire, allegory	喜劇，風刺，寓話
visual and multi-media texts,	視覚的でマルチメディア的なテクスト
dense theory,	デンスセオリー〔諸現象の複雑さを失わず成り立つ理論〕
museum displays,	美術館の展示
dance,	ダンス
choreographed findings	振付された知見

これらのパフォーマンステクストは常に，

political,	政治的であり
emotional,	感情的であり
analytic,	分析的であり
interpretive,	解釈的であり
pedagogical,	教育的であり
local, partial,	局所的であり，部分的であり
incomplete.	未完成である。
painful to	読むのに
read,	痛みをともない，
exhilarating.	爽快感がある。

* * *

実験的なテクスト —— 一幕劇

登場人物：話し手1，話し手2

劇冒頭のト書き

イリノイ大学のキャンパスにある，築125年のレンガ造り・4階建てのグレゴリーホールの3階にあるセミナーテーブルを囲んで，出演者たちが腰掛けている。25脚の椅子が，壁際と長さ約40フィート（12 m）の木製テーブルの周りにある。部屋の北側と東側の壁には，芸術学部から借りた大きな自然を描いた風景画が2枚かけられている。部屋の南端には，ビデオを投影するためのプルダウン式のスクリーンがある。頭上の照明は落とされている。北側の2つの窓からは日が差し込んでいる。時刻は午後の1時。舞台は現代。劇の台本が発話者から発話者へと手渡されていく。最初の発話者が，話し手1のセリフを読み上げる。2人目の発話者が話し手2のセリフを読む，といった具合に最後まで読んでいく。

シーン1 —— それらの引用報告書に押さえつけられる

話し手1：ちょっと，私がこんな創造的分析実践（CAP）の手法を使ったら，研究者としての足掛かりを掴むこともできませんよ。正気ですか!? 詩，演劇，エスノドラマ，ダンス，美術館で保存すべきような芸術作品，リーダーズシアター。私の学科では，こういった形式は一度も聞いたことがありません。

話し手2：ええ，私もあなたと同じですよ。うちの学科長や学部長は，このような書き方は学問として認められないと言っています。私がこのような書き方をするのが

理解できないと。そして，私の論文が掲載されている雑誌は，社会科学国際文献目録（International Bibliography of the Social Sciences: IBSS）や学術誌引用レポート（Journal Citation Reports: JCR）のスコアが十分高くないともいわれました。私と同じような研究をしている同僚は，テニュアを得られませんでした。

話し手1： 私は誰も擁護するつもりはありませんが，多くの人々が図書館を使用するように Thomson Reuters 社の JCR のスコアを使っています。そういったスコアは，引用データに基づく定量的で統計的な情報を用い，世界の主要な学術誌を批判的な目を持って評価するための，体系的かつ客観的な手段であると謳っています。ある論文の引用文献を集計し，その論文の影響力を測定しています。これにより，論文のレベルや学術誌のレベルでの影響力やインパクトの指標が算出されます。

話し手2： 私は客観的な資料が欲しいのではありません。テニュアが欲しいのです。テニュアを得られなかった同僚は，これらの学術誌で出版したことがありませんでした。

話し手1： ここで，新たな書き物が出版の政治学とつながってきます。もし，伝統的な学術誌がこういった著作を拒むのだとしたら，実験に挑む学者の著作は主流派の中で居場所を見つけることはできません。

話し手2： 私は怖いんです。同僚は職を失いました。彼女は今，コミュニティカレッジにいますが，もう二度と論文執筆の時間を作ることはできないでしょう。客観的だというこの仕組みが彼女を追いつめたのです。

話し手1： 彼女の学科を責めてください。出版業界を責めないで。学術界を責めてください。最も問題なのは，学者，テニュア審査委員会や教員採用委員会の委員による誤用です。種々の委員会は，これらのスコアに基づいて個々の学者の業績への評価を下しています。しかし，ジャーナルインパクトファクター（Journal Impact Factor: JIF）は，学者を評価するための代用品として使われることを意図していません。あくまでも，個々の学者ではなく，学術誌にのみ適用されるべきものなんです。

話し手2： その通り。まったくインパクトファクターってやつは！

話し手1： その論文が実際には何を述べているかに関係なく，インパクトのある学術誌に掲載されたという理由だけでその論文により高い評価を与えるのであれば，評価者は自分の仕事をしたことにはなりません（Monastersky, 2005）。

話し手2： 被引用スコアは質を決定づけるものではありません。質とは複雑なもので，分野への本質的な貢献度，美学的な価値，リフレクシビティと声の力強さ，読み手の情動面への働きかけなどが含まれます（Richardson & St. Pierre, 2005, p. 964 を参照）。これらの規準に照らし合わせると，テニュアを得られなかった私の同僚は質の高い仕事をしていたことになります。

話し手1： ここで若手教員，テニュア審査委員会，学術誌の編集者のために経験則をいくつか紹介しましょう。

1. こういったスコアは，適切な文脈でのみ考慮すること。これらのスコアは中身を判断するものではない。

2. 学際的な学術誌は，独自基準を策定し，その基準に準拠しなければならない。

3. JIF を個々の学者の業績を評価するために使ってはいけない。

4. こういったスコアは，学術誌の評価にのみ正当性をもち，そうする際にも細心の注意が必要である。

話し手2：私たちは社会正義に関わるインパクトを測る独自の規準を設ける必要がある。それはモラルという観点に立った規準であり，抵抗，実験，コンフリクト，エンパワメントを称賛する規準であり，知識に裏打ちされた抜本的な批評を社会制度や社会状況に対して展開する健全な活動である一方，過激な活動でもあり，同時に，人間の尊厳，人権，そして公正な社会を世界中で推し進めるものでもあります。

話し手1：その犠牲者についての規準は？　テニュアではない非正規職員たちのことです。出版されなかった抵抗の文章を書いた人たち，彼らについてはどうでしょうか。

* * *

古いものに新しいものの仕事をさせる

　最近の実験的な書き物やジャンルを超えていこうとする試みに対する批評は，従来の科学のわずかな前進以上のものとして読むことができるようになっている。ここには，オートエスノグラフィー，エスノポエティクス，セルフナラティブ，エスノドラマ，パフォーマンステクスト，さらには詩，ミステリー，小説などにあえて取り組もうとする限られた人々の気まぐれな努力にとどまらないものがある。伝統的な写実主義的エスノグラフィー・テクストの境界は二度と同じものには戻らない。しかし，楽観視するのは拙速である。確かに，昔ながらのエスノグラフィーの方法，つまり解釈的な執筆というものは変わりつつあり，このことは，革新的な文章形式がいたるところに存在しているように見えるという現実からも確認できる。しかし，この立場は，因習的で支配的な社会科学の秩序，つまり新しいものを新しい秩序の版図として扱わず，疎外することに固執する秩序がもつ回帰的で保守的な側面をまったく無視したものでもある。

　端的にいえば，多くの人に評決が下ったのである。新しいものよりも古いものの方が，解釈という作業に適しているのだと言える。だから，実験的なことはすべて忘れ去らなければいけない。しかしながら，単に書き方が異なるというだけでは済まされない問題がここにはある。新たな書き物は学問分野の本質や倫理観を危機にさらしているのである。容赦ない批判は当然のことである。

　新たな書き物に相対する批評家の多くは，普遍的なエスノグラフィーの対象，つまりエスノグラファーではない何者かの存在を想定している。こういった批評家は外から社会を眺めており，そして，客観的な社会の説明は客観的な観察者によってなされるだろうと主張してきた。この観察者は，この世界に実在する対象の存在を必要としない方法を使い，エスノグラフィーを書くことができた。社会での経験，実在の人物は目下のテーマとは無関係だったのである。これが，社会現象は社会的事実として解釈されるべきだという解釈主義構造の生成につながった（Smith, 1989, p. 45）。

この構造によって，主体性，目的，意味，意図に関する議論の的が，対象人物から調査中の現象へと移行した。そして，その構造は，これらの現象を社会に関する読み物へと変換した。これらの読み物の記述の中で，現象は存在感を持ち始めたのである（Smith, 1989, p. 45）。現実の生きた人々は，フィールドノートの抜粋，理論家の何気ない観察，あるいは「理想型」（Smith, 1989, p. 51）といった形で，語りの一部となってテクストに入り込んできた。こういった人々が，QHR の編集委員らが話を聞きたいと思っている実在の人物である。しかし，彼らなりの条件においてのみである。

新たな書き手たちは，このような社会科学的な文章像を覆したいと考えている。

このような社会科学的文章に対する見方は，本章やここまでの章で取り上げた新たな書き物に対する，今ではすっかりおなじみとなった批判の数々を生み出してきた。伝統的な批判は，方法，真実，検証の問題に焦点を当て，無作為抽出，代表的な文献，いわゆる「不偏不党」の解釈方法などの，合意が得られている検証方法を用いていないとして，新たな書き物に異議を唱えるものであった。

そういった伝統主義者たちは，新たな書き手らが使う評価規準を真実の追求に対する威嚇だとみなして拒否する。これらの方法，文章を書く方略，そしてそれらを使う人々は，社会科学にとって重大な脅威だとされている。社会学や教育学のような分野がいま直面している苦境を，新たな書き物とそれが生み出す政治力学が物語っていると考える人もいる。伝統主義者たちの解決策は，新たな書き手を黙らせることであり，伝統的な手法を用いて中核的な知識を発展させ，社会に関する確固たる事実を収集することである。こうした動きは，新たな書き物にまつわる政治力学の核心に切り込んでいる。

おわりに

以上をまとめると，新たな書き物が現状の論壇に居場所を見出すには，書き手と編集者が共に努力する必要があるということになる。書き手は，ワークショップに参加する，ライティンググループを作る，共著者として文学作家と協働する，自身の著作に用いる解釈的・詩的・芸術的規準を共有するといった，先に述べたようなことに取り組み，より良い著作を生み出す必要がある。編集者らは新たな書き物のワークショップに参加し，そのジャンルについてもっと広く読む必要がある。また，フォークナー（Faulkner, 2009）らが推奨する規準と対比したときに，新たな書き物に対する自分たちの評価規準がどのようなものであるかを示す必要がある。編集委員会に詩人やフィクション作家を加える必要がある。新たな実験的な著作を十分に評価したり理解したりできない場合でも，積極的にその機会を活かそうとしてみる必要がある。

本章の冒頭に今一度戻ろう。主流派が私たちの学風を拒むとき，私たちは実験的な著作のための居場所を見出す必要がある。私たちは，独自の主流派，独自の優れた学術誌，独自の権威あるシリーズ書籍，独自の解釈規準，独自の国際学術会議，独自のネットワーク，独自の指導者，そして，独自の学科を必要としているのである。

謝辞

　この章は，Denzin（2010, pp. 85-100; 2013）を参照し，発展させたものである。パトリシ
ア・リーヴィーと Michael Hviid Jacobsen の意見と提案に感謝する。

＊訳注
1.　広く知られたもの，個人的なもの，そして分野規範的なものの3つのディスコースが組み合
　　わされたテクストで，とりわけ著者自身がテクストに組み込まれていることを特徴とする。
2.　ジェンダーやアイデンティティは「表出」に先立ってあらかじめ存在するのではなく，ジェ
　　ンダーやアイデンティティの結果だと考えられがちな「表出」を通じて事後的に構築される
　　のだと主張する考え方で，主な日本語訳は行為遂行性。

文献

Allen, M. (2008, May 19). *Academic journals and the politics of publishing*. Presented at the 4th International Congress of Qualitative Inquiry, Urbana, IL.

Allen. M. (2016). *Essentials of qualitative publishing research*. Walnut Creek, CA: Left Coast Press.

Bochner, A. P. (2000). Criteria against ourselves. *Qualitative Inquiry, 5*(2), 278–291.

Bochner, A. P. (2007). Notes toward an ethics of memory in autoethnographic inquiry. In N. K. Denzin & M. D. Giardina (Eds.), *Ethical futures in qualitative research: Decolonizing the politics of knowledge* (pp. 197–208). Walnut Creek, CA: Left Coast Press.

Bochner, A. P., & Ellis, C. (2016). *Evocative autoethnography: Writing lives and telling stories*. New York: Routledge.

Butler, J. (1990). *Gender trouble*. New York: Routledge. ［バトラー，J., 竹村和子（訳）（2018）．ジェンダー・トラブル──フェミニズムとアイデンティティの攪乱（新装版）　青土社］

Charon, R. (2006). *Narrative medicine: Honoring the stories of illness*. New York: Oxford University Press. ［シャロン，R., 斎藤清二ほか（訳）（2011）．ナラティブ・メディスン── 物語能力が医療を変える　医学書院］

Clifford, J., & Marcus, G. (Eds.). (1986). *Writing culture: The poetics and politics of ethnography*. Berkeley: University of California Press. ［クリフォード，J. ／マーカス，G.（編），春日直樹ほか（訳）（1996）．文化を書く　紀伊國屋書店］

Clough, P. T. (2000). Comments on setting criteria for experimental writing. *Qualitative Inquiry, 6*, 278–291.

Conquergood, D. (1985). Performing as a moral act: Ethical dimensions of the ethnography of performance. *Literature in Performance, 5*(1), 1–13.

Denzin, N. K. (1997). *Interpretive ethnography*. Thousand Oaks, CA: SAGE.

Denzin, N. K. (2010). *The qualitative manifesto: A call to arms*. Walnut Creek, CA: Left Coast Press.

Denzin, N. K. (2013). Reading and writing the experimental text. In M. H. Jacobsen, M. S. Drake, K. Keohane, & A. Petersen (Eds.), *Imaginative methodologies in the social sciences: Creativity, poetics and rhetoric in social research* (pp. 93–108). Farnham, UK: Ashgate.

Derrida, J. (1973). *Speech and phenomena*. Evanston, IL: Northwestern University Press.

Diversi, M., & Moreira, C. (2009). *Betweener talk: Decolonizing knowledge production, pedagogy and praxis*. Walnut Creek, CA: Left Coast Press.

Eliot, T. S. (1920). *The sacred wood: Essays in poetry and criticism*. London: Methune.

Ellis, C. (2000). Creating criteria: An autoethnographic story. *Qualitative Inquiry, 5*(2), 273–277.

Ellis, C. (2009). *Revision: Autoethnographic reflections on life and work*. Walnut Creek, CA: Left Coast Press.

Faulkner, S. L. (2009). *Poetry as method: Reporting research through verse*. Walnut Creek, CA: Left Coast Press.

Faulkner, S. L. (2014). *Family stories, poetry, and women's work: Knit four, frog one* (Poems). Rotterdam, The Netherlands: Sense.

Frank, A. (1995). *The wounded storyteller: Body, illness and ethics.* Chicago: University of Chicago Press.［フランク，A.，鈴木智之（訳）（2002）．傷ついた物語の語り手 ── 身体・病い・倫理　ゆみる出版］

Frank, A. (2004a). Moral non-fiction: Life writing and children's disability. In P. J. Eakin (Ed.), *The ethics of life writing* (pp. 174–194). Ithaca, NY: Cornell University Press.

Frank, A. (2004b). *The renewal of generosity: Illness, medicine, and how to live.* Chicago: University of Chicago Press.

Geertz, C. (1980). Blurred genres: The refiguration of social thought. *American Scholar, 1*, 165–179.

Geertz, C. (1983). *Local knowledge: Further essays in interpretive anthropology.* New York: Basic Books.［ギアーツ，C.，梶原景昭ほか（訳）（1999）．ローカル・ノレッジ ── 解釈人類学論集　岩波書店］

Goffman, E. (1959). *The presentation of self in everyday life.* Garden City, NY: Doubleday.

Goodall, H. L. (2008). *Writing qualitative inquiry: Self, stories and academic life.* Walnut Creek, CA: Left Coast Press.

Leavy, P. (2013). *Fiction as research practice: Short stories, novellas, and novels.* Walnut Creek, CA: Left Coast Press.

Leavy, P. (2015). *Method meets art: Arts-based research practice* (2nd ed.). New York: Guiford Press.

Lorde, A. (1984). *Sister outsider: Essays and speeches.* Trumansburg, NY: Crossing Press.

Madison, D. S. (2010). *Acts of activism: Human rights as radical performance.* Cambridge, UK: Cambridge University Press.

Mienczakowski, J. (2001). Ethnodrama: Performed research—limitations and potential. In P. Atkinson, S. Delamont, & A. Coffey (Eds.), *Handbook of ethnography* (pp. 468–476). London: SAGE.

Monastersky, R. (2005). The number that's devouring science. *Chronicle of Higher Education, 52*(8), A12–A17.

Morse, J. M., Coulehan, J., Thorne, S., Bottorff, J. L., Cheek, C., & Kuzel, A. J. (2009). Data expressions or expressing data. *Qualitative Health Research, 19*(8), 1035–1036.

Pelias, R. J. (2011). *Leaning: A poetics of personal relations.* Walnut Creek, CA: Left Coast Press.

Pelias, R. J. (2014). *Performance: The alphabet of performative writing.* Walnut Creek, CA: Left Coast Press.

Pollock, D. (1998). Performing writing. In P. Phelan & J. Lane (Eds.), *The ends of performance* (pp. 73–193). New York: New York University Press.

Prendergast, M. (2007). Found poetry as literature review: Research poems on audience and performance. *Qualitative Inquiry, 12*(3), 369–388.

Richardson, L. (1992). The poetic representation of lives: Writing a postmodernist sociology. *Studies in Symbolic Interaction, 13*, 19–29.

Richardson, L. (1994). Writing as a method of inquiry. In N. K. Denzin & Y. S. Lincoln (Eds.), *The Handbook of qualitative research* (pp. 516–529). Newbury Park, CA: SAGE.

Richardson, L. (1997). *Fields of play: Constructing an academic life.* New Brunswick, NJ: Rutgers University Press.

Richardson, L. (2000a). Writing: A method of inquiry. In N. K. Denzin & Y. S. Lincoln (Eds.), *Handbook of qualitative research* (2nd ed., pp. 923–948). Thousand Oaks, CA: SAGE.

Richardson, L. (2000b). Evaluating ethnography. *Qualitative Inquiry, 6*, 253–255.

Richardson, L. (2007). *Last writes: A daybook for a dying friend.* Walnut Creek: Left Coast Press.

Richardson, L., & St. Pierre, E. A. (2005). Writing: A method of inquiry. In N. K. Denzin & Y. S. Lincoln (Eds.), *Handbook of qualitative research* (3rd ed., pp. 959–978), Thousand Oaks, CA: SAGE.

Rorty, R. (1989). *Contingency, irony, and solidarity.* Cambridge, UK: Cambridge University Press.［ローティ，R.，斎藤純一ほか（訳）（2000）．偶然性・アイロニー・連帯 ── リベラル・ユートピアの可能性　岩波書店］

Saldaña, J. (2005). An introduction to ethnodrama. In J. Saldaña (Ed.), *Ethnodrama: An anthology of reality theatre* (pp. 1–36). Walnut Creek, CA: Left Coast Press.

Saldaña, J. (2011). *Ethnotheatre: Research from page to stage*. Walnut Creek, CA: Left Coast Press.

Schechner, R. (2013). *Performance studies: An introduction* (3rd ed.). New York: Routledge.

Schechner, R. (2014). *Performed imaginaries*. New York: Routledge.

Smith, D. E. (1989). Sociological theory: Methods of writing patriarchy. In R. W. Wallace (Ed.), *Feminism and sociological theory* (pp. 34–64). Newbury Park, CA: SAGE.

Spry, T. (2011). *Body, paper, stage: Writing and performing autoethnography*. Walnut Creek, CA: Left Coast Press.

Thorne, S. E. (2009). Is the story enough? *Qualitative Health Research, 19*(9), 1183–1185.

Turner, V. (1982). *From ritual to theatre: The human seriousness of play*. New York: Performing Arts Journal Publications.

Turner, V. (1986). *The anthropology of performance*. New York: Performing Arts Journal Publications.

第37章

公共にひらく

エスノグラフィック・リサーチとその影響力

●フィリップ・ヴァニーニ／サラ・アボット

(Phillip Vannini & Sarah Abbott)

訳：佐野香織

なぜ公共にひらくのか

　研究者の間では，自分の研究を研究機関外で広く公開しようとする合理的な理由はほとんどないとよくいわれている。このような姿勢でいる限り，高ランクの学術雑誌に掲載された論文や，評判の高い大学出版社から出版された書籍などの査読付き出版物だけが，キャリアアップや知識の蓄積に真に役立つ業績となる。さらに，研究を公共にひらくには時間がかかり，教授職にある者の仕事の本質から目をそらすことになる。研究者は活動家ではない。活動家としての立場をとれば，公平で客観的な科学者ではなく，支援者，擁護者，ロビイストとみなされ，その客観性は永遠に損なわれてしまうのである。さらに，学術研究を一般の人々が理解しやすいように凝縮し，翻訳することは，学術研究の複雑さやニュアンスを失わせる結果となる。

　もしあなたが，この時代遅れの組織文化をいまだに守っている「伝統的な」大学に勤めているのなら，今すぐこの章を読むのをやめた方がいい。時間の無駄である。一方，そうではない皆さんは，今は2017年であるという事実を喜ばしく思うことができるだろう。もちろん，多くの理由で新自由主義的な力を嘆くことがあるとしても，大学が社会的，政治的，経済的な要請に答えつづけ，より高い可視性と有意義なコミュニティへの関与に乗りだした時代なのである。だが，全体としては残念なことに，教授職に就く者の間に，搾取されているという感覚を生み出した。つまり多くの労働（ほとんどはアカデミック外の職務）に対する報酬はより少なくなり，しかし自由はより大きく失っていくという感覚である。また，それほどネガティブな状況ではないが，大学関係者が考える研究の定義を広くせざるを得ないことにもなっている。

　結果として，教員は発行部数の限られた査読付き出版物に限定して投稿することにこだわらなくなり，対象としている利益団体，支援団体，一般市民といったニッチな読者に手を伸ばす傾向が強くなっている。現代の多くの大学は，公共にひらくことを志向し批判的思考を持つ研究者が達成しようとする社会変革に関心があるかどうかは別として，

良くも悪くも公共的な影響力を切望している（Driessen, 2013参照）。大学側は，広告費に大金をつぎ込んでいるし，教員がラジオで話したりテレビに出演したり，ニュースメディアで引用されたり，ウェブで研究成果を流したりするたびに，広報効果を無償で得ているのである。このような状況において，影響力のある公共にひらかれた研究は，金と同じ価値がある。

　自分の研究を公共にひらく理由や機会は，当然数多くある。最近の文化やコミュニケーションの動向は，伝統的な知識の流通に大きな影響を及ぼしている。オープンアクセスのウェブジャーナル，人気のブログサイト，FacebookやReddit, academia.eduなどのソーシャルメディアからYouTubeでの配信講義まで，研究者は研究を大学外の人々と共有するための十分な選択肢にアクセスすることができるようになったのである。学生は，この新しいスタイルの情報発信の最も貪欲な消費者の一人かもしれない。特にミレニアル世代は，1万2000語の古典的な学術論文よりも，ポッドキャストやインタラクティブなウェブサイトに広く関わる傾向がある。大学図書館の棚からしか借りられない150ドルのDVDやVHSテープよりも，NetflixやiTunes, Vimeoにアップされるエスノグラフィックな動画の方が世界中の多くの人に伝わる，というのは当然といえば当然であろう。

　もちろん，研究者は常に研究成果を公共にひらけばいいというものではないという正当な理由もある。まず，研究成果を公共にひらくには時間が必要であり，時間に余裕のある研究者はほとんどいない。さらに，自分の研究を社会に広めるにはスキルが必要である。このようなスキルの習得は，論説の書き方やブログの始め方を学ぶような（間違いなく）単純なものから，ビデオの撮影や編集を学ぶような複雑なものまである。スタイルや媒体に関係なく，公共へのひらき方を学ぶには，時間的な余裕と，時には金銭的な余裕も必要になる。また，特に研究参加者が危険な目にあう，羞恥心を持つ，望まぬ視線にさらされる可能性がある場合，公共にひらくことが不適切な場合もある。同様に，特定のテーマの研究者にとっては，他の研究者よりも公共にひらくことが適切であったり，少なくとも実行可能であったりする。これらはすべて，研究を公共にひらくことを決定する際の無視できない立派な理由となる。しかし私たちは，多くの場合，ほとんどの研究者や一般市民は公共にひらかれた研究から多くのものを得られると信じている。さらに，近年の学術界における新自由主義的価値観の定着にもかかわらず，学術界の給与の大部分は国民の税金と学生の授業料によって賄われているため，研究を一般市民と共有することは学術界の義務であると考える。

　本章では，エスノグラファー，特にアートに触発されたエスノグラファーが，どのように研究を公共にひらくことができるのかに焦点を当てる。私たちは「エスノグラフィー」ということばを，インタビューから観察，オーラルヒストリーからアクションリサーチまで，被験者が直接参加するあらゆる形式の質的研究を含む広い意味で自由に使っている。私たちはこの章を，執筆活動や視聴覚メディアを通じて一般の人々と接してきた直接の経験を基に書いている。すべてのトピックが簡単に大衆化できる（あるいはすべき）わけではないことは確かである。しかし，エスノグラフィック研究を公共にひらくことは，より広い一般市民，研究参加者，学生や共同研究者，そして研究者で

ある私たち自身にとって，非常にポジティブな利益をもたらすと断言できる（Vannini & Milne, 2014; Vannini & Mosher, 2013 参照）。

パブリック・エスノグラフィー

　一般の人々に向けたエスノグラフィー研究は，「パブリック・エスノグラフィー」と呼ばれることがある。これは，研究者の創造性，批判性，革新性，参加，活動主義を特徴としている研究戦略である。社会的不公正を是正し，社会認識と文化理解を促進させ，社会科学の知識を学術界を超えて一般の人々に届けることを目指すものである。パブリック・エスノグラフィーは，必ずしも革新的なデータ収集方法を必要としないが，対象者に応じたコミュニケーション戦略や利用しやすい普及方法を活用して展開する，包括的かつ意欲的な知識結集計画が必要である。適切で利用しやすい普及のチャンネルや方法には，執筆，ビデオ，展示，ブログ，ビジュアルメディア，パフォーマンス，さらに新旧のメディア双方に通じたオーディエンスをターゲットにしたその他のモードも含まれる。採用するモードやメディアにかかわらず，パブリック・エスノグラフィーの目標は，「社会についての議論に一般のオーディエンスを巻き込むこと」である（Mosher, 2013, p. 428）。

　一般的なエスノグラフィーと同様，パブリック・エスノグラフィーの主題は，人々と文化の経験的記述（Rock, 2001）と，データ収集の主要手段としての綿密なエミック・リサーチ（Bailey, 2008）に位置づけられる。しかし，パブリック・エスノグラフィーは，社会批判，学術的参加，教育や学問に対するひらかれた見方，市民の関与（public engagement），政治的変革，「現代の重要な社会問題」に対する文化的リフレクシビティ（Tedlock, 2005, p. 159; Bailey, 2008; Vannini & Mosher, 2013 参照）を通して，エスノグラフィー研究の戦略を拡げていくものである。パブリック・エスノグラフィー研究では，こうした研究戦略の拡大を研究の成果として捉えることはほとんどない。アートに触発され，アートに基づいた戦略には，美的に敏感な視覚メディアを採用するといった簡単な関わりのものから，参加者を演劇に参加させたり，インスタレーションや展示物を共同でデザインするといったより積極的な関わりを求めるものまである。これらの戦略は研究のデザインと計画の初期段階から採用されることが多い。

　パブリック・エスノグラフィーは比較的新しい方法論である。それは，20世紀における人類学とエスノグラフィーがポストモダニズムと歴史的に衝突する過程で，そして，新しいメディア技術が発展する過程で生まれたものである。これらすべての過程が，「自分たちと他者が生活している様子を常に観察し，記録し，表現する」ことを可能にした（Plummer, 1999, p. 642; Besterman, 2013 参照）。「パブリック・エスノグラフィー」という用語は，ノーマン・デンジン（Denzin, 1996, p. xvii）の『Interpretive Ethnography』からこの言葉を「借用」した Ken Plummer に起因し，当初は「21世紀におけるエスノグラフィックで，解釈的な記述，展望，問題，形態」を指していた。Plummer は，学術的なエスノグラフィーの知見が「日々の暮らしを営む者の共通語になること（…）過去のような学術書や大著だけでなく，映画，写真，雑誌，報道，テレビ，音楽，ダンス，

ビデオ，コンピュータ，ウェブサイトなど，あらゆるところに入り込む」必要性を提唱した（Plummer, 1999, p. 642）。Plummer にとって，この「エスノグラフィックな境界の曖昧化」（p. 644）は，パブリック・エスノグラフィーという新しい伝統を生み出すことなのである（Adler & Adler, 1999 も参照のこと）。パブリック・エスノグラフィーのルーツ，批判的人類学とポストモダニズムは，「客観性，妥当性，信頼性といった従来のエスノグラフィックの基準」（Mosher, 2013, p. 429）を拒否することによって，エスノグラフィーのテクストの過程と形成において生じる権力，権威，正統性の問題に向き合うものである。パブリック・エスノグラフィーを用いる研究者は，「エスノグラフィーのフィールドからデータを持ち出して，コミュニティに関する自分なりの解釈をしたり，論文を書いたりする観察者・専門家から，現地の人々とともに，人々が*特定した問題を理解し対処する参加型研究者*」（Vannini & Mosher, 2013, p. 398, 強調は原文まま）に姿勢を転換しなければならない。研究者の主観は，まさにこの研究の重要な側面である。

> エスノグラファーと対象者が，声だけでなく，体現された感情を交換することで，深いリフレクシビティが促される。対象者，研究者，物語，感情，身体，自己，真実，言語，すべてが絡み合ってくる。距離感のある，飄々とした，客観的なエスノグラフィーは存在しないし，全知全能の社会科学エスノグラファーも存在しない。「パブリック・エスノグラフィー」は，社会の道徳的・政治的生活に関する公的な議論のために，これらの記述を切り出すのである。（Plummer, 1999, pp. 643-644）

パブリック・エスノグラフィーは，社会科学の研究成果をテクストベースの専門用語や特定の学問分野やアカデミック・コミュニティの中に押し込めるという伝統を破壊するが，「学術メディアを通じた従来の成果物の公表を妨げない」（Vannini & Mosher, 2013, p. 392）ものである。厳密性と検証のプロセスには，学術界，一般市民両方のオーディエンスが必要であるため，これらを含めたパブリック・エスノグラフィーに関連するものは「制度化されなければならない」（Gans, 2010, p. 102）のである。

研究戦略としてのパブリック・エスノグラフィーには，仲介（mediation）と協働（collaboration）という2つの主要なアプローチがある。両者とも，研究者は「公共の利益のために尽力し，方法論の革新を受け入れ，研究プロセスのコントロールを少なくとも放棄する用意があり，方法論の手順と決定について現実的であり，一般の人々の研究の受容と承認に関心がある」（Vannini & Mosher, 2013, p. 396）必要がある。仲介型パブリック・エスノグラフィーは，非学術的な形式を通じて普及し，フォーマットの慣習やオーディエンスの期待といった線に沿って，意識改革の成果が想定されるものである。この点については，後ほど詳しく説明する。もう一つのアプローチである*協働型パブリック・エスノグラフィー*は，参加型アクションリサーチ，アクションリサーチ，協働型エスノグラフィーなど，成果志向の参加型コミュニティベースのリサーチを含み，これらはすべて「研究者と一般市民関係者との協働によって」（p. 397），「研究プロセスを脱植民地化する方法」（Tedmanson & Banerjee, 2010, p. 656）に権限を与えるものである。協働型エスノグラフィーはアクティビズムに根ざしており，共同研究者や地域住民にとって

は有益な方法である，「地域コミュニティの多様な声や関心を表現することを根本的な目的とする」（Mosher, 2013, p. 430）ことに立脚している。それは，「研究焦点の特定から，データの収集と分析，そして最終的には知識の普及，より読みやすい，地域コミュニティに応用できる適切な研究報告書の作成まで，研究プロセスのすべての段階で参加者を体系的に巻き込む」（p. 430）ものである。参加者をステークホルダーとして直接巻き込むことで，研究が形成され，その関連性，届ける範囲，そして参加者とそのコミュニティに対する影響力が高まる（p. 397）。以下では，仲介型パブリック・エスノグラフィー，特に，最も認知度が高く，芸術的なコミュニケーション・モードの一つである映画／ビデオに焦点を当てていく。

ドキュメンタリー映画とエスノグラフィー映画から学ぶ

「エスノグラフィー」とは，ギリシャ語の語源が示すように，人々（ethno[s]）について書くこと（-graphy）である。他のすべてのエスノグラファーと同様に，パブリック・エスノグラファーが主に関わるのは，まさに書くことなのである。これは当然のことで，書くことは解釈的な分析や理論的な抽象化の主要な手段であり，現在でも世界中の学部や大学院で厚い記述のためのテクニックとして最もよく教えられているものである。文章は地位と名声を築き，政策立案に役立てられ，学生に教示され，引用されるものである。パブリック・エスノグラフィーは，解釈的，物語的，身体的，感覚的，感情的，リフレクシブなエスノグラフィーを目指す幅広い動きの一部である。多くの学術研究の形式的，すなわち，落ち着いた，現実主義的，客観的，非人間的なリズムとは大きく異なる文体を採用している（Fassin, 2013 参照）。しかし，これより右に出る者はいないとされる小説のスタイルや創造的なノンフィクションの精神に触発されたとしても，パブリック・エスノグラフィーは限定的な読者層に限られるという，いかんともしがたい限界に悩まされることになる。

大学出版局からの出版であれ民間出版社からの出版であれ，学術書の執筆者は，どんなに楽観的でも，自分の出版物の読者数について控えめな期待しか抱いていない。内容はともかくとして（一部の入門書を除いては），そこそこ売れる学術書でも 1000 部程度しか売れない。2000 部売れれば大成功である。多くの本の販売部数は，300 部から 500 部で，そのほとんどは大学や公共図書館に納められる。個人の購入者と図書館の読者の両方を考慮すると，典型的な学術書はその寿命の間に 3000 人から 5000 人，多くて 1 万人に読まれると結論づけられるだろう。パブリック・エスノグラフィーに関してはもう少しましかもしれないが（Fassin, 2013 参照），それにしてもそれほど多くはないだろう。カリフォルニア大学のパブリック・アンソロポロジー・シリーズ（Public Anthropology series）や Routledge 社のイノベイティブ・エスノグラフィーシリーズ（Innovative Ethnographies series）のように，一般読者向けのエスノグラフィーの多くは，学術書よりも低価格で，目を引く大規模なウェブサイトもあり，場合によっては一般紙でも注目を集める（Fassin, 2013 参照）。しかし，エスノグラフィーの本が大手チェーン書店で広く頒

布され，国際的なメディアの注目を浴びることは，まだきわめてまれである。皮肉屋と思われるのを覚悟して現実的なことを言えば，本の執筆は，（それ自体は）多くの読者に届く理想的なメディアではないのである。私たちは書くことを放棄しているわけではない。実際，書くことを非常に楽しんでいることも多い。しかし，ドキュメンタリー映画制作は，本を書くことよりも多くのオーディエンスに届く可能性があると信じている。

正確に言えば，エスノグラフィー映画とドキュメンタリー映画の間には違いがある。ドキュメンタリー映画の特徴は，実在の人物や実際の状況を探ることであり（Rabiger, 2009, p. 14），エスノグラフィー映画は，人物や文化に関するエスノグラフィックな情報を含んでいる（Barbash & Taylor, 1997）ことである。すべてのエスノグラフィー映画がドキュメンタリー映画である一方で，すべてのドキュメンタリー映画がエスノグラフィー映画であるわけではない。興味深いのは，表面的には，すべての映像制作者と研究者が，何が実際にエスノグラフィー映画をエスノグラフィックにするかについて同意しているとは限らないことである（詳しくは Vannini, 2014 参照）。大学の研究者の中には，フィールドワークに基づくだけでなく，エスノグラフィックな知識の発展に関心を持つ学術的なエスノグラフィー研究者が直接関与して制作した映画を「エスノグラフィック」と呼ぶ人もいるかもしれない。一方，映画制作者の中には，ある映画がエスノグラフィーの伝統にインスパイアされているという理由だけで，その映画を「エスノグラフィック」と呼ぶ者もいるかもしれない。一方，アプローチやスタイルが暗黙のうちにエスノグラフィックであるにもかかわらず，エスノグラフィーという概念になじみがない，あるいはそのラベルにまったく興味を示さない映画制作者もいる。

私たち二人は不必要な複雑さには興味がないので，「ある人物や人々の生き方の側面」（Vannini, 2014, p. 4）を扱った映画やビデオ表現はエスノグラフィックであると信じている。学術的な意図や所属の有無にかかわらず，Sarah Pink（2015）が「物質的で感覚的な存在」（p. 48）と表現する「エスノグラフィックな場所」を描写するドキュメンタリー映画は，観客が「他者の立場にたった自分を想像する」（p. 49）ことができるように感覚的にエスノグラフィックな情報を伝え，それによって作り出されたものであり，エスノグラフィックであると言える。エスノグラフィー映画は，ドキュメンタリー形式の創始者である John Grierson がドキュメンタリー映画について，「現実を創造的に扱うもの」（Rabiger, 2009, p. 11）と述べている通りである。調査を媒介するすべての瞬間は，常に創造的である。監督／エスノグラファーは，何を撮るか，どこにカメラを置くか，いつカメラを回すかを決めるため，最も単純な現実の観察記録でさえも，主観的で美的に繊細な決定がなされる。

エスノグラフィー映画の議論は，必ずと言っていいほど，このジャンルの人類学的な古典や，この分野の巨匠と呼ばれる人々から始まる。しかし，私たちはこれらの古典を無視している。残酷なほど率直に言えば，これらの作品は，現代のパブリック・エスノグラファーが多くの読者・観客にアピールするために創るべきものではない。そこで，現代の事例に目を向けることにする。このセクションで紹介する 3 本の映画は，ドキュメンタリー映画作家によるエスノグラフィー映画制作への異なるアプローチを示しており，パブリック・エスノグラフィーの特徴を反映している。すなわち，社会的不公正を

減らす取り組み，文化意識の促進，一般の人々の元に届けるための，研究者や映画作家の側による批判，参加，活動である。本稿執筆時点でインターネット上にある情報によると，これらの受賞作品は，合わせて 55 以上の国内外の映画祭や教育上映，テレビ放送，ウェブサイトを通じて，世間の大きな関心を集めているとのことである。これらの作品は，アメリカで最も長い歴史を持つ国際ドキュメンタリー映画祭であるマーガレット・ミード・フェスティバルで，ニューヨークにおいて 2014 年に上映された（American Museum of Natural History, 2014）。このフェスティバルは，人気と学術的な魅力を備えたエスノグラフィック・ドキュメンタリー映画やニューメディア作品の展示を目的とする，世界各地の数ある映画祭の一つである。

　アニシナアベ（Anishnaabe）族の映像作家 Lisa Jackson 監督による《How a People Live》（Longmuir & Jackson, 2013）は，ブリティッシュ・コロンビア州の先住民，クワサラ＝ンナクワクダスワ族（Gwa'sala-'Nakwaxda'xw）の小グループが，彼らの伝統が残る故郷を訪ねる道中に同行するものだ。《How a People Live》は主に参加型，観察型のスタイルで，スタジオでのフォーマルなインタビューとロケでのインフォーマルなインタビュー，ノンダイエジェティック音[1]，記録映像を駆使して，クワサラ族とンナクワクダスワ族の歴史と現在の生活世界を表現している。**参加型**ドキュメンタリーは，映画制作者が理解しようとする対象への参与観察を通して制作されるものである（Vannini, 2014）。Jackson（2014）は，本作のプロデューサーとともに，映画制作前に 1 年間かけてコミュニティのメンバーに映像技術を教え，昔暮らしていた土地を訪れる道中に同行することで，映画に登場する人々の生活に参加した。映画の中で Jackson は，旅のために船に乗り込む参加者と対話するリフレクシブなひとときを持つ。**観察型**スタイルは，かつて「古典的な学問的関心と現実主義のエスノグラフィックな実践」（Vannini, 2014, p. 10）との密接な関連から，エスノグラフィー映画制作で好まれたアプローチで，「人の生きざまをそのまま捉える」ことを目的としている（Rabiger, 2009, p. 84）。その特徴は，一見仲介するもののない，「自然に展開する行動とダイエジェティック音，相互作用のみで，カメラや撮影者の存在がないこと」（Vannini, 2014, p. 10）である。

　クワサラ族とンナクワクダスワ族は「その名高い芸術，劇的なダンスの伝統，壮大なポトラッチの儀式〔北米北西部海岸沿いの先住民によって行われてきた祭りの儀式〕，そして土地への強いつながりで知られている」（Margaret Mead Film Festival, 2014, p. 22）。1964 年まで，彼らは「カナダの北西海岸沿いに 2 つの異なるグループとして生き生きと暮らしていた。（…）先住民の管理を容易にするため，カナダ政府は彼らにより良い住居を約束し，伝統的な領土から強制的に移住させた」（Moving Images Distribution, 2013, para. 1）。しかし，彼らが新天地に到着したとき，そのようなすばらしい住宅はなかった。2000 人のクワサラ族とンナクワクダスワ族の人々は，数軒の掘っ立て小屋と廃船にひしめき合いながら暮らさなければならなかった。飲み水もなく，元の土地を取り返すことも許されなかった。カナダ政府は否定しているが，ある人が物を取りに元の居住地へ戻ると，

---

1 「ダイエジェティック音（Diegetic Sound）」とは，映画制作の現場で発生する音源の一部として自然に発生し入る音のことで，「ノンダイエジェティック音（Nondiegetic Sound）」とは，音楽や効果音など，編集過程で映画に加えられる音のこと。

家は燃やされ焦土になっていたという（Moving Images Distribution, 2013）。新しい居留地での生活について，この映画の年配の参加者の一人は，移住後何十年も個人とコミュニティが放置されていたがために，コミュニティは機能不全に陥り，皆の生活がひどく殺伐としたものになってしまったと回想している。ある年の死者50人の死因は，自然死は1人だけで，残りはアルコールに関連した病気で亡くなっていたという。この映画は，クワサラ＝ンナクワクダスワ族の人々の強力で安定した未来への再生と決意を示す，現在のコミュニティにおける文化イベントの映像で締めくくられる。

《How a People Live》のアーカイブ映像やテクスト収録は，クワサラ族とンナクワクダスワ族の生き生きとした過去を映し出している。クワサラ族とンナクワクダスワ族の故郷を訪ねる現在の映像の間に，有名な写真家 Edward Curtis が1910年頃に，また，ある人類学者が1930年に撮影した，村での日常生活や儀式の映像が挿入されている。Curtis（1914）の映像は，彼のメロドラマ的なサイレント映画《In the Land of the Head Hunters》（北米先住民のみを主人公とした初の長編映画）から採られている（Rutgers School of Arts and Sciences, 2015, para. 1）[2]。Curtis は，ブリティッシュ・コロンビア州のクワクワカワク（クワキウトル）（Kwakwa̱ka'wakw [Kwakiutl]）族のコミュニティとの3年間の協働を通して，彼のことばを借りれば「できる限り昔のことを記録した」（Longmuir & Jackson, 2013）映画を制作したという。エスノグラフィックなタイムカプセルである《In the Land of the Head Hunters》は，「2つのドラマの伝統の活発で芸術的な協働を表している。すなわち，舞台儀式の豊かなクワクワカワク族の歴史と，当時台頭してきたアメリカの巨大な一般市場向けストーリー映画の協働である」（Rutgers School of Arts and Sciences, 2015, para. 2）。

冒険映画制作者，Eliza Kubarska が監督した《Walking Under Water》（Braid & Kubarska, 2014）は，フリーダイビングの達人として知られる東南アジアのモロ先住民の移動型民族バジャウ（Badjiao）の自給自足の漁，貿易，水上文化を探求する作品である（*Walking Under Water*, n.d.-c）。本作の観察スタイルは，映画的アプローチ，もっぱらダイエジェティックな音風景，構造，微妙な物語の糸が静かにうごめき，「ファンタジーとフィクションと事実のハイブリッドが生み出す」ものである（Margaret Mead Film Festival, 2014, p. 25）。この作品は，構図と色彩の美学が強く打ち出されたものである。バジャウ族の人里離れた熱帯のターコイズブルーと水中の世界は，映画において，官能的な存在としてうまく描かれている。映画の中では，年老いた漁師アレクサンが10歳の弟子サリに水の精を呼び起こすことを教える。アレクサンがサリに，バジャウの伝統である，危険なエアコンプレッサーを使った漁法，水中生活，地元観光経済の誘惑など，自分が知る限りのことを教えていく。そうした二人を中心に，この映画は展開する（Margaret Mead Film Festival, 2014）。Kubarska が映画の参加者とともに映像を撮影したように，この映画には映画制作装置というリフレクシブな存在が全くないのである。

《Walking Under Water》は，バジャウ族が今でも海の中や浜辺だけで豊かに暮らして

---

2 《In the Land of the Head Hunters》（1914）はその後，《In the Land of the War Canoes》（Rutgers School of Arts and Sciences, 2015, para. 1）として1973年に公開されたが，その8年前に Robert Flaherty（ロバート・フラハティ）監督の《Nanook of the North（極北のナヌーク）》（Flaherty, 1922）が公開されている。

いるかのように始まる。アレクサンとサリはダイビングの練習をし，平和に釣りをし，話をし，ほとんど人のいない海や浜辺で何日も過ごしている。Kubarska は，この幻想——世界的な人口増加と資本主義が町にひどい変化を与えるずっと前の，手つかずの熱帯の島の楽園で暮らしているかのような——タイムトラベルの幻想を巧みに壊していく。バジャウ族の伝統と生活の質を劇的に低下させた町や観光客，ダイビングリゾートといった近代の世界を少しずつ登場させるのである。アレクサンとサリが遠く沖合いに行っても，魚はほとんど獲れない。アレクサンの妻の怒りは，バジャウ族の人々が住む陸上スラム集落の貧困状況に向けられている。それは，バジャウ族の伝統的な水上生活様式がほぼ消滅したからである。サリは，アレクサンのような偉大な漁師になりたいと願いながらも，欧米人観光客向けの高級ダイビングリゾートでエアタンクを運ぶ下働きをすることになる。

この映画の制作に先立ち，Kubarska はボルネオへの旅で偶然，アレクサンやバジャウ族の不衛生で悲惨な生活環境に遭遇し，2 週間ほど彼の家族と生活を共にした（*Walking Under Water*, n.d.-c）。彼女が出会った人々のすばらしく寛大なもてなしに感銘を受け，「ボルネオ海の移動型民族の物語を世界の人々と共有したい」（*Walking Under Water*, n.d.-a, para. 4）と思ったのである。また，Kubarska は，サリやバジャウ族の子どもたちのために学校を建てるための寄付金活動を行った。なぜなら，国に属さない彼らは，当局から何の支援も受けられないからだ（*Walking Under Water*, n.d.-b）。

一方，《Happiness》の観察スタイルの中にある，強力な物語構造，画像構成，美学の組み合わせ（Aho, Guigon, Winocour, & Balmès, 2013）は，《Happiness》がエスノグラフィー映画であることを容易に忘れさせてしまうほどである。フランスのノンフィクション映画制作者 Thomas Balmès は，《Happiness》で正確な真実を再現しようとしたのではなく，ドキュメンタリーの語り口を創造的に扱うことによって，真実を構築しようとした。この映画の舞台は，ラヤ（Laya）という村である。ラヤは，1999 年にジグミ・ワンチュク（Jigme Wangchuck）国王がブータンでのテレビとインターネットの使用を認めた後も，道路，電気，ケーブルテレビの整備に着手されていなかった最後の 2 つの村の一つで，世界で 2 番目に高い標高（標高 1 万 2500 フィート［3800 m］）にある村である。「世界で最も発展していない国の一つ」（Balmès, 2016）であるブータンは，国民総生産ではなく，国民総幸福量（GNH）の測定で知られている。GNH は，人々が「社会的，経済的，道徳的に優れた人間になる潜在能力を開花させる」ことを可能にする開発イニシアティブに基づいて，「人々の満足度」を評価しているものである（Tobgay, 2015, p. 2）。さらに Balmès は，ブータン音楽ではなく，西洋音楽のノンダイエジェティック音を使うことで，観察映画制作の伝統から脱却している。Balmès は，撮影に要した 3 年間，村に身を置くという通常のロケ／現場制作のアプローチをとらなかった。その代わり，彼は映画の参加者が彼やスタッフ，そして彼らの映画制作の目標に安心できるよう，十分な時間をかけていた。電話で彼とやりとりをしてきた現地連絡員によると，Balmès はストーリーの主要な出来事が差し迫っているような場合にのみ，現場であるラヤに戻ったという（Balmès, 2014）。

映画では，8 歳のペヤンキが近くの僧院での生活に慣れ，僧侶になる修行をし，彼の

第 37 章 公共にひらく | 781

家族がテレビを購入して馬で山まで運ぼうとする様子が，《Happiness》に劇的な展開を与えている。母親がペヤンキを僧院に連れていったのは，夫を亡くして子どもたちの面倒を見る余裕がなくなったからだ。母親と家族は，自分たちの家に導入したテレビで，見たい人から視聴料を徴収しようと考えている。ペヤンキが2台目のテレビ（1台目は村に戻る途中，馬から落ちた）を買うために初めて首都ティンプーに行く道中は（馬とバンで3日間の旅），ナイトクラブ，車，現代生活の明るい喧騒と鼓動が満ちている。このまぶしさは，人里離れたラヤの孤立した過去と，それを食い尽くそうとしている未来との間の激しい違いを刻みつける（Margaret Mead Film Festival, 2014）。テレビが世界中の先住民族の文化に与える影響は，Balmèsのリフレクシブで詩的なエンディングによって引き出される。それは，25年以上前に，Cindy Gilday（シンディ・ギルデイ）が，ノースウェスト準州のイエローナイフにある彼女のデネー（Dene）族のコミュニティでは，テレビは女性と男性，若者と老人の間の関係を損なう行動や価値観を美化してしまうため，生活に有害だ，と嘆いていたことを思い起こさせる（Mander, 1991）。Jerry Manderのことばを借りれば，西洋の技術に恵まれた「原住民」は，主に西洋のイメージを受け取ってきた。「自分たちのイメージを西洋に伝えることは大してできず，（…）先住民の脳と心へのこの一方的なコミュニケーションの影響を与えるもの」は，先住民の文化，経済，政治的生存能力を破壊した（p. 105）。Balmèsは，ろうそくが灯る家の中で，大人も子どももバラ色の頬をしたラヤ族が，受動的な畏怖の念を抱いて座り，かなりの緊張状態の顔に新しいテレビの光をちらつかせているモンタージュで，この映画を締めくくっている。映画の序盤，ティンプーへの旅を前に，この3年間で人里離れた僧院にやって来ては出て行った5人の僧侶のうちの5人目が，ペヤンキに尋ねる。「テレビで幸せになれるとでも思っているのか？」。その問いにペヤンキは自信満々に「はい」と答える。

《Life Off Grid》からの教訓

《Life Off Grid》は，電力供給網に頼らずに生活する人々の文化や現実を見つめるエスノグラフィックなドキュメンタリーである。この映画には，参加者が自宅の内部や外部の生活空間で行うフォーマルなインタビューやディスカッション，素晴らしい風景の映像，参加型およびリフレクシブな映画制作のアプローチなどが含まれている。リフレクシブな映画制作は，自分の存在が研究にどのような影響を与えるかを認識する研究者のリフレクシブな姿勢に似ている。リフレクシブな映画制作は，映画の装置を認め，取り入れる。映画制作者の存在は，監督，撮影，編集といった映画制作プロセスの要素と同様に，明確かつ明示的である（Vannini, 2014）。観客は，映画の芸術的・政治的意味（Vannini, 2014）に必要な，制作過程と映画の産物を首尾一貫した全体として経験する（Ruby, 1977）。《Life Off Grid》は，本章の共著者であるフィリップ・ヴァニーニが制作と脚本を担当したものである。フィリップは映画の中で頻繁に参加者と会話し，日々の活動を支援したり，メディアのインタビューを受けたりしており，映画においてその音声が情報と文脈を提供している。

　2011年，私（フィリップ）は，映画にはより多くの人々の元に届く可能性があること

に触発され，本と映画を同時に公開するフィールドワーク研究をデザインすることにした。これは比較的ユニークな試みであった。ほとんどのエスノグラフィー研究者は，執筆か映画制作のどちらかを行うが，両方を行おうとする者はほとんどおらず，可能な限り多くの読者に届けるという明確な意図を持って行う者はさらに少ない。この挑戦に押しつぶされそうになりながらも，私はこの実験が，アートに触発されたエスノグラフィック・リサーチの一般向けの方法として有益な教訓をもたらすことを期待していた。

　この第一段階のプロセスとして，まず，私自身にとってもニッチな層にとっても興味があり，かつ映像化に向いているタイムリーなテーマを選んだ。正直なところ，オフグリッド生活がこれほど多くの人の共感を得られるとは思っていなかった。2011年当時は，オフグリッドに関するリアリティ番組もなく，ニュースも珍しく，オフグリッド生活者に対するステレオタイプや誤解がはびこっていた。世界中のあらゆる家庭の人々の好奇心を刺激するテーマを選ぶことは，戦略上，重要な判断であった。そして，オフグリッドで暮らす人々のユニークなストーリーは，自身の声によって語られるものでなければ，真に評価されることはないだろうと考えた。そこで，私は研究デザインにエピックな叙事詩的要素（エミックでもエティックでもなく，むしろエピックな要素）を加えた。それは，世界で2番目に大きな国土で，季節を越えてすべての州や地域を横断しながらオフグリッド生活者を探す，という壮大な旅であった。私はこのアプローチによって，映画は本質的なカナダ映画となるだけでなく，人気のある「ロード・ストーリー」映画の典型的な例として認知されるだろうと考えた。大学院生のジョナサン・タガート（Jonathan Taggart）を雇った後，より良いオフグリッド生活を求める人たちを探す旅に出た。

　フィールドワークに基づいた書籍『Off the Grid』は，2014年11月にRoutledge社から出版された。その約1年後，映画《Life Off Grid》が一般に向け初上映された。2016年1月にこの文章を書いている時点で，（8万5000語の）本は約1000部売れており，その大半はカナダで売れている。また，多くの大学図書館や一部の公共図書館で貸し出し可能である。私の知る限り，世界中の約12の大学の科目で，内容すべて，または一部が教科書として採用されている。本はRoutledge社のウェブサイトや，Amazon，Indigoなどの小売ウェブサイトを通じて入手可能である。書店チェーンには流通しておらず，私の知る限りでは，地元の作家専門の非常に小さな書店2店舗でのみ販売されている。『Off the Grid』は，ブログや個人のウェブサイトで読者から高評価を得ており，これまでに，学術誌の査読者からも一度，高評価を得たことがある。要約すると，評判は上々だが，これについて歌にするほどのことはない，というところである。一方，映画については，より良い評価を得ている。

　ドキュメンタリー映画《Life Off Grid》は，85分の劇場公開版と52分のテレビ放送版がある。劇場公開版は，6ヵ国の8つの映画祭で上映され，北米とヨーロッパでは映画祭以外の一般上映が約21回行われた。2015年11月には，バンクーバー最大級（420席）の独立系映画館で5回上映され，そのうち3回の週末上映は完売であった。オーストラリアの配給会社Fighting Chance Films社は，国際配給ライセンスの一部を取得し，ニュージーランドとオーストラリアの十数軒の映画館での上映を確保した。さらにFighting Chance Films社は，Tuggというウェブサイトを通じて劇場版を公開している。

劇場公開版は，アメリカ，オーストラリア，カナダ，ニュージーランドでは iTunes と xBox で，また全世界では Vimeo オンデマンドで，数ドルでレンタルまたは購入することができる。《Life Off Grid》は，Vimeo オンデマンドにおいて 5 ヵ月間配信，5 大陸 42 ヵ国の人々に 5000 回以上視聴され，無料の予告編は世界中で 13 万 5000 回以上視聴されている。テレビ版は，カナダでは Knowledge Network という公共チャンネルで放送されている。このチャンネルは衛星放送で全米に配信されるチャンネルである。ブリティッシュ・コロンビア州ではケーブルテレビの基本チャンネルで視聴可能で，厚い視聴者層を持っている。また，カナダ西部の SHAW ネットワークでもテレビ放映が予定されており，同ネットワークのビデオオンデマンド・プラットフォームでもこの映画が配信されている。私の概算では，《Life Off Grid》はこれまでのところ，劇場公開版とテレビ放映版を合わせて 50 万人近くの観客に見られていると考えられる。

　映画が本より多くの人に届けられている理由は明らかである。本は高価で，読むのに時間がかかり，簡単に手に入らない。さらに，物語，旅行記として書かれていても，本は学術的な性格を持っているのに対し，映画は純粋に大衆文化の産物である。美しい映像，心地よいサウンドトラック，魅力的なキャラクターがあり，長々とした説明はない。映画は，より簡単に，より手軽に，より速く，より便利に，見つけて利用することができるものなのである。

　では，すべてのパブリック・エスノグラファーは，文章を書くことを放棄して，映画制作のコースに入学すべきなのだろうか？　そんなことは決してない。この場合，《Life Off Grid》の成功は，その背後にある文章の存在に大きく依存しているということと切り離して考えることはできない。このフィールドワーク・プロジェクトでは，当初から学生の広報担当者が，訪問したすべての州や地域の地元のニュースや一般的なメディアに積極的に売り込みを行ってくれた。その結果，「ローカル」の意味は，少しずつ体系的かつ厳密な社会科学的プロジェクトとして国の全土を指すものになっていった。その地域でよく読まれているローカル誌や全国誌（『Canadian Geographic』など），ウェブサイト（Mother Earth News など），ブログ（The Huffington Post, Canada など）に，大学院生助手のジョンの写真や初期のビデオクリップを送りメディアに売り込んだ。その結果，この研究プロジェクトに対する注目度が高まり，ラジオ，新聞，雑誌，テレビなどのメディアから，取材や出演，エッセイ執筆依頼などが来るようになった。こうして，「一般大衆」に対して，お互いのメッセージを補い合い，正当化し合うメディア作品の数々が提供されることになったのである。文章は映画に展開し，映画は文章に命を吹き込んだ。地元や地方，全国に発信された数々のラジオインタビューや新聞記事，そして私たち自身が執筆した雑誌やブログの記事の視聴・読者数は，映画の観客数をはるかに上回った。映画を見る前にその研究について読んだり聞いたりしていた観客の多くが，映画に対する興味を積極的に喚起してくれたのである。簡単に言い換えるならば，この映画を正当化し映画への関心を引き起こすのに，文章は重要な役割を果たし，そして文章なしにこの映画の成功はありえなかったということだ。公共にひらく，ということは，あるメディアを選べばいいということではない。可能な限り多くのメディア形態とコミュニケーション手段を用いて，最も広い範囲の人々と，その中でも最も関心を持っている

人々に届けるようにすることなのである。

《Tide Marks》の教訓

　社会科学，特にパブリック・エスノグラフィーの領域へと移行しつつある映画制作を教える研究者として，私（本章のもう一人の共著者であるサラ・アボット）は最近，以下のようなことを考えている。それは，アプローチと内容がエスノグラフィーである，アカデミックではない映画制作者によるドキュメンタリー映画と，アカデミックな映画制作者によるエスノグラフィー映画との違いについてである。先に述べたように，最終的な作品の本質は同じだが，作り手の意図やアプローチが違いを生み，それが映画／映像のことばを通して表れる。ドキュメンタリー映画制作者は，インディペンデント映画の業界やテレビ業界で働いている。彼らは，特定のストーリーを映画的に表現したい，映画文化や歴史に名を残したい，映画制作者としてのキャリアを維持するために十分なお金を稼ぎたいという欲求に駆られている。その映画の観客は常に一般大衆であり，教育市場も視野に入れている。映画祭での成功は，作品の人気を持続させる。彼らの映画的なことばの表現は，ストーリーだけでなく，美学や，たとえば照明，カメラアングル，画面外のアクションにまで用いられる。これらがつくり出す，見えない要素を埋めるということによって，視聴者の感情や想像力が刺激され，映画の意味生成への視聴者の関わりを生み出している。エスノグラフィー映画制作者は，学術的な理論や方法論，フィールドワークの手法をベースに，文化や「経験，価値，アイデンティティ，生き方」（Pink, 2015, p. 53）を理解し，映画やビデオに描くことを目的としている。彼らには，映画的なことばや形式に関する知識がほとんどなく，その作品は対象者を観察的に表現したストレートなものであることが多い。エスノグラフィー映画制作者は，学術研究への貢献はもちろん，研究者，学生，一般市民といったオーディエンスに対する教育や，情報共有に意欲的である。

　2004 年，私は自ら監督・制作したドキュメンタリーを発表した。それがエスノグラフィーであるとは思いもよらなかったが，しかしパブリック・エスノグラフィーの一事例である。《Tide Marks》は，インタビュー，テクストベースのメモ，拾い集めた写真，南アフリカの音楽，観察的・リフレクシブな映画制作のアプローチを合わせた，刺激的な作品である。この映画はアパルトヘイトの歴史を振り返り，1994 年の南アフリカ初の民主的選挙から 10 年後のその余波の側面に目を向けたものである。映画の主役である 4 人の元自由闘争兵たちは，貧困や，教育機会の喪失，拷問のトラウマと闘いながらも，人間の尊厳を守ることに献身的に尽くしてきた結果を見せてくれている。そこには，フラストレーション，ユーモア，希望，そして活動の継続があった。この映画の制作は意図的なものではなく，偶然であった。私はケープタウンのヒューマンライツ・メディアセンターで，10 週間のインターンをしていた。そこで，物語，ビデオ映像，音声を収集した。この映画は，北米に帰国後，さらなる調査と編集作業を経て，芸術学の修士論文としてまとめたものである。論文発表の準備をしているとき，私は自分の教育とフェローシップの時間を何のために使ってきたのかということに気づいたのだった。そ

れは，民主主義と平等のために人生を犠牲にした人々の物語を共有し，二度と繰り返してはならない時代と社会のあり方を記録するという社会的な目的を持つ映画を作るためであった。これが，自分の研究を公教育，議論，そして癒やしに役立てようとする，活動家としての私の軌跡の始まりである。

《Tide Marks》は，公開から3年の間に，国際映画祭，劇場，教育施設，大学の教室などで15回以上上映され，現在も時々上映されている[3]。また，カナダの公立図書館や大学図書館でも視聴できるところがある。この映画の共感しやすさに感動した人々が，映画の参加者のために募金活動をしてくれたこともあった。ある視聴者は以下のようにコメントしている。

> 夫が身を乗り出してきて，「アパルトヘイトって何？」と言ってきたんです。自分だけではないのだと思いました。この映画は，この時代に何が起こったのか，もっと知りたいと思わせるだけでなく，何が起こったのかを感じさせ，*アパルトヘイトで何が起こったのかという事実をくみとり，見つけさせるのです。*（Armstrong, n.d., 強調は筆者による）

私は映画制作者として，映画で人々の感情を喚起させることを目指している。なぜなら，感情は共感，認識，そして社会変革につながるからである。この「そこにいる」という感覚は，映画が持つコミュニケーション・メディアとしての力である。

おわりに —— 熱き知の結集を目指して

本章の最後に，少し極論的な見解に皆さんを巻き込みたい。ますます多くの研究助成機関が，もはや知識のための知識を生み出すだけでは十分ではないことに気づきつつある。学術的な知の生産という既成のヒエラルキーに深く根ざした機関でさえ，そのことに気がつきはじめている。その結果，最近では多くの研究助成金申請において，研究の初期段階から知識の扱いについて十分な配慮をすることが求められている。学術機関としては，この傾向を十分に歓迎すべきである。しかし，こうした新たな要求傾向が，知の結集の形骸化を招く絶好の条件を生み出しているのも事実である。特に，ほぼすべての研究プロジェクトに，(1)研究ウェブサイトとブログ，(2)Facebook と Twitter〔現 X〕のアカウント，(3)YouTube の動画1，2本からなる公開メディア，これら3本立ての研究成果公表を求める傾向が強まっていることが挙げられる。

インターネットやソーシャルメディアを通じて一般の人々を巻き込むことは，基本的には何も問題はない。たとえそれが講義やプレゼンテーションであったとしても，ウェブサイトやブログ，ソーシャルメディアのアカウントを複数持ち，研究を基に制作した

---

3 映画を完成させてから6週間後に，初めてフルタイムの研究職に就いたため，映画の配給に割ける時間が減ってしまった。

動画コンテンツを投稿することは，今やほとんど当たり前のことになっている。問題は
これらのメディア自体にあるのではなく，そうした行為の意味が，査読付き学術誌への
投稿にいかに近いものになっているかということにある。学術誌投稿と近いものになった
結果，研究ウェブサイト（通常は研究者に雇われた大学院生が作成する）は，業績論文や
成果報告書の単なるゴミ捨て場となる。そしてソーシャルメディアのアカウントはその
可能性を十分に生かせず，動画の視聴者は 150 人程度にとどまることになるのである。

　このような表面的な公共にひらかれた研究の難しさは，以下のような多くの研究者の
見解にも表れている。すなわち，メディアを介した知の結集の 3 本立ては，より広い意
味で，助成金を確保したり，資金提供者やアウトリーチに熱心な大学を納得させたりす
るための，単なる必須チェック項目であるというものである。先に述べたメディアの 3
本立ては，100％メディアユーザーによってつくられるものである。手間暇をかけてい
ない簡易な構成素材や，考えの浅いコミュニケーション戦略などの望ましくないコンテ
ンツをチェックする，門番的機能を持つ編集メカニズムのないことが，問題の可能性を
悪化させている。要するに，問題をより明確にするなら，あまりにも多くの研究プロ
ジェクトが，オーディエンスに届けるための戦略的コミュニケーションと適切な資源投
入の必要性に無頓着なままだということである。それは，広く大衆の注目を集めること
よりも必要なことである。

　私たちは学術研究を，多くの人が魅了されるようなものにするための究極の処方箋を
提示するかのように，あるいはあたかも即効性のある方法を発見したかのように見せか
けたいわけではない。しかし，自信を持って指摘できるのは，この問題は学術研究を一
般向けの面白いものに「変える」ことができるという，ありがちな考え方に起因してい
ることが多いということである。学術研究を，そうでないもの——「大衆文化」に「変
える」ことは不可能である。前述した，表面的なメディア 3 本立て問題に対する解決策
としては，学術的実践の後付けとして研究を一般の人々が理解できるようなものに「変
える」のではなく，むしろ研究デザインのごく初期の段階から，知識について異なる考
え方をしていくことを提案する。

　知識について異なる考え方をするということは，それほど難しいことではない。しか
し，学問的な慣習を変える必要はある。私たちに必要なことは，リフレクシブに，根本
的な好奇心に応える機会，タイムリーな社会問題に取り組む機会，道徳的過ちを正す機
会として，知識の生成に目を向けることである。これらは，先行文献とのギャップ，現
在の学問的傾向との整合性，キャリアアップ戦略，学部や大学の優先順位に基づいてプ
ロジェクトの実行可能性を判断することよりも必要な姿勢である。研究者として好奇心
をそそられること，モラルに反することは，他の多くの一般社会人と共通する可能性が
ある。つまり，私たちが学んだことに魅力を感じるのも，私たちが見つけた熱い物語に
耳を傾けたいと思うのも，決して一人だけではないということである。私たちが学んだ
ことを広めることは不可能だと感じるほど難しいわけでもない。伝統的なアカデミズム
の文脈では陳腐に聞こえるかもしれないが，公共にひらく，ということは，研究者とし
て学問の内輪もめではなく，人間としての熱き心の揺さぶりに目を向けるということな
のである。

文献

Abbott, S. (Producer & Director). (2004). *Tide Marks* [Motion picture]. Canada: Available from Canadian Filmmakers Distribution Centre, 401 Richmond Street. W., Suite 245, Toronto, Ontario, Canada, M5V 3A8.

Adler, P., & Adler, P. (1999). The ethnographers' ball—revisited. *Journal of Contemporary Ethnography, 28*, 442–450.

Aho, K., Guigon, J., & Winocour, P. (Producers), & Balmès, T. (Producer & Director). (2013). *Happiness* [Motion picture]. France, Finland, Butan: Available from Universal Pictures, 26 Christoph-Probst Path, Hamburg, Germany, 20251.

American Museum of Natural History. (2014). Frequently asked questions. Retrieved from www.amnh.org/explore/margaret-mead-film-festival.

Armstrong, S. (n.d.). Reviews. *Tide Marks*. Retrieved from http://sarahabbott.ca/tidemarks/reviews/main.htm.

Bailey, C. (2008). Public ethnography. In S. N. Hesse-Biber & P. Leavy (Eds.), *Handbook of emergent methods* (pp. 265–281). Thousand Oaks, CA: SAGE.

Balmès, T. (Director). (2013). *Happiness* [Motion picture]. France, Finland, Bhutan: Universal Pictures.

Balmès, T. (2014, October 24). *Happiness* post-screening discussion at the 2014 Margaret Mead Film Festival, New York, New York.

Balmès, T. (2016). *Happiness*. Retrieved from www.thomasbalmes.com/portfolio/happiness.

Barbash, I., & Taylor, L. (1997). *Cross-cultural filmmaking: A handbook for making ethnographic documentary films and videos*. Berkeley: University of California Press.

Besterman, C. (2013). Three reflections on public anthropology. *Anthropology Today, 29*, 3–6.

Braid, M. (Producer), & Kubarska, E. (Producer & Director). (2014). *Walking Under Water* [Motion picture]. UK, Germany, Poland, Malaysia, Badjao: Available from Rise and Shine World Sales, 29/30 Schlesische Street, Berlin, Germany, 10997.

Curtis, E. (Producer & Director). (1914). *In the Land of the Head Hunters* [Motion picture]. US: Available from www.milestonefilms.com.

Denzin, N. K. (1996). *Interpretive ethnography: Ethnographic practices for the 21st century*. Thousand Oaks, CA: SAGE.

Driessen, H. (2013). Going public: Some thoughts on anthropology in and of the world. *Journal of the Royal Anthropological Institute, 19*, 390–393.

Fassin, D. (2013). Why ethnography matters: On anthropology and its publics. *Cultural Anthropology, 28*, 621–646.

Flaherty, R. (Producer & Director). (1922). *Nanook of the North* [Motion picture]. US: Available from www.criterion.com.

Gans, H. J. (2010). Public ethnography; Ethnography as public sociology. *Qualitative Sociology, 33*(1), 97–104.

Jackson, L. (2014, October 25). *How a People Live* postscreening discussion at the 2014 Margaret Mead Film Festival, New York, New York. October 25.

Longmuir, C. (Producer) & Jackson, L. (Producer & Director). (2013). *How a People Live* [Motion picture]. Canada: Available from Moving Images Distribution, 511 West 14th Avenue, Suite 103,Vancouver, British Columbia, V5Z 1P5.

Mander, J. (1991). *In the absence of the sacred: The failure of technology and the survival of the Indian nations*. San Francisco: Sierra Club Books.

Margaret Mead Film Festival. (2014, October 23–26). *Past forward: Margaret Mead Film Festival* [Program guide]. New York: Author.

Mosher, H. (2013). A question of quality: The art/science of doing collaborative public ethnography. *Qualitative Research, 13*(4), 428–441.

Moving Images Distribution. (2013). *How a people live*. Retrieved from http://movingimages.ca/store/products.php?how_a_people.

Pink, S. (2015). *Doing sensory ethnography* (2nd ed.). Los Angeles: SAGE.

Plummer, K. (1999). The "ethnographic society" at century's end: Clarifying the role of public ethnography. *Journal of Contemporary Ethnography, 28*(6), 641–649.

Rabiger, M. (2009). *Directing the documentary* (5th ed.). Amsterdam: Focal Press.

Rock, P. (2001). Symbolic interactionism and ethnography. In P. Atkinson, A. Coffey, S. Delamont, J. Lofland, & L. Lofland (Eds.), *Handbook of ethnography* (pp. 26–39). Thousand Oaks, CA: SAGE.

Ruby, J. (1977). The image mirrored: Reflexivity and the documentary film. *Journal of the University Film Association, 29*(4), 3–11.

Rutgers School of Arts and Sciences. (2015). *Edward Curtis meets the Kwakwaka'wakw: In the Land of the Head Hunters*. Retrieved from www.curtisfilm.rutgers.edu.

Tedlock, B. (2005). The observation and participation of and the emergence of public ethnography. In N. Denzin & L. Yvonna (Eds.), *The SAGE handbook of qualitative research* (pp. 151–171). Thousand Oaks, CA: SAGE.

Tedmanson, D., & Banerjee, S. (2010). Participatory action research. In A. J. Mills, G. Durepos, & E. Wiebe (Eds.), *Encyclopedia of case study research* (pp. 656–659). Thousand Oaks, CA: SAGE.

Tobgay, L. T. (2015). Keynote Address by the Honourable Prime Minister of Bhutan, Lyonchoen Tshering Tobgay, to the International Conference on Gross National Happiness. Retrieved January 5, 2016, from www.grossnationalhappiness.com/2015gnhconference/hpmspeech_2015gnhconference.pdf.

Vannini, P. (2014). Ethnographic film and video on hybrid television: Learning from the content, style, and distribution of popular ethnographic documentaries. *Journal of Contemporary Ethnography, 44*(4), 391–416.

Vannini, P., & Milne, L. (2014). Public ethnography as public engagement: Multimodal pedagogies for innovative learning. In C. Schneider & A. Hanemaayer (Eds.), *The public sociology debate: Ethics and engagement* (pp. 225–245). Vancouver: University of British Columbia Press.

Vannini, P., & Mosher, H. (2013). Public ethnography: An introduction to the special issue. *Qualitative Research, 13*(4), 391–401.

Vannini, P. (Producer), & Taggart, J. (Director). (2015). *Life off grid* [Motion picture]. Canada: Available through Vimeo, iTunes.

Walking Under Water. (n.d.-a). Behind the scenes. Retrieved from http://badjaofilm.com/category/about.

Walking Under Water. (n.d.-b). Help us build a school for Badjao kids. Retrieved from http://badjaofilm.com.

Walking Under Water. (n.d.-c). The story of the Badjao. Retrieved from http://badjaofilm.com/category/story.

まとめ

第38章

アートベース・リサーチの可能性を実現する

●パトリシア・リーヴィー（Patricia Leavy）

訳：荒川 歩

科学における偉大な前進はすべて，大胆な新しい想像力から生まれた。
—— JOHN DEWEY（ジョン・デューイ）

　本書の冒頭で記したように，アートは，私たちが見る，考える，感じるのを手助けするという点において独自の可能性を持っており，私たちを刺激し，夢中にさせ，当たり前を揺さぶり，深い関わりや学習を促す。アートベース・リサーチ（ABR）は，学術研究におけるアートの可能性を引き出すために，アート，人文学，科学の力を利用する。本書を執筆しているこの手法の先駆者や実践者は，新しい研究ツールを育て，何かを知るための新しい方法を得るために，アートと科学の交わるところで活動している。その活動は，さまざまな障害を乗り越えるものである。

　本書の執筆者たちは，このテーマを描き出し，それぞれが担当した研究領域や実践で活動し，そしてそれを拡張する今後の道筋を示すという仕事を見事にやってのけた。各章で，私たちの前に広がる道を描いて見せた。ここでその内容を繰り返そうとは思わない。しかし，私たちが前に進み，ABR がその可能性を最大限に生かすために，現状の学術研究業界とその中での ABR の可能性，現在残された問題，このコミュニティに対する私の提案について気づいたことを記そうと思う。

研究業界

　研究業界は，直接的に ABR の成長を促進するように変化してきた。まず，学問領域融合へ向かう傾向について簡単にレビューする。その後，本書の第 1 章で議論した，公共にひらかれた研究の問題について戻ろう。

792　まとめ

学問領域融合性

20 世紀において，学問は，学問領域ごとに区切られた構造によって支配されてきた。それがこの数十年，知識構築のために，複数の学問領域を巻き込んだアプローチや学問領域横断型のアプローチが顕著に増加し，この 20 年ほどで，学問領域の融合が起こってきている（Leavy, 2011, 2014）。私もこれまでの著作で，国際的研究コミュニティは，学問領域融合型の研究実践を特徴とする新しい時代に入ったと論じてきた（Leavy, 2011, 2014）。それらは，イノベーションや創造的思考，創発，実験，柔軟性，学問領域を超えた手助けや協働を必要とする，特定の問題や課題を中心とした研究である（Leavy, 2011, 2014）。

ABR は，学問領域融合主義の実践を目の当たりに見ることができる方法論の一つである。第 1 章で記したように，そして，本書を通して明らかにしてきたように，ABR は，知識構築のための学問領域融合的アプローチの一つである。これまでに起こり，そして今後も起こりつづけると考えられる変化は，アートに基づく実践者が関与することによる他花受粉に加え，これまで ABR の発展でみてきたように，アカデミアを豊かにするものである。それが私たちの時代である。

公共にひらかれた研究とその影響

この研究実践を通して，学問領域間のさまざまな堅固な境界線が侵食[1]されるにつれて，学問領域融合性が優位になり，同時に，公共にひらかれた研究が推し進められることになるのを私たちは見てきた。通常，学術雑誌に掲載された論文の読者は，3 人から 8 人である。私を打ちのめしたのはこの事実である。研究の「成果」に注がれた膨大なリソースを考えてみてほしい（研究者の専門性もそうであるし，研究に費やされた年月，資金的リソース，制度的リソース，参加者のリソースについても同様であろう）。個々の研究者は，生き残るために必要なことをしているだけであり，それは，制度的要件がどのように設計されてきたかに依存している。歴史的に，学者は「出版せよ，さもなくば去れ」と要請され，学術論文がそれを実施する際の唯一，そして最低限の，**まず第一**に受け入れられる形式であった。しかしそれでは，学術研究に市民の関与が促されることはほとんどない。結果的に，学問領域にいる人の多くは幻滅してきた。私がこのように話すのは，新しい方法（私の場合は ABR）を見つけようとしないかぎり，私の仕事，そして何より私の研究参加者の物語が，それが届けば助かったはずのステークホルダーに全く届かなかったという私の個人的経験があるからである。しかし，それは，現在優勢な制度に疑問を持っている研究者に限られることではない。アカデミア業界の中にいる人に加え，その外側の多くの人も，研究コミュニティはその社会的役割を縮小しているのではない

---

1 学問領域内の知識は，現在でも素晴らしい価値と重要性を持っている。チームに基づく学問領域融合型研究においても，それぞれの研究者や実践者は，それぞれの学問領域の観点や知識，経験を持ち寄る。私は，以前は全く想像できなかった学問領域間の，あるいは多数の学問領域を横断する経路が現在は存在していると指摘したいだけである。

かという懸念を表明している（Woo, 2008）。この批判は，ある効果を持った。本書の第1章で記したように，「出版せよ，さもなくば去れ」という圧力は残ってはいるが，「社会に出よ，さもなくば去れ」という新しい呪文も生まれてきた。研究者は現在，市民とのコミュニケーションを行い，専門外の聴衆と関わるよう促されている（Canella & Lincoln, 2004; Leavy, 2011, 2014; Woo, 2008）。一部の組織では，研究のインパクトは，昇任，テニュアや研究資金の獲得の際に評価される。これは，ABR を含め，*実践に牽引される*さまざまな研究アプローチの増加をもたらした。イギリスとオーストラリアでは特に，ある人の仕事のインパクトを確定することは，ますます重要になっている。要するに，公共にひらかれた研究の重要性が高まっているのである。

　公共にひらかれた研究を構成するものとはいったい何だろうか。要するに公共にひらかれた研究とは，アカデミアの外側の聴衆に届くものである。公共にひらかれた研究は，有用であることを意図されており，それゆえ，アカデミアの外部の人々の人生や状況に応用可能なものである。市民に届けるために，研究は，2 つの意味でアクセス可能なものにならなければならない（Leavy, 2011, 2014）。第一に，専門用語を含まず，より広い聴衆に理解可能なものである必要がある（Leavy, 2011, 2014）。第二に，届けたい聴衆がアクセスできる経路で流通される必要がある（学術業界以外に流通することのない査読付き雑誌ではなく。Leavy, 2011, 2014）。フィリップ・ヴァニーニ（Vannini, 2012）は，アカデミア以外のステークホルダーに届けられるようになるために，研究の「大衆化」という言葉で，私たちの研究が実施される形式について考える上で参考になる方法を提示している。アートは，その研究が最も価値を持つ聴衆に焦点を絞り，私たちの研究を大衆化するかもしれないさまざまな媒体や形式を提供する。

　アートと公共にひらかれた研究の領域を押し広げる最前線にいるのは大学院生たちであるが，彼らはそうすることで，私たちが ABR の可能性を実現するのを助けてくれた。たとえば，ニック・スーザニス（Sousanis, 2015）は，多くの注目を集めたその著書『Unflattening（再生する）』で，絵入りの小説や漫画によって／における研究の立場を擁護した。この本は，アカデミアからも市民からも称賛され，広く読まれた。これは彼の博士研究に基づくものであった。さらに最近では，クレムソン大学博士課程の A. D. Carson（2017）が，34 曲からなるラップのアルバムを博士研究として制作した。《Owning My Masters: The Rhetorics of Rhymes and Revolutions（自分の思うがままに：ライムと革命のレトリック）》と題するこのアルバムは，一般に流通した。今この章を書いている時点では，彼の作品が博士論文として認められるかどうかの審査前であるが，その作品は，YouTube や Facebook，SoundCloud で何十万回と閲覧され，ダウンロードされていた。これらの革新的な博士研究は，ABR の発展を示すだけではなく，研究者がどのように市民の中に出ていき，自分たちの研究を一般大衆に提供する新しい方法を見つけているかを示している。スーザニスも Carson も，非常に多くの賞賛を受けているが，同様に批判もある。公共にひらかれた研究に従事する際には，これが抱える課題についても実直に話すことが重要であろう。学生や若手研究者のために，これらの課題は特に説明されるべきであろう。

　第一に，本書において執筆者が明らかにしてきたように，公共にひらかれた研究は，

スポットライトを受けることがある。そのため，公共にひらかれた研究は，一生懸命つくり上げられなければならない。ABR は大仕事であり，新しく学び，新しくスキルを身につける必要がある。キップ・ジョーンズ（Jones, 2012）は，インタビューをトランスクリプトに単に書き起こすだけではなく，それを一つのページの中で再配置し，自分自身を詩人にしなければならないと警告する。詩の技術を学ぶ必要があり，それには努力と専心と練習が必要である。それでも私は，若い人がアートベースのアプローチをとることを諫めたいとは微塵も思わない。私自身，始めた頃は一人の初心者であった。自由に実験し，学習し，成長することが必要である。しかし，自分が学んでいる技術に真剣に向き合う必要もある。それはあらゆる研究方法で言えることであるが（たとえば，質問紙調査設計は単純なわけではなく，調査研究を成功させるためには多くのスキルを学ばなければならない），さまざまな聴衆に届ける可能性を持った研究を実施している際には，その研究の質の高低が際立つことになる。

　このことが 2 つ目の課題をもたらす。あなたが市民の前で研究を発表する際には，人々がその研究にどのように反応するかをコントロールすることはできない。他の研究方法だけではなく ABR に関与してきた者として，これには，ABR に対する感情が特に問題となりうることを私も直接知っている。

　私たちが作り出すアートは，きわめて個人的なものである。研究の文脈でさえも，私たちのアートは個人的であり，つまり作品が人々からポジティブな反応を得られないときには，つらいものになりうる。あなたの小説，絵画，演劇が人々にネガティブに批評されたら，つらいかもしれない。それをごまかすことはない。私たちは皆，人間である。自分の作品を人と共有する感情的な準備ができていることを確認することが重要である。他の人があなたの作品についてどう考えているかに流されず，自分の作品とあなただけの独立した関係を築くことができたなら，それは助けになるだろう。そのアーティストがどれだけ有名で社会的評価の高い人であったとしても，誰もがその音楽や映像，絵画を楽しみ，「わかる」わけではない。これは，アートの性質であり，アートに対する私たちの反応である。私たちは，自分たちが目にするアートに主観を持ち込む。もし，あなたの目標が，重要な聴衆に届ける研究を実施することであれば，人々があなたの作品を批判しているのなら，おそらくあなたは目標を達成している。そのことの方に焦点を当ててみよう。

　最後に，どんな形式であれ，公共にひらかれた研究をつくり出すためには個人的なコストがかかる場合がある（Mitchell, 2008）。従来の教育が受ける批判に比べ，あなたの作品はより批判を受けやすいのに加えて，より広い意味で，あなたの個人的なものの見方をさらすことにもなる。たとえば，あなたの価値観や信念，社会的関わりや政治的関わりが，あなたの作品には埋め込まれており，それがさらされることもあろう。いったんあなたの位置づけが明らかになったら，他の人がどのようにあなたの作品を判断し，ラベル付けし，あるいは分類しようとするかはわからない。そのことがフラストレーションになることもあるだろう。しかし，こうした研究を行った人（個人的に意味のある仕事に公然とかかわっている人）は，そのコストをはるかに超える報酬が得られると口をそろえて言う（Mitchell, 2008; Zinn, 2008）。これは，私にも確かに当てはまる。

私たちのコミュニティへの参加のお誘い
── 教えることと出版すること

アカデミアで起こった変化は，ABR が成長しつづけることのできる豊かな土壌をもたらしたにもかかわらず，課題は残っている。この領域が前進するために，ABR を実践する人々やそれを支援する人々に，私は，教育活動や出版活動の重要性を訴えている。

第一に，私たちは，ABR を既存の方法による教育課程の中に統合し，ABR のための新しい教育課程を作り上げなければならない。そのために既存の教育課程（たとえば，社会科学や自然科学の中で）に関して，その学問領域における研究方法についての調査および／あるいは質的探究法についての調査が必要である。それは，量的方法や質的方法，そしてミックスメソッド・アプローチに沿って ABR を教える上で重要であろう。ABR の単位を含んでいない教育課程は，改善されるべきである。研究の正当なアプローチとして ABR を標準化するとともに，研究の一アプローチとしてその有用性を初学者に教えることが必要である。ここで述べた他の研究アプローチで行われているように，ABR に特化した，あるいは上級向けの課程を作ることも重要である。ABR を学部で必修の方法論の教育課程の中に取り込むことは，これらの実践を正当化するものであるが，大学院生の学位研究やその実施準備のためには，ABR に特化したコースも必要になろう。特に，その教育内容が「革新的」とみなされる場合，あなたが教えている組織の種類によっては，必修の教育課程の内容を変更したり，新しい教育課程の承認を受けることはきわめて難しいかもしれない。このようなテーマが承認を得るには，大変な作業が必要であるが，そのコミュニティの利益のために有用な時間になるだろう。

第二に，私たちがいま量的研究や質的研究に対して行っているのと同じように，教育課程を通して ABR を統合しなければならない。私は，方法に関する授業以外でも，独立した授業として ABR を教えなければならないと提案しているわけではない。私が強く提案しているのは，私たちが担当するすべての教育課程で，それぞれに見合った形で，ABR についても教えることである。私たちはすべての教育課程において，統計，調査データ，事例研究，エスノグラフィーといったさまざまな調査方法を用いている。ABR も同じように用いるべきである。教育課程に合わせてふさわしい本を考えると同時に，あなたが教えている教育内容に合った ABR の事例を出版することも検討してほしい。小説，戯曲，詩集はたいてい，リフレクションと議論の素晴らしい土台になる。多くの教授がそうしているようにあなたが授業に普段から小説を取り込んでいるにせよ，そのようなアイデアをあなたが初めて聞いたにせよ，普通の小説を選ぶよりも，ABR の小説を選ぶのが良い。ABR の方法論だけではなく，成果を教えることも重要である。教育課程で採用することによって，ABR による成果の出版を手助けすることも重要である。あなた方の多くがご存じのように，ABR の出版はきわめて難しい場合がある。それは，多くの教授が ABR の作品をつくりたいと考えているが，それを使って実際に教える人はごくごくわずかではないかと出版社が不安を感じているのが主たる理由である。一連の本の編者として，私は，これを何度も出版社から聞いてきた。私たち

は，これを支援しなければならない。ABR のテクストを採用することに加えて，他の
テーマを教える際に他の形式で ABR を取り込むことも検討してほしい。たとえば，授
業で，商業制作された市販の映像を使う代わりに，ABR の研究者が作ったものを使う
ことを検討してほしい。

　第三に，私たちが ABR の研究を出版することが重要である。査読付き学術誌に関し
て私はまったく懐疑的な立場ではあるが，ABR の領域を成長させるために，また，研
究費提供構造や受賞に関する構造において明らかなように，いまだ量的研究を好む学術
環境において ABR の正当性を求めて闘うために，私たちの研究を文書にして，方法論
的観点から私たちが行っていることを記録することは重要である。学術的な組織以外で
は役に立たない引用システムも，学術的な組織の中ではきわめて有用である。私は特に，
自分たちの研究を正当化するために，他者の研究をたくさん引用する必要がある大学院
生や若手研究者のことを考えている。

　第四に，私たちの研究を出版すると同時に，私たちは ABR の領域の内外で，私たち
とともに仕事をする出版社についても考える必要がある。ある ABR の研究者は，これ
まで一冊も ABR の成果を出版したことのなかった出版社のために，方法論の本を書い
た。そのことに私はいつも頭をかいてしまう。自分の研究の出版のために出版社を探す
際には，以下のことを尋ねるとよいだろう。

- 本の出版社に対して：「あなたの出版社は ABR を支援してくれますか」「あなたの
  出版社は ABR の成果を出版してくれますか」
- 雑誌に対して：「あなたの雑誌は，あらゆる形式での表現を許容するようなオンラ
  イン出版を行っていますか」「あなたの雑誌は，ABR の論文や作品を掲載しますか」

　ABR の出版を行う媒体を，あなたの時間を使ってサポートすることも重要である。
雑誌は常にレビュワーを渇望しているので，レビュワーとして名乗り出ることも必要で
あろう。

　最後に，ABR の成果をより生み出すことを支援するために，あなたにも今すぐでき
ることがある。外に出て，ABR の研究者による小説や戯曲，詩集，ビジュアルアート，
音楽を買ったり，その映像作品やダンスパフォーマンスを見に行くことで，その研究者
を支援しよう。文学作品を読むことや，余暇の時間にアートを見ることが好きなのであ
れば，その際に仲間を支援しない理由はない。ABR は，新しい学びを生み出すだけで
はなく，楽しいものでもあるのだから。

第 38 章　アートベース・リサーチの可能性を実現する　797

文献

Cannella, G. S., & Lincoln, Y. S. (2004). Epilogue: Claiming a critical public social science—Reconceptualizing and redeploying research. *Qualitative Inquiry, 10*(2), 298–309.

Carson, A. D. (2017). Owning my masters: The rhetorics of rhymes and revolutions. Unpublished doctoral dissertation.

Jones, K. (2012). Connecting research with communities through performative social science. *Qualitative Report, 17*(Rev. 18), 1–8. Retrieved from www.nova.edu/ssss/QR/QR17/jones.pdf.

Leavy, P. (2011). *Essentials of transdisciplinary research: Using problem-centered methodologies.* Walnut Creek, CA: Left Coast Press.

Leavy, P. (2014). A brief statement on the public and the future of qualitative research. In P. Leavy (Ed.), *The Oxford handbook of qualitative research* (pp. 724–731). New York: Oxford University Press.

Mitchell, K. (2008). Introduction. In K. Mitchell (Ed.), *Practising public scholarship: Experiences and perspectives beyond the academy* (pp. 1–5). West Sussex, UK: Wiley-Blackwell.

Sousanis, N. (2015). *Unflattening.* Cambridge, MA: Harvard University Press.

Vannini, P. (2012). Introduction: Popularizing research. In P. Vannini (Ed.), *Popularizing research: Engaging new genres, media, and audiences* (pp. 1–10). New York: Peter Lang.

Woo, Y. Y. J. (2008). Engaging new audiences: Translating research into popular media. *Educational Researcher, 37*(6), 321–329.

Zinn, H. (2008). The making of a public intellectual. In K. Mitchell (Ed.), *Practising public scholarship: Experiences and perspectives beyond the academy* (pp. 138–141). West Sussex, UK: Wiley-Blackwell.

索 引

アルファベット

ABR の世界観　660
ABR パラダイム　96, 502, 564, 571, 576
a/r/tography　53

あ 行

アーティスティック・リサーチ　127, 129-130, 138
アーティスト－研究者　315
アート・インスタレーション　583　インスタレーション・アートも参照
アートインフォームド・リサーチ　436, 448
アート教育　54, 520, 526
アートセラピー　392, 589-590, 661
アート＋デザインの実践　562
アートに基づくライティング　680-703
アートベース・トレーニング　635-636
アートベースの知　126-129
アートベース・ビジュアル・リサーチ　362
アートワールド　584
アイデンティティ　22, 24, 79, 177, 254, 262, 307, 366, 372, 581, 600, 630, 770
アイデンティティ・パフォーマンス　375-378
曖昧さ　666-667
アウトサイダー　172
アクションリサーチ　47, 80, 584-585
アクティビズム　251, 399, 553, 586, 776
アクティブ・イマジネーション　395
厚い記述　155, 171, 466
アッサンブラージュ　67, 233, 410-411, 554, 673-675, 715
後知恵のバイアス　152
アフォーダンス　454
アプロプリエーション・アート　411
アルス・ポエティカ　263-266
アンラーン　639-640

異化効果　328
生きたキャンバス　691
生きられた経験　153, 177, 297, 513, 564
生きられた身体　296
生きる探究　53, 139
一貫性　473
イデオロギー的批判　112
意味生成　685
イメージ　363, 392
イメージベース・リサーチ　138
癒やしの機能　102
インサイダー　172
引証　184
インスタレーション　619
インスタレーション・アート　432　アート・インスタレーションも参照
インタープレイ　301
インフォームド・コンセント　421
逐語的（ヴァーベイタム）　318
ヴァーベイタム・インタビュー演劇　314
ウィットネス・ライティング　395
受け手の反応　648-649, 652-653
動きのシークエンス　332
内なる対話　650
内なる羅針盤　731
右脳から右脳を経て知ること　100-101
運動感覚／感覚　101
映画　484-497, 511, 777-786　ドキュメンタリー映画も参照
映像　487-490, 505-507, 510-511
映像インスタレーション　444
映像社会学　580-582
エージェンシー　706-721
エージェンシャル・リアリズム　711-715
エージェンシャル・レイシズム　718
エージェント　200
エスノグラファー　170, 172, 774
エスノグラフィー　171, 755, 774

エスノグラフィー映画　778
エスノグラフィック・フィクション　586-587
エスノグラフィック・ポエトリー　587-588
エスノシアター　315, 586, 755
エスノシアターのパフォーマンス現象学
　　328
エスノシネマ　500, 503-507
エスノドラマ　315, 586, 590, 755
エスノフィクション　506
エスノポエティクス　588
エスノミュージコロジー　588-589
エネルゲイア　662-664
エピソード　152
演技技法　330
エンタシス　278-279
エンパワメント　81, 366, 382, 525, 589, 603
オーディオ・インスタレーション　444
オートエスノグラフィー　78, 119, 170, 228,
　　287, 755
オートエスノドラマ　756
オートポイエティック　690
折り畳む／広げる／再び折り畳む　417
オルタード・ブック　89
音楽　276
音楽医学　93
音楽の問題　277
音楽療法　97, 589-590, 600

か　行

カートゥーンの技法　455
絵画　388
回顧　132
解釈　149, 667
解釈項　567
解釈者　576
外受容感覚　99
「科学的」アプローチ　632
科学的規準　759
学習する組織　634
学習のパラドックス　563
革新的　796
学問領域融合性　793
感覚に基づく認識　661
環境芸術　435
間主観性　665-666
間主観的　674-675

感情的知識　664
鑑賞のわざ　278
教育的エスノグラフィー　734
教育批評　734
共感的関与　230-231
共感的理解　732-733
教訓主義　280
教訓的オートエスノグラフィー　280
協働型パブリック・エスノグラフィー　776
強力（vigor）　264
空間　56, 66, 120, 131, 140, 200, 435, 440, 458,
　　636, 700-701, 735-736
空白　636-637
具体化された経験　268
グラフィックノベル　453
グラフィックヒストリー　460
グラフィック・メディスン　462-465
クリエイティブ・リサーチ　138
芸術社会学　583-584
芸術性の濃度　267-268
芸術的技巧　170, 174, 183
芸術的規準　759
芸術的探究　37, 41
芸術的（な）知　37, 41, 126-129, 132
健康科学　595
現象学的心理学　151
公共にひらかれた研究　228-229, 651-652,
　　774, 793-795
公共にひらく　773-777
コミック　454-456
コミックに基づく研究（CBR）　453　コミッ
　　クベース・リサーチも参照
コミックのアフォーダンス　455-459
コミックベース・リサーチ（CBR）　453-478
コミュニティアート　524-529
コミュニティ・ビルディング　347-348
語用論　754-769
コラージュ　409-429, 574
コラージュ・イメージ　422
コラージュ・ポートレート　419-420
混合型アートベース・リサーチ　543

さ　行

再解釈　306, 447-448, 566, 605, 690
再現化　551
再想像　306

再－探究（re-search） 563
裁判官と陪審員 346-347
再文脈化 95
再物語化 306
参加型アプローチ 652
参加型映像リサーチ 374
参加型劇 604
参加型写真撮影 368
参加型ドキュメンタリー 779
参加型の研究 655
参加型のビデオ研究デザイン 504-506
賛成と反対の声 346
ジェスチャーゲーム 348
詩学 693
思考の蝶番 693
自己開示 232
事実 112
システム 563
質感 331
実現可能性 53
実質的貢献 651
実践家研究 47
実践コミュニティ 539
実践に基づく研究 53
知っていること 730
質的アプローチ 548
詩的規準 759
詩的探究 247-248
詩的探究の規準 266-270
詩的トランスクリプション 254
自伝的演劇 54
自伝的な探究 56, 298
社会科学におけるパフォーマンス 84
社会学的想像力 229
社会正義 79-80, 364, 399, 407, 549, 759
写真 80, 119, 307, 363, 367-383, 410, 421,
　　581, 590
ジャズ 639
集団的創作 335
柔軟性のある規準 646
修復機能 102
周辺的テクスト 697
自由連想 672
障害学 606
状況的学習 539
省察 575
省察的プラグマティズム 81

小詩集 260
小説に基づく研究（FBR） 227
象徴主義 667
情動喚起 472
情報伝達 472
叙情詩 258
初心 730
知ること 106
神経音楽学 93
神経科学 624-625
神経文学 229-230
真実 83, 116, 151, 153, 162, 510, 591, 653,
　　662, 664
真実性 229, 237-238, 510
真正性 651, 653, 676
身体化 79-80, 99-100, 104, 128-130, 251, 260,
　　292-308, 364, 664
身体性 99
身体知 296-298
身体的自己 307
身体表現 297
人類学的詩学 250
スウィング 639
ストーリー 199-200, 202-203
ストーリーテリング 120, 200, 337, 601
ストレンジ・アトラクタ 637
政治的アクション 544
静寂の波紋 702-703
生成的 88, 571, 577, 647
生成的ABR 572
正統的周辺参加 539
生物理論 570
セラピスト 390
潜在的可能性 53, 83
創作アートセラピー 88-106
創造性 109-121, 654
創造的な動き 549
創造的ノンフィクション 198, 228
創造分析実践 276
想像力 109-121
創発的機能 102
ソーシャルフィクション 582-583
即時性 132
組織中心的世界観 632
組織における美 634
即興的 203, 571, 577, 670, 672
即興的ABR 574

ソマティックス　293
存在論的絡み合い（ontological entanglement）
　　713

た　行

ダイアロジック・アート　555
対話的パフォーマンス　545
多元主義　75-77
多元性　666-667
脱文脈化　95
妥当性　471-473
多様性　118
ダンサー　292
ダンス　292
知覚／感情　102
知覚に基づく認識　661
知識翻訳　439, 669
忠実性　471-472
超越的共感　633
調査ポエトリー　251
直感　100
治療的関係性　392
作ることによって知る　663
テーマティック・アナリシス　378
テオーリア　60, 64
テクスト　157
デザイン　116-118
徹底性　649
デュオグラフィー　78
伝統的な演劇体験のパフォーマンス現象学
　　327
統合的アートセラピー　92
同時性　458
ドキュメンタリー映画　778　映画も参照
ドキュメンタリー・リサーチ　382
ドラマツルギー　586
ドラマツルギー理論　75
ドラマティック・リーディング　758
ドラマトゥルク　333
ドローイング　388

な　行

内受容感覚　100
内的一貫性　649
内部－作用　712

内面性　236
内面性のテクスト　686
ナラティブ　20, 114, 120, 127, 151-154, 157,
　　161, 177, 228, 234, 419, 598, 675, 686-687,
　　757, 760, 762-763
ナラティブ・インタビュー　602
ナラティブの羅針盤　731, 737
ナラティブボイス　178-180
ナラティブ・ポエトリー　259
ナラティブ・メディスン　597
なる（become）　53, 63-67, 68
ニューマテリアリズム　508, 584, 706-721
人間中心的世界観　632
人間理論　570
認識　732
認識論　16, 41, 110-113, 115-116, 136, 161,
　　548-549, 595, 661, 719
認知／象徴　102

は　行

ハームズ・タッチ　398
ハイブリッド性　201
場所　64, 330, 718, 778
橋渡し研究　89, 105-106
発達的変容　675
場と空間（(s)p(l)ace）　279, 287
ハビトゥス　379
パフォーマティビティ　755
パフォーマティブな儀式行為　306
パフォーマティブな社会科学　26, 72, 73,
　　484, 490, 497
パフォーマティブな相互作用　556
パフォーマンス・ナラティブ　758
パフォーマティブ・ライティング　754
パフォーマンス　72, 756
パフォーマンス・アート　77
パフォーマンス・エスノグラフィー　81,
　　307, 586
パフォーマンス研究　76-77
パフォーマンス性　693-696
パフォーマンス・ポエム　261
パブリック・エスノグラファー　784
パブリック・エスノグラフィー　775
パラダイム　37-43, 110
反復構築　673-674
美学　661

美学的な知　662
非言語　88, 101
ビジネス　631-632
ビジュアルアート　363, 409
ビジュアル・オートエスノグラフィー　581
ビジュアルダイアリー　366
ビジュアルデータ　378-380
ビジュアル・リサーチ　365-366, 382
ビデオ　372, 502
ビデオ・インスタレーション　444
ビデオベースの研究　500, 502
美的な質　653, 707
美的な力　420, 648, 653
美的認識論　664
美的要因　636
美とリーダーシップ　638-639
批判的 ABR　550, 573, 710
批判的オートエスノグラファー　184
批判的リフレクシビティ　660, 668, 671
批判理論　111
評価　646
評価規準　237-238, 646-647, 648-656, 759
表現アートセラピー　92, 101　表現セラピー
　　も参照
表現セラピー　92　表現アートセラピーも
　　参照
表現セラピー連続体　101
表象　354-355, 511-512, 667
表象の危機　591
表象のパラダイム　511
「ファウンド」オブジェ　435
ファウンド・ポエトリー　254
ファウンド・ポエム　254
ファクチュメンタリー　548
フィールドワーク　172-174
フィクション　46
フェミニスト理論　111
フェルトセンス　99-100
フォトエリシテーション　366, 368, 581, 590,
　　597, 603
フォトエッセイ　138, 380
フォトダイアログ　138
フォトボイス　80, 119, 365, 581, 597, 603
フォトポエティクス　306
フォトポエティックなコラージュ　307
フォトポエム　307
フォトモンタージュ　410

不協和　740
複雑性　118
物質性　67, 508, 691-693, 712
物理理論　570
プラクシス　60, 64, 279
プラグマティズム　566, 707, 711, 716
ブリコラージュ　412-413, 574
ブリコルール　413
プレイビルディング　336
ブレインワイズ　88, 97-101
プロット　182-183, 234
文学修辞学的批判　112
分析的 ABR　572
分析プロセスモデル　261
ベネフィット・コーポレーション（B Corp）
　　633
弁証法　260, 571, 664-665, 665-666, 668, 726
ポイエーシス　60, 64, 278-279, 661, 662-663,
　　664-665, 673
豊穣な空の概念　673
方法論的楽観主義　694
飽和状態　353-354
ポストコロニアル理論　111
ホットシーティング　346
ボディストーミング　675
ポリフォニー　339
翻訳　650, 659, 662, 663, 665, 667, 668-670
翻訳の細線　694
翻訳のメカニズム　670-677

ま・や行

マインドフルネス　640
マスター・プロット　234
マネジメント理論　630
マルチメディア ABR　548-551
マルチモーダル　456, 545, 549, 551, 555-557
マルチモーダルアートセラピー　92
ミクストメディア　412
未知であること　726, 730-732
未来形成的研究　114
未来志向　114
メタ認知　640
メタファー　18, 237, 338, 379, 392, 667, 676
メティサージュ　199-200, 412-413
メンタルモデル　660
文字と画像の統合　455

物語　438, 465
物語的真実　153-154
物語の様式　184
モノローグ　323
モンタージュ　325, 410, 574
有機的な詩　322

ら　行

ライティング　686-692
ライティング・パフォーマンス　686
ライブ・パフォーマンス　327
ライフライティング　222
リフレクシビティ　599-601, 655-656

リフレクシブな映画制作　782
リミナル・スペース　64
リモートコントロール　345
リレーショナル・ポエトリー　262
倫理　24, 129, 161, 173, 174-175, 175-176,
　　381-383, 427-428, 473-474, 607-609, 649,
　　654-656, 707-711, 719-721
倫理審査委員会　317, 381, 602
倫理的行動　382
倫理的選択　323
レスポンス・アート　388
連結　458
連詩　260
ローステークス・ライティング　697

〈執筆者一覧〉
（姓のアルファベット順）

サラ・アボット（Sarah Abbott, MFA）Department of Film, Faculty of Media, Art, and Performance, University of Regina, Regina, Saskatchewan, Canada

トニー・E・アダムズ（Tony E. Adams, PhD, Department of Communication, Bradley University, Peoria, Illinois

ジョージ・ベリヴォー（George Belliveau, PhD）Department of Language and Literacy Education, University of British Columbia, Vancouver, British Columbia, Canada

リオラ・ブレスラー（Liora Bresler, PhD）Department of Curriculum and Instruction, College of Education, University of Illinois at Urbana–Champaign, Champaign, Illinois

セリヤンヌ・カメルゴ＝ボルヘス（Celiane Camargo-Borges, PhD）Breda University of Applied Sciences NHTV, Breda, The Netherlands

ジョイア・チルトン（Gioia Chilton, PhD, ATR-BC, LCPAT）Sagebrush Treatment Center, McLean, Virginia

ヴィットリア・A・ダイエロ（Vittoria S. Daiello, PhD）School of Art, DAAP, University of Cincinnati, Cincinnati, Ohio

ノーマン・K・デンジン（Norman K. Denzin, PhD）College of Communications, University of Illinois at Urbana–Champaign, Urbana, Illinois

サンドラ・L・フォークナー（Sandra L. Faulkner, PhD）Department of Communication, Bowling Green State University, Bowling Green, Ohio

スーザン・フィンリー（Susan Finley, PhD）Department of Education and Public Affairs, Washington State University, Pullman and Vancouver, Washington

バーバラ・J・フィッシュ（Barbara J. Fish, PhD）Art Therapy Department, School of the Art Institute of Chicago, Chicago, Illinois

マーク・フリーマン（Mark Freeman, PhD）Department of Psychology, College of the Holy Cross, Worcester, Massachusetts

メッテ・ゴードヴィーク（Mette Gårdvik, DProf）Faculty of Education and Arts, Nord University, Nesna, Norway

ナンシー・ガーバー（Nancy Gerber, PhD）Creative Arts Therapies Department, College of Nursing and Health Professions, Drexel University, Philadelphia, Pennsylvania

ケニス・J・ガーゲン（Kenneth J. Gergen, PhD）Department of Psychology, Swarthmore College, Swarthmore, Pennsylvania

メアリー・ガーゲン（Mary Gergen, PhD）Departments of Psychology and Women's Studies, Penn State Brandywine, Media, Pennsylvania

ピーター・グズアシス（Peter Gouzouasis, PhD）Department of Curriculum and Pedagogy, University of British Columbia, Vancouver, British Columbia, Canada

ドナルド・グッドマンソン（Donald Gudmundson, PhD）Department of Management, Monfort College of Business, University of Northern Colorado, Greeley, Colorado

ジェシカ・スマート・ガリオン（Jessica Smartt Gullion, PhD）Department of Sociology and Social Work, Texas Woman's University, Denton, Texas

アン・ハリス（Anne Harris, PhD）Department of Research and Innovation, RMIT University, Melbourne, Victoria, Australia

エリカ・ハセベ＝ルッツ（Erika Hasebe-Ludt, PhD）Faculty of Education, University of Lethbridge, Lethbridge, Alberta, Canada

トレヴァー・ヒアリング（Trevor Hearing, PhD）Faculties of Media and Communication and Health and Social Sciences, Bournemouth University, Bournemouth, United Kingdom

フェルナンド・エルナンデス＝エルナンデス（Fernando Hernández-Hernández, PhD）Section of Arts and Visual Culture, Faculty of Fine Arts, Universty of Barcelona, Barcelona, Spain

グニラ・ホルム（Gunilla Holm, PhD）Institute of Behavioural Sciences, University of Helsinki, Helsinki, Finland

リタ・L・アーウィン（Rita L. Irwin, EdD）Department of Curriculum and Pedagogy, University of British Columbia, Vancouver, British Columbia, Canada

キップ・ジョーンズ（Kip Jones, PhD）Faculties of Media and Communication and Health and Social Sciences, Bournemouth University, Bournemouth, United Kingdom

ステイシー・ホルマン・ジョーンズ（Stacy Holman Jones, PhD）Centre for Theatre and Performance, Monash University, Melbourne, Australia

ミラ・カリオ＝タヴィン（Mira Kallio-Tavin, DA）School of Arts, Design and Architecture, Aalto University, Aalto, Finland

レベッカ・ケイメン（Rebecca Kamen, MFA）Northern Virginia Community College, Alexandria, Virginia

ケイコ・クラーンケ（Keiko Krahnke, PhD）Department of Management, Monfort College of Business, University of Northern Colorado, Greeley, Colorado

ポール・J・カットナー（Paul J. Kuttner, EdD）University Neighborhood Partners, University of Utah, Salt Lake City, Utah

ジェニファー・L・ラパム（Jennifer L. Lapum, PhD）Daphne Cockwell School of Nursing, Ryerson University, Toronto, Ontario, Canada

パトリシア・リーヴィー（Patricia Leavy, PhD）independent sociologist, Kennebunk, Maine

ナタリー・ルブラン（Natalie LeBlanc, PhD）Department of Curriculum and Pedagogy, University of British Columbia, Vancouver, British Columbia, Canada

カール・レゴ（Carl Leggo, PhD）Department of Language and Literacy Education, University of British Columbia, Vancouver, British Columbia, Canada

キャシー・A・マルキオディ（Cathy A. Malchiodi, PhD, ATR-BC, LPAT, LPCC, REAT）Division of Expressive Therapies, Lesley University, Cambridge, Massachusetts; Trauma-Informed Practices and Expressive Arts Therapy Institute, Louisville, Kentucky

ショーン・マクニフ（Shaun McNiff, PhD）Division of Expressive Therapies, Lesley University, Cambridge, Massachusetts

キャサリン・マイヤーズ゠コフマン（Katherine Myers-Coffman, MS, MT-BC）Creative Arts Therapies Department, College of Nursing and Health Professions, Drexel University, Philadelphia, Pennsylvania

ジョー・ノリス（Joe Norris, PhD）Department of Dramatic Arts, Brock University, St. Catharines, Ontario, Canada

ジェームズ・ヘイウッド・ローリング Jr.（James Haywood Rolling, Jr., EdD）Department of Art Education, Syracuse University, Syracuse, New York

ジェリー・ロシェク（Jerry Rosiek, PhD）Department of Education Studies, University of Oregon, Eugene, Oregon

ジヨン・リュ（Jee Yeon Ryu, MA）Department of Curriculum and Pedagogy, University of British Columbia, Vancouver, British Columbia, Canada

フリッツヨフ・サールストロム（Fritjof Sahlström, PhD）Institute of Behavioural Sciences, University of Helsinki, Helsinki, Finland

ジョー・サルヴァトレ（Joe Salvatore, MFA）Department of Music and Performing Arts Professions, Steinhardt School of Culture, Education, and Human Development, New York University, New York, New York

リサ・シェーファー（Lisa Schäfer, MA）Department of Sociology and Social Work, Texas Woman's University, Denton, Texas

ヴィクトリア・スコティ（Victoria Scotti, PhD）private practice, Valencia, Spain

アニタ・シナー（Anita Sinner, PhD）Faculty of Fine Arts, Concordia University, Montreal, Quebec, Canada

セレステ・スノーバー（Celeste Snowber, PhD）Faculty of Education, Simon Fraser University, Surrey, British Columbia, Canada

ウェンチェ・ソルモ（Wenche Sørmo, Dr Scient）Faculty of Education and Arts, Nord University Bodø, Bodø, Norway

ニック・スーザニス（Nick Sousanis, EdD）School of Humanities and Liberal Studies, San Francisco State University, San Francisco, California

カリン・ストール（Karin Stoll, DProf）Faculty of Education and Arts, Nord University Nesna, Nesna, Norway

キャンダス・ジェシー・スタウト（Candace Jesse Stout, PhD）Department of Arts Administration, Education and Policy, The Ohio State University, Columbus, Ohio

アンニイナ・スオミネン（Anniina Suominen, PhD）School of Arts, Design and Architecture, Aalto University, Aalto, Finland

フィリップ・ヴァニーニ（Phillip Vannini, PhD）School of Communication and Culture, Royal Roads University, Victoria, British Columbia, Canada

マーカス・B・ウィーヴァー゠ハイタワー（Marcus B. Weaver-Hightower, PhD）College of Education and Human Development, University of North Dakota, Grand Forks, North Dakota

ハリエット・ジリアカス（Harriet Zilliacus, PhD）Department of Education, University of Helsinki, Helsinki, Finland

〈訳者一覧〉

（50 音順，＊は監訳者，［ ］内は担当章）

＊荒川　歩（あらかわ　あゆむ）［第 1，29，30，38 章］　武蔵野美術大学

　家島明彦（いえしま　あきひこ）［第 21 章］　大阪大学

　市川章子（いちかわ　あきこ）［第 32 章］　国立国語研究所共同研究員

　今尾真弓（いまお　まゆみ）［第 5，11 章］　Office 424

　岩田祐子（いわた　ゆうこ）［第 8 章］　明治大学

　梅野愛子（うめの　あいこ）［第 12 章］　日本女子大学博士課程

　岡原正幸（おかはら　まさゆき）［第 7，14，27 章］　慶應義塾大学名誉教授

＊川島裕子（かわしま　ゆうこ）［第 15 章］　関西大学

＊岸磨貴子（きし　まきこ）［日本語版に寄せて，序文，謝辞，第 4 章］　明治大学

　久保田賢一（くぼた　けんいち）［第 22，26 章］　関西大学名誉教授

　倉沢郁子（くらさわ　いくこ）［第 25 章］　関西外国語大学

　郡司厚太（ぐんじ　こうた）［第 16 章］　東京学芸大学連合大学院博士課程

　小島卓也（こじま　たくや）［第 36 章］　オーストラリア国立大学

　小松佳代子（こまつ　かよこ）［第 2，6 章］　長岡造形大学

　蔡 豊 盛（さい　ほうせい）［第 35 章］　上海大学

　佐野香織（さの　かおり）［第 37 章］　長崎国際大学

　嶋津百代（しまづ　ももよ）［第 34 章］　関西大学

　鈴木絵美子（すずき　えみこ）［第 14 章］　慶應義塾大学博士課程

　龍花慶子（たつはな　けいこ）［第 7 章］　慶應義塾大学博士課程

　時津倫子（ときつ　ともこ）［第 10 章］　成城大学

　富田俊明（とみた　としあき）［第 18 章］　佐賀大学

　灘光洋子（なだみつ　ようこ）［第 28 章］　元立教大学教授

　荷方邦夫（にかた　くにお）［第 33 章］　金沢美術工芸大学

　ニューシャム聖子（にゅーしゃむ　きよこ）［第 19 章］　シドニー工科大学博士課程

　ハイスありな（はいす　ありな）［第 27 章］　慶應義塾大学非常勤講師

　蓮見絵里（はすみ　えり）［第 13 章］　埼玉東萌短期大学

　馬 定 延（ま　じょんよん）［第 20 章］　関西大学

　町惠理子（まち　えりこ）［第 9 章］　麗澤大学名誉教授

＊三代純平（みよ　じゅんぺい）［第 3 章］　武蔵野美術大学

　山本良太（やまもと　りょうた）［第 23 章］　大阪教育大学

　楊 心 苡（やん　しんい）［第 17 章］　武蔵野美術大学博士課程

　楊　　榛（よう　しん）［第 24 章］　武蔵野美術大学博士課程

　渡辺貴裕（わたなべ　たかひろ）［第 31 章］　東京学芸大学

〈監訳者紹介〉

岸磨貴子（きし　まきこ）

明治大学国際日本学部教授。関西大学大学院博士課程修了（情報学）。専門は，教育メディア研究・学習環境デザイン。国内では，主にICT教育環境デザイン，アートを取り入れた探究学習プロセスの研究，多文化共生のための教育プログラム開発，海外では，アラブ諸国を中心に移民・難民の教育学習支援やメンタルケアに取り組んでいる。その具体的なアプローチとして，映像や応用演劇やビジュアルアートなどのアート手法を活用。パフォーマンス・アプローチ心理学の理論と実践を開発する米国Eastside研究所および社会構成主義の国際団体Taos研究所のアソシエイト。

川島裕子（かわしま　ゆうこ）

関西大学総合情報学部准教授。トロント大学オンタリオ教育研究所博士課程修了（Ph.D.）。専門は，応用演劇・教育メディア研究。北海道教育大学にて「教師に対する演劇的手法によるコミュニケーション教育」プロジェクトに従事したのち，大学での初年次教育や多文化共生教育プログラムの実践研究に取り組む。身体性や実践知に重点をおいた演劇パフォーマンスを切り口に，ジェンダーや人種などの文化的差異の越境体験や，人々の情動的コミュニケーションに着目した，多元的な関係性を創出する学習プログラムのデザインについて研究。現在は，ドキュメンタリー演劇や高校探究における演劇実践にアーティストと連携し取り組んでいる。

荒川　歩（あらかわ　あゆむ）

武蔵野美術大学造形構想学部教授。同志社大学大学院文学研究科博士課程修了（心理学）。専門は，質的研究法ほか。立命館大学人間科学研究所，名古屋大学大学院法学研究科，武蔵野美術大学教養文化研究室等を経て，現職。美術大学において，アート，デザインにとっての質的探究の意味の先鋭化とその教育の可能性を探っている。本人はアートもデザインも全然できない。だがそれが強みだと本人は言い張る。ゼミ生の研究手法は，アート制作，デザイン表現，論文と多様なため，それぞれの探究プロセス方法を媒介として，自身の想像力の限界の向こう側へどのように到達するかを中心に，各自の可能性を最大化する支援に励んでいる。

三代純平（みよ　じゅんぺい）

武蔵野美術大学造形学部教授。早稲田大学大学院日本語教育研究科博士課程修了（日本語教育学）。専門は，日本語教育，ライフストーリー研究，実践研究。韓国の仁川外国語高校，徳山大学等を経て，現職。留学生やサハリン残留日本人永住帰国者などの移動の経験についてライフストーリー研究を行い，ことばの学びとアイデンティティ，社会の関係を探究する。また，ライフストーリー研究の成果を基に，社会参加，あるいは社会変革を目的とした日本語教育の実践研究に取り組む。東京都日野市との連携による親子の多文化交流イベント企画やカシオ計算機との産学連携によるインクルーシブ社会を目指した活動の取材など，プロジェクト型の日本語教育を実践する。

〈編著者紹介〉

パトリシア・リーヴィー〔Patricia Leavy, Ph.D.〕
独立系社会学者で，アメリカ・マサチューセッツ州イーストンにあるストーンヒルカレッジの社会学・犯罪学の元学科長・教授。同校ジェンダー研究科の創設時のディレクターも務めた。単著・共著書，編集書は 30 冊以上にもわたり，10 のブックシリーズを創刊し編集を担当している。公共にひらかれた研究に対する貢献はメディアでも注目され，アメリカ全国のニュースメディアから頻繁に取材を受けている。『The Huffington Post』『The Creativity Post』『We Are the Real Deal』などのオンラインメディアにも記事を定期的に掲載。また，雑誌『Art/Research International』の共同創設者および共同編集者でもある。
研究手法分野に関して，アメリカ全国美術教育学会，ニューイングランド社会学会，アメリカ創造性学会，アメリカ教育学会，および質的研究の国際会議などで数多くの賞を受賞し，2016 年には，女性のエンパワメントを目的としたグローバルプラットフォーム「Mogul」の「インフルエンサー」に選出された。ニューヨーク州立大学ニューパルツ校の The School of Fine and Performing Arts には，彼女の名誉を称えて「the Patricia Leavy Award for Art and Social Justice」が設けられている。大学や学会での招待講演や基調講演を行っており，詳細はウェブサイト www.patricialeavy.com でも確認できる。

アートベース・リサーチ・ハンドブック

2024 年 9 月 10 日　初版第 1 刷発行

編著者	パトリシア・リーヴィー
監訳者	岸磨貴子・川島裕子・荒川歩・三代純平
発行者	宮下基幸
発行所	福村出版株式会社

〒 104-0045 東京都中央区築地 4-12-2
電話　03-6278-8508　FAX　03-6278-8323
https://www.fukumura.co.jp

装丁　　　三木和彦（アンパサンドワークス）
印刷・製本　中央精版印刷株式会社

© Makiko Kishi, Yuko Kawashima, Ayumu Arakawa, & Jumpei Miyo 2024
ISBN978-4-571-41078-9　C3536　Printed in Japan
乱丁本・落丁本はお取替えいたします。
定価はカバーに表示してあります。
本書の無断複製・転載・引用等を禁じます。

福村出版◆好評図書

内海 健・古川 聖・大谷智子 編著

アートをひらく
東京藝術大学「メディア特論」講義Ⅰ
◎2,800円　　ISBN978-4-571-41074-1　C0070

東京藝術大学の人気授業「メディア特論」。第Ⅰ巻は、アニメ表現、形式言語、社会デザインなど、8講演を収録。

古川 聖・内海 健・大谷智子 編著

アートをひらく
東京藝術大学「メディア特論」講義Ⅱ
◎2,800円　　ISBN978-4-571-41075-8　C0070

東京藝術大学の人気授業「メディア特論」。第Ⅱ巻は、質感、聴空間、仮想現実、人工知能など、7講演を収録。

長尾寛子 著

時空間表現としての絵画
●制作学と美術教育からのアプローチ

◎4,000円　　ISBN978-4-571-10181-6　C3071

絵画が空間だけでなく時間の表現も可能であることを、作品分析と心理学的根拠の両面から解明する。

手島将彦 著

アーティスト・クリエイターの心の相談室
●創作活動の不安とつきあう

◎2,400円　　ISBN978-4-571-24112-3　C0011

音楽・美術・演劇・動画などに携わるアーティスト・クリエイターの悩みに、経験豊富なカウンセラーが回答。

長野真一 編／長野真一・増本貴士 著

はじめて学ぶ
映像コミュニケーション
●映像メディアを見る・撮る・知る

◎2,600円　　ISBN978-4-571-41072-7　C3072

映像メディアの歴史、企画と撮影の基本、映像業界の構造など、「伝わる」映像を撮るための基礎知識を解説。

B. J. カルドゥッチ 著／日本パーソナリティ心理学会 企画
渡邊芳之・松田浩平 監訳／尾見康博・松田英子・小塩真司・安藤寿康・北村英哉 編訳

カルドゥッチのパーソナリティ心理学
●私たちをユニークにしているものは何か？
◎13,000円　　ISBN978-4-571-24097-3　C3011

代表的な研究者の生涯、理論と応用の概説、豊富な写真・図表を駆使してパーソナリティ心理学の全貌を描く。

J. アスマン 著／安川晴基 訳

文　化　的　記　憶
●古代地中海諸文化における書字, 想起, 政治的アイデンティティ

◎6,300円　　ISBN978-4-571-30042-4　C3010

想起と忘却の営みがもつダイナミズムを提示し、国家や宗教の発生に文書が与えた意味を分析した画期的な著作。

H. ローザ 著／出口剛司 監訳

加　速　す　る　社　会
●近代における時間構造の変容

◎6,300円　　ISBN978-4-571-41069-7　C3036

技術革新はなぜ時間欠乏を解消しないのか。近代社会のパラドクスに潜む加速の論理を解明した理論書の初邦訳。

E. シャフィール 編著／白岩祐子・荒川 歩 監訳

行動政策学ハンドブック
●応用行動科学による公共政策のデザイン

◎11,000円　　ISBN978-4-571-41063-5　C3536

投票行動や健康関連行動など多くの分野の政策策定において、心理学は人々の行動にいかに影響を与えうるか。

◎価格は本体価格です。